소득효과 및 대체효과 : x가 정상재인 경우

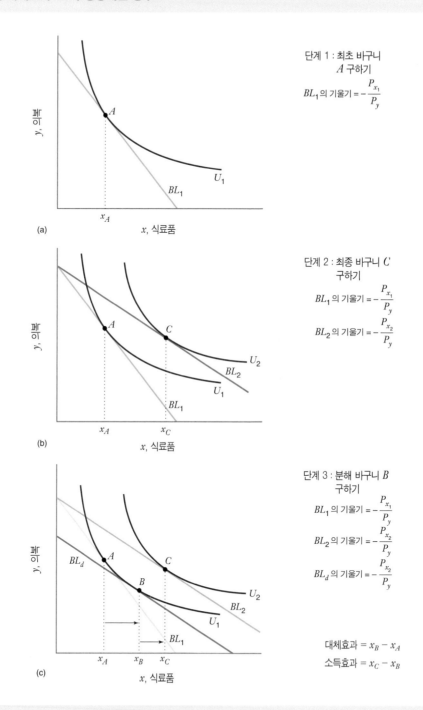

단계 1 : 최초 바구니 A 구하기

BL_1의 기울기 $= -\dfrac{P_{x_1}}{P_y}$

단계 2 : 최종 바구니 C 구하기

BL_1의 기울기 $= -\dfrac{P_{x_1}}{P_y}$

BL_2의 기울기 $= -\dfrac{P_{x_2}}{P_y}$

단계 3 : 분해 바구니 B 구하기

BL_1의 기울기 $= -\dfrac{P_{x_1}}{P_y}$

BL_2의 기울기 $= -\dfrac{P_{x_2}}{P_y}$

BL_d의 기울기 $= -\dfrac{P_{x_2}}{P_y}$

대체효과 $= x_B - x_A$

소득효과 $= x_C - x_B$

식료품 가격이 P_{x_1}에서 P_{x_2}로 하락하면, 대체효과로 인해 식료품 소비량이 x_A에서 x_B로 증대된다(따라서 대체효과는 $x_B - x_A$이다). 또한 소득효과로 인해 식료품 소비량은 x_B에서 x_C로 증대된다(따라서 소득효과는 $x_C - x_B$이다). 식료품 소비량의 전반적인 증가분은 $x_C - x_A$이다. 어떤 재화가 정상재인 경우 소득효과와 대체효과는 서로 보강해 준다.

자본에 대한 노동의 대체탄력성

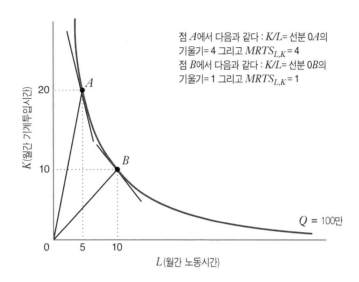

점 A에서 다음과 같다 : K/L= 선분 $0A$의
기울기= 4 그리고 $MRTS_{L,K}$ = 4
점 B에서 다음과 같다 : K/L= 선분 $0B$의
기울기= 1 그리고 $MRTS_{L,K}$ = 1

Q = 100만

K(월간 기계투입시간)

L(월간 노동시간)

기업이 점 A에서 점 B로 이동함에 따라, 자본-노동비율 K/L은 4에서 1로(− 75%) 변화하며 $MRTS_{L,K}$도 또한 그렇게(− 75%)
변화한다. 따라서 점 A와 점 B 사이의 간격에서 자본에 대한 노동의 대체탄력성은 1이 된다.

단기 생산요소 수요 대 장기 생산요소 수요

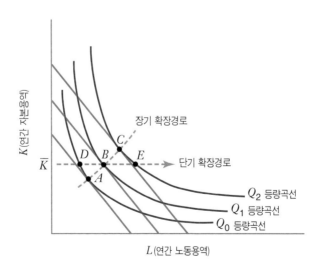

장기 확장경로

단기 확장경로

$\overline{K}$

Q_2 등량곡선

Q_1 등량곡선

Q_0 등량곡선

K(연간 자본용역)

L(연간 노동용역)

장기적으로 기업의 생산량이 변화하면 비용을 극소화하는 노동량은 장기 확장경로인 ABC를 따라 변화한다. 단기적으로 기업
의 생산량이 변화하면 비용을 극소화하는 노동량은 단기 확장경로인 DBE를 따라 변화한다. 이 확장경로들은 점 B에서 교차한
다. 점 B에서는 고정된 자본량이 단기 및 장기에서 비용을 극소화한다.

MICROECONOMICS

미시경제학 ^{제6판}

MICROECONOMICS
미시경제학 ^{제6판}

David A. Besanko, Ronald R. Braeutigam 지음 • 이병락 옮김

WILEY Σ시그마프레스

미시경제학, 제6판

발행일 | 2022년 2월 25일 1쇄 발행

지은이 | David A. Besanko, Ronald R. Braeutigam
옮긴이 | 이병락
발행인 | 강학경
발행처 | (주)시그마프레스
디자인 | 김은경, 이상화, 우주연
편 집 | 이호선, 김은실, 윤원진
마케팅 | 문정현, 송치헌, 김인수, 김미래, 김성옥

등록번호 | 제10-2642호
주소 | 서울특별시 영등포구 양평로 22길 21 선유도코오롱디지털타워 A401~402호
전자우편 | sigma@spress.co.kr
홈페이지 | http://www.sigmapress.co.kr
전화 | (02)323-4845, (02)2062-5184~8
팩스 | (02)323-4197

ISBN | 979-11-6226-360-0

Microeconomics, 6th Edition(Asia Edition)

＊ 책값은 책 뒤표지에 있습니다.

역자 서문

이 책은 David A. Besanko교수와 Ronald R. Braeutigam교수 2인이 공동 저술한 *Microeconomics*(제6판)를 번역한 것이며 총 17장으로 구성되어 있다. 저자들이 밝히고 있는 것처럼 이 책은 그래프와 도표를 가능한 많이 활용하여 경제의 복잡한 상호작용을 간략하게 설명하고, 이를 통해 핵심 분석사항을 제시하였다. 경제적 사고를 발전시키고 개념을 이해하기 위해서 본문뿐만 아니라 그래프와 도표를 적극 활용하기 바란다.

이 책의 특징 중 하나는 학습 주제가 끝날 때마다 정리문제를 제시하여 학습한 내용을 이해하고 복습하도록 한 점이다. 문제를 해결하는 데 필요한 이론 및 논리를 바탕으로 문제를 풀다 보면 학습한 내용의 이해를 심화시킬 수 있고 이해가 부족했던 사항을 보완할 수 있다. 각 장에서 추가로 다루어야 할 내용은 책 뒷부분에 있는 부록에 따로 수록하였다.

제1장부터 제17장까지 모든 내용을 교육과정에서 다루는 게 바람직하지만, 시간상 제약이 있다면 저자들은 다음과 같은 방안을 제안한다. 학부의 한 학기 교육과정이라면 두 가지 방안이 있다. 첫 번째 방안은 제1장~제15장을 가르치는 것이다. 두 번째 방안은 일반균형이론, 공공재, 외부효과를 포함시키려면 제15장을 제외하고 제1장~제14장, 제16장, 제17장을 가르치는 것이다. MBA 교육과정이라면 소비자 이론, 생산함수, 비용극소화(제3장~제6장, 제7장 후반부에 해당)를 제외하고, 제1장, 제2장, 제7장의 전반부(비용의 경제적 개념), 제8장~제14장을 다루기를 추천한다. 또한 시간이 허용된다면 제15장뿐만 아니라 생산 및 비용극소화도 포함시킬 수 있다.

끝으로 이 책의 출간을 허락하고 도와주신 (주)시그마프레스의 강학경 사장님과 편집부 관계자 여러분에게 감사드리는 바이다.

요약 차례

차례

제1부 서론

제2부 소비자 이론

제 3 부   생산 및 비용 이론

제6장   생산요소와 생산함수

제7장   비용과 비용극소화

제8장 **비용곡선**

제4부 **완전경쟁시장**

제9장 **완전경쟁**

제 5 부　**독점 및 수요독점 시장**

제 6 부 불완전경쟁시장 및 전략적 행태

제 7 부 특수 주제

제16장   **일반균형이론**

제17장   **외부효과와 공공재**

서론

1 경제문제 분석

1.1 미시경제학을 배우는 이유

경제학은 무한한 인간의 욕망을 충족시키기 위해 유한한 자원의 분배를 다루는 과학이다. 인간의 욕망을 식료품, 의복, 주거, 기타 생활의 질을 높이는 것이라고 생각하자. 더 많거나 더 좋은 재화 및 용역을 가질 경우 복지를 향상시킬 수 있는 방법에 관해 언제나 생각해 볼 수 있기 때문에, 욕망이 무한해진다. 그러나 재화 및 용역을 생산하기 위해서는 노동, 관리능력, 자본, 원재료를 포함한 자원이 필요하다. 자원의 공급이 한정되어 있기 때문에 자원은 희소하다고 본다. 자원의 희소성이 의미하는 바는, 생산한 재화 및 용역에 대해 할 수 있는 선택이 제한되어 궁극적으로 충족시키고자 하는 인간의 욕망도 제한된다는 것이다. 이것이 바로 경제학을 종종 제한된 선택에 관한 과학이라고 보는 이유이다.

넓게 봐서 경제학은 두 가지 분야, 즉 미시경제학과 거시경제학으로 구성된다. 미시경제학의 접두사 *micro*는 '작다'는 의미인 그리스어 *mikros*에서 연유하였다. 따라서 미시경제학은 소비자, 노동자, 기업, 경영인과 같은 개별적인 경제적 의사결정자의 경제적 행태를 연구한다. 이는 또한 개별 가계, 산업, 시장, 노동조합, 동업자 단체의 행태를 분석한다. 이와 대조적으로 거시경제학의 접두사 *macro*는 '크다'는 의미인 그리스어 *makros*에서 유래하였다. 따라서 거시경제학은 전체 국가경제가 어떻게 운영되는지를 분석한다. 거시경제학 과목은 소득 및 고용의 총수준, 이자율 및 물가수준, 인플레이션율, 경기변동의 성격을 고찰한다.

제한된 선택은 거시경제학과 미시경제학 모두에서 중요한 주제이다. 예를 들어 거시경제학에서는 완전고용상태에 있는 사회가 국가방위용 재화를 더 많이 생산할 수 있지만, 이로 인해 민간용 재화를 더 적게 생산해야만 하는 경우를 보게 된다. 한 사회는 천연가스, 석탄, 석유와 같이 고갈되는 자원을 지금 재화를 생산하기 위해 더 많이 사용할 수 있으며, 이 경우 장래를 위해 이런 자원을 더 적게 보존하게 된다. 미시경제학 테두리에서 소비자는 일하는 데 더 많은 시간을 할당하기로 결정할 수 있지만, 이 경우 여가 활동에 이용할 수 있는 시간이 감소된다. 소비자는 현재 소비를 위해 더 많은 소득을 사용할 수 있지만, 장래를 위해서는 더 적게 저축을 하게 된다. 최고 경영인은 광고에 기업의 자원을 더 많이 사용하기로 결정할 수 있지만, 이로 인해 연구 및 개발에 이용할 수 있는 자원이 줄어든다.

사회는 희소한 자원을 어떻게 분배할지를 결정하는 자신들만의 방법이 있다. 일부에서는 고도로 중앙집권화된 기구에 의존하고 있다. 예를 들어 냉전 중에 동유럽 및 소연방 경제에서 정부 관료조직은 자원 분배를 심하게 통제하였다. 북미나 서유럽국가들은 가장 분권화된 시장체계에 의존하여 자원을 분배하였다. 시장체계와 관계없이 모든 사회는 희소한 자원을 어떻게 이용해야 하는지에 관한 다음과 같은 물음에 답해야만 한다.

- 어떤 재화 및 용역을 생산하고, 얼마만큼 이를 생산하여야 하는가?
- 누가 재화 및 용역을 생산하고, 어떻게 이를 생산하는가?
- 누가 재화 및 용역을 갖고, 어떻게 이를 취득하는가?

미시경제적 분석은 개별 경제단위의 행태를 살펴봄으로써 위의 질문에 답하려 한다. 미시경제학은 소비자와 생산자가 어떻게 행동하는지에 관한 물음에 답함으로써, 전체 경제를 총체적으로 구성하는 각 구성요소를 이해하는 데 도움을 준다. 미시경제적 분석은 또한 경제에 정부의 역할 및 행위가 미치는 영향을 검토하는 데 필요한 기초를 제공한다. 미시경제적 방법은 현재 사회에서 가장 중요한 일부 문제를 다루는 데 일반적으로 사용된다. (이런 문제에만 한정되는 것은 아니지만) 여기에는 오염, 주택임대 규제, 최저임금법, 수입관세 및 할당, 조세, 보조금, 구호자 대상 식량카드, 정부의 주택 및 교육 보조정책, 정부의 건강관리 정책, 작업장 안전, 민간기업 규제가 포함된다.

1.2 세 가지 주요 분석 방법

매우 복잡한 세계의 실제현상을 알아보기 위하여, 경제학자들은 다루고자 하는 문제에 관해 경제모형을 만들어 분석하거나 체계적인 설명을 하려 한다. 경제모형은 도로지도와 같다. 도로지도는 복잡한 자연의 실체(지형, 도로, 주택, 상점, 주차장, 샛길, 기타 지세) 중에서 아주 필수적인 부분, 즉 주요 거리와 고속도로만을 나타내고 있다. 도로지도는 특정 목적에 적합한 추상적인 모형으로 현재 어디에 있으며 원하는 장소에 어떻게 도달할 수 있는지를 보여 준다. 현실을 명확하게 보여 주기 위해, 도로지도는 각 도시의 특징을 명확히 나타내고 매력적인 곳으로 생각되는 아주 많은 세부 사항(예를 들면 아름다운 느릅나무나 웅장한 저택의 위치)을 '무시'하거나 '발췌'해서 보여 준다.

경제모형도 이와 같은 방법으로 작성된다. 예를 들어 콜롬비아에서 발생한 가뭄이 미국의 커피 가격에 어떤 영향을 미치는지 알아보기 위해, 경제학자는 해당 산업의 역사적인 면이나 농장에서 일하는 사람들의 개성을 포함하여 많은 세부사항을 무시한 모형을 이용하게 된다. 이 세부사항들은 비즈니스 위크지에서 흥미로운 기삿거리가 될지는 모르지만, 커피 가격을 결정하는 기본 요소를 이해하는 데는 도움이 되지 않는다.

모형이 화학, 물리, 경제학 어느 것을 연구하는 데 사용되든지 간에, 모든 모형은 어떤 변수를 주어진 것으로 보고 어떤 변수는 모형에 의해 결정되는지를 명기해야 한다. 이를 통해 외생변수와 내생변수 사이의 중요한 구별을 할 수 있다. **외생변수**(exogenous variable)는 그 값이 모형에서 주어진 것으로 보는 변수이다. 다시 말해 외생변수의 값은 검토하는 모형 밖에서 어떤 과정을 거쳐 결정된다. **내생변수**(endogenous variable)는 그 값이 검토하는 모형 내에서 결정되는 변수이다.

이 차이를 이해하기 위해 공이 높은 빌딩 꼭대기에서 투하된 후에 얼마나 멀리 낙하하는지 예측하는 모형을 만들고자 한다고 가상하자. 중력의 크기와 공이 통과해야 하는 공기의 밀도 같은 변수들은 이 분석에서 주어진(외생적인) 것으로 본다고 가정하게 된다. 외생변수가 **주어진** 경우 이 모형은 공이 낙하한 거리와 투하된 후 지난 시간 사이의 관계를 나타낸다. 이 모형을 이용해 예측한 거리와 시간은 내생변수가 된다.

거의 모든 미시경제 모형은 단지 세 가지 주요 분석 방법에 의존하며, 이것이 미시경제학을 독특한 하나의 연구분야로 만든다고 생각된다. 특정 문제가 무엇이든지 간에, 예를 들면 미국의 커피 가격이든 또는 인터넷에 기초한 기업의 의사결정이든지 간에, 미시경제학은 다음과 같은 동일한 세 가지 분석 방법을 사용한다.

- 제약하에서의 최적화
- 균형분석
- 비교정태

이 책 전반에 걸쳐 이들 분석 방법을 미시경제 문제에 적용할 것이다. 이 절에서는 이들 세 가지 분석 방법을 소개하고 이들이 어떻게 이용되는지 예를 들 것이다. 그러나 이 장을 단지 읽었다고 해서 이 분석 방법들을 충분히 이해하게 될 것으로 기대해서는 안 된다. 오히려 나중에 이를 적용하였을 경우 인지하는 것을 배워야 한다.

제약하에서의 최적화

앞에서 살펴본 것처럼 경제학은 제약하에서의 선택에 관한 과학이다. **제약하에서의 최적화**(constrained optimization)는 의사결정자가 선택에 따른 한계나 제한을 고려하여 최선(최적)의 선택을 할 경우 사용된다. 따라서 제약하에서의 최적화 문제는 두 부분, 즉 목적함수와 일련의 제약으로 구성된다고 볼 수 있다. **목적함수**(objective function)는 의사결정자가 '최적화', 즉 극대화하거나 극소화하고자 하는 관계이다. 예를 들어 소비자는 자신의 만족을 극대화하기 위하여 상품을 구입하고자 한다. 이 경우 목적함수는 어느 특정한 일련의 상품을 구입하였을 경우 얼마나 만족하는지를 나타내는 관계이다. 이와 유사하게 생산자는 생산물을 제조하는 데 소요되는 비용을 극소화하기 위하여 생산활동 계획을 수립하고자 할 수 있다. 여기서 목적함수는 총생산비가 해당 기업이 이용할 수 있는 다양한 생산계획에 어떻게 의존하는지를 보여 주게 된다.

의사결정자는 또한 자신들이 실제로 고를 수 있는 선택에 종종 제한이 있음을 알아야 한다. 이런 제한은 자원이 희소하거나 또는 어떤 다른 이유로 인해 단지 어떤 선택만을 할 수 있다는 사실을 반영하는 것이다. 제약하에서의 최적화 문제에서 **제약**(constraints)은 의사결정자에게 부과되는 제한이나 한계를 말한다.

제약하에서의 최적화 실례

목적함수와 제약 사이의 차이를 분명히 하기 위해 예를 들어 설명해 보자. 각 예에서 목적함수와 제약을 식별할 수 있는지 알아보도록 하자(문제를 풀려고 하지는 말라. 나중에 이를 풀 수 있는 방법을 소개할 것이다. 현 단계에서 중요한 점은 제약하에서의 최적화 문제에 관한 실례를 단순히 이해하는 것이다).

정리문제 1.1

제약하에서의 최적화 : 농부의 울타리

어떤 농부가 자신이 기르는 양들을 위한 우리로 직사각형 울타리를 만들려 한다고 가상하자. 이 농부는 울타리 F피트를 갖고 있으며 더 이상 구매할 여유가 없다. 그러나 길이가 L피트이고 폭이 W피트인 우리의 면적은 선택할 수 있다. 이 농부는 우리의 면적을 극대화시키는 넓이 LW를 선택하고자 한다. 또한 자신이 사용할 수 있는 울타리 재료의 총규모(우리의 둘레)가 F피트를 초과하지 않아야 한다는 점도 알고 있다.

문제

(a) 이 문제의 목적함수는 무엇인가?

(b) 제약은 무엇인가?

(c) 이 모형의 변수(L, W, F) 중 어느 것이 외생적이고, 어느 것이 내생적인가? 설명하라.

해법

(a) 목적함수는 농부가 극대화하고자 하는 관계, 즉 이 경우 면적 LW이다. 다시 말해 농부는 목적함수 LW를 극대화시키는 L 및 W를 선택하게 된다.

(b) 제약은 농부에게 부과된 제한을 의미한다. 농부는 직사각형 우리를 만드는 데 사용할 수 있는 울타리 재료를 단지 F피트 갖고 있다는 사실을 알고 있다. 제약은 우리의 둘레인 $2L + 2W$가 가용할 수 있는 울타리의 총규모를 초과하지 말아야 된다는 제한을 의미한다. 따라서 제약은 $2L + 2W \le F$로 나타낼 수 있다.

(c) 농부가 사용할 수 있는 울타리 재료는 단지 F피트뿐이다. 따라서 이는 분석에서 주어진 것이므로 둘레 F는 외생변수가 된다. L 및 W의 값은 농부에 의해 선택(모형 내에서 결정)되기 때문에 내생변수가 된다.

경제학자들은 보통 농부가 직면하는 문제를 다음과 같이 제약하에서의 최적화 문제로 나타낸다.

$$\max_{(L,W)} LW$$

$$\text{subject to} : 2L + 2W \leq F$$

위의 식에서 첫 번째 줄은 목적함수인 면적 LW를 나타내며, 극대화할 것인지 또는 극소화할 것인지에 대해 말해 준다(목적함수를 극소화하는 경우 'max' 대신에 'min'이 된다). 'max' 밑에는 의사결정자(농부)가 통제하는 일련의 내생변수가 있다. 이 예에서 '(L, W)'는 농부가 우리의 길이와 폭을 선택할 수 있다는 의미이다.

두 번째 줄은 둘레에 대한 제약을 나타낸다. 이는 둘레가 F를 초과하지 않는 한(않는다는 제약 '조건에 따라') 농부는 L 및 W를 선택할 수 있다는 의미이다. 위 문제의 두 줄을 함께 살펴보면 농부가 면적을 극대화하는 L 및 W를 선택하게 되지만 이 선택은 가용할 수 있는 울타리의 총규모에 대한 제약조건에 따르게 된다는 것이다.

다음에는 미시경제학에서 널리 다루는 소비자 선택 문제를 가지고 제약하에서의 최적화 개념을 설명하고자 한다.

정리문제 1.2

제약하에서의 최적화 : 소비자 선택

소비자는 오직 두 가지 종류의 상품, 즉 식품과 의복만을 구입한다고 가상하자. 소비자는 매월 이 상품들을 각각 얼마나 구입해야 할지 결정해야 한다. F를 매월 구입하는 식품의 단위 수, C를 의복의 단위 수라고 하자. 소비자는 두 상품에 대한 자신의 만족을 극대화할 수 있도록 상품을 선택할 것이다. 식품을 F단위, 의복을 C단위 구입할 경우 소비자의 만족 수준은 이들의 곱인 FC로 측정할 수 있다고 가상하자. 그러나 예산한도에서 살아야 하므로 매월 제한된 양의 상품을 구입할 수 있을 뿐이다. 상품을 구입하려면 금전적인 지불을 해야 하고 소비자는 제한된 소득을 갖고 있을 뿐이다. 예를 간단히 하기 위하여 소비자는 고정된 월소득 I를 받으며 해당하는 달에 I보다 많이 지출하지 못한다고 가상하자. 식품 단위당 비용은 P_F이고 의복 단위당 비용은 P_C이다.

문제

(a) 이 문제의 목적함수는 무엇인가?

(b) 제약은 무엇인가?

(c) 어떤 변수(P_F, F, P_C, C, I)가 외생변수이고, 어떤 변수가 내생변수인가? 설명하라.

(d) 제약하에서의 최적화 문제에 관한 수식을 쓰라.

해법

(a) 목적함수는 소비자가 극대화하려는 관계를 말한다. 이 예에서 소비자는 FC로 측정한 자신의 만족을 극대화하는 식품과 의복의 양을 선택하게 된다. 따라서 목적함수는 FC가 된다.

(b) 제약은 소비자가 자신의 소득한도 내에 살면서 선택할 수 있는 식품과 의복의 양을 의미한다. 단위당 P_F 가격으로 식품 F단위를 구입할 경우 식품에 대한 총지출은 $(P_F)(F)$가 된다. 단위당 P_C가격으로 의복 C단위를 구입할 경우 의복에 대한 총지출은 $(P_C)(C)$가 된다. 따라서 소비자의 총지출은 $(P_F)(F) + (P_C)(C)$가 된다. 소비자의 총지출은 자신의 총소득 I를 초과해서는

안 되므로, 제약은 $(P_F)(F) + (P_C)(C) \leq I$가 된다.

(c) 외생변수는 소비자가 구매결정을 내릴 때 주어진 것으로 보는 변수이다. 월소득은 고정되어 있으므로 I는 외생변수이다. 소비자는 식품과 의복에 대해 지불해야 하는 가격을 통제할 수 없기 때문에, 식품가격 P_F와 의복가격 P_C도 또한 외생변수이다. 소비자가 유일하게 선택할 수 있는 것은 매입하는 식품과 의복의 양이므로, F와 C가 내생변수이다.

(d) 제약하에서의 최적화 문제에 관한 수식은 다음과 같다.

$$\max_{(F,C)} FC$$
$$\text{subject to} : \left(P_F\right)\left(F\right) + \left(P_C\right)\left(C\right) \leq I$$

첫 번째 줄은 소비자가 FC를 극대화하고자 하며, 이를 위해 F 및 C를 선택할 수 있다는 사실을 보여 준다. 두 번째 줄은 제약을 나타내며, 이는 총지출이 총소득을 초과할 수 없다는 사실을 설명한다.

한계적 추론과 제약하에서의 최적화 문제

제약하에서의 최적화 분석은 경제문제에 관한 '언뜻 보기에 명백한' 대답이 반드시 옳지 않을 수 있음을 보여 준다. 제약하에서의 최적화 문제가 한계적 추론을 이용하여 어떻게 해결될 수 있는지를 보여 줌으로써 이를 설명할 것이다.

고품질의 수제 맥주를 생산하는 소규모 맥주회사의 생산관리인이 되었다고 가상하자. 내년도 전파매체 광고예산은 1,000,000달러이며, 이를 지역 텔레비전과 라디오 광고에 할당해야 한다. 라디오 광고가 비용이 더 저렴하지만 텔레비전 광고는 훨씬 더 많은 사람들이 시청을 한다. 텔레비전 광고는 또한 설득력이 더 높아서 평균적으로 볼 때 신규 판매를 더 많이 촉진한다.

라디오와 텔레비전 광고에 사용된 금액이 판매에 미치는 영향을 이해하기 위해, 관련 시장을 살펴보도록 하자. 〈표 1.1〉에 제시된 연구 결과는, 할당된 금액이 텔레비전 광고 및 라디오 광고에 사용될 경우 나타나게 될 해당 회사 맥주의 추가적인 신규 판매를 추정하고 있다. 예를 들어 1,000,000달러를 텔레비전 광고에 사용할 경우, 연간 맥주의 신규 판매가 25,000배럴 증가한다. 반면에 1,000,000달러를 라디오 광고에 사용할 경우, 연간 신규 판매가 5,000배럴 증가한다. 물론 광고예산을 두 방송매체 사이에 분배할 수도 있으며, 〈표 1.1〉은 이런 결정이 미칠 영향에 대해서도 역시 알려 주고 있다. 예를 들어 텔레비전 광고에 400,000달러를 사용하고 라디오 광고에는 600,000달러를 사용할 경우, 텔레비전을 통한 신규 판매는 16,000배럴이 되며 라디오 광고를 통해서는 4,200배럴의 신규 판매가 발생하여 맥주 전체에 대한 합계는 16,000 + 4,200 = 20,200배럴이 된다.

〈표 1.1〉의 정보에 비추어 맥주의 신규 판매 극대화가 목적이라면 광고예산을 어떻게 분배해야 하는가?

이것은 제약하에서의 최적화 문제이다. 텔레비전과 라디오 광고에 지출되는 총액이 광고예산인 1,000,000달러를 초과하지 않는다는 제약조건에 따라, 목적(맥주의 신규 판매)을 극대화할 수 있는 방법으로 텔레비전과 라디오 광고에 지출될 금액을 분배하고자 한다. 앞 절에서 사용한 표기방법과 유사하게 나타낼 경우, $B(T, R)$이 텔레비전 광고에 T달러를 지출하고 라디오 광고에 R달

표 1.1	텔레비전 및 라디오 광고에 사용된 금액에서 비롯된 맥주 신규 판매	
	맥주 신규 판매의 성과(연간 배럴)	
총액(달러)	**텔레비전**	**라디오**
0	0	0
100,000	4,750	950
200,000	9,000	1,800
300,000	12,750	2,550
400,000	16,000	3,200
500,000	18,750	3,750
600,000	21,000	4,200
700,000	22,750	4,550
800,000	24,000	4,800
900,000	24,750	4,950
1,000,000	25,000	5,000

러를 지출한다는 의미라면 제약하에서의 최적화 문제는 다음과 같아진다.

$$\max_{(T,R)} B(T,R)$$
$$\text{subject to}: T + R = 1\,\text{백만}$$

〈표 1.1〉을 언뜻 살펴보면 위 문제에 대해 '명백한' 해답, 즉 전체 예산 1,000,000달러를 텔레비전 광고에 사용하고 라디오 광고에는 지출하지 말라는 결론에 도달할 수도 있다. 결국 〈표 1.1〉이 제시하고 있는 것처럼, 텔레비전 광고에 지출한 금액은 동일한 금액을 라디오 광고에 지출했을 때보다 더 많이 신규 판매를 증대시킨다(사실 텔레비전 광고에 지출된 금액 효과는 동일한 금액이 라디오 광고에 사용됐을 때의 신규 판매 촉진에 비해 다섯 배 크다). 그러나 이 대답은 옳지 않다. 그리고 이것이 옳지 않은 이유가 바로 경제학에서 제약하에서의 최적화 분석이 갖는 설득력이며 중요한 점이다.

전체 예산을 텔레비전 광고에 지출하기로 했다고 가상하자. 이렇게 되면 기대되는 신규 판매는 25,000배럴이 된다. 그러나 이제 900,000달러만을 텔레비전 광고에 사용하고 100,000달러는 라디오 광고에 지출할 경우 결과가 어떨지 생각해 보자. 〈표 1.1〉에서 보면 이 경우 텔레비전 광고는 24,750배럴의 맥주 신규 판매를 촉진하고, 라디오 광고는 950배럴의 맥주를 신규 판매하도록 해 준다. 따라서 이렇게 되면 1,000,000달러의 광고예산을 통해 25,700배럴의 맥주 신규 판매가 이루어지며, 이는 이전보다 신규 판매가 700배럴 더 이루어진 것이다. 사실 이보다 더 나아질 수도 있다. 텔레비전 광고에 800,000달러, 라디오 광고에 200,000달러를 지출하게 되면 맥주 신규 판매가 25,800배럴이 된다. 〈표 1.1〉에 따르면 라디오 광고가 텔레비전 광고보다 훨씬 덜 효과적인 것처럼 보이지만, 라디오와 텔레비전 광고 사이에 예산을 분배하려는 목적에 비추어 보면 이는 이치에 맞는다.

이 예는 미시경제학에서 되풀이해서 논의되고 있는 사항을 극명하게 보여 준다. 즉 제약하에서의 최적화 문제에 대한 해법은 목적함수 값에 대한 결정변수의 한계 영향에 의존한다. 텔레비전 광고에 지출된 금액의 한계 영향은, 텔레비전 광고에 지출된 **추가적인 매** 금액마다 맥주의 신규 판매가 얼마나 증가하는가를 의미한다. 라디오 광고에 지출된 금액의 한계 영향은, 라디오 광고에 지출된 추가적인 매 금액마다 맥주의 신규 판매가 증대되는 율을 말한다. 텔레비전 광고가 훨씬 더 생산적인 것처럼 보이지만, 일단 예산 1,000,000달러 중 800,000달러를 텔레비전 광고에 할당하게 되면 텔레비전 광고에 지출되는 추가적인 100,000달러의 한계 영향은 라디오 광고에 지출된 추가적인 100,000달러의 한계 영향보다 작아지기 때문에 라디오 광고에 일부 예산을 사용하게 된다. 그 이유는 무엇인가? 텔레비전 광고에 그다음 100,000달러를 할당할 경우, 맥주의 신규 판매 증가율은 (24,750 − 24,000)/100,000 또는 텔레비전 광고에 지출된 추가적인 달러당 0.0075배럴이 되기 때문이다. 그러나 그다음 100,000달러를 라디오 광고에 할당할 경우 맥주의 신규 판매 증가율은 (24,000 + 950 − 24,000)/100,000 또는 라디오 광고에 지출되는 추가적인 달러당 0.0095배럴이 된다. 따라서 라디오 광고의 한계 영향은 텔레비전 광고의 한계 영향을 초과하게 된다. 이 사실에 비추어 볼 때 이제는 광고예산 중 이 추가적인 100,000달러를 텔레비전 광고보다는 라디오 광고에 할당하고자 한다(사실 이미 살펴보았던 것처럼 더 나아가 예산 중 나머지 200,000달러를 라디오 광고에 할당하고자 한다).

위의 광고 이야기에서 한계적인 추론에 따르면 여러분을 불편하게 하거나 아마도 심지어 냉소적이게도 할 수 있는 다소 분명하지 않은 결론에 도달하게 된다. 그래도 큰 문제가 되지는 않는다. 이것이 바로 학생들이 미시경제학 시간에 한계적 추론을 처음 접하게 될 경우 종종 보이는 반응이다. 예를 들어 제일 좋아하는 음식이 피자이고 당근과 브로콜리 같은 채소류보다 피자 먹기를 선호하더라도, 일주일 동안의 식료품 예산 전부를 피자에 지출하지는 않을 것이다. 그 이유는 무엇인가? 그것은 어떤 순간에(아마도 월요일 정찬에서 토요일 밤까지 피자를 먹은 후에) 식료품 예산 중 또 다른 10달러를 피자에 지출하여 얻은 추가적인 즐거움이나 만족은 그 10달러를 그 밖의 다른 것에 지출하여 얻는 것보다 작기 때문이다. 이를 인지할 수 없더라도 이는 제약하에서의 최적화 문제에서 논의되는 한계적 추론이다.

한계라는 용어는, 미시경제학에서 **독립변수** 한 단위를 추가시킴으로써 **종속변수**가 어떻게 변화하는지를 알려 준다. 독립변수와 종속변수라는 용어가 익숙하지 않을 수도 있다. 이를 이해하기 위하여 생산량과 물품을 생산하는 데 소요되는 총비용 사이처럼 두 변수 사이의 관계에 대해 생각해 보자. 한 기업이 생산을 증가시킴에 따라 총비용이 상승할 것이라고 기대할 수 있다. 이 예에서 총비용의 값은 독립변수로 보는 생산량에 의존하기 때문에 이를 종속변수로 분류하게 된다.

한계비용은 독립변수(생산량) 마지막 한 단위가 종속변수(총비용)에 미친 **증대시키는 충격을** 의미한다. 예를 들어 생산을 한 단위 증가시키는 데 5달러의 비용이 추가적으로 소요될 경우, 한계비용은 5달러가 된다. 이와 같은 의미로 한계비용은 독립변수(생산량)의 변화에 따른 종속변수(다시 말하지만 총비용)의 **변화율**이라 할 수 있다. 한계비용이 5달러인 경우 생산량이 새롭게 한 단위 생산됨에 따라 총비용은 5달러의 비율로 증가한다.

균형분석

미시경제학에서 두 번째 중요한 방법은 많은 과학분야에서 찾아볼 수 있는 개념인 **균형분석**이다. 한 체계의 **균형**(equilibrium)은 외생적인 요소가 변화하지 않는 한, 즉 외부요소가 균형을 흔들어 놓지 않는 한 무한대로 지속되는 상태 또는 조건을 말한다. 균형을 설명하기 위하여 〈그림 1.1〉에 있는 것처럼 컵 속에 들어 있는 공으로 구성된 물리적인 체계를 생각해 보자. 여기서 중력은 컵 바닥을 향하여 공을 아래쪽으로 끌어당긴다. 공을 놓아주게 되면 처음에 A점에 있었던 공은 A점에 있지 못하게 되고 오히려 공이 B점에 자리를 잡을 때까지 앞뒤로 흔들리게 된다. 따라서 공을 A점에서 놓았을 때 이 체계는 균형에 있지 않았다고 볼 수 있다. 왜냐하면 공이 그 상태에 머물러 있지 않을 것이기 때문이다. 공을 B점에서 놓을 경우 균형상태에 있게 된다. 어떤 외부적인 요소가 변화할 때까지, 즉 예를 들면 컵을 기울여서 공이 B에서 다른 점으로 이동할 때까지 공이 B에 있을 경우 이 체계는 균형이 된다.

경제학원론 강의에서 경쟁시장 균형에 대한 개념을 배웠을 것이다. 제2장에서 시장, 공급, 수요에 관해 보다 자세하게 다룰 것이다. 그러나 지금은 공급 및 수요 분석을 통해 시장의 균형에 대한 개념을 어떻게 설명할 수 있는지 간단히 살펴보기로 하자.

가공하지 않은 커피열매의 세계시장을 생각해 보자. 커피열매에 대한 수요 및 공급 곡선은 〈그림 1.2〉와 같다고 가상하자. 수요곡선은 관련 시장의 주어진 가격 수준에서 커피열매의 양(Q)을 얼마나 구매할지에 관해 알려 준다. 수요곡선을 '이런 경우 얼마나'에 대한 대답들이라고 생각하자. 예를 들어 커피열매 가격이 파운드당 2.50달러인 경우 얼마나 수요하게 되는가? 〈그림 1.2〉의 수요곡선에 따르면 커피열매 가격이 파운드당 2.50달러인 경우 Q_2파운드를 구입하게 된다. 또한 수요곡선에 의하면 가격이 파운드당 1.50달러인 경우 Q_4파운드를 구입하게 된다. 커피 수요곡선의 기울기가 음이거나 아래로 향하는 것은, 가격이 높아질수록 커피 소비가 감소하는 경향이 있음을 의미한다.

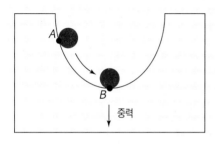

그림 1.1 공과 컵의 균형

공이 컵 바닥의 B점에 머물러 있을 경우, 이 물리적인 체계는 균형이 된다. 공은 거기에 무한하게 머무를 수 있다. 이 체계는 공이 A점에 있을 경우, 균형이 되지 않는다. 왜냐하면 중력이 공을 B쪽으로 끌어당기기 때문이다.

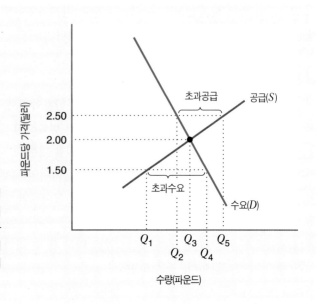

그림 1.2 커피열매 시장의 균형

커피열매의 균형가격은 파운드당 2.00달러이다. 이 가격에서 시장이 청산된다(공급량과 수요량이 Q_3파운드에서 일치한다). 가격이 2.00달러를 초과하는 경우, 초과공급이 존재하기 때문에 시장은 균형이 되지 않는다. 가격이 2.00달러 미만인 경우, 초과수요가 존재하기 때문에 시장은 균형이 되지 않는다.

공급곡선은 어떤 주어진 가격에서 시장에 판매하려고 내놓은 커피열매의 수량을 보여 준다. 또한 공급곡선을 '이런 경우 얼마나'에 대한 대답들이라고 볼 수 있다. 예를 들어 파운드당 가격이 1.50달러인 경우, 판매하려고 내놓은 커피열매의 수량은 얼마나 되는가? 〈그림 1.2〉의 공급곡선에 의하면 Q_1파운드가 그 가격에서 판매하려고 하는 양이다. 또한 공급곡선에 의하면 가격이 파운드당 2.50달러가 될 경우 Q_5파운드가 판매하려는 양이다. 양수인(또는 위로 향하는) 공급곡선의 기울기는, 가격이 인상되면 생산을 촉진하는 경향이 발생한다는 점을 말해 준다.

공급과 수요에 대한 이런 논의와 관련된 균형의 개념은 어떠한가? 경쟁시장에서는 시장이 청산되는 가격, 즉 판매하려는 양과 소비자에 의해 수요되는 양이 정확히 일치하는 가격에서 균형이 이루어진다. 〈그림 1.2〉에 있는 커피시장의 경우 가격이 파운드당 2.00달러가 되면 시장이 청산된다. 이 가격에서 생산자는 Q_3파운드를 판매하고자 하며, 소비자는 꼭 그만큼을 매입하고자 한다. 파운드당 2.00달러를 지급하고자 하는 모든 소비자는 이를 매입할 수 있으며, 그 가격에 판매하고자 하는 모든 생산자는 매수인을 만날 수 있다. 따라서 가격 2.00달러에서는 가격에 대해 상승 또는 하락 압력이 없기 때문에, 그 가격으로 무한하게 유지될 수 있다. 다시 말해 균형이 이루어진다.

어떤 체계의 한 상태가 왜 균형이 되는지를 알아보기 위해서, 다른 상태가 균형이 되지 않는 이유를 살펴보면 이를 이해하는 데 도움이 된다. 〈그림 1.1〉에 있는 공을 컵의 바닥이 아닌 다른 곳에서 놓아 버릴 경우, 중력으로 인해 공이 바닥으로 움직인다. 경쟁시장의 경우 비균형가격에서 어떤 일이 발생하는가? 예를 들어 커피 가격이 파운드당 2.50달러인 경우 커피시장이 균형이 되지 않는 이유는 무엇인가? 그 가격에서 단지 Q_2파운드만이 수요되는 데 반해, Q_5파운드가 판매하고자 공급된다. 따라서 시장에는 커피의 **초과공급**이 발생하여 일부 매도인은 커피열매의 매수인을 찾지 못하게 된다. 매수인을 만나기 위해 이 실망한 생산자는 2.50달러보다 낮은 가격으로 판매를 해야 한다.

이와 마찬가지로 2.00달러 미만인 가격은 균형가격이 되지 못하는 이유를 물을 수도 있다. 가격이 1.50달러인 경우를 생각해 보자. 이 가격에서 수요량은 Q_4파운드가 되지만, 단지 Q_1파운드만이 판매하고자 공급된다. 이렇게 되면 시장에는 **초과수요**가 발생하여 일부 매수인은 커피열매를 구할 수 없게 된다. 이 실망한 매수인은 파운드당 1.50달러보다 더 많이 지급하려 한다. 초과수요와 이로 인한 시장가격의 상승 압력을 제거하기 위하여, 시장가격이 2.00달러로 인상되어야 한다.

비교정태

세 번째 주요한 분석 수단인 **비교정태**(comparative statics) 분석을 이용하여, 경제모형에서 외생변수의 변화가 내생변수의 수준에 어떤 영향을 미치는지 검토해 보자. 비교정태 분석은 제약하에서의 최적화 문제 또는 균형분석에 적용될 수 있다. 비교정태를 이용하여 경제모형을 통한 두 가지 스냅사진을 비교함으로써 '이전 및 이후' 분석을 할 수 있다. 첫 번째 스냅사진은 외생변수의 일련의 최초값이 주어진 경우 내생변수의 수준을 알려 준다. 두 번째 스냅사진은 외생적인 충격, 즉 일부 외생변수 수준의 변화에 따라 관심을 갖고 있는 내생변수가 어떻게 변화하는지를 보여 준다.

비교정태가 피스타치오 시장에 대한 균형 모형에 어떻게 적용되는지 예를 들어 살펴보도록 하자. 피스타치오 세계 최대 생산국은 이란이다. 이란에게 피스타치오는 매우 중요한 생산품이다. 원유를 제외하면 피스타치오는 최대 수출 품목이며, 2007년에 그 금액은 10억 달러를 초과하였다. 2008년 봄에 극심한 가뭄과 기상이변으로 추운 날씨가 동시에 발생하여 2007년 생산량의 3분의 1로 감소하였다. 이런 외부 충격으로 인해서 피스타치오 가격은 2007년에 킬로그램당 4,200토만에서 2008년에 킬로그램당 5,300토만으로 26퍼센트 상승하였다(대략 900토만이 미화 1달러에 해당한다).

비교정태 분석을 활용하여 피스타치오 세계 시장에서 어떤 일이 발생했는지 설명할 수 있다. 예를 들면 2007년과 같은 평년에는, 〈그림 1.3〉에서 보는 것처럼 공급곡선이 S_1이고 수요곡선은 D이다. 이런 상황하에서 (내생변수인) 균형가격은 킬로그램당 4,200토만이며, (역시 내생변수인) 균형량은 Q_1이다. 2008년 이란에서 발생한 가뭄과 추운 날씨로 피스타치오의 세계 공급곡선은 왼쪽으로, 즉 S_1에서 S_2로 이동하였다. 피스타치오에 대한 전 세계적인 소비자 수요는 이란에서 발생한 가뭄과 추운 날씨의 영향을 받지 않을 것으로 보이므로, 피스타치오에 대한 수요곡선이 이런 날씨 충격으로 변하지 않는다는 가정은 합리적일 수 있다. 〈그림 1.3〉에서 보는 것처럼, 공급곡선이 이동함으로써 피스타치오의 균형가격은 킬로그램당 4,200토만에서 5,300토만으로 상승하였으며, 전 세계적인 균형량은 Q_1에서 Q_2로 감소하였다.

거의 매일 **월스트리트저널**이나 지역신문의 기업 관련 기사 면에서 비교정태의 예를 발견할 수

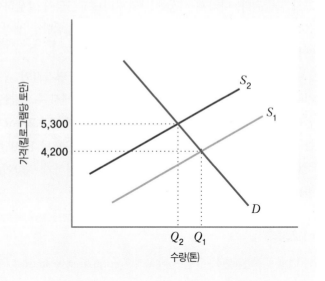

그림 1.3 피스타치오 시장의 비교정태

2008년 봄에 이란에서 발생한 가뭄과 추운 날씨로 피스타치오에 대한 세계 공급곡선은 왼쪽으로, 즉 S_1에서 S_2로 이동하였다. 피스타치오의 균형가격은 킬로그램당 4,200토만에서 5,300토만으로 상승하였다. 반면에 균형량은 Q_1에서 Q_2로 감소하였다.

있다. 농산물, 가축, 광물의 가격에 영향을 미치는 외생적 사건에 관한 기사를 자주 접하게 된다. "콜롬비아 노동자 파업 소식에 커피 가격 급등", "수출수요 증가에 따른 옥수수 가격 급등"과 같은 머릿기사를 빈번히 보게 된다. 이와 같은 표제를 보게 되면 비교정태적인 관점에서 이를 생각해 보도록 하자.

다음 두 가지 정리문제는 비교정태 분석이 시장균형 모형과 제약하에서의 최적화 모형에 어떻게 이용될 수 있는지를 보여 준다.

정리문제 1.3

미국 옥수수시장에서의 시장균형과 비교정태

미국에서의 옥수수 수요량 Q^d는 두 가지, 즉 옥수수 가격 P와 국민 소득수준 I에 의존한다고 가상하자. 옥수수 수요곡선은 기울기가 아래로 향한다고 가정하자. 따라서 옥수수 가격이 하락하면 옥수수 수요가 증가한다. 또한 소득이 증가하면 수요곡선이 오른쪽으로 이동한다고(즉 옥수수 수요가 증가한다고) 가정하자. 옥수수 수요량이 옥수수 가격과 소득에 의존하는 현상은 수요함수 $Q^d(P, I)$로 나타낼 수 있다.

판매하려는 옥수수의 양 Q^s 또한 두 가지, 즉 옥수수 가격 P와 성장시기 동안의 강수량 r에 의존한다고 가정하자. 공급곡선은 기울기가 위쪽으로 향하여 옥수수 가격이 상승함에 따라 더 많은 옥수수가 판매된다. 비가 더 많이 내리면 공급곡선이 오른쪽으로 이동한다고(즉 옥수수가 더 많이 생산된다고) 가정하자. 어떤 가격에서 공급되는 옥수수의 양과 강수량이 보여 주는 관계는 공급함수 $Q^s(P, r)$로 나타낼 수 있다.

균형상태에서는 시장이 청산($Q^d = Q^s$)되도록 옥수수 가격이 조절될 것이다. 교환되는 균형량을 Q^*, 균형가격을 P^*라 하자. 옥수수시장은 미국 경제에서 단지 작은 부분에 불과하므로 옥수수시장에서 발생하는 일로 받는 영향은 크지 않다고 가정할 수 있다.

문제

(a) 소득이 I_1에서 I_2로 증가하였다고 가상하자. 이런 외생

변수의 변화가 각 내생변수에 어떤 영향을 미치는지 분명하게 표시한 그래프를 이용하여 설명하라.

(b) 소득은 I_1에서 불변이지만, 강수량이 r_1에서 r_2로 증가하여 옥수수가 성장하는 데 더 좋은 환경이 되었다고

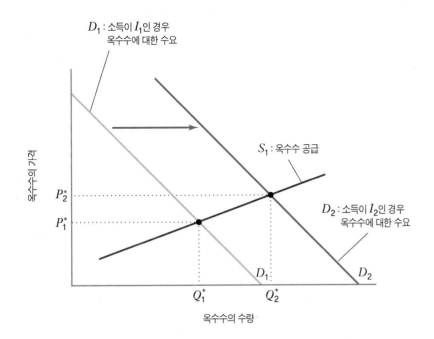

그림 1.4 비교정태 : 소득이 증가하는 경우

소득이 I_1에서 I_2로 증가하면 수요스케줄은 D_1에서 D_2로 이동한다(수요가 증가한다). 균형시장가격은 P_1^*에서 P_2^*로 상승하며, 균형시장량은 Q_1^*에서 Q_2^*로 증가한다.

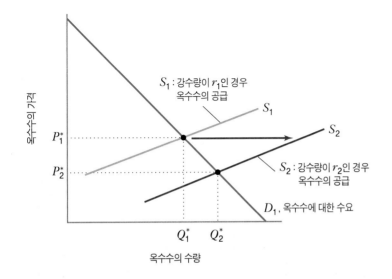

그림 1.5 비교정태 : 강수량이 증가하는 경우

강수량이 r_1에서 r_2로 증가하면 공급스케줄은 S_1에서 S_2로 오른쪽으로 이동한다(공급이 증가한다). 균형시장가격은 P_1^*에서 P_2^*로 하락하며 균형시장량은 Q_1^*에서 Q_2^*로 증가한다.

가상하자. 이런 외생변수의 변화가 각 내생변수에 어떤 영향을 미치는지 분명하게 표시한 두 번째 그래프를 이용하여 설명하라.

해법

(a) 소득이 변화하면 수요곡선은 〈그림 1.4〉에서 보는 것처럼 D_1에서 D_2로 오른쪽으로 이동한다(수요가 증가한다). Q^s는 I에 의존하지 않기 때문에 공급곡선의 위치는 영향을 받지 않는다. 공급곡선은 계속 S_1에 위치한다. 따라서 균형가격은 P_1^*에서 P_2^*로 인상된다. 그리고 소득의 변화는 균형가격의 변화로 이어진다.

균형량은 또한 Q_1^*에서 Q_2^*로 증가한다. 따라서 소득의 변화는 수량의 변화로 이어진다.

(b) 강수량이 증가하면 〈그림 1.5〉에서 보는 것처럼 공급곡선이 S_1에서 S_2로 오른쪽으로 이동한다(공급이 증가한다). Q^d는 r에 의존하지 않기 때문에 수요곡선의 위치는 영향을 받지 않는다. 수요곡선은 계속 D_1에 위치한다. 따라서 균형가격은 P_1^*에서 P_2^*로 하락한다. 그리고 강수량의 변화는 균형가격의 변화로 이어진다.

균형량은 Q_1^*에서 Q_2^*로 증가한다. 따라서 강수량의 변화도 수량의 변화로 이어진다.

정리문제 1.4

제약하에서의 최적화와 비교정태

농부의 울타리 문제(정리문제 1.1)에서 외생변수는 울타리의 둘레 F이고 내생변수는 담의 길이 L과 폭 W라는 점을 알았다. 전에 이와 같은 문제를 푼 경험이 있다. 즉 농부가 정사각형 담을 만들 경우 면적이 최대화된다(이 정리문제에서는 이 결론에 어떻게 도달하였는지에 관해 알 필요가 없으며 단지 옳다고 믿으면 된다).

문제

농부가 추가적인 울타리 길이인 ΔF를 구하였다면 담으로 둘러싸인 면적은 어떻게 변할 것인가?(여기서 Δ는 그리스 문자 델타로 '~의 변화'를 의미한다.) 다시 말해 내생변수 ΔL 및 ΔW의 변화는 외생변수 ΔF의 변화와 어떻게 관련되는가?

해법

담의 최적 형태는 정사각형이므로 담의 길이와 폭은 각각 둘레의 4분의 1이 된다는 사실을 알고 있다. 따라서 $L = F/4$ 및 $W = F/4$가 된다. 따라서 $\Delta L = \Delta F/4$ 및 $\Delta W = \Delta F/4$가 된다. 이 비교정태 결과에 따르면 농부가 추가적으로 울타리 4피트를 구할 경우 담의 길이와 폭은 각각 1피트씩 증가한다.

1.3 실증적 분석과 규범적 분석

실증적 및 규범적 의문점 모두를 공부하는 데 미시경제적 분석이 사용될 수 있다. **실증적 분석**(positive analysis)은 경제체계가 어떻게 운영되는지를 설명하거나 시간이 흐름에 따라 어떻게 변화하는지를 예측하고자 한다. 실증적 분석은 "무슨 일이 일어났는가?" 또는 "무슨 일이 일어나고 있는가?"와 같은 설명적인 질문을 한다. 이는 또한 "외생변수가 변화할 경우 무슨 일이 발생하는가?"와 같은 예측적인 질문을 하기도 한다. 이와는 대조적으로 **규범적 분석**(normative analysis)은

"무엇이 이루어져야 하는가?"와 같은 **규정적인** 질문을 한다. 규범적 연구는 일반적으로 공동선의 관점에서 강화해야 하는 또는 그 가치를 감소시켜야 하는 사회후생 문제를 검토하는 데 초점을 맞춘다. 예를 들어 정책입안자들은 기술이 가장 낮고 가장 미숙련된 노동자들에게 유리하도록 최저임금 인상 여부를 생각할 수 있다.

이 장 전반에 걸쳐 실증적 질문에 관한 설명을 살펴보았다. 농부의 울타리 문제(정리문제 1.1)에서 실증적인 질문 하나는 "양을 보호하는 담장 면적을 최대화하려면 농부는 어떤 모양을 선택하게 되는가?"이고, 다른 하나는 "농부에게 울타리 1피트가 추가적으로 주어지면 담장 면적은 어떻게 변화하는가?"이다. 소비자 선택 문제(정리문제 1.2)에서 실증적 분석은 소비자가 각 상품을 구입할 경우 모든 상품의 가격과 자신의 소득 수준에 어떻게 의존하는지를 설명해 주었다. 마지막으로 실증적 분석을 통해 커피열매와 같이 한 상품의 특정 가격에서 균형이 달성되는 이유와 다른 가격들은 그렇지 않은 이유를 이해할 수 있다. 또한 이런 분석을 통해 폭우, 동맹파업, 서리가 상품가격의 인상으로 이어지는 이유를 설명할 수 있었다.

이런 예들이 보여 주는 것처럼 예측이 목적인 경우에 미시경제 원칙을 적용하는 것은 소비자와 기업 경영자에게 중요하다. 실증적 분석은 공공정책을 연구하는 데도 또한 유용하다. 예를 들어 정책입안자는 시장에서 새로운 조세가 미치는 영향, 생산자에게 지급되는 정부 보조금의 효과, 수입에 대한 관세나 할당이 미치는 영향에 관해 알고 싶어 할 수 있다. 이들은 또한 정부예산에 미치는 충격의 규모뿐만 아니라 생산자와 소비자가 어떤 영향을 받는지 알고자 한다.

규범적 연구는 사람들이 사회적으로 바람직하다고 생각하는 목표를 어떻게 달성할 수 있을지를 검토한다. 정책입안자가 저소득 가계에 주택을 제공하려 한다고 가상하자. 이 목표를 달성하는 데 저소득 가계가 일반 주택시장에서 사용할 수 있는 주택증표를 이들에게 발행하는 것이 '나은지' 또는 법으로 통제된 금액 이상을 집주인이 주택 임차인에게 부과하지 못하도록 하는 임대규제법을 실행하는 것이 '나은지'를 생각해 볼 수 있다. 또는 정부가 오염을 낮추는 것이 바람직하다고 생각한다면, 공장과 자동차로부터의 오염배출에 대해 조세를 부과해야 하는가 아니면 오염배출을 엄격히 제한해야 하는가?

이 예들은 규범적인 분석 전에 실증적인 분석이 중요하다는 점을 보여 주고 있다. 정책입안자는 "임대규제 정책을 시행해야 하는가 또는 주택증표 발행 정책을 시행해야 하는가?"와 같은 규범적인 질문을 할 수 있다. 정책입안자는 이 정책들을 완전히 이해하기 위하여 임대규제가 시행될 경우 어떤 일이 발생하는지와 주택증표 발행 정책 채택 시 생길 수 있는 문제점을 알아보아야 한다. 이를 위해 실증분석을 우선 해 볼 필요가 있다. 실증분석을 통해 각 정책을 시행할 경우 누가 영향을 받고 어떤 영향을 받게 되는지 알게 된다.

미시경제학은 정책입안자들로 하여금 다양한 정책이 소비자와 생산자에게 미칠 충격을 이해하고 비교하는 데 도움을 준다. 따라서 첨예한 논의를 거쳐 최선의 공공정책을 선택하는 데 도움이 된다.

요약

- 경제학은 무한한 인간의 욕망을 만족시키기 위해 유한한 자원을 분배하는 것에 관해 연구하는 학문이다. 이는 종종 제약하에서의 선택에 관한 과학으로 설명된다.
- 미시경제학은 가계나 산업과 같은 일단의 경제행위자뿐만 아니라, 소비자나 기업과 같은 개별적인 경제결정단위의 경제적 행태를 연구한다.
- 경제적 연구는 종종 특정 문제에 관한 모형을 만들어 분석을 하게 된다. 실제 세계는 복잡하므로 경제모형은 현실에서 추출한 주요 내용만을 보여 준다.
- 모형을 분석할 경우 어떤 변수를 주어진 것(외생변수)으로 보며 어떤 변수를 모형 내에서 결정된 것(내생변수)으로 보는지 알아 두어야 한다.
- 세 가지 필수적인 미시경제적 분석 방법은 다음과 같다.
  (1) 제약하에서의 최적화 : 의사결정자가 제약조건에 따라 목적함수를 극대화하거나 극소화하는 방법 (정리문제 1.1, 1.2 참조)
  (2) 균형분석 : 한 체계에서 무한히 또는 최소한 어떤 외생변수의 변화가 발생할 때까지 지속될 수 있는 조건이나 상태를 설명할 때 사용하는 방법
  (3) 비교정태 : 균형상태(정리문제 1.3 참조) 및 제약하에서의 최적화(정리문제 1.4 참조)를 포함하여 경제모형에서 외생변수가 변화할 경우 내생변수 수준에 어떤 영향을 미치는지 살펴보는 데 사용되는 방법
- 미시경제학에서 한계라는 용어는, 독립변수가 한 단위 더 추가됨에 따라 종속변수가 변화하는 양을 측정한다.
- 미시경제학은 실증적 및 규범적 문제를 검토하는 데 사용할 수 있는 방법을 제공해 준다. 실증적 분석은 경제체계가 어떻게 운영되는지를 설명하고, 외생변수가 변화함에 따라 내생변수가 어떻게 변하는지 예측하고자 한다. 규범적 분석은 "무엇이 이루어져야만 하는가?"와 같은 규정적인 문제를 해결하고자 한다. 규범적 연구는 가치판단을 분석에 도입한다.

주요 용어

규범적 분석	목적함수	외생변수
균형	비교정태	제약
내생변수	실증적 분석	제약하에서의 최적화

복습용 질문

1. 경제학의 두 가지 주요 분야인 미시경제학과 거시경제학의 차이를 설명하시오.
2. 미시경제학의 세 가지 주요 분석방법인 제약하에서의 최적화, 균형분석, 비교정태를 예를 들어 설명하시오.
3. 실증적 분석과 규범적 분석의 차이를 설명하시오.

2 수요 및 공급 분석

2.1 수요, 공급, 시장균형

제1장에서는 균형과 비교정태 분석에 대해 알아보았다. 이 장에서는 이런 방법을 완전경쟁시장의 분석에 적용해 볼 것이다. 완전경쟁시장은 많은 매수인과 매도인으로 구성된다. 개별 매수인이나 매도인이 하는 거래는, 각 매수인이나 매도인이 구입하거나 생산결정을 내릴 때 시장가격을 주어진 것으로 '보는' 시장에서 거래되는 재화나 용역의 총규모와 비교할 경우 매우 규모가 작다. 이런 이유로 인해 완전경쟁 모형은 자주 가격을 추종하는 행태를 나타내는 모형으로 간주된다.

〈그림 2.1〉은 완전경쟁시장의 기본 모형을 보여 주고 있다. 수평축은 해당 시장에서 공급되고 수요되는 특정 상품으로 이 경우에는 옥수수의 총량 Q를 의미하고, 수직축은 해당 상품이 판매되는 가격 P를 나타낸다. 시장은 세 가지 면에서 특징지어질 수 있다. 즉 매입하고 매도하는 생산물인 **상품**(그림 2.1에서는 옥수수), 매입이 이루어지는 장소인 **지리적 위치**(그림 2.1에서는 미국), 거래가 이루어지는 기간인 **시간**(그림 2.1에서는 2018년)이다.

수요곡선

〈그림 2.1〉의 곡선 D는 옥수수의 **시장수요곡선**(market demand curve)이다. 이는 소비자가 상이한 가격에서 매입하려고 하는 옥수수의 양을 알려 준다. 예를 들어 이 수요곡선에 의하면 부셸당 가격이 3달러인 경우 옥수수에 대한 연간 수요는 140억 부셸이 되는 반면에, 부셸당 가격이 4달러인 경우 옥수수의 연간 수요는 단지 110억 부셸이 될 뿐이다.

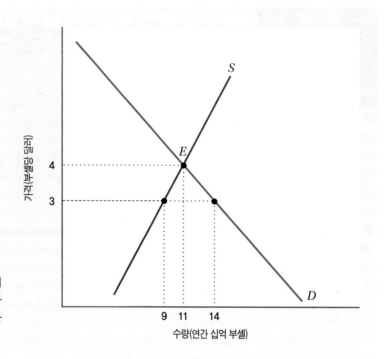

그림 2.1 미국의 옥수수시장, 2018년

*D*라고 명칭이 붙여진 곡선은 옥수수에 대한 수요곡선이며, *S*라고 명칭이 붙여진 곡선은 공급곡선이다. 두 곡선이 교차하는 점 *E*가 시장균형이 된다.

공급된 옥수수는 옥수수를 완성재나 중간재(예 : 고과당 옥수수 시럽 또는 옥수수 가루)로 가공하는 기업에 의해 매입되며 이는 다시 최종재(예 : 청량음료 또는 아침식사용 곡물식)를 만드는 데 사용된다. 〈그림 2.1〉이 보여 주는 수요의 일부는 **유도수요**(derived demand), 즉 다른 물품의 생산이나 판매로부터 도출된 수요이다. 예를 들어 고과당 옥수수 시럽에 대한 수요는 이를 (설탕 대신에) 감미료로 사용하는 청량음료 수요에서 도출된 것이다. 옥수수는 또한 중개상과 도매상에 의해서도 매입되는데 이들은 최종소비자에게 이것을 다시 판매할 소매상에게 매도한다. 따라서, 〈그림 2.1〉에 있는 옥수수 수요의 또 다른 일부는 **직접수요**(direct demand), 즉 상품 자체에 대한 수요이다. 수요곡선 *D*는 미국 시장 내 모든 옥수수 매입자로부터의 옥수수에 대한 총수요를 나타낸다는 점에서 시장수요곡선이 된다.

〈그림 2.1〉에서 수직축이 가격이고 수평축이 수량인 수요곡선을 도출하였다. 이는 나중에 다른 장에서 살펴볼 수요곡선에 대한 또 다른 유용한 해석을 가능하게 한다. 수요곡선은 생산품의 주어진 양 또는 공급에 대해 '시장이 지탱하게 될' 최고가격을 알려 준다. 따라서 〈그림 2.1〉에서 옥수수 공급업자가 모두 합하여 140억 부셸을 판매하려는 경우, 옥수수로 받을 수 있는 최고가격은 부셸당 3달러가 된다.

가격 이외의 다른 요소들도 수요되는 상품의 수량에 영향을 미친다. 관련 상품의 가격, 소비자 소득, 소비자 기호, 광고는 보통 상품의 수요에 영향을 미칠 것으로 기대되는 요소들이다. 그러나 수요곡선은 상품의 가격과 수요하는 상품의 수량 사이의 관계에만 초점을 맞춘다. 수요곡선을 도출할 경우, 수요량에 영향을 미치는 다른 모든 요소들은 고정되어 있다고 생각한다.

〈그림 2.1〉에서 수요곡선의 기울기는 아래쪽으로 향하는데, 이는 옥수수 가격이 낮아질수록 옥수수의 수요량이 증가하며 옥수수 가격이 높아질수록 수요량이 감소한다는 의미이다. 수요에 영향을 미치는 다른 모든 요소들이 고정되어 있다 보고 가격과 수요량 사이에 존재하는 역의 관계를 **수요법칙**(law of demand)이라 한다. 시장수요곡선에 관한 수많은 연구는 가격과 수요량 사이에 존재하는 역의 관계를 확인해 주고 있으며, 이것이 이런 관계를 법칙이라고 부르는 이유이다. 그럼에도 불구하고 향수, 디자이너의 라벨, 크리스털처럼 소위 사치품을 연상할지도 모른다. 높은 가격은 더 우수한 품질을 의미하기 때문에 일부 소비자들은 더 높은 가격에서 해당 상품을 더 많이 구입한다고 주장할 수도 있다.[1] 그러나 이런 예들이 수요법칙에 위배되는 것은 아니다. 왜냐하면 가격이 변화하는 동안에 해당 물품의 수요에 영향을 미치는 다른 요소들이 고정되지 **않았기** 때문이다. 이 상품들의 품질에 관한 소비자의 인지 또한 변할 수 있다. 품질에 관한 소비자의 인지가 일정하다고 볼 경우, 가격이 인상됨에 따라 이런 사치품을 점점 덜 구매하게 될 것이라고 예상할 수 있다.

정리문제 2.1

수요곡선에 대한 설명

미국의 신차 수요를 다음 식으로 나타낼 수 있다고 가상하자.

$$Q^d = 5.3 - 0.1P \qquad (2.1)$$

여기서 Q^d는 P가 자동차의 평균가격(천 달러)인 경우 연간 신차 숫자(백만 대)를 의미한다(현재로서는 수요곡선 또는 공급곡선 식에 있는 상수, 이 경우에 5.3 및 −0.1의 의미에 대해서는 생각하지 말자).

문제

(a) 자동차 평균가격이 15,000달러인 경우 자동차 수요량은 얼마인가? 가격이 25,000달러인 경우 연간 수요량은 어떠한가? 가격이 35,000달러인 경우 연간 수요량은 어떠한가?

(b) 자동차 수요곡선을 설명하라. 이 수요곡선은 수요법칙을 준수하는가?

해법

(a) 자동차당 평균가격이 주어진 경우 식 (2.1)을 이용하여 이에 대한 연간 수요를 구하면 다음과 같다.

자동차당 평균가격(P)	식 (2.1)에 대입	수요량 (Q^d)
15,000달러	$Q^d = 5.3 - 0.1(15) = 3.8$	3.8(백만 대)
25,000달러	$Q^d = 5.3 - 0.1(25) = 2.8$	2.8(백만 대)
35,000달러	$Q^d = 5.3 - 0.1(35) = 1.8$	1.8(백만 대)

(b) 〈그림 2.2〉는 자동차의 수요곡선을 보여 주고 있다. 이를 개괄적으로 그려 보기 위해 (a)에서 구한 가격과 수량의 결합 관계를 도면에 나타내고 한 선으로 이를 연결해 보자. 〈그림 2.2〉에서 수요곡선의 기울기가 아래로 향하는 것은 자동차 가격이 상승함에 따라 소비자들이 더 적은 수의 자동차를 수요한다는 의미이다.

---

1 Michael Schudson, *Advertising, The Uneasy Persuasion: Its Dubious Impact on American Society* (New York: Basic Books, 1984), pp. 113 – 114.

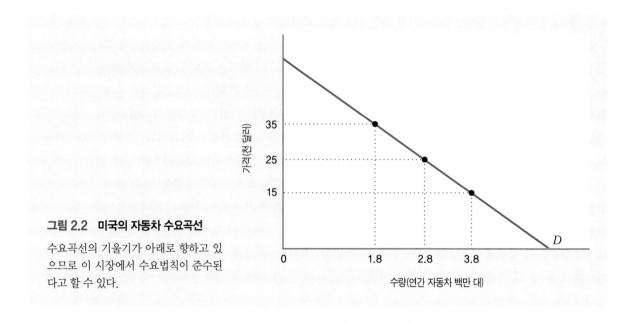

그림 2.2   미국의 자동차 수요곡선

수요곡선의 기울기가 아래로 향하고 있으므로 이 시장에서 수요법칙이 준수된다고 할 수 있다.

공급곡선

〈그림 2.1〉에서 *S*라고 명칭이 붙여진 곡선이 옥수수의 **시장공급곡선**(market supply curve)으로, 상이한 가격에서 옥수수 공급업자가 판매하고자 하는 옥수수의 총량에 대해 알려 준다. 예를 들어 공급곡선에 의하면 부셸당 가격이 3달러인 경우 2018년에 옥수수 90억 부셸을 공급하는 반면에, 부셸당 가격이 4달러인 경우 같은 해에 110억 부셸을 공급하게 된다.

미국에서 옥수수 공급은 주로 전국에 산재해 있는 옥수수 재배 농부들에 의해 이루어진다. 어떤 특정 연도에 이루어지는 공급은 해당 연도에 수확한 옥수수에, 전에 이루어진 수확 가운데 비축된 옥수수를 합한 것이다. 공급곡선 *S*는 미국 내 모든 개별 옥수수 공급업자의 공급곡선을 합하여 구한 것이라고 생각한다.

공급곡선의 기울기는 위로 향하며, 이는 가격이 높을수록 옥수수 공급업자가 더 많은 옥수수를 판매하려 하고 가격이 낮을수록 더 적은 옥수수를 판매하려 한다는 의미이다. 가격과 공급량 사이에 존재하는 양의 관계를 **공급법칙**(law of supply)이라 한다. 시장공급곡선에 관한 연구에 따르면 공급량과 가격 사이에 양의 관계가 존재한다는 사실을 확인해 주고 있으며, 이것이 이런 관계를 법칙이라고 부르는 이유이다.

수요와 마찬가지로, 가격 이외의 다른 요소들도 공급업자가 시장에 공급하는 상품의 양에 영향을 미친다. 예를 들어 물품을 생산하는 데 사용하는 노동과 원재료 같은 자원, 즉 **생산요소**(factor of production) 가격도 매도인이 공급하려는 물품의 양에 영향을 미친다. 매도인이 생산하는 다른 물품의 가격 또한 공급량에 영향을 미칠 수 있다. 예를 들어 석유 가격이 상승할 경우 천연가스의 공급이 증가한다. 왜냐하면 석유 가격이 인상될수록 석유 생산을 촉진하고 천연가스는 바로 석유

의 부산물이기 때문이다. 〈그림 2.1〉과 같은 공급곡선을 도출하려는 경우 공급량에 영향을 미치
는 모든 다른 요소들은 고정되어 있는 것으로 본다.

공급곡선에 대한 설명

캐나다의 밀 공급을 다음과 같은 식으로 나타낼 수 있다
고 가상하자.

$$Q^s = 0.15 + P \qquad (2.2)$$

여기서 Q^s는 밀의 평균가격이 P(부셸당 달러)인 경우 캐
나다에서 생산되는 밀의 수량(십억 부셸)을 나타낸다.

문제

(a) 밀 평균가격이 2달러인 경우 밀의 공급량은 얼마인
    가? 가격이 3달러인 경우는 얼마인가? 가격이 4달러
    인 경우는 얼마인가?

(b) 밀의 공급곡선을 설명하라. 이는 공급법칙에 부합되
    는가?

해법

(a) 부셸당 평균가격이 주어진 경우 식 (2.2)를 이용하여
    밀의 연간 공급량을 구하면 다음과 같다.

부셸당 평균가격(P)	식 (2.2)에 대입	공급량 (Q^s)
2달러	$Q^s = 0.15 + 2 = 2.15$	2.15(십억 부셸)
3달러	$Q^s = 0.15 + 3 = 3.15$	3.15(십억 부셸)
4달러	$Q^s = 0.15 + 4 = 4.15$	4.15(십억 부셸)

(b) 〈그림 2.3〉은 공급곡선의 그래프를 보여 주고 있다.
    가격과 (a)에서 구한 관련 수량을 도면에 나타내고, 이
    를 한 선으로 연결시키면 공급곡선을 구할 수 있다.
    〈그림 2.3〉에서 공급곡선의 기울기가 위로 향하는 것
    은 공급법칙이 준수된다는 사실을 나타낸다.

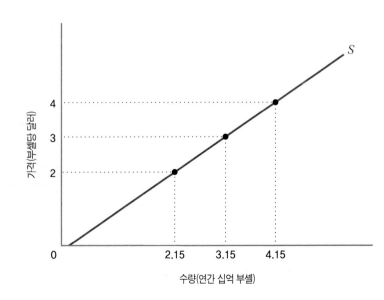

그림 2.3 캐나다의 밀 공급곡선

이 그림은 이 정리문제에서 도출한 캐나
다의 밀 공급곡선이며, 기울기가 위로 향
하고 있으므로 이 시장에서는 공급법칙
이 준수된다.

시장균형

〈그림 2.1〉에서 수요곡선과 공급곡선은 E점에서 교차하며, 거기서 가격은 부셸당 4달러이고 수량은 110억 부셸이었다. 이 점에서 시장은 **균형**(equilibrium)에 있게 된다. 제1장에서 논의한 것처럼 균형은 외생적인 조건(예 : 강수량, 국민소득)이 불변인 한, 시장가격의 변화가 발생하지 않는 점이다. 균형가격 이외의 가격에서는 가격변동 압력이 존재한다. 예를 들어 〈그림 2.4〉가 보여 주는 것처럼 옥수수 가격이 부셸당 5달러인 경우, 그 가격에서의 공급량(130억 부셸)이 수요량(80억 부셸)을 초과하는 **초과공급**(excess supply)이 존재한다. 옥수수 공급업자가 자신들이 원하는 만큼 판매할 수 없는 경우 가격 인하 압력을 받게 된다. 가격이 인하되면 수요량이 증가하고 공급량이 감소하여 시장은 균형가격인 부셸당 4달러로 이동하게 된다. 옥수수 가격이 부셸당 3달러인 경우 그 가격에서 수요량(140억 부셸)은 공급량(90억 부셸)을 초과하여 초과수요가 존재한다. 옥수수 매입자는 자신들이 원하는 만큼 옥수수를 구입할 수 없으므로 가격 상승 압력이 발생한다. 가격이 인상됨에 따라 공급량 또한 증가하고 수요량은 감소하며 시장은 균형가격인 부셸당 4달러로 이동하게 된다.

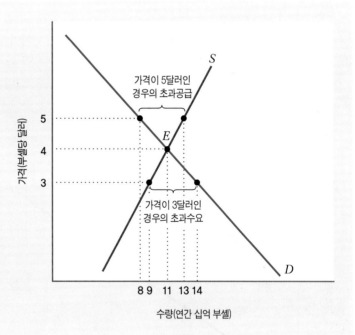

그림 2.4 옥수수시장에서의 초과수요 및 초과공급

옥수수 가격이 3달러인 경우 140억 부셸이 수요되지만 단지 90억 부셸만이 공급되기 때문에 초과수요가 존재한다. 옥수수 가격이 부셸당 5달러인 경우 130억 부셸이 공급되지만 단지 80억 부셸만이 수요되기 때문에 초과공급이 존재한다.

정리문제 2.3

균형가격 및 균형량 계산

미국에서 크랜베리에 대한 시장수요곡선은 식 $Q^d = 500 - 4P$로 나타낼 수 있는 반면에, 크랜베리의 시장공급곡선은 ($P \geq 50$인 경우) 식 $Q^s = -100 + 2P$로 나타낼 수 있다. 여기서 P는 배럴당 달러로 나타낸 크랜베리 가격이며, 수량(Q^d 또는 Q^s)은 연간 천 배럴로 표시한다.

문제
크랜베리시장에서 균형가격 및 균형량은 얼마인가? 이 균형가격을 그래프로 나타내라.

해법
균형에서 공급량과 수요량은 같아지며 이 관계를 이용하여 $Q^d = Q^s$ 또는 $500 - 4P = -100 + 2P$를 P에 대해 풀면 $P = 100$이 된다. 따라서 균형가격은 배럴당 100달러가 된다. 그리고 나서 균형가격을 수요곡선 식 또는 공급곡선 식에 대입하여 균형량을 다음과 같이 구할 수 있다.

$$Q^d = 500 - 4(100) = 100$$
$$Q^s = -100 + 2(100) = 100$$

따라서, 균형량은 연간 100,000배럴이 된다. 〈그림 2.5〉는 이런 균형을 그래프를 통해 보여 주고 있다.

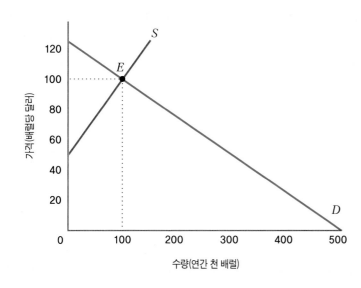

그림 2.5 크랜베리시장의 균형
시장균형은 점 E에서 이루어지며, 여기서 수요곡선과 공급곡선이 교차한다. 균형가격은 배럴당 100달러이며 균형량은 연간 10만 배럴이다.

공급과 수요의 이동

공급 또는 수요가 이동하는 경우

이 장에서 지금까지 논의한 수요곡선과 공급곡선은 가격을 제외하고 수요량 및 공급량에 영향을 미치는 모든 요소가 고정돼 있다는 가정하에서 도출되었다. 하지만 실제로 이런 요소들은 고정돼 있지 않으며, 따라서 수요곡선 및 공급곡선의 위치, 나아가 시장균형도 이 요소들의 값에 달려 있

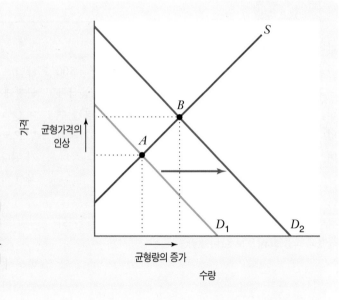

그림 2.6 가처분 소득 증가로 인한 수요의 이동

소비자의 가처분 소득이 증가하여 특정 상품에 대
한 수요를 증대시킬 경우 수요곡선은 오른쪽(수직
축으로부터 먼 쪽)으로, 즉 D_1에서 D_2로 이동하고
시장균형은 점 A에서 점 B로 이동한다. 균형가격이
인상되고 균형량은 증가한다.

다. 〈그림 2.6〉과 〈그림 2.7〉은 이런 다른 변수들이 시장균형에 미치는 영향을 설명하기 위해 지
금까지의 분석을 어떻게 적용할 수 있는지 보여 준다. 이 그림들은 제1장에서 논의한 비교정태 분
석을 설명하고 있다. 두 경우 모두에서 외생변수(예 : 소비자 소득 또는 임금률)의 변화가 내생변
수(가격 및 수량)의 균형값을 어떻게 변화시키는지 살펴볼 수 있다.

　　시장균형의 비교정태 분석을 위해서 특정 외생변수가 수요 또는 공급에 어떤 영향을 미치는지

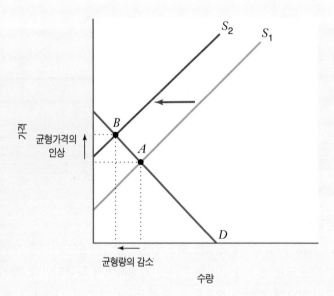

그림 2.7 노동비용 인상에 따른 공급의 이동

노동비용이 인상되면 공급곡선이 왼쪽(수직축을 향
하는 쪽), 즉 S_1에서 S_2로 이동한다. 시장균형은 점
A에서 점 B로 이동한다. 균형가격은 인상되지만 균
형량은 감소한다.

결정해야 한다. 그러고 나서 수요곡선, 공급곡선, 또는 두 곡선 모두의 이동으로 해당 변수의 변화를 나타낼 수 있다. 예를 들어, 소비자 소득이 증가하면 특정 상품의 수요를 증가시킨다고 가상하자. 가처분 소득의 증가가 시장균형에 미치는 영향은 〈그림 2.6〉에서 보는 것처럼 수요곡선의 오른쪽 이동(수직축으로부터 멀리 이동)으로 나타낼 수 있다.[2] 이런 이동은 어떤 가격에서 이전보다 수요량이 더 많아졌다는 사실을 의미한다. 이런 이동으로 인해 시장균형이 점 A에서 점 B로 이동한다. 소득 증가로 인한 수요의 이동은 균형가격과 균형량을 증가시킨다.

다른 예로 특정 산업의 임금률이 인상되었다고 가상하자. 일부 기업은 노동비용과 함께 비용이 인상되어서 생산수준을 낮추게 되며 또 다른 기업은 이와 함께 사업에서 철수하게 된다. 〈그림 2.7〉에서 보는 것처럼, 노동비용이 증가하면 공급곡선이 왼쪽(수직축을 향하는 쪽)으로 이동한다. 이런 이동으로 인해 생산물이 모든 가격에서 더 적게 공급되며 시장균형은 점 A에서 점 B로 이동한다. 노동비용의 증가로 인해 균형가격이 인상되고 균형량이 감소한다.

〈그림 2.6〉은 공급곡선이 불변인 경우 수요의 증가가 균형가격의 인상과 균형량의 증가로 이어진다는 사실을 보여 준다. 〈그림 2.7〉은 수요곡선이 불변인 경우 공급의 감소가 균형가격의 인상과 균형량의 감소로 이어진다는 점을 보여 준다. 수요 감소와 공급 증가에 관해 위와 유사한 비교정태 분석을 하면, 다음과 같은 공급과 수요에 관한 네 가지 기본법칙을 도출할 수 있다.

1. 수요 증가 + 공급곡선 불변 = 균형가격 인상 및 균형량 증대
2. 공급 감소 + 수요곡선 불변 = 균형가격 인상 및 균형량 감소
3. 수요 감소 + 공급곡선 불변 = 균형가격 인하 및 균형량 감소
4. 공급 증가 + 수요곡선 불변 = 균형가격 인하 및 균형량 증대

정리문제 2.4

시장균형에 관한 비교정태

알루미늄에 대한 미국의 수요를 다음 식 $Q^d = 500 - 50P + 10I$으로 나타낼 수 있다고 가상하자. 여기서 P는 킬로그램당 달러화로 나타낸 알루미늄 가격이며, I는 미국의 1인당 평균소득(연간 천 달러)을 의미한다. 평균소득은 자동차와 알루미늄을 사용하는 다른 생산물에 대한 수요의 중요한 결정요소이며, 여기서는 알루미늄 자체에 대한 수요의 결정요소이다. 나아가 미국의 알루미늄 공급은 ($P \geq 8$일 경우) 식 $Q^s = -400 + 50P$로 나타낼 수 있다. 수요함수와 공급함수 둘 다 수량은 연간 백만 킬로그

램으로 측정된다.

문제

(a) $I = 10$(즉 연간 10,000달러)인 경우 알루미늄의 시장 균형가격은 얼마인가?

(b) 1인당 평균소득이 연간 5,000달러(즉 $I = 10$이 아니라 $I = 5$)인 경우 수요곡선에는 어떤 변화가 발생하는가? 이런 수요 변화가 시장 균형가격과 균형량에 미치는 충격을 계산하고, 이런 충격을 설명할 수 있도록

---

2 이런 이동은 〈그림 2.6〉에서와 같은 방법처럼 반드시 평행일 필요는 없다.

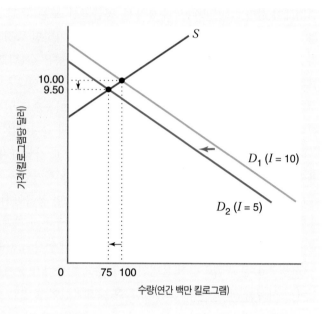

그림 2.8 알루미늄시장의 균형

최초 시장균형은 킬로그램당 가격 10달러와 수량 1억 킬로그램에서 이루어진다. 평균소득이 감소할 경우(즉 $I = 10$에서 $I = 5$로 변화할 경우) 알루미늄에 대한 수요곡선은 왼쪽으로 이동한다. 새로운 균형가격은 킬로그램당 9.50달러이며, 새로운 균형량은 7,500만 킬로그램이다.

($I = 10$ 및 $I = 5$인 경우) 공급곡선 및 수요곡선을 개략적으로 설명하라.

해법

(a) $I = 10$을 수요식에 대입시키면 알루미늄에 대한 수요곡선, 즉 $Q^d = 600 = -50P$를 구할 수 있다. Q^d는 Q^s와 같다고 보면 균형가격을 구할 수 있다. 즉 $600 - 50P = -400 + 50P$에서 $P = 10$을 구할 수 있다. 따라서 균형가격은 킬로그램당 10달러가 된다. 균형량은 $Q = 600 - 50(10)$, 즉 $Q = 100$이다. 따라서 균형량은 연간 1억 킬로그램이 된다.

(b) I가 변화할 경우 $I = 5$를 앞에 나온 수요식에 대입하여 새로운 수요곡선, 즉 $Q^d = 550 - 50P$를 도출할 수 있다. 〈그림 2.8〉은 $I = 10$인 경우의 수요곡선뿐만 아니라, 이 경우의 수요곡선도 보여 주고 있다. 앞에서와 마찬가지로 Q^d는 Q^s와 같다고 보면 균형가격, 즉 $550 - 50P = -400 + 50P$, $P = 9.5$를 구할 수 있다. 따라서 균형가격은 킬로그램당 10달러에서 9.5달러로 하락하게 된다. 균형량은 $Q = 550 - 50(9.50)$, 즉 $Q = 75$가 된다. 따라서 균형량은 연간 1억 킬로그램에서 7,500만 킬로그램으로 감소한다. 〈그림 2.8〉은 이런 변화를 보여 주고 있다. 이는 공급 및 수요의 세 번째 법칙, 즉 공급곡선은 불변하는데 수요가 감소하는 경우 균형가격은 낮아지고 균형량은 감소된다는 법칙과 일치한다.

공급과 수요 모두 이동하는 경우

지금까지 공급곡선 또는 수요곡선이 이동할 경우 어떤 일이 발생하는지 알아보았다. 그러나 공급과 수요 모두 변화할 경우 어떤 일이 발생하는지를 알아보면 시장에서의 가격과 수량의 변화를 더 잘 이해할 수 있다.

2000년대 미국 옥수수시장의 예로 돌아가서 공급과 수요가 모두 변화하는 경우를 살펴보자. 〈그림 2.9〉는 가격이 부셀당 3달러였던 2006년 옥수수시장의 균형(점 A)과 부셀당 6달러로 상승

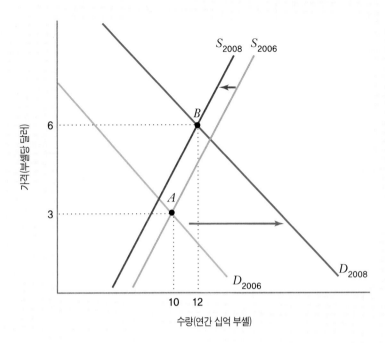

**그림 2.9 미국의 옥수수시장, 2006
~2008년**

미국 옥수수 가격의 상승은 공급변화 및
수요변화에 따른 혼합효과로 설명할 수
있다. 특히 수요곡선은 오른쪽으로, 즉
D_{2006}에서 D_{2008}로 이동한 반면에, 공
급곡선은 왼쪽으로, 즉 S_{2006}에서 S_{2008}
로 이동하여 균형이 점 A에서 점 B로 이
동하였다. 그 결과 균형가격은 부셸당
3달러에서 6달러로 상승하였다.

하였던 2008년 균형(점 B)의 차이점을 보여 주고 있다. 이 기간 동안 발생한 옥수수 가격의 변화
는 두 가지 요인, 즉 (특히 옥수수에서 추출한 에탄올에 대한 미국 시장의 성장에서 비롯된) 수요
의 증가와 (특히 미국 중서부의 옥수수 재배지대에서 2008년에 발생한 폭우와 홍수에서 비롯된)
공급의 감소에서 기인하였다. 이런 두 가지 측면의 변화로부터 비롯된 혼합효과로 균형가격이 상
승하였다. 이와는 대조적으로 이런 변화들이 균형량에 미치는 영향은 분명하지가 않다. 수요의
증가는 균형량을 증가시키는 경향이 있는 반면에 공급의 감소는 균형량을 감소시키는 경향이 있
다. 균형량에 이들이 미치는 순효과는, 수요곡선 및 공급곡선의 형태뿐만 아니라 변화의 규모에
도 의존하게 된다. 〈그림 2.9〉는 (100억 부셸에서 120억 부셸로 증가한) 균형량의 증대를 보여주
고 있으며, 이는 2006년과 2008년 사이에 미국에서 발생했던 현상이었다.

2.2 수요의 가격탄력성

수요의 가격탄력성(price elasticity of demand)은 가격에 대한 수요량의 민감도를 나타낸다. ($\epsilon_{Q,P}$
로 나타낸) 수요의 가격탄력성은 가격(P) 1% 변화에 따른 수요량(Q)의 백분율 변화를 의미한다.

$$\epsilon_{Q,P} = \frac{\text{수량의 백분율 변화}}{\text{가격의 백분율 변화}}$$

ΔQ는 수량 변화 그리고 ΔP는 가격 변화를 의미한다면 다음과 같다.

$$\text{수량의 백분율 변화} = \frac{\Delta Q}{Q} \times 100\%$$

$$\text{가격의 백분율 변화} = \frac{\Delta P}{P} \times 100\%$$

따라서 수요의 가격탄력성은 다음과 같다.

$$\epsilon_{Q,P} = \frac{\frac{\Delta Q}{Q} \times 100\%}{\frac{\Delta P}{P} \times 100\%}$$

또는

$$\epsilon_{Q,P} = \frac{\Delta Q}{\Delta P} \frac{P}{Q} \tag{2.3}$$

예를 들면, 어떤 상품의 가격이 10달러($P = 10$)일 경우 수요량은 50단위($Q = 50$)가 되고, 가격이 12달러($\Delta P = 2$)로 인상될 경우 수요량은 45단위($\Delta Q = -5$)로 감소한다고 가상하자. 이 수치를 식 (2.3)에 대입하면 수요의 가격탄력성은 다음과 같다.

$$\epsilon_{Q,P} = \frac{\Delta Q}{\Delta P} \frac{P}{Q} = \frac{-5}{2} \frac{10}{50} = -0.5$$

위의 예에서 살펴본 것처럼 $\epsilon_{Q,P}$의 값은 언제나 음이 되는데 이는 다음과 같은 사실을 반영한다. 즉 가격이 상승하면 수량이 감소하며 그 반대 상황도 성립하기 때문에, 가격과 수량 사이에는 역의 관계가 존재하여 수요곡선의 기울기는 하향하게 된다. 따라서 음의 값을 갖게 된다. 다음 표는 경제학자들이 $\epsilon_{Q,P}$의 범위를 어떻게 분류하는지 보여 주고 있다.

$\epsilon_{Q,P}$의 값	분류	의미
0	완전 비탄력적인 수요	수요량이 가격에 대해 완전히 반응하지 않는 경우
0과 −1 사이	비탄력적인 수요	수요량이 가격에 대해 상대적으로 민감하지 않은 경우
−1	단위 탄력적인 수요	수요량의 백분율 증가가 가격의 백분율 감소와 같은 경우
−1과 −∞ 사이	탄력적인 수요	수요량이 가격에 대해 상대적으로 민감한 경우
−∞	완전 탄력적인 수요	가격이 인상되면 수요량이 영으로 감소하고 가격이 하락하면 수요량이 무한하게 증가하는 경우

수요의 가격탄력성과 수요곡선의 형태 사이의 관계를 알아보기 위해 〈그림 2.10〉을 생각해 보자. 이 그림에서 수요곡선 D_1과 D_2는 점 A에서 교차하며 이때 가격은 P이고 수량은 Q가 된다(잠시 동안 D_3라고 표기된 선은 무시하도록 하자). 점 A에서 가격의 일정한 백분율 증가 $\Delta P/P$에 대해, D_2에서의 수요량 백분율 감소 $\Delta Q_2/Q$는 수요곡선 D_1에서의 수요량 백분율 감소 $\Delta Q_1/Q$보다 크다. 따라서 점 A에서 수요는 수요곡선 D_1에서보다 수요곡선 D_2에서 더 탄력적이다. 즉 수요의

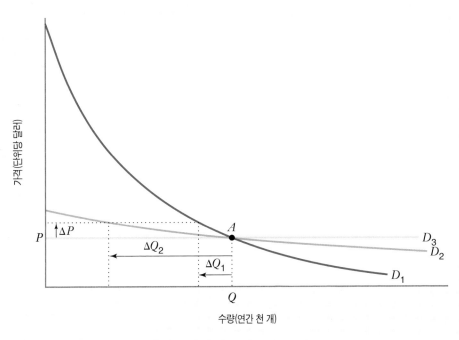

그림 2.10 상이한 수요곡선 상에서 수요의 가격탄력성 비교

점 A에서 시작할 경우, 수요곡선 D_1을 따라 가격이 일정한 백분율로 증가하여 $\Delta P/P$가 되면 수요량은 상대적으로 적은 백분율이 감소하여 $\Delta Q_1/Q$가 된다. 반면에, 수요곡선 D_2를 따라 가격이 동일한 백분율로 변하게 되면 수요량은 상대적으로 많은 백분율이 감소하여 $\Delta Q_2/Q$가 된다. 따라서 점 A에서 수요는 수요곡선 D_1에서보다 수요곡선 D_2에서 상대적으로 더 탄력적이 된다. 수요곡선 D_3는 완전 탄력적이 된다. 이 수요곡선에서 수요의 가격탄력성은 음의 무한대가 된다.

가격탄력성은 D_1에 대해서보다 D_2에 대해 더 큰 음수를 갖게 된다. 이는 특정한 점에서 교차하는 두 수요곡선의 경우 더 평탄한 곡선이 그 점에서 더 탄력적이라는 사실을 알려 준다.

〈그림 2.10〉에서 수요곡선 D_3는 수요가 점점 탄력적이 되어 감에 따라 종국적으로 어떤 일이 발생하는지 보여 주고 있다. 수요곡선 D_3는 완전 탄력적인(즉 $\epsilon_{Q,P} = -\infty$) 수요를 나타내고 있다. 완전 탄력적인 수요곡선 D_3 상에서는, 가격 P에서 어떤 양의 수량도 팔리게 되어 수요곡선이 수평선이 된다. 완전 탄력적인 수요의 정반대는 완전 비탄력적인 수요(즉 $\epsilon_{Q,P} = 0$)이며, 이 경우 수요량은 가격에 대해 완전 비탄력적이 된다.

수요의 가격탄력성은, 자신들의 생산물 또는 용역의 가격을 어떻게 책정해야 하는지 결정해야 하는 기업, 비영리기관, 기타 기구에 매우 유용한 정보가 될 수 있다. 이는 또한 특정 산업 내 경쟁의 구조와 본질을 결정하는 중요한 요소이다. 마지막으로 수요의 가격탄력성은 가격상한, 관세, 수입할당처럼 다양한 종류의 정부개입에 따른 영향을 알아보는 데도 중요하다. 나중에 수요의 가격탄력성을 이용하여 이런 의문점들에 대한 분석을 해 볼 것이다.

수요의 가격탄력성

가격이 처음에는 5달러이고 이에 상응하는 수요량이 1,000개라고 가상하자. 가격이 5.75달러로 인상될 경우 수요량은 800개로 감소한다고 가상해 보자.

문제

이 수요곡선의 범위에서 수요의 가격탄력성은 얼마인가? 수요는 탄력적인가 또는 비탄력적인가?

해법

이 경우 $\Delta P = 5.75 - 5 = 0.75$달러이고 $\Delta Q = 800 -$

1,000 = -200이므로 다음과 같다.

$$\epsilon_{Q,P} = \frac{\Delta Q}{\Delta P} \frac{P}{Q} = -\frac{200}{0.75달러} \frac{5달러}{1,000} = -1.33$$

따라서 가격 범위가 5.00~5.75달러인 경우, 가격이 1% 증가할 때마다 수요량은 1.33% 비율로 감소한다. 수요의 가격탄력성은 -1에서 $-\infty$ 사이에 있게 되므로, 수요는 탄력적이 된다(즉 수요는 상대적으로 가격에 민감하게 된다).

특정 수요곡선 상에서의 탄력성

선형 수요곡선

수요곡선을 나타내는 데 일반적으로 사용되는 형태는 $Q = a - bP$로 대표되는 **선형 수요곡선**(linear demand curve)이다. 여기서 a와 b는 양의 상수이다. 이 식에서 상수 a는 해당 상품의 수요에 영향을 미치는 가격 이외의 (예를 들면 소득, 다른 상품의 가격과 같은) 모든 다른 요소의 영향을 포함한다. 수요식의 기울기인 계수 b는 상품 가격이 수요량에 미치는 영향을 반영한다.[3]

기울기가 아래로 향하는 어떤 수요곡선도 가격을 수량의 함수로 나타낸 그에 상응하는 **역수요곡선**(inverse demand curve)을 갖게 된다. 수요곡선 식을 P에 대해 풀어 Q로 나타낼 경우 역수요곡선을 구할 수 있다. 선형 수요곡선에 대한 역수요곡선은 다음과 같다.

$$P = \frac{a}{b} - \frac{1}{b}Q$$

여기서 a/b항은 **폐색가격**(choke price)이라 하며 수요량이 0이 될 경우의 가격이다.[4]

〈그림 2.11〉은 선형 수요곡선을 그래프로 나타낸 것이다. 선형 수요곡선 상에서 식 (2.3)을 이

---

3 그러나 $-b$항이 수요의 가격탄력성이 아니라는 사실을 알게 될 것이다.

4 $P = a/b$를 다음과 같이 수요곡선 식에 대체시키면 수요량이 폐색가격에서 0이 된다는 사실을 증명할 수 있다.

$$Q = a - b\left(\frac{a}{b}\right)$$
$$= a - a$$
$$= 0$$

용하여 수요의 가격탄력성을 다음 공식으로 나타낼 수 있다.

$$\epsilon_{Q,P} = \frac{\Delta Q}{\Delta P}\frac{P}{Q} = -b\frac{P}{Q} \tag{2.4}$$

위의 식에 따르면 선형 수요곡선의 경우 수요의 가격탄력성은 곡선을 이동함에 따라 변화하게 된
다. ($Q = 0$인 경우의) 폐색가격 a/b와 (수요곡선 중간점 M인 경우의) $a/2b$ 사이에서, 수요의 가격
탄력성은 $-\infty$에서 -1까지의 값을 갖게 되며 이는 수요곡선의 탄력적인 영역이다. 가격이 $a/2b$
와 0 사이에서, 수요의 가격탄력성은 -1에서 0까지의 값을 갖게 되며 이는 수요곡선의 비탄력적
인 영역이다.

식 (2.4)는 수요식의 기울기 $-b$와 수요의 가격탄력성 $-b(P/Q)$ 사이의 차이점을 분명하게 보여
준다. 기울기는 가격이 한 단위 변화하는 데 따른 (수요량의 단위로 나타낸) 수요량의 절대적인 변
화를 의미한다. 반면에 수요의 가격탄력성은 가격이 1% 변화하는 데 따른 수요량의 백분율 변화를
나타낸다.

간단하게 기울기를 사용하여 가격에 대한 수량의 민감도를 측정하지 않는 이유를 알아보도록
하자. 문제는 수요곡선의 기울기가 가격 및 수량을 측정하는 데 사용하는 단위에 의존한다는 데
있다. 따라서 (수량 단위가 상이한) 다양한 상품에 대한 기울기를 비교하거나 (가격이 상이한 통화
단위로 측정된) 다양한 국가에 대한 기울기를 비교할 경우 이는 큰 의미가 없다. 반면에 수요의 가
격탄력성은 공통적인 단위(즉 백분율)로 가격 및 수량의 변화를 나타낸다. 이를 통해 상이한 상품
이나 상이한 국가에서의 가격에 대한 수요량의 민감도를 비교할 수 있다.

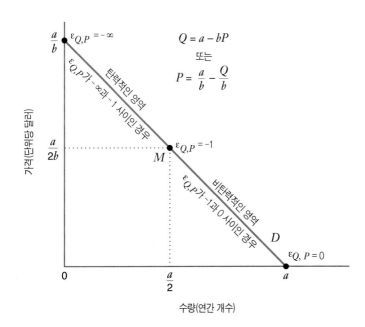

**그림 2.11 선형 수요곡선 상에서 수요의
가격탄력성**

중앙점 M의 북서쪽에 위치한 영역에서, 수요
의 가격탄력성은 $-\infty$와 -1 사이에 있게 되
어 수요는 탄력적이 된다. 중앙점 M의 남동
쪽에 위치한 영역에서, 수요의 가격탄력성은
-1과 0 사이에 있게 되어 수요는 비탄력적이
된다.

불변탄력성 수요곡선

일반적으로 사용되는 또 다른 수요곡선으로 **불변탄력성 수요곡선**(constant elasticity demand curve)을 들 수 있으며, 일반적인 공식으로 나타내면 다음과 같다: $Q = aP^{-b}$, a와 b는 양의 상수이다. 불변탄력성 수요곡선의 경우, 가격탄력성은 언제나 승수 $-b$가 된다.[5] 이런 이유 때문에, 경제학자들은 종종 불변탄력성 수요곡선을 이용하여 통계적 기법에 기초한 수요의 가격탄력성을 추정한다.

정리문제 2.6

특정 수요곡선에서의 탄력성

문제

(a) 불변탄력성 수요곡선을 식 $Q = 200P^{-\frac{1}{2}}$로 나타낼 수 있다고 가상하자. 수요의 가격탄력성은 얼마인가?

(b) 선형 수요곡선을 식 $Q = 400 - 10P$로 나타낼 수 있다고 가상하자. $P = 30$인 경우 수요의 가격탄력성은 얼마인가? $P = 10$인 경우는 얼마인가?

해법

(a) 이는 불변탄력성 수요곡선이므로, 수요곡선 어디에서나 수요의 가격탄력성은 $-1/2$이 된다.

(b) 이 선형 수요곡선에 대해 식 (2.4)를 이용하여 수요의 가격탄력성을 구할 수 있다: $\epsilon_{Q,P} = (-b)(P/Q)$이다. 여기서 $b = 10$, $Q = 400 - 10P$이므로 $P = 30$일 때

다음과 같다.

$$\epsilon_{Q,P} = -10\left(\frac{30}{400 - 10(30)}\right) = -3$$

$P = 10$인 경우 다음과 같다.

$$\epsilon_{Q,P} = -10\left(\frac{10}{400 - 10(10)}\right) = -0.33$$

$P = 30$인 경우 수요가 탄력적이지만 $P = 10$인 경우 비탄력적이라는 사실에 주목하자(달리 표현하면 $P = 30$은 수요곡선의 탄력적인 영역에 있는 반면에, $P = 10$은 비탄력적인 영역에 있다).

수요의 가격탄력성과 총수입

기업, 경영 컨설턴트, 정부 조직체는 수요의 가격탄력성을 많이 이용한다. 기업이 수요의 가격탄력성에 관심을 갖는 이유를 알아보기 위해, 가격 상승이 기업의 **총수입**(total revenue), 즉 판매가격에 판매한 상품 수량을 곱한 값 즉 PQ에 어떤 영향을 미치는지 알아보도록 하자. 가격이 인상되면 총수입도 증가한다고 생각할지 모르지만, 가격이 인상되면 일반적으로 수요량이 감소한다. 이처럼 가격 인상에 따른 '편익'은 수량 감소에 의한 '비용'으로 상쇄되기 때문에, 기업은 일반적으로 가격을 인상하려는 경우 양자 간에 균형을 맞추어야 한다. 수요가 탄력적인(수요량이 가격에 매우 민감한) 경우 수량 감소가 가격 인상에 따른 편익을 능가하게 되어 총수입이 감소한다. 수

---

5 부록에서 이 결과를 증명할 것이다.

요가 비탄력적인(수요량이 가격에 민감하지 않은) 경우 수량 감소가 그렇게 크지 않아서 총수입이 증가한다. 따라서, 기업이 수요의 가격탄력성에 대해 알게 되면 가격 인상이 수입에 미치는 영향을 예측하는 데 도움이 된다.

수요 가격탄력성의 결정요소

통계적 기법을 이용하여 다양한 상품에 대한 가격탄력성을 추정하였다. 〈표 2.1〉은 다양한 식료품, 주류, 담배제품에 대한 미국 내 수요의 가격탄력성 추정값을 보여 주고 있다. 〈표 2.2〉는 식료품에 대한 인도 내 수요의 가격탄력성 추정값을 보여준다. 또한 〈표 2.3〉은 다양한 운송 방법에 관한 수요의 가격탄력성 추정값을 나타내고 있다. 예를 들어 〈표 2.1〉에서 궐련에 대해 추정된 탄력성은 −0.107이며, 이는 궐련 가격이 10% 인상될 경우 궐련의 수요량이 1.07% 하락한다는 의미이다. 이는 궐련의 수요가 비탄력적이라는 것이다. (예를 들어 담배세의 인상으로 인해) 궐련의 모든 개별 상표 가격이 인상될 경우, 전반적인 궐련 소비가 큰 영향을 받을 것 같지는 않다는 의미이다. 궐련이 비싸질 경우 소비자들은 자신의 소비를 줄이려 하지만, 궐련 소비는 습관적이기 때문에 많은 사람들이 소비를 줄이는 데 어려움을 겪게 된다.

많은 경우 의사결정자들은 통계적 기법에 기초하여 구한 수요의 가격탄력성의 정확한 추정값 수치를 알지 못한다. 따라서 이들은 상품에 대한 정보와 시장의 성격에 의존하여 가격 민감도에 관해 적절한 추측을 하게 된다.

표 2.1	일부 식료품, 담배, 주류제품에 대한 미국 내 수요의 가격탄력성 추정값
상품	**추정값** $\epsilon_{Q,P}$
여송연	−0.756
통조림으로 가공된 해산물	−0.736
신선한 냉동어류	−0.695
치즈	−0.595
아이스크림	−0.349
맥주	−0.283
식빵 및 빵 종류	−0.220
포도주 및 브랜디	−0.198
과자 및 크래커	−0.188
볶은 커피	−0.120
궐련	−0.107
씹는 담배	−0.105
애완동물 식품	−0.061
아침식사용 곡물식	−0.031

출처 : Emilio Pagoulatos and Robert Sorensen, "What Determines the Elasticity of Industry Demand," *International Journal of Industrial Organization* 4 (1986): 237–250.

표 2.2	일부 식료품에 대한 인도 내 수요의 가격탄력성 추정값
범주	추정값 $\epsilon_{Q,P}$
쌀	−0.247
밀	−0.340
거친 곡물	−0.194
콩류(병아리콩, 강남콩, 렌틸콩)	−0.453
우유	−0.624
식용유	−0.504
야채	−0.515
과일	−0.595
고기, 물고기, 달걀	−0.821
설탕	−0.340

출처 : 다음 논문의 표 8에 있는 자료에 기초하였다. Kumar, Praduman, Anjani Kumar, Shinoj Parappurathu, and S. S. Raju, "Estimation of Demand Elasticity for Food Commodities in India," *Agricultural Economics Research Review*, 24 (January-June 2011): 1-14.

표 2.3	일부 운송 방법에 대한 수요의 가격탄력성 추정값
범주	추정값 $\epsilon_{Q,P}$
휴가를 위한 항공여행	−1.52
휴가를 위한 철도여행	−1.40
사업을 위한 항공여행	−1.15
사업을 위한 철도여행	−0.70
도시 운송수단	−0.04～−0.34 사이

출처 : 다음 논문의 표 2, 3, 4에 요약돼 있는 횡단자료 연구에 기초한 탄력성이다. Tae Hoon Oum, W. G. Waters II, and Jong-Say Yong, "Concepts of Price Elasticities of Transport Demand and Recent Empirical Estimates," *Journal of Transport Economics and Policy* (May 1992): 139-154.

상품의 가격탄력성 범위, 즉 수요가 가격에 상대적으로 민감한지 또는 민감하지 않은지에 대한 범위를 결정하는 요소는 다음과 같다.

- 해당 상품에 대해 적절한 대체품이 존재하는 경우, 수요는 더 가격탄력적인 경향이 있다. 해당 상품에 대해 만족할 만한 대체품이 거의 없거나 수가 적은 경우, 수요가 덜 가격탄력적인 경향이 있다. (표 2.3에서 보는 것처럼) 휴가를 떠나는 여행객들에게 항공여행에 대한 수요가 가격탄력적인 이유는 휴가 여행객들이 통상적으로 자신들은 항공여행에 대해 적절한 대안을 갖고 있다고 생각하기 때문이다. 예를 들면 이들은 항공여행 대신에 자동차여행을 할 수 있다. 많은 경우 사업상의 여행은 시간에 민감한 특성을 갖고 있으므로, 사업상 여행

객들에게 자동차여행은 통상적으로 바람직한 대체재가 되지 못한다. 이것이 〈표 2.3〉에서 보는 것처럼 사업상 여행에 대한 수요의 가격탄력성이 휴가 여행에 대한 수요의 가격탄력성보다(절대적인 크기 면에서) 더 작은 이유이다.

- 해당 상품에 대한 소비자 지출이(절대 금액 측면 또는 총지출의 비율 측면에서) 큰 경우, 수요는 더 가격탄력적인 경향이 있다. 예를 들어, 냉장고나 자동차 같은 물품에 대한 수요가 더 탄력적이다. 이와는 대조적으로 〈표 2.1〉에 있는 대부분의 개별 잡화품목의 경우처럼 해당 물품에 대한 소비자 지출이 적은 경우, 수요가 덜 가격탄력적인 경향이 있다. 물품을 구입하는 데 소비자가 많은 비용을 지출해야 하는 경우 매입 여부를 조심스럽게 평가하고 가격을 면밀히 검토할 때가 해당 품목에 대한 화폐적 지출이 크지 않을 때보다 이득이 더 많다.

- 해당 상품이 소비자에 의해 필수품으로 간주될 경우, 수요는 덜 가격 탄력적인 경향이 있다. 예를 들면 인도에서 쌀, 밀, 거친 곡물은 오래전부터 가계 식품의 기본이었다. 〈표 2.2〉에서 보는 것처럼 이들에 대한 수요는 예를 들면 과일 및 야채와 같은 다른 식료품 범주에 대한 수요보다 덜 가격 탄력적이다.

시장수준에서의 수요의 가격탄력성과 상표수준에서의 수요의 가격탄력성

수요의 가격탄력성을 사용할 때 일반적으로 범하는 실수는, 해당 상품에 대한 수요가 비탄력적이라는 이유만으로 해당 상품의 각 매도인이 직면하는 수요 또한 비탄력적이라고 생각하는 것이다. 예를 들어 담배의 경우를 생각해 보자. 이미 논의한 것처럼 담배에 대한 수요는 가격에 특별히 민감하지 않다. 모든 상표의 담배 가격이 인상될 경우 전체 담배 수요에 단지 미미한 영향을 미칠 뿐이다. 그러나 오직 한 상표(예를 들면 셀럼이란 상표)의 담배 가격만 인상될 경우, 소비자들은 가격이 변하지 않아서 상대적으로 저렴해진 상표로 전환하게 되므로 해당 상표의 수요는 아마도 대폭 감소하게 될 것이다. 이처럼 수요가 시장수준에서는 비탄력이지만, 개별 상표수준에서는 매우 탄력적일 수 있다.

시장수준의 탄력성과 상표수준의 탄력성을 구별할 경우, 이는 소비자가 가격에 민감한 정도에 미칠 대체 가능성의 충격을 반영하게 된다. 예를 들어 담배의 경우 일반적인 흡연자는 다른 적당한 대체품이 없기 때문에 담배를 필요로 한다. 그러나 이 흡연자는 셀럼 담배 가격이 인상될 경우 다른 상표로 바꾸면 어느 정도 동일한 수준의 만족을 얻을 수 있으므로 반드시 셀럼 담배를 필요로 하지 않는다.

기업이 가격 변화의 영향을 알아보려는 경우, 시장수준의 탄력성 또는 개별 기업수준의 탄력성 중 어느 것을 사용해야 하는지 어떻게 알 수 있는가? 이에 대한 대답은 해당 기업이 경쟁기업이 어떻게 할 것으로 기대하느냐에 달려 있다. 경쟁기업이 가격 변화에 신속히 대처할 것이라 기대되면, 해당 기업 상품에 대한 수요가 가격 변화에 어떻게 변화할지를 알아보는 데는 시장수준의 탄력성이 적절하다. 이와는 대조적으로 경쟁기업이 가격 변화에 대응하지 않을 것으로(또는 장기간의 시차를 두고서야 대응할 것으로) 기대되는 경우, 상표수준의 탄력성이 적당하다.

2.3 기타 탄력성

탄력성을 이용하여 수요 결정요인에 대한 수요의 반응을 알아볼 수 있다. 수요의 가격탄력성 이외에 다른 두 가지 탄력성은 수요의 소득탄력성과 수요의 교차가격 탄력성이다.

수요의 소득탄력성

수요의 소득탄력성(income elasticity of demand)은 가격 및 수요의 다른 모든 결정요소를 일정하다고 보고 소득에 대한 수요량의 백분율 변화의 비율을 측정한 것이다. 이는 다음과 같이 나타낼 수 있다.

$$\epsilon_{Q,I} = \frac{\frac{\Delta Q}{Q} \times 100\%}{\frac{\Delta I}{I} \times 100\%}$$

또는 항을 재정리하면 다음과 같다.

$$\epsilon_{Q,I} = \frac{\Delta Q}{\Delta I} \frac{I}{Q} \tag{2.5}$$

〈표 2.4〉는 두 가지 상이한 상황의 미국 가계, 즉 소득이 빈곤선 아래에 속하는 가계와 위에 속

표 2.4	가계 상황에 따른 일부 식료품에 대한 수요의 소득탄력성	
생산물	추정된 소득탄력성 : 빈곤 상황이 아닌 가계	추정된 소득탄력성 : 빈곤 상황인 가계
쇠고기	0.4587	0.2657
돼지고기	0.4869	0.2609
닭고기	0.3603	0.2583
물고기	0.4659	0.3167
치즈	0.3667	0.2247
우유	0.4247	0.2650
과일	0.3615	0.2955
채소	0.3839	0.2593
아침식사용 곡물식품	0.3792	0.2022
빵	0.3323	0.1639
유지	0.4633	0.2515
외식	1.1223	0.6092

출처 : 다음 논문의 표 7 및 표 8에 있는 자료에 기초하였다. John L. Park, Rodney B. Holcomb, Kellie Curry Raper, and Oral Capps Jr., "A Demand Systems Analysis of Food Commodities by U.S. Households Segmented by Income," *American Journal of Agricultural Economics* 78, no. 2 (May 1996): 290–300.

하는 가계에 대한 수요의 추정된 소득 탄력성을 보여주고 있다. 두 가지 상황의 가계 모두 수요의 추정된 소득 탄력성이 양이며, 이는 소득이 증가함에 따라 해당 상품의 수요량이 증가한다는 사실을 시사한다. 하지만, 수요의 소득 탄력성이 음일 수도 있다. 일부 연구에 따르면 일본 및 대만처럼 경제적으로 발전한 아시아 국가들의 경우 쌀에 대한 수요의 소득 탄력성이 음이라고 한다.[6]

수요의 교차가격 탄력성

상품 j에 대한 상품 i의 **수요의 교차가격 탄력성**(cross-price elasticity of demand)은 상품 j 가격의 백분율 변화에 대한 상품 i 수요량의 백분율 변화의 비율을 말한다. 이는 다음과 같이 나타낼 수 있다.

$$\epsilon_{Q_i, P_j} = \frac{\frac{\Delta Q_i}{Q_i} \times 100\%}{\frac{\Delta P_j}{P_j} \times 100\%}$$

또는 항을 재정리하면 다음과 같다.

$$\epsilon_{Q_i, P_j} = \frac{\Delta Q_i}{\Delta P_j} \frac{P_j}{Q_i} \tag{2.6}$$

여기서 P_j는 상품 j의 최초가격, Q_i는 상품 i의 최초 수요량을 나타낸다. 〈표 2.5〉는 일부 과일 생산물에 대한 수요의 교차가격 탄력성을 보여 준다.

교차가격 탄력성은 양수이거나 음수가 될 수 있다. $\epsilon_{Q_i, P_j} > 0$인 경우 상품 j의 가격이 인상되면 상품 i에 대한 수요가 증가한다. 이 경우 상품 i와 j는 **수요 대체재**(demand substitute)가 된다. 〈표 2.5〉는 사과와 복숭아가 수요 대체재라는 사실을 보여준다. 복숭아 가격이 상승함에 따라, 사과 수요량이 증가한다(복숭아 가격에 대한 사과의 수요 교차가격 탄력성 = 0.118). 마찬가지로 사과 가격이 상승함에 따라, 복숭아 수요량이 증가한다(사과 가격에 대한 복숭아의 수요 교차 가

표 2.5	일부 신선한 과일에 대한 수요의 교차가격 탄력성		
	사과 수요	바나나 수요	복숭아 수요
사과 가격	−0.586[a]	−0.409	0.015
바나나 가격	−0.207[b]	−1.199	1.082
복숭아 가격	0.118	0.546	−1.105

[a] 이는 사과수요의 가격탄력성이다.

[b] 이는 바나나 가격에 대한 사과 수요의 교차가격 탄력성이다.

출처 : Elasticities taken from Table 5 in S. R. Henneberry, K. P. Piewthongngam, and H. Qiang. "Consumer Safety Concerns and Fresh Produce Consumption," *Journal of Agricultural Resource Economics* 24 (July 1999): 98-113.

---

6 Shoichi Ito, E. Wesley, F. Peterson, and Warren R. Grant. "Rice in Asia: Is It Becoming an Inferior Good?," *American Journal of Agricultural Economics* 71 (1989): 32-42.

격 탄력성 = 0.015).

이와는 대조적으로 $\epsilon_{Q_i, P_j} < 0$인 경우 상품 j의 가격이 인상되면 상품 i의 수요가 감소한다. 이 관계는 상품 i와 j가 **수요 보완재**(demand complement)라는 의미이다. 〈표 2.5〉는 사과와 바나나가 수요 보완재라는 사실을 보여준다. 바나나 가격이 상승함에 따라, 사과 수요량이 감소한다(바나나 가격에 대한 사과의 수요 교차가격 탄력성 = −0.207). 마찬가지로, 사과 가격이 상승함에 따라 바나나 수요량이 감소한다(사과 가격에 대한 바나나의 수요 교차가격 탄력성 = −0.409).

공급의 가격탄력성

공급의 가격탄력성(price elasticity of supply)은 가격에 대한 공급량 Q^s의 민감도를 나타낸다. $\epsilon_{Q^s, P}$로 나타내는 공급의 가격탄력성은, 가격의 각 백분율 변화에 대한 공급량의 백분율 변화를 의미한다. 이를 다음과 같이 나타낼 수 있다.

$$\epsilon_{Q^s, P} = \frac{\frac{\Delta Q^s}{Q^s} \times 100\%}{\frac{\Delta P}{P} \times 100\%}$$

$$= \frac{\Delta Q^s}{\Delta P} \frac{P}{Q^s}$$

위의 공식은 기업수준과 시장수준 모두에 적용된다. 공급의 기업수준 가격탄력성은 가격에 대한 개별 기업공급의 민감도를 나타내는 반면에, 공급의 시장수준 가격탄력성은 가격에 대한 시장공급의 민감도를 나타낸다.

2.4 장기 대 단기의 탄력성

단기보다 장기에서 더 큰 탄력성

소비자들이 가격 변화에 대응하여 반드시 구매결정을 즉각적으로 조절할 수 있는 것은 아니다. 예를 들어 천연가스의 가격이 인상되면 소비자는 단기적으로 온도조절기의 온도를 낮춰서 소비를 줄이게 된다. 그러나 시간이 흐름에 따라 이 소비자는 오래된 난방기기를 연료 효율적인 모델로 대체함으로써 천연가스 소비를 훨씬 더 줄일 수 있다. 따라서 소비자가 가격 변화에 대해 자신의 구매결정을 완전하게 조정할 수 있는 기간에 적합한 수요곡선인 **장기 수요곡선**(long-run demand curve)과 소비자가 가격 변화에 구매결정을 완전하게 조정할 수 없는 기간에 적합한 수요곡선인 **단기 수요곡선**(short-run demand curve)을 구별하는 것이 필요하다. 소비가 그 저량이 서서히 변화하는 유형자산과 연계된 물품, 예를 들면 천연가스와 같은 물품에 대한 장기 수요곡선은 단기 수요곡선보다 더 가격탄력적일 것으로 기대된다. 〈그림 2.12〉는 이런 가능성을 보여 준다. 장기 수요곡선이 단기 수요곡선보다 '더 평탄'하다.

이와 유사하게 기업들은 이따금 가격 변화에 대응하여 자신의 공급결정을 완전하게 조정할 수

없다. 예를 들어 단기적으로 반도체 생산업자는 생산능력의 한계 때문에, 즉 생산설비는 추가적
으로 노동자를 고용하더라도 어느 정도의 칩만을 더 생산할 수 있을 뿐이므로 가격 인상에 대응
하여 칩의 생산을 대폭 증가시킬 수는 없다. 그러나 가격 인상이 지속될 것으로 기대되는 경우, 기
업은 현존하는 설비의 생산능력을 증대시키거나 새로운 설비를 건설하게 된다. 가격 인상에 따라

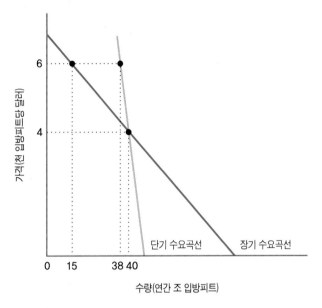

그림 2.12 천연가스에 대한 단기 및 장기 수요곡선

단기적으로 천연가스 가격이 (천 입방피트당) 4달러
에서 6달러로 인상될 경우, 수요량은 연간 40조 입방
피트에서 연간 38조 입방피트로 감소한다. 그러나 장
기적으로 가격이 4달러에서 6달러로 인상될 경우, 소
비자가 이런 가격 변화에 구매결정을 완전하게 조정
할 수 있으면 수요량은 연간 15조 입방피트로 감소
한다.

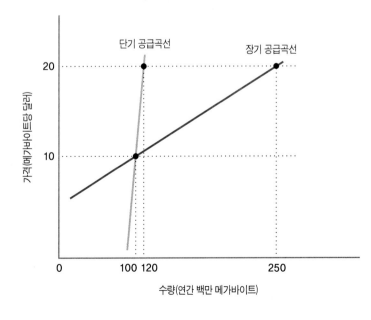

**그림 2.13 반도체에 대한 단기 및 장기
공급곡선**

단기적으로 반도체 가격이 메가바이트당
10달러에서 20달러로 인상될 경우, 공급
량은 소량(연간 1억 메가바이트에서 1억
2,000만 메가바이트로) 증가한다. 그러나
장기적으로 생산자가 가격 인상에 대응하
여 자신의 공급결정을 완전하게 조정할 수
있으면, 장기 공급곡선이 조절되어 생산량
이 연간 2억 5,000만 메가바이트로 증가
한다.

공급량이 증가할 경우, 단기에서보다 장기에서 더 커진다. 〈그림 2.13〉은 매도인이 가격 변화에 대응하여 자신의 공급결정을 완전하게 조정할 수 있는 기간에 적합한 공급곡선인 **장기 공급곡선**(long-run supply curve)과 매도인이 가격 변화에 대응하여 자신의 공급결정을 완전하게 조정할 수 없는 기간에 적합한 공급곡선인 **단기 공급곡선**(short-run supply curve) 사이의 구별을 보여 주고 있다. 〈그림 2.13〉에서 반도체와 같은 물품에 대한 장기 공급곡선이 단기 공급곡선보다 더 평탄하다는 사실을 알 수 있다.

장기보다 단기에서 더 큰 탄력성

어떤 물품의 경우 장기 시장수요가 단기 수요보다 덜 **탄력적**일 수 있다. 이는 특히 상당 기간 유용하게 사용할 수 있는 자동차나 항공기 같은 물품, 즉 **내구재**(durable goods)인 경우 그럴 가능성이 높다. 이런 경우를 알아보기 위해 민간 항공기 수요를 생각해 보자. (세계의 2대 민간항공기 생산업체인) 보잉사와 에어버스사가 신형 민간 항공기의 가격을 인상하려 한다고 가상하자. 이럴 경우 장기적으로 항공기에 대한 수요에 극적인 영향을 미칠 것 같지는 않다. 왜냐하면 유나이티드 에어라인과 브리티시 에어웨이 같은 항공사들은 사업을 하기 위해 항공기가 필요하기 때문이다. 이를 대체할 만한 그럴싸한 제품이 없다.[7] 그러나 단기적으로는 항공기 가격의 인상에 따른 충격이 극적일 수 있다. 한 항공기를 15년 동안 운항했던 항공사들이 이제는 이를 대체하기 전에 추가

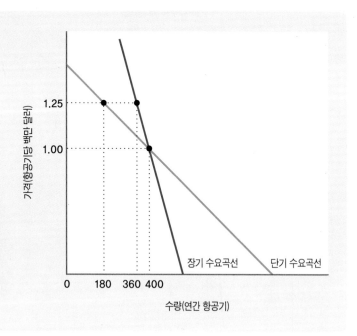

그림 2.14 민간 항공기에 대한 단기 및 장기 수요곡선

민간 항공기 가격이 대당 100만 달러에서 125만 달러로 인상될 경우 줄잡아도 연간 400대에서 360대로 장기 수요가 감소하게 된다. 그러나 단기적으로 (예를 들면 가격이 인상된 첫해에) 수요는 연간 400대에서 180대로 보다 극적으로 감소하게 된다. 그러나 결국은 기존의 항공기가 폐기되면 수요는 대당 새로운 가격인 125만 달러에 맞춰 장기적인 수준(연간 360대)으로 증가한다.

---

7 수요에 영향을 미치지 않는다고 말하는 것은 아니다. 항공기 가격이 인상되면 항공산업에 진입하는 비용이 높아져 항공산업에 종사하려고 예상되었던 일부 기업들이 진입하지 않을 수도 있다.

적으로 2~3년 더 운항할 수도 있다. 따라서 장기적으로 신형 민간 항공기에 대한 수요는 상대적으로 가격 비탄력적일 수 있는 반면에, (가격이 변화한 2~3년 내의) 단기적으로는 수요가 상대적으로 더 탄력적일 수 있다. 〈그림 2.14〉는 이런 가능성을 보여 주고 있다. 더 가파른 수요곡선은 전 세계 항공기 규모 면에서 본 가격 인상의 장기적인 효과를 보여 주는 반면에, 더 평탄한 수요곡선은 가격이 인상된 첫해에 새로운 항공기에 대한 수요에 미치는 가격인상 효과를 나타낸다.

일부 상품의 경우 장기 시장공급이 단기 시장공급보다 덜 탄력적일 수 있다. 이는 특히 2차시장(즉 중고 또는 재활용 물품에 대한 시장)에서 재활용되고 재판매될 수 있는 물품의 경우 그럴 가능성이 높다. 예를 들면 단기적으로 알루미늄 가격이 인상될 경우, 두 가지 이유, 즉 추가적으로 새로운 알루미늄을 생산하고 고철에서 알루미늄을 재활용하여 공급의 증가를 유도할 수 있다. 그러나 장기적으로 보면 고철 알루미늄의 양이 줄어들고 가격 인상으로 인한 공급량의 증가는 주로 새로운 알루미늄 생산에서 비롯된다.

2.5 어림계산법

수요곡선을 어디서 구하며, 실제 시장에서 실제 상품에 대한 수요함수식을 어떻게 도출할 수 있을까? 수요곡선을 결정하는 한 가지 방법은 시장에서 구입하는 상품의 수량, 해당 상품의 가격, 해당 상품의 수요를 결정하는 다른 요인들에 관한 자료를 수집하고 통계적인 방법을 사용하여 해당 자료에 가장 적합한 수요함수식을 추정하는 것이다. 이런 총괄적인 방법을 이용하려면 자료가 집약적으로 필요하다. 즉 분석가들은 그에 따른 통계적인 추정값이 의미를 가질 수 있도록 수량, 가격, 다른 수요 결정요소에 대한 충분한 자료를 수집해야만 한다. 그러나 분석가들이 정교한 통계적 분석을 하는 데 필요한 자료는 부족한 경우가 종종 있다. 따라서 개념적으로 적합한 방법에 기초하여 가격, 수량, 탄력성에 관한 단편적인 정보로부터 수요곡선의 형태나 식을 추론할 수 있는 기법이 필요하다. 이 기법은 시행하기가 단순하고 간단하기 때문에 **어림계산법**이라고 한다.

수량, 가격, 탄력성 정보를 이용한 선형 수요곡선 도출

여러분은 종종 특정 시장의 수요 가격탄력성의 추정값뿐만 아니라 해당 시장 내의 일반적이거나 대표적인 가격에 대한 정보를 얻을 수 있다. 이 추정값들은 (표 2.1, 2.2, 2.3, 2.4의 탄력성을 구할 수 있었던 연구와 같이) 통계적 분석에 기초하거나 (예를 들면 해당 산업 관계자, 투자 분석가, 컨설턴트처럼) 해당 분야에 대해 지식이 있는 관찰자들의 판단을 통해 구할 수 있다. 수요곡선식이 선형(즉 $Q = a - bP$)이라고 대략적으로 가정할 경우 세 가지 정보(즉 일반적인 가격, 일반적인 수량, 추정된 탄력성)에 기초하여 선형 수요식(즉 a 및 b의 값)을 구할 수 있다.

선형 수요곡선을 수량, 가격, 탄력성 자료에 합치시키려는 접근법은 다음과 같이 진행된다. Q^*와 P^*를 이 시장의 수량 및 가격에 관한 값이라 가상하고, $\epsilon_{Q,P}$를 수요의 가격탄력성에 대해 알려진 값이라고 하자. 선형 수요함수에 있어 수요의 가격탄력성 공식은 다음과 같다는 점을 기억해 보자.

$$\epsilon_{Q,P} = -b\frac{P^*}{Q^*} \tag{2.7}$$

식 (2.7)을 b에 대해 풀면 다음과 같다.

$$b = -\epsilon_{Q,P}\frac{Q^*}{P^*} \tag{2.8}$$

절편 a에 대해 풀기 위해서는, Q^*와 P^*가 수요곡선 상에 있어야만 한다는 점에 주목하자. 따라서 다음과 같아야 한다. $Q^* = a - bP^*$ 또는 $a = Q^* + bP^*$.

b 대신에 식 (2.8)을 대입하면 다음과 같다.

$$a = Q^* + \left(-\epsilon_{Q,P}\frac{Q^*}{P^*}\right)P^*$$

위의 식을 풀어 정리하면 다음과 같다.

$$a = (1 - \epsilon_{Q,P})Q^* \tag{2.9}$$

합쳐서 보면 식 (2.8) 및 (2.9)는 선형 수요곡선 식을 도출하는 데 기초가 되는 공식이 된다.

미국의 닭고기 가격 및 소비에 대한 자료를 활용하여 적절한 과정을 보여줄 수 있다. 2017년 미국의 1인당 닭고기 소비량은 약 92파운드이고, 닭고기의 평균 소비가격은 파운드당 1.88달러이었다. 미국에서 닭고기에 대한 수요의 가격 탄력성 추정값은 -0.68이다.[8]

따라서 다음과 같다.

$$Q^* = 92$$
$$P^* = 1.88$$
$$\epsilon_{Q,P} = -0.68$$

식 (2.8) 및 (2.9)를 적용하면 다음과 같다.

$$b = -(-0.68)\frac{92}{1.88} = 33.28$$
$$a = [1 - (-0.68)]92 = 154.56$$

---

8 닭고기 가격에 관한 자료는 다음에서 구할 수 있다. National Chicken Council, "Wholesale and Retail Prices for Chicken, Beef, and Pork," https://www.nationalchickencouncil.org/about-the-industry/statistics/whole sale-and-retail-prices-for-chicken-beef-and-pork/ (accessed August 17, 2018). 닭고기 소비량에 대한 관한 자료는 다음에서 구할 수 있다. National Chicken Council, "Per Capita Consumption of Poultry and Livestock, 1965 to Estimated 2018, in Pounds," https://www.nationalchickencouncil.org/about-the-industry/statistics/per-capita -consumption-of-poultry-and-livestock-1965-to-estimated-2012-in-pounds/ (accessed August 17, 2018). 닭고기 수요에 관한 가격탄력성 추정값은 다음에서 구할 수 있다. Table 1 in Andreyeva, Tatiana, Michael Long, and Kelly Brownell, "The Impact of Food Prices on Consumption: A Systematic Review," *American Journal of Public Health* 100, no. 2 (February 2010): 216-222.

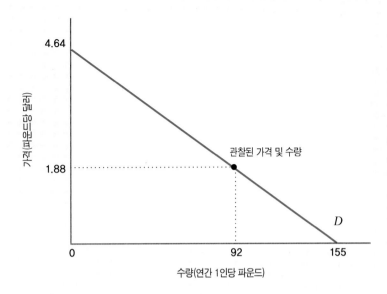

그림 2.15 선형 수요곡선을 관찰된 시장자료에 합치하여 보기

선형 수요곡선 *D*를 미국 닭고기 시장에서 관찰된 자료에 합치시켰다.

따라서 2017년 닭고기에 대한 수요곡선 식은 다음과 같다. $Q = 154.56 - 33.28P$. 이 곡선은 〈그림 2.15〉에 있는 직선이 된다.

어림에 기초한 공급곡선과 수요곡선의 확인

이 장 앞부분에서 수요곡선과 공급곡선이 외생적인 이유로 인해 이동할 경우, 균형가격 및 균형량이 어떻게 변화하는지 논의하였다. 이 절에서는 공급곡선과 수요곡선을 어림으로 도출하는 데, 수요곡선과 공급곡선의 이동에 관한 정보와 이에 따라 변화된 시장가격이 어떻게 이용되는지 살펴볼 것이다.

분석 논리를 알아보기 위해 특정한 예를 들어 보자. 1990년대 말 미국의 분쇄된 돌 시장의 경우를 생각해 보자. 분쇄된 돌의 시장수요곡선과 시장공급곡선은 다음과 같이 선형이라고 가상한다. 즉 $Q^d = a - bP$ 및 $Q^s = f + bP$라고 하자. 수요곡선의 기울기는 하향하고 공급곡선의 기울기는 상향할 것으로 기대되므로, $b > 0$ 및 $b > 0$으로 예상된다.

이제는 2016~2020년 사이에 분쇄된 돌 시장에 대해 다음과 같은 정보를 갖고 있다고 가상하자.

- 2016~2018년 사이에 시장은 큰 변동이 없었다. 시장가격은 톤당 9달러였으며, 매년 3,000만 톤이 팔렸다.
- 2019년은 고속도로 건설이 증가했던 한 해였다. 분쇄된 돌의 시장가격은 톤당 10달러로 인상되었으며 3,300만 톤이 팔렸다.
- 2020년까지 신규 건설공사가 종식되었다. 새로운 노동조합 계약으로 인해 분쇄된 돌 산업에

종사하는 노동자들의 임금이 인상되었다. 분쇄된 돌의 시장가격은 톤당 10달러이고, 2,800만 톤이 팔렸다.

위의 정보를 이용하여 의미하는 바를 도출해 보자. 2019년 1년 동안 고속도로 건설이 증가하여 〈그림 2.16〉에서 보는 것처럼 분쇄된 돌에 대한 수요곡선이 오른쪽으로 이동했을 가능성이 높다. 이 기간에 공급곡선이 큰 폭으로 이동할 이유가 없다고 가정을 하면, 수요가 오른쪽으로 이동함에 따라 공급곡선의 기울기를 계산할 수 있다. 그 이유는 2016~2018년과 2019년의 시장균형이 모두 〈그림 2.16〉에서 S_{2018}이라고 표기된 최초의 공급곡선을 따라 이루어졌기 때문이다.

$$b = S_{2018}의 \; 기울기 = \frac{\Delta Q^*}{\Delta P^*} = \frac{3,300만 - 3,000만}{10 - 9} = 300만$$

이처럼 수요의 이동을 통해 공급곡선의 기울기를 확인할 수 있다. 수요곡선의 이동을 알아봄으

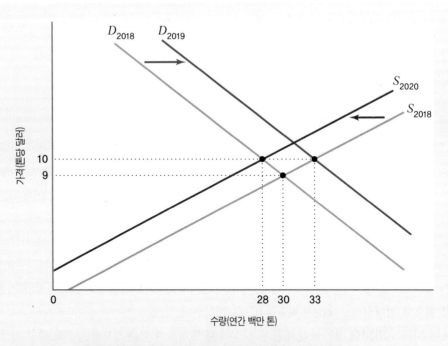

그림 2.16 관찰된 가격 및 수량 변화에 따른 수요곡선과 공급곡선의 확인

2016년부터 2018년까지 분쇄된 돌 시장은 균형상태에 있다. 2019년 1년 동안 고속도로 건설공사가 증가하여 수요곡선이 오른쪽으로, 즉 D_{2019}로 이동하였다. 시장이 공급곡선 S_{2018}을 따라 이동하기 때문에, 균형가격 및 균형량의 변동을 통해 공급곡선 S_{2018}의 기울기를 확인할 수 있다. 2020년 들어 수요곡선은 D_{2018}로 되돌아갔지만, 분쇄된 돌 산업에 종사하는 노동자들의 임금이 인상되어 공급곡선은 왼쪽으로, 즉 S_{2020}로 이동하였다. 따라서 시장은 수요곡선 D_{2018}을 따라 이동하고, 균형가격 및 균형량의 변화를 통해 수요곡선 D_{2018}의 기울기를 확인할 수 있다.

로써 공급곡선에 대한 정보를 얻는 것이 이상하게 보일지 모르지만 돌이켜 보면 실제로 그렇게 놀라운 것도 아니다. 수요가 변화함에 따라 시장이 특정 공급곡선을 따라 이동하게 되며 이에 따라 공급량이 가격에 얼마나 민감한지 알 수 있다. 이와 마찬가지로, 임금률이 상승하게 되어 분쇄된 돌의 시장공급이 변화하게 되면 〈그림 2.16〉에서 D_{2018}이라고 표기된 수요곡선의 기울기를 확인할 수 있다. 2020년 들어 고속도로 건설의 증가가 잠잠해졌다는 점에 주목하자. 그해에 분쇄된 돌의 수요곡선은 처음의 위치로 되돌아가고, 공급이 변화하면 수요곡선 D_{2018}을 따라 시장이 움직이게 된다.

$$-b = D_{2018}\text{의 기울기} = \frac{\Delta Q^*}{\Delta P^*} = \frac{2{,}800\text{만} - 3{,}000\text{만}}{10 - 9} = -200\text{만}$$

위의 두 계산법에 사용된 동일한 논리에 주목하자. 한 곡선은 이동하는데 다른 곡선이 이동하지 않는다는 사실을 알 경우, 이동하지 않는 곡선의 기울기를 계산할 수 있다.

이제는 수요곡선과 공급곡선의 기울기를 계산했으므로, 2020년 수요곡선과 공급곡선의 절편 a 및 f를 계산하기 위해 다시 앞으로 돌아가도록 하자. 그해 동안 톤당 10달러로 2,800만 톤이 팔렸다는 사실을 알고 있으므로 다음의 관계가 유지되어야 한다.

$$28 = a - (2 \times 10) \qquad \text{(수요)}$$
$$28 = f + (3 \times 10) \qquad \text{(공급)}$$

이 식을 풀면 $a = 48$, $f = -2$가 되므로, 2020년 이 시장에 대한 수요곡선과 공급곡선은 다음과 같다: $Q^d = 48 - 2P$, $Q^s = -2 + 3P$.

수요곡선과 공급곡선에 대한 식을 확인하였으므로 이제는 이를 이용하여 수요 또는 공급의 변화가 균형가격 및 균형량에 어떤 영향을 미치는지 예측할 수 있다. 예를 들어 2000년도에 새로운 도로건설이 또다시 증가하여 가격에 관계없이 분쇄된 돌의 수요가 연간 1,500만 톤만큼 증가할 것으로 예상된다고 가상해 보자. 나아가 공급조건은 2020년 상황과 유사할 것으로 기대된다고 가상하자. 균형에서 $Q^d = Q^s$이므로, $48 - 2P + 15 = -2 + 3P$를 풀면 균형가격을 예측할 수 있다. 이 식을 풀면 톤당 $P = 13$달러가 된다. 2021년도 균형량은 $-2 + 3(13) = 37$이 되므로 3,700만 톤이 될 것으로 기대된다. 위의 어림계산법은 이 시장에서의 장래가격과 수량의 변화를 예측할 수 있는 '빠르고 간단한' 방법임을 알 수 있다.

이 분석 방법에는 커다란 한계가 있다. 수요곡선이 고정되어 있는 경우에만 공급의 변화를 통해 수요곡선의 기울기를 확인할 수 있으며, 공급곡선이 고정되어 있는 경우에만 수요의 변화를 통해 공급곡선의 기울기를 확인할 수 있다. 두 곡선이 동시에 움직일 경우 주어진 수요곡선을 따라 이동하지도 않고 주어진 공급곡선을 따라 이동하지도 않으므로 균형량과 균형가격의 변화를 통해 어떤 곡선의 기울기도 확인할 수 없다.

공급 변화에 따른 수요의 가격탄력성 확인

앞 절에서는 가격과 수량의 실제 변화를 이용하여 공급곡선 또는 수요곡선의 식을 확인하였다. 그러나 어떤 경우에는 해당 상품의 균형량의 변화는 알지 못하지만 공급곡선의 변화 범위에 대해서는 알 수 있다(월스트리트 저널이나 파이낸셜 타임같이 사업 관련 기사를 주로 싣는 일간지들은 농산물, 금속, 에너지 시장의 공급조건에 관한 기사를 종종 보도한다). 많은 시장에 대해 폭넓게 보도되고 있는 시장가격의 변화 정도에 대해 알고 있는 경우, 이런 정보를 이용하여 생산물에 대한 수요가 가격 탄력적이거나 가격 비탄력적인 수준을 평가할 수 있다.

〈그림 2.17〉은 이런 점을 보여 주고 있다. 〈그림 2.17(a)〉에 따르면 수요가 상대적으로 탄력적인 경우 공급이 (S_1에서 S_2로) 이동하면 균형가격에 작은 영향을 미칠 뿐이다. 그러나 수요가 상대적으로 비탄력적인 경우인 〈그림 2.17(b)〉에 따르면 공급이 동일하게 변화해도 균형가격에 훨씬 더 큰 영향을 미친다. 〈그림 2.17〉에 따르면 공급이 조금만 변해도 해당 생산물의 시장가격에 큰 충격을 미치는 경우 이 물품에 대한 수요는 가격 비탄력적일 가능성이 높다. 반대로 한 생산물에 대한 공급이 큰 폭으로 변화해도 시장가격에 상대적으로 작은 영향을 미칠 경우 이 물품에 대한 수요는 상대적으로 탄력적일 가능성이 높다.

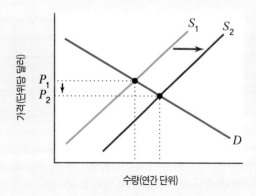 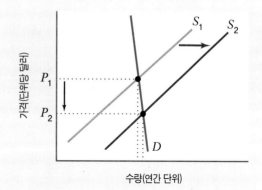

(a) 공급 변화의 효과 : 수요가 상대적으로 탄력적인 경우   (b) 공급 변화의 효과 : 수요가 상대적으로 비탄력적인 경우

그림 2.17 공급 변화가 가격에 미치는 영향은 수요의 가격탄력성에 의존한다

(a)에서 수요는 상대적으로 가격 탄력적이며, 공급이 변화할 경우 가격에 작은 영향을 미칠 뿐이다. (b)에서 수요는 상대적으로 가격 비탄력적이며, 공급이 동일하게 변화해도 균형가격에 더 극적인 영향을 미친다.

요약

- 시장수요곡선은 소비자가 상이한 가격에서 구매하고자 하는 수량을 나타낸다. 시장공급곡선은 생산자가 상이한 가격에서 판매하고자 하는 수량을 나타낸다(정리문제 2.1, 2.2 참조).
- 시장균형은 공급량과 수요량이 일치하는 가격에서 이루어진다. 이 가격에서 공급곡선과 수요곡선이 교차한다(정리문제 2.3 참조).
- 시장균형에 관한 비교정태 분석은 소비자 소득, 다른 상품의 가격, 생산요소의 가격과 같은 외생변수의 변화가 시장 균형가격과 균형량에 미치는 영향을 추적하여 분석하는 작업이다(정리문제 2.4 참조).
- 수요의 가격탄력성은 가격에 대한 수요량의 민감도를 측정한 것으로, 가격의 백분율 변화당 수요량의 백분율 변화의 비율이다(정리문제 2.5 참조).
- 일반적으로 사용되는 수요곡선에는 불변탄력성 수요곡선과 선형 수요곡선이 있다. 불변탄력성 수요곡선의 경우 수요의 가격탄력성이 일정한 반면에, 선형 수요곡선의 경우에는 변화한다(정리문제 2.6 참조).
- 그럴싸한 대체재가 있거나 매수인의 총지출에서 차지하는 비중이 클 경우 해당 물품에 대한 수요는 더 가격 탄력적인 경향이 있다. 그럴싸한 대체재가 거의 없거나, 매수인의 총지출에서 차지하는 비중이 작거나, 소비자가 필수품으로 간주하는 경우 해당 물품에 대한 수요는 덜 가격 탄력적인 경향이 있다.
- 시장수준의 수요의 가격탄력성과 상표수준의 수요의 가격탄력성을 구별하는 것이 중요하다. 수요가 시장수준에서는 가격 비탄력적이지만 상표수준에서는 매우 가격 탄력적일 수 있다.
- 다른 주요한 탄력성에는 수요의 소득탄력성과 수요의 교차가격 탄력성이 있다.
- 많은 물품의 경우 장기적인 수요가 단기적인 수요보다 더 가격 탄력적이기 쉽다. 하지만 민간 항공기와 같은 내구재인 경우 장기적인 수요가 단기적인 수요보다 덜 가격 탄력적이기 쉽다.
- 이와 유사하게 많은 물품에 대한 장기적인 공급이 단기적인 공급보다 더 가격 탄력적이기 쉽다. 하지만 재활용될 수 있는 물품의 경우, 장기적인 공급이 단기적인 공급보다 덜 가격 탄력적일 수 있다.
- 몇몇 어림계산법을 이용하여 수요곡선과 공급곡선을 관찰한 시장자료에 합치시킬 수 있다. 가격, 수량, 수요의 가격탄력성 자료를 갖고 있는 경우, 수요곡선을 관찰한 자료에 합치시킬 수 있다. 수요곡선이 이동한다는 점과 결부시켜 가격 변화에 관한 정보를 이용하면, 안정적인 공급곡선을 확인할 수 있다. 공급곡선이 이동한다는 점을 이용하여 안정적인 수요곡선을 확인할 수 있다.

주요 용어

공급법칙
공급의 가격탄력성
균형
내구재
단기 공급곡선
단기 수요곡선
불변탄력성 수요곡선
생산요소
선형 수요곡선

수요 대체재
수요법칙
수요 보완재
수요의 가격탄력성
수요의 교차가격 탄력성
수요의 소득탄력성
시장공급곡선
시장수요곡선
역수요곡선

유도수요
장기 공급곡선
장기 수요곡선
직접수요
초과공급
총수입
폐색가격

복습용 질문

1. 수요 및 공급 분석의 세 가지 주요 구성요소인 수요곡선, 공급곡선, 시장균형의 개념을 설명하시오.
2. 외생변수가 변화할 경우 수요곡선 및 공급곡선이 어떻게 이동하고, 이로 인해 균형가격 및 균형량이 어떻게 변화하는지 분석하시오.
3. 가격 탄력성의 개념을 설명하시오.
4. 특정 수요곡선에 대한 수요의 가격 탄력성을 계산해 보시오.
5. 수요의 가격탄력성이 총수입과 어떤 관련이 있는지 설명하시오.
6. 수요의 가격탄력성을 결정하는 요소들을 설명하시오.
7. 특정 시장에 대한 수요의 가격탄력성과 특정 상표에 대한 수요의 가격탄력성 간 차이를 설명하시오.
8. 수요의 소득탄력성, 수요의 교차가격탄력성, 공급의 가격탄력성을 설명하시오.
9. 수요 및 공급의 단기 가격탄력성이 장기 가격탄력성과 다른 이유를 설명하시오.
10. 어림 계산법을 활용하여, 가격, 수량, 탄력성에 관한 단편적인 자료만을 갖고 수요곡선 및 공급곡선에 관한 주요한 특성을 결정할 수 있다는 사실을 설명하시오.

소비자 이론

제 **2** 부

3 소비자 선호와 효용 개념

3.1 선호에 대한 설명

현대 경제에서 소비자는 폭넓게 재화 및 용역을 구입할 수 있다. 개인이 소비하고자 하는 재화 및 용역을 수집해 놓은 것으로 정의할 수 있는 **시장 바구니**(basket, 이따금 꾸러미라고도 한다)를 생각해 보자. 예를 들면 첫 번째 재화 바구니에는 청바지 한 벌, 신발 두 컬레, 초콜릿 과자 5파운드가 포함되어 있다. 두 번째 바구니에는 청바지 두 벌, 신발 한 컬레, 초콜릿 과자 2파운드가 담겨 있다. 보다 일반적으로 말하면 바구니에는 청바지, 신발, 초콜릿 과자의 일정한 양뿐만 아니라 주택, 전자제품, 극장과 운동경기의 입장권, 그 외 다른 품목도 포함된다.

바구니에 대한 개념을 설명하기 위하여 소비자는 단지 두 가지 재화, 즉 식료품과 의복만을 구입할 수 있는 단순한 예를 생각해 보자. 일곱 가지 가능한 바구니가 〈그림 3.1〉에 있다. 예를 들어 소비자가 바구니 E를 선택할 경우 주당 식료품 20단위와 의복 30단위를 소비할 수 있다. 이 대신에 바구니 B를 선택할 경우 주당 소비는 식료품 60단위와 의복 10단위가 된다. 바구니 J(식료품만 포함된 경우) 또는 바구니 H(의복만 포함된 경우)처럼 바구니는 한 개의 재화만을 포함할 수도 있다.

소비자 선호(consumer preference)는 바구니를 구입하는 데 어떤 비용도 들지 않는다는 가정하에서 두 바구니에 대해 어떻게 순위를 정할 수 있는지(즉 바람직한 정도를 어떻게 비교하는지)를 알려 준다. 소비자의 실제 선택은 물론 궁극적으로 선호, 소득, 바구니를 구입하는 데 소요되는 비용을 포함하여 여러 가지 요소에 의존한다. 그러나 지금은 상이한 바구니 중에서 단지 소비자 선호만을 고려할 것이다.

소비자 선호에 관한 가정

소비자 선호에 관한 연구는 소비자 선택이론의 기초가 되는 세 가지 기본 가정에서 시작된다. 이런 가정을 할 경우 소비자는 대부분의 상황에서 합리적으로 행동한다는 사실을 당연한 것으로 받아들인다. 나중에 이런 가정이 타당하지 않은 상황에 대해 논의할 것이다.

1. **선호는 완비된다.** 즉 소비자는 두 바구니에 대해 순위를 정할 수 있다. 예를 들어 바구니 A와 B에 대해, 소비자는 다음의 가능성 중 하나에 따라 바구니에 대해 자신의 선호를 표시할 수 있다.

   바구니 B보다 바구니 A를 선호한다($A > B$라고 표기한다).
   바구니 A보다 바구니 B를 선호한다($B > A$라고 표기한다).
   바구니 A와 B에 대해 무차별하거나 동일하게 만족한다($A \approx B$라고 표기한다).

2. **선호는 이행된다.** 이는 소비자가 상호 간에 일치하는 선택을 한다는 의미이다. 소비자가 바구니 B보다 바구니 A를 선호하고, 바구니 E보다 바구니 B를 선호한다고 가상하자. 이런 경우 소비자가 바구니 E보다 바구니 A를 선호할 것이라고 기대할 수 있다. 위에서 사용한 기호를 사용하여 선호를 표시하면 다음과 같이 이행성을 나타낼 수 있다. 즉 $A > B$이고 $B > E$인 경우, $A > E$가 성립한다.

3. **많을수록 더 좋다.** 다시 말해 어떤 상품을 더 많이 가질수록 소비자가 더 좋아한다. 소비자가 〈그림 3.1〉에 있는 바구니를 염두에 두고 있다고 가상하자. 소비자는 많을수록 더 좋아하므로, 더 적은 식료품보다 더 많은 식료품을 좋아하며 더 적은 의복보다 더 많은 의복을 갖고자 한다. 이런 경우 바구니 E 또는 H보다 바구니 A를 선호하게 되는데, 그 이유는 세 개의 바구니에 동일한 양의 의복이 있지만 바구니 A에는 더 많은 식료품이 있기 때문이다. 소비자는 바구니 B 또는 J보다 바구니 A를 선호하게 되는데, 그 이유는 세 개의 바구니에 동일한 양의 식료품이 있지만 바구니 A에는 더 많은 의복이 있기 때문이다. 소비자는 또한 바구니 G 또는 D보다 바구니 A를 선호하게 되는데, 그 이유는 다른 두 바구니의 경우보다 바구니 A에서 더 많은 식료품과 더 많은 의복을 얻을 수 있기 때문이다. 따라서 일곱 개 바구니 중에서 소비자가 가장 선호하는 바구니는 A가 된다. 그러나 소비자의 선호에 관해 더 많은 정보를 알지 못할 경우 모든 바구니에 대해 어떻게 순위를 매길지 알 수 없다. 예를 들어 더 이상의 정보가 없다면 소비자가 바구니 G보다 바구니 E를 선호하는지에 대해 알지 못한다. 왜냐하면 바구니 G에서 소비자는 더 많은 식료품을 얻을 수 있지만 더 적은 의복을 얻게 되기 때문이다.

서수적 순위와 기수적 순위

이 책에서는 두 가지 형태의 순위, 즉 서수적 순위와 기수적 순위에 대해 알아볼 것이다. **서수적**

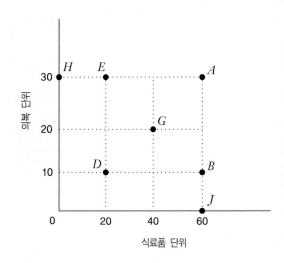

그림 3.1   식료품과 의복의 주당 바구니
소비자가 구매할 수 있는 식료품과 의복의 일곱 가지 바구니를
점 A, B, D, E, G, H, J로 표시하였다.

순위(ordinal ranking)를 통해, 소비자가 바구니에 대해 순위를 매기는 순서에 관한 정보를 얻을
수 있다. 예를 들어 〈그림 3.1〉에서 바구니 A의 경우 소비자는 바구니 D의 경우에 비해 세 배의
식료품과 세 배의 의복을 구입할 수 있다. 많을수록 더 좋으므로 소비자는 바구니 D보다 바구니
A를 선호할 것이라는 점을 알 수 있다. 그러나 서수적 순위를 통해서는 소비자가 바구니 D보다
바구니 A를 얼마나 더 좋아하는지에 대해 알 수 없다.

 기수적 순위(cardinal ranking)를 통해 소비자 선호의 집약도에 관한 정보를 얻을 수 있다. 기수적
순위를 알게 되면, 소비자가 바구니 D보다 바구니 A를 선호한다는 사실뿐만 아니라 바구니 D에
비해 바구니 A를 선호하는 정도도 알 수 있다. 예를 들면 "소비자는 바구니 D에 비해 바구니 A를
두 배 더 좋아한다"라는 것처럼 수량적인 언급을 할 수 있다.[1] 따라서 기수적 순위는 서수적 순위
보다 더 많은 정보를 포함한다.

 소비자들은 보통 "햄버거와 감자튀김이 들어 있는 바구니를 선호하는가, 아니면 핫도그와 둥글
게 썬 양파튀김이 들어 있는 바구니를 선호하는가?"와 같은 서수적 순위에 관한 질문에 답하기가
용이하다. 하지만 소비자들은 상이한 바구니에서 도출되는 만족의 크기를 측정할 수 있는 자연스
러운 방법이 없기 때문에, 다른 바구니에 비해 어떤 바구니를 얼마만큼 더 선호하는지 의사를 표
시하는 데 종종 어려움을 겪는다. 다행스럽게도 소비자 행태이론을 살펴보면 소비자가 한 바구니
에서 얻을 수 있는 만족의 크기를 측정하는 일이 중요하지 않다는 점을 알게 될 것이다. 설명을 용
이하게 하기 위하여 기수적 순위를 종종 사용하기는 하지만, 서수적 순위도 소비자의 결정을 설명

---

1 본문에서 언급한 것처럼 바구니 D에 비해 바구니 A에서 소비자는 세 배 많은 식료품과 의복을 구입할 수 있다. 그
  러나 이것은 소비자가 바구니 D보다 바구니 A를 정확히 세 배 더 좋아한다는 것을 반드시 의미하지는 않는다. 지금
  구입한 물품들보다 세 배를 구입할 경우 만족도 세 배가 될 것인가? 대부분의 소비자들에게 있어 만족은 증가하겠
  지만 세 배보다는 적게 증가할 것이다.

하는 데 일반적으로 충분한 정보를 제공한다.

3.2 효용함수

선호는 완비되며, 이행되고, 많을수록 더 좋다는 세 가지 가정에 따르면 선호를 **효용함수**(utility function)로 나타낼 수 있다. 효용함수는 소비자가 재화 바구니로부터 얻을 수 있는 만족의 수준을 측정한다. 효용함수를 대수학이나 그래프를 이용하여 나타낼 수 있다.

단일 재화인 경우의 선호 : 한계효용의 개념

효용함수의 개념을 설명하기 위하여 소비자 영희가 단지 하나의 재화, 즉 햄버거를 구입한다는 간단한 이야기로부터 시작해 보자. y는 소비자가 매주 매입하는 햄버거의 개수이며, $U(y)$는 y개의 햄버거를 매입함으로써 얻을 수 있는 만족(또는 효용)의 수준을 나타낸다.

〈그림 3.2(a)〉는 햄버거에 대한 영희의 효용함수를 보여 주고 있다. 이 그래프의 근간이 되는 효용함수 식은 $U(y) = \sqrt{y}$이다. 소비자 선호가 앞에서 살펴본 세 가지 가정을 만족시키는지 알아볼 것이다. 영희는 y의 각 값에 대해 만족수준을 지정할 수 있으므로 선호가 완비된다. 영희는 더 많은 햄버거를 소비할수록 효용이 높아지기 때문에 많을수록 더 좋다는 가정도 또한 충족된다. 예를 들어 바구니 A에 들어 있는 햄버거의 수가 한 개이고 바구니 B에는 네 개, 바구니 C에는 다섯 개가 있다고 가상하자. 이 경우 영희는 다음과 같이 바구니의 순위를 매긴다: $C > B$ 그리고 $B > A$. 이를 통해 영희의 효용은 점 B보다 점 C에서 더 높으며 점 B에서의 효용이 점 A에서보다 높다는 사실을 알 수 있다. 마지막으로 영희의 선호는 다음과 같이 이행된다. 즉 영희는 바구니 B보다 바구니 C를 선호하고, 바구니 A보다 바구니 B를 선호하므로, 바구니 A보다 바구니 C를 선호하게 된다.

한계효용

소비자 행태를 살펴보면서 소비수준의 **변화**(Δy, 여기서 Δ는 '~의 변화'라고 읽는다)에 따라 만족수준이 어떻게 변화하는지(ΔU) 종종 알 필요가 있다. 경제학자들은 비율 $\Delta U/\Delta y$를 소비수준이 증가함에 따라 총효용이 변화하는 율인 **한계효용**(marginal utility, MU)이라 한다. 재화 y의 한계효용을 MU_y라고 표시한다.

$$MU_y = \frac{\Delta U}{\Delta y} \tag{3.1}$$

그래프를 통해 보면, 특정한 점에서의 한계효용은 해당 점에서 효용함수에 접하는 선분의 기울기라고 할 수 있다. 예를 들어 〈그림 3.2(a)〉에서 $y = 4$인 경우 햄버거에 대한 영희의 한계효용은 접선 RS의 기울기이다. 효용함수 $U(y)$를 따라 이동함에 따라 접선의 기울기는 변화하기 때문에 영희의 한계효용은 그녀가 이미 구입한 햄버거의 수량에 의존한다. 이런 면에서 보면 영희는 대부분의 사람들과 유사하다. 즉 한 상품을 추가적으로 소비함으로써 얻게 되는 추가적인 만족의 크기는 이미 소비한 상품의 규모에 달려 있다.

〈그림 3.2〉에서 효용함수는 (a)에서 보는 것처럼 $U(y) = \sqrt{y}$이며 한계효용은 (b)에서 보는 것처럼 $MU_y = 1/(2\sqrt{y})$이다.[2] 이 식은 한계효용이 수량 y에 의존한다는 점을 명확하게 보여 주고 있다.

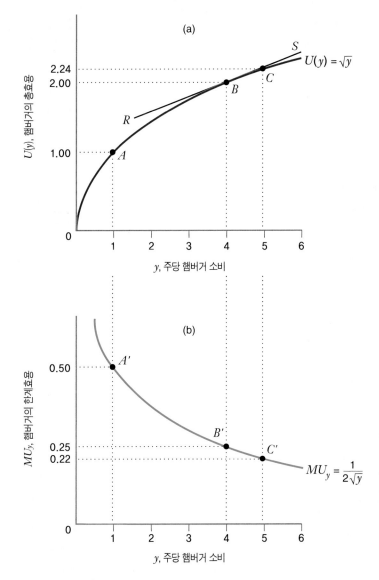

그림 3.2 단일 재화(햄버거)인 경우의 총효용 및 한계효용

효용함수 $U(y) = \sqrt{y}$는 (a)에 있으며, 이에 상응하는 한계효용은 (b)에 있다. (a)에 있는 효용함수의 기울기는 한계효용이 된다. 예를 들어 $y = 4$인 경우, 효용함수의 기울기는 0.25이다(이는 점 B에서 접선 RS의 기울기로 나타낼 수 있다). 따라서 $y = 4$인 경우 한계효용은 0.25가 된다.

---

2 예를 들어 소비가 $y = 4$에서 $y = 4.01$로 증가하여 $\Delta y = 0.01$이라고 가상하자. 이 경우 효용수준은 $U(4) = \sqrt{4} = 2$에서 $U(4.01) = \sqrt{4.01} \approx 2.0025$가 된다. 따라서 효용은 $\Delta U \approx 0.0025$만큼 증가하게 된다. 따라서 한계효용은 $\Delta U/\Delta y = 0.0025/0.01 = 0.25$가 된다. 이는 공식 $MU_y = 1/(2\sqrt{y})$에 $y = 4$를 대체시킬 경우 얻게 되는 숫자의 값이다.

한계효용체감의 법칙

총효용 및 한계효용 곡선을 그리려는 경우 다음 사항을 명심해야만 한다.

- 총효용과 한계효용을 동일한 그래프에 나타내서는 안 된다. 〈그림 3.2〉의 두 그래프에서 수평축은 동일하지만(둘 다 주당 소비하는 햄버거의 개수 y를 나타내지만) 두 그래프의 수직축은 동일하지 않다. 총효용은 (그것이 무엇이든지 간에) U의 영역을 갖지만, 한계효용은 (ΔU를 Δy로 나눈) 햄버거당 효용의 영역을 갖는다. 따라서 총효용과 한계효용을 나타내는 곡선은 두 개의 상이한 그래프에 그려야 한다.
- 한계효용은 (총)효용함수의 기울기이다. 〈그림 3.2(a)〉에서 총효용곡선 상에 있는 점의 기울기는 $\Delta U/\Delta y$이며, 이는 소비가 증가하거나 감소함에 따른 해당 점에서 총효용의 변화율이고 바로 한계효용을 측정하는 것이다(어떤 점에서의 $\Delta U/\Delta y$는 해당 점에서 효용곡선의 접선의 기울기가 된다는 사실을 주목하자). 예를 들어 〈그림 3.2(a)〉의 점 B에서 다음의 관계가 성립된다: 효용곡선 $U(y)$의 기울기 = 0.25(즉 $y = 4$일 경우 $\Delta U/\Delta y = 0.25$) = 접선 RS의 기울기 = 해당 점에서의 한계효용 = (b)의 한계효용곡선 MU_y 상의 점 B'에 상응하는 값
- 총함수와 한계함수 사이의 관계는 경제학의 다른 측정값에 대해서도 적용된다. 한계함수의 개념은 보통 단순히 그에 상응하는 총함수의 기울기이다. 이 책 전반에 걸쳐 다른 함수에 대해서도 이런 관계를 살펴볼 것이다.

〈그림 3.2(b)〉에서 영희가 더 많은 햄버거를 소비함으로써 그녀의 한계효용은 감소하게 된다. 이런 추세는 **한계효용체감의 법칙**(principle of diminishing marginal utility)을 보여 준다. 즉 한 재화에 대한 소비가 증가함에 따라 어떤 점을 넘어서게 되면 해당 재화의 한계효용은 감소하기 시작한다. 한계효용 체감은 일반인들의 특성을 반영한 것이다. 햄버거, 막대사탕, 신발, 야구경기를 비롯하여 어떤 것이든 더 많이 소비하게 되면 추가적인 소비를 통해 얻을 수 있는 추가적인 만족은 점점 더 작아진다. 한 개, 두 개, 심지어 세 개를 소비하고도 한계효용이 감소하지 않을 수 있지만 어떤 수준의 소비를 넘어서게 되면 보통 감소한다.

한계효용체감의 법칙을 이해하기 위하여 햄버거를 하나 더 소비함으로써 얻게 되는 추가적인 만족에 대해 생각해 보자. 이번 주에 이미 햄버거 하나를 먹었다고 가상하자. 두 번째 햄버거를 먹으려 할 경우 효용은 일정량 증가하며 이를 두 번째 햄버거의 한계효용이라 한다. 이번 주에 이미 다섯 개의 햄버거를 소비하고 여섯 번째 햄버거를 먹으려 할 경우 이에 따른 효용의 증가는 여섯 번째 햄버거의 한계효용이 된다. 대부분의 경우 여섯 번째 햄버거의 한계효용은 두 번째 햄버거의 한계효용보다 작다. 이 경우 햄버거의 한계효용은 감소하게 된다.

많을수록 언제나 더 좋은가?

많을수록 더 좋다라는 가정은 한계효용에 대해 어떤 의미를 갖는가? 한 재화가 많을수록 더 좋다면, 해당 재화의 소비가 증가할수록 총효용이 증가해야만 한다. 다시 말해 해당 재화의 한계효용이 양이 되어야만 한다.

실제로 이 가정이 반드시 충족될 필요는 없다. 햄버거를 소비하는 예로 돌아가 보자. 영희는 매주 첫 번째, 두 번째, 세 번째 햄버거를 먹음으로써 총효용이 증가하게 된다. 이들 햄버거에 대해 그녀의 한계효용은 양이 된다. 하지만 추가적으로 먹는 각 햄버거에 대한 한계효용은 감소한다. 아마도 어떤 점에서 추가적으로 먹는 햄버거가 더 이상 만족을 주지 않게 될 것이다. 예를 들어 주당 일곱 번째 햄버거의 한계효용이 영이 될 경우 여덟 번째 또는 아홉 번째 햄버거의 한계효용은 음이 될 수도 있다.

〈그림 3.3〉은 이런 재화에 대한 총효용 및 한계효용 곡선을 보여 주고 있다. 처음에 (햄버거의

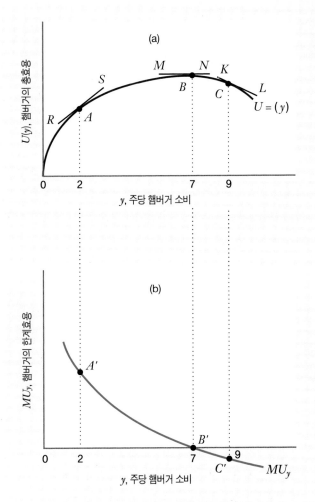

그림 3.3 음이 될 수도 있는 한계효용

효용곡선 $U(y)$는 (a)에 있으며, 이에 상응하는 한계효용 곡선은 (b)에 있다. 위에 있는 효용곡선의 기울기가 점 A에서 양이므로 (b)에서 점 A'로 나타낸 것처럼 한계효용은 양이 된다. 점 B에서 효용곡선의 기울기는 영이 되며, 이는 B'로 나타낸 것처럼 한계효용이 영이 된다는 의미이다. 점 C에서 효용곡선의 기울기는 음이 되므로, 점 C'로 나타낸 것처럼 한계효용이 음이 된다.

개수가 $y < 7$인 경우에) 소비가 증가함에 따라 총효용이 증가한다. 예를 들어 소비자가 두 번째 햄버거를 구입할 경우 효용곡선의 기울기는 양이 되므로(점 A에서 효용곡선에 접하는 선분 RS는 양의 기울기를 갖는다는 사실에 주목하자) 한계효용은 양이 된다(점 A'로 표시된다). 하지만 소비가 증가함에 따라 한계효용이 감소한다. 소비자가 일곱 번째 햄버거를 소비하게 되면, 해당 재화를 매우 많이 구입하여 한계효용이 영이 된다(점 B'를 참조하자). 한계효용은 영이 되므로 총효용곡선의 기울기는 영이 된다(점 B에서 효용곡선에 접하는 선분 MN은 영의 기울기를 갖는다). 소비자가 일곱 개를 초과하는 햄버거를 구입할 경우 총효용은 감소하게 된다. 점 C에서 총효용곡선의 기울기는 음이 된다(따라서 점 C'가 보여 주는 것처럼 한계효용은 음이 된다).

많을수록 반드시 더 좋은 것은 아니지만, 소비자가 실제로 구입하게 되는 재화의 양이 많을수록 더 좋다고 가정하는 것이 그래도 합리적이다. 예를 들어 〈그림 3.3〉에서 보통 처음 일곱 개 햄버거에 대한 효용함수를 도출하는 것이 필요할 뿐이다. 만족을 낮추는 햄버거에 대해 지출을 한다는 것은 의미가 없기 때문에, 소비자가 일곱 개를 초과하는 햄버거를 구입하는 상황은 생각하지 않게 된다.

여러 재화인 경우의 선호 : 한계효용, 무차별곡선, 한계대체율

총효용 및 한계효용의 개념이 좀 더 현실적인 상황에 어떻게 적용되는지 살펴보도록 하자. 실제 생활에서 소비자들은 수많은 재화 및 용역 중에서 선택을 할 수 있다. 최적의 바구니를 선택하는 데 소비자가 이루어야 하는 균형에 관해 알아보기 위해, 재화가 여러 개인 경우에 있어 소비자 효용의 성질에 대해 검토해 보자.

소비자 철수는 단지 두 종류의 상품, 즉 식료품과 의복 사이에서 선택한다는 상대적으로 간단한 예를 가지고, 상품이 여러 개인 경우의 소비자 선택 시 나타나는 중요한 많은 사실을 설명할 수 있다. x는 월간 구입하는 식료품 단위의 수를 나타내고 y는 의복 단위의 수를 의미한다. 나아가 바구니 (x, y)에 대한 철수의 효용은 $U = \sqrt{xy}$로 측정할 수 있다고 가상하자. 이 소비자의 효용함수 그래프는 〈그림 3.4〉에 있다. 두 개의 재화가 있으므로 효용함수의 그래프는 세 개의 축을 갖게 된다. 〈그림 3.4〉에서 소비한 식료품 단위의 수 x는 오른쪽 축에 있으며 소비한 의복 단위의 수 y는 왼쪽 축에 있다. 수직축은 재화 바구니를 구입함으로써 소비자 철수가 얻게 되는 만족수준을 나타낸다. 예를 들어 바구니 A는 식료품 두 단위($x = 2$)와 의복 여덟 단위($y = 8$)를 포함한다. 따라서 소비자는 바구니 A를 통해 효용수준 $U = \sqrt{(2)(8)} = 4$를 실현하게 된다. 그래프를 통해 알 수 있는 것처럼 철수는 다른 바구니, 예를 들면 바구니 $B(x = 4$ 그리고 $y = 4)$와 바구니 $C(x = 8$ 그리고 $y = 2)$를 선택함으로써 동일한 수준의 효용($U = 4$)을 얻을 수 있다.

한계효용의 개념은 재화가 여러 개인 경우로 쉽게 연장될 수 있다. 어떤 재화의 한계효용은 모든 다른 재화의 소비수준을 일정하다고 보고 해당 재화의 소비수준이 증가함에 따라 총효용이 변화하는 율이다. 예를 들어 단지 두 개의 재화만을 소비하고 효용함수가 $U(x, y)$인 경우, 식료품의 한계효용(MU_x)은 y의 수준을 일정하다고 보고 식료품 소비의 변화(Δx)에 대한 만족수준의 변화

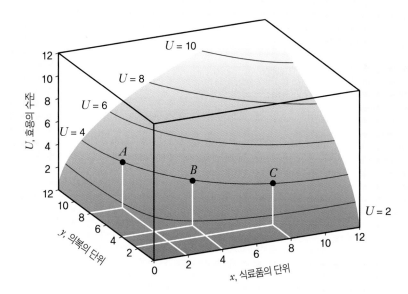

그림 3.4 효용함수 $U = \sqrt{xy}$ 의 그래프

효용의 수준은 수직축에 나타내며, 식료품의 양(x)과 의복의 양(y)은 각 각 오른쪽 축과 왼쪽 축에 나타낸 다. 일정한 수준의 효용을 나타내 는 등고선을 또한 볼 수 있다. 예를 들어 바구니 A, B, C는 모두 동일 한 효용수준($U = 4$)을 가능하게 하 므로, 소비자는 이들에 대해 차별을 두지 않는다.

(ΔU)를 측정한다. 이는 다음과 같다.

$$MU_x = \left.\frac{\Delta U}{\Delta x}\right|_{y\text{는 일정하다}} \tag{3.2}$$

이와 유사하게 의복의 한계효용(MU_y)은 식료품(x)의 수준을 일정하다고 보고 의복 소비의 작 은 변화(Δy)에 따른 만족수준의 변화(ΔU)를 측정한다. 이 역시 다음과 같다.

$$MU_y = \left.\frac{\Delta U}{\Delta y}\right|_{x\text{는 일정하다}} \tag{3.3}$$

위의 식 (3.2) 및 (3.3)을 이용하여 $U(x, y)$로부터 MU_x 및 MU_y를 도출할 수 있다. 꾸러미 (x, y)를 소비하여 얻을 수 있는 총효용이 $U = \sqrt{xy}$인 경우, 한계효용은 $MU_x = \sqrt{y}/(2\sqrt{x})$ 및 $MU_y = \sqrt{x}/(2\sqrt{y})$가 된다. 따라서 ($x = 2$ 그리고 $y = 8$인) 바구니 A의 경우, $MU_x = \sqrt{8}/(2\sqrt{2}) = 1$ 및 $MU_y = \sqrt{2}/(2\sqrt{8}) = 1/4$이 된다.

정리문제 3.1에서 효용함수 $U = \sqrt{xy}$는 많을수록 더 좋다는 가정과 한계효용이 체감한다는 가 정을 충족시킨다. 이런 가정들은 소비자 선호를 합리적으로 나타내는 특성으로 널리 인식되고 있 기 때문에, 이 효용함수를 이용하여 종종 소비자 선택이론의 개념을 설명한다.

한계효용

많을수록 더 좋으며, 한계효용이 체감한다는 가정을 충족시키는 효용함수를 살펴보도록 하자. 식료품 및 의복에 대한 소비자 선호를 효용함수 $U = \sqrt{xy}$로 나타낼 수 있다고 가상하자. 여기서 x는 식료품의 단위 수, y는 의복의 단위 수를 의미하며 x와 y에 대한 한계효용은 다음 식으로 나타낼 수 있다: $MU_x = \sqrt{y}/(2\sqrt{x})$ 및 $MU_y = \sqrt{x}/(2\sqrt{y})$.

문제

(a) 위와 같은 효용함수를 갖는 소비자는 많을수록 더 좋다고 믿는다는 사실을 보이라.

(b) 식료품의 한계효용이 체감한다는 점을 보이라. 의복의 한계효용도 체감한다는 점 또한 보이라.

해법

(a) 이 효용함수를 검토해 보면 x 또는 y가 증가할 경우에는 언제나 U가 증가한다는 사실을 알 수 있다. 이는 소비자가 각 재화를 더 많이 소비하려 한다는 의미이다. "많을수록 더 좋다"라는 것은 단순히 한계효용이 양이라는 의미이다. 따라서 한계효용 MU_x와 MU_y를 살펴보면 각 재화에 대해 많을수록 더 좋다는 사실을 또한 알 수 있다. 소비자가 매입한 식료품과 의복의 규모가 양인 경우 두 한계효용 모두 양이 된다. 따라서 소비자가 식료품과 의복을 더 많이 구입할 경우 소비자의 효용이 증가하게 된다.

(b) 한계효용함수 둘 다에서 (분자의 값은 일정한 데 반해) 분모의 값이 증가하게 되면 한계효용은 체감한다. 따라서 MU_x 및 MU_y는 둘 다 체감하게 된다.

정리문제 3.2를 통해, 어떤 재화의 한계효용이 양인지 여부를 결정하는 데 두 가지 방법이 있음을 알 수 있다. 첫째, 총효용함수를 관찰함으로써 알 수 있다. 해당 재화를 더 소비할 경우 총효용이 증가한다면 한계효용은 양이 된다. 둘째, 한계효용이 양수인지를 알아보기 위해 해당 재화의 한계효용을 관찰할 수도 있다. 한계효용이 양수인 경우 해당 재화를 더 많이 소비하게 되면 총효용이 증가한다.

체감하지 않는 한계효용

많을수록 더 좋지만 한계효용이 체감하지 않는다는 가정을 충족시키는 효용함수를 생각해 보자. 햄버거와 청량음료에 대한 소비자 선호를 효용함수 $U = \sqrt{H} + R$로 나타낼 수 있다고 가상하자. 여기서 H는 햄버거의 개수, R은 청량음료의 개수를 나타낸다. 한계효용은 다음과 같다.

$$MU_H = \frac{1}{2\sqrt{H}}$$

$$MU_R = 1$$

문제

(a) 소비자는 각 재화에 대해 많을수록 더 좋다고 믿고 있는가?

(b) 소비자는 햄버거에 대해 체감하는 한계효용을 갖는가? 청량음료의 한계효용은 체감하는가?

해법

(a) H 또는 R이 증가할 경우에는 언제나 U가 증가한다는

사실을 알 수 있다. 따라서 각 재화에 대해 많을수록 더 좋다는 사실이 확인되었다. 또한 MU_H와 MU_R이 모두 양수이므로, 이 선호는 많을수록 더 좋다는 가정을 충족시킨다고 볼 수 있다.

(b) H가 증가할 경우 MU_H는 감소한다. 따라서 햄버거에 대한 소비자의 한계효용은 체감한다. 그러나 (R의 값에 관계없이) $MU_R = 1$이다. 따라서 소비자는 (체감하기보다) 일정한 R의 한계효용을 갖는다(즉 소비자가 청량음료를 추가적으로 구입할 경우 효용이 언제나 동일한 크기만큼 증가한다).

무차별곡선

소비자 선택과 관련된 균형을 설명하기 위해 〈그림 3.4〉에 있는 철수의 3차원 효용함수 그래프를 〈그림 3.5〉와 같은 2차원 그래프로 변화시킬 수 있다. 두 그래프는 동일한 효용함수 $U = \sqrt{xy}$를 보여 주고 있다. 〈그림 3.5〉에서 각 등고선은 소비자에게 동일한 수준의 효용을 주는 바구니들을 의미한다. 각 등고선을 **무차별곡선**(indifference curve)이라 하는데, 그 이유는 소비자인 철수가 해당 무차별곡선 상에 있는 모든 바구니에 대해 동일하게 만족하기 때문이다(또는 이 바구니들 중에서 선택하는 데 무차별하기 때문이다). 예를 들어 철수는 바구니 A, B, C에 대해 동일하게 만족을 한다. 왜냐하면 이들 바구니는 값이 $U = 4$인 무차별곡선에 모두 위치하기 때문이다(그림 3.4와 3.5를 비교하여, 무차별곡선 $U = 4$가 동일한 효용함수의 3차원 그래프와 2차원 그래프에서 어떤 모양을 하는지 알아보라). 〈그림 3.5〉와 같은 그래프는 일련의 무차별곡선을 보여 주고 있으므로 **무차별지도**라고 한다.

무차별지도 상에 있는 무차별곡선은 다음과 같은 네 가지 특성을 갖는다.

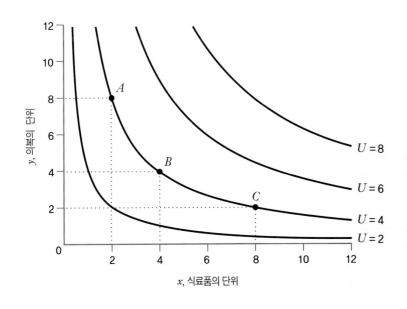

그림 3.5 효용함수 $U = \sqrt{xy}$에 대한 무차별곡선

효용은 주어진 무차별곡선 상에서 모든 바구니에 대해 동일하다. 예를 들어 소비자는 그래프에서 바구니 A, B, C에 대해 차별을 두지 않는다. 왜냐하면 이 바구니들은 모두 동일한 효용수준($U = 4$)을 제공하기 때문이다.

> 1. 소비자가 두 재화를 모두 좋아하는 경우(MU_x와 MU_y가 모두 양인 경우), 무차별곡선은 음의 기울기를 갖는다.
> 2. 무차별곡선은 교차할 수 없다.
> 3. 모든 소비 바구니는 유일한 한 개의 무차별곡선 상에 위치한다.
> 4. 무차별곡선은 '중첩'되지 않는다.

이를 더 자세히 알아보도록 하자.

1. 소비자가 두 재화를 모두 좋아하는 경우(MU_x와 MU_y가 모두 양인 경우), 무차별곡선은 음의 기울기를 갖는다. 예를 들어 〈그림 3.6〉에 있는 그래프를 생각해 보자. 소비자는 현재 바구니 A를 갖고 있다고 가상하자. 소비자는 두 재화에 대해 양의 한계효용을 갖고 있으므로, A의 북쪽, 동쪽, 또는 북동쪽에 있는 바구니를 선호하게 된다. 선호하는 방향을 나타내는 화살표를 그림으로써 그래프 상에 이를 표시할 수 있다. 동쪽을 가리키는 화살표는 $MU_x > 0$이라는 사실을 반영하며, 북쪽을 가리키는 화살표는 $MU_y > 0$이라는 사실을 의미한다.

   A의 북동쪽 또는 남서쪽에 위치한 점들은 A와 동일한 무차별곡선 상에 위치할 수 없다. 왜냐하면 이 점들은 각각 A보다 더 선호되거나 또는 덜 선호되기 때문이다. 따라서 A와 동일한 무차별곡선 상에 있는 점들은 A의 북서쪽 또는 남동쪽에 위치해야 한다. 이는 두 재화가 양의 한계효용을 가질 경우, 무차별곡선이 음의 기울기를 갖는다는 의미이다.

2. 무차별곡선은 교차할 수 없다. 그 이유를 알아보기 위해 〈그림 3.7〉을 생각해 보자. 서로 교차하는 (효용수준이 U_1 및 U_2인) 두 개의 무차별곡선을 그려 보면, 〈그림 3.7〉에서 보는 것처럼 논리적인 불일치에 직면하게 된다. 바구니 S는 T의 북동쪽에 위치하므로, $U_1 > U_2$가 된다. 다시 말해 소비자는 U_2 상에 있는 바구니보다 U_1 상에 있는 바구니를 선호해야 한다. 그

그림 3.6 무차별곡선의 기울기

재화 x 및 y 둘 다 소비자가 좋아한다고 가상하자($MU_x > 0$ 및 $MU_y > 0$이고, 이는 소비자는 더 많은 y와 더 많은 x를 선호한다는 의미이다). A의 북동쪽의 색칠된 영역에 위치한 점들은 A보다 더 선호되기 때문에, A와 동일한 무차별곡선 상에 위치할 수 없다. A의 남서쪽의 색칠된 영역에 위치한 점들은 A보다 덜 선호되기 때문에, A와 동일한 무차별곡선 상에 위치할 수 없다. 따라서 바구니 A와 동일한 무차별곡선 상에 있는 점들은 A의 '북서쪽' 또는 '남동쪽'에 위치해야 하며, A를 통과하는 무차별곡선의 기울기는 음이 되어야 한다.

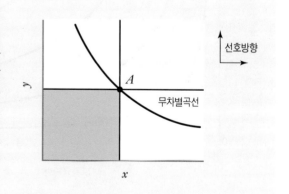

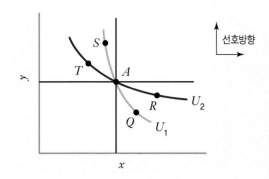

그림 3.7 무차별곡선의 불교차성

서로 교차하는 두 개의 무차별곡선(효용수준이 상이한 U_1 및 U_2)을 그릴 경우, 그래프 상에서 논리적 불일치가 발생한다. S는 T의 북동쪽에 위치하므로, $U_1 > U_2$가 된다. 하지만 R은 Q의 북동쪽에 위치하기 때문에, $U_2 > U_1$이 된다. 무차별곡선이 상호교차하기 때문에, 논리적 불일치성($U_1 > U_2$ 그리고 $U_2 > U_1$)이 발생한다.

러나 동시에 R은 Q의 북동쪽에 위치하므로, $U_2 > U_1$이 된다. 이는 U_1 상에 있는 바구니보다 U_2 상에 있는 바구니를 선호해야 한다는 의미이다. $U_1 > U_2$ 그리고 $U_2 > U_1$이 분명히 둘 다 참일 수는 없다. U_1 및 U_2가 교차하기 때문에, 이런 논리적 불일치가 발생한다. 따라서, 무차별곡선은 교차해서는 안 된다.

3. 모든 소비 바구니는 유일한 한 개의 무차별곡선 상에 위치한다. 양의 사분면에 위치한 모든 점은 가능한 소비 바구니를 나타낸다. 소비자가 모든 바구니에 대해 순위를 매길 수 있다는 가정은 각 바구니가 유일한 효용수준을 갖게 된다는 의미이다. 해당 효용수준을 갖는 바구니는 동일한 무차별곡선 상에 위치하게 된다.

4. 무차별곡선은 '중첩'되지 않는다. 이 이유를 알아보기 위해 별개의 바구니 A와 B를 통과하는 중첩된 무차별곡선의 경우인 〈그림 3.8〉을 생각해 보자. B는 A의 북동쪽에 위치하므로 B에서의 효용은 A에서의 효용보다 높아야 한다. 따라서 A와 B는 동일한 무차별곡선에 위치할 수 없다.

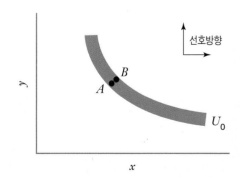

그림 3.8 중첩되지 않는 무차별곡선

동일한 무차별곡선 상에 있는 바구니 A와 바구니 B를 통과하도록 중첩된 무차별곡선 U_0을 그려 보자. B는 A의 북동쪽에 위치하므로, B에서의 효용이 A에서의 효용보다 높아야 한다. 따라서 A와 B는 동일한 무차별곡선 상에 위치할 수 없다.

한계대체율

만족 수준을 동일하게 유지하면서, 어떤 재화 대신에 다른 재화로 대체시키려는 소비자의 의지를 **한계대체율**(marginal rate of substitution)이라고 한다. 예를 들면, 청량음료에 대한 햄버거의 한계대체율은 전반적인 만족도를 동일하게 유지하면서 더 많은 햄버거를 얻기 위해서 포기하고자 하는 청량음료의 비율을 말한다.

두 개의 재화가 양의 한계효용을 갖고 있는 경우, 소비자가 두 개 재화 사이에 하고자 하는 교환은 무차별곡선의 기울기로 설명할 수 있다. 그 이유를 알아보기 위해서 〈그림 3.9〉에 있는 무차별곡선 U_0를 생각해 보자, 이 그림은 특정 소비자에 의한 햄버거와 청량음료의 주당 소비를 보여준다. 특정 소비자가 예를 들면 바구니 A처럼 어떤 주어진 바구니로부터 예를 들면 바구니 B처럼 곡선상에서 오른쪽으로 이동하여 위치하는 동일하게 선호되는 바구니로 이동할 경우, 어떤 재화(햄버거)를 더 많이 얻기 위해서 다른 재화(청량음료)의 일부를 포기하여야 한다. 어떤 점에서의 무차별곡선의 기울기(즉, 해당 점에서의 곡선에 대한 접선의 기울기)는 $\Delta y/\Delta x$이며, 이는 x의 변화와 관련된 y의 변화율이다. 하지만 이것은 정확히 청량음료에 대한 햄버거의 한계대체율로서, 추가적인 햄버거(Δx)를 얻기 위해서 포기해야 하는 청량음료의 양(Δy)이다.

예를 들면, 점 A에서 무차별곡선의 기울기는 −5이며, 이는 바구니 A로 나타낸 소비수준에서 한 개 추가적인 햄버거와 청량음료 다섯 컵을 교환하겠다는 의미이다. 따라서 점 A에서 청량음료에 대한 햄버거의 한계대체율은 5이다. 점 D에서 무차별곡선의 기울기는 −2이다. 이 소비수준에서 한계대체율은 2이며, 이는 한 개 추가적인 햄버거에 대해 청량음료 두 컵만을 포기하겠다는 의미이다.

위의 논의를 통해서 y에 대한 x의 한계대체율($MRS_{x,y}$)과 무차별곡선의 기울기 사이에 존재하는 분명한 관계를 알 수 있다. 수평축에 x 그리고 수직축에 y를 나타내는 그래프에서, 어떤 점에서의 $MRS_{x,y}$는 해당 점에서의 무차별곡선의 기울기에 대한 음수이다.

어떤 바구니에 대한 한계대체율은 해당 바구니에 있는 재화의 한계효용 비율로도 나타낼 수 있

그림 3.9 y에 대한 x의 한계대체율($MRS_{x,y}$)

y에 대한 x의 한계대체율($MRS_{x,y}$)은, 효용은 일정하다 보고 x를 더 얻기 위해 소비자가 y를 포기하는 비율이다. 수평축이 x이고 수직축이 y인 그래프 상에서, 어떤 바구니의 $MRS_{x,y}$는 해당 바구니를 지나는 무차별곡선 기울기의 음수이다. 바구니 A에서 무차별곡선의 기울기는 −5이므로 바구니 A에서의 $MRS_{x,y}$는 5가 된다. 바구니 D에서 무차별곡선의 기울기는 −2이므로 바구니 D에서의 $MRS_{x,y}$는 2가 된다.

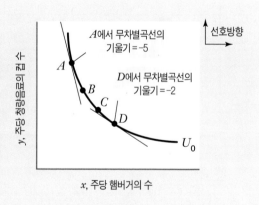

다. 이를 설명하기 위해 무차별곡선 U_0 상에 있는 특정 바구니를 갖고 시작해 보자. 이제는 소비자가 x 및 y 소비수준을 각각 Δx 및 Δy만큼 변화시켰다고 가상하자. 이에 상응하는 효용에 대한 충격 ΔU는 다음과 같다.[3]

$$\Delta U = MU_x(\Delta x) + MU_y(\Delta y) \tag{3.4}$$

무차별곡선 U_0를 따라 움직이며 x 및 y가 변화할 경우 효용은 불변하므로 $\Delta U = 0$이 된다. 즉 다음과 같다. $0 = MU_x(\Delta_x) + MU_y(\Delta_y)$, 이를 재정리하면 다음과 같다. $MU_y(\Delta_y) = -MU_x(\Delta_x)$. 무차별곡선의 기울기 Δ_y/Δ_x에 대해 풀면 다음과 같다.

$$\left.\frac{\Delta y}{\Delta x}\right|_{\text{효용은 일정하다}} = -\frac{MU_x}{MU_y}$$

최종적으로 $MRS_{x,y}$는 무차별곡선 기울기의 음수$(-\Delta_y/\Delta_x)$이므로 다음과 같다.

$$\left.-\frac{\Delta y}{\Delta x}\right|_{\text{효용은 일정하다}} = \frac{MU_x}{MU_y} = MRS_{x,y} \tag{3.5}$$

한계대체율체감

(모든 경우는 아니지만) 많은 재화의 경우 무차별곡선을 따라 x의 양이 증가하게 되면 $MRS_{x,y}$는 감소한다. 그 이유를 알아보기 위해 〈그림 3.9〉를 참고해 보자. 바구니 A에서 소비자는 햄버거 한 개를 추가적으로 얻기 위해 청량음료 5컵을 포기하고자 한다. 결국 소비자는 바구니 A에서 많은 청량음료를 마시고, 단지 적은 수의 햄버거만을 먹게 된다. 따라서 $MRS_{x,y}$는 커진다. 그러나 더 많은 햄버거를 먹고 더 적은 청량음료를 마시는 바구니 D로 이동하게 되면, 소비자는 햄버거를 추가적으로 얻기 위해 많은 청량음료를 포기하려 하지 않는다. 따라서 소비자의 $MRS_{x,y}$는 A에서보다 D에서 더 낮아진다. 바구니 D에서의 $MRS_{x,y}$는 바구니 A에서의 $MRS_{x,y}$보다 더 낮은 2가 된다는 점을 이미 살펴보았다. 이 경우 소비자 선호는 y에 대한 x의 **한계대체율체감**(diminishing marginal rate of substitution)을 나타낸다. 다시 말해 y에 대한 x의 한계대체율은 소비자가 무차별곡선을 따라 x에 대한 소비를 증가시키게 되면 감소하게 된다.

y에 대한 x의 한계대체율체감이 무차별곡선의 형태에 관해 갖는 의미는 무엇인가? y에 대한 x의 한계대체율은 수평축이 x, 수직축이 y인 그래프 상에 있는 무차별곡선 기울기의 음수일 뿐이다. 소비자가 무차별곡선을 따라 x를 증가시킬 경우 $MRS_{x,y}$가 감소하게 되면, 무차별곡선의 기울기는 x가 증가함에 따라 더 평평하게 된다(더 적은 음의 값을 갖게 된다). 따라서 $MRS_{x,y}$가 체감함에 따라, 무차별곡선은 〈그림 3.9〉에서 보는 것처럼 원점을 향해 활 모양으로 휘어지게 된다.

---

3 이 식은 x 및 y가 각각 Δx 및 Δy만큼 변할 경우 나타나는 효용 변화의 어림값이라는 사실을 알 수 있다. Δx 및 Δy가 작을 경우 이 어림값은 더 정확해진다. 왜냐하면 x 및 y의 변화가 작을 경우 한계효용이 거의 일정하기 때문이다.

체감하는 $MRS_{x,y}$를 갖는 무차별곡선

효용함수 $U = xy$로 나타낼 수 있는 두 재화 간의 선호를 소비자가 갖고 있다고 가상하자. 이 효용함수에 대해 $MU_x = y$ 및 $MU_y = x$로 나타낼 수 있다.[4]

문제

(a) 무차별곡선 $U_1 = 128$의 형태를 그래프를 이용하여 설명하라. 그리고 나서 다음 물음에 답하라.

   1. 무차별곡선은 어느 한쪽 축과 교차하는가?

   2. 무차별곡선의 형태에 따르면 $MRS_{x,y}$는 체감하는가?

(b) 동일한 그래프 상에 두 번째 무차별곡선 $U_2 = 200$을 그려 보라. $MRS_{x,y}$가 x와 y에 어떻게 의존하는지 보이고, 이 정보를 이용하여 이 효용함수에 대해 체감하는 $MRS_{x,y}$의 존재 여부를 결정하라.

해법

(a) 효용함수 $U = xy$에 대한 무차별곡선 $U_1 = 128$을 도출하기 위해서, $xy = 128$인 점들을 연결할 수 있다.

예를 들면 점 $G(x = 8, y = 16)$, 점 $H(x = 16, y = 8)$, 점 $I(x = 32, y = 4)$가 있으며, 이 점들을 곡선으로 연결할 수 있다. 〈그림 3.10〉은 이런 무차별곡선을 보여 주고 있다.

무차별곡선 U_1은 수직축이나 수평축과 교차하는가? U_1은 양이므로 (소비자가 두 상품 모두 양의 수량을 구입한다고 가정하면) x 및 y 모두 양이 된다. U_1이 x축과 교차한다면 그 점에서 y의 값은 영이 된다. 이와 유사하게 U_1이 y축과 교차한다면 그 점에서 x의 값은 영이 된다. x 또는 y가 영인 경우 U_1의 값도 영이 되며 128이 되지 않는다. 따라서 무차별곡선 U_1은 어떤 축과도 교차할 수 없다.

$MRS_{x,y}$는 U_1의 경우 체감하는가? 〈그림 3.10〉에 따르면 U_1은 원점에 대해 구부러져 있으므로 $MRS_{x,y}$는 U_1의 경우 체감한다.

(b) 〈그림 3.10〉은 또한 $U_1 = 128$ 위쪽의 오른쪽에 무차별곡선 $U_2 = 200$을 보여 주고 있다.

그림 3.10 $MRS_{x,y}$가 체감하는 무차별곡선의 형태

이 그래프는 효용함수 $U = xy$에 대해 그린 것이며, 이에 대한 $MRS_{x,y} = y/x$가 된다. 바구니 G에서의 $MRS_{x,y}$는 16/8 = 2가 되므로, G에서의 무차별곡선 기울기는 −2가 된다. 바구니 I에서의 $MRS_{x,y}$는 4/32 = 1/8이 되므로, I에서의 무차별곡선 기울기는 −1/8이 된다. x가 증가함에 따라 $MRS_{x,y}$는 체감하고, 무차별곡선은 원점에 대해 활 모양으로 휘어지게 된다.

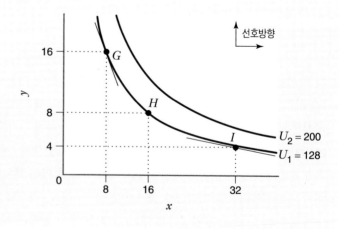

소비자가 수량이 양인 x 및 y를 갖는 경우에는 언제나 MU_x 및 MU_y 모두 양이 된다는 사실에 주목하자. 그러므로 무차별곡선은 음의 기울기를 갖게 된다. 즉 소비자가 무차별곡선을 따라 x를 증가시키게 되면, y는 감소해야만 한다.

$MRS_{x,y} = MU_x/MU_y = y/x$이므로, x를 증가시키고 y를 감소시킴으로써 무차별곡선을 따라 이동하게 되면, $MRS_{x,y} = y/x$는 감소하게 된다. 이처럼 $MRS_{x,y}$는 x 및 y에 의존하게 되고, y에 대한 x의 한계대체율은 체감하게 된다.

정리문제 3.4는 한계대체율이 체증하는 무차별곡선에 관한 것이다. 이런 곡선들은 이론적으로는 가능하지만 통상적으로는 경험하지 못한다.

체증하는 $MRS_{x,y}$를 갖는 무차별곡선

효용함수의 한계대체율이 체증하는 경우, 어떤 일이 발생하는지 살펴보도록 하자.

문제
소비자가 다음과 같은 효용함수로 나타낼 수 있는 두 재화 사이의 선호를 갖는다고 가상하자. 효용함수는 $U = Ax^2 + By^2$이며 여기서 A와 B는 양의 상수이다. 이 효용함수에 대해, $MU_x = 2Ax$ 및 $MU_y = 2By$이다. $MRS_{x,y}$가 체증한다는 사실을 보이라.

해법
이전처럼 MU_x와 MU_y는 양이므로, 무차별곡선은 음의 기울기를 갖게 된다. 이는 x가 무차별곡선을 따라 증가함에 따라 y가 감소해야 한다는 의미이다. $MRS_{x,y} = MU_x/MU_y = 2Ax/(2By) = Ax/(By)$가 된다. x를 증가시키고 y를 감소시키면서 무차별곡선을 따라 움직이게 되면 $MRS_{x,y}$가 증가한다. 따라서 y에 대한 x의 한계대체율이 증가하게 된다. 〈그림 3.11〉은 이 효용함수에 대한 무차별곡선을 보여 주고 있다. $MRS_{x,y}$가 체증하는 이들 무차별곡선은 원점으로부터 바깥쪽을 향해 활 모양으로 휘어지게 된다.

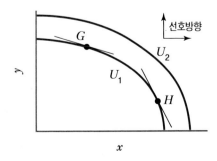

그림 3.11 $MRS_{x,y}$가 체증하는 무차별곡선의 형태

$MRS_{x,y}$가 바구니 G에서보다 바구니 H에서 더 높은 경우, 무차별곡선의 기울기는 G에서보다 H에서 더 큰 음의 값을 갖게 된다(더 가파르게 된다). 따라서 $MRS_{x,y}$가 체증하는 경우, 무차별곡선은 원점에서 바깥쪽으로 휘어지게 된다.

3.3 특수한 효용함수

소비자가 어떤 한 상품 대신에 다른 상품으로 대체하려는 의지는 문제가 되는 상품에 달려 있다. 예를 들어 소비자가 코카콜라와 펩시콜라를 완전한 대체재로 보고, 코카콜라 한 잔과 펩시콜라 한 잔을 언제고 대체하고자 할 수 있다. 만일 그렇다면 펩시콜라에 대한 코카콜라의 한계대체율은 감소하지 않고 일정하며 1과 같아진다. 소비자는 이따금 어떤 한 상품을 다른 상품으로 대체하려 하지 않는다. 예를 들어 어떤 소비자는 샌드위치를 만드는 데 언제나 젤리 1온스당 땅콩버터 1온스를 정확히 원하며, 어떤 다른 비율로 땅콩버터와 젤리를 소비하려 하지 않을 수 있다. 이런 경우에 적합한 몇 가지 특수한 효용함수를 생각해 보자. 여기서는 다음과 같은 네 가지 경우를 살펴볼 것이다. 즉 완전 대체재인 경우, 완전 보완재인 경우, 콥-더글러스 효용함수인 경우, 준선형 효용함수인 경우에 대해 고찰할 것이다.

완전 대체재

어떤 경우에 소비자는 두 재화를 서로에 대해 **완전 대체재**(perfect substitutes)로 간주한다. 어떤 재화에 대한 다른 재화의 한계대체율이 상수인 경우 두 재화는 완전 대체재가 된다. 예를 들어 소비자가 버터(B)와 마가린(M) 모두를 좋아하며 한 상품 1파운드와 다른 상품 1파운드를 기꺼이 대체하려 한다고 가상하자. 그러면 $MRS_{B,M} = MRS_{M,B} = 1$이 된다. 예를 들면 $U = aB + aM$과 같은 효용함수를 이용하여 이런 선호를 나타낼 수 있다. 여기서 a는 어떤 양의 상수이다(이 효용함수에서 $MU_B = a$이고 $MU_M = a$이며, 또한 $MRS_{B,M} = MU_B/MU_M = a/a = 1$을 추론할 수 있다. 무차별곡선의 기울기는 상수이며 -1이 된다).

보다 일반적으로 말하면 완전 대체재에 대한 무차별곡선은 직선이 되며 한계대체율이 반드시 1은 아니지만 일정하게 된다. 예를 들어 소비자가 팬케이크와 와플을 모두 좋아하며 와플 한 개에 대해 팬케이크 두 개를 언제나 대체하려 한다고 가상하자. 이 경우 소비자의 선호를 나타내는

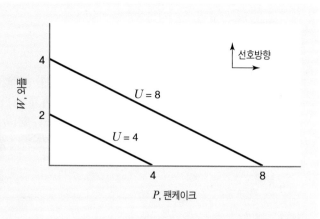

그림 3.12 완전 대체재인 경우의 무차별곡선 형태

소비자는 팬케이크와 와플을 모두 좋아하며, 효용함수는 $U = P + 2W$와 같다고 가상하자. 이 소비자는 와플 한 개에 대한 완전 대체재로서 팬케이크 두 개를 생각하고 있다. $MRS_{P,W} = 1/2$이므로, 무차별곡선은 기울기가 $-1/2$인 직선이 된다.

효용함수는 다음과 같다. $U = P + 2W$, 여기서 P는 팬케이크의 수이며 W는 와플의 수이다. 이런 선호하에서 $MU_P = 1$이며 $MU_W = 2$가 돼서 각 와플은 한 개 팬케이크 하나의 한계효용의 두 배를 산출한다. 또한 $MRS_{P,W} = MU_P/MU_W = 1/2$이라는 사실을 알 수 있다. 〈그림 3.12〉에는 두 개의 무차별곡선이 있다. 수평축이 P이며 수직축이 W인 그래프상에서 $MRS_{P,W} = 1/2$이므로, 이 무차별곡선의 기울기는 $-1/2$이 된다.

완전 보완재

경우에 따라 소비자들은 어떤 한 재화 대신에 다른 재화로 대체하려 하지 않는다. 〈그림 3.13〉에서 보는 것처럼 왼쪽 신발과 오른쪽 신발에 대한 일반적인 소비자의 선호를 생각해 보자. 소비자는 각각의 오른쪽 신발에 대해 정확히 한 개의 왼쪽 신발이 갖추어져 짝이 맞추어진 신발을 원한다. 소비자는 완벽하게 짝이 맞추어진 신발에서 만족을 얻게 되며, 여분의 오른쪽 신발이나 왼쪽 신발에서는 추가적인 효용을 얻지 못한다. 이 경우 무차별곡선은 〈그림 3.13〉에서 보는 것처럼 직선이 직각으로 만나게 된다.

〈그림 3.13〉에서 살펴본 선호를 갖는 소비자는 왼쪽 신발과 오른쪽 신발을 소비에 있어 **완전 보완재**(perfect complements)로 간주한다. 완전 보완재는 소비자가 언제나 각 상품에 대해 고정된 비율로 소비하고자 하는 재화이다. 오른쪽 신발에 대한 왼쪽 신발의 바람직한 소비 비율은 1 : 1이 된다.[5]

완전 보완재에 대한 소비자 효용을 대수학적으로 설명하기 위하여, 〈그림 3.13〉에서 살펴본 것처럼 $U_1 = 10$, $U_2 = 20$, $U_3 = 30$이라고 가상하자. 효용함수는 다음과 같이 나타낼 수 있다. $U(R, L) = 10\min(R, L)$, 여기서 U는 오른쪽 신발 R과 왼쪽 신발 L로부터 얻을 수 있는 효용을 말

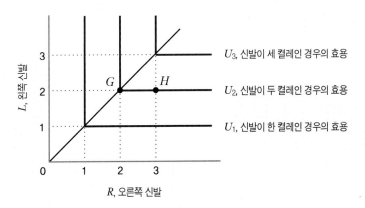

그림 3.13 완전 보완재인 경우의 무차별 곡선 형태

이 예에서 소비자는 각 오른쪽 신발에 대해 정확히 한 개의 왼쪽 신발을 원한다. 소비자는 완벽한 신발 켤레로부터 만족을 얻게 되며, 추가적으로 있는 오른쪽 신발이나 왼쪽 신발로부터는 추가적인 효용을 얻지 못한다. 예를 들어 왼쪽 신발 두 짝과 오른쪽 신발 두 짝인 바구니 G에서의 효용은, 왼쪽 신발 두 짝과 오른쪽 신발 세 짝인 바구니 H로 이동하더라도 증가하지 않는다.

---

5 고정된 비율의 효용함수를 이따금 레온티에프 효용함수라고 한다. 이 함수는 고정된 비율의 생산함수를 이용하여 일국 경제의 부문 간 관계를 모형화한 와실리 레온티에프(Wassily Leontief)의 이름을 따서 명명되었다. 제6장에서 레온티에프 생산함수를 살펴볼 것이다.

한다. 'min'이란 기호는 '괄호 안에 두 개 숫자 중 최솟값을 취한다'는 의미이다. 예를 들어 바구니 G는 $R = 2$, $L = 2$이므로 R 및 L의 최솟값은 2가 되고 $U = 10(2) = 20$이 된다. 바구니 H에서 $R = 3$, $L = 2$이므로 R 및 L의 최솟값은 아직도 2이고, $U = 10(2) = 20$이 된다. 이를 통해 바구니 G 및 H가 동일한 무차별곡선 U_2(여기서 $U_2 = 20$) 상에 있다는 사실을 입증할 수 있다.

콥-더글러스 효용함수

효용함수 $U = \sqrt{xy}$ 및 $U = xy$는 **콥-더글러스 효용함수**(Cobb-Douglas utility function)의 한 예이다. 두 가지 재화인 경우, 콥-더글러스 효용함수는 $U = Ax^\alpha y^\beta$처럼 보다 일반적인 형태로 나타낼 수 있다. 여기서 A, α, β는 양의 상수이다.[6]

콥-더글러스 효용함수는 소비자 선택을 공부하는 데 있어 중요한 다음과 같은 세 가지 특성을 갖고 있다.

- 한계효용은 두 재화에 대해 모두 양이 된다. 한계효용은 $MU_x = \alpha Ax^{\alpha-1}y^\beta$ 및 $MU_y = \beta Ax^\alpha y^{\beta-1}$이며, A, α, β가 양의 상수인 경우 MU_x 및 MU_y는 양이 된다. 이는 "많을수록 더 좋다"는 가정이 충족된다는 의미이다.
- 한계효용이 둘 다 양이므로, 무차별곡선의 기울기는 아래쪽으로 향한다.
- 콥-더글러스 효용함수 또한 한계대체율이 체감한다. 따라서 무차별곡선이 〈그림 3.10〉에서 보는 것처럼 원점을 향해 휘어지게 된다.

준선형 효용함수

준선형 효용함수(quasilinear utility function)의 특성을 이용하면 분석을 단순화시킬 수 있다. 나아가 관련된 연구에 따르면 이 특성은 많은 경우 소비자 선호에 합리적으로 근접하는 데 도움이 된다고 한다. 예를 들면 제5장에서 살펴볼 것처럼, 준선형 효용함수는 자신의 소득에 관계없이 (예를 들면 치약이나 커피처럼) 한 상품의 양을 일정하게 구입하는 소비자의 선호를 나타낼 수 있다.

〈그림 3.14〉는 준선형 효용함수에 대한 무차별곡선을 보여 주고 있다. 준선형 효용함수의 주목할 만한 특징은 무차별지도 상에서 정북쪽으로 이동함에 따라 y에 대한 x의 한계대체율이 같다는 점이다. 어떤 x값에 대한 무차별곡선의 모든 기울기가 같으므로 무차별곡선은 서로 평행하게 된다.

---

6 이 형태의 함수는 앰허스트 칼리지의 수학과 교수인 찰스 콥(Charles Cobb)과 시카고대학교의 경제학과 교수인(후에 일리노이주 출신 미 상원의원이 된) 폴 더글러스(Paul Douglas)의 이름을 따 명명되었다. 이는 제6장에서 생산이론을 배우면서 살펴볼 것처럼 생산함수의 특징을 나타내는 데 자주 사용된다. 콥-더글러스 효용함수는 두 개를 초과하는 재화를 나타내는 데도 쉽게 확장될 수 있다. 예를 들어 세 개 재화가 있는 경우 효용함수를 $U = Ax^\alpha y^\beta z^\gamma$로 나타낼 수 있다. 여기서 z는 세 번째 재화의 수량을 나타내며 A, α, β, γ는 모두 양의 상수이다.

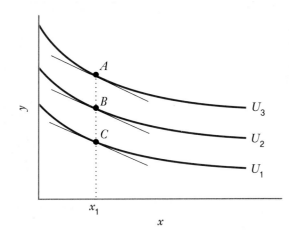

그림 3.14 준선형 효용함수인 경우의 무차별곡선 형태

준선형 효용함수는 $U(x, y) = v(x) + by$의 형태를 가지며 여기서 $v(x)$는 x에 대해 증가하는 함수이고 b는 양의 상수이다. x의 어떤 값(예를 들면 x_1)에 대한 무차별곡선의 기울기는 같다(바구니 A, B, C에서 무차별곡선의 기울기는 동일하다).

준선형 효용함수 식은 다음과 같다. $U(x, y) = v(x) + by$, 여기서 b는 양수이며 $v(x)$는 증가함수, 즉 x가 증가함에 따라 $v(x)$의 값이 증가하는 함수(예를 들면 $v(x) = x^2$ 또는 $v(x) = \sqrt{x}$)이다. 이 효용함수는 y에 대해 선형이지만, 일반적으로 x에 대해 선형이 아니다. 이를 준선형이라고 한다.

이 장에서는 소비자가 두 개의 재화를 매입하는 경우를 분석함으로써 선호에 관한 논의를 (도표를 포함하여) 간단하게 살펴보았다. 하지만 여기서 제시된 원칙들은 또한 많은 상이한 물품 중에서의 선택을 포함하여 훨씬 더 복잡한 소비자 선택 문제에 적용할 수 있다. 예를 들면 소비자는 일반적으로 자동차를 구입할 때 차의 크기, 엔진 크기, 사용 연료, 연료 효율성, 신뢰성, 선택사양, 안전도를 포함하여 여러 가지 요소를 고려한다. 이 장에서 살펴본 분석의 틀에 기초하면 소비자가 자동차에서 얻는 효용은 자동차의 특성에 의존한다고 볼 수 있다. 소비자는 종종 어떤 한 특성 때문에 다른 특성을 쉽게 포기한다.

3.4 선택의 행태적 측면

이 장 전반에 걸쳐 최소한 대부분의 경우에 관찰된 소비자 행태와 일치하는 것처럼 보이는 선호의 특성을 확인하였다. 종종 다음과 같이 가정하였다. "많을수록 더 좋다." 선호는 이행된다. 소비자는 어떤 재화에 대해 한계효용 체감을 경험한다. 소비자는 어떤 재화에 대한 다른 재화의 한계대체율체감을 갖는다. 우리는 또한 이들 가정이 타당하지 않을 수 있는 몇 가지 예를 살펴보았다. 예를 들면, 소비자는 (오염 또는 교통혼잡과 같은) 재화를 그냥 싫어할 수 있다. 소비자가 두 개의 재화를 완전대체재로 간주한다면, 어떤 한 재화에 대한 다른 재화의 한계대체율은 일정하며 체감하지 않는다. 두 개의 재화를 (레온티에프 선호처럼) 완전보완재로 간주한다면, 어떤 한 재화를 다른 재화로 결코 대체시키려 하지 않는다.

소비자 선호가 종종 이루어졌던 가정으로부터 벗어날 수 있는 다른 방식에 대해 지난 수십 년 동안 많은 연구가 이루어졌다. 예를 들면, "많을수록 더 좋다"는 가정에 대해 생각해 보자. 다음 두 장에서 살펴볼 것처럼, 많을수록 더 좋다면 소득이 증가할 경우 더 큰 재화 및 용역 바구니를 구매할 수 있고, 이를 통해 점점 더 높은 효용수준에 도달하게 된다. 하지만 여러분들은 소비의 증대가 반드시 더 큰 행복감을 가져다주는 것은 아니라고 느낄 수 있다. 이 장에서 사용했던 용어를 빌려서 말한다면, 어떤 소비수준까지는 해당 재화에 대해 양의 한계효용을 갖지만, 동일한 재화를 점점 더 많이 소비하게 될 경우 한계효용은 일정해지거나 또는 심지어 음의 값을 가질 수도 있다고 본다.

행복의 결정요소에 관한 연구에 따르면 많은 것이 종종 더 좋은 것만은 아니라고 한다. 이 분야에서 가장 유력한 연구자들 중 한 명인 리처드 이스터린(Richard Easterlin)은, 행복의 경제학에 대해 이룩한 그의 선구적인 연구업적으로 인해서 노동경제학 분야에서 명성이 있는 IZA상을 수상하였다. 수상을 알리는 언론 발표문을 인용하면 다음과 같다.

리처드 이스터린은 부의 증대가 반드시 개인의 행복을 증진시키는 것은 아니라는 사실을 1970년대에 처음 발표하였다. 더 부유한 사회가 그렇지 못한 사회보다 평균적으로 볼 때 더 만족해한다는 점은 사실이다. 하지만 노동소득으로 기본적인 필요를 보장하는 어떤 수준의 물질적인 부가 보장되고 나면, 개인적 및 사회적 후생은 경제적 부의 증대와 함께 더 이상 증가하지 않게 된다. 기대된 생활수준에서의 사회적 비교 및 변화가 개인적 후생에 강하게 영향을 미친다… 종합적으로 말해서, 이스터린의 연구에 따르면 식량, 주택, 기타 기본적인 필요를 충족시킬 수 있을 정도로 소득수준이 일단 높아지게 될 경우, 부유한 국가의 국민들이 그렇지 못한 국가의 국민들보다 더 높은 생활 만족도를 보이지는 않는다고 한다. 이렇게 명백하게 모순되는 연구 결과를 '이스터린 역설(Easterlin Paradox)'이라고 한다.

보다 최근의 연구는 이스터린 교수의 연구 결과에 대해 의문을 제기한다. 일부 학자들은 보다 장기간에 걸쳐 보다 많은 국가들의 자료를 검토하고 나서, 이전의 연구 결과에 대한 설명이 옳지 않을 수 있다고 결론을 내렸다.[7] 이들에 따르면 부유한 국가의 국민들은 상당히 더 큰 주관적인 후생을 갖는다고 말하였다. 이 밖에 후생 측정치는 경제가 성장함에 따라 같이 증가한다는 사실도 발견하였다. 지금은 이런 흥미롭고 중요한 의문점에 대해 일치된 의견이 존재하지 않는다고만 말해두자.

그럼에도 여전히 미시경제학의 소비자 선택에 관한 일반적인 이론이 갖는 의미가 이스터린 교수의 실증분석결과와 일치하도록, 기존의 일반적인 이론을 적용시킬 수 있지 않을까 하는 의문을 가질 수 있다. 경제학의 중요 분야로 자리 매김한 행태경제학의 주요 목적은 심리학과 경제이론을 연계시키는 것이다. 행태경제학의 연구는 개별적 의사결정에 관해 더 나은 예측을 할 수 있도록

---

7 D. Sacks, B. Stevenson, and J. Wolfers, "The New Stylized Facts about Income and Subjective Wellbeing", *Emotion* 12, no. 6 (2012): 1181-1187.

경제모형의 심리적 기초를 강화시키고자 한다.

이 장의 나머지 부분에서 행태경제학이 제시하는 몇 가지 주요 개념을 소개할 것이다. 여기서는 이 장의 학습주제인 소비자 선호에 관한 행태경제학의 관련 논의에 초점을 맞출 것이다.

행태경제학에서 역점을 두는 논제들은 소비자 선호 이외의 분야에서도 잘 적용된다는 사실에 또한 주목하자. 예를 들면, 제4장 및 제5장에서는 소비자들이 예산제약하에서 효용을 극대화시키는 선택을 어떻게 하는지에 대해 살펴볼 것이다. 이 장들에서는 소비자들이 선택을 할 때 가용할 수 있는 모든 정보를 고려한다고 가정할 것이다. 하지만 소비자들이 가용할 수 있는 모든 정보들을 활용할 수 없거나 또는 활용하지 않으려 한다면 어떤 일이 발생하게 되는가? 소비자들이 매우 복잡한 결정처럼 보이는 상황에 직면하게 될 때, 선택을 하면서 '발견적 지도법'에 의지할 수 있다. 발견적 지도법의 예로는 모든 가용할 수 있는 정보를 활용하여 완벽한 최적의 선택을 하는 대신에, 가용할 수 있는 정보의 일부에 집중하거나 또는 경험법칙을 사용하는 것을 들 수 있다. 다음에 살펴보게 될 논의는, 소비자 선호 그리고 보다 넓게 보면 소비자 선택에 관한 매력적이며 점증하고 있는 연구의 여러 측면을 포괄적으로 설명하지는 못한다.

준거 의존적 선호

이 장의 앞부분에서 기호 $U(y)$를 사용하여 효용함수 개념을 소개하였다. 여기서 U는 소비자가 주어진 단위 수만큼 재화를 소비할 경우 인지하게 되는 만족수준을 나타낸다. 이런 선호 식에서 효용수준은 y의 절대적인 수준에만 의존한다. 하지만 소비자 만족이 y의 절대적인 수준 이외의 것에도 이따금 의존하는지 의문을 가질 수 있다.

어떤 행태경제학자들은 행복에 관한 심리학적인 연구와 일치하는 의미를 제시하는 준거에 기초한 선호이론을 발표하였다.[8] 이들은 개인의 효용이 재화 및 용역에 대한 각 개인의 절대적인 소비뿐만 아니라 어떤 종류의 준거 수준과 관련된 재화 및 용역의 소비에도 의존한다고 주장하였다.

이들의 이론에 따르면, 준거 수준은 소비자가 각 재화를 결국에 얼마나 소비하게 될 것인지에 관한 (소비결정을 내리기 전에 존재하였던) 해당 소비자의 기대를 나타낸다고 한다. 기대했던 수준보다 더 적은 양을 최종적으로 소비하게 되면, 해당 소비자는 손실감을 경험하게 된다. 기대했던 수준보다 더 많은 양을 최종적으로 소비하게 되면, 해당 소비자는 획득감을 경험하게 된다(일반적으로 이것은 상실감보다 더 작을 것으로 기대된다). 이런 가정들이 의미하는 바는 소비가 증가하더라도 소비자가 이전보다 더 행복감을 느끼지 않는 경우가 가능하다는 점이다. 소비자가 소비할 것으로 기대했던 것을 정확하게 최종적으로 소비할 경우에도 이런 논리가 적용될 수 있다.

준거 소비수준을 포함하는 효용함수는 개인들이 자신이 처한 상황에 적응하는 보다 광범위한 현상의 특별한 경우라 할 수 있다. 심리학자들은 쾌락적 적응을 어떤 사건에 반응하여 감정이 일

---

8 B. Koszegi and M. Rabin, "A Model of Reference-Dependent Preferences," *Quarterly Journal of Economics* 12, no. 4 (2006): 1133-1165.

시적으로 폭발한 후 어떤 고정된 범위로 진정되는 마음가짐의 추세라고 정의한다. 이를 통해 신체 장애를 갖게 되면 사람들이 비참해질 것을 예상하는 이유와 동시에 신체 장애로 고통을 겪게 될 사람들이 순응하여 생활에서 만족을 찾으려는 이유(또는 최소한 해당 상황이 예측하는 것에 자신을 단순히 투영시키는 사람들보다 덜 참담해지는 이유)를 설명할 수 있다. 이는 또한 결혼한 사람들이 중단기적으로 행복감이 크게 증가할 수 있지만 종국적으로 행복감이 큰 폭으로 하락하는 경향이 있음을 설명할 수 있다. 이밖에 이혼한 사람들이 이혼으로 야기될 부차적인 문제들을 간과하는 경향이 있기 때문에 부분적이지만 이로 인해 궁극적으로 전보다 더 행복해지지 않는 경향이 있다.

준거 의존적 선호를 사용하면 사람들이 도박과 같은 상황에 직면할 때 이들이 하는 방식으로 행동하는 이유를 이해하는 데 도움이 된다. 준거에 기초한 선호를 사용하여 노벨상 수상자인 대니얼 카너먼(Daniel Kahneman)과 공동저자인 아모스 트버스키(Amos Tversky)는 예상이론이라고 알려진 이론을 개발하였는데, 이는 사람들이 준거점이나 기준선과 관련지어 일어날 수 있는 이득과 손실을 고려함으로써 위험한 선택을 평가한다고 본다.[9] 예상이론 이면에 있는 사고의 틀에 관한 특성을 설명하기 위해서 확률, 기댓값, 기대효용을 포함하는 위험의 의미를 이해하는 데 도움을 주는 기본 개념을 활용하여야 한다. 제15장에서 이런 개념들을 제시하고 예상이론이 준거 의존적 선호 없이 기대할 수 없는 행태를 어떻게 설명할 수 있는지 살펴볼 것이다.

시간의 흐름에 따른 선호와 시간 불일치성

복권에 당첨되서 오늘 100달러를 받거나 또는 지금부터 1년 후에 100달러를 받을 수 있다고 가상하자. 어느 것을 선택할 것인가? 여러분이 대부분의 사람들과 같다면 오늘 100달러를 받고자 할 것이다. 나중이 아니라 보다 빨리 현금을 받아야 한다. 지금 당장 현금이 필요하지 않더라도, 오늘 100달러를 받아서 이자를 지불하는 예금계좌에 예치하면 지금부터 1년 후에 100달러 이상을 갖게 된다.[10]

복권에서 당첨된 경우 오늘 100달러를 받기와 지금부터 1년 후에 105달러를 받기 중에서 선택할 수 있다면, 선택 문제는 보다 흥미로워질 수 있다. 지금 여러분은 어떤 선택을 할 것인가? 답변이 명확하지 않을 수 있다. 시간의 흐름에 따른 선호는 여러분이 얼마나 인내심을 갖고 있는가에 달려 있다. 어떤 소비자는 두 가지 선택사항에 대해 중립적이며 이들에게 동일한 가치를 둔다. 보다 성급한 소비자는 지금 100달러를 받고자 하는 반면에, 보다 인내심이 있는 소비자는 지금부터 1년 후에 105달러를 받고자 한다.

---

9 D. Kahneman and A. Tversky, "Prospect Theory: An Analysis of Decision under Risk," *Econometrica* 47, no. 2 (1979): 263–292.

10 이 예는 제4장 부록에서 보다 더 자세히 살펴볼 할인 개념을 설명하고 있다. 이 예에서 소비자 앞에 놓인 선택은 지금부터 1년 후에 105달러를 받거나 또는 오늘보다 적은 (할인된) 금액인 100달러를 받는 것이다.

대부분의 경제모형에서 일반적으로 하는 가정은 시간이 흐르더라도 소비자 선호가 일치한다는 것이다. 지금부터 1년 후에 105달러를 받는 대신에 오늘 100달러를 받길 원한다면, 또한 지금부터 11년 후에 105달러를 받는 대신에 10년 후에 100달러를 받고자 할 것이다. 결국 각 경우에 소비자 1년을 기다리는 대가로 5퍼센트(5달러)를 추가적으로 받을 수 있다.

하지만 소비자 선호가 시간이 흐름에 따라 반드시 일치하는 것처럼 보이지는 않는다. 위의 예에서 소비자는 지금부터 1년 후에 105달러를 받는 대신에, 오늘 100달러를 받고자 할 수 있다. 하지만 이 소비자는 지금부터 10년 후에 100달러를 받는 대신에, 11년 후에 105달러를 받고자 할 수 있다. 마치 소비자가 두 개의 상이한 '자아', 즉 가까운 기간에 대해서는 보다 성급해지는 자아와 멀리 떨어진 기간에 대해서는 보다 인내심을 갖는 자아가 있는 것처럼 보인다. 시간 불일치 선호는 또한 사람들이 특히 사회 초년생일 때 은퇴에 대비하여 자신들이 해야 한다고 아는 만큼의 많은 액수를 저축하지 않는 이유를 설명하는 데 도움이 된다. 이 밖에 사람들이 식이요법을 해야 한다고 알고 있으면서도 하지 않는 이유나 또는 자신의 직무상 임무를 꾸물거리는 이유를 이해하는 데 도움이 될 수 있다.

요약해서 말하면, 행태경제학은 실증적 및 실험적 분석을 통해 전통적인 미시경제 이론이 설명할 수 없는 이례적인 행태를 분석하는 데 초점을 맞추면서 경제학의 중요한 분야가 되었다. 이밖에 이 분야는 예측된 결정이 실세계의 현상과 일치하려면 전통적인 이론이 이따금 어떻게 수정되어야 하는지를 지적한다. 예를 들면, 행태경제학자들은 뒤로 미루는 습관, 자제력의 결여, 자신의 이익에 거스르려는 의지(예를 들면, 가뭄 기간 동안에 물 사용을 자발적으로 감축시켜 달라는 요청을 마음에 두고 그렇게 하려는 가계의 의지)를 설명하려는 이론들을 공식적으로 제시하였다. 이런 학문적 기여를 통해 경제이론을 풍요롭게 하였으며(기업을 대상으로 하는 잡지에서 한마디로 언급한 것처럼) "경제학에 인간성을 불어넣을 수 있게 되었다."[11]

---

11 "Putting a Human Face on Economics," *Businessweek* (July 31, 2000): 76-77.

요약

- 소비자 선호는 대가를 지불하지 않고도 바구니를 이용할 수 있다는 가정하에서, 어떤 두 바구니의 순서를 (바람직한 정도에 따라) 어떻게 정하는지에 관해 알려 준다. 대부분의 경우에 소비자 선호에 관해 다음과 같이 세 가지 가정을 하는 것이 바람직하다.
  1. 선호는 완비된다. 소비자는 모든 바구니에 대해 순위를 정할 수 있다.
  2. 선호는 이행된다. 이는 $A > B$이고 $B > E$인 경우

$A > E$가 성립한다는 의미이다.
  3. 선호는 많을수록 더 좋다는 특성을 만족시킨다. 어떤 재화를 더 많이 갖게 되면 소비자의 만족이 증대된다.
- 효용함수는 재화가 있는 바구니로부터 소비자가 얻게 되는 만족의 수준을 측정한다. 선호가 완비되고, 이행되며, 많을수록 더 좋다는 가정은 선호를 효용함수로 나타낼 수 있다는 의미이다.

- 재화 x의 한계효용(MU_x)은 x의 소비가 증가함에 따라 총효용이 변화하는 율이다(정리문제 3.1 및 3.2 참조).
- 무차별곡선은 소비자에게 동일한 만족을 제공하는 일련의 소비 바구니를 의미한다. 무차별곡선은 교차할 수 없다. 재화 x 및 y를 소비자가 모두 좋아할 경우(MU_x 및 MU_y가 모두 양인 경우) 무차별곡선은 음의 기울기를 갖는다.
- 어떤 바구니에서 y에 대한 x의 한계대체율($MRS_{x,y}$)은 효용수준을 일정하게 유지하면서 더 많은 x를 얻기 위하여 소비자가 y를 포기해야 하는 율이다. 수평축이 x이고 수직축이 y인 그래프에서 어떤 바구니의 $MRS_{x,y}$는 그 바구니에 해당하는 무차별곡선 기울기의 음수이다(정리문제 3.3 및 3.4 참조).
- 대부분 재화의 경우 $MRS_{x,y}$는 체감할 것으로 기대된다. 이 경우 무차별곡선은 원점을 향해 안쪽으로 휘어지게 된다.
- 두 재화가 소비에서 완전 대체재인 경우 다른 재화에 대한 한 재화의 한계대체율은 일정하게 되며 무차별곡선은 직선이 된다.
- 두 재화가 소비에서 완전 보완재인 경우 소비자는 고정된 비율로 두 재화를 구입하고자 한다. 이 경우 무차별곡선은 L자 형태가 된다.
- 소비자 효용함수가 준선형인 경우 (예를 들면 y에 대해서는 선형이지만 일반적으로는 x에 대해서는 선형이 아닌 경우) 무차별곡선은 평행한다. x의 어떠한 값에 대해서도 모든 무차별곡선의 기울기($MRS_{x,y}$)는 같다.

주요 용어

기수적 순위	완전 대체재	한계대체율체감
무차별곡선	완전 보완재	한계효용
서수적 순위	준선형 효용함수	한계효용체감의 법칙
소비자 선호	콥-더글러스 효용함수	효용함수
시장 바구니	한계대체율	

복습용 질문

1. 재화 및 용역으로 구성된 시장 바구니의 측면에서 소비자 선호를 나타내시오.
2. 소비자 선호에 관한 세 가지 기본적인 가정, 즉 '선호는 완비된다', '선호는 이행된다', '많을수록 더 좋다'는 가정을 적용해 보시오.
3. 선호의 서수적 순위와 기수적 순위의 차이를 구별해 보시오.
4. 선호를 나타내는 방법으로서의 효용함수를 채택하여 한계효용의 개념을 분석하고 한계효용 체감의 법칙을 설명하시오.
5. 효용함수를 적용하여 단일 재화인 경우의 선호분석과 여러 재화인 경우의 선호분석을 설명하시오.
6. 단순한 형태로 효용함수를 나타내는 방법으로서의 무차별곡선을 도출하시오.
7. 어떤 한 재화에 대한 다른 재화의 한계대체율 개념을 설명하시오.
8. 특수한 형태의 효용함수를 설명하고 비교하시오.

4 소비자 선택

4.1 예산제약

예산제약(budget constraint)은 소비자가 제한된 소득으로 구입할 수 있는 일련의 바구니라고 할 수 있다. 소비자인 철수는 단지 두 가지 종류의 재화, 즉 식료품과 의복을 구입한다고 가상하자. x는 철수가 매월 구입하는 식료품 단위의 수이며, y는 의복 단위의 수이다. 식료품 1단위의 가격은 P_x이며 의복 1단위의 가격은 P_y이다. 마지막으로 간단히 하기 위해 철수는 매월 고정된 소득 I달러를 번다고 가정하자.

철수의 식료품에 대한 월간 총지출액(식료품 단위당 가격에 구입한 식료품의 양을 곱한 금액)은 $P_x x$가 된다. 이와 유사하게 의복에 대한 월간 총지출액(의복 단위당 가격에 구입한 의복의 양을 곱한 금액)은 $P_y y$가 된다.

예산선(budget line)은 철수가 자신이 사용할 수 있는 모든 소득을 두 재화에 지출할 경우 구입할 수 있는 식료품(x)과 의복(y)의 모든 조합을 의미한다. 이는 다음과 같이 나타낼 수 있다.

$$P_x x + P_y y = I \tag{4.1}$$

〈그림 4.1〉에 있는 예산선의 그래프를 살펴보도록 하자. 철수는 매월 $I = 800$달러의 소득을 번다. 식료품 가격은 단위당 $P_x = 20$달러이고 의복 가격은 단위당 $P_y = 40$달러가 된다. 자신의 모든 소득 800달러를 식료품에 사용할 경우 많아야 식료품 $I/P_x = 800/20 = 40$단위를 구입할 수 있을 뿐이다. 예산선의 수평축에 대한 절편은 $x = 40$이다. 이와 유사하게 철수가 의복만을 구입할 경

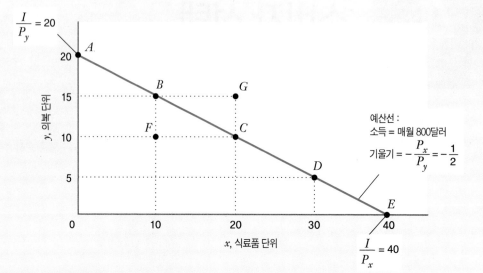

그림 4.1 예산선의 예

철수는 매월 $I = 800$달러의 소득을 벌며 식료품 가격이 단위당 $P_x = 20$달러이고 의복 가격이 단위당 $P_y = 40$달러인 경우, 바구니 A와 E를 연결한 선이 예산선이 된다. 예산선의 식은 $P_x x + P_y y = I$, 즉 $20x + 40y = 800$이다. 철수는 예산선 상에 있거나 내부에 있는 어떤 바구니도 구입할 수 있다. 바구니 A, B, C, D, E는 모두 예산선 상에 있다. 왜냐하면 철수가 자신의 모든 소득을 지출할 경우 이들을 구입할 수 있기 때문이다. 철수는 또한 예를 들면 바구니 F처럼 예산선 내부에 있는 바구니도 구입할 수 있다. 이 경우 철수는 600달러만을 사용하게 된다. 하지만 예를 들면 바구니 G처럼 예산선 바깥쪽에 있는 바구니를 구입할 수는 없다. G를 구입하기 위해서는 1,000달러가 필요한데 이는 월 소득보다 더 많은 금액이다.

우 많아야 의복 $I/P_y = 800/40 = 20$단위를 구입할 수 있을 뿐이다. 따라서 예산선의 수직축에 대한 절편은 $y = 20$이다.

〈그림 4.1〉이 설명하고 있는 것처럼 철수는 자신의 소득을 갖고 예산선 상에 있거나 내부에 있는 바구니(예를 들면 바구니 $A \sim F$)를 구입할 수 있지만, 예를 들면 G와 같이 예산선 밖에 있는 바구니는 구입할 수 없다. G를 구입하기 위해서는 1,000달러를 지불해야 하지만 이는 자신의 월간 소득을 초과하는 금액이다. 철수가 구입할 수 있는 바구니와 구입할 수 없는 바구니인 이런 두 종류의 바구니는 예산선이 의미하는 바를 예시하고 있다.

예산제약은 소비자가 예산선 상에 있는 바구니와 내부에 있는 바구니 모두를 구입할 수 있다고 보기 때문에, 예산제약을 나타내는 식은 예산선을 의미하는 식 (4.1)과 다소 다를 수 있다. 예산제약은 다음과 같이 나타낼 수 있다.

$$P_x x + P_y y \leq I \tag{4.1a}$$

예산선의 기울기는 무엇을 의미하는가? 예산선의 기울기는 $\Delta y / \Delta x$이다. 철수는 〈그림 4.1〉에서 자신의 전체 소득을 바구니 B에 지출하고 있는데 즉 식료품(x) 10단위와 의복(y) 15단위를 소비하고 있는데 바구니 C로 이동하려 한다면, 식료품 10단위($\Delta x = 10$)를 얻기 위해 의복 5단위($\Delta y = -5$)를 포기해야 한다. 일반적으로 식료품은 의복의 절반 가격에 불과하므로, 철수는 식료품을 추가적으로 1단위 구입할 때마다 의복 1/2단위를 포기해야 한다. 이에 따라 예산선의 기울기는 $\Delta y/\Delta x = -5/10 = -1/2$이 된다. 이처럼 예산선의 기울기는 수평축에 있는 재화 1단위를 추가적으로 얻기 위하여 수직축에 있는 재화 몇 단위를 포기해야 하는지 알려 준다.

예산선의 기울기는 $-P_x/P_y$가 된다.[1] 재화 x의 가격이 재화 y의 가격의 세 배가 되는 경우 소비자는 x를 1단위 더 얻기 위하여 y를 3단위 포기해야 한다. 가격이 동일한 경우 소비자는 y를 1단위 포기함으로써 x를 1단위 더 언제나 얻을 수 있기 때문에 예산선의 기울기는 -1이 된다.

소득변화가 예산선에 미치는 영향

앞에서 살펴본 것처럼 예산선의 위치는 소득수준과 소비자가 구입하는 재화의 가격에 달려 있다. 예상할 수 있는 것처럼 소득이 증가할 경우 소비자가 이용할 수 있는 선택의 폭이 증가한다. 소득이 변화함에 따라 예산선이 어떻게 변화하는지 살펴보도록 하자.

지금 막 살펴본 예에서 철수의 소득이 $I_1 = 800$달러에서 $I_2 = 1,000$달러로 증가하였으며, 가격은 $P_x = 20$달러, $P_y = 40$달러로 불변이라고 가상하자. 〈그림 4.2〉에서 보는 것처럼, 철수가 의복만을 구입하는 경우 이제는 $I_2/P_y = 1,000/40 = 25$단위의 의복을 구입할 수 있으며, 이는 새로운 예산선의 수직선에 대한 절편이 된다. 소득이 200달러 증가하였고 $P_y = 40$달러이므로, y를 추가적으로 5단위 더 구입할 수 있게 되었다.

철수가 식료품만을 구입하는 경우 $I_2/P_x = 1,000/20 = 50$단위의 식료품을 구입할 수 있으며, 이는 새로운 예산선의 수평축에 대한 절편이 된다. 소득이 200달러 증가하였고 $P_x = 20$달러이므로 x를 추가적으로 10단위 더 구입할 수 있게 되었다. 소득이 1,000달러로 증가함에 따라 철수는 이전에 자신의 예산선 밖에 있었던 G와 같은 바구니를 구입할 수 있다.

소득이 800달러인 최초의 예산선(BL_1)과 소득이 1,000달러인 새로운 예산선(BL_2)은 〈그림 4.2〉에 있다. 식료품과 의복의 가격은 불변이기 때문에 두 예산선의 기울기는 같다. 각 예산선의 기울기는 $\Delta y/\Delta x = -(P_x/P_y) = -1/2$이다.

요약하면 소득이 증가할 경우 예산선은 수평으로 바깥쪽을 향해 이동하게 된다. 이는 소비자가 선택할 수 있는 바구니의 폭을 넓혀 주게 된다. 반대로 소득이 감소할 경우 예산선은 원점을 향해 이동하게 되며 이는 소비자가 가용할 수 있는 일련의 선택을 축소시킨다.

---

1 식 (4.1)에 있는 예산선을 이용하여 x로 나타낸 y의 식은 다음과 같이 구할 수 있다: $y = (I/P_y) - (P_x/P_y)x$. 이 식은 대수학에서 직선을 나타내는 식인 $y = mx + b$와 같다. 여기서 m은 그래프의 기울기이며 b는 y축의 절편이다. 예산선에서 y의 절편 b는 I/P_y이며, 기울기 m은 $-P_x/P_y$이다.

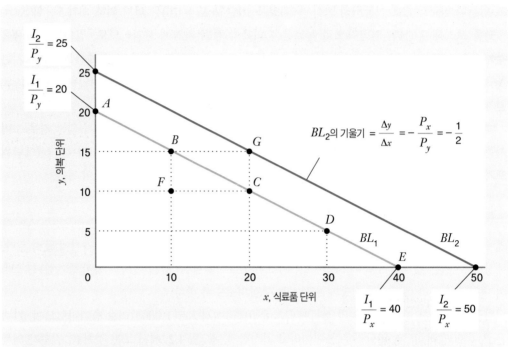

그림 4.2 소득변화가 예산선에 미치는 영향

소비자가 처음에 월간 소득이 $I_1 = 800$달러인 경우 식료품의 가격은 단위당 $P_x = 20$달러이고 의복의 가격은 단위당 $P_y = 40$달러이다. 이때 예산선은 도표에서 BL_1이 되며, 이는 $y = 20$인 수직축에 대한 절편과 $x = 40$인 수평축에 대한 절편을 갖고, 기울기는 $-1/2$이 된다. 월간 소득이 $I_2 = 1,000$달러로 증가하는 경우 예산선은 BL_2가 되며, $y = 25$인 수직축에 대한 절편과 $x = 50$인 수평축에 대한 절편을 갖고 기울기는 $-1/2$이 된다. 소비자는 소득이 800달러인 경우 바구니 G를 구입할 수 없었지만, 소득이 1,000달러로 증가함에 따라 이를 구입할 수 있게 되었다.

가격변화가 예산선에 미치는 영향

식료품 가격이 단위당 $P_{x_1} = 20$달러에서 $P_{x_2} = 25$달러로 인상되는 반면에 소득과 의복 가격이 불변인 경우, 철수의 예산선은 어떻게 변화하는가? 〈그림 4.3〉에서 보는 것처럼 I와 P_y는 불변하므로 예산선의 수직축에 대한 절편은 불변한다. 하지만 수평축에 대한 절편은 $I/P_{x_1} = 800/20 = 40$단위에서 $I/P_{x_2} = 800/25 = 32$단위로 감소한다. 식료품 가격의 인상으로 인해 철수가 800달러 모두를 식료품에 지출할 경우 식료품을 단지 32단위밖에 구입할 수 없다는 의미이다. 예산선의 기울기는 $-(P_{x_1}/P_y) = -(20/40) = -1/2$에서 $-(P_{x_2}/P_y) = -(25/40) = -5/8$로 변화하였다. 최초의 예산선($BL_1$)과 새로운 예산선($BL_2$)이 〈그림 4.3〉에 있다. BL_2는 BL_1보다 더 가파른 기울기를 갖고 있다. 기울기가 더 가파르다는 의미는 식료품을 1단위 더 구입하기 위하여 소비자는 이전보다 더 많은 의복을 포기해야 한다는 것이다. 식료품 가격이 20달러인 경우 소비자는 의복을 단지 1/2단위 포기하면 되었다. 식료품 가격이 인상될 경우(25달러인 경우) 소비자는 의복을 5/8단위 포기해야 한다.

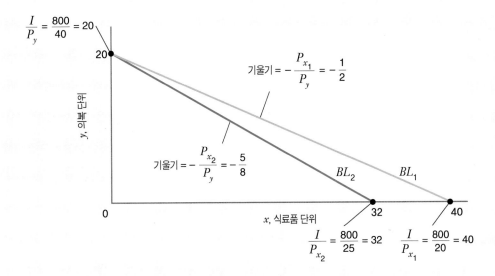

그림 4.3 가격인상이 예산선에 미치는 영향

식료품 가격이 단위당 20달러에서 25달러로 인상될 경우, 예산선은 BL_1에서 BL_2로 원점을 향해 안쪽으로 회전을 하게 된다. 자신의 소득 800달러로 식료품만을 구입할 경우, 수평축에 대한 절편은 40단위에서 32 단위로 변화한다. 소득과 의복 가격은 불변하므로 수직축에 대한 절편은 변하지 않는다. 새로운 예산선 BL_2 의 기울기는 BL_1보다 가파르게 된다.

따라서 한 상품의 가격이 인상될 경우 해당 상품의 축에 대한 절편은 원점을 향해 이동하게 된다. 한 상품의 가격이 인하될 경우 해당 상품의 축에 대한 절편은 원점으로부터 멀리 이동한다. 어느 경우에도 예산선의 기울기가 변화하며, 이는 두 상품 사이에서 새로운 선택이 이루어진다는 의미이다.

예산선이 안쪽으로 회전할 경우, 선택할 수 있는 일련의 바구니들이 감소하기 때문에 소비자의 구매력은 감소한다. 소비자가 이전보다 더 많은 바구니를 구입할 수 있는 경우 소비자의 구매력이 증대되었다고 한다. 우리가 살펴본 것처럼 소득이 증가하거나 가격이 감소할 경우 구매력이 증대되는 반면에, 가격이 상승하거나 소득이 감소할 경우 구매력이 감소한다.

정리문제 4.1

좋은 소식과 나쁜 소식, 그리고 예산선

두 재화의 가격과 소득이 두 배가 될 경우 소비자가 가용할 수 있는 바구니의 수에 어떤 영향을 미치는가? 소득이 두 배가 되면 구매력이 증대되기 때문에 소비자는 이를 좋은 소식으로 받아들인다. 하지만 가격이 두 배가 되면 구매력이 감소하기 때문에 나쁜 소식으로 생각한다.

문제

좋은 소식과 나쁜 소식의 순효과는 무엇인가?

해법

이 물음에 대한 대답은 가격과 소득이 두 배가 됨으로써 예산선이 어떻게 변화하는지를 관찰하면 구할 수 있다. 처음에 y축에 대한 절편은 $2I/2P_y = I/P_y$가 된다. I 및 P_y가 모두 두 배가 되면 수직축에 대한 절편은 변하지 않는다. 이와 유사하게 I 및 P_x가 모두 두 배가 되면 x축에 대

한 절편(I/P_x)은 불변한다. 가격이 모두 두 배가 되었으므로 예산선의 기울기 $-(2P_x/2P_y) = -(P_x/P_y)$도 역시 불변한다. 간단히 말해, 가격과 소득 모두 두 배가 될 경우 예산선의 위치는 불변한다. 소비자가 가용할 수 있는 일련의 바구니들이 변하지 않으므로, 소비자의 구매력도 영향을 받지 않는다.

소비자가 예산선 상에 있거나 안쪽에 있는 바구니를 선택할 수 있다는 점을 살펴보았다. 그렇다면 소비자는 어느 바구니를 선택할 것인가? 다음 절에서 이 물음에 대한 대답을 하고자 한다.

4.2 최적선택

소비자 선호와 예산제약을 아는 경우 구입하게 될 각 재화의 최적량을 결정할 수 있다. 소비자는 이런 선택을 합리적으로 한다고 가정한다. 보다 정확히 표현하면 **최적선택**(optimal choice)이 의미하는 바는 (1) 소비자의 만족(효용)을 극대화하고 (2) 또한 예산제약 범위 내에서 달성할 수 있는 재화 바구니를 선택한다는 것이다.

철수는 두 재화(예를 들면 식료품과 의복)만을 구입하고 두 재화 모두 많을수록 좋아한다고 가상하자. 이런 경우 최적소비는 예산선 상에 위치해야만 한다. 〈그림 4.1〉의 F와 같은 바구니는 최적이 될 수 없다. 왜냐하면 감당할 수 있으면서도 F보다 선호되는 바구니들이 F의 북쪽과 동쪽에 있기 때문이다. 철수가 바구니 F를 구입하는 경우 자신의 소득을 모두 사용한 것이 아니다. 사용하지 않은 소득을 사용하여 식료품이나 의복을 추가적으로 구입하게 되면 만족을 증대시킬 수 있다.[2] 실제로 예산선 안쪽에 있는 점들은 바로 이런 이유로 최적이 될 수 없다.

물론 소비자는 반드시 어떤 주어진 시간에 가용할 수 있는 소득을 전부 사용하지는 않는다. 장래소비를 하기 위해 종종 자신의 소득 중 일부를 저축하기도 한다. 소비자 선택을 분석하는 데 시간을 도입한다는 의미는 두 개를 초과하는 재화, 예를 들면 현재의 식료품, 현재의 의복, 장래의 식료품, 장래의 의복에 대한 소비를 선택한다는 것이다. 지금은 문제를 간단히 하기 위하여 장래는 없다고 가정하자. 나중에 (차용과 저축 가능성을 포함한) 시간을 논의에 포함시키도록 하자.

최적의 소비자 선택 문제를 논의하기 위해, $U(x, y)$는 식료품 x단위와 의복 y단위를 구입하여 얻을 수 있는 소비자 효용을 나타낸다고 하자. 소비자는 x와 y를 선택하지만, 예산제약 $P_x x + P_y y \leq I$를 충족시키는 한도 내에서만 할 수 있다. 소비자에 대한 최적선택 문제는 다음과 같이 나타낼 수 있다.

---

2 이런 논리는 두 개보다 많은 재화를 구입하는 경우, 예를 들면 N개의 재화로 이들 모두가 소비자에게 양의 한계효용을 제공하는 경우에도 일반화될 수 있다. 최적 소비바구니에서는 모든 소득이 사용되어야만 한다.

$$\max_{(x,y)} U(x,y)$$
$$\text{subject to: } P_x x + P_y y \leq I \tag{4.2}$$

여기서 기호 '$\max\limits_{(x,y)} U(x, y)$'는 '효용을 극대화할 수 있도록 x 및 y를 선택한다'는 의미이고, 기호 'subject to: $P_x x + P_y y \leq I$'는 'x 및 y에 대한 지출이 소비자 소득을 초과하지 말아야 한다'는 의미이다. 소비자는 두 재화가 많을수록 좋아하는 경우, 식료품과 의복의 한계효용은 모두 양이 된다. 최적의 바구니에서는 모든 소득이 사용될 것이다(즉 소비자는 예산선 $P_x x + P_y y = I$ 상에 있는 바구니를 선택하게 된다).

〈그림 4.4〉는 철수의 최적선택 문제를 그래프를 이용하여 설명하고 있다. 월간 소득은 $I = 800$ 달러이며, 식료품의 가격은 단위당 $P_x = 20$달러이고, 의복의 가격은 단위당 $P_y = 40$달러이다. 예산선의 수직축에 대한 절편은 $y = 20$이며, 이는 모든 소득을 의복에 사용할 경우 매월 의복을 20 단위까지 구입할 수 있다는 의미이다. 이와 유사하게 수평축에 대한 절편은 $x = 40$이며, 이 또한 모든 소득을 식료품에 사용할 경우 매월 식료품을 40단위까지 구입할 수 있다는 의미이다. 예산

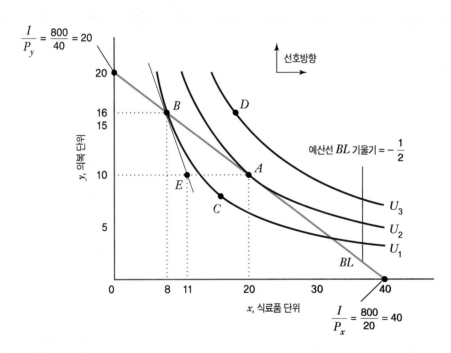

그림 4.4 최적선택 : 주어진 예산하에서의 효용극대화

자신의 지출을 월간 800달러로 한정하는 예산제약하에 살면서 효용을 극대화하고자 한다면 소비자는 어느 바구니를 선택해야 하는가? 효용수준 U_2를 달성하려면 바구니 A를 선택해야만 한다. (예를 들면, B, E, C 처럼) 예산선 상에 있거나 내부에 있는 다른 바구니들은 수용할 수는 있지만 만족이 줄어든다. (예를 들면 D처럼) 예산선 바깥쪽에 있는 점은 수용할 수가 없다. 최적 바구니 A에서 예산선은 무차별곡선과 접한다. 예산선과 무차별곡선 U_2의 기울기는 둘 다 $-1/2$이다.

선의 기울기는 $-P_x/P_y = -1/2$이며, 철수의 무차별곡선이 세 개, 즉 U_1, U_2, U_3가 있다.

예산제약을 만족시키면서 효용을 극대화하려 할 경우 예산선 상에 있거나 예산선 내부에 있으면서 가장 높은 무차별곡선에 도달할 수 있는 바구니를 선택해야 한다. 〈그림 4.4〉에서 최적 바구니는 A이며 여기서 철수는 효용수준 U_2에 도달할 수 있다. 예산선 상에 있거나 내부에 있는 어떤 점도 더 낮은 수준의 효용을 제공할 수 있을 뿐이다.

바구니 A가 최적선택인 이유를 더 알아보기 위하여 다른 바구니들이 최적이 아닌 이유를 살펴보도록 하자. 예를 들면 D처럼 예산선 바깥쪽에 있는 바구니는 이를 감당할 수 없으므로 최적이 되지 못한다. 따라서 예산선 상에 있거나 안쪽에 있는 바구니에만 주의를 기울여야 한다. 예를 들면 E 또는 C처럼 예산선 안쪽에 있는 어떤 바구니도 역시 최적이 되지 못한다. 왜냐하면 위에서 살펴본 것처럼 최적의 바구니는 예산선 상에 위치해야만 하기 때문이다.

A로부터 예산선을 따라 조금이라도 이동을 하게 되면, 무차별곡선은 원점을 향해 안쪽으로 굽어져 있기 때문에 (또는 이를 경제학적으로 설명하면 y에 대한 x의 한계대체율이 체감하기 때문에) 효용이 감소하게 된다. 최적 바구니 A에서 예산선은 무차별곡선 U_2와 접하게 된다. 이는 예산선의 기울기($-P_x/P_y$)와 무차별곡선의 기울기가 같아진다는 의미이다. 식 (3.5)에서 무차별곡선의 기울기가 $-MU_x/MU_y$(즉 $-MRS_{xy}$)라는 사실을 살펴보았다. 그러므로 최적 바구니 A에서 접점조건은 다음과 같다.

$$\frac{MU_x}{MU_y} = \frac{P_x}{P_y} \tag{4.3}$$

또는 이를 달리 표현하면 다음과 같다: $MRS_{xy} = P_x/P_y$.

〈그림 4.4〉에서 최적 바구니 A를 **내부최적**(interior optimum), 즉 소비자가 두 재화 모두를 구입하게 되는($x > 0$ 및 $y > 0$이 되는) 최적이라 한다. 최적은 예산선과 무차별곡선이 접하는 점에서 이루어진다. 다시 말해, 내부최적 바구니에서 소비자는 한계효용 비율(즉 한계대체율)이 재화의 가격비율과 같아지도록 상품을 선택한다.

식 (4.3)을 다음과 같이 다시 정리함으로써 접점조건을 또한 나타낼 수 있다.

$$\frac{MU_x}{P_x} = \frac{MU_y}{P_y} \tag{4.4}$$

이런 형태의 접점조건에 따르면 내부최적 바구니에서 철수는 각 재화에 대해 사용된 달러당 한계효용이 같아지도록 재화를 선택하게 된다. 달리 표현하면 내부최적에서 재화 x에 대해 사용된 달러당 추가적인 효용이 재화 y에 대해 사용된 달러당 추가적인 효용과 같아진다고 할 수 있다. 따라서 최적 바구니에서 각 재화는 철수에게 '달러당 동일한 만족'을 제공하게 된다.

소비자가 예를 들면 식료품과 의복처럼 단지 두 개 재화를 구입하는 상황만을 살펴보았지만, 소비자가 두 개 재화를 초과하여 구입하는 경우의 소비자 최적선택 문제 또한 분석할 수 있다. 예를 들어, 소비자가 세 개 재화로 구성된 바구니들 중에서 선택한다고 가상하자. 모든 재화가 양의 한계효용을 갖는 경우, 소비자는 최적 바구니에서 자신의 모든 소득을 지출하게 된다. 최적 바구니가 내부 최적인 경우, 소비자의 세 개 재화들에 지출된 달러당 한계효용이 동일해지도록 재화를 선택한다. 동일한 원칙이 소비자가 어떠한 수의 재화를 구입한 경우에도 적용된다.

바구니가 최적이 아닌 경우를 알아보기 위해 접점조건을 이용하기

식 (4.3)과 (4.4)에 있는 접점조건을 이용하여 〈그림 4.4〉에 있는 B와 같은 내부 바구니가 최적이 아닌 이유를 살펴보도록 하자. 그림에는 효용함수 $U(x, y) = xy$에서 도출한 무차별지도가 있다. 정리문제 3.3에서 살펴본 것처럼 이 효용함수에 대한 한계효용은 $MU_x = y$ 및 $MU_y = x$이다. 예를 들어 ($y = 16$, $x = 8$인) 바구니 B에서 한계효용은 $MU_x = 16$ 및 $MU_y = 8$이 된다. $P_x = 20$달러 및 $P_y = 40$달러라고 또한 주어졌다.

B가 최적선택이 아닌 이유는 무엇인가? 식 (4.3)을 생각해 보자. 이 식의 왼쪽에 따르면 B에서 $MU_x/MU_y = 16/8 = 2$가 된다. 철수의 y에 대한 x의 한계대체율은 2이다. B에서 철수는 식료품 (x) 1단위를 추가적으로 얻기 위하여 의복(y) 2단위를 포기하려 한다.[3] 하지만 해당 재화의 가격이 주어진 경우 철수는 식료품 1단위를 추가적으로 얻기 위해 의복 2단위를 포기해야만 하는가? 식 (4.3)의 오른쪽에 따르면 의복 가격이 식료품의 두 배가 되므로 $P_x/P_y = 20/40 = 1/2$이 된다. 요약하면 식료품 1단위를 더 구입하기 위하여 의복을 2단위까지 포기하려 하지만 의복을 1/2단위만 포기해도 된다. 이처럼 식료품을 더 얻기 위하여 의복을 필요 이상으로 포기하려 한다. 이것이 바구니 B가 최적선택이 아닌 이유이다.

지금까지 접점조건의 한 가지 형태만을 사용하여 B가 최적이 아닐 수 있는 이유를 살펴보았다. 이제는 최적 바구니를 어떻게 하면 쉽게 알아낼 수 있는지 살펴볼 것이다. 우선 접점조건의 다른 형태인 식 (4.4)를 검토하여 내부최적에서 사용된 달러당 한계효용이 모든 재화에 대해 동일해야 하는 이유를 살펴보도록 하자.

B에서 두 재화에 대해 사용된 달러당 한계효용을 비교해 보면 $MU_x/P_x = 16/20 = 0.8$이고 $MU_y/P_y = 8/40 = 0.2$라는 사실을 알 수 있다. 철수가 식료품에 사용한 달러당 한계효용(MU_x/P_x)이 의복에 사용한 달러당 한계효용(MU_y/P_y)보다 높다. 따라서 의복에 사용했던 마지막 달러를 거두어들여 대신에 이를 식료품에 사용해야 한다. 이런 소득의 재분배가 효용에 어떤 영향을 미치는가? 의복에 대한 지출을 1달러 감소시킬 경우 효용이 약 0.2 감소하지만 이 금액만큼 식료품 지출을 증대시킬 경우 효용이 약 0.8 증가한다. 효용에 대한 순효과는 둘 사이의 차이인 약 0.6만큼의 이득이다.[4] 따라서 철수가 현재 바구니 B를 구입할 경우 최적의 바구니를 선택했다고 볼 수 없다.

---

3 $MRS_{x,y} = MU_x/MU_y = -$(무차별곡선의 기울기)를 기억하라. 〈그림 4.4〉의 B에서 무차별곡선의 기울기는 -2이다. B에서 무차별곡선의 기울기는 B에서 무차별곡선의 접선의 기울기와 같다.

4 $P_x = 20$달러이므로, 식료품에 대해 1달러의 지출 증대가 이루어질 경우 소비자는 식료품을 추가적으로 1/20단위

최적의 소비 바구니 구하기

앞에서 살펴본 것처럼 한계효용이 둘 다 양인 경우 최적의 소비 바구니는 예산선 상에 위치하게 된다. 나아가 한계대체율이 체감하는 경우 내부최적의 소비 바구니는 무차별곡선과 예산선 사이의 접하는 점에 위치하게 된다. 이는 바로 〈그림 4.4〉의 바구니 A에서 살펴본 경우이다.

정리문제 4.2는 소비자의 최적 소비 바구니를 구하기 위해 소비자의 예산선과 선호에 관한 정보를 어떻게 사용하는지를 설명하고 있다.

정리문제 4.2

내부최적 구하기

철수는 (x로 측정한) 식료품과 (y로 측정한) 의복을 구입하며 효용함수 $U(x, y) = xy$를 갖는다. 한계효용은 $MU_x = y$와 $MU_y = x$이다. 월간 소득은 800달러이다. 식료품 가격은 $P_x = 20$달러이며 의복 가격은 $P_y = 40$달러이다.

문제
최적 소비 바구니를 구하라.

해법
정리문제 3.3에서 이 효용함수에 대한 무차별곡선은 원점을 향해 안쪽으로 휘어져 있으며, 축과 교차하지 않는다. 따라서 최적 바구니는 내부에 있어야 하며 소비되는 식료품과 의복의 수량은 양이 된다.

최적 바구니를 어떻게 구할 수 있는가? 최적에서 만족되어야 하는 다음과 같은 두 가지 조건을 알고 있다.

- 최적 바구니는 예산선 상에 있게 되며, 이는 $P_x x + P_y y = I$를 의미한다. 주어진 정보를 이용하여 다음과 같이 나타낼 수 있다: $20x + 40y = 800$.
- 최적점이 내부에 존재하기 때문에 무차별곡선이 예산선과 접해야만 한다. 식 (4.3)에서 보면 접점에서는 $MU_x/MU_y = P_x/P_y$가 만족되어야 한다. 주어진 정보를 이용하여 다음과 같이 나타낼 수 있다. 즉 $y/x = 20/40$, 또는 단순히 $x = 2y$로 나타낼 수 있다.

(예산선으로부터 도출한) $20x + 40y = 800$과 (접점조건으로부터 도출한) $x = 2y$에서 보는 것처럼 두 개의 미지수와 두 개의 식이 있다. 예산선과 관련된 식에 $x = 2y$를 대입하면 $20(2y) + 40y = 800$이 된다. 따라서 $y = 10$과 $x = 20$이 된다. 〈그림 4.4〉의 바구니 A에서 살펴본 것처럼, 철수의 최적 바구니는 매월 식료품 20단위와 의복 10단위를 구입하는 것이다.

구입한다는 의미이므로, $\Delta x = +1/20$이 된다. 이와 유사하게 $P_x = 40$달러이므로, 의복에 대해 1달러의 지출 감소가 이루어질 경우 소비자는 의복 소비를 $1/40$만큼 감소시킨다는 의미이므로 $\Delta y = -1/40$이 된다. 식 (3.4)에서 소비변화가 총효용에 미치는 영향은 대략 $\Delta U = (MU_x \times \Delta x) + (MU_y \times \Delta y)$만큼이라는 사실을 기억하자. 의복에서 식료품으로 지출을 1달러만큼 재분배하면 효용은 대략 $\Delta U = [(16) \times (+1/20)] + [(8) \times (-1/40)] = 0.6$만큼 영향을 받는다.

최적성에 관해 생각하는 두 가지 방법

월간 지출액을 800달러로 제한하는 예산제약하에서 효용을 극대화하려면 소비자는 어떤 바구니를 선택해야 하는가? 〈그림 4.4〉의 바구니 A는 이 물음에 대답할 수 있으므로 소비자에게 최적이 된다는 점을 보여 주었다. 이 경우 소비자는 x와 y에 대해 800달러를 초과하지 않는 범위 내에서 지출을 하지만 효용을 극대화하는 두 재화의 바구니를 선택하므로, 최적성을 다음과 같이 나타낼 수 있다.

$$\max_{(x,y)} \text{효용} = U(x,y)$$
$$\text{subject to: } P_x x + P_y y \leq I = 800 \tag{4.5}$$

위의 예에서 내생변수는 (소비자가 바구니를 선택한) x와 y이다. 외생변수는 가격 P_x, P_y와 소득 (즉 지출액)이다. 그래프를 이용할 경우 소비자가 최고 높은 무차별곡선에 도달할 수 있도록 하는 예산선 상의 바구니를 선택함으로써 소비자 선택문제를 해결할 수 있다. 〈그림 4.4〉에서 무차별곡선은 U_2이다.

최적인 바구니 A를 알아낼 수 있는 또 다른 방법이 있다. 이를 위해 다음과 같이 앞에서와 다른 질문을 해 보자. 소비자가 자신의 지출액(즉 자신이 필요로 하는 소득)을 극소화하면서 일정한 효용수준 U_2를 달성하기 위해서는 어떤 바구니를 선택해야 하는가? 이를 대수학적으로 표현하면 다음과 같이 식 (4.6)으로 나타낼 수 있다.

$$\min_{(x,y)} \text{지출액} = P_x x + P_y y$$
$$\text{subject to: } U(x,y) = U_2 \tag{4.6}$$

이를 **지출액 극소화 문제**(expenditure minimization problem)라 하며, 여기서 내생변수는 x 및 y이고 외생변수는 가격 P_x 및 P_y 그리고 일정한 효용수준 U_2이다. 〈그림 4.5〉의 바구니 A는 비용극소화 문제를 해결하였으므로 최적이다. 그 이유를 알아보도록 하자.

〈그림 4.5〉를 이용하여 무차별곡선 U_2에 도달하는 데 가장 낮은 비용이 드는 바구니를 찾아보도록 하자(이 그림에서 U_2는 효용수준 200에 상응한다).

그림에는 세 개의 상이한 예산선이 있다. 예산선 BL_1에 있는 모든 바구니는 소비자가 월간 640달러를 지출할 경우 구입할 수 있는 것들이다. 불행하게도 BL_1에 있는 어떤 바구니들도 무차별곡선 U_2에 도달할 수 없으므로, 원하는 효용을 달성하기 위해서는 640달러보다 더 높은 소득을 필요로 한다. 월간 소득이 1,000달러인 경우 무차별곡선 U_2에 도달할 수 있는가? 예산선 BL_3 상의 모든 바구니는 월간 소득 1,000달러로 구입할 수 있는 것들이다. 예를 들면 R 및 S와 같은 바구니들은 무차별곡선 U_2에 도달할 수 있다. 하지만 소비자에게 1,000달러보다 더 적은 비용이 부담되는 U_2 상의 다른 바구니들이 있다. 지출액을 극소화하는 바구니를 알아보기 위하여 무차별곡선 U_2에 접하기만 하는 예산선을 찾아내야 한다. 단지 800달러만 드는 바구니 A를 구입함으로써 소비자가 U_2에 도달할 수 있는 예산선은 BL_2이다. 800달러에 미치지 못하는 어떤 소득도 무차별곡

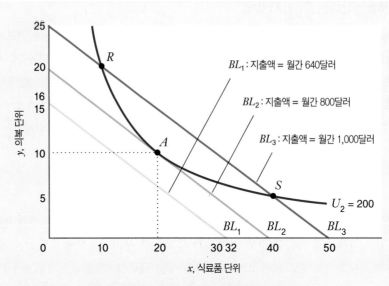

그림 4.5 최적의 선택 : 일정한 효용에 도달하는 데 필요한 지출액의 극소화

소비자가 효용수준 U_2에 도달하는 데 필요한 지출액(소득)을 극소화하려 한다면 어느 바구니를 선택해야
하는가? 월간 지출액이 800달러인 경우 구입할 수 있는 바구니인 A를 선택해야만 한다. U_2 상에 있는 다른
바구니들은 800달러가 초과되는 비용을 소비자가 부담해야 한다. 예를 들면 (U_2 상에 있는 또 다른 바구니
인) R 또는 S를 구입할 경우 소비자는 월간 1,000달러를 지출해야 한다(왜냐하면 R 및 S는 BL_3 상에 있기
때문이다). (예를 들면 총지출액이 예산선 BL_1으로 나타낼 수 있는 640달러인 경우처럼) 800달러 미만인
경우 소비자는 무차별곡선 U_2에 도달할 수 없다.

선 U_2 상의 바구니를 구입하는 데 충분한 재원을 소비자에게 제공하지 못한다.

식 (4.5)의 효용극대화 문제와 식 (4.6)의 비용극소화 문제는 서로에게 이중적인 면을 갖고 있다.
일정한 소득수준(비용) I를 갖고 소비자가 효용을 극대화하는 바구니를 선택하게 되면 효용수준
은 U_2가 된다. 이와 동일한 바구니는 소비자가 효용수준 U_2에 도달하는 데 필요한 지출수준(소득)
I를 극소화한다.

최적성을 찾아내는 위의 두 가지 방법을 이용하여 〈그림 4.6〉에 있는 B와 같은 바구니가 최적이
아닌 이유를 알 수 있다. 소비자가 B에 위치할 경우 800달러를 지출하면서 효용수준은 U_1에 머물
게 된다. 해당 바구니에서 예산선이 무차별곡선에 접하지 않기 때문에 B가 최적이 아니라는 사실
을 이미 살펴보았다. 바구니 B에 위치할 경우 소비자는 자신의 선택을 어떻게 개선할 수 있을까?
소비자는 다음과 같은 의문을 제기할 수 있다. "월간 800달러를 지출할 경우 만족을 극대화시킬
수 있는 바구니는 어떤 것인가?" 바구니 A를 선택할 경우 더 높은 효용수준인 U_2를 얻을 수 있다.
이와는 달리 소비자가 무차별곡선 U_1 상에 있는 B에서 출발할 경우 다음과 같이 자문할 수도 있
다. "효용수준 U_1에 만족한다면 이 무차별곡선에 머무르기 위해 최소한 얼마만큼을 지출해야 하
는가?" 그림에서 알 수 있는 것처럼 이 물음에 대한 대답은 바구니 C이다. 이 경우 월간 640달러

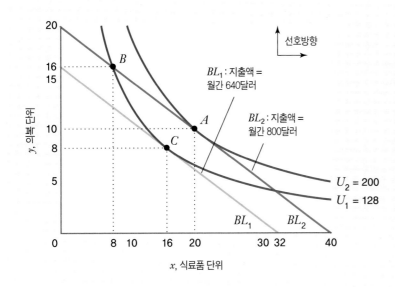

그림 4.6 최적이 아닌 선택

바구니 B에서 소비자는 월간 800달러를 지출하면서 효용수준은 U_1이 된다. 바구니 B가 최적의 선택이 아닌 사실을 알아내는 두 가지 방법이 있다. 첫째, 소비자가 월간 800달러를 계속 지출하는 경우 바구니 A를 선택함으로써 효용을 극대화할 수 있으며 이때 무차별곡선 U_2에 도달할 수 있다. 둘째, 월간 800달러에 못 미치는 지출을 하면서도 계속 U_1에 도달할 수 있다. 바구니 C는 U_1 상에 있지만 소비자는 해당 바구니를 구입하는 데 단지 월간 640달러만을 지불해도 된다.

만을 지불하면 된다.

위의 두 가지 방법을 통해 B가 최적성이 아니라는 사실을 깨달을 수 있다. 소비자가 계속해서 월간 800달러를 지출할 경우 효용을 증가시킬 수 있거나, 또는 B에서 현재 얻고 있는 동일한 효용수준에 머무르는 데 더 적은 지출을 해도 된다.

모서리점

지금까지 살펴본 모든 예에서 소비자에게 최적인 바구니는 내부에 위치해 있었으며, 이는 소비자가 구입한 두 재화의 규모가 모두 양이 된다는 의미이다. 하지만 현실적으로 소비자가 모든 가용한 재화를 양의 규모로 구입하지 않을 수도 있다. 예를 들어 모든 소비자가 자동차나 주택을 소유하는 것은 아니다. 일부 소비자들은 담배나 술을 구입하는 데 비용을 지출하지 않을 수도 있다. 소비자가 예산선이 무차별곡선에 접하게 되는 내부의 바구니를 발견할 수 없는 경우, **모서리점**(corner point)에 위치한 최적의 바구니, 즉 상품 중 하나는 전혀 구매가 이루어지지 않게 되는 축에 위치한 바구니에서 최적의 바구니를 찾게 된다. 최적의 상태가 모서리점에서 이루어지는 경우, 예산선은 최적의 바구니에서 무차별곡선에 접하지 않을 수 있다.

두 개의 재화, 즉 식료품과 의복 가운데서만 선택을 하는 소비자에 대해 다시 생각해 보자. 이 소비자의 무차별지도가 〈그림 4.7〉에 있는 것과 유사할 경우 무차별곡선은 예산선과 접하지 않게 된다. 예를 들면 바구니 S처럼 예산선 상에 있는 내부 바구니에서 무차별곡선의 기울기는 예산선의 기울기보다 더 가파르다(음의 값이 더 커진다). 이는 $-MU_x/MU_y < -P_x/P_y$가 성립된다는 의미이다. 이 부등식의 양편에서 음의 부호를 제거하면 부등식의 부호는 역전되어 $MU_x/MU_y > P_x/P_y$가 된다. 그리고 나서 양편에 교차하여 곱하게 되면 $MU_x/P_x > MU_y/P_y$가 되며, 이는 사용

그림 4.7 모서리점

바구니 S에서 무차별곡선 U_1의 기울기는 예산선보다 더 가파르다(음의 값이 더 크다). 이는 $-MU_x/MU_y < -P_x/P_y$ 또는 $MU_x/P_x > MU_y/P_y$를 의미한다. 식료품에 사용된 달러당 한계효용이 의복의 경우보다 더 높기 때문에, 소비자는 더 적은 의복과 더 많은 식료품을 구입하고자 한다. 소비자는 예산선을 따라 움직이면서 계속해서 의복 대신에 식료품으로 대체하게 되며, 결국에는 모서리점 바구니인 R에 도달하게 된다. 바구니 R에서도 무차별곡선 U_2는, 예산선보다 더 가파르기 때문에, 소비자는 의복 대신에 식료품으로 대체하고자 한다. 하지만 R에서 소비자는 의복을 구입하지 않으므로 더 이상의 대체는 불가능하게 된다.

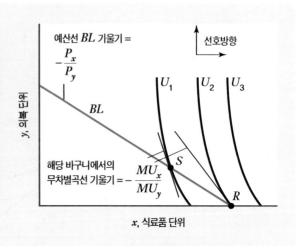

된 달러당 한계효용이 의복의 경우보다 식료품의 경우 더 높다는 의미이다. 따라서 소비자는 식료품을 더 많이 구입하려 하며 의복은 더 적게 구입하고자 한다. 이는 바구니 S뿐만 아니라 예산선 상의 모든 바구니에 적용된다. 소비자는 의복 대신에 식료품으로 대체를 계속하게 되며, 이로 인해 예산선을 따라 움직이게 되고 결국에는 모서리점 바구니 R에 도달하게 된다. 바구니 R에서 무차별곡선 U_2의 기울기는 예산선의 기울기보다 더 가파르다. 소비자는 가능하다면 계속해서 의복 대신에 식료품으로 대체하고자 한다. 하지만 바구니 R에서 의복을 구입할 수 없기 때문에 더 이상의 대체가 불가능하다. 따라서 이 소비자의 경우 최적의 선택은 바구니 R이 된다. 왜냐하면 해당 바구니가 소비자에게 예산선 상에서 가능한 가장 높은 효용(U_2)을 제공하기 때문이다.

정리문제 4.3

모서리점 해법 찾기

경수는 식료품과 의복을 구매하려 하고 있다. 구입한 식료품과 의복의 단위 수는 각각 x 및 y로 측정된다. 경수의 효용함수는 $U(x, y) = xy + 10x$이며 한계효용은 $MU_x = y + 10$ 및 $MU_y = x$이다. 소득 $I = 10$이며, 식료품의 가격 $P_x = 1$달러이고, 의복의 가격 $P_y = 2$달러라고 하자.

문제
경수의 최적 바구니를 구하라.

해법
〈그림 4.8〉에서 보는 것처럼 예산선의 기울기는 $-(P_x/P_y) = -1/2$이 된다. 예산선의 식은 $P_x x + P_y y = I$ 또는 $x + 2y = 10$으로 나타낼 수 있다. 최적점을 구하기 위해서는 무차별곡선이 어떤 형태인지를 확인해 두어야 한다. 두 한계효용은 모두 양이므로, 무차별곡선은 음의 기울기를 갖는다. y에 대한 x의 한계대체율[$MRS_{x,y} = MU_x/MU_y = (y + 10)/x$]은 무차별곡선을 따라 x를 증가시키고 y를 감소시키면 체감하게 된다. 따라서 무차별곡선은 원점을 향해 안쪽으로 휘어지게 된다. 마지막으로 무차별곡선은 x축과 교차하게 되는데, 그 이유는 식료품은 구매하지만($x > 0$) 의복을 구입하지 않더라도($y = 0$) 양의 효용 수준에 도달하는 것이 가능하기 때문이다. 이는 소비자의

최적 바구니가 x축 상에 있는 모서리점에 위치할 수 있다는 의미이다. 그림에 경수의 무차별곡선을 세 개 그려 보도록 하자.

경수의 최적 바구니가 예산선과 무차별곡선의 접점에 위치한 예산선 상에 있다고, 즉 내부에 있다고 (잘못) 가상해 보자. 최적 바구니가 예산선 상에 있는 경우 $x + 2y = 10$을 충족시켜야만 한다. 바구니가 접점에 위치하는 경우, $MU_x/MU_y = P_x/P_y$ 또는 $(y + 10)/x = 1/2$이 되며 이는 $x = 2y + 20$으로 간략히 할 수 있다. $x = 15$ 및 $y = -2.5$인 경우에만 예산선과 접점조건이 모두 충족된다. 이 대수학적인 '해법'에 따르면 경수는 의복을 음의 양만큼 구입하게 된다. 하지만 x 및 y는 음이 될 수 없으므로 이 해법은 의미가 없다. 대수학적인 풀이에 의하면 예산선이 무차별곡선에 접하는 예산선 상의 바구니는 존재하지 않는다. 따라서 최적의 바구니는 내부에 존재하지 않고 최적점은 모서리점에 위치한다.

최적의 바구니는 어디에 위치하는가? 그림에서 볼 수 있듯이 최적점은 바구니 R(모서리점)에 위치하며, 이 경우 $x = 10$ 및 $y = 0$이 된다. 이 바구니에서 $MU_x = y + 10 = 10$이고 $MU_y = x = 10$이 된다. 따라서 R에서 x에 사용된 달러당 한계효용은 $MU_x/P_x = 10/1 = 10$인 반면에, y에 사용된 달러당 한계효용은 $MU_y/P_y = 10/2 = 5$가 된다. 경수는 더 많은 식료품(x)과 더 적은 의복(y)을 구입하려 하지만, R이 x축 상의 모서리점에 위치하므로 그렇게 할 수 없다. R에서 경수는 예산선 상에 위치한 바구니를 선택하는 경우 가능한 최고 높은 무차별곡선에 도달할 수 있다.

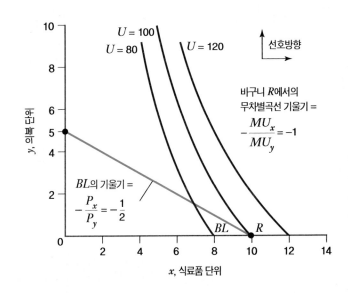

그림 4.8 모서리점 해법

예산선 : 소비자의 소득은 10이며 가격 $P_x = 1$ 및 $P_y = 2$이다. 예산선의 기울기는 $-1/2$이 된다.

무차별지도 : 무차별곡선은 세 개 수준의 효용, 즉 $U = 80$, $U = 100$, $U = 120$에 대해 그려져 있다.

최적의 소비 바구니 : 최적의 바구니는 R이며 여기서 무차별곡선의 기울기는 -1이 된다.

정리문제 4.3을 통해 소비자가 체감하는 한계대체율을 갖는 경우(무차별곡선이 원점을 향해 안쪽으로 휘어진 경우)에도 모서리점이 존재할 수 있다는 사실을 알아보았다. 정리문제 4.4는 소비자가 아주 기꺼이 어떤 재화를 다른 재화로 대체하려 한다면 모서리점이 종종 최적점이 된다는 사실을 보여준다. 예를 들어 버터와 마가린을 완전한 대체재로 간주하고 이 중 한 상품의 1온스에 대해 다른 상품의 1온스를 언제나 기꺼이 대체하려 한다면 온스당 가격이 더 낮은 상품만을 구입하게 된다.

정리문제 4.4

완전 대체재인 경우의 모서리점 해법

영희는 초콜릿 아이스크림(C)과 바닐라 아이스크림(V)을 완전 대체재로 간주하는 소비자이다. 그녀는 둘 다 좋아하며 언제나 바닐라 아이스크림 두 숟가락을 초콜릿 아이스크림 한 숟가락과 기꺼이 교환하고자 한다. 다시 말해 초콜릿 아이스크림에 대한 그녀의 한계효용은 바닐라 아이스크림에 대한 한계효용의 두 배가 된다. 따라서 $MRS_{C,V} = MU_C/MU_V = 2$가 성립한다.

문제

초콜릿 아이스크림 한 숟가락의 가격(P_C)이 바닐라 아이스크림 가격(P_V)의 세 배인 경우 영희는 두 가지 종류의 아이스크림을 모두 구입하는가? 그렇지 않다면 어느 아이스크림을 구입하는가?

해법

영희가 두 가지 종류의 아이스크림을 모두 구입하는 경우, 내부 최적점이 존재하며 접점조건이 충족되어야 한다. 하지만 $MU_C/MU_V = 2$, $P_C/P_V = 3$이 성립한다. 무차별곡선의 기울기는 모두 -2이며, 예산선의 기울기는 -3이다. 〈그림 4.9〉에서 보는 것처럼, 무차별곡선은 직선이며 예산선보다 덜 가파른 기울기를 갖고 있다(평평하다). 따라서 최적의 바구니는 모서리점(바구니 A)에 위치하며 여기서 영희는 바닐라 아이스크림만을 구입하게 된다.

이를 달리 해석하기 위해 $MU_C/MU_V = 2$인 반면에 $P_C/P_V = 3$이라는 사실에 주목하자. 따라서 $MU_C/MU_V < P_C/P_V$ 또는 $MU_C/P_C < MU_V/P_V$가 성립한다. 초콜릿 아이스크림에 사용된 달러당 한계효용이 바닐라 아이스크림에 사용된 달러당 한계효용보다 작기 때문에, 영희는 언제나 초콜릿 아이스크림 대신에 더 많은 바닐라 아이스크림으로 대체하고자 한다. 이로 인해 그녀는 〈그림 4.9〉에 있는 예를 들면 바구니 A와 같은 모서리점을 선택하게 된다.

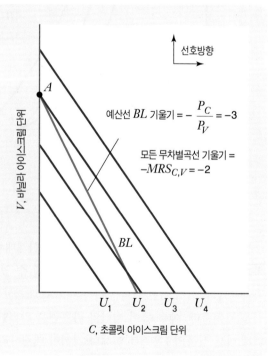

그림 4.9 완전 대체재

예산선의 기울기는 $-P_C/P_V = -3$이고 무차별곡선의 기울기는 모두 $-MRS_{C,V} = -2$이다. 바닐라 아이스크림에 사용된 달러당 한계효용은 초콜릿 아이스크림에 사용된 달러당 한계효용보다 언제나 크므로, 최적 바구니 A는 모서리섬에 위치한다.

4.3 복합재인 경우의 소비자 선택

소비자는 일반적으로 많은 재화 및 용역을 구입하지만, 경제학자들은 종종 주택이나 교육수준에 대한 소비자의 선택처럼 **특정 재화 또는 용역에 대한 소비자의 선택**에 초점을 맞추고자 한다. 이 경우 수평축에 관심의 대상이 되는 상품(예 : 주택)의 양을 나타내고 수직축에 모든 다른 상품에 대한 지출 규모를 나타내는 이차원적인 그래프를 이용하여, 소비자 선택 문제를 제시하는 것이 유용하다. 수직축에 나타낸 재화를 **복합재**(composite good)라 하는데 그 이유는 모든 다른 재화에 대한 총체적인 지출을 의미하기 때문이다. 일반적으로 복합재 1단위의 가격을 $P_y = 1$달러라고 본다. 따라서 수직축은 복합재 y의 단위 수뿐만 아니라 복합재에 대한 총지출($P_y y$)을 의미한다.

이 절에서는 복합재를 이용하여 소비자 선택이론에 관한 네 가지 응용사례를 살펴보도록 하자. 〈그림 4.10〉을 분석하는 데서부터 시작해 보자. 여기서는 소비자의 주택 선택 문제를 살펴볼 것이다. 수평축은 (예를 들면 제곱피트로 측정한) 주택의 단위 수 b를 의미한다. 주택 가격은 P_b로 나타낸다. 수직축은 y단위로 측정한 복합재이며, 가격은 $P_y = 1$이 된다. 소비자가 자신의 모든 소득을 주택에 사용할 경우, 수평축 상의 예산선 절편인 주택 I/P_b단위를 구입할 수 있다. 자신의 모든 소득을 다른 재화에 사용할 경우 많아야 수직축 상의 예산선 절편인 복합재 I단위를 구입할 수 있다. 최적 바구니는 그림에서 A가 된다.

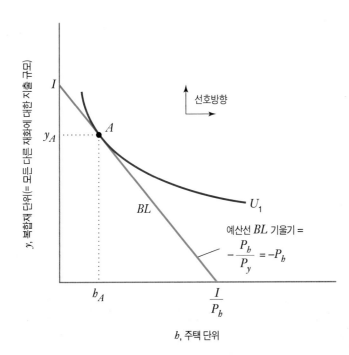

그림 4.10 (복합재와) 주택의 최적선택

수평축은 주택의 단위 수 b를 나타낸다. 주택 가격은 P_b이다. 소비자의 소득이 I인 경우 많아야 (예산선의 수평축에 대한 절편인) I/P_b단위를 구입할 수 있다. 수직축은 (모든 다른 재화인) 복합재 y의 단위 수를 나타낸다. 복합재 가격은 $P_y = 1$이다. 따라서 수직축은 또한 소비자가 모든 다른 재화에 지출한 규모를 나타낸다. 소비자가 모든 소득을 복합재에 지출할 경우 복합재를 I단위 구입할 수 있다. 따라서 수직축에 대한 예산선의 절편은 소득수준인 I가 된다. 예산선의 기울기는 $-P_b/P_y = -P_b$가 된다. 소비자 선호가 주어진 경우 최적 바구니는 A이다. 따라서 소비자는 주택 b_A단위를 구입하고 다른 재화에 y_A 달러를 지출한다.

응용 : 쿠폰과 현찰 보조금

정부는 종종 저소득층 소비자들이 식료품, 주택 또는 교육과 같은 필수품을 더 많이 구입할 수 있도록 도와주고자 한다. 예를 들면 다음에서 논의하는 것처럼 미국 정부는 식료품과 음료 구입 시 보조금을 지불하는 구호대상자용 식품 보조 프로그램을 실시하고 있다. 미국 정부는 또한 저소득층 소비자들이 주택을 구입할 수 있도록 도와주고 있다. 소비자 선택이론을 이용하여 정부 프로그램이 소비자가 선택할 수 있는 주택의 규모를 어떻게 증대시킬 수 있는지 살펴보도록 하자.

소비자는 주택과 다른 재화에 대해 〈그림 4.11〉에 있는 무차별곡선과 같은 선호를 갖는다고 가상하자. 소비자의 소득은 I이며, 자신이 임대한 주택 각 단위(예를 들면 제곱피트당)에 대해 가격 P_b를 지불해야 하고, 자신이 구입한 복합적인 '다른 재화' 각 단위에 대해서는 $P_y = 1$을 지불해야 한다. 예산선은 KJ가 된다. 자신의 모든 소득을 주택에 사용할 경우 주택 I/P_b단위를 임대할 수 있으며, 다른 재화에 모두 사용할 경우 복합재를 $I/P_y = I$단위 구입할 수 있다. 소비자의 선호가 위와 같고 예산선이 KJ인 경우 주택이 b_A단위인 꾸러미 A를 선택하게 된다.

정부는 예를 들면 주택 규모가 b_A인 경우 적절한 생활수준을 유지할 수 없다고 결론 내리고 모든 소비자가 최소한 주택을 b_B단위를 임대하도록 규정하려 한다고 가정하자(여기서 $b_B > b_A$이다). 소비자들이 주택 소비를 b_A에서 b_B로 증가시키도록 하기 위해, 정부는 어떤 조치를 취할 수 있는가?

한 가지 방법은 소비자에게 현찰로 소득 보조금 S달러를 제공하는 것이다. 〈그림 4.11〉에서 보

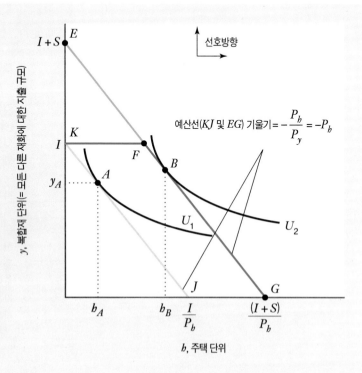

그림 4.11 주택의 최적선택 : 보조금과 쿠폰

소비자의 주택 구입을 증대시키기 위해 시행될 수 있는 두 가지 종류의 프로그램을 생각해 보자.

소득 보조금 : 소비자가 정부로부터 S달러에 상당하는 소득 보조금을 받을 경우, 예산선은 KJ에서 EG로 이동한다.

주택 쿠폰 : 정부가 소비자에게 주택 구입에만 사용할 수 있는 S달러 상당의 쿠폰을 주는 경우 예산선은 KJ에서 KFG로 이동한다.

소비자의 무차별지도가 그림과 같다면, S달러 상당의 소득 보조금을 받거나 S달러 상당의 주택 쿠폰을 받는 데 소비자가 차이를 느끼지 못한다. 소비자는 바구니 B를 선택하게 된다.

는 것처럼 소득이 증가함에 따라 예산선은 KJ에서 EG로 이동한다. 소비자가 자신의 모든 소득 I와 현찰 보조금 S를 모두 다른 재화에 사용할 경우 바구니 E를 구입할 수 있으며, 이 바구니는 복합재를 $(I + S)/P_y$[즉 $(I + S)/1$]단위 그리고 주택은 0단위를 포함한다. 자신의 모든 소득과 현찰 보조금을 주택에 사용할 경우 바구니 G를 구입할 수 있으며, 바구니 G에서는 복합재를 한 단위도 구입하지 않으므로 주택을 $(I + S)/P_b$단위 임대할 수 있다. 그림에 있는 예산선 EG와 무차별곡선에 따를 경우, 이 소비자의 최적 선택은 바구니 B가 되며 무차별곡선은 U_2가 된다. 현찰 보조금 S를 갖고 소비자는 주택 b_B단위를 임대할 수 있어 정부의 주택에 대한 기준을 충족시킬 수 있다.

주택 소비를 촉진하는 또 다른 방법으로 소비자에게 주택 구입에만 사용할 수 있는 일정 금액의 증명서인 주택 쿠폰(현금 대용으로 사용되는 상환권)을 주기도 한다. 주택 쿠폰은 S달러의 가치가 있다고 가상하자. 주택 쿠폰을 받은 소비자의 예산선은 KFG가 된다. 소비자는 주택 쿠폰으로 다른 상품을 구입할 수 없으므로, 다른 재화에 사용할 수 있는 최대 금액은 현찰소득 I이다. 쿠폰을 받는 경우, 소비자는 선분 KF 북쪽에 위치한 바구니를 구입할 수 없게 된다.

소비자가 주택을 구입하는 데는 쿠폰만을 사용하고 자신의 모든 현찰소득(I)은 다른 재화를 구입하는 데 사용할 경우, 바구니 F를 소비하게 된다. 바구니 F에서, 복합재 I단위를 구입하고 주택은 S/P_b단위를 임대하게 된다. 소비자가 자신의 모든 현찰소득과 쿠폰을 주택에 사용할 경우, 바구니 G를 얻게 되며 여기서 주택 $(I + S)/P_b$를 임대하고 복합재는 전혀 구입하지 않게 된다.

소비자가 현찰 보조금 S달러를 받거나 주택 구입 시 S달러의 가치가 있는 주택 쿠폰을 받는 것이 소비자나 정부에게 어떤 의미가 있는가? 무차별지도가 〈그림 4.11〉과 같은 경우 소비자는 어느 프로그램하에서도 동일하게 만족하게 될 것이다. 어느 경우에도 바구니 B를 선택하여 무차별곡선 U_2에 도달하게 된다.

하지만 무차별지도가 〈그림 4.12〉와 같은 경우, 어떤 종류의 프로그램인가가 **중요한 의미를 갖**는다. 정부 프로그램이 없는 경우, 예산선은 다시 KJ가 되며 소비자는 바구니 A를 선택하여 주택은 b_A가 된다. 현찰 보조금인 경우, 소비자가 주택 b_B단위를 임대하도록 하기 위해서는 보조금의 규모가 S가 되어야 한다. 이 보조금으로 소비자는 바구니 T를 선택하여 무차별곡선 U_4에 도달할 수 있다. 하지만 정부는 V달러의 가치가 있는 주택 쿠폰을 이용하여 소비자로 하여금 주택 b_B단위를 임대하도록 할 수 있다($V < S$라는 사실에 주목하라). 이런 쿠폰하에서 예산선은 KRG가 된다. 소비자는 R을 구입하여 무차별곡선 U_2에 도달하게 된다.[5] 소비자는 효용 U_2인 바구니 R을 구입하게 된다.

무차별지도가 〈그림 4.12〉와 같은 경우, 소비자는 S달러 상당의 소득 보조금을 받는 것보다 V달러 상당의 쿠폰을 받게 되면 상황이 더 나빠진다. 정부의 주요 목적이 주택 소비를 b_B로 증대시키는 것이라면, 주택 쿠폰 프로그램이 소득 보조금보다 정부 입장에서는 더 적은 비용이 든다. 정

---

5 무차별곡선 U_2의 기울기는 바구니 R에서 정의를 내릴 수 있지만, 예산선의 경우 R에서 모서리를 갖게 되므로 정의를 내릴 수 없다. 따라서 접점조건을 적용하여 R과 같은 최적점을 구할 수 없다.

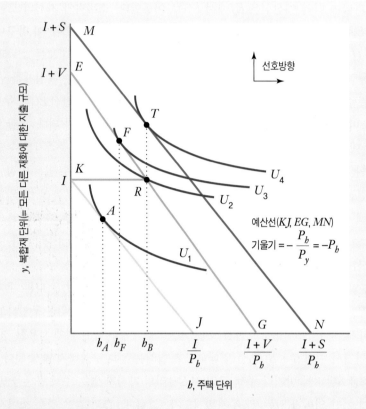

그림 4.12 주택의 최적선택 : 보조금과 쿠폰

소비자의 소득이 I인 경우 주택 b_A단위를 선택하게 된다. 정부는 다음과 같은 두 가지 프로그램을 통해 소비자로 하여금 주택 b_B단위를 선택하도록 할 수 있다.

- 소비자에게 S달러에 상당하는 현찰 보조금을 지급하여 예산선이 MN으로 이동하도록 한다. 이 경우 소비자는 바구니 T를 선택한다.
- 주택에만 사용할 수 있는 V달러 상당의 주택 쿠폰을 소비자에게 지급하여 예산선이 KRG로 이동하도록 한다. 이 경우 소비자는 바구니 R을 선택한다.

바구니 T는 바구니 R보다 더 높은 무차별곡선에 위치하므로 그림과 같은 선호를 갖는 소비자는 V달러 상당의 주택 쿠폰보다 S달러 상당의 현찰 보조금을 선호하게 된다. 하지만 정부는 비용이 덜 들기 때문에 쿠폰 프로그램을 선택하게 된다. 정부가 쿠폰 프로그램 대신에 현찰 보조금 프로그램을 선택할 경우, 소비자로 하여금 주택 b_B단위를 선택하도록 하기 위해서는 $(S-V)$달러를 더 지출해야 한다.

부가 소득 보조금 대신에 쿠폰 프로그램을 사용할 경우 $(S-V)$달러를 절약할 수 있다.

소비자에게 V달러 상당의 현찰 보조금이 주어지는 경우, 어떻게 행동하는지 살펴보도록 하자. 이 경우 예산선은 EG가 되고 소비자는 바구니 F를 선택하여 무차별곡선 U_3에 도달한다. 소비자는 (바구니 R을 선택하고 무차별곡선 U_2에 도달하는 것이 가능한) V달러 상당의 쿠폰보다 (바구니 F를 선택하고 무차별곡선 U_3에 도달하는 것이 가능한) V달러 상당의 현찰 보조금을 선택하고자 한다. 하지만 V달러 상당의 현찰 보조금을 갖고 소비자가 선택한 주택(b_F)은 정부의 목표수준

(b_B)보다 낮다.

응용 : 클럽에 가입하기

소비자들은 종종 할인된 가격으로 재화 및 용역을 구입하는 클럽에 가입하곤 한다. 다음의 예를 생각해 보자. 테니스를 좋아하는 대학생이 자신의 월간 소득 300달러를 테니스 사용시간 T와 다른 재화에 사용한다고 가상하자. 소비자는 T와 다른 재화에 대해 양의 한계효용을 가지며 한계대체율은 체감한다. 이 소비자는 현재 테니스 코트 사용시간당 20달러를 지불해야 하고, 이 가격에 월간 10시간($T = 10$) 사용하며 다른 재화에 100달러를 지출하고 있다.

어떤 소비자가 테니스 클럽에 가입할 수 있음을 알려 주는 광고를 지금 접하게 되었다고 가상하자. 이 소비자는 클럽 가입비로 월 100달러를 지불해야 하지만 일단 지불을 하고 나면 시간당 10달러로 원하는 시간만큼 사용할 수 있다. 소비자 선택이론을 이용하여, 소비자가 클럽에 가입하고자 하는 이유와 클럽에 가입할 경우 선택하게 될 바구니에 어떤 영향을 미치는지 설명할 수 있다.

〈그림 4.13〉은 소비자 선택문제를 보여 주고 있다. 월간 사용하는 시간 수는 수평축으로 측정되며, 다른 복합재(y)의 개수는 수직축으로 측정된다. 사용 시간당 가격은 P_T, 복합재의 가격은 $P_y = 1$이다. 소비자가 클럽에 가입하기 전의 예산선은 BL_1이 된다. 소비자는 자신의 모든 예산을 다른 재화에 사용하거나($y = 300$을 구입하거나), 또는 T에 모두 사용할 수 있다($T = 15$를 사용할 수 있다). BL_1의 기울기는 $-P_T/P_y = -20$이고, BL_1하에서 소비자는 바구니 A를 선택하게 되며 여기서 BL_1은 무차별곡선 U_1에 접하게 된다. 바구니 A에서 접하게 될 경우 $MRS_{T,y} = 20 = P_T/P_y$가 된다.

소비자가 클럽에 가입하게 될 경우 직면하게 되는 예산선은 그림에서 BL_2가 된다. 클럽에 가입하려면 월간 100달러의 가입비를 지불해야 한다. 이 경우 소비자는 다른 재화와 테니스 코트 사용시간을 구입하는 데 나머지 200달러만을 사용할 수 있다. 소비자가 자신의 나머지 소득을 모두 T에 지출할 경우 20시간의 T를 구입할 수 있으며, 소비자는 BL_2의 수평축에 대한 절편에 위치하게 된다. 반면에 나머지 소득 200달러를 모두 다른 재화에 지출할 경우 BL_2의 수직축에 대한 절편인 $y = 200$을 구입하게 된다. BL_2의 기울기는 $-P_T/P_y = -10$이 된다.

그림에서 보는 것처럼 예산선 BL_1과 BL_2는 바구니 A에서 교차한다. 이는 소비자가 클럽에 가입한 후에 계속해서 바구니 A를 선택할 수 있다는 의미이다. 이를 알아보기 위해 클럽에 가입하고 바구니 A를 선택할 경우 소비자의 총지출이 아직 300달러라는 점에 주목하자. 이 경우 소비자는 회원 가입비에 100달러, T에 100달러(클럽 가입 후 적용되는 가격인 시간당 10달러에 10시간 사용하는 비용), 다른 재화에 100달러를 지출하게 된다. 소비자는 클럽에 가입하지 않았을 때 선택할 수 있었던 바구니를 구입할 수 있으므로 클럽 가입 후에 상황이 나빠지지 않았다고 할 수 있다.

하지만 소비자가 클럽에 가입하게 되면 바구니 A는 계속해서 최적이 아니게 된다. A에서 $MRS_{T,y} = 20$이라는 사실을 이미 알고 있으며, 새로운 T 가격에서 $P_T/P_y = 10$이 된다. 따라서 예산선 BL_2는 바구니 A를 통과하는 무차별곡선에 접하지 않게 된다. 소비자는 예산선 BL_2가 무차

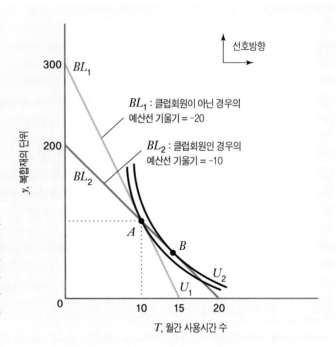

그림 4.13 클럽에 가입하기

소비자가 테니스 클럽에 가입하지 않은 경우 예산선은 BL_1이 된다. 이 경우 최적 바구니는 A이며 효용은 U_1이 된다. 클럽에 가입하게 되면 예산선은 BL_2가 된다. 이 경우 최적 바구니는 B이며 효용은 U_2가 된다. 소비자는 클럽에 가입하여 상황이 나아지며(즉 더 높은 수준의 효용을 갖게 되며) 더 많은 T를 사용하게 된다.

별곡선과 접하는 새로운 바구니 B를 찾게 된다(이 경우 $MRS_{T,y} = 10 = P_T/P_y$가 된다). 소비자는 클럽에 가입한 상황인 바구니 B에서 (효용수준 U_2를 달성할 수 있으므로) 더 나아지며, 클럽에 가입하게 되면 더 많은 T(월간 15시간)를 사용하게 된다.

소비자들은 많은 다른 종류의 구입 결정을 할 경우에도 이와 유사한 결정을 하게 된다. 예를 들어 고객들이 이동전화 서비스에 가입하려는 경우, 적은 월간 납입료를 지불하면서 높은 분당 전화 사용료를 선택하거나 또는 많은 월간 납입료에 낮은 분당 전화 사용료를 선택할 수도 있다. 이와 유사하게 골프장 회원이 된 소비자는 가입비는 지불하지만 회원이 아닌 사람들보다 골프 한 게임당 더 적은 비용을 지불하게 된다.

응용 : 차용 및 대부

지금까지 소비자는 주어진 소득을 갖고 사용하며 차용을 하거나 대부를 할 수 없다고 가정하여 논의를 단순화시켰다. 복합재를 사용하고 차용 및 대부를 허용하여 소비자 선택 모형을 수정할 수 있다(아래의 분석에서 은행에 자금을 예치하는 저축은 실제로 은행이 제시하는 이자율로 은행에 자금을 대부해주는 것이라는 사실에 주목하자).

소비자는 두 기간(이를 연도라 하자)에 걸쳐, 즉 올해와 내년에 걸쳐 생활한다고 가상하자. 올해의 소비자 소득은 I_1이며 내년도 소득은 I_2가 된다. 소비자가 차용이나 대부를 할 수 없다면 올해에 I_1을 재화 및 용역에 지출하고 내년에는 I_2를 지출할 것이다.

두 기간 각각에 대한 소비자의 소비 선택을 나타내기 위하여 복합재를 사용해 보자. 이를 도표

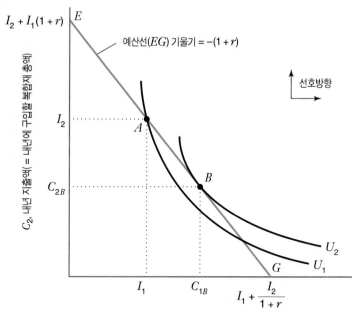

그림 4.14 차용 및 대부

소비자는 소득으로 올해에 I_1과 내년에 I_2를 받는다. 차용이나 대부를 받지 않는 경우 소비자는 바구니 A에 있게 된다. 이자율 r로 차용이나 대부를 할 수 있는 경우를 가상해 보자. 그래프와 같은 무차별지도를 갖고 있는 소비자의 경우, 올해에 은행에서 $(C_{1B} - I_1)$을 차용하고 내년에 이를 상환함으로써 바구니 B를 선택하게 된다. 소비자는 차용을 통해 자신의 효용을 U_1에서 U_2로 증대시킬 수 있다.

로 나타내기 위해 기간 1(올해)에 구입한 복합재의 양(C_1)을 수평축에 나타내도록 한다. 복합재의 가격이 1달러인 경우 기간 1 동안의 소비자 지출은 〈그림 4.14〉의 수평축에 나타난다. 이와 유사하게 기간 2(내년)에 구입한 복합재의 양(C_2)을 수직축에 나타내었다. 이 복합재의 가격도 1달러이므로 기간 2 동안의 소비자 지출을 〈그림 4.14〉의 수직축에 나타낼 수 있다. 차용이나 대부를 하지 않는 한 소비자는 바구니 A를 구입할 수 있다.

이제는 소비자가 은행에 예치하여 올해에 이자율 r을 받을 수 있다고 가상하자. 예를 들면 이자율이 연간 10%($r = 0.1$)라 하자. 기간 1에 100달러를 저축할 경우 내년에는 100달러에 이자 10달러(0.1×100달러)를 더하여 총 110달러를 받게 된다. 따라서 A에서 출발할 경우 소비자가 올해에 1달러를 감소시키면(즉 예산선을 따라 왼쪽으로 움직이면) 내년에는 $(1 + r)$달러만큼 소비를 증가시킬 수 있다(즉 예산선을 따라 위쪽으로 이동할 수 있다). 그러므로 예산선의 기울기는 $\Delta C_2 / \Delta C_1 = (1 + r)/(-1) = -(1 + r)$이 된다.

또한 소비자는 올해에 이자율 r로 차용할 수 있다고 가상하자. 기간당 이자율이 10%($r = 0.1$)이고 기간 1에 100달러를 차용하였다면, 기간 2에는 100달러에 이자 10달러(0.1×100달러)를 합산한 총 110달러를 상환해야 한다. A에서 시작하여 올해 소비를 1달러 증가시킨다면(즉 예산선을 따라 오른쪽으로 이동한다면) 내년에는 $(1 + r)$달러만큼 소비를 감소시켜야 한다(즉 예산선을 따라 아래쪽으로 이동해야 한다). 이는 예산선의 기울기가 $-(1 + r)$이라는 의미이다.

소비자가 올해는 어떤 지출도 하지 않고 은행에 I_1을 모두 저축할 경우, 내년에는 $I_2 + I_1(1 + r)$

을 지출할 수 있으며 이는 예산선의 수직축에 대한 절편이 된다. 이와 유사하게 올해 가능한 최대 금액을 차용할 경우, 올해에는 $I_1 + I_2/(1 + r)$만큼 소비할 수 있으며 이는 예산선의 수평축에 대한 절편이 된다.

무차별지도가 〈그림 4.14〉와 같은 소비자는 올해 은행에서 일부 금액($C_{1B} - I_1$)을 차용하고 기간 2에 이 대부금을 상환하여 바구니 B를 선택할 수 있다. 내년에는 단지 C_{2B}만을 소비할 수 있게 된다. 차용을 통해 소비자 효용은 U_1에서 U_2로 증대된다.

이 분석을 통해 소비자 선호와 이자율이 어떤 사람은 차용자가 되고 다른 사람은 저축자가 되는 이유를 어떻게 결정하는지 알 수 있다. 여러분은 제1기에 저축하고자 하는 소비자의 무차별지도를 그릴 수 있는가?

응용 : 수량할인

매도인들은 많은 상품 시장에서 소비자들에게 수량할인을 제의하고 있다. 소비자 선택이론을 이용하여 이런 할인들이 소비자 행태에 어떤 영향을 미치는지 살펴보도록 하자.

기업들은 많은 종류의 수량할인을 제의하곤 한다. 여기서는 전력산업에서 종종 관찰되는 예를 살펴볼 것이다. 〈그림 4.15〉에서 수평축은 소비자가 매월 구입하는 전기량을 나타내며, 수직축은

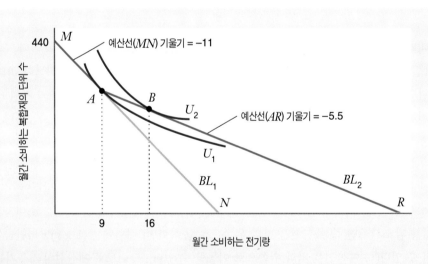

그림 4.15 수량할인

전력회사가 단위당 11달러의 가격으로 전기를 판매할 경우, 소비자가 직면하는 예산선은 MN이 되며 이 예산선의 기울기는 -11이 된다. 이 경우 소비자는 전기가 9단위인 바구니 A를 선택한다. 공급업자가 소비자가 구입하는 처음 9단위에 대해서는 각각 11달러를 부과하고, 추가적인 단위에 대해서는 5.50달러를 각각 부과하는 수량할인을 제의하고 있다고 가상하자. 이 경우 예산선은 두 부분, 즉 MA 및 AR로 구성된다. 선분 AR의 기울기는 -5.5이다. 수량할인이 제공되는 경우, 소비자는 (바구니 B에서) 전기를 총 16단위 구입하게 된다. 다시 말해 수량할인으로 인해 전기를 7단위 더 구입하게 된다. 이 그림에 의하면 수량할인으로 인해 소비자는 이런 할인이 없을 때보다 더 높은 수준의 만족을 얻게 된다.

가격이 1달러인 복합재의 단위 수를 의미한다. 소비자의 월간 소득은 440달러이다.

전력회사는 수량할인 없이 단위당 11달러의 가격으로 전력을 판매한다고 가상하자. 소비자가 직면하는 예산선은 MN이 되며, 이 예산선의 기울기는 -11이다. 〈그림 4.15〉와 같은 무차별지도를 갖고 있는 경우, 전기 9단위인 바구니 A를 선택하게 된다.

이제 공급자가 다음과 같은 수량할인을 제의한다고 가상하자. 즉 매도인은 소비자가 구입하는 처음 9단위에 대해서 가격 $P_1 = 11$달러를 계속 부과하지만, 그 이후 **추가적으로** 판매되는 단위에 대해서는 가격 $P_2 = 5.50$달러를 부과한다. 따라서 예산선은 두 부분으로 구성된다. 처음 부분은 MA이다. 두 번째 부분은 AR이며, 소비자는 9단위를 초과하여 추가적으로 구입한 전기에 대해서 가격 5.50달러를 지불하므로 이 선분의 기울기는 -5.5가 된다. 무차별지도가 그림과 같고 수량할인이 적용되는 경우, 소비자는 (바구니 B에서) 총 16단위를 구입하게 된다. 할인으로 인해 소비자는 전기를 추가적으로 7단위 더 구입한다.

수량할인으로 인해 소비자가 구입할 수 있는 일련의 바구니들이 확대되었다. 〈그림 4.15〉에서 할인이 되는 경우, 소비자가 이용할 수 있는 추가적인 바구니는 RAN으로 경계가 이루어진 지역에 있게 된다. 그림에서 보는 것처럼 할인으로 인해 소비자는 그렇지 않은 경우 가능했던 것보다 더 높은 수준의 만족을 얻을 수 있다.

4.4 현시선호

지금까지 선호(무차별지도)가 주어지고 예산선이 주어진 경우, 소비자의 최적 바구니를 어떻게 구할 수 있는지 살펴보았다. 다시 말해 소비자가 바구니를 순서대로 어떻게 정렬하는지 알 수 있는 경우, 소비자가 직면하는 예산제약에 대해 최적 바구니를 결정할 수 있었다.

하지만 소비자의 무차별지도를 알지 **못한다**고 가상하자. 소비자의 예산선이 변화함에 따라 이들의 행태를 관찰하여 바구니를 순서대로 어떻게 정렬하는지 추론할 수 있는가? 다시 말해 바구니에 대한 소비자의 선택을 통하여 이들의 선호에 관한 정보를 알 수 있는가?

현시선호(revealed preference) 이면에 있는 주요 논리는 간단하다. 소비자는 바구니 B가 비용이 똑같이 들 경우 바구니 A를 선택한다면, A는 최소한 B만큼 선호된다는 사실을 알 수 있다(이를 $A \succeq B$로 나타낼 수 있으며 이는 $A > B$ 또는 $A \approx B$를 의미한다. $A \succeq B$인 경우 A가 B보다 약하게 선호된다고 한다). 소비자가 바구니 D보다 더 비싼 바구니 C를 선택한다면, D보다 C를 강하게 선호해야만 한다($C > D$)는 점을 알게 된다. 가격과 소득이 변화함에 따라 나타나는 소비자의 선택에 관해 충분한 관찰을 할 수 있다면, 해당 소비자의 무차별지도를 정확하게 그리지는 못하더라도 바구니의 순서를 어떻게 결정하는지에 관해 많은 것을 알 수 있다. 현시선호 분석은 소비자가 언제나 최적의 바구니를 선택하며 가격과 소득이 변하더라도 근간이 되는 선호는 변화하지 않는다고 가정한다.

〈그림 4.16〉은 소비자 행태가 선호에 관한 정보를 어떻게 나타내는지 보여 주고 있다. 두 재화

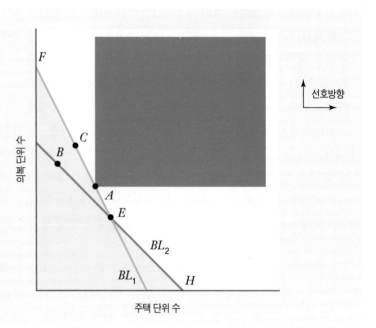

그림 4.16 현시선호

무차별지도를 알지 못한다고 가상하자. 하지만 두 개의 상이한 예산선하에서의 소비자 선택에 관해서는 관찰을 할 수 있다. 예산선이 BL_1인 경우 소비자는 바구니 A를 선택한다. 예산선이 BL_2인 경우 소비자는 바구니 B를 선택한다. 이런 소비자 행태는 자신의 선호에 관해 무엇을 보여 주는가? 분석을 통해 알 수 있는 것처럼, A를 통과하는 소비자의 무차별곡선은 노란색 지면 어딘가를 통과해야 하며 아마도 EF 상의 바구니들을 포함하게 될 것이다.

에 대한 소득과 가격의 최초 수준이 주어진 경우, 소비자의 예산선은 BL_1이 된다. 이때 소비자는 바구니 A를 선택한다. 가격과 소득이 변화하여 예산선이 BL_2가 되면, 소비자는 바구니 B를 선택한다. 소비자 행태는 자신의 선호에 관해 무엇을 보여 주는가?

우선, 소비자는 BL_1 상에 있거나 내부에 있는 다른 바구니를 선택할 수 있을 때 바구니 A를 선택하였다. 이 행태를 통해 A는 최소한 B만큼 선호된다($A \geqslant B$)는 점을 알 수 있다. 하지만 소비자는 A와 B에 대한 순위를 어떻게 결정하는지에 관해 훨씬 더 많은 것을 보여 주고 있다. B의 '동북쪽'에 위치한 BL_1 상의 바구니 C를 생각해 보자. 소비자는 C를 구입할 수 있을 때 A를 선택하였으므로 $A \geqslant C$ 라는 사실을 알 수 있다. 나아가 C는 B의 동북쪽에 위치하므로 C가 B보다 강하게 선호되어야 한다($C > B$). 이행성에 따라 A는 B보다 강하게 선호되어야 한다($A > B$). 즉 $A \geqslant C$ 및 $C > B$이면, $A > B$이다.

소비자 행태를 통해서 A를 통과하는 무차별곡선의 형태를 알아볼 수도 있다. (진하게 색칠된 지역에 있는 바구니들을 포함한) A의 북쪽, 동쪽, 동북쪽에 있는 모든 바구니는 A보다 강하게 선호된다. A는 연하게 색칠된 지역에 있는 모든 바구니보다 강하게 선호되며, 적어도 F와 E 사이에 있는 다른 바구니들만큼 선호된다. A는 B보다 강하게 선호되므로 A는 선분 EH 상의 바구니들보다 강하게 선호된다는 점을 알 수 있으며, B는 적어도 BL_2상의 다른 바구니들만큼 선호된다. 따라서 A를 통과하는 무차별곡선이 어디에 위치하는지 정확히 알지는 못하지만, 노란색 지면의 어디를 통과해야 하며 아마도 E를 제외한 A가 아닌 EF 상의 바구니들을 포함하게 된다.

관찰된 선택과 효용극대화는 일치하는가?

현시선호에 관한 논의를 하면서, 우리는 주어진 예산제약하에서 소비자가 언제나 자신이 할 수 있는 최선의 바구니를 선택한다고 가정하였다. 하지만 소비자는 다른 방법으로 자신의 바구니를 선택할 수도 있다. 현시선호 분석을 통해 소비자가 효용극대화와 일치하는 방법으로 바구니를 선택하는지 여부를 알 수 있는가? 이를 달리 표현하면 다음과 같다. 소비자 선택에 관한 관찰을 통해 소비자가 반드시 효용극대화를 하지는 않는다고 결론을 내릴 수 있는가?

효용을 극대화하는 소비자가 단지 두 개의 재화만을 구입할 수 있는 경우를 생각해 보자. 바구니 (x, y)에서 x는 첫 번째 재화의 단위 수를 나타내고 y는 두 번째 재화의 단위 수를 의미한다. 재화의 가격이 최초 (P_x, P_y)인 경우 소비자는 (x_1, y_1)인 바구니 1을 선택한다고 가상하자. 두 번째 가격 $(\tilde{P}_x, \tilde{P}_y)$에서 (x_2, y_2)인 바구니 2를 구입한다.

최초 가격에서 바구니 1을 구입하는 데 소비자는 $P_x x_1 + P_y y_1$의 비용이 들게 된다. 최초 가격에서 바구니 2도 구입할 수 있다고 가상하자. 이를 나타내면 다음과 같다.

$$P_x x_1 + P_y y_1 \geq P_x x_2 + P_y y_2 \tag{4.7}$$

식 (4.7)의 왼쪽 편은 최초 가격에서 바구니 1을 구입하는 데 소비자가 얼마나 지출해야 하는지를 알려 준다. 오른쪽 편은 최초 가격에서 바구니 2를 구입하는 데 필요로 하는 지출액을 나타낸다.

최초 가격에서 소비자는 바구니 1을 선택했으므로 (그리고 바구니 2도 구입할 수 있었으므로) 소비자는 바구니 2만큼 바구니 1을 좋아한다는 점을 보여 주었다.

두 번째 가격에서 소비자가 바구니 1 대신에 바구니 2를 선택했다는 점 또한 알고 있다. 소비자가 이미 적어도 바구니 2만큼 바구니 1을 선호한다고 현시했으므로, 새로운 가격에서 바구니 2가 바구니 1보다 더 비싸지 않다는 점 또한 사실이어야 한다. 그렇지 않았다면 소비자는 새로운 가격에서 바구니 1을 선택했을 것이다. 식 (4.8)은 새로운 가격에서 바구니 2를 구입하는 데 바구니 1보다 비용이 더 많이 들지 않는다는 점을 보여 주고 있다.

$$\tilde{P}_x x_2 + \tilde{P}_y y_2 \leq \tilde{P}_x x_1 + \tilde{P}_y y_1 \tag{4.8}$$

소비자 선택이 효용극대화와 일치하는 경우 식 (4.8)이 만족되어야 하는 이유는 무엇인가? 만족되지 않을 경우 다음과 같다.

$$\tilde{P}_x x_2 + \tilde{P}_y y_2 > \tilde{P}_x x_1 + \tilde{P}_y y_1 \tag{4.9}$$

식 (4.9)가 사실인 경우 두 번째 가격에서 바구니 2가 바구니 1보다 더 비싸다는 사실을 알 수 있다. 두 번째 가격에서 (바구니 1도 구입할 수 있을 때) 바구니 2를 선택했으므로, 소비자가 바구니 1보다 바구니 2를 강하게 선호해야 한다. 하지만 이는 소비자가 적어도 바구니 2만큼 바구니 1을 좋아한다는 앞의 결론과 일치하지 않는다. 이런 불일치성을 제거하기 위해서는 식 (4.8)이 만족되어야만 한다(이를 달리 표현하면 식 (4.9)가 만족되어서는 안 된다).

식 (4.8)이 충족되지 못하는 경우 소비자는 효용을 극대화하지 못한 선택을 하게 된다. 다음은 현시선호 분석을 이용하여 이런 행태를 알아내는 문제이다.

정리문제 4.5

효용을 극대화하지 못하는 소비자 선택

문제

소비자의 주당 소득이 24달러이고 수량을 x와 y로 측정하는 두 가지 재화를 구입한다. 소비자가 최초에 직면하는 가격은 $(P_x, P_y) = (4달러, 2달러)$이며, $(x_1, y_1) = (5, 2)$를 포함하는 바구니 A를 선택한다. 나중에 가격이 변하여 $(\tilde{P}_x, \tilde{P}_y) = (3달러, 3달러)$가 돼서 $(x_2, y_2) = (2, 6)$을 포함하는 바구니 B를 선택한다. 주당 소득은 계속 24달러라고 하자. 〈그림 4.17〉은 소비자의 이런 선택과 예산선을 보여 주고 있다. 이런 선택을 할 경우 소비자는 두 기간에서 자신의 효용을 극대화하는 바구니를 선택할 수 없음을 보이라.

해법

소비자가 효용을 극대화할 수 없음을 보여 주는 두 가지 방법이 있다. 첫째, 그래프를 이용하여 설명해 보자. 예산선 BL_1에서 소비자는 바구니 C를 구입할 수 있었음에도 바구니 A를 선택하였다. 따라서 바구니 A는 적어도 바구니 C만큼 선호된다($A \geqslant C$). 나아가 바구니 C가 바구니 B의 동북쪽에 위치하므로 소비자는 바구니 B보다 바구니 C를 강하게 선호해야만 한다($C > B$). 이행성에 따르면, 바구니 A가 바구니 B보다 강하게 선호된다고 결론을 내릴 수 있다($A \geqslant C$ 및 $C > B$인 경우, $A > B$가 된다).

이와 유사한 논리를 예산선 BL_2의 경우 소비자가 바구

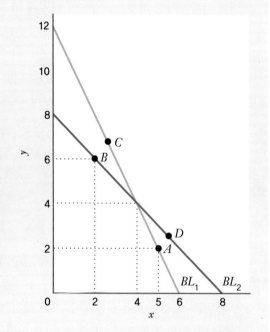

그림 4.17 효용을 극대화하지 못하는 소비자 선택

예산선이 BL_1인 경우 소비자는 바구니 C를 구입할 수 있음에도 바구니 A를 선택한다. 따라서 $A \geqslant C$이다. 바구니 C는 바구니 B의 동북쪽에 위치하므로, $C > B$가 성립되어야만 한다. 이것이 의미하는 바는 $A > B$이다. ($A \geqslant C$ 및 $C > B$인 경우 $A > B$이다).

예산선이 BL_2인 경우 소비자는 바구니 D를 구입할 수 있음에도 바구니 B를 선택한다. 따라서 $B \geqslant D$이다. 바구니 D는 바구니 A의 동북쪽에 위치하므로 $D > A$가 성립되어야만 한다. 이것이 의미하는 바는 $B > A$이다. ($B \geqslant D$ 및 $D > A$인 경우 $B > A$이다).

$A > B$ 및 $B > A$가 참일 수 없기 때문에 소비자가 반드시 최적의 바구니를 선택하지는 못한다.

니 B를 선택하는 상황에 적용해 보자. 소비자는 바구니 D를 구입할 수 있었음에도 바구니 B를 선택하였다. 따라서, 바구니 B가 적어도 바구니 D만큼 선호된다. 나아가 바구니 D는 바구니 A의 동북쪽에 위치하므로, 소비자는 바구니 A보다 바구니 D를 강하게 선호해야 한다. 이행성에 따르면, 바구니 B가 바구니 A보다 강하게 선호된다고 결론을 내릴 수 있다($B \geq D$ 및 $D > A$인 경우, $B > A$가 된다).

바구니 A가 바구니 B보다 강하게 선호되며, 바구니 B가 바구니 A보다 강하게 선호된다는 사실이 동시에 성립될 수 없다. 따라서 소비자는 각 예산선하에서 최선의 바구니를 선택하지 못한다.

대수학적인 방법을 사용하여도 동일한 결론에 도달할 수 있다. 최초 가격 $(P_x, P_y) = (4$달러, 2달러$)$에서, 소비자는 바구니 B를 구입할 수 있었음에도 바구니 A를 선택하였다. 소비자는 바구니 B에 대해 $P_x x_2 + P_y y_2 = 4$달러$(2) + 2$달러$(6) = 20$달러를 지불할 수 있었을 때, 바구니

A에 대해 $P_x x_1 + P_y y_1 = 4$달러$(5) + 2$달러$(2) = 24$달러를 지불하였다. 이것이 의미하는 바는 소비자가 바구니 B보다 바구니 A를 강하게 선호한다는 것이다. 식 (4.7)이 충족되었다는 사실에 주목하시오$(P_x x_1 + P_y y_1 \geq P_x x_2 + P_y y_2)$

하지만 새로운 가격 $(\widetilde{P}_x, \widetilde{P}_y) = (3$달러, 3달러$)$에서 소비자는 바구니 A를 구입할 수 있었음에도 바구니 B를 선택하였다. 소비자는 바구니 A에 대해 $\widetilde{P}_x x_1 + \widetilde{P}_y y_1 = 3$달러$(5) + 3$달러$(2) = 21$달러를 지불할 수 있었을 때, 바구니 B에 대해 $\widetilde{P}_x x_2 + \widetilde{P}_y y_2 = 3$달러$(2) + 3$달러$(6) = 24$달러를 지불하였다. 이것이 의미하는 바는 소비자가 바구니 A보다 바구니 B를 강하게 선호한다는 것이다.

따라서 두 가지 가격 수준에서 소비자의 행태는 불일치하며, 이것이 의미하는 바는 소비자가 반드시 최선의 바구니를 선택하지 않는다는 것이다. 식 (4.8)이 충족되지 않았다는 사실에 주목하시오$(\widetilde{P}_x x_2 + \widetilde{P}_y y_2 > \widetilde{P}_x x_1 + \widetilde{P}_y y_1)$.

정리문제 4.5는 현시선호 분석을 잠재적으로 적용한 예이다. 소비자의 무차별지도를 알지는 못하지만, 소비자 선택을 통해 알 수 있는 자료를 이용하여 소비자가 반드시 효용을 극대화하지 않는다는 사실을 추론할 수 있다. 현시선호 분석으로부터 도출할 수 있는 몇 가지 형태의 추론을 살펴보는 데 도움이 되는 다음의 정리문제를 끝으로 이 절을 끝내고자 한다.

정리문제 4.6

현시선호의 활용

〈그림 4.18〉의 각 그래프는 두 상품 x와 y를 소비하는 어떤 소비자의 선택을 보여 주고 있다. 소비자는 x와 y를 좋아한다(x가 많을수록 좋으며, y도 많을수록 좋다). 예산선이 BL_1인 각 경우에 소비자는 바구니 A를 선택하며, 예산선이 BL_2인 경우 소비자는 바구니 B를 선택한다.

문제

소비자가 각 사례에서 두 바구니에 대해 순위를 매기는 방법은 어떠한지 설명하라.

해법

사례 1 : 예산선 BL_2하에서 소비자는 바구니 A를 구입할 수 있었음에도 바구니 B를 선택하였다(바구니 A가 BL_2 내부에 존재하기 때문에 이를 알 수 있다). 따라서 $B \geq A$이다.

하지만 바구니 C를 생각해 보자. 이것도 또한 예산선 BL_2상에 있다. 소비자는 바구니 C보다 바구니 B를 선택하였기 때문에, $B \geq C$가 성립되어야만 한다. C는 A의 동북쪽에 위치하기 때문에 $C > A$가 성립되어야만 한다. 따

라서 $B > A$이다($B \geqslant C$ 및 $C > A$인 경우, $B > A$이다).

이 사례가 시사하는 바는 소비자가 예산선상의 바구니를 선택할 경우, 예산선 내부의 어느 바구니보다도 해당 바구니가 강하게 선호된다는 것이다.

사례 2 : 예산선 BL_2하에서 소비자는 바구니 A를 구입할 수 있었음에도 바구니 B를 선택하였다(바구니 A가 BL_2 내부에 존재하기 때문에 이를 알 수 있다). 사례 1의 추론에 따를 경우 바구니 A가 BL_2 내부에 존재하기 때문에 $B > A$라는 사실을 알 수 있다.

이제는 예산선 BL_1을 생각해 보자. 두 개 바구니 A 및 B는 BL_1상에 있고 소비자는 A를 선택하였다. 따라서 $A \geqslant B$이다.

이런 모순($B > A$ 및 $A \geqslant B$가 성립될 수 없다)이 시사하는 바는 소비자가 최선의 바구니를 구입합으로써 반드시 효용을 극대화하지는 않는다는 것이다.

사례 3 : 예산선 BL_1하에서 소비자는 바구니 B를 구입할 수 있었음에도 바구니 A를 선택하였다(이들 두 개 바구니는 모두 BL_1상에 있다). 따라서 $A \geqslant B$이다.

예산선 BL_2하에서는 소비자는 바구니 B를 선택하였지만 바구니 A를 구입할 수 없었으며, 이것은 새로운 어떤 것도 시사하지 않는다. 순위매김 $A \geqslant B$가 우리가 결정할 수 있는 전부이다.

사례 4 : 예산선 BL_1하에서 소비자는 바구니 A를 선택하였지만 바구니 B를 구입할 수 없었다. 예산선 BL_2하에서 소비자는 바구니 B를 선택하였지만 바구니 A를 구입할 수 없었다. 이들 선택 중 어느 것도 소비자가 바구니 A와 바구니 B에 어떤 순위매김을 하는지 아무런 언급도 하지 않는다(소비자가 두 개 바구니에 대해 어떻게 순위를 매기는지 알기 위해서는, 소비자가 두 개 바구니를 모두 구입할 수 있을 때 선택을 하는 예를 최소한 한 개는 관찰할 수 있어야만 한다).

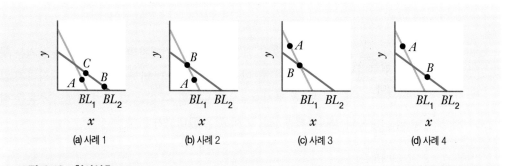

(a) 사례 1   (b) 사례 2   (c) 사례 3   (d) 사례 4

그림 4.18 현시선호

예산선이 BL_1인 각 경우에 소비자는 바구니 A를 선택하며, BL_2인 경우 바구니 B를 선택한다. 소비자가 각 사례에서 바구니에 대해 순위를 매기는 방법에 관해 어떤 사실을 말할 수 있는가? 사례 1에서는 B가 A보다 강하게 선호된다고 결론을 내릴 수 있다. 사례 2에서 소비자의 선택은 효용을 극대화하는 행태와 불일치한다. 사례 3에서는 A가 B보다 약하게 선호된다고 추론할 수 있다. 사례 4에서 우리는 순위매김에 관해 어떤 것도 추론할 수 없다.

현시선호 이론은 놀라울 정도로 설득력이 있는 논리를 내포하고 있다. 이 이론은 소비자 선택에 관한 정보를 이용하여 소비자가 예산제약하에서 효용을 극대화할 경우 바구니의 순위를 어떻게 결정해야 하는지에 관해 추론을 할 수 있도록 해 준다. 또한 예산제약하에서 소비자가 최적 바구니를 선택하지 못하는 경우를 알려준다. 소비자 효용함수나 무차별지도를 알지 못하더라도 이런 추론을 할 수 있다.

4.5 라그랑주 승수를 활용하여 효용을 극대화하기

4.2절에서는 소비자가 소득 (x, y)을 초과하지 않으면서($P_x x + P_y y \leq I$), 효용 $U(x, y)$을 극대화하기 위해 재화 바구니를 어떻게 선택하는지 도표로 그리고 대수학적으로 살펴보았다. 이제는 라그랑주 승수를 활용하여 소비자 선택 문제를 어떻게 해결하는지 살펴보고자 한다.

이 장 전반에 걸쳐 살펴보았던 것처럼, 소비자가 효용을 극대화하는 바구니를 선택하는 문제는 제1장에서 알아본 세 가지 분석 방법 중 하나인 제약하에서의 최적화와 관련된다. 목적함수는 효용함수이며, 제약은 지출액이 기대소득을 초과하지 않는 조건이다.

라그랑주 방법을 사용하여 제약하에서의 최적화를 포함하는 다른 경제문제도 해결할 수 있다. 예를 들면, 제7장에서는 상이한 목적함수(비용 극소화) 그리고 상이한 제약(필요한 양을 생산하기 위해서 생산요소를 사용하기)하에서 기업이 어떻게 생산비용을 극소화하는지 설명하기 위해 라그랑주 승수를 사용할 것이다.

아래에서는 제7장뿐만 아니라 여기서도 사용할 수 있는 다소 일반적인 제약하에서의 최적화 문제를 살펴볼 것이다. 먼저 편미분을 포함하는 1차 조건에 기초한 미적분법을 사용하여 이 문제를 어떻게 해결하는지 살펴볼 것이다. 그다음에 소비자 선택 문제를 위해 충족되어야만 하는 조건들을 제시할 것이다. 효용함수와 한계효용함수가 주어진 경우, 아래에서 개괄적으로 살펴볼 방법론을 사용하여 미적분법을 사용하지 않고 라그랑주 승수를 활용하여 효용을 극대화하는 바구니를 구할 수 있게 될 것이다.

라그랑주 승수에 기초한 일반적인 방식

목적함수 (x, y)를 극대화하는 x 및 y를 구하고자 한다. 하지만 어떤 x 및 y의 조합을 단순히 구하여서는 안 된다. 제약이 존재하기 때문에, 또 다른 함수 $G(x, y)$가 영보다 작거나 또는 같아지도록 다음과 같이 x 및 y를 선택하여야만 한다.

$$\max_{(x,y)} F(x,y)$$
$$\text{subject to}: G(x,y) \leq 0$$

함수 $F(x, y)$ 및 $G(x, y)$가 소비자 선택 문제와 어떻게 연계되는지 이미 살펴볼 수 있었다. $F(x, y)$는 소비자의 효용함수이며, $G(x, y)$는 단지 예산제약일 뿐이다(소비자 지출액에서 소득을 감한 금액이 양수가 되어서는 안 된다).

이제는 목적함수와 미지의 인수 λ를 곱한 제약을 결합시켜 어떤 식, 소위 **라그랑주 함수**를 구할 수 있다. 변수 λ를 라그랑주 승수라 한다. 라그랑주 함수 $\Lambda(x, y, \lambda)$를 다음과 같이 나타낼 수 있다.

$$\Lambda\left(x,y,\lambda\right) = F\left(x,y\right) - \lambda G\left(x,y\right)$$

그리고 나서 최적을 구하기 위해 다음과 같은 필요조건을 충족시키는 세 개의 미지수 (x, y, λ)를 구하게 된다.

$$\frac{\partial \Lambda}{\partial x} = \frac{\partial F}{\partial x} - \lambda \frac{\partial G}{\partial x} \le 0; \quad x\left(\frac{\partial F}{\partial x} - \lambda \frac{\partial G}{\partial x}\right) = 0; \quad x \ge 0 \tag{4.10}$$

$$\frac{\partial \Lambda}{\partial y} = \frac{\partial F}{\partial y} - \lambda \frac{\partial G}{\partial y} \le 0; \quad y\left(\frac{\partial F}{\partial y} - \lambda \frac{\partial G}{\partial y}\right) = 0; \quad y \ge 0 \tag{4.11}$$

$$\frac{\partial \Lambda}{\partial \lambda} = G\left(x,y\right) \le 0; \quad \lambda G\left(x,y\right) = 0; \quad \lambda \ge 0 \tag{4.12}$$

식 (4.10), (4.11), (4.12)는 최적을 구하기 위한 1차 조건이다. 처음 두 개 식은 x 또는 y의 최적 선택이 (모서리점에서) 영 또는 (내부 최적에서) 양수가 될 수 있는 여지를 용인한다.

먼저 식 (4.10)을 생각해 보자. 이 조건은 세 개 부분으로 구성된다. 중간부분에 있는 $x\left(\frac{\partial F}{\partial x} - \lambda \frac{\partial G}{\partial x}\right) = 0$이 의미하는 바는, $x > 0$인 경우 $\left(\frac{\partial F}{\partial x} - \lambda \frac{\partial G}{\partial x}\right)$가 영이 되어야만 한다는 것이다. 또한 $x = 0$인 경우 $\left(\frac{\partial F}{\partial x} - \lambda \frac{\partial G}{\partial x}\right)$가 영일 필요는 없다는 점도 시사한다. 하지만 식 (4.10)의 맨 왼쪽에 있는 조건이 의미하는 것처럼 $\left(\frac{\partial F}{\partial x} - \lambda \frac{\partial G}{\partial x}\right)$는 최적에서 언제나 음수 또는 영이 된다. 식 (4.11)도 최적에서 y의 선택에 관한 유사한 정보를 제공해 준다.

식 (4.12)는 x 또는 y의 최적선택에서 제약이 제한적이 아닐 수 있을 가능성 $(G(x, y) < 0)$을 용인하고 있으며, 이 경우 λ는 영이 되어야만 한다. 중간부분에 따르면, 최적에서 $\lambda > 0$인 경우 제약은 제한적 $(G(x, y) = 0)$이어야 한다. 아래에서는 소비자 선택 문제의 틀 내에서 이에 관해 살펴볼 때 이들 조건을 보다 더 상세히 설명할 것이다.

1차 조건으로부터 구한 x, y, λ 값이 실제로 목적함수를 극대화하는지 확실하게 하기 위하여 충족시켜야 하는 2차 조건이 있다는 사실에 주목하자. 여기서는 일반 문제에 대한 2차 조건에 대해 살펴보지 않을 것이다. 하지만 아래의 소비자 선택 문제의 틀 내에서 2차 조건에 대해 논의할 것이다.

라그랑주 승수에 기초하여 소비자 선택 문제의 해법을 찾아보기

소비자 선택 문제에서 목적함수 $F(x, y)$는 바로 효용함수 $U(x, y)$이다. 함수 $G(x, y) = P_x x + P_y y - I$는 두 재화에 대한 소비자 지출액이 소득을 초과하지 않는 경우 양수가 되어서는 안 된다. 소비자 선택 문제에 대한 라그랑주 함수는 다음과 같다.

$$\Lambda\left(x,y,\lambda\right) = U\left(x,y\right) - \lambda\left(P_x x + P_y y - I\right) \tag{4.13}$$

균형 있는 논의를 하기 위해서 다음과 같은 두 가지 가정을 하도록 하자.

1. 두 개 재화의 한계효용은 양이다(어떤 재화의 한계효용이 영 또는 음인 경우, 이 장 앞부분에 서 소비자는 해당 재화에 지출하길 원하지 않는다는 사실을 관찰하였다).
2. 효용함수는 체감하거나 또는 일정한 $MRS_{x,y}$를 보인다. 이 가정을 통해 x, y, λ의 값들이 효용을 극대화하는 2차 조건을 충족시키게 될 것이라 확신하게 된다.

한계효용이 양인 경우, 다음과 같다.

- 소비자는 자신의 소득이 허용하는 만큼 지출하게 된다. 예산제약은 제한적이며, $P_x x + P_y y - I = 0$이 된다.
- λ 값은 소득이 변화함에 따라 일반적으로 (반드시 그렇지는 않지만) 변화한다.
- 소비자가 더 많은 소득을 갖게 될 경우 언제나 효용을 증대시킬 수 있기 때문에, λ는 양수가 된다.

식 (4.10), (4.11), (4.12)는 목적함수가 $F(x, y)$이고 제약이 $G(x, y) \leq 0$일 때 최적을 구하기 위한 필요조건에 대해 언급하고 있다. 한계효용을 통상적으로 나타내는 방식인 MU_x 및 MU_y 그리고 예산제약을 사용하여, 이들 필요조건을 식 (4.14), (4.15), (4.16)으로 다시 나타낼 수 있다. 최적을 구하기 위한 다음의 필요조건을 충족시키는 세 개의 미지수 (x, y, λ) 값을 구하여야 한다.

$$MU_x - \lambda P_x \leq 0; \quad x\left(MU_x - \lambda P_x\right) = 0; \quad x \geq 0 \tag{4.14}$$

$$MU_y - \lambda P_y \leq 0; \quad y\left(MU_y - \lambda P_y\right) = 0; \quad y \geq 0 \tag{4.15}$$

$$P_x x + P_y y - I = 0; \quad \lambda > 0 \tag{4.16}$$

한계효용이 주어진다면, (미적분법을 사용하지 않고) 대수학을 활용하여 최적 바구니 (x, y) 그리고 라그랑주 승수 λ의 값을 구할 수 있다.

내부 최적($x > 0$ 및 $y > 0$)

4.2절에서 살펴본 것처럼 효용을 극대화하는 바구니는 내부에 위치할 수 있으며, 이 경우 두 재화모두를 양의 수량으로 소비한다. 예를 들면, 소비자가 콥-더글러스 효용함수를 갖고 있는 경우, 무차별곡선은 x축이나 또는 y축과 교차하지 않는다. 따라서 효용을 극대화하는 바구니는 두 재화모두 양의 수량을 포함한다.

내부 최적에서 세 가지 필요조건은 다음과 같이 단순화된다.

$$MU_x - \lambda P_x = 0; \quad x > 0 \tag{4.17}$$

$$MU_y - \lambda P_y = 0; \quad y > 0 \tag{4.18}$$

$$P_x x + P_y y - I = 0; \quad \lambda > 0 \tag{4.19}$$

식 (4.17)과 식 (4.18)을 결합하여서, 이 장 앞부분에서 언급하였던 접점조건 식들 중 한 개인 식 (4.4)와 같은 식 (4.20)을 다시 구할 수 있다. 이에 따르면 각 재화에 지출된 달러당 한계효용은 내부 최적에서 동일해진다. 또한 라그랑주 승수가 각 재화에 지출된 달러당 한계효용과 같다는 사실도 알 수 있다.

$$\lambda = \frac{MU_x}{P_x} = \frac{MU_y}{P_y} \tag{4.20}$$

식 (4.20)의 항들을 재정리하여, 식 (4.3)에서 언급하였던 접점조건을 설명하는 다음과 같은 두 번째 방법을 구할 수 있다.

$$\frac{MU_x}{MU_y} = \frac{P_x}{P_y} \tag{4.21}$$

요약해서 말하면 4.2절에서 내부 최적은 접점조건을 충족시켜야 하며 예산선상에 위치하여야 한다는 사실을 살펴보았다. 이제는 라그랑주 방법을 사용하여 동일한 결론에 도달할 수 있다는 점도 보여줄 것이다.

이 밖에 이 절에서는 새로우면서 특별한 관심을 끄는 것, 즉 라그랑주 승수값을 구하였다. λ의 숫자 값은 다음과 같은 두 가지 점을 알려준다.

1. 식 (4.20)은 효용을 극대화하는 바구니에서, λ값이 각 재화에 대해 지출한 화폐 단위(예 : 달러)당 한계효용과 같다는 사실을 보여준다.
2. 또한 이것은 $\lambda = \dfrac{\Delta U}{\Delta I}$라는 사실도 알려준다. 라그랑주 승수는 소득에 대한 소비자의 한계효용을 측정하며, 이는 소액의 추가 소득이 주어질 경우 소비자의 효용이 얼마나 증가하는지를 알려준다.

두 번째 사항에 대한 직관적인 해석은, 최적 바구니에서 지출한 달러당 한계효용이 모든 재화에 대해 동일해지도록 소비자가 재화를 혼합해서 구입한다는 것이다. 소비자의 소득이 1달러 증가할 경우, 추가적인 소득으로부터 얻은 한계효용만큼 자신의 효용을 증가시킬 수 있다.[6]

---

6 $\lambda = \dfrac{\Delta U}{\Delta I}$라는 결론은 즉각적으로 명백하다고 인지되지 않을 수도 있으므로, 이것이 참인 이유를 살펴보도록 하자. 제3장에 있는 식 (3.4) $\Delta U = MU_x \Delta x + MU_y \Delta y$를 다시 생각해 보자. 내부 최적에서 식 (4.17) 및 식 (4.18)에 따르면 $MU_x = \lambda P_x$ 및 $MU_y = \lambda P_y$이다. 이 관계를 활용하여 식 (3.4)를 다음과 같이 다시 나타낼 수 있다.

$$\Delta U = \lambda P_x \Delta x + \lambda P_y \Delta y = \lambda \left(P_x \Delta x + P_y \Delta y \right) \tag{*}$$

양의 한계효용하에서 소비자가 자신의 소득 전부를 지출한다는 사실을 알고 있다. 따라서 $P_x x + P_y y = I$가 된다. 소비자가 소득변화 ΔI를 얻게 되면, x 및 y에 대한 자신의 소비를 Δx 및 Δy만큼 변화시킬 수 있다. 지출액의 변화가 자신의 소득액의 변화와 동일하다면, 새로운 소득하에서 예산선상에 계속 있게 된다. 따라서 소비자의 선택 Δx 및 Δy는 다음을 충족시켜야 한다.

$$P_x \Delta x + P_y \Delta y = \Delta I \tag{**}$$

위에 있는 (*) 및 (**)으로부터 $\Delta U = \lambda \Delta I$를 추론할 수 있으며, 따라서 $\lambda = \dfrac{\Delta U}{\Delta I}$가 된다.

모서리점에서의 최적

앞에서 살펴본 것처럼, 효용을 극대화하는 바구니는 모서리점에서도 존재할 수 있다. 두 개의 한계효용이 양인 경우, 최적 바구니는 최소한 한 개 재화에 대해 양의 수량을 포함하여야 하며 λ는 양수가 된다. 효용을 극대화하는 바구니는 y만을 포함하고 x는 포함하지 않는다. 최적조건은 어떻게 되는가? 이는 다음과 같다.

$$MU_x - \lambda P_x \leq 0; \quad x = 0 \tag{4.22}$$

$$MU_y - \lambda P_y = 0; \quad y > 0 \tag{4.23}$$

$$P_x x + P_y y - I = 0; \quad \lambda > 0 \tag{4.24}$$

위의 조건 중 가장 흥미로운 면은 $(MU_x - \lambda P_x)$가 영(0) 또는 음(−)인지 여부에 관한 것이다. 영이라면 식 (4.14) 및 식 (4.15)로부터 $\lambda = \dfrac{MU_x}{P_x} = \dfrac{MU_y}{P_y}$라는 사실을 알 수 있다. 이 경우에 무차별곡선과 예산선은 y축상의 바구니에서 서로 접하게 된다. $(MU_x - \lambda P_x)$가 음인 경우, y축상의 최적 바구니에서조차도 예산선상에는 접점이 존재하지 않는다.

정리문제 4.7

라그랑주 방법을 사용하여 내부최적 구하기

라그랑주 방법을 사용하여 정리문제 4.2를 다시 쓰고 확장하여 보자. 철수는 (x로 측정한) 식료품과 (y로 측정한) 의복을 구입한다. 철수의 선호는 콥-더글러스 효용함수 $U(x, y) = xy$로 나타낼 수 있으며, 따라서 $MU_x = y$ 및 $MU_y = x$가 된다. 또한 두 재화의 가격 및 월간소득, 즉 $P_x = 20$, $P_y = 40$, $I = 800$을 알고 있다.

문제

(a) 철수의 효용함수하에서 식료품과 의복의 효용을 극대화하는 바구니가 $x = 0$ 또는 $y = 0$인 모서리점에 위치할 수 있는가? 예산제약이 제한적이라고 생각할 수 있는가?

(b) 철수의 소득이 800달러일 경우 최적 소비 바구니 (x, y)를 구하시오.

(c) λ를 구하시오. 즉 철수의 소득이 800달러일 경우 소득의 한계효용(변화율 $\dfrac{\Delta U}{\Delta I}$)을 구하시오.

(d) 철수의 소득이 801달러가 될 경우 최적 소비 바구니 (x, y) 그리고 λ값을 구하시오.

(e) 철수의 소득이 800달러에서 801달러로 증가할 경우 철수의 효용 증가는 (c) 및 (d)에서 구한 λ값과 거의 같다는 사실을 말하시오.

해법

(a) 철수는 콥-더글러스 효용함수를 갖고 있기 때문에 최적 바구니는 내부최적이라는 점을 알고 있으며, $x > 0$ 및 $y > 0$이 된다. 2개의 한계효용 모두 양이기 때문에 최적 바구니가 예산선상에 위치하리라는 점을 알고 있다. 철수의 소득이 증가할 때 효용을 증가시킬 수 있다는 사실도 알고 있다. 따라서 라그랑주 승수 λ는 양이 된다.

(b) 이 문제에 대한 라그랑주 함수는 다음과 같다.

$$\Lambda(x, y, \lambda) = xy - \lambda(P_x x + P_y y - I) = xy - \lambda(20x + 40y - I)$$

최적에서 x, y, λ는 모두 양이라는 사실을 알고 있으므로, [식 (4.17), (4.18), (4.19)에 상응하는] 3개의 필요조건은 다음과 같이 단순화된다.

$$MU_x - \lambda P_x = 0 \quad \Rightarrow \quad y - 20\lambda = 0$$
$$MU_y - \lambda P_y = 0 \quad \Rightarrow \quad x - 40\lambda = 0$$
$$P_x x + P_y y - I = 0 \quad \Rightarrow \quad 20x + 40y - 800 = 0$$

3개 식과 3개 미지수를 갖고 있다. 처음 2개 식을 결합시키면, 다음과 같이 각 재화에 대해 지출한 달러당 한계효용이 동일하다고 보아야 한다.

$$\lambda = \frac{MU_x}{P_x} = \frac{MU_y}{P_y} \quad \Rightarrow \quad \lambda = \frac{y}{20} = \frac{x}{40} \ \text{및} \ x = 2y.$$

예산제약으로부터 다음을 구할 수 있다.

$$20x + 40y - 800 = 0 \quad \Rightarrow 20(2y) + 40y - 800 = 0$$
$$\Rightarrow y = 10 \ \text{and} \ x = 20$$

(c) (b)에서, 다음과 같은 사실을 알 수 있다: $\lambda = \dfrac{y}{P_x} = \dfrac{x}{P_y}$ $\Rightarrow \lambda = \dfrac{10}{20} = \dfrac{20}{40} = 0.5$. 이것은 철수의 소득이 정확히 800달러인 경우의 변화율 $\dfrac{\Delta U}{\Delta I}$이다. 철수의 소득이 1달러 증가하면, 그의 효용이 약 0.5만큼 증가할 것으로 기대된다.

(d) 소득이 801달러인 경우, 충족되어야 하는 두 가지 조건은 다음과 같다.

   1. $x = 2y$, 이는 각 재화에 대해 지출된 달러당 한계효용이 동일하다는 사실에서 구할 수 있다.
   2. $20x + 40y - 801 = 0$, 이는 새로운 예산제약식이다.

   위의 두 조건을 함께 고려하면 철수의 최적 바구니는 이제 $x = 20.025$ 및 $y = 10.0125$를 포함하게 된다. 또한 다음과 같다.

$$\lambda = \frac{y}{P_x} = \frac{x}{P_y} = \frac{10.0125}{20} = \frac{20.025}{40} = 0.500625$$

(e) 철수의 소득이 800달러일 때 $x = 20$, $y = 10$을 선택한다. 효용은 $U = xy = (20)(10) = 200$이다.

   소득이 801달러일 때 $x = 20.025$, $y = 10.0125$를 선택한다. 효용은 $U = xy = (20.025)(10.0125) = 200.500312$이다.

   철수의 소득이 1달러 증가(800달러에서 801달러 증가)할 때, 효용은 (200에서 200.500312로) 0.500312 증가했다. 기대했던 것처럼 이것은 (c) 및 (d)에서 구했던 λ값에 근접한다.

정리문제 4.8

라그랑주 방법을 사용하여 모서리점 해법 구하기

라그랑주 방법을 사용하여, 정리문제 4.3을 다시 쓰고 확장해 보자. 경수는 (x로 측정한) 식료품과 (y로 측정한) 의복을 구입한다. 경수는 효용함수 $U(x, y) = xy + 10x$로 나타낼 수 있으며, 따라서, $MU_x = y + 10$ 및 $MU_y = x$가 된다. 두 재화의 가격 및 월간소득은 $P_x = 1$달러, $P_y = 2$달러, $I = 10$달러이다.

문제

(a) 경수가 y에 대한 x의 한계대체율체감을 갖는다는 점을 보이시오. 라그랑주 방법을 소비자 선택 문제에 적용할 때 이것이 중요한 이유는 무엇 때문인가?

(b) 경수의 효용함수하에서 효용을 극대화하는 바구니 (x, y)가 $x = 0$ 또는 $y = 0$인 모서리점에 위치하는 것이 가능한가? 예산제약이 제한적이라고 생각하는가?

(c) 라그랑주 방법을 사용하여, 경수의 소득이 10달러일 때의 최적 소비 바구니 (x, y)를 구하시오. 또한 소득이 10달러일 때, 경수의 소득 한계효용(변화율 $\dfrac{\Delta U}{\Delta I}$)을 측정한 라그랑주 승수 λ의 숫자값을 구하시오.

(d) 경수의 소득이 11달러가 될 경우, 최적 소비 바구니 (x, y) 그리고 λ값을 구하시오.

(e) 경수의 소득이 10달러에서 11달러로 증가할 경우, 경수의 효용 증가는 (c) 및 (d)에서 구한 λ값과 거의 같다는 사실을 보이시오.

해법

(a) 2개의 재화에 대한 한계효용은 $MU_x = y + 10$ 및 $MU_y = x$이다. 한계효용 둘 다 양이므로 무차별곡선은 음의 기울기를 갖게 된다.

따라서 무차별곡선을 따라 x를 증가시킬 경우 y는 감소해야 한다. $MRS_{x,y} = \dfrac{MU_x}{MU_y} = \dfrac{y+10}{x}$이라는 사실을 알고 있다. 무차별곡선을 따라 x를 증가시킬(따라서 y가 감소할) 때 MRS_{xy}의 값은 하락한다. 따라서, 체감하는 MRS_{xy}를 갖게 된다.

이런 사실은 중요하다. 왜냐하면 예산제약을 충족하면서 라그랑주 방법을 사용하여 구한 해법이 효용을 극대화한다는 점을 보장할 수 있기 때문이다.

(b) 경수는 $x > 0$ 및 $y = 0$일 때 양인 수준의 효용을 달성할 수 있으며, $U_{(x,y)} = 10x$가 된다. 따라서 x축상에서 모서리점을 선택할 수 있다.

하지만 $x = 0$일 때 양의 효용을 달성할 수 없으며, 이때 경수가 구입하는 y의 수량에 관계없이 그의 효용은 영이 된다. 따라서 y축상의 바구니를 선택하지 않게 된다.

또한 경수는 $U(x,y) = xy + 10x$ 하에서 내부최적을 선택할 수도 있다.

한계효용 둘 다 양이기 때문에 최적 바구니는 예산선상에 위치한다는 점을 안다. 소득이 높아질 경우 경수는 효용을 증대시킬 수 있게 되며, 라그랑주 λ는 양수가 된다.

(c) 이 문제에 대한 라그랑주 함수는 다음과 같다.

$$\Lambda(x,y,\lambda) = xy + 10x - \lambda\left(P_x x + P_y y - I\right)$$
$$= xy + 10x - \lambda(x + 2y - 10)$$

(b)에서 살펴보았던 것처럼 명심해 두어야 할 사항은 예산제약이 제한적이라는 사실이다. 따라서 효용을 극대화하는 해법에서 λ > 0가 된다. 하지만 효용을 극대화하는 바구니가 내부에 위치하는지 또는 모서리점에 위치하는지 여부를 아직 알지 못한다.

해법이 내부에 위치하며, $x > 0$ 및 $y > 0$라고 가정하는데서부터 시작하자. 이런 가정하에서 계산된 x, y, λ의 값이 모두 양수인지 여부를 알아볼 수 있다. 만일 그렇다면 해법이 내부에 위치한다는 점을 알게 된다. 만일 그렇지 않다면 효용을 극대화하는 모서리점을 구할 수 있다.

($x > 0$ 및 $y > 0$인) 내부 해법을 갖는다면 최적이 되기 위한 3개의 필요조건은 이 장의 식 (4.17), (4.18), (4.19)와 상응한다. 이는 다음과 같다.

$$MU_x - \lambda P_x = 0 \quad => y + 10 - \lambda = 0 \quad x > 0$$
$$MU_y - \lambda P_y = 0 \quad => x - 2\lambda = 0 \quad\quad y > 0$$
$$P_x x + P_y y - I = 0 \quad => x + 2y - 10 = 0 \quad \lambda > 0$$

이제 3개 식과 3개 미지수를 갖게 되었다. 경수가 할 수만 있다면 각 재화에 지출된 달러당 한계효용을 동일하게 해야 한다. 처음 2개 식을 결합시키고, 지출된 달러당 한계효용을 동일하다고 보면 다음과 같아진다. 즉,

$$\lambda = \frac{MU_x}{P_x} = \frac{MU_y}{P_y} => \lambda = \frac{y+10}{1} = \frac{x}{2}$$

그리고 $x = 2y + 20$이 된다.

$x = 2y + 20$을 예산제약에 대입시키면 다음과 같아진다.

$$x + 2y - 10 = 0 \quad => 2y + 20 + 2y - 10 = 0$$
$$=> y = -2.5 \ \ \text{및} \ \ x = 25$$

하지만 내부최적에서 y는 음이 될 수 없기 때문에 내부최적을 갖는다는 가정은 참이 될 수 없다. 우리는 각 재화에 지출된 달러당 한계효용을 같아지도록 하는 내부 바구니를 구하려고 했지만 구할 수 없었다. 따라서 효용을 극대화하는 바구니는 모서리점이 되어야만 한다.

(b)에서 모서리점은 ($x = 0$인) y축 상에 있을 수 없다고 결론을 내렸다. 따라서 그것은 x축에 있었어야만 했다. 이런 경우에 최적이 되기 위한 세 가지 조건은 이 장의 식 (4.22), (4.23), (4.24)와 유사하다. 아래

에 제시된 조건들은 $x > 0$ 및 $y = 0$인 최적을 위해 필요하다는 점에 주목하자.

$$MU_x - \lambda P_x = 0 \quad => y + 10 - \lambda = 0 \quad x > 0$$
$$MU_y - \lambda P_y \leq 0 \quad => x - 2\lambda = 0 \quad y = 0$$
$$P_x x + P_y y - I = 0 \quad => x + 2y - 10 = 0 \quad \lambda > 0$$

$y = 0$인 경우, 위의 식들은 다음과 같이 단순화된다.

$$10 - \lambda = 0 \quad x > 0$$
$$x - 2\lambda \leq 0 \quad y = 0$$
$$x - 10 = 0 \quad \lambda > 0$$

세 번째 식에 따르면 $x = 10$이 된다. 경수는 자신의 소득 전부인 10달러를 지출하여 x의 10단위를 구입한다.

첫 번째 식에 따르면 $\lambda = 10$이 된다.

마지막으로 두 번째 부등식이 충족된다. 즉, $x - 2\lambda = 10 - 2(10) = -10 \leq 0$이 된다.

따라서 경수의 효용을 극대화하는 바구니는 $(x, y) = (10, 0)$을 포함하며 $\lambda = 10$이 된다.

(d) 소득 변화가 (10달러에서 11달러로) 작기 때문에 경수의 최적 바구니는 계속해서 $y = 0$인 모서리에 위치한다고 가정하자. 만일 그렇다면 소득이 11달러인 (c)의 필요조건은 다음과 같다.

$$10 - \lambda = 0 \quad x > 0$$
$$x - 2\lambda \leq 0 \quad y = 0$$
$$x - 11 = 0 \quad \lambda > 0$$

세 번째 식에 따르면 $x = 11$이 된다. 경수는 자신의 소득 전부인 11달러를 지출하여 x의 11단위를 구입한다.

첫 번째 식에 따르면 $\lambda = 10$이 된다. 이 문제에서 일반적인 경우는 아니지만 소득이 10달러에서 11달러로 증가함에 따라 λ값이 일정하다.

마지막으로 이제는 두 번째 부등식이 다음과 같이 충족된다. 즉, $x - 2\lambda = 11 - 2(10) = -9 \leq 0$이다.

따라서 경수의 효용을 극대화하는 바구니는 $(x, y) = (11, 0)$을 포함하며, $\lambda = 10$이 된다.

(e) 경수의 소득이 10달러일 경우 $x = 10$ 및 $y = 0$을 선택하여 다음과 같아진다.

경수의 효용은 $U(x, y) = xy + 10x = 0 + 10(10) = 100$이 된다.

소득이 11달러일 때 경수는 $x = 11$ 및 $y = 0$을 선택한다.

경수의 효용은 $U(x, y) = xy + 10x = 0 + 10(11) = 110$이 된다.

경수의 소득이 (10에서 11로) 1만큼 증가할 경우 효용은 (100에서 110으로) 10만큼 증가한다.

따라서 $\dfrac{\Delta U}{\Delta I} = 10$이 되며, 이는 (c) 및 (d)에서 구했던 λ값과 정확하게 일치한다. 이 문제에서 λ값은 소득이 변화함에도 일정하다. 다시 말해 경수의 소득에 대한 한계효용은 일정하다.

요약

- 예산선은 소비자가 자신의 모든 소득을 지출할 경우 구입할 수 있는 일련의 모든 바구니를 나타낸다. 소비자가 더 많은 소득을 받게 되면 예산선은 수평으로 이동한다. (소비자의 소득과 수직축에 있는 재화의 가격이 일정한 경우) 수평축에 있는 재화의 가격이 변화하면 예산선은 수직축 상의 절편에 대해 회전을 하게 된다 (정리문제 4.1 참조).

- 소비자가 자신의 예산제약 내에 살면서 효용을 극대화할 경우(즉 예산선 상에 있거나 내부에 있는 바구니를

선택할 경우) 그리고 모든 재화에 대해 양의 한계효용이 존재하는 경우 최적의 바구니는 예산선 상에 있게 된다(정리문제 4.2 참조).

- 효용을 극대화하는 소비자가 두 재화에 대해 영(0)보다 큰 수량을 구입할 경우 두 재화에 대한 한계효용의 비율(한계대체율)이 해당 재화의 가격 비율과 같아지도록 수량을 선택하게 된다(정리문제 4.2 참조).

- 효용을 극대화하는 소비자가 두 재화에 대해 영(0)보다 큰 수량을 구입할 경우 사용한 화폐 단위당 한계효용이

두 재화에 대해 같아지도록 해당 재화의 양을 선택한다(정리문제 4.2 참조).

- 효용을 극대화하는 소비자가 사용한 화폐 단위당 한계효용이 두 재화에 대해 같아지도록 해당 재화를 구입하지 못할 수도 있다. 이 경우 최적의 바구니는 모서리점에 위치할 수 있다(정리문제 4.3 및 4.4 참조).

- 현시선호 분석을 이용하면 무차별지도를 알지 못하는 개인에 대해 바구니의 순위가 어떻게 결정되는지 알아보는 데 도움이 된다. 가격과 소득이 변함에 따라 소비자가 어느 바구니를 선택하는지 관찰함으로써 선호에 관해 알 수 있다. 소비자가 동일한 비용이 드는 바구니 B 대신에 바구니 A를 선택할 경우, A가 적어도 B만큼 선호된다는 사실을 알 수 있다. 소비자가 바구니 D보다 더 많은 비용이 드는 바구니 C를 선택할 경우, C가 D보다 강하게 선호된다는 사실을 알 수 있다. 현시선호 분석을 이용하면 또한 관찰된 소비자 행태가 최적의 소비자 선택과 관련된 가정과 일치하지 않는 경우를 알아내는 데 도움이 된다(정리문제 4.5 및 4.6 참조).

- 라그랑주 방법을 사용하여 소비자가 선택하는 효용을 극대화하는 바구니를 구할 수 있다(정리문제 4.7 및 4.8 참조).

주요 용어

내부최적	예산선	최적선택
모서리점	예산제약	현시선호
복합재	지출액 극소화 문제	

복습용 질문

1. 예산제약에 관한 수식과 예산선에 관한 그래프를 도출하시오.
2. 소득 또는 가격이 변화할 경우 예산선에서 미치는 영향을 그래프를 사용하여 설명하시오.
3. 최적의 소비자 선택을 달성하기 위한 조건들을 설명하시오.
4. 최적의 소비자 선택을 달성하기 위한 접점조건을 그래프를 사용하여 제시하시오.
5. 소득, 가격, 한계효용에 관한 정보가 주어진 경우 최적의 소비 바구니를 구하시오.
6. 최적의 소비 바구니를 구하기 위해 효용 극대화 문제와 비용 극소화 문제를 모두 해결해야 하는 이유를 설명하시오.
7. 최적의 소비 바구니가 모서리점에서도 이루어질 수 있는 이유를 설명하시오.
8. 소비자가 선택할 수 있는 재화 중 한 개가 복합재인 경우 예산선과 최적의 소비자 선택을 그래프를 사용하여 설명하시오.
9. 현시선호에 관한 개념을 설명하시오.
10. 현시선호에 관한 개념을 이용하여 관찰된 선택이 효용극대화와 일치하는지 여부를 점검하시오.

수요 이론

5.1 최적선택과 수요

수요곡선을 어떻게 도출할 수 있는가? 제4장에서 소비자의 최적 바구니를 어떻게 결정하는지 살펴보았다. 소비자의 선호, 소득, 모든 재화의 가격이 주어진 경우 아이스크림 1갤런의 가격이 5달러라면 소비자가 매월 얼마나 많은 아이스크림을 구입하는지 알아볼 수 있다. 이것이 바로 소비자의 아이스크림 수요곡선의 핵심부분이다. 상이한 아이스크림 가격에 대해 이런 과정을 되풀이하게 되면 수요곡선 상의 더 많은 점을 발견할 수 있다. 예를 들면 아이스크림 가격이 갤런당 4달러, 3달러, 2달러가 될 경우 월간 소비량이 어떻게 변하는지 살펴볼 수 있다. 소비자가 단지 두 가지 재화, 즉 식료품과 의복만을 구입하는 단순한 경우를 이용하여 이를 살펴보도록 하자.

가격 변화가 미치는 영향

의복 가격과 소득은 불변인데 식료품 가격이 변할 경우 소비자의 식료품 선택에 어떤 변화가 발생하는가? 이 물음에 두 가지 방법으로 답할 수 있다. 하나는 〈그림 5.1(a)〉에 있는 최적선택 도표를 이용하는 것이고 다른 하나는 〈그림 5.1(b)〉에 있는 수요곡선에 기초하는 것이다.

최적선택 도표에 대한 고찰

〈그림 5.1(a)〉에 있는 그래프에서 수평축은 소비되는 식료품(x)의 수량을 나타내고 수직축은 의복(y)의 수량을 의미한다. 소비자의 주당 소득은 40달러이고 의복 가격은 단위당 $P_y = 4$달러라고 가

그림 5.1 재화가격의 변화가 소비에 미치는 영향

소비자의 주당 소득은 40달러이다. 의복 가격 P_y는 단위당 4달러이다.

(a) **최적선택 도표** : 식료품 가격이 4달러인 경우 예산선은 BL_1이 된다. 식료품 가격이 2달러 및 1달러인 경우 예산선은 각각 BL_2 및 BL_3가 된다. 최적 바구니는 A, B, C이다. 최적 바구니를 연결한 곡선을 가격소비곡선이라 한다.

(b) **식료품의 수요곡선** : 최적선택 도표 (a)를 이용하여 식료품에 대한 수요곡선을 도출할 수 있다. 식료품 가격이 하락함에 따라 소비자는 더 많은 식료품을 구입할 수 있다는 점에 주목하자. 따라서 식료품에 대한 수요곡선의 기울기는 하향한다.

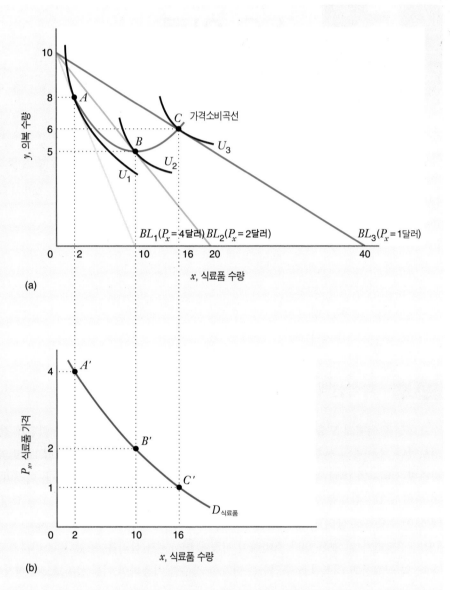

상하자.

세 가지의 상이한 식료품 가격에 대해 식료품과 의복에 대한 소비자의 선택을 생각해 보자. 우선 식료품 가격이 $P_x = 4$달러라고 가상하자. $P_x = 4$달러, $P_y = 4$달러, $I = 40$달러인 경우 소비자가 직면하는 예산선은 그림에서 BL_1이 된다. 예산선의 기울기는 $-P_x/P_y = -4/4 = -1$이 되며, 최적 바구니는 A가 된다. 여기서 주당 식료품 소비는 2단위이고 의복의 최적소비는 8단위가 된다.

식료품 가격이 $P_x = 2$달러로 하락하는 경우 어떤 현상이 발생하는가? 제4장에서 살펴본 것처럼 식료품 가격이 하락할 경우 예산선은 BL_2로 회전한다. 소득과 의복 가격이 불변이므로 수직축에 대한 절편은 변하지 않는다. 하지만 식료품 가격이 하락함에 따라 예산선의 수평축에 대한 절편은 오른쪽으로 이동한다. 예산선 BL_2의 기울기는 $-P_x/P_y = -2/4 = -1/2$이 된다. 최적 바구니는 B이며 여기서 식료품의 주당 소비는 10단위이고 의복은 5단위가 된다.

마지막으로 식료품의 가격이 $P_x = 1$달러로 하락하였다고 가상하자. 그림에서 예산선은 BL_3로 회전하며 예산선 BL_3의 기울기는 $-P_x/P_y = -1/4$이 된다. 소비자의 최적 바구니는 C가 되며, 여기서 식료품의 주당 소비는 16단위가 되고 의복은 6단위이다.

식료품 가격의 변화가 두 재화에 대한 소비자 구매에 어떤 영향을 미치는지 알아보는 한 방법은 (의복 가격과 소득이 일정하다 보고) 식료품 가격이 변화함에 따라 선택되는 최적인 모든 바구니를 연결하는 곡선을 그리는 것이다. 이 곡선을 **가격소비곡선**(price consumption curve)이라 한다.[1] 최적 바구니 A, B, C는 모두 〈그림 5.1(a)〉에 있는 가격소비곡선 상에 위치한다는 점에 주목하자.

식료품 가격이 하락함에 따라 소비자의 형편이 나아지는 데 주목하자. 식료품 가격이 4달러일 (그리고 바구니 A를 선택할) 경우 무차별곡선 U_1에 이를 수 있다. 식료품 가격이 2달러일(그리고 바구니 B를 선택할) 경우 효용은 U_2가 된다. 식료품 가격이 1달러로 하락하게 되면 효용은 훨씬 더 높은 U_3로 증가한다.

가격 변화 : 수요곡선을 따라 이동한다

〈그림 5.1(a)〉에 있는 최적선택 도표를 이용하여 〈그림 5.1(b)〉에 있는 식료품에 대한 수요 스케줄을 도출할 수 있다. 〈그림 5.1(b)〉에서 식료품의 가격은 수직축에 위치하며 식료품의 **수량**은 수평축에 위치한다.

이 두 그래프가 상호 간에 어떻게 연계되는지 살펴보도록 하자. 식료품 가격이 4달러인 경우 소비자는 〈그림 5.1(a)〉에서 바구니 A를 선택하며 이 바구니에는 식료품 2단위가 포함된다. 이에 따라 점 A'는 〈그림 5.1(b)〉의 식료품에 대한 수요곡선 상에 위치한다. 이와 유사하게 식료품 가격이 2달러인 경우 소비자는 〈그림 5.1(a)〉의 바구니 B에서 식료품 10단위를 구입한다. 따라서 점 B'는 〈그림 5.1(b)〉의 수요곡선 상에 위치하게 된다. 마지막으로 식료품 가격이 1달러로 하락하게 되면 〈그림 5.1(a)〉의 바구니 C가 보여 주는 것처럼 소비자는 식료품 16단위를 구입한다. 또다시 점 C'는 수요곡선 상에 위치하게 된다. 요약하면 식료품 가격이 하락할 경우 소비자는 식료품에 대한 자신의 수요곡선을 따라 아래쪽으로 그리고 오른쪽으로 이동하게 된다.

수요곡선은 또한 '지불하고자 하는' 곡선이다

경제학을 공부하면서 수요곡선을 소비자가 해당 재화에 대해 '지불하고자 하는' 곡선이라고 생각하는 것이 유용할 때가 있다. 이것이 사실인지를 알아보기 위하여 (소비자가) 〈그림 5.1(a)〉에서

---

1 일부 교과서에서는 가격소비곡선을 '가격확장경로'라고 한다.

(식료품 2단위를 구입하는) 최적 바구니 A에 있는 경우 식료품을 한 단위 더 구입하기 위해 얼마나 지불하려 하는지에 대해 알아보도록 하자. 이 물음에 대해 소비자는 식료품을 한 단위 더 구입하면서 4달러를 지불하고자 한다. 그 이유는 무엇인가? 바구니 A에서 소비자의 의복에 대한 식료품의 한계대체율은 1이 된다.[2] 따라서 바구니 A에서 식료품의 추가적인 한 단위는 의복의 추가적인 한 단위와 동일한 가치를 갖는다. 의복의 가격이 4달러이므로 식료품의 추가적인 한 단위의 가격도 역시 4달러가 된다. 이런 논리에 따를 경우 〈그림 5.1(b)〉에 있는 수요곡선 상의 점 A'가 4달러에 위치하는 이유를 이해하는 데 도움이 된다. 소비자가 식료품 2단위를 구입하는 경우 식료품의 추가단위에 대한 가치(즉 소비자가 식료품의 추가단위에 대해 '지불하고자 하는 가치')는 4달러가 된다.

소비자의 $MRS_{x,y}$가 바구니 B에서 1/2로 하락하고 바구니 C에서는 1/4로 더욱 하락한다는 점에 주목하자. 따라서 (식료품 10단위를 소비하는) 바구니 B에서 식료품의 추가단위에 대한 가치는 2달러가 되며 (식료품 16단위를 소비하는) 바구니 C에서는 그 가치가 1달러에 불과하다. 달리 말하면 소비자가 식료품을 많이 소비할수록 식료품의 추가적인 단위에 대해 지불하고자 하는 가치가 하락한다.

소득 변화가 미치는 영향

소득이 변화함에 따라 식료품과 의복에 대한 소비자의 선택에 어떤 영향을 미치는가? 〈그림 5.2(a)〉에 있는 최적선택 도표를 살펴보도록 하자. 이 도표의 수평축은 소비되는 식료품(x)의 수량을 나타내고, 수직축은 의복(y)의 수량을 의미한다. 식료품의 가격은 단위당 P_x = 2달러이고 의복의 가격은 P_y = 4달러라고 가상하자. 식료품과 의복의 가격은 일정하다고 하자. 이런 가격하에서 예산선의 기울기는 $-P_x/P_y = -1/2$이 된다.

이 그림은 세 가지 상이한 소득수준에 대한 소비자의 예산선과 식료품 및 의복의 최적선택을 보여 주고 있다. 제4장에서 소득이 증가함에 따라 예산선은 평행하게 바깥쪽으로 이동한다는 사실을 살펴보았다. 처음에 소비자의 주당 소득이 I_1 = 40달러인 경우 예산선은 BL_1이 된다. 이 경우 소비자는 바구니 A를 선택하고 주당 식료품 10단위와 의복 5단위를 소비한다. 소득이 I_2 = 68달러로 증가하면 예산선은 바깥쪽 BL_2로 이동한다. 이 경우 소비자는 바구니 B를 선택하고 식료품의 주당 소비는 18단위가 되며 의복은 8단위를 소비한다. 소득이 I_3 = 92달러로 증가하면 예산선은 BL_3가 되고 최적 바구니는 C가 된다. 이 경우 식료품은 24단위를 소비하고 의복은 11단위를 소비한다.

소득 변화가 소비자 구매에 어떤 영향을 미치는지 알아보는 한 가지 방법은 (가격은 일정하다 보고) 소득이 변화함에 따라 결정되는 모든 최적 바구니를 연결하여 곡선을 그려 보는 것이다. 이

---

2 A에서 무차별곡선 U_1과 예산선 BL_1은 서로 접하므로 이들의 기울기는 같다. 예산선의 기울기는 $-P_x/P_y = -1$이다. A에서 $MRS_{x,y}$는 해당 바구니 무차별곡선 (그리고 예산선) 기울기의 음수가 된다. 따라서 $MRS_{x,y}$ = 1이 된다.

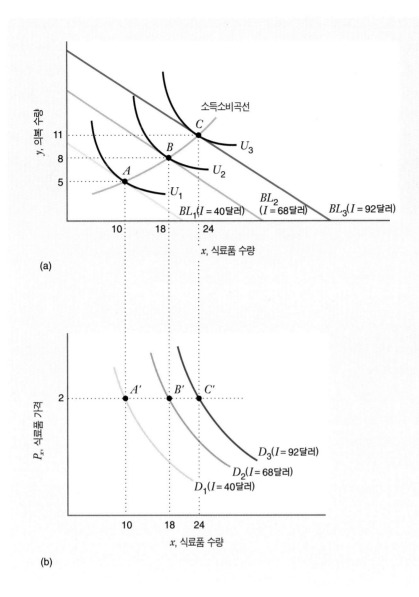

그림 5.2 소비에 대한 소득 변화의 효과

소비자는 식료품을 단위당 $P_x =$ 2달러에 매입하고 의복은 단위당 $P_y =$ 4달러에 구입한다. 소득이 변화할 때 두 가격 모두 일정하다고 본다.

(a) **최적선택 도표** : 예산선은 세 개의 상이한 소득수준을 반영한다. 모든 예산선의 기울기는 $-(P_x/P_y) = -1/2$이다. 주당 소득이 40달러인 경우 예산선은 BL_1이며 주당 소득이 68달러, 92달러인 경우 예산선은 각각 BL_2, BL_3가 된다. 소득이 변함에 따라 최적 바구니(A, B, C)를 연결하는 곡선을 그릴 수 있다. 이 곡선을 소득소비곡선이라 한다.

(b) **식료품의 수요곡선** : 식료품에 대한 소비자 수요곡선은 소득이 증가함에 따라 바깥쪽으로 이동한다.

곡선을 **소득소비곡선**(income consumption curve)이라 한다.[3] 최적 바구니 A, B, C는 모두 〈그림 5.2(a)〉에 있는 소득소비곡선 상에 위치한다.

소득 변화 : 수요곡선을 이동시킨다

〈그림 5.2(a)〉에서 소득이 증가함에 따라 소비자는 두 재화를 모두 더 많이 구입한다. 달리 표현하

---

3 일부 교과서에서는 소득소비곡선을 '소득확장경로'라고 한다.

면 소득이 증가함에 따라 각 재화에 대한 수요 스케줄이 오른쪽으로 이동한다. 〈그림 5.2(b)〉에서 소득이 변화함에 따라 식료품의 수요곡선에 어떤 영향을 미치는지 알아볼 수 있다. 수직축은 식료품의 가격을 나타내며 수평축은 식료품의 수량을 의미한다. 주당 소득이 40달러이고 식료품 가격이 2달러인 경우 소비자는 매주 식료품 10단위를 구입한다. 따라서 점 A'는 [그림 5.2(b)에 D_1이라고 표기된] 소득이 40달러인 경우의 식료품에 대한 수요곡선 상에 있게 된다.

소득이 68달러로 증가하면 소비자는 단위당 $P_x = 2$달러인 경우 식료품 18단위를 구입한다. 따라서 식료품에 대한 수요곡선은 D_2까지 바깥쪽으로 이동한다. 식료품 가격이 2달러인 경우 소비자는 식료품 18단위를 구입하므로 이 수요곡선은 점 B'를 통과해야 한다. 마지막으로 소득이 92달러로 증가하면 식료품에 대한 수요는 D_3까지 바깥쪽으로 이동한다. 식료품 가격이 계속 2달러라면 소비자는 식료품 24단위를 구입하므로 이 수요곡선은 점 C'를 통과해야 한다.

이와 유사한 방법을 이용하여 소득이 변화함에 따라 의복에 대한 수요곡선이 어떻게 이동하는지도 알아볼 수 있다. 이는 여러분 혼자서 할 수 있을 것이라 생각된다.

엥겔곡선

특정 재화에 대한 소비자의 선택이 소득에 따라 어떻게 변하는지 살펴볼 수 있는 또 다른 방법이 있다. 즉 소비되는 재화의 양을 소득수준과 연계시키는 그래프를 도출할 수 있다. 이 그래프를 **엥겔곡선**(Engel curve)이라 한다. 소득소비곡선에 포함된 정보를 이용하여 엥겔곡선을 도출할 수 있다. 〈그림 5.3〉에서 소비하는 식료품의 양을 소비자의 소득에 연계시킨 엥겔곡선을 도출하였다. 수평축은 식료품(x)의 수량을 나타내며 수직축은 소득(I)수준을 의미한다. 엥겔곡선 상의 점 A''는 주당 소득이 40달러인 경우 소비자가 식료품 10단위를 구입한다는 사실을 보여 준다. 점 B''에서는 소득이 68달러인 경우 소비자는 식료품 18단위를 구입한다. 주당 소득이 92달러로 증가

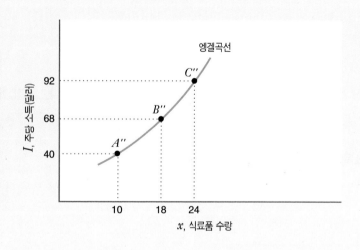

그림 5.3 엥겔곡선

엥겔곡선은 모든 재화의 가격이 일정하다 보고 매입한 재화(여기서는 식료품)의 양과 소득수준을 연계시킨다. 〈그림 5.2(a)〉에 있는 소득소비곡선의 정보를 이용하여 엥겔곡선을 도출할 수 있다. 식료품의 단위당 가격은 2달러이고 의복의 단위당 가격은 4달러이다. 주당 소득이 40달러인 경우 소비자는 식료품 10단위(점 A'')를 구입한다. 소득이 68달러로 증가하면 소비자는 식료품 18단위(점 B'')를 매입한다. 소득이 92달러로 증가할 경우 주낭 식료품 소비는 24난위(섬 C''로 증대된다.

하면 식료품 24단위(점 C'')를 매입한다. 모든 재화의 가격이 일정한 경우(식료품 가격이 2달러이고 의복 가격이 4달러인 경우) 엥겔곡선을 도출할 수 있다. 상이한 가격에 대해 상이한 엥겔곡선을 도출하게 된다.

〈그림 5.2(a)〉에 있는 소득소비곡선을 살펴보면 소득이 증가할 경우 소비자는 더 많은 식료품을 구입한다는 사실을 알 수 있다. 이런 경우 식료품을 **정상재**(normal good)라 한다. 소득이 증가함에 따라 소비자가 해당 재화를 더 많이 구입할 경우 이는 정상재이다. 〈그림 5.3〉에서 보는 것처럼 정상재의 경우 엥겔곡선은 양의 기울기를 갖는다.

〈그림 5.2(a)〉에서 보면 의복도 또한 정상재라는 사실을 알 수 있다. 따라서 수직축이 소득을 의미하고 수평축이 의복의 수량을 나타내는 그래프에 엥겔곡선을 그릴 경우 엥겔곡선의 기울기는

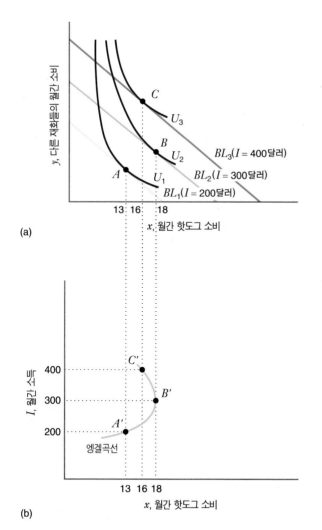

(a)

(b)

그림 5.4 열등재

(a)에서 소득이 200달러에서 300달러로 증가함에 따라 소비자의 주당 핫도그 소비는 13(바구니 A)에서 18(바구니 B)로 증가하였다. 이 소득 범위에서 핫도그는 정상재이다. 그러므로 소득이 200달러에서 300달러로 증가함에 따라 (A'와 B' 사이에서) 엥겔곡선은 (b)에서 양의 기울기를 갖는다. 하지만 소득이 300달러에서 400달러로 증가함에 따라 이 소비자의 주당 핫도그 소비는 18에서 16(바구니 C)으로 감소한다. 이 소득 범위에서 핫도그는 열등재가 된다. 따라서 소득이 300달러에서 400달러로 증가함에 따라 (B'와 C' 사이에서) 엥겔곡선은 음의 기울기를 갖는다.

양이 된다.

여러분이 의구심을 가질지 모르지만 소득이 증가함에 따라 소비자가 모든 재화를 더 많이 구입하지는 않는다. 실제로 소득이 증가함에 따라 소비자는 일부 재화를 더 적게 구입하기도 한다. 〈그림 5.4(a)〉에 있는 것처럼 핫도그와 복합재('다른 재화들')에 대해 선호를 갖고 있는 소비자를 생각해 보자. 소득수준이 낮은 경우 이 소비자는 핫도그를 정상재로 간주한다. 예를 들어 월 소득이 200달러에서 300달러로 증가하면 이 소비자는 최적 바구니를 A에서 B로 변화시켜 더 많은 핫도그를 구입한다. 하지만 소득이 계속 증가할 경우 소비자는 더 적은 핫도그를 선호하며 그 대신에 증대된 소득을 사용하여 (예를 들면 스테이크 또는 해산물과 같은) 다른 재화들을 더 많이 구입하고자 한다. 〈그림 5.4(a)〉에 있는 소득소비곡선은 바구니 B와 바구니 C 사이에 이런 가능성이 있음을 보여 주고 있다. 소득소비곡선의 이런 영역에서 핫도그는 **열등재**(inferior good)가 된다. 소득이 증가함에 따라 소비자가 어떤 재화를 더 적게 구입하려는 경우 이 재화는 열등재가 된다.

〈그림 5.4(a)〉에 있는 최적선택 도표의 정보를 이용하여 〈그림 5.4(b)〉의 핫도그에 대한 엥겔곡선을 그릴 수 있다. 핫도그가 정상재인 소득 범위에서는 엥겔곡선이 양의 기울기를 가지며 핫도그가 열등재인 소득 범위에서는 음의 기울기를 갖는다는 점에 주목하자.

정리문제 5.1

정상재는 수요에 대해 양의 소득탄력성을 갖는다

문제

소비자는 록 콘서트를 관람하고 다른 재화를 소비하고자 한다. x는 소비자가 매년 관람한 록 콘서트의 수를 나타내고 I는 이 소비자의 연간 소득을 의미한다. 다음 문구가 사실인지를 보이라. '소비자가 록 콘서트를 정상재로 본다면 록 콘서트에 대한 수요의 소득탄력성이 양이 되어야 한다.'

해법

제2장에서 모든 가격은 일정하다 보고 수요의 소득탄력성을 $\epsilon_{x,I} = (\Delta x/\Delta I)(I/x)$라고 정의하였다. 록 콘서트가 정상재라면 소득 I가 증가함에 따라 x도 증가한다. 따라서 $(\Delta x/\Delta I) > 0$이 된다(이는 록 콘서트에 대한 엥겔곡선이 양의 기울기를 갖는다는 의미이다). 소득 I와 관람한 록 콘서트의 수 x가 양수이므로 $\epsilon_{x,I} > 0$이 된다.

이 정리문제는 일반적인 명제를 제시하고 있다. 재화가 정상재인 경우 수요의 소득탄력성은 양수가 된다. 이 반대도 또한 성립한다. 즉, 수요의 소득탄력성이 양수인 재화는 정상재이다.

유사한 논리를 이용하여 다음 문구도 또한 사실임을 보일 수 있다. (1) 열등재인 경우 수요의 소득탄력성은 음수가 된다. (2) 수요의 소득탄력성이 음수인 재화는 열등재이다.

가격 또는 소득 변화가 미치는 영향 : 대수학적인 접근법

지금까지 이 장에서는 그래프를 이용하여 소비되는 재화의 양이 가격수준과 소득에 어떻게 의존하는지 살펴보았다. 즉 (그림 5.1에서처럼) 소비자의 소득수준이 주어진 경우 수요곡선의 형태가 어떠한지를 알아보았으며, (그림 5.2에서처럼) 소득수준이 변함에 따라 수요곡선이 어떻게 변화하는지 살펴보았다.

수요곡선은 또한 대수학을 이용하여 설명할 수도 있다. 다시 말해 효용함수와 예산제약이 주어진 경우 소비되는 재화의 양이 가격과 소득에 어떻게 의존하는지 살펴볼 수 있다. 다음 두 개의 정리문제는 소비자 수요곡선의 식을 어떻게 구할 수 있는지를 알려 주고 있다.

정리문제 5.2

수요곡선 구하기(모서리점이 아닌 경우)

소비자는 두 가지 재화, 즉 식료품과 의복을 구입한다. 효용함수는 $U(x, y) = xy$이며, 여기서 x는 소비되는 식료품의 양을 나타내고 y는 의복의 양을 의미한다. 한계효용은 $MU_x = y$와 $MU_y = x$이다. 식료품의 가격은 P_x이며 의복의 가격은 P_y이고 소득은 I이다.

문제

(a) 식료품에 대한 수요곡선 식이 $x = I/(2P_x)$라는 사실을 보이라.

(b) 식료품은 정상재인가? 소득수준이 $I = 120$달러인 경우 소비자의 식료품에 대한 수요곡선을 그리고 이 수요곡선을 D_1이라 표기하라. $I = 200$달러인 경우의 수요곡선을 도출하고 이 수요곡선을 D_2라 표기하라.

해법

(a) 앞 장에서 이미 효용함수 $U(x, y) = xy$를 살펴보았다. 정리문제 3.3에서 이 효용함수의 무차별곡선은 원점을 향해 볼록하며 축과 교차하지 않는다는 점을 살펴보았다. 따라서 최적 바구니는 내부에 위치해야 한다. 즉 소비자는 식료품과 의복을 모두 양의 수량만큼 구입하게 된다.

식료품의 최적선택을 어떻게 결정할 수 있는가? 내부 최적점은 다음의 두 가지 조건을 충족시켜야 한다는 사실을 알고 있다.

- 최적 바구니는 예산선 상에 위치해야 한다. 이는 다

음을 의미한다 : $P_x x + P_y y = I$.

- 최적점이 내부에 있기 때문에 접점조건이 준수되어야 한다. 식 (4.3)으로부터 접점에서 다음과 같다는 사실을 알고 있다 : $MU_x/MU_y = P_x/P_y$. 이를 앞의 경우에 적용하면 다음과 같다 : $y/x = P_x/P_y$. 더 간단히 정리하면 다음과 같다 : $y = (P_x/P_y)x$.

(접점조건에서 구한) $y = (P_x/P_y)x$를 예산선 $P_x x + P_y y = I$에 대입하면 다음과 같다.

$$P_x x + P_y \left(\frac{P_x}{P_y} x \right) = I$$

식료품의 수요량 x에 대해 풀면 $x = I/(2P_x)$가 됨을 알 수 있다. 이는 식료품에 대한 수요곡선 식을 의미한다. 소득과 식료품 가격에 대한 숫자값이 주어질 경우 소비자가 구입하게 될 식료품의 수량을 쉽게 구할 수 있다.

(b) 소득이 120달러인 경우 식료품의 수요식은 $x = 120/(2P_x) = 60/P_x$가 된다. 〈그림 5.5〉에서 보는 것처럼 수요곡선 상에 점들을 나타낼 수 있다. 식료품 가격이 15달러인 경우 소비자는 (그래프 상의 점 A에서) 식료품 4단위를 구입한다. 가격이 10달러인 경우 소비자는 (그래프 상의 점 B에서) 식료품 6단위를 구입한다.

소득이 200달러로 증가함에 따라 수요 스케줄은 오른쪽으로 이동한다(D_2로 이동한다). 이때 수요식은 $x = 200/(2P_x) = 100/P_x$가 된다. 따라서 식료품은 정

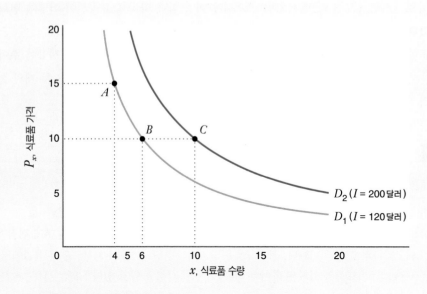

그림 5.5 상이한 소득수준에서의 식료품에 대한 수요곡선

식료품의 수요량 x는 식료품의 가격 P_x와 소득수준 I에 의존한다. 식료품에 대한 수요를 나타내는 식은 $x = I/(2P_x)$가 된다. 소득이 120달러인 경우 그래프 상에서 수요곡선은 D_1이 된다. 식료품 가격이 15달러인 경우 소비자는 (점 A에서) 식료품 4 단위를 구입한다. 식료품 가격이 10달러로 하락할 경우 소비자는 (점 B에서) 식료품 6단위를 구입한다. 소득이 200달러로 증가하면 수요곡선은 오른쪽으로, 즉 D_2로 이동한다. 예를 들면 소득이 200달러이고 식료품 가격이 10달러인 경우 소비자 는 (점 C에서) 식료품 10단위를 구입한다.

상재이다. 가격이 10달러이고 소득이 200달러인 경 우 소비자는 (그래프 상의 점 C에서) 식료품 10단위 를 구입한다.

위 정리문제 (a)에 대한 해법은 특정한 가격과 소득이 주어진 경우 최적의 식료품 및 의복 소비 를 구했던 정리문제 4.2의 해법과 매우 유사하게 시작한다. 하지만 정리문제 5.2는 이보다 더 심 도가 있다. 실제 숫자 대신에 외생변수(P_x, P_y, I)를 이용하여 수요곡선 식을 구하며, 이를 통해 모 든 가격 및 소득에 대한 식료품 수요량을 결정할 수 있다.

정리문제 5.3

수요곡선 구하기(모서리점 해법이 있는 경우)

소비자는 두 가지 재화, 즉 식료품과 의복을 구입한다. 효 용함수는 $U(x, y) = xy + 10x$이며 여기서 x는 소비되는 식료품의 양을 나타내고 y는 의복의 양을 의미한다. 한계 효용은 $MU_x = y + 10$ 및 $MU_y = x$이다. 소비자의 소득 은 100달러이며 식료품의 가격은 1달러이고 의복의 가격 은 P_y이다.

문제

의복에 대한 소비자 수요곡선 식이 다음과 같다는 사실을 보이라.

$$P_y < 10인 \ 경우, \quad y = \frac{100 - 10P_y}{2P_y}$$

$$P_y \geq 10인 \ 경우, \quad y = 0$$

위의 식을 이용하여 각 의복 가격에 대해서 소비자가 구입하게 될 의복의 수량을 보여 주기 위해 다음 표를 채우라(이 점들은 소비자의 수요곡선 상에 있다).

P_y	2	4	5	10	12
y					

해법

정리문제 4.3에서 효용함수 $U(x, y) = xy + 10x$에 대한 최적선택을 이미 살펴보았다. 거기서 이 효용함수에 대한 무차별곡선이 원점에 대해 볼록하다는 사실을 알았다. 이 무차별곡선들은 또한 x축과 교차한다. 그 이유는 소비자가 식료품은 구입하지만($x > 0$) 의복을 구입하지 않을 경우($y = 0$) 효용수준이 양이 되기 때문이다. 따라서 소비자는 의복 가격이 너무 높을 경우 의복을 구입하지 않을 수도 있다(모서리점을 선택할 수도 있다).

의복에 대한 소비자의 최적선택을 어떻게 결정할 수 있는가? 소비자가 내부 최적점에 위치할 경우 최적 바구니는 예산선 상에 위치하게 된다는 사실을 알고 있다. 이는 다음과 같다는 의미이다 : $x + P_y y = 100$. 내부 최적점에서는 접점조건이 준수되어야 한다. 식 (4.3)으로부터 접점에서는 $MU_x/MU_y = P_x/P_y$라는 사실을 알고 있다. 이를 위의 경우에 적용하면 다음과 같다 : $(y + 10)/x = 1/P_y$. 더 간단히 정리하면 다음과 같다 : $x = P_y y + 10P_y$.

(접점조건에서 구한) $x = P_y y + 10P_y$를 예산선 $x + P_y y = 100$으로 대체시키면 $2P_y y + 10P_y = 100$이 된다. 의복 수요량 y에 대해 풀면 $y = (100 - 10P_y)/(2P_y)$가 된다. $P_y < 10$인 경우 의복에 대한 소비자 수요곡선 식의 값은 양이 된다는 사실에 주목하자. 하지만 $P_y \geq 10$인 경우 $100 - 10P_y$는 영 또는 음이 되며 소비자는 의복을 수요하지 않게 된다(실제로 $P_y \geq 10$인 경우 $y = 0$이 된다. 왜냐하면 소비자는 의복을 음의 양만큼 수요할 수 없기 때문이다). 다시 말해 $P_y \geq 10$인 경우 소비자는 식료품만을 구입하는 모서리점에 있다.

앞에서 구한 수요곡선 식을 이용하여 표를 다음과 같이 완성할 수 있다.

P_y	2	4	5	10	12
y	20	7.5	5	0	0

5.2 상품가격의 변화 : 대체효과 및 소득효과

앞 절에서는 한 상품의 가격 변화가 미치는 전반적인 효과를 분석하였다. 여기서는 이 효과를 두 부분, 즉 **대체효과** 및 **소득효과**로 나누어 분석해 보고자 한다.

- 어떤 상품의 가격이 하락할 경우 해당 상품은 다른 상품들에 비해 저렴해진다. 반대로 가격이 인상되면 해당 상품은 다른 상품들에 비해 더 비싸지게 된다. 어느 경우에도 소비자는 **대체효과**(substitution effect), 즉 가격 변화 후에 동일한 효용수준을 달성하기 위해 소비자가 구입하게 되는 해당 상품의 수량 변화를 경험하게 된다. 예를 들어 식료품 가격이 하락할 경우 소비자는 다른 상품들 대신에 식료품으로 대체함으로써(즉 식료품을 더 많이

구입하고 다른 상품들을 더 적게 구입함으로써) 동일한 효용수준을 달성할 수 있다. 이와 유사하게 식료품 가격이 인상되면 소비자는 식료품 대신에 다른 상품들로 대체함으로써 동일한 효용수준을 달성할 수 있다.

- 상품가격이 하락할 경우 소비자는 가격 하락 이전과 동일한 상품 바구니를 구입하고도 더 많은 상품을 구입할 수 있는 현금이 남아 있기 때문에 소비자의 구매력이 증대된다. 반대로 가격이 인상되면 소비자의 구매력이 감소한다(즉 소비자는 동일한 상품 바구니를 구입할 수 있는 여력이 더 이상 없다). 이는 소득이 변화할 때와 동일한 방법으로 소비자에게 영향을 미치기 때문에 이런 구매력 변화를 **소득효과**(income effect)라고 한다. 즉 구매력이 증가하거나 감소하여 가격이 변화한 상품을 더 많이 구입하거나 더 적게 구입함으로써 소비자는 더 높거나 더 낮은 효용수준을 경험하게 된다. 소득효과는 구매된 상품 수량의 변화 중 대체효과로 설명되지 않는 부분을 설명해 줄 수 있다.

대체효과 및 소득효과는 상품가격이 변할 경우 동시에 발생하여 (가격이 변하기 전인) 최초 바구니에서 (가격이 변한 후인) 최종 바구니로 소비자가 이동하게 된다. 가격 변화에 따른 전반적인 효과를 보다 잘 이해하기 위해서 두 부분, 대체효과 및 소득효과로 어떻게 분리되는지를 보여 줄 것이다.

다음 절에서는 가격 인하와 관련하여 이와 같은 분석을 보여 줄 것이다. (정리문제 5.5에서는 가격 상승과 관련하여 이와 같은 분석을 할 것이다.)

대체효과

소비자는 두 개 상품, 즉 식료품과 의복을 구입하며 이들 두 상품은 양의 한계효용을 갖고 식료품 가격이 인하되었다고 가상하자. 대체효과는 동일한 효용수준을 달성하기 위하여 소비자가 추가적으로 구입하는 식료품의 규모이다. 〈그림 5.6〉은 가격 변화와 관련된 대체효과를 알아보기 위해 필요한 단계를 설명하는 세 개의 최적선택 도표를 보여 주고 있다.

단계 1 : 최초 바구니(최초가격 P_{x_1}에서 소비자가 선택하는 바구니)를 찾아보도록 하자. 〈그림 5.6(a)〉에서 보는 것처럼 처음에 식료품 가격이 P_{x_1}인 경우 소비자는 예산선 BL_1을 직면하게 된다. 효용을 극대화하려는 경우 소비자는 무차별곡선 U_1에서 바구니 A를 선택하게 된다. 구입한 식료품의 수량은 x_A가 된다.

단계 2 : 최종 바구니(가격이 P_{x_2}로 하락한 이후에 소비자가 선택하는 바구니)를 찾아보도록 하자. 〈그림 5.6(b)〉에서 보는 것처럼 식료품 가격이 P_{x_2}로 하락할 경우 예산선은 바깥쪽인 BL_2로 회전하게 되고, 소비자는 무차별곡선 U_2 상에 있는 바구니 C를 선택하여 효용을 극대화한다. 소비자가 구입한 식료품의 수량은 x_C가 된다. 따라서 가격 변화가 구입한 식료품의 수량에 미친 전반적인 효과는 $x_C - x_A$이다. 예상할 수 있는 것처럼 소비자는 가격 하락으로 인해 더 높은 수준의 효용을 달성할 수 있으며, 이는 최초 바구니 A가 새로운 예산선 BL_2 내부에 있다는 사실로도 알 수 있다.

단계 3 : 대체효과로 인한 수량의 변화분을 확인해 볼 수 있는 중간의 분해 바구니를 찾아보 도록 하자. 두 가지 사항을 염두에 두고 이 바구니를 찾아볼 것이다. 첫째, 분해 바 구니는 가격 하락을 반영하므로 BL_2와 평행인 예산선 상에 있어야만 한다. 둘째, 분 해 바구니는 가격이 하락한 후에 소비자가 처음 수준의 효용을 성취하려 한다는 가 정을 반영하므로 해당 바구니는 예산선이 무차별곡선 U_1과 접하는 점에 위치해야 한다. 〈그림 5.6(c)〉에서 보는 것처럼 위의 두 조건은 예산선 BL_d(분해 예산선) 상에 있는 바구니 B(분해 바구니)에 의해 충족된다. 바구니 B에서 소비자는 식료품 수량 x_B를 구입한다. 따라서 대체효과는 바구니 A로부터 바구니 B로의 소비자 이동을 설 명할 수 있다. 즉, 식료품 구입량에 대해 대체효과가 미치는 전반적인 영향은 $x_B - x_A$ 로 나타낼 수 있다.

소득효과

〈그림 5.6〉을 계속 살펴보도록 하자. 소비자의 소득은 I라고 가정하자. 식료품 가격이 P_{x_1}일 때 소 비자는 BL_1 상에 있는 어떠한 바구니도 구입할 수 있으며, P_{x_2}일 때 BL_2 상에 있는 어떠한 바구니 도 구입할 수 있다. 분해 예산선 BL_d가 BL_2의 안쪽에 위치한다는 사실에 주목하자. 이것이 의미 하는 바는 BL_d 상의 바구니를 구입하는 데 필요한 소득 I_d가 BL_2 상의 바구니를 구입하는 데 필요 한 소득 I보다 적다는 점이다. 또한 (BL_1 상에 있는) 바구니 A와 (BL_d 상에 있는) 바구니 B가 동일 한 무차별곡선 U_1 상에 있다(즉, 소비자는 바구니 A와 바구니 B에 의해 동등하게 만족된다)는 점 에 주목하자. 이것이 의미하는 바는 다음과 같은 두 가지 상황, 즉 (1) 식료품 가격이 P_{x_1}로 더 높을 때 더 높은 소득 I를 갖는(즉, 바구니 A를 구입하는) 상황, 그리고 (2) 식료품 가격이 P_{x_2}로 더 낮을 때 더 낮은 소득 I_d를 갖는(즉, 바구니 B를 구입하는) 상황에 대해 차이를 두지 않는다는 것이다. 다시 말해 소비자는 더 낮은 가격 P_{x_2}에서 식료품을 구입할 수 있는 경우, 자신의 소득이 I_d로 낮아 지는 것을 받아들이게 된다.

이런 점을 염두에 두고 소득효과를 살펴보도록 하자. 이 효과는 소비자의 효용이 변화함에 따 라 소비되는 재화의 양이 변화하는 것이다. 〈그림 5.6〉에서 바구니 A로부터 바구니 B로의 이동 (즉, 대체효과로 인한 이동)은 위에서 바로 살펴본 것처럼 효용상의 어떠한 변화도 포함하지 않는 다. 이런 이동을 가격이 P_{x_1}에서 P_{x_2}로 하락함에 따라 소득이 I에서 I_d로 감소한 결과로 볼 수 있다. 하지만 현실적으로는 식료품 가격이 하락할 때 소비자 소득은 감소하지 않는다. 따라서 소비자의 효용수준은 증가한다. 우리는 '행방불명된' 소득을 '찾아내어 회복시킴'으로써 이를 설명할 수 있

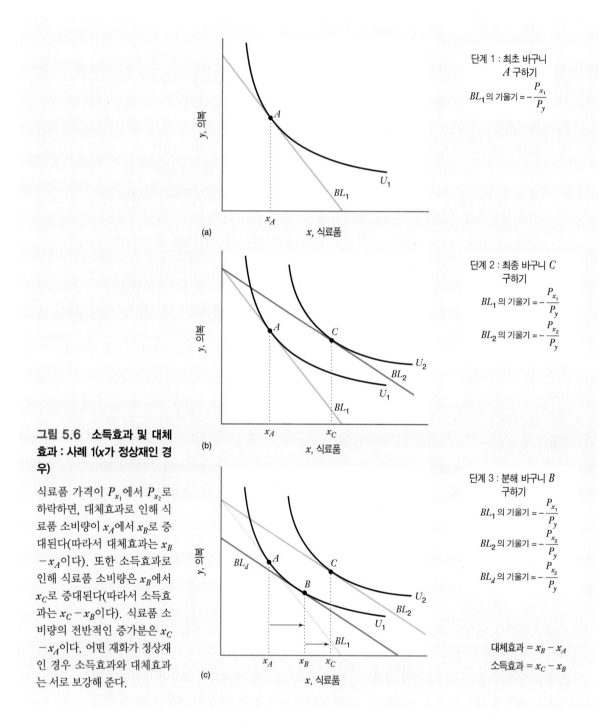

단계 1 : 최초 바구니
A 구하기

BL_1의 기울기 $= -\dfrac{P_{x_1}}{P_y}$

(a)

단계 2 : 최종 바구니 C
구하기

BL_1의 기울기 $= -\dfrac{P_{x_1}}{P_y}$

BL_2의 기울기 $= -\dfrac{P_{x_2}}{P_y}$

(b)

그림 5.6 소득효과 및 대체효과 : 사례 1(x가 정상재인 경우)

식료품 가격이 P_{x_1}에서 P_{x_2}로 하락하면, 대체효과로 인해 식료품 소비량이 x_A에서 x_B로 증대된다(따라서 대체효과는 $x_B - x_A$이다). 또한 소득효과로 인해 식료품 소비량은 x_B에서 x_C로 증대된다(따라서 소득효과는 $x_C - x_B$이다). 식료품 소비량의 전반적인 증가분은 $x_C - x_A$이다. 어떤 재화가 정상재인 경우 소득효과와 대체효과는 서로 보강해 준다.

단계 3 : 분해 바구니 B
구하기

BL_1의 기울기 $= -\dfrac{P_{x_1}}{P_y}$

BL_2의 기울기 $= -\dfrac{P_{x_2}}{P_y}$

BL_d의 기울기 $= -\dfrac{P_{x_2}}{P_y}$

대체효과 $= x_B - x_A$

소득효과 $= x_C - x_B$

(c)

다. 이렇게 할 때 예산선은 BL_d에서 BL_2로 이동하며, 소비자의 최적 바구니도 (BL_d 상에 있는) 바구니 B에서 (BL_2 상에 있는) 바구니 C로 이동한다. 따라서 소득효과는 분해 바구니 B에서 최종 바구니 C로의 소비자 이동을 설명한다. 즉, 식료품의 구입량에 대해 소득효과가 미치는 전반적인 영향은 $x_C - x_B$로 나타낼 수 있다.

　요약하면, 식료품 가격이 P_{x_1}에서 P_{x_2}로 하락할 경우 식료품 소비의 총변화는 $(x_C - x_A)$이다. 이 것은 대체효과 $(x_B - x_A)$와 소득효과 $(x_C - x_B)$로 분해된다. 대체효과와 소득효과를 합하면 소비의 총변화를 구할 수 있다.

상품이 정상재가 아닌 경우의 소득효과와 대체효과

〈그림 5.6〉에 있는 그래프는 식료품이 정상재인 경우(사례 1인 경우)에 대해 도출된 것이다. 식료 품 가격이 하락함에 따라 소득효과로 인해 식료품 소비가 증가한다. 앞에서 살펴본 것처럼 한계대 체율이 체감하기 때문에 대체효과로 인해 식료품 소비가 또한 증대된다. 따라서 소득효과와 대체 효과는 동일한 방향으로 진행된다. 식료품 가격이 하락할 경우 두 효과 모두 양이 된다. 식료품 가 격이 하락하면 식료품 구입은 분명히 증가하므로 식료품에 대한 수요곡선은 하향한다. (이와 유사 하게 식료품 가격이 인상되면 두 효과는 모두 음이 된다. 식료품 가격이 인상되면 소비자는 식료 품을 더 적게 구입한다.)

　하지만 소득효과와 대체효과가 반드시 동일한 방향으로 작용하는 것은 아니다. 〈그림 5.7〉에 있는 사례 2를 생각해 보자. 〈그림 5.6〉과 같이 세 개의 그래프를 그리는 대신에 [그림 5.6(c)와 같은] 최종 그래프만을 도출할 것이며 이 그래프에는 최초 바구니, 최종 바구니, 분해된 바구니가 포 함된다. 최종 바구니인 바구니 C는 분해된 바구니 B 바로 위에 위치한다는 사실에 주목하자. 예 산선이 BL_d에서 BL_2로 이동하더라도 식료품 소비량은 불변한다. $x_C - x_B = 0$이므로 소득효과는

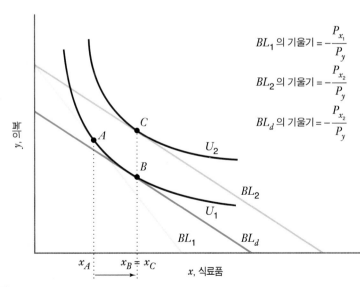

대체효과 = $x_B - x_A$
소득효과 = $x_C - x_B = 0$

BL_1의 기울기 $= -\dfrac{P_{x_1}}{P_y}$

BL_2의 기울기 $= -\dfrac{P_{x_2}}{P_y}$

BL_d의 기울기 $= -\dfrac{P_{x_2}}{P_y}$

그림 5.7 소득효과 및 대체 효과 : 사례 2(x가 정상재도 열등재도 아닌 경우)

식료품 가격이 P_{x_1}에서 P_{x_2}로 하락하면 대체효과로 인해 식 료품 소비량이 x_A에서 x_B로 증 대된다(따라서 대체효과는 $x_B - x_A$이다). x_B와 x_C는 동일하 기 때문에 식료품 소비량에 미 치는 소득효과는 영이 된다(따 라서 소득효과는 $x_C - x_B = 0$이 다). 식료품 소비량의 전반적 인 증가분은 $x_C - x_A$이다.

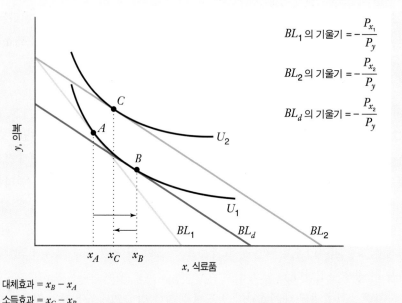

그림 5.8 소득효과 및 대체효과 : 사례 3(x가 수요곡선의 기울기가 하향하는 열등재인 경우)

식료품 가격이 P_{x_1}에서 P_{x_2}로 하락하면 대체효과로 인해 식료품 소비량이 x_A에서 x_B로 증대된다(따라서 대체효과는 $x_B - x_A$이다). 식료품 소비량에 미치는 소득효과는 음이 된다($x_C - x_B < 0$이다). 식료품 소비에 미치는 전반적인 효과는 $x_C - x_A > 0$이다. 재화가 열등재인 경우 소득효과와 대체효과는 반대방향으로 작용한다.

BL_1의 기울기 $= -\dfrac{P_{x_1}}{P_y}$

BL_2의 기울기 $= -\dfrac{P_{x_2}}{P_y}$

BL_d의 기울기 $= -\dfrac{P_{x_2}}{P_y}$

대체효과 $= x_B - x_A$
소득효과 $= x_C - x_B$

영이 된다. 여기서 식료품 가격이 인하되면($x_B - x_A > 0$이므로) 식료품 소비에 대해 양의 대체효과가 발생하고 소득효과는 영이 된다. 인하된 가격에서 식료품을 더 많이 구입하므로($x_C - x_A > 0$이므로) 식료품에 대한 수요곡선의 기울기는 하향한다.

〈그림 5.8〉에 있는 사례 3을 생각해 보자. 이 경우 식료품은 열등재가 되며, 소득효과와 대체효과는 반대방향으로 작용한다. 어떤 재화가 열등재인 경우 무차별곡선은 소득효과가 음이 된다(즉, 최종 바구니 C가 분해 바구니 B의 왼쪽에 위치한다)는 점을 보여 준다. 예산선이 BL_d에서 BL_2로 이동함에 따라 식료품의 소비량이 감소한다($x_C - x_B < 0$이다). 반면에 대체효과는 계속해서 양이 된다($x_B - x_A > 0$이다). 이 경우 대체효과가 소득효과보다 더 크기 때문에 식료품 소비량의 총변화는 계속해서 양이 된다($x_C - x_A > 0$이다). 따라서 식료품에 대한 수요곡선의 기울기는 계속해서 하향한다.

〈그림 5.9〉의 소위 **기펜재**(Giffen good)의 경우인 사례 4를 생각해 보자. 무차별곡선은 식료품이 강력한 열등재라는 점을 시사한다. 최종 바구니 C는 분해 바구니 B의 왼쪽에 위치할 뿐만 아니라 최초 바구니 A보다도 왼쪽에 위치한다. 음의 소득효과가 매우 강력해서 양의 대체효과를 상쇄하고도 남는다.

〈그림 5.9〉와 같은 선호를 갖는 경우 식료품에 대한 수요곡선의 기울기는 하향하는가? 그렇지 않다. 식료품 가격이 P_{x_1}에서 P_{x_2}로 하락함에 따라 식료품 소비량은 x_A에서 x_C로 감소한다. 이처럼 P_{x_1}과 P_{x_2}인 가격 범위 내에서 식료품에 대한 수요곡선의 기울기는 상향한다. 기펜재는 수요곡선의 어떤 범위 내에서 기울기가 양이 되는 재화이다.

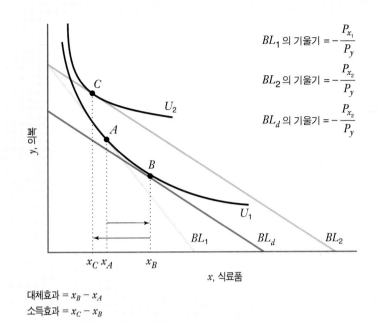

BL_1의 기울기 $= -\dfrac{P_{x_1}}{P_y}$

BL_2의 기울기 $= -\dfrac{P_{x_2}}{P_y}$

BL_d의 기울기 $= -\dfrac{P_{x_2}}{P_y}$

대체효과 $= x_B - x_A$
소득효과 $= x_C - x_B$

그림 5.9 소득효과 및 대체효과 : 사례 4(x가 기펜재인 경우)

식료품 가격이 P_{x_1}에서 P_{x_2}로 하락하면 대체효과로 인해 식료품 소비량이 x_A에서 x_B로 증대된다(따라서 대체효과는 $x_B - x_A$이다). 식료품 소비량에 미치는 소득효과는 음이 된다($x_C - x_B < 0$이다). 식료품 소비에 미치는 전반적인 효과는 $x_C - x_A < 0$이다.

앞에서 살펴본 것처럼 일부 재화는 일부 소비자에게 있어 열등재가 된다. 이전의 예에서 소득이 증가할 경우 스테이크를 더 많이 소비하고 핫도그를 더 적게 소비하기로 결정하기 때문에, 핫도그에 대한 소비가 감소할 수 있다. 하지만 열등재에 대한 지출은 보통 소비자 소득 중 적은 부분만을 차지한다. 개별 상품에 대한 소득효과는 보통 크지 않으며 가장 큰 소득효과는 일반적으로 열등재가 아닌 식료품 및 주택과 같은 정상재와 관련된다. 열등재가 대체효과를 상쇄할 정도로 큰 소득효과를 갖기 위해서는, 수요의 소득탄력성이 음이 되어야 하며 해당 재화에 대한 지출이 소비자 예산의 큰 부분을 차지해야 한다. 따라서 기펜재는 이론적으로 가능성을 제기할 수는 있지만 실질적으로 큰 관심을 끌기는 어렵다.

연구자들은 기펜재가 인간에게도 존재하는지에 관해 아직 확인을 하지는 못했지만 일부 경제학자들은 아일랜드의 감자 기근이 이를 확인하기에 적합한 환경에 근접했었다고 본다. 하지만 조엘 모키르가 관찰한 것처럼 "소득이 매우 낮은 사람들에게 감자는 정상재였을 것이다. 하지만 소득이 더 많은 소비자들은 다른 종류의 식료품을 소비할 수 있는 여유가 있었기 때문에 더 적은 감자를 소비하였다." 따라서 감자에 대한 지출이 소비자 지출의 많은 부분을 차지하였지만 소득이 낮은 사람들에게는 열등재가 아니었을 수도 있다. 이것이 바로 연구자들이 감자가 그 당시 기펜재였다는 사실을 보여 줄 수 없는 이유이다.

소득효과 및 대체효과의 숫자적인 예

정리문제 4.2와 5.2에서 두 재화, 즉 식료품과 의복을 구입하는 소비자를 상정하였다. 소비자의 효용함수는 $U(x, y) = xy$이며, 여기서 x는 식료품 소비량이고 y는 의복 소비량이다. 한계효용은 $MU_x = y$와 $MU_y = x$이다. 소비자의 주당 소득이 72달러이고 의복 가격은 단위당 $P_y = 1$달러라고 가상하자. 식료품 가격은 최초에 단위당 $P_{x_1} = 9$달러였지만, 가격이 단위당 $P_{x_2} = 4$달러로 하락했다고 가상하자.

문제
식료품 소비에 대한 소득효과와 대체효과의 숫자값을 구하고 이를 그래프로 나타내라.

해법
소득효과와 대체효과를 구하기 위하여 앞 절에서 살펴본 세 가지 단계를 밟아 보도록 하자.

단계 1 : 식료품 가격이 9달러인 최초의 소비 바구니 A를 구해 보자. 식료품 소비량과 의복 소비량을 구하기 위해 최적점에서 두 가지 조건이 충족되어야 한다. 첫째, 최적 바구니는 예산선 상에 있어야 한다. 이는 $P_x x + P_y y = I$를 의미하고 위의 조건에 따를 경우 다음과 같다 : $9x + y = 72$.

둘째, 최적점이 내부에 있기 때문에 접점조건이 준수되어야 한다. 식 (4.3)으로부터 접점에서 $MU_x / MU_y = P_x / P_y$라는 사실을 알 수 있으며, 위의 조건에 따를 경우 다음과 같다 : $y = 9x$.

두 개의 미지수에 대해 두 개의 식, 즉 (예산선으로부터 구한) $9x + y = 72$와 (접점조건으로부터 구한) $y = 9x$를 구할 수 있다. 이 식을 함께 풀면 $x = 4$와 $y = 36$을 구하게 된다. 따라서 소비자의 최적 바구니는 〈그림 5.10〉의 A가 보여 주는 것처럼 매주 식료품 4단위와 의복 36단위를 포함하게 된다.

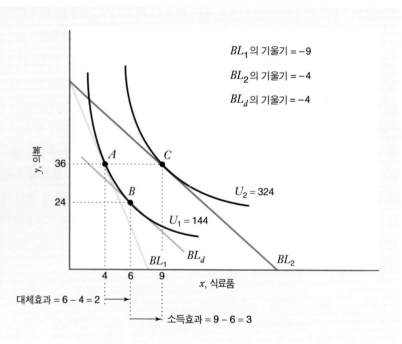

그림 5.10 소득효과 및 대체효과

식료품 가격이 9달러에서 4달러로 하락하면 대체효과로 인해 식료품 소비는 (최초 바구니 A의) 4단위에서 (분해된 바구니 B의) 6단위로 증가한다. 따라서 대체효과는 2(6 − 4 = 2)단위가 된다. 소비자가 (식료품 6단위를 구입하는) 분해된 바구니 B에서 (식료품 9단위를 구입하는) 최종 바구니 C로 이동함에 따라 발생하는 식료품 소비의 변화를 통해 소득효과를 측정할 수 있다. 따라서 소득효과는 3(9 − 6 = 3)단위가 된다.

BL_1의 기울기 $= -9$
BL_2의 기울기 $= -4$
BL_d의 기울기 $= -4$

y, 의복
36 ······· A C
$U_2 = 324$
24 ······· B
$U_1 = 144$
BL_1 BL_d BL_2
4 6 9
x, 식료품
대체효과 = 6 − 4 = 2 →
소득효과 = 9 − 6 = 3

단계 2 : 식료품 가격이 4달러인 최종 소비 바구니 C를 구해 보자. 지금은 식료품의 단위당 가격이 4달러이므로 단계 1에 해당하는 과정을 되풀이해 보자. 이 경우 두 개의 미지수에 대해 다음과 같은 두 개의 식을 갖게 된다.

$$4x + y = 72 \text{ (예산선으로부터 구할 수 있다)}$$
$$y = 4x \text{ (접점조건으로부터 구할 수 있다)}$$

위의 두 식을 동시에 풀면 다음과 같다. $x = 9$이며 $y = 4x = 36$이 된다. 소비자의 최적 바구니에서는 〈그림 5.10〉의 바구니 C가 보여 주는 것처럼 매월 식료품 9단위와 의복 36단위를 구입하게 된다.

단계 3 : 분해된 바구니 B를 구해 보자. 분해된 바구니는 두 가지 조건을 충족시켜야 한다. 첫째, 이 바구니는 원래의 무차별곡선에 위치해야 한다. 따라서 선택한 식료품 및 의복의 수량을 갖고 U_1과 동일한 수준, 즉 144의 효용을 만들 수 있어야 한다. 따라서 바구니 B에서 식료품 및 의복의 수량은 $xy = 144$를 만족시켜야 한다. 둘째, 바구니 B에서 무차별곡선과 분해된 예산선은 서로 접해야 한다. 식료품의 최종 가격이 분해된 예산선의 기울기를 결정한다. $MU_x/MU_y = P_x/P_y$ 또는 $y/x = 4/1$인 경우 접하게 되며 이 경우 접점조건은 $y = 4x$가 된다.

이제는 분해된 바구니를 구하는 데 필요한 모든 정보를 갖게 되었다. B에서 식료품 및 의복을 구입할 경우 소비자는 최초의 효용수준($xy = 144$)에 도달할 수 있고 새로운 식료품 가격에서의 접점조건($y = 4x$)이 충족된다. 이 두 식을 통해 분해된 바구니 B에는 식료품 6단위와 의복 24단위($x = 6$ 및 $y = 24$)가 포함된다는 사실을 알 수 있다.

이제는 소득효과와 대체효과를 측정할 수 있게 되었다. 대체효과는 소비자가 최초의 무차별곡선을 따라 (식료품 4단위를 구입하는) 바구니 A에서 (식료품 6단위를 구입하는) 바구니 B로 이동함으로써 식료품 구입이 증가하는 것이다. 따라서 대체효과로 인해 식료품 구입이 2(6 − 4 = 2)단위 증대된다.

소득효과는 소비자가 (식료품 6단위를 구입하는) 바구니 B에서 (식료품 9단위를 구입하는) 바구니 C로 이동함에 따라 식료품 구입이 증가하는 것이다. 따라서 소득효과로 인해 식료품 구입이 3(9 − 6 = 3)단위 증대된다.

〈그림 5.10〉은 소득효과와 대체효과를 그래프로 나타낸 것이다. 이 정리문제에서 식료품은 정상재이다. 기대한 것처럼 소득효과와 대체효과는 동일한 부호를 갖는다. 식료품 가격이 하락함에 따라 소비자가 구입하는 식료품의 수량은 증가하므로 소비자의 식료품에 대한 수요곡선의 기울기는 하향한다.

지금까지 대체효과 및 소득효과에 대한 모든 논의와 예는 가격 인하와 관련되었다. 정리문제 5.5는 가격이 인상될 경우 이들 효과가 어떻게 작용하는지를 보여 준다.

정리문제 5.5

가격 상승에 따른 소득효과 및 대체효과

〈그림 5.11〉에 있는 무차별곡선들은 소비자의 주택 x에 대한 선호와 복합재 y에 대한 선호를 나타낸다. 이들 두 재화에 대한 소비자의 한계효용은 양이 된다.

문제

현재의 주택 가격이 두 배가 되어서 소비자 예산선이 BL_1에서 BL_2로 이동할 경우 나타나게 될 소득효과 및 대체효과를 그래프 상에서 보여 주고 명확히 표기하라.

해법

〈그림 5.11〉은 소득효과와 대체효과를 보여 준다. 최초의 주택 가격에서 소비자가 자신의 소득을 모두 주택 구입에

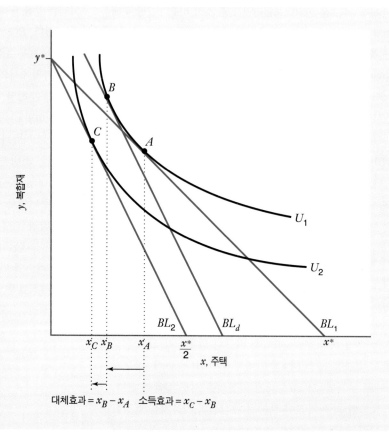

그림 5.11 가격 상승에 따른 소득 효과 및 대체효과

예산선은 BL_1 상에 있는 최초 바구니 A에서 소비자는 식료품 x_A단위를 구입한다. 예산선 BL_2 상에 있는 최종 바구니 C에서 소비자는 식료품 x_C단위를 구입한다. 예산선 BL_d 상에 있는 분해 바구니 B에서 소비자는 식료품 x_B단위를 구입한다. 대체효과는 $x_B - x_A$이고, 소득효과는 $x_C - x_B$이다.

사용할 경우 주택 x^*단위를 구입할 수 있다. 주택을 전혀 구입하지 않을 경우 소비자는 복합재를 y^*단위 구입할 수 있다. 따라서 최초의 예산선은 BL_1이 된다. 최적 바구니는 A가 되고 무차별곡선 U_1에 도달할 수 있다. 주택 가격이 두 배가 될 경우 최종 예산선 BL_2는 BL_1과 동일한 수직축의 절편을 갖지만 기울기는 두 배가 된다. BL_2의 수평축 절편은 x^*/2가 된다. 소비자는 바구니 C를 구입하게 되고 무차별곡선 U_2에 도달한다.

분해된 예산선 BL_d를 도출하기 위해 BL_d는 최종 예산선 BL_2와 평행해야 한다는 점을 기억하자. 분해된 바구니

B는 BL_d가 최초의 무차별곡선 U_1에 접하는 곳에 위치한다(학생들은 분해된 바구니를 최초의 무차별곡선이 아니라 최종 무차별곡선에서 찾으려는 실수를 종종 범한다). 최초의 바구니 A에서 분해된 바구니 B로 이동함에 따라 주택 소비는 x_A에서 x_B로 감소한다. 따라서 대체효과는 ($x_B - x_A$)가 된다. 소득효과는 소비자가 분해된 바구니 B에서 최종 바구니 C로 이동함에 따라 나타나는 주택 소비의 변화로 나타낼 수 있다. 따라서 소득효과는 ($x_C - x_B$)가 된다.

정리문제 5.6

준선형 효용함수인 경우의 소득효과 및 대체효과

초콜릿을 좋아하는 대학생의 하루 예산은 10달러이고 이를 갖고 초콜릿과 다른 재화를 구입한다. 변수 x는 소비자가 구입한 초콜릿의 온스 수를 나타내며 y는 복합재의 단위 수를 나타낸다. 복합재의 가격은 1달러이다.

효용함수 $U(x, y) = 2\sqrt{x} + y$는 이 학생의 선호를 나타낸다. 한 재화(복합재, y)에 대해 선형함수이지만 구입한 초콜릿의 수량에 대해서는 선형함수가 아니기 때문에 두 재화에 대해 준선형 효용함수라는 점을 제3장에서 살펴보았다. 이 효용함수에 대해 $MU_x = 1/\sqrt{x}$ 및 $MU_y = 1$이 된다.

문제

(a) 초콜릿 가격은 처음에 온스당 0.50달러라고 가상하자. 이 학생의 최적 소비 바구니에는 초콜릿 몇 온스와 복합재 몇 단위가 들어 있는가?

(b) 초콜릿 가격이 온스당 0.20달러로 하락했다고 가상하자. 이 경우 최적 소비 바구니에는 초콜릿 몇 온스와 복합재 몇 단위가 들어 있는가?

(c) 초콜릿 가격이 하락할 경우 나타나는 대체효과와 소득효과는 어떠한가? 분명하게 표기를 한 그래프 상에서 이 효과를 설명하라.

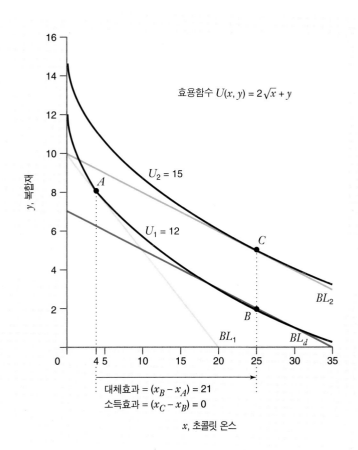

그림 5.12 준선형 효용함수인 경우의 소득효과 및 대체효과

예산선 BL_1 상에 있는 최초 바구니 A에서 소비자는 가격이 온스당 0.50달러일 때 초콜릿 4온스를 구입한다. 예산선 BL_2 상에 있는 최종 바구니 C에서 소비자는 가격이 온스당 0.20달러일 때 초콜릿 25온스를 구입한다. 예산선 BL_d 상에 있는 분해 바구니 B에서 소비자는 가격이 온스당 0.20달러일 때 초콜릿 25온스를 또한 구입한다. 대체효과는 25 − 4 = 21온스이고, 소득효과는 25 − 25 = 0온스이다.

해법

(a) 내부 최적점에서 $MU_x/MU_y = P_x/P_y$가 성립하며 이 경우 $1/\sqrt{x} = P_x$가 된다. 따라서 x에 대한 이 학생의 수요는 $x = 1/(P_x)^2$이 된다. x의 가격이 온스당 0.50달러인 경우 하루에 초콜릿 $1/(0.5)^2 = 4$온스를 구입한다.

　예산선 $P_x x + P_y y = I$로부터 복합재의 수량을 구할 수 있다. 이 경우 예산선은 $(0.5)(4) + (1)y = 10$이 돼서 이 학생은 복합재 $y = 8$단위를 구입할 수 있다.

(b) (a)에서 구한 초콜릿에 대한 수요곡선을 이용하여 가격이 온스당 0.20달러로 하락한 경우 초콜릿에 대한 수요를 구할 수 있다. 인하된 가격에서 초콜릿 $1/(0.2)^2 = 25$온스를 구입할 수 있다. 이제 예산제약은 $(0.2)(25) + (1)y = 10$이 돼서 복합재 5단위를 구입하게 된다.

(c) 이 문제의 처음 두 질문을 통해 최초의 바구니 A와 최종 바구니 C에 관해 알아야 할 사항을 이미 모두 살펴보았으며, 〈그림 5.12〉는 이 바구니들을 보여 주고 있다.

소득효과 및 대체효과에 대해 알아보기 위하여 분해

된 바구니 B를 구해야 한다. 바구니 B에서의 접점에 관해 다음과 같은 두 가지 사실을 알 수 있다. 첫째, 바구니 B에서 소비자의 효용은 최초의 바구니 A에서의 효용, 즉 $x = 4$, $y = 8$에서 $U_1 = 2\sqrt{4} + 8 = 12$와 같아야 한다. 따라서 바구니 B에서 $2\sqrt{x} + y = 12$가 된다. 둘째, 바구니 B에서의 분해된 예산선의 기울기는 바구니 C에서의 최종 예산선의 기울기와 같다. 즉 $MU_x/MU_y = P_x/P_y$가 된다. $MU_x = 1/\sqrt{x}$, $MU_y = 1$, 바구니 C에서 $P_x = 0.20$ 및 $P_y = 1$이라면 위의 식은 $1/\sqrt{x} = 0.20$이 된다. 미지수가 두 개인 이 식을 풀면 바구니 B에서 $x = 25$, $y = 2$가 된다. 바구니 B는 〈그림 5.12〉에서도 찾아볼 수 있다.

　대체효과는 소비자가 (초콜릿 4온스를 소비하는) 최초 바구니 A에서 (초콜릿 25온스를 소비하는) 분해된 바구니 B로 이동함에 따라 나타나는 초콜릿 구입량의 변화이다. 즉 초콜릿에 대한 대체효과는 $25 - 4 = 21$온스이다. 소득효과는 소비자가 분해된 바구니 B에서 최종 바구니 C로 이동함에 따라 나타나는 초콜릿 구입량의 변화이다. B와 C에서 동일한 양의 초콜릿을 소비함으로써 소득효과는 영이 된다.

　정리문제 5.6은 y의 한계효용이 일정하고 원점에 대해 볼록한 무차별곡선을 갖는 준선형 효용함수의 특성을 보여 준다. 가격이 일정한 경우 내부 최적점에서 소비자는 소득이 변화함에 따라 동일한 양의 x를 구입하게 된다. 다시 말해 소득소비곡선은 이 그림에서 수직선이 된다. 이는 〈그림 5.7〉의 사례 2처럼 x의 가격 변화에 따른 소득효과가 영이 된다는 의미이다.

5.3　상품가격의 변화 : 소비자 잉여의 개념

소비자 잉여(consumer surplus)란 소비자가 해당 제품에 대해 지불하고자 하는 최대 금액과 시장에서 이를 구입하면서 실제로 지불한 금액 사이의 차이를 말한다. 따라서 소비자 잉여는 소비자가 해당 제품을 구입함으로써 얼마나 상황이 나아졌는지를 측정할 수 있다. 이처럼 이는 가격 변화가 소비자 후생에 미치는 영향을 나타낼 수 있는 유용한 수단이다. 이 절에서는 두 가지 관점, 즉 수요곡선의 관점과 최적선택 도표의 관점에서 이를 살펴보고자 한다.

수요곡선에 기초한 소비자 잉여

가격 변화가 소비자 의사결정과 효용에 어떤 영향을 미치는지 살펴보았다. 하지만 효용함수를 알지 못하는 경우 가격 변화가 소비자 후생에 미치는 영향을 측정할 수 있는가? 알고 있는 것이 수요곡선뿐인 경우 소비자 잉여란 개념을 이용하여 가격 변화가 소비자에 미치는 충격을 측정할 수 있다.

예를 들어 보도록 하자. 자동차를 한 대 구입하려 한다고 가상하자. 자동차를 한 대 구입할 수도 있고 구입하지 않을 수도 있다. 자동차를 구입하려는 데 15,000달러까지 지불하고자 한다. 하지만 시장에서 12,000달러를 주고 자동차를 구입할 수 있다. 지불하려고 했던 금액이 실제로 지불한 금액보다 높기 때문에 자동차를 구입하게 된다. 이렇게 되면 소비자 잉여로 3,000달러를 시장에서 얻게 된다. 소비자 잉여는 구입을 함으로써 얻게 되는 순 경제적 편익이다. 즉 지불하려고 하는 최대 금액(15,000달러)에서 실제로 지불한 금액(12,000달러)을 감한 것이다.

물론 여러 형태의 상품의 경우 두 개 이상을 소비하고자 할 수 있다. 이런 상품에 대한 수요곡선은 구할 수 있으며, 이미 지적한 것처럼 이는 해당 상품에 대해 지불하고자 하는 의지를 나타낸다. 예를 들어 테니스를 치고자 하며 치려 할 때마다 1시간 동안 테니스장을 임대해야 한다고 가상하자. 테니스를 치고자 하는 시간에 대한 수요곡선은 〈그림 5.13〉에 있다. 이에 따르면 매월 테니스장을 임대하려는 첫 번째 시간에 대해서는 25달러까지 지불할 의지가 있다. 그달 두 번째 시간에 대해서는 23달러, 세 번째 시간에 대해서는 21달러를 지불하고자 한다. 테니스 치는 데 따른 한계효용이 체감하기 때문에 수요 스케줄의 기울기가 하향한다.

테니스장을 임대하는 데 시간당 10달러를 지불해야 한다고 가상하자. 그 가격에서 수요곡선에 따르면 그달에 8시간 동안 테니스를 치게 된다. 여덟 번째 시간에 대해 11달러를 지불할 의지가

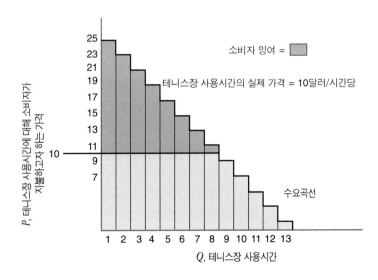

그림 5.13 소비자 잉여

수요곡선 아래와 소비자가 지불하는 가격 위의 짙은 색 면적은 테니스장을 추가적으로 이용하는 시간에 대해 얻게 되는 소비자 잉여를 말한다. 소비자는 테니스장을 이용한 8시간에 대해 소비자 잉여 64달러를 얻게 된다(이는 그래프에서 짙은 색 부분을 말한다).

있지만 아홉 번째 시간에 대해서는 9달러만을 지불할 의지가 있으며 그 이후 추가적인 시간에 대해서는 훨씬 더 적은 금액만을 지불하려 한다. 따라서 테니스장의 시간당 임대료가 10달러인 경우 8시간을 초과하여 테니스를 치려 하지 않게 된다.

매월 테니스를 침으로써 얼마나 많은 소비자 잉여를 얻을 수 있는가? 이를 알아보기 위하여 테니스를 친 각 시간별 소비자 잉여를 합산해 보도록 하자. 첫 번째 시간으로부터 얻은 소비자 잉여는 15달러이다. 즉 지불하려고 했던 금액 25달러에서 실제로 지불한 금액 10달러를 감하면 15달러가 된다. 두 번째 시간에 대한 소비자 잉여는 13달러이다. 그달 8시간 동안 테니스장을 이용한 경우 소비자 잉여는 64달러가 된다(이는 8시간 각각에 대한 소비자 잉여를 합한 것으로 15달러 + 13달러 + 11달러 + 9달러 + 7달러 + 5달러 + 3달러 + 1달러의 합은 64달러가 된다).

이 예에서 알 수 있듯이 소비자 잉여는 수요 스케줄 아래와 해당 상품에 대해 소비자가 지불해야 하는 가격 위의 면적을 말한다. 여기서 수요 스케줄은 구입한 각 단위로부터 얻은 소비자 잉여를 설명하는 데 도움이 된 일련의 '단계'로 나타내었다. 물론 보다 일반적으로 말하면 수요함수는 자주 대수 식으로 나타낼 수 있는 부드러운 곡선일 수 있다. 소비자 잉여의 개념은 이런 부드러운 수요곡선에 대해서도 동일하게 적용된다.

앞으로 살펴보겠지만 수요곡선 아래의 면적은 가격이 변할 때 소비자가 소득효과를 경험하지 않을 경우 소비자가 얻는 순이득을 측정한 것이다. 이는 종종 합리적인 가정이 된다. 하지만 이 가정이 충족되지 않을 경우 수요곡선 아래의 면적은 소비자의 순이득을 정확히 측정할 수 없다. 한동안 이런 복잡한 문제에 대해 신경을 쓰지 않도록 하자. 소득효과는 없다고 가정할 것이다.

정리문제 5.7

소비자 잉여 : 수요곡선 고찰하기

다음 식은 소비자의 우유에 대한 월간 수요 스케줄을 나타낸다. $Q = 40 - 4P$. 여기서 Q는 갤런당 우유 가격이 P 달러인 경우 구입한 우유의 갤런 수를 의미한다.

문제

(a) 우유 가격이 갤런당 3달러인 경우 월간 소비자 잉여는 얼마인가?

(b) 우유 가격이 갤런당 2달러로 하락하는 경우 소비자 잉여는 얼마나 증가하는가?

해법

(a) 〈그림 5.14〉는 우유에 대한 수요곡선을 보여 준다. 가격이 3달러인 경우 소비자는 우유 28갤런을 매입한다. 소비자 잉여는 수요곡선 아래와 가격인 3달러 위의 면적이 된다. 이 문제에서 수요곡선은 직선이므로 소비자 잉여를 나타내는 면적은 삼각형 G가 된다. G의 면적은 $(1/2)(10 - 3)(28) = 98$달러가 된다.

(b) 가격이 3달러에서 2달러로 하락하는 경우 소비자는 우유 32갤런을 구입한다. 소비자 잉여는 면적 H와 I만큼 증가한다. 따라서 이 증가분은 28달러 + 2달러 = 30달러이다. 총 소비자 잉여는 이제 128달러, 즉 $G + H + I$의 면적과 같다.

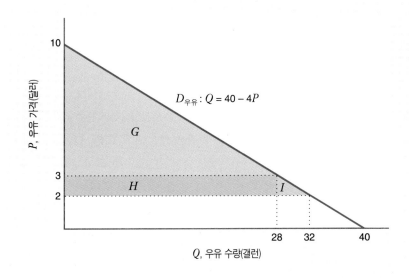

그림 5.14 소비자 잉여와 수요 곡선

갤런당 가격이 3달러인 경우 소비자 잉여는 삼각형 면적 G가 된다. 이 면적은 $(\frac{1}{2})(10-3)(28)=98$달러가 된다. 갤런당 가격이 3달러에서 2달러로 하락하면 소비자 잉여 증가분은 H(28달러)와 I(2달러)의 합인 30달러가 된다. 따라서 가격이 2달러인 경우 총 소비자 잉여는 128달러(98달러 + 30달러)가 된다.

최적선택 도표에 기초한 소비자 잉여 : 보상변동 및 등가변동

가격 변화가 소비자의 효용수준에 어떤 영향을 미치는지 살펴보았다. 하지만 효용단위로 나타낸 자연적인 측정값은 존재하지 않는다. 따라서 경제학자들은 가격 변화가 소비자 후생에 미치는 영향을 화폐적 단위로 종종 측정한다. 상품의 가격 변화에 대해 소비자가 충당해야 하는 화폐적 가치를 어떻게 추정할 수 있는가? 이 절에서는 최적선택 도표를 사용하여 이 물음에 답하는 동등하게 타당한 두 가지 방법을 살펴볼 것이다.

- 첫째, 소비자가 가격 변화 이전에 누렸던 효용수준을 유지하기 위해서 가격 하락 이후에 얼마나 많은 소득을 기꺼이 포기하려 하는지 또는 가격 상승 이후에 얼마나 많은 추가 소득을 필요로 하는지 살펴볼 것이다. 우리는 이런 소득상의 변화를 **보상변동** (compensation variation)이라 한다(왜냐하면 이것은 가격 변화가 미치는 영향에 대해 소비자에게 정확하게 보상하는 소득상의 변화이기 때문이다). 가격 하락으로 인해 소비자의 상황이 나아지기 때문에 이에 따른 보상변동은 양이 된다. 반면에 가격 상승으로 인해 소비자의 상황이 나빠지기 때문에 이에 따른 보상변동은 음이 된다.

- 둘째, 소비자가 가격 변화 이후에 누리게 될 효용수준을 부여하기 위해서 가격 하락 이전에 얼마나 많은 추가 소득을 필요로 하는지 또는 가격 상승 이전에 얼마나 더 적은 소득을 필요로 하는지 살펴볼 것이다. 우리는 이런 소득상의 변화를 **등가변동**(equivalent variation)이라 한다(왜냐하면 이것은 소비자에게 미친 영향 면에서의 가격 변화와 등가

를 이루는 소득상의 변화이기 때문이다). 가격 하락으로 인해 소비자의 상황이 나아지기 때문에 이에 따른 등가변동은 양이 된다. 반면에 가격 상승으로 인해 소비자의 상황이 나빠지기 때문에 이에 따른 등가변동은 음이 된다.

〈그림 5.15〉에 있는 최적선택 도표는 소비자가 두 개의 재화, 즉 식료품 x 및 의복 y를 구입하는 경우를 설명하고 있으며, 의복 가격은 1달러이다. 식료품 가격은 처음에 P_{x_1}이며, 그리고 나서 P_{x_2}로 하락한다. 소비자 소득은 고정되어 있으며, 예산선은 BL_1에서 BL_2로 이동하고 소비자의 최적 바구니는 A에서 C로 이동한다.

보상변동은 **최초** 가격 P_{x_1}에서 바구니 A를 구입하는 데 필요한 소득과 **새로운** 가격 P_{x_2}에서 분해 바구니 B를 구입하는 데 필요한 소득 사이의 차이를 말한다. 바구니 B는 **최종** 예산선 BL_2와 평행한 선이 **최초** 무차별곡선 U_1과 접하는 점에 위치한다.

등가변동은 **최초** 가격 P_{x_1}에서 바구니 A를 구입하는 데 필요한 소득과 **최초** 가격 P_{x_1}에서 바구니 E를 구입하는 데 필요한 소득 사이의 차이를 말한다. 바구니 E는 **최초** 예산선 BL_1과 평행한 선이 **최종** 무차별곡선 U_2와 접하는 점에 위치한다.

그래프에서 보면 보상변동과 등가변동은 최초 무차별곡선과 최종 무차별곡선 사이의 거리를 측정하는 두 가지 상이한 방법일 뿐이다. 의복 y의 가격이 1달러이므로 선분 OK는 소비자의 소득을 나타낸다. 선분 OL은 **새로운** 식료품 가격 P_{x_2}에서 바구니 B를 구입하는 데 필요한 소득을 나타낸다. 그 차이(선분 KL)가 보상변동이다. 바구니 B와 바구니 A가 동일한 무차별곡선 U_1 상에 위치

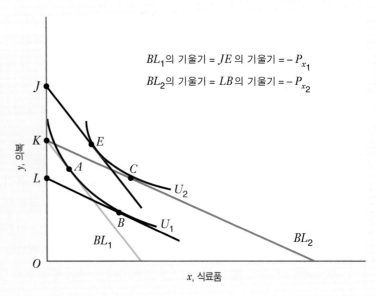

BL_1의 기울기 = JE 의 기울기 = $- P_{x_1}$

BL_2의 기울기 = LB 의 기울기 = $- P_{x_2}$

그림 5.15 양의 소득효과가 있는 경우의 보상변동 및 등가변동

가격이 P_{x_1}에서 P_{x_2}로 변화할 경우 양의 소득효과가 발생한다. 따라서 보상 변동(선분 KL의 길이)과 등가변동(선분 JK의 길이)이 같지 않다. 이 경우 $JK > KL$이다.

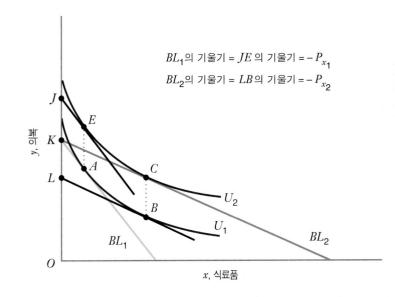

BL_1의 기울기 = JE의 기울기 = $-P_{x_1}$

BL_2의 기울기 = LB의 기울기 = $-P_{x_2}$

그림 5.16 소득효과가 없는 경우 (효용함수가 준선형인 경우)의 보상 변동 및 등가변동

효용함수는 준선형이다. 따라서 무차별곡선 U_1과 U_2는 평행하며 소득효과가 존재하지 않는다(C는 B 바로 위에 위치하며, E는 A 바로 위에 위치한다). 보상변동(KL)과 등가변동(JK)이 같다.

하므로 소비자는 더 낮은 가격으로 식료품을 구입할 수만 있다면 KL만큼의 소득 감소를 받아들이게 된다.

등가변동에 관해 알아보기 위해서 이전처럼 $P_y = 1$달러이기 때문에 선분 OK는 소비자의 소득을 의미한다. 선분 OJ는 원래 식료품 가격 P_{x_1}에서 바구니 E를 구입하는 데 필요한 소득을 나타낸다. 이 차이(선분 JK)가 등가변동이다. 바구니 E와 바구니 C는 동일한 무차별곡선 상에 있다. 따라서 더 낮은 최종 가격에서 식료품을 구입하여 얻은 풍요로움만큼을 더 높은 최초 가격에서 동등하게 누리기 위해서 소비자는 JK만큼의 소득 증대가 필요하다.

일반적으로 보상변동의 규모(선분 KL)와 등가변동의 규모(선분 JK)가 동일하지 않다. 왜냐하면 가격 변화는 영이 아닌 소득효과를 동반하기 때문이다(그림 5.15에서 C는 B의 오른쪽에 위치하므로 소득효과가 양이 된다). 이것이 바로 가격 변화와 관련하여 화폐적 가치를 측정하려 할 때 주의를 기울여야만 하는 이유이다.

하지만 〈그림 5.16〉에서 보는 것처럼 효용함수가 준선형인 경우 보상변동 및 등가변동은 동일하게 된다. 왜냐하면 (정리문제 5.6에서 살펴보았던 것처럼) 가격 변화에 따른 소득효과가 영이 되기 때문이다. 도표를 활용하여 살펴보면 이는 준효용함수와 관련된 무차별곡선들이 평행을 이룬다는 사실로 설명할 수 있다. 이것이 의미하는 바는 어떠한 두 개 곡선 사이의 수직거리가 모든 x값들에서 동일하다는 것이다.[4] 바구니 C가 바구니 B 바로 위에 위치하고 바구니 E는 바구니

---

4 효용함수 $U(x, y)$가 준선형이라고 가상하자. 따라서 $U(x, y) = f(x) + ky$이며, 여기서 k는 양의 상수이다. y가 1단위 증가할 때마다 U는 언제나 k단위 증가하기 때문에 $MU_y = k$라는 점을 알고 있다. 따라서 y의 한계효용은 일정하다. x의 어떠한 수준에 대해서도 $\Delta U = k\Delta y$이다. 따라서 무차별곡선 사이의 수직거리는 $y_2 - y_1 = (U_2 - U_1)/k$가 된다. 무

A 바로 위에 위치하는 〈그림 5.16〉에서 수직거리 CB는 수직거리 EA와 같다. 이제는 이 그림에서 등가변동은 선분 JK의 길이(이는 EA와 같다)로 나타낼 수 있으며, 보상변동은 선분 KL의 길이(이는 CB와 같다)로 나타낼 수 있다는 사실에 주목하자. $JK = EA$, $KL = CB$, $EA = CB$인 경우 $JK = KL$이 성립한다. 즉, 보상변동과 등가변동은 같아져야만 한다.

나아가 소득효과가 없다면 보상변동과 등가변동은 같아질 뿐만 아니라 이들은 소비자 잉여의 변화(가격 변화로 인한 수요곡선 아래 면적의 변화)와도 같아진다. 이 중요한 사항은 정리문제 5.8과 정리문제 아래의 논의에서 살펴볼 것이다.

정리문제 5.8

소득효과가 없는 경우의 보상변동 및 등가변동

정리문제 5.6에서는 준선형 효용함수 $U(x, y) = 2\sqrt{x} + y$를 갖고 초콜릿과 '다른 재화'를 소비한다고 하였다. 이 소비자의 일간 소득은 10달러이며 복합재 y의 가격은 단위당 1달러이다. 이 효용함수에서 $MU_x = 1/\sqrt{x}$이며 $MU_y = 1$이다. 초콜릿 가격은 온스당 0.50달러인데 온스당 0.20달러로 하락했다고 가상하자.

문제

(a) 초콜릿 가격의 인하에 따른 보상변동은 얼마인가?
(b) 초콜릿 가격의 인하에 따른 등가변동은 얼마인가?

해법

(a) 〈그림 5.17〉의 최적선택 그래프를 생각해 보자. 보상변동은 소비자 소득(10달러)과 새로운 초콜릿 가격 0.20달러에서 분해된 바구니 B를 구입하는 데 지출해야 하는 금액 사이의 차이이다. 새로운 가격에서 바구니 B를 구입하는 데 소비자는 얼마를 지출해야 하는가?(바구니 B에서 $x = 25$, $y = 2$를 구입한다는 점을 기억하자). 대답은 $P_x x + P_y y = (0.20$달러$)(25) + (1$달러$)(2) = 7$달러이다. 초콜릿 가격이 온스당 0.50달러에서 0.20달러로 인하될 경우 소비자는 자신의

소득이 10달러에서 7달러로 인하되는 상황(3달러 감소)을 받아들이게 된다. 따라서 보상변동은 3달러가 된다.

(b) 〈그림 5.17〉에서 바구니 E를 어떻게 구할 수 있을까? 바구니 E의 위치에 관해 두 가지 사실을 알 수 있다. 첫째, E는 최종 무차별곡선($U_2 = 15$) 상에 위치한다. 따라서 $2\sqrt{x} + y = 15$라는 사실을 알 수 있다. 둘째, 접점조건에 따르면 E에서 최종 무차별곡선의 기울기 $-MU_x/MU_y$는 최초 예산선의 기울기 $-P_x/P_y$와 같다. 따라서 $(1/\sqrt{x})/1 = 0.5/1$이 된다. 즉, 접점조건에 따르면 $x = 4$가 되고 이에 따라 $y = 11$이 된다.

최초 가격($P_x = 0.50$달러)에서 바구니 E를 구입하려면 소비자는 13달러$[P_x x + P_y y = (0.50$달러$)(4) + (1$달러$)(11) = 13$달러$]$를 지출해야 한다. 따라서 등가변동은 13달러와 소비자의 소득(10달러)의 차이, 즉 3달러가 된다. 다시 말해 가격이 0.20달러로 인하된 후에 누리는 것과 같은 수준의 효용을 유지하기 위해서는 가격 변화 전에(초콜릿 가격이 0.50달러일 때) 소비자에게 3달러를 주어야 한다. 등가변동은 3달러가 된다. 이처럼 등가변동은 보상변동과 같아진다.

차별곡선들 사이의 이런 수직거리는 모든 x값들에 대해 같다는 사실에 주목하자. 이것이 무차별곡선들이 **평행**한 이유이다.

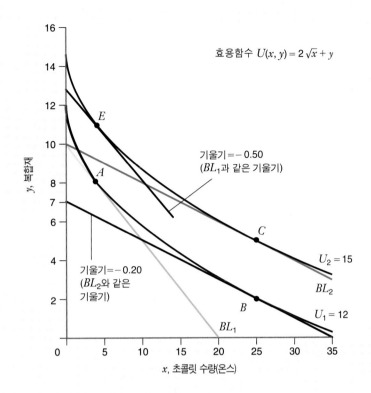

그림 5.17 소득효과가 없는 경우의 보상변동 및 등가변동

소비자 소득은 10달러이고 복합재 y의 가격은 단위당 1달러이다. 초콜릿 가격이 온스당 0.50달러일 때 소비자 예산선은 BL_1이고 소비자는 효용이 U_1인 바구니 A를 매입한다. 초콜릿 가격이 온스당 0.20달러로 인하된 후에 예산선은 BL_2가 되며 소비자는 효용이 U_2인 바구니 C를 매입한다. 가격이 인하된 후에 효용 U_1에 도달하기 위해서 소비자는 7달러 상당의 바구니 B를 매입한다. 따라서 보상변동은 10달러 − 7달러 = 3달러가 된다. 가격이 인하되기 전에 효용 U_2에 도달하기 위해서 13달러 상당의 바구니 E를 매입한다. 따라서 등가변동은 13달러−10달러 = 3달러이다. (이 경우에 효용함수가 준선형이기 때문에) 소득효과는 발생하지 않으며 보상변동과 등가변동은 같다.

정리문제 5.8에서 보상변동과 등가변동이 같다(둘 다 3달러이다). 소득효과가 없기 때문에 이럴 것이라고 기대하였다. 이제는 초콜릿 수요곡선 아래 면적의 변화를 고찰해 봄으로써 소비자 잉여의 변화를 측정할 경우 어떤 일이 발생하는지 살펴보도록 하자. 정리문제 5.6에서 초콜릿에 대한 일간 수요는 $x = 1/(P_x)^2$이었다. 〈그림 5.18〉은 초콜릿에 대한 수요곡선을 보여 준다. 초콜릿 가격이 온스당 0.50달러에서 온스당 0.20달러로 하락할 경우 초콜릿의 일간 소비는 4온스에서 25온스로 증가한다. 그림에서 색칠된 부분은 초콜릿 가격이 인하될 경우 소비자 잉여의 증가를 보여 준다. 색칠된 면적의 크기는 3달러이며 정확히 보상변동 및 등가변동과 동일하다. 앞의 정리문제는 효용함수가 준선형인 경우(소득효과가 없는 경우) 수요곡선 아래 면적이 가격 변화에 따른 화폐적 가치를 정확하게 측정한다는 사실을 보여 주고 있다.

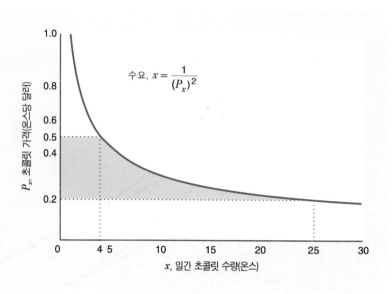

그림 5.18 소득효과가 없는 경우의 소비자 잉여

초콜릿 가격이 온스당 0.50달러에서 온스당 0.20달러로 하락할 경우 소비자는 소비를 일간 4온스에서 25온스로 증가시킨다. 소비자 잉여는 색칠된 면적만큼, 즉 일간 3달러만큼 증대된다.

이미 살펴본 것처럼 소득효과가 있는 경우 보상변동과 등가변동은 상품가격이 인하됨에 따라 소비자가 갖게 되는 화폐적 가치를 상이하게 측정한다. 이 측정값은 일반적으로 수요곡선 아래의 면적과 상이하다. 소득효과가 적은 경우 등가변동과 보상변동은 서로 비슷할 수 있으며 수요곡선 아래 면적은 보상변동과 등가변동을 (정확하게 측정하지는 못하지만) 대략적으로 측정할 수 있다.

정리문제 5.9

소득효과가 있는 경우의 보상변동 및 등가변동

정리문제 5.4에서 소비자의 효용함수는 $U(x, y) = xy$였다. 일간 소득은 72달러이며 (y로 측정한) 의복의 가격은 단위당 1달러였다. 한계효용은 $MU_x = y$ 및 $MU_y = x$였다. 식료품 가격이 단위당 9달러에서 4달러로 하락했다고 가상하자.

문제

(a) 식료품 가격 인하에 따른 보상변동은 얼마인가?
(b) 식료품 가격 인하에 따른 등가변동은 얼마인가?

해법

(a) 〈그림 5.19〉의 최적선택 그래프를 생각해 보자. 보상변동은 다음과 같은 물음에 답할 수 있다. 소비

자가 가격 인하 전에 누렸던 것과 같은 수준의 효용을 유지하기 위해 가격 변화 후에 금전적으로 얼마나 많이 포기해야 하는가? 보상변동은 소득(72달러)과 새로운 식료품 가격 4달러에서 분해된 바구니 B를 구입하는 데 지출해야 하는 금액 사이의 차이이다. 소비자는 새로운 가격에서 바구니 B를 구입하는 데 얼마나 지출해야 하는가? 대답은 $P_x x + P_y y = (4달러)(6) + (1달러)(24) = 48달러$이다. 식료품 가격이 9달러에서 4달러로 인하될 경우 소비자는 72달러에서 48달러로 인하된 (차이가 24달러 나는) 자신의 소득을 받아들이게 된다. 따라서 가격 인하와 관련된 보상변동은 24달러가 된다.

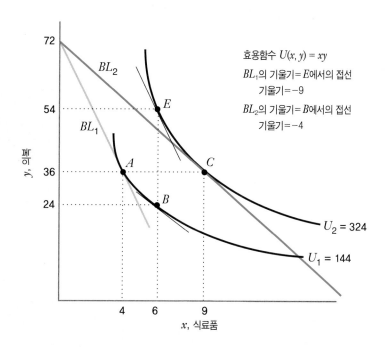

효용함수 $U(x, y) = xy$

BL_1의 기울기 = E에서의 접선
기울기 = −9

BL_2의 기울기 = B에서의 접선
기울기 = −4

그림 5.19 **소득효과가 있는 경우의 보상변동 및 등가변동**

소비자 소득은 72달러이고 의복 y의 가격은 단위당 1달러이다. 식료품 가격이 단위당 9달러일 때 소비자 예산선은 BL_1이고 소비자는 효용이 U_1인 바구니 A를 매입한다. 식료품 가격이 단위당 4달러로 인하된 후에 예산선은 BL_2가 되며 소비자는 효용이 U_2인 바구니 C를 매입한다. 가격이 인하된 후에 효용 U_1에 도달하기 위해서 소비자는 바구니 B를 매입하며 이를 위해 소득 48달러가 필요하다. 따라서 보상변동은 72달러 − 48달러 = 24달러가 된다. 가격이 인하되기 전에 효용 U_2에 도달하기 위해서 소비자는 바구니 E를 매입하며 이를 위해 소득 108달러가 필요하다. 따라서 등가변동은 108달러 − 72달러 = 36달러가 된다. 소득효과가 발생할 때 (바구니 E가 바구니 A 바로 위에 있지 않으며, 바구니 C가 바구니 B 바로 위에 있지 않다) 보상변동과 등가변동은 일반적으로 같지 않다.

(b) 이제는 등가변동을 결정해야 한다. 〈그림 5.19〉에서 바구니 E를 어떻게 구할 수 있는가? 다음과 같은 두 가지 사실을 알고 있다. 첫째, 바구니 E는 최종 무차별곡선 상에 위치한다. 따라서 $U = xy = 324$라는 사실을 알고 있다. 둘째, 접점조건에 따르면 점 E에서 무차별곡선의 기울기 $-MU_x/MU_y$는 최초 예산선의 기울기 $-P_x/P_y$ 또는 $y/x = 9/1$과 일치한다. 따라서 접점조건에 따르면 $y = 9x$가 된다. 다음과 같이 두 개의 미지수에 두 개의 식을 갖게 된다. (1) $xy = 324$, (2) $y = 9x$. 이 두 조건에 따르면 $x = 6$, $y = 54$가 된다.

소비자는 최초 가격($P_x = 9$)에서 바구니 E를 구입하

는 데 얼마를 지출해야 하는가? 대답은 $P_x x + P_y y = $ (9달러)(6) + (1달러)(54) = 108달러이다. 따라서 최초 가격에서 바구니 E를 구입하는 데 소비자는 108달러를 지출해야 한다. 따라서 등가변동은 108달러와 소득(72달러) 사이의 차이인 36달러가 된다. 등가변동에 따르면 가격이 4달러로 인하된 후에 누리는 것과 같은 수준의 효용을 유지하기 위해 가격 변화 전에 (초콜릿 가격이 9달러인 경우에) 소비자에게 36달러를 제공해야 한다. 따라서 등가변동(36달러)과 보상변동(24달러)은 같지 않다.

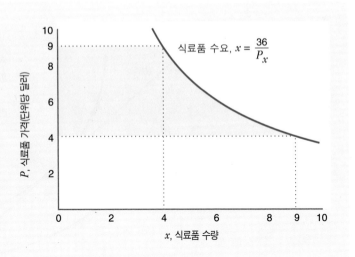

그림 5.20 소득효과가 있는 경우의 소비자 잉여

식료품 가격이 단위당 9달러에서 4달러로 하락하는 경우 소비자는 식료품 소비를 4단위에서 9단위로 증가시킨다. 소비자 잉여의 증가를 추정하기 위하여 색칠된 면적을 측정할 경우 소비자 잉여는 29.20달러 증가한 것으로 계산된다. 하지만 이는 보상변동(24달러)보다 크고 등가변동(36달러)보다 작다. 소득효과가 적지 않기 때문에 수요곡선 아래 면적의 크기는 보상변동과 등가변동 둘 다와 같지 않다.

계속해서 정리문제 5.9의 소비자를 염두에 두면서, 식료품에 대한 수요곡선 아래의 면적을 이용하여 소비자 잉여를 측정할 경우 어떤 일이 발생하는지 살펴보도록 하자. 정리문제 5.4에서 식료품 수요함수가 $x = I/(2P_x)$라는 사실을 살펴보았다. 〈그림 5.20〉은 소득이 72달러인 경우의 수요곡선을 보여 주고 있다. 식료품 가격이 단위당 9달러에서 4달러로 하락하는 경우, 소비는 4단위에서 9단위로 증가한다. 〈그림 5.20〉의 색칠된 면적을 이용하여 소비자 잉여의 증가분을 측정할 경우 소비자 잉여가 29.20달러만큼 증가했음을 알 수 있다. 색칠된 면적(29.20달러)이 보상변동(24달러)과 등가변동(36달러) 둘 다와 상이하다는 점에 주목하자. 따라서 수요곡선 아래 면적은 소득효과가 영이 아닌 경우 보상변동이나 등가변동을 정확하게 측정하지 못한다는 사실을 알 수 있다.

5.4 시장수요

앞 절에서는 소비자 이론을 사용하여 개별 소비자의 수요곡선을 어떻게 도출하는지 살펴보았다. 하지만 기업들과 정책입안자들은 종종 소비자들의 전체 시장에 대한 수요곡선에 관해 더 관심을 갖는다. 시장은 수천 또는 수백만 명의 개별 소비자들로 구성되는데 시장수요곡선을 어떻게 도출하여야 하는가?

이 절에서는 다음과 같은 중요한 원칙을 설명하고자 한다. **시장수요곡선은 개별 소비자의 수요를 수평으로 합산한 것이다.** 이 원칙은 두 명의 소비자, 세 명의 소비자, 수백만의 소비자가 시장에 있는지에 관계없이 준수된다.

개별 소비자의 수요로부터 시장수요를 어떻게 도출하는지 예를 들어 살펴보도록 하자. 간단히 하기 위해 오렌지주스 시장에는 단지 두 명의 소비자만이 있다고 가상하자. 첫 번째는 '건강을 의

표 5.1	오렌지주스에 대한 시장수요		
가격 (달러/리터)	건강을 의식하는 소비자 (리터/월간)	이따금 마시는 소비자 (리터/월간)	시장수요 (리터/월간)
5	0	0	0
4	3	0	3
3	6	0	6
2	9	2	11
1	12	4	16

식하는 소비자'로 오렌지의 영양가와 맛 때문에 오렌지주스를 좋아한다. 〈표 5.1〉의 두 번째 열은 첫 번째 열에 표기된 각 가격수준에서 소비자가 매월 얼마나 많은 리터의 오렌지주스를 구입하는지 보여 준다. 두 번째 소비자(오렌지를 '이따금 마시는 소비자')도 또한 오렌지의 맛을 좋아하지만 영양가에 대해서는 관심을 덜 갖는다. 〈표 5.1〉의 세 번째 열은 첫 번째 열에 표기된 각 가격수준에서 얼마나 많은 리터의 오렌지주스를 구입하는지 알려 준다.

어떤 가격에서 시장에서 소비되는 총량을 구하려면 각 소비자가 해당 가격에서 구입하는 수량을 단순히 합하면 된다. 예를 들어 시장가격이 리터당 5달러인 경우 어떤 소비자도 오렌지주스를 구입하지 않는다. 가격이 3달러 또는 4달러인 경우 건강을 의식하는 소비자만이 오렌지주스를 구입한다. 시장가격이 리터당 4달러인 경우 소비자는 3리터를 구입하고 시장수요도 3리터가 된다. 시장가격이 리터당 3달러인 경우 시장수요는 6리터가 된다. 마지막으로 시장가격이 3달러 아래인 경우 두 유형의 소비자 모두 오렌지주스를 구입하게 된다. 가격이 리터당 2달러인 경우 시장수요는 11리터가 된다. 가격이 1달러인 경우 시장수요는 16리터가 된다.

〈그림 5.21〉은 각 소비자에 대한 수요곡선과 시장수요곡선을 보여 주고 있다. 굵은 선이 오렌지주스에 대한 시장수요곡선이다.

마지막으로 이 세 가지 수요곡선을 대수학적으로 나타낼 수 있다. Q_b는 건강을 의식하는 소비자의 수요량을 의미하고 Q_c는 이따금 마시는 소비자의 수요량을 나타내며 Q_m은 (이 경우 두 유형의 소비자만으로 구성된) 전체 시장의 수요량을 나타낸다. 세 가지 수요함수 $Q_b(P)$, $Q_c(P)$, $Q_m(P)$를 살펴보도록 하자.

〈그림 5.21〉에서 보는 것처럼 건강을 의식하는 소비자의 수요곡선은 직선이 되며 가격이 리터당 5달러 미만인 경우에만 오렌지주스를 구입한다. 이 소비자에 대한 수요곡선 식은 다음과 같음을 입증할 수 있다.

$$Q_b(P) = \begin{cases} P < 5\text{인 경우, } 15 - 3P \\ P \geq 5\text{인 경우, } 0 \end{cases}$$

이따금 마시는 소비자의 수요곡선 또한 직선이 되며 가격이 리터당 3달러 미만인 경우에만 오

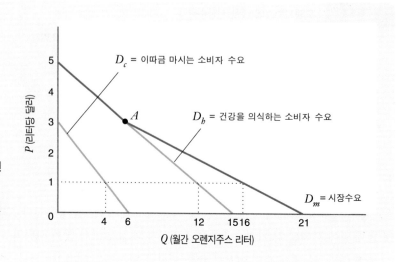

그림 5.21   시장수요곡선과 세분화된 수요곡선

시장수요곡선 D_m(굵은 곡선)은 개별 소비자들의 수요곡선 D_b 및 D_c를 수평으로 합산하여 구할 수 있다.

렌지주스를 구입한다. 이 소비자에 대한 수요곡선 식은 다음과 같다.

$$Q_c(P) = \begin{cases} P < 3\text{인 경우, } 6 - 2P \\ P \geq 3\text{인 경우, } 0 \end{cases}$$

그래프에서 보는 것처럼 시장수요곡선은 점 A에서 굽어지며 직선이 연결된다. 가격이 5달러를 초과하는 경우 어떤 소비자도 오렌지주스를 구입하지 않는다. 가격이 3~5달러 사이인 경우 건강을 의식하는 소비자만이 이를 구입한다. 따라서 이 가격 범위 내에서 시장수요곡선은 건강을 의식하는 소비자의 수요곡선과 동일하다. 마지막으로 가격이 3달러 미만인 경우 두 종류의 소비자 모두 오렌지주스를 구입한다. 따라서 시장수요 $Q_m(P)$는 세분화된 수요를 합한 것, 즉 $Q_b(P) + Q_c(P) = (15 - 3P) + (6 - 2P) = 21 - 5P$와 같다. 시장수요 $Q_m(P)$는 다음과 같다.

$$Q_m(P) = \begin{cases} P < 3\text{인 경우, } 21 - 5P \\ 3 \leq P < 5\text{인 경우, } 15 - 3P \\ P \geq 5\text{인 경우, } 0 \end{cases}$$

이 논의를 통하여 시장수요곡선을 구하기 위해서 세분화된 수요를 합산할 경우 주의를 기울여야 한다는 점을 알았다. 첫째, 시장수요곡선을 구하기 위해서는 수량을 합해야 하므로 (P를 Q의 함수로 나타내는) 역함수 형태의 수요곡선을 사용하지 말고, 이를 합산하기 전에 (Q를 P의 함수로 나타내는) 일반적인 형태의 수요곡선을 구해야 한다.

둘째, 세분화된 수요를 대수학적으로 합산할 경우 세분화된 해당 수요가 양수인 가격 범위에 대해 관심을 기울여야 한다. 세분화된 수요 식을 단순히 합산하여 시장수요 $Q_m = Q_b(P) + Q_c(P) = 21 - 5P$를 구할 경우 이 식은 3달러를 초과하는 가격에 대해서는 타당하지 않다. 예를 들어 가격이 4달러인 경우 식 $Q_m = 21 - 5P$에 따르면 시장 수요량은 1리터가 된다. 하지만 〈표 5.1〉에 따르면 이 가격에서 올바른 시장 수요량은 3리터가 되므로 옳지 않다. 이런 방식이 옳지 않은 이유를 알아낼 수 있는지 생각해 보자(할 수 없다면 각주를 참조해 보자).[5]

네트워크 외부효과를 갖는 시장수요

지금까지 한 재화에 대한 어떤 사람의 수요는 그 밖의 모든 다른 사람의 수요와 독립적이라고 가정하였다. 예를 들어 소비자가 구입하고자 하는 초콜릿의 양은 소비자의 소득, 초콜릿 가격, 아마도 다른 재화의 가격에 의존하지만 다른 사람의 초콜릿에 대한 수요에는 의존하지 않는다고 가정하였다. 이런 가정으로 인해 한 재화에 대한 시장수요곡선은 시장에 있는 모든 소비자들의 수요곡선을 합함으로써 구할 수 있었다.

하지만 일부 재화의 경우 한 소비자의 수요는 얼마나 많은 다른 사람들이 해당 재화를 구입하는가에 의존한다. 이런 경우 **네트워크 외부효과**(network externalities)가 있다고 한다. 어떤 재화에 대한 한 소비자의 수요가 해당 재화를 구입하는 다른 소비자들의 수와 함께 증가하는 경우 외부효과가 양이 된다. 한 소비자의 수요량이 더 적은 수의 다른 소비자들이 해당 재화를 소유할 경우 증가한다면 외부효과는 음이 된다. 많은 재화 또는 용역은 네트워크 외부효과를 갖는다.

(전화 네트워크와 같은 물리적인) 네트워크에서 네트워크 외부효과를 종종 발견할 수 있지만 (소비자들 사이에 물리적인 네트워크가 존재하지 않기 때문에 이따금 실질적인 네트워크라 불리는) 다른 상황에서도 이를 발견할 수 있다. 예를 들면 (마이크로소프트 워드처럼) 어떤 컴퓨터 소프트웨어는 사용자가 단 한 명인 경우에도 문서를 작성하는 데 가치가 있다. 하지만 많은 사용자가 있는 경우 이 제품은 어느 사용자에게도 더 많은 가치가 있게 된다. 사용자 간의 실질적인 네트워크로 인해 해당 소프트웨어를 이용하여 자료를 교환하고 처리하는 것이 가능하다.

재화 또는 용역이 가치를 갖기 위해서는 두 개의 보완적인 구성요소가 필요한 경우 실질적인 네트워크가 또한 존재한다. 예를 들면 마이크로소프트 윈도와 같은 컴퓨터 운영체계는 이 체계를 통해 이용할 수 있는 소프트웨어 애플리케이션이 존재할 경우에만 가치가 있게 된다. 많은 애플리케이션들이 운영체계와 함께 사용될 수 있을 때 운영체계는 더 가치가 있게 된다. 소프트웨어 애플리케이션은 또한 널리 사용되는 운영체계상에서 작동이 가능할 때 더 많은 가치를 갖게 된다.

마지막으로 재화 또는 용역이 유행인 경우 양의 네트워크 외부효과가 나타난다. 의류의 패션, 어린이들의 장난감, 맥주처럼 생활양식에 영향을 미치는 재화 및 용역에 대한 유행을 자주 접하게 된다. 광고업자와 마케팅 담당자들은 자주 한 제품의 인기를 이미지의 일부로 강조하려 한다.

〈그림 5.22〉는 양의 네트워크 외부효과가 미치는 영향을 보여 주고 있다. 이 그래프는 인터넷에

---

5 $Q_b(P) = 15 - 3P$와 $Q_c(P) = 6 - 2P$를 더하여 시장수요 식 $Q_m = 21 - 5P$를 도출했으므로 잘못이 발생했다. 세분화된 수요 식에 따르면 $P = 4$인 경우 $Q_b(P) = 3$, $Q_c(P) = -2$가 된다. 이를 합산하면 물론 1이 된다. 하지만 가격이 4달러인 경우 이따금 마시는 소비자의 오렌지주스 소비량은 음(-2)이 된다고 가정하였고 이는 경제적으로 의미가 없다! 가격이 4달러인 경우 이따금 마시는 소비자의 수요 식 $Q_c(P) = 6 - 2P$는 타당하지 않다. 이 가격에서 $Q_c(P) = 0$이지 -2가 아니다.

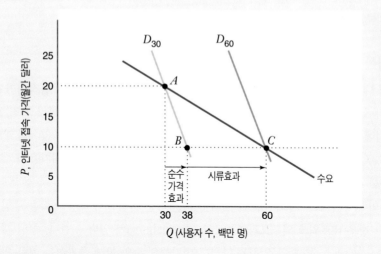

그림 5.22 양의 네트워크 외부효과 : 시류효과

시류효과는 더 많은 소비자가 어떤 물품을 구입함에 따라 해당 물품의 수요량이 증가하는 양의 네트워크 외부효과를 말한다. 인터넷 월간 접속료가 20달러에서 10달러로 하락할 경우 인터넷 접속 수요에는 어떤 변화가 일어나게 되는가? 네트워크 외부효과가 존재하지 않는 경우 순수 가격효과로 인해 이를 수요하는 인원은 3,000만 명에서 3,800만 명으로 증가하게 된다. 하지만 사용자의 이런 증가로 인해 이메일과 같은 서비스를 이용하여 더 많은 사람과 접속할 수 있게 되므로 훨씬 더 많은 사람들이 인터넷에 접속하려 한다. 양의 네트워크 외부효과(시류효과)를 통해 또 다른 2,200만 명의 인터넷 이용자를 추가시킬 수 있다.

접속하려는 일련의 시장수요곡선을 나타내고 있다. 이 예에서 인터넷 접속은 아메리카 온라인이나 마이크로소프트 네트워크가 제공하는 연계망처럼 인터넷 접속을 가능하게 해 주는 업체를 이용하는 것이라고 가정한다. 곡선 D_{30}은 3,000만 명의 인터넷 사용자가 있다고 소비자가 믿을 경우의 수요를 나타낸다. 곡선 D_{60}은 6,000만 명의 인터넷 사용자가 있다고 소비자가 생각할 경우의 수요를 나타낸다. 처음에는 (그래프 상의 점 A에서) 접속비용이 월간 20달러이고 3,000만 명의 사용자가 있다고 가상해 보자.

월간 접속요금이 10달러로 하락하는 경우 어떤 일이 발생하는가? 양의 네트워크 외부효과가 존재하지 않는 경우 수요량은 단순히 D_{30}을 따라 이동하며 변화한다. 사용량은 (그래프 상의 점 B에서) 3,800만 회선으로 증가한다. 하지만 양의 네트워크 외부효과가 존재한다고 하자. 즉 보다 많은 사람들이 이메일, 인스턴트 메시지, 기타 인터넷 서비스를 사용하게 되면 더 많은 사람들이 이를 이용하려 한다고 하자. 그러면 인하된 가격에서 접속하려는 소비자의 수는 D_{30} 상에 있는 점 B보다 훨씬 많아지게 된다. 월간 요금이 10달러인 경우 실제 사용자의 총수는 (그래프 상의 점 C에서) 6,000만 명이 된다. 가격 인하에 따른 총효과는 사용자가 3,000만 명 증가하는 것이다. 총효과는 (점 A에서 점 B로 이동한) 800만 명의 신규 사용자인 순수 가격효과에 (점 B에서 점 C로 이동한) 2,200만 명의 신규 사용자인 시류효과를 합한 것이다. **시류효과**(bandwagon effect)는 더 많은 소비자가 인터넷을 사용함에 따라 수요량이 증가하는 현상을 말한다. 따라서 (그림 5.22의 대량수요를 나타내는 수요곡선처럼) 양의 네트워크 외부효과가 있다고 관찰되는 수요곡선은 (D_{30} 처럼) 네트워크 외부효과가 없는 수요곡선보다 더 탄력적이다.

일부 제품의 경우, 보다 많은 사람들이 해당 제품을 소유하게 되면 수요량이 감소할 수 있다. 이 경우 음의 네트워크 외부효과가 존재한다고 본다. 스트라디바리우스 바이올린, 베이브 루스 야구카드, 값비싼 자동차처럼 희귀한 품목인 경우가 이런 제품의 예이다. 이런 제품들은 **속물효과** (snob effect)를 갖게 된다. 속물효과란 보다 많은 소비자가 어떤 제품을 구입하게 되면 해당 제품에 대한 수요량이 감소하는 음의 네트워크 외부효과를 말한다. 속물효과는 소비자들이 어떤 제품을 소유하는 몇 안 되는 사람들 중 한 명이 되는 데 가치를 두기 때문에 발생한다. 보다 많은 사람들이 어떤 재화 또는 용역을 구입할 경우 혼잡이 증대되어 해당 재화 또는 용역의 가치가 감소하기 때문에 속물효과가 발생한다고도 본다.

〈그림 5.23〉은 속물효과가 미치는 영향을 보여 주고 있다. 이 그래프는 체력단련 클럽 회원권에 대한 일련의 시장수요곡선을 보여 주고 있다. 1,000명이 회원권을 갖고 있다고 소비자들이 생각할 경우 수요곡선은 $D_{1,000}$이 된다. 이와 유사하게 1,300명이 회원권을 갖고 있다고 소비자들이

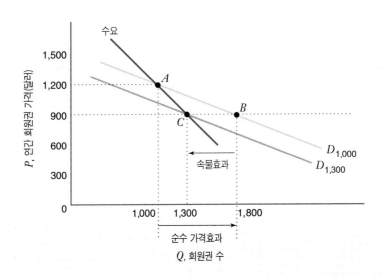

그림 5.23 음의 네트워크 외부효과 : 속물효과

속물효과는 더 많은 소비자가 어떤 물품을 구입함에 따라 해당 물품의 수요량이 감소하는 음의 네트워크 외부효과를 말한다. 연간 체력단련 클럽 회원권 가격이 1,200달러에서 900달러로 하락할 경우 이 회원권에 대한 수요에는 어떤 변화가 일어나게 되는가? 네트워크 외부효과가 존재하지 않는 경우 순수 가격효과로 인해 회원권에 대한 수요는 (1,000개에서 1,800개로) 800개가 증가한다. 하지만 회원권 수가 이처럼 증가하게 되면 클럽에 혼잡이 발생하여 일부 사람들은 클럽에 가입하지 않게 된다. 즉 음의 외부효과(속물효과)로 인해 회원이 (1,800명에서 1,300명으로) 500명 감소한다. 따라서 가격 인하에 따른 순효과는 300명의 회원 증가에 그친다.

생각할 경우 수요곡선은 $D_{1,300}$이 된다. (그래프 상의 점 A에서 보는 것처럼) 연간 회원권의 최초 가격은 1,200달러이며 회원 수는 1,000명이라고 가상하자.

회원권의 가격이 900달러로 인하되면 어떤 일이 발생하는가? 소비자들이 회원 수가 1,000명을 유지할 것이라고 생각한다면 (그래프의 점 B에서 보는 것처럼) 1,800명이 클럽에 가입하기를 원하게 된다. 하지만 좀 더 많은 회원이 체력단련 클럽에 가입함에 따라 이 클럽은 더 혼잡하게 되며 수요곡선은 안쪽으로 이동한다. 월간 회원권 가격이 900달러가 되면 실제로 수요되는 회원권의 총수는 (그래프의 점 C에서 보는 것처럼) 1,300명으로 증가할 뿐이다. 가격 인하에 따른 순효과는 회원이 300명 증가하는 것이다. 순효과는 (점 A에서 점 B로 이동한) 신규회원이 800명 증가하는 순수 가격효과에 (점 B에서 점 C로 이동한) 신규회원이 -500명 되는 속물효과를 합한 것이다. (그림 5.23에서 점 A와 점 C를 연결한 수요곡선처럼) 음의 네트워크 외부효과가 있다고 관찰되는 수요곡선은 ($D_{1,000}$처럼) 음의 네트워크 외부효과가 없는 수요곡선보다 덜 탄력적이다.

5.5 노동 및 여가의 선택

이미 살펴본 것처럼 소비자 최적선택 모형은 일상생활에서 많은 경우에 적용할 수 있다. 노동을 얼마나 할지를 소비자가 어떻게 선택하는지 검토해 보자.

임금이 상승함에 따라 여가가 처음에는 감소하고 나중에는 증가한다

하루를 두 부분, 즉 개인이 노동을 하는 시간과 여가를 즐기는 시간으로 양분해 보자. 소비자가 노동을 하는 이유는 무엇인가? 노동을 함으로써 소득을 벌 수 있고 이를 이용하여 여가시간 동안 즐기는 활동에 대해 대가를 지불할 수 있다. 여가라는 용어는 예를 들면 식사, 수면, 오락, 연예를 포함하는 모든 비노동 활동을 포함한다. 소비자는 여가활동을 좋아한다고 가정하자.

소비자는 매일 L시간의 여가를 갖는다고 가상하자. 하루는 24시간이므로 노동으로 활용할 수 있는 시간은 여가를 즐기고 남은 시간, 즉 $24 - L$시간이 된다. 소비자는 시간당 임금률 w를 받는다. 따라서 총 일간 소득은 $w(24 - L)$이 된다. 이 소득을 이용하여 y로 측정한 복합재를 구입하게 된다. 복합재의 단위당 가격은 1달러가 된다.

소비자 효용 U는 총여가시간과 소비자가 구입할 수 있는 복합재의 단위 수에 의존한다. 〈그림 5.24〉의 최적선택 그래프에 기초하여 소비자의 결정을 나타낼 수 있다. 수평축은 일간 여가시간 수를 나타내며 24시간을 초과할 수 없다. 수직축은 소득으로 구입할 수 있는 복합재의 단위 수를 나타낸다. 복합재의 가격은 1달러이므로 수직축은 또한 소비자의 소득을 나타낸다.

여가 및 다른 재화의 최적선택을 구하기 위해서는 일련의 무차별곡선과 예산선이 있어야 한다. 그림은 여가 및 복합재의 한계효용이 모두 양인 일련의 무차별곡선을 보여 주고 있다. 따라서 $U_5 > U_4 > U_3 > U_2 > U_1$이 된다. 부차별곡선은 원점을 향해 볼록하므로 한계대체율 또한 체감한다.

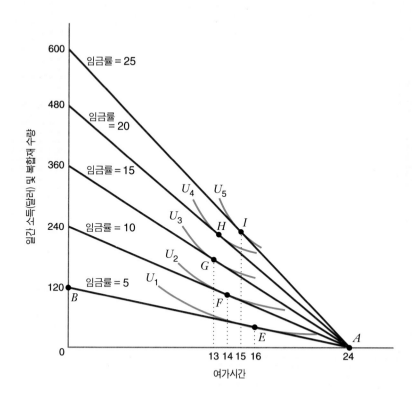

그림 5.24 노동 및 여가의 최적 선택

임금률 w가 5달러에서 10달러로 그리고 15달러로 상승함에 따라 소비자는 꾸준히 계속해서 더 적은 여가와 더 많은 노동을 선택한다. 즉 소비자는 바구니 E(여가 16시간, 노동 8시간)에서 바구니 F(여가 14시간, 노동 10시간)로 그리고 바구니 G(여가 13시간, 노동 11시간)로 이동하게 된다. 하지만 임금률이 15달러에서 20달러로 그리고 25달러로 상승함에 따라 소비자는 꾸준히 계속해서 더 많은 여가와 더 적은 노동을 선택한다. 즉 바구니 G에서 바구니 H로 그리고 바구니 I로 이동하게 된다(바구니 I에서 소비자는 여가 15시간을 선택하며 9시간만 노동할 뿐이다).

이 문제에 대한 소비자의 예산선은 소비자가 선택할 수 있는 복합재 y와 여가시간(L)이 어떻게 결합되는지를 알려 준다. 소비자가 노동을 하지 않을 경우 여가시간은 24시간이 되지만 복합재에 지출할 소득을 얻을 수 없다. 이는 그래프의 예산선 상에서 점 A에 해당한다.

예산선의 나머지 부분은 임금률 w에 따라 위치가 결정된다. 임금률이 시간당 5달러라고 가상하자. 이 경우 노동을 하기 위해 소비자가 포기한 여가시간당 복합재 5단위를 구입할 수 있다. 예산선의 기울기는 -5가 된다. 소비자가 매일 24시간 노동을 할 경우 소득은 120달러가 되며 복합재 120단위를 구입할 수 있다. 이는 예산선에서 B에 해당한다. 이 경우 소비자의 최적선택은 바구니 E가 된다. 도표에 따르면 임금률이 5달러인 경우 소비자는 8시간 노동을 하게 된다.

어떤 임금률에 대한 예산선의 기울기는 $-w$가 된다. 그림에서 예산선은 다섯 개의 상이한 임금률(5달러, 10달러, 15달러, 20달러, 25달러)에 대해 도출하였다. 임금률이 5달러에서 15달러로 상승함에 따라 여가시간의 수가 감소한다. 하지만 임금률이 계속해서 상승할 경우 소비자는 여가시간의 선택을 증가시키게 된다.

다음 절에서는 임금률이 상승할 경우 발생하는 노동 대 여가에 대한 소비자 선택상의 변화와 직접 관련된 현상에 관해 논의할 것이다.

후방굴절형 노동공급곡선

하루는 단지 24시간에 불과하므로 소비자가 여가시간의 규모를 선택하게 되면 소비자가 공급하게 될 노동의 규모도 선택하게 된다. 〈그림 5.24〉에 있는 최적선택 그래프는 각 임금률 수준에서 소비자가 노동을 얼마나 공급하게 되는지를 보여 주는 곡선을 도출할 수 있도록 충분한 정보를 포함하고 있다. 다시 말해 소비자의 노동공급곡선을 도출할 수 있다. 〈그림 5.25〉는 이런 곡선을 보여 주고 있다.

〈그림 5.25〉에 있는 점 E', F', G', H', I'는 각각 〈그림 5.24〉의 점 E, F, G, H, I에 상응한다. 예를 들어 임금률이 5달러가 될 경우 소비자는 8시간 노동을 하게 된다. 임금률이 15달러가 될 때까지 노동공급이 증가한다. 임금률이 15달러에 도달하게 되면 소비자는 11시간 노동을 하게 된다. 하지만 임금률이 15달러를 초과하게 될 경우 어떤 일이 발생하는지 살펴보도록 하자. 우리는 통상적으로 가격이 인상되면(임금률은 노동의 가격이라는 점을 기억하자) 대부분 재화 및 용역의 공급을 촉진하게 된다고 생각하지만, 여기서는 임금률이 높아지면 소비자가 공급하는 노동의 양을 **축소시키게 된다.** 노동공급곡선은 임금률이 15달러를 초과하게 되면 임금률에 대해 **후방굴절**하게 된다. 예를 들어 임금률이 15달러에서 25달러로 인상될 경우 소비자는 노동시간을 11시간에서 9시간으로 축소하게 된다.

노동공급곡선에서 후방굴절하는 부분이 있는 이유는 무엇 때문인가? 이를 이해하기 위해서 임금률 변화와 관련된 소득효과 및 대체효과에 관해 생각해 보자. 〈그림 5.24〉에 있는 최적선택 그래프를 살펴보도록 하자. 고정된 소득 대신에 소비자는 하루 24시간이라는 고정된 시간을 갖는다. 이것이 바로 임금률에 관계없이 예산선의 수평축에 대한 절편이 24시간에 위치하는 이유이다. 노동을 1시간 할 경우 임금률에 관계없이 소비자는 언제나 여가 1시간을 '희생해야 한다.'

하지만 임금률이 인상되면 복합재 1단위가 소비자에게는 더 싸게 느껴진다. 임금률이 두 배가

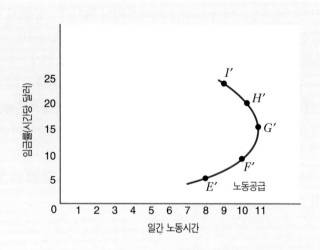

그림 5.25 후방굴절형 노동공급곡선

점 E', F', G', H', I'는 각각 〈그림 5.24〉의 점 E, F, G, H, I와 상응한다. 노동공급곡선은 15달러를 초과하는 임금률에 대해서 후방굴절한다.

되면 이전과 같은 규모의 복합재를 구입하는 데 절반만 노동을 해도 된다. 이것이 바로 임금률이 인상됨에 따라 예산선의 수직축에 대한 절편이 증가하는 이유이다. 따라서 임금률이 증가함에 따라 〈그림 5.24〉에서 보는 것처럼 예산선이 위쪽으로 회전하게 된다.

임금이 인상될 경우 두 가지 효과가 관련된다. 첫째, 복합재 1단위를 구입하는 데 필요한 노동의 양이 감소한다. 이 효과만을 고려할 경우 소비자는 여가 대신 더 많은 복합재로 대체하게 된다. 대체효과로 인해 여가가 축소되고 이로 인해 노동공급이 증가한다. 둘째, 복합재 1단위를 구입하는 데 노동이 더 적게 소요되기 때문에 소비자는 더 많은 소득을 갖게 된 것처럼 생각한다. 따라서 임금이 인상되면 소득효과가 발생한다. 여가는 대부분의 사람에게 정상재이므로 여가의 크기에 대한 소득효과는 양이 되며, 이는 노동의 양에 대한 소득효과가 음이라는 의미이다. 즉 소득이 증가함에 따라 소비자는 더 많은 여가를 원하게 된다.

우선 임금이 15달러에서 25달러로 상승할 경우의 소득효과와 대체효과를 검토해 보자. 〈그림 5.26〉에서 (임금률이 15달러인) 최초 예산선을 그려 보면 점 G에서 최적의 여가 소비(13시간)를 구할 수 있다. 따라서 노동시간은 11시간이 된다. 이제는 (임금률이 25달러인) 최종 예산선을 그려 보자. 최적의 여가 소비는 점 I에서 15시간이 된다. 따라서 소비자는 9시간 노동을 하게 된다. 마지막으로 분해된 예산선 BL_d를 그려 보자. 이 선은 최초 무차별곡선(U_3)에 접하며 최종 예산선

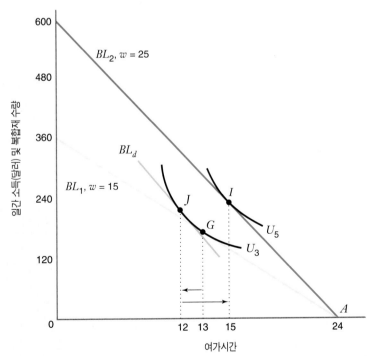

대체효과 : 여가의 변화 = −1
소득효과 : 여가의 변화 = +3

그림 5.26 노동 및 여가의 최적선택

예산선 BL_1의 최초 바구니 G에서 소비자는 여가 13시간을 선택한다(그리고 11시간 노동을 한다). 예산선 BL_2의 최종 바구니 I에서 소비자는 여가 15시간을 선택한다(그리고 9시간 노동을 한다). 예산선 BL_d의 분해 바구니 J에서 소비자는 여가 12시간을 선택한다(그리고 12시간 노동을 한다). 여가에 대한 대체효과는 −1(G와 J 사이 여가의 변화)이다. 여가에 대한 소득효과는 +3(J와 I 사이 여가의 변화)이다. 따라서 여가에 대한 총효과는 +2이고, 이에 상응하는 노동에 대한 총효과는 −2이다.

과 평행을 이룬다. 분해된 바구니(점 J)에서 여가시간은 12시간이며 노동시간도 12시간이 된다.

따라서 여가에 대한 대체효과는 (G에서 J로 이동함에 따른 여가의 변화인) -1시간이 된다. 여가에 대한 소득효과는 (J에서 I로 이동함에 따른 여가의 변화인) $+3$시간이 된다. 소득효과가 대체효과를 초과하기 때문에 임금률 변화가 여가의 크기에 미치는 순효과는 $+2$시간이 된다. 달리 표현하면 임금률 증가가 **노동**의 양에 미치는 순효과는 -2시간이 된다. 이것이 임금률이 15달러를 초과하여 상승할 경우 〈그림 5.25〉에서 노동공급곡선이 후방굴절하는 형태를 갖는 이유이다.

요약하면 임금 인상과 관련된 소득효과가 대체효과를 능가할 경우 노동공급곡선의 후방굴절하는 부분에 위치하게 된다. 반면에 대체효과가 소득효과를 초과할 경우 노동공급곡선 중 기울기가 상향하는 부분에 위치한다.

정리문제 5.10

여가에 대한 수요와 노동공급

문제

여가(L) 및 복합재(Y)에 대한 영희의 효용은 $U = LY$이다. 여가의 한계효용은 $MU_L = Y$이며 복합재의 한계효용은 $MU_Y = L$이다. 복합재의 가격은 1달러이다. 영희가 하루에 여가 L시간을 사용할 경우 $(24 - L)$시간은 노동을 하게 된다. 임금은 w이므로 일간 소득은 $w(24 - L)$이 된다. 임금이 양수인 경우 영희가 사용하게 될 최적의 여가시간 수는 언제나 동일하다는 사실을 보이라. 영희는 여가시간을 얼마나 수요하며 노동시간은 얼마나 공급하려 하는가?

해법

콥-더글러스 효용함수의 경우 내부최적이 이루어지며 Y 및 L은 양수를 갖게 된다. 영희의 여가에 대한 일간 최적선택(L)을 구하게 되면 노동시간은 $(24 - L)$시간이 된다.

Y 및 L의 최적선택에서 영희는 두 가지 조건을 만족시켜야 한다. 첫째, 접점조건에 따르면 여가의 가격에 대한 여가의 한계효용 비율은 복합재의 가격에 대한 복합재의 한계효용 비율과 같아야 한다. 여가의 가격은 임금이며

이는 어떤 시간 동안 노동을 하는 대신 추가적으로 여가를 향유할 경우 상실하게 될 소득을 의미한다. 따라서 최적은 다음과 같이 나타낼 수 있다.

$$\frac{MU_L}{w} = \frac{MU_Y}{1}$$

접점조건에 따르면 $Y/w = L$ 또는 $Y = wL$이 된다.

영희는 또한 자신의 예산제약을 충족시켜야 한다. 그녀는 임금에 자신이 제공한 노동시간을 곱한 값만큼의 소득을 받게 되므로 $w(24 - L)$이 된다. 1달러의 가격으로 복합재 Y단위를 구입하게 되므로 Y달러를 지출하게 된다. 따라서 예산제약은 $w(24 - L) = Y$가 된다.

접점조건과 예산선을 동시에 고려하면 $w(24 - L) = wL$이 성립해야 한다. 이 예에서 영희의 여가에 대한 최적 수요는 하루에 $L = 12$시간이며 임금에 관계없이 12시간의 노동을 공급하게 된다. 물론 많은 다른 효용함수인 경우에는 여가에 대한 수요(따라서 노동의 공급)는 임금에 의존하게 된다.

5.6 소비자 물가지수

소비자 물가지수(CPI)는 소비자 가격과 인플레이션의 추세에 관한 정보를 제공하는 가장 중요한 출처 중 하나이다. 이는 생활비의 변화를 측정하는 방법으로 종종 간주되며 민간 및 공공부문에서 경제분석을 하는 데 광범위하게 사용된다. 예를 들어 개인 및 기업이 계약을 체결하는 데 재화가 교환되는 가격은 CPI의 변화를 반영하여 시간이 흐름에 따라 종종 조정된다. 노동조합과 고용주 사이에 임금협상을 할 경우 CPI의 과거 또는 기대되는 장래 변화를 고려하여 임금률이 조정된다.

CPI는 또한 정부예산에도 중요한 영향을 미치고 있다. 지출 면에서 정부는 CPI를 이용하여 사회보장 대상자, 은퇴한 공무원, 구호 대상자용 식량 프로그램, 학교급식에 대한 지급금을 조정한다. CPI가 증가함에 따라 정부 지급금이 증대된다. CPI는 정부가 조세를 통해 거두어들일 수 있는 총액에도 영향을 미친다. 예를 들어 개인 소득세의 계층별 구분은 CPI에 기초한 인플레이션에 대해 조절된다. CPI가 증가함에 따라 조세수입은 감소한다.

CPI를 측정하는 일은 용이하지 않다. 간단한 예를 들어 CPI를 작성하는 데 어떤 요소들이 고려되어야 하는지 알아보도록 하자. 단지 두 개의 재화, 즉 식료품과 의복을 구입하는 한 명의 소비자만이 존재한다고 가상하자. 1차연도에 식료품 1단위를 구입하는 비용은 $P_{F_1} = 3$달러이고 의복 1단위 구입비용은 $P_{C_1} = 8$달러가 된다. 소비자의 소득은 480달러이며 예산선은 BL_1이 된다. 소비자는 식료품 80단위와 의복 30단위가 들어 있는 바구니 A를 구입하게 된다. 〈그림 5.27〉은 무차별곡선 U_1에 위치한 최적 바구니 A를 보여 주고 있다.

이제는 2차연도에 식료품과 의복의 가격이 $P_{F_2} = 6$달러와 $P_{C_2} = 9$달러로 인상되었다고 가상하자. 1차연도와 동일한 후생수준을 누리기 위해서, 즉 무차별곡선 U_1에 접하기 위해서 소비자는 2차연도에 얼마나 많은 소득을 필요로 하는가? 소비자가 필요로 하는 새로운 예산선(BL_2)이 U_1에 접하게 되며 새로운 가격을 반영하는 기울기 $-P_{F_2}/P_{C_2} = -2/3$를 갖게 된다. 새로운 가격에서 무차별곡선 상의 식료품과 의복의 결합 중 가장 적은 비용이 드는 것은 식료품 60단위와 의복 40단위인 바구니 B가 된다. 새로운 가격에서 바구니 B를 구입하는 데 소요되는 총지출은 $P_{F_2}F + P_{C_2}C = (6$달러$)(60) + (9$달러$)(40) = 720$달러가 된다.

원칙적으로 보면 CPI는 1차연도와 동일한 후생수준을 2차연도에 누리기 위해 필요한 지출의 백분율 증가를 측정한 것이다. 이 예에서는 지출액이 1차연도에 480달러에서 2차연도에 720달러로 증가하였다. '이상적인' CPI는 이전 지출액에 대한 새로운 지출액의 비율, 즉 720달러/480달러 = 1.5가 된다. 다시 말해 인상된 가격으로 소비자가 1차연도와 동일한 후생수준을 누리기 위해서는 2차연도에 50% 더 지출해야 한다. 이런 의미에서 2차연도의 '생활비'는 1차연도보다 50% 더 많아진다. 이와 같이 이상적으로 CPI를 측정하려면 식료품 가격이 의복 가격에 비해 인상될 경우 소비자는 식료품 대신에 더 많은 의복으로 대체하려 한다는 사실, 즉 최초의 바구니 A에서 바구니 B로 이동한다는 사실을 인정해야 한다.

이상적인 CPI를 구하기 위해 정부는 과거가격과 현재가격에 대한 정보뿐만 아니라 해당 물가

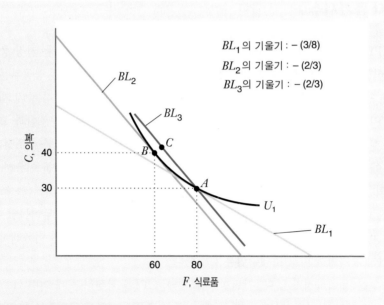

BL_1의 기울기 : $- (3/8)$
BL_2의 기울기 : $- (2/3)$
BL_3의 기울기 : $- (2/3)$

그림 5.27 소비자 물가지수의 대체 편의

1차연도에 소비자의 소득은 480달러이고 식료품 가격은 3달러이며 의복 가격은 8달러가 된다. 소비자는 바구니 A를 선택한다. 2차연도에 식료품 가격은 6달러로 상승하며 의복 가격은 9달러로 인상된다. 소비자는 비용이 720달러가 드는 바구니 B를 구입함으로써 새로운 가격에서 최초의 효용수준을 유지할 수 있다. 이상적인 생활비 지수는 1.5(= 720달러/480달러)로 생활비가 50% 인상되었음을 알려 준다. 이와는 대조적으로 CPI는 상대가격이 변화함에 따라 소비자가 식료품 대신에 의복으로 대체하지 않는다고 가정한다. 소비자가 새로운 가격에서 바구니 A를 계속 구입할 경우 750달러의 소득이 필요하다. 이처럼 CPI(750달러/480달러 = 1.56)에 따르면 소비자의 생활비가 약 56% 증대하며 이로 인해 생활비의 실제 증가를 과장하게 된다. 2차연도에 소비자의 소득이 750달러가 되면 BL_3 상에 있는, 예를 들면 바구니 C를 선택하여 U_1보다 더 높은 효용을 얻을 수 있다.

바구니 구성상의 변화(얼마나 많은 식료품과 의복을 소비하였는지)에 대한 정보를 수집해야 한다. 하지만 경제 내에 무수히 존재하는 재화 및 용역을 고려하면 어마어마한 양의 자료를 수집해야 한다! 시간이 흐름에 따라 가격이 변화하는 방향에 관한 자료를 수집하기도 힘든데 소비자들이 실제로 구입하는 바구니 구성상의 변화에 관한 정보를 수집하기란 더욱 어렵다.

실제로는 CPI 측정을 간단히 하기 위하여 정부는 가격이 변화함에 따라 고정된 바구니를 구입하는 데 필요한 지출액의 변화를 역사적으로 계산해 오고 있다. 여기서 고정된 바구니란 1차연도에 구입한 식료품과 의복의 양을 말한다. 위의 예에서 고정된 바구니는 A이다. 새로운 가격하에서 바구니 A를 구입하는 데 필요한 소득은 $P_{F_2}F + P_{C_2}C =$ (6달러)(80) + (9달러)(30) = 750달러가 된다. 새로운 가격하에서 750달러가 주어진 경우 소비자는 예산선 BL_3를 경험하게 된다. 고정된 바구니 A를 이용하여 CPI를 계산하려 한다면 이전 지출액에 대한 신규 지출액의 비율은 750달러/480달러 = 1.5625가 된다. 이 지수에 따르면 새로운 가격에서 고정된 바구니(즉 1차연도의 바

구니)를 구입하는 데 지출액이 56.25% 증대되어야 한다.[6]

앞의 예에서 알 수 있듯이 고정된 바구니에 기초한 지수는 인상된 가격에 대해 소비자에게 과잉보상을 하게 된다. 생활비 증가를 과장하는 현상을 경제학자들은 '대체 편의'라고 한다. 소비자의 바구니가 최초 소비수준에 고정되어 있다고 가정함으로써 해당 지수는 소비자들이 이후에 상대적으로 덜 비싼 제품으로 대체할 가능성을 무시하게 된다. 사실 소비자는 2차연도에 720달러 대신에 750달러의 소득이 주어질 경우 BL_3 상에 있는 C와 같은 바구니를 선택하여 A에 있을 때보다 상황이 나아진다.

요약

- 각 개인의 선호와 예산제약으로부터 해당 재화에 대한 개인의 수요곡선을 도출할 수 있다. 소비자 수요곡선은 재화의 가격이 변함에 따라 해당 재화의 최적선택이 어떻게 변하는지 보여 준다. 또한 수요곡선을 소비자가 해당 재화에 대해 '기꺼이 지불하고자 하는' 스케줄이라고 할 수 있다(정리문제 5.2, 5.3 참조).

- 소득이 증가함에 따라 한 재화를 더 많이 구입하는 경우 해당 재화는 정상재이다. 소득이 증가함에 따라 한 재화를 더 적게 구입하는 경우 해당 재화는 열등재이다(정리문제 5.1 참조).

- 가격이 변함에 따라 한 재화의 수량에 미치는 영향은 크게 두 부분, 즉 대체효과와 소득효과로 분리될 수 있다. 대체효과는 한 재화의 가격이 변할 경우 효용수준은 일정하게 유지하면서 나타나는 해당 재화의 소비량 변화를 의미한다. (한계대체율체감으로 인해) 무차별곡선이 원점을 향해 볼록한 경우 가격 변화로 인한 대체효과는 반대방향으로 나타난다. 해당 재화의 가격이 하락하면 대체효과는 양이 된다. 해당 재화의 가격이 인상되면 대체효과는 음이 된다(정리문제 5.4, 5.5,

5.6 참조).

- 소득효과는 소비자의 구매력이 변화할 경우 가격은 일정하다고 볼 때 나타나는 재화 구입량의 변화를 의미한다. 정상재인 경우 소득효과는 대체효과를 강화하게 된다(대체효과와 같은 방향으로 움직이게 된다). 열등재인 경우 소득효과는 대체효과와 반대방향으로 나타난다.

- 소득효과가 대체효과를 능가하는 매우 강력한 열등재인 경우 수요곡선은 일부 가격 범위에서 기울기가 상향한다. 이런 재화를 기펜재라 한다. 기펜재는 이론적으로 관심의 대상이 될 수 있지만 실제로는 그렇게 중요한 의미를 갖지 못한다.

- 소비자 잉여는 소비자가 한 재화에 대해 지불하고자 하는 것과 지불해야 하는 것 사이의 차이이다. 소득효과가 없다면 소비자 잉여는 소비자가 한 재화를 구입할 경우 상황이 얼마나 나아지는지를 금전적으로 측정한 것이다. 그래프에서 소비자 잉여는 통상적인 수요곡선 아래와 해당 재화 가격 위의 면적이다. 그리고 소비자 잉여의 변화는 가격이 변화할 경우 소비자가 얼

---

6 2차연도 가격으로 고정된 바구니를 구입하는 데 필요한 지출액을 1차연도 가격으로 동일한 바구니를 구입하는 데 필요한 지출액으로 나눈 측정값을 라스파이레스(Laspeyres) 지수라 한다. 이 책의 예를 이용하여 이 지수를 계산해 보자. 1차 및 2차연도 식료품의 가격은 P_{F_1} 및 P_{F_2}라 하고 1차 및 2차연도 의복의 가격을 P_{C_1} 및 P_{C_2}라 하자. 고정된 바구니는 1차연도 식료품 및 의복의 수량을 말하며 F 및 C는 이의 수량을 의미한다. 이 경우 라스파이레스 지수 L은 다음과 같다 : $L = (P_{F_2}F + P_{C_2}C)/(P_{F_1}F + P_{C_1}C)$.

마나 상황이 나아지는지 또는 나빠지는지를 보여 준다(정리문제 5.7 참조).

- 최적선택 도표를 이용하여 두 가지 관점, 즉 보상변동과 등가변동 측면에서 가격 변화에 따른 화폐적 영향을 고찰할 수 있다. 보상변동은 소비자가 어떤 재화의 가격 인하 **전**에 누렸던 효용과 동등한 수준을 유지하기 위하여 가격 변화 **후**에 금전적으로 얼마나 포기해야 하는지를 나타낸다.

- 등가변동은 소비자가 가격 인하 **후**에 누리게 될 효용과 동등한 수준을 유지하기 위하여 가격 변화 **전**에 소비자에게 얼마나 금전적으로 제공해야 하는지를 나타낸다.

- 소득효과가 존재하는 경우 보상변동과 등가변동은 상이하게 되며 이 측정값은 또한 통상적인 수요곡선 아래 면적과는 상이하다(정리문제 5.9 참조).

- 소득효과가 작은 경우 등가변동과 보상변동은 서로 유사하게 되며 통상적인 수요곡선 아래 면적이 소비자잉여의 (정확한 측정값은 아니지만) 아주 유사한 근사값이 된다.

- 소득효과가 없다면 보상변동 및 등가변동은 소비자가 해당 가격의 변화에 할애했던 금전적인 가치와 동일한 값을 갖는다. 통상적인 수요곡선 아래 면적의 변화는 보상변동 및 등가변동과 같아진다(정리문제 5.8 참조).

- 한 재화에 대한 시장수요곡선은 (네트워크 외부효과가 존재하지 않는다고 가정할 경우) 시장에 있는 모든 개별 소비자의 수요를 수평적으로 합한 것이다.

- 시류효과는 양의 네트워크 외부효과이다. 시류효과가 존재하는 경우 해당 재화의 수요량은 보다 많은 소비자가 이를 구입함에 따라 증가한다. 속물효과는 음의 네트워크 외부효과이다. 속물효과가 존재하는 경우 해당 재화의 수요량은 보다 많은 소비자가 이를 구입함에 따라 감소한다.

- 소비자 선택 모형은 각 개인의 근로시간 선택을 이해하는 데도 도움이 된다. 소비자의 행복은 자신이 구입할 수 있는 상품 및 서비스의 양뿐만 아니라 여가시간에도 의존한다. 소비자는 자신이 원하는 상품 및 서비스를 구입하기 위한 소득을 벌기 위해 노동을 해야 한다(여가를 포기해야 한다). 따라서 소비자가 여가에 대한 수요를 결정하는 경우 노동의 공급도 결정하게 된다(정리문제 5.10 참조).

주요 용어

가격소비곡선	보상변동	시류효과
기펜재	소득소비곡선	엥겔곡선
네트워크 외부효과	소득효과	열등재
대체효과	소비자 잉여	정상재
등가변동	속물효과	

복습용 질문

1. 어떤 재화에 대한 소비자 수요가 모든 재화의 가격과 소득에 어떻게 의존하는지 설명하시오.

2. 어떤 재화 가격의 변화가 대체효과 및 소득효과를 통해 소비자에게 어떤 영향을 미치는지 설명하시오.

3. 어떤 재화 가격의 변화가 소비후생에 관한 세 가지 척도, 즉 소비자 잉여, 보상변동, 등가변동에 어떤 영향을 미치는지 논의하시오.

4. 개별수요곡선으로부터 시장수요곡선을 도출하시오.

5. 네트워크 외부효과가 수요곡선에 미치는 영향에 관해 논의하시오.

6. 소비자는 노동과 여가 사이에서 자신의 시간을 어떻게 배분하는지 설명하시오. 이것이 시장에서의 노동공급과 어떻게 관련되는지 설명하시오.

7. 소비자 물가지수의 편의에 대해 논의하시오.

생산 및 비용 이론

제 **3** 부

6 생산요소와 생산함수

6.1 생산요소와 생산함수 : 개론

재화 및 용역을 생산하는 데는 노동력, 원재료, 설비 및 기계가 제공하는 용역과 같은 자원을 최종 재로 변환하는 과정이 포함된다. 예를 들면 반도체 생산업자는 피고용인이 제공하는 노동력과 마 이크로칩 생산장비, 로봇, 가공장비가 제공하는 자본용역을 실리콘과 합하여 최종적으로 칩을 생 산한다. 재화 및 용역을 생산하기 위하여 기업이 사용하는, 예를 들면 노동 및 자본장비와 같은 생 산자원을 **투입요소**(input) 또는 **생산요소**(factor of production)라 하며 생산된 재화 및 용역을 해 당 기업의 **생산물**(output)이라 한다.

반도체의 예에서 알 수 있듯이 실제 기업은 자주 주어진 생산량을 생산할 수 있는 몇 가지 생산 요소 결합방법 중 하나를 선택하게 된다. 반도체를 생산하는 기업은 노동자는 고용하고 로봇은 이 용하지 않거나, 보다 적은 수의 노동자를 고용하고 많은 로봇을 이용하여 일정한 수의 칩을 생산 할 수 있다. **생산함수**(production function)는 생산과정을 시행하기 위해 기업이 선택할 수 있는 다양한 기술상의 방법을 수학적으로 나타낸 것이다. 특히 생산함수는 기업이 사용할 수 있는 생산 요소의 양이 주어진 경우 해당 기업이 생산할 수 있는 생산물의 **최대량**을 보여 준다. 생산함수를 다음과 같은 방법으로 나타낼 것이다.

$$Q = f(L, K) \tag{6.1}$$

여기서 Q는 생산물의 양, L은 사용된 노동의 양, K는 투입된 자본의 양을 의미한다. 위의 식에 따르면 해당 기업이 취득할 수 있는 생산물의 최대량은 투입된 노동 및 자본의 양에 의존한다. 위의 식에 보다 많은 종류의 생산요소를 추가할 수도 있지만 실제 기업들이 직면하는 많은 중요한 선택 문제에는 노동과 자본(예를 들면 반도체를 생산하는 기업에서 로봇과 노동자) 사이의 선택이 포함된다. 나아가 이 두 가지 종류의 생산요소만을 이용하여 생산 이론의 주요 개념을 고찰해 볼 것이다.

위의 식 (6.1)에 있는 생산함수는 소비자 이론의 효용함수와 유사하다. 효용함수가 외생적인 소비자 기호에 의존하는 것처럼 생산함수는 외생적인 기술조건에 의존한다. 시간이 흐름에 따라 기술조건이 변화할 수 있으며 이는 기술진보로 간주한다. 그러면 생산함수가 이동할 수 있다. 6.6절에서 기술진보에 관해 논의할 것이며 그때까지는 기업의 생산함수를 고정되고 불변하는 것으로 볼 것이다.

식 (6.1)에 있는 생산함수를 통해 주어진 노동 및 자본을 결합시켜 기업이 얻을 수 있는 생산물의 **최대량**을 알 수 있다. 물론 비효율적인 관리로 인해 기술적으로 가능한 생산량을 축소시킬 수도 있다. 〈그림 6.1〉은 생산요소가 단 한 개인 생산함수 $Q = f(L)$을 통해 이런 가능성을 보여 주고 있다. 생산함수 상에 있거나 아래에 있는 점들이 생산요소와 생산물을 기술적으로 결합시키는 것이 가능한 집합, 즉 **생산집합**(production set)을 구성한다. 생산집합에 있는 A와 B 같은 점들은 **기술적으로 비효율적**(technically inefficient)이다(즉 이 점들에서 기업은 주어진 노동량으로부터 달성해야만 하는 생산량보다 더 적은 생산물을 생산할 뿐이다). 생산집합의 경계상에 있는 점들, 예를 들면 C와 D는 **기술적으로 효율적**(technically efficient)이다. 이 점들에서 기업은 주어진 투입

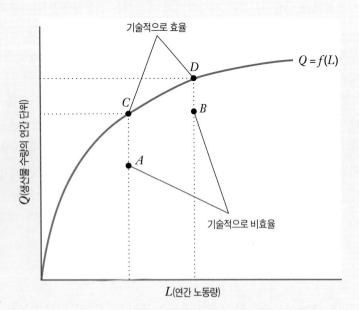

그림 6.1 기술적 효율성 및 비효율성

점 C와 D에서 기업은 기술적으로 효율적인 상태에 있다. 즉 기업은 자신이 투입한 일정한 노동량을 갖고 생산함수 $Q = f(L)$ 하에서 생산할 수 있는 최대량을 생산한다. 점 A와 B에서 기업은 기술적으로 비효율적이다. 즉 투입된 노동량을 갖고 생산할 수 있는 최대량을 생산하지 못한다.

된 노동량으로부터 기술적으로 가능한 최대 생산량을 생산하게 된다.

생산함수를 역으로 살펴보면 함수 $L = g(Q)$를 구할 수 있는데 이는 일정한 생산량을 생산하는데 필요한 최소 노동량을 알려 준다. 이 함수를 **노동필요함수**(labor requirements function)라 한다. 예를 들어 생산함수가 $Q = \sqrt{L}$인 경우 노동필요함수는 $L = Q^2$이 된다. 따라서 생산물 7단위를 생산하려면 기업은 최소한 노동 $7^2 = 49$단위가 필요하게 된다.

생산함수를 통해 주어진 생산요소의 결합으로부터 얻을 수 있는 최대 생산량을 알 수 있으므로 이를 $Q \leq f(L, K)$로 나타낼 수 있다. 이는 투입한 생산요소의 양이 주어진 경우 달성할 수 있는 최대 수준보다 이론상 해당 기업이 적은 양을 생산할 수 있다는 사실을 분명히 알려 준다.

6.2 생산요소가 한 개인 경우의 생산함수

기업 관련 기사를 보면 생산성에 관한 논의로 가득 차 있으며 이는 해당 기업이 투입한 자원으로부터 얻을 수 있는 생산량에 관해 폭넓게 논의하고 있다. 이 경우 생산함수를 이용하여 생산요소의 생산성을 특징지을 수 있는 수많은 중요한 방법을 설명할 수 있다. 이 개념들을 가장 분명하게 설명하기 위하여 생산량이 한 개의 생산요소, 즉 노동에 의존하는 단순한 경우를 갖고 생산함수에 관한 설명을 시작하고자 한다.

총생산물 함수

단일요소 생산함수를 이따금 **총생산물 함수**(total product function)라 한다. 〈표 6.1〉은 반도체 생산업체의 총생산물 함수를 보여 주고 있다. 이 표는 일련의 생산시설을 갖춘 일정 규모의 마이크로칩 생산장비를 이용하여 다양한 노동량(L)을 투입할 경우 해당 기업이 생산할 수 있는 반도체의 양(Q)을 보여 준다.

〈그림 6.2〉는 〈표 6.1〉에 있는 총생산물 함수를 그래프로 나타낸 것이다. 이 그래프는 네 가지 주목할 만한 특성을 갖고 있다. 첫째, $L = 0$인 경우 $Q = 0$이 된다. 즉 노동이 투입되지 않을 경우 반도체는 생산되지 않는다. 둘째, $L = 0$과 $L = 12$ 사이인 경우 노동이 추가됨에 따라 생산물은 증가하는 율로 증대된다. 즉 총생산물 함수가 볼록해진다. 이 범위 내에서 **노동에 대한 한계수확체증**(increasing marginal returns to labor)을 경험하게 된다. 노동에 대한 한계수확체증이 발생하는 경우 노동량이 증가함에 따라 총생산물이 증가하는 율로 증대된다. 한계수확체증은 통상적으로 노동의 전문화로 인한 이득 때문에 발생한다고 생각된다. 노동력이 소규모로 투입되는 공장에서는 노동자들이 복합적인 업무를 수행해야 한다. 예를 들어 공장 내에서 원재료를 운반하고 기계를 작동하며 생산된 최종물품을 검사하는 일을 한 명의 노동자가 전부 담당할 수도 있다. 다른 노동자가 추가적으로 투입될 경우 공장 내에서 원재료 운반만 하고 다른 노동자는 기계 작동만 하며 또 다른 노동자들은 검사와 품질관리 업무만을 전문적으로 수행하게 된다. 전문화를 통해 노동자들은 가장 생산적인 업무에 집중할 수 있기 때문에 자신들의 한계생산성을 높일 수 있다.

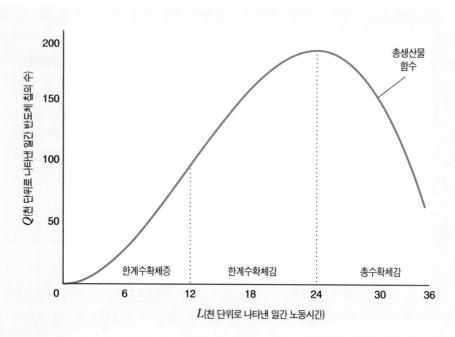

그림 6.2 총생산물 함수

총생산물 함수는 노동량(L)과 생산량(Q) 사이의 관계를 보여 준다. 여기서 생산함수는 다음과 같은 세 개 영역, 즉 한계수확체증 영역($L < 12$), 한계수확체감 영역($12 < L < 24$), 총수확체감 영역($L > 24$)으로 나뉜다.

표 6.1	총생산물 함수
L	Q
0	0
6	30
12	96
18	162
24	192
30	150

L은 천 단위로 나타낸 일간 노동시간을 의미하며 Q는 천 단위로 나타낸 일간 반도체 칩의 수를 나타낸다.

셋째, $L = 12$와 $L = 24$ 사이인 경우 노동이 추가됨에 따라 생산물은 증가하지만 감소하는 율로 증대된다(즉 총생산물 함수가 오목해진다). 이 범위 내에서 **노동에 대한 한계수확체감**(diminishing marginal returns to labor)을 경험하게 된다. 노동에 대한 한계수확체감이 발생하는 경우 노동량이 증가함에 따라 총생산물이 감소하는 율로 증대된다. 한계수확체감은 노동자들의 전문화를 통해 노동생산성을 증대시킬 수 있는 해당 기업의 능력이 고갈될 경우 발생한다.

마지막으로 노동량이 $L = 24$를 초과할 경우 노동량의 증가는 총생산물의 감소로 이어진다. 이 범위 내에서 **노동에 대한 총수확체감**(diminishing total returns to labor)을 경험하게 된다. 노동에 대한 총수확이 체감하는 경우 노동량이 증가하면 총생산물이 감소한다. 총수확체감은 생산공장의 규모가 고정되어 있기 때문에 발생한다. 노동량이 너무 많이 투입되는 경우 노동자들은 효율적으로 작업할 수 있는 충분한 공간을 확보할 수 없게 된다. 또한 공장에 투입된 노동자의 수가 증가함에 따라 노동자들의 작

업을 조화롭게 일치시키는 일이 점점 더 어려워진다.[1]

한계생산물 및 평균생산물

이제는 기업의 노동요소에 대한 생산성의 특징을 설명할 수 있게 되었다. 생산함수로부터 도출할 수 있으며 생산성과 관련되지만 서로 별개인 두 가지 개념이 있다. 우선 **노동의 평균생산물**(average product of labor)을 들 수 있으며 이는 AP_L로 나타낸다. 노동의 평균생산물은 노동 단위당 평균생산량이다.[2] 이것이 관계자들이 보통 사용하는 개념으로, 예를 들면 외국 노동자들과 비교한 미국 노동자들의 생산성은 이를 의미한다. 노동의 평균생산물을 수학적으로 나타내면 다음과 같다.

$$AP_L = \frac{총생산물}{노동량} = \frac{Q}{L}$$

〈표 6.2〉는 〈표 6.1〉의 총생산물 함수에 대한 노동의 평균생산물을 보여 주고 있으며 〈그림 6.3〉은 평균생산물을 그래프로 나타낸 것이다. 이에 따르면 평균생산물은 기업이 투입한 노동량에 따라 변화한다. 이 예에서 노동량이 $L = 18$에 미치지 않을 경우 평균생산물이 증가하지만 그 이후 감소한다.

〈그림 6.4〉는 총생산물 곡선과 평균생산물 곡선의 그래프를 동시에 보여 주고 있다. 임의적인 수량인 L_0에서 노동의 평균생산물은 원점에서부터 L_0에 상응하는 총생산물 함수상의 점을 연결한 직선의 기울기와 같다. 예를 들어 점 A에서 총생산물 함수의 높이는 Q_0가 되며 노동량은 L_0이다. 원점과 점 A를 연결하는 선분의 기울기는 Q_0/L_0가 된다. 바로 이것이 평균생산물이다. $L = 18$에서는 원점에서부터 그은 직선의 기울기가 최댓값을 가지며 이것이 AP_L이 이 노동량에서 최

표 6.2	노동의 평균생산물	
L	Q	$AP_L = \dfrac{Q}{L}$
6	30	5
12	96	8
18	162	9
24	192	8
30	150	5

---

1 다른 생산요소, 예컨대 재료에 대한 총수확체감 또한 경험할 수 있다. 예를 들어 비료를 사용하지 않던 밭에 비료를 사용하게 되면 농작물의 수확이 증대된다. 하지만 너무 많은 비료를 사용하게 되면 농작물이 말라 죽어서 생산량이 영(0)이 된다.

2 노동의 평균생산물은 이따금 노동의 평균 유형생산물이라 하며 APP_L로 나타낸다.

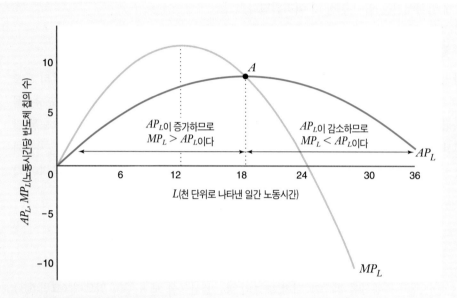

그림 6.3 평균생산물 함수 및 한계생산물 함수

AP_L은 평균생산물 함수이며 MP_L은 한계생산물 함수이다. 한계수확이 체증하는 영역($L < 12$)에서 한계생산물 함수는 상승하며, 한계수확이 체감하는 영역($12 < L < 24$)에서 한계생산물 함수는 하락한다. 총수확이 체감하는 영역($L > 24$)에서 한계생산물은 음이 된다. AP_L이 최댓값을 갖는 점 A에서 $AP_L = MP_L$이 된다.

댓값에 도달하는 이유이다.

생산성에 관한 다른 개념으로 **노동의 한계생산물**(marginal product of labor)을 들 수 있으며 이를 MP_L로 표기한다. 노동의 한계생산물은 기업이 노동량을 변화시킴에 따라 총생산물이 변화하는 율을 말하며 다음과 같이 나타낼 수 있다.

$$MP_L = \frac{\text{총생산물의 변화}}{\text{노동량의 변화}} = \frac{\Delta Q}{\Delta L}$$

노동의 한계생산물은 소비자 이론의 한계효용 개념과 유사하며 한계효용곡선을 그래프로 나타낼 수 있었던 것처럼 한계생산물곡선도 역시 그래프로 나타낼 수 있다. 〈그림 6.3〉은 한계생산물곡선을 보여 주고 있다. 평균생산물처럼 한계생산물도 단일 숫자가 아니며 노동량이 변화함에 따라 변하게 된다. 한계수확이 체증하는 범위, 즉 $0 \leq L < 12$에서 한계생산물 함수가 증가한다. 한계수확이 체감하는 $L > 12$인 경우 한계생산물 함수가 감소한다. 총수확이 체감하는 $L > 24$인 경우 한계생산물 함수는 수평축을 통과하여 밑으로 내려가서 음이 된다. 〈그림 6.4〉의 위쪽 그림에서 알 수 있듯이 특정 노동량 L_1에 상응하는 한계생산물은 L_1에서의 총생산물 함수의 접선(그림에서 선분 BC)의 기울기이다. 생산함수를 따라 이동할 경우 접선의 기울기가 변하므로 노동의 한계생산물도 역시 변하게 된다.

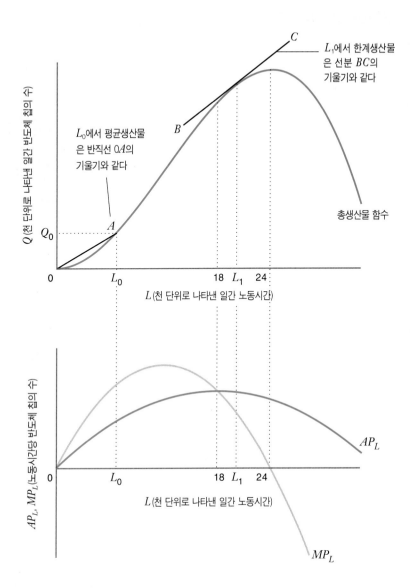

그림 6.4 총생산물 함수, 평균생산물 함수, 한계생산물 함수 사이의 관계

어떤 점에서 노동의 한계생산물은 해당 점에서 총생산물곡선의 기울기와 같다. 어떤 점에서의 평균생산물은 원점에서부터 총생산물곡선의 해당 점으로 그은 반직선의 기울기와 같다.

대부분의 생산과정에서 다른 생산요소들(예를 들면, 자본 및 토지)의 수량은 고정되어 있으면서 어떤 한 생산요소(예를 들면, 노동)의 수량이 증가하게 되면 해당 생산요소의 한계생산물이 감소하기 시작하는 점에 도달하게 된다. 경제학자들은 이를 **한계수확체감의 법칙**(law of diminishing marginal returns)이라 하며, 이 법칙은 실제 기업의 현실적인 경험에서 도출되고 대부분의 상황에 적용되는 것처럼 보인다.

한계생산물과 평균생산물 사이의 관계

이 책에서 학습하게 될 다른 평균 및 한계 개념(예 : 평균비용 대 한계비용)에서와 마찬가지로, 평균생산물과 한계생산물 사이에는 체계적인 관계가 있다. 〈그림 6.3〉은 이런 관계를 설명해 준다.

- 노동에서 **평균생산물이 증가할 때**, 한계생산물은 평균생산물보다 더 크다. 즉, L에서 AP_L이 증가할 경우 $MP_L > AP_L$이 된다.
- 노동에서 **평균생산물이 감소할 때**, 한계생산물은 평균생산물보다 더 작다. 즉, L에서 AP_L이 감소할 경우 $MP_L < AP_L$이 된다.
- AP_L이 최대가 되는 점(그림 6.3에서 점 A)에 있기 때문에 노동의 **평균생산물이 증가하지도 않고 감소하지도 않을 때**, 한계생산물과 평균생산물은 같다.

한계생산물과 평균생산물 사이의 관계는 그 밖의 다른 한계와 평균 사이의 관계와 같다. 이 점을 설명하기 위하여 어떤 학급 학생들의 평균 키가 160cm라고 가정하자. 이제 새로운 학생인 철수가 이 학급에 새로 들어오게 되어 평균 키가 161cm로 커졌다. 이 학생의 키에 대해 무엇을 알 수 있는가? 평균 키가 커졌으므로 '한계 키'(즉, 철수의 키)는 평균 키보다 더 커야만 한다. 평균 키가 159cm로 작아졌다면 철수의 키가 평균 키보다 작았기 때문에 그런 현상이 발생했을 것이다. 마지막으로 철수가 학급에 새로 들어오고 나서도 평균 키에 변화가 없이 전과 동일하다면 새로 들어온 학생인 철수의 키는 학급의 평균 키와 정확히 일치해야만 한다.

여러분 학급에서의 평균 키와 한계 키 사이의 관계는 〈그림 6.3〉에서 살펴본 평균생산물과 한계생산물 사이의 관계와 같다. 또한 이것은 제8장에서 학습하게 될 평균비용과 한계비용 사이의 관계 그리고 제11장에서 살펴보게 될 평균수입과 한계수입 사이의 관계에서도 그러하다.

6.3 생산요소가 두 개 이상인 경우의 생산함수

생산요소가 한 개인 생산함수는 한계생산물과 평균생산물처럼 주요한 개념을 설명하는 데 유용하며 이 개념들 사이의 관계를 직관적으로 살펴보는 데 도움이 된다. 하지만 예를 들면 반도체 회사가 노동자와 로봇을 대체시키려 하는 경우처럼 실제 기업들이 직면하는 선택 문제를 살펴보려면 요소가 두 개 이상인 생산함수를 검토해 봐야 한다. 이 절에서는 생산요소가 두 개 이상인 생산함수를 그래프로 어떻게 나타낼 수 있는지 알아볼 것이다. 또한 생산함수에 포함된 생산요소들에 대해 해당 기업이 용이하게 대체할 수 있는 정도를 어떻게 특징지을 수 있는지 살펴볼 것이다.

생산요소가 두 개인 경우의 총생산물과 한계생산물

두 개 이상의 투입요소를 갖는 생산함수를 설명하기 위해 생산물을 생산하는 데 두 개의 투입요소, 즉 노동과 자본이 필요한 경우를 생각해 보자. 이를 통해 로봇(자본) 또는 인적자원(노동)을 사용하려고 하는 반도체 제조업체가 경험할 기술적인 가능성을 폭넓게 설명할 수 있다.

〈표 6.3〉은 반도체의 생산함수(또는 달리 표현하면 총생산물 함수)를 보여 주고 있다. 여기서 생산물의 수량 Q는 반도체 업체가 투입한 노동량 L 및 자본량 K에 의존한다. 〈그림 6.5〉는 이 생산함수를 3차원 그래프로 나타낸 것이다. 〈그림 6.5〉의 그래프를 **총생산물 언덕**(total product hill)이라 한다. 총생산물 언덕은 생산물 수량과 해당 기업이 투입한 두 가지 생산요소 수량 사이의 관계를 보여 주는 3차원 그래프이다.[3]

어느 점에서의 언덕 높이는 투입한 생산요소의 양으로부터 해당 기업이 얻을 수 있는 생산물(Q)의 양을 말한다. 여러 방향으로 언덕을 따라 이동할 수 있지만 두 방향 중 하나로 이동한다고 생각하는 것이 더 용이하다. $L = 0$ 및 $K = 0$인 그래프 상의 왼쪽 아래에서 시작할 경우 노동의 양을 증가시키면 동쪽으로 이동하고 자본의 양을 증가시키면 북쪽으로 이동한다. 동쪽 또는 북쪽 어느 방향으로 이동하더라도 총생산물 언덕을 따라 상이한 높이에 도달할 수 있으며 각 높이는 특정 생산량을 의미한다.

이제는 자본량을 특정 수준, 예를 들면 $K = 24$에 고정시키고 노동량을 증가시킬 경우 어떤 일이 발생하는지 살펴보도록 하자. 〈표 6.3〉에 따르면 이렇게 할 경우 처음에는 생산물의 양이 증가하지만 궁극적으로는 감소하기 시작한다($L > 24$일 때). 실제로 $K = 24$에 해당하는 〈표 6.3〉의 열에 있는 수량들은 〈표 6.1〉의 총생산물 함수와 동일하다. 이를 통해 자본량은 특정 수준에 고정시키고(여기서는 $K = 24$) 노동량을 변화시킴으로써 두 가지 생산요소가 있는 생산함수로부터 노동에 대한 총생산물 함수를 도출했음을 알 수 있다.

〈그림 6.5〉에서도 동일한 사실을 알 수 있다. 자본량은 $K = 24$에 고정시키고 노동량을 변화시

표 6.3 반도체의 생산함수

				K			
		0	6	12	18	24	30
	0	0	0	0	0	0	0
	6	0	5	15	25	30	23
L	12	0	15	48	81	96	75
	18	0	25	81	137	162	127
	24	0	30	96	162	192	150
	30	0	23	75	127	150	117

L은 천으로 나타낸 일간 노동시간을 의미하고, K는 천으로 나타낸 일간 기계투입시간을 의미하며, Q는 천으로 나타낸 일간 반도체 칩의 수를 의미한다.

---

3 〈그림 6.5〉는 총생산물 언덕의 '골격' 또는 틀을 보여 주고 있으며 그 아래로 다양한 선을 그려 넣을 수 있다. 〈그림 6.6〉은 동일한 총생산물 언덕을 단단한 표면으로 그려 보여 주고 있다.

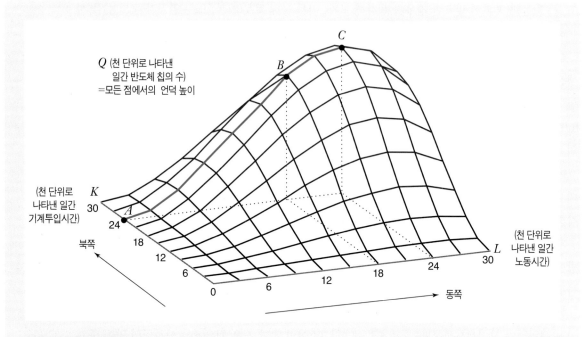

그림 6.5 총생산물 언덕

이 그림은 〈표 6.3〉의 생산함수를 그래프로 나타낸 것이다. 생산함수 그래프는 언덕을 닮은 3차원 표면을 하고 있으며 이런 이유로 인해 총생산물 언덕이라 한다. 모든 점에서 언덕의 높이는 해당 점에 상응하는 노동량(L) 및 자본량(K)으로 얻을 수 있는 생산량(Q)과 같다.

킴으로써 총생산물 언덕 위 동쪽 방향으로 이동할 수 있다. 이렇게 하면 경로 ABC를 거쳐 언덕의 꼭대기에 위치한 점 C에 도달하게 된다. 이 경로는 〈그림 6.2〉의 총생산물 함수 그래프처럼 보인다. 이를 달리 살펴보면 총생산물 언덕 위 동쪽 방향으로 이동하면서 다양한 노동량에 대한 높이를 그래프로 나타낼 경우 이 그래프는 〈표 6.3〉의 K = 24열이 〈표 6.1〉과 정확히 일치하는 것처럼 〈그림 6.2〉와 정확히 일치한다.

총생산물에 대한 개념이 다양한 생산요소가 있는 경우로 직접 확장될 수 있는 것처럼, 한계생산물의 개념 또한 그러하다. 한 생산요소의 한계생산물은 다른 생산요소의 수량은 일정하다고 보고 해당 생산요소의 수량을 변화시킬 경우 생산된 생산물이 변화하는 율을 말한다. 노동의 한계생산물을 다음과 같이 나타낼 수 있다.

$$MP_L = \frac{\text{생산량 } Q\text{의 변화}}{\text{노동량 } L\text{의 변화}} \bigg|_{K\text{는 일정하다고 본다}}$$
$$= \frac{\Delta Q}{\Delta L} \bigg|_{K\text{는 일정하다고 본다}} \tag{6.2}$$

이와 유사하게 자본의 한계생산물을 다음과 같이 나타낼 수 있다.

$$MP_K = \left.\frac{\text{생산량 } Q\text{의 변화}}{\text{자본량 } K\text{의 변화}}\right|_{L\text{은 일정하다고 본다}} \qquad (6.3)$$

$$= \left.\frac{\Delta Q}{\Delta K}\right|_{L\text{은 일정하다고 본다}}$$

한계생산물은 모든 다른 생산요소의 양은 고정되어 있다고 보고 한 생산요소의 양이 변화함에 따라 총생산물 언덕이 얼마나 가파르게 상승하는지를 알려 준다. 예를 들어 〈그림 6.5〉에서 노동량이 18이고 자본량이 24인 점 B에서의 노동의 한계생산물은 점 B에서 동쪽 방향으로 이동함에 따라 총생산물 언덕이 얼마나 가파르게 상승하는지를 나타낸다.

등량곡선

경제적 선택 문제를 설명하기 위해 3차원 생산함수를 2차원 그래프로 전환하는 것이 필요하다. 따라서 소비자 이론의 효용함수를 나타내기 위해 무차별곡선이란 윤곽선 겨냥도를 사용했던 것처럼, 생산함수를 나타내는 데도 윤곽선 겨냥도를 사용할 수 있다. 하지만 윤곽선을 무차별곡선이라 부르는 대신에 이것을 **등량곡선**(isoquants)이라 부를 것이다. **등량**이란 '동일한 양'을 의미하는데 그 이유는 주어진 등량곡선 상의 노동과 자본의 다양한 결합을 통해 해당 기업이 동일한 생산량을 생산할 수 있기 때문이다.

설명하기 위해 (표 6.3에서 살펴본 함수와 동일한) 〈표 6.4〉의 생산함수를 생각해 보자. 이 표에서 보면 노동과 자본의 상이한 두 결합인 $(L = 6, K = 18)$과 $(L = 18, K = 6)$이 생산물을 $Q = 25$ 단위 생산한다(여기서 생산물의 각 '단위'는 천 개의 반도체를 의미한다). 따라서 이런 생산요소 결합은 각각 $Q = 25$ 등량곡선 상에 위치한다.

표 6.4	반도체의 생산함수					
				K		
		0	6	12	18	24	30
	0	0	0	0	0	0	0
	6	0	5	15	25	30	23
	12	0	15	48	81	96	75
L	18	0	25	81	137	162	127
	24	0	30	96	162	192	150
	30	0	23	75	127	150	117

L은 천으로 나타낸 일간 노동시간을 의미하고, K는 천으로 나타낸 일간 기계투입시간을 의미하며, Q는 천으로 나타낸 일간 반도체 칩의 수를 의미한다.

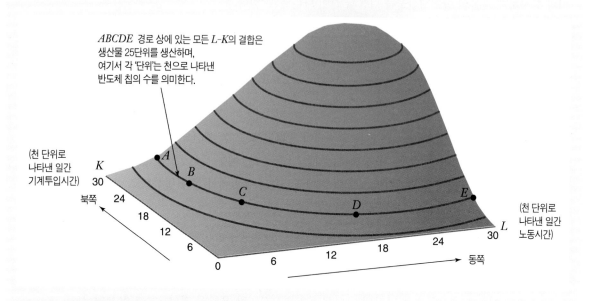

ABCDE 경로 상에 있는 모든 L-K의 결합은
생산물 25단위를 생산하며,
여기서 각 '단위'는 천으로 나타낸
반도체 칩의 수를 의미한다.

(천 단위로
나타낸 일간
기계투입시간)

(천 단위로
나타낸 일간
노동시간)

북쪽

동쪽

그림 6.6 등량곡선과 총생산물 언덕

점 A에서 출발하여 높이가 생산물 25단위를 유지하도록 언덕을 따라 이동할 경우, 경로 A, B, C, D, E를 밟아 가게 된다. 이 곡선은 이 생산함수에서 25단위를 의미하는 등량곡선이다.

또한 (그림 6.5와 같은) 〈그림 6.6〉을 이용하여 등량곡선을 설명할 수 있다. 〈그림 6.6〉은 〈표 6.4〉의 생산함수에 대한 총생산물 언덕을 보여 주고 있다. 높이를 일정하게 유지한다는 목표를 갖고 점 A에서부터 총생산물 언덕을 따라 걷기 시작한다고 가상해 보자. 선분 $ABCDE$는 여러분이 따라가야만 하는 경로이다. 이 경로 상에 있는 생산요소 결합 각각에서 총생산물 언덕의 높이는 동일하며 이런 생산요소 결합 각각은 동일한 생산량 $Q = 25$를 생산한다. 즉 이 생산요소 결합 모두 $Q = 25$ 등량곡선 상에 있다.

등량곡선을 〈그림 6.6〉의 총생산물 언덕 상에 위치하며 높이가 일정한 경로로 볼 경우 등량곡선은 예를 들면 〈그림 6.7〉에 있는 미국 오리건주 소재 후드산의 등고선처럼 지형도의 등고선과 같다고 볼 수 있다. 지형도의 등고선은 토지의 높이가 일정한 지리적 위치의 점들을 보여 준다. 〈그림 6.6〉에 있는 총생산물 언덕은 〈그림 6.7(a)〉에 있는 후드산의 3차원 지도와 유사하다. 또한 총생산물 언덕의 등량곡선(그림 6.8 참조)은 〈그림 6.7(b)〉에 있는 후드산의 지형도와 유사하다.

〈그림 6.8〉은 〈표 6.4〉와 〈그림 6.6〉의 생산함수에 대한 등량곡선을 보여 준다. 등량곡선의 기울기는 하향한다. 〈그림 6.8〉에 있는 기울기가 하향하는 등량곡선은 중요한 경제적인 선택관계를 보여 준다. 즉 기업은 노동 대신에 자본으로 대체하여 생산량을 일정하게 유지할 수 있다. 이 논리를 반도체 업체에 적용할 경우 해당 기업은 예를 들면 많은 노동자와 적은 수의 로봇을 이용하여 일정량의 반도체를 생산하거나 보다 적은 노동자와 보다 많은 로봇을 사용하여 동일한 양의 반도

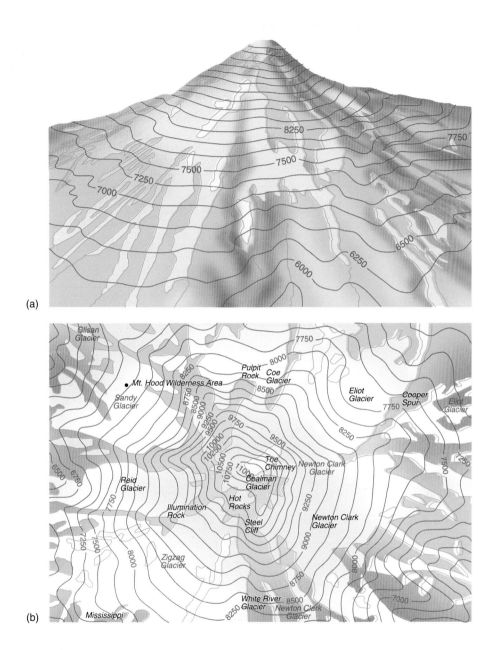

그림 6.7 미국 오리건주에 소재하는 후드산의 3차원 지형도

(a)는 미국 오리건주에 있는 후드산의 3차원 지도이다. 〈그림 6.6〉의 총생산물 언덕은 이런 종류의 지도와 유사하다. (b)는 후드산의 지형도이다. (그림 6.8에 있는) 등량곡선의 그래프는 이런 지형도와 유사하다.

체를 생산할 수 있다는 의미이다. 노동과 자본(예 : 로봇) 모두 양의 한계생산물을 갖는 경우에는 언제나 이런 대체가 가능하다.

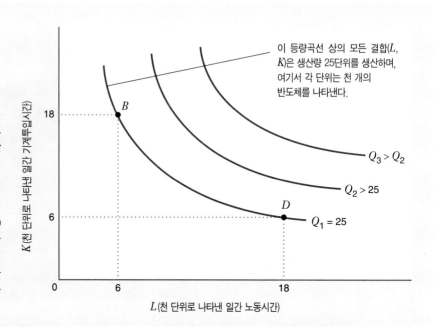

그림 6.8 〈표 6.4〉 및 〈그림 6.6〉의 생산함수에 대한 등량곡선

$Q = 25$인 등량곡선 상에서 생산요소인 노동 및 자본의 모든 결합(특히 결합 B 및 D)은 동일한 생산량, 즉 일간 25,000개의 반도체 칩을 생산한다. 동북쪽으로 이동할 수록 등량곡선은 점점 더 많은 생산량에 상응한다.

이 등량곡선 상의 모든 결합(L, K)은 생산량 25단위를 생산하며, 여기서 각 단위는 천 개의 반도체를 나타낸다.

K(천 단위로 나타낸 일간 기계투입시간)

L(천 단위로 나타낸 일간 노동시간)

$Q_3 > Q_2$

$Q_2 > 25$

$Q_1 = 25$

어떤 생산함수도 무한대의 등량곡선을 가지며 각 등량곡선은 특정 생산수준과 상응된다. 〈그림 6.8〉에서 등량곡선 Q_1은 생산량 25단위에 상응한다. $Q = 25$인 등량곡선 상에 있는 점 B와 점 D는 〈표 6.4〉의 생산요소 결합에 상응한다. 두 생산요소 모두 양의 한계생산물을 갖는 경우, 각 생산요소를 더 많이 사용하면 얻을 수 있는 생산량이 증가한다. 따라서 〈그림 6.8〉에서 Q_1의 동북쪽에 있는 등량곡선 Q_2와 Q_3는 더 많은 생산량에 상응한다.

등량곡선은 (그림 6.8에서 살펴본 것과 같이) 도표로서뿐만 아니라 식의 형태인 대수학적으로도 나타낼 수 있다. 우리가 살펴본 것처럼 생산량 Q가 두 개의 생산요소(노동량 L 및 자본량 K)에 의존하는 생산함수인 경우, 등량곡선 식은 L의 측면에서 K를 나타낼 수 있다. 정리문제 6.1은 이런 식을 어떻게 도출할 수 있는지 보여 주고 있다.

정리문제 6.1

등량곡선 식의 도출

문제

(a) $Q = \sqrt{KL}$로 주어지는 식을 갖는 생산함수를 생각해 보자. $Q = 20$에 상응하는 등량곡선 식은 무엇인가?

(b) 동일한 생산함수에 대해 임의적인 생산수준인 Q에 상응하는 등량곡선 식은 무엇인가?

해법

(a) $Q = 20$인 등량곡선은 기업이 생산물 20단위를 생산할 수 있는 노동과 자본의 가능한 모든 결합을 보여 준다. 위의 생산함수에서 이 등량곡선 상의 노동과 자본의 결합은 다음 식을 만족시켜야 한다.

$$20 = \sqrt{KL} \qquad (6.4)$$

20단위인 등량곡선 식을 구하기 위해 L의 측면에서 K에 대해 이 식을 풀어 보도록 하자. 이렇게 하는 가장 쉬운 방법은 식 (6.4)의 양변을 제곱하여 L의 측면에서 K에 대해 푸는 것이다. 그 결과는 다음과 같다 : $K = 400/L$. 이 식은 20단위 등량곡선 식이다.

(b) (a)에서 사용했던 논리를 동일하게 이용할 것이다. 생산물을 Q단위 생산하는 노동과 자본의 결합은 다음과 같다 : $Q = \sqrt{KL}$. 등량곡선 식을 구하기 위해 양변을 제곱하여 L 및 Q의 측면에서 K에 대해 풀면 다음과 같다 : $K = Q^2/L$. [이 식에 $Q = 20$을 대입하면 (a)에서 구한 20단위 등량곡선 식을 구할 수 있다.]

경제적 생산영역과 비경제적 생산영역

〈그림 6.8〉에서 등량곡선의 기울기는 하향한다. 투입한 노동량을 증가시킬 경우 자본량을 감소시킴으로써 생산량을 일정하게 유지할 수 있다. 하지만 〈그림 6.9〉는 하루 노동투입시간과 기계투입시간이 24,000시간을 초과하는 노동량과 자본량을 포함할 경우 〈그림 6.8〉의 규모가 확장되어 이 등량곡선이 갖게 될 형태를 보여 준다. 이제 이 등량곡선은 기울기가 상향하는 영역과 후방굴절하는 영역을 갖게 된다. 이것은 무엇을 의미하는가?

기울기가 상향하는 영역과 후방굴절하는 영역은 한 생산요소가 음의 한계생산물을 갖거나 또는 이전에 총수확체감이라고 했던 상황에 해당한다. 예를 들어 〈그림 6.9〉에서 기울기가 상향하

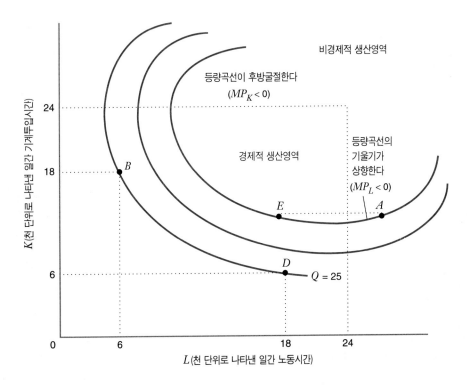

그림 6.9 생산의 경제적 영역 및 비경제적 영역

등량곡선에서 후방굴절하는 영역과 기울기가 상향하는 영역은 비경제적 생산영역이다. 이 영역에서 생산요소가 한 단위 투입하는 데 따른 한계생산물은 음이 된다. 비용을 극소화하는 기업은 비경제적 생산영역에서 결코 생산하지 않는다.

는 영역은 노동에 대한 총수확이 체감하는($MP_L < 0$) 경우 발생하며, 후방굴절하는 영역은 자본에 대한 총수확이 체감하는($MP_K < 0$) 경우 나타난다. 노동에 대한 총수확이 체감할 경우 자본량을 고정시킨 채 노동량을 증가시키면 총생산량이 감소한다. 따라서 생산량을 일정하게 유지하려면(이것이 바로 등량곡선을 따라 이동할 경우 우리가 하고자 하는 것임을 기억하자) 체감하는 노동에 대한 총수확을 보상하기 위해 자본량 또한 증가시켜야 한다.

생산비용을 극소화하려는 기업은 등량곡선의 기울기가 상향하거나 후방굴절하는 영역에서 결코 생산하지 않아야 한다. 예를 들어 반도체 생산업체는 노동에 대한 총수확이 체감하는 〈그림 6.9〉의 A와 같은 점에서는 생산을 하지 않아야 한다. 그 이유는 점 E에서 생산할 경우 동일한 양을 더 낮은 비용으로 생산할 수 있기 때문이다. 노동의 한계생산물이 음인 영역에서 생산을 할 경우 해당 기업은 비생산적인 노동에 지출을 하게 되어 금전적인 낭비를 하게 된다. 이런 이유 때문에 등량곡선의 기울기가 상향하는 부분을 **비경제적 생산영역**(uneconomic region of production)이라 한다. 이에 대해 **경제적 생산영역**(economic region of production)은 등량곡선의 기울기가 하향하는 부분이다. 이제부터 그림에서는 경제적 생산영역만을 나타낼 것이다.

한계기술대체율

정교한 로봇장비에 투자를 고려하고 있는 반도체 생산업체는 이 로봇장비로 인적자원을 대체할 수 있는 정도에 자연적으로 관심을 갖게 된다. 이 기업은 근로자 한 명의 노동력을 대체하기 위하여 두 개의 로봇에 투자할 필요가 있는가? 노동자 한 명을 대체하는 데 다섯 개의 로봇이 필요한 것은 아닌가? 아니면 열 개의 로봇이 필요한가? 스무 개의 로봇이 필요한가? 로봇장비에 대한 투자가 가치가 있는지 여부를 결정하기 위해서 반도체 업체는 이 물음에 답할 수 있어야 한다.

등량곡선의 '가파른 정도'가 해당 기업의 생산과정에서 노동과 자본을 대체할 수 있는 율을 결정한다. **자본에 대한 노동의 한계기술대체율**(marginal rate of technical substitution of labor for capital)은 $MRTS_{L,K}$로 나타내며 등량곡선이 얼마나 가파른지를 측정한다. $MRTS_{L,K}$는 다음과 같은 사실을 알려 준다.

> - 생산량은 일정하다고 보고 노동량이 한 단위 증가할 때마다 자본량이 감소해야 하는 율, 또는
> - 생산량은 일정하다고 보고 노동량이 한 단위 감소할 때마다 자본량이 증가해야 하는 율

한계기술대체율은 소비자 이론의 한계대체율 개념과 유사하다. 재화 Y에 대한 재화 X의 한계대체율이 수평축은 X를 나타내고 수직축은 Y를 나타내는 도표에 그린 무차별곡선의 기울기에 음의 부호를 붙인 것과 같듯이, 자본에 대한 노동의 한계기술대체율은 수평축은 L을 나타내고 수직축은 K를 나타내는 도표에 그린 등량곡선의 기울기에 음의 부호를 붙인 것이다. 〈그림 6.10〉에서 보는 것처럼 특정 점에서의 등량곡선의 기울기는 해당 점에서 등량곡선과 접하는 선의 기울기이

다. 접선 기울기에 음의 부호를 붙이면 해당 점에서 $MRTS_{L,K}$가 된다.

〈그림 6.10〉은 특정 생산함수에 대해 Q = 1,000단위인 등량곡선 상의 $MRTS_{L,K}$를 보여 주고 있다. 점 A에서 등량곡선에 접하는 선의 기울기는 −2.5이다. 따라서 점 A에서 $MRTS_{L,K}$ = 2.5가 된다. 이 점에서 보면 자본인 2.5 기계투입시간을 노동인 1.0 노동투입시간으로 대체할 수 있고 생산량은 1,000단위로 불변한다. 점 B에서는 등량곡선의 기울기가 −0.4이다. 따라서 점 B에서 $MRTS_{L,K}$ = 0.4가 된다. 따라서 이 점에서 보면 생산량을 변화시키지 않고 자본인 0.4 기계투입 시간을 노동인 1.0 노동투입시간으로 대체할 수 있다.

〈그림 6.10〉에 있는 등량곡선을 따라 이동하면 $MRTS_{L,K}$가 점점 더 작아진다는 사실을 알 수 있다. 이런 특성을 **한계기술대체율 체감**(diminishing marginal rate of technical substitution)이 라 한다. 생산함수가 한계기술대체율 체감을 보이는 경우 노동 L의 양이 증가함에 따라 등량곡선 상의 $MRTS_{L,K}$는 감소한다. 또는 이를 달리 표현하면 등량곡선은 원점에 대해(원점을 향해) 볼록 하다고 할 수 있다.

$MRTS_{L,K}$와 노동의 한계생산물(MP_L) 및 자본의 한계생산물(MP_K) 사이에 정확한 연결관계가 있다는 사실을 보여 줄 수 있다. 노동량을 ΔL 단위만큼 그리고 자본량을 ΔK 단위만큼 변화시킬

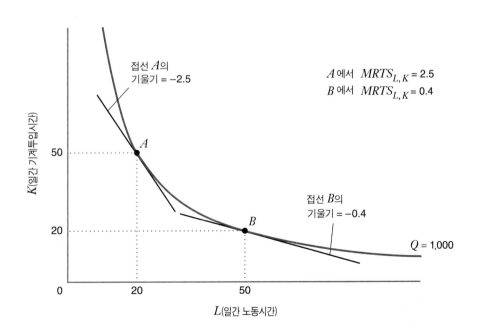

그림 6.10 등량곡선 상에서 자본에 대한 노동의 한계기술대체율

점 A에서 $MRTS_{L,K}$는 2.5이다. 따라서 기업은 노동인 노동시간을 1시간 추가함으로써 자본인 기계투입시간 2.5시간을 대체하여 생산량을 일정하게 유지할 수 있다. 점 B에서 $MRTS_{L,K}$는 0.4이다. 따라서 기업은 노동인 노동시간을 1시간 추가함으로써 자본인 기계투입시간 0.4시간을 대체하여 생산량을 일정하게 유지할 수 있다.

때 이런 대체에 따른 생산량의 변화를 다음과 같이 나타낼 수 있다는 사실에 주목하자.

$$\Delta Q = \text{자본량 변화에 따른 생산량의 변화}$$
$$+ \text{노동량의 변화에 따른 생산량의 변화}$$

식 (6.2) 및 (6.3)으로부터 다음과 같은 점을 알 수 있다.

$$\text{자본량 변화에 따른 생산량의 변화} = (\Delta K)(MP_K)$$
$$\text{노동량 변화에 따른 생산량의 변화} = (\Delta L)(MP_L)$$

따라서 $\Delta Q = (\Delta K)(MP_K) + (\Delta L)(MP_L)$이다. 주어진 등량곡선을 따라 이동할 경우 생산량은 불변한다(즉, $\Delta Q = 0$이다). 따라서 $0 = (\Delta K)(MP_K) + (\Delta L)(MP_L)$ 또는 $-(\Delta K)(MP_K) = (\Delta L)(MP_L)$이며, 이는 다음과 같이 재정리할 수 있다.

$$-\frac{\Delta K}{\Delta L} = \frac{MP_L}{MP_K}$$

하지만 $-\Delta K/\Delta L$는 등량곡선의 기울기에 음의 부호를 추가시킨 것이며, 이는 $MRTS_{L,K}$와 같고 다음과 같아진다.

$$\frac{MP_L}{MP_K} = MRTS_{L,K} \tag{6.5}$$

위 식에 따르면 자본에 대한 노동의 한계기술대체율은 자본의 한계생산물(MP_K)에 대한 노동의 한계생산물(MP_L) 비율과 같다(이는 또한 소비자 이론에서 살펴본 한계대체율과 한계효용 사이의 관계와 유사하다).

이 관계가 중요한 의미를 갖는 이유를 알아보기 위해서, 반도체 생산의 경우를 생각해 보자. 현재의 생산요소 결합관계에서 노동을 1단위 추가시키면 생산물이 10단위 증대되는 반면에, 자본(로봇)을 1단위 추가시키면 생산물이 단지 2단위 증가한다(즉, $MP_L = 10$인 반면에, $MP_K = 2$이다). 이처럼 현재의 생산요소 결합관계에서 노동이 자본보다 훨씬 더 높은 한계생산성을 갖는다. 식 (6.5)에 따르면 $MRTS_{L,K} = 10/2 = 5$가 된다. 이것이 의미하는 바는 해당 기업이 생산량에 영향을 미치지 않으면서 자본 5단위를 노동 1단위로 대체할 수 있다는 것이다. 분명한 점은 반도체 생산업체가 로봇과 노동자를 결합시키는 투자결정을 하기 전에 이들 두 개 생산요소에 대한 한계생산성을 알고 싶어 한다는 것이다.

한계기술대체율을 한계생산물에 연계시켜 보기

문제

언뜻 보면 자본에 대한 노동의 한계기술대체율이 체감하는 생산함수인 경우 자본 및 노동의 한계생산물도 체감해야 한다고 생각할 수 있다. 생산함수가 $Q = KL$이고 이에 상응하는 한계생산물이 $MP_K = L$, $MP_L = K$인 경우 이것이 사실이 아니라는 것을 보이라.

해법

우선 등량곡선 상을 이동하게 됨에 따라 L이 증가하고 K가 감소하게 되면 $MRTS_{L,K} = MP_L/MP_K = K/L$가 체감한다는 사실에 주목하자. 이처럼 자본에 대한 노동의 한계기술대체율은 체감하게 된다. 하지만 K가 증가함에 따라 자본의 한계생산물 MP_K는 (체감하지 않고) 일정하다(MP_K를 측정할 때 노동량은 고정된다는 점을 기억하자). 이와 유사하게 노동의 한계생산물도 일정하다(왜냐하면 MP_L을 측정할 때 자본량은 고정되기 때문이다). 이를 통해 두 개의 한계생산물이 일정하더라도 한계기술대체율이 체감하는 것이 가능하다는 사실을 보여 줄 수 있다. 염두에 두어야 할 점은 $MRTS_{L,K}$를 분석할 경우 등량곡선을 따라 이동하게 되지만, MP_L 및 MP_K를 분석할 때는 총생산량이 변화할 수 있다는 것이다.

6.4 생산요소 사이의 대체성

로봇과 노동자 사이에 선택을 고려하고 있는 반도체 생산업체는 이 생산요소들을 얼마나 용이하게 대체할 수 있는지 알고자 한다. 주어진 생산량을 생산하는 데 로봇 사용과 노동자 고용을 결합시키는 잠재적인 방법이 많이 존재하는가 아니면 이런 대체 가능성이 한정되어 있는가? 이 물음에 대한 대답을 통해 노동과 자본의 상대가격이 변화함에 따라 한 생산방법(예를 들면 자본에 대한 노동의 비율이 높은 방법)에서 다른 생산방법(예를 들면 자본에 대한 노동의 비율이 낮은 방법)으로 전환할 수 있는 기업의 능력을 부분적으로 결정할 수 있다. 이 절에서는 기업이 상이한 요소를 서로 대체하는 데 따른 용이함 또는 어려움을 어떻게 설명할 수 있는지 살펴볼 것이다.

기업의 생산요소 대체 기회를 그래프를 통해 설명하기

반도체를 생산할 수 있는 두 가지 생산함수를 생각해 보자. 〈그림 6.11(a)〉는 첫 번째 생산함수에 대한 월간 생산량 100만 개 칩 등량곡선을 보여 주며, 〈그림 6.11(b)〉는 두 번째 생산함수에 대한 월간 생산량 100만 개 칩 등량곡선을 나타낸다.

이 두 생산함수의 차이는 기업이 노동과 자본을 얼마나 용이하게 대체할 수 있는지에 있다. 〈그림 6.11(a)〉에서 기업은 노동에 해당하는 노동투입 100시간과 자본에 해당하는 기계투입 50시간을 사용하는 점 A에서 생산을 한다. 이 점에서 자본을 노동으로 대체할 수 있는 해당 기업의 능력은 제한된다. 해당 기업의 노동사용량을 월간 노동투입 100시간에서 400시간으로 네 배 증가시키더라도 월간 생산량 100만 개 칩을 유지하려면 자본량을 기계투입 50시간에서 45시간으로 단

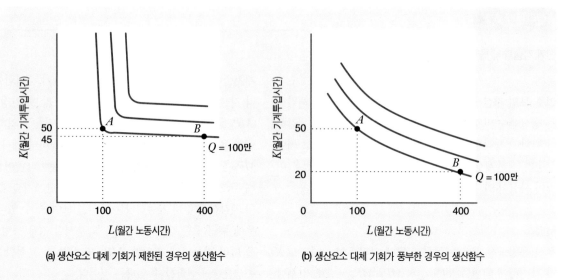

(a) 생산요소 대체 기회가 제한된 경우의 생산함수   (b) 생산요소 대체 기회가 풍부한 경우의 생산함수

그림 6.11 생산요소 대체 기회와 등량곡선의 형태

(a)에서 기업에게 생산요소 대체 기회는 제한되어 있다. 점 A에서 출발하여 기업이 노동투입량을 100단위에서 400단위로 극적으로 증가시키더라도 자본투입량은 50단위에서 45단위로 단지 소량 감소할 뿐이다. 반면에 (b)에서는 기업에게 생산요소 대체 기회는 풍부하다. 기업이 노동투입량을 대폭 증가시킬 경우 생산량을 변화시키지 않으면서 자본량을 대량으로 감소시킬 수 있다.

지 소량밖에 낮출 수 없다. 〈그림 6.11(a)〉의 생산함수를 갖고 있는 기업은 노동과 자본을 대체하는 데 어려움이 뒤따른다. 이 기업이 월간 100만 개 칩을 생산하려 한다면 고려할 수 있는 생산요소 결합방법은 실제로 $L = 100$, $K = 50$ 단 하나뿐이다.

이와는 달리 〈그림 6.11(b)〉에서 해당 기업의 대체 기회는 더 많이 존재한다. 생산요소 결합방법이 점 A에서 출발한다고 보고 이 기업이 노동량을 월간 노동투입 100시간에서 400시간으로 증가시킬 경우 투입된 자본량을 큰 폭으로 낮출 수 있다. 즉 기계투입시간이 50시간에서 20시간으로 감소한다. 물론 해당 기업이 어떤 방법을 택하느냐는 노동과 자본의 상대적인 비용에 달려 있다(이 문제는 다음 장에서 다루고자 한다). 하지만 요점은 기업이 자본에 대해 노동(또는 노동에 대해 자본)을 대폭적으로 대체시킬 수 있느냐이다. 〈그림 6.11(a)〉와 달리 〈그림 6.11(b)〉의 생산함수에서는 기업이 자본을 노동으로 대체시킬 수 있는 기회가 더 많이 존재한다.

반도체를 생산하는 기업은 자본을 노동으로 대체시킬 수 있는 기회가 제한되어 있는지 또는 풍부한지 여부를 알고자 할 것이다. 하지만 어떤 상황이 다른 상황과 상이한지를 어떻게 구별할 수 있을까? 이 물음에 답하기 위해서는 〈그림 6.11(a)〉에서 100만 개를 생산할 수 있는 등량곡선이 점 A를 향해 이동하다가 그 점을 넘어서게 되면 $MRTS_{L,K}$가 극적으로 변화한다는 점에 주목하자. 등량곡선 위의 점 A에서 $MRTS_{L,K}$가 매우 커져 거의 무한하게 커지지만 점 A를 넘어서게 되면 $MRTS_{L,K}$가 급속하게 변화하여 실질적으로 0과 같아진다. 이와 달리 〈그림 6.11(b)〉의 등량곡선에서는 $MRTS_{L,K}$가 점진적으로 변화한다.

위의 논의에 따르면 생산요소를 대체시킬 수 있는 어떤 기업의 능력은 등량곡선이 휘어진 정도인 곡률에 의존한다는 사실을 알 수 있다. 특히 다음과 같은 사실에 주목하도록 하자.

- 생산함수의 생산요소 대체 기회가 제한되는 경우, 등량곡선을 따라 이동하게 되면 $MRTS_{L,K}$가 큰 폭으로 변화한다. 이 등량곡선은 〈그림 6.11(a)〉에서 보는 것처럼 거의 L자 형태를 갖는다.
- 생산함수의 생산요소 대체 기회가 풍부한 경우, 등량곡선을 따라 이동하게 되면 $MRTS_{L,K}$가 점차적으로 변화한다. 이 등량곡선은 〈그림 6.11(b)〉에서 보는 것처럼 거의 직선 형태를 갖는다.

대체탄력성

대체탄력성(elasticity of substitution)이란 개념은 앞 절에서 논의한 내용에 기초하여 기업의 생산요소 대체 기회를 설명하는 데 도움이 되는 숫자로 측정한 값이다. 특히 대체탄력성은 등량곡선 위를 이동함에 따라 자본에 대한 노동의 한계기술대체율이 얼마나 신속하게 변화하는지를 알려 준다. 〈그림 6.12〉는 대체탄력성을 보여 주고 있다. 자본이 노동으로 대체됨에 따라 **자본-노동 비율**(capital-labor ratio)로 알려진 노동량에 대한 자본량의 비율, 즉 K/L가 감소해야 한다. 앞 절에서 살펴본 것처럼 자본에 대한 노동의 한계기술대체율 $MRTS_{L,K}$ 또한 감소한다. 종종 σ로 표시하는 대체탄력성은 등량곡선을 따라 이동할 경우 $MRTS_{L,K}$의 각 1% 변화에 대한 자본-노동 비율의 백분율 변화를 의미한다. 대체탄력성을 수학적으로 나타내면 다음과 같이 정의할 수 있다.

$$\sigma = \frac{\text{자본-노동 비율의 백분율 변화}}{MRTS_{L,K} \text{의 백분율 변화}}$$

$$= \frac{\%\Delta\left(\frac{K}{L}\right)}{\%\Delta\, MRTS_{L,K}} \tag{6.6}$$

〈그림 6.12〉는 대체탄력성을 설명하고 있다. 한 기업이 생산요소 투입을 점 $A(L = $ 월간 5명의 근로시간, $K = $ 월간 20대 분량의 기계운용시간)에서 점 $B(L = 10, K = 10)$로 이동시켰다고 가상하자. 점 A에서의 자본-노동 비율, 즉 K/L는 원점에서 점 A로 그은 선분의 기울기(선분 $0A$의 기울기 = 4)이며 점 A에서의 $MRTS_{L,K}$는 점 A에서의 등량곡선의 기울기에 음의 부호를 붙인 값(등량곡선의 기울기 $= -4$이며 $MRTS_{L,K} = 4$)이다. 점 B에서 자본-노동 비율은 선분 $0B$의 기울기, 즉 1이며 $MRTS_{L,K}$는 점 B에서 등량곡선의 기울기에 음의 부호를 붙인 값, 즉 1이다. 점 A에서 점 B로 이동하는 데 따른 자본-노동 비율의 백분율 변화는 -75%(4에서 1로 감소)이며 이 두 점 사이의 $MRTS_{L,K}$의 백분율 변화도 이와 같다. 따라서 이 구간에서의 대체탄력성은 1($-75\%/-75\%$

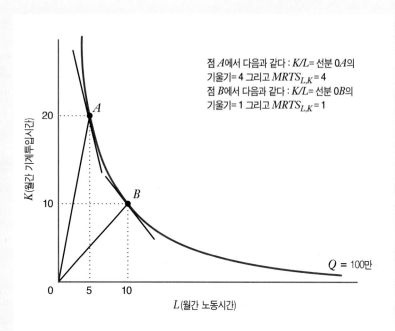

점 A에서 다음과 같다 : K/L= 선분 0A의
기울기= 4 그리고 $MRTS_{L,K}$= 4
점 B에서 다음과 같다 : K/L= 선분 0B의
기울기= 1 그리고 $MRTS_{L,K}$= 1

그림 6.12 자본에 대한 노동의 대체탄력성

기업이 점 A에서 점 B로 이동함에 따라, 자본-노동비율 K/L은 4에서 1로(−75%) 변화하며 $MRTS_{L,K}$도 또한 그렇게(−75%) 변화한다. 따라서 점 A에서 점 B 사이의 간격에서 자본에 대한 노동의 대체탄력성은 1이 된다.

= 1)이 된다.

일반적으로 대체탄력성은 0보다 크거나 또는 0과 같은 숫자이다. 대체탄력성이 갖는 의미는 다음과 같다.

- 대체탄력성이 0에 근접할 경우, 생산요소들 간에 대체할 기회는 거의 없다. 식 (6.6)에 따르면 $MRTS_{L,K}$의 백분율 변화가 클 경우 σ는 0에 근접하게 되며 〈그림 6.11(a)〉에 해당한다.
- 대체탄력성이 클 경우, 생산요소들 간에 대체할 기회가 상당히 크다. 식 (6.6)에 따르면 $MRTS_{L,K}$의 백분율 변화가 작을 경우 σ는 커지며 〈그림 6.11(b)〉에 해당한다.

정리문제 6.3

생산함수로부터 대체탄력성을 계산하기

문제

$Q = \sqrt{KL}$로 나타낼 수 있는 생산함수를 생각해 보자. 이에 상응하는 한계생산물은 $MP_L = \frac{1}{2}\sqrt{\frac{K}{L}}$ 및 $MP_K = \frac{1}{2}\sqrt{\frac{L}{K}}$이다. K 및 L이 어떤 값을 취하든지 간에 생산함수에 대한 대체탄력성은 정확히 1이 된다는 사실을 보이라.

해법

먼저 $MRTS_{L,K} = \frac{MP_L}{MP_K}$이라는 사실에 유의하자. 이 경우 다음과 같아진다.

$$MRTS_{L,K} = \frac{\frac{1}{2}\sqrt{\frac{K}{L}}}{\frac{1}{2}\sqrt{\frac{L}{K}}}$$

이를 간단히 정리하면 다음과 같다.

$$MRTS_{L,K} = \frac{K}{L}$$

대체탄력성에 관한 정의는 다음과 같다.

$$\sigma = \frac{\%\Delta\left(\frac{K}{L}\right)}{\%\Delta\, MRTS_{L,K}}$$

$MRTS_{L,K} = \frac{K}{L}$이므로 $\%\Delta MRTS_{L,K} = \%\Delta\left(\frac{K}{L}\right)$가 된다. 다시 말해 자본에 대한 노동의 한계대체율이 자본-노동 비율과 동일하므로, 자본에 대한 노동의 한계대체율 백분율 변화는 자본-노동 비율의 백분율 변화와 동일해야만 한다.

$\%\Delta MRTS_{L,K} = \%\Delta\left(\frac{K}{L}\right)$이므로 대체탄력성에 관한 정의에 따르면 다음과 같다.

$$\sigma = \frac{\%\Delta\left(\frac{K}{L}\right)}{\%\Delta\left(\frac{K}{L}\right)} = 1$$

특수한 생산함수

등량곡선, 생산요소의 대체성, 대체탄력성 간의 관계는 미시경제학 분석에서 종종 사용되는 다양한 종류의 특수한 생산함수를 비교하고 대조해 봄으로써 아주 분명히 알 수 있다. 이 절에서는 네가지 특수한 생산함수, 즉 선형 생산함수, 고정비율 생산함수, 콥-더글러스 생산함수, 불변 대체탄력성 생산함수를 살펴보고자 한다.

선형 생산함수(완전 대체재)

어떤 생산과정에서는 다른 생산요소에 대한 한 생산요소의 한계기술대체율이 일정할 수 있다. 예를 들어 어떤 제조과정에서 에너지는 천연가스 또는 석유연료의 형태로 투입되며, 석유연료 각 리터는 언제나 일정량의 천연가스로 대체될 수 있다고 하자. 이 경우 석유연료에 대한 천연가스의 한계기술대체율은 일정하다. 기업들은 이따금 어떤 형태의 장비를 다른 형태의 장비로 완전히 대체할 수 있는 경우에 직면할 수 있다.

예를 들어 기업 자료를 저장하기 위해 어떤 기업이 두 가지 종류의 컴퓨터 중에서 선택을 하려한다고 가상하자. 하나는 자료를 10 테라바이트 저장할 수 있는 고용량의 하드드라이브를 갖고

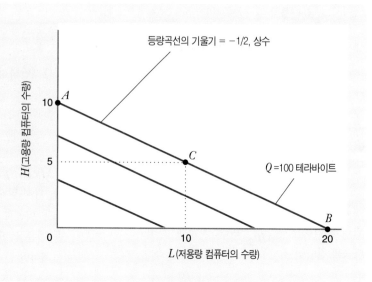

등량곡선의 기울기 = −1/2, 상수

Q =100 테라바이트

H (고용량 컴퓨터의 수량)

L (저용량 컴퓨터의 수량)

그림 6.13 선형 생산함수의 등량곡선

선형 생산함수에 대한 등량곡선은 직선이
된다. 따라서 등량곡선 상 모든 점에서의
$MRTS_{L,H}$는 상수가 된다.

있는 반면에 다른 컴퓨터는 자료를 5 테라바이트 저장할 수 있는 저용량의 하드드라이브를 갖고
있다. 이 기업이 자료를 100 테라바이트 저장해야 한다면 (그림 6.13의 점 A에서처럼) 고용량 컴
퓨터 10대를 구입하고 저용량 컴퓨터는 구입하지 않거나 (그림 6.13의 점 B에서처럼) 고용량 컴
퓨터는 구입하지 않고 저용량 컴퓨터 20대를 구입할 수 있다. 그렇지 않다면 (그림 6.13의 점 C에
서처럼) 고용량 컴퓨터 5대와 저용량 컴퓨터 10대를 구입할 수도 있다. 그 이유는 이 경우에 (5 ×
10) + (10×5) = 100이 되기 때문이다.

이 예에서 해당 기업은 식이 다음과 같은 **선형 생산함수**(linear production function)를 갖는다.

$$Q = 10H + 5L$$

여기서 H는 해당 기업이 투입한 고용량 컴퓨터의 수이고, L은 해당 기업이 투입한 저용량 컴퓨터
의 수이며, Q는 해당 기업이 저장할 수 있는 자료의 총테라바이트이다. 선형 생산함수는 등량곡
선이 직선인 생산함수이다. 〈그림 6.13〉은 선형 생산함수인 경우 기울기가 일정하며 등량곡선 위
로 이동하더라도 한계기술대체율이 불변한다($\Delta MRTS_{L,H} = 0$)는 사실을 보여 준다.

등량곡선을 따라 이동하더라도 $MRTS_{L,H}$는 변화하지 않기 때문에 $\Delta MRTS_{L,H} = 0$이 된다. 식
(6.6)에 기초할 경우 이것이 의미하는 바는 선형 생산함수의 대체탄력성은 무한대($\sigma = \infty$)가 되어
야 한다는 것이다. 다시 말해 선형 생산함수의 생산요소는 무한히 또는 완전히 서로 대체가 가
능하다. 선형 생산함수인 경우 생산요소가 **완전 대체재**(perfect substitutes)라고 할 수 있다. 위의
컴퓨터 예에서 저용량 컴퓨터와 고용량 컴퓨터가 완전 대체재라는 사실은 자료저장능력 면에서
저용량 컴퓨터 2대가 고용량 컴퓨터 1대와 정확히 같다는 의미이다. 이를 달리 표현하면 기업은
저용량 컴퓨터 2대를 투입함으로써 고용량 컴퓨터 1대의 생산성을 완전히 복제할 수 있다는 의미
이다.

고정비율 생산함수(완전 보완재)

〈그림 6.14〉는 극적으로 상이한 경우를 보여 준다. 이는 물 생산에 관한 등량곡선이며 여기서 생산요소는 수소원자(H)와 산소원자(O)이다. 각 물 분자는 두 개의 수소원자와 한 개의 산소원자로 구성되므로 생산요소는 고정된 비율로 결합된다. 생산요소가 고정된 비율로 결합되는 생산함수인 경우 **고정비율 생산함수**(fixed-proportions production function)라 하며 고정비율 생산함수의 생산요소들을 **완전 보완재**(perfect complements)라고 한다.[4] 고정된 수의 산소원자에 수소원자를 추가시키더라도 물 분자를 추가적으로 얻을 수 없다. 고정된 수의 수소원자에 산소원자를 추가시키더라도 물 분자를 추가적으로 얻을 수 없다. 따라서 생산할 수 있는 물 분자의 양 Q는 다음과 같다.

$$Q = \min \left(\frac{H}{2}, O \right)$$

여기서 min이란 기호는 '괄호 안의 두 가지 값 중에서 최솟값을 취한다'는 의미이다.

생산요소가 고정된 비율로 결합될 경우 대체탄력성은 영($\sigma = 0$)이 된다. 그 이유는 고정비율 생산함수의 등량곡선 상에서 한계기술대체율이 등량곡선의 모서리(예를 들면 점 A, B, C)를 통과할

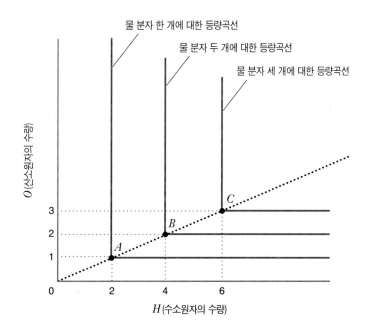

그림 6.14 고정비율 생산함수에 대한 등량곡선

물 분자의 생성은 고정된 비율로 이루어진다. 즉 물 분자 하나를 생성하는 데 수소원자(H) 두 개와 산소원자(O) 한 개가 필요하다. 이런 생산함수의 등량곡선은 L자 모양을 하게 되며 이는 산소원자가 추가되더라도 수소원자가 2 : 1의 비율로 또한 추가되지 않으면 물 분자가 추가적으로 생성되지 않는다는 의미이다.

---

4 고정비율 생산함수를 레온티예프 생산함수라고도 하는데, 이는 일국 경제의 부문 간 관계를 모형화하는 데 이를 사용한 경제학자 바실리 레온티예프(Wassily Leontief)의 이름을 따서 명명된 것이다.

때 ∞에서 0으로 극적으로 변화하기 때문이다. 대체탄력성이 영이라는 사실은 기업이 고정비율 생산함수를 갖는 경우 생산요소 간에 대체를 유연하게 할 수 있는 능력이 존재하지 않는다는 점을 알려 준다. 〈그림 6.14〉의 예에서 이를 알 수 있다. 물 분자 한 개를 생산하기 위해서는 다음과 같은 단지 하나의 생산요소 결합이 가능할 뿐이다. 즉 수소원자 두 개와 산소원자 한 개를 결합시켜야 물 분자 한 개를 얻을 수 있다.

고정된 비율로 생산과정이 이루어지는 경우를 종종 발견하게 된다. 어떤 화학물질은 다른 화학물질이 고정된 비율로 결합하고 여기에 이따금 열이 가해져서 생성된다. 자전거는 두 개의 타이어와 한 개의 본체가 결합되어 만들어진다. 자동차는 한 개의 엔진, 한 개의 차체, 네 개의 타이어가 결합되어 만들어지며 이 요소들은 서로 대체될 수 없다.

콥-더글러스 생산함수

〈그림 6.15〉는 선형 생산함수와 고정비율 생산함수의 중간에 위치한 경우를 보여 주고 있다. 이 생산함수를 **콥-더글러스 생산함수**(Cobb-Douglas production function)라 하며 다음과 같은 공식으로 나타낼 수 있다.

$$Q = AL^{\alpha}K^{\beta}$$

여기서 A, α, β는 양수이다(그림 6.15에서 이 값은 각각 100, 0.4, 0.6이다). 콥-더글러스 생산함수에서 자본과 노동은 서로 대체될 수 있다. 고정비율 생산함수와 달리 자본과 노동은 변화하는 비율로 사용될 수 있다. 또한 선형 생산함수와 달리 노동이 자본으로 대체될 수 있는 비율은 등량

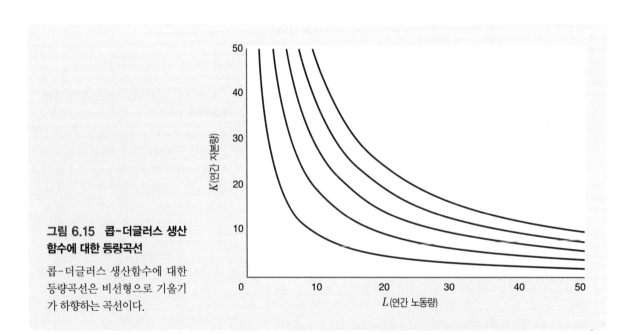

그림 6.15 콥-더글러스 생산함수에 대한 등량곡선

콥-더글러스 생산함수에 대한 등량곡선은 비선형으로 기울기가 하향하는 곡선이다.

곡선 위를 이동함에 따라 일정하지 않다. 이는 콥-더글러스 생산함수의 대체탄력성이 0과 ∞ 사이에 위치한다는 의미이다. 사실 콥-더글러스 생산함수 상에서 대체탄력성이 정확히 1이라고 판명된다(이 결과는 이 장 부록에서 도출할 것이다).

불변 대체탄력성(CES) 생산함수

어떤 생산함수는 앞에 나온 생산함수 모두를 특별한 경우로 포함할 수 있다. 이를 **불변 대체탄력성 생산함수**[constant elasticity of substitution (CES) production function]라 하며 다음과 같은 식으로 나타낼 수 있다.

$$Q = \left[aL^{\frac{\sigma-1}{\sigma}} + bK^{\frac{\sigma-1}{\sigma}} \right]^{\frac{\sigma}{\sigma-1}}$$

여기서 a, b, σ는 양수이다. 분명하게 드러나지 않지만 이 생산함수에서 상수 σ는 대체탄력성이다. 〈그림 6.16〉은 σ가 0에서 ∞ 사이로 변함에 따라 CES 생산함수의 등량곡선이 고정비율 생산함수에서 콥-더글러스 생산함수로, 그리고 다시 선형 생산함수로 변하는 과정을 보여 주고 있다.

〈표 6.5〉는 앞에서 살펴본 네 가지 생산함수의 특징을 요약해서 보여 주고 있다.

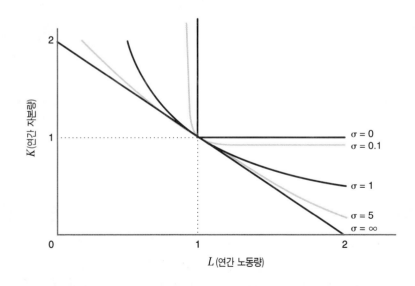

그림 6.16 CES 생산함수에 대한 등량곡선

이 그림은 각각 상이한 대체탄력성 σ의 값을 갖는 다섯 개의 서로 다른 CES 생산함수에 대해 $Q = 1$인 등량곡선을 보여 주고 있다. σ가 0에서부터 증가함에 따라 고정비율 생산함수($\sigma = 0$)에서 콥-더글러스 생산함수($\sigma = 1$)로 변화하여 궁극적으로는 선형 생산함수($\sigma = \infty$)로 근접하게 된다.

표 6.5	생산함수의 특징	
생산함수	대체탄력성(σ)	특징
선형 생산함수	$\sigma = \infty$	생산요소들은 완전 대체재이다. 등량곡선은 직선이다.
고정비율 생산함수	$\sigma = 0$	생산요소들은 완전 보완재이다. 등량곡선은 L자 형태이다.
콥-더글러스 생산함수	$\sigma = 1$	등량곡선은 곡선이다.
CES 생산함수	$0 \leq \sigma \leq \infty$	위에서 살펴본 세 가지 생산함수는 이 함수의 특별한 경우이다. 등량곡선의 형태가 변화한다.

6.5 규모에 대한 수확

앞 절에서 일정한 생산량을 생산하기 위하여 생산요소들이 서로 대체될 수 있는 정도를 살펴보았다. 이 절에서는 모든 생산요소의 양이 증가할 경우 해당 기업이 생산할 수 있는 생산량에 어떤 영향을 미치는지 살펴보고자 한다.

규모에 대한 수확의 정의

생산요소가 양의 한계생산물을 갖는다면 모든 생산요소의 양이 동시에 증가할 경우, 즉 기업의 생산규모가 증가할 경우 해당 기업의 총생산량은 증가해야 한다. 하지만 모든 생산요소가 일정한 백분율로 증가할 경우 생산량이 얼마나 많이 증가하는지에 대해 알아야 할 필요가 종종 있다. 예를 들면 반도체 생산업체가 노동에 해당하는 노동투입시간과 로봇에 해당하는 기계투입시간을 두 배 증가시킬 경우 이 업체는 생산량을 얼마만큼이나 증대시킬 수 있을까? **규모에 대한 수확**(returns to scale)이란 개념을 이용하면 기업이 모든 생산요소의 양을 일정한 백분율만큼 증가시킬 경우 생산량이 증대되는 백분율을 알 수 있다. 이를 수식으로 나타내면 다음과 같다.

$$\text{규모에 대한 수확} = \frac{\%\Delta(\text{생산물의 수량})}{\%\Delta(\text{모든 생산요소의 수량})}$$

기업이 두 가지 생산요소, 즉 노동 L과 자본 K를 이용하여 생산량 Q를 생산한다고 가상하자. 이제는 모든 생산요소가 동일한 비율 $\lambda > 1$만큼 '확대된다'고 가상하자(즉 노동량은 L에서 λL로 증가하고 자본량은 K에서 λK로 증가한다고 가상하자).[5] ϕ는 이에 따른 생산량 Q의 비례적인 증가를 의미한다(즉 생산량은 Q에서 ϕQ로 증가한다). 이런 경우 다음과 같다.

---

5 따라서 모든 생산요소 수량의 백분율 변화는 $(\lambda - 1) \times 100\%$이다.

- $\phi > \lambda$인 경우 **규모에 대한 수확체증**(increasing returns to scale)을 경험하게 된다. 이 경우 모든 생산요소의 양이 비례적으로 증가하면 생산량은 생산요소의 증가비율보다 더 큰 폭으로 증대된다.
- $\phi = \lambda$인 경우 **규모에 대한 수확불변**(constant returns to scale)을 경험하게 된다. 이 경우 모든 생산요소의 양이 비례적으로 증가하면 생산량은 이와 같은 비율로 증대된다.
- $\phi < \lambda$인 경우 **규모에 대한 수확체감**(decreasing returns to scale)을 경험하게 된다. 이 경우 모든 생산요소의 양이 비례적으로 증가하면 생산량은 생산요소의 증가비율보다 더 작은 폭으로 증대된다.

〈그림 6.17〉은 이런 세 가지 경우를 보여 주고 있다.

규모에 대한 수확이 중요한 이유는 무엇인가? 생산과정이 규모에 대한 수확체증을 보이는 경우 대규모 생산에 따른 비용상의 이점이 존재한다. 특히 일정한 생산량을 생산하는 데 각각 생산량의 절반씩을 생산하는 동일한 규모의 두 개 기업보다 한 개 기업이 **단위당 더 적은 비용으로** 생산할 수 있다. 예를 들어 두 개 반도체 생산업체가 칩당 0.10달러로 100만 개의 칩을 각각 생산하는 경우 한 개의 대규모 반도체 생산업체는 칩당 0.10달러보다 낮은 비용으로 200만 개의 칩을 생산할 수 있다. 그 이유는 규모에 대한 수확체증으로 인해 대규모 기업은 소규모 기업이 생산량을 두 배로 증가시키기 위해 노동량과 자본량을 증가시킨 것보다 적은 양을 투입하면 되기 때문이다. 대규모 기업이 소규모 기업에 비해 이런 비용상의 이점이 존재한다면 몇 개의 소규모 기업보다 한 개의

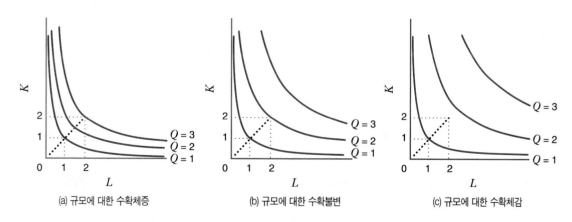

(a) 규모에 대한 수확체증 (b) 규모에 대한 수확불변 (c) 규모에 대한 수확체감

그림 6.17 규모에 대한 수확체증, 수확불변, 수확체감

(a)에서는 규모에 대해 수확이 체증한다. 자본량 및 노동량이 두 배 증가하면 생산량은 두 배를 초과하여 증대된다. (b)에서는 규모에 대해 수확이 불변한다. 자본량 및 노동량이 두 배 증가하면 생산량도 역시 정확히 두 배 증대된다. (c)에서는 규모에 대한 수확이 체감한다. 자본량 및 노동량이 두 배 증가하면 생산량은 두 배 미만으로 증대된다.

대규모 기업이 생산을 할 때 해당 시장은 가장 효율적으로 운용된다. 대규모 생산에 따른 이런 비용상의 이점은 예를 들면 전기 및 석유 파이프라인 운송시장에서 규제된 독점기업이 활동하는 근거로 오래전부터 원용되었다.

정리문제 6.4

콥-더글러스 생산함수의 규모에 대한 수확

문제

콥-더글러스 생산함수 $Q = AL^\alpha K^\beta$는 규모에 대한 수확체증 또는 수확체감 또는 수확불변을 보이는가?

해법

L_1과 K_1은 최초의 노동량과 자본량을 나타내고 Q_1은 최초의 생산량을 의미하며 이를 다음과 같이 나타낼 수 있다.

$$Q_1 = AL_1^\alpha K_1^\beta$$

이제는 모든 생산요소량이 동일한 비율 λ만큼 증가했다고 하자. 여기서 $\lambda > 1$이다. Q_2는 이에 따른 생산량이며 이를 다음과 같이 나타낼 수 있다.

$$
\begin{aligned}
Q_2 &= A(\lambda L_1)^\alpha (\lambda K_1)^\beta \\
&= A\lambda^\alpha L_1^\alpha \lambda^\beta K_1^\beta \\
&= \lambda^{\alpha+\beta} AL_1^\alpha K_1^\beta \\
&= \lambda^{\alpha+\beta} Q_1
\end{aligned}
$$

규모에 대한 수확체증 또는 수확불변 또는 수확체감인지 여부는 $\lambda^{\alpha+\beta}$항이 λ보다 큰지 또는 동일한지 또는 작은지에 달려 있다.

지수의 특성에 의하면 지수 $\alpha + \beta$가 1보다 큰지, 동일한지 또는 작은지 여부에 따라 $\lambda^{\alpha+\beta}$는 λ보다 클 수도 있고 동일할 수도 있고 작을 수도 있다. 이를 정리하면 다음과 같다.

- $\alpha + \beta > 1$인 경우 $\lambda^{\alpha+\beta} > \lambda$가 되어 $Q_2 > \lambda Q_1$이 성립한다. 규모에 대한 수확체증이 발생한다.
- $\alpha + \beta = 1$인 경우 $\lambda^{\alpha+\beta} = \lambda$가 되어 $Q_2 = \lambda Q_1$이 성립한다. 규모에 대한 수확불변이 발생한다.
- $\alpha + \beta < 1$인 경우 $\lambda^{\alpha+\beta} < \lambda$가 되어 $Q_2 < \lambda Q_1$이 성립한다. 규모에 대한 수확체감이 발생한다.

이 분석에 따르면 콥-더글러스 생산함수 지수의 합 $\alpha + \beta$가 규모에 대한 수확체증 또는 수확불변 또는 수확체감의 정도를 결정한다. 이런 이유로 인해 경제학자들은 특정 산업의 생산함수를 연구할 경우 이 합을 추정하는 데 상당한 주의를 기울인다.

규모에 대한 수확 대 한계수확체감

규모에 대한 수확과 6.2절에서 논의한 한계수확체감 사이의 개념 차이를 이해하는 것이 중요하다. 규모에 대한 수확은 모든 생산요소의 양이 동시에 증가할 경우 미치는 충격에 관한 논의인 반면에, 한계수확체감은 모든 다른 생산요소의 양이 고정되어 있다고 보고 예를 들면 노동처럼 한 개 생산요소의 양이 증가할 경우 미치는 충격에 관한 논의이다.

〈그림 6.18〉은 이런 차이를 보여 주고 있다. 자본량은 연간 10단위로 고정되어 있다고 보고 노동량을 연간 10단위에서 20단위로 두 배 증가시킬 경우 점 A에서 점 B로 이동하여 생산량은 100단위에서 140단위로 증대된다. 그리고 나서 노동량을 20단위에서 30단위로 증가시키면 점 B에서

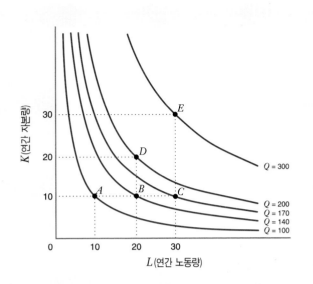

그림 6.18 한계수확체감 대 규모에 대한 수확

이 생산함수는 규모에 대한 수확불변이지만, 노동에 대한 한계수확체감을 보여 준다.

점 C로 이동한다. 생산량은 약간 더 증가하지만 170단위에 이를 뿐이다. 이 경우 노동에 대한 한계수확체감을 경험하게 된다. 노동량이 10단위 증가함으로써 증대되는 생산량은 노동이 점점 더 투입됨에 따라 감소하게 된다.

이와는 대조적으로 노동량 및 자본량 모두 연간 10단위에서 20단위로 두 배 증가시키면, 점 A에서 점 D로 이동하여 생산량은 연간 100단위에서 200단위로 두 배 증대된다. 노동량 및 자본량 모두 10단위에서 30단위로 세 배 증가시키면 점 A에서 점 E로 이동하여 생산량은 100단위에서 300단위로 세 배 증대된다. 〈그림 6.18〉의 생산함수는 규모에 대해 수확이 불변이지만 노동에 대한 한계수확은 체감한다.

6.6 기술진보

지금까지는 기업의 생산함수를 고정된 것으로 보았다. 즉 생산함수를 시간이 흐르더라도 불변한다고 보았다. 그러나 한 경제 내에 축적되는 지식이 발전하고 기업이 경험과 연구개발에 투입한 투자를 통해 제조기술을 습득해 감에 따라 기업의 생산함수가 변화하게 된다. **기술진보**(technological progress)란 개념은 생산함수가 시간의 흐름에 따라 변화할 수 있다는 생각을 갖게 한다. 특히 기술진보는 기업이 생산요소가 결합된 일정한 양으로부터 더 많은 양을 생산하거나 또는 이를 달리 표현하면 더 적은 양의 생산요소로부터 동일한 양을 생산할 수 있는 상황을 의미한다.

기술진보를 세 가지 범주, 즉 중립적 기술진보, 노동절약적 기술진보, 자본절약적 기술진보로 분류할 수 있다.[6] 〈그림 6.19〉는 **중립적 기술진보**(neutral technological progress)의 경우를 보여

---

6 J. R. Hicks, *The Theory of Wages* (London: Macmillan, 1932).

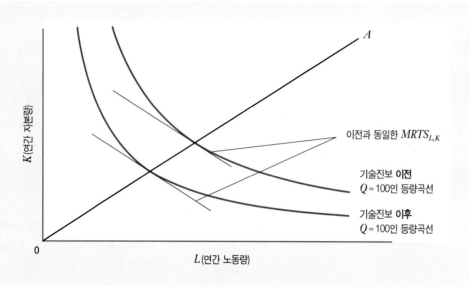

주고 있다. 이 경우 일정 수준의 생산량(그림에서 100단위)에 상응하는 등량곡선이 (일정한 양을 생산하는 데 더 적은 노동량 및 자본량이 필요함을 시사하면서) 안쪽으로 이동하지만 자본에 대한 노동의 한계기술대체율 $MRTS_{L,K}$가 원점에서 그은 반직선(예를 들면 0*A*) 상에서 변하지 않도록 등량곡선이 이동하였다. 중립적 기술진보의 경우 실제로 해당 기업의 등량곡선 지도는 단순히 기호를 다시 붙인 것에 불과하다. 따라서 각 등량곡선은 더 높은 수준의 생산량에 상응하지만 등량곡선 자체는 동일한 형태를 갖는다.

〈그림 6.20〉은 **노동절약적 기술진보**(labor-saving technological progress)의 경우를 보여 주고 있다. 이전처럼 일정 수준의 생산량에 상응하는 등량곡선이 안쪽으로 이동하지만 이번에는 원점에서 그은 반직선 상에서 더 평평하게 된다. 이는 $MRTS_{L,K}$가 이전보다 더 작아졌다는 의미이다. 6.3절에서 $MRTS_{L,K} = MP_L/MP_K$이라는 점을 살펴보았다. $MRTS_{L,K}$가 감소한다는 사실은 이런 형태의 기술진보하에서 자본의 한계생산물이 노동의 한계생산물보다 더 급속하게 증대된다는 의미이다. 이런 형태의 기술진보는 자본장비, 로봇설비, 컴퓨터상의 기술발전으로 인해 노동의 한계생산성에 비해서 자본의 한계생산성이 증대될 경우 이루어진다.

〈그림 6.21〉은 **자본절약적 기술진보**(capital-saving technological progress)를 보여 주고 있다. 이 경우 등량곡선이 안쪽으로 이동함에 따라 $MRTS_{L,K}$가 증대된다. 이는 노동의 한계생산물이 자본의 한계생산물보다 더 급속하게 증대된다는 의미이다. 이런 형태의 기술진보는 예를 들면 해당 기업의 실제(및 잠재) 노동력의 교육수준이나 기술수준이 향상되어 자본의 한계생산물에 비해 노동의 한계생산물이 증대될 경우 나타난다.

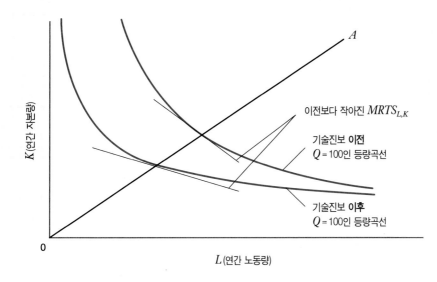

그림 6.20 노동절약적 기술진보($MRTS_{L, K}$는 감소한다)

노동절약적 기술진보하에서 특정 생산량 수준에 상응하는 등량곡선은 안쪽으로 이동하지만 예를 들면 $0A$처럼 원점에서부터 그은 반직선 상의 $MRTS_{L, K}$는 감소한다.

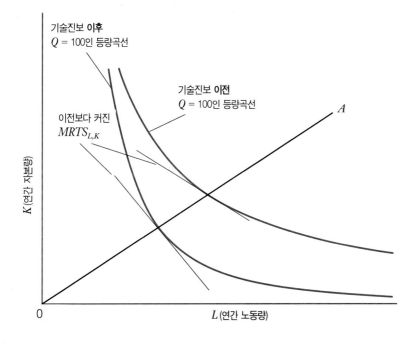

그림 6.21 자본절약적 기술진보($MRTS_{L, K}$는 증가한다)

자본절약적 기술진보하에서 특정 생산량 수준에 상응하는 등량곡선은 안쪽으로 이동하지만 예를 들면, $0A$처럼 원점에서부터 그은 반직선 상의 $MRTS_{L, K}$는 증가한다.

정리문제 6.5

기술진보

어떤 기업의 생산함수는 처음에 $Q = \sqrt{KL}$이며, $MP_K = 0.5(\sqrt{L}/\sqrt{K})$ 및 $MP_L = 0.5(\sqrt{K}/\sqrt{L})$이다. 시간이 흐름에 따라 생산함수는 $Q = L\sqrt{K}$로 변화했으며 $MP_K = 0.5(L/\sqrt{K})$ 및 $MP_L = \sqrt{K}$이다. 해당 기업은 적어도 노동 1단위 및 자본 1단위를 사용한다(즉 $L \geq 1$ 및 $K \geq 1$이다).

문제

(a) 이런 변화가 기술진보를 의미한다는 사실을 입증하라.
(b) 이런 변화가 노동절약적인지 또는 자본절약적인지 또는 중립적인지를 보이라.

해법

(a) 사용되는 K 및 L의 수량이 적어도 1단위인 경우 나중의 생산함수하에서 더 많은 Q를 생산할 수 있다. 따라서 기술진보가 이루어졌다고 할 수 있다.

(b) 처음의 생산함수하에서 $MRTS_{L,K} = MP_L/MP_K = K/L$가 되며 나중의 생산함수하에서 $MRTS_{L,K} = MP_L/MP_K = (2K)/L$가 된다. 노동에 대한 자본의 비율에 관해(즉 원점에서부터 그은 반직선 상에서) $MRTS_{L,K}$는 나중의 생산함수에서 더 높다. 따라서 기술진보는 자본절약적이다.

요약

- 생산함수는 생산과정을 이행하기 위해 기업이 선택할 수 있는 다양한 기술상의 방법을 보여 준다. 이 함수는 해당 기업이 투입한 다양한 생산요소량의 함수로써 얻을 수 있는 최대 생산량을 보여 준다.

- 생산요소가 하나인 생산함수를 총생산물 함수라 한다. 총생산물 함수는 일반적으로 세 가지 영역, 즉 한계수확이 체증하는 영역, 한계수확이 체감하는 영역, 총수확이 체감하는 영역으로 분류된다.

- 노동의 평균생산물은 노동 한 단위당 평균생산량을 의미한다. 노동의 한계생산물은 기업이 사용하는 노동량이 변화함에 따라 총생산량이 변화하는 율이다.

- 한계수확체감의 법칙에 따르면 다른 생산요소, 예를 들면 자본 또는 토지의 양은 일정하다 보고 한 생산요소(예 : 노동)의 사용이 증가함에 따라 어떤 점을 지나면 이 요소의 한계생산물이 감소한다고 한다.

- 등량곡선은 복합적 생산요소를 갖고 2차원 그래프 상에 생산함수를 나타낸다. 등량곡선은 동일한 생산량을 생산할 수 있는 노동과 자본의 모든 결합을 보여

준다. 각 등량곡선은 특정 생산량 수준에 상응하며 그래프 상에서 동북쪽으로 이동함에 따라 더 높은 생산량 수준에 상응하는 등량곡선에 도달할 수 있다(정리문제 6.1 참조).

- 일부 생산함수의 경우 등량곡선의 기울기가 상향하는 영역과 후방굴절하는 영역을 갖는다. 이런 영역을 비경제적 생산영역이라 한다. 이 경우 생산요소 중 한 개가 음의 한계생산물을 갖는다. 경제적 생산영역은 등량곡선의 기울기가 하향하는 영역이다.

- 자본에 대한 노동의 한계기술대체율은 생산량은 일정하다 보고 노동량이 한 단위 증가할 때마다 자본량이 감소하는 율을 말한다. 수학적으로 표현하면 자본에 대한 노동의 한계기술대체율은 자본의 한계생산물에 대한 노동의 한계생산물의 비율이다(정리문제 6.2 참조).

- 원점에 대해 볼록한(원점을 향해 구부러진) 등량곡선의 경우 한계기술대체율이 체감한다(즉 등량곡신 상에서 아래로 이동함에 따라 한계대체율이 감소한다).

자본에 대한 노동의 한계기술대체율이 체감할 경우 노동이 추가적으로 더해짐에 따라 점점 더 적은 자본이 희생된다.

- 대체탄력성은 등량곡선의 곡률을 측정하는 것이다. 특히 대체탄력성은 $MRTS_{L,K}$의 매 1% 변화에 대한 K/L의 백분율 변화를 측정한 것이다(정리문제 6.3 참조).

- 세 가지 중요한 특수 생산함수로 선형 생산함수, 고정비율 생산함수, 콥-더글러스 생산함수를 들 수 있다. 이들 함수는 각각 불변 대체탄력성 생산함수라고 알려진 생산함수의 변형이라 할 수 있다.

- 규모에 대한 수확은 모든 생산요소가 일정한 백분율로 증가할 경우 생산량이 얼마나 증가하는지를 알려준다. 모든 생산요소의 양이 일정한 백분율로 증가하면 생산량이 이 백분율보다 더 많이 증대될 경우 규모에 대해 수확이 체증한다고 한다. 모든 생산요소의 양이 일정한 백분율로 증가하면 생산량이 이 백분율보다 더 적게 증대될 경우 규모에 대해 수확이 체감한다고 한다. 모든 생산요소의 양이 일정한 백분율로 증가하면 생산량이 이 백분율과 동일하게 증대될 경우 규모에 대해 수확이 불변한다고 한다(정리문제 6.4 참조).

- 기술진보란 기업이 일정한 생산요소의 결합으로부터 더 많은 양을 생산할 수 있는 상황을 말한다. 이를 달리 표현하면 더 적은 생산요소의 양을 이용하여 동일한 양을 생산할 수 있는 상황이다. 기술진보는 중립적, 노동절약적, 자본절약적일 수 있다(정리문제 6.5 참조).

주요 용어

경제적 생산영역	등량곡선	총생산물 함수
고정비율 생산함수	불변 대체탄력성 생산함수	총수확체감
규모에 대한 수확불변	비경제적 생산영역	콥-더글러스 생산함수
규모에 대한 수확체감	생산요소	평균생산물
규모에 대한 수확체증	생산함수	한계기술대체율
기술적으로 비효율적	선형 생산함수	한계기술대체율 체감
기술적으로 효율적	완전 대체재	한계생산물
노동절약적 기술진보	완전 보완재	한계수확체감
노동필요함수	자본절약적 기술진보	한계수확체감의 법칙
대체탄력성	중립적 기술진보	한계수확체증

복습용 질문

1. 생산함수가 기업이 선택할 수 있는 다양한 기술적 방안을 어떻게 나타내는지 설명하시오.

2. 생산요소와 생산물 사이에 존재하는 기술적으로 효율적인 조합과 기술적으로 비효율적인 조합 간 차이를 비교하시오.

3. 생산요소가 한 개인 생산함수의 총생산물, 한계생산물, 평균생산물에 대한 개념을 설명하시오.

4. 한계수확체감의 법칙이 갖는 의미를 설명하시오.

5. 한계생산물 함수 및 평균생산물 함수의 그래프를 총생산물 함수의 그래프와 연계시켜 설명하시오.

6. 가변요소가 두 개인 생산함수를 등량곡선으로 어떻게 나타낼 수 있는지 설명하시오.

7. 생산함수 식으로부터 등량곡선 식을 도출하시오.

8. 한계기술대체율에 관한 개념이 한계생산물에 관한 개념과 어떻게 연계되는지 설명하시오.

9. 기업의 생산요소 간 대체 가능성이 해당 기업의 등량곡선 형태를 어떻게 결정하는지 그래프를 이용하여 보이시오.

10. 대체탄력성에 관한 개념이 해당 기업의 생산요소 간 대체 가능성을 어떻게 측정하는지 설명하시오.

11. 미시경제학 분석에서 종종 사용되는 다양한 형태의 특수한 생산함수, 즉 선형 생산함수, 고정비율 생산함수, 콥-더글러스 생산함수, 불변 대체탄력성(CES) 생산함수를 비교 설명하시오.

12. 규모에 대한 수확체증, 규모에 대한 수확불변, 규모에 대한 수확체감을 비교 설명하시오.

13. 중립적 기술진보, 노동절약적 기술진보, 자본절약적 기술진보를 비교 설명하시오.

7 비용과 비용극소화

7.1 의사결정과 비용 개념

경영자들은 손익계산서상에 금전상의 지출액으로 제시된 비용에 익숙한 반면에, 정치가와 정책분석자들은 예산계획서상에 지출항목으로 나타낸 비용에 보다 익숙하다. 소비자들은 비용을 월간 청구서 및 다른 지출액 정도로 생각한다.

하지만 경제학자들은 보다 넓은 비용 개념을 사용한다. 경제학자들에게 비용은 희생한 기회의 가치이다. 미시경제학을 공부하기 위하여 매주 20시간을 사용했다면 이에 따른 비용은 얼마라고 할 수 있는가? 이에 대한 대답은 20시간을 다른 데 (아마도 여가활동에) 사용할 경우 얻게 되는 가치라고 할 수 있다. 항공기를 운항하는 항공사의 비용은 어떠한가? (연료비, 승무원 봉급, 유지비, 기타 비용 등과 같은) 직접비용 이외에 항공기를 임차하려는 다른 항공사에게 항공기를 임대하지 않아 잃게 되는 소득 또한 포함되어야 한다. 서울의 고속화도로를 수리하는 데 따른 비용은 어떠한가? 노무비 및 재료비 이외에 운전자들이 교통정체로 인해 이동하지 못하고 차 안에서 앉아 보내는 시간도 포함되어야 한다.

이런 관점에서 보면 비용은 금전상의 지출액과 반드시 일치하지는 않는다. 항공사가 자신이 보유한 항공기를 운항할 경우 연료비, 승무원 봉급, 유지비, 기타 비용 등을 지불하게 된다. 하지만 이 항공사는 항공기 자체를 사용하는 데 따른 금전상의 지출을 하지 않아도 된다(즉 이 항공사는 다른 항공사로부터 항공기를 임차할 필요가 없다). 그렇지만 대부분의 경우 항공사는 항공기를 사용하려는 다른 항공사에게 항공기를 임대해 줄 기회를 잃게 되어 항공기를 사용할 경우 비용이 발생한다.

　모든 비용들이 직접적인 금전적 지출을 수반하지는 않기 때문에, 경제학자들은 **명시비용**(explicit cost)과 **묵시비용**(implicit cost)을 구분한다. 명시비용은 직접적인 금전상의 지출을 포함하는 반면에 묵시비용은 그렇지 않다. 예를 들면, 항공사의 연료와 급료에 대한 지출은 명시비용인 반면에, 항공기를 임대하지 않아서 잃게 되는 소득은 묵시비용이다. 이런 명시비용과 묵시비용의 총합계는 항공기를 특정 항로에 취항시키는 결정을 내릴 때 해당 항공사가 희생하는 것을 의미한다.

기회비용

비용이 포기한 기회의 가치라는 경제학자들의 생각은 **기회비용**(opportunity cost)이란 개념에 기초하고 있다. 기회비용을 이해하기 위해서, 특정한 금전적 지급청산이 수반되는 상호배타적인 일련의 대안들 중에서 선택을 해야 하는, 예를 들면 기업과 같은 의사결정자를 생각해 보자. 특정 대안의 기회비용은 선택되지 않은 최선의 대안과 관련된 지급액이다.

　어떤 대안의 기회비용은 해당 대안과 관련된 명시비용과 묵시비용 모두를 포함한다. 예를 들어 설명하기 위해서, 여러분이 자영업을 운영하고 있으며 내년에 이를 계속해서 운영할지 또는 폐업할지 여부에 대해 심사숙고하고 있다고 가상하자. 계속 운영을 하게 되면, 근로자를 고용하는 데 100,000달러 그리고 공급재료를 구입하기 위해 80,000달러를 지출해야 한다. 폐업을 하게 되면, 이들 비용을 지출할 필요가 없다. 이 밖에 자영업을 운영하려면 여러분이 매주 80시간 근무를 해야 한다. 자영업을 운영하는 데 대한 최선의 대안은 연봉 75,000달러를 받으면서 다른 기업에서 동일한 시간 수만큼 근무하는 것이다. 이 예에서 내년에 자영업을 계속하는 데 따른 기회비용은 255,000달러이다. 이 금액에는 명시비용인 180,000달러(근로자 고용과 재료 공급에 대해 지불하는 현금지급액)와 묵시비용인 75,000달러(가용할 수 있는 최선의 대안을 선택하지 않고 자영업을 계속 운영함으로써 잃게 되는 소득)가 포함된다.

　기회비용은 의사결정자가 결정을 할 때와 그 이후에 잃게 되는 가치를 측정한다는 의미에서 앞을 보는 전향적인 개념이다. 이런 점을 살펴보기 위해서 1,000,000달러를 지불하여 철강판을 구입한 자동차 회사를 생각해 보자. 이 회사는 철강판을 사용하여 자동차를 제작하려 한다. 대안으로는 다른 업체에 이 철강판을 재판매하는 것이 있다. 해당 기업이 구입한 이후에 철강판 가격이 인상되었다고 가상하자. 그래서 재판매할 경우 해당 기업은 1,200,000달러를 받을 수 있다. 이에 따라 철강판을 사용하여 자동차를 생산하는 데 따른 기회비용은 1,200,000달러가 된다. 이 예에서 기회비용은 기업이 지불했던 최초의 지출액과 상이하다.

　학생들은 위의 예를 읽고 나서 이따금 다음과 같은 질문을 한다. 철강판의 기회비용이 200,000달러(철강판의 시장가치 1,200,000달러와 최초비용 1,000,000달러 사이의 차액)가 아닌 이유는 무엇인가? 최종적으로 보면 해당 기업이 철강판을 구입하기 위해서 이미 1,000,000달러를 지출했다. 기회비용이 최초비용을 초과하는 금액(이 예에서는 200,000달러)이 아닌 이유는 무엇인가? 이 물음에 답하기 위해서는 기회비용이 앞을 보는 전향적인 개념이지 뒤를 되돌아보는 개념이 아니라는 사실을 기억해야 한다. 기회비용을 구하기 위해 다음과 같은 질문을 해 보도록 하자. 의사결정자는 결정을 내릴 때 무엇을 포기하는가? 자동차 회사가 자동차를 생산하기 위해 철강판을 사용할 때, 200,000달러보다 많은 것을 포기하게 된다. 자동차 회사는 철강판을 재판매하여 1,200,000달러를 받을 기회를 포기한다. 기회비용 1,200,000달러는 공개시장에서 철강판을 판매하지 않고 자동차를 생산하는 데 철강판을 사용하는 결정을 내릴 때 해당 기업이 포기하게 되는 총금액이다.

기회비용은 내려진 결정에 의존한다

기회비용이 갖는 앞을 보는 전향적인 성격은 시간이 흐르고 상황이 변함에 따라 기회비용이 변화할 수 있다는 것이다. 이 점을 설명하기 위하여 1,000,000달러 상당의 철강판을 구입하기로 결정한 자동차 회사의 예를 다시 생각해 보자. 해당 기업이 처음에 '철강판을 구입할지' 또는 '철강판을 구입하지 않을지'를 결정하려 할 때 관련 기회비용은 구입가격인 1,000,000달러이다. 그 이유는 해당 기업이 철강판을 구입하지 않을 경우 1,000,000달러를 절약할 수 있기 때문이다.

전향적으로 이야기를 진전시켜 보도록 하자. 해당 기업이 철강판을 구입하고 철강판의 시장가격이 변하게 되면 기업은 다음과 같은 **상이한** 결정을 내려야 한다. 즉 '자동차를 생산하는 데 철강판을 사용하거나' 또는 '공개시장에서 이를 재판매해야 한다.' 철강판을 **사용하는** 데 따른 기회비용은 공개시장에서 철강판을 판매하지 않음으로써 해당 기업이 포기해야 하는 금액인 1,200,000달러가 된다. 동일한 철강판이고 동일한 기업이지만 기회비용은 상이하다! 상이한 상황에서 상이한 결정을 내려 상이한 기회비용을 갖게 되므로 기회비용은 상이할 수 있다.

기회비용과 시장가격

이 예에서 공통된 특징은 관련된 기회비용이 두 경우 모두 철강판의 현재 시장가격이라는 점이다. 이것은 우연의 일치가 아니다. 기업의 입장에서 보면 생산요소의 서비스를 사용하는 데 따른 기회비용은 해당 생산요소의 현재 시장가격이다. 생산요소의 서비스를 이용하는 데 따른 기회비용은 기업 소유주가 해당 서비스를 이용하지 **않음으로써** 절약하거나 또는 얻게 되는 것이다. 기업은 두 가지 방법으로 생산요소의 서비스를 **사용하지 않을** 수 있다. 우선 해당 서비스의 구매를 자제할 수 있으며 이 경우 해당 기업은 생산요소의 시장가격에 해당하는 금액을 절약할 수 있다. 그렇지 않다면 공개시장에서 사용하지 않은 생산요소 서비스를 재판매할 수 있으며 이 경우 생산요소의 시장가격에 해당하는 금액을 받을 수 있다. 두 경우 모두 생산요소 서비스의 기회비용은 해당 서비스의 현재 시장가격이다.

경제적 비용 대 회계적 비용

경제적 비용과 회계적 비용을 구별하는 일은 명시비용과 묵시비용을 구별하는 것과 밀접히 연계되어 있다. **경제적 비용**(economic cost)은 기회비용과 같은 의미이며, 결정과 관련된 명시비용과 묵시비용 모두를 합한 것이다. **회계적 비용**(accounting cost)은 회계 대차표상의 비용으로 과거에 발생한 명시비용이다. 회계 대차표는 대부업자와 주식 투자자처럼 기업 외부에 있는 사람이 알 수 있도록 작성된다. 회계상의 숫자는 객관적이고 입증할 수 있어야 하므로 과거의 비용이 이 목적에 가장 잘 부합된다. 반면에 경제학자들은 의사결정에 필요한 비용의 용도를 강조한다. 경제학자들에게 의사결정과 관련된 비용은 기회비용이다. 따라서 경제적 비용은 명시비용과 묵시비용을 합산한 것이다. 반면에 회계적 비용은 명시비용을 포함하지만 묵시비용은 포함하지 않는다. 예를 들면 일반적인 제조업체에 대한 손익계산서에는 해당 기업의 공장 사용과 관련된 기회비용이 포함되지 않는다. 이를 포함시키지 않는 이유는 회계사가 기회비용을 이해하지 못해서가 아니라 자본에 대한 기회비용을 객관적으로 입증할 수 있는 방법으로 측정하기 어려운 경우가 종종 발생하기 때문이다. 소유주가 운영하는 소기업에 대한 손익계산서도 역시 소유주가 투입한 시간의 기회비용을 포함하지 않는다. 회계상의 대차표는 비용을 계산하는 데 역사적인 비용을 사용하지 현재 시장가격을 사용하지는 않기 때문에, 철강판을 구입한 자동차 회사의 손익계산서상 비용은 해당 철강판의 구입가격인 1,000,000달러를 반영하지 실제로 해당 철강판을 사용하여 자동차를 생산할 경우 발생하는 기회비용인 1,200,000달러를 반영하지는 않는다.

　　반면에 경제적 비용에는 의사결정과 관련된 모든 비용이 포함된다. 경제학자에게는 (명시적 비용이든 묵시적 비용이든) 의사결정과 관련된 모든 비용이 기회비용이므로 경제적 비용으로 포함된다.

매몰비용(피할 수 없는 비용) 대 비매몰비용(피할 수 있는 비용)

비용을 분석하기 위해서는 매몰비용과 비매몰비용을 구별할 필요가 있다. 의사결정과 관련된 비용을 평가할 경우 의사결정이 실제로 영향을 미치는 비용만을 고려해야 한다. 일부 비용은 어떤 결정이 내려지든지 관계없이 발생하게 된다. 이는 이미 발생한 것이며 회피할 수 없는 비용이다. 이를 **매몰비용**(sunk cost)이라 한다. 반면에 **비매몰비용**(nonsunk cost)은 특정 결정이 내려진 경우에만 발생하며 그렇지 않은 경우 회피할 수 있는 비용이다(이런 이유로 비매몰비용을 또한 피할 수 있는 비용이라고도 한다). 여러 가지 방안을 평가할 경우 의사결정자는 매몰비용은 무시하고 비매몰비용만을 고려해야 한다.

　　예를 들어 보자. 영화를 보기 위해 7.50달러를 지불했다고 하자. 영화를 본 지 10분이 지나고 나서 진짜 지루한 영화라는 사실을 알게 되었다. 이 경우 영화를 계속 관람할 것인지 또는 도중에 나올 것인지를 결정해야 한다. 계속 관람할 경우, 관련된 비용은 다른 일을 하면서 시간을 더 가치 있게 사용할 수 있다는 것이다. 도중에 나올 경우, 관련된 비용은 처음 10분보다 더 나은 영화라고 판명되면 잃게 될 즐거움이다. 도중에 나올 경우의 관련 비용에는 입장료 7.50달러가 포함되지 않는다. 이는 매몰비용이다. 어떤 결정을 내리더라도 이미 입장료를 지불하였으며, 이 금액을 도중에 나오기로 한 결정과 관련지어서는 안 된다.

매몰비용과 비매몰비용의 차이를 설명하기 위하여 볼링공을 제작하는 스포츠용품 업체를 생각해 보자. 볼링공을 제작하는 공장을 건설하는 데 500만 달러의 비용이 소요된다고 가정하자. 일단 공장이 건설되고 나면 해당 공장은 매우 전문화되어서 다른 용도로 사용될 수 없다고 가상하자. 따라서 스포츠용품 제조업체가 공장을 폐쇄하고 아무것도 생산하지 않게 될 경우 공장을 건설하는 데 처음 지출한 500만 달러를 전혀 '회복할 수' 없다.

- 공장을 건설할지 여부를 결정하는 시점에서 500만 달러는 비매몰비용이다. 스포츠용품 제조업체가 공장을 건설할 경우에만 부담하게 되는 비용이다. 결정을 고려하고 있는 시점에서 의사결정자는 500만 달러의 지출을 피할 수 있다.
- 일단 공장이 건설된 이후에 500만 달러는 매몰비용이 된다. 스포츠용품 제조업체가 나중에 해당 공장으로 무엇을 하기로 선택하든 간에 부담하게 되는 비용이다. 따라서 이 비용은 회피할 수가 없다. 따라서 공장을 운영할지 또는 폐쇄할지 여부를 결정할 경우 스포츠용품 제조업체는 이 비용을 무시해야 한다.

이 예는 다음과 같이 중요한 점을 시사하고 있다. 매몰비용인지 또는 비매몰비용인지 여부는 고려하고 있는 결정에 달려 있다. 특정 결정에서 어떤 비용이 매몰비용이고 어떤 비용이 비매몰비용인지를 알아보려면 다른 선택을 않고 어떤 선택을 한 결과 어느 비용이 변화하는지를 살펴보아야 한다. 이런 변하는 비용이 비매몰비용이다. 어떤 선택을 하든지 변하지 않는 비용은 매몰비용이다.

정리문제 7.1

대학 캠퍼스 사업에 대한 비용 개념의 적용

대학 캠퍼스에서 인터넷에 기반을 두고 간식 배달사업을 시작했다고 가상하자. 예를 들면 학생들이 감자튀김이나 막대사탕과 같은 간식을 주문하면 근처 잡화점에서 주문한 상품을 구입하여 배달하고자 한다. 이 사업을 운영하기 위하여 지역 웹호스팅 회사에 월간 500달러를 지불하고 관련 웹사이트를 유지할 수 있는 서버를 사용할 수 있다. 배달하는 데 필요한 자동차도 소유해야 한다. 자동차 월 할부금은 300달러이며 보험료로 월간 100달러를 지불해야 한다. 각 주문을 이행하는 데 평균적으로 반 시간 정도 걸리며 휘발유 가격으로 50센트가 소요된다.[1] 주문한 상품을 구입하면서 해당 물품에 대한 금액을 주인에게 지불해야 한다. 그리고 나서 구입한 학생으로부터 배달비용과 함께 대금을 받게 된다. 이 사업을 운영하지 않을 경우 캠퍼스 식당에서 일을 하여 시간당 6달러를 벌 수 있다. 지금 월요일부터 금요일까지 일주일에 5일 동안 이 사업을 운영하고 있다. 주말에는 주문이 없어서 캠퍼스 식당에서 일을 하고 있다.

문제

(a) 명시비용은 무엇이며 묵시비용은 무엇인가? 회계적 비용은 무엇이며 경제적 비용은 무엇인가? 이들은 어떤 차이가 있는가?

---

1 간단히 하기 위해 자동차의 감가상각비 같은 기타 비용은 제외하기로 한다.

(b) 지난주에 어떤 고객을 위해 판지 상자로 포장된 스낵과자 다섯 박스를 구입하여 전달하였으나, 해당 고객이 이를 인수하지 않았다. 여러분은 이를 위해 100달러를 지불하였었다. 반환된 물품의 1달러당 0.25달러를 잡화점 주인이 지불한다는 약속을 받았었다. 바로 이번 주에 55달러에 이들 판지 상자로 포장된 스낵과자 다섯 박스를 구입하고자 하는 학교 캠퍼스 내 동호인 모임을 알게 되었다(이들은 당신의 아파트에서 이를 받아 갈 것이므로 이 동호인 기숙사로 배달할 필요는 없다). 이 주문을 이행하는 데 따른 기회비용은 얼마인가? 즉 동호인 모임에 이들 스낵과자 다섯 박스를 판매하는 데 따른 기회비용은 얼마인가? 이 동호인 모임에 판매해야 하는가?

(c) 주당 5일에서 4일로 이 사업의 운영일자를 감축시키려 한다고 가상하자(월요일에 이 사업을 하지 않고 그 대신에 캠퍼스 식당에서 근무하려 한다). 이 결정과 관련된 매몰비용은 무엇인가? 비매몰비용은 무엇인가?

(d) 폐업할 것을 고려하고 있다고 가상하자. 이 결정과 관련된 매몰비용은 무엇인가? 비매몰비용은 무엇인가?

해법

(a) 명시비용에는 직접적인 금전적 지출액이 포함된다. 즉 여기에는 자동차 할부금, 보험료, 웹사이트 유지비용, 휘발유, 고객에게 전달할 물품의 대금으로 잡화점 주인에게 지불한 비용 등이 포함된다. 주요한 묵시비용은 투입한 시간의 기회비용이며 이는 시간당 6달러이다.

경제적 비용은 명시비용과 묵시비용을 합산한 것이다. 따라서 경제적 비용은 자동차 할부금, 보험료, 웹사이트 유지비용, 휘발유, 물품비용, 투입한 시간에 대한 기회비용의 합이다. 회계사가 이 사업에 대한 손익계산서를 작성할 경우 위에서 언급한 모든 명시비용은 포함하지만 투입한 시간에 대한 기회비용은 포함하지 않는다. 나아가 회계 대차표는 지난해 발생한 비용의 과거 기록이다. 예를 들어 휘발유 가격이 그때 이래로 인하된 경우 현재의 휘발유 비용은 회계 대차표상의 비용과 일치하지 않을 수 있다.

(b) 이 주문을 이행하는 데 따른 기회비용은 25달러이다. 이는 스낵과자를 잡화점 주인에게 재판매할 경우 받는 금액이다. 이 기회비용을 초과하는 가격으로 스낵과자 다섯 박스를 판매할 수 있으므로 이 주문을 이행해야 한다. 이 주문을 이행함으로써 여러분은 잡화점에 해당 상품을 반환할 경우보다 55달러−25달러 = 30달러 더 받을 수 있다.

일부 학생들은 다음과 같이 질문을 할지도 모른다. 기회비용이 최초비용인 100달러가 아닌 이유는 무엇인가? 기회비용은 앞을 내다보는 개념이므로 25달러가 된다. 이는 결정을 내릴 때 이 주문을 이행함으로써 희생한 것을 측정하게 된다. 이 주문의 기회비용을 100달러라고 평가할 경우 최초에 스낵과자를 구입할 때 발생한 손실의 일부를 상쇄하여 이 사업체에 이득이 되는 결정을 내리지 않을 수도 있다.

그렇다면 최초비용 100달러와 기회비용 25달러 사이의 차이는 무엇을 의미하는가? 이것은 어떤 무엇인가를 나타내야 하지 않는가? 사실 그렇다. 생각해 보면 이 차액 75달러는 신뢰할 수 없다고 판명된 고객을 만족시키기 위해 발생한 비용이다. 이는 사업을 하는 데 따른 피할 수 없는 비용인 매몰비용이다. 하지만 이것은 동호인 모임의 주문을 이행하는 데 따른 앞을 내다보는 기회비용은 아니다.

(c) 이 결정과 관련된 비매몰비용은 결정을 내릴 경우 회피하게 되는 비용이다. 비매몰비용에는 휘발유 비용과 상품구입 비용이 포함된다(물론 받게 될 배달료와 해당 상품을 통해 얻을 수입 또한 '회피하게 된다'). 이 밖에 투입한 시간, 즉 하루에 해당하는 묵시적인 기회비용을 회피하게 된다. 월요일에 이 사업을 운영하지 않음으로써 월요일에 식당에서 근무할 수 있는 기회를 더 이상 희생하지 않아도 된다.

매몰비용은 이 결정을 내리더라도 피할 수 없는 비용이다. 배달하기 위해서는 자동차가 계속 필요하기 때문에 자동차 할부금과 보험료는 사업일자를 하루 단축하더라도 매몰된다. 웹호스팅 회사에 지불하는 비용 또한 웹사이트를 계속 유지해야 하므로 매몰된다.

(d) 폐업을 할 경우 관련 물품의 구입비용과 휘발유 비용을 분명히 회피할 수 있다. 따라서 이 비용들은 폐업 결정을 할 경우 비매몰된다. 또한 이 사업을 운영하면서 투입한 시간의 기회비용도 회피할 수 있어 이 또한 비매몰비용이 된다. 폐업할 경우 웹사이트를 더 이상 유지할 필요가 없기 때문에 지역 인터넷 서비스 공급업체에 지불하는 비용 또한 회피할 수 있다. 따라서 웹사이트 유지비용은 운영일자를 하루 단축하는 결정을 내릴 때 매몰되지만 완전히 폐업하기로 결정을 내리면 비매몰된다.

자동차와 관련된 비용은 어떠한가? 자동차를 처분하기로 했다고 가상하자. 이 경우 월간 자동차 보험료 100달러를 회피할 수 있다. 따라서 보험료는 비매몰 비용이 된다. 하지만 예를 들면 자동차에 상표를 그려 넣어 다소 변형시켰다고 가상하자. 이로 인해서 그리고 일반인들이 중고자동차 구입 시 갖는 우려 때문에 지불했던 비용의 30%만을 회수할 수도 있다. 이런 경우 자동차에 대해 지불한 금액의 70%는 매몰되는(폐업 시 회피할 수 없는) 반면에 30%는 비매몰된다(폐업 시 자동차를 판매하면 회피할 수 있다). 따라서 요약하면 폐업을 하게 될 경우 주문한 물품의 구입비용, 휘발유 비용, 웹사이트 유지비용, 보험료는 비매몰된다(즉 회피할 수 있다). 나아가 자동차에 대한 지불금의 30%도 회피할 수 있다. 나머지 70%는 매몰비용이 된다.

7.2 비용극소화 문제

상이한 비용 개념을 여러 측면에서 살펴보았으므로 이제는 이를 적용하여 다음과 같은 기업의 중요한 결정문제를 분석해 보자. 즉 "일정한 생산량을 생산하는 데 비용을 극소화하는 생산요소의 결합을 어떻게 선택할 수 있을까?" 하는 문제를 분석하도록 하자. 제6장에서 기업은 일반적으로 많은 상이한 요소결합을 이용하여 일정한 생산량을 생산할 수 있다는 점을 살펴보았다. 선택할 수 있는 모든 생산요소의 결합 중에서 소유주를 가능한 부유하게 하고자 하는 기업은 생산비를 극소화하는 결합을 선택해야 한다. 기업의 생산비를 극소화하는 생산요소의 결합을 구하는 문제를 **비용극소화 문제**(cost-minimization problem)라 하며 일정량을 생산하는 데 따른 비용을 극소화한 기업을 **비용극소화 기업**(cost-minimizing firm)이라 한다.

장기 대 단기

장기 및 단기에서의 비용극소화 문제를 살펴보고자 한다. 장기 및 단기라는 용어가 시간의 길이를 함축하고 있는 것처럼 보이지만, 이들을 의사결정의 유연성을 제약하는 요인에 직면하는 정도와 관련된다고 보는 것이 더 유용하다. **장기적인**(long-run) 결정을 내리는 기업은 백지명부를 갖고 있다고 보면 된다. 즉 모든 생산요소의 양을 원하는 만큼 자유롭게 변동시킬 수 있다. 앞 절에서 스포츠용품을 생산하는 업체가 새로운 볼링공 공장을 건설할지 여부를 결정하려는 경우 장기적인 결정을 내리게 된다. 공장건설 여부를 자유롭게 선택할 수 있으며 건설하기로 한 경우 얼마나 크게 건설할지도 선택할 수 있다. 이렇게 선택할 수 있는 것처럼 투입할 노동력의 규모와 공장 주변 토지의 크기와 같은 생산요소의 양도 동시에 선택할 수 있다. 기업은 생산하지 않기로 하여 원칙적으로 모든 생산요소의 비용을 회피할 수 있기 때문에 장기적인 결정과 관련된 비용은 필연적으로 비매몰된다.

반면에 **단기적인**(short-run) 결정을 내려야 하는 기업은 제약을 받게 된다. 이 기업은 일부 생산요소의 양을 조절할 수 없으며 그리고/또는 이 생산요소들에 대해 내린 최초 결정의 결과를 돌이킬 수 없다. 예를 들어 볼링공을 생산하는 업체가 공장을 건설하게 되면 최소한 얼마 동안 생산설비 시설이란 제약이 주어진 상태에서 투입할 노동자의 수와 같은 단기적인 결정을 내려야 한다.

미시경제학에서 단기 및 장기의 개념은, 편리하게 분석할 수 있도록 단순화한 것으로 이를 이용하면 관련된 문제의 흥미로운 면에만 집중할 수 있다. 실제로 기업은 기간의 '연속성'을 경험하게 되어 어떤 결정은 다른 결정보다 '보다 긴 기간'을 내포한다. 이 절에서는 우선 백지명부를 갖고 시작할 경우 기업이 생산요소를 취사선택하여 이룰 수 있는 균형을 알아보기 위해 장기적인 비용 극소화 문제를 다룰 것이다. 다음 절에서는 생산요소를 사용하는 데 따른 한계 때문에 가능한 비용을 낮추려는 기업의 능력이 어떻게 제한되는지 살펴보기 위해서 단기적인 비용극소화 문제를 검토할 것이다.

장기적인 비용극소화 문제

비용극소화 문제는 제1장에서 논의했던 제약하에서의 최적화에 관한 또 다른 예이다. 기업은 일정량을 생산해야 된다는 제약하에서 총비용을 극소화하고자 한다. 지금까지 다음과 같은 제약하에서의 최적화 문제에 관한 두 가지 예를 살펴보았다. 하나는 제4장에서 논의한 예산제약하에서 효용을 극대화하는 문제(효용 극대화)이고, 다른 하나는 역시 제4장에서 논의한 최소한의 효용수준을 유지한다는 제약하에서 소비지출액을 극소화하는 문제(지출액 극소화)이다. 소비자 선택 이론 관점에서 보면 비용극소화 문제는 지출액 극소화 문제와 유사하다는 사실을 알게 될 것이다.

두 가지 생산요소, 즉 노동 및 자본을 사용하는 기업의 장기적인 비용극소화 문제를 알아보도록 하자. 각 생산요소는 가격이 매겨져 있다. 임금률이라고 불리는 노동용역 단위당 가격은 w이다. 자본용역 단위당 가격은 r이다. 노동에 대한 비용은 명시비용일 수도 있고 묵시비용일 수도 있다. (대부분의 기업들처럼) 해당 기업이 공개시장에서 노동자를 고용할 경우 명시비용이 된다. 기업의 소유주가 기업을 운영하기 위해 자신의 노동을 제공하고 그렇게 함으로써 외부 고용기회를 희생하게 될 경우 묵시비용이 될 수 있다. 이와 유사하게 자본에 대한 비용은 명시비용이 될 수도 있고 묵시비용이 될 수도 있다. (예를 들면 웹사이트를 유지하기 위해 서버 사용비용을 지불하는 전자상거래 기업처럼) 한 기업이 다른 기업으로부터 자본용역을 임차하는 경우 명시비용이 된다. 해당 기업이 유형자본을 소유하고 이를 자신의 사업에 사용하여 자본용역을 다른 기업에게 판매할 기회를 희생하게 될 경우 묵시비용이 된다.

기업은 다음 해에 Q_0단위의 양을 생산하기로 결정하였다. 나중에 기업이 생산량을 어떻게 결정하는지 살펴볼 것이다. 지금은 생산량 Q_0가 외생적으로 결정된다고 하자. 이런 상황을 이해하기 위해 해당 기업의 제조 담당 관리자는 생산량을 지시받는다고 가상하자. 문제는 비용을 극소화하는 방법으로 이 생산량을 어떻게 생산하는지 규명하는 것이다. 따라서 경영자는 생산량 Q_0단위를 생산하는 데 소요되는 총비용 $TC = wL + rK$를 극소화하기 위해 자본량 K 및 노동량 L을 선택해야 한다. 이 총비용은 해당 기업이 주어진 생산량을 생산하기 위해 노동용역 및 자본용역을 고용할 경우 부담하게 되는 모든 경제적 비용의 합계이다.

등비용선

이제는 기업의 비용극소화 문제를 그래프를 통해 살펴보도록 하자. 이를 위한 첫 번째 단계는 **등비용선**(isocost line)을 그리는 것이다. 등비용선은 해당 기업에 동일한 총비용(TC)이 드는 노동 및 자본에 관한 일련의 결합을 말한다. 등비용선은 소비자 선택 이론에서의 예산선과 유사하다.

예를 들어 w = 투입된 노동시간당 10달러, r = 투입된 기계시간당 20달러, TC = 연간 100만 달러인 경우를 생각해 보자. 100만 달러에 대한 등비용선은 다음 식으로 나타낼 수 있다 : $1{,}000{,}000 = 10L + 20K$. 이 식은 다음과 같이 나타낼 수 있다 : $K = 1{,}000{,}000/20 - (10/20)L$. 200만 달러와 300만 달러에 대한 등비용선도 위와 유사한 형태의 식으로 나타낼 수 있다 : $K = 2{,}000{,}000/20 - (10/20)L$ 그리고 $K = 3{,}000{,}000/20 - (10/20)L$.

보다 일반적인 경우인 임의적인 총비용수준 TC, 생산요소 가격 w 및 r에 대한 등비용선의 식은 다음과 같다 : $K = TC/r - (w/r)L$.

〈그림 7.1〉은 다양한 종류의 서로 상이한 총비용수준에 대한 등비용선 TC_0, TC_1, TC_2를 보여 주고 있다. 여기서 $TC_2 > TC_1 > TC_0$가 성립한다. 일반적으로 무한한 숫자의 등비용선이 존재하며 이들은 각각 해당 총비용수준과 상응한다. 〈그림 7.1〉은 각 등비용선의 기울기가 동일하다는

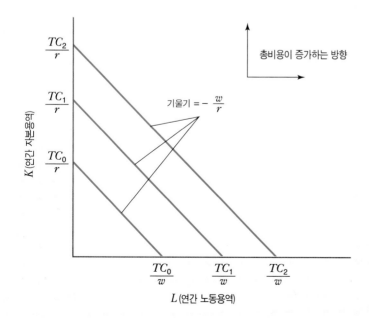

그림 7.1 등비용선

이 그림은 상이한 비용수준에 대한 등비용선을 보여 주고 있다. 등비용선 지도에서 동북쪽으로 이동함에 따라 해당 등비용선은 더 높은 수준의 총비용과 상응한다.

사실을 보여 준다. 즉 수직축은 K를 의미하고 수평축은 L을 의미하며 기울기는 $-w/r$, 다시 말해 자본가격에 대한 노동가격의 비율에 음의 부호를 붙인 것과 같다. 어떤 특정 등비용선의 K축에 대한 절편은 해당 등비용선의 비용수준을 자본가격으로 나눈 것이다. 따라서 등비용선 TC_0의 경우 K축에 대한 절편은 TC_0/r가 된다. 이와 유사하게 등비용선 TC_0의 L축에 대한 절편은 TC_0/w가 된다. 〈그림 7.1〉의 등비용선 지도에서 동북쪽으로 이동함에 따라 각 등비용선이 더 높은 수준의 비용과 상응한다는 점에 주목하자.

장기 비용극소화 문제에 대한 해법이 갖는 그래프 상의 특성

〈그림 7.2〉는 등비용선과 생산량 Q_0단위에 상응하는 등량곡선을 보여 주고 있다. 기업의 비용극소화 문제에 대한 해법은 등량곡선이 등비용선과 접하는 점 A에서 이루어진다. 즉 등량곡선 상의 모든 생산요소 결합 중에서 점 A가 기업이 달성할 수 있는 가장 낮은 비용수준이다.

이를 증명하기 위하여 예를 들면 E, F, G와 같은 〈그림 7.2〉의 몇 가지 점을 생각해 보자.

- 점 G는 등량곡선 Q_0로부터 '멀리 떨어져 있다.' 이 생산요소의 결합을 갖고 생산량 Q_0단위를 생산할 수 있지만 이런 경우 기업은 생산요소를 낭비하게 된다(즉 점 G는 기술적으로 비효율적이다). 생산요소 결합 A도 생산량 Q_0단위를 생산하지만 더 적은 양의 자본 및 노동을 사용하므로 점 G는 최적이 될 수 없다.
- 점 E 및 점 F는 기술적으로 효율적이지만 비용을 극소화하는 점 A를 통과하는 등비용선보다 더 높은 수준의 비용이 소요되는 등비용선 상에 있기 때문에 비용을 극소화하지 못한다. 점 E에서 점 A로 이동하거나 또는 점 F에서 점 A로 이동함에 따라 기업은 더 낮은 총비용으로 동일한 생산량을 생산할 수 있다.

비용을 극소화하는 점 A에서 등량곡선이 등비용선과 접하게 된다는 사실에 주목하자. 이는 등량곡선의 기울기가 등비용선의 기울기와 같아진다는 의미이다. 제6장에서 등량곡선의 기울기에 음의 부호를 붙여서 자본에 대한 노동의 한계기술대체율, 즉 $MRTS_{L,K}$라고 하였으며 다음과 같이 나타내었다 : $MRTS_{L,K} = MP_L/MP_K$. 앞에서 살펴본 것처럼 등비용선의 기울기는 $-w/r$이므로 비용극소화 조건은 다음과 같다.

등량곡선의 기울기 = 등비용선의 기울기

$$-MRTS_{L,K} = -\frac{w}{r}$$

$$\frac{MP_L}{MP_K} = \frac{w}{r}$$

한계생산물의 비율 = 요소가격의 비율

(7.1)

〈그림 7.2〉에서 최적 생산요소 결합 A는 내부 최적점이다. 내부 최적점에서 두 생산요소의 수

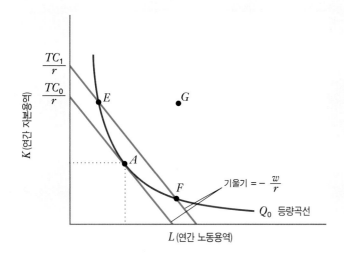

그림 7.2 비용을 극소화하는 생산요소 결합

비용을 극소화하는 생산요소 결합은 점 A에서 이루어진다. 점 G는 기술적으로 비효율적이다. 점 E와 점 F는 기술적으로 효율적이지만 기업은 생산요소 결합 A로 이동하여 비용을 TC_1에서 TC_0로 낮출 수 있기 때문에 비용을 극소화하지는 못한다.

량은 모두 양수($L > 0$ 및 $K > 0$)가 된다. 최적은 등량곡선과 등비용선의 접점에서 이루어진다. 식 (7.1)에 따르면 내부 최적점에서 노동 및 자본의 한계생산물 비율은 자본가격에 대한 노동가격의 비율과 같아진다. 또한 식 (7.1)을 변형시켜 다음과 같은 형태로 최적조건을 나타낼 수 있다.

$$\frac{MP_L}{w} = \frac{MP_K}{r} \tag{7.2}$$

위의 조건에 따르면 비용을 극소화하는 생산요소 결합에서 노동용역에 지출한 화폐단위당 추가생산량은 자본용역에 지출한 화폐단위당 추가생산량과 같아진다. 따라서 비용을 극소화하려 한다면 각 생산요소의 화폐단위당 추가생산량이 동일해야 한다. 제4장에서 소비자가 효용을 극대화하는 문제에 대한 해법에서도 이와 유사한 조건을 도출했던 점을 기억해 보자.

식 (7.2)가 준수되어야 하는 이유를 알아보기 위하여, 예를 들면 점 E와 같이 비용을 극소화하지 못하는 점을 생각해 보자. 점 E에서 등량곡선의 기울기는 등비용선의 기울기보다 더 큰 음의 값을 갖는다. 따라서 다음과 같아진다 : $-(MP_L/MP_K) < -(w/r)$. 또는 다음과 같다 : $MP_L/MP_K > w/r$. 또는 다음과 같다 : $MP_L/w > MP_K/r$.

위의 조건에 따르면 점 E에서 운영되는 기업은 생산량을 일정하게 유지하면서도 노동에 추가적으로 비용을 지출하고 자본용역의 사용을 낮추어 **비용을 절약**할 수 있다. 이렇게 하여 총비용을 낮출 수 있으므로 식 (7.2)의 조건이 준수되지 않는, 예를 들면 점 E와 같은 내부 생산요소 결합은 최적이 될 수 없다.

정리문제 7.2

내부 비용극소화 최적 구하기

문제

최적 생산요소 결합은 식 (7.1)[또는 이와 같은 의미를 갖는 식 (7.2)]을 만족시킨다. 하지만 어떻게 이를 계산할 수 있을까? 이를 알아보기 위해 특정한 예를 생각해 보자. 기업의 생산함수가 $Q = 50\sqrt{LK}$의 형태를 갖는다고 가상하자. 이 생산함수에 대한 노동 및 자본의 한계생산물은 다음과 같다 : $MP_L = 25\sqrt{K/L}$, $MP_K = 25\sqrt{L/K}$. 또한 노동가격 w는 단위당 5달러이고 자본가격 r은 단위당 20달러라고 가상하자. 기업이 연간 1,000단위를 생산하고자 하는 경우 비용을 극소화하는 생산요소의 결합은 무엇인가?

해법

노동 및 자본의 한계생산물에 관한 식을 이용하여 다음과 같이 구할 수 있다 : $MP_L/MP_K = (25\sqrt{K/L})/(25\sqrt{L/K}) = K/L$. 접점조건 식 (7.1)은 다음과 같다 : $K/L = 5/20$. 이 식을 $L = 4K$로 단순화시킬 수 있다.

이 밖에 생산요소 결합은 1,000단위인 등량곡선 상에 위치해야 한다. 즉 생산요소 결합을 통해 기업은 정확하게 생산량 1,000단위를 생산할 수 있어야 한다. 이를 다음과 같이 나타낼 수 있다 : $1,000 = 50\sqrt{KL}$. 위의 식을 단순화시키면 $L = 400/K$이 된다.

따라서 두 개의 미지수에 대해 두 개의 식, 즉 $L = 4K$ 및 $L = 400/K$을 갖게 된다. 이 연립방정식을 풀면 $K = 10$ 및 $L = 40$이 된다. 최적 생산요소 결합은 자본 10단위와 노동 40단위를 사용하는 것이다.

모서리점 해법

제4장에서 소비자 행태의 이론을 논의하면서 모서리점 해법에 대해 살펴보았다. 즉 예산선과 무차별곡선 사이에 접점을 구할 수 없는 최적의 해법에 관해 알아보았다. 〈그림 7.3〉은 이런 경우를 보여 준다. 생산량 Q_0단위를 생산하는 데 비용을 최소화하는 생산요소의 결합은 점 A에서 이루어지며 여기서 기업은 자본을 전혀 사용하지 않는다.

이 모서리점에서 등비용선은 등량곡선보다 더 평평하다. 이를 수학적으로 나타내면 다음과 같다 : $-(MP_L/MP_K) < -(w/r)$. 이를 다음과 같이 나타낼 수도 있다 : $MP_L/MP_K > w/r$.

또는 다음과 같다.

$$\frac{MP_L}{w} > \frac{MP_K}{r}$$

이처럼 모서리 해법인 점 A에서 노동에 사용된 화폐단위당 한계생산물은 자본용역에 사용된 화폐단위당 한계생산물을 초과하게 된다. Q_0단위인 등량곡선 상의 다른 점들을 살펴보면 등비용선이 등량곡선보다 언제나 더 평평하다는 점을 알 수 있다. 따라서 조건 $MP_L/w > MP_K/r$는 Q_0단위인 등량곡선 상의 모든 생산요소 결합에 적용된다. 자본이 사용되지 않는 모서리점 해법은 노동에 지출되는 모든 추가적인 비용이 자본에 지출되는 모든 추가적인 비용보다 더 많은 생산량을 생

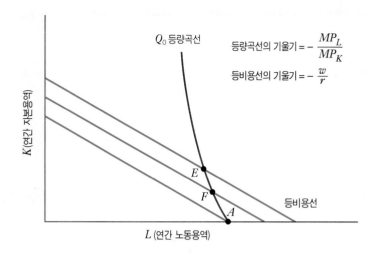

그림 7.3 비용극소화 문제에 대한 모서리점 해법

비용을 극소화하는 생산요소 결합은 점 A에서 이루어진다. 이 점에서 기업은 자본을 전혀 사용하지 않는다. 이 경우 등량곡선은 등비용선보다 더 가파르기 때문에, 예를 들면 점 E 및 점 F와 같은 점들은 비용을 극소화할 수 없다. 기업은 자본 대신에 노동으로 대체하여 비용을 낮추면서 생산량을 일정하게 유지할 수 있다.

산하는 상황에 대해 대응한 것이라 생각할 수 있다. 이런 상황에서 기업은 정리문제 7.3에서 보는 것처럼 자본을 전혀 사용하지 않을 때까지 자본 대신에 노동으로 대체한다.

정리문제 7.3

완전 대체재인 경우 모서리점 해법 구하기

문제

제6장에서 선형 생산함수의 경우 생산요소가 완전 대체재라는 점을 살펴보았다. 선형 생산함수 $Q = 10L + 2K$를 생각해 보자. 이 생산함수에서 $MP_L = 10$, $MP_K = 2$이다. 노동용역가격 w는 단위당 5달러이고 자본용역 가격 r은 단위당 2달러라고 가상하자. 기업이 생산량 200단위를 생산하고자 하는 경우에 최적 생산요소 결합을 구하라.

해법

〈그림 7.4〉에서 최적 생산요소 결합은 $K = 0$인 모서리점 해법이라는 사실을 알 수 있다. 또한 다음 주장을 통해 모서리점 해법을 가질 수밖에 없다는 사실을 알 수 있다. 생산요소가 완전 대체재인 경우 등량곡선 상에서 $MRTS_{L,K}$

$= MP_L/MP_K$이 일정하다는 사실을 알고 있다. 위의 예에서 이 값은 5가 된다. 하지만 $w/r = 2.5$가 되므로 $MP_L/MP_K = w/r$를 충족시키는 점이 존재하지 않는다. 따라서 내부 해법을 구할 수 없다.

그러나 어떤 모서리점에서 끝나는가? 이 경우 $MP_L/w = 10/5 = 2$이고 $MP_K/r = 2/2 = 1$이므로 노동의 화폐단위당 한계생산물이 자본의 화폐단위당 한계생산물을 초과하게 된다. 이는 기업이 자본을 사용하지 않을 때까지 자본 대신에 노동으로 대체한다는 의미이다. 최적 생산요소 결합은 $K = 0$에서 이루어진다. 생산량 200단위를 생산하려 하기 때문에, $200 = 10L + 2(0)$, 즉 $L = 20$을 투입해야 한다.

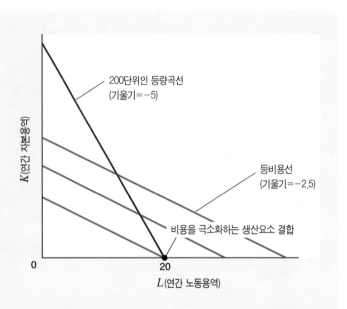

그림 7.4 (완전 대체재인 경우) 비용극소화 문제에 대한 모서리점 해법

자본 및 노동이 완전 대체재인 이 비용극소화 문제에 대한 해법은 모서리점이다. 이 경우 해법은 $L = 20$ 및 $K = 0$인 경우에 이루어진다.

이 장에서 살펴본 비용극소화 문제는 제4장에서 다룬 지출액 극소화 문제와 유사하기 때문에 독자들에게 익숙할 것이다. 지출액 극소화 문제에서 소비자는 일정 수준의 효용을 달성하기 위해 자신의 지출액을 극소화하고자 한다. 비용극소화 문제에서 기업은 일정 수준의 생산량을 생산하기 위해 재화 및 용역에 대해 지출된 비용을 극소화하고자 한다. 이 두 문제에 대한 그래프를 통한 분석과 수학적인 분석 모두 동일하다.

7.3 비용극소화 문제의 비교정태 분석

이제는 기업의 비용극소화 문제에 대한 해법의 특징을 살펴보고자 한다. 생산요소 가격 및 생산량의 변화가 이 문제의 해법에 어떤 영향을 미치는지 검토해 볼 것이다.

생산요소 가격 변화의 비교정태 분석

〈그림 7.5〉는 노동가격 w가 변화할 경우, 비용극소화 문제의 비교정태 분석을 보여 주고 있다. 이는 자본가격이 $r = 1$에 고정되어 있으며 생산량도 Q_0에 고정되었다고 보고, 노동가격이 $w = 1$에서 $w = 2$로 인상될 경우 최적 생산요소 결합이 어떻게 변화하는지 보여 준다. 비용을 극소화하는 노동량은 w가 증가함에 따라 (L_1에서 L_2로) 감소하는 반면에 비용을 극소화하는 자본량은 (K_1에서 K_2로) 증가한다. 즉 노동가격이 인상됨에 따라 기업은 생산과정에서 노동 대신에 자본으로 대체하게 된다.

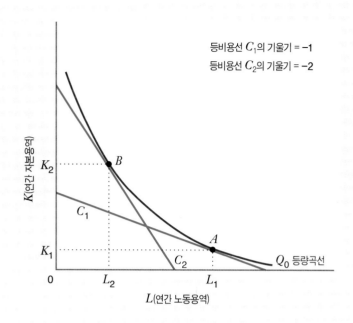

등비용선 C_1의 기울기 = −1
등비용선 C_2의 기울기 = −2

그림 7.5 노동가격에 대한 비용극소화 문제의 비교정태 분석

자본가격 $r = 1$ 및 생산량 Q_0는 일정하게 고정되어 있다. 노동가격이 $w = 1$일 때, 등비용선은 C_1이며 이상적인 생산요소 결합은 점 $A(L_1, K_1)$에서 이루어진다. 노동가격이 $w = 2$일 때, 등비용선은 C_2이며, 이상적인 생산요소 결합은 점 $B(L_2, K_2)$에서 이루어진다. 노동가격이 인상되면 기업은 노동 대신에 자본으로 대체하게 된다.

〈그림 7.5〉에서 w가 상승하면 등비용선은 더 가파르게 되며, 등비용선과 등량곡선 사이의 접점 위치가 변화한다. $w = 1$일 때 접점은 점 A이며, 최적의 생산요소 결합은 (L_1, K_1)이다. $w = 2$일 때 접점은 점 B이며, 최적의 생산요소 결합은 (L_2, K_2)이다. 그러므로 체감하는 $MRTS_{L,K}$ 하에서 등비용선과 등량곡선 사이의 접점은 등량곡선 위쪽으로 더 멀어진다(즉, 더 적은 노동 그리고 더 많은 자본을 사용하게 된다). 필요한 생산량을 생산하기 위해서 해당 기업은 더 많은 자본과 더 적은 노동을 사용하게 된다. 왜냐하면 노동이 자본에 비해 더 비싸지기 때문이다(w/r가 증가하기 때문이다). 유사한 논리로 w/r가 감소할 때, 기업은 더 많은 노동과 더 적은 자본을 사용하며 이에 따라 접점은 등량곡선 아래쪽으로 더 멀어진다.

이런 관계는 두 가지 중요한 가정에 의존한다. 첫째, 최초의 생산요소 가격에서 기업은 두 생산요소 모두를 수량이 양이 되도록 사용해야 한다. 즉 모서리점 해법에서 시작하지 않는다. 이 가정이 준수되지 않고, 즉 기업이 처음에 어떤 생산요소를 사용하지 않고 그 생산요소의 가격이 인상될 경우 기업은 해당 생산요소를 계속 사용하지 않게 된다. 따라서 비용을 극소화하는 생산요소의 수량이 〈그림 7.5〉처럼 감소하지 않고 대신에 동일한 수준을 유지한다. 둘째, 〈그림 7.5〉의 분석은 기업이 '부드러운 형태의' 등량곡선을 갖는 경우(즉 등량곡선이 비틀리지 않은 경우)에 적용된다. 〈그림 7.6〉은 기업이 고정된 비율의 생산함수를 갖고 있어서 등량곡선이 비틀린 경우 어떤 현상이 나타나는지 보여 주고 있다. 모서리점에서 출발하는 경우처럼 노동가격이 인상되더라도 비용을 극소화하는 노동량은 불변하게 된다.

이런 비교정태 분석의 결과를 다음과 같이 요약해 보자.

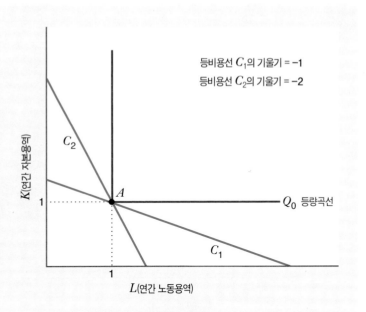

그림 7.6 고정비율 생산함수인 경우 노동가격에 대한 비용극소화 문제의 비교정태 분석

자본가격 $r = 1$ 및 생산량 Q_0는 일정하게 고정되어 있다. 노동가격이 $w = 1$일 때, 등비용선은 C_1이며 이상적인 생산요소 결합은 점 $A(L = 1, K = 1)$에서 이루어진다. 노동가격이 $w = 2$일 때, 등비용선은 C_2이며, 이상적인 생산요소 결합은 계속해서 점 A에서 이루어진다. 노동가격이 인상되더라도 기업은 노동 대신에 자본으로 대체하지 않는다.

- 기업이 부드러운 등량곡선을 갖고 처음에 어떤 생산요소를 양의 수량으로 사용하는 경우(생산량과 다른 생산요소의 가격이 고정되어 있다고 본다), 해당 생산요소의 가격이 인상되면 그 생산요소의 비용을 극소화하는 수량은 감소한다.
- 기업이 어떤 생산요소를 사용하지 않거나 〈그림 7.6〉에서처럼 고정된 비율의 생산함수를 갖는 경우, 해당 생산요소의 가격이 인상되더라도 비용을 극소화하는 생산요소의 수량은 불변한다.

위의 결과에 따르면 생산요소 가격이 인상될 경우, 해당 생산요소의 비용을 극소화하는 수량은 증가하지 않는다는 점에 주목하자.

생산량 변화의 비교정태 분석

이제는 생산요소(자본 및 노동) 가격은 일정하다고 보면서, 생산량 Q의 변화에 대해 비용을 극소화하는 문제에 대한 비교정태 분석을 해 보도록 하자. 〈그림 7.7〉은 생산량이 100에서 200으로 그리고 다시 300으로 증가할 경우 Q에 대한 등량곡선을 보여 주고 있다. 이것은 또한 이런 세 개의 생산량 수준에 대해 접하는 등비선을 보여 준다. Q가 증가함에 따라 비용을 극소화하는 생산요소의 결합은 동북쪽으로, 즉 확장경로를 따라 점 A에서 점 B로 그리고 다시 점 C로 이동한다. 이 **확장경로**(expansion path)는 수량이 변화하는 데 따라서 비용을 극소화하는 결합들을 연결한 선이다. 생산량이 증가함에 따라 각 생산요소의 양도 또한 증가하는데, 이 경우 노동 및 자본 둘

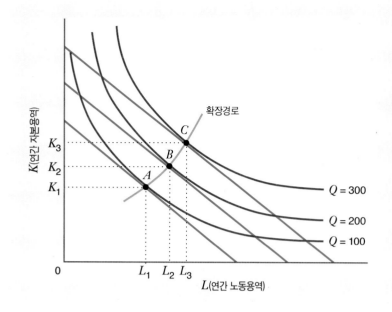

그림 7.7   수량에 관한 비용극소화 문제의 비교정태 분석 : 정상요소인 경우

자본가격 및 노동가격은 고정되어 있다. 생산량이 100에서 200으로, 다시 300으로 증가할 때, 비용을 극소화하는 생산요소 결합은 점 A에서 점 B로, 다시 점 C로 확장경로를 따라 이동한다. 두 개 모두 정상요소일 때, 생산량이 증가함에 따라 두 개 생산요소량도 증가하며($L_1 < L_2 < L_3$ 및 $K_1 < K_2 < K_3$), 확장경로의 기울기는 상향한다.

다 정상요소가 된다. 기업이 생산량을 증가시킬 때 어떤 생산요소를 더 많이 사용할 경우 해당 요소를 **정상요소**(normal input)라고 한다. 두 생산요소가 모두 정상요소일 때 확장경로의 기울기는 상향한다.

생산요소 중 한 개가 정상요소가 아니라 열등요소라면 어떤 일이 발생하는가? 기업이 생산량을 증가시킬 때 어떤 생산요소를 더 적게 사용할 경우 해당 요소를 **열등요소**(inferior input)라고 한다. 〈그림 7.8〉(노동이 열등요소인 경우)에서 보는 것처럼 어떤 기업이 생산과정을 과감하게 자동화시켜서 더 많은 자본과 더 적은 노동을 사용하여 생산량을 증대시킬 경우 이런 상황이 발생할 수 있다. 생산요소들 중 한 개가 열등요소일 때 그림에서 보는 것처럼 확장경로의 기울기는 하향한다.

기업이 두 가지 생산요소만을 사용할 때 두 개 요소 모두 열등요소일 수 있는가? 그렇다고 가상해 보자. 그렇게 되면 생산량이 증가함에 따라 두 개 요소 모두 감소하게 된다. 하지만 기업이 비용을 극소화한다면 기술적으로 효율적이어야만 한다. 기술적으로 효율적이라면 두 가지 생산요소 모두 감소할 경우 생산량이 감소한다. 따라서 두 가지 생산요소 모두 열등재일 수 없다(한 개 또는 두 개 모두가 정상요소이어야만 한다). 이런 분석이 우리가 직관적으로 알 수 있는 것을 설명해 준다. 모든 생산요소가 열등요소라는 생각은 해당 기업이 이들 요소로부터 가장 많은 생산량을 생산하고 있다는 논리와 일치하지 않는다.

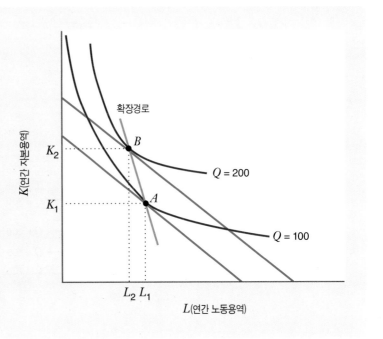

그림 7.8 수량에 관한 비용극소화 문제의 비교정태 분석 : 노동이 열등요소인 경우

자본가격 및 노동가격은 고정되어 있다. 생산량이 100에서 200으로, 다시 300으로 증가할 때, 비용을 극소화하는 생산요소 결합은 점 A에서 점 B로 확장경로를 따라 이동한다. 하나(자본)는 정상요소이고 다른 하나(노동)는 열등요소인 경우, 생산량이 증가함에 따라 정상요소의 수량도 또한 증가한다 ($K_1 < K_2$). 하지만 열등요소의 수량은 감소하며($L_1 > L_2$), 확장경로의 기울기는 하향한다.

비교정태 분석에 대한 요약 : 생산요소 수요곡선

비용극소화 문제에 대한 해법은 최적의 요소 결합, 즉 최적의 자본량 및 노동량을 구하는 것이라는 사실을 살펴보았다. 이런 요소 결합은 기업이 생산하고자 하는 생산량 그리고 노동가격 및 자본가격에 의존한다. 〈그림 7.9〉는 비용을 극소화하는 노동량이 노동가격에 따라 어떻게 변화하는지 요약해서 보여 주고 있다.

〈그림 7.9〉의 위 도표는 처음에 100단위를 생산하는 기업에 대한 비교정태 분석을 보여 준다. 자본가격 r은 1달러이며 분석하는 동안 고정되어 있다. 노동가격 w의 최초가격은 1달러이며, 비용을 극소화하는 생산요소 결합은 점 A에서 이루어진다.

먼저 생산량은 100단위로 일정하게 유지되면서 노동가격이 1달러에서 2달러로 상승할 경우 어떤 일이 발생하는지 살펴보도록 하자. 생산요소의 비용을 극소화하는 결합은 위 도표의 점 B에서 이루어진다. 아래 도표는 해당 기업의 **노동 수요곡선**(labor demand curve)을 보여 준다. 이는 해당 기업의 비용을 극소화하는 노동량이 노동가격에 따라 어떻게 변화하는지를 알려 준다. 위 도표의 점 A에서 점 B로의 이동은, 생산량이 100일 때 노동 수요를 나타내는 곡선 상의 점 A'에서 점 B'로의 이동에 상응한다. 따라서 노동가격이 변화하면 해당 기업은 동일한 노동 수요곡선을 따라 이동하게 된다. 〈그림 7.9〉가 보여 주는 것처럼 노동 수요곡선은 일반적으로 기울기가 하향한다.[2]

---

2 앞에서 살펴본 것처럼 예외적인 경우는 기업이 고정된 비율의 생산함수를 갖거나 비용을 극소화하는 노동량이 영인 경우이다. 이 경우 앞에서 알아본 것처럼 노동가격이 인상되더라도 노동 수요량은 변화하지 않는다.

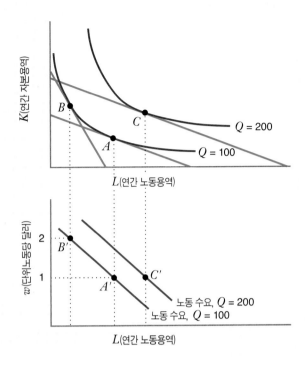

그림 7.9 비교정태 분석과 노동 수요곡선

노동 수요곡선은 노동가격이 변화함에 따라 기업의 비용을 극소화하는 노동량이 어떻게 변화하는지 보여 준다. 생산량이 100단위로 고정되어 있는 경우, 노동가격이 단위당 1달러에서 2달러로 인상되면 해당 기업은 자신의 노동 수요곡선 상의 점 A'에서 점 B'로 이동하게 된다. 노동가격이 단위당 1달러로 고정되어 있는 경우, 생산량이 연간 100단위에서 200단위로 증가하게 되면 노동 수요곡선 자체가 오른쪽으로 이동하여 해당 기업은 점 A'에서 점 C'로 이동하게 된다.

이제 (생산요소 가격은 일정한 반면에) 생산량 수준이 변화할 경우 이것이 노동 수요곡선의 이동으로 이어지는 이유를 알아보도록 하자. 한 번 더 살펴보면, 노동가격이 1달러이고 100단위를 생산할 때 해당 기업은 처음에 바구니 A를 선택한다. 생산을 200단위로 증가시켜야 하고 자본가격 및 노동가격이 변화하지 않는다면, 생산요소들의 비용을 극소화하는 결합은 위 도표의 점 C에서 이루어진다. 위 도표에서 생산요소 결합 A로부터 C로의 이동은 아래 도표에서 점 A'로부터 C'로의 이동에 상응한다. 점 C'는 생산량이 200일 때 노동 수요를 나타내는 곡선 상에 위치한다. 따라서 생산량의 변화는 생산량이 100일 때의 노동 수요곡선으로부터 생산량이 200일 때의 노동 수요곡선으로의 이동으로 이어진다. 생산량이 증가하고 생산요소가 정상요소인 경우, 해당 생산요소에 대한 수요는 〈그림 7.9〉에서 보는 것처럼 오른쪽으로 이동한다. 반면에 생산량이 증가하고 생산요소가 열등요소인 경우, 해당 생산요소에 대한 수요는 왼쪽으로 이동한다.

(자본가격에 따라 비용을 극소화하는 자본량이 어떻게 변화하는지 보여 주는) 기업의 **자본 수요곡선**(capital demand curve)도 위와 정확히 동일한 방법으로 도출할 수 있다. 정리문제 7.4는 생산함수로부터 생산요소 수요곡선을 어떻게 도출하는지 보여 준다.

정리문제 7.4

생산함수로부터 요소 수요곡선을 도출하기

문제

생산요소 수요곡선이 어떻게 도출되는지 알아보기 위하여 생산함수가 $Q = 50\sqrt{LK}$라고 가상하자. 노동 및 자본에 대한 수요곡선은 무엇인가?

해법

접점조건 $MP_L/MP_K = w/r$에서부터 시작해 보자. 정리문제 7.2에서 살펴본 것처럼 다음과 같이 나타낼 수 있다 : $MP_L/MP_K = K/L$. 따라서 접점조건은 다음과 같아진다 : $K/L = w/r$ 또는 $L = (r/w)K$. 이는 확장경로의 식이다(그림 7.7 참조).

이를 생산함수에 대체시켜 Q, w, r의 식으로 K에 대해 풀어 보자.

$$Q = 50\sqrt{\left(\frac{r}{w}K\right)K}$$

위의 식으로부터 다음과 같은 자본 수요곡선을 구할 수 있다.

$$K = \frac{Q}{50}\sqrt{\frac{w}{r}}$$

$L = (r/w)K$이므로 $K = (w/r)L$이 된다. 다음과 같은 노동 수요곡선을 구할 수 있다.

$$L = \frac{Q}{50}\sqrt{\frac{r}{w}}$$

위의 식에서 노동에 대한 수요는 w에 대해 감소함수이고 r에 대해 증가함수가 된다. 이는 〈그림 7.5〉 및 〈그림 7.9〉에서 그래프를 통해 분석한 결과와 일치한다. 또한 Q가 증가함에 따라 K와 L 모두 증가한다. 따라서 자본과 노동 모두 정상요소이다.

생산요소에 대한 수요의 가격탄력성

생산요소 수요곡선을 활용하여 비용극소화 문제에 대한 해법을 어떻게 요약할 수 있는지 알아보았다. 제2장에서는 수요의 가격탄력성 개념을 이용하여 어떤 상품의 가격에 대한 수요민감도를 설명했다. 이 개념을 생산요소에 대한 수요곡선에 적용할 것이다. **노동에 대한 수요의 가격탄력성**(price elasticity of demand for labor) $\epsilon_{L,w}$는 노동가격의 1% 변화에 대한 비용을 극소화하는 노동량의 백분율 변화를 의미한다. 이를 다음과 같이 나타낼 수 있다.

$$\epsilon_{L,w} = \frac{\dfrac{\Delta L}{L} \times 100\%}{\dfrac{\Delta w}{w} \times 100\%}$$

위의 식에 있는 항들을 재정리하고 100%를 상쇄하면 다음과 같다.

$$\epsilon_{L,w} = \frac{\Delta L}{\Delta w}\frac{w}{L}$$

이와 유사하게 **자본에 대한 수요의 가격탄력성**(price elasticity of demand for capital) $\epsilon_{K,r}$은 자본

가격의 1% 변화에 대한 비용을 극소화하는 자본량의 백분율 변화를 의미한다. 이를 다음과 같이
나타낼 수 있다.

$$\epsilon_{K,r} = \frac{\Delta K}{\Delta r}\frac{r}{K}$$

생산요소에 대한 수요의 가격탄력성을 결정하는 중요한 요인은 (제6장에서 논의한) 대체탄력성
이다. 〈그림 7.10〉 (a) 및 (b)에 따르면 대체탄력성이 작은 경우, 즉 기업이 요소들을 대체할 수 있
는 기회가 제한되어 있는 경우, 노동가격이 큰 폭으로 변하더라도 비용을 극소화하는 노동량은 소
폭으로 변할 뿐이다. 〈그림 7.10(a)〉에서는 대체탄력성이 0.25인 불변 대체탄력성(CES) 생산함
수를 갖는 기업의 비교정태 분석에 대해 살펴볼 것이다. 이 생산함수 하에서 기업이 노동과 자본

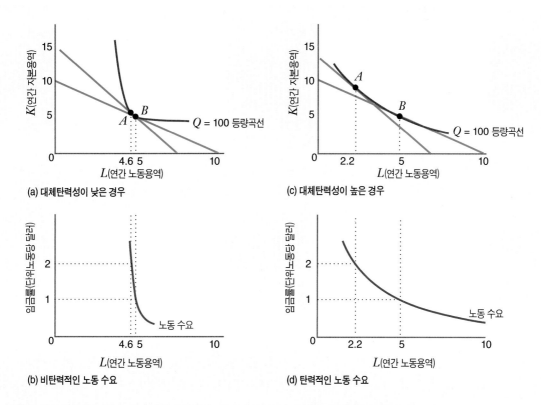

그림 7.10 노동에 대한 수요의 가격탄력성은 노동과 자본 사이의 대체탄력성에 의존한다

자본가격과 생산량은 고정되어 있으며 노동가격은 2달러에서 1달러로 하락한다고 가상하자. (a) 및 (b)에서는 대체탄력성
이 낮으므로(0.25) 노동가격이 50% 하락하더라도 노동량은 8%만 증가할 뿐이다. 즉, 노동에 대한 수요는 노동가격에 상대
적으로 민감하지 않으며, 비용을 극소화하는 생산요소 결합은 점 A에서 점 B로 이동할 뿐이다. (c) 및 (d)에서는 대체탄력성
이 높으므로(2) 노동가격이 동일하게 50% 하락하더라도 노동량은 127% 증가한다. 즉, 노동에 대한 수요는 노동가격에 훨
씬 더 민감하며, 비용을 극소화하는 생산요소 결합은 점 A에서 점 B로 훨씬 더 많이 이동한다.

을 대체할 수 있는 기회가 제한되어 있다. 따라서 (자본가격이 $r = 1$에 고정되어 있다고 보면) 노동가격이 $w = 2$달러에서 $w = 1$달러로 50% 감소할 경우, 비용을 극소화하는 노동량은 4.6에서 5로 8% 증가할 뿐이다. 이는 비용을 극소화하는 생산요소 결합이 점 A에서 점 B로 이동하는 〈그림 7.10(a)〉 그리고 노동 수요곡선을 보여 주는 〈그림 7.10(b)〉에서 살펴볼 수 있다. 이 경우 노동에 대한 수요의 가격탄력성이 매우 작다. 즉, 노동에 대한 수요가 노동가격에 대해 상대적으로 민감하지 않다.

반면에 〈그림 7.10(c)〉에서는 대체탄력성이 2인 CES 생산함수를 갖는 기업의 비교정태 분석에 대해 살펴볼 것이다. 이 생산함수 하에서 기업은 노동 대신에 자본으로 대체할 상대적으로 풍부한 기회를 갖는다. 따라서 노동가격이 $w = 2$달러에서 $w = 1$달러로 50% 감소할 경우, 비용을 극소화하는 노동량은 2.2에서 5로 127% 증가한다. 이는 비용을 극소화하는 생산요소 결합이 점 A에서 점 B로 이동하는 〈그림 7.10(c)〉 그리고 노동 수요곡선을 보여 주는 〈그림 7.10(d)〉에서 살펴볼 수 있다. 자본과 노동 사이에 대체할 수 있는 유연성이 더 커질수록 노동에 대한 기업의 수요는 노동가격에 대해 상대적으로 더 민감해진다.

7.4 단기 비용극소화

이 장에서는 지금까지 기업이 제약 없이 생산요소의 수량을 변화시킬 수 있는 장기 비용극소화를 학습하였다. 하지만 이 절에서는 (아마도 과거에 내린 결정으로 인해서 변화시키는 것이 불가능하기 때문에) 한 개 이상의 생산요소가 변화될 수 없는 제약에 직면하는 단기 비용극소화 문제에 대해 살펴볼 것이다. 예를 들면 단지 두 개의 생산요소, 즉 자본과 노동만을 사용하는 기업을 생각해 보자. 기업은 생산량이 영인 경우라도 자본량 $\overline{K}$를 변화시킬 수 없지만, (예를 들면 근로자를 고용하거나 해고하여) 노동규모 L을 변화시킬 수 있다고 가상하자. 따라서 기업의 총비용은 $wL + r\overline{K}$가 된다.

단기적인 비용의 특성

고정비용 대 가변비용, 매몰비용 대 비매몰비용

기업의 총비용을 구성하는 두 가지 요소인 wL과 $r\overline{K}$는 중요한 면에서 서로 차이가 있다. 첫째, 비용을 구성하는 두 요소가 상이한 한 가지 면은 생산량에 민감한 정도에 있다. 앞으로 살펴볼 것처럼 기업의 노동에 대한 지출은 기업이 생산량을 증감함에 따라 증감하게 된다. 따라서 기업의 노동비용은 **총가변비용**(total variable cost)을 구성하게 된다. 기업의 총가변비용은 기업이 생산량을 증감함에 따라 증감되는 해당 기업의 총비용 구성요소이다. 즉 기업의 총가변비용은 비용 중 생산량에 민감한 부분이다. 반면에 기업의 자본비용인 $r\overline{K}$는 기업이 생산량을 증감함에 따라 증감되지 않는다. 기업의 자본비용은 다른 기업으로부터 공장부지를 임대하면서 지급한 금액이거나 공장을 건설하기 위해 자금을 차입한 경우 담보 대출에 대한 상환금일 수도 있다. 이 비용들은 기업이 공장에서 생산하게 될 생산량을 변화시킬 경우 변하지 않는다. 따라서 자본비용은 기업의 **총고정비용**(total fixed cost)을 구성하게 된다. 총고정비용은 기업이 생산량을 변화시키더라도 변하지 않는 기업비용의 구성요소이다(즉 이는 생산량에 민감하지 않은 부분이다).

둘째, 기업의 비용과 관련하여 두 가지 범주가 상이한 또 다른 면은 생산하지 않음으로써 운용을 중단할 경우 매몰되거나 매몰되지 않는 정도와 관련된다. 이런 결정은 다음과 같은 측면에서 논의될 수 있다. 즉 생산물을 생산하지 말아야 하는가 또는 어느 수준으로 생산을 해야 하는가? 폐쇄결정을 내릴 경우 노동에 대한 기업의 총지출액 wL은 비매몰비용이 된다. 기업이 생산을 하지 않게 되면 노동비용도 함께 지출하지 않을 수 있다. 가변비용은 완벽하게 회피할 수 있기 때문에 언제나 비매몰비용이 된다. 반면에 기업의 고정자본비용 $r\overline{K}$는 매몰비용 또는 비매몰비용이 될 수 있다. 공장에 대한 대안적인 용도가 없다면, 즉 공장을 사용하고 대가를 지불하려는 어떤 다른 사람을 구할 수 없다면 해당 고정비용은 매몰비용이 된다. 기업은 자본량을 단기적으로 조절할 수 없으므로 생산을 하지 않더라도 이런 자본과 관련된 비용을 피할 수 없다. 예를 들어 기업이 공장을 건설하기 위해 차용을 한 경우 생산공장을 운용하지 않더라도 담보 대출금을 상환해야 한다.

고정비용과 매몰비용은 동일한 것인가?

앞에서 살펴본 것처럼, 가변비용은 기업이 생산을 하지 않는다면 완벽하게 회피할 수 있다. 따라서 가변비용은 언제나 비매몰비용이다. 하지만 고정비용은 반드시 매몰비용이 아니다. 예를 들면, 기업의 자본은 고정될 수 있으며 월간 고정비용 $r\overline{K}$(이를 담보 대출금이라고 생각하자)를 은행에 지불해야 하는 의무를 질 수 있다. 하지만 기업은 공장 자체를 사용하는 대신에 월간 임대료 $r\overline{K}$를 받고 다른 사람에게 공장을 임대해 줄 수 있다는 사실을 알고 있다. 임대 수익금으로 담보 대출금을 충당하기 때문에 해당 기업은 공장을 임대해 줌으로써 고정비용 모두를 회피할 수 있다. 이런 경우 해당 기업의 고정비용은 회피할 수 있다(비매몰비용이다).

다른 예로 공장의 난방비를 생각해 보자. 기업이 운영되는 한 해당 기업이 얼마나 많은 생산물을 생산하는지에 상관없이 난방비는 거의 같게 된다(따라서 난방비는 고정비용이 된다). 하지만 기업이 일시적으로 공장을 폐쇄하여 아무것도 생산하지 않는 경우, 해당 기업은 난방을 멈추고 난방비가 발생하지 않게 된다. 그러면 난방비는 회피할 수 있다(비매몰비용이 된다).[3]

〈그림 7.11〉은 이런 결론을 요약해서 보여 준다. 단기비용은 다음과 같을 수 있다.

- 가변비용이며 비매몰비용인 경우 (이런 비용은 정의에 따라 생산량에 민감하다.)
- 고정비용이며 비매몰비용인 경우 (이런 비용은 생산량에 민감하지 않지만, 해당 기업이 생

---

3 물론 기업이 근무교대제를 폐지하여 근로자들이 공장에 있지 않는 기간에 난방을 낮출 수 있다면 이 경우에 해당되지 않는다. 하지만 실제로 많은 공장에서 생산량이 변화함에 따라 난방비가 변화하지는 않는다. 그 이유는 장비를 최적의 운용상태로 유지하기 위하여 공장의 온도를 일정하게 유지할 필요가 있거나 온도를 조절하는 데 시간이 소요되기 때문이다.

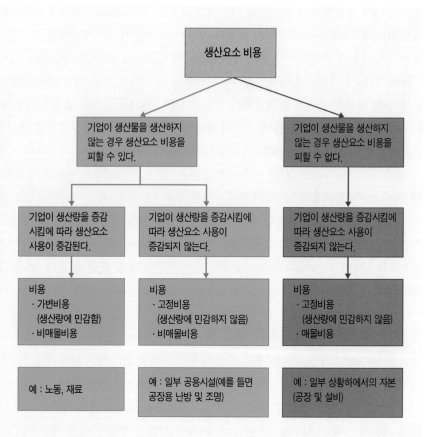

그림 7.11 단기비용의 분류

기업이 생산을 하지 않음으로써 비용을 피할 수 있는 경우와 생산량이 변화할 때 비용이 변화하는 경우, 해당 비용은 가변비용이 된다(생산량에 민감하다). 기업이 생산을 하지 않음으로써 비용을 피할 수 있지만 생산량이 변화할 때 비용이 변화하지 않는 경우, 해당 비용은 고정비용이며(생산량에 민감하지 않으며) 비매몰비용이 된다. 기업이 생산을 하지 않음으로써 비용을 피할 수 없는(생산량이 변화할 때 그런 비용이 변화하지 않는) 경우, 해당 비용은 고정비용이며(생산량에 민감하지 않으며) 매몰비용이 된다.

산을 하지 않을 경우 회피할 수 있다. 제9장에서 이런 비용에 대해 살펴볼 것이며, 거기서 단기적으로 생산을 하지 않으려는 기업의 결정에 미치는 영향을 고려할 것이다.)
- 고정비용이며 매몰비용인 경우 (이런 비용은 기업이 생산을 하지 않더라도 생산량에 민감하지 않으며 회피할 수 없다.)

단기적인 비용극소화

이제는 기업의 단기적인 비용극소화 문제에 대해 알아보도록 하자. 〈그림 7.12〉는 기업이 생산량 Q_0를 생산하려 하지만 고정된 자본량 수준인 $\overline{K}$를 변화시킬 수 없는 경우의 상황을 보여 주고 있다. 이 기업에게 기술적으로 효율적인 것은 점 F에서 운용되는 것이다. 여기에는 고정된 $\overline{K}$와 관련하여 해당 기업이 원하는 생산량인 Q_0를 정확히 생산하기 위하여 사용된 노동량도 포함된다.

단기적으로 비용을 극소화하는 생산요소 결합은 장기적인 경우처럼 접점조건을 충족시키지는 않는다는 점에 주목하자. 단기적으로 최적인 생산요소 결합 F는 해당 기업이 장기적으로 사용하는 결합은 아니다. 기업이 자유롭게 모든 생산요소의 양을 조절할 수 있는 장기에는 점 A에서 운용될 것이다. 〈그림 7.12〉는 단기적인 비용극소화가 일반적으로 장기적인 비용극소화와 일치하지 않는다는 점을 보여 준다. 이는 비용을 극소화하는 데 기업이 모든 생산요소를 조절할 수 있는 경우보다 단기적으로 더 높은 비용하에서 운용된다는 의미이다.

하지만 〈그림 7.13〉에서 살펴볼 수 있는 한 가지 예외가 있다. 어떤 기업은 Q_1을 생산하여야 한다고 가상하자. 장기적으로 기업은 $\overline{K}$ 자본단위를 자유롭게 선택하는 점 B에서 운용된다. 하지만 기업이 단기적으로 $\overline{K}$에서 고정된 자본량으로 생산해야 한다면, 해당 기업은 또한 점 B에서 운용된다. 이 경우 기업이 장기적으로 선택한 자본량은 단기적으로 고정된 자본량과 우연히 같아진다. 따라서 해당 기업이 단기적으로 부담하는 총비용은 장기적으로 부담하는 총비용과 동일하다.

비교정태 : 단기 생산요소 수요 대 장기 생산요소 수요

7.3절에서 논의한 바와 같이 장기적으로 비용을 극소화하는 노동량은 생산요소 가격과 생산량에 따라 변화한다. 기업이 단지 한 개의 가변 생산요소만을 갖는 단기에서 이 가변 생산요소에 대한 기업의 수요는 (생산량이 고정되어 있다고 가정할 경우) 생산요소의 가격 변화에 의존하지 않는다. 그 이유는 〈그림 7.12〉에서 본 것처럼 고정된 자본량으로 인해 기업이 노동을 선택하는 데 제한이 있기 때문이다. 장기적으로 기업의 생산요소 수요가 생산요소 가격에 의존하게 되는 접점조건은 단지 한 개의 가변 생산요소만을 갖는 단기에 있어서는 적용되지 않는다.

하지만 기업의 노동에 대한 수요는 단기적으로 생산량에 따라 변하게 된다. 〈그림 7.13〉은 7.3절에서 도입한 확장경로에 대한 개념을 이용하여 이 관계를 보여 주고 있다. 기업이 생산량을 Q_0

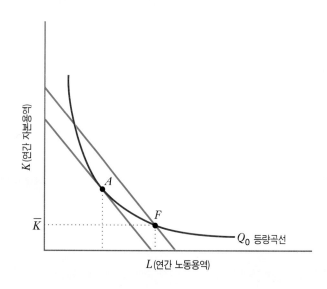

그림 7.12 가변 생산요소가 한 개인 경우 단기적인 비용극소화

기업의 자본이 $\overline{K}$에 고정되어 있는 경우 단기적으로 비용을 극소화하는 생산요소 결합은 점 F에서 이루어진다. 이는 기업이 모든 생산요소를 조절할 수 있는 경우 투입하게 될 생산요소 결합인 점 A와 부합되지 않는다.

그림 7.13 단기 생산요소 수요 대 장기 생산요소 수요

장기적으로 기업의 생산량이 변화하면 비용을 극소화하는 노동량은 장기 확장경로인 ABC를 따라 변화한다. 단기적으로 기업의 생산량이 변화하면 비용을 극소화하는 노동량은 단기 확장경로인 DBE를 따라 변화한다. 이 확장경로들은 점 B에서 교차한다. 점 B에서는 고정된 자본량이 단기 및 장기에서 비용을 극소화한다.

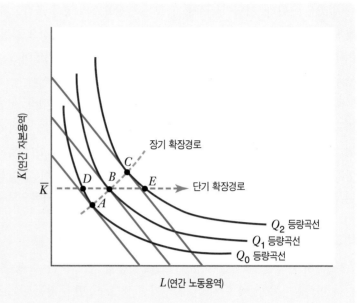

에서 Q_1으로, 다시 이를 Q_2로 변화시킬 경우 확장경로 ABC는 장기적으로 비용을 극소화하는 해당 기업의 생산요소 결합을 보여 준다. 반면에 선분 DBE는 자본량이 $\overline{K}$로 고정된 단기적으로 운용되는 기업의 확장경로이다. 생산량 수준 Q_1에 대해 기업의 고정자본 $\overline{K}$는 장기적으로 비용을 극소화한다. 두 개의 확장경로가 교차하는 점 B로 이를 나타낼 수 있다(점 B는 생산량이 Q_1인 경우 장기 및 단기 둘 다에서 비용을 극소화하는 생산요소 결합이다).

정리문제 7.5

고정 생산요소가 한 개인 경우 단기적인 비용극소화

문제

기업의 생산함수는 다음과 같다고 가상하자 : $Q = 50\sqrt{LK}$. 기업의 자본은 $\overline{K}$로 고정되어 있다. 단기적으로 비용을 극소화하기 위해 해당 기업은 얼마나 많은 노동을 고용하게 되는가?

해법

단지 두 개의 생산요소가 있는 경우 단기적으로 고려해야 할 접점조건은 존재하지 않는다. 단기적으로 비용을 극소화하는 노동량을 구하기 위해서는 생산함수를 Q 및 $\overline{K}$ 측면에서 L에 대해 다음과 같이 풀면 된다 : $Q = 50\sqrt{L\overline{K}}$. 이를 다음과 같이 나타낼 수 있다 : $L = Q^2/(2,500\overline{K})$. 이것이 단기적으로 비용을 극소화하는 노동량이 된다.

단기에서 한 개를 초과하는 가변 생산요소

기업이 한 개를 초과하는 가변 생산요소를 갖는 경우, 단기적으로 비용을 극소화하는 분석은 장기적인 비용극소화 분석과 매우 유사하다. 이를 설명하기 위해 해당 기업은 세 개의 생산요소, 즉 노동, 자본, 재료를 사용한다고 가상하자. 기업의 생산함수는 $f(L, K, M)$이 되며 여기서 M은 재료의 양을 나타낸다. 단위당 재료가격은 m으로 나타낼 것이며 기업의 자본은 $\overline{K}$ 수준에 고정되어 있다고 가상하자. 기업의 단기적인 비용극소화 문제는 생산량 Q_0를 생산하고자 하는 경우 총비용 $wL + mM + r\overline{K}$를 극소화하는 노동량 및 재료량을 선택하는 것이다.

그래프를 이용할 경우, 두 개의 가변 생산요소를 갖는 단기적인 비용극소화 문제를 분석하는 데 사용하는 방법은 단지 두 개의 생산요소만을 갖는 장기적인 비용극소화 문제를 분석하는 데 사용하는 방법과 거의 다르지 않다. 〈그림 7.14〉가 보여 주는 것처럼 수평축이 L을 의미하고 수직축이 M을 의미하는 그래프를 이용하여 해당 기업이 생산하고자 하는 생산량에 상응하는 등량곡선을 그릴 수 있다. 그리고 나서 가장 낮은 등비용선에 위치한 등량곡선 상의 점을 구하면 된다. 단기적인 비용극소화 문제가 내부해를 갖는 경우 비용을 극소화하는 생산요소 결합은 등량곡선과 등비용선의 접점에서 이루어진다. 이 접점을 다음과 같이 나타낼 수 있다 : $MRTS_{L,M} = MP_L/MP_M = w/m$. 항을 재정리하면 다음과 같다 : $MP_L/w = MP_M/m$. 장기에서와 마찬가지로, 기업은 양의 생산량을 생산하면서 사용했던 가변 생산요소에 대해 지출한 화폐단위당 한계생산물이 같다고 하여 총비용을 극소화시킬 수 있다. 정리문제 7.6은 한 개 생산요소는 고정되어 있으며 다른 두 개 생산요소는 가변적일 때 비용을 극소화하는 생산요소 결합을 어떻게 구하는지 보여 준다.

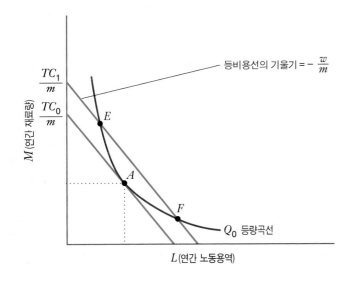

그림 7.14 **가변 생산요소가 두 개이고 고정 생산요소가 한 개인 경우 단기적으로 비용을 극소화하는 생산요소의 결합**

기업이 생산물을 Q_0단위 생산하고자 한다고 가상하자. 비용을 극소화하는 생산요소의 결합은 점 A에서 이루어진다. 이 점에서 Q_0 등량곡선은 등비용선과 접한다. 점 E와 점 F는 비용을 극소화하지 못한다. 왜냐하면 기업은 점 A로 이동함으로써 비용을 TC_1에서 TC_0로 낮출 수 있기 때문이다.

정리문제 7.6

가변 생산요소가 두 개인 경우 단기적인 비용극소화

기업의 생산함수는 $Q = \sqrt{L} + \sqrt{K} + \sqrt{M}$이라고 가상하자. 이 생산함수에 대한 노동, 자본, 재료의 한계생산물은 각각 $MP_L = 1/(2\sqrt{L})$, $MP_K = 1/(2\sqrt{K})$, $MP_M = 1/(2\sqrt{M})$이다. 노동, 자본, 재료의 생산요소 가격은 각각 $w = 1$, $r = 1$, $m = 1$이다.

문제

(a) 이 기업이 생산물 12단위를 생산하고자 한다면, 장기 비용극소화 문제에 대한 해법은 무엇인가?

(b) 이 기업이 생산물 12단위를 생산하고자 한다면, $K =$ 4일 때 단기 비용극소화 문제에 대한 해법은 무엇인가?

(c) 이 기업이 생산물 12단위를 생산하고자 한다면, $K =$ 4, $L = 9$일 때 단기 비용극소화 문제에 대한 해법은 무엇인가?

해법

(a) 두 개 접점조건과 생산물 12단위를 생산하는 데 필요한 L, K, M은 다음과 같다.

$$\frac{MP_L}{MP_K} = \frac{1}{1} \Rightarrow K = L$$

$$\frac{MP_L}{MP_M} = \frac{1}{1} \Rightarrow M = L$$

$$12 = \sqrt{L} + \sqrt{K} + \sqrt{M}$$

세 개의 미지수에 세 개의 식이 있다. 이 연립방정식에 대한 해법이 생산물 12단위를 생산하기 위해 장기적으로 비용을 극소화하는 생산요소 결합이다. 이는 $L = K = M = 16$이 된다.

(b) K는 4단위로 고정되어 있는 상황하에서, 가변요소인 노동 및 재료의 최적 결합을 구해야 한다. 접점조건과

$K = 4$일 때 생산물 12단위를 생산하는 데 필요한 L 및 M은 다음과 같다.

$$\frac{MP_L}{MP_M} = \frac{1}{1} \Rightarrow M = L$$

$$12 = \sqrt{L} + \sqrt{4} + \sqrt{M}$$

두 개의 미지수 L 및 M에, 두 개의 식이 있다. 이 연립방정식에 대한 해법이 생산물 12단위를 생산하기 위해 단기적으로 비용을 극소화하는 생산요소 결합이다. 이는 $L = 25$ 및 $M = 25$가 된다.

(c) K는 4단위, L은 9단위로 고정되어 있는 상황하에서, M이 유일한 가변 생산요소이기 때문에 단기적으로 비용을 극소화하는 M을 결정할 수 있는 접점조건을 갖고 있지 않다. 대신에 간단히 생산함수를 사용하여 $L = 9$ 및 $K = 4$일 때 생산물 12단위를 생산하는 데 필요한 재료의 수량 M을 구할 수 있다. 즉, $12 = \sqrt{9} + \sqrt{4} + \sqrt{M}$이 되며 여기서 $M = 49$이다. 이것이 $L = 9$ 및 $K = 4$일 때 생산물 12단위를 생산하기 위해 단기적으로 비용을 극소화하는 재료의 수량이다.

다음의 표는 이 정리문제의 결과를 요약해서 제시하고 있다. 이 표는 비용극소화 문제에 대한 답을 제시하는 것 이외에, 해당 기업의 극소화된 총비용을 또한 보여 준다. 이것은 해당 기업이 비용이 극소화된 생산요소 결합을 사용할 때 부담하게 되는 총비용이다(총비용은 단순히 $wL + rK + mM$이라는 점을 기억하자). 극소화된 비용은 장기에서 가장 낮고, 고정요소가 한 개인 단기에서 그다음으로 낮으며, 기업이 두 개의 고정요소를 가질 때 가장 높다. 이것은 기업이 생산요소를 조절할 때, 보다 유연할수록 비용을 더 많이 낮출 수 있다는 사실을 보여 준다.

	노동수량, L	자본수량, K	재료수량, M	극소화된 총비용
$Q = 12$에 대한 장기 비용극소화	16단위	16단위	16단위	48단위
$K = 4$ 하에서 $Q = 12$에 대한 단기 비용극소화	25단위	4단위	25단위	54단위
$K = 4$ 및 $L = 9$ 하에서 $Q = 12$에 대한 단기 비용극소화	9단위	4단위	49단위	62단위

7.5 라그랑주 승수를 활용하여 장기비용을 극소화하기

제4장에서는 제약하에서의 최적화와 라그랑주 승수를 활용하여 소비자 선택 문제를 어떻게 해결하는지 살펴보았다. 여기서는 이 방법들을 장기 비용극소화 문제를 해결하기 위해 기업이 노동 및 자본을 선택하는 데 적용해 보고자 한다.

4.5절에서는 일반적인 제약하에서의 최적화 문제를 살펴보았다. 여기서는 이에 기초하여 제약하에서의 극소화 문제를 어떻게 해결할 수 있는지 알아보고 나서, 이런 일반적인 문제로부터 얻은 통찰력을 장기 비용극소화 문제에 적용해 볼 것이다.

라그랑주 승수에 기초한 극소화 문제의 일반적인 형식화

x 및 y를 선택하여 목적함수 $F(x, y)$를 극소화하고자 한다. 하지만 x 및 y의 어떠한 결합을 단순히 선택할 수는 없다. 제약에 따르면 또 다른 함수 $G(x, y)$가 영보다 크거나 같도록 x 및 y를 선택해야 한다.

$$\min_{(x,y)} F(x,y)$$
$$\text{subject to}: G(x,y) \geq 0$$

함수 $F(x, y)$ 및 $G(x, y)$가 장기 비용극소화 문제와 어떻게 연계되는지 이제 살펴볼 수 있다. $F(x, y)$는 기업의 총생산비로서 노동비용과 자본용역 비용의 합이며, $G(x, y)$는 생산제약으로서 기업생산에서 목표생산을 감한 것이 영보다 크거나 같아야 한다.

4.5절에서처럼 라그랑주 함수라고 하는 식을 제시할 것이다. 이 식은 목적함수와 알지 못하는 인자 λ를 곱한 제약을 결합시킨 것이다. 이 변수 λ를 **라그랑주 승수**라 한다. 라그랑주 함수 $\Lambda(x, y, \lambda)$를 다음과 같이 나타낼 수 있다.

$$\Lambda(x, y, \lambda) = F(x,y) - \lambda G(x,y)$$

그리고 나서 최적을 달성하기 위한 필요조건을 충족시키는 세 개 미지수 (x, y, λ)를 선택하게 된다.

$$\frac{\partial \Lambda}{\partial x} = \frac{\partial F}{\partial x} - \lambda \frac{\partial G}{\partial x} \geq 0; \qquad x\left(\frac{\partial F}{\partial x} - \lambda \frac{\partial G}{\partial x}\right) = 0; \qquad x \geq 0 \qquad (7.3)$$

$$\frac{\partial \Lambda}{\partial y} = \frac{\partial F}{\partial y} - \lambda \frac{\partial G}{\partial y} \geq 0; \qquad y\left(\frac{\partial F}{\partial y} - \lambda \frac{\partial G}{\partial y}\right) = 0; \qquad y \geq 0 \qquad (7.4)$$

$$\frac{\partial \Lambda}{\partial \lambda} = G(x, y) \geq 0; \qquad \lambda G(x, y) = 0; \qquad \lambda \geq 0 \qquad (7.5)$$

식 (7.3), (7.4), (7.5)는 제약하에서의 극소화를 위한 1차 조건이다.[4] 처음 두 개 조건은 x 또는 y 의 최적선택이 (모서리점에서) 영이거나 (내부최적점에서) 양일 가능성을 용인한다.

먼저 식 (7.3)을 생각해 보자. 이 조건은 세 개 부분으로 구성된다. 가운데 부분 $x\left(\frac{\partial F}{\partial x} - \lambda \frac{\partial G}{\partial x}\right)$ $= 0$이 시사하는 바는, $x > 0$이라면 $\left(\frac{\partial F}{\partial x} - \lambda \frac{\partial G}{\partial x}\right)$는 영이 되어야만 한다. 이것은 또한 $x = 0$인 경 우 $\left(\frac{\partial F}{\partial x} - \lambda \frac{\partial G}{\partial x}\right)$가 영일 필요가 없다는 점도 시사한다. 하지만 식 (7.3)의 맨 왼쪽에 있는 조건이 보여 주는 것처럼, $\left(\frac{\partial F}{\partial x} - \lambda \frac{\partial G}{\partial x}\right)$는 최적에서 언제나 양이거나 또는 영이 된다. 식 (7.4)는 최적에 서 y의 선택에 관해 유사한 정보를 제공한다.

식 (7.5)는 x 또는 y의 최적선택에서 제약조건이 제한적이지 않을 수 있다는[$G(x, y) > 0$] 가능 성을 용인하고 있다. 그 경우 λ는 영이 되어야만 한다. 중간 부분이 시사하는 바는 최적에서 $\lambda >$ 0이라면 제약조건은 제한적이어야만[$G(x, y) = 0$] 한다는 것이다. 아래에서는 비용극소화 문제의 틀 내에서 이들을 살펴볼 때 이들 조건에 관해 추가적으로 자세히 설명할 것이다.

여기서는 1차 조건으로부터 구한 x, y, λ 값들이 실제로 목적함수를 극대화한다는 점을 확실히 하기 위해서 충족해야 하는 2차 조건이 존재한다는 사실에 또한 주목할 것이다. 현재는 일반적인 문제에 대한 2차 조건을 제시하지 않을 것이다. 하지만 비용극소화 문제의 틀 내에서 2차 조건에 관해 아래에서 살펴볼 것이다.

라그랑주 승수에 기초하여 장기 비용극소화 문제의 해법을 찾아보기

소비자 선택 문제에서 목적함수 $F(x, y)$는 총비용 $TC(L, K) = wL + rK$와 상응한다. 함수 $G(x, y)$ 는 $f(L, K) - Q$와 상응하며, 여기서 (제6장에서와 마찬가지로) $f(L, K)$는 생산함수를 나타내고 Q

---

4 이들을 제4장의 식 (4.10), (4.11), (4.12)에 있는 제약하에서의 극대화 문제에 대한 조건과 연계시키기 위해서, 다 음과 같은 제약하에서의 극소화 문제는

$$\min_{(x, y)} F(x, y)$$
$$\text{subject to} : G(x, y) \geq 0$$

다음과 같은 제약하에서의 극대화 문제와 동일하다는 사실에 주목하자.

$$\max_{(x, y)} - F(x, y)$$
$$\text{subject to} : -G(x, y) \leq 0$$

이런 극대화 문제에 대한 조건들 (4.10), (4.11), (4.12)는 즉각적으로 위의 조건들 (7.3), (7.4), (7.5)를 의미한다.

는 해당 기업의 바람직한 생산량 수준이다. 만약 기업이 최소한 생산목표를 달성하는 데 필요한 만큼 생산하도록 한다면 식 $f(L, K) - Q$는 양이 되어야만 한다. 장기 비용극소화 문제에 대한 라그랑주 함수는 다음과 같다.

$$\Lambda(L, K, \lambda) = wL + rK - \lambda(f(L, K) - Q) \tag{7.6}$$

논의의 균형을 유지하기 위해서, 다음과 같은 두 가지 가정을 해 보자.

1. 노동 및 자본의 한계생산물은 양이다(생산요소의 한계생산물이 음이라면, 제6장에서 논의한 것처럼 비경제적 생산영역에 위치하게 되고 생산요소의 사용을 줄임으로써 비용을 낮출 수 있다).
2. 생산함수는 체감하거나 또는 불변하는 $MRTS_{L,K}$를 보인다. 이 가정을 통해 L, K, λ값들이 효용을 극대화하는 2차 조건을 충족시키게 된다는 점을 보장한다.

생산요소의 한계생산물이 양인 경우 :

- 생산목표와 동일한 양을 생산하지 이를 초과하여 생산하지는 않는다. 생산제약은 $f(L, K) - Q = 0$으로 제한적이다.
- 바람직한 생산량 Q가 변화함에 따라, λ 값은 (반드시 그렇지는 않지만) 일반적으로 변화한다.
- 기업이 더 많이 생산하려 한다면 필연적으로 총비용을 증가시키게 되므로 λ는 양이 된다.

식 (7.3), (7.4), (7.5)는 목적함수가 F(x, y)이고 제약이 G(x, y) ≥ 0일 때 최적을 구하기 위한 필요조건을 제시하였다. 이제는 익히 알고 있는 한계생산물에 관한 식 $MP_L = \dfrac{\partial f(L, K)}{\partial L}$ 및 $MP_K = \dfrac{\partial f(L, K)}{\partial K}$를 활용하여 이런 필요조건들을 식 (7.7), (7.8), (7.9)로 재작성할 수 있다. 최적을 구하기 위한 다음과 같은 필요조건을 충족시키는 세 개 미지수 (L, K, λ)의 값을 구해야 한다.

$$w - \lambda MP_L \geq 0; \qquad L(w - \lambda MP_L) = 0; \qquad L \geq 0 \tag{7.7}$$

$$r - \lambda MP_K \geq 0; \qquad K(r - \lambda MP_K) = 0; \qquad K \geq 0 \tag{7.8}$$

$$f(L, K) - Q = 0; \qquad\qquad\qquad\qquad \lambda > 0 \tag{7.9}$$

한계생산물에 대한 식이 주어진 경우, (미적분은 사용하지 않고) 대수학을 활용하여 최적의 생산요소 결합 바구니(L, K)와 라그랑주 승수 λ 값을 구할 수 있다.

내부최적($L > 0$ 및 $K > 0$)

7.2절에서 살펴본 것처럼, 비용을 극소화하는 생산요소 결합은 내부최적일 수 있으며 이때 사용된 두 가지 생산요소의 수량은 양이 된다. 예를 들면, 기업이 콥-더글러스 생산함수를 갖는다면 등량곡선은 L축 또는 K축과 교차하지 않는다. 따라서 비용을 극소화하는 생산요소 결합에서 두 개 생산요소의 수량은 양이 된다.

내부최적에서 세 개 필요조건은 다음과 같이 단순화된다.

$$w - \lambda MP_L = 0; \qquad\qquad L > 0 \qquad\qquad (7.10)$$

$$r - \lambda MP_K = 0; \qquad\qquad K > 0 \qquad\qquad (7.11)$$

$$f(L,K) - Q = 0; \qquad\qquad \lambda > 0 \qquad\qquad (7.12)$$

위의 식 (7.10) 및 (7.11)을 결합하면, 이 장 앞부분에서 식 (7.2)로 나타낸 접점조건 식인 식 (7.13)을 도출할 수 있다. 이것이 시사하는 바는 내부최적에서 노동용역에 대해 지출한 달러당 추가적인 생산물이 자본용역에 대해 지출한 달러당 추가적인 생산물과 동일하다는 점이다.

$$\frac{MP_L}{w} = \frac{MP_K}{r} \qquad\qquad (7.13)$$

식 (7.13)의 항들을 재정리하면, 식 (7.1)에서 살펴보았던 접점조건을 설명하는 두 번째 방법을 구할 수 있다.

$$\frac{MP_L}{MP_K} = \frac{w}{r} \qquad\qquad (7.14)$$

마지막으로 식 (7.10) 및 (7.11)을 재정리하면, 다음과 같은 결과를 구할 수 있다.

$$\lambda = \frac{w}{MP_L} = \frac{r}{MP_K} \qquad\qquad (7.15)$$

따라서 비용을 극소화하는 생산요소 결합에서 라그랑주 승수는 노동으로부터 생산된 추가적인 생산물의 각 단위(즉, MP_L)에 대한 노동용역의 추가적인 비용과 같아진다는 사실을 알 수 있다. 또한 이것은 자본으로부터 생산된 추가적인 생산물의 각 단위(즉, MP_K)에 대한 자본용역의 추가적인 비용과 같아진다.

요약하자면, 7.2절에서 내부최적은 등량곡선과 등비용선의 접점조건을 충족시켜야 한다는 사실을 살펴보았다. 이제는 라그랑주 방법도 동일한 결론에 도달한다는 사실을 알게 되었다. 이 밖에 라그랑주 승수 값도 구하였다. 식 (7.15)에 따르면, 각 생산요소에 대한 라그랑주 승수 λ의 값은 해당 생산요소에 의해 생산된 추가적인 생산물 단위당 추가적인 비용과 같아진다. 이런 사실은 비용극소화 문제에서의 라그랑주 승수, 즉 $\lambda = \dfrac{\Delta TC}{\Delta Q}$ 를 어떻게 해석해야 되는지에 대해 암시하는 바가 있다. 즉, 라그랑주 승수는 생산물을 소량 증가시킬 경우 발생하는 해당 기업의 추가적인 비용을 측정한 것이다.[5]

모서리점에서의 최적

이 장 앞부분에서 비용을 극소화하는 생산요소 결합은 모서리점에 위치할 수도 있다는 점을 또한 살펴보았다. 두 개의 한계생산물 모두가 양이라면, 최적의 생산요소 결합에서 최소한 한 개 생산요소의 수량이 양이 되어야 하며, λ는 양수가 된다. 비용을 극소화하는 생산요소 결합이 노동만을 포함하고 자본은 전혀 포함하지 않는다고 가상하자. 이 경우 최적조건은 무엇과 같아지는가?

$$w - \lambda MP_L = 0; \qquad\qquad L > 0 \qquad\qquad (7.16)$$

$$r - \lambda MP_K \geq 0; \qquad\qquad K = 0 \qquad\qquad (7.17)$$

$$f(L,0) - Q = 0; \qquad\qquad \lambda > 0 \qquad\qquad (7.18)$$

위의 조건들 중에서 가장 흥미로운 측면은 $r - \lambda MP_K$가 영인지 또는 양인지 여부에 관한 것이다. 만일 영이라면 당연히 식 (7.14)가 준수되어야만 하고 $\dfrac{MP_L}{MP_K} = \dfrac{w}{r}$가 된다. 이런 경우 등량곡선과 등비용선은 L축에 위치한 생산요소 결합 $(L, 0)$에서 서로 접하게 된다. 만일 $r - \lambda MP_K$가 양이라면, L축 상의 최적바구니에서조차도 등비용선 상에 접점이 존재하지 않는다. 기업이 자본을 사용하지 않고 대규모로 노동을 사용할 때조차도 자본의 한계생산물이 극히 작다면 이런 상황이 지속되는 경향이 있다.

---

5 $\lambda = \dfrac{\Delta TC}{\Delta Q}$ 는 언뜻 보았을 때 즉각적으로 명백하지 않을 수 있다. 따라서 이것이 참인 이유를 살펴보도록 하자. 노동량 및 자본량의 변화(ΔL, ΔK)에 따른 총비용의 변화는 $\Delta TC = w\Delta L + r\Delta K$라는 사실에 주목하자. 내부최적에서, 식 (7.10) 및 (7.11)에 따르면 $w = \lambda MP_L$ 및 $r = \lambda MP_K$가 된다. 이런 관계를 이용하여 총비용의 변화를 다음과 같이 나타낼 수 있다.

$$\Delta TC = \lambda MP_L \Delta L + \lambda MP_K \Delta K = \lambda(MP_L \Delta L + MP_K \Delta K) \qquad (^*)$$

이제는 6.3절에서 생산요소 수량의 작은 변화에 대한 생산량의 변화를 다음과 같이 나타냈다는 점을 기억하자.

$$\Delta Q = MP_L \Delta L + MP_K \Delta K \qquad (^{**})$$

$(^{**})$를 $(^*)$로 대체시키면, $\Delta TC = \lambda \Delta Q$가 되고 $\lambda = \dfrac{\Delta TC}{\Delta Q}$가 된다.

라그랑주 방법을 활용하여 내부최적 구하기

이제는 라그랑주 방법을 사용하여 정리문제 7.2를 다시 살펴보고 확장해 보자. 어떤 기업은 생산함수를 갖고 있다. 해당 기업의 생산함수는 $Q = 50\sqrt{LK}$이고 $MP_L = 25\sqrt{\dfrac{K}{L}}$, $MP_K = 25\sqrt{\dfrac{L}{K}}$이라고 가상하자. 나아가 노동가격 w는 단위당 5달러이고 자본가격 r은 단위당 20달러라고 가상하자.

문제

(a) 해당 기업이 연간 1,000단위를 생산하고자 한다면 비용을 극소화하는 생산요소 결합은 무엇인가? 이 생산요소 결합에서 해당 기업의 총비용은 무엇인가?

(b) $Q = 1,000$단위일 때 해당 기업의 한계비용(변화율 $\dfrac{\Delta TC}{\Delta Q}$)을 측정한 λ를 구하시오.

(c) 바람직한 생산량이 1,001단위일 때 비용을 극소화하는 생산요소 결합 (L, K) 및 λ 값을 구하시오. 이 생산요소 결합에서 해당 기업의 총비용은 무엇인가?

(d) 생산량이 1,000단위에서 1,001단위로 증가할 때 해당 기업의 총비용 증가는 (b) 및 (c)에서의 λ 값과 동일하다는 사실을 보이시오.

해법

(a) 이 문제에 대한 라그랑주 함수는 다음과 같다.

$$\Lambda(x, y, \lambda) = 5L + 20K - \lambda(50\sqrt{LK} - 1,000)$$

이것은 콥–더글러스 생산함수의 특수한 예이므로, L, K, λ는 최적에서 모두 양이 될 것이다. [식 (7.10), (7.11), (7.12)에 상응하는] 세 가지 필요조건은 다음과 같이 단순화된다.

$$w - \lambda MP_L = 0 \quad \Rightarrow 5 - \lambda 25\sqrt{\frac{K}{L}} = 0$$

$$r - \lambda MP_K = 0 \quad \Rightarrow 20 - \lambda 25\sqrt{\frac{L}{K}} = 0$$

$$f(L, K) - Q = 0 \quad \Rightarrow 50\sqrt{LK} - 1,000 = 0$$

세 개 식과 세 개 미지수가 있다. 처음 두 개 식을 결합시키면 다음과 같다.

$$\lambda = \frac{w}{MP_L} = \frac{r}{MP_K} \quad \Rightarrow \lambda = \frac{5}{25\sqrt{\dfrac{K}{L}}} = \frac{20}{25\sqrt{\dfrac{L}{K}}}$$

이것은 $L = 4K$를 의미한다.

생산함수로부터 $50\sqrt{LK} - 1,000 = 0 \Rightarrow 50\sqrt{4K^2} = 1,000 \Rightarrow 100K = 1,000 \Rightarrow K = 10$ 및 $L = 40$을 구하였으며 이것은 정리문제 7.2에서 했던 것과 같다. 비용이 극소화되는 방법으로 1,000단위를 생산할 때 해당 기업의 총비용은 (단위당 5달러 × 연간 40단위) + (단위당 20달러 × 연간 10단위) = 연간 400달러가 된다.

(b) (a)로부터 다음과 같은 사실을 알고 있다.

$$\lambda = \frac{5}{25\sqrt{\dfrac{K}{L}}} = \frac{20}{25\sqrt{\dfrac{L}{K}}}$$

여기서 $K = 10$ 및 $L = 40$이므로

$$\lambda = \frac{5}{25\sqrt{\dfrac{10}{40}}} = 0.4$$가 된다. 이것은 수량이 1,000단위

일 때 총비용의 변화율 $\dfrac{\Delta TC}{\Delta Q}$이다. 기업의 생산량이 1단위 증가하면, 총비용은 약 0.4달러 증가할 것으로 기대된다.

(c) 수량이 1,001일 때 충족되어야만 하는 조건은 다음과 같다.

$$5 - \lambda 25\sqrt{\frac{K}{L}} = 0$$

$$20 - \lambda 25\sqrt{\frac{L}{K}} = 0$$

$$50\sqrt{LK} - 1,001 = 0$$

앞에서와 마찬가지로 이것은 $L = 4K$를 의미한다. 이를 바로 위의 식에 대입하면 다음과 같다. 즉, $50\sqrt{4K^2} = 1,001 \Rightarrow 100K = 1,001 \Rightarrow K = 10.01$ 그리고 $L = 40.04$가 된다. 이런 생산요소 결합에서 해당 기업의 총비용은 (단위당 5달러 × 연간 40.04단위) + (단위당 20달러 × 연간 10.01단위) = 연간 400.4달러가 된다. λ 값을 계산하기 위해서, (a)에서와 마찬가지로 $\lambda = \dfrac{5}{25\sqrt{\dfrac{K}{L}}} = \dfrac{20}{25\sqrt{\dfrac{L}{K}}}$이라는 점에 주목하자. $K = 10.01$ 및 $L = 40.04$를 이 식에 대입하면

이전과 마찬가지로 $\lambda = 0.4$가 된다.

(d) $Q = 1,000$일 때 $TC = 400$달러이고, $Q = 1,001$일 때 $TC = 400.4$달러라는 사실을 위에서 살펴보았다. 따라서 $\dfrac{\Delta TC}{\Delta Q} = 0.4$이다. 예상했던 대로 이 값은 (b) 및 (c)에서 구한 λ 값과 비슷할 뿐만 아니라 정확히 일치한다! 생산함수 $Q = 50\sqrt{LK}$가 규모에 대한 수확불변을 보이기 때문에 이런 현상이 발생한다. 제8장에서 살펴보겠지만 이런 경우 $\dfrac{\Delta TC}{\Delta Q}$는 모든 Q 값에 대해 동일하다.

정리문제 7.8

라그랑주 방법을 활용하여 모서리점 해법 구하기

라그랑주 방법을 사용하여 정리문제 7.3을 다시 살펴보고 확장해 보자. 선형 생산함수 $Q = 10L + 2K$를 갖는다고 가상하자. 이 생산함수에 대해 $MP_L = 10$ 및 $MP_K = 2$가 된다. 나아가 노동가격 w는 단위당 5달러이고 자본용역 가격 r은 단위당 2달러라고 가상하자.

문제

라그랑주 방법을 사용하여 생산물 200단위를 생산하고자 하는 경우 최적의 생산요소 결합을 구하시오. 이에 대한 해법은 모서리점에서의 최적조건, 즉 식 (7.10), (7.11), (7.12)를 충족시킨다는 사실을 입증하시오.

해법

이 문제에 대한 라그랑주 함수는 다음과 같다.

$$\Lambda(x, y, \lambda) = wL + rK - \lambda\big(f(L,K) - Q\big)$$
$$= 5L + 2K - \lambda(10L + 2K - 200)$$

두 개 생산요소 모두의 한계생산물은 양수이므로, 생산제약 $f(L, K) \geq Q$가 제약적이라는 사실을 알고 있다. 따라서 $10L + 2K = 200$ 또는 다시 말해, 해당 기업은 200단

위 등량곡선 상에서 운용된다. 하지만 최적의 생산요소 결합이 내부최적인지 또는 모서리점인지 여부를 아직 알지 못한다.

해법은 $L > 0$ 및 $K > 0$인 내부최적이라고 가정함으로써 시작해 보자. 그리고 나서 이런 가정하에서 계산된 L, K, λ 값들이 모두 양인지 여부를 알 수 있다. 만일 그렇다면 해법이 내부최적이라는 사실을 알 수 있다. 만일 그렇지 않다면 총비용을 극소화하는 200단위 등량곡선 상에서의 모서리점을 구할 수 있다.

($L > 0$ 및 $K > 0$인) 내부 해법을 갖는다면, [식 (7.10), (7.11), (7.12)에 상응하는] 최적에 관한 세 가지 필요조건은 다음과 같이 단순화된다.

$$w - \lambda MP_L = 0 \quad \Rightarrow 5 - 10\lambda = 0$$
$$r - \lambda MP_K = 0 \quad \Rightarrow 2 - 2\lambda = 0$$
$$f(L, K) - Q = 0 \quad \Rightarrow 10L + 2K = 200$$

세 개 식과 세 개 미지수가 있다. 하지만 이들 식 중 처음 두 개가 동시에 충족될 수 없다는 것을 즉각적으로 알 수 있다. 왜냐하면 그것이 의미하는 바는 $\lambda = 0.5$와 $\lambda = 1$이 동시에 성립되어야 하기 때문이다. 그러나 두 개가

동시에 참일 수 없으므로 모서리 해법을 찾아야 한다.

하지만 어느 모서리점인가? 한 가지 방법은 200단위 등량곡선의 두 개 모서리를 확인하고, 어느 생산요소 결합이 더 낮은 총비용을 발생시키는지 직접 점검하는 것이다. 등량곡선 모서리들 중 하나는 $L = 0$이며, 따라서 $2K = 200$ 또는 $K = 100$이 된다. 또 다른 모서리는 $K = 0$이며, 따라서 $10L = 200$ 또는 $L = 20$이 된다. 따라서 다음과 같아진다.

$L = 0$, $K = 100$일 경우 TC는

　(단위당 5달러 × 0) + (단위당 2달러 × 100)

　= 연간 200달러

$L = 20$, $K = 0$일 경우 TC는

　(단위당 5달러 × 20) + (단위당 2달러 × 0)

　= 연간 100달러

이 경우에, 총비용은 생산요소 결합 $L = 20$, $K = 0$을 사용함으로써 극소화된다는 사실을 알 수 있다.

이것이 모서리 해법에 관한 최적조건을 충족시킨다는 점을 입증하기 위해서, 식 (7.16), (7.17), (7.18)을 활용할 수 있다. $L > 0$ 및 $K = 0$이기 때문에 이들 조건은 다음과 같이 단순화된다.

$$5 - 10\lambda = 0; \quad L > 0$$
$$2 - 2\lambda \geq 0; \quad K = 0$$
$$10L + 2K = 200; \quad \lambda > 0$$

위의 세 번째 식이 의미하는 바는 해당 기업이 200단위 등량곡선 상에서 운용된다는 것이다. 첫 번째 식에 따르면 $\lambda = 0.5$가 된다. 마지막으로 두 번째 식의 부등식은 다음과 같이 충족된다 : $2 - 2\lambda = 2 - 2(0.5) = 1 \geq 0$. 이것은 해당 기업의 비용을 극소화하는 생산요소 결합 $(L, K) = (20, 0)$과 $\lambda = 0.5$라는 사실을 입증한다.

요약

- 어떤 결정에 대한 기회비용은 선택되지 않은 최선의 대안과 관련된 이득이다.
- 기회비용은 앞을 내다보는 개념이다. 특정 결정에 따른 기회비용을 평가할 경우 해당 결정을 내림으로써 장래에 제외될 대안의 가치를 확인해 봐야 한다(정리문제 7.1 참조).
- 기업의 관점에서 보면 생산요소의 용역을 사용하는 데 따른 기회비용은 해당 생산요소의 현재 시장가격이다.
- 명시비용은 직접적인 금전적 지출을 포함한다. 묵시비용은 현금 지출을 포함하지 않는다.
- 회계적 비용은 명시비용을 포함한다. 경제적 비용은 명시비용 및 묵시비용을 포함한다.
- 매몰비용은 이미 발생하여 회복될 수 없는 비용을 말한다. 비매몰비용은 어떤 선택을 할 경우 피할 수 있는 비용이다.
- 장기란 기업이 모든 생산요소의 양을 변화시킬 수 있

을 정도로 긴 기간을 말한다. 단기는 기업의 생산요소 중 최소한 한 개를 변화시킬 수 없는 기간을 말한다.

- 등비용선은 총비용이 동일하게 소요되는 생산요소의 모든 결합을 보여 준다. 수평축은 노동량을 의미하고 수직축은 자본량을 나타내는 그래프를 그려 보면, 등비용선의 기울기는 자본가격에 대한 노동가격의 비율에 음의 부호를 붙인 것과 같다.
- 장기 비용극소화 문제에 대한 내부해에서는 기업이 생산요소량을 조절하여 한계기술대체율이 생산요소 가격의 비율과 같아지도록 한다. 결국에는 각 생산요소에 대해 지출된 화폐단위, 즉 달러당 추가생산량은 같아진다(정리문제 7.2 참조).
- 비용극소화 문제에 대한 모서리해의 경우에는 각 생산요소에 대해 지출된 화폐단위, 즉 달러당 추가생산량이 동일하지 않을 수 있다(정리문제 7.3 참조).
- 어떤 생산요소의 가격이 상승할 경우 해당 생산요소의

비용을 극소화하는 수량은 감소하거나 불변한다. 비용을 극소화하는 수량이 결코 증가할 수 없다.

- 생산량이 증가함에 따라 어떤 생산요소가 정상요소인 경우 해당 생산요소의 비용을 극소화하는 수량은 증가하게 된다. 하지만 열등요소인 경우 비용을 극소화하는 수량은 감소하게 된다.

- 확장경로는 생산량이 변화함에 따라 비용을 극소화하는 생산요소의 양이 어떻게 변하는지를 요약한 것이다.

- 생산요소 수요곡선은 비용을 극소화하는 생산요소의 양이 생산요소의 가격에 따라 어떻게 변화하는지 보여준다(정리문제 7.4 참조).

- 생산요소에 대한 수요의 가격탄력성은 해당 생산요소 가격의 1% 변화에 대한 해당 생산요소의 비용극소화 수량의 백분율 변화를 의미한다.

- 생산요소 간의 대체탄력성이 작은 경우, 각 생산요소에 대한 수요의 가격탄력성도 작다. 생산요소 간의 대체탄력성이 큰 경우, 수요의 가격탄력성도 크다.

- 단기적으로는 최소한 한 개의 생산요소가 고정되어 있다. 가변비용은 생산량에 민감하다. 즉 생산량이 변화함에 따라 변화한다. 고정비용은 생산량에 민감하지 않다. 즉 모든 양의 생산량 수준에 대해 동일하다(정리문제 7.5 참조).

- 모든 가변비용은 비매몰비용이다. 고정비용은 (기업이 생산을 하지 않을 경우에도 피할 수 없는) 매몰비용 또는 (피할 수 있는) 비매몰비용이 될 수 있다.

- 단기적으로 비용을 극소화하는 문제에는 적어도 한 개의 생산요소가 고정되어 있는 경우에 생산요소를 선택하는 문제가 포함된다(정리문제 7.6 참조).

- 라그랑주 방법을 사용하여 기업의 비용을 극소화하는 생산요소 결합을 구할 수 있다(정리문제 7.7 및 7.8 참조).

주요 용어

경제적 비용	묵시비용	정상요소
기회비용	비매몰비용	총가변비용
노동 수요곡선	비용극소화 기업	총고정비용
등비용선	비용극소화 문제	확장경로
매몰비용	열등요소	회계적 비용
명시비용	자본 수요곡선	

복습용 질문

1. 기업이 의사결정을 하려는 경우 고려해야 하는 여러 가지 상이한 비용 개념들, 즉 명시비용 대 묵시비용, 기회비용, 경제적 비용 대 회계적 비용, 매몰비용 대 비매몰비용을 비교 설명하시오.

2. (동일한 총비용하에서, 예를 들면 노동 및 자본과 같은 생산요소의 결합으로 나타낸) 등비용선의 개념을 이용하여 기업의 장기적인 비용극소화 문제를 설명하시오.

3. 비교정태 분석을 이용하여 생산요소 가격 및 생산량 수준의 변화가 기업의 생산요소 선택과 생산비에 어떤 영향을 미치는지 설명하시오.

4. 단기에서 기업의 비용극소화 문제를 이해하고, 어떤 기업이 최소한 한 개의 고정 생산요소와 한 개 이상의 가변 생산요소를 갖는 경우 해당 기업의 생산요소 선택을 분석하시오.

8 비용곡선

8.1 장기 비용곡선

장기 총비용곡선

제7장에서는 기업의 장기적인 비용극소화 문제를 살펴보고 노동과 자본의 비용을 극소화하는 결합이 생산량 Q와 노동가격 w 및 자본가격 r에 어떻게 의존하는지 알아보았다. 〈그림 8.1(a)〉는 생산요소 가격은 고정되어 있다고 보고, 생산량이 변화함에 따라 텔레비전 수상기 생산업체의 최적 생산요소 결합이 어떻게 변화하는지 보여 주고 있다. 예를 들어 기업이 텔레비전 수상기를 연간 100만 대 생산할 경우 비용을 극소화하는 생산요소 결합은 노동이 L_1 투입되고 자본이 K_1 투입되는 점 A에서 이루어진다. 이 생산요소 결합에서 기업은 총비용 TC_1달러에 상응하는 등비용선 상에 있게 된다. 여기서 $TC_1 = wL_1 + rK_1$은 기업이 100만 대를 생산할 때 필요한 극소화된 총비용을 말한다. 기업이 텔레비전 수상기 생산을 100만 대에서 200만 대로 증가시킬 경우 등비용선은 동북쪽으로 이동하여 노동 L_2와 자본 K_2가 투입되는 점 B에 이르게 된다. 따라서 극소화된 총비용은 증대하게 된다(즉 $TC_2 > TC_1$이 된다). 분명히 이렇게 될 수밖에 없다. 왜냐하면 기업이 생산을 증가시키면서 총비용을 감소시킬 수 있다면 처음에 비용을 극소화하는 생산요소 결합을 사용하지 않았다고 볼 수 있기 때문이다.

〈그림 8.1(b)〉는 $TC(Q)$로 나타낸 **장기 총비용곡선**(long-run total cost curve)을 보여 주고 있다. 장기 총비용곡선은 생산요소 가격은 일정하다고 보고 극소화된 총비용이 생산량에 따라 어떻게 변화하는지를 보여 준다. 비용을 극소화하는 생산요소 결합이 더 높은 곳에 위치한 등비용선으로

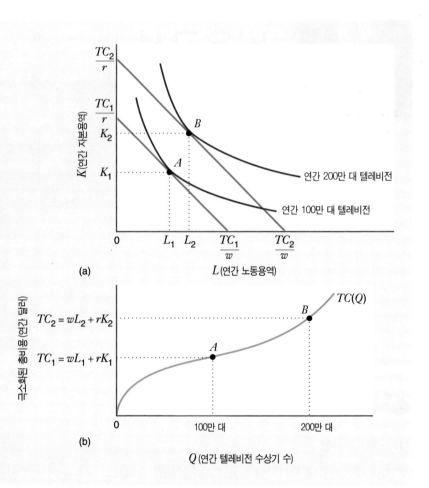

그림 8.1 텔레비전 수상기 생산업체의 비용극소화와 장기 총비용곡선

(a)는 텔레비전 생산량이 연간 100만 대에서 200만 대로 변화함에 따라 텔레비전 수상기 생산업체의 비용극소화 문제에 대한 해법이 어떻게 변화하는지를 보여 준다. 생산량이 증가함에 따라 극소화된 총비용은 TC_1에서 TC_2로 증대된다. (b)는 장기 총비용곡선을 보여 준다. 이 곡선은 생산량과 기업이 해당 생산량을 생산하면서 이룰 수 있는 극소화된 총비용수준 사이의 관계를 보여 준다.

이동하기 때문에 장기 총비용곡선은 Q에 대해 증가해야만 한다. 또한 $Q = 0$인 경우 장기 총비용이 0이 된다는 사실을 알고 있다. 이는 장기적으로 기업이 모든 생산요소를 자유롭게 변화시킬 수 있기 때문이다. 기업이 생산을 전혀 하지 않을 경우 비용을 극소화하는 생산요소 결합은 노동과 자본이 각각 영이 된다. 따라서 비용극소화 문제의 비교정태 분석에 따르면 장기 총비용곡선은 증가해야 하며 $Q = 0$인 경우 0이 되어야 한다.

정리문제 8.1

콥-더글러스 생산함수에 대한 장기 총비용곡선

제7장의 정리문제 7.2에서 분석했던 생산함수 $Q = 50\sqrt{LK}$로 다시 돌아가 보자.

문제

(a) 극소화된 총비용은 이 생산함수의 생산량 Q와 생산요소 가격 w 및 r에 어떻게 의존하는가?

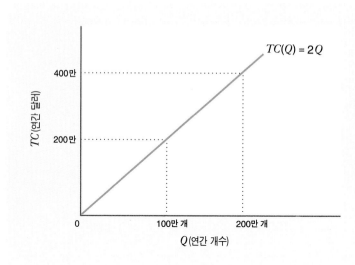

그림 8.2 콥-더글러스 생산함수의 장기 총비용곡선

이 경우 장기 총비용곡선을 식 $TC(Q) = 2Q$로 나타낼 수 있다.

(b) $w = 25$ 및 $r = 100$인 경우 장기 총비용곡선의 그래프는 무엇인가?

해법

(a) 제7장의 정리문제 7.4에서 다음과 같은 식이 비용을 극소화하는 노동량과 자본량을 나타낸다고 살펴보았다 : $L = (Q/50)\sqrt{r/w}$, $K = (Q/50)\sqrt{w/r}$. 극소화된 총비용을 구하기 위해, 기업이 비용이 극소화된 생산요소 결합을 사용할 경우 부담하게 될 총비용을 계산하면 다음과 같다.

$$TC(Q) = wL + rK = w\frac{Q}{50}\sqrt{\frac{r}{w}} + r\frac{Q}{50}\sqrt{\frac{w}{r}}$$
$$= \frac{Q}{50}\sqrt{wr} + \frac{Q}{50}\sqrt{wr} = \frac{\sqrt{wr}}{25}Q$$

(b) $w = 25$ 및 $r = 100$을 위의 식에 대입시키면 다음과 같이 도출할 수 있다 : $TC(Q) = 2Q$. 〈그림 8.2〉는 장기 총비용곡선이 직선이라는 사실을 보여 주고 있다.

생산요소 가격이 변화할 경우 장기 총비용곡선은 어떻게 변하는가?

단지 한 개의 생산요소 가격이 변화할 경우 어떤 일이 발생하는가?

생산요소 가격이 상승할 경우 기업의 총비용곡선에 어떤 영향을 미치는지 알아보기 위해 가상적인 텔레비전 수상기 생산업체의 비용극소화 문제를 다시 살펴보도록 하자. 〈그림 8.3〉은 생산량과 노동가격이 일정하다고 보고 자본가격이 상승할 경우 어떤 일이 발생하는지 보여 준다. 최초 상황에서 연간 100만 대의 텔레비전 수상기를 생산할 경우에 대한 최적 생산요소 결합은 등비용선 C_1 상에 있는 점 A에서 이루어지며, 극소화된 총비용은 연간 5,000만 달러가 된다. 자본가격이 상승한 후에 최적 생산요소 결합은 등비용선 C_3 상에 있는 점 B에서 이루어지며, 이에 상응하는 총비용은 5,000만 달러보다 더 많다. 그 이유를 알아보기 위해서 새로운 생산요소 가격에서 5,000만 달러에 상응하는 등비용선이 이전 생산요소 가격에서 5,000만 달러에 상응하는 등비용선

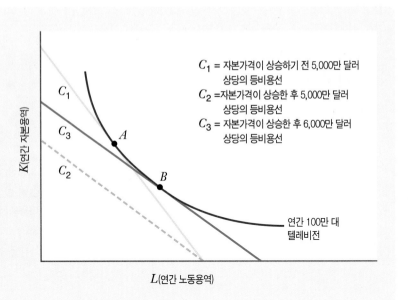

그림 8.3 자본가격의 변화가 텔레비전 수상기 생산업체에 대한 최적의 생산요소 결합과 장기 총비용에 어떤 영향을 미치는가

자본가격이 상승한 후에 해당 기업의 장기 총비용이 증가한다. 등비용선은 C_1에서 C_2로 이동하며, 비용을 극소화하는 생산요소 결합은 점 A에서 점 B로 이동한다.

C_1 = 자본가격이 상승하기 전 5,000만 달러 상당의 등비용선
C_2 = 자본가격이 상승한 후 5,000만 달러 상당의 등비용선
C_3 = 자본가격이 상승한 후 6,000만 달러 상당의 등비용선

이 했던 것과 동일한 지점에서 수평축과 교차한다는 점에 주목하자. 하지만 자본가격이 상승하였기 때문에 C_2는 C_1보다 더 평평해진다. 따라서 해당 기업은 등비용선 C_2 상에서 운용될 수 없다. 왜냐하면 원하는 생산량인 텔레비전 수상기 100만 대를 생산할 수 없기 때문이다. 대신에 해당 기업은 동북쪽으로 더 멀리 떨어진 등비용선(C_3) 상에서 운용되어야 하며, 이는 (아마도 6,000만 달러쯤 되는) 더 높은 비용수준에 상응한다. 생산요소 가격이 상승할 때 생산량을 일정하게 유지하려면 극소화된 총비용이 증가한다.[1]

이 분석에 따르면 자본가격이 증가할 경우 모든 $Q > 0$인 부분에서 새로운 총비용곡선이 최초의 총비용곡선보다 위에 위치하게 된다. $Q = 0$인 경우 장기 총비용은 역시 영이 된다. 따라서 〈그림 8.4〉가 보여 주는 것처럼 생산요소 가격이 증가하면 장기 총비용곡선이 위쪽으로 회전하게 된다.[2]

모든 생산요소 가격이 비례적으로 변화할 경우 어떤 일이 발생하는가?

자본가격과 노동가격 둘 다, 예를 들면 10%처럼 동일한 백분율로 상승할 경우 어떤 일이 발생하는가? 이 물음에 관한 대답은 다음과 같다. 두 개 생산요소 가격이 일정한 백분율로 상승할 경우 비용을 극소화하는 생산요소 결합은 불변하고, 반면에 총비용곡선은 정확하게 동일한 백분율만큼 위쪽으로 이동한다.

---

1 유사한 논리를 적용하면 자본가격이 하락할 경우 극소화된 총비용은 감소한다.
2 생산요소 가격이 상승하더라도 장기 총비용곡선에 영향을 미치지 않는 경우가 있다. 기업이 최초에 한 생산요소를 전혀 사용하지 않는 모서리점 해에 위치할 경우 해당 생산요소의 가격이 상승하더라도 비용을 극소화하는 생산요소 결합은 불변하며 이에 따라 극소화된 총비용도 변하지 않게 된다. 이 경우 생산요소 가격이 상승하더라도 장기 총비용곡선은 이동하지 않는다.

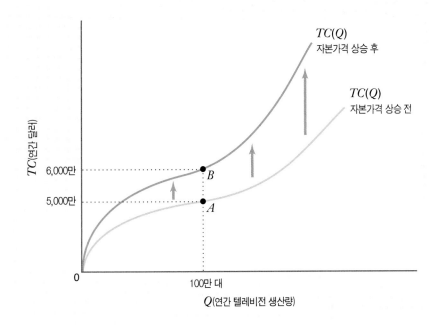

그림 8.4 자본가격의 변화가 텔레비전 수상기 생산업체의 장기 총비용곡선에 어떤 영향을 미치는가

자본가격이 상승하면 장기 총비용곡선 $TC(Q)$는 위쪽으로 회전한다. 점 A 및 점 B는 〈그림 8.3〉에 있는 비용을 극소화하는 생산요소 결합에 상응한다.

〈그림 8.5(a)〉에서 보는 것처럼, 노동의 최초가격 w와 자본의 최초가격 r에서 비용을 극소화하는 생산요소 결합은 점 A에서 이루어진다. 두 개 생산요소 가격이 10%에서 증가하여 $1.10w$와 $1.10r$이 된 후에도 이상적인 결합은 계속 점 A에서 이루어진다. 그 이유는 등비용선의 기울기가 가격 상승으로 인해 변하지 않기($-w/r = -1.10w/1.10r$) 때문이다. 이로 인해서 등비용선과 등량곡선 사이의 접점도 또한 변하지 않는다.

〈그림 8.5(b)〉는 요소가격들이 10% 상승하면 총비용곡선도 10% 이동한다는 사실을 보여 준다. 요소가격이 상승하기 전에는 총비용이 $TC_A = wL + rK$이며, 상승한 후에는 총비용이 $TC_B = 1.10wL + 1.10rK$가 된다. 따라서 $TC_B = 1.10TC_A$가 된다(즉, 총비용은 L 및 K의 어떠한 결합에 대해서도 10% 증가한다).

장기 평균비용곡선 및 장기 한계비용곡선

장기 평균비용 및 장기 한계비용이란?

두 가지 종류의 비용, 즉 장기 평균비용과 장기 한계비용이 미시경제학에서 중요한 역할을 한다. **장기 평균비용**(long-run average cost)은 생산량 1단위당 비용이며 이는 장기 총비용을 Q로 나눈 것으로, 다음과 같이 나타낼 수 있다 : $AC(Q) = [TC(Q)]/Q$.

장기 한계비용(long-run marginal cost)은 생산량에 대해 장기 총비용이 변화하는 율로, 다음과 같이 나타낼 수 있다 : $MC(Q) = (\Delta TC)/(\Delta Q)$. 따라서 $MC(Q)$는 $TC(Q)$의 기울기와 같다.

장기 평균비용과 한계비용은 모두 기업의 장기 총비용곡선으로부터 도출되지만 두 비용은 일반

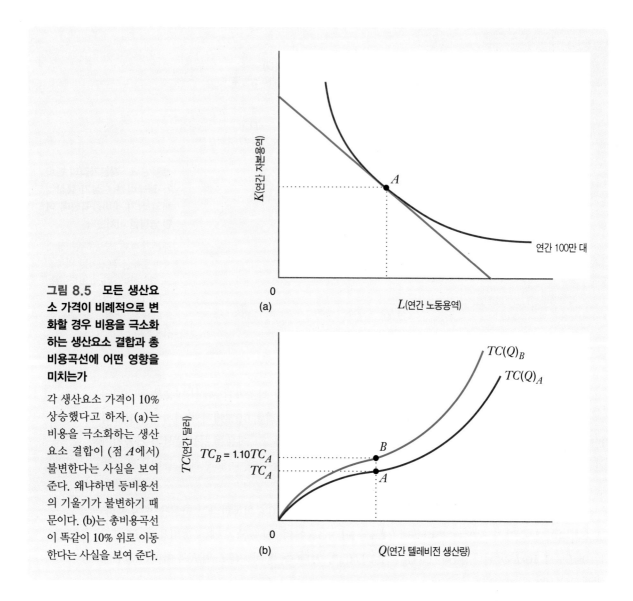

그림 8.5 모든 생산요소 가격이 비례적으로 변화할 경우 비용을 극소화하는 생산요소 결합과 총비용곡선에 어떤 영향을 미치는가

각 생산요소 가격이 10% 상승했다고 하자. (a)는 비용을 극소화하는 생산요소 결합이 (점 A에서) 불변한다는 사실을 보여 준다. 왜냐하면 등비용선의 기울기가 불변하기 때문이다. (b)는 총비용곡선이 똑같이 10% 위로 이동한다는 사실을 보여 준다.

적으로 다르다. 평균비용은 기업이 모든 생산량을 생산하는 데 부담하게 될 1단위당 비용을 말한다. 반면에 한계비용은 생산물을 추가적으로 1단위 더 생산하는 데 따른 비용의 증가를 의미한다.

〈그림 8.6〉은 한계비용과 평균비용의 차이를 보여 주고 있다. 예를 들면 연간 50개처럼 특정 생산량 수준에서 평균비용은 반직선 0A의 기울기와 같다. 이 기울기는 1,500달러/50개의 값과 같다. 따라서 연간 50개를 생산할 경우 기업의 평균비용은 개당 30달러가 된다. 반면에 기업이 연간 50개를 생산할 경우 한계비용은 수량 50개에서 총비용곡선의 기울기와 같다. 〈그림 8.6〉에서 이는 수량 50개에서 총비용곡선에 접하는 선분 BAC의 기울기로 나타낼 수 있다. 이 접선의 기울기는 10이므로 수량 50개에서 해당 기업의 한계비용은 개당 10달러가 된다. 총생산량을 변화시키면서 장기 총비용곡선을 따라 이동하게 되면 0A와 같은 반직선의 기울기가 어떻게 변화하는지 유

추할 수 있고 이를 통해 장기 평균비용곡선을 도출해 낼 수 있다. 이와 유사하게 총비용곡선을 따라 이동하게 되면 BAC와 같은 접선의 기울기가 어떻게 변화하는지 유추할 수 있으며 이를 통해 장기 한계비용곡선을 도출할 수 있다. 〈그림 8.6〉에서 보는 것처럼 이 두 개의 '유추과정'을 거쳐 서로 다른 두 개의 곡선을 도출하였다. 〈그림 8.6(b)〉에서 기업의 생산량이 연간 50단위인 경우 평균비용은 단위당 30달러(점 A')이고 한계비용은 단위당 10달러(점 A'')가 되며 이는 각각 〈그림 8.6(a)〉의 점 A에서 반직선 $0A$ 및 선분 BAC의 기울기에 상응한다.

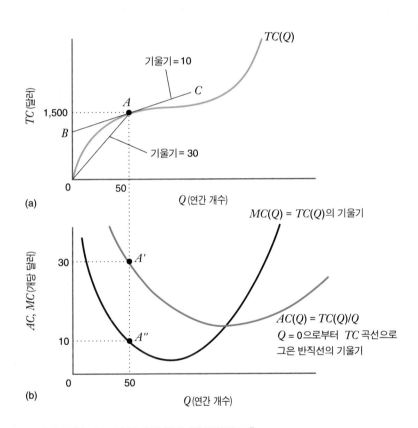

그림 8.6 총비용곡선으로부터 평균비용곡선 및 한계비용곡선의 도출

(a)는 기업의 총비용곡선을 보여 준다. 수량이 50단위인 경우 평균비용은 반직선 $0A$의 기울기인 단위당 30달러가 된다. 수량이 50단위인 경우 한계비용은 해당 수량에서 총비용곡선의 기울기이며 이는 접선 BAC의 기울기와 같다. 이 접선의 기울기는 10이므로 50단위에서 한계비용은 단위당 10달러가 된다. 보다 일반적으로 말하면 총비용곡선을 따라 이동할 경우 (예를 들면 $0A$처럼) 0으로부터 총비용곡선에 그은 반직선의 기울기가 어떻게 변화하는지 생각해 봄으로써 평균비용곡선을 알아낼 수 있다. 또한 한계비용곡선은 총비용곡선을 따라 이동할 경우 (예를 들면 BAC와 같은) 접선의 기울기가 어떻게 변화하는지 생각해 봄으로써 이를 알아낼 수 있다. (b)에 있는 점 A'와 점 A''는 (a)에 있는 점 A와 상응한다. 이는 장기 총비용곡선, 평균비용곡선, 한계비용곡선 사이의 관계를 보여 준다.

정리문제 8.2

장기 총비용곡선으로부터 장기 평균비용곡선과 장기 한계비용곡선 도출하기

평균비용과 한계비용은 통상적으로 다르다. 하지만 이들이 같아지는 특별한 경우가 한 번 있다. 정리문제 8.1에서 콥-더글러스 생산함수에 대한 장기 총비용곡선을 도출하였다. 특정한 생산요소 가격($w = 25$ 및 $r = 100$)에 대한 장기 총비용곡선은 식 $TC(Q) = 2Q$로 나타낼 수 있었다.

문제
이 장기 총비용곡선과 관련된 장기 평균비용곡선과 한계비용곡선은 무엇인가?

해법
장기 평균비용은 다음과 같다.

$$AC(Q) = \frac{2Q}{Q} = 2$$

평균비용이 Q에 의존하지 않는다는 점에 주목하자. 〈그림 8.7〉에서 보는 것처럼 이 그래프는 수평선이 된다.

장기 한계비용은 다음과 같다.

$$MC(Q) = \frac{2(Q + \Delta Q) - 2Q}{\Delta Q} = \frac{2\Delta Q}{\Delta Q} = 2$$

장기 한계비용도 Q에 의존하지 않는다. 사실 이는 장기 평균비용곡선과 동일하므로 이 그래프도 역시 수평선이 된다.

이 정리문제는 일반적인 사실을 보여 주고 있다. (그림 8.2처럼) 장기 총비용곡선이 직선인 경우에는 언제나 장기 평균비용과 장기 한계비용이 같아지며 그래프도 함께 수평선이 된다.

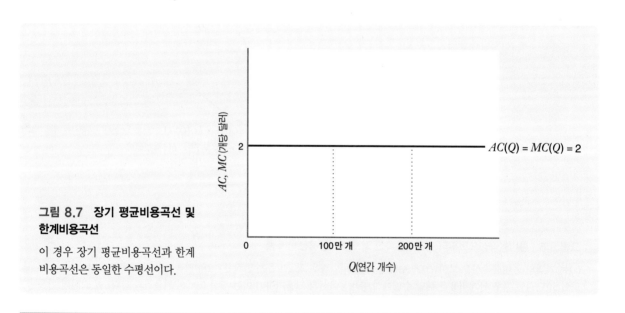

그림 8.7 장기 평균비용곡선 및 한계비용곡선

이 경우 장기 평균비용곡선과 한계비용곡선은 동일한 수평선이다.

장기 한계비용곡선과 장기 평균비용곡선 사이의 관계

이 책에서 살펴본 다른(예를 들면 평균생산물 대 한계생산물처럼) 평균 개념과 한계 개념 사이에서와 마찬가지로, 장기 평균비용곡선과 한계비용곡선 사이에도 체계적인 관계가 존재한다. 〈그림

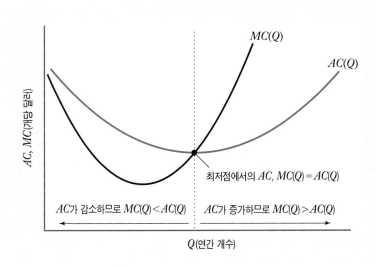

그림 8.8 **평균비용곡선과 한계비용곡선 사이의 관계**

평균비용이 감소할 경우 한계비용은 평균비용보다 작다. 평균비용이 증가할 경우 한계비용은 평균비용보다 크다. 평균비용이 최저점인 경우 한계비용은 평균비용과 같아진다.

8.8〉은 다음과 같은 관계를 보여 준다.

- 평균비용이 수량에 대해 감소할 경우 한계비용은 평균비용보다 작다. 즉 $AC(Q)$가 Q에 대해 감소할 경우 $MC(Q) < AC(Q)$가 된다.
- 평균비용이 수량에 대해 증가할 경우 한계비용은 평균비용보다 크다. 즉 $AC(Q)$가 Q에 대해 증가할 경우 $MC(Q) > AC(Q)$가 된다.
- 그래프가 평평하거나 $AC(Q)$의 최저점에 있어서 평균비용이 수량에 대해 증가하지도 않고 감소하지도 않을 경우 한계비용은 평균비용과 같다. 즉 $MC(Q) = AC(Q)$가 된다.

제6장에서 논의했던 것처럼, 한계비용과 평균비용 사이의 관계는 임의의 어떤 것의 한계와 임의의 어떤 것의 평균 사이의 관계와 같다. 예를 들면 미시경제학을 담당하는 강사가 여러분이 치른 가장 최근 시험에 대해 채점을 막 끝냈다고 가상하자. 여러분이 그때까지 치른 모든 시험들의 평균점수가 92점이었으며, 가장 최근에 치른 시험을 포함할 경우 평균이 93점으로 상승한다고 들었다. 여러분이 치른 가장 최근의 시험점수에 대해 무엇을 추론할 수 있는가? 평균점수가 상승하였으므로 '한계점수'(가장 최근의 시험점수)는 평균점수보다 높아야만 한다. 평균점수가 91점으로 하락하였다면, 이는 여러분의 가장 최근 점수가 평균점수보다 낮았기 때문일 것이다. 평균점수에 변화가 없다면, 이는 여러분의 가장 최근 점수가 평균점수와 동일했기 때문일 것이다.

규모의 경제와 규모의 비경제

생산량이 증가함에 따라 장기 평균비용이 변화하는 현상은 두 가지 중요한 개념, 즉 규모의 경제와 규모의 비경제에 대한 기초가 된다. **규모의 경제**(economies of scale)란 용어는 생산량이 증가함에 따라 평균비용이 감소하는 상황을 말하며, **규모의 비경제**(diseconomies of scale)란 정반대의 경우로 생산량이 증가함에 따라 평균비용이 증가하는 상황을 말한다. 규모의 경제 및 비경제는 중요한 개념이다. 규모의 경제의 범위는 산업구조에 영향을 미친다. 규모의 경제는 또한 동일한 산업 내에서 다른 기업에 비해 일부 기업이 이윤을 더 많이 내는 이유를 설명할 수 있다. 규모의 경제에 대한 주장을 통해 동일한 물품을 생산하는 두 기업 사이의 합병을 정당화하곤 한다.

〈그림 8.9〉는 많은 경제학자들이 실제 사회의 생산과정을 반영한다고 믿는 평균비용곡선을 제시함으로써 규모의 경제 및 비경제를 보여 주고 있다. 이 평균비용곡선에는 규모의 경제를 나타내는 초기의 영역(0에서부터 Q'까지의 영역)이 있으며 그다음엔 평균비용이 평평한 영역(Q'에서부터 Q''까지의 영역)이 있고 마지막으로 규모의 비경제 영역($Q > Q''$인 영역)이 있다.

규모의 경제는 다양한 원인에서 비롯된다. 그것은 생산요소의 규모에 대한 수확체증을 유발하는 생산시설의 물리적 특성에서 비롯될 수 있다. 또한 노동의 특화에서도 비롯된다. 근로자의 수가 생산량에 대해 증가하게 되면 근로자는 자신의 업무에 대해 특화할 수 있고 이는 종종 생산성의 증대로 이어진다. 특화가 이루어지면 또한 근로자와 장비의 전환에 따른 시간낭비를 막을 수 있다. 이 역시 근로자의 생산성을 높이고 단위당 비용을 낮출 수 있다.

규모의 경제는 또한 **불가분적 생산요소**(indivisible input)를 투입해야 하는 데서 비롯될 수 있다. 불가분적 생산요소는 어떤 최소규모가 되어야만 이용할 수 있는 요소이며 생산량이 영에 가까워짐에 따라 그 수량을 비례적으로 낮출 수는 없다. 불가분적 생산요소의 예로 아침식사용 곡물식품을 고속으로 일괄 생산하는 공정설비를 들 수 있다. 이 설비 중 가장 작은 규모의 것은 거대한 처리능력, 즉 연간 1,400만 파운드의 곡물식품 생산능력을 갖고 있다. 연간 500만 파운드의 곡물식품만을 생산하고자 하는 기업도 역시 이 공정설비를 이용하려면 불가분적 생산요소로 이를 구입해야

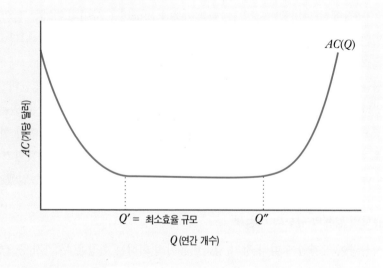

그림 8.9 실제 세계의 평균비용곡선
이 평균비용곡선은 실제 세계에서 일어나는 생산과정의 특징을 보여 주고 있다. 생산량이 Q'보다 적은 경우 규모의 경제가 발생한다. Q'와 Q'' 사이에서 평균비용은 변하지 않으며 그 이후에서는 규모의 비경제가 발생한다. 규모의 경제가 종식되는 생산량 수준인 Q'를 최소효율 규모라고 한다.

만 한다.

불가분적 생산요소는 (최소한 생산량의 어떤 영역을 초과하게 되면) 평균비용의 감소로 이어진다. 그 이유는 기업이 불가분적 생산요소 용역을 구입할 경우 생산량이 증가함에 따라 불가분적 생산요소 비용을 더 많은 생산량에 대해 '분산시킬' 수 있기 때문이다. 예를 들어 연간 아침식사용 곡물식품을 500만 파운드 생산하기 위해 최소규모의 일괄 생산설비를 구매한 기업은 생산을 연간 1,000만 파운드로 증가시킬 경우에도 이 생산요소에 대해 동일한 총비용을 부담하게 된다.[3] 이로 인해 해당 기업의 평균비용은 하락하게 된다.

〈그림 8.9〉의 규모의 비경제 영역(예를 들면, 그림 8.9에서 생산량이 Q''보다 큰 영역)은 보통 **관리상의 비경제**(managerial diseconomies)에서 비롯된다. 이런 관리상의 비경제는 생산량이 일정한 백분율만큼 증가할 경우, 해당 기업은 이 백분율 이상으로 경영자의 용역에 대해 지출해야 한다면 발생하게 된다. 규모에 대한 관리상의 비경제가 발생하는 이유를 알아보기 위해 자신들의 성공이 (예를 들면 창업주와 같은) 주요한 인물의 재능이나 통찰력에 의존하는 기업을 생각해 보자. 기업이 성장함에 따라 주요한 인물을 복제할 수는 없으며 이를 메우기 위해 생산량보다 더 빠르게 총비용이 증가할 정도로 경영자를 추가영입해야 한다. 이로 인해 평균비용이 증대된다. 이런 식으로 보면 관리상의 비경제는 전문화된 경영기법과 같은 다른 생산요소의 공급이 고정될 경우 가변 생산요소에 대한 한계수확체감의 또 다른 예가 될 수 있다.

장기 평균비용곡선이 최저점에 도달하는 가장 적은 수량을 **최소효율 규모**(minimum efficient scale, *MES*)라 한다. 이 최소효율 규모는 〈그림 8.9〉의 생산량 Q'에서 달성된다. 시장 크기에 대한 최소효율 규모의 크기는 특정 산업에서 규모의 경제 크기를 알려 준다. 전반적인 시장판매에 비해 최소효율 규모가 커질수록 규모의 경제 크기도 커진다. 〈표 8.1〉은 미국 식음료산업에 속한 몇

표 8.1	미국 식음료산업의 경우 해당 산업 생산량의 백분율로 나타낸 최소효율 규모		
산업	생산량의 %로 나타낸 최소효율 규모	산업	생산량의 %로 나타낸 최소효율 규모
사탕무 설탕	1.87	아침식사용 곡물식품	9.47
사탕수수 설탕	12.01	광천수	0.08
밀가루	0.68	볶은 커피	5.82
제빵	0.12	반려동물용 식품	3.02
통조림 야채	0.17	유아용 식품	2.59
냉동식품	0.92	맥주	1.37
마가린	1.75		

출처 : 다음 저서의 〈표 4.2〉에서 발췌함. J. Sutton, *Sunk Costs and Market Structure: Price Competition, Advertising and the Evolution of Concentration* (Cambridge, MA: MIT Press, 1991).

---

3 물론 재료처럼 불가분하지 않은 다른 생산요소에는 지출이 증가하게 된다.

표 8.2	규모의 경제와 규모에 대한 수확 사이의 관계		
	생산함수		
	$Q=L^2$	$Q=\sqrt{L}$	$Q=L$
노동필요함수	$L=\sqrt{Q}$	$L=Q^2$	$L=Q$
장기 총비용	$TC=w\sqrt{Q}$	$TC=wQ^2$	$TC=wQ$
장기 평균비용	$AC=w/\sqrt{Q}$	$AC=wQ$	$AC=w$
장기 평균비용은 Q에 따라 어떻게 변화하는가?	감소	증가	불변
규모의 경제/비경제	규모의 경제	규모의 비경제	둘 다 발생하지 않음
규모에 대한 수확	체증	체감	불변

개 집단에 대해 최소효율 규모를 해당 산업 생산량의 백분율로 나타내고 있다.[4] 시장규모에 대한 최소효율 규모가 가장 큰 산업은 아침식사용 곡물식 산업과 사탕수수 설탕 정제산업이다. 가장 낮은 산업은 광천수와 제빵이다. 이 산업에서 제조하는 데 따른 규모의 경제는 약한 것처럼 보인다.

규모의 경제 및 규모에 대한 수확

생산함수의 규모에 대한 수확은 장기 평균비용이 생산량에 따라 어떻게 변화하는지를 결정하기 때문에, 규모의 경제와 규모에 대한 수확은 밀접히 연계되어 있다. 〈표 8.2〉는 생산량 Q가 단일 생산요소인 노동량 L의 함수인 세 가지 생산함수에 대해 이 둘의 관계를 보여 주고 있다. 이 표는 노동가격 w가 주어진 경우의 총비용 및 장기 평균비용뿐만 아니라 생산함수와 이에 상응하는 (일정한 생산량을 생산하기 위해 필요한 노동량을 의미하는) 노동필요함수를 보여 주고 있다.

〈표 8.2〉가 보여 주고 있는 규모의 경제와 규모에 대한 수확의 관계는 다음과 같이 요약할 수 있다.

- 생산량이 증가함에 따라 평균비용이 감소할 경우, 규모의 경제 및 규모에 대한 수확체증을 경험하게 된다(예를 들면, 표 8.2에서 생산함수가 $Q=L^2$인 경우).
- 생산량이 증가함에 따라 평균비용이 증가할 경우, 규모의 비경제 및 규모에 대한 수확체감을 경험하게 된다(예를 들면, 표 8.2에서 생산함수가 $Q=\sqrt{L}$인 경우).

---

4 이 표에서 최소효율 규모는 규모 면에서 해당 산업의 중앙에 위치한 공장의 규모로 측정하였다. 중앙에 위치한 공장이란 자신의 설비규모가 해당 산업에 속한 공장들의 규모 중 정확히 중간에 위치한 공장을 말한다. 즉 특정 산업에 속한 모든 공장 가운데 50%는 중앙에 위치한 공장보다 더 작으며, 50%는 더 크다. 중앙에 위치한 공장의 설비능력 규모에 기초하여 추정한 최소효율 규모는 해당 분야에 정통한 기술자들이 제공한 최소효율 규모의 공장 크기에 기초하여 구한 '기술적인 추정값'과 상관율이 높다. (미국 산업에서) 중앙에 위치한 공장규모에 대한 자료는 미국 제조업 조사 자료를 기초로 구하였다.

- 생산량이 증가함에 따라 평균비용이 불변일 경우, 규모의 경제나 규모의 비경제가 발생하지 않으며 규모에 대한 수확불변을 경험하게 된다(예를 들면, 표 8.2에서 생산함수가 $Q = L$인 경우).

규모의 경제가 나타나는 정도를 측정하기 : 총비용의 생산량 탄력성

제2장에서는 수요의 가격탄력성이나 수요의 소득탄력성과 같은 수요탄력성이 수요에 영향을 미치는 가격이나 소득과 같은 요소들에 수요가 얼마나 민감한지를 보여 준다는 사실을 알게 되었다. 총비용이 영향을 받는 요소들에 얼마나 민감한지를 알아보기 위해 탄력성을 이용할 수 있다. 중요한 비용탄력성은 $\epsilon_{TC,Q}$로 표기하는 **총비용의 생산량 탄력성**(output elasticity of total cost)이다. 이는 생산량의 1% 변화당 총비용의 백분율 변화로, 다음과 같이 나타낼 수 있다.

$$\epsilon_{TC,Q} = \frac{\dfrac{\Delta TC}{TC}}{\dfrac{\Delta Q}{Q}} = \frac{\dfrac{\Delta TC}{\Delta Q}}{\dfrac{TC}{Q}}$$

이를 다음과 같이 나타낼 수도 있다($\Delta TC/\Delta Q = MC$, $TC/Q = AC$).

$$\epsilon_{TC,Q} = \frac{MC}{AC}$$

그러므로, 총비용의 생산량 탄력성은 평균비용에 대한 한계비용의 비율과 같다.

앞에서 살펴보았던 것처럼, 장기 평균비용과 장기 한계비용 사이의 관계는 생산량 Q에 따라 평균비용 AC가 변화하는 방향에 상응한다. 이것이 의미하는 바는 총비용의 생산량 탄력성이 〈표 8.3〉에서 보는 것처럼 규모의 경제에 대한 범위를 알려 준다는 것이다.

표 8.3	총비용의 생산량 탄력성과 규모의 경제 사이의 관계		
$\epsilon_{TC,Q}$의 값	MC 대 AC	Q가 증가함에 따라 AC는 어떻게 변화하는가	규모의 경제/비경제
$\epsilon_{TC,Q} < 1$	$MC < AC$	감소	규모의 경제
$\epsilon_{TC,Q} > 1$	$MC > AC$	증가	규모의 비경제
$\epsilon_{TC,Q} = 1$	$MC = AC$	불변	둘 다 발생하지 않음

8.2   단기 비용곡선

단기 총비용곡선

장기 총비용곡선은 기업이 모든 생산요소를 조절할 수 있을 때 자신의 극소화된 총비용이 생산량에 따라 어떻게 변화하는지 보여 준다. **단기 총비용곡선**(short-run total cost curve), $STC(Q)$는 적어도 한 생산요소가 특정 수준에 고정되어 있는 경우 생산량 Q단위를 생산하는 데 필요한 극소화된 총비용을 알려 준다. 아래의 논의에서는 기업이 사용한 자본량이 $\overline{K}$에 고정되어 있다고 가정할 것이다. 단기 총비용곡선은 두 개 요소, 즉 **총가변비용곡선**(total variable cost curve), $TVC(Q)$와 **총고정비용곡선**(total fixed cost curve), TFC를 합한 것이다[즉 $STC(Q) = TVC(Q) + TFC$가 된다]. 총가변비용곡선, $TVC(Q)$는 단기적으로 비용을 극소화하는 생산요소 결합에서 예를 들면 노동과 재료 같은 가변 생산요소에 대한 지출을 합한 것이다. 총고정비용은 고정된 자본용역에 대한 비용과 같으므로(즉 $TFC = r\overline{K}$이므로) 생산량에 따라 변화하지 않는다. 〈그림 8.10〉은 단기 총비용곡선, 총가변비용곡선, 총고정비용곡선을 보여 주고 있다. 총고정비용은 생산량에 대해 독립적이기 때문에, 이것의 그래프는 $r\overline{K}$ 값에서 수평선이 된다. 따라서 $STC(Q) = TVC(Q) + r\overline{K}$이며, 이것이 의미하는 바는 $STC(Q)$와 $TVC(Q)$ 사이의 수직거리는 각 Q에서 $r\overline{K}$와 같다는 것이다.

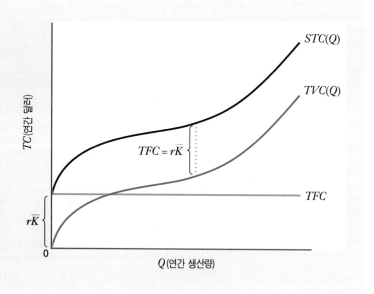

그림 8.10   단기 총비용곡선

이 그림은 단기 총비용곡선 $STC(Q)$, 총가변비용곡선 $TVC(Q)$, 총고정비용곡선 TFC를 보여 주고 있다. 총고정비용은 고정자본용역의 비용 $r\overline{K}$와 같다. 이 비용은 생산량과 독립적이기 때문에 총고정비용곡선은 수평선이 된다. 모든 생산량 Q에서 총가변비용곡선과 단기 총비용곡선 사이의 수직거리가 총고정비용이 된다.

정리문제 8.3

단기 총비용곡선의 도출

정리문제 7.5에서 살펴보았던 다음과 같은 생산함수를 생각해 보자 : $Q = 50\sqrt{LK}$.

문제

자본은 $\overline{K}$로 고정되어 있으며, 노동 및 자본의 생산요소

가격은 각각 $w = 25$ 및 $r = 100$인 경우 이 생산함수에 대한 단기 총비용곡선은 무엇인가?

해법

정리문제 7.5에서 자본이 $\overline{K}$에 고정되어 있을 때 단기적으로 비용을 극소화하는 노동량은 $L = Q^2/(2{,}500\overline{K})$이었다. 이것으로부터 구한 단기 총비용곡선은 다음과 같다 : $STC(Q) = wL + r\overline{K} = Q^2/(100\overline{K}) + 100\overline{K}$. 총가변비용

곡선과 총고정비용곡선은 각각 다음과 같다 : $TVC(Q) = Q^2/(100\overline{K})$ 및 $TFC = 100\overline{K}$.

Q가 일정한 경우 총가변비용은 자본량 $\overline{K}$에서 감소한다는 점에 주목하자. 그 이유는 일정한 생산량에 대해 보다 많은 자본을 사용하는 기업은 투입하는 노동량을 낮출 수 있기 때문이다. TVC는 기업의 노동비용이기 때문에 당연히 TVC는 $\overline{K}$에서 감소해야 한다.

장기 총비용곡선과 단기 총비용곡선 사이의 관계

단지 두 개의 생산요소, 노동 및 자본만을 사용하는 기업을 다시 생각해 보자. 장기적으로 해당 기업은 두 개 생산요소의 수량을 자유롭게 변화시킬 수 있지만, 단기적으로 자본량은 고정된다. 따라서, 해당 기업은 장기적보다는 단기적으로 보다 제약을 받으므로 장기적으로 총비용을 낮출 수 있다는 사실이 합리적으로 보인다.

〈그림 8.11〉은 이런 상황에서 텔레비전 수상기 생산업체에 대한 장기 및 단기 비용 극소화 문제를 그래프를 사용하여 보여 준다. 해당 기업은 처음에 연간 100만 대의 텔레비전을 생산하고자 한다. 자본과 노동 둘 다를 변화시킬 수 있는 장기에서, 해당 기업은 노동 L 단위 및 자본 K 단위를 사용하여 점 A에서 운용되고 총비용을 극소화한다.

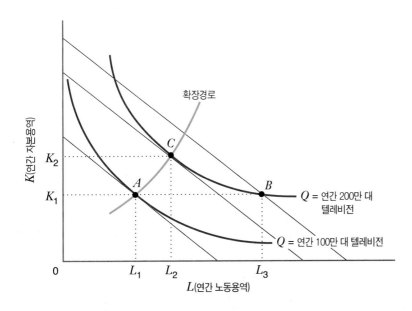

그림 8.11 총비용은 장기에서보다 단기에서 일반적으로 더 높다

처음에 기업은 텔레비전을 연간 100만 대를 생산하고 자본 사용이 K_1에 고정되어 있을 경우, 장기 및 단기 둘 다에서 비용을 극소화하는 점 A에서 운용된다. Q가 연간 200만 대로 증가하고 자본이 단기적으로 K_1에 고정되어 있는 경우, 기업은 점 B에서 운용된다. 하지만 장기적으로는 기업이 더 낮은 등비용선 상에 있는 점 C에서 운용된다.

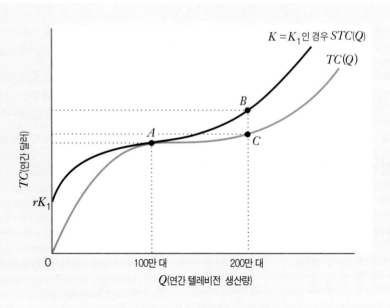

그림 8.12 단기 총비용곡선과 장기 총비용곡선 사이의 관계

자본량이 K_1에 고정되어 있을 때 점 A를 제외하고 $STC(Q)$는 언제나 $TC(Q)$ 위에 위치한다. 점 A는 해당 기업이 연간 텔레비전 100만 대를 생산할 때 장기 및 단기 비용극소화 문제를 해결해 준다.

해당 기업은 연간 생산량을 텔레비전 200만 대로 증대시키고자 하며 단기적으로 자본 사용을 K_1에 고정시키고자 한다고 가상하자. 그 경우에 해당 기업은 노동 L_3단위, 자본은 동일하게 K_1단위를 사용하는 점 B에서 운용된다. 하지만 장기적으로 해당 기업은 확장경로를 따라 노동 L_2단위, 자본은 K_2를 사용하는 점 C에서 운용된다. 점 B는 점 C보다 더 높은 등비용선 상에 위치하기 때문에, 해당 기업이 연간 텔레비전 200만 대를 생산할 때 단기 총비용이 장기 총비용보다 더 높다.

해당 기업이 연간 텔레비전 100만 대를 생산할 때, 단기적인 제약이 자본 K_1단위라면 점 A는 장기 및 단기에서 비용을 극소화한다. 〈그림 8.12〉는 해당 기업의 이에 상응하는 장기 및 단기 총비용곡선 $TC(Q)$ 및 $STC(Q)$를 보여 준다. $STC(Q)$와 $TC(Q)$가 같아지는 점 A를 제외하고 $STC(Q)$가 언제나 $TC(Q)$ 위에 위치한다(즉 단기 총비용이 장기 총비용보다 더 크다)는 사실을 알 수 있다.

단기 한계비용과 단기 평균비용

장기 평균비용과 장기 한계비용을 정의했던 것처럼 **단기 평균비용**(short-run average cost, SAC)과 **단기 한계비용**(short-run marginal cost, SMC)을 다음과 같이 정의할 수 있다 : $SAC(Q) = [STC(Q)]/Q$ 그리고 $SMC(Q) = (\Delta STC)/(\Delta Q)$. 장기 한계비용이 장기 총비용곡선의 기울기와 같은 것처럼 단기 한계비용은 단기 총비용곡선의 기울기와 같다. 〈그림 8.12〉의 점 A에서(즉 생산량이 연간 100만 대가 되는 경우에) 장기 총비용곡선의 기울기와 단기 총비용곡선의 기울기가 동일해진다. 따라서 이 생산량 수준에서는 $STC = TC$일 뿐만 아니라 $SMC = MC$가 성립한다.

단기 총비용을 두 부분(즉 총가변비용과 총고정비용)으로 분리할 수 있기 때문에 단기 평균비용도 다음과 같이 두 부분으로 분리할 수 있다. 즉 **평균가변비용**(average variable cost, AVC)과 **평**

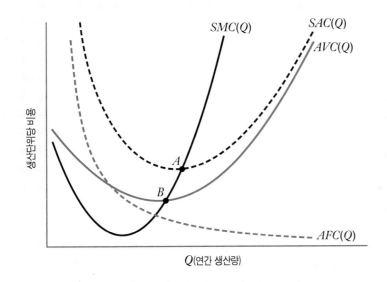

그림 8.13 단기 한계비용곡선 및 단기 평균비용곡선

단기 한계비용곡선은 $SMC(Q)$이며 단기 평균비용곡선은 $SAC(Q)$이다. 평균가변비용곡선은 $AVC(Q)$이며 평균고정비용곡선은 $AFC(Q)$이다. $SAC(Q)$는 $AVC(Q)$와 $AFC(Q)$를 수직으로 합한 것이다.

균고정비용(average fixed cost, AFC)으로 분리할 수 있다. 다시 말해 $STC = TVC + TFC$이므로 $SAC = AVC + AFC$가 성립한다. 달리 표현하면 평균고정비용은 생산물 한 단위당 총고정비용, 즉 $AFC = TFC/Q$이다. 평균가변비용은 생산물 한 단위당 총가변비용, 즉 $AVC = TVC/Q$이다.

〈그림 8.13〉은 일반적인 형태의 단기 한계비용곡선, 단기 평균비용곡선, 평균가변비용곡선, 평균고정비용곡선을 보여 주고 있다. 평균가변비용곡선과 평균고정비용곡선을 '수직으로 합하면' 단기 평균비용곡선을 구할 수 있다.[5] 평균고정비용곡선은 모든 점에서 감소하게 되며 Q가 증가함에 따라 수평축에 근접하게 된다. 이는 생산량이 증가함에 따라 고정자본비용이 증가한 생산량 전체에 대해 '분산되므로' 단위당 고정비용이 영을 향해 이동한다는 사실을 반영한 것이다. Q가 증가함에 따라 AFC는 점점 더 작아지기 때문에 AVC 곡선과 SAC 곡선은 점점 더 근접하게 된다. 단기 한계비용곡선 SMC는 단기 평균비용곡선 및 평균 가변비용곡선과 이들 곡선의 최저점에서 교차하게 된다. 이 특성은 장기 한계비용곡선과 장기 평균비용곡선 사이의 관계를 반영한 것이다(그리고 평균 측정값과 한계 측정값 사이에 존재하는 관계를 다시 한번 반영한 것이라고 할 수 있다).

장기 및 단기에서의 평균비용곡선과 한계비용곡선 사이의 관계

포락선으로서의 장기 평균비용곡선

〈그림 8.14〉는 U자 형태의 장기 평균비용곡선 $AC(Q)$에 대해, 장기 평균비용곡선과 단기 평균

---

5 수직으로 합한다는 의미는 수량이 Q인 경우 이 수량에 해당하는 AVC의 높이와 AFC의 높이를 합하면 SAC의 높이가 된다는 것이다.

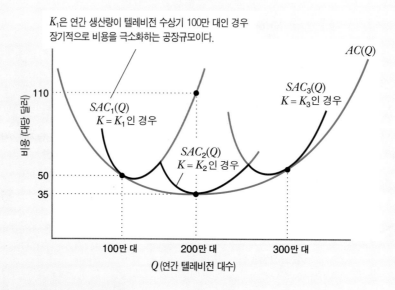

그림 8.14 포락선으로서의 장기 평균비용곡선

이 그림은 세 개의 상이한 단기 평균비용곡선인 $SAC_1(Q)$, $SAC_2(Q)$, $SAC_3(Q)$를 보여 주고 있다. 각 곡선은 상이한 고정자본수준 또는 공장규모에 상응한다. 각 단기 평균비용곡선은 공장규모가 장기적으로 비용을 극소화하는 생산량 수준을 제외하고 장기 평균비용곡선 위에 위치한다. 세 개 단기 평균비용곡선 아래의 경계선을 밟아 가면 부채 모양의 곡선을 구할 수 있다. 이 곡선은 기업이 단지 세 개 공장규모, 즉 K_1, K_2, K_3만을 선택할 수 있는 경우 달성할 수 있는 최소 평균비용을 알려 준다. 이 부채 모양의 곡선은 대략적으로 장기 평균비용곡선이 된다. 더 많은 단기 평균비용곡선을 그리고 이 추가된 곡선을 포함하여 아래 경계선을 밟아 가면 장기 평균비용곡선에 보다 가까워진다.

비용곡선 사이의 관계를 보여 주고 있다. 이 그림은 서로 다른 단기 평균비용곡선, 즉 $SAC_1(Q)$, $SAC_2(Q)$, $SAC_3(Q)$를 보여 주고 있다. 이 곡선들 또한 U자 형태를 하고 있다. 이 곡선들은 각각 상이한 고정자본수준이나 공장규모를 나타내는 K_1, K_2, K_3와 상응한다. 여기서 $K_1 < K_2 < K_3$가 성립한다. 텔레비전 생산업체를 생각해 보면 K_3는 K_1이나 K_2보다 더 큰 공장이거나 더 높은 수준의 자동화가 이루어졌을 것이다.

공장규모가 최적인 생산량 수준을 제외하고 특정 공장규모에 대한 단기 평균비용곡선은 장기 평균비용곡선보다 위에 위치한다. 연간 텔레비전 수상기 100만 대를 생산하고자 하는 텔레비전 생산업체는 소규모 공장 K_1을 건설함으로써 장기 총비용을 극소화할 수 있다. 이 정도 규모의 공장을 건설하여 실제로 텔레비전 수상기 100만 대를 생산할 경우 단기 평균비용은 대당 50달러인 장기 평균비용과 같아진다. 하지만 이 소규모 공장의 생산량을, 예를 들면 200만 대로 확장할 경우 200만 대 수준에서 장기 평균비용은 대당 35달러가 되지만 단기 평균비용은 대당 110달러가 된다. 단기 평균비용과 장기 평균비용 사이의 차이를 통해 앞에서 단기 총비용곡선과 장기 총비용곡선 사이의 관계를 논의하면서 살펴본 다음과 같은 사실을 설명할 수 있다. 장기적으로는 모든 생산요소를 총비용을 극소화하는 수준까지 조절할 수 있으므로 장기에서보다 단기에서 상황이 더 나아질 수 없다(즉 총비용이 더 낮아질 수 없다). 텔레비전 수상기 200만 대를 생산하려는 경우 장기 평균비용이 대당 35달러가 되도록 하기 위해서는 공장규모를 K_1에서 K_2로 확대해야 한다.

세 개 단기 평균비용곡선의 아래쪽 경계선을 밟아 갈 경우 〈그림 8.14〉에서 짙은 '부채 모양의' 곡선을 구할 수 있다. 이 곡선은 기업이 세 개의 공장규모, 즉 K_1, K_2, K_3에서 단지 한 개만을 선택할 수 있는 경우 달성할 수 있는 최소의 평균비용을 알려 준다. 이 부채 모양의 곡선은 기업이 바람직한 공장규모를 선택할 수 있을 때 실제의 장기 평균비용곡선에 근접하게 된다. 더 많은 단기 평균비용곡선을 그리고 이 추가적으로 그린 곡선들을 포함하여 아래쪽 경계선으로 밟아 가면 이에 따른 부채 모양의 곡선은 장기 평균비용곡선에 훨씬 더 근접하게 된다. 이 주장에 따르면 장기 평균비용곡선은 무한개인 단기 평균비용곡선의 '아래쪽을 포괄하는 것'으로 생각할 수 있다. 따라서 장기 평균비용곡선을 이따금 **포락선**이라고 한다.

장기 및 단기에서 평균비용과 한계비용이 같은 경우와 같지 않은 경우

〈그림 8.15〉는 〈그림 8.14〉를 한 단계 더 발전시킨 것으로, 단기 평균비용곡선과 단기 한계비용곡

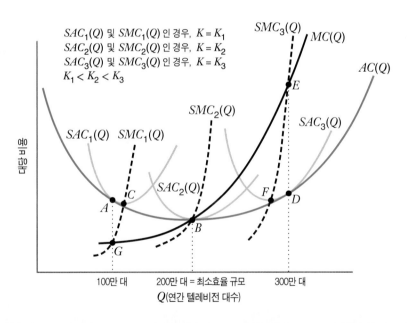

그림 8.15 장기 평균비용곡선 및 장기 한계비용곡선과 단기 평균비용곡선 및 단기 한계비용곡선 사이의 관계

연간 생산량 수준이 텔레비전 수상기 100만 대(공장규모 K_1이 장기적인 비용극소화 문제를 해결할 수 있는 생산량 수준)인 경우 단기 평균비용(SAC_1)은 장기 평균비용[$AC(Q)$]과 같아진다(점 A). 100만 대 수준에서 단기 한계비용(SMC_1) 또한 장기 한계비용[$MC(Q)$]과 같다(점 G). 이 생산량 수준에서 $AC(Q)$와 $MC(Q)$가 같지 않기 때문에 SAC_1과 SMC_1 또한 같지 않다. 연간 생산량 수준이 텔레비전 300만 대인 경우 단기 평균비용함수 및 한계비용함수와 장기 평균비용함수 및 한계비용함수 사이의 관계는 100만 대인 경우와 유사하다. 생산량이 200만 대인 경우 $AC(Q)$는 최저수준에 도달하며 최소효율 규모가 된다. 최소효율 규모에서 $MC(Q)$는 $AC(Q)$와 같아지므로 $SMC_2 = SAC_2$가 된다(점 B).

선 그리고 장기 평균비용곡선과 장기 한계비용곡선 사이의 특별한 관계를 보여 주고 있다. 생산량이 100만 개인 경우 공장규모가 K_1이라면 단기 평균비용은 장기 평균비용과 같다. 공장규모가 K_1인 경우의 단기 한계비용은 생산량 100만 개에서의 장기 한계비용과도 같다. 이런 관계들은 단기 비용곡선과 장기 비용곡선 사이의 관계에 관해 이전에 논의한 사항을 반영한 것이다. 장기 평균비용과 장기 한계비용이 특정 생산량 수준에서 동일하지 않기 때문에 단기 평균비용과 단기 한계비용도 또한 같지 않다는 점에 역시 주목하자(이들은 더 높은 생산량 수준에서 같아진다). 연간 생산량 수준이 300만 대인 경우 단기 및 장기의 평균비용곡선과 한계비용곡선 사이의 관계는 생산량이 100만 대인 경우에서의 관계와 유사하다.

생산량이 200만 대인 경우는 장기 평균비용이 최저수준인 점, 즉 최소효율 규모에 상응하게 된다. 최소효율 규모에서 장기 한계비용과 장기 평균비용은 같으며, 단기 한계비용은 단기 평균비용과 같아진다. 즉 $AC = MC = SAC_2 = SMC_2$가 성립한다.

정리문제 8.4

단기 평균비용곡선과 장기 평균비용곡선 사이의 관계

정리문제 8.1, 8.2, 8.3에서 살펴보았던 다음과 같은 생산함수를 생각해 보자. $Q = 50\sqrt{LK}$.

문제

자본은 고정된 수준 $\overline{K}$, 요소가격은 $w = 25$ 및 $r = 100$인 경우, 이 생산함수에 대한 단기 평균비용곡선은 무엇인가? 자본수준이 $\overline{K} = 1$, $\overline{K} = 2$, $\overline{K} = 4$인 경우 단기 평균비용곡선을 그래프로 그리시오.

해법

정리문제 8.3에서 이 생산함수에 대한 단기 총비용곡선을 다음과 같이 도출하였다 : $STC(Q) = Q^2/(100\overline{K}) +$

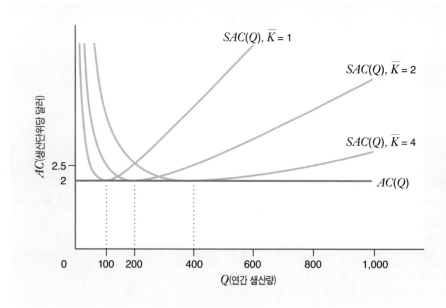

그림 8.16 장기 및 단기 평균비용곡선

장기 평균비용곡선 $AC(Q)$는 수평선이며, 단기 평균비용곡선의 아랫부분을 감싼 것이다.

$100\overline{K}$. 따라서 단기 평균비용곡선은 $SAC(Q) = Q/(100\overline{K}) + 100\overline{K}/Q$가 된다. 〈그림 8.16〉은 $\overline{K} = 1$, $\overline{K} = 2$, $\overline{K} = 4$에 대한 단기 평균비용곡선의 그래프를 보여 준다. 이것은 또한 (정리문제 8.2에서 도출한) 이 생산 함수에 대한 장기 평균비용곡선도 포함하고 있다. 단기 평균비용곡선은 U자 형태인 반면에, 장기 평균비용곡선 (수평선)은 단기 평균비용곡선의 아랫부분을 감싼 것이다.

8.3 비용과 관련된 특수 논제

범위의 경제

이 장에서는 단지 한 개의 생산물이나 서비스만을 생산하는 기업의 비용곡선에 대해 집중적으로 살펴보았다. 하지만 실제로 많은 기업들이 한 개를 초과하는 생산물을 생산하고 있다. 두 개의 생산물을 생산하는 기업의 경우, 총비용은 해당 기업이 생산하는 첫 번째 생산물의 생산량 Q_1과 두 번째 생산물의 생산량 Q_2에 의존한다. 식 $TC(Q_1, Q_2)$를 사용하여 해당 기업의 비용이 Q_1 및 Q_2에 대해 어떻게 변화하는지 나타낼 것이다.

일부 상황에서 기업이 두 개 이상의 생산물을 생산할 경우 효율성이 증대될 수 있다. 즉 두 개 생산물을 생산하는 기업은 단일 생산물을 생산하는 두 개 기업이 독립적으로 한 개씩 생산할 경우 부담하게 되는 것보다 더 낮은 총비용으로 생산물을 제조하여 판매할 수 있다. 이런 효율성을 **범위의 경제**(economies of scope)라고 한다.

범위의 경제는 특히 동일 기업이 일정량의 두 생산물을 생산할 경우 소요되는 총비용이 단일 물품을 생산하는 두 개 기업이 이를 생산할 경우에 소요되는 총비용보다 적을 경우 발생한다. 이런 정의를 수학적으로 나타내면 다음과 같다.

$$TC(Q_1, Q_2) < TC(Q_1, 0) + TC(0, Q_2) \tag{8.1}$$

식 (8.1)의 오른쪽에 있는 식의 영은 단일물품을 생산하는 기업이 한 물품은 생산하지만 다른 물품은 전혀 생산하지 않는다는 의미이다. 이를 가리켜 이따금 물품 1과 물품 2를 생산하는 데 소요되는 **개별 생산비용**(stand-alone cost)이라고 한다.

직관적으로 볼 때 범위의 경제가 존재한다는 사실은 '다양성'이 '전문성'보다 더 효율적이라는 것이다. 식 (8.1)을 다음과 같이 재정리하여 이를 직관적으로 해석할 수 있다. $TC(Q_1, Q_2) - TC(Q_1, 0) < TC(0, Q_2) - TC(0, 0)$. 여기서 $TC(0, 0) = 0$이 된다. 즉 두 물품의 생산량이 영이 되도록 생산할 경우 총비용은 영이 된다. 이 식의 왼쪽은 기업이 이미 생산물 1을 Q_1단위 생산할 경우 생산물 2를 Q_2단위 생산할 때 발생하는 추가비용이다. 이 식의 오른편은 기업이 Q_1을 생산하지 않을 경우 Q_2를 생산할 때 발생하는 추가비용이다. 기업이 이미 어떤 물품을 생산하고 있는데 이 생산라인에 다른 물품의 생산을 추가시킬 경우 비용이 더 저렴하게 소요된다면, 범위의 경제가 존재한다. 예를 들어 신규기업이 처음부터 시작하는 것보다 코카콜라사가 자신의 생산라인에 버찌

맛이 나는 청량음료를 추가적으로 생산할 경우 비용이 더 저렴하게 소요된다면 범위의 경제가
존재한다.

범위의 경제가 발생하는 이유는 무엇인가? 중요한 이유는 두 개 이상의 물품을 생산하고 판매
하는 데 공통적으로 사용되는 생산요소를 해당 기업이 갖고 있다는 데 있다. 예를 들면 영국 위성
텔레비전 회사인 스카이(Sky)사는 동일한 인공위성을 사용하여 뉴스채널, 몇 개의 영화채널과 스
포츠채널, 일반 오락채널들을 방송하고 있다.[6] 한 개의 채널을 방송하는 데 특화한 기업들은 각각
지구의 궤도를 회전하는 위성을 가져야 한다. 스카이의 채널들은 위성을 공동으로 사용할 수 있어
독립된 채널만을 갖고 있는 기업들과 비교해 볼 때 수억 달러를 절약할 수 있었다. 또 다른 예로
유로터널을 들 수 있는데 이는 프랑스 칼레와 영국 도버 사이의 영국해협 밑으로 뚫린 31마일의
터널이다. 유로터널은 고속도로나 철도 운송의 기능을 모두 할 수 있다. 두 가지 형태의 운송을 모
두 수용할 수 있는 한 개의 터널보다 하나는 고속도로 운송용으로 사용하고 다른 하나는 철도 운
송용으로 사용할 별개의 두 개 터널을 건설하고 운용하는 데 더 많은 비용이 소요된다.

경험의 경제 : 경험곡선

실행학습과 경험곡선

규모의 경제는 일정 시점에서 더 많은 생산량을 생산함으로써 얻게 되는 비용상의 이득과 관련된
다. **경험의 경제**(economies of experience)는 장기간에 걸쳐 축적된 경험 또는 실행학습에서 비롯
된 비용상의 이득과 관련된다.

경험의 경제는 다음과 같은 몇 가지 이유에서 비롯된다. 근로자들은 계속 반복해 시행함으로써
특정 업무의 성과를 향상시킬 수 있다. 기술자들은 제조과정에 관한 지식을 축적해 감으로써 제품
디자인을 완벽하게 할 수 있다. 기업들은 생산 경험을 심화시켜 감에 따라 재료를 다루며 생산과
정을 진행시키는 데 보다 숙달되게 된다. 학습에 따른 이득으로는 보통 (생산요소인 노동단위당
생산량의 증가로 나타나는) 노동생산성의 향상, 결함의 감소, (생산요소인 재료단위당 생산량의
증가로 나타나는) 재료 수익성의 증가를 꼽을 수 있다.

경험의 경제는 평균가변비용과 누적 생산량 사이의 관계를 보여 주는 **경험곡선**(experience
curve)으로 설명할 수 있다.[7] 어느 시점에서 기업의 누적 생산량은 그때까지의 기간에 생산된 총
생산량을 의미한다. 예를 들어 보잉사의 제트항공기 생산량이 2015년에 30대, 2016년에 45대,
2017년에 50대, 2018년에 70대, 2019년에 60대였다면 2020년 초 현재 누적 생산량은 30 + 45
+ 50 + 70 + 60 = 255대이다. 평균가변비용과 누적 생산량 사이의 일반적인 관계는 다음과 같
다 : $AVC(N) = AN^B$. 여기서 AVC는 평균가변비용이며 N은 누적 생산량을 의미한다. 이 공식에
서 A 및 B는 상수이며 $A > 0$이고 B는 −1과 0 사이에 있는 음수이다. 상수 A는 생산된 첫 번째

---

6 스카이사는 현재 미국의 컴캐스트(comcast)사가 소유하고 있다.

7 경험곡선은 학습곡선으로도 알려져 있다.

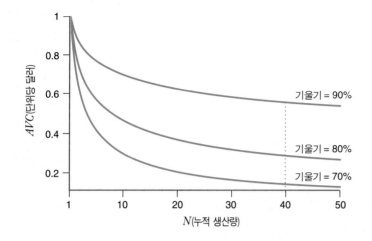

그림 8.17 상이한 기울기를 갖는 경험 곡선

이 그림은 상이한 기울기를 갖는 세 개의 경험곡선을 보여 준다. 기울기가 작아질수록 경험곡선은 '더욱 가파르게' 되며, 누적 생산량이 증가함에 따라 평균가변비용이 더 신속하게 감소한다. 하지만 기울기에 관계없이 누적 경험이 (예를 들면 $N = 40$처럼) 충분히 많아지면, 경험이 추가되더라도 평균가변비용을 크게 낮추지는 못한다.

단위의 평균가변비용이며 B는 **경험탄력성**(experience elasticity)을 의미한다. 이 탄력성은 누적 생산량이 1% 증가할 때마다 나타나는 평균가변비용의 백분율 변화를 말한다.

경험을 통해 달성할 수 있는 비용 감소의 크기는 종종 **경험곡선의 기울기**(slope of the experience curve)라고 알려진 개념을 이용하여 나타낼 수 있다.[8] 경험곡선의 기울기는 누적 생산량이 두 배가 될 경우 평균가변비용이 최초수준의 백분율로 얼마나 감소하는지를 알려 준다.[9] 예를 들어 반도체의 누적 생산량이 두 배가 되면 평균가변비용이 메가바이트당 10달러에서 8.50달러로 하락할 경우 반도체에 대한 경험곡선의 기울기는 85%라고 한다. 왜냐하면 평균가변비용이 최초수준의 85%로 감소하기 때문이다. 식으로 나타내면 다음과 같다.

$$경험곡선의\ 기울기 = \frac{AVC(2N)}{AVC(N)}$$

기울기와 경험탄력성은 체계적으로 연계되어 있다. 경험탄력성이 B인 경우, 기울기는 2^B가 된다. 〈그림 8.17〉은 세 개의 상이한 기울기, 즉 90%, 80%, 70%를 갖는 경험곡선을 보여 주고 있다. 기울기가 작아질수록 경험곡선은 더욱 '가파르게' 된다(즉 기업이 경험을 축적함에 따라 평균가변비용이 더 급속하게 하락한다). 하지만 세 곡선 모두가 궁극적으로는 평평해진다는 점에 주목해야 한다. 예를 들어 생산량이 $N = 40$을 초과하게 되면 축적된 경험이 다소 증가하더라도 경험곡선의 기울기에 관계없이 평균가변비용에 작은 영향만을 미칠 뿐이다. 이 점에서 경험의 경제 대부분이 고갈된다.

경험곡선의 기울기를 많은 상이한 물품에 대해 추정하였다. 기울기의 중앙값은 약 80%였으며

---

8 경험곡선의 기울기는 **진보율**로도 알려져 있다.
9 여기서 사용된 '기울기'란 용어는 직선의 기울기와 같은 통상적인 개념이 아니라는 점에 주목해야 한다.

이는 일반기업의 경우 누적 생산량이 두 배가 될 때 평균가변비용이 이전 비용의 80%로 인하된다는 의미이다. 하지만 기울기는 기업에 따라 다르며 산업에 따라서도 다르다. 그러므로 어떤 생산과정에서 한 기업이 경험하게 될 기울기는 일반적으로 70~90% 사이에 위치하게 되며 60% 정도로 낮을 수도 있고 100% 정도로 높을 수도(즉 경험의 경제가 존재하지 않을 수도) 있다.

경험의 경제 대 규모의 경제

경험의 경제와 규모의 경제는 서로 다르다. 규모의 경제는 일정한 시점에서 생산이 대규모로 이루어질 때 단위당 비용이 더 낮은 수준에서 이루어지도록 생산활동을 할 수 있는 능력과 관련된다. 경험의 경제는 시간이 흘러 경험이 축적됨에 따라 나타나는 단위당 비용의 감소와 관련된다. 규모의 경제는 생산과정에 대한 학습이 최소인 경우에도 큰 폭으로 나타날 수 있다. 이는 예를 들면 알루미늄 캔 제조업처럼 성숙하고 자본집약적인 생산과정인 경우 나타나게 된다. 마찬가지로 경험의 경제는 예를 들면 손으로 만드는 시계 생산처럼 복잡하고 노동집약적인 생산활동이 요구되는 경우 규모의 경제가 최소일 때도 큰 폭으로 나타난다.

규모의 경제와 경험의 경제를 올바르게 구별하지 못하는 기업은 시장에서 규모의 편익에 대해 잘못된 추론을 할 수 있다. 예를 들면 한 기업이 규모의 경제로 인해 평균비용이 낮아진 경우 현재의 생산량을 감소시키면 단위당 비용이 증가하게 된다. 낮은 평균비용이 축적된 경험에서 비롯된 경우 현재의 생산량을 감소시키더라도 평균비용이 반드시 상승하지 않는다.

8.4 비용함수 추정

텔레비전 생산업체의 총비용이 생산량이나 생산요소 가격에 대해 어떻게 변화하는지 추정하고자 한다고 가상하자. 이를 위해 경제학자들은 **총비용함수**(total cost function)라고 부르는 것을 추정해야 할 것이다. 총비용함수는 총비용에 영향을 미치는 요소들에 대해 총비용이 어떻게 변화하는지를 보여 주는 수학적인 관계이다. 이 요소들을 **비용발생 요인**(cost driver)이라고도 한다. 두 개의 주요한 비용발생 요인, 즉 생산요소 가격과 규모(생산량)를 분석하는 데 이 장의 많은 부분을 할애하였다. 바로 앞 절에서는 총비용에 또한 영향을 미칠 수 있는 두 개의 다른 비용발생 요인, 즉 (기업이 생산한 재화의 다양성을 의미하는) 범위와 축적된 경험에 대해 논의하였다.

비용함수를 어떻게 추정할 수 있는가? 우선 자료를 수집해야 한다. 비용함수를 추정할 경우 많은 경제학자들은 특정 시점에서 기업이나 공장의 횡단면 자료를 이용한다. 텔레비전 생산업체의 횡단면 자료는 예를 들면 2020년처럼 특정 연도의 제조업체나 제조설비의 표본 자료로 구성된다. 횡단면 자료에 있는 각 관찰 대상에 대해 총비용과 비용발생 요인에 관한 정보를 구할 수 있어야 한다. 분석에 포함되는 비용발생 요인들은 통상적으로 분석하고자 하는 대상에 달려 있다. 텔레비전 제조업의 경우 규모, 축적된 경험, 노동 임금, 재료가격, 자본비용이 상기적으로 평균비용의 행태를 설명하는 데 중요한 비용발생 요인이 될 것이다.

총비용과 비용발생 요인에 관한 자료를 수집하고 나면 통계적 기법을 이용하여 추정된 총비용함수를 구할 수 있다. 경제학자들이 가장 일반적으로 사용하는 기법은 다중회귀분석이다. 이 기법 이면에 있는 기본적인 논리는 이용 가능한 자료에 가장 적합한 함수를 구하는 것이다.

불변 탄력성 비용함수

비용함수를 추정하는 데 다중회귀를 사용할 경우 가장 중요한 문제는 관심의 대상이 되는 종속변수, 이 경우에는 총비용을 생산량과 생산요소 가격과 같은 독립변수에 연계시키는 함수 형태를 결정하는 것이다. 일반적으로 사용되는 함수 형태 중 하나는 **불변 탄력성 비용함수**(constant elasticity cost function)이다. 불변 탄력성 비용함수는 총비용, 생산량, 생산요소 가격 사이를 곱셈 관계로 나타낸다. 두 개의 생산요소인 자본과 노동이 포함된 생산과정에 대한 불변 탄력성 장기 총비용함수는 다음과 같다 : $TC = aQ^b w^c r^d$. 여기서 a, b, c, d는 양수이다. 이 형태는 다음과 같이 선형대수 관계로 전환시키는 것이 일반적이다 : $\log TC = \log a + b \log Q + c \log w + d \log r$. 이 형태에서 양수 a, b, c, d는 다중회귀를 이용하여 추정할 수 있다.

불변 탄력성 모형인 경우 갖게 되는 특징은 상수 b가 앞에서 논의한 총비용의 생산량 탄력성이 된다는 점이다. 이와 유사하게 상수 c와 d는 노동 및 자본 가격에 대한 장기 총비용의 탄력성이다. 이 탄력성들은 앞에서 논의한 것처럼 생산요소 가격이 인상될 경우 장기 총비용이 증가하기 때문에 양수가 되어야 한다. 앞에서 또한 w와 r이 일정한 백분율만큼 증가할 경우 장기 총비용도 동일한 백분율만큼 증가해야 한다는 점도 살펴보았다. 이는 상수 c 및 d가 합해서 1이 되어야 한다는 의미이다. 따라서 추정된 장기 총비용함수가 장기적인 비용극소화와 일치하기 위해서는 이런 제약이 준수되어야만 한다. 이런 제약은 쉽사리 다중회귀분석에 포함될 수 있다.

변환대수 비용함수

불변 탄력성 비용함수는 평균비용이 처음에는 Q에 대해 감소하다가 다시 Q에 대해 증가할 가능성(즉 규모의 경제가 발생하다가 다시 규모의 비경제가 발생할 가능성)을 고려하지 않고 있다. 이런 가능성을 고려하는 비용함수가 **변환대수 비용함수**(translog cost function)이다. 변환대수 비용함수는 총비용에 대한 대수와 생산요소 가격 및 생산량에 대한 대수 사이에 2차 함수 관계를 가정하고 이를 고려한다. 변환대수 비용함수 식은 다음과 같다.

$$\begin{aligned}
\log TC = {} & b_0 + b_1 \log Q + b_2 \log w + b_3 \log r + b_4 (\log Q)^2 \\
& + b_5 (\log w)^2 + b_6 (\log r)^2 + b_7 (\log w)(\log r) \\
& + b_8 (\log w)(\log Q) + b_9 (\log r)(\log Q)
\end{aligned}$$

외형상 복잡한 것처럼 보이는 위의 식은 많은 유용한 성격을 갖고 있다. 그중 하나는 대부분의 생산함수로부터 도출된 비용함수에 대해 위의 식은 그런 대로 괜찮은 근삿값을 제공한다는 점이다. 따라서 (종종 그런 경우가 발생하는 것처럼) 생산함수의 정확한 함수 형태를 알지 못하는 경우, 이 변환대수는 비용함수의 함수 형태를 선택하는 데 좋은 예가 되고 있다. 이 밖에 변환대수 총비용함수에 대한 평균비용함수는 U자 형태를 가질 수 있다. 따라서 이 함수는 규모의 경제와 규모의 비경제를 참작하고 있다. $b_4 = b_5 = b_6 = b_7 = b_8 = b_9 = 0$인 경우 변환대수 비용함수는 불변 탄력성 비용함수로 전환된다는 점에 또한 주목하자. 이처럼 불변 탄력성 비용함수는 변환대수 비용함수의 특별한 경우이다.

요약

- 장기 총비용곡선은 생산량에 따라 극소화된 총비용수준이 어떻게 변화하는지 보여 준다(정리문제 8.1 참조).
- 생산요소 가격이 상승하면 장기 총비용곡선은 점 $Q = 0$을 중심으로 위쪽으로 회전하게 된다.
- 장기 평균비용은 생산량 단위당 비용을 말하며, 이는 총비용을 생산량으로 나눈 것과 같다(정리문제 8.2 참조).
- 장기 한계비용은 생산량에 대한 장기 총비용의 변화율을 말한다(정리문제 8.2 참조).
- 장기 평균비용이 생산량이 증가함에 따라 감소하는지 또는 증가하는지 또는 일정한지에 따라 각각 장기 한계비용은 장기 평균비용보다 작거나 크거나 또는 같아진다.
- 규모의 경제는 장기 평균비용이 생산량에 대해 감소하는 상황을 말한다. 규모의 경제는 생산 진행과정에서 나타나는 외형적인 특성, 즉 노동의 특화와 생산요소의 불가분성에서 비롯된다.
- 규모의 비경제는 장기 평균비용이 생산량에 대해 증가하는 상황을 말한다. 규모의 비경제가 발생하는 주요 원인으로 관리상의 비경제를 들 수 있다.
- 최소효율 규모는 장기 평균비용곡선이 최저점에 도달할 수 있는 최소 수량을 말한다.
- 규모의 경제는 규모에 대한 수확체증과 상응하고, 규모의 비경제는 규모에 대한 수확체감과 상응하며, 규모의 경제 또는 비경제가 아닌 경우 규모에 대한 수확불변과 상응한다.
- 총비용의 생산량 탄력성은 규모의 경제에 대한 범위를 측정하며, 생산량이 1% 변화할 때마다 나타나는 총비용의 백분율 변화를 말한다.
- 단기 총비용곡선은 극소화된 총비용을 생산량, 생산요소 가격, 고정 생산요소수준의 함수로 나타낸다(정리문제 8.3 참조).
- 단기 총비용은 두 가지 구성요소, 즉 총가변비용과 총고정비용의 합이다.
- 생산량이 고정 생산요소가 비용을 극소화하는 수준인 경우를 제외하고, 단기 총비용은 언제나 장기 총비용보다 높다.
- 단기 평균비용은 평균 가변비용과 평균 고정비용의 합계이다. 단기 한계비용은 생산량에 대한 단기 총비용의 변화율이다.
- 장기 평균비용곡선은 단기 평균비용곡선들의 아랫부분을 포괄하는 선이다(정리문제 8.4 참조).
- 범위의 경제는 일정량의 두 생산물을 두 기업이 각각 생산할 때보다 하나의 기업이 같이 생산할 때 비용이 덜 소요될 경우 존재한다.
- 경험의 경제는 누적 생산량에 대해 평균가변비용이 감소할 경우 존재한다. 경험곡선은 평균가변비용이 누적 생산량의 변화에 따라 어떤 영향을 받는지 알려 준다.
- 비용발생 요인은 비용수준에 영향을 미치는, 예를 들면 생산량 또는 생산요소 가격과 같은 요소들이다.
- 실제로 비용함수를 추정하는 데 사용하는 두 개의 일반적인 함수 형태에는 불변 탄력성 비용함수 및 변환대수 비용함수가 있다.

주요 용어

개별 생산비용

경험곡선

경험곡선의 기울기

경험의 경제

경험탄력성

관리상의 비경제

규모의 경제

규모의 비경제

단기 총비용곡선

단기 평균비용

단기 한계비용

범위의 경제

변환대수 비용함수

불가분적 생산요소

불변 탄력성 비용함수

비용발생 요인

장기 총비용곡선

장기 평균비용

장기 한계비용

총가변비용곡선

총고정비용곡선

총비용의 생산량 탄력성

총비용함수

최소효율 규모

평균가변비용

평균고정비용

복습용 질문

1. 장기 총비용곡선을 설명하고 그래프로 그리시오.
2. 생산함수로부터 장기 총비용곡선을 구하시오.
3. 생산요소 가격이 변화할 경우 장기 총비용곡선의 그래프는 어떻게 변화하는지 보이시오.
4. 장기 총비용곡선으로부터 장기 평균비용곡선 및 장기 한계비용곡선을 도출하시오.
5. 평균비용과 한계비용의 차이를 설명하시오.
6. 규모의 경제와 규모의 비경제를 비교 설명하시오.
7. 단기 총비용곡선을 설명하고 그래프로 그리시오.
8. 생산함수로부터 단기 총비용곡선을 구하시오.
9. 단기 총비용곡선과 장기 총비용곡선 사이의 관계를 그래프를 이용하여 설명하시오.
10. 단기 총비용곡선으로부터 단기 평균비용곡선 및 단기 한계비용곡선을 도출하시오.
11. 단기 평균비용, 단기 한계비용, 평균가변비용, 평균고정비용의 개념들을 구별하여 설명하시오.
12. 범위의 경제가 의미하는 바를 설명하시오.
13. 경험곡선이 경험의 경제를 어떻게 나타내는지 설명하시오.
14. 총비용함수를 추정하는 데 사용하는 일반적인 함수 형태를 설명하시오.

완전경쟁시장

제**4**부

9 완전경쟁

9.1 완전경쟁

시장이 완전경쟁이 되도록 하는 것이 있다면 그것은 무엇인가? 완전경쟁기업의 특징이 있다면 그것은 무엇인가? 완전경쟁시장은 다음과 같은 네 가지 특징이 있다.

1. 산업이 **소규모로 분화된 상태**(fragmented)이다. 이는 수많은 매수인과 매도인으로 구성된다. 각 매수인의 구입 규모는 시장수요와 비교해 볼 때 매우 작아서 시장가격에 미세한 영향을 미칠 뿐이다. 이 밖에 각 매도인의 **생산요소** 구매 규모도 매우 작아서 **생산요소 가격에 미세한 영향을 미칠 뿐이다.** 미국의 경우 생장미 시장은 분화된 시장의 아주 좋은 예가 된다. 대형업체인 네바도 로즈사와 같은 대규모 생산업체도 시장 전체 규모와 비교해 보면 규모가 매우 작다. 도매상, 중개업자, 꽃장수와 같은 생산업자로부터 생장미를 구입하는 매수인도 역시 규모가 작고 많은 수가 존재한다.

2. 기업은 **차별화되지 않은 상품**(undifferentiated products)을 생산한다. 즉 소비자들은 누가 해당 제품을 생산했든지 간에 동일하게 생각한다. 미국에서 생장미를 지역 꽃가게에서 구입할 경우 이를 네바도 로즈사가 재배한 것인지 아니면 다른 경쟁업체가 재배한 것인지는 큰 문제가 되지 않을 것이다. 여러분에게 있어 한 재배업자가 재배한 장미는 다른 재배업자가 재배한 장미와 동일하다. 이는 여러분에게 사실이기 때문에 꽃가게 주인과 재배업자로부터 직접 장미를 구입하는 도매업자에게도 해당한다. 최종소비자가 상이한 재배업자가 재배한 장미

에 차이를 두지 않는 경우, 소매 꽃장수와 도매업체는 가격이 가장 좋은 조건이라면 누구로부터 장미를 구입하는지에는 관심을 기울이지 않는다.

3. 소비자들은 시장의 모든 매도인이 부과하는 **가격에 대해 완전한 정보(perfect information about prices)**를 갖고 있다. 이는 장미 시장의 경우 분명히 사실이다. 재배업자로부터 장미를 구입하는 도매업자와 소매 꽃장수들은 전반적인 가격에 대해 예민하게 인지하고 있다. 바로 조금 전에 살펴본 것처럼 이 소비자들은 장미를 어느 재배업자로부터 구입할지를 결정할 경우 가격이 가장 주된 관심사이기 때문에 가격에 대해 많은 것을 알고 있어야 한다.

4. 해당 산업은 **자원에 대한 동등한 접근(equal access to resources)**으로 특징지어진다. 진입이 예상되는 기업뿐만 아니라 해당 산업에 현재 있는 기업을 포함한 모든 기업이 동일한 기술과 생산요소에 접근할 수 있다. 기업들은, 예를 들면 노동, 자본, 재료와 같은 생산요소가 필요할 때 이를 고용하거나 투입할 수 있으며 필요하지 않은 경우 이를 중지시킬 수 있다. 이런 특징은 일반적으로 생장미 산업에 적용된다. 즉 장미재배 기술은 널리 알려져 있으며 장미를 재배하는 업체에게 필요한 (토지, 온실, 장미관목, 노동과 같은) 주요 생산요소들은 잘 운용되고 있는 시장에서 쉽게 구할 수 있다.

위의 특징들은 완전경쟁시장이 어떻게 운용되는지에 대해 다음과 같은 세 가지 의미를 갖는다.

- 첫 번째 특징, 즉 시장이 분화되어 있다는 특징은 다음과 같은 의미를 갖는다. 매도인과 매수인은 **가격추종자(price taker)**로서 행동한다. 즉 기업은 생산량을 결정할 때 생산물의 시장가격을 주어진 것으로 보며, 매수인은 구매결정을 할 경우 시장가격을 주어진 것으로 본다. 이 특징은 또한 기업이 생산요소 수량에 관한 결정을 내릴 경우 생산요소 가격을 고정된 것으로 본다는 의미를 갖는다.[1]

- 두 번째 및 세 번째 특징, 즉 기업은 차별화되지 않은 제품을 생산하며 소비자는 가격에 대해 완전한 정보를 갖고 있다는 특징은 다음과 같은 의미를 갖는다. 매수인과 매도인 사이의 거래는 단일 시장가격에서 이루어진다는 **일물일가의 법칙(law of one price)**이 적용된다. 모든 기업의 생산물은 동일한 것으로 간주되고 모든 매도인의 가격이 알려져 있으므로 소비자는 시장에서 가능한 가장 낮은 가격으로 구입하게 된다. 더 높은 가격에서 판매가 이루어질 수 없다.

- 네 번째 특징, 즉 자원에 대한 동등한 접근은 다음과 같은 의미를 갖는다. 해당 산업은 **자유진입(free entry)**으로 특징지어진다. 즉 신규기업이 해당 산업에 진입하면 이윤이 남는 경우 궁극적으로는 진입이 이루어진다. 자유진입이란 신규기업이 해당 산업에 진입할 때

---

1 제7장과 제8장에서 생산요소의 선택 및 비용함수에 관한 분석을 하면서 이런 가정을 하였다.

전혀 비용을 부담하지 않는다는 의미가 아니라 기존의 기업이 누리고 있는 동일한 기술과 생산요소에 근접할 수 있다는 의미이다.

이 장에서는 위의 세 가지 의미, 즉 기업들이 가격을 추종하는 행태, 해당 산업의 각 기업들이 부과하는 동일한 시장가격, 자유진입을 포함하는 완전경쟁 이론에 대해 살펴볼 것이다. 이 이론의 전개과정을 알기 쉽도록 하기 위해 완전경쟁을 다음과 같이 세 단계로 나누어 살펴볼 것이다.

1. 가격을 추종하는 기업의 이윤극대화에 대해 살펴볼 것이다.
2. 해당 산업이 (수백 개의 업체로 구성된 미국 장미산업의 경우처럼 많은 수라고 가정한) 고정된 수의 기업으로 구성된 경우 공통의 시장가격이 어떻게 결정되는지 알아볼 것이다. 이를 완전경쟁시장의 단기균형분석이라고 한다.
3. 마지막으로 시장가격이 자유진입으로 인해 어떤 영향을 받는지 살펴볼 것이다. 이를 완전경쟁시장의 장기균형분석이라고 한다.

이런 단계를 거쳐 살펴보고 나면 완전경쟁에 관한 일관된 이론을 알게 될 것이다. 제10장에서는 이 이론을 적용하여 완전경쟁시장이 어떻게 자원분배 및 경제적 가치의 창출을 용이하게 하는지 고찰해 볼 것이다.

9.2 가격을 추종하는 기업의 이윤극대화

경제적 이윤을 극대화하는 가격추종기업의 의사결정을 살펴봄으로써 완전경쟁에 대해 분석할 것이다. 하지만 이렇게 하기 위해서는 경제적 이윤이 의미하는 바가 무엇인지를 간단하게나마 알아볼 필요가 있다.

경제적 이윤 대 회계적 이윤

제7장에서는 회계적 비용과 경제적 비용을 구별하였다. 이 두 가지 비용의 개념상 주요한 차이는 다음과 같다. 경제적 비용은 기업이 제품을 생산하고 판매하는 데 사용한 자원의 기회비용을 측정한 것인 데 반해, 회계적 비용은 기업이 제품을 생산하고 판매하는 데 부담하게 되는 역사적 지출액을 측정한 것이다.

이제 이와 유사하게 **경제적 이윤**(economic profit)과 회계적 이윤을 다음과 같이 구분할 것이다.

경제적 이윤 = 판매수입 − 경제적 비용

회계적 이윤 = 판매수입 − 회계적 비용

즉 경제적 이윤은 기업의 판매수입과 모든 관련 기회비용을 포함하는 경제적 비용과의 차이다. 이를 설명하기 위해 소유주에 의해 운영되는 소규모 컨설팅 회사를 생각해 보자. 2022년 이 기업은 1,000,000달러의 수입을 올린 반면에 공급품 및 인건비로 850,000달러의 지출이 발생했다. 소유주가 외부에서 구할 수 있는 가장 좋은 고용기회는 연간 200,000달러를 받고 다른 기업에서 근무하는 것이다. 이 기업의 회계적 이윤은 다음과 같다 : 1,000,000달러 − 850,000달러 = 150,000달러. 해당 기업의 경제적 이윤은 소유주가 제공한 노동의 기회비용을 감한 것으로, 다음과 같다 : 1,000,000달러 − 850,000달러 − 200,000달러 = −50,000달러. 이 기업에 50,000달러에 상당하는 음의 경제적 이윤이 발생했다는 사실은 소유주가 외부에서 선택할 수 있는 최고의 대안적인 일자리에서 근무할 때보다 이 사업을 운용함으로써 소득이 50,000달러 감소했다는 의미이다. 이 기업은 50,000달러에 상당하는 소유주의 부를 소멸시켰다고 말할 수 있다. 즉 소유주는 컨설팅 회사를 운용함으로써 그렇지 않았다면 받았을지도 모를 소득을 50,000달러 감소시켰다.

이와 유사한 논리를 적용하여 (건물, 기계, 컴퓨터와 같은) 자본자산을 취득하는 데 필요한 재원을 조달하기 위해서 기업이 소유주로부터 받은 자금의 비용도 설명할 수 있다. 이를 설명하기 위해 위에서 살펴본 소규모 컨설팅 회사의 예를 약간 수정하여 살펴보도록 하자. 이 회사를 일상적인 경영관리에 개입하지 않는 투자자가 소유하고 있다고 가상하자(따라서 소유주의 시간에 대한 기회비용은 염두에 둘 필요가 없다). (사무실, 컴퓨터, 전화, 팩시밀리 등과 같이) 사업을 시작하기 위해 필요한 자산을 취득하는 데 소요되는 재원을 조달하기 위해서 소유주는 자신의 예금 2,000,000달러를 투자하였다. 소유주가 이 자금을 사용하는 대안 중 최선의 방안은 연간 수익률이 10%인(즉 연간 200,000달러의 수익을 낼 수 있는) 주식 및 채권의 포트폴리오에 투자하는 것이라고 가상하자. 소유주는 해당 기업의 연간 회계적 이윤이 최소한 200,000달러는 될 것이라 희망하면서 이 컨설팅 회사에 투자하였다. 이 컨설팅 회사가 200,000달러에 미치지 못하는 회계적 이윤을 낼 경우 음의 경제적 이윤이 발생하게 된다. (앞에서와 마찬가지로) 이 기업의 연간 수입은 1,000,000달러이고 공급품 및 노동비용은 850,000달러라고 가상하면 회계적 이윤은 연간 150,000달러가 되지만 경제적 이윤은 1,000,000달러 − 850,000달러 − 200,000달러 = −50,000달러가 된다. 경제적 이윤이 음이라는 사실은 해당 기업의 소유주가 자신의 재무적 자산을 다른 최선의 대안에 투자할 경우 얻을 수 있는 수익과 같은 금액의 재무적 수익을 해당 사업이 낼 수 없다는 의미이다. 반면에 이 컨설팅 회사의 회계적 이윤이 소유주가 요구하는 최소 수익 200,000달러를 초과하는 경우 이 기업은 양의 경제적 이윤을 얻게 된다. 이는 해당 사업이 소유주가 투자하게 될 최선의 대안에서 얻을 수 있는 수익을 초과하는 재무적 수익을 낼 수 있다는 의미이다.

이윤극대화에 대해 논의할 경우 언제나 경제적 이윤극대화에 관한 것이다. 경제적 이윤은 네바도 로즈든 코카콜라든 마이크로소프트든 자신의 이익을 위해 행동하는 기업의 적절한 목표가 될 수 있다.

가격을 추종하는 기업의 이윤을 극대화하는 생산량의 선택

경제적 이윤을 정의하고 나서 이것을 극대화하고자 하는 가격추종기업의 문제를 살펴보고자 한다. 이윤을 그리스 문자 π로 표기할 것이며 이는 다음과 같이 총수입 TR과 총비용 TC 사이의 차이를 의미한다[2] : $\pi = TR(Q) - TC(Q)$. 총수입은 시장가격 P에 해당 기업이 생산한 생산량 Q를 곱한 것과 같다. 즉 $TR(Q) = P \times Q$이다. 총비용 $TC(Q)$는 제8장에서 논의한 총비용곡선이며 이는 해당 기업이 최소의 비용으로 해당 생산량을 생산하기 위해 생산요소의 결합을 선택한다는 가정 하에서 생산량 Q를 생산하는 데 소요되는 총비용을 말한다.

기업은 가격추종자이기 때문에 자신이 생산하기로 결정한 생산량이 시장가격에 무시할 정도의 영향밖에 미치지 못한다는 사실을 알고 있다. 따라서 해당 기업은 시장가격 P를 주어진 것으로 본다. 이 기업의 목표는 자신의 총이윤을 극대화하기 위하여 생산량 Q를 선택하는 것이다.

이런 기업의 문제를 설명하기 위하여 장미 생산업체는 생장미의 시장가격을 송이당 $P = 1.00$달러일 것으로 기대한다고 하자. 〈표 9.1〉은 다양한 생산량 수준에 대한 총수입, 총비용, 총이윤을 보여 준다. 〈그림 9.1(a)〉 그래프는 이런 숫자들을 보여 준다.

〈그림 9.1(a)〉는 총이윤이 $Q = 300$(즉 월간 장미 300,000송이)에서 이윤이 극대화된다는 사실을 보여 준다. 이는 또한 총수입의 그래프가 기울기가 1인 직선이라는 사실도 보여 준다. 따라서 Q가 증가함에 따라 해당 기업의 총수입은 시장가격 1.00달러와 같은 일정한 율로 증가하게 된다.

(가격추종자이든 아니든 간에) 어떤 기업에 대해 생산량에 관한 총수입의 변화율을 **한계수입**(marginal revenue, MR)이라 하며 다음과 같이 정의한다 : $MR = \dfrac{\Delta TR}{\Delta Q}$. 가격을 추종하는 기업의 경우 추가적으로 판매되는 각 단위에 대해 총수입은 시장가격 또는 $(\Delta TR / \Delta Q) = P$만큼 증가

| 표 9.1 | 가격을 추종하는 장미 생산업체의 총수입, 총비용, 총이윤 |

Q (월간 장미 천 송이)	$TR(Q)$ (월간 천 달러)	$TC(Q)$ (월간 천 달러)	π (월간 천 달러)
0	0	0	0
60	60	95	-35
120	120	140	-20
180	180	155	25
240	240	170	70
300	**300**	**210**	**90**
360	360	300	60
420	420	460	-40

---

[2] 경제학자들은 일반적으로 이윤을 나타내기 위해 그리스 문자 π를 사용한다. 이 책에서는 π가 숫자 3.14를 의미하지 않는다.

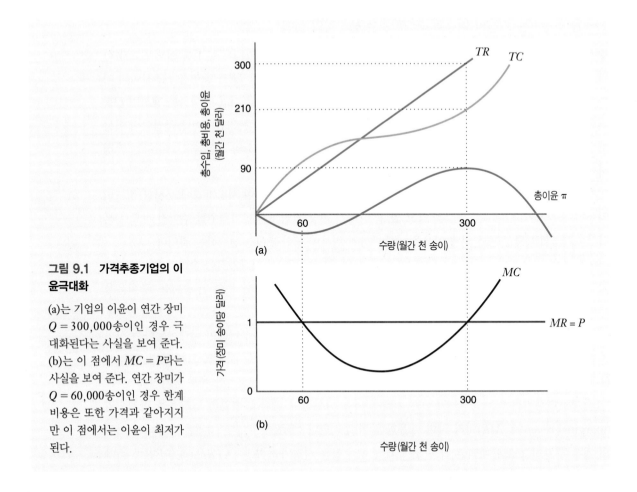

그림 9.1 가격추종기업의 이윤극대화

(a)는 기업의 이윤이 연간 장미 $Q = 300,000$송이인 경우 극대화된다는 사실을 보여 준다. (b)는 이 점에서 $MC = P$라는 사실을 보여 준다. 연간 장미가 $Q = 60,000$송이인 경우 한계비용은 또한 가격과 같아지지만 이 점에서는 이윤이 최저가 된다.

한다. 따라서 가격을 추종하는 기업의 경우 한계수입은 시장가격과 같아진다. 즉 $MR = P$가 된다.

제8장에서 살펴본 것처럼, 생산량의 변화에 대해 비용이 변화하는 율인 한계비용(MC)은 한계수입과 유사하게 다음과 같이 정의할 수 있다 : $MC = \Delta TC/\Delta Q$. 〈그림 9.1〉에서 $Q = 60$과 이윤을 극대화하는 수량 $Q = 300$ 사이의 수량인 경우 더 많은 장미를 생산하면 이윤이 증가한다. 이 범위에서 수량이 증가할 경우 다음과 같이 총수입은 총비용보다 더 신속하게 증가한다 : $\frac{\Delta TR}{\Delta Q} > \frac{\Delta TC}{\Delta Q}$. 또는 다음과 같다 : $P > MC$. $P > MC$인 경우 장미 생산업체가 장미 한 송이를 더 생산할 때마다 이윤은 추가적으로 생산된 장미 한 송이로 인해 발생하는 한계수입과 한계비용 사이의 차이인 ($P-MC$)만큼 증가한다.

〈그림 9.1〉에 따르면 $Q = 300$보다 더 많은 수량인 경우 더 적은 수의 장미를 생산할 때 이윤이 증가하게 된다. 이 범위에서 생산량이 감소하게 되면 다음과 같이 총수입이 감소하는 것보다 총비용이 더 빠르게 감소한다 : $\frac{\Delta TR}{\Delta Q} < \frac{\Delta TC}{\Delta Q}$. 또는 다음과 같다 : $P < MC$. $P < MC$인 경우 장미 생산업체가 장미 한 송이를 덜 생산할 때마다 이윤은 추가적으로 덜 생산된 장미 한 송이로 인해 발

생하는 한계비용과 한계수입의 차이인 $(MC - P)$만큼 증가한다.[3]

장미 생산업체가 $P > MC$ 또는 $P < MC$인 경우 이윤을 증가시킬 수 있다면, 이런 부등식이 적용되는 수량에서는 이윤이 극대화될 수 없다는 의미이다. 따라서 이윤이 극대화되는 수량에서는 다음의 관계가 성립한다.

$$P = MC \tag{9.1}$$

식 (9.1)에 따르면 가격을 추종하는 기업이 이윤을 극대화하기 위해서는 한계비용이 시장가격과 동일해지는 수량 Q^*에서 생산이 이루어져야 한다.

〈그림 9.1(b)〉는 이런 조건을 보여 주고 있다. 장미 생산업체의 한계수입곡선은 시장가격 1.00달러에서 수평선이 된다. 이윤을 극대화하는 수량은 MR 곡선이 MC 곡선과 교차하는 $Q = 300$이 된다. 이것이 시사하는 바는 장미 생산업체가 생장미 한 송이당 1.00달러인 시장가격을 경험할 때 이윤을 극대화하는 결정은 월간 생장미 300,000송이를 생산하여 판매하는 데서 이루어져야 한다는 것이다.

〈그림 9.1(b)〉는 $MR = MC$인 또 다른 수량 $Q = 60$이 존재한다는 사실을 보여 준다. $Q = 60$과 $Q = 300$ 사이의 차이는 $Q = 300$인 경우 한계비용이 증가하는 반면에 $Q = 60$인 경우 한계비용이 감소한다는 것이다. $Q = 60$도 이윤을 극대화하는 수량인가? 이에 대한 대답은 부정적이다. 〈그림 9.1(a)〉에 따르면 $Q = 60$은 이윤을 극대화하는 것이 아니라 극소화하는 점임을 보여 주고 있다. 이는 이윤을 극대화하는 수량에서 다음과 같은 두 가지 조건이 준수된다는 사실을 시사하고 있다.

- $P = MC$
- MC는 증가해야만 한다.

위의 조건들은 **가격을 추종하는 기업이 이윤을 극대화하는 조건**(profit-maximization conditions for price-taking firm)이다. 이 조건 중 하나가 준수되지 않을 경우 해당 기업은 이윤을 극대화할 수 없다. 해당 기업은 생산량을 증대시키거나 감소시킴으로써 이윤을 증대시킬 수 있을 것이다.

9.3 시장가격은 어떻게 결정되는가 : 단기균형

앞 절에서는 장미 생산업체(예 : 네바도 로즈사)와 같이 가격을 추종하는 기업은 시장가격이 한계비용과 동일해지는 생산량을 생산할 경우 이윤을 극대화할 수 있다는 점을 보여 주고 있다. 하지만 시장가격은 어떻게 결정되는 것인가? 이 절에서는 시장가격이 단기적으로 어떻게 결정되는지

---

3 이를 달리 표현하면 추가적으로 생산된 각 장미에 대해 이윤이 $(P-MC)$만큼 감소하게 된다.

살펴볼 것이다. 단기는 (1) 산업 내 기업의 수가 고정되어 있고, (2) 예를 들면 각 기업의 공장규모 (즉 자본량 또는 토지)처럼 적어도 한 개의 생산요소가 고정되어 있는 기간을 말한다. 예를 들면 생장미 시장에서 한 달 사이에 이루어지는 시장가격의 단기적인 변동은 토지규모, 온실규모, 장미관목 수량이 고정된 상황에서 운용되는 (수백 개의 소규모 업체인) 고정된 수의 업체 간의 상호작용을 통해 결정된다. 토지, 온실, 장미관목의 수가 고정되어 있는 경우 장미 생산업체는 장미에게 주는 비료와 살충제의 양을 조절하거나 싹을 자르고 가지를 쳐 주는 작업을 통해 생산량을 조절할 수 있다. 이런 과정을 통해 한 해 동안의 수요에 부합하기 위해서 얼마나 많은 생장미가 필요한지를 결정하게 된다.

　개별 업체들의 이윤을 극대화하는 수량결정을 통해 업체들의 단기공급곡선이 결정된다는 점을 알게 될 것이다. 한 산업 내에 현재 존재하는 모든 생산업체의 단기공급곡선을 합할 경우 시장공급곡선을 구할 수 있다. 시장가격은 시장공급곡선과 시장수요곡선의 상호작용에 의해 결정된다.

가격추종기업의 단기비용 구조

앞으로 살펴보고자 하는 내용은 개별 기업의 단기 공급곡선이 어떻게 유도되는지에 관한 것이다. 이를 위해 산업 내에 있는 일반적인 기업의 비용 구조를 고찰해 볼 것이다.

　생산량 Q를 생산하는 기업의 단기 총비용은 다음과 같다.

$$STC(Q) = \begin{cases} SFC + NSFC + TVC(Q), & Q > 0\text{인 경우} \\ SFC, & Q = 0\text{인 경우} \end{cases}$$

이 식은 해당 기업의 세 개 범주에 속한 비용을 보여 주고 있다.

- $TVC(Q)$는 총가변비용으로 **생산량에 반응하는 비용**(output-sensitive cost)이다. 즉 기업이 생산량을 증가시키거나 감소시킴에 따라 이 비용은 증가하거나 감소하게 된다. 이 범주에는 재료비와 (예를 들면 공장에 투입된 노동력과 같은) 일부 종류의 노동비용이 포함된다. 기업이 전혀 생산하지 않을 경우 총가변비용은 영이 되므로 비매몰비용의 예가 된다. 기업이 폐쇄될 경우(즉 전혀 생산하지 않을 경우) 이 비용은 피할 수 있다. 네바도 로즈사가 장미 재배를 중단할 경우 비료 및 살충제에 대한 금전적인 지출 필요성을 피할 수 있다. 따라서 이 비용은 비매몰비용이 된다.

- 위의 식에서 SFC는 기업의 **매몰 고정비용**(sunk fixed cost)을 의미한다. 매몰 고정비용은 기업이 폐쇄되어 전혀 생산이 이루어지지 않더라도 해당 기업이 피할 수 없는 고정비용이다. SFC를 설명하기 위하여 네바도 로즈사와 같은 장미 재배업체가 장미를 재배할 토지에 대해 (예를 들면 5년 동안처럼) 장기 임대계약을 체결하고 임대계약에 따라 토지를 다른 업체에 재임대할 수 없는 경우를 가상해 보자. 임대비용은 네바도 로즈사의 장미 생

산량에 따라 변화하지 않기 때문에 고정된다. 이는 **생산량에 반응하지 않는 비용**(output-insensitive cost)이다. 네바도 로즈사는 장미를 생산하지 않더라도 임대료 지급을 피할 수 없으므로 이는 또한 **매몰비용**이 된다.[4]

- 위의 식에서 *NSFC*는 기업의 **비매몰 고정비용**(nonsunk fixed cost)을 의미한다. 비매몰 고정비용은 기업이 생산을 할 경우 발생하는 고정비용이지만 생산을 하지 않을 경우 발생하지 않는 비용이다. 네바도 로즈사의 경우 *NSFC*의 예로는 온실 난방을 하는 데 소요되는 비용을 들 수 있다. 네바도 로즈사가 온실 내에서 10송이를 재배하든지 또는 10,000송이를 재배하든지에 관계없이 온실의 온도를 일정하게 유지해야 한다. 따라서 온실의 난방비는 **고정된다**(즉 난방비는 생산되는 장미의 수에 반응하지 않는다). 하지만 네바도 로즈사 온실에서 장미를 생산하지 않을 경우(즉 *Q* = 0인 경우) 난방비를 피할 수 있기 때문에 **비매몰비용**이 된다.

총고정(또는 생산량에 반응하지 않는) 비용 *TFC*는 다음과 같다 : *TFC* = *NSFC* + *SFC*. *NSFC* = 0인 경우 비매몰되는 고정비용이 존재하지 않는다. 이 경우 *TFC* = *SFC*가 된다. 이것이 바로 다음에 살펴보고자 하는 경우이다.

가격추종기업의 단기 공급곡선 : 모든 고정비용이 매몰비용인 경우

이 절에서는 기업의 공급곡선을 도출할 것이다. 간단히 하기 위해 가장 용이한 경우, 즉 모든 고정비용이 매몰비용인 경우를 생각하도록 하자. 즉 *NSFC* = 0이므로 *TFC* = *SFC*인 경우를 생각해 보자. 〈그림 9.2〉는 이런 기업, 즉 예를 들면 생장미 산업에 속한 가상적인 기업의 단기 한계비용곡선 *SMC*, 단기 평균비용곡선 *SAC*, 평균가변비용곡선 *AVC*를 보여 주고 있다.

세 가지 생장미의 시장가격, 즉 송이당 0.25달러, 0.30달러, 0.35달러를 생각해 보자. 앞 절에서 살펴본 이윤을 극대화하는 조건 *P* = *MC*를 적용하면 가격이 0.25달러인 경우 이윤을 극대화하는 생산량 수준은 월간 50,000송이가 된다. 이와 유사하게 시장가격이 송이당 0.30달러 및 0.35달러인 경우 이윤을 극대화하는 생산량 수준은 각각 월간 55,000송이 및 60,000송이가 된다. 이 수량은 각각 기업의 단기 한계비용이 관련 시장의 가격과 같아지는 점, 즉 *P* = *SMC*인 점을 의미한다.

기업의 **단기 공급곡선**(short-run supply curve)은 시장가격이 변화함에 따라 이윤을 극대화하는 생산량 결정이 어떻게 변화하는지를 알려 준다. 그래프를 이용하여 살펴보면 가격이 0.25달러, 0.30달러, 0.35달러인 경우 기업의 단기 공급곡선은 단기 한계비용곡선인 *SMC*와 일치한다.

---

4 물론 네바도 로즈사는 궁극적으로 임대비용을 지불하지 않게 된다. 하지만 현재 폐쇄하더라도 이를 피할 수는 없다. 5년 간의 임대기간이 만료되면 임대료는 사라지게 된다.

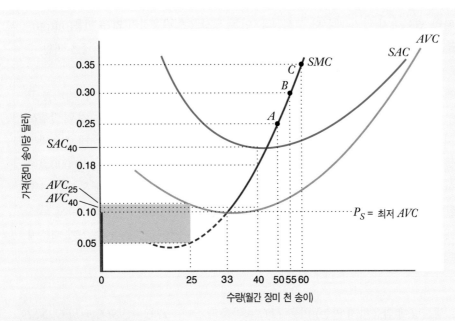

그림 9.2 가격추종기업의 단기 공급곡선

기업의 단기 공급곡선은 평균가변비용의 최저수준을 초과하는 단기 한계비용 부분이다. 평균가변비용의 최저수준을 P_S라고 하자. 이는 해당 기업의 폐쇄가격이다. 폐쇄가격에 미치지 못하는 가격에 대해 기업은 생산물을 공급하지 않으며 해당 공급곡선은 수직축에 상응하는 수직선이 된다.

예를 들어 점 A(0.25달러, 50,000송이)는 기업의 단기 공급곡선 상의 한 점이며, 점 B(0.30달러, 55,000송이)는 또 다른 점이다.

하지만 기업의 단기 한계비용곡선이 **모든** 가격에 대해 반드시 해당 기업의 공급곡선이 될 필요는 없다. 그 이유를 알아보기 위해 생장미 가격이 0.05달러라고 가상해 보자. 기업이 이 가격에서 이윤을 극대화할 경우 가격이 한계비용과 같아지는 점, 즉 생산량이 월간 25,000송이가 되는 점에서 생산을 하게 된다. 하지만 이 가격에서 기업은 손실을 보게 된다. 즉 해당 기업은 총고정비용 TFC를 부담해야 하며, 거기다가 25,000송이 각각에 대해 가격 0.05달러와 평균가변비용 AVC_{25} 사이의 차액을 손실로 부담해야 한다. 기업이 생산을 할 경우 해당 기업의 총손실은 TFC에 〈그림 9.2〉의 색칠된 면적을 합한 것이 된다. 기업이 생산을 하지 않을 경우 손실은 단지 (매몰)총고정비용 TFC가 될 뿐이다. 가격이 0.05달러인 경우 기업은 폐쇄하여 생산을 하지 않음으로써 손실을 축소시킬 수 있다. 이렇게 하여 색칠된 면적에 해당하는 추가손실의 발생을 피할 수 있다.

보다 일반적으로 말해 P가 단기 한계비용과 같아지는 생산량 수준 Q^*에서 P가 평균가변비용 $AVC(Q^*)$보다 작은 경우 기업은 폐쇄하여 단기 손실을 줄임으로써 상황이 더 나아질 수 있다. 이를 수학적으로 나타내면 다음과 같은 경우 기업은 폐쇄를 함으로써 상황이 더 나아질 수 있다 : $P < AVC(Q^*)$.

이제는 기업의 단기 공급곡선을 도출할 수 있게 되었으며 다음과 같은 사실을 알 수 있다.

- 이윤을 극대화하면서 가격을 추종하는 기업은 양의 생산량을 생산하는 경우 $P = SMC$이면서 SMC의 기울기가 상향하는 지점에서 생산을 하게 된다.
- 이윤을 극대화하면서 가격을 추종하는 기업은 $P < AVC$인 범위에서 결코 생산을 하지 않는다.

따라서 기업은 $SMC < AVC$인 범위에 있는 SMC 상에서 결코 생산을 하지 않는다. 이는 AVC 곡선의 최저점 아랫부분이 된다. 이렇다면 가격이 AVC의 최저점 아래인 경우 해당 기업은 $Q = 0$을 생산한다고 추론할 수 있다.

이런 논의에 비추어 볼 때 기업의 공급곡선은 다음과 같이 두 부분으로 나누어 볼 수 있다.

- 시장가격이 〈그림 9.2〉에서 P_S라고 표기한 수준인 AVC의 최저수준보다 낮은 경우, 해당 기업은 영인 수량(즉, $Q = 0$)을 공급한다. 〈그림 9.2〉에서 P_S는 한 송이당 0.10달러이다. 〈그림 9.2〉가 보여 주는 것처럼 이 부분의 기업공급곡선은 수직축과 일치하는 수직선이 된다. P_S를 기업의 **폐쇄가격**(shut-down price)이라 하며 이는 그 아래에서는 기업이 생산을 하지 않는 가격이다.
- P_S보다 높은 가격에 대해서 해당 기업은 생산량이 플러스가 되도록 생산을 하며 공급곡선은 단기 한계비용곡선과 일치한다. (시장가격이 P_S와 같은 경우, 해당 기업은 폐쇄하는 것과 장미 33,000송이를 생산하는 것 사이에 차이를 두지 않는다. 어느 경우에도 매몰 고정비용과 동일한 손실을 부담하게 된다.)

이 분석을 통해 완전경쟁기업은 경제적 이윤이 마이너스가 되는 기간에도 운용된다는 사실을 알 수 있다. 예를 들어 〈그림 9.2〉에서 장미 한 송이당 가격이 0.18달러인 경우 해당 업체는 월간 40,000송이의 장미를 생산한다. 이 생산량 수준에서 가격 0.18달러는 월간 생산량 40,000송이에 상응하는 단기 평균비용 SAC_{40}보다 작기 때문에 손실이 발생한다. 하지만 가격 0.18달러가 월간 생산량인 장미 40,000송이에서의 평균가변비용인 AVC_{40}을 초과하기 때문에 기업의 총수입이 총가변비용을 초과하게 된다. 따라서 기업이 생산을 계속할 경우 생산을 전혀 하지 않을 경우 부담하게 될 손실의 일부를 상쇄할 수 있다. 물론 장미 재배업자가 한 송이당 가격이 0.18달러로 지속될 것이라 기대하는 경우, 시간이 충분히 주어진다면 재배규모를 축소시키거나(즉 장미 재배면적을 줄이거나) 또는 이 산업으로부터 아예 퇴출할 수도 있다.

정리문제 9.1

가격추종기업의 단기 공급곡선 도출

기업의 단기 총비용곡선은 다음과 같다고 가상하자 : $STC = 100 + 20Q + Q^2$. 여기서 총고정비용은 100이고 총가변비용은 $20Q + Q^2$이다. 이에 상응하는 단기 한계비용곡선은 $SMC = 20 + 2Q$이다. 모든 고정비용은 매몰된다.

문제

(a) 평균가변비용(AVC)의 식은 무엇인가?

(b) 평균가변비용의 최저수준은 무엇인가?

(c) 기업의 단기 공급곡선은 무엇인가?

해법

(a) 평균가변비용은 총가변비용을 생산량으로 나눈 것으로 다음과 같다. $AVC = (20Q + Q^2)/Q = 20 + Q$.

(b) AVC와 SMC가 동일해지는 점에서 평균가변비용이 최저수준이 된다는 사실을 알고 있다. 따라서 $20 + Q = 20 + 2Q$ 또는 $Q = 0$인 점에서 최저수준이 된다. AVC의 최저수준은 $Q = 0$을 AVC 곡선의 식 $20 + Q$에 대입하여 구할 수 있다. 따라서 AVC의 최저수준은 20이 된다.

(c) 평균가변비용의 최저수준인 20보다 아래인 가격에 대해 기업은 생산을 하지 않게 된다. 20을 초과하는 가격에 대해서는 가격을 한계비용과 같다고 보고 Q에 대해 풀면 공급곡선을 다음과 같이 구할 수 있다 : $P = 20 + 2Q$. 이는 다음과 같아진다 : $Q = -10 + \frac{1}{2}P$. $s(P)$라고 표시한 기업의 단기 공급곡선은 다음과 같다.

$$s(P) = \begin{cases} 0, & P < 20\text{인 경우} \\ -10 + \frac{1}{2}P, & P \geq 20\text{인 경우} \end{cases}$$

가격추종기업의 단기 공급곡선 : 일부 고정비용은 매몰비용이고 일부는 비매몰비용인 경우

이번에는 기업이 일부 비매몰 고정비용을 갖는 경우를 생각해 보자. 즉 $TFC = SFC + NSFC$이고 $NSFC > 0$인 경우를 살펴보도록 하자. 이전과 마찬가지로 기업은 가격을 한계비용과 같다고 함으로써 이윤을 극대화하게 된다. 하지만 기업이 생산 수량을 영으로 결정하는 규칙은 앞 절에서 논의한 것과 다르다.

그 이유를 알아보기 위하여 새로운 비용곡선을 정의해야 한다. 기업의 **평균 비매몰비용**(average nonsunk cost)인 $ANSC$는 평균가변비용과 평균 비매몰 고정비용을 합한 것으로, 다음과 같이 나타낼 수 있다.

$$ANSC = AVC + \frac{NSFC}{Q}$$

〈그림 9.3〉에서 평균 비매몰비용곡선은 U자 형태를 하며 단기 평균비용곡선의 SAC와 평균가변비용곡선 AVC 사이에 위치한다. 최저점에서는 $SMC = ANSC$가 된다. 이런 의미에서 $ANSC$ 곡선은 SAC 곡선과 아주 유사하게 변화한다고 볼 수 있다.

기업이 비매몰 고정비용을 갖는 경우 가격을 추종하는 기업의 폐쇄가격이 어떻게 변화하는지 살펴보기 위하여 〈그림 9.3〉에서 보는 것처럼 장미 가격이 0.15달러라고 가상하자. 기업이 이 가

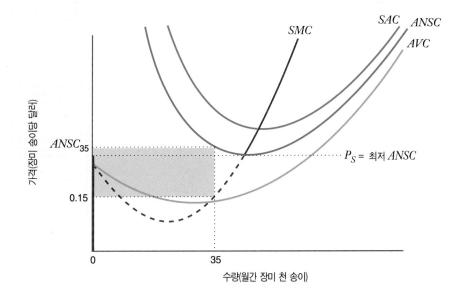

그림 9.3 비매몰 고정비용을 갖는 기업의 단기 공급곡선

폐쇄가격 P_S는 평균 비매몰비용의 최저수준이다. P_S를 초과하는 가격에 대해서는 단기 한계비용곡선이 기업의 공급곡선이 된다. P_S에 못 미치는 가격에 대해서는 수직축 상에 있는 수직선이 기업의 공급곡선이 된다.

격에서 이윤을 극대화하는 경우, 가격이 한계비용과 같아지는 점인 월간 생산량 35,000송이를 생산하게 된다. 하지만 이 가격에서 기업은 손실을 보게 된다. 즉 기업은 매몰 고정비용을 부담하게 될 뿐만 아니라 생산한 모든 장미에 대해 장미 가격인 0.15달러와 평균 비매몰비용 $ANSC_{35}$ 사이의 차액만큼 손실을 보게 된다. 반면에 기업이 생산을 하지 않을 경우 손실은 단지 매몰 고정비용인 SFC밖에 발생하지 않는다. 그 이유는 폐쇄할 경우 해당 기업은 가변비용과 비매몰 고정비용을 둘 다 피할 수 있기 때문이다. 가격이 0.15달러인 경우 기업은 폐쇄하여 생산을 하지 않음으로써 손실을 줄일 수 있다. 이렇게 함으로써 해당 기업은 색칠된 영역에 해당하는 추가적인 손실(그림 9.3에서 빗금 친 영역으로 나타낸) 35,000×($ANSC_{35}$달러 − 0.15달러)를 줄일 수 있다.

보다 일반적으로 말해, 기업은 시장가격 P가 단기 한계비용과 같아지는 생산량 Q^*에서 P가 평균 비매몰비용 $ANSC(Q^*)$보다 작은 경우 폐쇄하여 단기적인 손실을 축소할 경우 상황이 더 나아진다. 수학적으로 표현하면 기업은 다음과 같은 경우 폐쇄하게 되면 상황이 더 나아진다 : $P < ANSC(Q^*)$.

이제는 기업의 단기 공급곡선을 도출할 수 있게 되었으며 다음과 같은 사실을 알 수 있다.

- 이윤을 극대화하면서 가격을 추종하는 기업은, 양의 생산량을 생산하는 경우 $P = SMC$이면서 SMC의 기울기가 상향하는 지점에서 생산을 하게 된다.
- 비매몰 고정비용을 갖고 있으면서 이윤을 극대화하고 가격을 추종하는 기업은, $P < ANSC$인 범위에서 생산을 하지 않는다.

따라서 기업은 $SMC < ANSC$인 범위에 있는 SMC 상에서 결코 생산을 하지 않는다. 이는 $ANSC$ 곡선의 최저점 아랫부분이 된다. 이렇다면 가격이 〈그림 9.3〉에서 P_S라고 표시된 $ANSC$의 최저 점 아래인 경우 해당 기업은 $Q = 0$을 생산한다고 추론할 수 있다.

〈그림 9.3〉은 비매몰 고정비용이 있는 경우 장미 재배업체의 단기 공급곡선을 보여 주고 있다. 평균 비매몰비용 최저점 아래의 가격에 대해 단기 공급곡선은 수직선이 되며, 이 점을 초과하는 가격에 대해서는 단기 한계비용곡선이 이에 해당한다.

평균 비매몰비용의 개념은 매우 유연해서 다음과 같은 세 가지 특정한 경우에 대해 기업의 공급 곡선과 폐쇄가격을 결정할 수 있다.

- 모든 고정비용이 매몰비용인 경우 : 이 경우는 이전 절에서 살펴본 경우이다. 모든 고정비용 이 매몰비용인 경우 $ANSC = AVC$가 되고 폐쇄기준인 $P < ANSC$는 다음과 같아진다.

$$P < AVC$$

따라서 기업의 단기 공급곡선은 평균 가변비용곡선의 최저점을 초과하는 SMC가 된다. 이는 앞 절에서 내린 결론과 동일하다.
- 모든 고정비용이 비매몰비용인 경우 : 이 경우 $ANSC = SAC$가 된다.[5] 위에서 살펴본 폐쇄기 준 $P < ANSC$는 다음과 같아진다.

$$P < SAC$$

모든 고정비용이 비매몰비용인 경우 기업의 단기 공급곡선은 단기 평균비용곡선의 최저점 을 초과하는 SMC이다.
- 일부 고정비용은 매몰비용이며 일부는 비매몰비용인 경우 : 이는 이 절에서 살펴본 경우이다. 위에서 살펴본 것처럼 기업의 단기 공급곡선은 평균 비매몰비용곡선의 최저점을 초과하 는 SMC이다. 〈그림 9.3〉에서 보는 것처럼 일부 고정비용이 매몰비용이지만 모든 고정비 용이 매몰비용이 아닌 경우에는 폐쇄가격 P_S가 AVC의 최저수준보다는 위에 위치하지만 SAC의 최저점보다는 아래에 위치한다.

정리문제 9.2

비매몰 고정비용이 존재하는 경우 가격추종기업의 단기 공급곡선 도출

정리문제 9.1에서 살펴본 것처럼 기업의 단기 총비용 곡선은 $STC = 100 + 20Q + Q^2$이 되며 이에 상응하는

단기 한계비용곡선은 $SMC = 20 + 2Q$가 된다.

---

[5] 그 이유는 $SFC = 0$이기 때문이며, 따라서 $TNSC = TVC + TFC$가 된다. 결과적으로 $ANSC = (TVC + TFC)/Q$ 가 되며 이는 SAC와 같아진다.

문제

(a) *SFC* = 36인 반면에 *NSFC* = 64라고 가상하자. 기업의 평균 비매몰비용곡선은 무엇인가?

(b) 평균 비매몰비용의 최저수준은 무엇인가?

(c) 기업의 단기 공급곡선은 무엇인가?

해법

(a) 평균 비매몰비용곡선은 다음과 같다 : $ANSC = AVC + \dfrac{NSFC}{Q} = 20 + Q + \dfrac{64}{Q}$.

(b) 〈그림 9.4〉가 보여 주는 것처럼 평균 비매몰비용이 단기 한계비용과 같아지는 경우 평균 비매몰비용곡선은 최저수준에 도달한다. 이는 다음 식의 해법인 수량에서 이루어진다 : $20 + 2Q = 20 + Q + \dfrac{64}{Q}$.

위의 식을 재정리하면 다음과 같다 : $Q^2 = 64$.

이는 $Q = 8$을 의미한다. 따라서 평균 비매몰비용곡선은 $Q = 8$에서 최젓값을 갖게 된다. $Q = 8$을 평균 비매몰비용곡선에 대입하면 평균 비매몰비용의 최저수준을 다음과 같이 구할 수 있다 : $ANSC = 20 + 8 + \dfrac{64}{8} = 36$. 따라서 〈그림 9.4〉가 보여 주는 것처럼 평균 비매몰비용의 최저수준은 개당 36달러가 된다.

(c) 〈그림 9.4〉가 보여 주는 것처럼 *ANSC*의 최저수준 아래에 있는 가격(즉 *P* < 36인 가격)에 대해 기업은 생산을 하지 않는다. 이 수준을 초과하는 가격에 대해 기업의 이윤을 극대화하는 수량은 다음과 같이 가격을 한계비용과 같다고 볼 경우 구할 수 있다. $P = 20 + 2Q$. 이는 $Q = -10 + P/2$를 의미한다. 따라서 기업의 단기 공급곡선 *s*(*P*)는 다음과 같다.

$$s(P) = \begin{cases} 0, & P < 36인\ 경우 \\ -10 + \dfrac{1}{2}P, & P \geq 36인\ 경우 \end{cases}$$

시장가격이 36~40달러 사이인 경우 이 기업은 손실을 보더라도 단기적으로 계속 생산을 할 것이다. 계속 운용하는 데 따른 손실이 폐쇄할 경우 발생하는 손실보다 더 작기 때문이다.

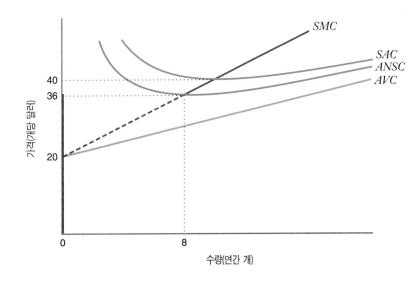

그림 9.4 비매몰 고정비용이 존재하는 경우 가격추종기업의 단기 공급곡선

기업의 폐쇄가격은 평균 비매몰비용의 최저수준과 같으며 이 그림에서는 36달러가 된다. 기업의 공급곡선은 가격이 36달러를 초과하는 경우 단기 한계비용곡선과 일치하며, 36달러에 미치지 못하는 경우 수직축 상에 있는 수직선과 같다. 가격이 36~40달러 사이인 경우 기업은 생산을 하지만 음의 경제적 이윤을 얻게 된다.

단기 시장공급곡선

가격을 추종하는 개별 기업의 단기 공급곡선을 도출했으므로 이제는 기업의 공급곡선이 전체 산업에 대한 공급곡선으로 어떻게 전환되는지 살펴보도록 하자.

단기적으로 한 산업의 생산업체 수는 고정되어 있으므로 어떤 가격에서 시장의 공급은 그 가격에서 기존의 각 기업이 공급하는 수량의 합과 같다. 예를 들면 생장미 시장은 〈그림 9.5(a)〉에서 보는 것처럼 두 가지 형태의 기업, 즉 단기 공급곡선이 각각 ss_1인 형태 1의 100개 기업과 단기 공급곡선이 각각 ss_2인 형태 2의 100개 기업으로 구성된다. 형태 1 기업의 폐쇄가격은 장미 송이당 0.20달러이며 형태 2 기업의 폐쇄가격은 송이당 0.40달러이다. 〈표 9.2〉는 장미 송이당 가격이 0.10달러, 0.30달러, 0.40달러, 0.50달러인 경우 각 형태의 기업이 생산하는 장미의 수량과 전체 시장이 생산하는 장미의 수량을 보여 주고 있다.

〈그림 9.5(b)〉는 **단기 시장공급곡선**(short-run market supply curve) SS를 보여 주고 있다. 단기 시장공급곡선은 개별 기업의 공급곡선을 수평적으로 합하여 도출된다. 단기 시장공급곡선은 시장에 있는 모든 기업이 합하여 공급한 수량을 말한다. 〈그림 9.5〉에 있는 두 그림의 수직축 단위는 동일하지만 시장 총생산량이 개별 기업의 생산량보다 훨씬 더 많기 때문에 수평축의 단위는 상

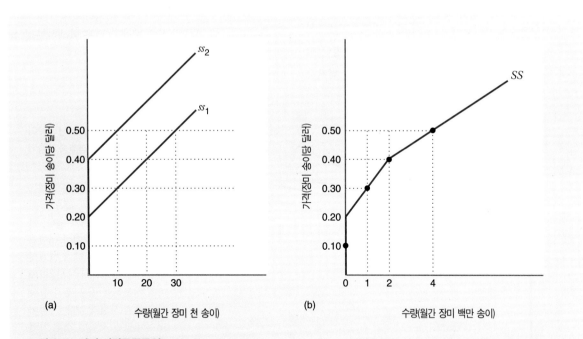

그림 9.5 단기 시장공급곡선

(a)는 두 가지 형태의 기업에 대한 단기 공급곡선을 보여 주고 있다. ss_1은 폐쇄가격이 장미 송이당 0.20달러인 기업의 단기 공급곡선이고 ss_2는 폐쇄가격이 장미 송이당 0.40달러인 기업의 단기 공급곡선이다. (b)는 (a)의 공급곡선을 수평으로 합한 단기 시장공급곡선 SS를 보여 주고 있다. ss_2로 나타낸 기업들은 장미 송이당 가격이 0.40달러에 못 미칠 경우 생산을 하지 않으므로, 송이당 가격이 0.20~0.40달러 사이인 경우 시장공급곡선은 ss_1으로 나타낸 수량의 100배가 된다. 송이당 가격이 0.20달러에 못 미칠 경우 어느 형태의 기업도 공급을 하지 않으므로 장미 송이당 가격이 0.20달러 아래인 경우 SS는 수직선이 된다.

표 9.2	장미의 단기 시장공급		
	장미 생산량		
장미 송이당 가격	형태 1의 기업	형태 2의 기업	전체 시장
0.10달러	$100 \times 0 = 0$	$100 \times 0 = 0$	0
0.30달러	$100 \times 10,000 = 1,000,000$	$100 \times 0 = 0$	1,000,000
0.40달러	$100 \times 20,000 = 2,000,000$	$100 \times 0 = 0$	2,000,000
0.50달러	$100 \times 30,000 = 3,000,000$	$100 \times 10,000 = 1,000,000$	4,000,000

이하다.

(기업이 생산하고자 하는 생산량이 양이 되는 범위에서) 각 기업의 공급곡선은 자신의 한계비용 곡선과 일치하기 때문에 시장공급곡선을 통해 시장에서 공급되는 마지막 단위를 생산하는 데 소요되는 한계비용을 알 수 있다. 예를 들어 〈그림 9.5〉에서 시장에 공급되는 장미의 수량이 400만 송이일 때 400만 번째 공급되는 장미의 한계비용이 0.50달러이다. 앞에서 살펴본 것처럼 이윤을 극대화하는 행태로 인해 각 장미 생산업체는 생산한 마지막 장미의 한계비용이 시장가격과 같아지는 점까지 생산을 확대하기 때문에 바로 이렇게 된다.

개별 기업의 공급곡선을 합하여 시장의 공급곡선을 구하는 과정은 다음과 같은 중요한 가정이 충족될 경우에만 가능하다. 즉 이 접근방법은 기업이 생산요소에 대해 지불하는 가격이 시장 생산량이 변할 때에도 일정한 경우에만 타당하다. 예를 들어 특정 산업에 속한 기업이 미숙련 노동력을 고용했다고 가상하자. 미숙련 노동서비스에 대한 해당 산업의 수요가 경제 전반에 걸친 미숙련 노동의 전체 수요 중 단지 작은 부분만을 차지한다면 해당 산업 생산량이 변화하더라도 미숙련 노동자의 임금률에는 무시할 정도의 영향밖에 미치지 못한다.

하지만 일부 시장에서 어떤 종류의 생산요소 가격은 시장 생산량이 변화함에 따라 변화할 수 있다. 예를 들어 한 산업이 다른 산업에서는 고용하지 않는 특정 종류의 숙련 노동력을 고용하고 이 숙련 노동력의 공급곡선의 기울기가 상향하는 경우, 해당 산업 생산업체들이 생산물 가격의 인상에 따라 공급량을 확대해 나가면 해당 숙련 노동에 대한 수요가 증가하여 임금률이 상승한다. 예를 들면 숙련 노동력과 같은 생산요소의 가격이 상승하면 각 생산업자의 한계비용곡선이 위로 이동할 것으로 기대된다. 한계비용이 증가한다는 사실은 해당 산업의 생산업체가 숙련 노동력의 임금률이 증가하지 않았을 때보다 어떤 시장가격에서 더 적은 생산량을 공급하게 된다는 의미이다. 이는 생산물의 시장공급이 숙련 노동자에 대한 임금률이 일정할 경우보다 이 생산물의 가격 변화에 덜 반응한다는 의미이다.

생산요소 가격의 변화가 시장공급에 미치는 영향은 장기 시장공급곡선을 다루게 될 때 보다 자세히 살펴볼 것이다. 다음부터는 명시적으로 언급하지 않는 한 산업 생산량이 단기적으로 변함에 따라 생산요소 가격은 변화하지 않는다고 가정할 것이다.

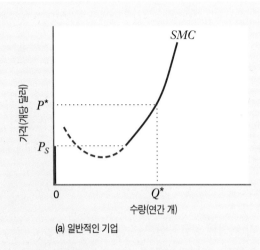

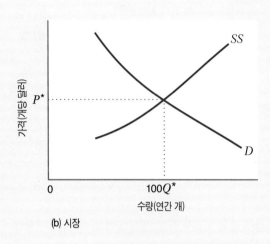

(a) 일반적인 기업

(b) 시장

그림 9.6 단기균형

단기 균형가격 P^*는 시장공급과 시장수요가 일치하는 가격이다. (a)에서 기업은 단기 한계비용과 가격이 일치하는 Q^*를 생산한다. (b)에서는 P^*에서의 총공급량과 총수요량이 $100Q^*$가 된다.

단기 완전경쟁균형

이제는 시장가격이 경쟁시장에서 어떻게 결정되는지 알아볼 수 있게 되었다. **단기 완전경쟁균형**(short-run perfectly competitive equilibrium)은 소비자들의 수요량과 시장 내 모든 기업의 총공급량이 일치할 경우, 즉 시장수요곡선과 시장공급곡선이 교차하는 점에서 달성된다. 〈그림 9.6(b)〉는 시장수요곡선 D와 100개의 동일한 공급업체로 구성되는 어떤 산업의 단기 시장공급곡선 SS를 보여 주고 있다. 균형가격은 P^*이며 여기서 공급량과 수요량이 일치한다. 〈그림 9.6(a)〉에서는 한 기업이 생산량 Q^*를 생산하고 있으며 여기서 한계비용은 시장가격 P^*와 일치하게 된다. 100개의 기업이 있고 이들은 각각 Q^*를 생산하므로 (가격 P^*에서 시장수요와 동일한) 시장공급은 $100Q^*$가 된다.

정리문제 9.3

단기 시장균형의 도출

시장은 300개의 동일한 기업으로 구성되며 시장수요곡선은 $D(P) = 60 - P$가 된다. 각 기업의 단기 총비용곡선은 $STC = 0.1 + 150Q^2$이며, 모든 고정비용은 매몰비용이 된다. 이에 상응하는 단기 한계비용곡선은 $SMC = 300Q$가 되며, 평균 가변비용곡선은 $AVC = 150Q$이다. (예를 들면 SMC 곡선과 AVC 곡선을 대략 살펴봄으로써 AVC의 최저수준이 0이라는 사실을 입증할 수 있어야 한다. 따라서 기업은 가격이 양이 되기만 하면 계속 생산을 할 것이다.)

문제

이 시장에서 단기균형을 구하라.

해법

우선 개별 기업의 공급곡선 $s(P)$를 도출해 보자. 각 기업의 이윤을 극대화하는 수량은 한계비용과 가격을 같다고 보면 구할 수 있다 : $300Q = P$. 이는 다음과 같다 : $s(P) = \dfrac{P}{300}$.

시장공급 $[300s(P)]$과 시장수요가 같아지면 단기균형이 이루어진다 : $300 \times \dfrac{P}{300} = 60 - P$. 따라서 다음과 같다 : $P = 30$. 균형가격은 단위당 $P = 30$달러가 된다.

단기균형의 비교정태 분석

〈그림 9.6(b)〉에서 살펴본 경쟁균형은 자주 보아 눈에 익숙한 것이다. 제1장에서 이를 소개하였으며 제2장에서 이를 폭넓게 살펴보았다. 앞에서 살펴본 것처럼 경쟁균형에 대해 비교정태 분석을 하면 시장균형가격을 결정하는 요소를 보다 잘 이해할 수 있어 유용하다.

〈그림 9.7〉은 비교정태 분석의 예를 보여 주고 있다. 특히 이 그림은 시장에 있는 기업의 수가 증가할 경우 어떤 일이 발생하는지 보여 주고 있다. 보다 많은 기업들이 시장에 추가되면 단기 시장 공급곡선은 오른쪽으로, 즉 SS_0에서 SS_1으로 이동한다. 오른쪽으로 이동한다는 의미는 예를 들면 개당 10달러처럼 주어진 시장가격에서 시장에 있는 기업의 수가 증가하게 되면 공급량이 증대된다는 것이다. 기업의 수가 증가한 결과 시장가격은 하락하고 균형 공급량 및 수요량은 증대된다.

〈그림 9.8〉은 비교정태 분석의 다른 예를 보여 주고 있다. 시장수요가 D에서 D'로 증가할 때 어떤 현상이 나타나는지를 보여 준다. 시장수요가 증가한 결과 시장가격은 상승하며 균형 공급량 및 수요량도 역시 증대된다.

〈그림 9.8〉은 공급의 가격탄력성이 수요가 변동함에 따라 시장균형가격이 변화하는 범위를 결정하는 주요한 요소임을 보여 주고 있다. 〈그림 9.8(a)〉와 〈그림 9.8(b)〉를 비교해 보면 공급이 상대적으로 비탄력적인 시장에서 수요가 변화할 경우 공급이 상대적으로 탄력적인 시장에서 동일한 수요 변화가 일어난 경우보다 시장가격에 더 극적인 영향을 미친다는 사실을 알 수 있다.

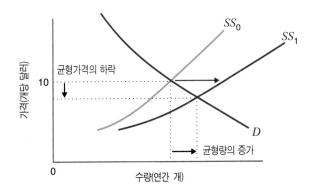

그림 9.7 비교정태 분석 : 기업 수의 증가

기업의 수가 증가하면 단기 공급곡선은 오른쪽으로, 즉 SS_0에서 SS_1으로 이동한다. 이를 통해 예를 들면 10달러처럼 일정하게 주어진 시장가격에서 시장의 공급량이 증가하게 된다. 기업 수의 증가로 인해 공급곡선이 오른쪽으로 이동하게 되며 균형가격이 하락하고 균형량은 증가한다.

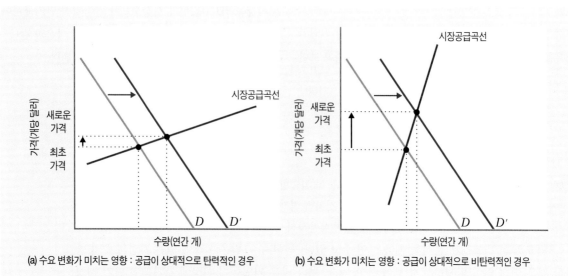

(a) 수요 변화가 미치는 영향 : 공급이 상대적으로 탄력적인 경우   **(b)** 수요 변화가 미치는 영향 : 공급이 상대적으로 비탄력적인 경우

그림 9.8   수요 변화가 미치는 영향은 공급의 가격탄력성에 의존한다

(a)에서는 공급이 상대적으로 탄력적이며 수요가 변화할 경우 가격에 미치는 영향이 크지 않다. (b)에서는 공급이 상대적으로 비탄력적이며 수요가 동일하게 변화하더라도 균형가격에 미치는 영향은 보다 극적으로 커진다.

9.4   시장가격은 어떻게 결정되는가 : 장기균형

단기적으로 기업은 주어진 공장규모 내에서 운용되고 해당 산업에 있는 기업의 수도 변화하지 않는다. 결과적으로 단기 완전경쟁균형에서 기업은 양의 경제적 이윤도 얻을 수 있고 음의 경제적 이윤도 얻을 수 있다. 반면에 장기적으로 기존 기업들은 공장규모를 조절할 수 있고 해당 산업에서 퇴출할 수도 있다. 나아가 신규기업이 해당 산업에 진입할 수도 있다. 장기적으로는 이런 요인들로 인해 기업의 경제적 이윤이 영이 된다는 사실을 알게 될 것이다.

장기 생산량과 기존 기업에 의한 공장규모의 조절

장기적으로 보면 기존의 기업은 이윤을 극대화하기 위해서 공장규모와 생산량 둘 다를 조절할 수 있다. 따라서 기업이 장기적인 관점에서 보고 자신이 생산할 수 있는 수준을 예상해 보려면 장기 비용함수를 이용하여 해당 생산량의 비용을 평가해야만 한다.

이를 설명하기 위해 〈그림 9.9〉는 송이당 장미 가격 0.40달러에 직면하고 있는 장미 생산업체를 보여 주고 있다. 현재의 공장규모, 즉 현재의 토지 및 온실규모하에서 기업의 단기 평균비용곡선과 단기 한계비용곡선은 각각 SAC_0 및 SMC_0가 된다. 이 업체의 단기적으로 이윤을 극대화하는 생산량은 월간 장미 18,000송이가 된다. 이 수량과 가격 0.40달러에서는 가격이 송이당 0.22달러인 단기 평균비용을 초과하게 되어 기업이 얻는 경제적 이윤은 양이 된다.

하지만 장기적으로 장미 재배업자는 자신의 농장규모를 확장하여 이 확장된 농장에서 더 많은

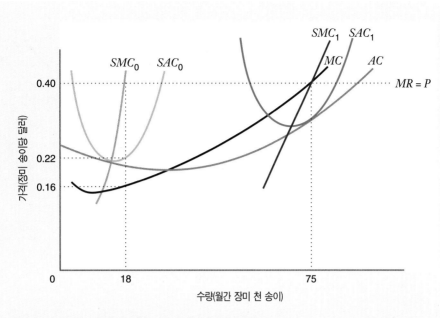

그림 9.9 가격을 추종하는 업체의 장기 생산량과 농장규모의 조절

업체는 0.40달러라는 가격에 직면하고 있다. 비용곡선 SAC_0와 SMC_0로 나타낼 수 있는 현재의 농장규모가 주어진 경우 해당 업체는 월간 18,000송이를 생산하게 된다. 장기적으로 이 업체는 생산량을 월간 75,000송이로 확대할 수 있으며 이 점에서 가격은 장기 한계비용과 같아진다. 이 생산량을 생산하기 위해 업체는 이 생산량에 대해 비용을 극소화하는 농장규모를 선택하게 된다. 해당 농장규모에서의 비용곡선은 SAC_1과 SMC_1으로 나타낼 수 있다.

장미를 수확함으로써 이윤을 증대시킬 수 있다. 〈그림 9.9〉는 시장가격이 장미 송이당 0.40달러가 될 것으로 기대하는 재배업자의 장기 이윤극대화 생산량을 보여 주고 있다.[6] 이윤을 극대화하는 수량(월간 75,000송이)은 장기 한계비용과 시장가격이 같아지는 점(그림 9.9에서 $P = MC$)에서 결정된다. 이 수량을 생산하기 위해 해당 업체는 해당 수량에 대해 비용을 극소화하는 농장규모를 선택하게 된다.

기업의 장기 공급곡선

앞의 분석에 따르면 기업의 장기 공급곡선은 장기 한계비용곡선이 될 것으로 보인다. 이는 거의 옳다고 볼 수 있다. 장기 평균비용의 최저수준(그림 9.10에서는 장미 송이당 0.20달러)보다 더 높은 가격에 대해서 기업의 장기 공급곡선은 해당 기업의 장기 한계비용곡선과 일치한다. 하지만 장기 평균비용의 최저수준보다 더 낮은 가격에 대해서는 기업이 생산을 하지 않고 해당 기업의 장

---

6 이 분석에서 장미 재배업자는 시간이 흐르더라도 불변하는 시장가격에 직면하게 된다고 가정하고 있다. 하지만 현실적으로 보면 장미의 시장가격은 변동하며 이 경우 장미 재배업자의 장기 이윤극대화 문제는 더 복잡하게 된다. 이런 보다 복잡한 문제에 대한 분석은 이 책의 범위를 벗어나는 것이다.

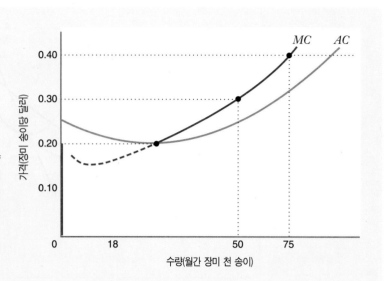

그림 9.10 기업의 장기 공급곡선

장기 평균비용의 최저수준(여기서는 약 0.20달러)보다 더 높은 가격의 경우, 기업의 장기 공급곡선은 자신의 장기 한계비용곡선과 일치한다. 장기 평균비용의 최저수준에 미치지 못하는 가격의 경우, 기업의 공급곡선은 수직축 상에 있는 수직선과 같다.

기 공급곡선은 (생산량이 영인 경우를 의미하는) 수직축 상의 수직선이 된다. 그 이유는 장기 평균비용의 최저수준에 미치지 못하는 시장가격에서 해당 기업은 총비용이 최소화되도록 생산요소의 결합을 조절하더라도 경제적 이윤이 음이 되기 때문이다. 시장가격이 가까운 장래에 이런 수준에 도달할 것으로 예측되는 경우 해당 기업이 취할 수 있는 최선의 방법은 그 산업으로부터 퇴출하는 것이다.

기업의 장기 공급곡선을 도출하는 데 기초가 되는 논리는 단기 공급곡선을 도출하는 데 사용한 논리와 유사하다. 두 경우 모두 기업의 생산량이 양이라면 최적의 생산량 수준을 결정하는 데 가격과 한계비용 사이의 관계를 고려해야 한다. 두 경우 모두에 대해, 기업이 생산을 하지 않을 경우 피할 수 있는 비용에 비추어 볼 때 생산을 하지 않는다면 상황이 더 나아지는지 여부를 알아보아야 한다. 차이점은 장기적으로 볼 때 모든 비용을 피할 수 있지만(즉 비매몰비용이 되지만) 단기적으로 보면 생산량이 영이 되더라도 일부 비용은 피할 수 없다(즉 매몰비용이 된다).

자유진입과 장기 완전경쟁균형

완전경쟁균형의 단기분석에서 해당 산업에 있는 기업의 수는 고정되어 있다고 가정했다. 하지만 장기적으로 보면 신규기업이 산업에 진입하게 된다. 시장가격이 주어진 경우 경제적 이윤이 양이 된다면 기업은 해당 산업에 진입하게 된다. 경제적 이윤이 양이라는 의미는 기업이 해당 산업에 참여하여 기업 소유주들의 부를 창출할 수 있는 기회가 있다는 것이다.

장기 완전경쟁균형(long-run perfectly competitive equilibrium)은 공급과 수요가 일치하고 기업이 해당 산업에 진입하거나 퇴출하고자 하는 동기가 없는 가격에서 달성된다. 보다 특정적으로 말하면 장기 완전경쟁균형을 다음과 같은 세 가지 조건이 충족되는 시장가격 P^*, 기업의 수 n^*, 생산량 Q^*로 나타낼 수 있다.

1. 장기적인 이윤은 생산량과 공장규모에 대해 극대화된다. 가격 P^*가 주어진 경우 각 기업은 자신의 이윤을 극대화하는 생산량 수준을 선택하고 이 생산량을 생산하는 데 소요되는 비용을 극소화하는 공장규모를 택하게 된다. 이 조건은 다음과 같이 기업의 장기 한계비용이 시장가격과 같아진다는 의미이다.

$$P^* = MC(Q^*)$$

2. 경제적 이윤은 영이 된다. 가격 P^*가 주어진 경우 진입이 예상되는 기업은 해당 산업에 진입하여 양의 경제적 이윤을 얻을 수 없다. 나아가 기업은 해당 산업에 참여하여 음의 경제적 이윤을 얻을 수도 없다. 이 조건은 다음과 같이 기업의 장기 평균비용이 시장가격과 같아진다는 의미이다.

$$P^* = AC(Q^*)$$

3. 시장수요는 시장공급과 일치한다. 기업의 수 n^*와 개별 기업의 공급결정 수준 Q^*가 주어진 경우 가격 P^*에서 시장수요는 시장공급과 일치한다. 이는 다음과 같은 의미를 갖는다.

$$D(P^*) = n^* Q^*$$

이를 달리 표현하면 다음과 같다.

$$n^* = D(P^*)/Q^*$$

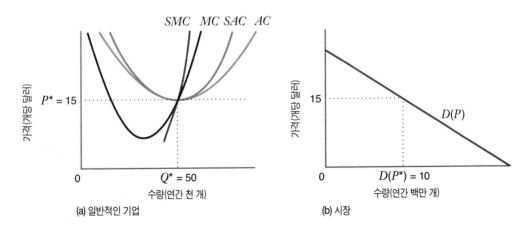

(a) 일반적인 기업   (b) 시장

그림 9.11 완전경쟁시장에서의 장기균형

장기 균형가격 P^*는 장기 평균비용의 최저수준과 같아지며 이 경우에는 개당 15달러가 된다. 각 기업은 최소효율 규모와 동일한 수량 Q^*를 생산하며 이 경우 50,000개가 된다. 균형 수요량은 1,000만 개이다. 균형하에서의 기업의 수는 이 수량을 기업당 생산량인 50,000개로 나눈 값이다. 이 경우 균형하에서의 기업의 수는 200개이다.

〈그림 9.11〉은 그래프를 이용하여 위의 조건을 보여 주고 있다(그림에 있는 숫자들은 정리문제 9.4에 상응하는 것이다). 균형가격은 장기 한계비용 및 장기 평균비용과 동시에 같아지기 때문에 각 기업은 장기 평균비용곡선 상의 최저점에서 생산을 하게 된다. 평균비용의 최저수준이 예를 들면 〈그림 9.11〉의 Q^*처럼 단일 생산량 수준에서 이루어질 경우 기업은 최소효율 규모에서 생산을 하게 된다. 이렇게 되면 공급과 수요가 일치하는 조건은 균형하에서의 기업의 수가 시장수요를 최소효율 규모의 생산량으로 나눈 것과 같아진다는 의미이다.

정리문제 9.4

장기균형의 계산

문제

이 시장에서 기존의 기업과 잠재적으로 진입을 고려하고 있는 기업은 각각 다음과 같은 장기 평균비용곡선을 갖는다 : $AC(Q) = 40 - Q + 0.01Q^2$. 이에 상응하는 장기 한계비용곡선은 다음과 같다 : $MC(Q) = 40 - 2Q + 0.03Q^2$. 여기서 Q는 연간 1,000개로 측정된다. 시장수요곡선은 다음과 같다 : $D(P) = 25,000 - 1,000P$.

여기서 $D(P)$도 또한 1,000개로 측정된다. 장기 균형가격, 기업당 수량, 기업의 수를 구하라.

해법

문자 위에 첨부된 별표는 균형값을 나타낸다고 하자. 장기 경쟁균형은 다음과 같은 세 가지 식을 충족시킨다.

$$P^* = MC(Q^*) = 40 - 2Q^* + 0.03(Q^*)^2 \quad \text{(이윤극대화)}$$
$$P^* = AC(Q^*) = 40 - Q^* + 0.01(Q^*)^2 \quad \text{(영의 이윤)}$$
$$n^* = \frac{D(P^*)}{Q^*} = \frac{25,000 - 1,000P^*}{Q^*}$$
$$\text{(공급과 수요의 일치)}$$

처음 두 식을 혼합함으로써 기업당 수량에 관해 다음과 같은 해법을 구할 수 있다.

$$40 - 2Q^* + 0.03(Q^*)^2 = 40 - Q^* + 0.01(Q^*)^2$$
$$0.03(Q^*)^2 - 0.01(Q^*)^2 = 2Q^* - Q^*$$
$$0.02(Q^*)^2 = Q^*$$

따라서 $Q^* = 50$이 되므로 균형상태에 있는 각 기업은 연간 50,000개를 생산한다. 이 수량이 기업의 최소효율 규모가 된다는 점에 주목하자. $Q^* = 50$을 평균비용함수에 대체시킬 경우 평균비용의 최저수준을 구할 수 있으며 이를 통해 다음과 같이 균형가격을 구할 수 있다 : $P^* = 40 - 50 + 0.01(50)^2 = 15$. 균형가격인 개당 15달러는 기업의 평균비용 최저수준에 해당한다. P^*를 수요함수로 대체시키면 15달러에서의 시장수요를 구할 수 있다. 이는 다음과 같다 : $25,000 - 1,000(15) = 10,000$.

또는 연간 1,000만 개가 된다. 기업의 균형 수는 다음과 같이 시장수요를 최소효율 규모로 나눈 것과 같다 : $n^* = 10,000/50 = 200$.

요약하면 장기 균형가격은 개당 15달러가 된다. 개별 기업의 공급량은 연간 50,000개이며 균형하에서의 기업 수는 200개이다. 균형상태에서의 시장수요 및 시장공급은 연간 1,000만 개가 된다.

장기 시장공급곡선

단기 경쟁균형을 분석하면서 균형가격은 시장수요곡선과 단기 시장공급곡선이 교차하는 점에서 결정된다고 하였다. 이 절에서는 장기균형도 이와 유사한 방법으로 결정된다는 사실을 살펴볼 것이다. 즉 시장수요곡선과 **장기 시장공급곡선**(long-run market supply curve)이 교차하는 점에서 장기균형이 이루어진다. (이 절에서는 단기 시장공급곡선을 구했을 때 했던 것과 동일한 가정, 즉 산업 생산량의 변화가 생산요소 가격에 영향을 미치지 않는다는 가정을 할 것이다. 다음 절에서는 이런 가정이 준수되지 않을 때 장기 시장공급곡선을 어떻게 구하는지에 대해 살펴볼 것이다.)

장기 시장공급곡선은 (공장규모, 신규진입과 같은) 모든 장기적인 조정이 이루어졌다 가정하고 다양한 시장가격에서 공급되는 총생산량을 알려 준다. 하지만 단기 시장공급곡선을 도출하는(즉 개별 기업의 단기 공급곡선을 수평적으로 합하여 구하는) 것과 동일한 방법으로 장기 시장공급곡선을 구할 수 없다. 그 이유는 생산량의 공급을 장기적으로 변화시키는 다음과 같은 두 가지 요소가 존재하기 때문이다. (1) 기존 기업이 생산량을 확대시키거나 축소시킬 수 있다. (2) 신규기업이 진입하거나 기존 기업이 해당 산업으로부터 퇴출할 수 있다. 기존 기업의 장기 공급곡선을 수평적으로 합할 경우 생산량의 변화에 영향을 미치는 두 번째 요소를 포함시키지 않을 수 있다.

〈그림 9.12〉는 장기 시장공급곡선을 어떻게 도출하는지 보여 주고 있다. 시장은 처음에 가격 15달러에서 장기균형에 도달한다고 가정한다. 이 가격에서 각 기업은 연간 50,000개인 최소효율 규모에서 생산을 하게 된다. 균형하에서 기업의 수는 200개가 된다. 기업의 수가 이처럼 주어지면 시장공급은 1,000만 개가 된다. 이 공급량은 균형가격 15달러에서 시장수요와 같아진다. 〈그림 9.12(a)〉의 점 A는 이런 장기균형에서 한 개 기업의 위치를 나타낸다.

이제 〈그림 9.12(b)〉에서 시장수요가 D_0에서 D_1으로 변화했다고 가상하자. 이런 수요의 변화는 시장이 새로운 장기균형에 도달할 수 있도록 한동안 지속될 것이라 가정한다. 이런 수요 변화에 대한 최초의 조정은 새로운 단기균형을 달성하여 단기적으로 이루어진다. 이 균형은 D_1과 시장에 200개의 기업이 있는 경우 이에 상응하는 공급곡선 SS_0가 교차하는 점에서 이루어진다. 단기 균형가격은 23달러가 된다. 이 가격에서 각 기업은 연간 52,000개를 생산하여 이윤을 극대화하며 총시장공급과 수요는 $200 \times 52,000 = 1,040$만 개가 된다. 개별 기업에 대해, 이 상황은 〈그림 9.12(a)〉의 점 B로 나타낼 수 있다. 시장에 대해 이 상황은 〈그림 9.12(b)〉에 있는 단기 공급곡선 SS_0와 새로운 수요곡선 D_1의 교차 지점으로 나타낼 수 있다.

가격 23달러에서 200개 기업 각각은 〈그림 9.12(a)〉의 빗금 친 직사각형 면적에 해당하는 양의 경제적 이윤을 얻게 된다. 양의 경제적 이윤이 발생함에 따라 신규기업의 진입이 이루어진다. 해당 산업에 신규기업이 추가됨에 따라 단기 공급곡선은 오른쪽으로 이동하며 이로 인해 단기 균형가격이 하락한다. 이에 따라 기존 기업의 이윤도 감소하게 된다. 이런 의미에서 진입이 자유로운 경우 해당 산업의 이윤은 '경쟁을 통해 소멸하게 된다.'

어느 점에서 신규진입으로 인해 발생하는 가격 및 수익성의 소멸이 멈추게 되는가? 일단 진입 과정이 완전히 이루어지고 나면 단기 공급곡선은 SS_1으로 이동하게 되며 시장가격은 다시 단위당 15달러로 하락한다. 이 점에서 160개의 신규기업이 해당 산업에 진입하게 되며 (신규 및 기존의) 각 기업은 최소효율 규모인 연간 50,000개를 생산하여 이윤을 극대화한다. 가격이 일단 15달러로 하락하게 되면 각 기업이 얻게 되는 경제적 이윤은 영이 되므로 추가적으로 진입이나 퇴출이 이루

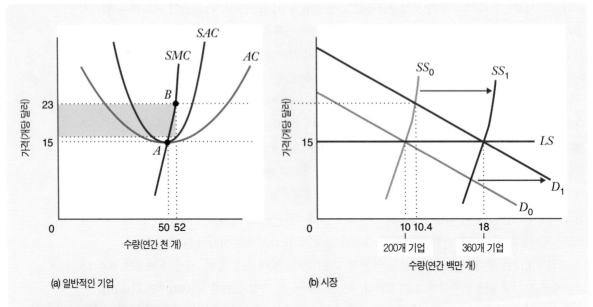

그림 9.12 장기 시장공급곡선

처음에 해당 산업은 개당 15달러의 가격에서 장기균형상태에 있다. 시장에 있는 200개의 동일한 기업 각각은 최소효율 규모 생산량인 연간 50,000개를 생산하며, 이는 (a)에서 점 A로 나타낼 수 있다. 따라서 총시장공급은 연간 1,000만 개(50,000 × 200 = 1,000만 개)이며, 이는 (b)에서 최초 수요곡선 D_0와 장기 공급곡선 LS의 교차점에 위치한다. 수요가 오른쪽, 즉 D_0에서 D_1으로 이동할 경우, 단기 균형가격은 단기 공급곡선 SS_0와 D_1이 교차하는 23달러이다. 단기적으로 각 기업은 (a)의 점 B에 위치하며, 거기서 연간 52,000개를 공급하고 빗금 친 영역의 면적과 같은 양의 경제적 이윤을 얻는다. 이윤을 얻을 수 있는 기회가 있으므로 신규진입이 이루어지고, 이로 인해 단기 공급곡선은 오른쪽으로 이동하여 SS_1에 이르게 된다. 이 새로운 장기균형에서 이 산업에는 이제 360개 기업이 존재하며 각 기업은 다시 연간 50,000개를 공급하고 균형가격도 다시 개당 15달러가 된다. 따라서 장기 공급곡선 LS는 15달러에서 수평선이 되며, 장기적으로 모든 시장공급은 이 가격에서 이루어진다.

어질 동기가 발생하지 않는다. 나아가 15달러에서 시장수요는 연간 360×50,000 = 1,800만 개인 총시장공급과 일치하여 시장이 청산된다.

이 분석에 따르면 처음에 가격 P에서 장기균형상태에 있는 완전경쟁시장의 경우, 추가적으로 시장수요가 발생하면 장기적으로 신규기업의 진입에 의해 충족된다. 단기적으로는 균형가격이 상승할 수 있지만, 장기적으로는 신규진입을 통해 균형가격을 원래 수준으로 되돌리게 된다. 따라서 장기 시장공급곡선은 장기 균형가격 P에 상응하는 수평선이 된다. 〈그림 9.12(b)〉에서 LS는 장기 균형가격 15달러에 상응하는 장기 시장공급곡선이다.

비용불변산업, 비용증가산업, 비용감소산업

비용불변산업

앞 절에서 장기 공급곡선을 도출할 경우 신규진입이 이루어져 산업 생산량이 확대되더라도 해당 산업에 속한 기업이 사용하는 (예를 들면 노동, 원재료, 자본과 같은) 생산요소의 가격에 영향을 미치지 않는다고 가정하였다. 따라서 기업이 해당 산업에 신규로 진입할 경우 기존 생산업체의 비용곡선은 이동하지 않는다. 이 가정을 함으로써 생산요소에 대한 해당 산업의 수요는 경제 내 모든 산업의 해당 생산요소에 대한 총수요 중 작은 부분을 차지할 뿐이라고 가정하게 된다. 이런 경우 생산요소에 대한 해당 산업의 사용량이 증가하거나 감소하더라도 생산요소의 시장가격에 영향을 미치지 않는다. 예를 들면 장미를 생산하는 화훼산업에 속한 업체들은 상당량의 천연가스, 증류액, 기타 연료를 사용하여 온실에 난방을 한다. 하지만 많은 다른 산업들도 이런 연료를 사용한다. 따라서 장미 생산량이 증가하여 이로 인한 장미 재배업체들의 난방용 연료 수요가 증가하더라도 난방용 연료에 대한 전반적인 수요에 큰 영향을 미칠 것 같지는 않으며 이런 연료의 자유시장가격을 큰 폭으로 변화시키지는 않을 것이다.

산업 생산량이 변화하더라도 생산요소 가격에 영향을 미치지 않을 경우 **비용불변산업**(constant-cost industry)이라고 한다. 〈그림 9.12〉에서 살펴본 산업은 비용불변산업이다. '비용불변'이란 '규모에 대한 수확불변'과 다르다. 후자는 제8장에서 살펴본 것처럼 장기 평균비용함수가 수평이 된다는 의미이다. 〈그림 9.12〉에 따르면 기업들이 규모에 대한 수확불변이 아니더라도 해당 산업은 비용불변산업이 될 수 있다. 이와는 반대로 기업들이 규모에 대한 수확불변일 수 있지만 해당 산업이 비용불변산업이 될 필요는 없다.

비용증가산업

산업 생산량이 확대되어 생산요소 가격이 증가하는 경우 **비용증가산업**(increasing-cost industry)이라고 한다. 해당 산업에 속한 기업들만이 사용하는 희귀한 생산요소인 **산업 특유의 생산요소**(industry-specific inputs)를 기업들이 사용하는 경우 비용증가산업이 될 가능성이 높다. 예를 들면 네바도 로즈사와 같은 장미 재배업체는 장미관목을 심고 비료 및 살충제의 수준을 정하며 수확시기를 결정하면서 교배종 생산도 담당할 재배책임자를 고용하고자 한다. 능력 있는 재배책임자를 구하기란 어려운 일이며 훌륭한 경력을 갖고 있는 재배책임자를 찾으려 노력을 기울이게 된다.

〈그림 9.13〉은 비용증가산업에서 균형이 조절되는 과정을 보여 주고 있다. 〈그림 9.12〉에서와 마찬가지로 이 산업은 처음에 가격 15달러에서 장기균형상태에 있다. 해당 산업에 200개의 기업이 있으며 각 기업은 연간 50,000개를 생산한다. 이제 시장수요가 오른쪽, 즉 D_0에서 D_1으로 이동했다고 하자. 이전과 마찬가지로 단기균형은 D_1과 SS_0가 교차하는 가격인 23달러에서 달성된다. 이 가격에서 진입이 이루어져 단기 시장공급곡선이 오른쪽으로 이동한다. 지금까지의 분석은 〈그림 9.12〉의 것과 유사하다.

하지만 이제 신규로 진입이 이루어져 산업 생산량이 확대되면 산업 특유의 생산요소 가격은 인상된다. 예를 들어 미국에서 장미 생산업체들이 추가로 진입하게 됨에 따라 고도로 숙련된 재배책임자에 대한 수요가 증가할 것으로 기대된다. 신규로 진입한 기업들은 기존의 재배업체에 근무하

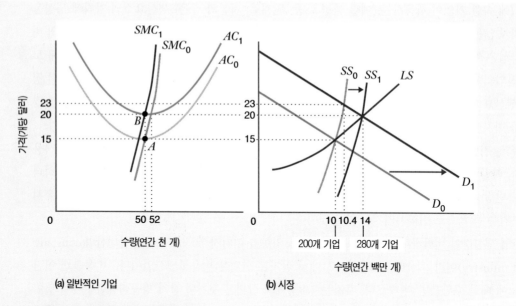

(a) 일반적인 기업   (b) 시장

그림 9.13 비용증가산업의 장기 시장공급곡선

이 산업은 처음에 장기 균형가격인 15달러에 위치해 있다. 200개 기업이 각각 최소효율 규모 생산량인 50,000개를 생산한다. 그런데 수요곡선이 오른쪽, 즉 D_0에서 D_1으로 이동한다고 하자. 단기 균형가격은 23달러이며 여기서 단기 공급 SS_0는 수요와 교차하게 된다. 각 기업은 52,000개를 공급하고 양의 경제적 이윤을 얻게 된다. 이로 인해 신규로 진입이 이루어져서 단기 공급곡선이 오른쪽으로 이동하게 되고 결국에는 SS_1이 된다. 신규기업의 진입이 이루어짐에 따라 해당 산업에 투입되는 생산요소의 가격이 상승하여 장기 및 단기 비용곡선이 위쪽으로 이동하게 된다. 특히 장기 평균비용의 최저수준은 15달러에서 20달러로 증가한다(점 A에서 점 B로 이동한다). 이 산업에 280개 기업이 존재하며 각각 50,000개를 공급한다. 장기 균형가격은 20달러가 되며 장기 산업공급곡선은 기울기가 상향하는 선분인 LS이다.

는 재배책임자를 보다 나은 봉급을 제시하며 유인하게 되어서 봉급이 인상된다. 〈그림 9.13(a)〉에서 보는 것처럼 생산요소 가격이 증가하게 되면 기업의 장기 및 단기 비용함수가 위쪽으로 이동하게 된다.[7] [그림 9.13(a)는 각 기업의 최소효율 규모가 연간 50,000개의 변화하지 않은 상태로 위쪽으로만 이동하는 경우를 보여 준다. 이는 점 B로 나타낼 수 있다. 하지만 생산요소 가격이 변화함에 따라 기업의 최소효율 규모가 또한 변화할 수 있다.] 새로운 단기 시장공급곡선은 SS_1이며, 이 경우 모든 신규진입이 이루어진 후 해당 산업에 280개 기업이 있게 된다. 생산요소 가격은 새롭게 더 높은 수준이다. 새로운 균형가격은 20달러이며, 시장에서 교환되는 수량은 연간 1,400만 개가 된다. 단기 공급곡선은 주어진 수의 기업과 주어진 생산요소 가격에 기초하지만 장기 공급곡

---

7 단 한 명의 재배책임자만을 고용하고 있는 장미 재배업체의 경우 재배책임자의 봉급은 고정비용이 된다. 따라서 재배책임자의 봉급이 인상될 경우 AC 곡선에는 영향을 미치지만 SMC 곡선에는 영향을 미치지 않는다. 〈그림 9.13(a)〉는 가변생산요소의 가격이 상승하는 경우를 보여 준다. 가변생산요소의 가격이 상승하면 그림에서 보는 것처럼 단기 한계비용곡선은 SMC_0에서 SMC_1으로 이동하게 된다.

선 LS는 신규기업 진입과 생산요소 가격의 변화 둘 다를 고려한다.

이런 조정과정은 기업이 얻는 이윤이 영이 되는 점까지 가격이 인하될 경우 멈추게 된다. 이는 가격 20달러에서 이루어지며, 새로운 단기 공급곡선 SS_1은 새로운 수요곡선 D_1과 교차한다. 이 가격수준은 생산요소 가격이 증가하여 도출된 새로운 장기 평균비용곡선 AC_1의 최저수준과 같다. 산업 생산량은 연간 1,000만 개에서 1,400만 개로 확대된다. 기업들은 최소효율 규모 생산량 50,000개를 생산하기 때문에 이제 균형하에서 기업의 수는 14,000,000/50,000 = 280개가 된다. 따라서 추가적으로 80개 기업이 이 산업에 진입하게 된다.

비용이 증가하는 산업에서 장기 시장공급곡선은 〈그림 9.13(b)〉에서 보는 것처럼 기울기가 상향하는 선분 LS가 된다. 기울기가 상향하는 시장공급곡선에 따르면 장기적으로 산업 생산량을 추가하기 위해서는 가격 인상이 필요하다고 한다. 가격이 인상되면 산업 생산량이 확대됨에 따라 나타나는 장기 평균비용 최저수준의 상승을 보상할 수 있게 된다.

비용감소산업

일부 경우에는 산업 생산량이 증가하면 생산요소 가격이 감소할 수 있다. 이 경우를 **비용감소산업**(decreasing-cost industry)이라 한다. 이를 설명하기 위해 어떤 산업은 특별한 종류의 컴퓨터 칩을 생산요소로 많이 사용한다고 가상해 보자. 이 경우 컴퓨터 칩 제조업체는 대량생산을 하면서 비용을 낮출 수 있는 생산기법을 채택할 수 있게 되어 해당 칩에 대한 산업수요가 증가함에 따라 이 산업은 컴퓨터 칩을 보다 저렴하게 구입할 수 있다. 또 다른 예로는 규모가 큰 산업의 경우 대규모로 선적을 하면 운송비를 낮출 수 있기 때문에 운송업무를 보다 저렴하게 수행할 수 있다. 비용이 감소하는 산업의 경우 기업들은 규모의 경제 때문이 아니라 산업 생산량이 증가함에 따라 생산요소 가격이 감소하여 평균비용 및 한계비용 곡선이 하락한다.

〈그림 9.14〉는 비용감소산업에서 장기 공급곡선 LS의 기울기가 하향하고 있음을 보여 주고 있다. 최초의 장기 균형가격 15달러에서 해당 산업에 속한 200개의 동일한 기업은 각각 연간 50,000개를 생산하고 있다. [각 기업은 그림 9.14(a)의 점 A에 위치한다.] 처음에는 신규기업의 진입이 발생하지 않고 생산요소 가격도 불변한다고 가정할 경우 단기 공급곡선은 SS_0가 된다. 시장수요가 오른쪽으로 이동하여 〈그림 9.14(b)〉에서 수요곡선이 D_0에서 D_1으로 이동하게 되면 단기 균형가격은 D_1과 최초의 단기 공급곡선 SS_0가 교차하는 점인 23달러가 된다. 이 가격수준에서 기업들은 양의 경제적 이윤을 얻게 되며 진입이 발생하게 된다. 지금까지의 모든 이런 상황은 〈그림 9.12〉 및 〈그림 9.13〉에서 살펴본 것과 유사하다.

하지만 신규진입이 이루어져 해당 산업의 생산량이 증가하게 되면 해당 산업 특유의 생산요소(예를 들면 컴퓨터 칩) 가격이 하락하게 되고, 이로 인해 해당 산업에 속한 각 기업의 장기 및 단기 비용곡선이 [그림 9.14(a)에서 보는 것처럼] 아래쪽으로 이동하게 된다(앞에서와 마찬가지로 이 예는 AC_0가 AC_1으로 이동하더라도 각 기업의 최소효율 규모는 점 B가 보여 주는 것처럼 연간 50,000개로 불변이라고 가정한다). 새로운 단기 시장공급곡선 SS_1은 진입이 이루어지고 생산요

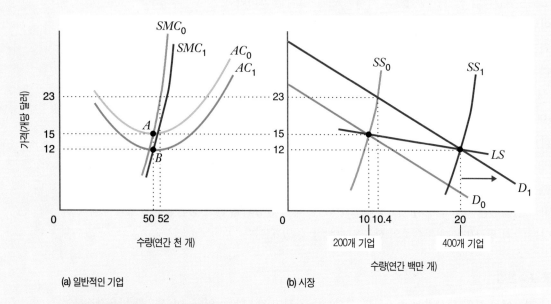

(a) 일반적인 기업 **(b) 시장**

그림 9.14 비용감소산업의 장기 시장공급곡선

최초에 시장은 200개의 동일한 기업으로 구성된다. (a)에서 점 A는 개당 가격 15달러에서 시장이 장기균형상태에 있는 경우 어떤 기업의 상황을 보여 주고 있다. 이 기업은 연간 50,000개를 생산하고 있으며, 연간 총시장공급량은 1,000만 개가 된다. 수요가 증대된(그리고 생산요소 가격이 인하된) 이후 개당 가격 12달러에서 시장이 장기균형상태에 있게 되면 각 기업은 점 B에서 생산을 하게 된다.

(b)에서 LS는 장기 시장공급곡선이다. 최초의 균형은 LS와 최초의 수요곡선 D_0가 교차하는 점에서 이루어진다. 수요가 증가함에 따라 수요곡선은 D_0에서 D_1으로 이동하게 된다. 처음에는 최초의 생산요소 가격을 지불하는 200개 기업이 있는 경우 단기 공급곡선은 SS_0가 된다. 추가적으로 200개 기업이 시장으로 진입하고 생산요소 가격이 하락하게 되면 단기 공급곡선은 SS_1으로 이동하게 된다. 장기적으로 균형가격은 (생산요소 가격이 인하된 이후) LS와 새로운 수요곡선 D_1이 교차하는 점인 12달러에서 결정된다.

소 가격이 새로운 (낮은) 수준에서 결정된 후 해당 산업 내 400개 기업에 대해 도출된 것이다. 새로운 균형가격은 12달러가 되고 이 시장에서 교환되는 수량은 연간 2,000만 개가 된다. 장기 공급곡선 LS는 기업의 신규진입과 생산요소 가격의 변화를 둘 다 고려하여 도출된 것이다. 이 공급곡선의 기울기는 하향하는데 그 이유는 시장에서 생산량이 증대함에 따라 생산요소 가격이 하락했기 때문이다.

완전경쟁이 시사하는 바는 무엇인가?

이 절에서는 자유진입이 완전경쟁시장에서 장기 시장가격의 결정에 어떤 영향을 미치는지 살펴보았다. 이렇게 함으로써 자유진입으로 인해 종국적으로 경제적 이윤이 영이 된다는 완전경쟁 이론의 주요한 의미를 파악할 수 있었다. 이는 미시경제학에서 가장 중요한 개념 중 하나이다. 이를 통해 이윤이 발생하는 기회를 모든 기업이 자유롭게 이용할 수 있다면 경제적 이윤은 지속되지 않는다는 사실을 알 수 있다. 이는 사업과 관련된 다음과 같은 명언에서도 찾아볼 수 있다. "누구나 할 수 있는 일이라면 당신은 거기서 돈을 벌 수 없다." 완전경쟁 이론이 경영자에게 시사하는 바는 기업전략을 쉽게 모방할 수 있는 기술이나 쉽게 취득할 수 있는 자원에 기초하여 수립할 경우 완전경쟁 이론이 시사하는 논리에 따라 어려움에 빠질 수 있다는 것이다. 장기적으로 이런 기업의 경제적 이윤은 경쟁을 통해 사라지게 된다.

9.5 경제적 지대와 생산자 잉여

앞 절에서 가격을 추종하는 기업이 시장가격에 비추어 자신들의 생산결정을 어떻게 조절하는지 살펴보았다. 또한 시장가격이 어떻게 결정되는지에 대해서도 알아보았다. 이제는 (예를 들면 노동서비스 제공자 또는 토지나 자본의 소유주와 같은) 기업과 생산요소의 소유주들이 완전경쟁시장에 참여하여 얻을 수 있는 이윤의 범위를 어떻게 설명할 수 있는지에 대해 고찰해 볼 것이다. 두 가지 개념, 즉 경제적 지대와 생산자 잉여를 사용하여 완전경쟁시장에서 기업 및 생산요소 소유주들이 얻을 수익의 폭을 설명할 것이다.

경제적 지대

지금까지 살펴본 이론에서는 완전경쟁시장에서 운용되는 모든 기업이 동일한 자원에 접근할 수 있다고 가정하였다. 이는 기존 기업들과 잠재적으로 진입을 하려는 모든 기업이 동일한 장기 비용곡선을 갖는다는 가정에 반영되어 있다.

하지만 많은 산업에서 일부 기업들은 특출한 생산자원에 접근할 수 있는 반면에 다른 기업들은 그렇지 못하다. 예를 들어 장미 재배산업에서 보면 수천 명이 재배책임자가 될 자격을 갖추고 있지만 오직 소수만이 정말로 우수한 재배책임자가 될 수 있다. 다행스럽게 이런 소수의 재배책임자를 고용할 수 있는 장미 재배업자들은 그렇지 못한 기업들보다 더 생산적이 될 수 있다.

경제적 지대(economic rent)는 공급이 제한된 특별히 생산적인 요소에서 기인한 경제적 잉여를 측정하는 개념이다. 즉 경제적 지대는 제공된 생산요소의 서비스에 대해 기업이 지불하고자 하는 최대 금액과 해당 생산요소의 **유보가격**(reservation value) 사이에 존재하는 차이이다. 생산요소의 유보가격이란 생산요소 소유주가 해당 산업 이외에 최선의 대안적인 사용처에 해당 생산요소를 배치할 경우 얻을 수 있는 수익을 말한다. 이런 정의를 한데 모아서 정리하면 다음과 같다.

경제적 지대 $= A - B$

여기서 다음과 같이 정의된다.

A = 기업이 생산요소 서비스에 대해 지불하고자 하는 최대금액

> B = 생산요소 소유주가 해당 산업 이외에 최선의 대안적인 사용처에 해당 생산요소를 배치할 경우 얻을 수 있는 수익

이 정의를 설명하기 위해 장미 재배업체가 특출한 재배책임자를 고용하면서 지불하고자 하는 최대금액, 즉 정의에서 규정한 A항은 105,000달러라고 가상하자.[8] 나아가 재배책임자가 장미 재배산업 이외에서 구할 수 있는 최선의 고용기회는 연봉 70,000달러인 튤립 재배산업에서 근무하는 것이다. 이는 위에서 B항에 해당한다. 따라서 특출한 재배책임자에 의해 만들어진 경제적 지대는 연간 105,000달러-70,000달러 = 35,000달러가 된다.

경제적 지대는 종종 경제적 이윤과 혼동된다. 이 개념들은 관련은 있지만 서로 다르다. 경제적 이윤과 경제적 지대의 차이를 설명하기 위해 장미 재배의 경우를 더욱 자세히 살펴보도록 하자. 장미를 생산하는 모든 업체는 단지 한 명의 재배책임자가 필요하다고 가상하자. 또한 두 가지 형태의 재배책임자, 즉 특출한 재배책임자와 평범한 재배책임자가 있다고 가상하자. 전자와 같은 재배책임자의 수는 예컨대 20명으로 제한되어 있으며, 후자와 같은 재배책임자는 무한대로 공급된다. 두 가지 형태의 재배책임자 각각의 유보가격은 연간 70,000달러라고 가상하자. 이제는 모든 재배책임자에게 이 유보가격과 같은 연봉이 지급된다고 가정하자.

특출한 재배책임자는 (노동, 자본, 토지, 재료 등) 동일한 생산요소를 갖고 평범한 재배책임자보다 더 많은 장미를 생산할 수 있다. 〈그림 9.15〉에서 보는 것처럼 모든 재배책임자에게 동일한 연봉인 70,000달러가 지급될 경우 특출한 재배책임자를 고용한 장미 생산업체는 평범한 재배책임자를 고용한 업체보다 더 낮은 평균비용 및 한계비용 곡선을 갖게 된다[그림 (a)에 있는 AC' 및 MC'와 그림 (b)에 있는 AC 및 MC를 비교하라]. 평균비용곡선 AC 및 AC'는 다음과 같은 두 가지의 합이다. 즉 재배책임자 봉급 이외의 다른 요소(예를 들면 노동, 재료, 토지, 자본 등)에 대해 장미 생산업체가 부담해야 하는 장미 송이당 총비용에, 70,000달러를 생산된 장미 송이 수로 나눈 장미 송이당 재배책임자의 봉급분을 합한 것이다. 특출한 재배책임자를 고용할 경우 해당 업체가 절약할 수 있는 것은 바로 '기타 비용'이다. 또한 재배책임자의 봉급은 생산된 장미 수량에 대해 독립적이기 때문에(즉 재배책임자의 봉급은 고정비용이기 때문에) 재배책임자의 봉급액은 장미 재배업체의 한계비용곡선 위치에 영향을 미치지 않는다는 점에 주목하자. MC와 MC'의 차이는 장미 재배업체가 재배책임자를 고용하여 얻을 수 있는 추가적인 생산성에서만 기인할 뿐이다.

〈그림 9.15〉는 모든 재배책임자에게 동일한 봉급이 지급될 경우의 시장균형을 보여 주고 있다. 평범한 재배책임자를 고용한 업체는 최소효율 규모인 연간 600,000송이를 생산한다[그림 9.15(b) 참조]. 특출한 재배책임자를 고용한 업체는 한계비용곡선 MC'가 송이당 0.25달러인 균형시장가격과 교차하는 점에서 연간 700,000송이를 생산하게 된다[그림 9.15(a) 참조]. 0.25달러에서 장미

---

8 지불하고자 하는 최댓값을 어떻게 결정하는지 이 절 뒷부분에서 살펴볼 것이다.

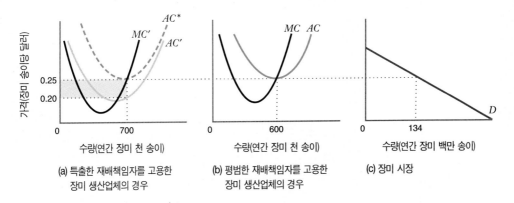

그림 9.15 경제적 지대

특출한 재배책임자를 고용한 장미 생산업체는 평범한 재배책임자를 고용한 업체보다 더 낮은 한계비용곡선(MC' 대 MC)을 갖게 된다. 모든 재배책임자에게 연간 동일한 임금이 지급될 경우 전자의 기업이 더 낮은 평균비용곡선(AC' 대 AC)을 또한 갖는다. 균형가격인 장미당 0.25달러는 평범한 재배책임자를 고용한 업체의 장기 평균비용 최저수준에서 결정된다. 이 가격에서 평범한 재배책임자를 고용한 업체는 연간 600,000송이의 장미를 생산하는 반면에 특출한 재배책임자를 고용한 업체는 연간 700,000송이의 장미를 생산한다. 특출한 재배책임자에 대한 경제적 지대는 (a)에서 빗금 친 영역의 면적과 같다. 모든 재배책임자에게 동일한 봉급이 지급될 경우 이 면적은 특출한 재배책임자를 고용한 업체의 경제적 이윤이 된다. 하지만 특출한 재배책임자를 고용하는 데 경쟁이 존재하는 경우 이런 재배책임자가 받는 봉급은 이런 재배책임자를 고용한 업체의 경제적 이윤이 영이 되는 점까지 인상된다. (c)는 시장수요곡선과 균형가격에서 생산된 장미의 총수량을 보여 준다.

에 대한 총시장수요는 1억 3,400만 송이가 된다[그림 9.15(c) 참조]. 그중 $20 \times 700,000 = 1,400$만 송이는 20명의 특출한 재배책임자를 고용한 20개 업체가 공급하고 나머지 1억 2,000만 송이는 평범한 재배책임자를 고용한 업체가 공급하게 된다. 〈그림 9.15(a)〉에서 업체가 봉급 70,000달러에 특출한 재배책임자를 고용할 경우 평균비용은 송이당 0.20달러가 된다. 반면에 동일한 연봉 70,000달러에 평범한 재배책임자를 고용한 업체는 송이당 0.25달러인 균형가격과 같은 평균비용을 부담하게 된다. 따라서 특출한 재배책임자를 고용할 경우 장미 재배업체는 생산된 장미 송이당 비용 0.05달러를 절약할 수 있다.

이제는 특출한 재배책임자가 산출한 **경제적 지대**에 대해 알아보도록 하자. 위의 정의에 비추어 볼 때 우선 다음과 같은 질문을 하게 된다. 특출한 재배책임자를 고용하면서 업체가 지불하고자 하는 **최대 봉급액**은 얼마인가? 업체가 재배책임자에게 지불하고자 하는 **최대금액**은 기업의 경제적 이윤이 영이 되도록 하는 S^*라는 봉급액이다. 이보다 봉급액이 더 높아질 경우 기업은 산업으로부터 퇴출하는 것이 더 낫다. 〈그림 9.15〉에서 최대 봉급액 S^*를 지불할 경우 기업의 평균비용은 위쪽으로, 즉 AC'에서 AC^*로 이동하여 700,000송이인 생산량에서 평균비용은 장미 송이당 시장가격 0.25달러와 같아진다(AC^*는 AC와 같다).[9] 즉 70,000달러가 아닌 봉급액 S^*는 특출한 재

---

9 재배책임자의 봉급액은 장미 생산업체의 한계비용곡선 위치에 영향을 미치지 않으므로 특출한 재배책임자를 고용

배책임자의 재능으로 인해 창출된 비용상의 이득에 해당하는 장미 송이당 0.05달러를 상쇄하게 된다. 평균비용곡선이 위쪽으로 이동할 경우 이는 S^*에서의 장미 송이당 봉급액, 즉 $S^*/700,000$와 70,000달러에서의 장미 송이당 봉급액, 즉 $70,000/700,000$ 사이의 차이와 같으며 위쪽으로 이동한 폭은 정확히 0.05달러가 된다. 즉 다음과 같아진다.

$$\frac{S^*}{700,000} - \frac{70,000}{700,000} = 0.05$$

$$S^* = 105,000달러$$

즉 장미 생산업체가 특출한 재배책임자에게 지불하고자 하는 최고 봉급액은 연간 105,000달러가 된다. 경제적 지대는 이 지불하고자 최대금액과 재배책임자의 유보가격인 70,000달러 사이의 차이로, 다음과 같다.

$$경제적 지대 = 105,000달러 - 70,000달러 = 35,000달러$$

이 경제적 지대 35,000달러는 〈그림 9.15(a)〉의 빗금 친 영역의 면적에 상응한다는 점에 주목하자.[10]

이제는 장미 재배업체의 경제적 이윤을 계산해 보자. 평범한 재배책임자를 고용하고 있는 업체들은 영의 경제적 이윤을 얻게 된다. 반면에 특출한 재배책임자를 고용하고 있는 20개 업체는 장미 송이당 비용상 이득인 0.05달러에 생산한 장미 수를 곱한 만큼에 해당하는 양의 경제적 이윤을 얻게 된다. 이 곱한 값은 〈그림 9.15(a)〉의 빗금 친 영역의 면적과 같다. 특출한 재배책임자에게도 평범한 재배책임자에게 지급한 금액과 같은 봉급이 지급될 경우 경제적 이윤은 경제적 지대와 같아진다. 즉 특출한 재배책임자를 고용하고 있는 20개 기업 각각은 혼자서 모든 경제적 지대를 양의 경제적 이윤으로 차지한다. 반면에 특출한 재배책임자는 자신의 재능으로 인해 산출된 경제적 지대 중 어느 것도 차지하지 못하게 된다. 이 경우 특출한 재배책임자를 연봉 70,000달러로 고용하여 행운을 차지하게 된 업체에게는 분명히 대단한 이득이다.

하지만 장미 재배업체들이 특출한 재배책임자를 고용하기 위해 경쟁을 한다고 가상하자. 이 경우는 미국 메이저리그 야구 또는 프로농구의 자유계약선수 시장과 크게 다르지 않다. 최고의 재배책임자를 고용하기 위해 장미 재배업체들 사이에 경쟁이 발생하면 특출한 재배책임자의 봉급이 경쟁적으로 인상된다. 이런 경쟁이 심할 경우 특출한 재배책임자의 봉급은 해당 업체가 지불하고자 하는 최대금액인 105,000달러까지 치솟게 된다. 이렇게 되면 사실 특출한 재배책임자를 고용한 업체는 〈그림 9.15(a)〉의 장기 평균비용곡선 AC^* 상에서 운용된다.[11] 장기균형에서 이 업체들

한 기업은 (이동하지 않은) MC' 곡선과 시장가격 0.25달러가 같아지는 점에서 연간 700,000송이를 계속 생산한다는 점을 기억하자.

10 이는 해당 영역의 면적 = $(0.25 - 0.20) \times 700,000 = 35,000$달러이기 때문이다.

11 재배책임자의 봉급은 고정비용이므로 한계비용곡선은 영향을 받지 않는다는 점을 기억하자.

표 9.3	경제적 지대와 경제적 이윤 사이의 관계		
재배책임자의 연봉	특출한 재배책임자가 창출한 경제적 지대	'봉급 초과액' (특출한 재배책임자가 차지하게 되는 경제적 지대 부분)	경제적 이윤 (특출한 재배책임자를 고용한 기업이 차지하게 되는 경제적 지대 부분)
70,000달러	35,000달러	0달러	35,000달러
70,000~105,000달러 사이	35,000달러	0~35,000달러 사이	35,000~0달러 사이
105,000달러	35,000달러	35,000달러	0달러

은 평범한 다른 업체들과 마찬가지로 영의 경제적 이윤을 얻게 된다. 특출하게 생산적인 재배책임자를 고용함으로써 얻게 되는 비용상의 이득은 이들을 또한 고용하고자 하는 다른 장미 재배업체들과의 경쟁에서 이기기 위해 지불해야 하는 더 높은 봉급액으로 상쇄될 뿐이다. 희귀한 생산요소의 경제적 지대는 계속 빗금 친 영역의 면적이다. 하지만 이 경우 경제적 지대는 장미 재배업체가 양의 경제적 이윤으로 차지하지 못하고 유보가격 70,000달러를 상회하는 '봉급 초과액'으로 특출한 재배책임자가 차지하게 된다.

일반적으로 특출한 재배책임자의 봉급은 70,000~105,000달러 사이에 위치하게 된다. 이 봉급액에 따라 특출한 재배책임자를 고용한 장미 재배업체의 경제적 이윤은 35,000~0달러 사이에 위치하게 된다. 〈표 9.3〉은 이런 사실을 설명하고 있다. 이 표에 따르면 경제적 지대는 기업과 생산요소 소유주 사이에 나뉘는 이득 또는 잉여가 된다. 경제적 지대는 언제나 35,000달러가 되지만 경제적 이윤은 '지대라는 이득'이 어떻게 배분되느냐에 달려 있다.

재배업체와 재배책임자 사이에 이루어지는 경제적 지대의 분배는 궁극적으로 자원의 이동성에 달려 있다. 재배책임자가 한 업체에서 다른 업체로 쉽게 이동할 수 있다면 이들이 제공하는 서비스 가격을 급격히 인상시켜 재배책임자의 봉급이 업체가 지불하고자 하는 최대금액인 105,000달러에 거의 근접하게 된다. 이 경우 장미 재배업체의 경제적 이윤은 (야구구단의 이윤이 유능한 자유계약선수를 입단시키기 위해 경쟁을 벌이게 되면 사라지듯이) 재배책임자를 고용하기 위해 시장에서 경쟁을 벌이게 되면 사라지게 된다. 반면에 재배책임자가 한 업체에서 다른 업체로 쉽게 이동할 수 없는 경우이거나 재배책임자의 특출한 재능이 특정 업체로 특화된 경우(즉 재배책임자가 한 특정 업체에서만 특출한 재능을 발휘할 수 있지 다른 업체에서는 그렇지 못한 경우)에는 재배책임자의 봉급이 경쟁을 통해 인상되지 못할 수도 있다. 이처럼 봉급이 인상되지 못하면 경제적 지대는 업체가 양의 경제적 이윤으로 차지하게 된다.

생산자 잉여

제5장에서는 소비자 잉여의 개념을 소개했다. 기억하고 있는 것처럼 소비자 잉여는 가격을 추종하는 소비자가 시장가격으로 생산물을 구입할 경우 얻을 수 있는 순이득을 금전적으로 측정한 값이다. 제5장에서는 소비자 잉여를 수요곡선과 시장가격 사이의 면적이라고 보았다.

이 절에서는 가격을 추종하는 기업에게 유사한 개념인 **생산자 잉여**(producer surplus)에 대해 살펴볼 것이다. 생산자 잉여는 어떤 기업이 시장에서 재화를 판매하여 실제로 받게 되는 금액과 해당 기업이 해당 물품을 판매하기 위해 받아야만 하는 최소금액 사이의 차이이다. 소비자 잉여는 가격을 추종하는 소비자가 주어진 시장가격에서 생산물을 구입함으로써 얻게 되는 순이득을 측정한 값인 것과 마찬가지로 생산자 잉여는 가격을 추종하는 기업이 주어진 시장가격에서 생산물을 공급함으로써 얻게 되는 순이득을 측정한 값이다.

개별 기업에 대한 생산자 잉여

개별 기업에 대한 생산자 잉여에 관해 알아보기 위해서 간단한 예를 들어 보도록 하자. 어떤 조선회사는 내년도에 배를 한 척 건조할 수도 있고 전혀 건조하지 못할 수도 있다. 해당 업체는 배를 건조할 경우 부담하게 되는 추가적인 비용(달리 표현하면 배를 건조하지 않을 경우 피할 수 있는 비용)인 5,000만 달러를 최소한 받을 수 있다면 배를 건조하고자 할 것이다. 이 선박의 시장가격이 7,500만 달러라면 해당 회사는 선박을 기꺼이 건조하려 할 것이다. 이렇게 되면 추가적인 수입으로 7,500만 달러를 받게 되고 추가적인 비용 5,000만 달러가 발생하게 되어 총이윤이 증대된다. 이 기업의 생산자 잉여는 7,500만 달러 − 5,000만 달러 = 2,500만 달러가 된다. 생산자 잉여는 간단히 말하면 해당 기업의 총수입에서 총비매몰(즉 피할 수 있는)비용을 감한 차이와 같다.

물론 이 책에서 살펴보았던 것처럼 기업들은 일반적으로 1단위보다는 더 많이 공급하려 한다. 예를 들면 위에서 살펴본 조선회사의 경우 잠재적으로 특정 연도 동안 네 척의 배를 건조할 수 있다고 가상하자. 이 기업의 공급곡선 S는 〈그림 9.16〉과 같아진다. 이에 따르면 첫 번째 선박을 공급하기 위해서 이 기업은 적어도 한 척에 5,000만 달러를 받아야 한다. 두 번째 선박을 공급하면서 받고자 하는 최소한의 가격은 6,000만 달러가 된다. 세 번째 선박을 공급하기 위한 최소한의 가격은 7,000만 달러이고 네 번째 선박을 공급하기 위한 최소한의 가격은 8,000만 달러이다. 처음의 경우와 마찬가지로 조선회사가 선박을 공급하고자 하는 최소한의 가격은 선박을 건조하는 데 필요한 추가적인 비용을 반영한다. 조선회사가 내년도에 한 척이 아닌 두 척을 건조할 경우 덜 현대적인 장비를 갖춘 구형 조선소를 이용해야 하므로 (이에 따라 근로자의 생산성이 낮아지므로) 두 번째 선박을 공급하기 위해서는 더 높은 가격을 요구하게 된다. 이와 같은 이유로 인해 조선회사가 세 번째와 네 번째 선박을 공급하려면 계속해서 더 높은 가격을 요구하게 된다.

선박의 시장가격이 한 척당 7,500만 달러라고 가상하자. 이 가격수준에서 조선회사의 공급곡선에 따르면 내년도에 세 척의 선박을 공급하게 된다. 이 조선회사의 생산자 잉여는 얼마나 되는가? 이 물음에 대한 답을 구하려면 건조된 각 선박의 잉여를 합산해야 한다. 첫 번째 선박의 생산자 잉여는 (앞에서 살펴본 것과 마찬가지로) 2,500만 달러, 즉 시장가격인 7,500만 달러에서 해당 선박을 건조하기 위해 피할 수 있는 비용인 5,000만 달러를 감한 금액이 된다. 두 번째 선박의 생산자 잉여는 7,500만 달러에서 6,000만 달러를 감한 1,500만 달러가 되고 세 번째 선박의 잉여는 7,500만 달러에서 7,000만 달러를 감한 500만 달러가 된다. 조선회사의 생산자 잉여는 2,500만

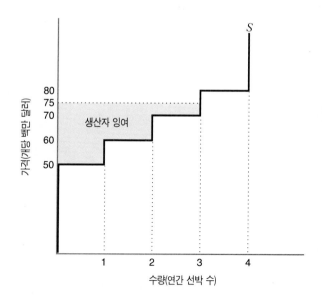

그림 9.16 조선회사의 생산자 잉여

공급곡선 S에 따르면 선박 한 척을 공급하기 위해서는 이 기업은 적어도 5,000만 달러를 받아야만 한다. 두 척을 공급하기 위해서는 적어도 한 척당 6,000만 달러를 받아야 하며 세 척을 공급하기 위해서는 적어도 한 척당 7,000만 달러를 받아야 한다. 또한 네 척을 공급하려면 적어도 한 척당 8,000만 달러를 받아야 한다. 선박의 시장가격이 한 척당 7,500만 달러인 경우 조선회사는 세 척을 공급하게 된다. 이 조선회사의 생산자 잉여는 4,500만 달러가 되며 이는 시장가격과 공급곡선 사이에 위치한 색칠된 면적과 같다.

달러 + 1,500만 달러 + 500만 달러 = 4,500만 달러가 되며 이는 조선회사의 총수입에서 총비매몰비용을 감한 차액과 같다.

〈그림 9.16〉에서 보는 것처럼 조선회사의 생산자 잉여는 이 기업의 공급곡선과 시장가격 사이의 면적이 된다. 이 예에서 해당 기업의 공급곡선을 '계단'으로 나타내었는데 이는 각 생산단위의 생산자 잉여를 쉽게 알 수 있도록 하기 위해서이다. 하지만 생산자 잉여 개념은 기업이 매끄러운 공급곡선을 갖는 경우에도 쉽게 적용될 수 있다.

〈그림 9.17〉은 한계비용곡선 MC와 평균 비매몰비용곡선 $ANSC$를 직면하는 기업의 생산자 잉여를 보여 주고 있다. 이 기업의 경우 공급곡선은 폐쇄가격인 단위당 2달러까지 수직선 $0E$가 된다. 2달러를 초과해서는 MC의 굵은 선 부분이 공급곡선이 된다. 시장가격이 단위당 3.50달러가 되는 경우 이 기업은 125단위를 공급한다. 시장가격이 3.50달러인 경우 이 기업의 생산자 잉여는 공급곡선과 시장가격 사이의 면적, 즉 $FBCE$의 면적이다. 이 면적은 두 부분, 즉 직사각형 $FACE$와 삼각형 ABC로 구성된다. 직사각형 $FACE$는 총수입과 첫 번째 공급량인 100개의 총비매몰비용 사이의 차이이다. 따라서 이는 이 100개의 생산자 잉여를 의미한다. 삼각형 ABC는 해당 기업이 생산량을 100개에서 125개로 확대할 경우 발생하는 추가수입과 추가비용 사이의 차이이다. 따라서 이는 마지막 공급량인 25개의 생산자 잉여를 의미한다. 이 범위에서 추가적인 생산물의 각 단위에 대해 기업의 이윤은 가격과 추가 생산물 각 단위의 한계비용인 MC 사이의 차이이다. 따라서 면적 ABC는 생산량이 100개에서 125개로 증가함에 따라 발생하는 추가 이윤이 된다. 앞에서 살펴본 것과 같이 시장가격이 3.50달러인 경우 총생산자 잉여(면적 $FBCE$)는 해당 기업이 125개를 공급할 경우 이 기업의 총수입과 총비매몰비용 사이의 차이와 같다.

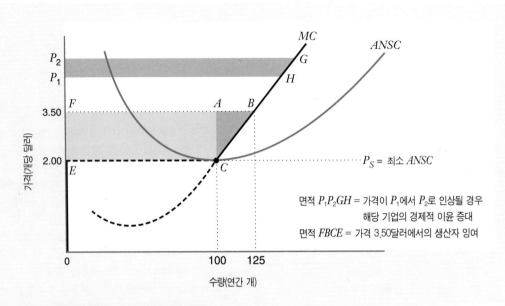

그림 9.17 가격을 추종하는 기업의 생산자 잉여

가격 3.50달러에서의 생산자 잉여는 가격과 공급곡선 사이의 면적인 *FBCE*가 된다. 이 면적은 생산량이 125개인 경우 해당 기업의 총수입과 총비매몰비용 사이의 차이와 같다. 시장가격이 P_1에서 P_2로 인상될 경우 생산자 잉여의 변화는 면적 P_1P_2GH와 같다. 이는 시장가격이 P_1에서 P_2로 인상될 경우 발생하는 해당 기업의 경제적 이윤의 변화이다.

기업의 고정비용 중 일부가 매몰되는 단기에서 기업의 생산자 잉여와 경제적 이윤은 같지 않으며 해당 기업의 매몰비용만큼 차이가 난다. 이를 보다 자세히 설명하면 경제적 이윤은 총수입에서 총비용을 감한 금액과 같은 반면에 생산자 잉여는 총수입에서 총비매몰비용을 감한 금액과 같다. 하지만 모든 비용이 비매몰되는(즉 피할 수 있는) 장기 생산자 잉여와 경제적 이윤은 같아진다.

두 경우 모두 한 시장가격에서의 생산자 잉여와 다른 시장가격에서의 생산자 잉여 사이의 차이는 이 두 가격에서 해당 기업의 경제적 이윤 차이와 같다(그 이유는 고정비용이 변화하지 않기 때문이라는 사실에 주목하자). 따라서 예를 들면 〈그림 9.17〉에서 면적 P_1P_2GH는 가격이 P_1에서 P_2로 인상될 경우 해당 기업이 얻게 되는 생산자 잉여의 증대뿐만 아니라 경제적 이윤의 증대를 나타낸다.

전체 시장에 대한 생산자 잉여 : 단기

이제는 개별 기업의 생산자 잉여로부터 산업의 생산업체 수가 고정되어 있고 산업 생산량이 확대되더라도 생산요소 가격이 변화하지 않는 경우의 전체 산업에 대한 생산자 잉여로 논의를 옮겨 가도록 하자. 이 경우 시장공급곡선은 〈그림 9.18〉에서 보는 것처럼 개별 생산업체의 공급곡선을 수평으로 합한 것과 같다. 이런 경우 시장가격 아래와 시장공급곡선 위의 면적, 즉 전체 시장에 대한 생산자 잉여는 해당 시장에 있는 개별 기업의 생산자 잉여를 합한 것과 같아야 한다.

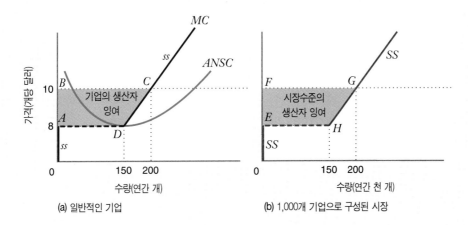

그림 9.18 시장수준의 생산자 잉여 : 해당 산업에 있는 기업의 수가 고정되어 있는 경우

일반적인 기업의 공급곡선은 *ss*이다. 가격 10달러에서 한 기업은 200단위를 공급하고 생산자 잉여는 면적 *ABCD*가 된다. 이 면적은 350달러와 같다. 이 산업에 1,000개의 기업이 있다면 시장공급곡선은 *SS*가 된다. 가격 10달러에서 시장공급은 200,000단위가 되며 시장수준의 생산자 잉여는 면적 *EFGH*가 된다. 이 면적은 350,000달러와 같다.

〈그림 9.18〉은 1,000개의 동일한 기업으로 구성된 시장에 대해 이런 점을 보여 주고 있으며 각 기업의 공급곡선은 *ss*가 된다. 〈그림 9.18(b)〉의 시장공급곡선 *SS*는 개별 공급곡선을 수평으로 합한 것과 같다. 공급곡선과 가격 사이의 면적, 즉 전체 시장에 대한 생산자 잉여는 시장의 총수입에서 해당 산업에 있는 모든 기업의 총비매몰비용을 감한 것과 같다. 예를 들면 가격이 개당 10달러인 경우 〈그림 9.18〉에 있는 각 개별 기업은 연간 200개를 생산하고 생산자 잉여는 면적 *ABCD*, 즉 350달러가 된다.[12] 10달러에서 총시장공급은 연간 200,000개가 되며 시장공급곡선과 가격 사이의 면적인 *EFGH*는 350,000달러가 된다. 이는 생산자 잉여가 각각 350달러인 1,000개 개별 기업의 생산자 잉여를 합한 것(350,000달러 = 350달러×1,000)이다. 따라서 시장수준에서의 생산자 잉여인 350,000달러는 1,000개 기업의 총수입과 이들의 총비매몰비용 사이의 차이가 된다.

정리문제 9.5

생산자 잉여를 계산하기

우유에 대한 시장공급곡선이 $Q = 60P$라고 가상하자. 여기서 Q는 가격이 갤런당 P달러인 경우 (천 갤런 단위로 측정한) 월간 우유 판매량을 의미한다.

문제

(a) 우유 가격이 갤런당 2.50달러인 경우 이 시장에서의 생산자 잉여는 얼마인가?

(b) 우유 가격이 갤런당 2.50달러에서 4.00달러로 인상될

---

12 *ABCD*의 면적은 (10−8)×150에 (1/2)×(10−8)×(200−150)을 더한 것으로, 350이 된다.

경우 생산자 잉여는 얼마나 증가하는가?

해법

(a) 〈그림 9.19〉는 우유의 공급곡선을 보여 주고 있다. 가격이 갤런당 2.50달러인 경우 우유는 월간 150,000갤런이 판매된다[즉 $Q = 60(2.50) = 150$]. 생산자 잉여는 삼각형 A로 공급곡선과 시장가격 사이의 면적이다. 이 면적은 $(1/2)(2.50 - 0)(150,000) = 187,500$이

다. 따라서 이 시장의 생산자 잉여는 월간 187,500달러가 된다.

(b) 가격이 2.50달러에서 4.00달러로 인상될 경우 공급량은 월간 240,000갤런으로 증가한다. 생산자 잉여는 면적 B(225,000달러)에 면적 C(67,500달러)를 합한 만큼 증가한다. 따라서 이 시장에서의 생산자 잉여는 월간 292,500달러만큼 증가한다.

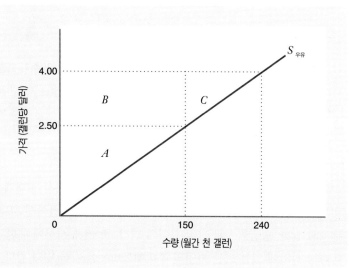

그림 9.19 우유 시장의 생산자 잉여

우유 가격이 갤런당 2.50달러인 경우 생산자 잉여는 삼각형 A의 면적, 즉 187,500달러가 된다. 가격이 2.50달러에서 4.00달러로 인상될 경우 생산자 잉여의 증대는 면적 B(225,000달러)와 면적 C(67,500달러)의 합, 즉 292,500달러만큼 이루어진다.

전체 시장에 대한 생산자 잉여 : 장기

장기균형에서 가격을 추종하는 기업은 영의 경제적 이윤을 얻게 된다. 기업의 장기적 생산자 잉여는 경제적 이윤과 같아지므로, 장기균형상태에 있는 완전경쟁기업의 생산자 잉여도 또한 영이 되어야 한다.

하지만 〈그림 9.20〉에 따르면 장기 산업공급곡선 LS와 시장균형가격 사이에 양인 면적(FP^*E)이 존재한다. 모든 기업들은 영의 경제적 이윤을 얻기 때문에, 면적 FP^*E는 산업 내 기업들의 경제적 이윤을 나타낼 수 없다. 그렇다면 그것은 무엇인가?

완전경쟁산업은 이 산업에 속한 기업들이 (예를 들면 장미 재배산업에서 특출한 재배책임자와 같은) 희귀한 자원의 서비스를 고용하기 위해 서로 경쟁을 해야 하므로 기울기가 상향하는 공급곡선을 갖게 된다는 점을 기억할 수 있다면 이 문제를 쉽게 해결할 수 있다. 앞 절에서 경제적 지대에 관해 논의한 것처럼 이런 경쟁을 통해 결과적으로 경제적 지대를 생산요소 소유주가 전부 차지하게 된다. 따라서 면적 FP^*E는 (영과 같은) 기업의 경제적 이윤이 아니라 산업 특유의 희귀한 생

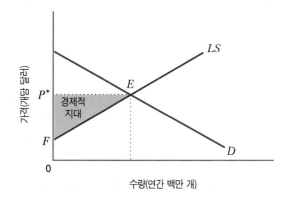

그림 9.20 비용증가산업이 장기균형에서 얻게 되는 생산자 잉여

장기균형가격 P^*에서 각 기업은 영의 경제적 이윤을 얻게 된다. 장기 공급곡선 LS와 균형가격 사이의 면적인 면적 FP^*E는 공급이 희귀한 생산요소에 돌아가는 경제적 지대가 된다.

산요소 소유주가 차지하는 경제적 지대이다. 예를 들어 〈그림 9.20〉의 시장이 장미시장이라면 면적 FP^*E는 재배책임자들이 서비스를 제공하도록 유도하기 위해 필요한 최저 봉급액을 초과하여 이 재배책임자들이 갖게 되는 봉급액이다.[13]

경제적 이윤, 생산자 잉여, 경제적 지대

다음 표를 소개하는 것으로 이 절을 끝맺고자 한다. 이 표는 이 장에서 논의한 성과에 대한 세 가지 측정방법, 즉 경제적 이윤, 생산자 잉여, 경제적 지대 사이의 관계를 요약해서 설명하고 있다.

	단기	장기 경쟁균형
산업의 경제적 이윤	= 총수입 − 총비용	= 총수입 − 총비용 = 0
산업의 생산자 잉여	= 총수입 − 총비매몰비용	= 총수입 − 총비용 = 0
산업공급곡선과 시장가격 사이의 면적	= 해당 산업의 생산자 잉여	비용불변산업에서 이 면적은 영과 같다. 비용증가산업에서 이 면적은 양이 되며 해당 산업에 특정된 희귀한 생산요소의 소유주가 차지하게 되는 경제적 지대이다.

---

13 비용감소산업에서는 기울기가 하향하는 산업공급곡선과 시장가격 사이에 면적이 존재한다. 이 면적에 대한 논의는 이 책의 범위를 벗어나는 것이므로 논의를 생략한다.

요약

- 완전경쟁시장은 다음과 같은 네 가지 특징을 갖는다. 기업은 차별화되지 않은 상품을 생산한다. 소비자는 가격에 대해 완전한 정보를 갖는다. 산업은 소규모로 분화된 상태이다. 모든 기업은 자원에 대해 동등한 접근을 할 수 있다. 이 특징들이 의미하는 바는 다음과 같다. 상품은 단일가격으로 판매되고 기업은 가격추종자로서 행동하며 해당 산업은 자유진입으로 특징지어진다.

- (회계적 이윤이 아닌) 경제적 이윤은 기업의 적절한 이윤극대화 목표를 의미한다. 경제적 이윤은 기업의 판매수입과 모든 관련 기회비용을 포함한 경제적 총비용 사이의 차이이다.

- 한계수입이란 기업이 제품 한 단위를 더 추가적으로 판매함으로써 얻게 되는 추가수입을 말한다. 이는 또한 제품 한 단위를 덜 판매함으로써 잃게 되는 수입을 말한다.

- 가격을 추종하는 기업의 한계수입곡선은 시장가격과 동일한 수평선이 된다.

- 가격을 추종하는 기업은 한계비용이 시장가격과 같아지고 한계비용의 기울기가 상향하는 생산량 수준에서 생산할 경우 이윤을 극대화할 수 있다.

- 모든 고정비용이 매몰비용이라면 완전경쟁기업은 제품의 시장가격이 평균가변비용을 초과할 경우에만 단기적으로 양의 생산량을 생산하게 된다. 기업이 영의 생산량을 생산하는 가격인 폐쇄가격은 평균가변비용의 최저수준이 된다(정리문제 9.1 참조).

- 일부 고정비용이 비매몰비용이라면 기업은 가격이 평균 비매몰비용을 초과할 경우에만 양의 생산량을 생산하게 된다. 폐쇄가격은 평균 비매몰비용의 최저수준이 된다(정리문제 9.2 참조).

- 시장 생산량이 변하더라도 생산요소 가격이 불변하는 경우 단기 시장공급은 개별 기업의 단기 공급곡선을 합한 것과 같다.

- 단기 균형가격에서 시장수요는 단기 시장공급과 같아진다(정리문제 9.3 참조).

- 공급의 가격탄력성은 가격의 각 백분율 변화에 대한 공급량의 백분율 변화를 측정한 것이다.

- 장기적으로 완전경쟁기업은 공장규모를 조절하여 장기 한계비용이 가격과 같아지는 수량을 생산함으로써 이윤을 극대화할 수 있다.

- 장기적으로 진입이 자유로운 경우 시장가격은 장기 평균비용의 최저수준과 같아진다. 기업들이 동일한 U자 형태의 장기 평균비용곡선을 갖는 경우 각 기업은 최소효율 규모에 해당하는 생산량을 공급하게 된다. 균형에서의 기업 수는 균형가격에서 총시장공급과 수요가 동일해짐으로써 결정된다(정리문제 9.4 참조).

- 비용불변산업에서 기업들이 해당 산업에 진입함에 따라 산업 생산량이 확대되더라도 시장가격에 영향을 미치지 않는다. 장기 시장공급곡선은 수평선이 된다.

- 비용증가산업에서 기업들이 해당 산업에 진입함에 따라 산업 생산량이 확대되면 해당 산업 특유의 생산요소 가격은 인상된다. 장기 시장공급곡선의 기울기는 상향한다.

- 희소한 생산요소의 경제적 지대는 이 희소한 생산요소에 대해 기업이 지불하고자 하는 최대금액과 해당 생산요소 유보가격 사이의 차이이다. 기업이 희소한 생산요소의 경제적 지대를 차지할 경우 양의 경제적 이윤을 얻게 된다. 하지만 희소한 생산요소를 고용하는 데 경쟁이 존재하는 경우 이런 이윤이 사라지게 된다. 이 경우 경제적 지대는 양이 되는 반면에 경제적 이윤은 영이 된다.

- 생산자 잉여는 공급곡선 위이면서 시장가격 아래인 면적을 말한다.

- 매몰 고정비용을 갖는 기업의 경우 생산자 잉여는 경제적 이윤과 다르다. 특히 생산자 잉여는 총수입과 총비매몰비용 사이의 차이와 같은 반면에 경제적 이윤은 총수입과 모든 총비용 사이의 차이와 같다. 기업이 매몰 고정비용을 갖지 않는 경우 생산자 잉여는 경제적 이윤과 같아진다.

- 단기에서 시장수준의 생산자 잉여는 단기 공급곡선과

시장가격 사이의 면적이다. 이는 시장에서 개별 기업들의 생산자 잉여의 합과 같다(정리문제 9.5 참조).

- 비용증가산업에서 장기 산업공급곡선의 기울기는 상향한다. 가격과 장기 공급곡선 사이의 면적은 공급이 희소하고 보다 많은 기업이 해당 산업에 진입함에 따라 가격이 상승하는 생산요소의 경제적 지대를 측정한 것이다.

주요 용어

가격추종자
경제적 이윤
경제적 지대
단기 시장공급곡선
단기 완전경쟁균형
매몰 고정비용
비매몰 고정비용
비용감소산업

비용불변산업
비용증가산업
산업 특유의 생산요소
생산량에 반응하는 비용
생산량에 반응하지 않는 비용
생산자 잉여
유보가격
일물일가의 법칙

자유진입
장기 시장공급곡선
장기 완전경쟁균형
평균 비매몰비용
폐쇄가격
한계수입

복습용 질문

1. 완전경쟁시장을 특징짓는 조건들을 설명하시오.
2. 경제적 이윤과 회계적 이윤의 차이를 설명하시오.
3. 완전경쟁기업의 이윤을 극대화하는 조건을 그래프를 이용하여 설명하시오.
4. 완전경쟁기업의 이윤극대화 문제로부터 해당 기업의 단기 공급곡선을 도출하시오.
5. 평균 비매몰비용곡선을 그래프를 이용하여 설명하고, 비매몰 고정비용이 존재하는 경우 이것이 완전경쟁기업의 단기 공급곡선에 어떤 영향을 미치는지 설명하시오.
6. 개별 기업들의 단기 공급곡선에서 단기 시장공급곡선을 어떻게 도출하는지 설명하시오.
7. 완전경쟁시장에서의 단기균형에 관해 비교정태 분석을 하시오.
8. 단기와 장기의 차이를 설명하시오.
9. 장기 완전경쟁균형이 달성되기 위한 조건들을 설명하시오.

10. 시장수요곡선과 일반적인 기업의 한계비용곡선 및 평균비용곡선이 주어진 경우, 장기균형가격, 시장에서의 균형 수요량 및 공급량, 균형상태에 있는 개별 기업의 공급량, 균형하에서 기업의 수에 대한 해법을 제시하시오.
11. 장기 시장공급곡선이 비용불변산업, 비용증가산업, 비용감소산업에서 어떻게 결정되는지 그래프를 사용하여 설명하시오.
12. 경제적 지대가 무엇인지 설명하고, 완전경쟁균형에서 어떻게 발생할 수 있는지 그래프를 사용하여 설명하시오.
13. 가격을 추종하는 기업에 대한 생산자 잉여를 정의하고 설명하시오.
14. 단기균형 및 장기균형에서 전체 시장에 대한 생산자 잉여에 관해 설명하시오.
15. 경제적 이윤, 생산자 잉여, 경제적 지대 사이의 차이점을 설명하시오.

10 경쟁시장 : 응용

10.1 보이지 않는 손, 물품세, 보조금

먼저 정부개입이 미치는 영향을 분석할 때 유의해야 할 사항을 살펴보도록 하자. 이 장에서는 통상적으로 단 하나의 시장만을 고려하는 **부분균형**(partial equilibrium)분석 방법을 이용할 것이다. 예를 들어 주택시장에서 임대에 대한 통제가 미치는 영향을 분석한다고 하자. 부분균형분석 방법에 따를 경우, 임대에 대한 통제가 다른 시장, 예를 들면 임대되지 않는 주택에 대한 시장, 가구시장, 자동차시장, 컴퓨터시장의 가격에 어떤 영향을 미치는지 알 수 없다. 한 시장에서의 변화가 모든 시장에 동시적으로 어떤 영향을 미치는지 알아보기 위해서는 **일반균형**(general equilibrium)모형을 이용해야 한다. 일반균형분석은 모든 시장의 균형가격과 균형량을 동시에 결정한다. 제16장에서 이런 좀 더 복잡한 형태의 분석을 소개할 것이다. 부분균형에서 도출한 결론은 일반균형분석법을 이용해 발견한 결론과 동일하지 않다. 그럼에도 불구하고, 부분균형분석을 이용하면 정부개입에 따른 주요 영향을 살펴보는 데 필요한 내용을 알 수 있다.

이 장에서는 정부개입이 없는 완전경쟁시장을 살펴볼 것이다. 제9장에서 살펴본 것처럼, 경쟁시장에서 모든 생산자와 소비자는 작은 부분으로 나뉘어 있다. 즉 시장에서 소비자와 생산자는 매우 작은 부분에 불과해 가격추종자로서 행동하게 된다. 정책입안자가 시장에서 가격에 영향을 미칠 능력을 갖는 경우 공급 및 수요 분석을 이용할 수 없다. 이 대신에 제11~14장까지 논의할 시장지배력에 관한 적절한 모형을 적용할 필요가 있다.

제9장에서도 살펴본 것처럼 완전경쟁시장에서 소비자는 공급되는 상품의 성질에 관해 완전한

정보를 갖고 있다고 본다. 하지만 소비자들이 시장에서 실제로 상품에 관한 충분한 정보를 구할 수 없기 때문에 정부는 가끔 시장에 개입한다. 예를 들어 건강관리와 관련된 서비스의 공급자와 소비자가 많아서 건강관리 부문이 경쟁구조를 갖는 것처럼 보인다. 그러나 약물치료와 의료적인 절차를 포함해 건강관리와 관련된 상품은 매우 복잡하므로 정보에 기초한 선택을 하기가 어렵다. 이 분야에 대한 정부개입은 이런 복잡한 시장에서 소비자를 보호할 수 있도록 이루어진다.

나아가 완전경쟁시장에서는 **외부효과**(externalities)가 존재하지 않는다. 소비자나 생산자 일방의 행동이 해당 시장의 생산물 가격에 반영되지 않는 비용 또는 편익으로 연계될 경우 외부경제가 존재한다. 예를 들어 생산자가 환경을 오염시킬 경우 생산 외부경제가 존재하게 된다. 오염이 발생한 경우 정부개입이 없다면 생산자에 의해 무시될지도 모를 사회적 비용을 만들게 된다. 개별 소비자의 행동이 다른 소비자들에게 비용을 부담시키거나 또는 편익을 주는 경우 소비 외부경제가 있다고 한다. 예를 들어 주택시장에서 지역설정과 관련된 법령은 주택 소비자들이 이웃이 소유한 재산의 가치를 떨어뜨리는 행위를 하지 못하도록 제정되어 시행된다. 이 장에서는 외부경제의 효과를 고려하지 않고 대신에 제17장에서 다룰 것이다.

마지막으로 이 장에서는 소비자 잉여를 이용해 기업이 시장가격에 영향을 미칠 경우 소비자의 후생이 얼마나 나아지는지 또는 악화되는지 알아볼 것이다. 제5장에서 살펴본 것처럼 소비자 잉여가 시장가격의 변화로 인해 소비자에게 미치는 영향을 측정하는 데 언제나 좋은 방법은 아니다. 일부 상품의 경우(예를 들면 소득효과가 큰 상품의 경우) 소비자 잉여의 변화를 이용하는 대신에 보상변동 또는 등가변동을 알아봄으로써 가격 변화가 소비자에게 미치는 영향을 알 수 있다.

보이지 않는 손

완전경쟁시장에 대해 살펴보고 나서 얻은 주요 교훈 중 하나는 다음과 같다. 즉 장기균형에서 경쟁시장은 자원을 효율적으로 분배한다는 사실이다. 〈그림 10.1〉은 한 개 시장에 대한 부분균형 모형에서 경제적으로 효율적인 자원의 분배를 보여 주고 있다. 경쟁균형에서 시장가격은 8달러가 되며 시장에서 연간 600만 개가 거래된다. 소비자 잉여 및 생산자 잉여의 합은 VRW이며 이는 수요곡선 아래와 공급곡선 위의 면적으로 연간 5,400만 달러가 된다.

시장에서 600만 개가 생산될 경우 경제적으로 효율적인 이유는 무엇인가? 이 물음에 답하기 위해 다른 수준의 생산량을 생산할 경우 효율적이지 않은 이유를 알아보도록 하자. 예를 들어 시장에서 단지 400만 개만 생산될 경우 효율적이지 않은 이유는 무엇인가? 수요곡선에 따르면 일부 소비자는 400만 번째 상품에 대해 12달러를 지불하려 한다. 하지만 공급곡선에 따르면 400만 번째 상품을 생산하는 데 단지 6달러의 비용만이 소요될 뿐이다(공급곡선은 시장에서 다음 상품을 생산하는 데 소요되는 한계비용을 의미한다는 점을 기억하자). 따라서 400만 번째 상품이 생산될 경우 총잉여는 6달러(= 12달러 − 6달러)만큼 증가한다. 수요곡선이 공급곡선 위에 위치할 경우 다른 상품이 생산되면 총잉여는 증가한다. 생산량이 400만 개에서 600만 개로 확대될 경우 총잉여는 면적 RNT, 즉 600만 달러 증가하게 된다.

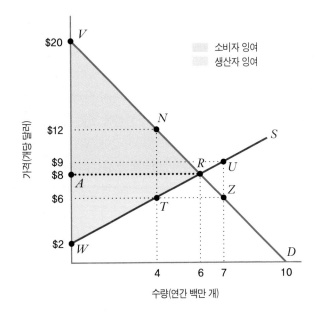

그림 10.1 경쟁시장에서의 경제적 효율성

경쟁균형상태에서 시장가격은 개당 8달러이고 거래량은 600만 개이다. 소비자 잉여는 면적 *AVR*(3,600만 달러)이고 생산자 잉여는 면적 *AWR*(1,800만 달러)이다. 공급곡선에 따르면 600만 번째를 생산하는 한계비용은 8달러가 된다. 적어도 한계비용 8달러를 지불하고자 하는 모든 소비자는 해당 재화를 구입할 수 있고 그 가격으로 재화를 공급하고자 하는 모든 생산자는 그렇게 할 수 있으므로, 시장은 자원을 효율적으로 분배하고 있다. 소비자 잉여와 생산자 잉여의 합계액(5,400만 달러)은 해당 공급곡선과 수요곡선이 주어진 경우 얻을 수 있는 최대 규모이다.

시장에서 700만 개가 생산될 경우 효율적인가? 수요곡선에 따르면 마지막 단위를 소비한 소비자는 6달러를 지불하고자 한다. 하지만 공급곡선에 따르면 700만 번째 상품을 생산할 경우 9달러의 비용이 소요된다. 따라서 마지막 단위가 생산될 경우 총잉여는 3달러(= 6달러 − 9달러)가 감소하게 된다. 수요곡선이 공급곡선 아래에 위치하므로 다음 단위의 상품이 생산될 경우 총잉여는 감소하게 된다. 다시 말해 수요곡선이 공급곡선 아래에 위치할 경우, 생산을 축소하면 순편익이 증가될 수 있다. 생산량이 700만 개에서 600만 개로 축소될 경우, 총잉여는 면적 *RUZ*, 즉 150만 달러만큼 증가하게 된다.

요약하자면 효율적인(잉여가 극대화되는) 생산량 수준은 공급곡선과 수요곡선이 교차하는 점에서 결정된다. 연간 600만 개 이외의 생산량을 생산하게 되면 연간 총잉여 5,400만 달러보다 적은 순편익을 얻게 된다.

이를 통해 두 번째 주요한 교훈을 추론할 수 있다. 완전경쟁시장에서 각 생산자는 자신의 이익에 따라 시장에 남아 있을지를 결정하고, 남아 있기로 결정하면 자신의 생산자 잉여를 극대화시킬 수 있도록 얼마나 생산할지를 결정한다. 나아가 각 소비자 또한 자신의 이익에 따라 효용을 극대화하기 위해 상품을 얼마나 소비할지를 결정한다. 효율적인 생산량 수준이 생산되도록 생산자와 소비자에게 어떻게 행동하라고 지시하는 최고위직에 있는 사회문제 계획자는 존재하지 않는다. 하지만 **완전경쟁시장에서의 생산량은 (잉여의 합으로 측정한) 순 경제적 편익을 극대화하는 생산량과 같다.** 애덤 스미스(Adam Smith)가 1776년 저술한 자신의 고전적인 논문 〈국부의 본질과 원인에 관한 연구〉에서 기술한 것처럼 경쟁시장은 생산 및 소비의 효율적인 수준에 도달하도록 하는 '보

이지 않는 손'이 있는 것처럼 작동한다.[1]

물품세

경제학자들은 종종 부분균형 모형을 사용해 조세가 경쟁시장에 미치는 영향을 알아보곤 한다. 예를 들어 휘발유세가 휘발유시장에 어떤 영향을 미치는지 알아볼 수 있다. 이미 살펴본 것처럼 분석하고자 하는 특정 시장에 조세가 미치는 영향을 알아보는 데 부분균형분석은 한계가 있다. 휘발유세는 생산자가 받는 가격뿐만 아니라 소비자가 지불하는 가격도 변화시킨다. 휘발유시장에 대한 부분균형분석에 따르면 (예를 들어 자동차, 타이어, 심지어 아이스크림과 같은) 다른 상품의 가격을 일정하다고 본다. 하지만 휘발유세가 부과될 경우 다른 상품의 가격도 변화할 수 있으며 부분균형 모형으로는 이런 변화가 미치는 영향을 분석할 수 없다.

조세가 부과되지 않는 경우 경쟁시장에서의 균형은 〈그림 10.1〉에서 보는 것과 같다. 시장은 균형에서 청산되기 때문에 공급량(Q^s)은 수요량(Q^d)과 같다. 〈그림 10.1〉에 따르면 균형에서 $Q^s = Q^d = 600$만 개가 된다. 조세가 부과되지 않는 경우 소비자가 지불해야 하는 가격(P^d)은 생산자가 수령하는 가격(P^s)과 같다. 〈그림 10.1〉의 균형에서는 $P^s = P^d = $ 개당 8달러가 된다.

물품세는 휘발유, 주류, 담배, 항공권과 같은 특정 상품에 부과되는 조세이다. 정부는 개당 물품세 6달러를 부과한다고 가상하자. 이 경우 소비자가 지불하는 가격은 생산자가 수령하는 가격보다 6달러 더 많기 때문에 조세로 인해 '조세차액'이 발생한다. 그러므로 균형에서 $P^d = P^s + 6$달러가 성립한다. 보다 일반적으로 말해 개당 조세 T(이 예에서 $T = 6$달러)를 부과할 경우, 소비자가 지불하는 가격(P^d)은 생산자가 수령하는 가격(P^s)에 조세를 합한 것과 같아진다. 기울기가 상향하는 공급곡선과 기울기가 하향하는 수요곡선을 갖는 시장에서 물품세가 미치는 영향은 다음과 같다.

- 시장은 효율적인 수준(즉 조세가 부과되지 않은 경우 공급되는 양)에 비해 **과소생산**하게 된다.
- 소비자 잉여는 조세가 부과되지 않는 경우보다 **낮아진다.**
- 생산자 잉여는 조세가 부과되지 않는 경우보다 **낮아진다.**
- 징수된 조세액으로 인해 정부재정에 미치는 영향은 양(+)이 된다. 조세 수령액은 경제 내에서 사람들에게 분배되기 때문에 사회에는 순편익의 일부가 된다.
- 조세 수령액은 소비자 잉여 및 생산자 잉여 감소분보다 더 적다. 따라서 조세로 인해 경제적 편익이 감소한다(사장된 손실이 발생하게 된다).

조세가 미치는 영향을 알아보는 한 방법은 〈그림 10.2〉에서 보는 것처럼 공급곡선에 조세액을

---

1 Adam Smith, *An Inquiry into the Nature and Causes of the Wealth of Nations* (London: W. Strahan and T. Cadell, 1776).

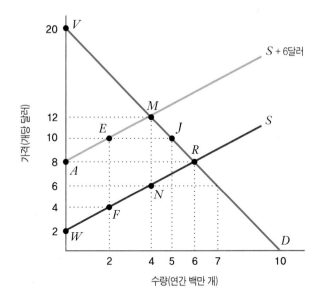

그림 10.2 물품세가 부과된 경우의 균형

정부가 개당 6달러의 물품세를 부과하는 경우 수령하게 될 총가격은 (공급곡선 상에서) 생산자가 요구하는 가격뿐만 아니라 조세도 포함해야 한다. 'S + 6달러'라고 표기된 곡선은, 소비자에게 부과된 가격이 한계생산비와 조세를 합한 금액 모두를 포함할 경우 생산자가 판매하고자 하는 수량을 보여 준다. 수요곡선과 'S + 6달러' 곡선이 교차하는 점에서 균형량 400만 개가 결정된다. 소비자는 (그래프 상의 점 M에서) 개당 12달러를 지불하고, 정부는 판매된 각 단위에 대해 6달러의 조세를 징수하며, 생산자는 (점 N에서) 가격 6달러를 받는다.

수직으로 추가시킨 새로운 곡선(S + 6달러라고 표기된 곡선)을 그리는 것이다. 소비자에게 부과된 가격이 공급곡선 상의 한계생산비용에 조세 6달러를 합한 금액인 경우, 새로운 곡선을 통해 생산자가 판매하고자 하는 수량을 알 수 있다. 예를 들어 조세가 포함된 가격이 10달러인 경우 생산자는 (S + 6달러라고 표기된 곡선 상의 점 E에 해당하는) 200만 개를 판매하고자 한다. 소비자가 10달러를 지불할 경우, 생산자는 판매가격에서 조세를 납부하고 난 후에 4달러(P^s = 4달러)만을 받게 된다. 공급곡선 상의 점 F는 공급자가 조세 납부 후 가격으로 4달러를 받을 경우 200만 개를 판매하고자 한다는 사실을 보여 준다.

〈그림 10.2〉에 따르면 소비자가 가격 P^d = 10달러를 지불할 경우 시장이 청산되지 않는다. 이 가격에서 소비자는 (점 J에 해당하는) 500만 개를 매입하고자 한다. 하지만 생산자는 S + 6달러 곡선 상의 점 E가 보여 주는 것처럼 단지 200만 개만을 판매하려 한다. (점 E와 점 J 사이의 수평거리에 해당하는) 300만 개의 초과수요가 존재하게 된다.

조세가 부과된 경우의 균형은 수요곡선과 S + 6달러 곡선이 교차하는 점에서 이루어진다. 〈그림 10.2〉에 따르면 시장을 청산하는 수량은 400만 개가 된다. 소비자는 (그래프의 점 M에 해당하는) P^d = 12달러를 지불하고, 정부는 개당 6달러의 조세를 징수하며, 생산자는 (점 N에 해당하는) P^s = 6달러를 수령하게 된다.

이제는 물품세가 부과되는 경우의 균형과 부과되지 않는 경우의 균형을 비교할 수 있게 되었다.[2] 〈그림 10.3〉을 이용해 이 두 가지 경우에 해당하는 소비자 잉여, 생산자 잉여, 조세 수령액,

---

2 조세가 부과된 경우의 시장과 부과되지 않은 경우의 시장을 비교하는 문제는 제1장에서 살펴본 비교정태 분석과

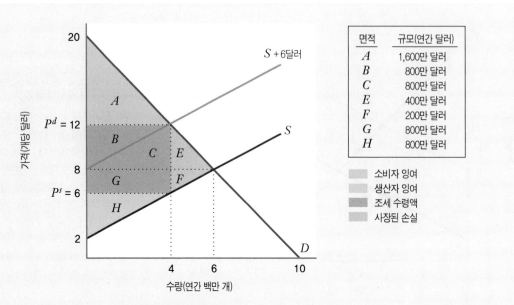

면적	규모(연간 달러)
A	1,600만 달러
B	800만 달러
C	800만 달러
E	400만 달러
F	200만 달러
G	800만 달러
H	800만 달러

소비자 잉여
생산자 잉여
조세 수령액
사장된 손실

	조세가 부과되지 않은 경우	조세가 부과된 경우	조세가 미치는 영향
소비자 잉여	$A + B + C + E$(3,600만 달러)	A(1,600만 달러)	$- B - C - E$(−2,000만 달러)
생산자 잉여	$F + G + H$(1,800만 달러)	H(800만 달러)	$- F - G$(−1,000만 달러)
정부의 조세 수령액	영	$B + C + G$(2,400만 달러)	$B + C + G$(2,400만 달러)
순편익(소비자 잉여 + 생산자 잉여 + 조세 수령액)	$A + B + C + E + F + G + H$ (5,400만 달러)	$A + B + C + G + H$ (4,800만 달러)	$-E-F$ (−600만 달러)
사장된 손실	영	$E + F$(600만 달러)	$E + F$(600만 달러)

그림 10.3 물품세 6달러가 미치는 영향

조세가 부과되지 않는 경우 소비자 잉여와 생산자 잉여의 합은 5,400만 달러가 되며, 이는 해당 시장에서 가능한 최대의 순편익이다. 물품세 6달러가 부과될 경우, 소비자 잉여는 2,000만 달러 감소하고 생산자 잉여는 1,000만 달러 감소하며 정부의 조세 수령액은 2,400만 달러가 된다. 조세 수령액은 사회에 배분되므로 순 경제적 편익의 일부를 구성한다. 이에 따라 순편익이 −600만 달러(사장된 손실)만큼 감소한다.

순 경제적 편익, **사장된 손실**(deadweight loss)(조세가 부과될 때 생산자, 소비자, 정부 등 어느 누구도 차지하지 못하는 잠재적인 순 경제적 편익)을 계산할 수 있다. 그래프 상의 다양한 부분에 대한 면적에는 명칭이 붙어 있으며, 그림의 오른쪽에 있는 범례는 각 면적의 크기를 연간 달러로 측정하였다.

조세가 부과되지 않는 경우 소비자 잉여는 면적 $A + B + C + E$가 되며, 이는 수요곡선 아래와

관련된다. 외생변수는 0~6달러까지 변화하는 조세의 규모이다. 조세의 규모가 변화함에 따라 (예를 들면 판매되는 수량, 생산자가 수령하는 가격, 소비자가 지불하는 가격과 같은) 다양한 내생변수들이 어떻게 변화하는지에 대해 알아볼 수 있다.

소비자가 지불하는 가격(8달러) 위의 면적에 해당한다. 소비자 잉여는 연간 3,600만 달러가 된다. 생산자 잉여는 면적 $F + G + H$가 되며, 이는 공급곡선 위와 생산자가 수령하는 가격 아래의 면적에 해당한다. 생산자 잉여는 연간 1,800만 달러가 된다. 조세 수령액은 존재하지 않는다. 따라서 순 경제적 편익은 연간 5,400만 달러가 되며 사장된 손실은 발생하지 않는다.

조세가 부과되는 경우 소비자 잉여는 1,600만 달러가 되며 면적 A에 해당한다. 이는 수요곡선 아래와 소비자가 지불하는 가격(P^d = 12달러) 위의 면적이다. 생산자 잉여는 800만 달러가 되며 면적 H에 해당한다. 이는 공급곡선 위와 생산자가 수령하는 가격(P^s = 6달러) 아래의 면적이다. 앞에서 살펴본 것처럼 조세 수령액은 경제 전반에 걸쳐 분배되기 때문에 사회에 순편익이 된다. 조세 수령액은 연간 2,400만 달러가 되며 직사각형 $B + C + G$의 면적에 해당한다. 이는 징수된 조세인 개당 6달러(직사각형의 높이)에 생산된 400만 개(직사각형의 길이)를 곱한 값이다. 순 경제적 편익은 연간 4,800만 달러(소비자 잉여 + 생산자 잉여 + 조세 수령액)이므로 사장된 손실은 연간 600만 달러(조세가 부과되지 않은 경우의 순 경제적 편익 − 조세가 부과된 경우의 순 경제적 편익 = 5,400만 달러 − 4,800만 달러)가 된다.

사장된 손실이 연간 600만 달러이다. 그 이유는 조세가 부과되어서 소비자 잉여가 2,000만 달러 그리고 생산자 잉여가 1,000만 달러(합계 3,000만 달러) 감소하였지만, 조세 수령액은 2,400만 달러가 증가하였을 뿐이기 때문이다(2,400만 달러 − 3,000만 달러 = −600만 달러). 〈그림 10.3〉에서 사장된 손실은 면적 E(연간 400만 달러) 그리고 면적 F(연간 200만 달러)의 합이며, 이들 두 개 모두 조세가 부과되지 않았을 경우에 순편익의 일부를 구성하였다. 면적 E는 소비자 잉여의 일부였고, 면적 F는 생산자 잉여의 일부였다. 이들 두 편익 모두 사라졌는데, 그 이유는 조세가 부과되어 600만 개에서 400만 개로 소비자가 구매를 감소시키고 생산자가 생산량을 감축시켰기 때문이다.

잠재적인 순 경제적 편익은 일정하며, 소비자 잉여, 생산자 잉여, 조세 수령액, 사장된 손실을 합산한 것으로 이 경우 5,400만 달러이다. 하지만 실제적인 순 경제적 편익은 사장된 손실만큼 감소한다. 위에서 논의한 사항은 다음의 표로 나타낼 수 있다.

	소비자 잉여	생산자 잉여	조세 수령액	사장된 손실	순 경제적 편익
조세가 부과되지 않은 경우	3,600만 달러	1,800만 달러	0	0	잠재적 : 5,400만 달러 실제적 : 5,400만 달러
조세가 부과된 경우	1,600만 달러	800만 달러	2,400만 달러	600만 달러	잠재적 : 5,400만 달러 실제적 : 4,800만 달러

정리문제 10.1

물품세

이 정리문제에서는 〈그림 10.3〉에서 알아본 결과를 대수학을 이용해 다시 한 번 살펴볼 것이다. 〈그림 10.3〉의 수요곡선과 공급곡선은 다음과 같다.

$$Q^d = 10 - 0.5P^d$$

$$Q^s = \begin{cases} -2 + P^s, & P^s \geq 2 \text{인 경우} \\ 0, & P^s < 2 \text{인 경우} \end{cases}$$

여기서 Q^d는 소비자가 지불한 가격이 P^d인 경우의 수요량이며, Q^s는 생산자가 수령한 가격이 P^s인 경우의 공급량이다. 공급식의 마지막 줄은 단순히 생산자가 수령하는 가격이 개당 2달러에 미치지 못하는 경우 아무것도 공급하지 않는다는 점을 의미한다. 따라서 가격이 0~2달러 사이인 공급곡선은 수직축에 위치하게 된다.

문제

(a) 조세가 부과되지 않은 경우 균형가격과 균형량은 얼마인가?

(b) 정부가 개당 6달러의 물품세를 부과하였다. 새로운 균형량은 얼마인가? 매수인은 얼마를 지불하게 되는가? 매도인은 얼마를 수령하게 되는가?

해법

(a) 조세가 부과되지 않은 경우, 다음과 같은 두 조건이 충족되어야만 한다.

(i) $P^d = P^s$이다(즉 조세차액이 존재하지 않는다). 시장에는 단지 한 개의 가격이 존재하므로 이를 P^*라 한다.

(ii) 또한 시장이 청산되므로 $Q^d = Q^s$가 된다.

위의 조건에 따르면 $10 - 0.5P^* = -2 + P^*$가 성립하며 균형가격은 $P^* =$ 개당 8달러가 된다. $P^* = 8$달러를 공급식이나 수요식에 대입하면 균형량을 구할 수 있다. 수요식에 대입하면 균형량은 $Q^d = 10 - 0.5(8) = 600$만 개가 된다.

(b) 물품세 6달러가 부과된 경우 다음과 같은 두 조건이 충족되어야 한다.

(i) $P^d = P^s + 6$이다(즉 조세차액 6달러가 존재한다).

(ii) 또한 시장이 청산되므로 $Q^d = Q^s$ 또는 $10 - 0.5P^d = -2 + P^s$가 된다.

따라서 $10 - 0.5(P^s + 6) = -2 + P^s$가 된다. 생산자가 수령하는 가격은 $P^s =$ 개당 6달러이다. 소비자가 지불하려는 가격은 $P^d = P^s + 6$달러 $= 12$달러가 된다. 균형량은 $P^d = 12$달러를 수요식에 대입해 구할 수 있다. 즉 $Q^d = 10 - 0.5P^d = 10 - 0.5(12) = 400$만 개가 된다(다른 방법으로는 $P^s = 6$달러를 공급식에 대입해 균형량을 구하는 것이다).

조세의 부담

공급곡선의 기울기가 상향하고 수요곡선의 기울기가 하향하는 시장에서, 물품세가 부과되면 소비자가 지불하는 가격은 상승하고 생산자가 수령하는 가격은 하락한다. 조세가 부과될 경우 어느 가격이 더 많이 변하게 되는가? 정리문제 10.1에서 소비자가 지불하는 가격은 (8달러에서 12달러로) 4달러 증가한다. 생산자가 수령하는 가격은 (8달러에서 6달러로) 2달러 하락한다. **조세부담**(incidence of a tax)은 시장에서 소비자가 지불하는 가격과 매도인이 수령하는 가격에 조세가 미치는 영향을 말한다. 정리문제 10.1에서는 조세부담 중 더 큰 몫을 소비자가 분담했지만 소비자와 생산자 둘 다 부담하게 된다.

조세의 부담은 공급곡선과 수요곡선의 형태에 의존하게 된다. 〈그림 10.4〉는 두 가지 경우를 보여 주고 있다. 두 경우 모두 조세가 부과되지 않으면 균형가격이 개당 30달러이다. 하지만 10달러의 조세가 부과될 경우 미치는 영향은 두 시장에서 매우 다르게 나타난다.

첫 번째 경우, 수요곡선이 상대적으로 비탄력적이며 공급곡선은 매우 탄력적이다. 조세가 부과되면 소비자는 조세가 부과되지 않은 경우보다 8달러 더 지불하게 된다. 또한 생산자가 받는 금액은 2달러 감소한다. 조세부과로 인한 가격 변화는 수요가 상대적으로 비탄력적이기 때문에 소비자에게 더 큰 영향을 미친다.

두 번째 경우, 공급곡선이 상대적으로 비탄력적인 반면에 수요곡선은 상대적으로 탄력적이기 때문에 조세가 부과되면 생산자에게 더 큰 영향을 미친다. 조세부과로 인하여 생산자가 받을 가격은 8달러 감소하는 반면에 소비자가 지불할 가격은 2달러만 증가한다.

위의 두 경우에서 볼 수 있는 것처럼, 경쟁상태의 균형에서 수요곡선이 공급곡선보다 덜 탄력적인 경우 조세가 부과되면 소비자에게 더 큰 영향을 미치며, 반대의 경우에는 공급자에게 더 큰 영향을 미친다. 적어도 작은 가격 변화에 대해서는 수요곡선과 공급곡선이 대략 일정한 가격탄력성 $\epsilon_{Q^d, P}$ 및 $\epsilon_{Q^s, P}$를 갖는다고 가정하는 것이 합리적이다. 조세부담과 공급 및 수요 탄력성 사이의 수량적인 관계는 다음과 같이 요약할 수 있다.

$$\frac{\Delta P^d}{\Delta P^s} = \frac{\epsilon_{Q^s, P}}{\epsilon_{Q^d, P}} \tag{10.1}$$

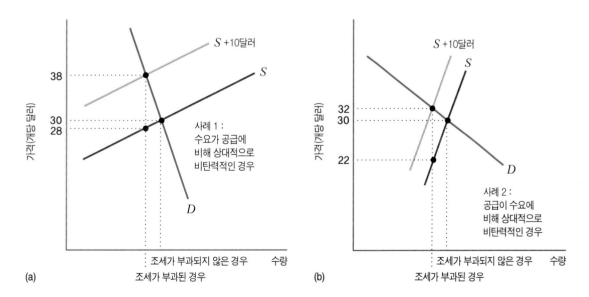

그림 10.4 조세부담

사례 1에서, 수요곡선이 상대적으로 비탄력적이므로 조세 10달러에 따른 부담은 주로 소비자가 지게 된다. 사례 2에서, 공급곡선이 상대적으로 비탄력적이므로 조세에 따른 부담은 주로 생산자가 지게 된다.

식 (10.1)에 따르면 가격 변화가 소비자와 생산자에게 미치는 영향은 가격탄력성의 절댓값(수요탄력성은 음수이고 공급탄력성은 양수라는 사실을 기억하자)이 같은 경우 동일해진다.[3] 예를 들면 $\epsilon_{Q^d,P} = -0.5$이고, $\epsilon_{Q^s,P} = +0.5$인 경우, $\Delta P^d/\Delta P^s = -1$이 된다. 다시 말해 조세가 1달러 부과될 경우, 소비자가 지불하는 가격은 0.50달러 증가하는 반면에 생산자가 수령하는 가격은 0.50달러 하락한다.

다른 예로 공급이 수요에 비해 상대적으로 탄력적인 경우를 가상해 보자. 예를 들어 $\epsilon_{Q^d,P} = -0.5$이고 $\epsilon_{Q^s,P} = 2.0$이라고 가상하자. 그렇다면 $\Delta P^d/\Delta P^s = -4$가 된다. 이 경우 소비자가 지불하는 가격의 증가는 생산자가 수령하는 가격 감소의 네 배가 된다. 따라서 물품세가 1달러 부과되면, 소비자가 지불하는 가격은 0.80달러 증가하는 반면에 생산자가 수령하는 가격은 0.20달러 감소한다. 따라서 조세가 미치는 충격은 주로 소비자가 부담하게 된다.

식 (10.1)은 조세가 시장에 미치는 충격에 대해 많은 것을 시사하고 있다. 예를 들어 주류 및 담배와 같은 제품에 대한 수요는 매우 비탄력적인 반면에 공급곡선은 상대적으로 탄력적이다. 따라서 물품세로 인한 부담 중 더 많은 부분을 이 시장에 있는 소비자가 부담하게 된다.

보조금

정부는 시장에 조세를 부과하는 대신에 보조금을 지급하기도 한다. 보조금을 음의 조세라고도 할 수 있다. 즉 매수인이 시장가격 P^d를 지급하고 나서 정부가 이 가격에다가 개당 보조금 T달러를 각 매도인에게 지급한다. 따라서 매도인이 수령하는 보조금 지급 후 가격 P^s는 $P^d + T$가 된다. 예상할 수 있는 것처럼 보조금이 미치는 많은 영향은 조세가 미치는 영향의 반대가 된다.

- 시장은 효율적인 수준(즉 보조금 지급이 없는 경우 공급되는 양)에 비해 **과잉생산**하게 된다.
- 소비자 잉여는 보조금이 지급되지 않은 경우보다 **높아진다.**
- 생산자 잉여는 보조금이 지급되지 않은 경우보다 **높아진다.**
- 정부재정에 미치는 영향은 음(−)이 된다. 보조금에 대한 정부지출은 보조금에 해당하는 금액을 경제 내 다른 곳에서 징수해야 하기 때문에 음의 순편익이 된다.
- 보조금에 대한 정부지출은 소비자 잉여 및 생산자 잉여의 증가분보다 더 **크다.** 따라서 과잉생산에 따른 사장된 손실이 발생하게 된다.

---

3 식 (10.1)이 사실인 이유를 알아보기 위해 시장에서 소규모의 조세부과가 미치는 영향에 대해 알아보도록 하자. 조세가 부과되지 않은 경우 시장에서의 균형가격과 균형량은 각각 P^* 및 Q^*가 된다. 소규모의 조세에 대해 $\epsilon_{Q^d,P} = (\Delta Q/Q^*)/(\Delta P^d/P^*)$가 되며 이는 $\Delta Q/Q^* = (\Delta P^d/P^*)\epsilon_{Q^d,P}$로 나타낼 수 있다. 이와 유사하게 $\epsilon_{Q^s,P} = (\Delta Q/Q^*)/(\Delta P^s/P^*)$가 되며 이는 $\Delta Q/Q^* = (\Delta P^s/P^*)\epsilon_{Q^s,P}$로 나타낼 수 있다. 시장은 청산되기 때문에 조세부과로 인해 수요량과 공급량은 동일한 양, 즉 $(\Delta Q/Q^*)$만큼 감소하게 된다. 따라서 $(\Delta P^d/P^*)\epsilon_{Q^d,P} = (\Delta P^s/P^*)\epsilon_{Q^s,P}$가 성립하게 되며 이를 식 (10.1)로 단순화시킬 수 있다.

〈그림 10.5〉는 개당 3달러의 보조금이 지급될 경우 〈그림 10.1〉에서 살펴본 것과 동일한 시장에 어떤 영향을 미치는지 보여준다. 〈그림 10.5〉에서 $S - 3$달러라고 표기된 곡선은 공급곡선으로부터 보조금 액수를 수직으로 감한 것이다. 이렇게 공급곡선을 수직으로 3달러만큼 하향이동시킨 이유는, 각 매도인의 한계비용이 개당 3달러만큼 감소한 것처럼 보조금이 영향을 미치기 때문이다. 생산자가 수령한 가격은 소비자가 지불한 가격에 보조금을 추가한 것이기 때문에 '가정적인' 공급곡선 $S - 3$달러는 생산자가 판매하기 위해 얼마를 제시하는지 알려 준다.

보조금이 지급되지 않은 경우, 수요곡선 D와 공급곡선 S가 교차하는 점에서 균형이 이루어진다. 이 점에서 $P^d = P^s = 8$달러이며 시장청산 수량은 $Q^* =$ 연간 600만 개다. 보조금이 지급된 경우, 수요곡선과 '가정적인' 공급곡선 $S - 3$달러가 교차하는 지점에서 균형량은 $Q_1 =$ 연간 700만

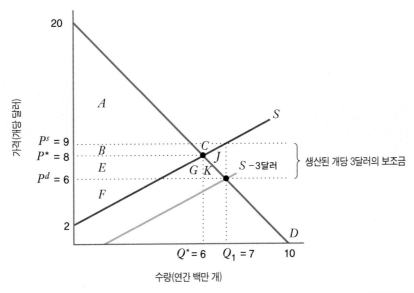

	보조금이 지급되지 않은 경우	보조금이 지급된 경우	보조금이 미치는 영향
소비자 잉여	$A + B$(3,600만 달러)	$A + B + E + G + K$(4,900만 달러)	$E + G + K$(1,300만 달러)
생산자 잉여	$E + F$(1,800만 달러)	$B + C + E + F$(2,450만 달러)	$B + C$(650만 달러)
정부재정에 미치는 영향	영	$-B - C - E - G - K - J$ (−2,100만 달러)	$-B - C - E - G - K - J$ (−2,100만 달러)
순편익(소비자 잉여 + 생산자 잉여 − 정부지출액)	$A + B + E + F$ (5,400만 달러)	$A + B + E + F - J$ (5,250만 달러)	$-J$(−150만 달러)
사장된 손실	영	J(150만 달러)	

그림 10.5 보조금 3달러가 미치는 영향

보조금이 없는 경우 소비자 잉여와 생산자 잉여의 합계는 5,400만 달러이며, 이는 시장에서 가능한 최대의 순편익이다. 보조금은 소비자 잉여를 1,300만 달러 증대시키고, 생산자 잉여를 650만 달러 증가시키지만 정부재정에는 −2,100만 달러에 상당하는 음의 영향을 미친다. 이에 따라 순편익이 −150만 달러(사장된 손실)만큼 감소한다.

개가 된다. 이때 P^d = 6달러 그리고 P^s = 9달러(즉 P^d + 보조금 3달러)이다.

이제는 〈그림 10.5〉를 활용하여 보조금이 지급된 경우의 균형과 지급되지 않은 경우의 균형을 비교하면서 소비자 잉여, 생산자 잉여, 정부재정에 미치는 영향, 순 경제적 편익, 사장된 손실을 계산할 수 있다.

보조금이 지급되지 않은 경우, 소비자 잉여는 수요곡선 아래 그리고 소비자가 지불한 가격(8달러) 위의 면적(소비자 잉여 = 면적 A + 면적 B = 연간 3,600만 달러)이다. 생산자 잉여는 공급곡선 위 그리고 생산자가 수령한 가격(8달러) 아래의 면적(생산자 잉여 = 면적 E + 면적 F = 연간 1,800만 달러)이다. 정부지출은 발생하지 않으며, 따라서 순 경제적 편익은 연간 5,400만 달러(소비자 잉여 + 생산자 잉여)가 되고 사장된 손실은 없다.

보조금이 지급된 경우, 소비자 잉여는 수요곡선 아래 그리고 소비자가 지불한 가격(P^d = 6달러) 위의 면적(소비자 잉여 = 면적 A + 면적 B + 면적 E + 면적 G + 면적 K = 연간 4,900만 달러)이다. 생산자 잉여는 실제 공급곡선 S 위 그리고 생산자가 수령한 보조금 지급 후 가격(P^s = 9달러) 아래의 면적(생산자 잉여 = 면적 B + 면적 C + 면적 E + 면적 F = 연간 2,450만 달러)이다. 정부지출액은 판매된 개수(700만 개)에 개당 보조금(3달러)을 곱한 금액이다(즉 면적 B + 면적 C + 면적 E + 면적 G + 면적 K + 면적 J = 연간 2,100만 달러이다. 이 정부지출액은 경제의 다른 부문에서 징수한 조세로 재원이 조달되어야 하므로 〈그림 10.5〉에 있는 표에서 음의 편익으로 표기되었다는 점에 주목하자). 순 경제적 편익은 연간 5,250만 달러(소비자 잉여 + 생산자 잉여 − 정부지출액)이며, 따라서 사장된 손실은 연간 150만 달러(보조금이 지급되지 않은 경우의 순 경제적 편익 − 보조금이 지급된 경우의 순 경제적 편익 = 5,400만 달러 − 5,250만 달러)가 된다.

사장된 손실 150만 달러(면적 J)는, 보조금으로 인해 소비자 잉여가 1,300만 달러 증가하고 생산자 잉여는 650만 달러 증가하여 합계 1,950만 달러가 증가하는 반면에 정부지출액은 2,100만 달러 필요하기 때문에(즉 1,950만 달러 − 2,100만 달러 = −150만 달러이기 때문에) 발생한다. 이를 설명하는 다른 방법은 보조금이 지급되지 않은 경우 600만 개에서 지급되는 경우 700만 개로 생산량이 증가하기 때문에 사장된 손실이 발생한다고 보는 것이다. 이 증가된 생산량 영역에서 공급곡선이 수요곡선 위에 위치하므로 각 생산물이 생산될 때 순편익이 감소한다. 따라서 보조금으로 인해 효율적 생산수준 관점에서 볼 때 시장이 과잉생산을 하므로 순 경제적 편익이 감소한다.

물품세가 부과된 경우와 유사하게 **잠재적인** 순 경제적 편익은 일정하며, 소비자 잉여, 생산자 잉여, 정부재정에 미치는 영향, 사장된 손실을 합산한 것이다. 하지만 **실제적인** 순 경제적 편익은 사장된 손실에 해당하는 금액만큼 감소한다. 위에서 논의한 사항은 다음의 표로 나타낼 수 있다.

	소비자 잉여	생산자 잉여	정부재정에 미치는 영향	사장된 손실	순 경제적 편익
보조금이 지급되지 않은 경우	3,600만 달러	1,800만 달러	0	0	잠재적 : 5,400만 달러 실제적 : 5,400만 달러
보조금이 지급된 경우	4,900만 달러	2,450만 달러	−2,100만 달러	150만 달러	잠재적 : 5,400만 달러 실제적 : 5,250만 달러

정리문제 10.2

보조금이 미치는 영향

정리문제 10.1에서와 마찬가지로 수요 및 공급 곡선은 다음과 같다.

$$Q^d = 10 - 0.5P^d$$
$$Q^s = \begin{cases} -2 + P^s, & P^s \geq 2\text{인 경우} \\ 0, & P^s < 2\text{인 경우} \end{cases}$$

여기서 Q^d는 소비자가 지불할 가격이 P^d인 경우의 수요량이며, Q^s는 생산자가 수령한 가격이 P^s인 경우의 공급량이다.

문제

정부가 개당 보조금 3달러를 제공한다고 가정하자. 균형량과 매수인이 지불할 가격과 매도인이 수령할 가격을 구하라.

해법

3달러의 보조금이 부과된 경우, 균형에서 다음과 같은 두 조건이 충족되어야만 한다.

(a) 매도인이 수령한 보조금이 부과된 이후의 가격이 매수인이 지불한 시장가격보다 3달러 많아지도록 보조금 3달러만큼의 차이가 있어야 한다. 즉 $P^s = P^d + 3$ 또는 $P^d = P^s - 3$이 성립되어야 한다.

(b) $Q^d = Q^s$ 또는 $10 - 0.5P^d = -2 + P^s$가 성립하도록 시장이 청산되어야 한다.

따라서 $10 - 0.5(P^s - 3) = -2 + P^s$가 되며 생산자는 $P^s = 9$달러를 수령하게 된다. 소비자가 지불하는 균형가격은 단위당 $P^d = P^s - 3$달러 = 6달러가 된다. 균형량은 $P^d = 6$달러를 수요식에 대입해 구할 수 있다. 즉 $Q^d = 10 - 0.5P^d = 10 - 0.5(6) = 700$만 개가 된다. (다른 방법으로는 $P^s = 9$달러를 공급식에 대입해 구할 수 있다.)

10.2 가격상한제 및 가격하한제

정부는 이따금 예를 들면 식품 또는 휘발유에 대해 허용되는 최고가격과 같이 시장에서 가격상한을 설정한다. 임대료 통제는 가격상한의 또 다른 예가 된다. 이 경우 집주인이 임차인에게 부과할 수 있는 최고가격을 명시하게 된다. 가격상한이 시행되지 않으면 달성될 균형에서 관찰되는 가격 수준 아래로 재화 또는 용역에 대한 가격을 설정할 경우, 이런 **가격상한제**는 소득 및 경제적 효율성의 분배에 영향을 미친다.

정책입안자들은 시장에서 허용되는 가격에 대해서 하한도 설정할 수 있다. 예를 들면 많은 국가들이 근로자에게 지불해야 하는 최저임금을 명기한 법률을 제정하였다. 가격하한이 시행되지 않으면 달성될 균형에서 관찰되는 가격수준 위로 재화 또는 용역에 대한 가격을 설정하는 경우, 이를 가격하한제라고 한다.

물품세 및 보조금하에서 관찰된 결과와는 대조적으로 가격상한제 및 가격하한제에서는 시장이 청산되지 않는다. 따라서 가격상한 및 가격하한이 소득과 경제적 효율성의 분배에 대해 미치는 영향을 분석하려는 경우 재화 또는 용역이 분배되는 방법에 관해서 주의 깊게 관찰해야 한다.

가격상한제(최고가격 규제)

기울기가 상향하는 공급곡선과 기울기가 하향하는 수요곡선을 갖는 시장에서 가격상한이 균형가격 아래에 위치할 경우 다음과 같은 영향을 미친다.

- 시장이 청산되지 않는다. 해당 제품에 대한 초과수요가 존재한다.
- 시장은 효율적인 수준(즉 규제되지 않은 시장에서 공급되는 수량)에 비해 **과소생산**하게 된다.
- 생산자 잉여는 가격상한제가 실시되지 않은 경우보다 **낮아진다.**
- 사라진 생산자 잉여 중 (전부는 아니지만) 일부는 소비자에게 이전된다.
- 가격상한제하에서는 초과수요가 존재하기 때문에 소비자 잉여의 크기는 해당 제품을 원하는 소비자 중 어떤 소비자가 이를 구입할 수 있는지에 달려 있다. 가격상한제하에서 소비자 잉여는 증가할 수도 있고 감소할 수도 있다.
- 사장된 손실이 발생한다.

임대료를 통제하는 가격상한제가 미치는 영향에 대해 살펴보도록 하자. 수십 년 동안 임대료에 대한 통제는 세계 전역의 많은 도시에서 시행되었다. 임대료 통제는 집주인이 임차인에게 부과할 수 있는 임대료에 대해 법적으로 상한선을 설정하는 것이다. 이런 시책들은 예를 들면 제1차 세계대전 동안 런던과 파리, 제2차 세계대전 동안 뉴욕, 1960년대 말부터 1970년대 초에 걸친 베트남 전쟁 기간에 보스턴과 몇몇 교외지역의 경우처럼 전시 중 인플레이션율이 높은 기간에 일시적으로 시행된 가격상한에서 비롯된다.

〈그림 10.6〉은 미국의 원룸형 아파트시장과 같은 특정 형태의 주택시장에 대한 공급곡선과 수요곡선을 보여 주고 있다. 다양한 임대가격에 대해 공급곡선 S는 집주인이 임대를 몇 채나 제공하려는지 알려 주며 수요곡선 D는 소비자가 몇 채나 임대하려는지를 보여 준다.

임대료가 통제되지 않는 경우, 균형은 수요곡선과 공급곡선이 교차하는 점(점 V)에서 이루어진다. 이 점에서 균형가격은 월간 $P^* = 1,600$달러이며 시장청산 수량은 $Q^* = 80,000$채이다. 균형가격을 지불하고자 하는 각 소비자(수요곡선 상의 점 Y와 점 V 사이에 있는 소비자)는 주택을 구

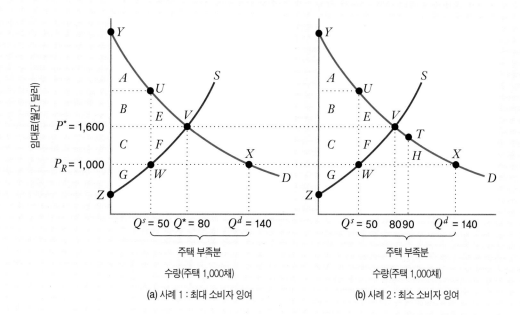

(a) 사례 1 : 최대 소비자 잉여

(b) 사례 2 : 최소 소비자 잉여

	자유시장 (임대료 통제가 시행되지 않는 경우)	임대료 통제가 시행되는 경우		임대료 통제가 미치는 영향	
		사례 1 (최대 소비자 잉여)	사례 2 (최소 소비자 잉여)	사례 1 (최대 소비자 잉여)	사례 2 (최소 소비자 잉여)
소비자 잉여	$A + B + E$	$A + B + C$	H	$C - E$	$-A - B - E + H$
생산자 잉여	$C + F + G$	G	G	$-C - F$	$-C - F$
순편익(소비자 잉여 + 생산자 잉여)	$A + B + C + E +$ $F + G$	$A + B + C + G$	$H + G$	$-E - F$	$-A - B - C -$ $E - F + H$
사장된 손실	영	$E + F$	$A + B + C +$ $E + F - H$	$E + F$	$A + B + C + E +$ $F - H$

그림 10.6 임대료 통제가 미치는 영향

임대료 통제가 시행되면 집주인은 통제가 시행되지 않을 경우 1,600달러로 임대를 했을 주택들을 월간 1,000달러를 초과하지 않는 임대료를 받고 임대하게 된다. 그래프는 (아래에서 설명하는 것처럼) 두 가지 경우를 보여 준다. 두 경우 모두에서 생산자 잉여는 면적 G이다. (a) 사례 1 : 가용할 수 있는 주택 50,000채 모두를 임대료를 지불하겠다는 가장 높은 의지를 갖고 있는 소비자들(수요곡선 D 상의 점 Y와 점 U 사이에 위치한 소비자들)에 의해 임차가 이루어질 경우, 임대료 통제하에서 소비자 잉여가 최대화되고 순 경제적 편익 또한 최대화되며 사장된 손실은 최소화된다. (b) 사례 2 : 가용할 수 있는 주택 50,000채 모두를 임대료를 지불하겠다는 가장 낮은 의지를 갖고 있는 소비자들(수요곡선 상의 점 T와 점 X 사이에 위치한 소비자들)에 의해 임차가 이루어지는 경우, 임대료 통제하에서 소비자 잉여가 최소화되고 순 경제적 편익 또한 최소화되며 사장된 손실은 최대화된다.

하게 되며, 해당 가격에서 주택을 공급하고자 하는 각 집주인은 시장에 이를 공급한다.

정부는 최대 임대료를 월간 1,000달러로 설정하여 임대료 통제를 시행한다고 가상하자. 그 가격에서는 시장은 청산되지 않는다. 집주인들은 (점 W에서) 50,000채를 공급하려는 반면에, 소비자들은 (점 X에서) 140,000채를 임차하고자 할 것이다. 이처럼 임대료를 통제함에 따라 공급은

30,000채(80,000채 − 50,000채) 감소하며, 수요는 60,000채(140,000채 − 80,000채) 증가한다. 이로 인해 90,000채(30,000채 + 60,000채)의 초과수요가 발생한다(주택시장에서 초과수요는 일반적으로 주택 부족분이라고 한다).

이제는 임대료 통제가 실시되는 경우 그리고 실시되지 않는 경우에 대해서 〈그림 10.6〉을 활용하여 소비자 잉여, 생산자 잉여, 순 경제적 편익, 사장된 손실을 계산할 수 있다.

임대료 통제가 실시되지 않는 경우, 소비자 잉여는 수요곡선 아래 그리고 소비자가 지불하는 가격(1,600달러) 위의 면적이다(소비자 잉여 = 면적 A + 면적 B + 면적 E). 생산자 잉여는 공급곡선 위 그리고 생산자가 수령하는 가격(1,600달러) 아래의 면적이다(생산자 잉여 = 면적 C + 면적 F + 면적 G). 순 경제적 편익은 소비자 잉여와 생산자 잉여의 합(순 경제적 편익 = 면적 A + 면적 B + 면적 C + 면적 E + 면적 F + 면적 G)이며 사장된 손실은 발생하지 않는다.

임대료 통제가 실시되는 경우, 〈그림 10.6〉에서 볼 수 있는 것처럼 어떤 소비자가 실제로 가용할 수 있는 주택을 임대하는지에 따라 차이가 나는 두 가지 사례를 살펴볼 것이다. 즉 사례 1은 소비자 잉여를 최대화하는 반면에 사례 2는 소비자 잉여를 최소화한다. 두 사례 모두에서 해당 시장에 참여하는 집주인은 공급곡선 상의 점 Z와 점 W 사이에 위치하며, 이들이 받게 되는 생산자 잉여는 공급곡선의 해당 부분 위 그리고 이들이 수령하는 가격(P_R = 1,000달러) 아래의 면적이다(생산자 잉여 = 면적 G이다). 따라서 임대료 통제가 실시되는 경우 생산자 잉여는 면적 C + 면적 F의 금액만큼 감소한다. 생산자 잉여가 이렇게 감소하기 때문에, 집주인들은 임대료 통제에 대해 종종 강력하게 반대한다.

또한 두 개 사례 모두에서 가용할 수 있는 50,000채 중 한 채를 운 좋게 차용한 소비자들은 월간 1,600달러 대신에 1,000달러만을 지불하게 된다. 이들 주택에 대해 생산자가 징수한 소득 총액은 면적 C만큼 감소한다.

소비자 잉여, 순 경제적 편익, 사장된 손실이 임대료가 통제됨에 따라 어떻게 변화하는지 알아보기 위해서는 140,000명의 소비자들이 월간 1,000달러에 주택을 임차하고자 하지만 50,000채만을 가용할 수 있다는 점을 인지해야 한다. 사례 1에서는 임대료를 지불하겠다는 가장 높은 의지를 갖고 있는 소비자들이 모든 가용할 수 있는 주택을 임대한다고 가정하고, 사례 2에서는 가장 낮은 의지를 갖고 있는 소비자들이 모든 가용할 수 있는 주택을 임대한다고 가정하자. 이런 가정 하에서, 소비자 잉여의 가능한 범위(즉 최대 소비자 잉여 및 최소 소비자 잉여)를 구하여 보자.

● 사례 1(최대 소비자 잉여) : 임대료를 지불하겠다는 가장 높은 의지를 갖고 있는 소비자들이, 모든 가용할 수 있는 주택을 임차한다(즉 수요곡선 상의 점 Y와 점 U 사이에 위치한 소비자들이 대상이다). 소비자 잉여는 수요곡선상의 점 Y부터 점 U까지 부분의 아래 그리고 소비자가 지불하는 가격(P_R = 1,000달러) 위의 면적이다(소비자 잉여 = 면적 A + 면적 B + 면적 C이다). 이것이 임대료가 통제되는 경우에 가능한 최대 소비자 잉여이다. 순 경제적 편익 = 소비자 잉여 + 생산자 잉여 = 면적 A + 면적 B + 면적 C + 면적 G이다. 사장된 손실 = 임대료가

통제되지 않은 경우의 순 경제적 편익 − 임대료가 통제되는 경우의 순 경제적 편익 = (면적 A + 면적 B + 면적 C + 면적 E + 면적 F + 면적 G) − (면적 A + 면적 B + 면적 C + 면적 G) = 면적 E + 면적 F이다. 임대료가 통제된 경우 가용할 수 있는 주택 공급은 30,000채 감소하기 때문에 사장된 손실이 발생한다. 따라서 면적 E로 나타낸 소비자 잉여 그리고 면적 F로 나타낸 생산자 잉여는 사회적으로 볼 때 손실이 발생한다.

- 사례 2(최소 소비자 잉여) : 임대료를 지불하겠다는 가장 낮은 의지를 갖고 있는 소비자들이, 모든 가용할 수 있는 주택을 임차한다(즉 수요곡선 상의 점 T와 점 X 사이에 위치한 소비자들이 대상이다.[4] 이것이 의미하는 바는, 수요곡선 상의 점 Y와 점 T 사이에 위치한 소비자들이 월간 1,000달러를 초과하여 임대료를 지불하고자 하는 의지를 갖고 있더라도 주택을 구할 수 없다는 것이다). 소비자 잉여는 수요곡선 상의 점 T부터 점 X까지 부분의 아래와 소비자가 지불한 가격(P_R = 1,000달러) 위의 면적이다(소비자 잉여 = 면적 H이다). 이것이 임대료가 통제되는 경우에 가능한 최소 소비자 잉여이다. 순 경제적 편익 = 소비자 잉여 + 생산자 잉여 = 면적 H + 면적 G이다. 사장된 손실 = 임대료가 통제되지 않은 경우의 순 경제적 편익 − 임대료가 통제되는 경우의 순 경제적 편익 = (면적 A + 면적 B + 면적 C + 면적 E + 면적 F + 면적 G) − (면적 H + 면적 G) = 면적 A + 면적 B + 면적 C + 면적 E + 면적 F − 면적 H이다. 사장된 손실은 사례 1보다 (면적 A + 면적 B + 면적 C − 면적 H만큼) 더 크며, 그 원인은 가용할 수 있는 주택들이 소비자들에게 배분되는 방법상의 비효율성에서 비롯된다.

위에서 살펴본 두 가지 사례에서는, 임대료가 통제된 경우와 관련된 소비자 잉여와 사장된 손실의 상위한계 및 하위한계를 정의하였다. 소비자 잉여와 사장된 손실의 정확한 총량을 구하기 위해서는 가용할 수 있는 주택이 실제로 어떻게 배분되는지에 관해 보다 많은 것을 알아야 한다. 대부분의 교과서들은 재화가 결국에 임대료를 지불하려는 가장 높은 의지를 갖고 있는 소비자들이 차지하게 될 것이라고 가정하고서 〈그림 10.6〉에 있는 사례 1의 그래프와 유사하게 가격상한제가 미치는 영향을 설명한다. 하지만 이 가정은 소비자가 임대료를 지불하겠다는 더 높은 의지를 갖고 있는 다른 소비자들에게 해당 재화를 용이하게 재판매할 수 있을 때만 합리적으로 작동한다.

임대료 통제에 관한 논의를 끝내기 전에 정부는 어떤 물품의 가격을 직접적인 방법으로 규제하려 한다는 점에 주목해야 한다. 예를 들어 주택임대 시장에서 부족현상이 나타나게 되면 일부 집주인들은 아파트 임대계약을 체결하기 전에 임차할 것으로 예상되는 사람으로부터 추가적인 금액, 즉 보증금을 요구할 수도 있다. 이런 보증금은 불법이지만 감독하기도 어렵고 통제된 임대가격 이상으로 임대료를 지불할 의사가 있는 임차인은 (어쩔 수 없이) 보증금을 지불하기도 한다. 집주인들은 또한 초과수요가 존재하는 경우 아파트 내부시설이 열악하더라도 임차인을 구할 수 있

---

4 수요곡선 상의 점 X의 오른쪽에 위치한 소비자들은 고려하지 않는다. 왜냐하면 이들은 주택을 가용할 수 있더라도 1,000달러에 주택을 임차하려 하지 않기 때문이다.

다는 사실을 알고 있다. 임대료를 통제하는 법은 이런 내부시설이 적절히 유지되도록 규정하려 하지만 이를 효과적으로 시행할 수 있는 법률을 제정하기란 매우 어렵다. 나아가 집주인들은 임대료를 통제받는 아파트를, 예를 들면 분양아파트나 주차장처럼 가격통제를 받지 않는 다른 용도로 전환시킬 수 있다면 그렇게 하는 것이 장기적으로 상황이 더 나아질 것이라고 생각할 수도 있다. 임대료 통제를 비판하는 사람들은 임대료가 통제되는 주택의 소유주들이 토지를 다른 용도로 전환하게 되면 가용할 수 있는 주택의 수가 감소하게 된다고 주장한다.[5]

〈그림 10.6〉처럼 가격상한제가 미치는 영향을 부분균형분석을 통해 알아볼 경우 한계가 있음을 기억해야 한다. 임대료 통제가 원룸형 아파트시장에 대해 실시될 경우 이런 아파트를 구할 수 없는 사람들은 보다 큰 아파트나 분양아파트 또는 심지어 단독주택과 같은 다른 형태의 주택을 구하려 한다. 이로 인해 다른 형태의 주택 수요에 영향을 미치게 되고 또한 이에 따라 이 시장의 균형가격에도 영향을 미친다. 다른 형태의 주택 가격이 변하게 되면 원룸형 아파트에 대한 수요가 변화해 소비자 잉여, 생산자 잉여, 사장된 손실뿐만 아니라 원룸형 아파트의 부족현상에 추가적인 영향을 미치게 된다. 이런 추가적인 영향을 계산하는 일은 단순한 부분균형분석의 범위를 벗어나는 것이지만 이런 사항들이 중요할 수 있다는 점을 기억해야 한다.

가격상한제가 실시되면 의도하지 않았던 결과가 주택 이외의 다른 많은 시장에서도 나타난다. 예를 들어 1970년대에 인플레이션을 낮추기 위해 닉슨 행정부는 미국 국내 석유업체들에 대해 가격상한제를 실시했고 이로 인해 국내 석유 부족현상이 나타났다. 석유에 대한 초과수요로 인해 석유에 대한 수입이 증가하였다. 가격통제가 1971년 시행되었을 때 수입석유는 미국 국내 석유공급의 25%만을 차지하였다. 시간이 흐름에 따라 부족현상이 심화되었다. 1973년까지 수입석유는 미국에서 소비되는 전체 석유의 거의 33%를 차지하였다. 석유수출국기구의 회원국들은 미국이 수입석유에 점점 더 의존한다는 사실을 알게 되었고 수입석유의 가격을 네 배 인상하는 조치를 취하였다. 결국 국내가격을 통제하는 시책은 미국의 인플레이션을 더욱 높이는 데 일조하였으며 가격통제가 처음 시도했던 것과 다른 방향으로 진행되었다.[6]

---

5 예를 들면 다음 논문을 참조. Denton Marks, "The Effects of Partial-Coverage Rent Control on the Price and Quantity of Rental Housing," *Journal of Urban Economics*, 16(1984): 360-369.

6 다음 논문을 참조. George Horwich and David Weimer, *Oil Price Shocks, Market Response, and Contingency Planning*(Washington, D.C.: American Enterprise Institute, 1984).

가격상한제가 미치는 영향

앞의 정리문제들과 마찬가지로 수요 및 공급곡선은 다음과 같다.

$$Q^d = 10 - 0.5P^d$$

$$Q^s = \begin{cases} -2 + P^s, & P^s \geq 2\text{인 경우} \\ 0, & P^s < 2\text{인 경우} \end{cases}$$

여기서 Q^d는 소비자가 지불한 가격이 P^d인 경우의 수요량이며, Q^s는 생산자가 수령한 가격이 P^s인 경우의 공급량이다.

〈그림 10.7〉에서 보는 것처럼 정부가 이 시장에서 가격상한으로 6달러를 설정했다고 가상하자.

문제

(a) 가격상한제가 시행되는 시장에서 부족분의 크기는 얼마나 되는가? 생산자 잉여는 어떠한가?

(b) 가장 높은 금액을 지불하려는 소비자가 해당 물품을

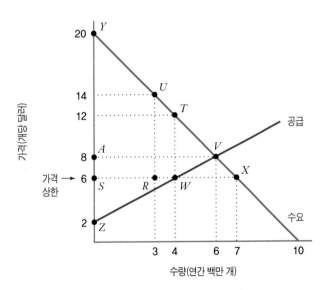

	가격상한제가 시행되지 않는 경우	가격상한제가 시행되는 경우	
		최대 소비자 잉여	최소 소비자 잉여
소비자 잉여	면적 YAV = 3,600만 달러	면적 $YTWS$ = 4,000만 달러	면적 URX = 1,600만 달러
생산자 잉여	면적 AVZ = 1,800만 달러	면적 SWZ = 800만 달러	면적 SWZ = 800만 달러
순편익(소비자 잉여 + 생산자 잉여)	5,400만 달러	4,800만 달러	2,400만 달러
사장된 손실	영	600만 달러	3,000만 달러

그림 10.7 가격상한제(6달러)가 미치는 영향

가격상한제가 시행되지 않는 경우 소비자 잉여와 생산자 잉여의 합은 5,400만 달러이며, 이는 시장에서 가능한 최대 순편익이다. 가격상한제가 시행되는 경우 생산자 잉여는 1,000만 달러 감소한다. 소비자 잉여가 최대화될 때 소비자 잉여는 400만 달러 증가하며, 순편익은 600만 달러 감소한다(사장된 손실). 소비자 잉여가 최소화될 때 소비자 잉여는 2,000만 달러 감소하며, 순편익은 3,000만 달러 감소한다(사장된 손실).

구입하게 된다고 가정할 경우 최대한의 소비자 잉여는 얼마나 되는가? 이 경우 사장된 손실은 얼마인가?

(c) 가장 낮은 금액을 지불하려는 소비자가 해당 물품을 구입하게 된다고 가정할 경우 최소한의 소비자 잉여는 얼마나 되는가? 이 경우 사장된 손실은 얼마인가?

해법

(a) 가격상한이 6달러인 경우 소비자는 700만 개를 수요하지만 생산자는 단지 400만 개를 공급할 뿐이다. 초과수요(즉 부족분)는 300만 개이며, 이는 그림에서 점 W와 점 X 사이의 수평거리에 해당한다.

생산자 잉여는 상한가격 6달러 아래와 공급곡선 위에 해당하는 삼각형의 면적이다. 생산자 잉여는 (800만 달러에 상당하는) 면적 SWZ이다.

(b) 가장 높은 금액을 지불하려는 소비자(수요곡선 상의 점 Y와 점 T 사이에 있는 소비자)들이 가용할 수 있는 400만 채를 구입한다고 가상하자. 소비자 잉여는 (4,000만 달러에 상당하는) 면적 $YTWS$이다.

소비자 잉여(4,000만 달러)와 생산자 잉여(800만 달러)의 합은 4,800만 달러가 된다.

사장된 손실은 얼마나 되는가? 가격상한제가 실시되는 경우 소비자 잉여와 생산자 잉여는 단지 4,800만 달러에 불과해 규제되지 않는 시장에서 가능한 총잉여(5,400만 달러)보다 600만 달러가 부족하다. 이 600만 달러의 사장된 손실은 면적 TWV에 해당한다.

(c) 가장 낮은 금액을 지불하려는 소비자(수요곡선 상에서 점 U와 점 X 사이에 있는 소비자)들이 가용할 수 있는 400만 채를 구입하는 경우 소비자 잉여는 (1,600만 달러에 상당하는) 면적 URX가 된다.

소비자 잉여(1,600만 달러)와 생산자 잉여(800만 달러)를 합하면 단지 2,400만 달러에 불과해서 규제되지 않은 시장에서 가능한 총잉여(5,400만 달러)보다 3,000만 달러가 부족하다. 두 번째 경우에 사장된 손실은 3,000만 달러가 된다.

가격하한제(최저가격 규제)

정부가 자유시장가격보다 더 높은 가격하한을 설정하는 경우 공급곡선의 기울기가 상향하고 수요곡선의 기울기가 하향하는 시장에 다음과 같은 영향을 미치게 된다.

- 시장이 청산되지 않는다. 시장에서 재화 또는 용역의 초과공급이 존재한다.
- 소비자들은 자유시장에서보다 더 적은 재화를 매입하게 된다.
- 소비자 잉여는 가격하한제가 시행되지 않는 경우보다 **낮아진다**.
- 사라진 소비자 잉여 중 (전부는 아니지만) 일부는 생산자에게 이전된다.
- 가격하한제하에서는 초과공급이 존재하기 때문에 생산자 잉여의 크기는 어느 생산자가 실제로 재화를 공급하느냐에 달려 있다. 가격하한제하에서 생산자 잉여는 증가할 수도 있고 감소할 수도 있다.
- 사장된 손실이 발생한다.

우선 최저임금법이 미치는 영향에 대해 알아보도록 하자. 경제에는 다양한 형태의 노동이 존재한다. 일부 노동자는 미숙련 노동력인 반면에 다른 노동자는 고도로 숙련된 노동력이다. 대부분 형태의 숙련 노동에 대해 정부가 설정한 최저임금은 자유시장에서 형성된 균형임금 아래에 존재한다. 최저임금법은 이런 시장에 영향을 미치지 못한다. 따라서 설정된 최저임금이 자유시장의 임금 수준보다 높은 미숙련 노동시장에 초점을 맞출 것이다. (노동시장에서 생산자는 노동을 공급하는 노동자들인 반면에, 소비자는 노동을 구매하는, 즉 노동자를 고용하는 고용주들이다.)

〈그림 10.8〉은 미숙련 노동시장의 공급곡선과 수요곡선을 보여 준다. 수직축은 노동가격, 즉 임금 w를 나타내며, 수평축은 노동시간 수 L을 의미한다. 공급곡선 S는 해당 임금에서 노동자가 얼마나 많은 시간을 공급하는지 알려 준다. 수요곡선 D는 고용주가 얼마나 많은 시간을 고용하는지

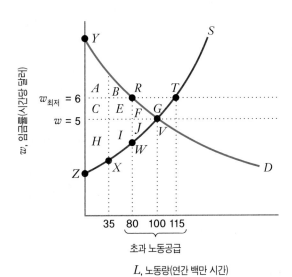

	자유시장 (최저임금이 시행되지 않는 경우)	최저임금이 시행되는 경우		최저임금이 미치는 영향	
		사례 1 (최대 생산자 잉여)	사례 2 (최소 생산자 잉여)	사례 1	사례 2
소비자 잉여	$A+B+C+E+F$	$A+B$	$A+B$	$-C-E-F$	$-C-E-F$
생산자 잉여	$H+I+J$	$C+E+H+I$	$E+F+G+I+J$	$C+E-J$	$E+F+G-H$
순편익(소비자 잉여 + 생산자 잉여)	$A+B+C+E+F+H+I+J$	$A+B+C+E+H+I$	$A+B+E+F+G+I+J$	$-F-J$	$-C-H+G$
사장된 손실	영	$F+J$	$C+H-G$	$F+J$	$C+H-G$

그림 10.8 최저임금법이 미치는 영향

최저임금법이 시행되는 경우 고용주는 최소한 시간당 6달러를 지불해야 하는 반면에, 자유시장(즉 최저임금법이 시행되지 않는 경우)에서 균형임금률은 시간당 5달러이다. 표는 아래에서 설명하는 두 가지 사례를 보여 준다. 소비자 잉여는 두 가지 사례 모두에서 동일하다.

  사례 1 : 가장 효율적인 노동자들이 모든 일자리를 차지하는 경우(공급곡선 S상의 점 Z와 점 W 사이에 위치한 노동자들인 경우), 최저임금하에서의 생산자 잉여는 최대가 되며 순 경제적 편익은 다소 감소하고 사장된 손실이 발생한다.

  사례 2 : 가장 덜 효율적인 노동자들이 모든 일자리를 차지하는 경우(공급곡선 S상의 점 X와 점 T 사이에 위치한 노동자들인 경우), 최저임금하에서의 생산자 잉여는 최소가 되며 순 경제적 편익은 사례 1보다 작고 사장된 손실은 사례 1보다 크다.

보여 준다.

최저임금법이 시행되지 않는 경우, 균형은 수요곡선과 공급곡선이 교차하는 점(점 V)에서 이루어진다. 이 점에서 균형임금률은 시간당 5달러이며, 시장청산 노동량은 연간 1억 시간이다. 균형임금률에서 노동을 공급하고자 하는 모든 노동자(공급곡선 상의 점 Z와 점 V 사이에 위치하는 노동자)는 일자리를 구하고, 해당 임금률을 지불하고자 하는 모든 고용주(수요곡선 상의 점 Y와 점 V 사이에 위치하는 고용주)는 자신들이 원하는 모든 노동자들을 고용할 수 있다.

정부가 시간당 최소한 6달러를 지불하도록 고용주에게 요구하는 최저임금법을 제정하였다고 가상하자. 해당 임금률에서 노동시장은 청산되지 않는다. 고용주들은 (점 R에서) 8,000만 노동시간을 수요하지만, 노동자들은 (점 T에서) 1억 1,500만 노동시간을 공급하고자 한다. 따라서 최저임금법으로 인해 노동에 대한 수요가 2,000만 시간(1억 시간 − 8,000만 시간) 감소하며, 초과 노동공급(실업)이 3,500만 시간(1억 1,500만 시간 − 8,000만 시간, 또는 점 T와 점 R 사이의 수평거리) 발생한다. 실업은 노동에 대한 수요 감소(2,000만 시간) 이상의 것을 나타내며, 오히려 초과 노동공급(3,500만 시간)을 나타낸다.

이제는 〈그림 10.8〉을 이용하여 최저임금법이 시행되는 경우 그리고 시행되지 않는 경우에 대해 소비자 잉여, 생산자 잉여, 순 경제적 편익, 사장된 손실을 계산할 수 있다(아래에서 설명하는 것처럼 그림 10.8은 두 가지 사례로 나누어진다는 점에 주목하시오).

최저임금법이 시행되지 않는 경우, 소비자 잉여는 수요곡선 아래 그리고 균형임금률인 시간당 5달러 위의 면적이며, 이것은 〈그림 10.8〉에서 면적 A + 면적 B + 면적 C + 면적 E + 면적 F이다. 생산자 잉여는 공급곡선 위 그리고 균형임금률 아래의 면적이며, 이것은 〈그림 10.8〉에서 면적 H + 면적 I + 면적 J이다. 순 경제적 편익은 소비자 잉여와 생산자 잉여의 합이며, 이것은 〈그림 10.8〉에서 면적 A + 면적 B + 면적 C + 면적 E + 면적 F + 면적 H + 면적 I + 면적 J이다.

최저임금법이 시행되는 경우, 〈그림 10.8〉에서 볼 수 있는 것처럼 어떤 생산자(즉 노동자)가 실제로 일자리를 구하느냐에 차이가 있는 두 가지 사례를 살펴볼 것이다. 사례 1은 생산자 잉여를 최대화하는 반면에, 사례 2는 생산자 잉여를 최소화한다. 두 가지 사례 모두에서 고용주는 수요곡선 상의 점 R까지 노동자를 고용하려 하며, 이들이 갖게 되는 소비자 잉여는 수요곡선 상에서 해당 부분 아래 그리고 이를 지불하는 임금률(6달러) 위의 면적이다. 따라서 최저임금이 시행될 경우 소비자 잉여는 면적 C + 면적 E + 면적 F에 해당하는 총액만큼 감소한다. 이런 소비자 잉여의 감소로 인해 업계는 종종 최저임금이 인상되지 않도록 정책 입안자에게 강한 로비를 하게 된다.

또한 두 가지 사례 모두에서 최저임금으로 8,000만 시간을 고용한 고용주는 시간당 5달러가 아니라 6달러를 지불한다. 이로 인해 면적 C + 면적 E로 측정된 추가비용이 발생한다.

생산자 잉여, 순 경제적 편익, 사장된 손실이 최저임금에 의해 어떤 영향을 받는지 알아보기 위해서 공급곡선 상의 점 Z와 점 T 사이에 위치한 모든 노동공급자들이 노동을 제공하길 원하지만 이들 중 일부만이 일자리를 구하게 된다는 점을 알아야만 한다. 사례 1에서는 가장 효율적인 노동자들이 일자리를 구하고, 사례 2에서는 가장 덜 효율적인 노동자들이 일자리를 구한다고 가정함으로써 생산자 잉여의 가능한 범위(즉 최대 생산자 잉여와 최소 생산자 잉여)를 결정하게 된다.

- 사례 1(최대 생산자 잉여) : 가장 효율적인 노동자들이 일자리를 구한다(즉 공급곡선 상의 점 Z와 점 W 사이에 위치한 노동자들이 대상이다. 점 W와 점 T 사이에 위치한 노동자들은 시간당 6달러에 노동을 제공하려 하지만 일자리를 구할 수 없다). 생산자 잉여는 공급곡선 상의 점 Z와 점 W 사이 부분의 위 그리고 임금률(시간당 6달러) 아래 면적이다(생산자 잉여 = 면적 C + 면적 E + 면적 H + 면적 I이다). 이것은 최저임금이 시행되는 경우에 가능한 최대 생산자 잉여이다. 순 경제적 편익 = 소비자 잉여 + 생산자 잉여 = 면적 A + 면적 B + 면적 C + 면적 E + 면적 H + 면적 I이다. 사장된 손실 = 최저임금이 시행되지 않는 경우의 순 경제적 편익 − 최저임금이 시행되는 경우의 순 경제적 편익 = (면적 A + 면적 B + 면적 C + 면적 E + 면적 F + 면적 H + 면적 I + 면적 J) − (면적 A + 면적 B + 면적 C + 면적 E + 면적 H + 면적 I) = 면적 F + 면적 J이다.

- 사례 2(최소 생산자 잉여) : 가장 덜 효율적인 노동자들이 일자리를 구한다(즉 공급곡선 상의 점 X와 점 T 사이에 위치한 노동자들이 대상이다).[7] 이것이 의미하는 바는 공급곡선 상의 점 Z와 점 X상에 위치하는 노동자들이 시간당 6달러에 노동을 제공하고자 하는 의지가 있었음에도 일자리를 구할 수 없다는 것이다. 생산자 잉여는 공급곡선 상의 점 X와 점 T 사이 부분 위 그리고 임금률(시간당 6달러) 아래의 면적이다(생산자 잉여 = 면적 E + 면적 F + 면적 G + 면적 I + 면적 J이다). 이것이 최저임금이 시행되는 경우에 가능한 최소 생산자 잉여이다. 순 경제적 편익 = 소비자 잉여 + 생산자 잉여 = 면적 A + 면적 B + 면적 E + 면적 F + 면적 G + 면적 I + 면적 J이다. 사장된 손실 = 최저임금이 시행되지 않은 경우의 순 경제적 편익 − 최저임금이 시행되는 경우의 순 경제적 편익 = (면적 A + 면적 B + 면적 C + 면적 E + 면적 F + 면적 H + 면적 I + 면적 J) − (면적 A + 면적 B + 면적 E + 면적 F + 면적 G + 면적 I + 면적 J) = 면적 C + 면적 H − 면적 G이다. 사장된 손실은 사례 1보다 크며, 그 이유는 덜 효율적인 노동자들이 더 효율적인 노동자들을 대체할 때 생산자 잉여가 작아지기 때문이다.

위의 두 가지 사례는 최저임금법에서 비롯된 생산자 잉여와 사장된 손실의 상위한계 및 하위한계를 정의한다. 실제적인 생산자 잉여와 사장된 손실은 두 개의 극단적인 사례 사이에 위치하며, 이것은 어떤 노동자가 가용할 수 있는 일자리를 갖게 되는지에 달려 있다.

최저임금법을 분석하기 위해서는 몇 가지 단순화된 가정을 하는 것이 중요하다. 먼저 최저임금이 상승하더라도 노동의 질은 변화하지 않는다고 가정한다. 고용주들은 더 높은 임금에서 더 나은

---

7 공급곡선 상의 점 T의 오른쪽에 위치한 노동자들은 고려하지 않는다. 왜냐하면 이들은 시간당 임금 6달러에서 일자리를 잡으려 하지 않기 때문이다.

노동자들을 고용할 수 있다고 이따금 말한다. 그런 경우라면 임금률이 상승함에 따라 노동의 질이 변화한다는 점을 인지하도록 분석을 수정할 필요가 있다. 또한 어떤 시장에서의 최저임금법은 다른 시장에서의 임금률에 영향을 미칠 수 있으며, 궁극적으로는 많은 재화와 용역의 가격에 영향을 미치게 된다. 마지막으로 최저임금법이 미치는 영향에 관한 논의는 부분균형분석이라는 사실에 주목하는 것이 중요하다. 최저임금법이 경제 전반에 걸쳐 미치는 영향을 분석하려면 제16장에서 살펴볼 일반균형분석을 활용하는 것이 필요하다.

일부 산업에서 최저임금이 미치는 영향에 관한 실증연구에 따르면, 최저임금법이 미치는 영향은 앞에서 살펴본 경쟁시장분석을 가지고는 예측할 수 없다고 본다. 경쟁시장모형이 예측하는 바에 따르면 최저임금이 인상될 경우 노동에 대한 기울기가 상향하는 공급곡선과 하향하는 수요곡선을 갖는 시장에서 고용의 감소로 이어져야 한다. 하지만 일부 경제학자는 1992년 미국 뉴저지 주에서 최저임금이 4.25달러에서 5.05달러로 인상된 경우에 미치는 영향을 검토하였다.[8] 간이음식산업의 자료를 사용하여 분석하였으며, 최저임금의 인상이 해당 산업에서 고용의 감소로 이어졌다는 어떠한 징후도 발견하지 못하였다. 이들은 해당 산업이 완전경쟁이 아닐 수 있다고 생각했는데, 그 이유로는 고용주들이 노동시장에서 가격순응자로 행동하지 않았기 때문이라고 보았다. 또는 다른 이유가 있을 수 있다고 생각하였다.

어떤 시장에서의 최저임금법이 다른 시장에 미치는 영향뿐만 아니라 비경쟁시장에서의 최저임금법이 미치는 영향에 관한 연구는 이 분석의 범위를 벗어난다. 하지만 이런 복잡한 상황이 중요하다는 사실을 인정해야만 한다.

정리문제 10.4

가격하한제가 미치는 영향

앞의 정리문제들과 마찬가지로 수요 및 공급 곡선은 다음과 같다.

$$Q^d = 10 - 0.5P^d$$

$$Q^s = \begin{cases} -2 + P^s, & P^s \geq 2인\ 경우 \\ 0, & P^s < 2인\ 경우 \end{cases}$$

여기서 Q^d는 소비자가 지불한 가격이 P^d인 경우의 수요량이며, Q^s는 생산자가 수령한 가격이 P^s인 경우의 공급량이다.

〈그림 10.9〉에서 보는 것처럼 정부가 이 시장에서 가격

하한으로 12달러를 설정했다고 가상하자.

문제

(a) 가격하한제가 시행되는 시장에서 초과공급의 규모는 얼마인가? 소비자 잉여는 어떠한가?

(b) 가장 낮은 비용이 소요되는 생산자들이 물품을 판매하게 된다고 가정하는 경우 최대 생산자 잉여는 얼마인가? 이 경우 사장된 손실은 얼마인가?

(c) 가장 높은 비용이 소요되는 생산자들이 물품을 판매하게 된다고 가정하는 경우 최소 생산자 잉여는 얼마

---

8 D. Card and Alan Krueger, "Minimum Wages and Employment: A Case Study of the Fast-Food Industry in New Jersey and Pennsylvania,"*American Economic Review* 84, no. 4 (September 1994): 772.

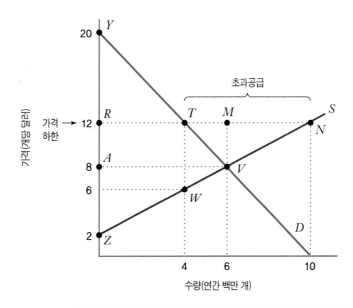

	가격하한제가 시행되지 않는 경우	가격하한제가 시행되는 경우	
		최대 생산자 잉여	최소 생산자 잉여
소비자 잉여	면적 YVA = 3,600만 달러	면적 YTR = 1,600만 달러	면적 YTR = 1,600만 달러
생산자 잉여	면적 AVZ = 1,800만 달러	면적 RTWZ = 3,200만 달러	면적 MNV = 800만 달러
순편익(소비자 잉여 + 생산자 잉여)	5,400만 달러	4,800만 달러	2,400만 달러
사장된 손실	영	600만 달러	3,000만 달러

그림 10.9 가격하한제(12달러)가 미치는 영향

가격하한제가 시행되지 않는 경우 소비자 잉여와 생산자 잉여의 합은 5,400만 달러이며, 이는 시장에서 가능한 최대 순편익이다. 가격하한제가 시행되는 경우 소비자 잉여는 2,000만 달러 감소한다. 생산자 잉여가 최대화될 때 생산자 잉여는 1,400만 달러 증가하며, 순편익은 600만 달러 감소한다(사장된 손실). 생산자 잉여가 최소화될 때 생산자 잉여는 1,000만 달러 감소하며, 순편익은 3,000만 달러 감소한다(사장된 손실).

인가? 이 경우 사장된 손실은 얼마인가?

해법

(a) 하한가격이 12달러인 경우 소비자는 400만 개(점 T)를 수요하지만 생산자는 1,000만 개(점 N)를 공급하고자 한다. 초과공급은 600만 개가 되며, 이는 T와 N 사이의 거리로 나타낼 수 있다.

소비자 잉여는 하한가격 12달러 위와 수요곡선 아래에 있는 삼각형의 면적과 같다. 소비자 잉여는 (1,600만 달러에 상당하는) 면적 YTR이 된다.

(b) (공급곡선 상의 점 Z와 점 W 사이에 있는) 가장 효율적인 생산자들이 소비자가 원하는 400만 개를 공급한다고 가상하자. 생산자 잉여는 (3,200만 달러에 상당하는) 면적 RTWZ가 된다.

순 경제적 편익은 (1,600만 달러에 상당하는) 소비자 잉여와 (3,200만 달러에 상당하는) 생산자 잉여를 합쳐 4,800만 달러가 된다.

가격하한제가 실시되는 경우 소비자 잉여와 생산자 잉여는 4,800만 달러에 불과하여 가격하한제가 시행되지 않는 시장에서 가능한 총잉여(5,400만 달러)보다 600만 달러가 부족하게 된다. 이 600만 달러가 사장된 손실이며 면적 TWV에 해당한다.

(c) (공급곡선 상의 점 V와 점 N 사이에 있는) 가장 덜 효율적인 생산자들이 400만 개를 판매하는 경우 생산자 잉여는 (800만 달러에 상당하는) 면적 MNV가 된다.

이제 (1,600만 달러에 상당하는) 소비자 잉여와 (800만 달러에 상당하는) 생산자 잉여의 합은 2,400만 달러에 불과하여 가격하한제가 시행되지 않는 시장에서 가능한 (5,400만 달러에 상당하는) 총잉여보다 3,000만 달러가 부족하다. 두 번째 경우의 사장된 손실은 3,000만 달러이다.

10.3 생산할당

정부가 자유시장에서 형성된 균형가격 수준을 초과해 가격을 유지하고자 할 경우 **생산량**을 제한할 수 있다. 생산량을 제한하기 위해 정부는 시장에 있는 생산자의 수 또는 각 생산자가 판매할 수 있는 수량에 대해 할당을 주거나 제한을 둘 수 있다. 할당은 생산자가 공급하는 수량에 대해 상한을 두는 것이다.

역사적으로 많은 농산물시장에서 할당이 설정되었다. 예를 들어 정부는 농부의 경작면적 규모를 제한할 수 있다. 할당은 다른 산업에서도 역시 사용된다. 많은 도시에서 정부는 운행되는 택시의 수를 제한해, 규제되지 않은 시장에서의 요금보다 더 높게 요금이 형성된다.

기울기가 상향하는 공급곡선과 기울기가 하향하는 수요곡선을 갖는 시장에서 정부가 할당을 부과할 경우 다음과 같은 결과가 초래된다.

- 시장은 청산되지 않는다. 시장에서 재화 또는 용역에 대한 초과공급이 존재한다.
- 소비자는 자유시장에서보다 더 적은 양의 재화를 매입하게 된다.
- 소비자 잉여는 할당이 없는 경우보다 **낮아진다.**
- 사라진 소비자 잉여 중 (전부는 아니지만) 일부는 생산자에게 이전된다.
- 할당하에서는 초과공급이 발생하기 때문에 생산자 잉여의 규모는 물품을 공급하고자 하는 생산자 중 누가 실제로 그렇게 할 수 있느냐에 달려 있다. 할당하에서 생산자 잉여는 증가할 수도 있고 감소할 수도 있다.[9]
- 사장된 손실이 발생한다.

〈그림 10.10〉은 〈그림 10.5〉에서 살펴본 것과 같은 시장에 대해 생산할당 400만 개를 부여한 경우 미치는 효과를 살펴보고 있다(그림 10.10과 아래에서 하는 논의에서는 가장 효율적인 생산자,

---

9 가장 효율적인 생산자가 공급을 하게 될 경우 일부 할당 수준에 대해서는 생산자 잉여가 증가하게 된다. 하지만 할당이 (예를 들면 영에 가까울 정도로) 매우 낮은 경우 생산자 잉여는 실제로 감소할 수 있다.

즉 비용이 가장 낮게 소요되는 생산자가 할당에 의해 부과된 400만 개를 공급한다고 가정한다).

할당이 시행되지 않은 경우 균형은 점 G에서 이루어지며, 여기서 수요곡선 D와 공급곡선 S가 교차한다. 이 점에서 균형가격은 8달러이며, 시장청산 수량은 연간 600만 개다.

이제는 〈그림 10.10〉을 활용하여 할당이 시행되는 경우와 시행되지 않은 경우의 시장을 비교해 보자. 이를 통해 소비자 잉여, 생산자 잉여, 순 경제적 편익, 사장된 손실을 계산할 수 있다.

할당이 시행되지 않은 경우, 소비자 잉여는 수요곡선 아래 그리고 소비자가 지불하는 가격(8달러) 위의 면적이다(소비자 잉여 = 면적 A + 면적 B + 면적 F = 연간 3,600만 달러이다). 생산자 잉여는 공급곡선 위 그리고 공급자가 수령하는 가격(8달러) 아래의 면적이다(생산자 잉여 = 면적 C + 면적 E = 연간 1,800만 달러이다). 순 경제적 편익은 (소비자 잉여 + 생산자 잉여인) 연간 5,400만 달러이며, 사장된 손실은 발생하지 않는다.

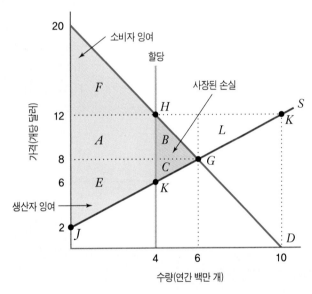

	할당이 시행되지 않은 경우	할당이 시행된 경우	할당이 미치는 영향
소비자 잉여	$A + B + F$(3,600만 달러)	F(1,600만 달러)	$-A - B$(-2,000만 달러)
생산자 잉여	$C + E$(1,800만 달러)	$A + E$(3,200만 달러)	$A - C$(1,400만 달러)
순편익 (소비자 잉여 + 생산자 잉여)	$A + B + C + E + F$ (5,400만 달러)	$A + E + F$(4,800만 달러)	$-B - C$(-600만 달러)
사장된 손실	영	$B + C$(600만 달러)	$B + C$(600만 달러)

그림 10.10 생산할당(400만 개)이 미치는 영향

할당이 시행되지 않은 경우 소비자 잉여와 생산자 잉여의 합은 5,400만 달러이며, 이는 시장에서 가능한 최대 순편익이다. 할당으로 인해 소비자 잉여가 2,000만 달러 감소하며, 생산자 잉여는 1,400만 달러 증가하고, 순편익은 600만 달러 감소한다(사장된 손실).

할당이 시행되는 경우, 소비자는 (점 H에서) 개당 12달러를 지불한다. 생산자는 그 가격에서 1,000만 개를 공급하고자 하지만 할당 400만 개로 한정된다. 따라서 초과공급 600만 개가 발생한다. 소비자 잉여는 수요곡선 아래 그리고 소비자가 지불하는 가격(12달러) 위의 면적이다(소비자 잉여 = 면적 F = 연간 1,600만 달러이다). 생산자 잉여는 (가장 효율적인 공급자가 400만 개 모두를 생산한다고 가정하기 때문에 점 J와 점 K 사이에 위치하는) 공급곡선 위 그리고 생산자가 수령하는 가격(12달러) 아래의 면적이다(생산자 잉여 = 면적 A + 면적 E = 연간 3,200만 달러이다). 순 경제적 편익은 (소비자 잉여 + 생산자 잉여인) 연간 4,800만 달러이므로 사장된 손실은 (할당이 시행되지 않은 경우의 순 경제적 편익 − 할당이 시행된 경우의 순 경제적 편익인) 연간 600만 달러이다.

할당으로 인해 경쟁시장에서의 균형가격인 8달러보다 훨씬 높은 12달러에서 가격이 유지되기 때문에 소비자 잉여가 감소한다. 생산자 잉여의 크기는 시장에 어떤 공급자가 있는지에 달려 있다. 가격이 12달러일 때 생산자는 1,000만 개를 공급하고자 하므로 가장 효율적인 생산자가 할당으로 허용된 400만 개를 공급하게 된다고 보장할 수 없다. 이 400만 개는 예를 들면 공급곡선 상의 점 G와 점 K 사이에 위치하는 공급자들과 같이 비효율적인 공급자들에 의해 공급될 수도 있다. 그러면 생산자 잉여는 훨씬 더 낮아진다(면적 L = 800만 달러). 이 경우 할당은 생산자 잉여의 감소로 이어지며 사장된 손실은 3,000만 달러가 된다는 사실(이를 입증할 수 있는가?)에 주목하자.

정리문제 10.5

조세, 가격하한제, 생산할당 사이의 비교

진도를 더 나아가기 전에 소비자로 하여금 자유시장가격보다 더 높은 가격을 지불하도록 하는 세 가지 형태의 정부개입을 비교해 보자. 이 장 전반에 걸쳐 정부개입의 효과를 알아보기 위해 〈그림 10.1〉의 공급곡선과 수요곡선을 사용하였다. 다음과 같은 형태의 개입 각각에 대해 소비자가 지불하는 가격은 개당 12달러가 된다는 사실을 알게 되었다.

- 물품세 6달러가 부과된 경우(정리문제 10.1)
- 가격하한이 12달러인 경우(정리문제 10.4)
- 생산할당이 400만 개인 경우(그림 10.10)

이 세 가지 경우의 결과를 재검토하고 비교하기 위해 다음 물음에 답하라.

문제

(a) 이 세 가지 경우 각각에서 소비자 잉여는 어떻게 차이가 나는가?

(b) 어떤 형태의 개입인 경우 시장에 있는 생산자가 (공급곡선의 낮은 쪽 부분에 위치한) 효율적인 공급자가 될 것으로 기대하게 되는가?

(c) 생산자는 어떤 형태의 정부개입을 선호하는가?

(d) 사장된 손실이 가장 작은 경우는 어떤 형태의 정부개입에서 가능한가?

해법

(a) 소비자에게 부과된 가격이 각 형태의 개입인 경우 12달러이므로 소비자 잉여는 동일해진다.

(b) 물품세가 부과된 경우 시장이 청산되므로 시장에 있

는 공급자는 효율적인 공급자이다. 가격하한제나 할당이 시행되는 시장은 청산되지 않는다. 비효율적인 공급자가 시장에 있을 수 있다. 하지만 생산을 허가하는 면허증을 통해 할당이 시행될 경우 그리고 이 면허증이 경쟁시장에서 재판매될 수 있는 경우 이 면허증을 최종적으로 소지한 공급자는 효율적일 것으로 기대된다.

(c) 생산자는 가격하한제 또는 할당을 선호하며 이 둘 모

두 생산자 잉여를 증대시킬 수 있다. 생산자는 물품세를 가장 덜 선호하는데 그 이유는 물품세로 인해 생산자 잉여가 감소하기 때문이다.

(d) 가격 및 생산량 수준은 세 가지 형태의 개입 모두에서 동일해지므로 시장에 효율적인 생산자가 있는 경우 사장된 손실이 가장 작아진다. [효율적인 생산자가 시장에 참여하는 조건은 (b)에 요약되어 있다.]

이 정리문제를 통해 공통의 결과(여기서는 소비자가 지불하는 가격)를 갖게 되는 프로그램들이 다른 면에서는 상당히 다른 이유를 알 수 있다. 예를 들면 더 높은 소비자 가격이 생산자들의 상황을 더 나아지게 한다거나 다른 프로그램들이 동등하게 효율적이라는 것을 반드시 의미하지는 않는다. 나아가 어떤 시장에서 징수한 조세수입이 다른 부문에서 조세부담을 낮추는 데 사용될 수 있다면, 해당 재화를 소비하지 않는 사람들이 이득을 볼 수 있다.

10.4 농산물 분야에서의 가격지지 프로그램

가격지지 프로그램은 농업부문에서 널리 시행되고 있다. 이런 프로그램들은 일반적으로 농부들의 생산자 잉여를 증대시켜 준다. 미국에서 대두, 옥수수, 땅콩과 같은 농산물에 대한 가격지지 프로그램은 보통 자유시장의 가격 수준보다 높게 가격을 유지한다. 가격지지 프로그램은 납세자들에게 부담이 되므로 많은 정부들은 지난 10년 동안 가격지지 프로그램을 축소하고 있다. 하지만 많은 프로그램이 아직 실시되고 있으며 낮은 가격으로 인해 농업소득이 위협받을 경우 이따금 재실시되고 있다.

이 절에서는 농업부문에서 시행되고 있는 두 가지 가격지지 프로그램인 경작면적 제한 프로그램과 정부구매 프로그램을 살펴볼 것이다.

경작면적 제한 프로그램

경작면적 제한 프로그램하에서 정부는 경작을 하지 않는 농부들에게 대가를 지불해 자유시장 수준 아래로 생산을 유지하도록 하는 동기를 부여하고 있다. 〈그림 10.11〉은 〈그림 10.1〉과 유사한 공급곡선 및 수요곡선을 이용해 이 프로그램이 어떻게 운용되는지 보여 주고 있다(농업지지 프로그램은 종종 100만 달러 대신에 10억 달러 단위로 시행되기 때문에 수평축을 10억 부셸로 표기하였다). 균형에서 가격은 부셸당 8달러이고 농부들은 연간 60억 부셸을 생산한다.

정부는 가격을 부셸당 10달러로 지지하려 한다고 가상하자. 정부는 할당을 부과하는 대신에 소

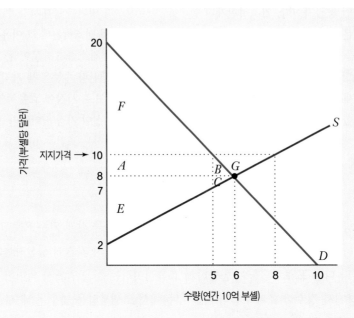

	자유시장	경작면적 제한 프로그램이 시행된 경우	경작면적 제한 프로그램이 미치는 영향
소비자 잉여	$A + B + F$(360억 달러)	F(250억 달러)	$-A - B(-110$억 달러)
생산자 잉여	$C + E$(180억 달러)	$A + B + C + E + G$(320억 달러)	$A + B + G$(140억 달러)
정부재정에 미치는 영향	영	$-B - C - G(-45$억 달러)	$-B - C - G(-45$억 달러)
순편익(소비자 잉여 + 생산자 잉여 − 정부지출액)	$A + B + C + E + F$(540억 달러)	$A + E + F$(525억 달러)	$-B - C(-15$억 달러)
사장된 손실	영	$B + C$(15억 달러)	

그림 10.11 경작면적 제한 프로그램이 미치는 영향

정부는 경작면적을 제한하도록 농부들에게 현금을 제공하여 생산량을 50억 부셸로 낮춤으로써 부셸당 가격을 10달러로 유지할 수 있다. 경작면적 제한 프로그램이 시행되지 않는 경우, 소비자 잉여와 생산자 잉여의 합은 540억 달러이며, 이는 시장에서 가능한 최대 순편익이다. 이 프로그램으로 인해 소비자 잉여가 110억 달러 감소하고, 생산자 잉여는 140억 달러 증가하며, 정부재정은 45억 달러 상당의 음의 영향을 받는다. 또한 순편익은 15억 달러 감소한다(사장된 손실).

비자가 10달러를 지불하고자 하는 수준인 50억 부셸로 생산량을 낮추도록 농부들을 유도하고자한다. 가격이 10달러인 경우 농부들은 80억 부셸을 생산하고자 한다. 농부들은 자신들이 공급하고자 하는 추가적인 30억 부셸을 생산하지 않는 데 대해 정부가 보상을 할 경우에만 생산을 50억 부셸로 제한하고자 한다. 농부들이 필요로 하는 보상금은 생산을 50억 부셸로 제한할 경우 포기해야 하는 생산자 잉여와 같다. 이 금액은 〈그림 10.11〉에서 면적 B + 면적 C + 면적 G 또는 45억 달러이다.

이 프로그램으로 인해 소비자 잉여가 (면적 A + 면적 B에 해당하는) 110억 달러 감소하고, 생산자 잉여는 (면적 A + 면적 B + 면적 G에 해당하는) 140억 달러 증가하게 되며, 이로 인해 정부가 부담하는 비용은 (면적 B + 면적 C + 면적 G에 해당하는) 45억 달러가 된다. 사회에 대한 순편익은 (250억 달러에 상당하는) 소비자 잉여와 (320억 달러에 상당하는) 생산자 잉여를 합한 것에서 (45억 달러에 상당하는) 정부가 부담하는 비용을 감한 것으로 525억 달러가 된다. 사장된 손실은 (면적 B + 면적 C에 해당하는) 15억 달러가 된다.

이 프로그램이 실시되면 사장된 손실이 발생하기 때문에, 정부가 140억 달러에 상당하는 현금 이전을 농부에게 해 주고 개입하지 않은 채 시장기능에 따라 가격 8달러에서 60억 부셸을 생산하도록 하지 않는 이유에 대해 알고 싶어 할 수도 있다. 사장된 손실이 영이 되기 때문에 이런 시책이 그럴듯하게 보인다. 정부는 다른 부문에 조세를 부과해 이 프로그램을 시행하는 데 필요한 금액을 징수할 수 있을지도 모른다. 이런 프로그램이 효율적이라고 하더라도 일반인들은 아무 일도 하지 않는 농부들에게 140억 달러를 지불하는 것보다 생산량을 낮추기 위해 (이에 따라 이윤기회를 상실한) 농부들에게 45억 달러를 지불하는 것이 더 낫다고 생각할 것이다.[10]

정부구매 프로그램

경작면적 제한 프로그램에 대한 대안으로 정부구매 프로그램을 시행하여 부셸당 가격 10달러를 지지할 수도 있다. 〈그림 10.12〉는 〈그림 10.11〉에서와 같은 공급곡선 및 수요곡선을 사용하여 이런 프로그램이 어떻게 운용되는지 보여주고 있다. 부셸당 가격 10달러에서 농부들은 80억 부셸을 생산하고자 하지만 시장수요는 50억 부셸에 불과할 뿐이다. 따라서 30억 부셸의 초과공급이 발생한다.

부셸당 가격 10달러를 유지하기 위해 정부는 여분의 30억 부셸을 매입하여 초과공급을 제거할 수 있다. 정부구매가 시장수요에 추가될 경우(그림 10.12에 있는 D + 정부구매라고 표기된 곡선을 참조하시오), 균형가격은 (점 W에서) 10달러가 된다. 이런 정부구매 프로그램이 시행되는 경우, 최초 시장수요곡선 D 아래의 면적으로 측정된 소비자 잉여는 110억 달러만큼 감소하고 생산자 잉여는 140억 달러만큼 증가한다. 이들 두 가지는 앞에서 논의한 경작면적 제한프로그램이 시행된 경우와 동일하다. 하지만 정부지출액은 경작면적 제한프로그램이 시행되는 경우의 45억 달러보다 훨씬 더 큰 300억 달러(30억 부셸 × 부셸당 10달러 = 면적 B + 면적 C + 면적 G + 면적 H + 면적 I + 면적 J)이다. 이것이 의미하는 바는 순 경제적 편익이 훨씬 더 작으며(270억 달러인 반면에 경작면적 제한 프로그램이 시행된 경우에는 525억 달러이다). 사장된 손실은 훨씬 더 크다는(270억 달러인 반면에 경작면적 제한 프로그램이 시행된 경우에는 15억 달러이다) 것이다.

정부는 이들 30억 부셸 중 일부를 세계의 어딘가 다른 곳에 판매함으로써(예를 들면 이를 필요로 하는 국가들에게 낮은 가격으로 판매함으로써) 이 프로그램 시행에 따른 비용을 낮추고자 할

---

10 경작면적 제한 프로그램에 대한 재원을 조달하기 위해서 정부가 조세를 부과하여 140억 달러를 징수할 경우 다른 시장에서 사장된 손실이 발생할 수 있다는 점도 물론 인지하여야 한다.

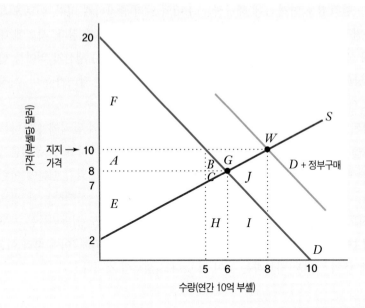

	자유시장	정부구매 프로그램이 시행된 경우	정부구매 프로그램이 미치는 영향
소비자 잉여	A + B + F(360억 달러)	F(250억 달러)	− A − B(− 110억 달러)
생산자 잉여	C + E(180억 달러)	A + B + C + E + G(320억 달러)	A + B + G(140억 달러)
정부재정에 미치는 영향	영	− B − C − G − H − I − J (− 300억 달러)	− B − C − G − H − I − J (− 300억 달러)
순편익(소비자 잉여 + 생산자 잉여 − 정부지출액)	A + B + C + E + F (540억 달러)	A + E + F − H − I − J (270억 달러)	− B − C − H − I − J (− 270억 달러)
사장된 손실	영	B + C + H + I + J(270억 달러)	

그림 10.12 정부구매 프로그램이 미치는 영향

정부는 초과공급분 30억 부셸을 매입하는 정부구매 프로그램을 활용하여 부셸당 가격 10달러를 지지할 수 있다. 이 프로그램이 시행되지 않는 경우 소비자 잉여와 생산자 잉여의 합은 540억 달러이며, 이는 시장에서 가능한 최대 순편익이다. 이 프로그램이 시행될 경우 소비자 잉여가 110억 달러 감소하고, 생산자 잉여는 140억 달러 증가하며, 정부재정은 300억 달러 상당의 음의 영향을 받는다. 또한 순편익은 270억 달러 감소한다(사장된 손실).

수 있다. 하지만 판매된 것 중 일부가 미국 시장으로 되돌아올 경우 미국 시장에서의 가격은 내려가서 미국 농부들의 생산자 잉여를 낮게 되며 이 프로그램의 목적에 반하게 된다.

정부구매 프로그램은 경작면적 제한 프로그램보다 더 많은 비용이 소요되고 덜 효율적이다.[11]

---

11 일반균형(제16장 참조) 관점에서 생각해 보면 한 부문에서의 정부구매 프로그램은 경제 내 다른 부문에서 훨씬 더 많은 사장된 손실을 만들어 낼 수 있다. 왜냐하면 해당 프로그램의 재원을 마련하기 위해서 보다 많은 조세를 징수해야 하기 때문이다.

정부는 종종 농부들의 생산자 잉여를 1달러 증가시키기 위해서 1달러보다 훨씬 더 많이 지출해야 한다. 그럼에도 불구하고 많은 국가들은 정부구매 프로그램들에 의존하며, 이들이 농부들에 대한 직접적인 현금지급보다 정치적으로 더 자주 받아들여진다.

10.5 수입할당 및 관세

어떤 재화의 세계시장가격이 수입이 없는 국내시장의 균형가격보다 낮은 경우 해당 국가의 소비자들은 해당 재화를 수입하고자 한다. 이로 인해 많은 정부들은 국내시장에서 재화가격을 지지하기 위해서 수입할당과 관세를 부과하게 되며, 특히 세계시장가격이 매우 낮고 제한되지 않은 수입이 국내 생산자에게 피해를 입힐 때 그러하다. 할당 및 관세가 부과될 경우 국내가격이 더 높아지며, 이로 인해 국내 생산자들은 생산을 확장하고 더 높은 이윤을 얻게 된다. 이 절에서 할당 및 관세가 국내 생산자 잉여를 증대시키고 국내 소비자 잉여를 감소시킨다는 사실을 알게 될 것이다. 또한 이런 형태의 정부개입은 총국내잉여의 합계(생산자 잉여와 소비자 잉여를 합한 것 또는 순 경제적 편익)를 낮추어서 사장된 손실로 이어진다.

할당

할당은 일국으로 수입될 수 있는 재화의 총량을 제한하는 것이다. 즉 할당은 재화의 무제한적인 수입을 허용하는 자유무역에 대한 제한이다. 극단적인 경우 할당은 재화수입을 완벽하게 금지시키는 형태(즉 허용된 수입할당이 0인 형태)를 띠지만 보다 흔한 형태의 할당은 해당 재화의 수입을 어느 정도까지 제한하는 것이다.

〈그림 10.13〉은 (그림 10.12에서 살펴본 것과 동일한 시장인) 어떤 재화에 대한 국내시장을 세 가지 경우에 대하여 비교하였다. 즉 무역금지(할당 = 0인 경우), 자유무역(할당이 시행되지 않는 경우), 할당(연간 300만 개의 할당이 시행되는 경우) 등 세 가지 경우를 분석하고 있다. 〈그림 10.13〉을 활용하여 국내 소비자 잉여, 생산자 잉여(국내 및 외국), 국내 순 경제적 편익, 사장된 손실 측면에서 세 가지 경우를 비교할 수 있다.

완벽한 무역금지가 시행되는 경우 시장균형은 국내수요곡선과 국내공급곡선의 교차점에서 이루어지며, 여기서 개당 가격은 8달러이고 시장청산 수량은 연간 600만 개다. 국내 소비자 잉여는 수요곡선 아래 그리고 균형가격 8달러 위의 면적(소비자 잉여 = 면적 A)이며, 국내 생산자 잉여는 공급곡선 위 그리고 균형가격 아래의 면적(생산자 잉여 = 면적 B + 면적 F + 면적 L)이고, 국내 순편익은 국내 소비자 잉여와 국내 생산자 잉여의 합(순편익 = 면적 A + 면적 B + 면적 F + 면적 L)이다. 사장된 손실은 자유무역하에서의 순편익(앞으로 살펴보겠지만 이것은 면적 A + 면적 B + 면적 C + 면적 E + 면적 F + 면적 G + 면적 H + 면적 J + 면적 K + 면적 L이다)과 완벽한 무역금지하에서의 순편익 사이의 차이이다(사장된 손실 = 면적 C + 면적 E + 면적 G + 면적 H + 면적 J + 면적 K이다).

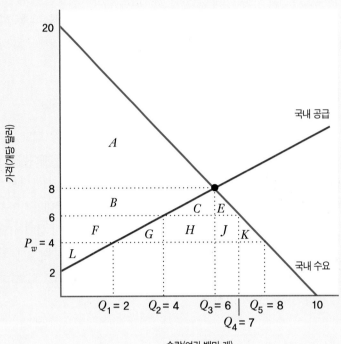

	자유무역 (할당이 시행되지 않는 경우)	할당이 시행되는 경우		할당이 미치는 영향	
		무역금지 (할당=0)	할당=연간 300만 개	무역금지가 미치는 영향	할당=연간 300만 개가 미치는 영향
소비자 잉여(국내)	$A+B+C+E+$ $F+G+H+J+K$	A	$A+B+C+E$	$-B-C-E-$ $F-G-H-J-K$	$-F-G-H-$ $J-K$
생산자 잉여(국내)	L	$B+F+L$	$F+L$	$B+F$	F
순편익(국내) (소비자 잉여 + 국내 생산자 잉여)	$A+B+C+E+$ $F+G+H+J+$ $K+L$	$A+B+F+L$	$A+B+C+E+$ $F+L$	$-C-E-G-$ $H-J-K$	$-G-H-J-$ K
사장된 손실	영	$C+E+G+$ $H+J+K$	$G+H+J+K$	$C+E+G+H+$ $J+K$	$G+H+J+K$
생산자 잉여(외국)	영	영	$H+J$	영	$H+J$

그림 10.13 무역금지 대 자유무역 대 연간 300만 개의 할당이 미치는 영향

무역금지하에서 시장은 개당 가격 8달러와 연간 수량 $Q_3 = 600$만 개에서 균형을 이룬다. 자유무역하에서 해당 재화는 세계
가격 개당 $P_w = 4$달러에서 판매되며, 국내에서 200만 개 공급되고 600만 개가 수입되어 연간 총수량 $Q_5 = 800$만 개가 된
다. 연간 300만 개의 할당이 부과되는 경우 정부는 개당 가격 6달러를 지지할 수 있으며, 400만 개는 국내에서 공급되고,
300만 개는 수입되어 연간 총수량은 $Q_4 = 700$만 개이다. 자유무역과 비교해 볼 때 무역금지는 국내 소비자 잉여를 감소시
키고, 국내 생산자 잉여를 증대시키며, 순편익은 감소시킨다. 그리고 사장된 손실이 증가한다. 할당도 동일한 결론에 도달
하지만 덜 극적이다. 반면에 외국 공급자에게 생산자 잉여가 발생한다.

이제는 외국 생산자들이 개당 가격 P_w = 4달러에서 해당 재화의 어떠한 수량을 공급하려 한다고 가상하자. 개당 4달러를 세계가격으로 간주할 것이다. 세계가격은 해당 재화를 생산하여 국내시장에 인도하는 데 따른 외국 생산자들의 평균비용을 부담할 정도의 수준으로 생각해야 한다. 외국 생산자들 사이의 완전경쟁을 통해 세계시장에서의 가격이 이 수준에 도달된다. 세계가격은 무역이 없는 국내시장에서의 균형가격(8달러) 아래에 있으므로 국내 소비자들은 해당 재화를 수입하고자 하며 자유무역체제하에서 그렇게 할 수 있다. 가격 4달러에서 국내수요는 (P_w와 수요곡선이 교차하는 지점인) Q_5 = 연간 800만 개다. 하지만 국내 생산자들은(P_w와 공급곡선이 교차하는 지점인) Q_1 = 연간 200만 개만을 공급하고자 한다. 따라서 국내수요를 충족시키기 위해 연간 600만 개(국내에서 수요되는 800만 개 − 국내에서 공급되는 200만 개 = 수입되는 600만 개)가 수입되어야 한다.

자유무역이 미치는 영향은 무엇인가? 국내 소비자 잉여는 수요곡선 아래 그리고 P_w 위의 면적(소비자 잉여 = 면적 A + 면적 B + 면적 C + 면적 E + 면적 F + 면적 G + 면적 H + 면적 J + 면적 K)이고, 국내 생산자 잉여는 공급곡선 위 그리고 해당 가격 아래의 면적(생산자 잉여 = 면적 L)이며, 국내 순편익은 국내 소비자잉여와 국내 생산자잉여의 합(순편익 = 면적 A + 면적 B + 면적 C + 면적 E + 면적 F + 면적 G + 면적 H + 면적 J + 면적 K + 면적 L)이다. 사장된 손실은 발생하지 않는다. 따라서 국내 소비자 잉여는 무역금지하에서보다 훨씬 더 크지만 국내 생산자 잉여는 훨씬 더 작다.

국내 생산자들은 자유무역하에서 손실을 보게 된다고 생각하기 때문에 이들은 종종 수입을 제한하거나 또는 제거하려고 조처한다. 무역금지를 통해 수입을 완전히 제거할 경우 생산자에게 어떤 이익이 되는지 살펴보았다. 이제는 연간 최대 수입량을 허용하는 할당을 통해 수입에 부분적인 제한을 할 경우 미치는 영향에 대해 살펴보고자 한다.

정부는 개당 국내가격 6달러를 지지하고자 한다고 가상하자(예를 들면 자유무역하에서의 낮은 가격 4달러를 지불하려는 국내 소비자들의 관심과 무역이 없는 상황하에서의 높은 가격 8달러로부터 이익을 보려는 국내 생산자들의 관심을 타협한 6달러를 생각해 볼 수 있다). 이 목적을 달성하기 위해서 정부는 연간 300만 개의 할당을 설정할 수 있다. 그 이유를 알아보기 위해서 국내시장에서의 균형가격은 시장을 청산하는 가격, 즉 (국내 및 외국의) 총공급과 국내수요가 같아지도록 하는 가격이라는 점에 주목하자. 가격 6달러에서 소비자들은 (해당 가격과 수요곡선이 교차하는 지점인) Q_4 = 연간 700만 개를 수요하지만, 국내 생산자들은 (해당 가격과 공급곡선이 교차하는 지점인) Q_2 = 연간 400만 개만을 공급하려 한다. 그러므로 해당 가격에서 국내수요를 충족시키기 위해 연간 300만 개가 수입되어야만 한다(국내에서 수요되는 700만 개 − 국내에서 공급되는 400만 개 = 수입된 300만 개).

이런 할당이 미치는 영향은 무엇인가? 국내 소비자 잉여는 수요곡선 아래 그리고 가격 6달러 위의 면적(소비자 잉여 = 면적 A + 면적 B + 면적 C + 면적 E)이고, 국내 생산자 잉여는 공급곡선 위 그리고 가격 6달러 아래의 면적(생산자 잉여 = 면적 F + 면적 L)이다. 국내 순편익은 국내 소비자 잉여와 국내 생산자 잉여의 합(순편익 = 면적 A + 면적 B + 면적 C + 면적 E + 면적 F + 면적 L)이고, 사장된 손실은 자유무역하에서의 순편익과 할당하에서의 순편익 사이의 차이(사장된 손실 = 면적 G + 면적 H + 면적 J + 면적 K)이다. 이 밖에 외국 공급자들은 할당하에서의 자신의 생산자 잉여를 차지한다. 왜냐하면 이들은 가격 4달러에서도 판매할 의지가 있는데 가격 6달러에서 이를 판매할 수 있기 때문이다.

요약하면 할당하에서의 국내 소비자 잉여는 자유무역하에서보다 더 작지만 무역금지하에서보다는 더 크다. 반면에 할당하에서의 국내 생산자 잉여는 자유무역하에서보다 더 크지만 무역금지하에서보다 더 작다. 외국 공급자들이 일부 생산자 잉여를 차지한다.

관세

관세는 수입품에 대한 조세이다. 할당과 같이 관세는 수입을 제한하며, 정부는 할당을 통해 이룰 수 있는 동일한 목표를 달성하기 위해, 즉 해당 재화의 국내가격을 지지하기 위해 관세를 사용할 수 있다. 예를 들면 우리가 논의했던 시장에서 정부는 개당 5달러의 관세를 부과하여(무역금지, 즉 할당이 영이 되도록 하는 것처럼) 수입을 없앨 수 있다. 이로 인해 수입품의 국내가격이 개당 9달러(P_w 4달러 + 관세 5달러 = 9달러)로 인상된다. 그 경우에 어떤 소비자도 해당 가격으로 그 물품을 매입하려 하지 않기 때문에 수입이 이루어지지 않는다(국내 생산자는 가격 8달러에서 소비자 수요를 충족시킬 수 있다). 따라서 관세가 무역이 이루어지지 않는 경우의 국내가격과 세계가격의 차이보다 더 큰 경우(즉 위의 예에서 관세가 4달러보다 더 큰 경우), 어떤 수입도 발생하지 않는다.

정부가 앞 절에서 논의한 동일한 목표를 달성하고자 한다고 가상하자. 즉 정부가 국내가격 개당 6달러를 지지하고자 한다고 가상하자. 〈그림 10.14〉에 따르면 정부는 개당 2달러의 관세를 부과하여 이 목표를 달성할 수 있다. 이것이 작동하는 이유를 설명하는 것은 연간 300만 개의 할당이 작동하는 이유를 설명하는 것과 정확히 궤를 같이한다. 가격 6달러에서 소비자는 연간 $Q_4 = 700$만 개를 수요하지만, 국내 생산자는 연간 400만 개만을 공급하려 할 뿐이다. 해당 가격에서 국내수요를 충족시키려면 연간 300만 개가 수입되어야 한다. 따라서 개당 2달러의 관세는 연간 300만 개의 수입할당과 동일한 균형을 만들어 낸다.

이런 관세가 미치는 전반적인 영향은 할당이 미치는 영향과 매우 유사하지만 동일하지는 않다. 〈그림 10.13〉 및 〈그림 10.14〉의 표들에서 보는 것처럼 국내 소비자 잉여와 국내 생산자 잉여는 두 경우에서 동일하다. 하지만 할당하에서 외국 공급자에게 돌아가는 생산자 잉여는 대신에 관세하에서 국내 정부재정에 미치는 양의 영향이 된다. 그 이유는 정부가 관세를 통해 수입을 올릴 수 있기 때문이다. 이런 수입의 규모는 관세 2달러에 수입된 개수(300만 개)를 곱한 값, 즉 600만 달러가 된다(두 그림에서 면적 H + 면적 J에 해당된다).

따라서 할당하에서와 마찬가지로 관세하에서는 국내 소비자 잉여가 자유무역하에서보다 더 작지만 무역금지하에서보다는 더 크다. 반면에 국내 생산자 잉여는 자유무역하에서보다 더 크지만

무역금지하에서보다 더 작다. 이 밖에 할당하에서의 상황과 비교해 보면 정부는 관세로부터 얻은
수입을 재분배함으로써 경제에 이로움을 줄 수 있다. 따라서 사장된 손실은 할당에서보다 관세하
에서 더 낮다.

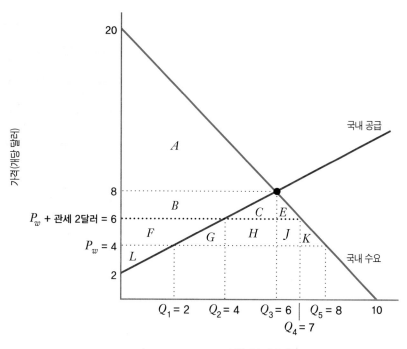

	자유무역 (관세가 부과되지 않는 경우)	관세가 부과되는 경우	관세가 미치는 영향
소비자 잉여(국내)	$A + B + C + E + F +$ $G + H + J + K$	$A + B + C + E$	$-F - G - H - J - K$
생산자 잉여(국내)	L	$F + L$	F
정부재정에 미치는 영향	영	$H + J$	$H + J$
순편익(국내) (소비자 잉여 + 국내 생산자 잉여 + 정부재정에 미치는 영향)	$A + B + C + E + F +$ $G + H + J + K + L$	$A + B + C + E + F +$ $L + H + J$	$-G - K$
사장된 손실	영	$G + K$	$G + K$
생산자 잉여(외국)	영	영	영

그림 10.14 개당 2달러의 관세가 미치는 영향 대 자유무역

자유무역하에서 해당 재화는 세계가격 개당 $P_w = 4$달러에서 판매되며, 국내에서 200만 개 공급되고 600만 개가 수입되어
연간 총수량은 $Q_5 = 800$만 개이다. 정부는 개당 관세 2달러를 부과하여 개당 가격 6달러를 지지할 수 있으며, 국내에서 400
만 개가 공급되고 300만 개가 수입되어 연간 총수량은 $Q_4 = 700$만 개이다. 자유무역과 비교해 볼 때 관세는 할당과 매우 동
일한 영향을 갖는다(그림 10.13 참조). 하지만 외국 생산자에게 생산자 잉여를 만들어 주지 않고 정부에게 수입을 창출해 준
다. 정부는 이 수입을 활용하여 국내경제에 이로움을 줄 수 있다.

정리문제 10.6

수입관세가 미치는 영향

DVD 플레이어의 국내 수요는 $Q^d = 100 - P$이며 국내 공급은 $Q^s = P$이다. Q^s 및 Q^d는 DVD 플레이어의 수량을 천 대 단위로 측정한 것이다. DVD 플레이어는 현재 세계시장가격 20달러로 자유롭게 수입이 이루어진다. 정부는 수입 DVD 플레이어에 대해 대당 10달러의 관세를 부과하려고 한다.

문제

관세가 부과될 경우 몇 대나 수입이 이루어지는가? 정부가 DVD 플레이어당 10달러의 수입관세를 도입할 경우 국내 생산자 잉여는 얼마나 변화하는가? DVD 플레이어 수입을 통해 국내 정부는 얼마나 많은 수입을 올릴 수 있는가?

해법

다음의 그래프는 국내 공급 및 수요 곡선을 보여 주고 있다. 대당 10달러의 관세가 부과될 경우 국내 소비자들은 30달러의 가격으로 수입 DVD를 구입할 수 있다. 소비자들은 70,000대를 수요하고 국내 공급업자는 30,000대를 생산할 수 있다. 따라서 40,000대가 수입된다.

관세가 부과될 경우 국내 생산자 잉여는 면적 G(250,000달러)만큼 증대된다. 정부는 수입을 통해 면적 F로 나타낼 수 있는 수입(400,000달러)을 얻을 수 있다.

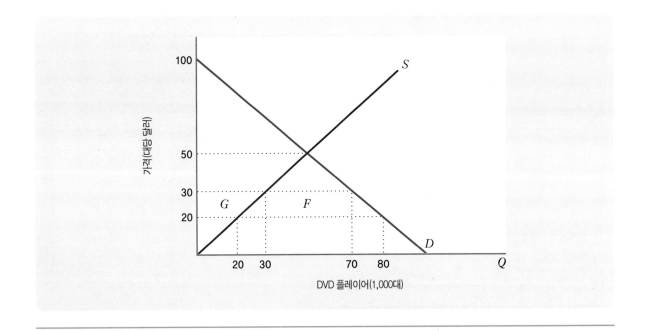

요약

- 경쟁시장에서 각 생산자는 자신의 이익을 위해 행동하며 시장에 남아 있을지를 결정하고 남아 있기로 결정하면 자신의 생산자 잉여를 극대화하기 위해 얼마나 생산할지를 결정하게 된다. 이와 유사하게 각 소비자도 역시 자신의 이익을 위해 행동하며 얼마나 많은 물품을 구입할지를 결정해 효용을 극대화하게 된다. 생산자와 소비자에게 어떻게 행동할지를 알려 주는 계획수립자가 사회에 존재하지 않지만 경쟁시장에서의 생산량을 통해 (잉여를 합해 측정한) 경제적 순편익을 극대화하게 된다. 경쟁시장이 생산 및 소비의 효율적인 수준에 도달하도록 하는 '보이지 않는 손'이 존재하는 것처럼 보인다.

- 정부개입은 여러 가지 형태로 나타나며 여기에는 조세 및 보조금, 최고 및 최저가격 규제, 생산할당, 가격지지 프로그램, 수입 및 수출에 대한 관세 등이 포함된다. (예를 들면 조세 및 보조금과 같은) 어떤 종류의 정부개입에 대해서는 시장이 청산된다. (예를 들면 가격상한제, 가격하한제, 생산할당과 같은) 다른 종류의 정부개입에 대해서는 시장이 청산되지 않는다. 시장이 청산되지 않는 경우 소비자 및 생산자 잉여를 측정하려면 누가 시장에 참여하는지를 이해해야만 한다.

- 물품세가 시장에서 부과될 경우 소비자가 지불하는 가격은 보통 조세액보다 적게 상승하고 생산자가 수령하는 가격도 보통 조세액보다 적게 하락한다. 조세 부담은 소비자가 지불하는 가격 대 생산자가 수령하는 가격에 조세가 미치는 영향을 측정하는 것이다. 수요가 다소 비탄력적이고 공급이 상대적으로 탄력적인 경우 물품세 부과에 따른 부담은 생산자보다 소비자에게 더 커진다. 탄력성의 상대적인 크기가 반대인 경우 물품세 부과에 따른 부담은 소비자보다 생산자에게 더 커진다.

- 경쟁시장에서의 정부개입은 보통 사장된 손실로 이어진다. 사장된 손실은 소비자와 생산자가 잠재적 순편익을 차지하지 못할 경우 발생하는 경제적 비효율성이다.

- 경쟁시장에서의 정부개입은 종종 소득을 경제의 한 부분에서 다른 부분으로 재분배하게 된다. 정부가 조세나 관세를 통해 재정수입을 거두게 되면 이는 재분배될 수 있기 때문에 수령액은 경제에 대해 순편익의 일부가 된다. 이와 유사하게 정부로부터의 순유출은 이런 프로그램에 따른 비용의 일부가 된다.

- 물품세가 부과되면 시장은 효율적인 수준보다 더 적게 생산을 하게 되므로 사장된 손실을 산출하게 된다. 조세는 또한 소비자 잉여 및 생산자 잉여를 모두 감소시킨다(정리문제 10.1 참조).

- 정부가 생산된 각 단위에 대해 보조금을 지급할 경우 시장은 효율적인 수준보다 더 많은 양을 생산하게 되어 사장된 손실이 발생한다. 보조금 지급으로 인해 소비자 잉여와 생산자 잉여가 모두 증가하지만 이런 이득은 보조금을 지급하기 위해 정부가 부담하는 비용보다 적다(정리문제 10.2 참조).

- 구속력 있는 가격상한제(즉 자유시장가격에 못 미치는 상한가격)가 시행될 경우 생산자가 공급을 제한하기 때문에 시장에서 교환되는 양은 효율적인 수준보다 더 적다. 시장에서 초과수요가 발생하기 때문에 해당 물품에 가장 큰 가치를 두는 소비자가 이를 구입하지 못할 수도 있다(정리문제 10.3 참조).

- 구속력 있는 가격하한제(즉 자유시장가격을 초과하는 하한가격)가 시행될 경우 소비자가 더 적게 구입을 하기 때문에 시장에서 교환되는 양은 효율적인 수준보다 더 적다. 시장에서 초과공급이 발생하기 때문에 생산비가 가장 낮은 생산업자가 해당 물품을 공급하지 않을 수도 있다(정리문제 10.4 참조).

- 생산할당이 부과되면 시장에서 생산량이 제한되기 때문에 소비자가 지불하는 가격이 인상된다. 이런 할당으로 인해 보통 생산자 잉여가 증대될 것으로 기대하지만 반드시 그런 것만은 아니다. 생산할당으로 인해 시장이 청산되지 않기 때문에 시장에 물품을 공급한 공급자가 가장 낮은 비용을 갖는 공급자라는 보장이 없다(정리문제 10.5 참조).

- 경작면적 제한 프로그램과 정부구매 프로그램은 농업

부문에서 가격을 지지하는 데 종종 사용된다. 이 프로그램은 정부에 많은 비용을 부담시키며 또한 대규모의 사장된 손실도 산출된다.

- 정부는 국내 공급업자의 생산자 잉여를 증대시키기 위해 수입관세와 할당을 부과할 수 있다. 이런 형태의 개입은 소비자 잉여를 감소시키고 국내 경제에 대해 사장된 손실을 만들어 낸다(정리문제 10.6 참조).

주요 용어

가격상한제	보조금	외부효과
가격하한제	부분균형	일반균형
경작면적 제한 프로그램	사장된 손실	정부구매 프로그램
관세	생산자 잉여	조세부담
물품세	소비자 잉여	할당

복습용 질문

1. 완전경쟁시장에서, 예를 들면 물품세 부과, 생산자에 대한 보조금 지급, 가격상한제 실시, 가격하한제 실시, 생산할당 부과, 수입관세 및 할당부과와 같은 다양한 형태의 정부개입이 미치는 영향을 분석하시오.
2. 정부개입으로 인해 경제적 자원이 재분배될 경우 완전경쟁시장에서 사장된 손실이 어떻게 발생하는지 설명하시오.
3. 정부개입이 소득분배와 소비자 및 생산자에 대한 순편익에 어떤 영향을 미치는지 보여 주고, 일부 사람들은 상황이 나아지는 반면에 다른 사람들은 상황이 어려워진다는 사실을 설명하시오.
4. 다양한 종류의 경쟁시장에서 시행되는 정부개입에 관한 공공정책 논의의 주요문제를 경제적 분석을 통해 설명하시오.

독점 및 수요독점 시장

11 독점 및 수요독점

11.1 독점기업의 이윤극대화

완전경쟁하에 있는 기업은 시장가격에 대수롭지 않은 영향을 미칠 뿐이므로 시장가격을 주어진 것으로 본다. 반면에 베릴륨 시장의 브러쉬 웰맨과 같은 독점기업은 자신들의 생산물에 대해 가격을 책정한다. 그렇다면 무슨 이유로 독점기업은 가격을 무한히 높게 책정하지 못하는 것인가? 이에 대한 대답은 독점기업이 시장수요곡선, 즉 가격을 높이 책정할수록 더 적은 수의 물품을 판매하게 된다는 원칙을 고려해야 하기 때문이다. 독점기업이 가격을 낮게 책정할수록 판매할 수 있는 수량은 많아진다. 이윤을 극대화하는 독점기업의 경우는 (판매한 물품의 수인) 수량과 (판매한 물품의 가격과 한계비용 사이의 차이인) 수익 간에 최적의 균형을 구하려 한다. 수량-수익 간의 균형을 분석하기 위해 개발한 논리를 다음 장에서 살펴볼 (과점 및 독점적 경쟁과 같은) 비독점시장의 상황에 적용할 것이다.

이윤극대화 조건

독점기업은 〈그림 11.1〉의 수요곡선 D를 직면하게 된다고 가상하자. 이 수요곡선의 식은 $P(Q)$ $= 12 - Q$이다(여기서 Q는 연간 백만 온스로 나타내며 P는 온스당 달러를 의미한다). 200만 온스를 판매하기 위하여 독점기업은 온스당 10달러의 가격을 책정해야 한다. 하지만 500만 온스 같은 더 많은 양을 판매하려면 독점기업은 가격을 온스당 7달러로 낮추어야 한다.

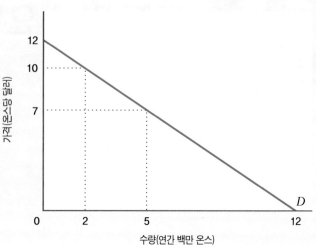

그림 11.1 독점기업의 수요곡선은 시장수요곡선이다

독점기업은 보다 많이 판매하기 위해서 더 낮은 가격을 부과하여야 한다. 하지만 독점기업은 어떤 수량에서 이윤을 극대화하는가?

독점기업의 수요곡선을 따라 이동하게 되면 상이한 수량과 이에 상응하는 가격이 결합하여 독점기업이 수령하게 될 총수입액을 알 수 있다. 총수입은 가격에 수량을 곱한 것으로 이 경우 독점기업의 총수입은 $TR(Q) = P(Q) \times Q = 12Q - Q^2$이 된다.

나아가 독점기업의 총생산비는 식 $TC(Q) = (1/2)Q^2$으로 나타낼 수 있다. 〈표 11.1〉은 독점기업의 가격(P), 총수입(TR), 총비용(TC), 이윤에 대한 숫자적인 계산을 보여 주고 있다. 〈그림 11.2(a)〉는 총수입, 총비용, 이윤을 그래프를 통해 보여 준다. 〈그림 11.2(a)〉에 따르면 총비용 TC는 Q가 증가함에 따라 증가한다. 반면에 총수입 TR은 Q가 증가함에 따라 처음에 증가하다가 감소한다. 이와 유사하게 이윤도 처음에 증가하다가 감소한다. 독점기업의 이윤은 이윤 언덕의 정점

표 11.1 독점기업에 대한 총수입, 총비용, 이윤

Q(백만 온스)	P(달러/온스)	TR(백만 달러)	TC(백만 달러)	이윤(백만 달러)
0	12	0	0	0
1	11	11.00	0.50	10.50
2	10	20.00	2.00	18.00
3	9	27.00	4.50	22.50
4	8	32.00	8.00	24.00
5	7	35.00	12.50	22.50
6	6	36.00	18.00	18.00
7	5	35.00	24.50	10.50
8	4	32.00	32.00	0
9	3	27.00	40.50	−13.50
10	2	20.00	50.00	−30.00

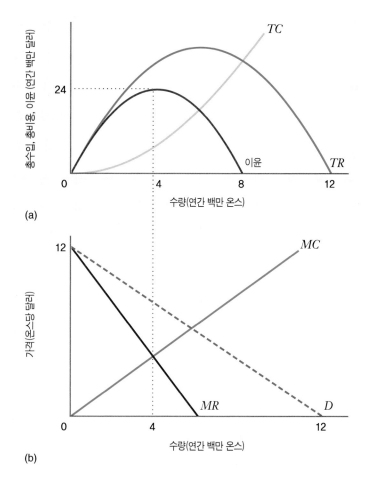

그림 11.2 독점기업의 이윤극대화

(a)는 독점기업의 총수입곡선 *TR*, 총비용곡선 *TC*, 이윤곡선을 보여 주고 있다. *Q*가 증가함에 따라 총비용이 증가한다. 총수입은 처음에 증가하다가 그러고 나서 감소한다. 이와 유사하게 이윤도 처음에 증가하다가 감소한다. 독점기업의 이윤은 *Q* = 400만 온스에서 극대화된다. (b)는 (a)의 총수입곡선과 총비용곡선에 상응하는 한계수입곡선과 한계비용곡선을 이용하여 독점기업의 이윤극대화 조건 *MR* = *MC*를 보여 주고 있다. 이윤이 극대화되는 점에서 한계수입곡선과 한계비용곡선이 교차한다.

에서 극대화되며 이는 *Q* = 400만 온스에서 이루어진다.

 Q = 400만 온스보다 적은 수량에 대해 생산량이 증가하게 되면 총수입은 총비용보다 더 많이 증가하게 되며 기업은 〈그림 11.2(a)〉의 이윤 언덕 위로 이동하게 된다. 〈그림 11.2(b)〉가 보여 주는 것처럼 생산량이 이 범위에 있는 경우 독점기업의 한계수입이 한계비용을 초과하게 된다. 즉 *MR* > *MC*이다. *Q* = 400만 온스보다 더 많은 수량에 대해서는 더 적은 생산량을 생산할수록 이윤을 증대시키게 된다. 이 범위에서는 생산량을 감소시키게 되면 총수입을 감소시키는 것보다 더 신속하게 총비용을 감소시키게 되며 또한 기업을 이윤 언덕의 위쪽으로 이동시킨다. 이 범위의 생산량에 대해서는 다음과 같이 독점기업의 한계수입이 한계비용보다 더 적다. 즉 *MR* < *MC*이다.

 이 논의가 의미하는 바를 요약하면 다음과 같다.

> - 기업이 $MR > MC$인 생산량을 생산할 경우 해당 기업은 이윤을 극대화할 수 없다. 그 이유는 무엇인가? 왜냐하면 기업이 생산량을 **증가**시키면 이윤이 증가하기 때문이다.
> - 기업이 $MR < MC$인 생산량을 생산할 경우 해당 기업은 이윤을 극대화할 수 없다. 그 이유는 무엇인가? 왜냐하면 기업이 생산량을 **감소**시키면 이윤이 증가하기 때문이다.
> - 독점기업이 생산량을 증가시키거나 감소시킴으로써 이윤을 향상시킬 수 없는 유일한 상황은 $MR = MC$인 경우이다. 따라서 독점기업이 이윤을 극대화하는 수량에서 한계수입은 한계비용과 같아져야 한다고 결론을 내릴 수 있다.

Q^*가 이윤을 극대화하는 수량을 나타내는 경우 다음과 같은 관계가 성립한다.

$$MR(Q^*) = MC(Q^*) \tag{11.1}$$

식 (11.1)은 **독점기업의 이윤극대화 조건**(profit-maximization condition for a monopolist)이다. 말로 표현하면 다음과 같다. 독점기업은 한계수입과 한계비용이 같아지는 수량 Q^*를 생산할 경우 이윤을 극대화하게 된다. 〈그림 11.2(b)〉는 그래프를 이용하여 이 조건을 보여 주고 있다. 한계수입과 한계비용이 같아지는 수량은 두 개의 곡선, 즉 MR 및 MC가 교차하는 곳에서 구할 수 있다.

식 (11.1)의 이윤을 극대화하는 조건은 일반적으로 적용된다. 이 조건은 독점기업과 완전경쟁기업 둘 다에 적용된다. 제9장에서 완전경쟁기업의 한계수입은 시장가격 P와 같다는 사실을 살펴보았다. 따라서 식 (11.1)은 경쟁시장에서의 이윤극대화 조건, 즉 가격과 한계비용이 같아지는 점에서 생산된다는 조건과 일맥상통하게 된다.

한계수입에 대한 면밀한 검토 : 한계수량과 하부 한계수량

제9장에서 논의한 것처럼 가격을 추종하는 기업의 경우 한계수입은 시장가격과 같아진다. 하지만 독점기업의 경우 한계수입은 시장가격과 같지 **않다**. 그 이유를 알아보기 위해 〈그림 11.3〉에서 D라고 표기한 독점기업의 수요곡선을 다시 한 번 살펴보도록 하자. 독점기업이 처음에 200만 온스를 생산하고 온스당 10달러의 가격을 부과하려 한다고 가상하자. 이 가격 수준에서 얻을 수 있는 총수입은 200만 온스 × 10달러로 이는 (면적 I + 면적 II)와 같다. 이제 독점기업이 생산량을 증대시켜 500만 온스를 생산하려 한다고 가상하자. 이 수량을 판매하기 위해서는 수요곡선에서 알 수 있듯이 가격을 온스당 7달러로 낮춰야 한다. 독점기업의 총수입은 이제 (면적 II + 면적 III)가 된다. 독점기업이 생산량을 200만 온스에서 500만 온스로 증대시킬 경우 독점기업 수입의 변화는 (면적 III − 면적 I)과 같다.

이 면적이 각각 무엇을 의미하는지 살펴보도록 하자.

- 면적 *III*는 독점기업이 300만 온스를 추가적으로 판매하여 얻을 수 있는 추가수입으로 7달러 × [(5 − 2) × 100만] = 2,100만 달러가 된다. 독점기업이 가격을 낮추어 추가적으로 판매한 300만 온스를 한계수량이라 한다.

- 면적 *I*은 독점기업이 더 높은 가격인 10달러로 판매할 수 있었던 200만 온스에 대해 잃어버린 수입으로 (10달러 − 7달러) × 200만 = 600만 달러가 된다. 독점기업이 더 높은 가격인 온스당 10달러로 판매할 수 있었던 200만 온스를 독점기업의 하부 한계수량이라 한다.

총수입의 변화 ΔTR은 한계수량에 대해 얻은 수입에서 하부 한계수량에 대해 희생한 수입을 감한 금액과 같으며 다음과 같이 나타낼 수 있다: ΔTR = 면적 *III* − 면적 *I* = 7달러 × (500만 − 200만) − (10달러 − 7달러) × 200만 = 1,500만 달러이다. 이 경우 생산량이 연간 300만 온스 증가함으로써 독점기업의 총수입은 1,500만 달러 증가하게 된다. 또는 달리 표현하면 독점기업이 생산한 추가적인 각 온스에 대해 1,500만 달러/300만 온스 = 온스당 5달러의 비율로 증가하게 된다.

한계수입에 대한 일반적인 식을 도출하기 위하여 〈그림 11.3〉에서 다음과 같은 사실에 주목하자.[1]

$$면적 \ III = 가격 \times 수량의 \ 변화 = P\Delta Q$$
$$면적 \ I = -(수량 \times 가격의 \ 변화) = -Q\Delta P$$

따라서 독점기업의 총수입의 변화는 다음과 같이 나타낼 수 있다: ΔTR = 면적 *III* − 면적 *I* =

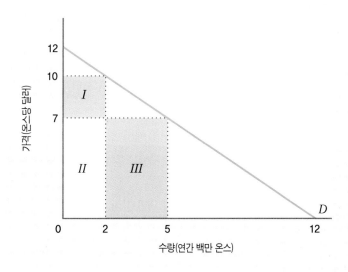

그림 11.3 독점기업이 생산량을 증가시킬 경우 총수입의 변화

독점기업은 연간 생산량을 200만 온스에서 500만 온스로 증가시키기 위해서 온스당 가격을 10달러에서 7달러로 인하해야 한다. 증가된 생산량 300만 온스(한계수량)로 인해 증대된 수입은 면적 *III*이다. 반면에 더 높은 가격으로 판매할 수 있었던 200만 온스(하부 한계수량)에 대한 수입의 감소는 면적 *I*이 된다. 따라서 총수입의 변화는 (면적 *III* − 면적 *I*)이 된다.

---

1 〈그림 11.3〉에서 보는 것처럼 가격이 인하될 경우 가격 변화는 음이 되므로 면적 *I*에 대한 식 앞에 음의 부호를 붙였다.

$P\Delta Q + Q\Delta P$이다.

총수입의 이런 변화를 수량의 변화로 나눌 경우 수량에 대한 총수입의 변화율 또는 한계수입을 다음과 같이 구할 수 있다.

$$MR = \frac{\Delta TR}{\Delta Q} = \frac{P\Delta Q + Q\Delta P}{\Delta Q} = P + Q\frac{\Delta P}{\Delta Q} \tag{11.2}$$

한계수입은 두 부분으로 구성된다. 첫 번째 부분 P는 수량 증대, 즉 한계수량으로 인한 수입의 증대를 의미한다. 두 번째 부분 ($\Delta P < 0$라서 음이 되는) $Q(\Delta P/\Delta Q)$는 하부 한계수량의 가격 인하로 인한 독점기업의 수입 감소를 의미한다. $Q(\Delta P/Q < 0)$이므로 $MR < P$가 된다. 즉 0보다 큰 수량에 대해 한계수입은 독점기업이 해당 수량을 판매하기 위해 책정한 가격보다 작다.

$Q = 0$인 경우 식 (11.2)에 따르면 한계수입과 가격은 일치한다. 〈그림 11.3〉에 비추어 볼 때 이는 의미가 있다. 독점기업이 온스당 12달러의 가격을 부과하고 0의 생산량을 판매한다고 가상하자. 독점기업이 판매량을 증가시키려 한다면 가격을 계속 낮춰야 한다. 하지만 $Q = 0$에서 출발하므로 하부 한계수량을 갖지 않는다. 식 (11.2)에 의하면 한계수입은 가격에 $Q(\Delta P/\Delta Q)$를 합산한 것과 같다. 하지만 $Q = 0$, $Q(\Delta P/\Delta Q) = 0$일 때 한계수입은 가격과 같아진다. 따라서 독점기업의 수입이 변화하는 율은 시장가격과 같아진다.

한계수입은 양이 될 수도 있고 음이 될 수도 있다는 점에 주목하자. 기업이 추가적으로 판매함으로써 얻을 수 있는 증가된 수입이 더 높은 가격에서 판매할 수 있었던 수량에 대해 가격이 인하됨으로써 발생하는 차감 계산분보다 더 작을 경우, 한계수입은 음이 될 수 있다. 사실 수량이 커질수록 한계수입은 음이 되기 쉬워진다. 그 이유는 (보다 많은 수량을 판매하기 위해 필요한) 가격 인하가 미치는 충격이 보다 많은 하부 한계수량에 영향을 미치게 되기 때문이다.

평균수입과 한계수입

앞 장에서는 (예를 들면 평균생산물 대 한계생산물, 평균비용 대 한계비용처럼) 어떤 것의 평균과 한계를 통상적으로 비교했다. 독점기업의 경우 평균수입과 한계수입을 대조해 보는 것이 중요하다. 왜냐하면 이것이 독점기업의 한계수입곡선 MR이 〈그림 11.4(b)〉에서 보는 것처럼 수요곡선 D와 같지 않은 이유를 설명하는 데 도움이 되기 때문이다(이에 관해서는 그림 11.2(b)에서 처음 살펴보았다).

독점기업의 **평균수입**(average revenue)은 수량에 대한 총수입의 비율이며 다음과 같이 나타낼 수 있다: $AR = TR/Q$이다. 총수입은 가격에 수량을 곱한 것이라는 사실을 알고 있으므로 다음과 같이 나타낼 수 있다: $AR = (P \times Q)/Q = P$. 따라서 평균수입은 가격과 같아진다. 이제 생산량 Q에 대해 해당 생산량을 판매하기 위해 독점기업이 책정할 수 있는 가격 $P(Q)$는 시장수요곡선에 의해 결정된다. 따라서 독점기업의 평균수입곡선은 시장수요곡선과 일치하며 다음과 같이 나타낼 수 있다: $AR(Q) = P(Q)$이다.

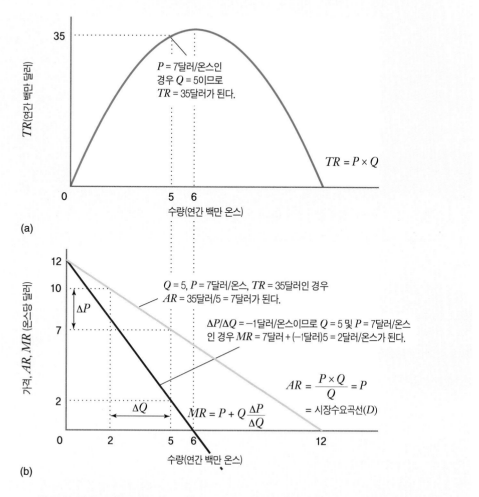

그림 11.4 총수입, 평균수입, 한계수입

수요곡선 D와 평균수입곡선 AR이 일치한다. 한계수입곡선 MR은 수요곡선 아래에 위치한다. 수요곡선의 기울기는 $\Delta P/\Delta Q = -1$이다. 예를 들면 가격이 (10달러에서 7달러로) 온스당 3달러만큼 하락할 경우, 수량은 (2백만 개에서 5백만 개로) 연간 3백만 온스만큼 증가한다. 가격은 온스당 $P = 7$달러이고 수량이 연간 $Q = 5$백만 온스인 경우 다음과 같다.

- 도표 (a) — 총수입은 $TR = P \times Q = 7 \times 5 =$ 연간 35(백만) 달러이다.
- 도표 (b) — 평균수입은 $AR = TR/Q = 35/5 =$ 온스당 7달러이다.

한계수입은 $MR = P + Q(\Delta P/\Delta Q) = 7 + 5(-1) =$ 온스당 2달러이다. 도표 (a)에서 총수입곡선은 $Q = 6$일 때 최고점에 도달하며, 도표 (b)에서는 동일한 수량, 즉 $Q = 6$일 때 $MR = 0$이 된다.

위의 관계를 통해 알 수 있는 다음과 같은 사실을 검토해 보자($Q > 0$).

- 한계수입이 가격보다 작다($MR < P$).
- 평균수입이 가격과 같기 때문에 한계수입은 평균수입보다 작다($MR < AR$).
- 평균수입곡선은 수요곡선과 일치하기 때문에 한계수입곡선이 수요곡선 아래에 위치해야 한다.

〈그림 11.4〉는 가격, 수량, 총수입, 평균수입, 한계수입의 관계를 보여 주고 있다.

평균수입과 한계수입의 관계는 이 책의 다른 부분에서 살펴본 다른 평균-한계 관계와 같다. 어떤 것의 평균이 하락할 경우 그것의 한계는 평균 아래에 위치해야만 한다. 이런 관계는 독점기업의 수입에도 역시 적용된다. 시장수요곡선의 기울기는 하향하고 평균수입곡선은 수요곡선에 상응하기 때문에, 한계수입곡선은 평균수입곡선 아래에 위치해야만 한다.

정리문제 11.1

선형 수요곡선에 대한 한계수입 및 평균수입

시장수요곡선의 식이 다음과 같다고 가상하자: $P = a - bQ$이다.

문제
평균수입곡선과 한계수입곡선의 식은 무엇인가?

해법
평균수입은 수요곡선과 일치한다. 따라서 다음과 같이 나타낼 수 있다: $AR = a - bQ$이다.

한계수입을 도출하는 첫 번째 단계로 다음 사항에 주목해 보자.

$$MR(Q) = P + Q\frac{\Delta P}{\Delta Q}$$

일반적인 형태의 선형식 $P = a - bQ$에서 $\Delta P/\Delta Q = -b$

라는 사실에 주목하자. 이를 위의 식에 대입하면 다음과 같다.

$$MR(Q) = a - bQ + Q(-b)$$
$$= a - 2bQ$$

따라서 선형 수요곡선에 대한 한계수입곡선도 역시 선형이 된다. 사실 한계수입곡선은 수요곡선과 동일한 P축 절편을 가지며 기울기는 두 배가 된다. 이것이 의미하는 바는 한계수입곡선이 원점과 수요곡선의 수평축 절편 사이의 [$Q = a/(2b)$인] 중간지점을 통과한다는 것이다. 이 중간지점보다 수량이 더 커지는 경우 한계수입은 수요곡선 아래에 위치할 뿐만 아니라 음이 된다. 〈그림 11.4(b)〉에서 한계곡선의 형태가 이런 특성과 일치한다는 점에 주목하자.

그래프를 통해 살펴보는 독점기업의 이윤극대화 조건

〈그림 11.5〉는 독점기업에 대한 이윤극대화 조건인 $MR = MC$를 보여 주고 있다. 한계수입곡선 MR은 모든 양의 생산량 수준에 대해 (평균수입곡선이기도 한) 수요곡선 아래에 위치하며 감소하

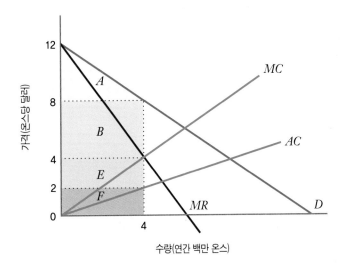

그림 11.5 독점기업의 이윤극대화 조건

이윤을 극대화하는 생산량은 $MC = MR$인 점으로 연간 400만 온스가 된다. 이 수량을 판매하기 위해서 독점기업은 (수요곡선으로 구할 수 있는) 온스당 8달러의 가격을 설정한다. 총수입은 면적 B + 면적 E + 면적 F이며 총비용은 면적 F이다. (총수입에서 총비용을 감한) 이윤은 면적 B + 면적 E이다. 소비자잉여는 면적 A이다.

는 직선이 된다. 기업의 한계비용곡선 MC는 원점으로부터의 직선이 된다. 〈그림 11.5〉는 또한 독점기업의 평균비용곡선 AC를 보여 주고 있다. 모든 양의 생산량 수준에 대해 기업의 한계비용 곡선은 이 평균비용곡선 위에 위치한다.

이윤을 극대화하는 수량은 한계수입곡선이 한계비용곡선과 교차하는 곳에서 결정된다. 이는 수량이 연간 400만 온스인 경우 달성된다. 이윤을 극대화하는 가격은 수량이 수요곡선과 만나는 가격이다. 즉 온스당 8달러이다(이 가격에서 수요량은 연간 400만 온스이다). 이런 이윤극대화 조건에서, 이윤은 총수입에서 총비용을 감한 금액이다. 총수입은 가격(또는 평균수입)에 수량을 곱한 것이며, 이는 면적 B + 면적 E + 면적 F에 해당한다. 총비용은 평균비용에 수량을 곱한 것으로, 이는 면적 F에 해당한다. 따라서 이윤은 면적 B + 면적 E가 된다. 이 면적은 2,400만 달러에 상당하며 〈표 11.1〉에서 계산을 통해 구한 값과 일치한다.

〈그림 11.5〉는 독점시장에서의 균형에 관해 세 가지 중요한 사실을 시사하고 있다.

- 첫째, 독점기업이 이윤을 극대화하는 가격(8달러)은 공급된 마지막 단위의 한계비용(4달러)을 초과한다. 이는 완전경쟁시장의 결과와는 다르다. 완전경쟁시장에서는 가격이 공급된 마지막 단위의 한계비용과 같아진다.
- 둘째, 장기균형의 완전경쟁기업과는 대조적으로 독점기업의 경제적 이윤은 양이 된다. 그 이유는 경쟁시장에서는 경제적 이윤이 영이 되도록 하는 자유진입의 위협이 존재하지만 독점기업은 이런 위협에 직면하지 않기 때문이다.
- 셋째, 독점기업은 한계비용을 초과하도록 가격을 설정하여 양의 경제적 이윤을 얻을 수 있지만 소비자는 그래도 독점균형에서 어떤 이득을 얻을 수 있다. 〈그림 11.5〉의 균형에서 소비자 잉여는 면적 A에 해당하며, 이는 가격과 수요곡선 사이의 면적이다. 이 예에서 소

비자 잉여는 800만 달러가 된다. 따라서 독점균형에서의 경제적 총편익은 소비자 잉여와 독점기업 이윤의 합이며, 이는 면적 A + 면적 B + 면적 E에 해당하고 연간 3,200만 달러가 된다.

정리문제 11.2

독점기업의 이윤극대화 조건 적용하기

〈그림 11.5〉에서 독점기업 수요곡선의 식은 $P = 12 - Q$인 반면에 한계비용 식은 $MC = Q$이며, 여기서 Q는 백만 온스를 나타낸다는 점을 기억하자.

문제

독점기업의 이윤을 극대화하는 수량과 가격은 얼마인가?

해법

이 문제에 대한 해법을 구하기 위해 다음과 같은 세 가지 단계를 밟아 갈 것이다. 첫째, 한계수입곡선을 구할 것이다. 둘째, 한계수입을 한계비용과 같다고 보고 이윤을 극대화하는 수량을 구할 것이다. 셋째, 이 수량을 수요곡선에 다시 대입하여 이윤을 극대화하는 독점가격을 구할 것

이다.

선형 수요곡선과 관련되어 한계수입곡선은 수요곡선과 동일한 절편을 갖지만 기울기는 두 배가 된다. 따라서 다음과 같아진다: $MR = 12 - 2Q$. 이를 한계비용과 같다고 보면 이윤을 극대화하는 생산량을 다음과 같이 구할 수 있다: $MR = MC$, $12 - 2Q = Q$. 따라서 다음과 같다: $Q = 4$. 이를 수요곡선 식에 대입하면 다음과 같이 독점기업의 최적가격을 구할 수 있다: $P = 12 - 4 = 8$. 따라서 독점기업이 이윤을 극대화하는 가격은 온스당 8달러가 되며 이윤을 극대화하는 수량은 400만 온스가 된다. 이는 〈그림 11.5〉에서 그래프를 이용하여 독점기업 문제를 풀어 얻은 결과와 동일하다.

독점기업은 공급곡선을 갖지 않는다

완전경쟁기업은 시장가격을 주어진 것으로 보고 이윤을 극대화하는 수량을 선택한다. 완전경쟁기업이 가격을 외생적인 것으로 간주한다는 사실로 인해 해당 기업의 공급 스케줄을 도출할 수 있다. 이 스케줄은 가능한 각 시장가격을 취하고 이를 이에 상응하는 이윤을 극대화하는 수량과 연계시킨다.

하지만 독점기업의 경우 가격은 **내생적**이지 **외생적**이지 않다. 즉 독점기업은 수량과 가격을 둘 다 결정한다. 수요곡선의 형태에 따라 독점기업은 두 개의 상이한 가격에서 동일한 양을 공급하기도 하고 동일한 가격에서 상이한 수량을 공급하기도 한다. 완전경쟁기업에 대해 존재하는 가격과 수량 사이의 유일한 관계는 독점기업의 경우 존재하지 않는다. 따라서 독점기업은 공급곡선을 갖지 않는다.

〈그림 11.6〉은 이런 사실을 보여 주고 있다. 수요곡선 D_1의 경우 이윤을 극대화하는 수량은 연산 500만 개이며 이윤을 극대화하는 가격은 개당 15달러가 된다. 독점기업의 수요곡선이 D_2로

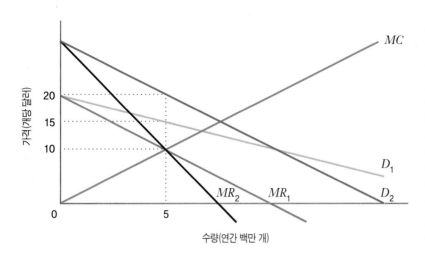

수요곡선이 D_1인 경우 독점기업의 이윤을 극대화하는 수량은 500만 개이고 이윤을 극대화하는 가격은 15달러이다. 수요곡선이 D_2인 경우 독점기업이 이윤을 극대화하는 수량은 역시 500만 개이고 이윤을 극대화하는 가격은 20달러가 된다. 그러므로 수요에 따라 독점기업은 상이한 가격에서 동일한 수량을 판매할 수도 있다.

이동할 경우 이윤을 극대화하는 수량은 계속해서 연간 500만 개이지만 이윤을 극대화하는 가격은 이제 개당 20달러가 된다. 따라서 시장수요에 의존하여 이윤을 극대화하는 (예를 들면 $Q^* =$ 500만 개처럼) 어떤 수량에 상응하는 (유일하지 않은) 상이한 가격(15달러 및 20달러)을 갖는 것이 가능하다. 따라서 독점기업의 경우 유일한 공급곡선이 존재하지 않는다.

11.2 수요 가격탄력성의 중요성

앞에서 독점기업이 시장수요곡선을 이용하여 가격을 설정하는 것을 살펴보았다. 또한 독점기업의 이윤을 극대화하는 가격은 공급된 마지막 단위의 한계비용을 초과한다는 사실도 살펴보았다. 이 절에서는 수요곡선의 성격이 독점기업의 이윤을 극대화하는 가격과 한계비용 사이의 차이에 어떤 영향을 미치는지 보다 자세히 살펴볼 것이다. 특히 이 차이는 수요의 가격탄력성에 의해 매우 중요한 방법으로 영향을 받게 된다는 사실을 살펴볼 것이다.

수요의 가격탄력성과 이윤을 극대화하는 가격

〈그림 11.7〉은 수요의 가격탄력성이 독점기업의 이윤극대화 조건에서 중요한 역할을 하는 이유를 보여 주고 있다. 〈그림 11.7(a)〉는 특정 독점시장 A에서 이윤을 극대화하는 가격 P_A와 수량 Q_A를 보여 주고 있다. 〈그림 11.7(b)〉는 수요가 가격에 대해 덜 민감한 또 다른 독점시장 B를 보여 주고 있다. 특히 시장 A에서 이윤을 극대화하는 가격과 수량을 축으로 시장 A의 수요곡선을 회전시킴으로써 시장 B의 수요곡선을 도출하였다. 즉 수요곡선 D_B는 시장 A에서 이윤을 극대화하는 가격 P_A에 대해 수요곡선 D_A보다 덜 가격탄력적이다. 이 두 시장을 비교함으로써 이윤을 극대화하는 가격과 한계비용 사이의 차이가 독점시장 A에서 훨씬 더 작음을 알 수 있다(그런데 수요가

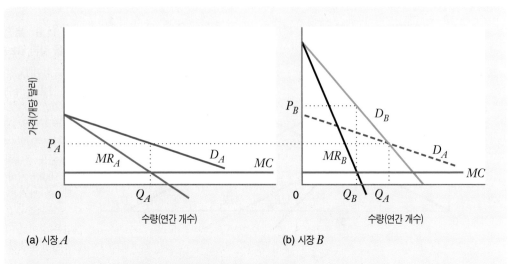

그림 11.7 수요의 가격탄력성이 독점가격 책정에 미치는 영향

시장 A에서, 이윤을 극대화하는 가격은 P_A가 된다. 수요가 가격 P_A에서 덜 가격탄력적인 시장 B에서, 이윤을 극대화하는 독점가격은 P_B가 된다. 수요가 더 가격탄력적인 경우 이윤을 극대화하는 독점가격과 한계비용 사이의 차이가 더 작아진다.

상대적으로 덜 가격탄력적인 시장 B보다 시장 A에서 수요가 상대적으로 더 가격탄력적이다). 이를 통해 수요의 가격탄력성은 독점기업이 한계비용을 초과하여 가격을 올리는 범위를 결정하는 데 중요한 역할을 한다는 사실을 알 수 있다.

　수요의 가격탄력성이 독점기업의 이윤극대화 가격을 결정하는 데 중요한 역할을 한다는 추론을 통해 해당 산업 외부로부터의 간접경쟁의 역할에 대해서 중요한 점을 시사하고 있다. 실제세계의 독점기업은 일반적으로 해당 산업 외부로부터 어떤 종류의 경쟁을 경험하게 된다. 특히 독점기업이 생산하는 물품에 대해 밀접한 대체재가 존재하는 경우 소비자는 상대적으로 가격에 민감하기 쉬우며 독점기업은 자신의 한계비용을 초과하여 그렇게 높은 가격을 책정할 수 없게 된다. 한 기업이 독점기업이라 하더라도 대체물품이 존재하는 경우 독점력을 이용하여 한계비용을 초과하는 높은 가격을 책정하지는 못한다. 이것이 바로 독점기업이 시장을 통제할 수 있음에도 불구하고 가격을 그렇게까지 높게 책정하지 못하는 이유이다. 이는 수요의 가격탄력성이 미치는 영향을 인정한 것이다. 즉 독점기업이 가격을 너무 높이 책정할 경우 고객들을 다른 경쟁물품에 빼앗기게 될 것이다.

한계수입과 수요의 가격탄력성

수요의 가격탄력성과 한계비용을 초과하여 이윤 폭을 고려한 가격책정이 어떻게 연계되는지 보여 주는 식을 도출함으로써 이들의 관계를 정형화할 것이다. 첫 번째 단계로 식 (11.2)에서 도출한 한계수입에 관한 공식을 다음과 같이 정리해 보자.

$$MR = P + Q\frac{\Delta P}{\Delta Q}$$

위의 식에 있는 항을 재정리함으로써 한계수입을 수요의 가격탄력성 $\epsilon_{Q,P}$ 측면에서 다음과 같이 나타낼 수 있다.[2]

$$MR = P\left(1 + \frac{1}{\epsilon_{Q,P}}\right) \tag{11.3}$$

이 식에 따르면 한계수입은 수요의 가격탄력성에 의존한다. $\epsilon_{Q,P} < 0$이므로 이 식은 $MR < P$라는 앞에서의 결론을 확인시켜 주고 있다. 하지만 이 식은 다음과 같은 또 다른 일련의 중요한 관계를 보여 주고 있다.

수요곡선의 영역	한계수입과 $\epsilon_{Q,P}$의 관계	총수입과 가격의 관계
탄력적 영역 ($-\infty < \epsilon_{Q,P} < -1$)	$MR > 0$ (그 이유는 $1 + (1/\epsilon_{Q,P}) > 0$이기 때문이다)	독점기업은 소규모로 가격을 인하함(그로 인해 수량을 증가시킴)으로써 총수입을 증대시킨다.
단위 탄력적 영역 ($\epsilon_{Q,P} = -1$)	$MR = 0$ (그 이유는 $1 + (1/\epsilon_{Q,P}) = 0$이기 때문이다)	가격(또는 수량)이 소규모로 변화할 때 독점기업의 총수입은 변화하지 않는다.
비탄력적 영역 ($-1 < \epsilon_{Q,P} < 0$)	$MR < 0$ (그 이유는 $1 + (1/\epsilon_{Q,P}) < 0$이기 때문이다)	독점기업은 소규모로 가격을 인상함(그로 인해 수량을 감소시킴)으로써 총수입을 증대시킨다.

이 표는 가격 변화에 대해 기업의 총수입이 어떻게 반응하는지에 관해 제2장에서 논의한 내용을 반영하고 있다. 〈그림 11.8〉은 이 표에서 정리한 한계수입과 수요의 가격탄력성 사이의 관계를 보여 준다.

---

2 $MR = P + Q\dfrac{\Delta P}{\Delta Q}$에서 P항을 괄호 밖으로 내보내면 다음과 같다.

$$MR = P\left(1 + \frac{Q}{P}\frac{\Delta P}{\Delta Q}\right)$$

수요의 가격탄력성 $\epsilon_{Q,P}$는 식 $(\Delta Q/\Delta P)(P/Q)$로 나타낼 수 있다는 사실을 기억하자. 따라서 $(Q/P)(\Delta P/\Delta Q)$항은 $1/\epsilon_{Q,P}$, 즉 수요의 가격탄력성의 역수가 된다. 이를 대체시키면 다음과 같다.

$$MR = P\left(1 + \frac{1}{\epsilon_{Q,P}}\right)$$

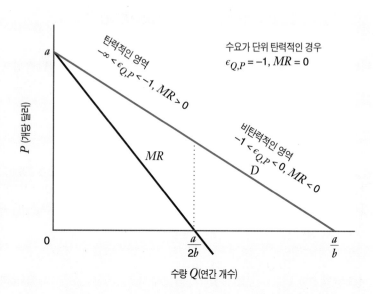

그림 11.8 선형 수요곡선에 대한 한계수입 및 수요의 가격탄력성

수요가 탄력적인 영역[$Q < a/(2b)$]인 경우 한계수입은 양이 된다. 수요가 비탄력적인 영역[$a/(2b) < Q < a/b$]인 경우 한계수입은 음이 된다. 수요가 단위 탄력적[$Q = a/(2b)$]인 경우 한계수입은 0이 된다.

한계비용과 수요의 가격탄력성 : 역탄력성 가격책정 규칙

한계수입과 수요의 가격탄력성 사이에 존재하는 관계를 이용하여 독점기업의 이윤을 극대화하는 조건을 달리 표현할 수 있다. 식 (11.1)에 따르면 이윤을 극대화하는 가격 P^*와 수량 Q^*에서 $MR(Q^*) = MC(Q^*)$가 성립한다. 식 (11.3)에 따르면 다음과 같아진다.

$$MC\left(Q^*\right) = P^*\left(1 + \frac{1}{\epsilon_{Q,P}}\right)$$

이 식을 대수학적으로 재정리하면 다음과 같다.

$$\frac{P^* - MC^*}{P^*} = -\frac{1}{\epsilon_{Q,P}} \tag{11.4}$$

여기서 $MC^* = MC(Q^*)$는 이윤을 극대화하는 생산량 수준에서의 한계비용을 의미한다. 식 (11.4)의 왼쪽 편은 한계비용을 초과하는 가격, 즉 이윤 폭에 따른 독점기업의 최적의 가격책정을 가격백분율로 나타낸 것이다. 식 (11.4)의 조건을 **역탄력성 가격책정 규칙**(inverse elasticity pricing rule)이라고 한다. 이 규칙에 따르면 이윤 폭에 따른 독점기업의 최적의 가격책정은 수요의 가격탄력성의 역수에 음의 부호를 붙인 것과 같다. 이것이 중요한 이유는 무엇인가? 이 규칙에 따르면 수요의 가격탄력성은 이윤을 극대화하기 위해서 독점기업이 어떤 가격을 책정해야 하는지를 결정하는 데 중요한 역할을 한다. 특히 이 규칙은 수요의 가격탄력성과 〈그림 11.7〉에서 살펴본 독점가격 사이의 관계를 요약해서 보여 준다. 독점기업의 수요가 가격탄력적일수록 한계비용을 초과하여 이윤 폭에 따라 책정된 최적가격은 더 낮아진다.

정리문제 11.3 및 11.4는 수요의 가격탄력성을 알고 있는 경우 역탄력성 가격책정 규칙을 적용하여 이윤을 극대화하는 독점가격을 계산할 수 있다는 점을 보여 준다.

정리문제 11.3

불변탄력성 수요곡선의 최적 독점가격 계산하기

불변탄력성 수요곡선의 일반적인 형태는 $Q = aP^{-b}$이다. 이 곡선의 모든 점에서 수요의 가격탄력성은 $-b$이다.[3] 독점기업은 일정한 한계비용 $MC = 50$달러를 갖는다고 가정하자.

문제

(a) 불변탄력성 수요곡선이 $Q = 100P^{-2}$일 때 독점기업의 최적가격은 얼마인가?

(b) 불변탄력성 수요곡선이 $Q = 100P^{-5}$일 때 독점기업의 최적가격은 얼마인가?

해법

위 두 문제는 역탄력성 가격정책 규칙(식 11.4)을 활용해 해결할 수 있다.

(a) 수요의 가격탄력성은 $\epsilon_{Q,P} = -2$이므로 다음과 같아진다.

$$\frac{P-50}{P} = -\frac{1}{-2}$$
$$P = 100달러$$

(b) 수요의 가격탄력성은 $\epsilon_{Q,P} = -5$이므로 다음과 같아진다.

$$\frac{P-50}{P} = -\frac{1}{-5}$$
$$P = 62.50달러$$

(한계비용이 일정한 경우) 수요가 보다 탄력적이 되면 독점기업의 이윤을 극대화하는 가격은 낮아지게 된다.

정리문제 11.4

선형 수요곡선의 최적 독점가격 계산하기

앞의 정리문제에서는 불변탄력성 수요곡선의 경우 역탄력성 가격책정 규칙을 직접 적용하여 이윤을 극대화하는 독점가격을 계산할 수 있다는 사실에 대해 알아보았다. 선형 수요곡선에 대해서도 동일한 것을 적용할 수 있는가? 이 정리문제는 할 수 있다는 사실을 보여 줄 것이지만 선형 수요곡선 상에서 수요의 가격탄력성이 일정하지 않다는 사실에 주의를 기울여야 한다. 또한 이로 인해 이 규칙을 적용하는 데 약간 더 신중해야 한다. 이 정리문제는 또한 역탄력성 가격책정 규칙을 적용하여 구한 이윤을

극대화하는 가격 및 수량이, $MR = MC$ 규칙을 직접 적용하여 구한 가격 및 수량과 일치한다는 사실을 보여 줄 것이다. 이는 독점의 해법을 구하는 두 가지 방법이 동일한 해답을 제공한다는 사실을 보여 줄 것이다.

독점기업은 50달러인 일정한 한계비용 MC를 가지며, $P = 100 - Q/2$로 나타낼 수 있는 수요곡선을 직면하게 된다고 가상하자. 이 식을 P의 측면에서 Q에 대해 풀면 수요곡선을 $Q = 200 - 2P$로 나타낼 수 있다는 점에 주목하자.

---

3 불변탄력성 수요곡선이 무엇인지 기억하지 못한다면 제2장과 제2장의 부록을 복습하도록 하자.

문제

(a) 역탄력성 가격책정 규칙을 이용하여, 독점기업의 이윤을 극대화하는 가격과 수량을 구하라.

(b) MR을 MC와 같다고 하여, 독점기업의 이윤을 극대화하는 가격과 수량을 구하라.

해법

(a) 정리문제 11.3의 불변탄력성 수요곡선과 달리 수요곡선이 선형이므로 수요의 가격탄력성을 단 하나의 숫자로 나타낼 수 없다.[4] 오히려 탄력성의 일반적 공식인 $\epsilon_{Q,P} = (\Delta Q / \Delta P)(P/Q)$로부터 도출한 식으로 나타낼 수 있다. 이 예에서 $\Delta Q / \Delta P = -2$이므로 곡선 상에서 수요의 가격탄력성은 다음과 같다.

$$\epsilon_{Q,P} = -2\frac{P}{Q} = -\frac{2P}{200 - 2P}$$

(이는 P의 측면에서 Q 대신에 식을 대체하여 구할 수 있다.)

이제는 역탄력성 가격책정 규칙인 $(P - MC)/P = -1/\epsilon_{Q,P}$을 적용해 보자. 이 경우 이 규칙을 다음과 같이 나타낼 수 있다.

$$\frac{P - 50}{P} = \frac{200 - 2P}{2P}$$

(위의 식에 $\epsilon_{Q,P}$ 대신에 대입하여 구할 수 있다.)

위 식의 양변에 각각 $2P$를 곱하면 다음과 같은 단순 선형식을 구할 수 있다: $2P - 100 = 200 - 2P$. 위 식의 해법은 $P = 75$이다. 이는 이윤을 극대화하는 독점가격이다. 이 가격을 수요곡선에 대입시켜 이윤을 극대화하는 독점기업의 수량 $Q = 200 - 2(75) = 50$을 구할 수 있다.

(b) 수요곡선 $P = 100 - (1/2)Q$에 대한 한계수입은 다음과 같다: $MR = 100 - Q$. 이것을 한계비용 50과 같다고 놓으면 다음과 같다: $100 - Q = 50$. 이것의 해법은 $Q = 50$이며 위와 동일한 대답이다. 이 수량을 수요곡선에 다시 대입하면 최적가격인 $P = 100 - (1/2)(50) = 75$를 구할 수 있으며 이 또한 위의 해법과 동일하다!

이 정리문제를 통해 무엇을 배울 수 있는가? 역탄력성 가격책정 규칙과 $MR = MC$ 조건 모두 최적의 독점가격과 수량을 구하는 데 사용될 수 있다. 역탄력성 가격책정 규칙은 $MR = MC$ 조건에서 도출되었기 때문에 이는 당연한 결과이다. 탄력성이 단일 숫자가 아닌 선형 수요곡선의 경우 역탄력성 가격책정 규칙을 적용하려면 수요의 가격탄력성 공식 $\epsilon_{Q,P}$를 사용하는 데 주의를 기울여야 한다는 사실도 또한 살펴보았다.

독점기업은 언제나 시장수요곡선이 탄력적인 영역에서 생산을 한다

이론적으로 보면 독점기업은 시장수요곡선 어느 곳에서도 가격을 책정할 수 있지만 이윤을 극대화하려는 독점기업은 (수요의 가격탄력성 $\epsilon_{Q,P}$가 -1과 $-\infty$ 사이에 있는 영역인) 시장수요곡선의 **탄력적인 영역**에서만 운용을 하려 할 것이다. 〈그림 11.9〉는 그 이유를 보여 주고 있다. 독점기업이면서 수요가 비탄력적인 영역, 예를 들면 점 A에서 운용하려 할 경우 가격을 인상하고 수량을 줄여서 점 B로 이동하게 되면 언제나 이윤을 증대시킬 수 있다. 점 A에서 점 B로 이동함에 따라 총수입은 면적 I과 면적 II 사이의 차이만큼 증가한다. 나아가 생산을 적게 할 경우 총비용이 감소하게 된다. 총수입은 증대되고 총비용은 감소할 경우 이윤이 증가한다. 따라서 시장수요곡선의

---

4 이 식에 익숙하지 않다면 제2장으로 돌아가서 수요의 가격탄력성이 선형 수요곡선 상에서 어떻게 변하는지 설명하는 절을 다시 한 번 참조해 보자.

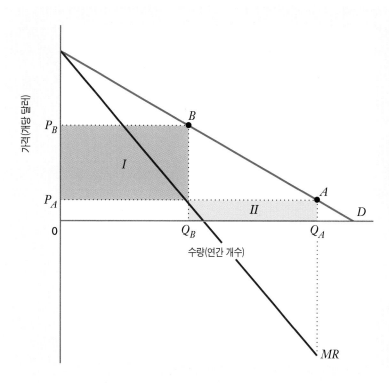

그림 11.9 이윤을 극대화하는 독점기업이 시장수요곡선의 비탄력적인 영역에서 운용되지 않는 이유

수요곡선 D의 비탄력적인 영역에 있는 점 A에서 독점기업은 가격 P_A를 설정하고 수량 Q_A를 판매한다. 독점기업이 가격을 P_B로 인상하고 수량을 Q_B로 감소시켜 수요곡선의 탄력적인 영역에 있는 점 B로 이동할 경우, 총수입은 면적 I − 면적 II 만큼 증가하며, 독점기업이 더 적게 생산하기 때문에 총비용은 감소한다. 따라서 독점기업의 이윤은 증대되어야만 한다.

비탄력적인 영역의 어떤 점에 있는 독점기업은, 보다 높은 이윤을 산출할 수 있는 탄력적인 영역의 점을 언제나 발견할 수 있다.

역탄력성 가격책정 규칙을 이용해도 동일한 결론에 도달할 수 있다. 그 이유를 알아보기 위하여 한계비용이 양이라는 (명백한) 사실에서 시작해 보자. 식 (11.3)에서 보면 이는 또한 $1 + (1/\epsilon_{Q,P})$ 항도 양이 되어야만 한다는 의미이다. 하지만 이 항이 양이 될 수 있는 유일한 방법은 $\epsilon_{Q,P}$가 −1과 −∞ 사이에 있을 경우, 즉 수요가 가격탄력적인 경우이다. 따라서 역탄력성 가격책정 방법이 의미하는 바는 독점기업의 이윤을 극대화하는 가격과 수량은 시장수요곡선의 탄력적인 영역에 위치해야 한다는 것이다.

역탄력성 가격책정 규칙은 독점기업에만 적용되지 않는다

역탄력성 가격책정 규칙은 자신의 상품에 대한 수요의 기울기가 하향하는 어떤 기업에도 적용된다. 예를 들면 코카콜라사가 직면하는 가격책정 문제를 생각해 보자. 코카콜라사는 미국 콜라시장에서 독점력을 갖고 있지 않다. 즉 펩시콜라사가 중요한 경쟁자이다. 하지만 코카콜라사와 펩시콜라사는 완전한 경쟁기업이 아니다. 다시 말해 코카콜라사가 가격을 인상할 경우 자신의 매출액을 모두 펩시콜라사에게 넘겨주지는 않으며 가격을 인하할 경우에도 펩시의 판매액을 모두 차지하지는 못한다. 그 이유는 두 콜라사가 **상품차별화**(product differentiation)를 보이기 때문이다. 상품차별화는 소비자들의 마음속에 상품들을 서로 동일시하지 않고 완전 대체재가 되지 못하도록 각 상품들이 특성을 갖는 경우 나타나게 된다. 어떤 사람은 코카콜라의 덜 달콤한 맛보다 펩시콜라의 더 달콤한 맛을 선호하여 펩시콜라가 코카콜라보다 더 비싸더라도 펩시콜라를 계속 구입하게 된다. 다른 사람들은 코카콜라의 맛을 더 좋아할 수 있다. 또는 두 콜라의 맛에 대해서는 차이를 못 느끼지만 코카콜라의 포장이나 광고를 선호할 수도 있다.

상품이 차별화된 경우 해당 상품을 판매하는 매도인은 독점업체가 아니지만 기울기가 하향하는 수요곡선을 갖게 된다. 따라서 차별화된 상품의 매도인에 대한 최적의 가격결정은 역탄력성 가격책정 규칙으로 설명할 수 있다. 예를 들어 (A 및 I로 각각 표시한) 코카콜라사 및 펩시콜라사의 최적가격은 다음과 같이 나타낼 수 있다.

$$\frac{P^A - MC^A}{P^A} = -\frac{1}{\epsilon_{Q_A, P_A}}$$

$$\frac{P^I - MC^I}{P^I} = -\frac{1}{\epsilon_{Q_I, P_I}}$$

식에서 ϵ_{Q_A, P_A}와 ϵ_{Q_I, P_I}는 시장수준에서의 수요의 가격탄력성이 아니라 상표수준에서의 코카콜라와 펩시콜라에 대한 수요의 가격탄력성이다. 따라서 ϵ_{Q_A, P_A}는 코카콜라의 수요에 영향을 미치는 다른 요소들(펩시콜라의 가격 포함)을 고정한 상태에서 코카콜라의 가격에 대한 코카콜라의 수요민감도를 알려 준다.[5]

시장지배력의 수량화 : 러너지수

한 기업이 독점기업이거나 또는 (코카콜라사처럼) 차별화된 제품을 생산하기 때문에 기울기가 하향하는 수요곡선을 경험하게 될 경우, 해당 기업은 자신이 책정한 시장가격에 대해 통제력을 갖게 된다. 독점의 경우 시장가격을 책정하는 능력은 해당 산업 외부에 존재하는 대체재와의 경쟁으로부터 제한을 받게 된다. 예를 들어 차별화된 제품의 경우 직접적인 경쟁기업이 해당 기업의 가격책정 자유를 제한한다. 예컨대 펩시콜라의 가격은 코카콜라사가 책정할 수 있는 가격을 제한하며 그 역도 성립한다.

기업이 시장에서 가격을 통제할 수 있을 때 해당 기업은 **시장지배력**(market power)을 갖는다고 한다.[6] 완전경쟁기업은 시장지배력을 갖지 않는다는 점에 주목하자. 독점기업이나 차별화된 제품을 생산하는 기업은 일반적으로 한계비용을 초과하는 가격을 책정하지만 완전경쟁기업은 가격이

---

5 제2장에서는 상표수준에서의 수요의 가격탄력성과 시장수준에서의 수요의 가격탄력성 사이에 존재하는 차이점에 관해 자세히 논의하였다.

6 독점기업과 차별화된 제품을 생산하는 과점기업만이 시장지배력을 갖는 유일한 종류의 기업은 아니다. 제13장에서 살펴볼 것처럼 제품이 동일한 과점산업에 속한 기업도 시장지배력을 갖는다.

한계비용과 같아지는 점에서 생산을 하기 때문에 시장지배력을 측정하는 자연적인 방법은 한계비용을 초과하는 가격의 백분율 증가분인 $(P - MC)/P$를 구하는 것이다. 독점력을 측정하는 이러한 방법은 경제학자 아바 러너(Abba Lerner)가 제시하였으며, 이를 **시장지배력에 관한 러너지수**(Lerner Index of market power)라 한다.

러너지수는 0~1까지의 범위(또는 0~100%까지의 범위)를 갖는다. 이 지수는 완전경쟁산업의 경우 0이 되며 완전경쟁에서 벗어난 산업의 경우는 양수가 된다. 역탄력성 가격책정 규칙에 따르면 독점시장의 균형에서 러너지수는 수요의 시장가격탄력성과 역의 관계에 있다고 한다. 앞에서 논의한 것처럼 수요의 가격탄력성 이외에 고려해야 하는 주요한 요인은 대체물품이 존재하는 데 따른 위협이다. 독점시장이 대체물품의 강력한 경쟁에 직면할 경우 러너지수는 낮아지게 된다. 다시 말해 기업은 독점력을 갖고 있지만 시장지배력은 약할 수 있다.

11.3 독점기업에 대한 비교정태

독점기업이 이윤을 극대화하는 수량을 어떻게 결정하고 이런 결정을 하는 데 수요의 가격탄력성이 하는 역할이 무엇인지를 살펴보았기 때문에, 수요 또는 비용의 변화가 독점기업의 결정에 어떤 영향을 미치는지에 대해 이제는 검토할 수 있게 되었다.

시장수요의 변화

비교정태

〈그림 11.10〉은 시장수요곡선이 오른쪽으로 이동함에 따라 가격과 수량에 대한 독점기업의 선택에 어떤 영향을 미치는지 보여 주고 있다. 두 그림 모두에서 수요량은 모든 시장가격에 대해 증가하며 (즉 최초 수요곡선 D_0와 새로운 수요곡선 D_1은 교차하지 않으며) 수요곡선이 오른쪽으로 이동하면 이로 인해 한계수입곡선도 오른쪽으로 이동(MR_0에서 MR_1으로 이동)한다고 가정한다.

한계비용이 생산량에 대해 증가하는 〈그림 11.10(a)〉에서 수요가 증가하면 최적수량과 최적가격 모두 증가한다. 즉 최적수량은 연간 200만 개에서 300만 개로 증가하고 최적가격은 개당 10달러에서 12달러로 상승한다.

한계비용이 생산량에 대해 감소하는 〈그림 11.10(b)〉에서 수요가 증가하면 최적수량은 증가하지만 최적가격은 하락한다. 즉 최적수량은 연간 200만 개에서 600만 개로 증가하지만 최적가격은 10달러에서 9달러로 하락한다. 독점기업은 수요가 증가하기 전 수량인 200만 개를 13달러에 판매할 수도 있지만 이를 선택하지 않는다. 왜냐하면 9달러의 가격에서 600만 개를 판매할 경우 이윤을 극대화할 수 있기 때문이다. 이는 가격의 상승을 상쇄하고도 남을 정도로 새로운 수요곡선 상에서 수량이 증가하기 때문에 가능하다. 이처럼 수량이 증가함에 따라 한계비용이 감소할 경우 수요곡선이 오른쪽으로 이동하면 독점기업은 가격을 인하할 수도 있다.

일반적으로 말해 수요곡선이 오른쪽으로 이동하여 한계수입곡선이 오른쪽으로 이동한다면 수

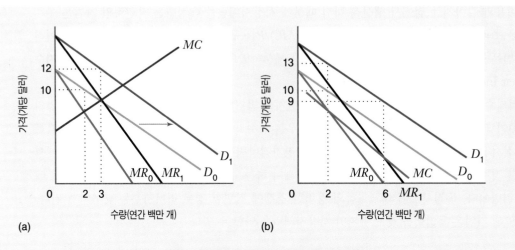

그림 11.10   수요의 변화가 독점기업의 이윤을 극대화하는 수량 및 가격에 미치는 영향

(a)에서 수요가 오른쪽으로, 즉 D_0에서 D_1으로 이동하게 되면 이윤을 극대화하는 수량은 200만 개에서 300만 개로 증가한다. 따라서 이윤을 극대화하는 가격은 개당 10달러에서 12달러로 인상된다. (b)에서 시장수요가 (a)와 같이 변화할 경우 이윤을 극대화하는 수량은 200만 개에서 600만 개로 증가하지만 이윤을 극대화하는 가격은 10달러에서 9달러로 인하된다.

요가 증가함에 따라 독점기업의 최적수량이 증가한다. 한계수입곡선이 오른쪽으로 이동할 경우 처음보다 더 많은 생산량 수준에서 한계수입곡선과 한계비용곡선이 교차하게 된다. 이와 유사하게 수요가 감소하여 한계수입곡선이 왼쪽으로 이동하게 되면 언제나 독점기업의 최적수량은 감소하게 된다. 하지만 수요 변화가 최적가격에 미치는 영향은 (일반적으로) 수량이 증가함에 따라 한계비용이 상승하는지 또는 감소하는지 여부에 달려 있다.

독점의 중간 점 규칙

불변 한계비용 및 선형 수요곡선을 갖는 독점기업에게는 이윤을 극대화하는 가격을 결정하는 편리한 공식, 즉 **독점의 중간 점 규칙**(monopoly midpoint rule)이 적용될 수 있다. 〈그림 11.11〉에서 보는 것처럼 독점의 중간 점 규칙에 따르면 최적가격 P^*는 수요곡선이 수직선과 만나는 점(즉 폐색가격)인 a와 한계비용곡선이 수직선과 만나는 점인 c의 중간에 위치한다. 이것은 폐색가격이 Δa만큼 증가할 경우 이에 상응하여 시장가격은 절반($\Delta a/2$)만큼 증가한다는 의미이다(즉 폐색가격이 10달러 인상될 경우 독점기업은 시장가격을 5달러 인상시키게 된다). 따라서 정리문제 11.5에서 보는 것처럼 독점의 중간 점 규칙은 $P^* = (a + c)/2$라고 할 수 있다.

독점의 중간 점 규칙을 이용한 최적가격 계산하기

독점기업은 선형 시장수요곡선 $P = a - bQ$를 경험한다고 가상하자. 이 독점기업은 또한 $MC = c$인 불변 한계비용을 갖는다.

문제

독점기업의 이윤을 극대화하는 수량과 가격은 무엇인가?

해법

이 수요곡선에 대해 독점기업의 한계수입곡선은 $MR = a - 2bQ$로 나타낼 수 있다. 이 식을 한계비용과 같다고 보

고 독점기업의 최적수량 Q^*에 대해 풀면 다음과 같다.

$$MR = MC$$
$$a - 2bQ^* = c$$
$$Q^* = \frac{a - c}{2b}$$

이 최적수량을 수요곡선에 대입하면 독점기업의 최적가격 P^*를 구할 수 있다.

$$P^* = a - b\left(\frac{a - c}{2b}\right) = a - \frac{1}{2}a + \frac{1}{2}c = \frac{a + c}{2}$$

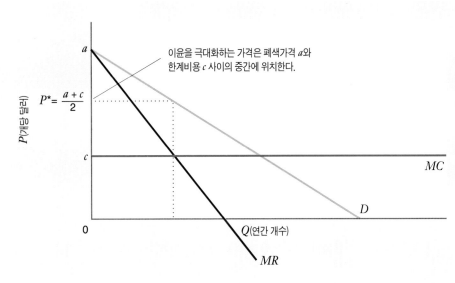

이윤을 극대화하는 가격은 폐색가격 a와 한계비용 c 사이의 중간에 위치한다.

$P^* = \dfrac{a+c}{2}$

그림 11.11 독점의 중간 점 규칙

독점기업이 불변 한계비용과 선형 수요곡선을 갖는 경우 이윤을 극대화하는 가격은 한계비용곡선이 수직선과 만나는 점 c와 폐색가격 a 사이의 중간에 위치한다.

한계비용의 변화

비교정태

역탄력성 가격책정 규칙에 따르면 한계비용이 증가할 경우 이윤을 극대화하는 가격이 증가하고, 수요곡선은 음의 기울기를 가지므로 수량은 감소한다. 〈그림 11.12〉는 이런 판단을 확인시켜 주고 있다. 독점기업의 한계비용곡선이 위쪽으로 이동함에 따라 독점기업의 총생산량이 반드시 감

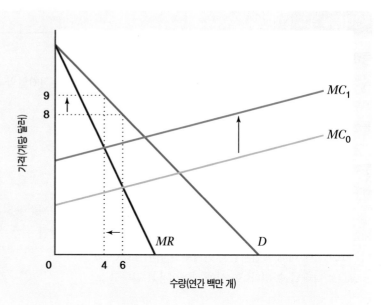

**그림 11.12 한계비용이 증가하는 경우
독점시장의 균형은 어떻게 변화하는가**

독점기업의 한계비용곡선이 MC_0에서
MC_1으로 이동하는 경우 이윤을 극대화하
는 수량은 연간 600만 개에서 400만 개로
감소하며, 가격은 개당 8달러에서 9달러
로 인상된다.

소해야 한다. 한계비용의 증가가 의미하는 바는 한계수입곡선과 한계비용곡선이 교차하는 점이
왼쪽으로 이동한다는 것이다. 따라서 〈그림 11.12〉에서 이윤을 극대화하는 수량은 감소하게 된
다. 이로 인해 해당 기업은 수요곡선을 따라 왼쪽으로 이동하며 결과적으로 이윤을 극대화하는 가
격이 상승한다. (그림으로 보여 주지는 않았지만 한계비용곡선이 아래쪽으로 이동하면 독점기업
이 이윤을 극대화하는 수량은 증가하며 가격은 감소한다.)

**한계비용의 변화가 수입에 미치는 충격을 고려할 경우, 해당 기업이 이윤을 극대화하는 독점기업
으로 행동하는지 여부를 어떻게 알 수 있는가**

단지 몇 개의 생산업체만이 존재하는 산업인 과점산업의 기업들은 담합하여 행동한다고, 즉 이윤
을 극대화하는 독점기업으로서 협력하여 행동한다고 이따금 비판을 받고는 한다. 기업들이 가격
을 고정시키기 위해 협력하여 행동한다는 서류상의 증거와는 별개로 이런 비난이 사실인지 여부
를 알 수 있는 방법이 있는가? 이에 대한 대답은 긍정적이다. 한계비용의 변화가 해당 산업의 총
수입에 미치는 영향을 검토하여 해당 산업의 기업들이 담합한다는 주장을 반박할 수도 있다. 〈그
림 11.13〉은 그 이유를 보여 주고 있다.

　〈그림 11.13〉은 독점기업이 MC_0에서 MC_1으로 한계비용의 증가를 경험할 경우 어떤 일이 발
생하는지 보여 주고 있다. 한계비용곡선이 위쪽으로 이동함에 따라 독점기업은 생산량을 감소시
키게 된다. 이제는 앞에서 논의한 것처럼 독점기업이 수요곡선의 탄력적인 영역에서 운용된다는
점을 기억해 보자. 이것이 의미하는 바는 독점기업이 한계수입이 양인 범위에서 운용된다는 것이
며 이는 다시 독점기업이 〈그림 11.13(a)〉에서 보는 것처럼 총수입 언덕의 기울기가 상향하는 부
분에 있다는 의미이다. 한계비용곡선이 위쪽으로 이동하는 데 대응하여 독점기업이 생산량을 감

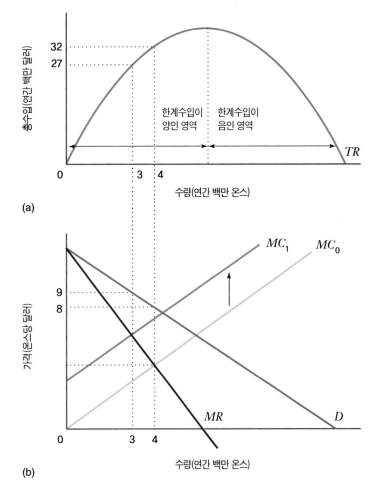

(a)

(b)

그림 11.13 **한계비용이 증가하는 경우 독점기업의 총수입은 감소해야만 한다**

(b)는 한계비용곡선이 위쪽으로 이동함에 따라 독점기업의 최적수량이 연간 400만 온스에서 300만 온스로 감소하는 상황을 보여 준다. 독점기업은 언제나 시장수요의 탄력적인 영역에서 운용되기 때문에 생산량이 감소함에 따라 총수입이 감소하는 영역에서 운용된다. (a)는 이윤을 극대화하는 생산량이 300만 온스로 감소함에 따라 총수입이 3,200만 달러에서 2,700만 달러로 감소함을 보여 준다.

소시키기 때문에 독점기업은 총수입 언덕을 따라 아래로 이동하며 이에 따라 총수입이 감소한다. 이는 다음과 같은 비교정태 분석의 결과를 보여 주고 있다.[7]

- 한계비용곡선이 위쪽으로 이동함에 따라 이윤을 극대화하는 독점기업의 총수입은 감소한다.
- 한계비용곡선이 아래쪽으로 이동함에 따라 이윤을 극대화하는 독점기업의 총수입은 증가한다.

---

7 보다 자세한 내용은 다음을 참조하라. J. Panzar and J. Rosse, "Testing for Monopoly Equilibrium," *Journal of Industrial Economics* (1987).

이런 비교정태 분석의 결과를 이용하여, 독점이 아닌 산업의 기업들이 이윤을 극대화하는 독점 기업으로서 협력하여 행동한다는 가설을 잠재적으로 논박할 수 있다. 예를 들어 미국의 경우 맥주에 대한 연방정부의 물품세가 인상되면 이는 맥주산업의 전반적인 총수입 증대로 이어진다는 사실을 발견했다고 가상하자. 비교정태 분석의 결과에 따르면 맥주산업의 기업들이 독점기업으로서 협력하여 행동할 경우 산업의 수입이 증가할 수 없으므로, 해당 산업의 수입이 증가했다는 사실은 맥주산업의 기업들이 담합하여 행동하지 않는다는 점을 보여 준다고 할 수 있다.

11.4   다공장 및 다중시장 독점

많은 기업들이 두 개 이상의 생산시설을 운용하고 있다. 예를 들어 전기회사는 보통 몇 개의 발전소를 운용하고 있다. 독점이론은 다공장 기업의 경우로 쉽게 연장될 수 있다. 우선 두 개 공장을 갖고 있는 독점기업의 생산량 선택문제를 생각해 보자. 그러고 나서 시장이 두 개인 경우의 생산량 선택 문제에 대해 살펴보고, 카르텔에는 어떻게 적용되는지 알아보자.

공장이 두 개인 경우의 생산량 선택

공장이 두 개인 독점기업을 생각해 보자. 하나는 한계비용함수 MC_1을 가지며 다른 하나는 한계비용함수 MC_2를 갖는다. 이 독점기업의 생산량 선택문제는 다음과 같이 두 부분으로 구성된다. 해당 기업은 전체적으로 얼마나 생산해야 하는가? 그리고 이 생산량은 두 공장 사이에 어떻게 배분되어야 하는가?

두 번째 질문에 먼저 대답하는 것이 더 용이하다. 해당 기업은 600만 개를 생산하려 하며 처음에는 생산량을 공장 1과 공장 2 사이에 균등하게 배분한다고 가상하자. 〈그림 11.14〉에 따르면 생산량 300만 개에서 공장 1은 공장 2보다 더 높은 한계비용을 갖는다. 즉 (점 B 대 점 A에 해당하는) 개당 6달러 대 개당 3달러가 된다. 이런 상황에서 해당 기업이 (수입을 일정하게 유지하면서) 총비용을 낮출 수 있는 간단한 방법이 있다. 즉 공장 2에서 생산량을 증가시키고 동일한 양만큼 공장 1에서 생산량을 감소시키는 것이다. 공장 2에서 생산량을 증대시킬 경우 개당 3달러의 비율로 비용이 증가하지만 공장 2에서 생산량을 감소시키면 개당 6달러의 비율로 비용이 절약된다. 공장 1에서 공장 2로 생산을 재분배하게 되면 기업의 총생산 비용이 감소하게 된다. 기업이 각 공장의 한계생산비가 상이한 점에서 운용될 경우에는 언제나 재분배를 하게 되면 이득이 발생하기 때문에 이윤을 극대화하는 기업은 공장들의 한계비용이 같아지도록 언제나 생산량을 분배한다고 결론을 내릴 수 있다.

이런 생각에 기초하여 다공장 기업의 한계비용 스케줄을 도출할 수 있다. 다시 한 번 〈그림 11.14〉를 참조하여 예를 들면 6달러와 같은 한계비용 수준을 선택해 보자. 이 한계비용 수준을 달성하기 위하여 기업은 공장 1에서 300만 개를 생산하고 공장 2에서 600만 개를 생산하게 된다 (이는 점 B 및 점 C에 해당한다). 따라서 해당 공장은 총생산량 900만 개를 생산할 때 한계비용

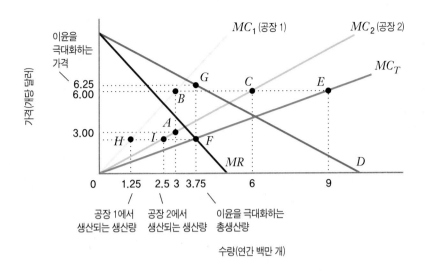

그림 11.14 다공장 독점기업의 이윤극대화

독점기업의 다공장 한계비용곡선은 MC_T이다. 이 곡선은 독점기업 개별 공장의 한계비용곡선 MC_1 및 MC_2를 수평으로 합한 것이다. 독점기업의 최적 총생산량은 $MR = MC_T$인 점, 즉 375만 개이며 최적가격은 개당 6.25달러이다. 이 중 125만 개는 공장 1에서 생산되어야 하며, 250만 개는 공장 2에서 생산되어야 한다. 독점기업의 이윤극대화 가격은 6.25달러가 된다.

6달러를 달성할 수 있다(이는 점 E에 해당한다). **다공장 한계비용곡선**(multiplant marginal cost curve)인 곡선 MC_T는 각 공장의 한계비용곡선을 수평으로 합할 때 생기는 일련의 점을 연결한 것이다.

다공장 한계비용곡선을 도출하고 나면 첫 번째 질문, 즉 독점기업은 전체적으로 얼마나 생산해야 하는지에 대한 대답이 상대적으로 용이해진다. 독점기업은 한계수입곡선이 다공장 한계비용곡선과 같아지도록 한다. 즉 $MR = MC_T$가 되도록 한다. 〈그림 11.14〉에서 이는 (점 F에 해당하는) 총생산량 375만 개에서 달성된다. 이 생산량에 상응하는 최적가격은 (점 G에 해당하는) 6.25달러이다.

이처럼 독점기업의 이윤을 극대화하는 총생산량 및 가격을 결정하였다. 하지만 두 개 공장 사이에 생산을 분배하는 작업은 다소 복잡하다. 그래프에서 보면 각 공장은 자신의 한계비용곡선과 MR 및 MC_T가 교차하는 점(점 F)으로 부터 수평으로 그은 선이 교차하는 수준에서 생산을 한다. 따라서 공장 1은 연간 125만 개(점 H)를 생산하며, 공장 2는 연간 250만 개(점 I)를 생산하게 된다.

정리문제 11.6

다공장 독점기업의 최적 생산량, 가격, 생산분배 결정하기

$P = 120 - 3Q$인 수요곡선을 갖는 독점기업을 생각해 보자. 이 독점기업은 두 개의 공장을 갖고 있다. 첫 번째 공장은 $MC_1 = 10 + 20Q_1$인 한계비용을 갖는다. 두 번째 공장은 $MC_2 = 60 + 5Q_2$인 한계비용을 갖는다.

문제

(a) 이 독점기업의 최적 총생산량과 가격을 구하라.
(b) 이 독점기업의 두 공장에 대한 최적의 생산량 분배를 구하라.

해법

(a) 이 문제를 풀기 위한 첫 번째 단계는 독점기업의 다공장 한계비용곡선 MC_T를 도출하는 것이다. 앞에서 살펴본 것처럼 이 곡선은 각 공장의 한계비용곡선을 수평으로 합한 것이며 이를 〈그림 11.14〉에서는 그래프를 이용하여 구하였다. 식 MC_T를 구하기 위해서는 주의를 기울여야 한다. 여러분은 두 개의 한계비용식을 다음과 같이, 즉 $10 + 20Q + 60 + 5Q = 70 + 25Q$처럼 합산하고자 할지도 모른다. 하지만 이것은 옳지 않다. 두 개의 한계비용곡선을 이렇게 합할 경우 한계비용곡선을 **수직**으로 합한 것과 같다. 곡선들을 **수평**으로 합산하기 위해서 우선 각 한계비용곡선을 역으로 하여 다음과 같이 Q를 MC의 함수로 나타내자.

$$Q_1 = -\frac{1}{2} + \frac{1}{20}MC_1$$

$$Q_2 = -12 + \frac{1}{5}MC_2$$

위의 두 식을 합산하여 MC_1 및 MC_2의 수평적인 합을 구할 수 있다.

$$Q_1 + Q_2 = \left(-\frac{1}{2} + \frac{1}{20}MC_T\right) + \left(-12 + \frac{1}{5}MC_T\right)$$
$$= -12.5 + 0.25MC_T$$

$Q = Q_1 + Q_2$가 독점기업의 총생산량을 의미한다고 하면, 이를 도치시키기만 하여 전반적인 한계비용을 구할 수 있다: $Q = -12.5 + 0.25MC_T$ 또는 $MC_T = 50 + 4Q$.

이는 독점기업의 다공장 한계비용곡선이다. 이제는 독점기업의 이윤을 극대화하는 수량과 가격을 구할 수 있다. 보통 때와 마찬가지로 한계수입을 한계비용과 같다고 놓으면 다음과 같다: $MR = MC_T$ 또는 $120 - 6Q = 50 + 4Q$. 이 식에 대한 해법은 $Q = 7$이다. 이 수량을 다시 수요곡선에 대입하면 최적가격을 구할 수 있다: $P = 120 - 3(7) = 99$.

(b) 독점기업의 공장들에 분배되는 생산량을 구하기 위하여, 우선 최적량에서 독점기업의 한계비용을 구해 보자. 최적량은 $Q = 7$이기 때문에 독점기업의 한계비용은 다음과 같다: $MC_T = 50 + 4(7) = 78$.

각 개별 공장에서의 생산량을 구하기 위하여 앞에서 구한 도치된 한계비용곡선을 이용할 수 있다. 각 공장에서 한계비용이 78인 경우의 수량을 구하면 다음과 같다.

$$Q_1 = -\frac{1}{2} + \frac{1}{20}(78) = 3.4$$

$$Q_2 = -12 + \frac{1}{5}(78) = 3.6$$

따라서 총생산량 7개 중에서 공장 1은 3.4개를 생산하는 반면에, 공장 2는 3.6개를 생산해야 한다.

시장이 두 개인 경우의 생산량 선택

시장이 두 개인 독점기업을 생각해 보자. 여기서는 독점기업이 두 시장에서 동일한 가격을 부과해야 한다고 가정할 것이다(제12장에서는 상이한 시장에서 서로 다른 가격을 부과하여 가격차별화를 시행할 수 있는 경우 기업이 어떻게 행동하는지를 살펴볼 것이다). 시장 1에서의 수요는 $Q_1(P)$이며 여기서 Q_1은 가격이 P인 경우 시장 1에서의 수요량을 의미한다. 이와 유사하게 가격이 P인 경우 시장 2에서의 수요량은 $Q_2(P)$이다. 이 기업의 총생산비는 총생산량 Q에 의존하며 여기서 $Q = Q_1(P) + Q_2(P)$이다. 총생산비는 $C(Q)$이며 한계비용은 $MC(Q)$이다. 두 시장 모두에서 이윤을 극대화하려 한다면 이 기업은 가격을 어떻게 설정해야 하는가?

두 시장에서 이 기업의 이윤은 두 시장의 총수입과 비용 $C(Q)$의 차이이다. 두 시장에서 이 기업의 총수입을 구하려면 총수요, 즉 $Q = Q_1(P) + Q_2(P)$를 결정해야 한다. 그래프를 이용할 경우 이 총수요는 두 시장의 수요를 수평적으로 단순히 합한 것이다. 총수요를 알게 되면 해당 기업은 최적수량 선택규칙, 즉 수요의 한계수입과 한계비용 $MC(Q)$이 같아지는 양을 선택하게 된다. 최적가격은 총수요곡선으로부터 유도된다.

정리문제 11.7

두 시장에 참여하고 있는 독점기업에 대한 최적의 수량 및 가격 결정하기

스카이 투어사는 카리브해의 한 섬에서 파라세일링을 제공할 수 있는 유일한 업체이다(파라세일링은 모터보트 등이 끄는 낙하산을 타고 공중으로 날아오르는 스포츠이다). 이 업체는 두 가지 종류의 고객, 즉 사업상 섬을 방문하는 고객과 휴가를 보내기 위해 방문하는 고객이 있다는 사실을 알고 있다. 이 업체는 파라세일링에 대해 원하는 가격을 부과할 수 있지만 모든 고객에게 동일한 가격 P를 부과해야 한다. 사업상 섬을 방문한 고객에 대한 파라세일링 수요는 $Q_1(P) = 180 - P$이다. 휴가를 보내기 위해 방문한 고객에 대한 파라세일링 수요는 $Q_2(P) = 120 - P$이다. 파라세일링을 제공하는 업체의 한계비용은 $MC(Q) = 30$이다.

문제

이 업체가 이윤을 극대화하려는 경우 파라세일링을 몇 번이나 제공하며 가격은 얼마로 설정해야 하는가?

해법

우선 이 업체가 직면하게 되는 총수요를 분석해 보자. 사업상 섬을 방문하는 고객과 휴가를 보내기 위해 방문하는 고객에 대한 폐색가격은 각각 180 및 120이다. 따라서 가격이 120과 180 사이인 경우 사업상 섬을 방문하는 고객만이 파라세일링을 구매하게 되어 총수요는 $Q = 180 - P$가 된다. 가격이 120 아래인 경우 두 종류의 고객 모두 파라세일링을 수요하며 총수요는 $Q = 300 - 2P$가 된다. 이를 요약하면 다음과 같다.

$120 \leq P \leq 180$인 경우 총수요는 $Q = 180 - P$이고, 달리 표현하면 $P = 180 - Q$가 된다. 한계수입은 $MR = 180 - 2Q$이다.

$P \leq 120$인 경우 총수요는 $Q = 300 - 2P$이고, 달리 표현하면 $P = 150 - 0.5Q$가 된다. 한계수입은 $MR = 150 - Q$이다.

첫째, 최적가격이 120보다 큰 경우를 생각해 보자(앞으로 살펴볼 것처럼 이는 적절한 가정이 아니다). P가 120

보다 크다고 가정하자. $MR = MC$, 즉 $180 - 2Q = 30$인 경우 $Q = 75$가 된다. 최적가격은 $P = 180-75 = 105$가 된다. 하지만 이 가격은 (앞에서 가정했던) 120보다 크지 않다. 따라서 P가 120보다 크다는 가정은 옳지 않다.

둘째, 최적가격이 120보다 작은 경우를 생각해 보자. 이제는 P가 120보다 작다고 가정하자. $MR = MC$,

즉 $150 - Q = 30$인 경우 $Q = 120$이 된다. 최적가격은 $P = 150 - 0.5(120) = 90$이 된다. 따라서 P가 120보다 작다는 가정은 타당하다. 이 업체는 가격을 90으로 설정하고 120회 서비스를 제공하게 될 것이다. 사업상 방문한 고객은 파라세일링을 90회 수요하며 휴가를 보내기 위해 방문하는 고객은 30회 수요하게 된다.

카르텔의 이윤극대화

카르텔(cartel)은 시장에서 가격과 생산량을 담합하여 결정하는 생산업체들의 집단이다. 역사상 가장 유명한(또는 널리 알려진) 카르텔 중 하나는 석유수출국기구 또는 OPEC로 회원국으로는 사우디아라비아, 쿠웨이트, 이란, 베네수엘라와 같이 세계에서 가장 큰 산유국들이 일부 포함된다. 카르텔은 이따금 정부의 인가를 받기도 한다. 예를 들어 1980년대 초 일본의 전기 케이블 산업의 17개 기업은 일본 통산성으로부터 허가를 받아 카르텔로서 활동하였다. 이 카르텔이 설정한 목표는 가격을 인상하고 해당 산업의 이익을 증대시키기 위해 해당 산업의 생산량을 낮추는 것이었다.

카르텔이 회원들이 의도한 대로 운용될 경우 이는 해당 산업의 총이윤을 극대화하려는 단일의 독점기업처럼 행동한다. 카르텔이 개별 생산업체들에게 생산량을 배분할 경우 직면하는 문제는 다공장 독점기업이 개별 공장들에게 생산량을 배분할 때 직면하는 문제와 동일하다. 따라서 카르텔의 이윤극대화 조건은 다공장 독점기업의 경우와 동일하다. 설명하기 위해 카르텔은 한계비용 함수가 $MC_1(Q_1)$ 및 $MC_2(Q_2)$인 두 개의 기업으로 구성된다고 가상하자. 이윤을 극대화하려는 경우 카르텔은 한계비용들이 같아지고 공동의 한계비용이 해당 산업 전체의 한계수입과 같아지도록 두 기업 사이에 생산량을 분배하게 된다. Q^*는 카르텔 전체에 대한 최적의 총생산량을 의미하고 Q_1^* 및 Q_2^*는 개별 카르텔 회원의 생산량을 의미한다고 하면, 카르텔의 이윤극대화 조건을 수학적으로 다음과 같이 나타낼 수 있다.[8]

$$MR(Q^*) = MC_1(Q_1^*)$$
$$MR(Q^*) = MC_2(Q_2^*)$$

〈그림 11.15〉는 카르텔의 이윤극대화 문제에 대한 해법을 보여 주고 있다. 이 예에서 이윤을 극

---

8 카르텔의 이윤극대화 조건을 다음과 같이 역탄력성 가격책정 규칙으로 나타낼 수도 있다. 여기서 P^*는 카르텔의 최적가격이다.

$$\frac{P^* \ MC_1(Q_1^*)}{P^*} = \frac{P^* - MC_2(Q_2^*)}{P^*} = \frac{1}{\epsilon_{Q,P}}$$

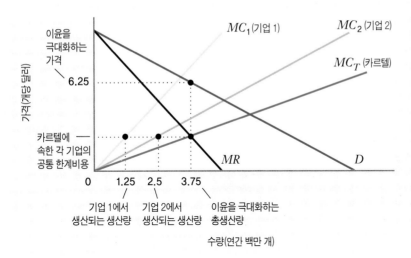

그림 11.15 카르텔의 이윤극대화

카르텔의 한계비용곡선은 MC_T이며, 이는 카르텔에 속한 개별 기업의 한계비용곡선 MC_1 및 MC_2를 수평으로 합한 것이다. 카르텔의 이윤을 극대화하는 최적 총생산량은 $MC_T = MR$에서 결정되어 375만 개가 된다. 개별 기업의 한계비용을 같게 하기 위하여 기업 2는 250만 개를 생산해야 하며 기업 1은 125만 개를 생산해야 한다. 카르텔의 이윤을 극대화하는 최적가격은 6.25달러가 된다.

대화하는 카르텔은 연간 375만 개를 생산하고 이윤을 극대화하는 가격은 개당 6.25달러가 된다(그림 11.14에서 살펴본 것처럼 카르텔의 이윤 극대화 문제는 다공장 독점기업의 경우와 동일하다). 카르텔은 기업들 사이에 한계비용이 동일해지도록 회원들 사이에 생산을 분배한다. (기업 1처럼) 더 높은 한계비용 스케줄을 갖는 기업은 카르텔 총생산량 중 더 적은 몫이 할당된다(기업 1에 125만 개가 할당되는 반면에 기업 2에는 250만 개가 할당된다). 이처럼 카르텔은 시장을 기업들 사이에 반드시 동일하게 분할하지는 않는다. 한계비용이 낮은 기업은 한계비용이 높은 기업보다 카르텔 총생산량 중 더 많은 부분을 공급하게 된다.

11.5 독점의 후생경제학

제10장에서는 완전경쟁균형이 사회적 후생을 극대화한다는 사실을 살펴보았다. 또한 완전경쟁균형으로부터 이탈하게 되면 사장된 손실이 발생한다는 점도 알아보았다. 앞으로 살펴보는 것처럼 독점균형은 일반적으로 완전경쟁균형과 일치하지 않는다. 이런 이유로 인해 독점균형에서도 역시 사장된 손실이 발생한다.

독점균형은 완전경쟁균형과 다르다

〈그림 11.16〉은 완전경쟁시장의 균형을 보여 주고 있다. 경쟁균형가격은 개당 5달러에서 달성되며 여기서 산업공급곡선 S는 수요곡선 D와 교차한다. 이 시장에서 균형량은 1,000개이다.

이제는 해당 산업이 독점화되었다고 가상해 보자. 모든 경쟁기업을 취득하여 일부는 운용하고 나머지는 폐쇄시킨 단 한 개의 기업이 있다고 가상하자. 제9장 및 제10장에서 경쟁시장의 산업공급곡선은 시장에 공급되는 물품의 한계비용을 알려 준다고 하였다. 예컨대 〈그림 11.16〉에서 볼

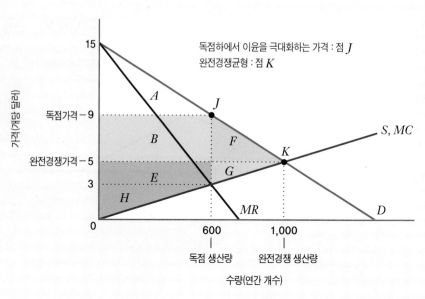

그림 11.16 독점균형 대 완전경쟁균형

이윤을 극대화하는 독점기업의 생산량은 연간 600개이며 이윤을 극대화하는 독점가격은 개당 9달러이다. 완전경쟁시장에서 균형량은 1,000개이며 균형가격은 개당 5달러이다. 독점균형에서 소비자 잉여는 A이며 생산자 잉여는 $B + E + H$이다. 경쟁시장에서 소비자 잉여는 $A + B + F$인 반면에, 생산자 잉여는 $E + G + H$가 된다. 따라서 독점으로 인한 사장된 손실은 $F + G$이다.

	완전경쟁	독점	독점이 미치는 영향
소비자 잉여	$A + B + F$	A	$-B - F$
생산자 잉여	$E + G + H$	$B + E + H$	$B - G$
순 경제적 편익	$A + B + E + F + G + H$	$A + B + E + H$	$-F - G$

수 있는 것처럼 완전경쟁산업이 600개를 공급할 경우 공급곡선은 600번째의 한계비용, 즉 3달러를 알려 준다. 산업이 독점화될 경우 공급곡선 S는 이제 독점기업의 한계비용곡선 MC가 된다. 이런 상황에서 이윤을 극대화하는 독점균형은 $MR = MC$에서 달성되며, 생산량이 600개이고 가격은 단위당 9달러이다. 〈그림 11.16〉은 독점균형(점 J)가 경쟁균형(점 K)가 어떻게 다른지를 보여주고 있다. 즉 독점가격은 완전경쟁가격보다 더 높으며 독점기업은 완전경쟁산업이 하는 것보다 더 적은 양을 공급한다.

독점의 사장된 손실

독점의 결과와 경쟁의 결과 사이의 차이가 시장에서 경제적 편익에 어떤 영향을 미치는가? 〈그림 11.16〉의 이윤을 극대화하는 독점기업하에서 소비자 잉여는 면적 A이다. 독점기업의 생산자 잉여는 독점기업의 가격과 이 기업이 생산한 각 단위의 한계비용 사이에 존재하는 차이를 합산한 것이다. 이는 〈그림 11.16〉에서 면적 B + 면적 E + 면적 H와 같다. 따라서 독점균형에서의 순 경제적 편익은 면적 A + 면적 B + 면적 E + 면적 H가 된다. 완전경쟁시장에서 소비자 잉여는 면적 A + 면적 B + 면적 F가 되며 생산자 잉여는 면적 E + 면적 G + 면적 H가 된다. 따라서 완전경쟁하에서 순 경제적 편익은 면적 A + 면적 B + 면적 E + 면적 F + 면적 G + 면적 H가 된다.

〈그림 11.16〉의 표는 독점하에서의 순편익과 완전경쟁하에서의 순편익을 비교하고 있다. 이 표에 따르면 완전경쟁하에서의 순 경제적 편익이 독점하에서의 순 경제적 편익을 면적 F + 면적 G에 해당하는 금액만큼 초과하게 된다. 이 차이를 **독점에 의한 사장된 손실**(deadweight loss due to monopoly)이라 한다. 이 사장된 손실은 제10장에서 살펴본 사장된 손실과 유사하다. 이는 시장이 완전경쟁일 경우 얻게 되는 순 경제적 편익과 독점균형에서 얻을 수 있는 순 경제적 편익 사이의 차이를 의미한다. 〈그림 11.16〉에서 (수요곡선으로 나타낼 수 있는) 소비자가 한계적으로 지불하고자 하는 금액이 한계비용을 초과하는 600~1,000개 사이의 생산량을 독점기업이 생산하지 않기 때문에 독점의 사장된 손실이 발생한다. 이 생산량을 생산할 경우 총경제적 편익은 증대되지만 독점기업의 이윤이 감소하여 해당 기업은 이를 생산하지 않는다.

지대추구 행위

〈그림 11.16〉의 표는 독점의 사장된 손실을 과소평가하고 있다. 독점기업은 종종 양의 경제적 이윤을 얻기 때문에 독점력을 취득하려는 동기를 갖는다고 생각할 수 있다. 예를 들어 1990년대에 미국 케이블 텔레비전 회사는 전통적인 케이블 방송과 경쟁을 하기 위해 위성방송사의 영역을 제한하는 규제를 계속 유지하도록 의회에 수백만 달러를 들여 가며 로비를 하였다. 독점력을 창출하거나 유지하기 위해 행하는 행위를 **지대추구 행위**(rent-seeking activity)라고 한다. 지대추구 행위에 지출되는 비용은 〈그림 11.16〉의 표가 측정하지 못한 독점의 중요한 사회적 비용이다.

　(그림 11.16에서 면적 B + 면적 E + 면적 H로 나타낸) 잠재적 독점이윤이 커질수록 지대추구 행위를 하려는 동기는 더욱 강해진다. 실제로 독점이윤은 기업이 독점을 유지하기 위해 지대추구 행위에 지출하고자 하는 최대금액을 의미한다. 기업이 이 최대금액을 지출할 경우 독점으로 인한 사장된 손실은 독점이윤 면적 B + 면적 E + 면적 H와 전통적인 사장된 손실 면적 F + 면적 G를 합한 것이 된다. 독점적 지위를 획득하거나 유지하기 위하여 독점기업이 지대추구 행위를 할 경우 면적 F + 면적 G는 독점으로 인한 사장된 손실의 최소범위를 나타내고 면적 B + 면적 E + 면적 F + 면적 G + 면적 H는 최대범위를 나타낸다.

11.6　독점시장이 존재하는 이유

이윤을 극대화하는 독점기업이 수량과 가격을 어떻게 결정하는지 살펴보았다. 수량과 가격이 완전경쟁균형과 다르기 때문에 독점균형이 사장된 손실을 창출한다는 사실을 살펴보았다. 하지만 독점기업은 처음에 어떻게 발생하는가? 예를 들면 비스카이비가 영국의 위성방송 분야에서 독점을 갖게 된 이유는 무엇인가? 마이크로소프트 윈도우가 개인용 컴퓨터 운영체제 시장에서 거의 100%를 차지하는 이유는 무엇인가? 이 절에서는 독점시장이 발생하는 이유를 살펴볼 것이다. 이렇게 하기 위해 우선 자연독점의 개념을 살펴보고 나서 진입장벽의 의미를 알아볼 것이다.

그림 11.17 자연독점시장

연간 10,000개에 못 미치는 생산량은 단일기업에 의해 가장 저렴하게 생산될 수 있다. 예를 들면 단 한 개의 기업이 생산할 경우 개당 평균비용 1달러로 생산량 9,000개를 생산할 수 있다. 각각 4,500개를 생산하는 두 개 기업은 개당 평균비용 1.2달러가 소요된다. 두 개 기업은 한 개 기업이 할 수 있는 것보다 더 적은 총비용으로 12,000개를 생산할 수 있다. 하지만 이 생산량 수준에서는 이윤이 남지 않는다. 왜냐하면 12,000개가 수요되는 가격 P_{12}는 평균비용의 최저수준보다 더 낮기 때문이다.

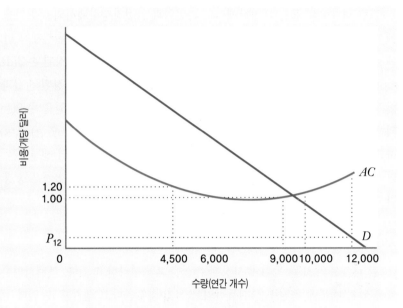

자연독점

관련 생산량을 생산하는 단일기업이 부담하는 총비용이, 해당 생산량을 기업들 사이에 분배했을 경우 둘 이상의 기업이 각각 부담하는 비용의 총합보다 적을 경우 해당 시장은 **자연독점**(natural monopoly)이 된다. 자연독점의 예로 위성 텔레비전 방송을 들 수 있다. 예를 들어 가입자가 5,000만 명이 되는 시장을 두 기업이 분할할 경우 각 기업은 2,500만 명의 가입자에게 서비스를 제공하기 위해서 위성을 구입, 발사, 유지하는 비용을 부담해야 한다. 하지만 단일기업이 전체 시장을 차지할 경우 2,500만 명의 가입자에게 서비스를 제공하던 위성은 5,000만 명의 가입자에게도 역시 서비스를 똑같이 제공할 수 있다. 즉 위성의 비용은 고정되어 있다. 이 비용은 가입자의 수가 증가함에 따라 증대되지 않는다. 단일기업은 시장에 서비스를 제공하기 위하여 단 한 개의 위성만이 필요하지만, 두 개의 독립적인 기업의 경우 전체적으로 보아 동일한 숫자의 가입자에게 서비스를 제공하는 데 두 개의 위성이 필요하게 된다.

〈그림 11.17〉은 자연독점시장을 보여 주고 있다. 시장수요곡선은 D이며 각 기업은 장기 평균비용곡선 AC에 상응하는 기술에 접근할 수 있다. 연간 10,000개에 못 미치는 생산량에 대해 단일기업은 둘 이상의 기업이 할 수 있는 것보다 더 저렴하게 생산량을 생산할 수 있다. 그 이유를 알아보기 위해 예를 들면 연간 $Q = 9,000$개와 같은 생산량을 생각해 보자. $AC(9,000) = 1$달러이므로 연간 9,000개를 생산하는 단일기업의 총비용은 $TC(9,000) = 9,000 \times AC(9,000) = 9,000$달러가 된다. 이 생산량을 〈그림 11.17〉에서 보는 비용함수를 각각 갖는, 예를 들면 두 기업에 배분했다고 가상하자. $AC(4,500) = 1.2$달러이므로 총생산비는 $9,000 \times AC(4,500) = 10,800$달러가 된다. 따라서 9,000개 모두를 단일기업이 생산할 경우보다 생산량 9,000개를 두 기업에 배분할

경우 더 많은 비용이 소요된다.

이제 〈그림 11.17〉에서 수요곡선 상의 (예를 들면 $Q = 12,000$과 같은) 어떤 생산량은 단일기업보다 두 기업에 의해 보다 저렴하게 생산될 수 있다. 하지만 그런 생산량 수준은 평균비용의 최저수준보다 더 낮은 가격으로만 수요된다. 따라서 이윤이 남지 않는다. 그러므로 모든 관련된 시장수요 수준, 즉 이윤을 남기면서 생산할 수 있는 모든 시장수요 수준에서 단일기업이 전체 시장을 담당할 경우 총생산비가 극소화된다.

단일기업이 둘 이상의 기업보다 더 낮은 총비용으로 시장에 서비스를 제공할 수 있다면 해당 시장은 궁극적으로 독점화될 것이라고 기대할 수 있다. 이것이 바로 영국의 위성방송 시장에서 발생한 현상이다. 1990년대 초 두 기업, 즉 브리티시 위성방송과 스카이 TV가 관련 시장에 진입하였다. 하지만 시장에 두 기업이 존재하는 한 어느 기업도 이윤을 낼 수 없었다. 사실 어느 한 시점에서 두 기업은 하루에 100만 달러 이상의 손실을 보고 있었다. 결국 두 기업은 합병되어 비스카이비(현재는 스카이 유케이)라는 위성 텔레비전 독점기업으로 재편되었으며 이 기업은 합병된 이후 이윤을 남길 수 있었다.

〈그림 11.17〉의 분석은 자연독점시장에 관해 두 가지 중요한 점을 시사하고 있다. 첫째, 자연독점의 필요조건은 관련 범위에서 평균비용이 생산량에 대해 감소해야 한다는 점이다. 즉 자연독점은 규모의 경제를 포함해야 한다. 위성방송에 관한 앞의 예에서 위성과 이와 관련된 기반시설의 고정비용은 상당한 규모의 경제를 갖는다고 할 수 있다. 둘째, 시장이 자연독점인지 여부는 (AC 곡선의 형태로 알 수 있는) 기술조건뿐만 아니라 시장조건에도 의존한다는 점이다. 수요가 적은 경우 해당 시장은 자연독점이 될 수 있지만 수요가 많은 경우 자연독점이 되지 않을 수도 있다. 이것이 바로 영국의 위성방송시장에는 (스카이 유케이처럼) 단 한 개의 기업만이 존재하는 데 비해 훨씬 더 규모가 큰 미국 시장에는 몇 개의 경쟁기업이 존재하는 이유이다.

진입장벽

자연독점은 **진입장벽**(barrier to entry)이라고 알려진 보다 일반적인 현상의 한 예이다. 진입장벽이란 기존 기업은 양의 경제적 이윤을 얻을 수 있도록 하지만 동시에 신규기업이 해당 산업에 진입하게 되면 이윤을 얻지 못하도록 하는 요소이다. 완전경쟁시장은 진입장벽을 갖지 않는다. 기존 기업들이 양의 이윤을 얻는 경우 신규기업이 해당 산업에 진입하여 이윤이 영이 된다. 하지만 진입장벽은 독점기업의 위치를 유지하는 데 반드시 필요하다. 진입장벽에 의한 보호가 없다면 양의 경제적 이윤을 얻고 있는 독점이나 카르텔의 경우 신규진입으로 경쟁이 이루어져서 해당 이윤이 분산되어 사라지게 된다.

진입장벽은 구조적일 수 있으며 법적이거나 전략적일 수도 있다. 신규기업이 해당 산업에 진입하여 경쟁하려는 동기를 갖지 못하도록 기존 기업이 비용상 또는 마케팅상의 우위를 갖고 있는 경우 **구조적 진입장벽**(structural barrier to entry)이 존재한다. 규모의 경제와 자연독점시장을 가능하게 하는 시장수요 사이의 상호작용은 구조적 진입장벽의 한 예이다. 인터넷을 이용한 경매시장은 양의 네트워크 외부경제에 기초한 또 다른 형태의 구조적 진입장벽의 예가 되고 있다. 제5장에서 살펴본 것처럼 양의 네트워크 외부경제는 한 기업의 생산물이 일정한 소비자에 의해 사용될 경우 더 많은 생산물이 다른 소비자에 의해 사용될 때 발생한다. 경매시장 사이트의 선도기업인 이베이(eBay)는 판매하려는 품목이 많이 있고 종종 동일한 품목에 대해 몇몇의 매도인이 존재하기 때문에 경매에 참여하려는 매수인들이 많이 이용한다. 경매에 참여한 매도인들은 많은 매수인들이 있어서 이베이를 좋아하게 된다. 이베이에서 이루어지는 순수한 거래량 그 자체만으로도 이베이가 갖는 매력의 중요한 부분을 차지한다. 이 네트워크 외부경제가 중요한 진입장벽을 만들어 낸다. (이베이처럼 거래 수수료를 통해 돈을 벌려고) 자신의 인터넷 경매 사이트를 만들려는 신규기업은 다음과 같은 커다란 도전에 직면하게 된다. 즉 이베이가 보유하고 있는 결정적으로 중요한 대규모 경매 건수를 보유하고 있지 못하다는 이유만으로 이 사이트는 매력을 잃게 된다. 이 진입장벽에 기초하여 아마존닷컴 및 야후를 포함하는 일부 매우 경쟁력 있는 인터넷 기업들이 이베이와 경쟁할 수 있는 자신들의 경매 사이트를 만드는 데 어려움을 겪는 이유를 설명할 수 있다.

기존 기업이 법적으로 경쟁으로부터 보호를 받을 경우 **법적 진입장벽**(legal barrier to entry)이 존재한다. 특허는 중요한 법적 진입장벽이다. 정부규제도 또한 법적 진입장벽을 만들어 낼 수 있다. 네트워크 솔루션스사는 1994~1999년 사이에 인터넷 도메인 명칭을 등록하는 사업에 대해 정부가 인가한 독점권을 갖고 있었다. 역사적으로 많은 국가들은 특정 우편 및 전화 서비스 제공자들에게, 서비스를 요구하는 모든 사람들에게 그것을 제공하도록 독점을 의무화하는 '보편적 서비스 계약'과 함께 종종 규제 협정의 일부로 독점적 지위를 부여하였다.

기존 기업이 진입을 저지하는 명백한 조치를 취할 경우 **전략적 진입장벽**(strategic barrier to entry)이 발생한다. 전략적 진입장벽의 예로는 (예를 들면 신규기업이 해당 시장에 진입하기로 결정을 할 때 가격전쟁을 시작하는 것처럼) 신규기업의 시장잠식에 대해 공격적으로 자신의 시장을 방어하는 것으로 장기간에 걸쳐 해당 기업이 쌓은 명성을 들 수 있다. 1970년대에 즉석으로 현상되는 사진시장으로 코닥(Kodak)이 진입을 시도했을 때 폴라로이드(Polaroid)의 공격적인 대응이 이런 전략의 예가 될 수 있다.

11.7 수요독점

수요독점시장(monopsony market)은 많은 매도인으로부터 단일의 매수인이 구입하는 시장이다. 이런 단일의 매수인을 수요독점자라고 한다. 예를 들어 1976년까지 미국 메이저리그 야구선수들은 동시에 한 팀을 초과하여 협상을 할 수 없었다. 따라서 각 야구팀은 야구선수 고용시장에서 수요독점자였다. 이 경우처럼 수요독점자는 한 생산요소에 대한 유일한 잠재적인 매수인이 되는 기업일 수 있다. 아니면 수요독점자는 최종재를 유일하게 매수하는 개인 또는 조직일 수 있다. 예를 들어 미국 정부는 미국 군복시장에서 수요독점자가 된다. 이 절에서는 한 생산요소시장에서 수요독점자가 되는 기업에 대해 알아볼 것이다.

수요독점의 이윤극대화 조건

자신의 생산함수가 단일 생산요소 L에 의존하는 기업을 생각해 보자. 기업의 총생산량은 $Q = f(L)$이 된다. 예를 들어 L은 석탄광산이 고용하는 노동량이라고 가상할 수 있다. 광산규모가 고정되어 있다면 월간 석탄 생산량 Q는 고용된 노동량 L에만 의존한다. 이 기업은 (예를 들면 석탄을 국내시장이나 세계시장에 판매하는) 석탄시장에서 완전경쟁기업이며 시장가격 P를 주어진 것으로 본다고 가상하자. 따라서 석탄기업의 총수입은 $Pf(L)$이 된다. MRP_L이라고 표시하는 **노동의 한계수입 생산물**(marginal revenue product of labor)은 기업이 노동을 추가적으로 1단위 고용할 경우 얻게 되는 추가 수입이다. 이 기업은 가격추종자이므로 한계수입 생산물은 다음과 같이 시장가격에 노동의 한계생산물을 곱한 것과 같다: $MRP_L = P \times MP_L = P(\Delta Q/\Delta L)$.

이 석탄광산이 해당 지역에서 노동을 고용하는 유일한 기업이라고 가상하자. 따라서 이 기업은 노동시장에서 수요독점자로서 행동한다. 석탄 생산업체가 운용되는 지역의 노동공급은 〈그림 11.18〉에 있는 노동공급곡선 $w(L)$로 나타낼 수 있다. 이 곡선은 어떤 임금에 대해 해당 임금에서 공급되는 노동의 양을 나타낸다. 이 곡선은 또한 역으로 다음과 같이 해석될 수도 있다. 즉 이 곡선은 일정한 노동량이 시장에 공급되도록 하는 데 필요한 임금을 알려 준다.

노동공급곡선의 기울기가 상향하기때문에, 수요독점기업이 더 많은 노동을 고용하고자 하면 더 높은 임금을 지불하여야 한다는 사실을 알고 있다. 예를 들어 수요독점기업이 최초수준인 주당 4,000시간을 초과하여 주당 1,000시간을 더 고용하려는 경우 임금을 시간당 10달러에서 12달러로 인상해야 한다. 기업의 총비용은 기업의 노동에 대한 총지출이며 $TC = wL$로 나타낼 수 있다. 기업의 **노동에 대한 한계지출액**(marginal expenditure on labor)은 해당 기업의 노동을 추가적으로 고용함에 따라 노동 단위당 기업의 총비용이 증가하는 율이다. 〈그림 11.18〉은 두 개의 요

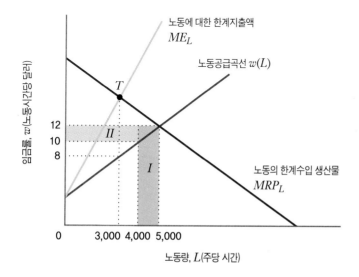

그림 11.18 수요독점기업의 이윤극대화

수요독점기업은 노동의 한계수입생산물이 노동에 대한 자신의 한계지출액과 같아질 때, 즉 MRP_L과 ME_L의 교차점에서 이윤을 극대화한다. 이때 노동량 L = 주당 3,000시간을 고용하게 된다. 이만큼의 노동공급을 끌어내기 위해서는 해당 기업이 임금률 w = 시간당 8달러를 지불해야 한다.

소, 즉 면적 $I(w\Delta L)$은 추가적으로 노동자를 고용함으로써 발생하는 추가비용을 나타낸다. 면적 $II(L\Delta w)$는 최초의 임금률인 10달러에서 공급되었던 노동량에 대해 임금이 증가함으로써 부담해야 하는 추가적인 비용을 의미한다. 따라서 노동에 대한 한계지출액은 다음과 같다.

$$ME_L = \frac{\Delta TC}{\Delta L} = \frac{\text{면적 } I + \text{면적 } II}{\Delta L}$$
$$= \frac{w\Delta L + L\Delta w}{\Delta L}$$
$$= w + L\frac{\Delta w}{\Delta L}$$

노동공급곡선의 기울기는 상향하므로 $\Delta w/\Delta L > 0$이 된다. 따라서 한계지출곡선은 〈그림 11.18〉에서 보는 것처럼 노동공급곡선 위에 위치한다.

석탄광산의 이윤극대화 문제는 다음과 같이 총수입과 총비용 사이의 차이인 총이윤 π를 극대화하는 노동량 L을 선택하는 것이다: $\pi = Pf(L) - wL$. 기업은 다음과 같이 노동의 한계수입생산물과 노동에 대한 한계지출액이 같아지는 점에서 이윤을 극대화하게 된다: $MRP_L = ME_L$. 〈그림 11.18〉에서는 노동량이 주당 3,000시간인 점에서 이윤이 극대화된다. 이 노동량이 공급되도록 하는 임금률은 주당 8달러이며 이는 $L = 3,000$에서 노동에 대한 한계지출액보다 작다.

수요독점기업이 주당 3,000시간을 초과하여 고용할 경우 이윤을 극대화하지 못하는 이유는 무엇 때문인가? 4,000번째 노동단위를 고용할 경우 어떤 일이 발생하는지 생각해 보자. 〈그림 11.18〉이 보여주는 것처럼 $L = 4,000$일 때 $ME_L > MRP_L$이 된다. 해당 노동단위에 대한 추가적인 지출액은 노동이 생산한 추가적인 생산물로부터 얻은 추가적인 수입을 초과한다. 기업은 해당 노동단위(또는 3,000시간을 초과하는 노동량)을 고용하지 않을 경우 상황이 나아진다.

이와 유사하게 기업은 3,000 노동시간보다 적게 고용하려 하지 않는다. 기업이 2,000 노동단위만을 고용하는 경우 추가적인 지출액을 초과하는 추가적인 수입(즉 $MRP_L > ME_L$)을 창출해 낼 수 있다.

정리문제 11.8

수요독점기업의 이윤극대화 조건 적용하기

노동시장에서 수요독점자로서 행동하는 기업을 생각해 보자. 이 기업의 유일한 생산요소는 노동이며 $Q = 5L$로 나타낼 수 있는 생산함수를 갖는다고 가상하자. 여기서 L은 (주당 천 시간으로 나타낸) 노동량이다. 수요독점기업은 시장가격 개당 10달러로 원하는 모든 물품을 판매할 수 있다고 가상하자. 노동의 공급곡선도 역시 다음과

같은 식으로 나타낼 수 있다고 가상하자: $w = 2 + 2L$.

문제

수요독점기업은 이윤을 극대화하기 위해서 얼마나 많은 노동을 고용하고, 임금을 얼마나 지불해야 하는가?

해법

한계지출액 함수를 구하는 것부터 시작하도록 하자. 노동에 대한 한계지출액은 다음 식으로 나타낼 수 있음을 알고 있다: $ME_L = w + L(\Delta w/\Delta L)$. 여기서 $\Delta w/\Delta L$는 공급곡선의 기울기이다. 이 식을 위의 공급식에 적용하기 위하여 $w = 2 + 2L$이고 $\Delta w/\Delta L = 2$라는 데 주목하자. 이를 대입하면 다음과 같다: $ME_L = (2 + 2L) + 2L = 2 + 4L$.

이제는 해당 기업의 한계수입생산물곡선을 구해 보자. MRP_L은 노동의 한계생산물 MP_L에 (이 경우에는 10달러인) 시장가격을 곱하여 구할 수 있다. 따라서 다음과 같

아진다: $MP_L = \Delta Q/\Delta L = 5$, $MRP_L = 10 \times 5 = 50$.

수요독점기업의 노동 최적량을 구하기 위해 한계수입생산물을 한계지출액과 같다고 놓으면 다음과 같다: $MRP_L = ME_L$, $50 = 2 + 4L$ 또는 $L = 12$. 수요독점기업은 주당 노동 12,000시간을 최적으로 고용한다. 이 노동량이 공급되도록 하는 데 필요한 임금은 노동공급곡선으로부터 구할 수 있다: $w = 2 + 2(12) = 26$. 즉 시간당 26달러이다. 이처럼 수요독점기업의 이윤극대화 조건은 시간당 26달러의 임금률로 주당 노동 12,000시간을 고용하는 것이다.

수요독점기업의 역탄력성 가격책정 규칙

앞에서 살펴본 것처럼 독점균형 조건 $MR = MC$로부터 역탄력성 가격책정 규칙을 도출하였다. 수요독점균형 조건 $MRP_L = ME_L$로부터 역시 역탄력성 가격책정 규칙을 도출할 수 있다. 이 규칙에서 주요 탄력성은 노동공급 탄력성 $\epsilon_{L,w}$이며 이는 노동임금 1% 변화당 노동공급의 백분율 변화를 의미한다.[9]

수요독점시장에서 역탄력성 가격책정 규칙은 다음과 같다.

$$\frac{MRP_L - w}{w} = \frac{1}{\epsilon_{L,w}}$$

이 조건을 말로 표현하면 노동의 한계수입생산물과 임금 사이의 백분율 편차는 노동공급 탄력성의 역수와 같다는 의미이다.

역탄력성 가격책정 규칙이 중요한 이유는 무엇인가? 중요한 이유 중 하나는 이 조건을 통해 수요독점 노동시장과 완전경쟁 노동시장을 구별할 수 있다는 데 있다. 많은 기업들이 노동용역을 구입하는 완전경쟁 노동시장에서 각 기업은 노동의 가격 w를 주어진 것으로 본다. 각 기업은 다음과 같이 노동의 한계수입생산물과 임금이 같아지도록 하는 노동량을 선택하여 이윤을 극대화하게 된다: $MRP_L = w$. 반면에 수요독점 노동시장에서 수요독점기업은 한계수입생산물에 미치지 못하는 임금을 지불한다. 역탄력성 가격책정 규칙에 따르면 한계수입생산물에 못 미치는 임금은 노동공급의 역탄력성으로 결정된다.

---

9 이는 제2장 및 제9장에서 논의한 공급의 가격탄력성과 유사하다.

정리문제 11.9

수요독점기업에 대해 역탄력성 규칙 적용하기

어떤 기업은 Q로 측정되는 생산량을 생산하고 있으며, 이것은 Q의 규모에 관계없이 가격이 $P = 12$인 시장에서 판매된다. 이 생산물은 단 한 가지 생산요소, 즉 (L로 측정되는) 노동을 사용하여 생산된다. 생산함수는 $Q(L) = L$이다. 노동은 경쟁을 하는 공급자들에 의해 공급되며 공급곡선 어디에서나 공급탄력성은 2가 된다. 이 기업은 노동시장에서 수요독점자이다.

문제

해당 기업이 노동시장에서 수요독점자로서 지불하는 임금은 완전경쟁기업인 경우 부담하는 임금보다 얼마나 낮은가?

해법

노동 각 단위는 생산물 1단위를 생산하며($MP_L = 1$) 각 생산물은 가격 12로 판매된다. 따라서 $MRP_L = P(MP_L)$ $= 12$이다. 완전경쟁기업은 노동의 한계생산물과 동일한 임금, 즉 12를 지불하게 된다.

이제 해당 기업이 수요독점자인 경우 임금을 어떻게 설정하는지 생각해 보자. 노동의 공급탄력성이 일정하기 때문에 수요독점기업에 대한 역탄력성 규칙 $[MRP_L - w]/w$ $= 1/\epsilon_{L,w}$을 사용할 수 있다. 이 경우 수요독점기업에 대한 역탄력성 규칙은 $[12 - w]/w = 1/2$이 된다. 따라서 수요독점기업은 임금 8을 지불하며 이것은 완전경쟁시장에서 지불하는 임금보다 1/3 더 낮다.

수요독점하에서의 사장된 손실

독점이 사장된 손실을 산출해 내는 것처럼 수요독점도 역시 사장된 손실이 발생하게 된다. 그 이유를 알아보기 위해 (그림 11.18에서 살펴본 것과 동일한 조건인) 임금이 시간당 8달러이고 총노동량이 주당 3,000시간인 〈그림 11.19〉의 수요독점균형을 생각해 보자. 이 수요독점시장에서 석탄광산업체는 노동용역의 '소비자'인 반면에 노동자는 노동용역의 '생산자'이다. 석탄광산업체의 이윤은 총수입에서 노동에 대한 총지출을 감한 것과 같다. 총수입은 〈그림 11.19〉에서 수요독점하에서의 노동공급인 3,000시간까지의 한계수입생산물곡선 아래 면적으로 면적 A + 면적 B + 면적 C + 면적 D + 면적 E가 된다. 이 업체의 총노동비용은 면적 D + 면적 E이므로 이윤은 면적 A + 면적 B + 면적 C가 되며, 이는 또한 생산요소 매수인의 소비자 잉여에 해당한다.

노동공급자의 **생산자 잉여**는 수령한 총임금과 공급된 노동의 총기회비용 사이의 차이이다. 〈그림 11.19〉에서 총임금 지급액은 면적 D + 면적 E가 된다. 노동공급에 따른 기회비용은 노동공급곡선에 반영된다. 노동량 3,000시간까지의 노동공급곡선 아래의 면적, 즉 〈그림 11.19〉에서 면적 E는 노동공급을 유도하기 위해 필요한 총보상을 의미하며 이는 최선의 외부기회에서 노동자가 얻을 수 있는 경제적 가치에 해당한다. 이런 외부기회는 노동자가 노동을 하지 않고 즐기는 여가의 가치일 수도 있고 해당 지역 노동시장에서 다른 지역 노동시장으로 이동할 경우 얻게 되는 임금일 수도 있다. 따라서 〈그림 11.19〉에서 생산자 잉여는 면적 D + 면적 E − 면적 E = 면적 D가 되며 생산자 잉여와 소비자 잉여의 합은 면적 A + 면적 B + 면적 C + 면적 D가 된다.

노동시장이 수요독점이 아니라 경쟁적인 경우 노동의 시장청산가격은 시간당 12달러가 되고 이에 상응하는 노동량은 주당 5,000시간이 된다. 따라서 수요독점시장의 경우는 경쟁시장의 경우에 비해 생산요소, 즉 노동이 과소하게 고용된다. 경쟁시장에서 소비자 잉여는 면적 A + 면적 B + 면적 F가 되는 반면에 생산자 잉여는 면적 C + 면적 D + 면적 G가 된다. 〈그림 11.19〉의 표에서 보는 것처럼 수요독점의 경우 잉여는 생산요소의 소유주에서 생산요소의 매수인으로 이전된다. 이 경우 노동자에서 석탄광산업체로 이전된다. 수요독점의 경우 경쟁시장에서 사용하는 것보다 더 적은 생산요소를 사용하기 때문에 사장된 손실이 역시 발생하게 된다. 〈그림 11.19〉의 표에서 보면 사장된 손실은 눈에 익은 삼각형 형태로 면적 F + 면적 G이다.

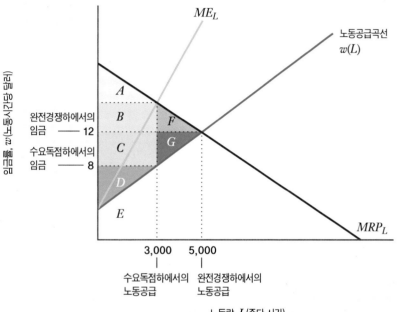

그림 11.19 수요독점균형 대 완전경쟁균형

수요독점하에서 이윤을 극대화하는 노동량은 주당 3,000시간이고 이윤을 극대화하는 임금률은 주당 8달러이다. 완전경쟁시장에서 노동의 균형량은 주당 5,000시간이며 균형임금률은 시간당 12달러이다. 수요독점균형에서 순 경제적 편익은 $A + B + C + D$이다. 완전경쟁균형에서 순 경제적 편익은 $A + B + C + D + F + G$이다. 수요독점으로 인해 사장된 손실은 $F + G$이다.

	완전경쟁	수요독점	수요독점이 미치는 영향
소비자 잉여	$A + B + F$	$A + B + C$	$C - F$
생산자 잉여	$C + D + G$	D	$-C - G$
순 경제적 편익	$A + B + C + D + F + G$	$A + B + C + D$	$-F - G$

요약

- 독점시장은 단일 매도인과 다수의 매수인으로 구성된다.

- 독점기업은 가격을 책정할 때 시장수요곡선을 고려해야만 한다. 즉 독점기업이 가격을 높게 책정할수록 더 적은 생산물을 판매하게 된다. 가격을 낮게 책정할수록 더 많은 생산물을 판매하게 된다.

- 독점기업은 한계비용이 한계수입과 같아지는 생산량 수준에서 생산할 때 이윤을 극대화하게 된다(정리문제 11.2 참조).

- 독점기업이 생산량을 증가시킬 경우 한계수입은 두 가지 부분, 즉 한계수량의 판매에 상응하는 수입의 증가 부분과 하부 한계수량의 판매에 상응하는 수입의 감소 부분으로 구성된다.

- 생산량이 양인 경우 독점기업의 한계수입은 평균수입보다 작으며 한계수입곡선은 시장수요곡선 아래에 위치한다(정리문제 11.1 참조).

- 독점기업은 공급곡선을 갖지 않는다.

- 역탄력성 가격책정 규칙에 따르면, 가격의 백분율로 본 이윤을 극대화하는 가격과 한계비용 사이의 차이는 시장수요 가격탄력성의 역수에 음의 부호를 붙인 것과 같다(정리문제 11.3, 11.4 참조).

- 역탄력성 가격책정 규칙이 의미하는 바는, 한계비용은 양인 가운데 이윤을 극대화하려는 독점기업은 시장수요곡선의 탄력적인 부분에서만 생산을 한다는 것이다.

- 기업이 시장에서 가격을 통제할 수 있을 때 해당 기업이 시장지배력을 갖는다고 한다. 역탄력성 가격책정 규칙은 독점기업뿐만 아니라 예를 들면 차별화된 제품이 생산되는 산업에서 경쟁하는 기업처럼 시장지배력을 갖는 어떤 기업에도 적용된다.

- 수요가 증가하여(즉 오른쪽으로 이동하여) 한계수입곡선이 오른쪽으로 이동하는 경우 수요의 증가는 독점기업의 균형량 증가로 이어진다. 독점기업의 가격은 상승할 수도 있고 하락할 수도 있다(정리문제 11.5 참조).

- 한계비용이 증가하면(상향 이동하면) 독점기업의 이윤을 극대화하는 가격은 상승하고 이윤을 극대화하는 수량은 감소한다.

- 공장을 여러 개 갖고 있으면서 이윤을 극대화하려는 기업은 언제나 한계비용이 같아지도록 공장들 사이에 생산량을 배분한다. 다공장 독점기업은 한계수입이 독점기업 개별 공장의 한계비용곡선을 수평으로 합하여 구한 전체 한계비용곡선과 같아지도록 한다(정리문제 11.6 참조).

- 카르텔은 다공장 독점기업과 동일한 방법으로 이윤을 극대화한다. 따라서 총체적인 이윤을 극대화하기 위하여 모든 카르텔 회원이 반드시 동일한 생산량을 생산할 필요는 없다.

- 두 개의 상이한 시장에서 동일한 가격을 부과하여 이윤을 극대화하려는 기업은 우선 두 시장에서의 수요곡선을 수평적으로 합한 총수요곡선을 구해야 한다. 그러고 나서 한계비용이 총수요에 대한 한계수입과 같아지도록 생산량을 선택해야 한다. 최적가격은 총수요곡선으로부터 도출된다(정리문제 11.7 참조).

- 독점기업은 완전경쟁산업이 균형에서 생산하는 것보다 더 적은 양을 생산한다. 이는 독점균형에서 사장된 손실이 발생한다는 의미이다. 지대추구 행위(독점력을 창출하거나 유지하려는 행위)는 독점으로 인한 사장된 손실을 증대시킬 수 있다.

- 독점시장은 시장이 (여러 명의 매도인보다 한 명의 매도인이 총비용을 더 낮출 수 있는) 자연독점이거나 또는 신규진입자가 시장에 진입할 경우 이윤을 낼 수 없는 진입장벽이 있는 경우 발생한다.

- 수요독점자는 많은 매도인이 판매하는 특정 생산물 또는 생산요소의 유일한 매수인이다.

- 이윤을 극대화하는 수요독점기업은 (예를 들면 노동과 같은) 생산요소의 한계수입생산물이 생산요소에 대한 한계지출액과 같아지는 생산요소의 양을 고용하게 된다. 그러고 나서 수요독점기업이 생산요소에 대해 지불하는 가격은 생산요소의 공급곡선으로부터 결정된다(정리문제 11.8 참조).

- 수요독점시장에서의 역탄력성 가격책정 규칙에 따르면

생산요소의 한계수입생산물과 생산요소 가격 사이의 백분율 차이는 생산요소 공급탄력성 역수와 같다(정리 문제 11.9 참조).

- 독점의 경우와 마찬가지로 수요독점균형에서는 완전경쟁시장 결과와 비교해 볼 때 사장된 손실이 발생한다.

주요 용어

구조적 진입장벽	상품차별화	지대추구 행위
다공장 독점	수요독점기업의 이윤극대화 조건	진입장벽
다공장 한계비용곡선	수요독점시장	카르텔
독점균형	수요독점하에서의 사장된 손실	평균수입
독점기업의 이윤극대화 조건	시장지배력	한계수입
독점에 의한 사장된 손실	역탄력성 가격책정 규칙	한계수입생산물
독점의 중간점 규칙	완전경쟁균형	한계지출액
러너지수	자연독점	
법적 진입장벽	전략적 진입장벽	

복습용 질문

1. 독점기업이 이윤을 극대화하는 생산량(그에 따른 가격)을 어떻게 선택하는지 설명하시오.

2. 수요 및 비용에 관한 정보가 주어진 경우 독점기업이 이윤을 극대화하는 가격 및 수량을 계산하시오.

3. 경쟁시장에서의 시장균형과 독점기업이 선택하는 이윤극대화의 차이를 설명하시오.

4. 두 개 이상의 공장을 갖고 있는 독점기업이 이들 공장 사이에 생산을 어떻게 배분하는지 설명하시오.

5. 수요독점기업이 이윤을 극대화하기 위해서 생산요소를 어떻게 선택하는지 설명하시오.

6. 수요 및 비용에 관한 정보가 주어진 경우 수요독점기업의 이윤을 극대화하는 가격 및 수량을 계산하시오.

7. 경쟁시장에서의 시장균형과 수요독점기업의 이윤을 극대화하는 선택을 비교하시오.

8. 독점기업 또는 수요독점기업의 선택이 시장에서 어떻게 비효율성으로 이어지는지 분석하시오.

12 잉여 차지하기

12.1 잉여 차지하기

제11장에서 독점기업은 단위당 동일한 가격을 모든 소비자들에게 부과하였다. 독점기업은 이윤을 극대화하기 위해서 기울기가 하향하는 수요곡선에 직면하게 되면 수량 Q_m을 생산하여 판매하려 한다. 그 이유는 이 수량에서 한계수입(MR)과 한계비용(MC)이 동일해지기 때문이다. 독점기업은 가격 P_m을 책정하게 되며, 이 가격에서 소비자는 해당 기업이 생산한 Q_m개를 구입하게 된다. 〈그림 12.1〉에서 보는 것처럼 독점기업은 그래프에서 면적 G + 면적 H + 면적 K + 면적 L로 나타낼 수 있는 생산자 잉여를 차지하게 된다. 이는 독점기업이 자신이 판매하는 각 생산물에 대해 동일한 균일가격을 책정할 경우 차지할 수 있는 최대규모의 생산자 잉여이다. 하지만 독점기업이 가격 P_m을 책정할 경우 잠재적인 모든 경제적 편익을 차지하지는 못한다. 이 기업은 〈그림 12.1〉에서 면적 E + 면적 F로 나타낸 소비자 잉여를 차지하지 못하게 된다. 왜냐하면 소비자가 이 편익을 차지하기 때문이다. 나아가 면적 J + 면적 N으로 나타낸 사장된 손실은 생산자나 소비자가 차지하지 못한 다른 잠재적인 순 경제적 편익이 있음을 의미한다. 이런 사장된 손실은 다음과 같은 이유로 인해 발생한다. 수요곡선 상의 점 A와 점 B 사이에 위치한 소비자들은 한계비용보다 더 크거나 동일한 수준의 더 낮은 가격(즉 P_m과 P_1 사이의 가격)에서 수량 Q_1까지 매입하려 하

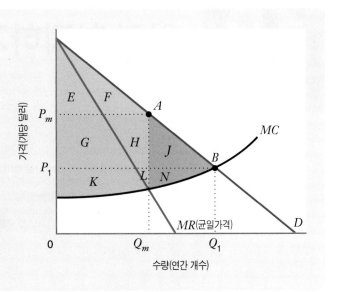

그림 12.1 균일가격하에서의 독점

균일가격을 부과하며 이윤을 극대화하는 독점기업은 가격 P_m을 선택하고 Q_m을 판매한다. 이 경우 생산자 잉여는 면적 G + 면적 H + 면적 K + 면적 L이 된다. 하지만 소비자 잉여(면적 E + 면적 F)는 생산자로부터 벗어나게 된다. 이 밖에 사장된 손실(면적 J + 면적 N)은 생산자도 소비자도 차지하지 못하는 잠재적 잉여를 의미한다.

지만, 가격 P_m에서는 해당 재화를 매입하지 못하기 때문에 사장된 손실이 발생한다.

(상이한 소비자들에게 상이한 가격을 부과하는) **가격차별**(price discrimination)은 독점기업 또는 시장지배력이 있는 기업에게 보다 많은 잉여를 차지할 기회를 제공한다. 세 가지 기본적인 형태의 가격차별은 다음과 같다.

- **1급 가격차별**(first-degree price discrimination) 1급 가격차별하에서 해당 기업은 해당 생산물 단위에 대한 소비자의 유보가격(즉 소비자가 지불하고자 하는 최대금액)에서 각 단위에 대해 가격을 책정하려 한다. 예를 들어 어떤 기업이 경매에서 생산물을 판매할 경우에는 가장 높은 유보가격을 가진 소비자가 해당 상품을 구입하도록 소비자들로 하여금 가격을 계속 올리도록 한다. 매도인은 가격이 소비자가 해당 상품에 대해 지불하고자 하는 최대금액까지 근접하기를 희망한다.

- **2급 가격차별**(second-degree price discrimination) 2급 가격차별하에서 해당 기업은 소비자에게 수량할인을 제안하게 된다. 개당 지불하는 금액은 구입하는 개수에 의존한다. 예를 들어 컴퓨터 소프트웨어 한 개에 대해 지불하는 가격은 구입하는 개수에 종종 의존하게 된다. 컴퓨터 게임을 1개에서 9개까지 구입할 경우 해당 기업은 개당 50달러를 제의하게 되지만, 10개에서 99개까지 구입할 경우 개당 40달러를 제의하고, 100개 이상 구입할 경우 개당 30달러를 제의한다.

- **3급 가격차별**(third-degree price discrimination) 3급 가격차별하에서 기업은 시장에 있는 상이한 소비자 집단이나 세분시장을 확인할 수 있으며, 이들은 각각 상이한 수요곡선을 갖는다. 이런 경우 이윤을 극대화하고자 하는 기업은 한계수입을 한계비용과 같다고 놓거나 또는 같은 의미이지만(제11장에서 논의한) 역탄력성 규칙을 이용하여 시장에 존재하는 각 세분시

장에 대해 가격을 책정할 수 있다.[1] 예를 들어 항공사가 사업상 떠나는 여행자와 휴가차 떠나는 여행자 모두 두 도시 간의 항공노선을 이용한다는 사실을 알고 있다고 하면, 해당 항공사는 이들 각각에 대해 상이한 가격을 부과할 수 있다. 예를 들면 사업상 떠나는 여행자에게는 항공권당 500달러를 부과하고 휴가차 떠나는 여행자에게는 200달러만을 부과할 수 있다.

가격차별하에서 기업이 추가적인 잉여를 차지하기 위해서는 시장에서 다음과 같은 특징이 있어야 한다.

- 기업은 가격을 차별할 수 있는 시장지배력을 갖고 있어야 한다. 이를 달리 표현하면 기업이 경험하는 수요곡선은 기울기가 하향해야만 한다. 기업이 시장지배력을 갖지 못하는 경우 가격추종자가 되므로 생산물의 상이한 수량에 대해 상이한 가격을 설정할 수 없게 된다. 제11장에서 살펴본 것처럼 시장지배력은 여러 시장에 존재하고 있다. 많은 산업에는 단지 몇 개의 생산자들만이 존재하며 각 생산자는 생산물 가격에 대해 어느 정도의 통제력을 가질 수 있다. 예를 들어 항공산업에서 각 항공사는 항공료를 낮출 경우 더 많은 승객을 유인할 수 있다는 점을 알고 있다. 항공사가 독점기업은 아니지만 시장지배력은 갖고 있다.
- 기업은 사람들이 해당 생산물에 대해 지불하게 될 상이한 금액에 관해 정보를 갖고 있어야 한다. 기업은 유보가격이나 수요탄력성이 소비자들 사이에 어떻게 상이한지 알아야 한다.
- 기업은 재판매 또는 재정거래를 방지할 수 있어야 한다. 기업이 재판매를 방지할 수 없는 경우 낮은 가격에 매입한 고객은 더 높은 가격을 지불하고자 하는 다른 고객에게 해당 물품을 판매하는 중개상으로 활동할 수 있다. 이 경우 해당 물품을 처음에 판매한 기업이 아니라 이 중개상이 잉여를 차지하게 된다. 재판매가 가능한 경우 가격차별은 성공할 수 없다.

12.2 1급 가격차별 : 각 소비자로부터 최대한의 잉여 차지하기

1급 가격차별을 이해하기 위하여 어떤 생산물에 대한 수요 스케줄을 지불하고자 하는 의지를 나타내는 스케줄로 생각하는 것이 도움이 된다. 결국 수요곡선은 소비자가 구입한 수량에 대해 지불하고자 하는 금액을 의미한다. 수요곡선의 기울기가 하향하므로 첫 번째 단위를 구입하려는 사람은 두 번째 단위를 구입하려는 소비자보다 더 높은 가격을 지불하려 한다. 연속적으로 각 단위를 구입함에 따라 지불하고자 하는 최대금액은 하락하게 된다.

1급 가격차별은 매도인의 관점에서 본 개념이다. 매도인이 1급 가격차별을 완전하게 시행할 수

---

1 제11장에서는 다음과 같은 역탄력성 가격책정 규칙을 살펴보았다. $(P_i - MC_i)/P_i = -1/\epsilon_{Q_i,P_i}$이다. 여기서 P_i는 생산물 i의 가격이고 MC_i는 한계비용이며 ϵ_{Q_i,P_i}는 기업의 생산물에 대한 수요의 가격탄력성이다.

있는 경우 해당 단위를 구입하려는 소비자가 지불하고자 하는 최대금액으로 각 단위의 가격을 책정하게 된다.[2]

1급 가격차별이 어떻게 운용되는지 알아보기 위하여 여러분은 유명한 디자이너의 상표가 붙은 특정 청바지 생산라인을 소유하고 있고, 이 시장의 모든 고객이 여러분의 상점을 방문한다고 가상하자. 각 고객이 상점에 들어오면 고객의 앞이마에 지워지지 않게 분명히 날인된 숫자를 읽을 수 있으며, 이는 해당 청바지 한 벌을 구입하면서 고객이 지불하고자 하는 최대금액이다. 모든 고객이 상점에 있게 되면 이 청바지에 대한 수요곡선을 알 수 있다. 〈그림 12.2〉는 이 수요곡선을 보여준다고 가상하자(이 그림에 있는 곡선들은 그림 12.1의 곡선들과 동일하다).

이윤을 극대화하기 위하여 청바지 가격을 어떻게 책정해야 하는가? (수요곡선의 꼭대기에 위치한 고객인) 가장 높은 유보가격을 갖는 고객에게 해당 고객의 유보가격과 동일한 가격을 부과하고자 할 것이다. 예를 들어 어떤 고객이 청바지 한 벌에 대해 100달러까지 지불하려 한다고 가상하자. 이런 경우 해당 고객에게 100달러를 부과하여 혼자서 잉여를 전부 차지하려 할 것이다.[3] 이와

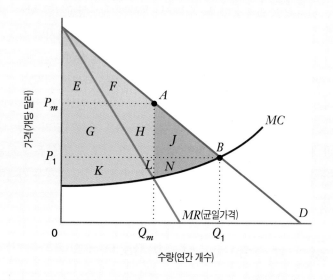

그림 12.2 균일가격책정 대 1급 가격차별

균일가격하에서 생산자는 가격 P_m으로 Q_m을 판매한다. 이 경우 생산자는 소비자 잉여 전부를 차지하지 못하며 사장된 손실이 발생한다. 1급 가격차별하에서 생산자는 Q_1을 판매한다(이때 판매된 모든 수량에 대해 가격은 P_1과 같거나 더 높다). 생산자는 해당 상품 단위에 대해 가장 높은 유보가격을 갖는 소비자에게 이를 판매한다. 생산자가 모든 잉여를 차지하며 사장된 손실이 발생하지 않는다.

	균일가격	1급 가격차별
소비자 잉여	$E+F$	영
생산자 잉여	$G+H+K+L$	$E+F+G+H+J+K+L+N$
총잉여	$E+F+G+H+K+L$	$E+F+G+H+J+K+L+N$
사장된 손실	$J+N$	영

2 일부 교과서에서는 1급 가격차별을 완전 가격차별이라고 한다.

3 보다 정확하게 살펴보기 위해 유보가격이 100달러인 고객은 가격으로 100달러가 부과될 경우 이 청바지를 구입하는 것과 구입하지 않는 것에 대해 무관심하게 된다는 점에 주목하자. 따라서 이 고객이 청바지를 확실히 구매하도록 하기 위해서는 99.99달러의 가격을 부과할 수도 있다. 이 고객은 소비자 잉여 0.01달러를 차지하게 되지만 생산

유사하게 두 번째로 높은 유보가격을 갖는 사람이 99달러를 지불하려 할 경우 해당 고객에게 99 달러를 부과하고 이 청바지에 대한 모든 잉여도 역시 차지하게 된다. 완전히 가격을 차별화할 수 있다면 해당 단위를 매입하려는 소비자의 유보가격으로 모든 단위를 판매할 수 있다.

얼마나 많은 청바지를 판매할 수 있을까? 한계비용 및 수요 스케줄이 〈그림 12.2〉와 같다면 Q_1 단위를 판매할 수 있다. Q_1까지 판매되는 각 단위에 대해서 수령한 가격이 한계생산비용을 초과 하게 되므로 Q_1단위를 판매하게 된다. 이를 초과하여 더 이상 판매하지 않게 되는데 그 이유는 한 계비용이 추가단위를 통해 수령한 가격을 초과하기 때문이다. 이럴 경우 생산자 잉여는 수요곡선 과 한계비용곡선 사이의 면적($E + F + G + H + J + K + L + N$)으로 나타낼 수 있다.[4] 생산자가 모든 잉여를 차지하기 때문에 소비자는 아무런 잉여도 차지하지 못한다.

이 예는 앞에서 살펴본 가격차별의 중요한 특징을 보여 주고 있다. 첫째, 매도인은 시장지배력 을 갖고 있어야만 한다. 즉 유명한 디자이너의 상표가 부착된 청바지에 대한 수요곡선의 기울기는 하향해야 한다. 다른 상점은 다른 디자이너의 상표가 부착된 청바지를 판매할 수 있기 때문에 이 상표가 부착된 청바지 시장에서 독점기업일 필요는 없다.

둘째, 매도인은 각 소비자들이 지불하려는 금액에 관한 정보를 갖고 있어야만 한다. 이 예에서 는 고객의 이마에 있는 숫자를 봄으로써 지불하려는 금액을 알 수 있다고 가정하고 있다. 하지만 실제 세계에서 지불하려는 금액을 알기란 이보다 더 어렵다. 소비자에게 지불하려는 금액을 묻는 경우 지불하려는 금액과 동일한 가격을 매도인이 책정할 것이라고 소비자가 생각하면 진실을 말 하려 하지 않을 것이다. 소비자는 낮은 금액을 지불하려 한다고 말하여 소비자 자신이 소비자 잉 여를 차지하려 할 것이다. 매도인은 소비자의 거주지, 직업, 옷차림, 말투, 차종, 봉급 등에 기초하 여 해당 소비자가 지불하려는 금액을 알 수 있다. 이런 정보를 통해 소비자가 지불하려는 금액을 완전하게 알 수는 없지만 이런 정보가 없는 경우보다는 매도인이 더 많은 잉여를 차지하는 데 도 움이 된다.

셋째, 매도인은 재판매를 금지시켜야만 한다. 이 예에서 상점에 들어온 사람들만이 50달러 이 하의 유보가격을 갖는다고 가상하자. 더 높은 금액을 지불하려는 사람들은 상점 밖에서 기다리고 있다. 이 청바지를 50달러 이하로 판매할 경우 이 청바지를 구입한 고객은 중개상인이 될 수 있 다. 이들은 상점 밖으로 나와서 더 높은 금액을 지불하려는 사람들에게 청바지를 재판매할 수 있 다. 이런 재판매로 인해 매도인은 잉여의 일부를 차지하지 못하게 된다. 대신에 중개상인이 이 잉 여를 차지하게 된다.

〈그림 12.2〉에서 살펴본 것처럼 독점기업이 균일가격을 부과하는 경우 사장된 손실이 발생한

자인 여러분은 본질적으로 잉여의 모든 것을 차지하게 된다. 실제에 있어서는 고객에게 100달러의 가격을 부과할 경우 해당 청바지를 구입한다고 가정할 것이다.

4 제9장에서 살펴본 것처럼 생산자 잉여는 수입과 비매몰비용 사이의 차이이다. 여기서는 고정비용이 매몰된다고 가 정하자.

다. 1급 가격차별하에서는 사장된 손실에 관해 무엇을 말할 수 있는가? 〈그림 12.2〉에서 (Q_1의 왼쪽에 있는) 해당 상품을 구입한 모든 고객은 한계생산비용을 초과하거나 동일한 수준의 금액을 지불하려 한다. (Q_1의 오른쪽에 있는) 해당 상품을 구입하지 못한 모든 고객은 한계비용에 못 미치는 금액을 지불하려 한다. 따라서 완전한 1급 가격차별을 통해 경제적으로 효율적인 생산량 수준에 도달할 수 있다. 다시 말해 완전한 1급 가격차별하에서는 사장된 손실이 발생하지 않는다![5]

정리문제 12.1

잉여 차지하기 : 균일가격책정 대 1급 가격차별

이 정리문제에서는 독점기업이 균일가격하에서보다 1급 가격차별하에서 어떻게 더 많은 잉여를 차지할 수 있는지 살펴보고자 한다. 독점기업은 일정한 한계비용 $MC = 2$를 갖는다고 가상하자. 기업은 수요곡선 $P = 20 - Q$를 경험한다. 〈그림 12.3〉은 수요곡선과 한계비용곡선을 보여 주고 있다. 고정비용은 존재하지 않는다.

문제

(a) 가격차별이 허용되지 않는다고(또는 가능하지 않다고) 가상하자. 생산자 잉여는 얼마나 되는가?

(b) 기업이 완전한 1급 가격차별을 시행할 수 있다고 가상하자. 생산자 잉여는 얼마나 되는가?

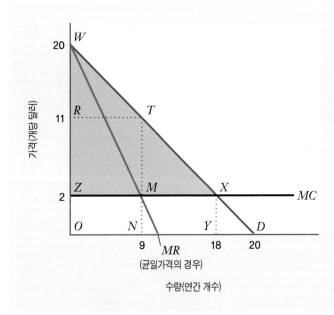

그림 12.3 잉여 차지하기 : 균일가격책정 대 1급 가격차별

균일가격책정하에서 기업은 (한계비용곡선 MC와 한계수입곡선 MR이 교차하는 지점에 상응하는) 9개를 생산한다. 해당 기업은 개당 가격 11달러에서 이들 수량을 판매하며, 생산자 잉여 81달러(면적 $RTMZ$)를 차지한다. 완전한 1급 가격차별하에서 기업은 (MC와 수요곡선 D가 교차하는 지점에 상응하는) 18개를 생산하며, 생산자 잉여 162달러(면적 WXZ)를 차지한다.

---

5 완전한 1급 가격차별을 통해서 (사장된 손실이 없는) 효율적인 시장에 도달할 수 있지만 모든 사람이 이 결과에 만족하지는 않는다. 특히 모든 잉여가 생산자에게로 돌아가기 때문에 소비자는 이런 소득분배에 대해 동의하지 않게 된다. 시장에 참여한 사람들 입장에서 보면 효율적인 것이 반드시 '공정하거나' 또는 '공평하다고' 볼 수는 없다. 이 두 가지 논제 사이의 잠재적인 충돌 가능성에 대해서는 다음을 참조하라. Edward E. Zajac, *Political Economy of Fairness*(Cambridge, Mass.: MIT Press, 1995).

해법

(a) 역수요곡선은 $P = 20 - Q$이므로 한계수입곡선은 $MR = P + (\Delta P/\Delta Q)Q = (20 - Q) + (-1)Q = 20 - 2Q$라는 사실을 알 수 있다. 최적수량을 구하기 위해 한계수입이 한계비용과 같다고 하자. 따라서 $20 - 2Q = 2$가 되며 이를 통해 $Q = 9$가 된다. 수요곡선으로부터 최적의 균일가격 $P = 20 - 9 = 11$을 구할 수 있다.

　　고정비용은 존재하지 않기 때문에 (PS라고 하는) 생산자 잉여는 수입에서 $2Q$에 해당하는 총가변비용을 감한 것과 같다. 따라서 $PS = PQ - 2Q = (11)(9) - 2(9) = 81$이 된다. 그래프에서 보면 생산자 잉여는 (면적 $ORTN$에 해당하는) 수입에서 (한계비용곡선 아래의 면적 $OZMN$에 해당하는) 가변비용을 감한 것과 같다. 따라서 생산자 잉여는 면적 $RTMZ$이다.

(b) 1급 가격차별하에서 기업은 수요곡선과 한계비용곡선이 교차할 때까지 생산물을 생산한다. 〈그림 12.3〉

에서 보는 것처럼 이는 $Q = 18$이 된다(대수학을 이용하여 수요와 한계비용이 같다고 보면 Q값을 구할 수 있다. 따라서 $20 - Q = 2$가 되며 $Q = 18$이 된다). 완전한 1급 가격차별하에서 독점기업의 총수입은 생산된 모든 단위에 대한 수요곡선 아래의 면적이다. 그래프에서 수입은 면적 $OWXY$가 되며 이 면적을 숫자로 나타내면 198이 된다.

　　생산자 잉여는 다시 한 번 총수입에서 가변비용을 감한 것과 같다. 따라서 $PS = 수입 - 2Q = 198 - 2(18) = 162$가 된다. 그래프에서 생산자 잉여는 (면적 $OWXY$에 해당하는) 수입에서 (한계비용곡선 아래의 면적 $OZXY$에 해당하는) 가변비용을 감한 것이다. 따라서 생산자 잉여는 면적 WXZ가 된다.

　　기업이 (a)의 균일가격에서 (b)의 1급 가격차별로 이동할 경우 해당 기업의 생산자 잉여는 81만큼 증가한다는 점에 주목하자.

정리문제 12.2

1급 가격차별하에서 한계수입곡선은 어디에 위치하는가?

제11장에서는 균일가격하에서 한계수입곡선은 $MR = P + (\Delta P/\Delta Q)Q$라는 사실을 살펴보았다.

문제

기업이 완전한 1급 가격차별을 시행할 경우 한계수입곡선은 어디에 위치하는가? 기업이 선택한 생산량 수준에서 한계수입은 한계비용과 일치하는가?

해법

균일가격하에서 한계수입에 관한 식 $MR = P + (\Delta P/\Delta Q)Q$를 말로 표현하면 한계수입은 두 가지 효과의 합이라고 할 수 있다. 기업이 한 단위 더 추가적으로 판매할 경우 (1) 기업은 그다음 단위에 대해 가격 P를 수령하므로 수입이 증가하고 (2) 해당 기업이 이미 판매한 Q단위

전부에 대해 가격이 $\Delta P/\Delta Q$만큼 하락하므로 수입이 감소한다.

　　완전한 1급 가격차별하에서는 단지 첫 번째 효과만이 존재하게 된다. 해당 기업이 한 단위 더 추가적으로 판매할 경우 그 단위에 대해 가격 P를 수령하게 된다. 하지만 기업이 추가적으로 한 단위 더 판매할 경우 이미 판매한 모든 다른 단위에 대해 가격을 낮출 필요가 없다. 따라서 1급 가격차별하에서 한계수입곡선은 단지 $MR = P$가 될 뿐이다. 한계수입곡선은 수요곡선과 동일해진다.

　　1급 가격차별하에서 〈그림 12.3〉의 매도인은 한계수입이 한계비용과 같아지도록 생산량을 선택한다. 하지만 이제는 매도인이 한계비용곡선과 수요곡선이 교차하는 생산량 수준($Q = 18$)을 선택하게 된다. 이 생산량 수준에서 판매된 마지막 단위의 한계수입은 해당 단위의 가격(2달

러)이 된다. 한계수입이 단지 해당 단위의 한계비용에만 상응하기 때문에 생산자는 이윤을 극대화하게 된다. 생산자는 18개에 못 미치는 수량을 판매하지 않으려 한다. 왜냐하면 이런 경우 한계수입이 한계비용보다 더 크기 때문

이다. 이와 유사하게 매도인은 18개를 초과하는 수량을 판매하지 않으려 하는데 그 이유는 한계수입이 한계비용에 못 미치기 때문이다.

1급 가격차별의 사례는 많이 있다. 여러분이 재래시장에 가거나 자동차 또는 주택을 구입하려는 경우 어떤 일이 발생하는지 생각해 보자. 매도인은 자주 여러분에 대해 관찰한 것에 기초하여 지불하려는 금액을 평가하려 한다. 매도인은 여러분이 처음에 지불하려는 금액보다 더 많이 요구할 수 있지만 여러분과 흥정을 하고 여러분에 관해 더 많이 알게 됨에 따라 가격을 조절하게 된다 (물론 여러분도 동시에 매도인이 낮출 수 있는 금액을 알아서 소비자 잉여를 증대시키려 할 것이다). 경매도 역시 매수인이 지불하려는 금액까지 판매가격을 근접시키려 고안된 것이다. 예술품이나 토지에 대한 최고가격 입찰자는 자신이 지불하려는 금액만큼 지불할 필요가 없는 반면에 매도인은 잠재적 매수인들이 판매하려는 물품을 놓고 경쟁하도록 하여 가능한 한 많은 잉여를 차지하고자 한다.

12.3 2급 가격차별 : 수량할인하기

많은 시장에서 각 소비자는 주어진 시간 동안에 한 단위를 초과하는 상품 또는 서비스를 매입한다. 예를 들어 소비자들은 매월 여러 단위의 전기 및 수돗물을 구입하게 된다. 대중교통 수단으로 통근을 하는 사람들은 한 달에 여러 번 해당 교통수단을 이용한다. 항공기를 이용하는 많은 여행객들도 이를 자주 이용한다.

각 고객의 어떤 상품에 대한 수요곡선의 기울기가 하향한다는 사실을 매도인은 알고 있다. 다시 말해 해당 상품을 반복해서 구입하게 되면 고객이 지불하려는 금액은 감소하게 된다. 매도인은 이런 정보를 이용하여 소비자에게 수량할인을 제공함으로써 추가적으로 잉여를 차지할 수 있다.

일상생활에서 수량할인을 자주 경험하게 되지만 모든 형태의 수량할인이 가격차별의 결과로 생기는 것은 아니다. 대량으로 판매할 경우 비용이 적게 소요되기 때문에 매도인은 종종 수량할인을 제의하게 된다. 예를 들어 4인용 피자는 2인용 피자 가격의 두 배에 못 미치는 가격으로 보통 판매된다. 인건비, 요리비, 포장비는 피자의 크기에 그렇게 민감하지 않다. 이런 가격책정은 대형 피자의 경우 온스당 비용이 더 저렴하다는 사실을 반영한 것이다.

그렇다면 무엇이 2급 가격차별하에서의 수량할인을 특징지을 수 있는가? 2급 가격차별에 대해 주목할 만한 한 가지 특징은 소비자가 재화 또는 용역에 대해 지불하는 금액이 실제로 두 가지 이상의 가격에 의존한다는 것이다. 예를 들면 많은 소비자들이 (두 개 이상의 별개 가격으로 구성되는 가격인) 다부가격하에서 전화 서비스를 구입하게 된다. 따라서 전화를 걸지 않더라도 단순히 전화를 연결하기 위해 월간 20달러(가입비)를 지불해야 한다. 이 밖에 지역 내에서 전화를 걸 때마다

추가적으로 5센트(사용료)를 납부해야 한다.

이 절에서는 매도인이 잉여를 차지하기 위해서 수량할인을 활용할 수 있는 두 가지 상이한 방법을 살펴볼 것이다. 우선 (컴퓨터 게임에 대한 소프트웨어 기업의 가격책정체계와 같은) 구간 가격책정에 대해 알아볼 것이다. 그리고 나서 가입비 및 사용료를 활용한 가격책정에 관해 보다 자세히 살펴볼 것이다.

구간에 기초한 가격책정

매도인은 잉여를 차지하기 위하여 2급 가격차별을 어떻게 사용하는지 알아보도록 하자. 문제를 간단히 하기 위해 전력시장에는 단지 한 명의 소비자만이 존재한다고 가상하자. 〈그림 12.4〉는 전력에 대한 소비자 수요 및 한계비용을 보여 주고 있다. 소비자 수요는 $P = 20 - Q$가 되며 여기서 소비자는 가격이 P인 경우 전력 Q단위를 수요한다. 전력의 한계비용은 $MC = 2$가 된다. 정리문제 12.1에서 살펴본 것처럼 이윤을 극대화하는 균일가격은 $P = 11$달러가 된다. 이 경우 생산자 잉여는 81달러가 된다.

이제는 매도인이 수량할인을 제의한다고 가상하자. 〈그림 12.4〉를 이용하여 매도인이 잉여를 추가적으로 차지한다는 사실을 즉시 알 수 있다. 예를 들어 소비자가 매입한 처음 9단위에 대해 매도인은 가격 $P_1 = 11$달러를 부과하며, 추가적으로 판매되는 단위에 대해서 $P_2 = 8$달러를 제의한다고 가상하자. 이제 소비자는 총 12단위를 매입하게 된다. 다시 말해 수량할인으로 인해 소비자는 전력을 3단위 추가적으로 구입하게 된다. 생산자 잉여는 〈그림 12.4〉에서 면적 $JKLM$에 해당하는 18달러만큼 증가하여 총생산자 잉여는 99달러가 된다.

이 가격책정 스케줄은 **구간가격**(block tariff)의 한 예이다(이것은 두 개 가격, 즉 처음 9단위에

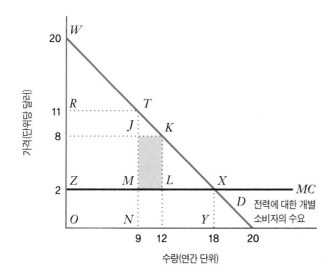

그림 12.4 균일가격책정 대 2급 가격차별
균일가격인 경우 기업은 (면적 $RTMZ$와 같은) 81달러 상당의 생산자 잉여를 차지한다. 구간가격인 경우 기업은 소비자가 구입한 처음 9단위에 대해 가격 11달러를 부과하고 추가적인 단위에 대해서는 가격 8달러를 부과한다. 이를 통해 해당 기업은 (면적 $RTMZ$에 면적 $JKLM$을 추가한 것과 같은) 99달러 상당의 생산자 잉여를 차지하게 된다.

대한 가격과 추가적인 단위에 대한 또 다른 가격으로 구성되기 때문에 다부가격의 한 종류이다).
기업의 한계비용은 2달러로 일정하기 때문에, 즉(위에서 논의한 피자 사례와 달리) 더 많은 수량
을 판매하는 데 더 적은 비용을 기업에 부담시키지 않기 때문에 이런 형태의 수량할인은 2급 가격
차별을 의미한다는 사실을 알 수 있다.

이제는 다음과 같은 질문을 할 수 있게 되었다. 기업의 최적 구간가격(생산자 잉여를 극대화하
는 구간가격)은 무엇인가? 간단히 하기 위해서 기업 가격은 두 개 구간만으로 구성된다고 가정할
것이다.

(그림 12.4와 동일한 수요곡선 및 한계비용곡선을 갖는) 〈그림 12.5〉에서 P_1과 Q_1은 첫 번째 구
간에서 최적의 가격 및 수량이다. 반면에 P_2와 $(Q_2 - Q_1)$은 두 번째 구간에서 최적의 가격 및 수량
이다. 최적의 구간가격을 계산하려면 다음과 같은 세 가지 단계를 밟아야 한다.

1. Q_1 측면에서 Q_2 나타내기
2. Q_1 측면에서 생산자 잉여(PS) 나타내기
3. 생산자 잉여(PS)를 극대화하는 Q_1 값 구하기, 이 값을 사용하여 P_1 및 Q_2 계산하기, Q_2 값을
   사용하여 P_2 계산하기

   단계 1. 선분 BE는 첫 번째 구간 Q_1을 구입하고 난 후에 소비자의 수요곡선에 남아 있는 부
   분이다. 수요곡선의 이 부분과 연관된 한계수입곡선은 선분 BN이다. 두 번째 구간
   은 단일의 균일가격에서 판매되기 때문에 이 두 번째 구간에 대한 최적량은 한계수
   입곡선과 한계비용곡선 MC가 교차하는 지점에 상응하며, 이는 Q_2가 된다. 수요곡

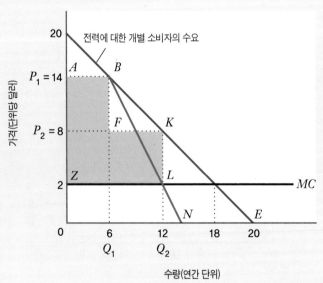

**그림 12.5 2급 가격차별하에서 생산자 잉여 최
적화하기**

(단지 두 개의 구간만 있다고 가정하면) 최적 구간
가격하에서 기업은 소비자가 구입한 첫 번째 구간
6단위에 대해 가격 14달러를 부과하고 나서, 소
비한 추가단위 6에 대해서는 8달러를 부과한다.
해당 기업은 (색칠된 면적 $ABFKLZ$와 같은) 108
달러 상당의 생산자 잉여를 차지하게 된다.

선은 선형이기 때문에 한계수입곡선은 수요곡선 기울기의 두 배가 되며, Q_2는 Q_1과 18 사이의 중간에 위치한다(제11장에서 살펴본 독점의 중간 점 규칙을 기억하자). 즉 $Q_2 = (Q_1 + 18)/2$이다.

단계 2. 생산자 잉여는 총수입에서 총가변비용을 감한 것이다. 첫 번째 구간의 수입은 $P_1 Q_1$이며, 두 번째 구간의 수입은 $P_2(Q_2 - Q_1)$이고, 총가변비용은 $2Q_2$이다. 따라서 생산자 잉여는 $PS = P_1 Q_1 + P_2(Q_2 - Q_1) - 2Q_2$이다. 수요식에 따르면 $P_1 = 20 - Q_1$ 및 $P_2 = 20 - Q_2$이고, 이것이 의미하는 바는 $PS = (20 - Q_1)Q_1 + (20 - Q_2)(Q_2 - Q_1) - 2Q_2$이며, 이를 정리하면 $PS = -(3/4)(Q_1 - 6)^2 + 108$이다.

단계 3. 식 $-(3/4)(Q_1 - 6)^2$은 Q_1이 6 이외의 어떤 값에 대해서도 음이 되기 때문에 이 식이 영이 될 때 또는 $Q_1 = 6$일 때 PS는 극대화되며 그 값은 108이다. 따라서 첫 번째 구간에 대한 최적수량은 전기 $Q_1 = 6$단위이며 최적가격은 $P_1 = 20 - 6 =$ 단위당 14 달러이다. 두 번째 구간에 대한 최적수량은 $Q_2 = (6 + 18)/2 = 12$단위이며, 최적가격은 $P_2 = 20 - 12 =$ 단위당 8달러이고, 최대 생산자 잉여는 108달러이다.[6]

(두 개의 구간만을 가정하고 있는) 이 예에서 최적 구간가격을 갖는 2급 가격차별은 생산자 잉여를 균일가격하에서의 생산자 잉여보다 27달러만큼 증대시킨다(즉 108달러 대 81달러이다).

정리문제 12.3

구간가격하에서 이윤 증대시키기

소프트코사는 특허권이 있는 컴퓨터 프로그램을 업체들에게 판매하는 소프트웨어 회사이다. 이 회사가 거래를 하는 각 업체는 소프트코사의 물품에 대해 다음과 같은 수요를 갖고 있다. $P = 70 - 0.5Q$. 각 프로그램에 대한 한계비용은 10달러이다. 고정비용은 없다고 가정한다.

문제

(a) 소프트코사가 프로그램을 단일가격으로 판매할 경우 이윤을 극대화하는 가격은 얼마인가? 이 회사는 각 기업고객에게 얼마나 많은 프로그램을 판매하는가?

이 회사가 각 기업고객으로부터 벌 수 있는 이윤은 얼마인가?

(b) 소프트코사는 구간가격을 시행할 경우 이윤을 증대시킬 수 있는지 알고 싶어 한다. 소프트코사는 (a)에서 결정된 가격으로 첫 번째 구간을 판매하고자 하며 그 구간에서의 수량은 (a)에서 결정된 수량이다. 두 번째 구간에서 이윤을 극대화하는 수량과 단위당 가격을 구하라. 소프트코사가 자신의 각 기업고객으로부터 벌 수 있는 추가이윤은 얼마인가?

(c) 소프트코사는 두 번째 구간에 대해 (b)에서 구한 것과

---

6 또한 미분법을 활용하여 최적의 구간가격을 구할 수 있다. 생산자 잉여는 $PS = (20 - Q_1)Q_1 + (20 - Q_2)(Q_2 - Q_1) - 2Q_2$이다. Q_1에 대한 PS의 편미분을 영이라고 놓으면 $Q_2 = 2Q_1$이다. Q_2에 대한 PS의 편미분을 영이라고 놓으면 $18 - 2Q_2 + Q_1 = 0$이다. 그리고 나서 두 개 미지수를 갖는 이들 두 개 식을 풀면 $Q_1 = 6$ 및 $Q_2 = 12$가 되고, 이로부터 구간가격과 생산자 잉여를 계산할 수 있다.

는 다른 가격과 수량을 선택할 경우 더 많은 이윤을 얻을 수 있다고 생각하는가? 설명하라.

해법

(a) 각 고객에 대한 한계수입은 $MR = 70 - Q$이다 $MR = MC$라고 하여 최적수량을 구하면 다음과 같다: $70 - Q = 10$ 또는 $Q = 60$. 이윤을 극대화하는 단일 가격은 $P = 70 - 0.5(60) = 40$달러이다. 수입은 $PQ = 40$달러$(60) = 2,400$달러이다. 각 단위에 대한 한계비용이 10달러이고 고정비용은 없으므로 총비용은 600달러이다. 각 고객으로부터 번 이윤은 1,800달러이다.

(b) 첫 번째 구간에서 $P_1 = 40$달러이고 $Q_1 = 60$개이다. 달리 표현하면 소프트코사는 40달러의 가격으로 처음 60단위를 판매한다.

첫 번째 구간에서 가격과 수량이 주어진 경우 두 번째 구간에서의 최적가격을 어떻게 구할 수 있는가? $P = 70 - 0.5(60 + Q_2) = 40 - 0.5Q_2$일 때 $Q_1 = 60$을 초과하는 각 단위에 지불하고자 하는 한계의향을 상

정할 수 있다. 그러면 관련된 한계수입은 $MR = 40 - Q_2$가 된다. 두 번째 구간에서 이윤을 극대화하는 가격은 $MR = MC$, 즉 $40 - Q_2 = 10$, $Q_2 = 30$ 및 $P_2 = 40 - 0.5(30) = 25$달러이다.

요약하면 소프트코사는 단위당 40달러의 가격으로 처음 60단위를 판매하고, 단위당 25달러의 가격으로 60단위를 초과하는 수량을 판매한다. 소프트코사는 (a)에서 살펴본 것처럼 첫 번째 구간에서 각 고객으로부터 1,800달러를 벌 수 있다. 두 번째 구간으로부터의 추가적인 수입은 $P_2Q_2 = (25)(30) = 750$달러이다. 두 번째 구간에서의 판매로 인한 추가적인 비용은 300달러이다. 따라서 두 번째 구간에서는 고객당 450달러만큼씩 이윤이 증가한다.

(c) (b)에서는 첫 번째 구간의 가격이 40달러라고 할 경우 두 번째 구간의 최적가격을 계산하였다. 하지만 앞에서 논의를 한 것처럼 첫 번째 구간에서 40달러가 아닌 다른 가격, 즉 생산자 잉여를 극대화하는 최적 구간가격을 선택할 경우 소프트코사는 상황이 더 나아질 수 있다.

이제 수량할인이 소비자의 단위당 평균지출액에 어떤 영향을 미치는지 살펴보도록 하자. 수량할인에서 (이따금 **평균경비**라고 하는) 단위당 평균지출액은 총경비 E를 총구입량 Q로 나눈 것이다.

소비자가 6단위 이하를 구입할 경우 단위당 가격은 14달러가 된다. 이 경우 소비자의 총경비는 $14Q$달러가 되며, 6단위를 초과하여 구입할 경우 총경비는 14달러$(6) + 8$달러$(Q - 6)$이 된다. 소비자의 총경비 스케줄을 다음과 같이 요약할 수 있다.

$$E = \begin{cases} 14Q\text{달러}, & Q \leq 6\text{인 경우} \\ 84\text{달러} + 8\text{달러}(Q - 6), & Q > 6\text{인 경우} \end{cases}$$

소비자의 평균경비 스케줄은 E/Q이며 다음과 같다.

$$\frac{E}{Q} = \begin{cases} 14\text{달러}, & Q \leq 6\text{인 경우} \\ \dfrac{84\text{달러} + 8\text{달러}(Q - 6)}{Q}, & Q > 6\text{인 경우} \end{cases}$$

이와 같은 경비 스케줄을 비선형이라고 한다. **비선형 경비 스케줄**(nonlinear outlay schedule)은

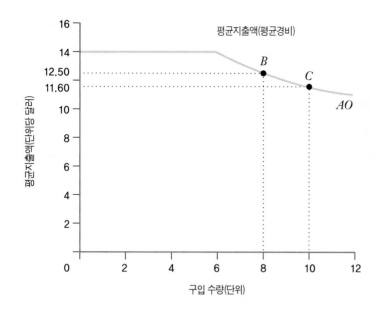

그림 12.6 비선형 경비 스케줄

〈그림 12.5〉에서 살펴본 구간가격하에서 단위당 평균지출액은 수량이 6단위가 될 때까지 (단위당 14달러로) 일정하다. 소비자가 6단위를 초과하여 구입하게 되면 평균지출액이 감소한다. 평균경비곡선(*AO*)은 직선이 아니므로 이를 비선형이라 한다.

구입한 단위 수가 변화함에 따라 평균경비가 변하는 지출액 스케줄이다. 기업이 구입한 상이한 수량에 대해 상이한 가격을 부과하기 때문에 2급 가격차별에서는 비선형 경비 스케줄이 사용된다. 〈그림 12.6〉은 위의 예에 대한 비선형 경비 스케줄을 보여 주고 있다. 소비자가 6단위 이하를 구입하는 한 평균지출액은 단위당 14달러가 된다. 6단위를 초과하게 되면 평균경비곡선의 기울기가 하향한다(즉 평균경비가 감소한다). 예를 들면 소비자가 (점 *B*에서) 8단위를 구입할 경우 평균지출액은 단위당 12.50달러가 된다. 소비자가 (점 *C*에서) 10단위를 구입하면 평균지출액은 단위당 11.60달러로 하락한다.

가입비 및 사용료

우리는 또한 매일 2급 가격차별의 다른 예를 경험하고 있다. 전화를 이용하려는 경우 한 통화도 사용하지 않더라도 단지 전화회사와 연결만 하는 데 (예를 들면 월간 20달러처럼) 고정금액을 지불해야 한다. 이 고정된 요금을 종종 가입비 또는 접속료라 한다. 또한 같은 지역 내에서 통화를 할 때마다 (예를 들면 통화당 0.05달러처럼) 사용료를 지불하게 된다.

가입비와 사용료를 결합함으로써 해당 기업은 소비자에게 수량할인을 제공할 수 있다. 소비자의 월간 총지출액은 $E = 20달러 + (0.05달러 \times Q)$이며 이는 월간 가입비 20달러에다 통화당 0.05달러에 해당 월의 사용 통화 수를 곱한 값을 합산한 것이다. 평균지출액은 $E/Q = (20달러/Q) + 0.05달러$가 된다. 통화당 평균지출액은 소비자가 한 달 동안 더 많은 통화를 할수록 하락하게 된다. 예를 들어 소비자가 월간 10통화를 할 경우 통화당 평균지출액은 2.05달러가 된다. 하지만 100통화를 할 경우 통화당 평균지출액은 0.25달러로 하락한다.

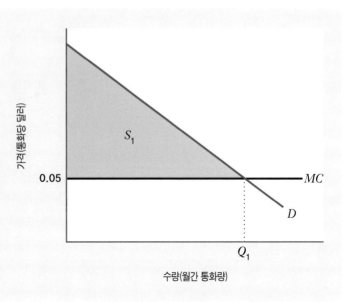

그림 12.7 가입비 및 사용료

각 소비자는 전화 서비스에 대한 수요곡선 D를 가지며 전화회사는 각 통화에 대해 한계비용 0.05달러가 발생하게 된다. 이 회사가 각 통화에 대해 사용요금 0.05달러를 부과할 경우 소비자는 매월 Q_1 통화를 하게 되고 소비자 잉여 S_1이 발생한다는 사실을 깨닫게 된다. 전화회사는 월간 가입비를 부과하여 소비자 잉여를 차지할 수 있다. 가입비가 S_1달러보다 낮은 경우 소비자는 계속해서 전화 서비스를 수요하게 된다.

기업은 더 많은 잉여를 차지하기 위하여 가입비와 사용료를 어떻게 사용할 수 있는가? 모든 소비자가 서로 같다고 보는 간단한 예를 생각해 보자. 각 소비자는 〈그림 12.7〉에서 보는 것과 같은 전화 서비스에 대한 수요를 갖고 있다. 전화회사는 통화당 한계비용 0.05달러를 부담한다고 가정하자. 해당 회사는 소비자가 사용하는 각 통화에 대해 사용료 0.05달러를 부과할 경우 사장된 손실이 발생하지 않는다고 확신하게 된다. 소비자는 매월 Q_1 통화를 하게 되고 소비자 잉여는 그림에서 색칠된 면적 S_1이 된다. 전화회사는 월간 가입비를 부과하여 소비자 잉여를 차지할 수 있다. 가입비가 S_1달러보다 적을 경우 소비자는 전화 서비스를 계속 구입하게 된다.

이 예에서 해당 기업은 S_1과 같은 가입비를 부과할 경우 소비자는 가입하든지 안 하든지에 무관심하게 된다. 각 소비자가 확실히 가입하도록 하기 위해 전화회사는 S_1보다 약간 적은 가입비를 설정할 수 있다. 전화회사는 가입비 S_1을 부과함으로써 실제로 모든 잉여를 차지할 수 있다.

실제 세계에서 기업은 다음과 같은 두 가지 이유로 인해 모든 잉여를 쉽게 차지할 수 없다. 첫째, 수요는 소비자에 따라 서로 상이하다. 기업이 대규모 수요를 갖는 고객으로부터 더 많은 잉여를 차지하기 위해서 가입비와 사용료를 증가시킬 경우, 소규모 수요를 갖는 일부 소비자는 해당 서비스를 전혀 구입하지 않을 수 있다. 따라서 기업은 얼마나 많은 소비자가 대규모 수요를 갖고 얼마나 많은 소비자가 소규모 수요를 갖는지 알아야 한다.

이 밖에 기업이 상이한 형태의 소비자가 존재한다는 사실을 알 수 있더라도, 어느 소비자가 전화 서비스를 대량으로 사용하고 어느 소비자가 소량으로 사용하는지 알 수 없다. 따라서 기업은 고객에게 종종 가입비와 사용료에 관한 설명을 해 주고, 각 소비자가 자신에게 가장 적합한 가입비와 사용료를 결합하여 선택하도록 한다. 예를 들어 휴대전화회사는 월간 가입비 20달러와 통화당 사용료 0.25달러로 구성된 패키지를 제안할 수 있다. 이 회사는 또한 가입비 30달러와 통화당 사용료 0.20달러로 구성된 또 다른 패키지를 제안할 수도 있다. 월간 200통화에 못 미치게 전화를 사용할 것으로 기대되는 소비자는 첫 번째 패키지를 선호하는 반면에, 200통화를 초과하여 전화를 사용할 것으로 기대되는 소비자는 두 번째 패키지를 선호하게 된다.[7]

가입비와 사용료를 이 밖에 어디에서 접할 수 있는가? 가입비는 클럽의 회원이 되기 위한 요금이라 할 수 있다. 사용료는 클럽을 이용할 때 지불하는 요금이다. 예를 들어 음악클럽에 가입하면 회원비를 납부하고 구입하는 콤팩트디스크나 MP3에 대해 일정 금액을 지불해야 한다. 컨트리 클럽회원은 회원권을 구입하고 나서 골프장이나 테니스장을 이용하려면 사용료를 지불해야 한다. 일부 컴퓨터 네트워크는 서비스에 접속하기 위해 가입비를 납부해야 하며 그리고 나서 네트워크를 실제로 사용하려면 분 단위로 사용료를 지불해야 한다.

12.4   3급 가격차별 : 상이한 세분시장에 대해 상이한 가격 책정하기

기업은 어떤 시장에 상이한 소비자 집단이나 세분시장이 존재함을 인지할 경우, 각 세분시장에 대해 이윤을 극대화하는 가격을 설정하여 3급 가격차별을 시행할 수 있다.

두 개의 상이한 세분시장, 두 개의 상이한 가격

3급 가격차별의 예를 들어 보도록 하자. 미국에서 철도 운송요금은 1980년대에 규제가 대폭 완화되었다.[8] 그때 이래로 철도회사들은 상이한 종류의 물품을 운송하는 데 상이한 가격을 부과한다. 석탄과 곡물의 운송에 대해 철도회사가 부과하는 요금을 생각해 보자. 석탄과 곡물은 특별한 취급이나 포장을 하지 않고 화차에 적재할 수 있기 때문에 둘 다 낱짐이 된다. (일반적으로 대략 100톤인) 곡물을 적재한 화차는 거의 같은 중량의 석탄을 적재한 화차와 거의 같은 무게가 나가므로 일정한 거리에 대해 두 상품 중 하나를 1톤 운송할 때 소요되는 한계비용은 거의 같아진다.[9] 하지만 철도회사는 곡물을 운송하는 데 부과되는 요금의 두 배 또는 세 배를 석탄을 운송하는 데 부과한다. 그 이유는 무엇인가?

대답은 석탄운송 수요와 곡물운송 수요의 차이에서 찾아볼 수 있다. 철도회사는 곡물을 운송할

---

7 2급 가격차별에 대한 더 많은 사례에 대해서는 다음을 참조하라. Robert B. Wilson, *Nonlinear Pricing* (New York: Oxford University Press, 1992), 그리고 S. J. Brown and D. S. Sibley, *The Theory of Public Utility Pricing* (New York: Cambridge University Press, 1986).

8 철도운송산업의 규제 개혁에 대한 논의는 다음을 참조하라. Ted Keeler, *Railroads, Freight and Public Policy* (Washington, D.C.: The Brookings Institution, 1983), 그리고 Tony Gomez-Ibanez and Cliff Winston, eds., *Transportation Economics and Policy: A Handbook in Honor of John Meyer* (Washington, D.C.: The Brookings Institution, 1999).

9 화물운송회사의 산출량은 다양한 방법으로 측정된다. 하나는 미국에서 일반적으로 사용되는 방법으로 '톤-마일'로 측정되며 이는 어떤 물품 1톤을 1마일 이동한 것에 해당한다. 다른 국가에서는 산출량을 '톤-킬로미터'로 종종 측정한다.

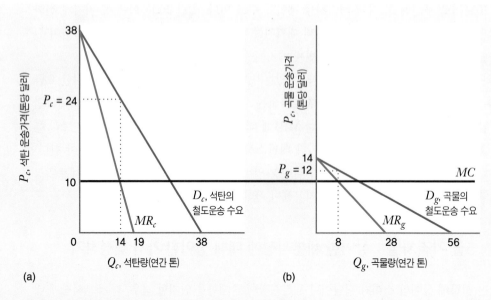

그림 12.8 철도를 이용한 석탄 및 곡물 운송가격책정 : 3급 가격차별

석탄의 철도운송 수요는 곡물의 철도운송 수요보다 가격에 훨씬 덜 민감하다. 철도회사는 이런 점에 기초하여 3급 가격차별을 시행할 수 있다. 즉 두 물품의 운송에 따른 한계비용은 동일하지만 곡물보다 석탄에 대해 이윤을 극대화하는 훨씬 더 높은 가격을 책정하게 된다.

경우 거룻배와 트럭을 이용한 운송과 보다 많은 경쟁을 해야 한다. 예를 들어 미국 아이오와주에서 뉴올리언스의 항구시설까지 운송하려는 곡물은 미시시피강을 따라 거룻배를 이용하거나 고속도로를 따라 트럭을 이용하여 운송될 수 있다. 따라서 곡물 송화인의 철도운송 서비스에 대한 수요는 철도회사가 책정하는 요금에 민감하게 된다. 이런 가격 민감도를 나타내는 철도회사가 직면한 수요곡선은 〈그림 12.8(b)〉에 있다. 철도회사가 곡물을 운송하는 데 높은 요금을 책정할 경우 많은 송화인들이 철도를 이용하지 않을 것이다.

반면에 석탄은 미국 와이오밍주의 석탄생산 지역에서 아칸소주와 루이지애나주의 전력회사로 운송하는 경우처럼 보다 더 장거리 운송을 하게 된다. 철도운송은 이런 장거리 운송의 경우 도로운송에 대해 비용우위를 갖게 된다. 나아가 대부분의 석탄 탄광은 운하 또는 항해할 수 있는 하천 근처에 위치하지 않으므로 석탄을 해상으로 운송하는 데는 선택의 여지가 없다. 따라서 거룻배를 이용한 운송으로부터의 경쟁은 제한되어 있다. 〈그림 12.8(a)〉는 석탄 송화인의 철도운송 서비스에 대한 수요곡선을 보여 주고 있다. 석탄 송화인은 곡물 송화인보다 철도운송에 더욱 의존해야 하므로 철도운송 서비스에 대해 더 많은 요금을 지불하려 한다.

〈그림 12.8〉에서 석탄이나 곡물 1톤을 일정한 거리에 대해 운송할 경우 한계비용은 (10달러로) 동일하다고 가정한다. 하지만 가격민감도의 차이로 인해서 (*MR*과 *MC*가 같아진다 보고 구한) 이윤극내화 가격은 곡물(톤-마일당 12달러)보다 석탄(톤-마일당 24달러)의 경우 훨씬 더 높다. 앞

에서 살펴본 것처럼 철도회사는 석탄과 곡물을 운송하면서 가격을 차별하는 데 거의 어려움이 없다. 이들이 일단 철도 서비스에 대한 수요의 성격을 파악하게 되면 재판매를 우려할 필요 없이 가격을 차별할 수 있다. 이들은 어느 기업(예를 들면 전력회사)이 석탄운송 서비스를 구입할지 알고 있을 뿐만 아니라, 어느 기업이 곡물운송 서비스를 구입할지도 알고 있다. 석탄을 매입하고자 하는 전력회사는 철도요금보다 더 저렴한 가격으로 석탄을 운송하는 방법을 발견하기는 어렵다.

정리문제 12.4

철도운송에서의 3급 가격차별

이 정리문제에서는 〈그림 12.8〉에서 살펴본 석탄과 곡물의 철도운송에 대한 이윤을 극대화하는 철도 운송요금이 어떻게 결정되는지 살펴볼 것이다. 철도회사는 석탄운송에 대해 다음과 같은 수요를 경험한다고 가상하자. $P_c = 38 - Q_c$이며, 여기서 Q_c는 석탄 운송가격이 P_c일 경우의 석탄운송량을 나타낸다. 곡물의 철도운송 수요는 $P_g = 14 - 0.25Q_g$이며, 여기서 Q_g는 곡물 운송가격이 P_g일 경우의 곡물운송량을 의미한다. 두 물품 중 어느 것을 운송하더라도 한계비용은 10달러이다.

문제

석탄과 곡물을 운송하는 데 이윤을 극대화하는 운임률은 얼마인가?

해법

석탄운송에 대한 수요는 $P_c = 38 - Q_c$이므로 한계수입곡선이 다음과 같다는 사실을 알 수 있다: $MR_c = 38 - 2Q_c$. 이윤을 극대화하는 수량을 구하기 위해 한계수입을 한계비용과 같다고 놓으면 $38 - 2Q_c = 10$이 되며 $Q_c = 14$가 된다. 수요곡선을 통해 이윤을 극대화하는 석탄 운송요금은 $P_c = 38 - 14 = 24$달러가 됨을 알 수 있다.

이와 유사하게 곡물운송에 대한 수요는 $P_g = 14 - 0.25Q_g$가 되며 한계수입곡선은 다음과 같다: $MR_g = 14 - 0.5Q_g$. 한계수입과 한계비용을 같다고 놓을 경우 ($14 - 0.5Q_g = 10$이라고 할 경우) $Q_g = 8$이 된다. 수요곡선을 통해 이윤을 극대화하는 곡물 운송요금은 $P_g = 14 - 0.25(8) = 12$달러가 된다.

요약하면 철도회사는 각 부문에서 한계수입을 한계비용과 같다고 놓음으로써 자신이 원하는 고객의 구입량을 결정하게 된다. 그리고 나서 철도회사는 소비자가 이윤을 극대화하는 수량을 구입하도록 가격을 책정하게 된다.

선별하기

영화관, 항공사, 도시 대중교통 당국, 레스토랑과 같은 사업영역에서 노인층 및 학생에게 종종 할인을 제공하는 이유에 대해 생각해 보았는가? 이런 질문에 대한 가능한 대답 중 하나는 이런 형태의 가격차별을 통해 해당 사업자가 더 많은 잉여를 차지할 수 있기 때문이다.[10] 노년층, 특히 은퇴한 고령층 인구는 보통 제한된 소득을 갖는다. 학생과 노년층 모두 많은 상근 근로자들보다 돌아

---

10 노인층과 학생에게 할인을 제공하는 다른 이유가 물론 있다. 예를 들어 도시 대중교통체계를 감독하는 당국은 이런 소비자들에게 낮은 가격을 제시하는 것이 사회적으로 볼 때 고귀한 목적이 될 수 있다고 본다. 즉 이는 그런 대우를 받을 만한 소비자들에게 더 많은 구매력을 창출해 주는 수단으로 볼 수 있다.

다닐 자유시간을 많이 갖게 된다. 따라서 노년층과 학생은 보통 물품 및 서비스에 대한 수요가 상대적으로 탄력적이다. 그러므로 역탄력성 가격책정 규칙에 따르면 해당 사업분야 종사자들은 이 소비자들에 대해 더 낮은 가격을 부과해야 할 것으로 보인다.

거래를 할 경우 보통 **선별**(screening) 기법으로 예를 들면 연령 및 학생신분 같은 관찰할 수 있는 특징을 이용한다. 선별하기를 통해 (1) 기업은 (연령 또는 학생신분처럼) 관찰할 수 있는 특성 그리고 (2) 기업이 관찰할 수는 없지만 (지불하려는 금액 또는 수요탄력성처럼) 관찰하고 싶은 소비자의 또 다른 특성과 강력히 연계된 소비자 특징에 기초하여 소비자를 분류하게 된다. 예를 들어 영화관 지배인은 관객이 입장권 판매대로 다가올 경우 이 관객의 수요탄력성이나 지불하려는 금액을 알고 싶어 하지만 이런 정보를 직접 관찰할 수는 없다. 이 관객에게 얼마나 지불하려고 하는지 질문할 경우 높은 가격을 지불하려 한다고 밝히면 더 높은 가격을 부과할 것이란 점을 알고 있기 때문에 거짓말을 하게 된다.

하지만 지배인은 소비자의 연령 또는 학생신분과 같은 특성을 관찰할 수 있다. 대부분의 학생과 노년층은 더 탄력적인 수요를 갖고 있기 때문에 지배인은 이런 소비자 부류에 대해 더 낮은 가격을 책정할 수 있다. 재정거래를 방지하기 위하여 지배인은 관련 관객이 극장에 입장할 때 연령이나 학생신분을 증명하는 신분증을 제시하도록 요구할 수 있다.

정리문제 12.5

항공권에 대한 3급 가격차별

이 정리문제에서는 역탄력성 가격책정 규칙을 이용하여 3급 가격차별하에서 상이한 가격을 어떻게 책정하는지 살펴볼 것이다. 사업차 떠나는 승객이 구입하는 (요금을 전부 지불한) 정규 항공권에 대한 수요의 가격탄력성 추정값은 $\epsilon_{Q_B, P_B} = -1.15$이다. 또한 여가(휴가)차 떠나는 사람들의 수요의 가격탄력성은 $\epsilon_{Q_V, P_V} = -1.52$가 된다.[11] 둘 다 2등실 요금이므로 서비스 제공에 따른 한계비용(MC)은 사업차 떠나는 승객과 휴가차 떠나는 승객 모두에게 동일하다고 가정한다. 이런 수요탄력성을 경험하는 항공사는 이윤을 극대화하기 위하여 (정규 항공권 가격인) P_B와 (휴가차 떠나는 여행객들을 위한 항공권 가격인) P_V를 책정한다고 가상하자.

문제

항공사는 3급 가격차별을 시행하려 한다. 역탄력성 가격책정 규칙을 사용하여 비율 P_B/P_V를 구하라.

해법

역탄력성 가격책정 규칙에 따르면 $(P_B - MC)/P_B = -(1/\epsilon_{Q_B, P_B})$이다. 위에 주어진 ϵ_{Q_B, P_B}의 값으로 대체하고 MC에 대해 정리하면 $MC = 0.13P_B$가 된다. 또한 역탄력성 가격책정 규칙에 따르면 $(P_V - MC)/P_V = -(1/\epsilon_{Q_V, P_V})$이다. 위에 주어진 ϵ_{Q_V, P_V}의 값으로 대체하고 MC에 대해 정리하면 $MC = 0.342P_V$가 된다. MC에 대한 위의 두 식을 같다고 놓으면 $0.13P_B = 0.342P_V$이다. 이를 재정리하면 $P_B/P_V = 0.342/0.130 = 2.63$이다.

---

11 대부분의 미국 국내 항공편에는 1등실이 없기 때문에 사업차 떠나는 대부분의 승객들은 항공기의 2등실을 이용한다.

이윤을 극대화하기 위해 항공사는 여가(휴가)차 여행을 떠나는 승객에게 부과하는 가격보다 2.63배 더 높은 항공료를 사업차 여행을 떠나는 승객에게 부과해야 한다. 정확한 요금수준은 한계비용에 의존하게 된다.

선별하기와 관련된 많은 다른 경우를 일상생활에서 접할 수 있다. 다음과 같은 예를 생각해 보자.

기간 간 가격차별

많은 서비스가 계절, 하루 중 시간대, 연중 기간에 따라 상이한 가격으로 판매된다. 예를 들어 전화회사는 보통 소비자와 기업이 영업을 할 것으로 기대되는 낮 동안에 보다 높은 가격을 책정한다. 이와 유사하게 전기요금은 하루 중 시간대에 따라 보통 변화하며 수요가 최고에 달할 때 일반적으로 더 높은 요금이 적용된다.

이 밖에 많은 소비자들이 새로운 컴퓨터 용품이나 새로운 가정용 음향장비를 '무리 중 제일 처음 구입한 사람'이 되거나 새로운 영화를 '맨 먼저 관람한 사람'이 되고자 한다. 매도인은 사람들이 해당 물품을 조기에 구입하기 위하여 더 많은 금액을 지불하려 한다는 사실을 알고 있기 때문에 선별하는 방법으로 (조기 판매와 같이) 시간을 보통 이용한다. 결과적으로 매도인은 해당 물품이 처음 도입되었을 때 더 높은 가격을 책정하게 된다. 예를 들면 네 가지 기능(덧셈, 뺄셈, 곱셈, 나눗셈)이 가능한 휴대용 계산기가 1960년대에 처음 도입되었을 때 매수인들은 보통 수백 달러를 지불하고 이를 구입하였다. 몇 년이 지난 후 이런 간단한 계산기는 몇 달러만 지불하고도 구입이 가능해졌다.[12] 오늘날 훨씬 더 복잡한 컴퓨터의 경우에도 유사한 추세를 띨 수 있다. 신모델이 도입되고 나서 1년 이내에 가격이 50%씩 하락하는 수가 있다.

물론 가격차별만이 제품 주기상 초기에 더 높은 가격을 설정하는 유일한 이유는 아니다. 제작비용이 하락하기 때문에 제품가격은 시간이 지남에 따라 하락할 수 있다. 어떤 종류의 컴퓨터 칩 가격은 시간이 지남에 따라 하락하기 때문에 이 칩을 사용한 컴퓨터 모델의 가격도 역시 하락할 것으로 기대된다. 또한 새롭고 속도가 더 빠른 컴퓨터를 이용할 수 있게 됨에 따라 구형 컴퓨터 모델에 대한 수요는 감소하여 가격인하로 이어진다.

쿠폰 및 리베이트

미국에서 발행되는 거의 모든 일간지의 일요일판 신문은 해당 품목에 대해 상점에서 가격할인을 받을 수 있는 쿠폰을 포함하고 있다. 상표관리 담당 지배인은 보통 신제품, 식료품, 애완용 동물사료, 화장지, 치약에 대해 쿠폰을 발행한다. 쿠폰을 제시하면 이것이 없을 때보다 (소매가격에서 쿠폰에 상당하는 금액을 감한) 저렴한 순가격을 지불하게 된다. 리베이트는 쿠폰과 유사하지만 구입한 물품의 포장 속에 일반적으로 포함된다. 예를 들어 건전지 한 팩에 5달러를 지불하고 구입할

---

12 다음을 참조하라. N. Stokey, "Intertemporal Price Discrimination," *Quarterly Journal of Economics*, 94(1979): 355-371.

수 있다고 하자. 포장 속에는 기입해야 할 인쇄물이 들어 있고 제조업체에 이를 보내면 우편으로 1.50달러를 상환받을 수 있다.

이 분야를 연구하는 사람들에 따르면 쿠폰과 리베이트는 소비자 제품시장에서 가격차별을 하는 데 자주 사용된다고 한다. 기본적인 사고는 다음과 같다. 상표관리를 담당하는 지배인은 쿠폰이나 상환 확인증을 모아서 대금을 돌려받기 위해 시간을 투자하려는 사람들이 그렇지 않은 소비자들보다 가격에 더 민감하다는 점을 알고 있다.[13] 다시 말해 쿠폰과 리베이트는 선별하는 방법이 될 수 있다. 해당 제품에 대해 더 가격탄력적인 수요를 갖는 소비자들에게 더 저렴한 순가격을 제안할 수 있다.

다시 한 번 말하지만 가격차별은 쿠폰이나 리베이트를 제안하는 유일한 이유가 아니다. 예를 들면 기업은 소비자들이 해당 제품을 사용해 보도록 유도하여 결국에는 더 많은 매출로 이어지게 하기 위해 이를 제안할 수도 있다.

용량이 제한된 경우의 3급 가격차별

기업들이 3급 가격차별을 시행하는 많은 경우 일정하게 주어진 기간에 얼마나 많은 고객들에게 봉사할 수 있는지에 대한 한계에 봉착하게 된다. 이런 예로는 항공업체, 자동차 렌탈업체, 크루즈 해운업체, 호텔업체 등을 들 수 있다. 용량이 제한된다고 하여 시장지배력을 갖고 있는 기업들이 가격차별화를 통해 이익을 보게 된다는 기본적인 틀이 변하지는 않는다. 하지만 용량이 제한된 경우 이윤을 극대화하는 가격과 수량을 결정하는 일이 복잡해진다.

용량이 제한된 경우에 이윤을 극대화하는 가격차별화를 설명하기 위해서 두 개의 세분시장에 직면하고 있는 기업을 생각해 보자. 간단히 설명하기 위해서 기업은 각 세분시장에서 동일한 한계비용 MC를 갖는다고 가정하자. 또한 이 기업은 일시적으로 두 개 세분시장에서 가격 P_1 및 P_2를 부과하기로 결정했다고 가상하며 이로 인해 판매량은 각각 Q_1 및 Q_2가 된다. 나아가 $Q_1 + Q_2$는 기업이 가용할 수 있는 용량이라고 가상하자. 다시 말해 제한된 용량으로 인해 제약을 받는다고 가상하자. 마지막으로 MR_1 및 MR_2는 현재 계획된 가격 및 수량이 주어진 경우 각 세분시장에서의 한계수입을 의미한다.

이제부터는 $MR_1 - MC > MR_2 - MC$인 경우, 달리 표현하면 $MR_1 > MR_2$인 경우를 가상해보자. 한계수입은 한 단위 더 추가적으로 판매함으로써 얻게 되는 해당 기업의 총수입 변화(또는 한 단위 적게 덜 판매함으로써 감소하게 되는 총수입의 변화)라는 점을 기억하자. 따라서 $MR_1 > MR_2$이라는 사실은 해당 기업이 세분시장 1에서 한 단위 더 추가적으로 판매하고 세분시장 2에서 한 단위 적게 덜 판매할 경우(그러므로 이 경우 총생산량은 이용 가능한 용량과 동일한 상태를 유

---

13 마케팅 연구에 따르면 쿠폰을 사용하여 제품을 구입하는 소비자는 쿠폰을 사용하지 않는 소비자들보다 더 탄력적인 수요를 갖는다. 예를 들면 다음을 참조하라. C. Narasimhan, "A Price Discrimination Theory of Coupons," *Marketing Science* (Spring 1984): 128–147.

지한다) 총수입이 세분시장 2에서 감소한 것보다 세분시장 1에서 더 많이 증가한다는 의미이다. 한계비용은 각 세분시장에서 동일하기 때문에 세분시장 1에서 한 단위 더 추가적으로 판매하고 세분시장 2에서 한 단위 적게 덜 판매하더라도 이 기업이 부담하게 되는 비용은 불변한다. 그러므로 세분시장 2에서 세분시장 1로 판매량이 한 단위 이동하게 되면 해당 기업의 총이윤이 증대된다. 이 기업이 이윤의 증가를 꾀할 수 있는 방법은 세분시장 1에서 수요량이 한 단위만큼만 증가할 정도로 가격을 인하하고 세분시장 2에서는 수요량이 한 단위만큼만 감소하도록 가격을 인상하는 것이다.

$MR_2 > MR_1$인 경우에도 해당 기업은 세분시장 2에서 (그렇게 할 수 있을 만큼만 가격을 인하하여) 한 단위 더 판매하고 세분시장 1에서 (그렇게 할 수 있을 만큼만 가격을 인상하여) 한 단위 덜 판매함으로써 이윤을 증대시킬 수 있다. 이처럼 $MR_2 > MR_1$이거나 또는 $MR_1 > MR_2$인 어느 경우에도 현재의 수량 및 가격 조합은 이윤을 극대화하지 못한다. 따라서 기업의 용량이 제한된 경우 이윤을 극대화하려는 행태와 일치하는 유일한 상황은 $MR_1 = MR_2$가 되도록 수량과 가격이 조합을 이루는 것이다. 즉 용량이 제한된 조건하에서 이윤을 극대화하는 가격차별화를 시행하려면 해당 기업이 관여된 세분시장들 사이에 한계수입이 동일해지도록 해야 한다.

한계수입이 시장들 사이에 동일해야만 한다는 조건은 약간 추상적으로 받아들여질지 모른다. 결론적으로 말해 실제 기업들이 이런 조건이 충족되었는지 여부를 어떻게 결정할 수 있는가? 하지만 항공업 및 호텔업과 같은 산업에 종사하는 실제 업체들은 매일 한계수입이 동일해지도록 노력하고 있다. (예를 들면 자동차 렌탈업체 및 크루즈 해운업체와 같은 업체들뿐만 아니라) 항공업체와 호텔업체들도 항공기 좌석이나 호텔 객실과 같은 희소한 용량을 이윤이 극대화되도록 분배하는 수익관리법이라고 알려진 일련의 정교한 최적화 과정을 집합적으로 사용한다. 이런 산업에서는 희소한 용량이 배분되는 방법이 조금만 변화해도 대폭적인 이윤 증가로 이어질 수 있다. 따라서 한계수입을 동일하게 하려는 수익관리법은 용량이 제한된 상황하에 운용되는 산업에서 성공의 열쇠가 되고 있다.

정리문제 12.6

용량이 제한된 조건하에서의 가격차별화

이 문제에서는 3급 가격차별을 시도하지만 용량이 제한된 상황하에서 운용되는 기업이 어떻게 이윤을 극대화하는 가격 및 수량을 결정하는지 살펴보고자 한다.

세분시장 1에서의 수요곡선 $Q_1 = 200 - 2P_1$이며 세분시장 2에서의 수요곡선은 $Q_2 = 250 - P_2$라고 가상하자. 각 세분시장에서 판매되는 한계비용은 개당 10달러이다. 이 기업의 총용량은 150개이다.

문제

각 세분시장에서 이윤을 극대화하는 수량 및 가격은 얼마인가?

해법

각 세분시장에서 한계수입함수를 결정하는 일부터 시작해 보자. 세분시장 1에서 $Q_1 = 200 - 2P_1$이고 이에 따른 역수요함수는 $P_1 = 100 - (1/2)Q_1$이며 이로부터 도출된 한계수입함수는 $MR_1 = 100 - Q_1$이다. 세분시장 2에서 역수요함수는 $P_2 = 250 - Q_2$이며 이로부터 도출된 한계수입함수는 $MR_2 = 250 - 2Q_2$이다. 한계수입함수가 같다고 하면 두 개의 미지수 Q_1 및 Q_2에 대해 다음과 같은 한 개의 식을 도출할 수 있다.

$$100 - Q_1 = 250 - 2Q_2$$

준수되어야 할 두 번째 식은 이 업체의 총생산을 합하면 총용량이 되어야 한다는 다음과 같은 조건이다.

$$Q_1 + Q_2 = 150$$

이제는 두 개의 미지수에 대해 두 개의 선형식을 갖게 되었다. 간단한 대수적인 풀이 과정을 거쳐 다음과 같은 수량을 구할 수 있다: $Q_1 = 50$ 및 $Q_2 = 100$. 이 수량을 각각의 역수요함수에 대입하면 다음과 같은 가격을 구할 수 있다: $P_1 = 75$ 및 $P_2 = 150$.

각 세분시장의 한계수입은 50으로 한계비용 10을 충분히 초과한다는 점에 주목하자. 따라서 해당 기업은 최대 용량으로 운용하고자 한다.

가격차별화 계획의 시행 : '방벽' 세우기

기업이 소비자를 선별하는 방법을 찾아냈더라도 바람직한 가격차별 계획을 이행하는 문제에 직면하게 된다. 즉 기업은 어떻게 하면 높은 가격을 지불하도록 목표로 삼은 소비자들이 실제로 높은 가격을 지불하고, 낮은 가격을 지불하도록 목표로 삼은 소비자들이 실제로 낮은 가격을 지불하는지 확인할 수 있는가? 〈그림 12.9〉의 위쪽 부분은 이 문제를 설명하고 있다. 즉 그림은 두 개의 세분시장에 직면하고 있는 기업의 상황을 보여 주고 있다. 수직축은 각 세분시장에 대해 설정된 가격 P를 나타낸다. 가격에 민감한 소비자들로 구성된 세분시장(이를 베타 그룹이라고 하자)에서는 가격을 50달러로 설정한다. 가격에 덜 민감한 소비자들로 구성된 세분시장(이를 알파 그룹이라 하자)에서는 가격을 125달러로 설정한다. 처음에는 각 소비자 그룹에게 판매를 제의한 물품의 품질이 동일하다고 가정하자. 〈그림 12.9〉에서 품질은 수평축으로 측정되며 q로 나타낸다. 여기서 물품의 품질은 폭넓게 해석된다. 이는 (예를 들면 레이저 프린터의 속도처럼) 물품의 성능을 쉽게 알 수 있는 특징일 수도 있으며 또한 소비자들이 해당 물품을 구입하거나 사용하는 데 투입해야 하는 시간 및 노력의 양과도 관련된다(예를 들면 시간 및 노력이 많이 투입될수록 q가 낮아진다).

각 그룹에 판매되는 물품의 품질이 동일한 처음 상황에서 몇 가지 일 중 하나가 발생할 수 있다. 해당 품목의 상대적으로 저렴한 물품을 손쉽게 구입할 수 있다면 알파 그룹에 속한 소비자들도 역시 저렴한 가격에 구입하게 될 것이다. (이 그룹에 속한 소비자들은 다른 그룹에 속한 소비자들만큼 가격에 민감하지 않을 수 있다. 하지만 완벽하게 동일한 물품을 저렴한 가격으로 손쉽게 구입할 수 있다면 무엇 때문에 그보다 높은 가격을 지불하겠는가?) 이것이 일부 뉴욕 브로드웨이 공연업계 종사자들이 최근 들어 나타나고 있는 브로드웨이 공연티켓의 가격가변제 추세에 대해 우려를 표명하는 이유이다.[14] 일부 사람들은 할인된 티켓을 쉽게 구입할 수 있다면 가격이 더 높게 책

---

14 다음을 참조하라. "How Much Did Your Seat Cost?" *New York Times* (July 20, 2003).

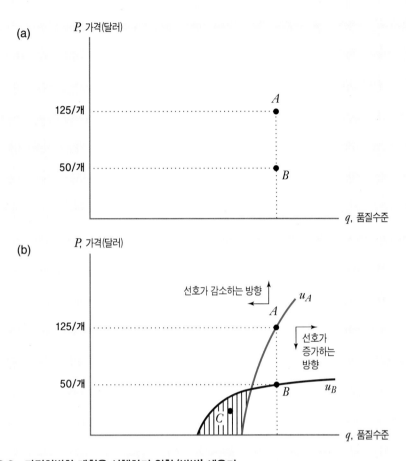

그림 12.9 가격차별화 계획을 시행하기 위한 '방벽' 세우기

(a) 상이한 가격으로 동일한 품질의 물품을 제안하는 기업의 경우를 보여 주고 있다. (b) 기업이 (점 *A*에서) 높은 가격으로 고급품을 제안하고 (점 *C*에서) 낮은 가격으로 저급품을 제안함으로써 어떻게 '방벽'을 설치하는지 보여 주고 있다. 알파 그룹에 속한 (낮은 가격 민감도와 높은 품질 민감도를 갖는) 소비자들은 점 *C*보다 점 *A*를 선호한다. 반면에 베타 그룹에 속한 (높은 가격 민감도와 낮은 품질 민감도를 갖는) 소비자들은 점 *A*보다 점 *C*를 선호한다.

정된 정상적인 티켓을 구입하는 사람은 없어지게 될 것이고 가격가변제로 인해 일률적으로 가격이 저렴해질 것이라고 본다.

가격이 저렴한 물품을 상대적으로 가격에 덜 민감한 소비자들이 직접적으로 쉽게 구입할 수 없다면, 동일한 품목의 품질이 동일한 두 개의 물품을 이용할 수 있으므로 불법적인 판매인이 나타날 수 있다. 이 사람은 낮은 가격에 물품을 매입하여 이윤은 남기지만 적법한 매도인이 요구하는 가격보다는 저렴하게 (직접적으로 또는 중개인을 통하여) 가격에 덜 민감한 소비자들에게 재판매한다. 이것이 바로 교과서 시장에서 나타나는 현상이다. 미국 출판업체들은 (영어로 저술된) 교과서의 중국 내 시장이 미국 내 시장보다 일반적으로 가격에 더 민감하다고 보기 때문에 중국에서 판매되는 동일한 교과서의 해외판에 더 저렴한 가격을 책정하고 있다. 하지만 보통 (미국 내에서 판매될 수 없다는 취지가 인쇄된 스티커를 제외하면) 해외판과 미국 국내판은 실제로 차이가 없으므로 낮은 가격에 해외판을 구입하여 스티커를 제거하고 미국으로 재선적하려는 불법적인 판매인이 등장할 수 있다. 이것이 중국에서 판매하려고 해외판으로 제작된 서적들이 미국 대학의 구내서점 선반 위에 등장하는 이유이다.

모든 소비자가 결국에는 낮은 가격의 물품을 구입하게 된다면 기업은 가격차별화 계획을 시행할 수 없고 이를 통해 창출하게 될 추가이윤을 차지할 수 없다. 그렇다면 이 기업은 무엇을 할 수 있을까? 기업은 어떻게든 로버트 돌란과 헤르만 지몬이 '방벽'이라 부른 것을 세워야 한다. 이를 통해 상대적으로 가격에 덜 민감한 소비자들이 동일한 종류의 상대적으로 저렴한 물품을 구입할 수 없거나 또는 구입하려 하지 않도록 해야 한다.[15]

기업이 방벽을 설치할 수 있는 한 가지 방법은 상관성, 즉 가격에 가장 덜 민감한 소비자가 품질에 가장 민감한 경향이 있다는 연관관계를 이용하는 것이다. 가격에 가장 덜 민감한 소비자는 일반적으로 가격에 더 민감한 소비자들보다 품질향상에 대해 더 높은 가격 할증을 지불하려고 한다. 〈그림 12.9(b)〉는 방벽을 어떻게 설치하는지 보여 주고 있다. u_A라고 이름 붙여진 선은 알파 그룹 소비자의 무차별곡선이다. 이는 이 그룹에 속한 소비자가 점 A에서의 가격과 품질 조합(이를 '제안'이라고 할 것이다)과 동등한 것으로 간주하는 모든 품질-가격을 보여 주고 있다. 점 A의 서북쪽에 위치하는 품질-가격 제안은 점 A에서의 제안보다 이 그룹에 속한 소비자들에 의해 덜 선호된다(왜냐하면 이 제안들은 더 높은 가격 및/또는 더 낮은 품질을 포함하고 있기 때문이다). 반면에 점 A의 동남쪽에 위치한 품질-가격 제안들은 알파 그룹에 속한 소비자들에 의해 점 A보다 더 선호된다.

u_B라고 이름 붙여진 선은 베타 그룹에 속한 소비자들(높은 가격 민감도와 낮은 품질 민감도를 갖고 있는 소비자들)의 무차별곡선이며 u_A와 동일한 방향성을 갖는다고 해석할 수 있다. u_A 및 u_B가 교차하는 점에서 u_A가 u_B보다 더 가파르다는 사실에 주목하자. 이는 주어진 품질-가격 제안에서 알파 그룹에 속한 소비자들이 베타 그룹에 속한 소비자들보다 품질향상에 대해 더 높은 가격을 지불하려 한다는 것이다.

u_B 동쪽과 u_A 서쪽 사이에 위치한 빗금 친 부분이 바람직한 방벽을 설치하는 데 결정적인 역할을 한다. 베타 그룹에 속한 소비자들은 점 B에서의 제안보다 이 영역에서의 품질-가격 제안을 선호한다. 따라서 베타 그룹에 속한 소비자들은 기업이 저렴한 가격의 제안으로 점 B보다는 점 C를 제시할 경우 상황이 나아진다. 나아가 베타 그룹 소비자들은 점 A에서의 제안보다 점 C에서의 제안을 선호하게 된다.

반면에 알파 그룹에 속한 소비자들은 점 C에서의 품질-가격 제안보다 점 A에서의 품질-가격

---

15 Robert J. Dolan and Hermann Simon, *Power Pricing: How Managing Price Transforms the Bottom Line* (New York: The Free Press, 1996), p. 122.

제안을 선호한다. 따라서 이들은 동일 품종 중 높은 가격-높은 품질의 물품을 구입한다. 기업의 할 일이 무엇인지 주목해 보자. 기업은 저렴한 가격을 제안한 물품의 품질을 낮춤으로써 알파 그룹에 속한 소비자들이 그 제안을 선택하지 않게 할 수 있다. 하지만 베타 그룹에 속한 소비자들은 품질 하락을 더 용인할 수 있으므로 낮은 품질의 물품을 선택하려 한다(실제로 이들은 기업이 물품에 대한 두 가지 제안의 품질을 차별화하지 않았을 경우 선택했을 물품보다 이 물품을 더 선호한다).

품질이 상이한 두 개(또는 그 이상)의 물품을 서로 다른 가격에 판매하는 전략을 **개조하기** (versioning)라고 한다. 개조하기 중 특히 흥미로운 형태는 레이먼드 데넥케레(Raymond Deneckere)와 프레스톤 맥아피(Preston McAfee)가 명명한 **낮은 품질의 물품 전략**(damaged goods strategy)이다.[16] 낮은 품질의 물품 전략하에서 기업은 해당 물품이 가격이 완전히 반영된 물품보다 상대적으로 기능이 떨어지도록 의도적으로 특징을 제거하거나 성능을 저하시켜 물품의 품질을 낮춤으로써 가격이 완전히 반영된 물품의 저급한 변형품을 만들게 된다. 하지만 역설적으로 품질을 낮추기 위해서 정상적인 생산공정에 추가적인 단계가 필요할 경우 저급품을 생산하는 데 따른 한계비용이 고급품을 생산하는 데 따른 한계비용보다 실제로 높을 수 있다. 이런 비용상의 차이가 가격차별화를 시행할 수 있도록 방벽을 성공적으로 설치함으로써 해당 기업이 얻게 될 이윤보다 적다면 부담할 만한 가치가 있다.

데넥케레 및 맥아피는 여러 가지 낮은 품질의 물품 사례를 제시하였다. 가장 흥미로운 두 가지 예를 들면 다음과 같다.

- IBM사의 Laser Printer E : 1990년대 초 IBM사의 주종을 이룬 레이저 프린터는 'Laser Printer'라고 명명되었었다. 1990년 5월 IBM사는 Laser Printer E를 새로 출시하였다. 이 두 개 물품은 Laser Printer E가 Laser Printer 인쇄 속도의 절반으로 인쇄가 된다는 점을 제외하고 실질적으로 동일한 제품이다. 이런 제품의 개조는 프린터가 잠시 멈추어서 인쇄 속도가 떨어지도록 하는 반도체 칩을 Laser Printer E에 추가함으로써 이루어졌다.
- 인텔사의 486SX : 486은 1990년대 초 인텔사가 도입한 신세대 마이크로프로세서이다. 경쟁사 AMD가 386 마이크로프로세서의 속도를 개선한 제품을 출시하자 인텔사는 486SX라고 하는 486의 저급품을 출시하였다. 동시에 처음 출시되었던 제품(고급품)은 486DX라고 재명명되었다. 데넥케레 및 맥아피는 정확한 공통프로세서가 작동되지 않는다는 점을 제외하고는 486SX와 486DX는 동일한 제품이라는 데 주목하였다. 저급품인 SX를 생산하는 데는 고급품인 DX를 생산할 때보다 더 많은 비용이 소요된다!

어떤 경우에는 방벽을 설치함으로써 가격차별화 계획을 이행하는 일이 소비자 형태를 선별하는

---

16 Raymond J.Deneckere and Preston McAfee, "Damaged Goods," *Journal of Economics and Management Strategy*, 5, no. 2 (Summer 1996), pp. 149–174.

작업과 밀접히 연관된다. 쿠폰은 이런 경우의 좋은 예가 되고 있다. 쿠폰을 찾아서 잘라 내고 이를 보관해 두는 데 시간을 쓰려는 의지는 소비자의 가격 민감도와 연관된다(가격에 더 민감한 소비자일수록 이런 일을 더 하려 하고, 가격에 덜 민감한 소비자일수록 덜 하려 한다). 이런 의미에서 쿠폰은 선별하는 장치로 사용된다. 동시에 쿠폰은 해당 기업이 정식가격을 부과하려고 하는 소비자들이 낮은 가격으로 물품을 구입하지 못하도록 하는 방벽으로 작용한다. 이는 쿠폰이 해당 물품을 구입하는 경우 가격에 더 민감하여 할인을 받기 위해 기꺼이 어떤 일이든 하려는 소비자들보다 가격에 덜 민감한 소비자들에게 성가신 요소가 되기 때문이다.

12.5 끼워팔기

잉여를 차지하기 위해 기업이 사용하는 또 다른 방법으로 끼워팔기를 들 수 있다. **끼워팔기**(tying 또는 tie-in sales)는 ('끼워서' 판매하려는) 다른 물품도 역시 구매하겠다고 동의하는 경우에만 (구입하려는 '주된') 물품을 고객에게 판매하는 판매기법이다.

제품을 사용하려는 빈도수가 고객들 사이에 차이가 있는 경우 끼워팔기가 사용된다. 예를 들어 어떤 기업이 확실히 차이가 나는 특징 또는 유일한 복사과정을 거치는 복사기에 대해 특허권을 갖고 있다고 하자. 해당 특허권으로 인해 다른 기업들은 동일한 종류의 기계를 판매할 수 없으므로 해당 기업은 시장지배력을 갖게 된다. 가격차별을 할 수 있다면 해당 기업은 월간 4,000장만을 복사하려는 고객보다 15,000장을 복사하는 고객에게 더 많은 가격을 부과하려 할 것이다. 하지만 복사기만 생산하는 기업이 가격차별을 시행하기란 어려울 수 있다. 해당 기업은 매월 더 많은 복사를 하려는 고객에게 더 높은 가격을 설정하려 하지만 어떤 고객이 얼마나 복사를 하려는지 알 수가 없다.

그렇다면 해당 기업은 잉여를 차지하기 위해서 복사기에 대한 시장지배력을 어떻게 사용할 수 있는가? 해당 기업은 예를 들면 복사용지처럼 복사를 하는 데 사용되는 제품의 구매를 복사기 판매에 연계시킬 수 있다. 기업은 복사기를 구입한 고객에게 해당 기업으로부터 필요한 모든 복사용지를 구입하도록 요구하는 '강제 계약'하에서 복사기를 판매할 수 있다. 복사용지를 생산하는 데 소요되는 비용을 초과하여 용지 가격을 책정할 경우 해당 기업은 더 높은 이윤을 얻을 수 있다.

이 예에서 알 수 있는 것처럼 끼워팔기를 통해 기업은 보통 주된 제품으로부터 끼워팔려는 제품으로 시장지배력을 확대할 수 있다. 복사기의 예에서 끼워팔기가 시행되지 않았다면 해당 기업은 복사지 시장에서 통상적인 이익을 초과하는 수익을 얻지 못할 것이다. 복사용지 시장은 용지를 만드는 데 특별한 기술이 요구되지 않기 때문에 경쟁적일 수 있다. 해당 기업이 경쟁가격보다 더 높은 가격으로 복사용지를 판매하려 한다면 고객이 다른 업체로부터 용지를 구입하지 않는다는 점을 확신해야만 한다. 예를 들어 해당 기업의 복사용지를 사용할 경우에만 복사기에 대한 보증이 유효하다는 사실을 복사기 구매고객에게 알려 줌으로써 끼워팔기를 시행할 수 있다.[17]

---

17 한 제품을 더 많이 사용하는 고객에게 더 많은 가격을 부과하려는 관례를 보통 **계량법**이라 한다. 복사기에는 일반

끼워팔기 협정은 빈번히 논쟁으로 이어진다. 컴퓨터 프린터 제작업체는 사용자들이 자사 제품의 잉크를 구입하도록 요구하고자 한다. 프린터 제작업체에 따르면 끼워팔기는 프린터에 손상을 입히지 않고 종이가 끼지 않도록 하는 데 필요하며 또한 제작업체의 평판을 유지하는 데도 질적인 통제가 필요하다고 한다. 잉크를 판매하고자 하는 다른 업체들은 끼워팔기가 자신들을 시장으로부터 불법적으로 제외시킴으로써 독점금지법을 위반했다고 생각할 수도 있다. 대규모 이익이 걸려 있는 경우 끼워팔기 협정에 대한 논쟁은 자주 법정에서 결판이 나게 된다.

미국에서 끼워팔기 협정에 대해 언급하고 있는 주요 법률로는 클레이튼법(Clayton Act) 제3절을 들 수 있다. 이 법률은 수년에 걸친 이런 일련의 경우에 대해 해석을 하는 데 기준이 된다. 실제로 법원은 관련 시장이 끼워팔려는 제품에 대해 어떤 의미를 갖는지 판단하려 하며 해당 시장에 대한 관련 매도인의 시장점유율을 측정하려 한다. 통상적으로 끼워팔려는 제품의 매도인이 갖는 시장점유율이 낮을 경우에는 강제계약이 합법적이라는 판결을 받기도 한다. 쉐러(F. M. Scherer)가 지적한 것처럼 "관련 시장에 매우 적은 시장점유율을 갖고 있는 매도인이 체결한 강제계약은 해당 사건에서 벗어날 수 있는 가능성이 크며 문제가 제기된 계약이 모두 불법적이지는 않다."[18] 하지만 다른 경우에는 끼워팔기가 불법인 경우도 있다. 예를 들어 맥도날드가 독점판매권을 판매하면서 가맹점들에게 맥도날드가 판매하는 냅킨과 컵 같은 공급품을 구입하도록 요구할 수 없다. 가맹점들은 맥도날드가 설정한 기준에 부합되는 제품을 공급하는 어떤 업체로부터도 컵을 구입할 수 있다.

묶어팔기

묶어팔기(bundling)란 고객들로 하여금 물품을 패키지로 구매할 것이 요구되는 끼워팔기를 말한다. 고객은 물품을 분리해서 구매할 수 없다. 여러분은 물론 묶어팔기를 경험했을 것이다. 예를 들면 유선방송을 신청할 경우 일반적으로 각 채널을 개별적으로 신청하지 않고 채널을 '패키지'로 함께 구입해야 한다. 미국의 디즈니월드에 갔을 경우 공원입구에서 입장권을 구입하면 입장할 수 있으며 그리고 공원 내 놀이기구를 탈 자격이 주어진다.[19] 컴퓨터 제작업체는 (중앙처리장치인) 컴퓨터 본체와 모니터를 함께 묶어서 판매할 수도 있다.

기업이 두 가지 이상의 물품을 개별적으로 판매하지 않고 이따금 패키지로 판매하는 이유는 무

적으로 복사한 매수를 측정하는 장치(계량기)가 설치되어 있다. 이런 장치가 설치되어 있으면 복사기 판매업자는 점검을 하면서 복사가 얼마나 많이 이루어졌는지 알 수 있다.

18 다음을 참조하라. F. M. Scherer, *Industrial Market Structure and Economic Performance* (Chicago: Rand McNally, 1980), pp. 585-586.

19 묶어팔기는 끼워팔기의 한 종류이지만 모든 끼워팔기가 묶어팔기를 포함하지는 못한다. 예를 들면 앞에서 살펴본 것처럼 끼워팔기 약정을 체결하게 되면 한 제작업체로부터 복사기를 구입한 고객은 동일 업체로부터 모든 복사용지를 구입해야 한다. 고객은 복사기를 구입하지 않더라도 복사용지를 구입할 수 있기 때문에 복사기와 복사용지는 묶어팔기가 아니다. 반면에 디즈니월드의 묶어팔기 예에서 입장객은 놀이기구 탑승권을 구입하지 않고는 놀이공원 입장권을 구입할 수 없다. 또한 입장권을 구입하지 않고는 탑승권을 구입할 수가 없다.

엇인가? 고객들이 두 가지 물품에 대해 상이한 기호(즉 지불하고자 하는 상이한 금액)를 갖고 있으며 해당 기업이 가격차별을 할 수 없는 경우에 묶어팔기를 하면 이윤을 증대시킬 수 있다. 생산자 잉여를 증대시키는 데 이 방법이 어떻게 사용되는지 알아보기 위하여 두 가지 상이한 물품, 즉 컴퓨터와 모니터를 판매하는 기업을 생각해 보자. 컴퓨터의 한계비용은 1,000달러이며 모니터의 한계비용은 300달러가 된다.

간단히 하기 위해 시장에는 단지 두 명의 고객만이 존재하고 기업은 가격차별을 할 수 없다고 가상하자. 〈표 12.1〉은 각 고객이 컴퓨터와 모니터를 구입하기 위해 지불하고자 하는 금액을 보여 주고 있다. 두 고객은 새로운 컴퓨터와 새로운 모니터를 구입하고자 할 수 있다. 또는 각 고객이 (아마도 오래된 모니터를 이미 갖고 있어서) 새로운 컴퓨터만 구입하거나 (아마도 오래된 컴퓨터를 사용하기 위해서) 새로운 모니터만 구입하고자 할 수도 있다. 고객 1은 컴퓨터를 구입하는 데 1,200달러까지 지불하려 하며, 모니터를 구입하는 데는 600달러까지 지불하려 한다. 고객 2는 컴퓨터에 대해 1,500달러까지 지불하려 하며, 모니터에는 400달러까지 지불하려 한다.

우선 해당 기업이 컴퓨터와 모니터를 묶어서 판매하지 않을 경우 얼마나 이윤을 얻을 수 있는지 알아보도록 하자. 해당 기업은 컴퓨터 가격(P_c)을 얼마로 책정해야 하는가? $P_c = 1,500$달러로 책정하는 경우 해당 기업은 (고객 2에게) 단지 한 대의 컴퓨터만을 판매하여 (가격 1,500달러에서 컴퓨터의 한계비용 1,000달러를 감한) 500달러의 이윤을 얻게 된다.[20] $P_c = 1,200$달러로 책정한 경우 (각 고객에게 한 대씩) 두 대의 컴퓨터를 판매하여 (각 컴퓨터로부터 200달러씩) 400달러의 이윤을 벌 수 있다. 따라서 해당 기업은 컴퓨터 가격을 1,500달러로 책정해야 한다.

해당 기업은 모니터의 가격(P_m)을 어떻게 책정해야 하는가? $P_m = 600$달러로 책정할 경우 (고객 1에게) 단지 한 대의 모니터만 판매하게 되며 (가격 600달러에서 모니터의 한계비용 300달러를 감한) 300달러의 이윤을 얻게 된다. $P_m = 400$달러로 책정할 경우 (각 고객에게 한 대씩) 두 대의 모니터를 판매하여 (모니터당 100달러씩) 200달러의 이윤을 얻게 된다.

표 12.1	고객의 선호가 음으로 상관되는 경우 묶어팔기로 이윤을 증가시킬 수 있다	
	유보가격(지불하고자 하는 최대가격)	
	컴퓨터	모니터
고객 1	1,200달러	600달러
고객 2	1,500달러	400달러
한계비용	1,000달러	300달러

---

[20] 고객 2에 대한 유보가격은 1,500달러이다. 엄격히 말하면 제작업체가 컴퓨터 가격을 $P_c = 1,500$달러로 책정할 경우 고객 1은 구매하는지 안 하든지에 관심을 두지 않는다. 여기서는 가격이 지불하고자 하는 최대금액과 같은 경우 고객은 구매를 한다고 가상할 것이다(해당 기업은 판매가 확실히 이루어질 수 있도록 언제나 가격을 1센트 내릴 수 있다).

묶어팔기를 하지 않고 기업이 할 수 있는 최선의 방안은 P_c = 1,500달러 그리고 P_m = 600달러로 설정하는 것이다. 그러면 컴퓨터 판매로부터 500달러 그리고 모니터 판매로부터 300달러의 이윤을 얻어 총이윤으로 800달러를 벌게 된다.

이제는 한 개의 패키지로 두 개의 물품을 판매하는 방식인 컴퓨터와 모니터를 묶어서 판매하는 경우를 생각해 보자. 얻을 수 있는 최대이윤은 얼마나 되는가? 고객 1은 패키지당 1,800달러까지 지불하려 하며 고객 2는 1,900달러까지 지불하려 한다. P_b = 1,900달러에서 묶어팔기가 이루어질 경우 고객 2만이 해당 묶음을 구입하게 된다. 수입은 1,900달러가 되고 비용은 (컴퓨터 1,000달러와 모니터 300달러를 합한) 1,300달러가 된다. 따라서 이윤은 600달러가 된다.

하지만 해당 기업이 묶음의 가격을 P_b = 1,800달러로 책정할 경우 더 나은 결과를 얻을 수 있다. 판매된 패키지당 이윤은 수입 1,800달러에서 비용 1,300달러를 감한 500달러가 된다. 두 고객이 모두 묶음을 매입하여 총이윤은 1,000달러가 된다. 따라서 제작업체는 묶음을 P_b = 1,800달러로 판매함으로써 이윤을 극대화하게 된다. 묶어팔기를 할 경우 이윤은 (묶어팔기를 안 할 경우의 이윤인) 800달러에서 (묶어팔기를 할 경우의 이윤인) 1,000달러로 증가한다.

묶어팔기를 하면 이윤이 증대되는 이유는 무엇인가? 주요 이유는 고객들의 수요가 음으로 상관된다는 데서 찾아볼 수 있다. **음의 상관**이란 고객 2는 컴퓨터의 경우 고객 1보다 더 많은 금액을 지불하려 하는 반면에, 고객 1은 모니터의 경우 고객 2보다 더 많은 금액을 지불하려 한다는 것이다. 제품을 묶어 판매함으로써 제작업체는 소비자가 두 제품을 모두 취하도록 할 수 있다. 만일 그렇지 않았다면 그런 일은 일어나지 않을 것이다.

고객 수요 간의 음의 상관이 중요한 이유를 알아보기 위하여 고객 수요가 양으로 상관되는 경우 어떤 일이 발생하는지 살펴보도록 하자. 고객 수요는 〈표 12.2〉와 같다고 가상하자. 고객 2는 고객 1에 비해 모니터에 대해서 더 많은 금액을 지불하려 하며, 컴퓨터에 대해서도 더 많은 금액을 지불하려 하기 때문에 고객의 선호는 양으로 상관된다.

제조업체가 묶어서 판매하지 않을 경우 컴퓨터를 1,500달러에 판매하여 판 컴퓨터로부터 500달러의 이윤을 얻음으로써 이윤을 극대화하게 된다. 고객 2만 이 가격에서 컴퓨터를 구입한다. 해당 기업이 모니터 시장에서 얻을 수 있는 최대이윤은 300달러로 모니터를 600달러에 판매함으로써 이를 벌 수 있다. 고객 2만 모니터를 구입하게 된다. 총이윤은 800달러가 된다(해당 기업이 고

표 12.2	고객의 선호가 양으로 상관되는 경우 묶어팔기로 이윤을 증가시키지 못한다	
	유보가격(지불하고자 하는 최대가격)	
	컴퓨터	모니터
고객 1	1,200달러	400달러
고객 2	1,500달러	600달러
한계비용	1,000달러	300달러

객 1도 구입할 수 있도록 낮은 가격에 컴퓨터나 모니터를 판매할 경우 이윤이 적어진다는 사실을 증명할 수 있어야 한다).

제작업체가 컴퓨터와 모니터를 묶음으로 판매할 경우 해당 기업이 할 수 있는 최선의 방안은 가격을 2,100달러로 설정하여 이윤 800달러를 얻는 것이다. 따라서 묶어팔기를 할 경우 해당 기업의 이윤을 증대시키지 못한다.

혼합 묶어팔기

실제로 기업들은 고객에게 묶어팔기를 제의할 뿐만 아니라 해당 물품을 별개로 구입할 수 있도록 한다. 예를 들어 델사로부터 모니터와 함께 컴퓨터를 구입할 수도 있고 모니터 없이 컴퓨터만 구입할 수도 있다. 혼합 묶어팔기가 기업에게 가장 이윤이 남는 전략이 될 수 있는 이유를 알아보기 위하여 〈표 12.3〉에 있는 예를 생각해 보자. 이 예에서 네 명의 고객은 각각 한 묶음에 대해 1,700달러를 지불하고자 한다. 컴퓨터에 대해 더 많이 지불하려는 고객은 모니터에 대해 더 적게 지불하려 하기 때문에 이들의 수요는 음으로 상관된다. 하지만 앞으로 살펴볼 것처럼 기업은 가격 1,700달러에 묶어팔기만으로 판매를 할 경우 이윤을 극대화하지 못한다.

최적의 전략이 무엇인지 알아보기 위하여 다음과 같은 세 가지 선택을 살펴보도록 하자.

- 선택 1 : 묶어팔기를 하지 않는 경우   제조업체가 묶어팔기를 하지 않는다면 컴퓨터를 1,300달러에 팔고 모니터를 600달러에 판매하여 이윤을 극대화할 수 있다. 컴퓨터 가격이 1,300달러인 경우 고객 3과 4가 컴퓨터를 구입하게 된다. 두 대의 컴퓨터가 판매되었으며 한 대의 가격은 1,300달러이고 비용은 1,000달러이므로 컴퓨터를 판매하여 얻을 수 있는 해당 기업의 이윤은 600달러가 된다. 두 대의 모니터가 판매되었고 한 대의 가격은 600달러이며 한계비용은 300달러이므로 모니터를 판매하여 얻을 수 있는 해당 기업의 이윤은 600달러가 된다. 총이윤은 1,200달러가 된다.
- 선택 2 : 순수하게 묶어팔기만 하는 경우   제조업체가 가격을 1,700달러로 설정하여 컴퓨터와 모니터를 묶음으로 판매한다면 네 명의 고객 모두가 이를 구입할 것이다. 판매된 각 묶음에

표 12.3	혼합 묶어팔기로 이윤을 증가시킬 수 있다	
	유보가격(지불하고자 하는 최대가격)	
	컴퓨터	모니터
고객 1	900달러	800달러
고객 2	1,100달러	600달러
고객 3	1,300달러	400달러
고객 4	1,500달러	200달러
한계비용	1,000달러	300달러

서 이윤은 (수입 1,700달러에서 한계비용 1,300달러를 감한) 400달러가 된다. 따라서 총이윤은 1,600달러가 된다.

- **선택 3 : 혼합 묶어팔기를 하는 경우** 제조업체는 다음과 같은 세 가지 선택을 고객에게 제안한다. 즉 어떤 가격(P_c)으로 컴퓨터를 분리하여 판매한다. 다른 가격(P_m)으로 모니터를 분리하여 판매한다. 묶은 가격(P_b)으로 컴퓨터와 모니터를 패키지로 판매한다.

이 예에서 해당 기업의 최적 전략이 혼합 묶어팔기인 이유는 무엇인가? 이에 대해 알아보도록 하자.

고객 1은 컴퓨터에 대해 900달러만 지불하려 하지만 이는 컴퓨터의 한계비용에 미치지 못한다는 사실에 주목하자. 따라서 기업이 고객에게 컴퓨터를 판매할 경우 이윤이 남지 않는다. 고객 1이 1,700달러에 묶음으로 구입을 할 경우 이 묶음을 판매함으로써 해당 기업은 (수입 1,700달러에서 비용 1,300달러를 감한) 이윤 400달러를 벌 수 있다. 고객이 이 묶음을 구입할 경우 잉여로 0달러를 얻게 된다.

하지만 해당 기업은 모니터를 분리해서 판매하여 고객 1로부터 더 많은 이윤을 얻을 수 있다. 해당 기업은 고객이 묶음으로 구입하여 얻을 수 있는 것보다 더 많은 잉여를 얻을 수 있도록 가격을 책정함으로써 고객 1이 모니터를 분리해서 구입하도록 유도할 수 있다. 제작업체가 모니터를 분리해서 799달러의 가격을 책정할 경우 고객 1은 이를 구입하게 되며 이 모니터를 판매함으로써 해당 기업은 499달러의 이윤을 얻을 수 있다. 고객이 묶음으로 구입하지 않고 모니터만 구입할 경우 해당 기업은 (99달러만큼) 더 많은 이득을 보게 된다. 고객은 모니터만 구입함으로써 (모니터에 대해 지불하려는 금액 800달러에서 모니터 가격 799달러를 감한) 1달러의 소비자 잉여를 얻게 되어 이익을 보게 된다. 따라서 기업은 P_m = 799달러로 가격을 설정해야 한다.

이와 유사하게 고객 4는 모니터에 대해 200달러만 지불하려 하며 이는 모니터의 한계비용보다 더 낮은 금액이다. 따라서 해당 기업이 고객 4에게 모니터를 판매할 경우 이윤을 낼 수 없다. 고객 4는 (소비자 잉여가 0달러가 되는) 1,700달러에 묶음으로 구입하는 대신에 (소비자 잉여가 1달러가 되는) 1,499달러에 컴퓨터만 구입할 경우 더 만족하게 된다. 고객 4에게 컴퓨터를 분리하여 판매할 경우 해당 기업은 499달러의 이윤을 얻을 수 있으며, 이는 고객 4가 묶음으로 구입할 경우 해당 기업이 벌 수 있는 이윤 400달러와 대조된다. 해당 기업은 P_c = 1,499달러에 가격을 책정해야 한다.

마지막으로 고객 2와 고객 3은 음으로 상관되는 수요를 갖는다. 나아가 이들이 컴퓨터와 모니터 각각에 대해 지불하고자 하는 금액은 한계비용을 초과한다. 따라서 해당 기업은 이를 묶음으로 판매하고자 한다. 해당 기업은 컴퓨터와 모니터를 패키지로 P_b = 1,700달러에 제공해야 한다.

요약하면 혼합 묶어팔기하에서 고객 4는 컴퓨터를 분리해서 구입하고 고객 1은 모니터만 구입하며 고객 2와 3은 묶음으로 구입하게 된다. 총이윤은 1,798달러가 된다. (이윤이 1,200달러가 되는) 묶음으로 판매하지 않는 경우나 (이윤이 1,600달러가 되는) 묶음으로만 판매하는 경우보다 혼합 묶어팔기를 할 경우 더 높은 이윤을 얻을 수 있다.

12.6 광고

지금까지 이 장에서는 기업이 가격책정 전략을 이용하여 잉여를 어떻게 차지하는지 살펴보았다. 이제는 시장지배력을 갖는 기업이 자신의 제품에 대해 광고 규모를 선정하는 것과 같은 비가격 전략을 이용하여 잉여를 어떻게 산출하고 차지하는지에 대해 살펴볼 것이다.

매도인은 광고를 하여 자신의 생산물에 대한 수요를 증대시키고자 하며, 이를 통해 수요곡선을 오른쪽으로 이동시켜 시장에서 더 많은 잉여를 창출하게 된다. 하지만 기업은 또한 광고에는 비용이 소요된다는 점을 알아야 한다. 광고 규모를 올바르게 선택함으로써 해당 기업은 가능한 많은 잉여를 차지할 수 있다.

〈그림 12.10〉은 광고가 미치는 영향을 보여 주고 있다. 그림에서 기업은 가격차별을 할 수 없으며 광고 지출액은 기업의 고정비용에는 영향을 미치지만 한계비용곡선을 이동시키지는 않는다고 가정한다. 예를 들면 맥주를 생산하는 한계비용곡선은 광고에 의해 영향을 받지 않는다고 가정하는 것이 합리적이다.

우선 기업이 전혀 광고를 하지 않는다고 가상하자. 이 경우 해당 생산물에 대한 수요곡선과 한계수입곡선은 D_0와 MR_0가 된다. 평균비용곡선과 한계비용곡선은 AC_0와 MC가 된다. 해당 기업은 Q_0를 생산하고 가격 P_0에서 판매를 한다. 그래프는 광고를 하지 않을 경우 해당 기업이 얻을 수 있는 최대이윤(면적 I + 면적 II)을 보여 준다.

기업이 광고에 A_1달러를 지출할 경우 해당 제품에 대한 수요곡선은 오른쪽으로, 즉 D_1으로 이동하며 한계수입곡선은 MR_1이 된다. 광고로 인해 기업의 총비용이 증가하므로 평균비용곡선은 AC_1으로 상승하게 된다. 이윤을 극대화하기 위해 기업은 Q_1을 생산하여 가격 P_1에서 판매하게 된다. 그림에 있는 수요곡선과 비용곡선에 대해 해당 기업이 광고를 하게 되면 명백히 이윤이 발생한다. 광고에 A_1을 지출할 경우 해당 기업이 얻을 수 있는 최대이윤(면적 II + 면적 III)은 그래프에서 보는 것처럼 증가하게 된다.

기업이 광고를 하고($A > 0$) 양의 생산량($Q > 0$)을 생산하여 이윤을 극대화하려면, 다음의 두 조건이 준수되어야 한다.

1. 생산량 Q를 최적으로 선택할 경우 생산된 마지막 단위의 총수입 변화 $\Delta TR/\Delta Q$(즉 한계수입 MR_Q)은 (MC_Q로 나타낸) 해당 최종단위의 한계비용 $\Delta TC/\Delta Q$와 동일해야 한다. $MR_Q = MC_Q$인 조건은 제11장에서 살펴본 것처럼 독점기업에 대한 통상적인 최적수량 선택의 규칙이다. 최적수량 선택을 같은 의미를 갖는 역탄력성 가격책정 규칙으로 다음과 같이 나타낼 수 있다.

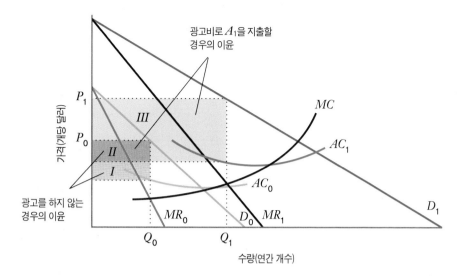

그림 12.10 광고가 미치는 영향

기업이 광고를 하지 않을 경우(D_0, MR_0, AC_0, Q_0, P_0), 최대 이윤은 면적 I + 면적 II 이다. 기업이 광고에 A_1달러를 지출할 경우 (D_1, MR_1, AC_1, Q_1, P_1), 최대 이윤은 면적 II + 면적 III이다.

$$\frac{P - MC_Q}{P} = -\frac{1}{\epsilon_{Q,P}} \qquad (12.1)$$

여기서 P는 해당 제품의 가격이며 $\epsilon_{Q,P}$는 해당 회사의 제품에 대한 수요의 가격탄력성이다.

2. 광고 지출액 A를 최적으로 선택한 경우 광고 마지막 단위로 인한 한계수입 (MR_A로 나타낸) $\Delta TR/\Delta A$은 광고 마지막 단위를 집행할 경우 해당 기업이 부담하게 되는 한계비용 (MC_A로 나타낸) $\Delta TC/\Delta A$와 일치해야 한다.

이윤이 극대화될 경우 $MR_A = MC_A$가 성립되어야만 하는 이유는 무엇인가? 현재의 광고 수준에서 $MR_A > MC_A$이라면 광고를 추가적으로 한 단위 더 할 경우 비용이 증가하는 것보다 수입이 더 많이 증가하게 된다. 따라서 기업은 광고를 더 많이 함으로써 이윤을 증대시킬 수 있다. 유사한 논리로 $MR_A < MC_A$인 경우 해당 기업은 광고를 더 적게 함으로써 이윤을 증대시킬 수 있다.

$MR_A = MC_A$란 조건을 다른 방법으로 보여 줄 수도 있다. 가격이 일정하다면 광고 규모의 변화는 해당 기업의 총수입에 어떤 영향을 미치는가? 물품에 대한 수요가 $Q(P, A)$인 경우, 즉 수요량이 가격과 광고 모두에 의존하는 경우 해당 기업의 총수입은 $TR = PQ(P, A)$가 된다. 광고가 소량(ΔA) 증가할 경우 이에 따른 총수입의 변화(ΔTR)는 가격(P)에 광고가 증가함에 따라 발생하는 수요량의 변화(ΔQ)를 곱한 것과 같다. 따라서 $\Delta TR = P\Delta Q$가 된다. 양변을 ΔA로 나눌 경우 $\Delta TR/\Delta A = P(\Delta Q/\Delta A)$가 된다. 따라서 광고에 따른 한계수입은 $MR_A = P(\Delta Q/\Delta A)$가 된다.

광고 규모의 변화는 해당 기업의 총비용에 어떤 영향을 미치는가? 총비용은 $TC = C(Q(P,$

A)) $+ A$가 된다. 광고를 한 단위 더 하는 데 따른 한계비용은 $\Delta TC / \Delta A$가 되며 편의상 이를 MC_A라 할 것이다. 광고가 소량(ΔA) 증가할 경우 비용에 다음과 같은 두 가지 현상이 나타난다. 첫째, 광고 지출이 ΔA만큼 증대된다. 하지만 수요량도 또한 ΔQ만큼 증가한다. 해당 기업이 이 추가량을 생산할 경우 생산비는 $(MC_Q)(\Delta Q)$만큼 증대된다. 따라서 추가적인 광고가 총비용에 미치는 영향은 $\Delta TC = (MC_Q)(\Delta Q) + \Delta A$가 된다. 양변을 ΔA로 나누면 $MC_A = (MC_Q)(\Delta Q / \Delta A) + 1$이 된다.

$MR_A = MC_A$이므로 $P(\Delta Q / \Delta A) = MC_Q(\Delta Q / \Delta A) + 1$이 된다.

이제는 ($\epsilon_{Q,A}$라고 표기한) 수요의 광고탄력성이라는 측정값을 생각해 보자. 이것은 광고가 1% 증가하는 데 따른 수요량의 백분율 증가를 말한다. 즉 $\epsilon_{Q,A} = (\Delta Q / \Delta A)(A / Q)$이며, 이는 $\Delta Q / \Delta A = Q\epsilon_{Q,A} / A$가 된다. $\Delta Q / \Delta A$에 대한 식을 위의 식에 대입하면 다음과 같다.

$$P\left(\frac{Q\epsilon_{Q,A}}{A}\right) = MC_Q\left(\frac{Q\epsilon_{Q,A}}{A}\right) + 1$$

양변에 A를 곱하면 다음과 같다.

$$PQ\epsilon_{Q,A} = MC_Q Q\epsilon_{Q,A} + A$$

양변을 $\epsilon_{Q,A}$로 나누면 다음과 같다.

$$PQ = MC_Q Q + \frac{A}{\epsilon_{Q,A}}$$

항들을 재정리하면 다음과 같다.

$$Q(P - MC_Q) = \frac{A}{\epsilon_{Q,A}}$$

Q로 양변을 나누면 다음과 같다.

$$P - MC_Q = \frac{1}{\epsilon_{Q,A}}\frac{A}{Q}$$

양변을 P로 나누면 다음과 같다.

$$\frac{P - MC_Q}{P} = \frac{1}{\epsilon_{Q,A}}\frac{A}{PQ} \tag{12.2}$$

식 (12.1)과 (12.2)의 왼쪽편은 동일하다(러너지수이다). 이 두 식의 오른쪽 편을 같다고 놓으면 다음과 같아진다.

$$-\frac{1}{\epsilon_{Q,P}} = \frac{1}{\epsilon_{Q,A}}\frac{A}{PQ}$$

양변에 $\epsilon_{Q,A}$를 곱하면 다음과 같다.

$$\frac{A}{PQ} = -\frac{\epsilon_{Q,A}}{\epsilon_{Q,P}} \tag{12.3}$$

식 (12.3)의 좌변은 판매수입 PQ에 대한 광고 지출액 A의 비율이다. 우변은 수요의 가격탄력성에 대한 수요의 광고탄력성의 비율에 음의 부호를 붙인 것이다. 이에 관해 검토해 보면 사업상의 의미를 찾아낼 수 있다. 수요의 가격탄력성은 거의 동일하지만 수요의 광고탄력성은 매우 상이한 두 가지 시장을 생각해 보자. 수요가 광고 규모에 대단히 민감한 시장에서는 광고에 대한 수요탄력성이 낮은 시장과 비교해 볼 때 판매액에 대한 광고비의 비율이 더 높을 것으로 기대된다.[21]

정리문제 12.7

이윤 폭을 고려한 가격책정과 광고비-매출액 비율

이 문제에서는 수요의 가격탄력성 및 광고탄력성에 관한 정보를 이용하여 이윤을 극대화하는 매출액에 대한 광고비의 비율을 구하고자 한다. 여러분은 고급 스테이크 정식을 전문으로 요리하는 음식점을 경영하고 있으며 이윤을 극대화하려 한다고 가상하자. 마케팅 조사 결과에 따르면 수요의 가격탄력성은 약 -1.5이며 수요의 광고탄력성은 0.1이다. 이 문제에서 가격과 광고수준을 변화시키더라도 이 탄력성은 대략 일정하다고 가정한다.

문제

(a) 수요의 광고탄력성을 해석하라.

(b) 이 정식요리에 대해 한계비용을 초과하는 이윤 폭을 고려한 가격은 얼마로 책정되어야 하는가? 매출액에 대한 광고비 비율은 얼마인가?

해법

(a) 광고탄력성 $\epsilon_{Q,A} = 0.1$이 의미하는 바는 광고 지출이 1% 증가할 경우 수요를 1%의 약 10분의 1만큼 증대시킨다는 의미이다.

(b) 역탄력성 가격책정 규칙인 식 (12.1)은 $(P-MC_Q)/P = -1/\epsilon_{Q,P} = (1/1.5)$이다. 따라서 $P-MC_Q = (2/3)P$ 또는 $P = 3MC_Q$가 된다. 정식요리는 한계비용의 세 배 수준에서 가격이 책정되어야 한다. 식 (12.3)에 따르면 매출액에 대한 광고비의 최적비율은 $A/(PQ) = -\epsilon_{Q,A}/\epsilon_{Q,P} = (-0.1)/(-1.5) = 0.067$이 된다. 따라서 광고비 지출은 매출액의 6.7%가 되어야 한다.

---

21 이 절에서 논의한 사항을 포함하여 광고에 대한 초기 연구는 다음을 참조하라. R. Dorfman and P. Steiner, "Optimal Advertising and Optimal Quality," *American Economic Review* 44 (December 1954): 826–836.

요약

- 시장지배력을 갖는 기업은 시장에서 가격에 영향을 미칠 수 있다. 시장지배력을 갖기 위해 기업은 독점기업일 필요가 없다. 중요한 점은 해당 기업이 경험하는 수요곡선의 기울기가 하향한다는 것이다.

- 기업이 잉여를 차지할 수 있는 한 가지 방법은 가격차별화, 즉 상품에 대해 두 가지 이상의 가격을 설정함으로써 가능하다. 세 가지 형태의 가격차별화, 즉 1급 가격차별화, 2급 가격차별화, 3급 가격차별화가 있다. 기업이 가격을 차별화하려면 다음과 같은 세 가지 조건이 충족되어야 한다. 첫째, 기업은 시장지배력을 갖고 있어야 한다. 둘째, 기업은 유보가격 또는 수요탄력성이 소비자들 사이에 어떤 차이가 있는지 알고 있어야 한다. 셋째, 기업은 재판매를 방지할 수 있어야 한다.

- 1급 가격차별하에서 기업은 각 단위에 대해 소비자의 유보가격(즉 소비자가 지불하고자 하는 최대금액)으로 해당 단위의 가격을 책정하고자 한다. 따라서 한계수입곡선이 수요곡선과 동일해진다. 1급 가격차별로 인해 생산자는 잉여의 모든 것을 차지하게 된다(정리문제 12.1, 12.2 참조).

- 2급 가격차별하에서 해당 기업이 예를 들면 구간가격을 책정하는 경우 소비자는 첫 번째 구간에서 물품을 소비할 경우 (주어진 수량까지) 어떤 가격을 지불하게 되며 두 번째 구간에 속한 물품을 추가적으로 소비할 경우 상이한(통상적으로 더 낮은) 가격을 지불하게 된다. 2급 가격차별은 또한 가입비와 사용료를 결합하여 시행될 수 있다. 가입비란 소비자가 해당 물품을 단위당 특정 가격(즉 사용료)을 지불하고 구입할 수 있도록 하는 입회비이다(정리문제 12.3 참조).

- 3급 가격차별하에서 해당 기업은 시장에 상이한 소비자 집단 또는 세분시장이 있음을 확인하게 되어, 각 세분시장에 대해 한계수입과 한계비용이 같아지도록 가격을 책정하거나 또는 같은 의미를 갖는 역탄력성 가격 책정 규칙에 따라 가격을 책정하게 된다. 어떤 세분시장 내의 가격은 균일가격이 되지만, 한 세분시장의 균일가격은 다른 세분시장의 균일가격과 서로 상이할 수 있다(정리문제 12.4, 12.5 참조).

- 3급 가격차별을 시행하기 위해서 기업은 이따금 선별작업을 통하여 소비자들 사이에 유보가격 또는 수요탄력성이 어떻게 상이한지를 추론하게 된다. 선별작업은 (1) (연령 또는 신분처럼) 기업이 관찰할 수 있는 소비자의 특성과 (2) (지불하고자 하는 금액 또는 수요탄력성처럼) 기업이 알 수 없지만 관찰하고 싶어 하는 소비자 성격과 밀접히 연관된 소비자의 특성에 기초하여 이루어진다.

- 용량 제한이 있는 3급 가격차별을 시행하는 기업은 세 분시장 사이에 한계수입을 동일하게 하는 방법으로 고정된 용량을 배분함으로써 이윤을 극대화하게 된다(정리문제 12.6 참조).

- 기업이 가격차별화 계획을 이행하는 한 가지 방법은 한 가지 제품에 대해 두 가지 상이한 물품, 즉 가격에 민감한 소비자들에게 판매하게 될 저품질의 저가 물품과 가격에 덜 민감한 소비자들에게 판매하게 될 고품질의 고가 물품을 만들어 내는 것이다.

- 끼워팔기를 통해 고객으로 하여금 (끼워서 판매하려는 품목인) 어떤 물품을 구입하겠다는 강제협약을 체결한 경우에만 (구입하려는 주된 품목인) 다른 물품을 구입하도록 할 수 있다. 소비자는 주된 품목 없이 끼워서 판매하려는 품목을 구입할 수는 있지만 이와 역으로는 해당 품목을 구입할 수 없다. 끼워팔기를 통해 종종 해당 기업은 주된 품목에서 끼워서 판매하려는 품목으로 시장지배력을 확대할 수 있다.

- 묶어팔기란 고객으로 하여금 물품을 패키지로 구매하도록 하는 끼워팔기를 의미한다. 고객은 이 경우 물품을 따로 구입할 수 없다. 고객이 이질적인 (상이한) 수요를 갖고 있는 경우 묶어팔기를 통해 이윤을 증대시킬 수 있다. 소비자들이 묶음으로 또는 따로 물품을 구입할 수 있는 선택을 하도록 '혼합 묶어팔기'를 소비자에게 제공할 경우 이윤을 얻을 수도 있다.

- 광고가 물품에 대한 수요를 증가시키는 경우 기업은 광고를 통하여 더 많은 잉여를 차지할 수 있다. 하지만 광

고를 하는 데는 비용이 소요된다. 기업이 생산량 수준과 광고 규모를 동시에 선택하는 경우 (1) 생산에 따른 한계수입과 생산을 하기 위한 한계비용을 동일하게 놓아야 하며, (2) 광고에 따른 한계수입과 광고를 하는 데 소요되는 한계비용이 같다고 해야 한다. 기업이 이윤을 극대화하려는 경우 매출액에 대한 광고비 비율이 수요의 광고탄력성과 가격탄력성 사이의 비율에 음의 부호를 붙인 것과 같아야 한다(정리문제 12.7 참조).

주요 용어

가격차별	묶어팔기	1급 가격차별
구간가격	선별	2급 가격차별
끼워팔기	수요의 광고탄력성	3급 가격차별

복습용 질문

1. 시장지배력을 갖고 있는 기업이 가격차별을 시행함으로써, 즉 동일한 물품에 대해 소비자들에게 상이한 가격을 부과함으로써 어떻게 더 많은 잉여를 차지할 수 있는지 설명하시오.

2. 가격차별에 성공하기 위해서 해당 기업은 유보가격 또는 수요탄력성에 관한 정보를 갖고 있어야 하고 재판매를 금지할 수 있어야만 하는 이유를 설명하시오.

3. 세 가지 형태의 가격차별을 설명하고, 가격차별이 가격, 소비자 잉여, 생산자 잉여에 어떤 영향을 미치는지 분석하시오.

4. 기업이 종종 어떤 상품에 대한 상이하게 개조된 변형, 예를 들면 가격에 민감한 소비자를 대상으로 한 품질이 낮은 저가상품과 가격에 덜 민감한 소비자를 대상으로 한 품질이 높은 고가상품을 만드는 이유를 설명하시오.

5. 기업이 두 개의 연관상품을 함께 묶어서 이들을 패키지로 판매할 경우 어떻게 더 많은 잉여를 차지할 수 있는지 분석하시오.

6. 기업이 잉여를 창출하고 차지하기 위하여 비가격 경쟁의 한 가지 형태인 광고를 어떻게 사용할 수 있는지 설명하시오. 광고는 상품에 대한 수요를 증가시킬 수 있지만 비용이 소요된다. 기업이 더 많은 잉여를 차지하기 위해 광고 규모와 가격책정에 대한 결정을 어떻게 해야 하는지 분석하시오.

불완전경쟁시장 및 전략적 행태

제 **6** 부

13 시장구조 및 경쟁

13.1 시장구조에 대한 설명 및 측정

시장구조는 두 가지 중요한 면, 즉 매도인의 수와 상품차별화의 성격 면에서 차이가 있다. 〈표 13.1〉은 이런 특성의 상이한 결합이 상이한 시장구조로 어떻게 이어지는지를 보여 준다. 표를 살펴보면 매도인이 많이 있는 경쟁시장에서 소수의 매도인만이 존재하는 과점시장으로, 그리고 단지 한 명의 매도인이 있는 독점시장으로 구성되어 있음을 알 수 있다. 표를 아래쪽으로 읽어 내려가면 기업이 동일하거나 거의 동일한 물품을 판매하는 시장에서 소비자들이 차이가 있다고 보는 물품을 판매하는 차별화된 상품시장으로 이동하게 된다. 이 표는 각 시장구조에 적용되는 경제이론을 제시하고 있으며 각 이론이 적용되는 사례를 보여 주고 있다. (제9장 및 제10장에서는 완전경쟁시장에 대해 살펴보았으며 제11장에서는 독점시장에 대해 살펴보았다.)

이 장에서는 현실세계에서 이미 접했을 네 가지 시장구조에 대해 살펴볼 것이다.

- **동질적인 상품의 과점시장**(homogeneous products oligopoly market)에서는 소수의 기업들이 실제적으로 동일한 속성, 성능, 특징, 현상, (궁극적으로는) 가격의 물품들을 판매한다. 예를 들면 2019년에 미국 전구산업의 3대 기업인 제너럴 일렉트릭, 오스람, 시그니파이 홀딩이 산업 매출액의 약 72%를 차지하였다.[1]

---

1 "Lighting & Bulb Manufacturing in the US," IBISWorld Industry Report 33511 (May 2019).

- **지배적 기업시장**(dominant firm market)에서는 한 개 기업이 해당 시장의 대부분을 차지하지만 많은 소규모 기업들과 경쟁을 하게 되며 각 기업은 동일한 물품을 판매한다. 투명한 접착 테이프('스카치 테이프')에 대한 미국 시장이 지배적 기업 시장의 좋은 예가 된다. 전용 라벨을 보유한 제조업체를 포함하여 많은 생산자들이 이 시장에서 경쟁을 한다. 하지만 3M은 지배적인 시장점유를 유지하면서 미국 시장에서 50% 이상을 차지한다.
- **차별화된 상품의 과점시장**(differentiated products oligopoly market)에서는 소수의 기업이 물품을 판매하며 이 물품들은 서로 대체재가 되지만 또한 특성, 성능, 포장, 형상을 포함하는 중요한 면에서 서로 상이하다. 예를 들면 코카콜라와 펩시콜라가 최대 라이벌인 미국 청량음료 시장; 켈로그, 제너럴 밀스, 포스트, (펩시가 소유하는) 퀘이커 오츠가 약 80%를 차지하는 미국 시리얼 시장; 그리고 아사히, 기린, 사포로, 산토리 등 네 개 기업이 맥주시장의 거의 100%를 차지하는 일본 맥주시장이 있다.
- **독점적 경쟁**(monopolistic competition)은 많은 기업이 많은 매수인에게 판매하는 차별화된 물품을 생산하는 시장과 관련된다. DVD를 대여하거나, 드라이클리닝을 하거나, 의료 서비스를 제공하는 지역시장들이 독점적 경쟁시장의 좋은 예가 된다.

경제학자들은 몇 개의 상이한 양적인 측정기준을 사용하여 시장구조를 설명할 수 있다. 일반적인 측정기준으로 네 개 기업 집중률(또는 간단히 4CR)을 들 수 있다. 이 측정기준은 해당 산업에서 최대 매출수입을 갖는 네 개 기업이 담당한 산업 내 매출 수입의 비중을 측정한 것이다.[2] 네 개 기업이 모두 담당하는 산업의 경우 4CR은 100이 된다. 네 개의 가장 큰 기업이 각각 3%, 2%, 2%, 1%를 담당하는 경우 4CR은 8(3 + 2 + 2 + 1)이 된다.

시장구조의 특성을 설명하는 데 사용되는 또 다른 측정기준으로는 허핀달-허쉬만(Herfindahl-Hirschman) 지수(또는 간단히 HHI)를 들 수 있다. 이 지수는 해당 산업 내 각 기업의 시장점유를 취하고, 이를 제곱해서 해당 산업 내 모든 기업의 제곱한 시장점유를 합산한다(어떤 기업의 시장점유는 해당 기업의 매출수입을 해당 산업 총매출액으로 나눈 것이다. 즉 이것은 해당 기업이 담당하는 해당 산업 매출의 비중이다). 단일 기업이 해당 산업의 매출을 100% 담당하는 독점하에서 HHI = 100^2 = 10,000이다. 이것이 HHI의 가능한 최댓값이다. 예를 들면 1,000개 동일한 기업이 각각 해당 산업 매출의 1/1000을 담당하는 분화된 시장에서 HHI는 $(1/1000)^2$을 1,000번 더하거나 또는 $1000(1/1000)^2$ = 0.001로 구할 수 있다. 기업의 수가 증가하고 시장점유가 0으로 감소함에 따라 HHI는 0으로 근접한다. 따라서 HHI는 0과 10,000 사이의 값을 갖게 된다.[3]

〈표 13.1〉에서 살펴본 시장구조와 상응하는 산업들은 크게 상이한 4CR 및 HHI를 가질 것으

---

2 4CR은 또한 생산량, 생산능력, 피고용인과 같은 기업 규모를 측정하는 다른 측정치에 기초할 수도 있다.

3 실제로 HHI는 종종 해당 산업 내 일부 기업들을 대상으로 한다. 시장점유가 매우 낮은 더 많은 기업들을 포함시키더라도 HHI의 값을 크게 변화시키지는 못한다.

표 13.1	시장구조의 형태			
	기업의 수			
상품차별화	많음	적음	지배적인 한 개	한 개
기업은 동일한 상품을 생산한다.	**완전경쟁**(제9장 참조) 예 : 미국의 생장미 시장	**동질적인 상품의 과점** 예 : 미국의 전구시장	**지배적 기업** 예 : 미국의 투명한 접착 테이프 시장	**독점**(제11장 참조) 예 : 미국의 인터넷 도메인명 등록시장*
기업은 차별화된 상품을 생산한다.	**독점적 경쟁** 예 : 지역 의료 서비스 시장	**차별화된 상품의 과점** 예 : 미국의 아침식사용 시리얼 시장	이론상 적용할 수 없음	

* 1999년까지.

로 기대된다. 완전경쟁산업과 독점적 경쟁산업은 매우 낮은 4CR 및 HHI를 갖게 된다. 반면에 독점시장과 지배적 기업시장은 매우 큰 4CR 및 HHI를 가질 것으로 생각된다(실제로 바로 위에서 살펴본 것처럼 독점산업은 HHI가 10,000이고 4CR은 100이다). 반면에(동질적 또는 차별화된 상품의) 과점산업은 중간 정도의 4CR 및 HHI값을 갖는다.

13.2 동질적인 상품의 과점시장

완전경쟁 및 독점시장에서 기업들은 라이벌에 대해 신경을 쓸 필요가 없다. 독점시장에서는 독점기업과 경쟁하는 라이벌이 없기 때문에 그러하다. 완전경쟁시장에서는 각 매도인의 규모가 작아서 경쟁 생산업체에 대해 아주 미세한 영향을 미칠 뿐이기 때문이다. 반면에 과점시장의 중요한 특징은 경쟁적인 상호의존성이다. 즉 모든 기업의 결정은 경쟁기업의 이윤에 상당한 영향을 미치게 된다. 예를 들어 세계 메모리 칩 시장에서 삼성은 디램 칩을 판매하여 얻을 수 있는 이윤이 부분적으로 마이크론과 SK하이닉스와 같은 주요 경쟁기업이 생산하는 칩의 양에 의존한다는 사실을 알고 있다. 삼성의 경쟁기업이 생산량을 증대시키면 디램 칩의 시장가격은 하락하게 될 것이다. 반면에 생산량을 감소시키면 시장가격이 상승하게 된다. 현재 시설수준에서 얼마나 많은 칩을 생산할지 계획을 수립하거나 신규시설을 확장하거나 건설할지 여부를 결정할 때 삼성 경영진은 마이크론과 SK하이닉스를 비롯한 다른 대규모 반도체 경쟁기업들이 얼마나 생산할지를 예측해야 한다. 따라서 과점이론의 핵심적인 의문점은 시장에 있는 기업들 사이의 밀접한 상호의존성이 이들의 행태에 어떤 영향을 미치느냐에 있다. 이 의문점에 답을 함으로써 과점시장 구조가 가격, 생산량 수준, 이윤에 독특하게 미치는 영향을 이해하는 데 도움이 된다.

쿠르노 과점시장 모형

과점기업은 그럴듯해 보이는 다양한 방법으로 서로 상호작용하기 때문에 미시경제학에는 몇 가지 과점모형이 있다. 상이한 이론은 과점기업이 어떻게 상호작용하는지에 관한 서로 다른 가정에 기초하고 있다. 오귀스탱 쿠르노(Augustin Cournot)는 1838년 『부의 이론에 관한 수학적 원리의 연구』라는 저서를 통해 과점이론을 처음으로 소개하였다.[4] 쿠르노의 과점모형은 수요, 독점, 조세를 포함하여 미시경제학의 폭넓은 주제를 수학적으로 분석한 내용 중 일부였다. 과점이론은 그의 저서 중 가장 독창적인 부분이며 경제학에 매우 큰 영향을 미쳤다.

쿠르노 기업의 이윤극대화

쿠르노 모형은 동질적인 상품의 과점시장과 연관된다. 쿠르노는 처음에 단지 두 개의 기업만이 존재하는 시장, 즉 **복점시장**(duopoly market)을 생각하였다. 쿠르노의 복점모형에서 두 기업은 광천수를 생산하였다. 쿠르노 이론에 현대적인 감각을 더하기 위하여 이들 기업이 디램 칩을 생산한다고 가상하자. 한 기업(기업 1)은 삼성이고 다른 기업(기업 2)은 SK하이닉스(SK)이다.[5]

삼성의 디램과 SK의 디램은 동일하고 한계비용도 같기 때문에 두 기업은 동일한 가격을 책정한다고 가상하자. 쿠르노 모형에서 기업이 내릴 수 있는 유일한 결정은 얼마나 생산하느냐이다. 각 기업은 동시에 그리고 협력을 하지 않은 상태로, 즉 다른 기업과 의견을 교환하거나 담합하지 않은 상태로 생산량을 선택한다. 각 기업이 자신의 생산량을 선택하게 되면 시장가격은 '시장이 청산되도록' 즉각 조절된다. 즉 기업이 선택한 생산량이 주어지면 시장가격은 소비자들이 통합된 생산량을 구입하고자 하는 가격과 같아진다.

각 기업은 얼마나 생산해야 하는가? 시장가격은 두 기업의 총생산에 의존하고 각 기업은 자신의 생산수준을 선택할 때 시장가격을 고려하므로, 각 기업이 생산한 생산량은 자신의 라이벌 기업이 생산할 것으로 기대되는 양에 의존한다. 쿠르노 모형에서 각 기업은 다른 기업이 얼마나 생산할지를 생각하고 나서 이 추정에 대응하여 이윤을 극대화하는 생산량을 선택하게 된다. 따라서 삼성은 SK의 생산량일 것으로 추론한 양이 주어지면 자신의 이윤을 극대화하는 생산수준을 선택하게 된다. SK는 삼성의 생산량일 것으로 추론한 양이 주어지면 자신의 이윤을 극대화하는 생산수준을 선택하게 된다. 이처럼 쿠르노 모형에서 기업은 수량 추종자로서 행동한다.

〈그림 13.1(a)〉는 삼성의 생산량 선택 문제를 보여 주고 있다. 삼성은 SK가 생산량 50개를 생산할 것으로 기대한다고 가상하자. 그러면 시장가격과 삼성의 생산량 사이의 관계는 **잔여수요곡선**(residual demand curve) D_{50}으로 나타낼 수 있다. 잔여수요곡선은 다른 기업이 고정된 생산량(이 경우에는 50개)을 판매할 경우 시장가격과 해당 기업 생산량 사이의 관계를 나타낸 것이다. 잔여수요곡선 D_{50}은 시장수요곡선(D_M)을 SK의 생산량인 50개만큼 왼쪽으로 이동한 곡선이다. 이는 삼성의 생산량을 SK의 생산량인 50개와 합산했을 때, 잔여수요곡선 D_{50} 상의 가격이 두 기업의

---

4 A. Cournot, "On the Competition of Producers," Chapter 7 in *Researches into the Mathematical Principles of the Theory of Wealth*, translated by N. T. Bacon (New York: Macmillan, 1897).

5 LG반도체는 1999년 현대전자로 흡수 합병되었고 2001년 하이닉스 반도체로 사명이 변경되었으며 2012년 SK하이닉스로 다시 바뀌었다.

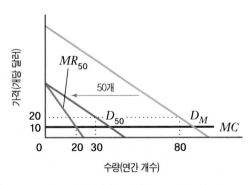

(a) SK가 50개를 생산할 경우 삼성의 이윤극대화 문제

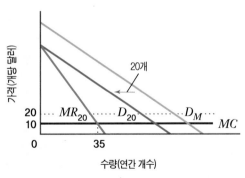

(b) SK가 20개를 생산할 경우 삼성의 이윤극대화 문제

그림 13.1 쿠르노 모형의 가격결정과 이윤극대화

(a)에 따르면 삼성이 30개를 생산하고 SK가 50개를 생산할 경우 시장가격은 20달러가 된다. SK가 50개를 생산할 경우 삼성의 잔여수요곡선은 D_{50}이 되며 이는 50개만큼 왼쪽으로 이동한 시장수요곡선이다. 잔여수요곡선은 SK의 생산량이 50개인 경우 삼성이 할 수 있는 수량-가격 결합을 밟아 간 것이다. 이런 잔여수요곡선을 경험하게 되면 삼성은 자사의 한계수입 MR_{50}이 한계비용과 일치하는 점인 20개를 생산하여 이윤을 극대화한다. 이 생산량은 SK가 50개를 생산할 경우 삼성이 할 수 있는 최선의 대응이다. (b)에서는 SK가 20개를 생산할 경우 삼성은 잔여수요곡선 D_{20}과 한계수입곡선 MR_{20}을 각각 갖게 되며 $MR_{20} = MC$인 점에서 35개를 생산하여 이윤을 극대화한다.

생산량을 합산했을 때의 시장수요곡선 상의 가격과 동일해진다는 의미이다. 예를 들어 SK가 50개를 생산하고 삼성이 30개를 생산했을 때 잔여수요곡선 상의 가격은 20달러가 되며, 이는 또한 총생산량이 80개인 경우의 시장수요곡선 D_M 상의 가격이 된다. 이는 독점기업의 한계수입곡선이 시장수요곡선에 대해 갖는 것과 동일한 관계를 잔여수요곡선에 대해 갖는 것이다.

삼성은 생산량을 선택할 때 잔여수요곡선에 대해 독점기업으로서 행동한다. 따라서 MR_{50}은 (개당 10달러로 일정하다고 가정한) 한계비용 MC와 같아지도록 한다. 이는 생산량 20개에서 이루어지며 이 생산량 20개는 SK의 생산량 50개에 대한 삼성의 **최선의 대응**(best response)이다. 라이벌 기업의 특정 생산량 수준에 대한 쿠르노 기업의 최선의 대응은 라이벌 기업의 주어진 생산량에 대해 자신의 이윤을 극대화하는 생산량을 선택하는 것이다. 〈그림 13.1(b)〉는 SK의 생산량이 20단위인 경우 삼성의 최선의 대응은 35단위를 생산하는 것이다.

SK가 선택할 수 있는 모든 가능한 생산량에 대해 〈그림 13.1〉에서 살펴본 것처럼 삼성의 이윤을 극대화하는 생산량을 결정할 수 있다. 〈그림 13.2〉에서 곡선 R_S는 **반응함수**(reaction function)이다. 이는 라이벌 기업의 생산량 수준에 대한 해당 기업의 최선의 대응(즉 이윤을 극대화하는 생산량의 선택)을 알려 준다. 〈그림 13.2〉는 또한 SK의 반응함수 R_{SK}를 그래프로 나타내고 있다.[6]

---

6 기업들이 동일하다면 이들의 반응함수가 상이한 것처럼 보이는 이유는 무엇 때문인가? 그 이유는 〈그림 13.2〉에서

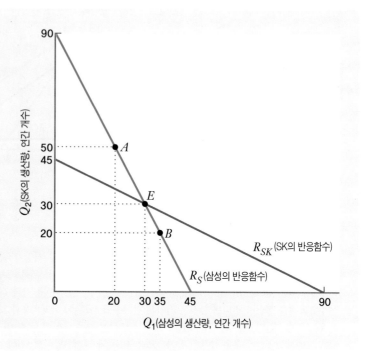

그림 13.2 쿠르노 반응함수 및 균형

R_S는 삼성의 반응함수이다. R_{SK}는 SK의 반응함수이다. 두 개 반응함수가 교차하는 점 E가 쿠르노 균형이다. R_S 상에 있는 점 A 및 점 B는 SK가 50단위와 20단위를 각각 생산할 경우 삼성의 최선의 대응을 나타낸다. 이들 점은 〈그림 13.1〉에서 살펴본 이윤극대화 해법과 상응한다.

두 반응함수의 기울기가 모두 하향한다는 점에 주목하자. 따라서 라이벌 기업이 더 많은 생산량을 생산할수록 각 기업이 선택한 이윤을 극대화하는 생산량은 더 적어진다.

쿠르노 시장의 균형

완전경쟁하에서 시장균형이 갖는 중요한 특징은 시장균형이 일단 달성되면 어떤 기업도 이윤을 극대화하는 결정으로부터 일탈하려는 동기를 갖지 않는다는 데 있다. 이것은 쿠르노 시장에서도 마찬가지다. **쿠르노 균형**(Cournot equilibrium)에서 각 기업의 생산량은 다른 기업의 생산량에 대한 최선의 대응이다(즉 균형에서 각 기업은 다른 기업의 생산량이 주어진 데 대해 할 수 있는 만큼을 하고 있다). 따라서 어떤 기업도 자신의 생산량 선택을 후회하는 어떠한 사후의 이유도 갖지 않는다.[7]

〈그림 13.2〉에서 쿠르노 균형은 두 개의 반응함수가 교차하는 점, 즉 각 기업이 30개를 생산할 때 이루어진다. 이것이 균형이라는 사실을 증명해 보자. SK가 30개를 생산할 때 삼성의 최선의 대응은 30개를 생산하는 것이라는 사실을 R_S에서 알 수 있다. 삼성이 30개를 생산할 때 SK의 최

보는 것처럼 수평축은 삼성의 생산량을 나타내고 수직축은 SK의 생산량을 나타내기 때문이다. 동일한 그래프상에 두 개의 곡선을 그릴 경우 한 곡선은 다른 곡선을 역으로 전도한 것처럼 보인다. 대수학적으로 보면 두 개 반응함수는 동일하다(정리문제 13.1 참조).

7 제14장에서 살펴보겠지만 쿠르노 균형은 내쉬(Nash) 균형이라고 불리는 경우의 특별한 예이다. 이런 이유로 인해 일부 교과서에서는 쿠르노 균형을 '쿠르노-내쉬 균형' 또는 '수량 면에서의 내쉬 균형'이라고 한다.

선의 대응은 30개를 생산하는 것이라는 사실을 또한 R_{SK}에서 알 수 있다. 따라서 각 기업이 30개를 생산할 때 어느 기업도 자신이 선택한 생산량에 대해 후회하지 않게 된다.

정리문제 13.1

쿠르노 균형 계산하기

〈그림 13.1〉의 시장수요곡선 D_M은 다음과 같다: $P = 100 - Q_1 - Q_2$. 여기서 Q_1은 삼성의 생산량이며 Q_2는 SK의 생산량이다. 각 기업의 한계비용은 10달러이다.

문제

(a) 이런 시장수요곡선하에서 SK가 50개를 생산할 경우 삼성의 이윤을 극대화하는 수량은 얼마인가?

(b) SK가 임의적인 생산량 Q_2를 생산할 경우 삼성의 이윤을 극대화하는 생산량은 얼마인가? (즉 삼성의 반응함수 식은 무엇인가?)

(c) 이 시장에서의 쿠르노 균형량 및 균형가격을 계산하라.

해법

(a) 제11장에서 살펴본 독점이론의 개념을 이용하여 삼성의 최선의 대응을 계산할 수 있다. SK가 $Q_2 = 50$을 생산할 경우 삼성의 잔여수요곡선은 다음과 같다: $P = 100 - Q_1 - 50 = 50 - Q_1$. 이는 선형 수요곡선이므로 관련된 한계수입(MR)은 다음과 같다: $MR = 50 - 2Q_1$. 이 한계수입을 삼성의 한계비용과 동일하다고 놓으면 다음과 같다: $50 - 2Q_1 = 10$ 또는 $Q_1 = 20$.

(b) 삼성은 이제 다음과 같은 잔여수요곡선을 경험하게 된다: $P = (100 - Q_2) - Q_1$. 괄호를 사용하여 삼성이 고정되어 있다고 보는 항을 강조하였다. 따라서 삼성의 잔여수요곡선은 수직축의 절편이 $(100 - Q_2)$이고 기울기가 -1인 선형이 된다. 제11장에서 살펴본 것처럼 이에 상응하는 한계수입곡선은 수직축의 절편이 동일하고 수요곡선 기울기의 두 배가 되는 기울기를 갖는다. 따라서 삼성의 한계수입은 다음과 같다: $MR = (100 - Q_2) - 2Q_1$. 한계수입과 한계비용을 동일하다고 놓으면 삼성의 최선의 대응은 다음과 같다: $(100 - Q_2) - 2Q_1 = 10$ 또는 $Q_1 = 45 - Q_2/2$. 이는 삼성의 반응함수이다. 대칭적인 논리를 이용하여 삼성의 생산량이라고 임의적으로 생각한 Q_1에 대하여 SK의 최선의 대응을 다음과 같이 계산할 수 있다: $Q_2 = 45 - Q_1/2$.

(c) 쿠르노 균형은 두 개의 반응함수가 교차하는 점에서 달성된다. 이는 두 기업의 반응함수를 동시에 푼 생산량의 짝이 된다.

$$Q_1 + \frac{1}{2}Q_2 = 45 \ \text{(재정리한 삼성의 반응함수)}$$
$$\frac{1}{2}Q_1 + Q_2 = 45 \ \text{(재정리한 SK의 반응함수)}$$

이 연립방정식의 해법은 $Q_1 = Q_2 = 30$이 된다. 이 수량을 시장수요곡선에 대입하면 균형시장가격 P^*를 구할 수 있다: $P^* = 100 - 30 - 30 = 40$.

기업은 어떻게 쿠르노 균형을 달성하는가

쿠르노 이론은 과점의 정태모형이다. 이 모형은 기업들이 쿠르노 균형에 상응하는 생산량 선택에 어떻게 도달하는지를 설명하지 못한다.

이렇다면 두 기업이 모든 것을 알고 있어야 하는가? 아마도 아닐 것이다. 〈그림 13.3〉을 살펴보도록 하자. 이 그림에 기초하여 삼성의 경영진은 다음과 같은 추론을 할 수 있다.

SK의 입장에서 생각해 보자. SK는 45개를 초과하는 수량을 결코 생산하지 않을 것이다. 그 이유는 당사가 어떤 생산량을 선택하더라도 45개를 초과하는 수량으로는 SK의 이윤을 극대화하지 못하기 때문이다. SK의 반응함수 R_{SK}가 $Q_2 = 45$를 넘어서 연장되지 않기 때문에 이를 알 수 있다.[8]

삼성의 경영진이 현명하다면 다음과 같은 결론을 내릴지도 모른다.

SK가 45개를 초과하여 생산하지 않는다면 당사는 최소한 22.5개에서 생산을 해야 한다. 그 이유는 무엇인가? R_S에서 보면 SK가 45개를 초과하여 생산하지 않는다고 할 경우 22.5개에 미달하는 어떤 수량도 당사의 이윤을 극대화할 수 없기 때문이다.

하지만 삼성은 다음과 같이 더 깊이 숙고를 할 수도 있다.

당사가 추론하는 것과 마찬가지로 SK도 추론할 것이라고 가정해야 한다. 즉 SK도 결국에는 당사가 추론할 수 있는 것만큼 추론할 수 있다고 가정해야 한다. 당사가 최소한 22.5개에서 생산하게 될 것이라는 사실을 SK는 깨닫게 된다. 하지만 SK가 이렇게 될 것이라고 믿고 있는 경우 R_{SK}에서 보면 SK는 33.75개를 초과하여 생산하지 않게 된다.

물론 삼성의 경영진은 이보다 더 훨씬 심도 있게 숙고할 수 있다.

SK가 33.75개를 초과하여 생산하지 않는다면 당사는 최소한 28.125개를 생산해야만 한다. 그 이유는 무엇

그림 13.3 기업은 쿠르노 균형에 어떻게 도달하는가

삼성은 SK가 45개 미만을 생산할 것이라고 결론을 내린다. 이번에는 이로 인해 삼성이 적어도 22.5개를 생산하게 된다. SK가 '이를 알 수 있을 것'으로 추론하고 SK는 33.75개 미만을 생산할 것이라 삼성은 결론을 내린다. 이로 인해 다시 삼성은 적어도 28.125개를 생산하게 된다. 이런 추론과정은 삼성이 SK는 30개를 생산할 것이라 결론을 내리면서 30개를 생산하는 것으로 끝이 난다. SK도 유사한 추론과정을 거친다면 두 기업은 실제로 '최종적인' 상호작용에서 생산량 30개를 선택하게 된다.

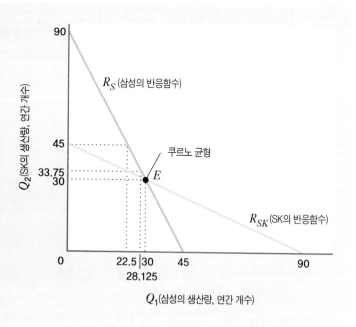

---

8 제14장에서 살펴볼 게임이론의 용어를 사용하면 $Q_2 = 45$를 초과하는 수량을 '열등전략'이라고 한다.

인가? R_S에서 보면 SK가 33.75개를 초과하여 생산하지 않는다고 할 경우 28.125개에 미달하는 어떤 수량도 당사의 이윤을 극대화할 수 없기 때문이다.

이는 결국 어디를 향해 나아간다고 생각하는가? 삼성의 경영진이 SK 및 자사의 이윤극대화 문제를 심사숙고하면 할수록 쿠르노 균형인 각 기업에 대해 30개가 될 때까지 선택된 생산량을 제거하게 된다.[9] 물론 이는 복잡한 추론과정이다. 하지만 장기 또는 카드게임을 하는 데 재능이 있는 사람이 자기만큼 재능이 있는 상대편 라이벌에 대해 사용하는 추론보다 더 복잡하지는 않다. 이런 방법으로 생각한다면 쿠르노 균형은 두 기업이 자신들의 상호의존성을 완전히 이해하고 서로의 합리성을 신뢰할 때 나타나는 자연스러운 결과이다.

쿠르노 균형 대 독점 균형 및 완전경쟁 균형

앞의 삼성과 SK의 예에서 쿠르노 균형가격인 40달러는 각 기업의 한계비용인 10달러를 초과한다. 따라서 쿠르노 결과는 완전경쟁 균형과 상응하지 않는다. 일반적으로 쿠르노 기업은 시장지배력을 보여 준다.

하지만 이것이 기업이 독점균형이나 담합균형을 달성할 수 있다는 의미는 아니다. 쿠르노 균형에서 산업 생산량은 60개라는 사실을 기억하자. 각 기업은 〈그림 13.4〉의 점 E에서 보는 것처럼 30개를 생산한다. 이 생산량에서 산업 이윤이 극대화되지 않는다. 이 시장에서 독점적인 결과는 한계수입이 한계비용과 같아지는 점, 즉 시장 생산량이 45개인 경우에 달성되고 이에 상응하는

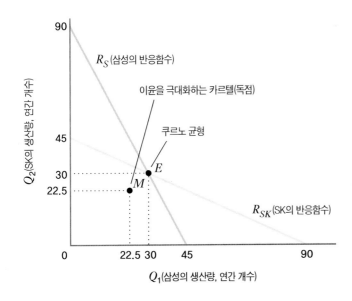

그림 13.4 쿠르노 균형 대 독점 균형

삼성과 SK가 이윤을 극대화하는 카르텔(독점)로서 행동하는 경우 이들은 총생산량 45개를 생산하게 된다. 이를 균등하게 분배할 경우 생산량은 각각 22.5개가 된다. 카르텔 또는 독점 균형인 점 M은 쿠르노 균형인 점 E와 다르다.

---

9 제14장에서 살펴보게 될 게임이론에서는 게임의 해법을 구하는 이런 방법을 **열등전략의 제거**라고 한다.

독점가격은 55달러가 된다.[10] 삼성과 SK가 이윤을 극대화하는 카르텔로서 행동할 경우 이 가격을 책정할 수 있으며 시장을 공평하게 분할하여 각각 수량 22.5개(점 M)를 생산하게 된다. 기업들이 담합하여 산업의 이윤을 극대화할 경우 생산하는 양보다 독립적으로 자신의 이윤을 극대화하게 될 경우 더 많은 생산량을 생산하게 된다. 이는 과점산업의 중요한 특징이다. 개별적으로 자신의 이익을 위하여 행동할 경우 일반적으로 산업 전체의 이윤을 극대화하지는 못한다.

다음과 같은 이유로 인해 두 기업은 담합적인 결과에 이를 수 없다. 한 기업, 예를 들면 삼성이 생산량을 확대할 경우 시장가격이 낮아져서 칩을 생산하는 라이벌 기업 SK의 판매수입을 낮추게 된다. 삼성은 자신의 이윤을 극대화하려고 하지 산업 전체 이윤을 극대화하려는 것이 아니므로 상대 라이벌 기업의 수입 감소에 대해 관심을 기울이지 않는다. 따라서 삼성은 산업이윤을 극대화하려 했을 경우보다 생산량을 공격적으로 확대하게 된다. 모든 디램 생산업체가 이런 방법으로 행동할 경우 시장가격은 독점가격보다 낮아야만 한다.

산업 판매액 중 한 기업이 차지하는 비중이 적으면 적을수록, 생산량을 확대함으로써 나타나는 사적 이득과 수입 감소 사이의 일탈이 더 커진다. 이는 해당 산업에서 기업의 수가 증가할 경우 쿠르노 균형은 독점 균형으로부터 더욱 벗어나게 된다는 의미이다. 〈표 13.2〉는 삼성과 SK의 예에서처럼 동일한 수요곡선과 비용곡선을 갖는 쿠르노 과점에서의 균형가격, 이윤, 생산량을 제시함으로써 이런 사실을 보여 주고 있다.[11] 균형가격 및 기업당 이윤은 기업의 수가 증가함에 따라 감소한다.

정리문제 13.1 그리고 앞 장들에서 살펴본 정리문제들을 종합적으로 생각해 보면 독점, 쿠르노 복점, 완전경쟁의 경우에 대해서 개별 기업의 균형량, 시장 균형가격, 시장 균형량을 어떻게 계산하는지 알 수 있다. 정리문제 13.2의 상황하에서 이런 계산을 할 경우 〈표 13.3〉에 요약되어 있는 결과를 구할 수 있다. 이 표에서 알 수 있는 것처럼 다른 세 개의 시장구조는 N개 기업의 쿠르노

표 13.2	다양한 기업의 수에 대한 쿠르노 균형			
기업의 수	가격(달러)	시장의 수량	기업당 이윤(달러)	총이윤(달러)
1(독점)	55.0	45.0	2,025	2,025
2	40.0	60.0	900	1,800
3	32.5	67.5	506	1,519
5	25.0	75.0	225	1,125
10	18.2	81.8	67	669
100	10.9	89.1	< 1	79
∞(완전경쟁)	10.0	90.0	0	0

---

10 여러분은 혼자 힘으로 이를 구할 수 있어야 한다.
11 정리문제 13.2에서 기업의 수가 둘을 초과하는 경우에 쿠르노 균형을 어떻게 계산하는지 살펴볼 것이다.

선형 수요곡선을 갖는 두 개 이상 기업에 대한 쿠르노 균형 계산하기

시장은 N개의 동일한 기업으로 구성되고 시장수요곡선은 $P = a - bQ$이며, 각 기업의 한계비용은 c라고 가상하자.

문제

(a) 기업당 쿠르노 균형량은 얼마인가?

(b) 시장 균형량 및 균형가격은 얼마인가?

해법

(a) 어떤 한 기업 (이를 기업 1이라고 한다)의 잔여수요곡선은 $P = (a - bX) - bQ_1$이며, 여기서 X는 다른 $N - 1$개 기업들의 혼합 생산량을 나타낸다. 따라서 기업 1의 한계수입곡선은 $MR = (a - bX) - 2bQ_1$이다. 기업 1의 반응함수를 구하기 위해서 해당 기업의 한계수입을 한계비용과 같다고 하면 다음과 같다: $(a - bX) - 2bQ_1 = c$ 또는 $Q_1 = \dfrac{a-c}{2b} - \dfrac{1}{2}X$이다. 기업들은 동일하기 때문에 각 기업은 동일한 양을 생산한다. 따라서 X값은 Q_1에 $N - 1$을 곱한 것이므로 다음과 같아진다: $Q_1 = \dfrac{a-c}{2b} - \dfrac{1}{2}[(N-1)Q_1]$.

기업당 쿠르노 균형량을 구하기 위해서 이 식을 풀어 Q_1에 대한 해법을 구해 보자(이를 Q^*로 다시 쓸 수 있으며, 이는 다음과 같이 임의적인 개별 기업의 생산량을 나타낸다).

$$Q^* = \frac{1}{(N+1)}\left(\frac{a-c}{b}\right)$$

(b) 시장량은 개별 기업량에 N을 곱하여 다음과 같이 구할 수 있다.

$$Q = \frac{N}{(N+1)}\left(\frac{a-c}{b}\right)$$

시장 균형가격을 구하기 위해 Q에 대한 위의 값을 수요곡선식에 대입하면 다음과 같다.

$$P = a - b\frac{N}{(N+1)}\left(\frac{a-c}{b}\right) = \frac{a}{N+1} + \frac{N}{N+1}c$$

N이 커짐에 따라 $N/(N+1)$은 1에 근접한다. 이것이 의미하는 바는 쿠르노 균형량이 완전경쟁 균형량으로 근접하고, 쿠르노 균형가격이 한계비용 c로 근접한다는 것이다.

과점의 특별한 경우라고 볼 수 있다. 즉 $N = 1$(독점), $N = 2$(쿠르노 복점), $N = \infty$(완전경쟁)라고 할 수 있다.

표 13.3 　　**균형의 비교**

시장구조	균형가격	시장 균형량	기업 균형량
독점	$\dfrac{1}{2}a + \dfrac{1}{2}c$	$\dfrac{1}{2}\left(\dfrac{a-c}{b}\right)$	$\dfrac{1}{2}\left(\dfrac{a-c}{b}\right)$
쿠르노 복점	$\dfrac{1}{3}a + \dfrac{2}{3}c$	$\dfrac{2}{3}\left(\dfrac{a-c}{b}\right)$	$\dfrac{1}{3}\left(\dfrac{a-c}{b}\right)$
N개 기업의 쿠르노 과점	$\dfrac{1}{N+1}a + \dfrac{N}{N+1}c$	$\dfrac{1}{N+1}\left(\dfrac{a-c}{b}\right)$	$\dfrac{1}{N+1}\left(\dfrac{a-c}{b}\right)$
완전경쟁	c	$\dfrac{a-c}{b}$	실질적으로 0

쿠르노 균형과 역탄력성 가격책정 규칙

제11장 및 제12장에서는 독점기업의 이윤극대화 조건을 역탄력성 가격책정 규칙(IEPR)으로 어떻게 나타낼 수 있는지 살펴보았다.

$$\frac{P^* - MC}{P^*} = -\frac{1}{\epsilon_{Q,P}}$$

이 식의 왼쪽편(가격에 대한 비율로 나타낸 독점기업 가격과 한계비용의 차이)을 제11장에서는 러너지수라고 하였지만, 이를 또한 **백분율 기여 수익(PCM)**이라고도 한다. 따라서 이 식에 따르면 PCM을, −1을 시장수요의 가격탄력성으로 나눈 것과 같다고 봄으로써 독점기업은 이윤을 극대화한다고 간주한다. 이렇게 수정된 역탄력성 가격책정 규칙은 모든 기업이 동일하고 이들의 한계비용이 MC인 N개 기업의 쿠르노 과점에 있는 개별 기업들에게도 적용된다. 이 경우 쿠르노 균형에 있는 개별 기업의 PCM은 다음과 같다.

$$\frac{P^* - MC}{P^*} = -\frac{1}{N} \times \frac{1}{\epsilon_{Q,P}}$$

여기서 $\epsilon_{Q,P}$는 수요의 시장가격 탄력성이며 N은 시장에 있는 기업의 수이다.

이 수정된 역탄력성 가격책정 규칙에 따르면 시장구조와 기업이 과점시장에서 어떻게 행동하는지 사이에 강한 연계관계가 있음을 알 수 있다. 이에 의하면 산업에 기업이 많이 있을수록 이들의 PCM은 더 작아진다(이는 표 13.2에서 살펴본 관계를 반영하고 있다). 제11장에서 러너지수는 시장지배력을 측정하는 데 일반적으로 사용되었음을 기억하자. 따라서 쿠르노 모형이 의미하는 바는 더 많은 기업이 시장에서 경쟁할수록 시장지배력이 감소한다는 것이다.

베르트랑 과점시장 모형

쿠르노 모형에서 각 기업은 생산할 양을 선택하고 이에 따른 총생산량이 시장가격을 결정한다. 이와 달리 각 기업이 가격을 선택하고 해당 가격에서 자신의 상품에 대한 모든 수요를 충족시킬 준비가 되어 있는 시장을 생각해 볼 수도 있다. 이런 경쟁모형은 프랑스의 수학자 조제프 베르트랑(Joseph Bertrand)이 쿠르노의 저서를 논평하면서 1883년에 처음 제시하였다.[12] 베르트랑은 수량을 선택한다는 행태에 관한 쿠르노 가정을 비판하고 보다 그럴듯한 과점시장 모형은 다른 기업의 가격을 주어진 것으로 보고 각 기업이 가격을 선택하는 모형이라고 주장하였다. 기업들이 일단 가격을 선택하게 되면 자신의 수중에 들어오는 모든 수요를 충족시킬 수 있도록 생산을 조절하게 된

---

12 J. Bertrand, book reviews of Walras's *Theorie Mathematique de la Richese Sociale and Cournot's Researches sur les Principes Mathematiques de la Theorie des Richesses*, reprinted as Chapter 2 in A. F. Daughety, ed., *Cournot Oligopoly: Characterization and Applications* (Cambridge, UK: Cambridge University Press, 1988).

다.[13] 기업들은 동일한 상품을 생산하기 때문에 가장 낮은 가격을 책정한 기업이 전체 시장수요를 차지하고 다른 기업은 아무것도 판매하지 못하게 된다.

베르트랑 가격경쟁을 설명하기 위하여 디램을 생산하는 라이벌 업체인 삼성과 SK의 예를 다시 한 번 생각해 보자. 다른 기업이 책정한 가격을 주어진 것으로 보고 각 기업이 이윤을 극대화하는 가격을 선택할 경우 **베르트랑 균형**(Bertrand equilibrium)이 달성된다. 〈그림 13.2〉의 쿠르노 균형에서 각 기업은 30개를 생산하고 가격 40달러에서 이를 판매했던 사실을 기억하자(그림 13.5의 점 E). 이 또한 베르트랑 균형인가? 대답은 '그렇지 않다'이다. 그 이유를 알아보기 위하여 〈그림 13.5〉에서 삼성의 가격책정 문제를 생각해 보자. SK의 가격을 40달러에 고정된 것으로 보면 삼성의 수요곡선은 40달러 미만의 가격에서 시장수요곡선 D_M과 상응하며, 40달러를 초과하는 가격에서는 수직축과 상응하는 꺾어진 선분이다. 삼성이 SK의 가격보다 약간 싼 39달러를 책정할 경우 SK의 모든 판매분을 차지하고 추가적으로 수요 또한 한 단위 더 촉진하게 된다. 따라서 삼성의 가격은 이전보다 낮아졌지만 수량이 두 배를 초과하여 증가함으로써 낮아진 가격을 보상하고도 남는다. 결과적으로 삼성은 (추가적으로 판매한 수량을 통해 얻은 이득을 나타내는) 면적 B에서 (더 높은 가격인 40달러에서 30개를 판매할 수 있었다는 사실에서 비롯된 이윤의 감소를 나타내는) 면적 A를 감한 만큼 이윤을 증대시킬 수 있다.

하지만 P_S = 39달러 및 P_{SK} = 40달러도 역시 균형이 될 수 없다는 사실에 주목하자. 이 가격에서는 SK는 삼성보다 싸게 가격을 책정함으로써 이윤을 얻을 수 있다. 실제로 두 기업이 공통의 한계비용인 10달러를 초과하여 가격을 설정하는 한 경쟁기업보다 약간 싸게 가격을 책정함으로

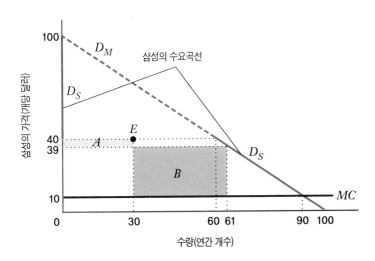

그림 13.5 베르트랑 가격경쟁

SK의 가격이 40달러인 경우 삼성의 수요곡선은 끊어진 선인 D_S이다. 삼성이 가격을 39달러로 책정하게 되면 면적 B에서 면적 A를 뺀 만큼 자신의 이윤을 증가시킬 수 있다. 이것이 의미하는 바는 각각 30개를 생산하면서 가격을 40달러로 책정한 각 기업은 베르트랑 균형이 아니라는 점이다.

---

13 베르트랑은 다음과 같이 기술하였다. "(수량을) 독립변수로 취급함으로써 (쿠르노는) 한 수량이 소유주의 의지에 따라 변화하고 다른 수량은 불변하다고 가정한다. 이 반대도 물론 진실이다."

써 언제나 자신의 이윤을 증대시킬 수 있다. 이것은 각 기업이 한계비용 10달러와 동일한 가격을 책정할 경우에 베르트랑 모형에서 가능한 유일한 균형이 달성될 수 있다는 의미이다. 이 점에서 어느 기업도 가격을 변화시킴으로써 상황을 더 나아지게 할 수 없다. 어느 기업이 가격을 더 낮출 경우 판매한 각 수량에 대해 금전적인 손해를 보게 된다. 어느 기업이 가격을 인상할 경우 아무것도 판매하지 못하게 된다. 따라서 베르트랑 균형에서 $P = MC = 10$달러가 되며 이에 따른 시장수요는 90개가 된다. 따라서 두 기업하에서의 쿠르노 균형과 달리 두 기업하에서의 베르트랑 균형에서는 많은 기업이 있는 완전경쟁시장과 동일한 결과에 이른다.

쿠르노 균형과 베르트랑 균형이 상이한 이유는 무엇인가

쿠르노 모형과 베르트랑 모형은 과점경쟁하에서 나타나게 되는 수량, 가격, 이윤에 대해 판이하게 다른 예측을 한다. 쿠르노 모형에서 균형가격은 일반적으로 한계비용을 초과하여 형성되며 쿠르노 균형가격은 시장에서 경쟁기업의 수가 많아질 경우에만 완전경쟁가격에 근접하게 된다. 반면에 베르트랑 모형에서는 두 기업 사이의 경쟁만으로도 충분히 완전경쟁 균형에 다다를 수 있다. 두 모형 사이의 이런 차이를 어떻게 조화시킬 수 있을까?

한 가지 방법은 쿠르노 경쟁과 베르트랑 경쟁이 서로 상이한 시간의 틀에서 이루어진다는 점을 인정하는 것이다. 쿠르노 경쟁기업은 먼저 생산설비 규모를 선택하고 나서 이 설비 규모가 주어진 것으로 보고 가격책정자로서 경쟁한다고 보는 것이다. (처음에 생산설비 규모를 선택하고 나서 가격을 선택하는) '2단계' 경쟁의 결과를 수량 면에서 쿠르노 균형과 동일하다고 할 수 있다.[14] 이런 관점에서 본다면 위에서 논의한 베르트랑 모형은 한계비용보다 크거나 또는 같은 가격 수준에서의 시장수요를 충족시키는 데 필요한 생산설비보다 더 많은 설비를 두 기업이 갖고 있는 경우에 일어나는 단기간의 가격경쟁으로 생각할 수 있다.

쿠르노 모형과 베르트랑 모형의 차이를 이해하는 또 다른 방법은 한 기업이 경쟁적인 조치를 취할 경우 라이벌 기업이 이에 대해 어떻게 반응하는지에 관해 상이한 가정을 한다는 점을 인정하는 것이다. 라이벌 기업의 생산량을 주어진 것으로 보는 쿠르노 가정에 대한 한 가지 해석은 다음과 같다. 두 기업의 판매량이 일정하게 유지되도록 경쟁기업이 가격 변화에 즉각적으로 대응한다고 해당 기업이 실제로 믿는다는 것이다. 이런 기대는 기업들이 생산율보다 자신들의 가격을 보다 신속하게 조절할 수 있는, 예를 들면 광산이나 화학산업 같은 경우에 적절하다. 따라서 쿠르노 시장에서 한 기업이 가격을 낮출 경우 이 기업은 라이벌 기업으로부터 고객을 '탈취할' 것이라 기대하지 않는다. 고객을 탈취할 수 없으므로 쿠르노 경쟁기업은 베르트랑 경쟁기업보다 덜 공격적으로 행동하게 된다. 따라서 쿠르노 균형의 결과는 독점균형은 아니지만 양의 이윤이 발생하고 가격은

---

14 쿠르노 균형은 (어떤 상황하에서) 기업이 먼저 생산설비 규모를 선택하고 나서 가격을 선택하는 '2단계 게임'의 결과로 나타날 수 있다는 사고는 다음 연구에서 비롯된다. D. Kreps and J. Scheinkman, "Quantity Precommitment and Bertrand Competition Yield Cournot Outcomes," *Bell Journal of Economics*, 14(1983): 326–337.

한계비용을 초과하게 된다.

반면에 해당 기업들의 제품이 완전 대체재인 경우 베르트랑 기업은 가격을 약간 인하함으로써 경쟁기업으로부터 고객을 유인해 낼 수 있다고 생각하며 이런 추가수요를 충족시킬 수 있는 충분한 생산설비 능력을 갖고 있다고 본다. 이런 생각은 많은 초과 시설을 갖고 있었던 예를 들면 2000년대 초 미국 항공산업 시장과 같은 경우에 적합할 수 있다. 그 당시 많은 항공사가 경쟁기업보다 낮은 가격으로 항공료를 인하하지 않을 경우 항공기를 공석으로 운항하게 될 것이라고 생각했다. 물론 시장에 있는 모든 기업이 이렇게 생각할 경우 가격인하를 통해 경쟁기업으로부터 고객을 유인하려 할 것이다. 균형에서 가격은 한계비용으로 낮아지고 각 기업의 이윤은 영이 된다.

슈타켈버그 과점시장 모형

수량을 설정하는 쿠르노 모형에서 두 기업은 자신들의 수량을 동시에 선택한다고 가정한다. 하지만 어떤 상황에서는 다른 기업이 선택을 하기 전에 먼저 자신의 수량을 선택한다고 가정하는 것이 더 자연스러울 수도 있다. 이런 가정은 수량을 생산용량 수준으로 간주할 경우 특히 적합하다. 많은 과점산업에서 생산용량을 확장하는 결정은 동시에 이루어지기보다는 순차적으로 이루어지는 경향이 있다. 예를 들면 1950년대 및 1960년대의 미국 터빈 발전기 산업에서 웨스팅하우스사와 앨리스–찰머스사는 이 산업의 선도자인 제너럴 일렉트릭사가 생산능력을 확대하고 난 후에야 주요한 생산능력 확장에 착수했다.[15]

슈타켈버그 과점시장 모형(Stackelberg model of oligopoly)은 한 기업이 수량 선도자로서 행동하는 경우에 적합한 이론이다. 즉 한 기업이 먼저 수량을 선택하고 추종자로서 행동하는 모든 다른 기업들이 선도자가 결정한 후에 수량을 결정하는 상황과 관련된 모형이다. 이 모형을 설명하기 위해서 디램 시장의 예를 사용할 것이다. 여기서는 삼성(기업 1)이 슈타켈버그 선도자로서 행동하고 자신의 생산량을 먼저 선택하며 SK(기업 2)는 슈타켈버그 추종자로서 행동하고 선도자가 선택을 한 후에 자신의 생산량을 선택한다.

먼저 **추종자**의 이윤극대화 문제를 생각해 봄으로써 슈타켈버그 모형을 분석하고자 한다. 추종자인 SK는 선도자가 선택한 수량이 Q_1이라는 사실을 알고 있으며 이 수량에 대해 이윤을 극대화하는 반응을 하고자 한다. 삼성이 선택한 Q_1에 대한 SK의 이윤극대화 반응은 쿠르노 모형에서 SK의 반응함수로 나타냈다. 정리문제 13.1에서 이런 반응함수를 도출하였다. 즉 $Q_2 = 45 - Q_1/2$이며 〈그림 13.6〉은 이것의 그래프를 R_{SK}로 보여 주고 있다.

이제는 삼성이 할 일을 생각해 보자. 삼성이 SK가 이윤을 극대화하는 기업으로 행동한다는 사실을 알고 있다면, SK는 자신의 반응함수, 즉 R_{SK}에 따라 자신의 생산량을 선택할 것이라는 것을 인지하게 될 것이다. 이것이 의미하는 바는 삼성이 자신이 선택한 생산량 Q_1에 의해 자신의 반응

---

15 다음을 참조하라. Ralph Sultan, *Pricing in the Electrical Oligopoly*, *Volume II* (Cambridge, MA: Harvard University Press, 1975).

함수 상의 어딘가에 산업을 배치할 수 있다는 것이다. 예를 들면 〈그림 13.6〉에서 보는 것처럼 삼성이 $Q_1 = 15$를 선택할 경우 SK는 생산량으로 37.5개를 선택하여 해당 산업이 점 A에 위치하게 된다. 반면에 삼성이 $Q_1 = 60$을 선택할 경우 SK는 생산량으로 15개를 선택하여 해당 산업은 점 F에 위치한다.

삼성은 어떤 생산량을 선택해야만 하는가? 삼성은 자신의 이윤을 극대화하는 생산량을 선택해야만 한다. 이윤을 극대화하는 수량이 어디에 위치하는지 알아보기 위해 〈그림 13.6〉의 위쪽에 있는 표를 살펴보도록 하자. 이 표는 시장가격과 SK 반응함수 상의 여러 점에서 삼성의 이윤을 보여 주고 있다. 예를 들어 (삼성이 15개 생산하고 SK의 최선의 대응이 37.5개 생산하는) 점 A에서 시장가격은 개당 $(100 - 15 - 37.5) = 47.5$달러가 되며 삼성의 이윤은 (47.5달러 − 10달러) × 15 = 562.50달러가 된다. 표가 보여 주는 여러 점 가운데 삼성이 최고의 이윤을 낼 수 있는 생산량은 점 S가 된다. 이 점에서 삼성은 45개를 생산하고 SK는 22.5개를 생산하게 된다.

이는 간단한 계산을 통하여 입증할 수 있다. 시장수요곡선은 식 $P = 100 - Q_1 - Q_2$로 나타낼 수 있다는 사실을 기억하자. $Q_2 = 45 - Q_1/2$이 되도록 Q가 선택되기 때문에 시장가격은 궁극적으로 삼성이 선택한 생산량에 의존하게 되며 이는 다음과 같다: $P = 100 - Q_1 - (45 - Q_1/2)$ 또는 $P = 55 - Q_1/2$. 이 식은 선도자의 생산량 선택에 대한 추종자의 반응을 고려하여 시장가격이 선도자가 선택한 생산량의 함수로 어떻게 변화하는지 알려 준다는 점에서, 슈타켈버그 선도자가 직면하는 잔여수요곡선으로 간주될 수 있다.

이제 삼성의 최적생산량 선택은 쉽게 구할 수 있다. 선도자의 잔여수요곡선에 상응하는 한계수

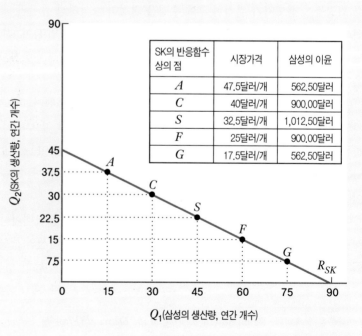

SK의 반응함수 상의 점	시장가격	삼성의 이윤
A	47.5달러/개	562.50달러
C	40달러/개	900.00달러
S	32.5달러/개	1,012.50달러
F	25달러/개	900.00달러
G	17.5달러/개	562.50달러

그림 13.6 슈타켈버그 모형과 추종자의 이윤극대화

선분 R_{SK}는 SK의 반응함수이다. 위쪽에 있는 표는 반응함수 상의 여러 점에서 시장가격과 삼성의 이윤을 보여 주고 있다. 슈타켈버그 모형에서 선도자(삼성)는 자신의 이윤을 가능한 한 많게 해 주는 추종자(SK)의 반응함수 상에 있는 점을 선택한다.

Q_2(SK의 생산량, 연간 개수)

Q_1(삼성의 생산량, 연간 개수)

입곡선을 도출할 수 있으며, 이 한계수입이 선도자의 한계비용과 같아지는 생산량을 구할 수 있다. 관련된 한계수입곡선은 $MR = 55 - Q_1$이며 이 한계수입과 삼성의 한계비용이 같다고 보면 다음과 같다.

$$55 - Q_1 = 10 \text{ 또는 } Q_1 = 45$$

선도자가 선택한 이 생산량에 대해 추종자가 선택한 생산량은 다음과 같다: $Q_2 = 45 - 45/2 = 22.5$.

슈타켈버그 균형점(점 S)이 쿠르노 균형점(점 C)과 상이하다는 사실에 주목하자. 대칭적이었던 쿠르노 균형점과 달리 슈타켈버그 균형점에서 선도자는 추종자보다 더 많이(실제로 정확히 두 배) 생산한다. 쿠르노 균형에서보다 슈타켈버그 균형에서 시장가격은 더 낮지만(그림 13.6에서 점 S의 시장가격과 점 C의 시장가격을 비교해 보자) 슈타켈버그 균형에서 선도자가 갖는 이윤은 쿠르노 균형에서 갖는 이윤보다 더 높다. 이를 통해 과점기업은 자신의 생산량을 먼저 선택함으로써 이득을 보게 된다는 사실을 알 수 있다. 이런 이득은 어떻게 얻게 되는가? 간단히 말한다면 선도자인 삼성은 자신의 생산량을 먼저 선택함으로써 SK의 생산량 선택을 자신에게 유리하게 '조작'할 수 있다. 특히 삼성이 쿠르노 균형량보다 더 많은 생산량을 선택할 경우 SK는 최적의 반응으로 쿠르노 균형량보다 더 적은 생산량을 선택해야 하는 입장이 된다(이는 SK의 반응함수 기울기가 하향한다는 사실에서 알 수 있다). 삼성이 점 S에서 상대적으로 더 많은 수량을 생산하기로 결정했다는 사실을 SK 경영진이 인지했을 때 어떻게 대응할지를 생각해 보면 SK가 이런 입장에 서게 되는 이유를 직관적으로 알 수 있다. 다음과 같은 SK 경영진의 대응을 생각해 보자.

삼성이 45개를 생산하기로 결정을 내렸다니 너무 많은 수량이다. 생산량이 그 정도가 되면 시장가격은 55달러 이상이 될 수 없으며 이 가격은 우리가 전혀 생산하지 않을 경우에만 가능한 가격이다! ($P = 100 - 45 = 55$). 상황이 이렇게 되면 우리가 다소 곤란한 입장에 놓이게 된다. 우리가 삼성과 동일한 수량을 생산하거나 그에 근접한 양을 생산하게 되면 시장가격이 폭락하여 곤란한 상황에 처하게 된다. 솔직히 말해 삼성의 결정에 대해 우리가 대응할 운신의 폭은 매우 좁다. 우리가 할 수 있는 최선의 길은 생산량을 다소 보수적으로 선택하는 것이다. 물론 우리는 삼성과 같은 수준의 시장점유를 선택할 수 없다. 다만 적절히 하락한 수준으로 시장가격이 유지되도록 하는 수밖에 없다. 삼성 경영진은 선제적인 결정을 내림으로써 우리를 곤란한 입장에 처하게 하였다.

슈타켈버그 과점모형은 한 게임 참가자가 다른 게임 참가자가 진행하기 전에 먼저 진행하는 순차게임의 특별한 예이다. 제14장에서 순차게임에 대해 살펴볼 것이며 게임에서 먼저 행위를 취할 수 있는 능력과 관련된 전략적 가치가 있을 수 있다는 점을 알게 될 것이다.

13.3 지배적 기업시장

일부 산업에서는 경제학자들이 지배적 기업이라고 하는 경우인 시장에서 점유율이 압도적으로 높은 단일기업이 시장점유율이 낮은 많은 소규모 기업과 경쟁을 한다. 앞에서 살펴본 것처럼 3M 은 미국의 투명한 접착 테이프 시장에서 지배적 기업이며, 하인즈는 미국 및 유럽의 케첩 시장을 지배하고 있다. 전자의 시장점유율은 약 60%이며, 후자는 약 80%이다.[16] 일찍이 제너럴 일렉트릭, 유에스 스틸, 알코아는 각각 미국의 전구, 철강, 알루미늄 산업을 지배하였다.

〈그림 13.7〉은 지배적 기업에 의한 가격책정 모형을 보여 주고 있다. 시장수요는 D_M이 된다. 지배적 기업은 시장가격을 책정하고 해당 산업의 경쟁적인 외변을 구성하는 일단의 소규모 기업과 시장수요를 분할하여 갖게 된다. 외변기업들은 동일한 물품을 생산하며 완전경쟁기업으로서 행동한다. 각 기업은 시장가격을 주어진 것으로 보고 생산량을 선택하게 된다. 곡선 S_F는 경쟁적인 외변기업의 공급곡선이 된다.[17]

지배적 기업의 문제는 이 기업의 가격이 경쟁적인 외변기업의 공급에 어떤 영향을 미치는지를 고려하면서 자신의 이윤을 극대화하는 가격을 구하는 것이다. 이 문제를 해결하기 위하여 지배적 기업의 잔여수요곡선을 확인해 볼 필요가 있다. 이 곡선을 통해 지배적 기업이 상이한 가격에서 얼마만큼을 판매하려는지 알 수 있다. 각 가격수준에서 시장수요로부터 외변기업들의 공급을 감

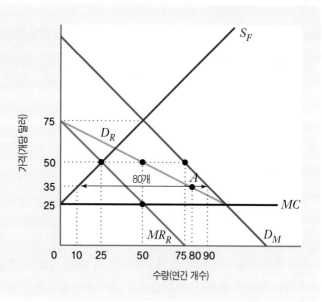

그림 13.7 지배적 기업이 존재하는 시장

지배적 기업의 잔여수요곡선은 D_R이며 이는 외변기업의 공급곡선 S_F와 시장수요곡선 D_M 사이에 있는 수평선 상의 거리이다. 지배적 기업의 이윤을 극대화하는 수량은 50개이며, 이에 상응하는 이윤을 극대화하려는 가격은 개당 50달러가 된다. 이 가격에서 외변기업은 25개를 공급한다.

---

16 Ken Abala, "The Surprising Economics of Tomato Ketchup," World Economic Forum (July 31, 2018), https://www.weforum.org/agenda/2018/07/a-brief-history-of-ketchup (accessed July 24, 2019).

17 외변기업의 수가 고정되어 있는 경우 S_F는 외변기업의 한계비용곡선을 수평으로 합한 것이다. S_F의 수직축에 대한 절편은 외변기업이 생산량을 공급하는 최저가격을 의미한다.

하고 나면 이를 도출할 수 있다. 예를 들어 가격 35달러에서 시장수요는 90개이며 가격을 추종하는 외변기업은 10개를 공급한다. 따라서 가격 35달러에서 지배적 기업의 잔여수요는 80개가 된다. 〈그림 13.7〉의 점 A, 즉 점 (35달러, 80)은 지배적 기업의 잔여수요곡선 상의 한 점이다. 모든 가격수준에서 D_M과 S_F 사이의 수평거리를 구함으로써 완전한 잔여수요곡선 D_R을 도출할 수 있다. 개당 25달러에 미치지 못하는 가격수준에서 외변기업은 물품을 공급하지 못하며, 지배적 기업의 잔여수요곡선은 시장수요곡선과 일치한다. 75달러에서 지배적 기업의 잔여수요는 영으로 감소하며 외변기업이 전체 시장수요를 충족하게 된다.

지배적 기업은 잔여수요곡선과 관련된 한계수입 MR_R을 〈그림 13.7〉에서 25달러인 한계비용 M_C와 같다고 함으로써 자신의 최적수량 및 최적가격을 구할 수 있다. 지배적 기업의 최적수량은 50개가 된다. 이윤을 극대화하는 가격(개당 50달러)은 수량 50개에 상응하는 잔여수요곡선 상의 가격이다. 가격을 결정하려는 경우 시장수요곡선 D_M이 아닌 잔여수요곡선 D_R을 사용하게 된다. 그 이유는 다양한 시장가격에서 지배적 기업이 얼마나 판매할 수 있는지를 알려 주는 것은 잔여수요곡선이지 시장수요곡선이 아니기 때문이다.

이윤을 극대화하는 가격 50달러에서 시장수요는 연간 75개가 되며 경쟁적인 외변기업은 25개를 공급한다. 외변기업이 물품을 공급하고자 하는 최소가격인 25달러의 두 배가 되는 50달러로 가격을 책정함으로써 지배적 기업은 일부 외변기업이 이윤을 남기면서 운용될 수 있는 가격우산을 형성하게 된다. 이 가격수준에서 지배적 기업도 역시 이윤을 남길 수 있으며 그 금액은 연간 (50달러 − 25달러) × 50, 즉 1,250달러가 된다.

〈그림 13.8〉은 외변 생산업체가 시장에 추가적으로 진입하여 경쟁적인 외변기업의 규모가 성장할 경우 어떤 일이 발생하는지를 보여 준다. 외변기업의 공급곡선은 오른쪽, 즉 S_F에서 S'_F로 회전하게 되고 이에 따라 지배적 기업의 잔여수요곡선은 왼쪽으로, 즉 D_R에서 D'_R로 회전한다. 결과적으로 지배적 기업은 개당 50달러가 아닌 개당 42달러로 낮아진 가격을 책정하게 된다. 지배적 기업의 최적수량은 계속해서 50개이지만 외변기업의 공급은 25개에서 33개로 증가한다.[18] 지배적 기업의 시장점유율은 67%에서 60%로 감소하며 이윤은 1,250달러에서 850달러로 하락한다.

이런 상황에서 외변기업의 진입을 줄이기 위해 지배적 기업이 어떤 조치를 취하지 않는 이유는 무엇인가? 가격 50달러와 42달러는 (예를 들면 특정 연도처럼) 특정 시점에서 지배적 기업의 이윤을 극대화한다. 하지만 외변기업의 진입이 현재 시장가격에 의존할 경우 지배적 기업은 **제한가격책정**(limit pricing) 전략을 따르게 된다. 제한가격책정 전략하에서 지배적 기업은 외변기업에 의한 확장을 줄이기 위해 현재의 이윤을 극대화하는 가격수준 아래로 가격을 유지하게 된다.[19] 제

---

18 이 예에서는 수요곡선과 외변기업의 공급곡선을 도출하는 방법으로 인해 지배적 기업의 이윤을 극대화하는 수량은 계속해서 연간 50개가 된다. 외변기업의 공급곡선이 변화하면 일반적으로 지배적 기업의 이윤을 극대화하는 수량도 변화한다.

19 이 책의 범위는 벗어나지만 외변기업의 팽창이 현재의 산업가격에 의존하는 이유를 알아보는 것은 흥미로운 일이다. 한 가지 가능성은 기존의 외변기업들이 확장계획에 대한 재원을 조달하기 위하여 현재의 이윤에 의존한다는

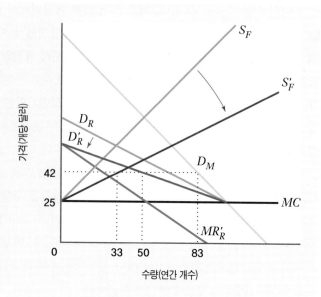

그림 13.8 경쟁적인 외변기업의 규모가 증대될 경우 지배적 기업 시장

외변기업의 규모가 성장할 경우 이들의 공급곡선은 오른쪽, 즉 S'_F로 회전하여 잔여수요곡선을 왼쪽, 즉 D'_R로 이동시킨다. 지배적 기업의 이윤을 극대화하는 새로운 수량은 50개이며 이윤을 극대화하는 가격은 42달러이다. 이 가격에서 외변기업은 83개인 시장 총수요 중 33개를 공급한다.

한가격하에서 지배적 기업은 그렇지 않았다면 얻을 수 있었던 것보다 더 높은 장래 이윤을 유지하기 위하여 현재의 이윤을 희생하게 된다.

제한가격책정 전략은 현재의 높은 가격으로 인해 경쟁적인 외변기업들이 신속하게 팽창될 경우 가장 호소력이 있다.[20] 이 전략은 또한 지배적 기업이 '장기적인 입장'을 취하며 결정을 내릴 때 현재 이윤보다 장래 이윤을 강조할 경우 적절하다. 마지막으로 이 제한가격책정 전략은 지배적 기업이 라이벌 기업에 비해 상당한 비용우위를 가질 경우 매력이 있다. 비용우위로 인해 지배적 기업은 현재 이윤을 많이 희생하지 않고도 진입을 줄일 수 있도록 낮은 가격을 유지할 수 있다.

정리문제 13.3

지배적 기업 모형의 균형 계산하기

전 세계 광산업의 시장수요곡선은 $Q^d = 110 - 10P$라고 가상하자. 여기서 Q^d는 연간 채굴된 광물을 백만 단위로 측정한 것이며 P는 단위당 달러로 측정한 것이다. 이 산업은 한계비용이 단위당 5달러로 일정한 대기업이 지배

하고 있다. 또한 경쟁적인 200개의 외변기업이 있으며 이들 각 기업의 한계비용은 $MC = 5 + 100q$이며 여기서 q는 일반적인 외변기업의 생산량이다.

것이며 가격이 낮아질 경우 현재 이윤도 축소되어 (일부 기업의 경우) 생산시설을 확장하는 데 곤란을 겪게 된다. 하지만 이 점은 (예를 들면 시설확장으로 인해 이윤이 남을 경우 외변기업은 확장계획에 대한 재원을 조달하기 위하여 은행으로부터 대출을 받을 수 있는 것처럼) 미묘한 문제가 있다. 최선의 방법은 산업경제학 및 재무학과 같은 상급 교과목에서 살펴보는 것이다.

20 제한가격책정 문제에 대한 논의는 다음을 참조하라. D. Gaskins, "Dynamic Limit Pricing: Optimal Pricing Under the Threat of Entry," *Journal of Economic Theory*, 3(september 1971): 306-322.

문제

(a) 경쟁적인 외변기업들의 공급곡선 식은 무엇인가?

(b) 지배적 기업의 잔여수요곡선 식은 무엇인가?

(c) 지배적 기업의 이윤을 극대화하는 생산량은 얼마인가? 이에 따른 시장가격은 얼마인가? 이 가격 수준에서 경쟁적인 외변기업들의 생산량은 얼마이며 시장점유율(즉 외변기업의 생산량을 총산업생산량으로 나눈 값)은 얼마인가? 지배적 기업의 시장점유율은 얼마인가?

해법

(a) 경쟁적인 외변기업의 공급곡선을 구하기 위해서 다음과 같은 절차를 밟을 것이다. 가격을 추종하는 각 외변기업은 다음과 같이 시장가격이 한계비용과 같아지는 수준까지 생산을 하게 된다: $P = 5 + 100q$ 또는 $q = (P - 5)/100$. 이 식은 시장가격이 5보다 더 크거나 같은 경우에만 타당하다. 시장가격이 5보다 작을 경우 각 외변기업은 아무것도 생산을 하지 않는다. 이 문제에서 시장가격이 5를 초과하고 외변기업의 공급곡선이 $q = (P - 5)/100$라고 가정하더라도 문제가 되지 않는다. 왜냐하면 지배적 기업의 한계비용은 5이고 가격이 한계비용에 미치지 못하는 경우 이 기업은 운용되지 않기 때문이다. 이런 조건하에서 외변기업의 총공급곡선은 개별 외변기업의 공급곡선에 외변기업의 수(200)를 곱함으로써 다음과 같이 구할 수 있다: $Q^s = (200)(P - 5)/100 = 2P - 10$. 따라서 외변기업들의 총공급곡선은 $Q^s = 2P - 10$이다.

(b) 시장수요곡선으로부터 외변기업들의 총공급곡선을 감하면 잔여수요곡선을 구할 수 있다. Q^r을 잔여수요라고 하면 다음과 같다. $Q^r = Q^d - Q^s = (110 - 10P) - (2P - 10)$이며 여기서 $Q^r = 120 - 12P$이다.

(c) 지배적 기업의 이윤을 극대화하는 생산량을 구하기 위해 잔여수요곡선을 뒤집어서 정리하면 (그리고 위첨자 r을 생략하면) 다음과 같다: $P = 10 - (1/12)Q$. 이에 상응하는 한계수입곡선은 $MR = 10 - (1/6)Q$이다. 한계수입을 한계비용과 같다고 놓으면 $10 - (1/6)Q = 5$가 되고 $Q = 30$(연간 백만 단위)이 된다. 이에 따른 시장가격은 $P = 10 - (1/12)(30) = 7.50$달러(단위당)가 된다. 이 가격에서 외변기업의 총공급은 $2(7.50) - 10 = 5$(연간 백만 단위)가 된다. 이 산업의 총생산량은 35(백만 단위)가 되고 30(백만 단위)은 지배적 기업이 생산하며 5(백만 단위)는 외변기업이 생산한다. 따라서 외변기업의 시장점유율은 $5/(5 + 30) = 14.29\%$가 되며 지배적 기업의 시장점유율은 85.71%가 된다.

13.4 수평적으로 차별화된 상품의 과점시장

예를 들면 맥주, 즉석에서 먹을 수 있는 아침식사용 시리얼, 자동차, 청량음료와 같은 많은 시장에서 기업은 소비자들이 서로 차이가 있다고 생각하는 물품을 판매한다. 제11장에서 상품차별화에 대해 간단하게 논의하였다. 이 절에서는 상품차별화를 보다 깊이 있게 살펴보고 차별화된 상품의 과점시장에서 기업이 서로 어떻게 경쟁하는지 알아볼 것이다.

상품차별화란 무엇인가

경제학자는 두 가지 형태의 상품차별화, 즉 수직적 상품차별화와 수평적 상품차별화를 구별하고 있다. **수직적 차별화**(vertical differentiation)는 열등성 또는 우수성에 관한 것이다. 소비자가 한 상품이 다른 상품보다 더 낮거나 또는 더 못하다고 생각하는 경우 두 상품은 수직적으로 차별화된다. 듀라셀 건전지는 더 오래 지속되기 때문에 상점에서 일반적으로 판매되는 건전지와 수직적으로 차별화된다. 이 때문에 듀라셀 건전지는 일반 건전지보다 확실히 더 우수하다.

수평적 차별화(horizontal differentiation)는 대체성에 관한 것이다. 동일한 가격에서 일부 소비자들은 B를 A의 대체재가 될 수 없다고 보고 A를 구입하며 심지어 A의 가격이 B의 가격보다 더 높은 경우에도 계속해서 A를 구입하는 반면에, 다른 소비자들은 A가 B의 대체재가 될 수 없다고 보고 B를 구입하며 심지어 B의 가격이 A의 가격보다 더 높은 경우에도 계속해서 B를 구입할 때 두 상품 A와 B는 수평적으로 차별화된다. 다이어트 코카콜라와 다이어트 펩시콜라는 수평적으로 차별화된다. 일부 소비자들은 다이어트 펩시콜라가 다이어트 코카콜라의 대체재가 될 수 없다고 생각하는 반면에 다른 소비자들은 다이어트 코카콜라가 다이어트 펩시콜라의 대체재가 될 수 없다고 본다.[21]

수평적 차별화와 수직적 차별화는 상품차별화의 서로 다른 형태이다. 예를 들어 모든 소비자가 듀라셀 건전지가 상점에서 판매되는 일반 건전지보다 두 배 더 지속되기 때문에 더 낫다고 합의할 수 있다. 하지만 모든 소비자가 또한 일반 건전지 두 개가 듀라셀 건전지 한 개와 같다고 생각할 경우 이 두 상품은 수직적으로 차별화되었지만 수평적으로 차별화된 것은 아니다.[22] 일반적인 건전지 가격이 듀라셀 건전지 가격의 절반에 미치지 못할 경우에는 모든 소비자들이 일반 건전지로 교체할 수 있다. 반면에 거의 모든 사람들이 다이어트 코카콜라가 다이어트 펩시콜라보다 명백히 더 높은 품질을 갖고 있다고 강력히 주장하지는 않지만, 일부 소비자들은 다른 상표보다 한 상표에 대해 보다 충성을 할 수 있어서 상품들을 완전 대체재로 간주하지 않는다. 이런 상표들은 수평적으로는 차별화되었지만 수직적으로는 차별화되지 않았다.

수평적 차별화는 과점이론 및 이 장에서 다루게 될 독점적 경쟁이론에서 중요한 개념이다. 〈그림 13.9〉가 보여 주는 것처럼 기업들이 수평적으로 차별화된 물품을 판매할 경우 기울기가 하향하는 수요곡선을 갖게 된다.

수평적 차별화가 약한 〈그림 13.9(a)〉에서 기업의 수요는 자신의 가격 변화와 경쟁기업의 가격 변화에 매우 민감하다. 해당 기업 자신의 가격이 상대적으로 소폭(30달러에서 35달러로) 상승할 경우 수량은 상대적으로 큰폭(40개에서 20개로) 감소한다. 경쟁기업이 부과하는 가격이 소폭 하락할 경우에도 또한 해당 기업이 판매하는 수량은 큰폭 감소하며, 이는 수요곡선이 크게 왼쪽으로, 즉 D에서 D'으로 이동한다는 사실에서 알 수 있다.

---

21 미국의 어떤 대학에서는 일부 학생 및 교직원들이 30피트도 안 떨어진 학생용 커피점에서 판매되는 다이어트 코카콜라보다 온스당 가격이 더 비싼데도 불구하고 자동판매기에서 다이어트 펩시콜라만 계속해서 구입하는 경우를 관찰할 수 있었다.

22 제4장 및 제5장의 표현을 빌리자면 듀라셀 건전지와 상점에서 판매되는 일반 건전지에 대한 소비자 무차별곡선은 선형이 된다. 실제로는 소비자들이 편리성이란 요소 때문에 일반적인 건전지 두 개와 듀라셀 건전지 한 개를 동일하다고 보지 않는다. 보다 오래 지속되는 건전지 한 개는 일반 건전지 두 개보다 공간을 적게 차지하며 자주 교환할 필요도 없다. 여기서는 간단히 하기 위하여 편리성이란 요소를 무시하였다.

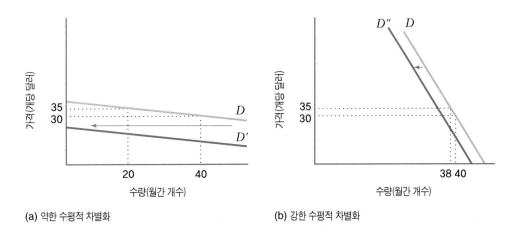

(a) 약한 수평적 차별화   (b) 강한 수평적 차별화

그림 13.9 수평적 차별화 및 기업의 수요곡선

(a)에서는 수평적 차별화가 약하다. 기업 수요곡선 D의 기울기는 하향하지만 수요량이 해당 기업의 가격 변화에 민감하다. 경쟁기업의 가격은 고정되어 있다고 보고 가격이 예를 들면 개당 30달러에서 35달러로 인상될 경우 수요량은 큰폭으로 감소한다. 나아가 경쟁기업이 자신들의 가격을 낮출 경우 해당 기업의 수요곡선은 왼쪽, 즉 D에서 D'으로 큰폭으로 이동한다. 반면에 (b)에서는 수평적 차별화가 강하다. 기업의 수요는 자신의 가격 변화에 그렇게 민감하지 않으며, 경쟁기업이 가격을 인하할 경우에도 해당 기업의 수요곡선은 왼쪽, 즉 D에서 D''으로 소폭 이동할 뿐이다.

수평적 차별화가 강한 〈그림 13.9(b)〉에서 기업의 수요는 자신의 가격 변화와 경쟁기업의 가격 변화에 훨씬 덜 민감하다. 해당 기업 자신의 가격이 소폭(30달러에서 35달러로) 상승할 경우, 수량도 단지 소폭(40개에서 38개로) 감소할 뿐이다. 경쟁기업이 부과하는 가격이 소폭 하락할 경우에도 해당 기업이 판매하는 수량은 단지 소폭 감소할 뿐이며, 이는 수요곡선이 조금 왼쪽으로, 즉 D에서 D''으로 이동한다는 사실에서 알 수 있다.

수평적으로 차별화된 상품하에서의 베르트랑 가격경쟁

차별화된 상품시장에서 기업이 가격을 어떻게 책정하는지 살펴보도록 하자. 이를 위해 베르트랑 가격책정 모형으로 돌아가서 이를 이용하여 수평적으로 차별화된 상품을 다루어 볼 것이다.[23] 이 모형의 특수한 예로서 상품차별화가 상당히 이루어진 시장, 즉 미국의 콜라시장을 생각해 보자.

패리드 가스미, 쿠앙 부옹, 라퐁은 통계적 방법을 사용하여 코카콜라(기업 1)와 펩시콜라(기업 2)의 수요곡선을 다음과 같이 추정하였다.[24]

---

23 차별화된 상품모형에서 경쟁에 대한 쿠르노 수량설정 모형 또한 살펴볼 수 있다. 상품차별화가 이루어지지 않은 쿠르노 모형이 베르트랑 가격모형과 다른 균형에 도달하는 것처럼 상품차별화가 이루어진 쿠르노 수량설정 모형도 이 절에서 살펴볼 베르트랑 모형과 다른 균형가격에 도달한다.

24 F. Gasmi, Q. Vuong, and J. Laffont, "Econometric Analysis of Collusive Behavior in a Soft-Drink Market," *Journal of Economics and Management Strategy* (Summer 1992): 277–311. 숫자를 간단히 하기 위해 이 절에서는

$$Q_1 = 64 - 4P_1 + 2P_2 \qquad\qquad (13.1)$$

$$Q_2 = 50 - 5P_2 + P_1 \qquad\qquad (13.2)$$

이들 3인의 연구는 또한 코카콜라와 펩시콜라의 한계비용이 각각 5달러와 4달러라고 추정하였다.[25] 이런 수요곡선과 한계비용이 주어진 경우 각 기업은 어떤 가격을 책정해야 하는가?

쿠르노 모형에서와 마찬가지로 상대 라이벌 기업의 행동이 주어진 경우 각 기업이 할 수 있는 최선을 다할 때 균형이 이루어진다. 이 균형을 찾아내는 논리는 쿠르노 모형의 논리와 유사하므로 각 기업의 가격 반응함수, 즉 라이벌 기업의 가격의 함수로 나타낸 이윤을 극대화하는 가격을 도출하는 데서부터 시작하자.

코카콜라의 문제를 생각해 보자. 〈그림 13.10(a)〉는 펩시콜라가 가격을 8달러로 설정할 경우 코카콜라의 수요곡선을 보여 준다(펩시콜라의 가격이 8달러라는 사실을 강조하기 위하여 이 곡선을 D_8이라고 표기할 것이다). 이 곡선은 펩시콜라의 가격이 8달러로 고정되어 있는 경우 코카콜라가 다양한 가격수준에서 얼마나 많이 판매할 수 있는지를 알려 준다. D_8은 식 (13.1)을 충족시킨다는 점에 주목하자. 예를 들어 펩시콜라가 가격을 8달러로 책정하고 코카콜라가 7.50달러로 책정

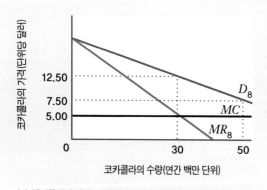

(a) 펩시콜라의 가격 = 8달러인 경우 코카콜라의 이윤 극대화 문제

(b) 펩시콜라의 가격 = 12달러인 경우 코카콜라의 이윤 극대화 문제

그림 13.10 코카콜라의 이윤을 극대화하는 가격설정

MC는 코카콜라의 한계비용곡선이다. 그림 (a) : 펩시콜라의 가격이 8달러인 경우 코카콜라의 수요곡선은 D_8이 되며 이에 상응하는 한계수입곡선은 MR_8이다. 코카콜라는 수량 30단위, 가격 12.50달러에서 이윤을 극대화한다. 그림 (b) : 펩시콜라의 가격이 12달러인 경우 코카콜라의 수요곡선은 D_{12}가 되며 이에 상응하는 한계수입곡선은 MR_{12}이다. 코카콜라는 수량 34단위, 가격 13.50달러에서 이윤을 극대화한다. 이런 사실에 기초하여 〈그림 13.11〉에서 보는 것처럼 코카콜라의 가격반응함수를 도출할 수 있다.

(이 연구의 모형 10에서 발췌한) 이들 3인의 추정값을 반올림하여 정수로 나타내었다. 이들의 연구에서 가격은 인플레이션이 조절되고 단위당 달러로 나타낸 반면에 수량은 콜라 백만 단위로 나타내었다. 여기서 1단위는 열 상자로 정의되며 각 상자에는 24온스짜리 캔 열두 개가 들어 있다.

25 이것들 또한 단위당 달러로 나타낸 것이다.

할 경우 코카콜라는 5,000만 단위를 판매할 수 있다. 코카콜라의 한계수입 MR_8과 한계비용 MC 가 동일하다고 놓으면 이윤을 극대화하는 생산량이 3,000만 단위라는 사실을 알 수 있다. 이 수량 을 판매하기 위하여 코카콜라는 가격을 12.50달러로 책정해야 한다. 따라서 12.50달러는 펩시콜라의 가격 8달러에 대한 최선의 대응이다. 〈그림 13.10(b)〉에 따르면 펩시콜라가 가격을 12달러로 책정할 경우 코카콜라의 최선의 대응은 13.50달러를 부과하는 것이다.

〈그림 13.11〉은 수평축이 P_1을 의미하고 수직축이 P_2를 의미하는 그래프 상에 코카콜라의 반응함수와 펩시콜라의 반응함수를 보여 주고 있다. 코카콜라의 반응함수 R_1은 코카콜라의 이윤을 극대화하는 가격이 펩시콜라의 가격에 따라 어떻게 변화하는지를 알려 준다. 펩시콜라의 반응함수 R_2는 펩시콜라의 이윤을 극대화하는 가격이 코카콜라가 책정한 가격에 어떻게 의존하는지 보여 준다. 〈그림 13.10〉에서 살펴본 코카콜라의 이윤을 극대화하는 가격 (P_1 = 12.50달러, P_2 = 8달러) 및 (P_1 = 13.50달러, P_2 = 12달러)는 R_1 상에 있는 점이라는 사실에 주목하자. 또한 반응함수의 기울기가 상향한다는 점에도 주목하자. 따라서 라이벌 기업의 가격이 낮아질수록 귀사의 가격도 낮아져야만 한다.

베르트랑 균형(점 E)에서는 각 기업이 다른 기업의 가격이 주어진 상태에서 자신의 이윤을 극대화하는 가격을 선택한다.[26] 〈그림 13.11〉에서 이는 두 개의 반응함수가 교차하는 점, 즉 $P_1^* =$ 12.56달러 및 $P_2^* =$ 8.26달러에서 이루어진다. 이 가격을 수요함수에 대입함으로써 코카콜라 및 펩시콜라에 대한 균형량, 즉 $Q_1^* =$ 3,028만 단위 및 $Q_2^* =$ 2,126만 단위를 구할 수 있다. 사실 이

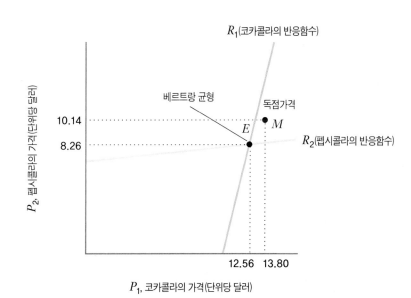

그림 13.11 코카콜라와 펩시콜라의 베르트랑 균형

코카콜라의 반응함수는 R_1이며, 펩시콜라의 반응함수는 R_2이다. 베르트랑 균형은 이들 두 개 반응함수가 교차하는 지점(즉 점 E이며 여기서 코카콜라는 12.56달러를 부과하고 펩시콜라는 8.26달러를 부과한다)에서 이루어진다. 이 균형은 독점균형(즉 점 M이며 여기서 코카콜라는 13.80달러를 부과하고 펩시콜라는 10.14달러를 부과한다)과 상이하다.

---

26 쿠르노 균형처럼 제14장에서는 베르트랑 균형이 내쉬 균형의 특수한 예라는 사실을 살펴볼 것이다. 이런 이유로 인해 일부 교과서에서는 베르트랑 균형을 '가격 면에서의 내쉬 균형'이라고 한다.

들 3인이 연구대상으로 한 기간(1968~1986년)에 (인플레이션이 조정된) 평균가격은 실제로 코카콜라의 경우 12.96달러였으며 펩시콜라의 경우 8.16달러였다. 이에 상응하는 수량은 3,022만 단위 및 2,272만 단위였다. 따라서 베르트랑 모형을 이들 3인이 추정한 수요곡선에 적용할 경우 미국 시장에서 이들 두 기업의 실제 가격행태와 잘 부합된다고 할 수 있다.

펩시콜라의 균형가격이 코카콜라의 균형가격보다 훨씬 더 낮은 이유는 무엇인가? 두 가지 중요한 이유가 있다. 첫째, 펩시콜라의 한계비용이 코카콜라의 한계비용보다 더 낮기 때문이다. 둘째, 약간 복잡한 문제지만 펩시콜라의 수요의 가격탄력성이 코카콜라의 가격탄력성보다 더 크기 때문이다. 균형가격에서 각 기업의 수요의 가격탄력성을 계산해 보면 이를 확인할 수 있다. 그렇게 할 수 없다면 제2장으로 돌아가서 코카콜라와 펩시콜라에 대해 이들 3인이 추정했던 수요의 가격탄력성을 복습해 보자. (제11장에서는) 기울기가 하향하는 수요곡선 상에서의 이윤극대화 문제가 역탄력성 가격책정 규칙을 의미한다고 보았다. 따라서 이 규칙을 코카콜라와 펩시콜라의 가격책정 문제에 적용할 경우 펩시콜라는 코카콜라보다 더 적은 이윤폭을 고려한 가격을 책정하게 된다. 더 낮은 한계비용에 대해 더 작은 이윤폭을 고려한 가격책정이 이루어지면 펩시콜라의 가격이 코카콜라의 가격보다 더 낮아지게 된다.

균형가격이 주어진 경우 코카콜라와 펩시콜라의 가격에 대한 가격과 한계비용 차이의 비율, 즉 PCM은 다음과 같다.

$$\frac{P_1^* - MC_1}{P_1^*} = \frac{12.56 - 5}{12.56} = 0.60 \text{ 또는 } 60\%$$

$$\frac{P_2^* - MC_2}{P_2^*} = \frac{8.26 - 4}{8.26} = 0.52 \text{ 또는 } 52\%$$

이 숫자들의 의미를 해석해 보면 코카콜라의 경우 코카콜라가 판매한 콜라의 매 달러에 대해 마케팅 비용, 회사 간접비, 이자, 조세를 지불하고 60센트가 남는다는 의미이다. 이 비율은 일반적인 미국 제조업체보다 더 높다.[27] 따라서 이 예는 상품차별화가 가격경쟁을 얼마나 낮출 수 있는지를 보여 주고 있다. 코카콜라와 펩시콜라의 경우처럼 상품이 강하게 차별화된 경우 가격을 인하하더라도 완전 대체재인 경우보다 라이벌 기업의 고객을 탈취하는 데 덜 효과적이다. 물론 코카콜라와 펩시콜라는 상품차별화를 달성하는 데 많은 비용을 부담하게 된다. 두 기업은 자신의 제품을 광고하기 위하여 미국에서 수억 달러를 지출하고 있다.

---

27 일반적으로 사용되는 이 비율의 추정값은 미국 제조업 센서스의 자료를 이용하여 다음과 같이 계산된다.

$$PCM \approx \frac{\text{매출액} - \text{원료비용} - \text{공장급료총액}}{\text{매출액}}$$

이 측정값은 원료비용 및 노동비용을 한계비용의 대리변수로 사용하고 있다. 역사적으로 볼 때 이 비율의 측정값은 모든 미국 제조업체의 경우 23~25%에 속한다.

수평적 차별화가 가격경쟁을 낮추기는 하지만 베르트랑 균형가격이 독점가격(즉 펩시콜라와 코카콜라의 결합이윤을 극대화하는 가격)과 일치하지는 않는다. 〈그림 13.11〉이 보여 주는 것처럼(점 M에서) 독점가격은 코카콜라의 경우 약 13.80달러이며 펩시콜라의 경우는 10.14달러이다. 쿠르노 모형에서처럼 독립적으로 이윤을 극대화하는 과점기업은 일반적으로 이윤을 극대화하는 독점기업이 이루었던 것과 같은 결과를 얻을 수 없다. 그 이유는 독립적으로 가격을 결정할 경우 각 기업들이 라이벌 기업에 대해서 가격인하가 갖는 역효과 또는 가격인상이 갖는 유익한 효과를 고려하지 않기 때문이다.

정리문제 13.4

수평적으로 차별화된 상품에서 베르트랑 균형 계산하기

코카콜라 및 펩시콜라의 수요곡선은 각각 $Q_1 = (64 + 2P_2) - 4P_1$ 및 $Q_2 = (50 + P_1) - 5P_2$라고 가상하자. [이는 식 (13.1) 및 (13.2)의 항을 재정리하고 기업이 고정된 것으로 간주하는 항을 강조하여 괄호를 쳐서 구한 것이다.] 코카콜라의 한계비용은 단위당 5달러이고, 펩시콜라의 한계비용은 단위당 4달러이다.

문제

(a) 펩시콜라의 가격이 8달러일 때 코카콜라의 이윤을 극대화하는 가격은 얼마인가?

(b) 코카콜라의 가격 반응함수 식(즉 펩시콜라가 임의적인 가격 P_2를 책정할 경우 코카콜라의 이윤을 극대화하는 가격)은 무엇인가?

(c) 베르트랑 균형에서 코카콜라 및 펩시콜라의 이윤을 극대화하는 가격과 수량은 얼마인가?

해법

(a) $P_2 = 8$을 코카콜라 수요곡선에 대입하면 $Q_1 = (64 + 2(8)) - 4P_1 = 80 - 4P_1$ 또는 $P_1 = 20 - 0.25Q_1$이 된다. 연관된 한계수입곡선은 $MR = 20 - 0.5Q_1$이다. 이것을 코카콜라의 한계비용과 같다고 놓으면 $20 - 0.5Q_1 = 5$ 또는 $Q_1 = 30$이 된다. 이것을 코카콜라의 수요곡선에 대입하면 $P_1 = 20 - 0.25(30)$ 또는 $P_1 =$ 12.50이다. 따라서 펩시콜라 가격이 8달러일 때 코카콜라의 이윤을 극대화하는 가격은 12.50달러이다.

(b) P_1에 대한 코카콜라 수요곡선을 구하면 $P_1 = (16 + P_2/2) - Q_1/4$가 된다. 연관된 한계수입곡선은 $MR = (16 + P_2/2) - Q_1/2$이다. 한계수입과 한계비용을 같다고 놓으면 $(16 + P_2/2) - Q_1/2 = 5$, 또는 $Q_1 = 22 + P_2$이다. 이것을 코카콜라의 수요곡선에 대입하면 $P_1 = (16 + P_2/2) - (22 + P_2)/4$, 또는 $P_1 = 10.5 + P_2/4$가 된다. 이것이 코카콜라의 가격 반응함수 식이다. (펩시콜라의 가격 반응함수 식도 펩시콜라의 잔여수요곡선에서 시작하여 동일한 방법으로 구할 수 있다는 점을 기억하자. 그렇게 하면 $P_2 = 7 + P_1/10$이다.)

(c) 베르트랑 균형은 두 개 반응함수가 같아지는 점(즉 두 개 곡선이 교차하는 점)에서 이루어진다. 따라서 베르트랑 균형가격은 다음과 같은 두 개 기업의 반응함수를 동시에 풀어서 구하는 가격이다: $P_1 - P_2/4 = 10.5$(재정리한 코카콜라의 반응함수) 및 $P_2 - P_1/10 = 7$(재정리한 펩시콜라의 반응함수). 또는 $P_1^* = $ 12.56달러 및 $P_2^* = $ 8.26달러이다. 이 가격들을 각 기업의 잔여수요곡선에 다시 대입하면 베르트랑 균형량, 즉 $Q_1^* = 30.28$ 단위 및 $Q_2^* = 21.26$ 단위를 구할 수 있다.

13.5 독점적 경쟁

독점적 경쟁시장은 다음과 같은 세 가지 특징을 갖는다.[28] 첫째, 시장이 분화되어 있다. 시장이 다수의 매수인과 매도인으로 구성된다. 둘째, 자유로운 진입 및 퇴출이 이루어진다. 기업은 시장에서 경쟁하는 데 필요한 (노동, 자본 등의) 생산요소를 고용할 수 있으며 이것들이 필요하지 않을 때 방출할 수 있다. 셋째, 기업들은 수평적으로 차별화된 상품을 생산한다. 소비자들은 기업의 상품을 서로 불완전한 대체재로 간주한다.

지역 소매시장 및 서비스 시장은 보통 이런 특징을 갖는다. 예를 들어 미국 일리노이주 에번스턴시에 소재하는 레스토랑의 경우를 생각해 보자. 해당 시장은 고도로 분화되어 있다. 예를 들면 에번스턴시 전화번호부의 업종별 영업안내에는 거의 5페이지에 걸쳐 레스토랑의 목록이 기재되어 있다. 에번스턴시의 레스토랑 시장은 또한 진입과 퇴출이 자유롭다. 레스토랑을 경영하고자 하는 사람은 쉽게 임대를 할 수 있고 요리장비를 구입할 수 있으며 종업원을 고용할 수 있다. 2011년에 수록된 업종별 영업안내 목록을 2020년에 수록된 내용과 비교해 보면 괄목할 만한 진입과 퇴출이 이루어졌음을 알 수 있다. 경기가 좋을 때는 새로운 레스토랑이 개업하였으며 레스토랑이 이윤이 남지 않는 것으로 판단될 때는 폐업하였다.

시장분화와 자유로운 진입 및 퇴출은 또한 완전경쟁시장의 특징이기도 하다. 하지만 완전경쟁기업과 달리 에번스턴시의 레스토랑은 상당한 상품차별화가 이루어졌다. 에번스턴시에 존재하는 고객들의 폭넓은 기호에 부응할 수 있도록 (중국 음식점, 태국 음식점, 이탈리아 음식점, 채식주의자 음식점과 같이) 매우 상이한 형태의 레스토랑이 있다. 일부는 정식 레스토랑인 반면에 다른 일부는 일상적인 레스토랑이다. 각 레스토랑은 부근에 거주하거나 근무하는 사람들에게는 편리한 위치에 있지만 거기에 도착하기까지 수 마일을 운전해야 하는 사람들에게는 불편한 장소에 위치한다고 볼 수도 있다.

독점적 경쟁시장에서의 단기 및 장기균형

가격을 선택하면서 독점적 경쟁기업들은 앞 절에서 살펴본 차별화된 상품에서의 과점기업처럼 행동한다. 시장은 분화되어 있지만 상품차별화로 인해서 각 기업의 수요곡선 기울기는 하향한다. 다른 기업들의 가격을 주어진 것으로 볼 경우 각 기업은 자신의 한계수입과 한계비용이 같아지는 점에서 자신의 이윤을 극대화한다.

〈그림 13.12〉는 독점적 경쟁하에서 일반적인 기업이 직면하는 이윤극대화 문제를 설명해 주고 있다. 다른 기업의 가격을 주어진 것으로 볼 경우 해당 기업은 수요함수 D를 경험하게 된다. 기업이 이 수요곡선 상에서 이윤을 극대화할 경우 가격을 43달러로 책정하고 생산량 57개를 생산하게

---

28 독점적 경쟁은 경제학자 에드워드 체임벌린(Edward Chamberlin)에 의해 다음 저서에서 제시되고 발전되었다. *The Theory of Monopolistic Competition* (Cambridge, MA: Harvard University Press, 1933).

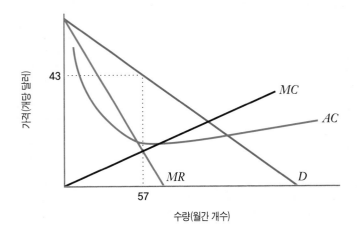

그림 13.12 독점적 경쟁하에서 이윤극대화와 단기균형

각 기업은 수요곡선 D를 직면하게 되며 한계수입 MR과 한계비용 MC가 같아지는 점, 즉 수량 57개 및 가격 43달러에서 이윤을 극대화한다. 이것은 단기균형이지 장기균형은 아니다. 왜냐하면 가격이 기업의 평균비용 AC를 초과하여 새로운 진입기업을 유인하게 될 이윤발생 기회가 존재하기 때문이다.

된다. 가격 43달러는 시장에서 다른 기업이 부과한 가격에 대한 해당 기업의 최선의 대응이다. 차별화된 상품에서 과점시장의 베르트랑 모형처럼 해당 시장에 있는 모든 다른 기업이 책정한 일련의 가격에 대한 최선의 대응이 되는 가격을 각 기업이 책정할 경우 균형에 도달하게 된다. 시장에 있는 각 기업이 가격을 43달러로 책정할 경우 이 조건이 준수된다고 가상하자(시장에 있는 모든 기업은 동일하다고 가정한다).

그렇다면 독점적 경쟁이 차별화된 상품에서의 과점과 다른 이유는 무엇인가? 주요한 차이점은 독점적 경쟁시장을 자유진입으로 특징지을 수 있다는 데 있다. 해당 시장에 이윤이 발생할 기회가 존재하는 경우 신규진입 기업이 이 기회를 차지하는 것처럼 보인다. 〈그림 13.12〉에서 가격 43달러는 기업의 평균비용을 초과한다는 점에 주목하자. 따라서 해당 시장의 일반적인 기업은 양의 경제적 이윤을 얻게 된다. 〈그림 13.12〉의 상황은 단기적인 균형, 즉 라이벌 기업의 행동이 주어진 경우 일반적인 기업이 이윤을 극대화하는 경우이지만 장기균형은 아니다. 기업들은 현존하는 이윤발생의 기회를 이용하기 위하여 해당 시장에 진입할 것으로 기대된다.

보다 많은 기업이 추가적으로 진입을 하게 되면 어떤 일이 발생하는가? 보다 많은 기업이 시장에 진입하게 되면 전체 시장수요 중 각 기업이 차지하는 몫은 감소하게 된다. 이로 인해 일반적인 기업의 수요곡선은 왼쪽으로 이동하게 된다. 기업들이 얻게 되는 경제적 이윤이 영이 될 경우 진입이 중지되고 이에 따라 기업 수요곡선의 왼쪽으로의 이동도 멈추게 된다. 〈그림 13.13〉에서 이는 가격 20달러에서 이루어진다. 산업 평균가격이 20달러인 경우 각 기업의 수요곡선 D'은 평균비용곡선 AC에 접하게 된다. 시장에 있는 기업들은 영의 경제적 이윤을 얻게 된다. 달리 표현하면 기업의 가격과 가변비용의 차액으로는 고정 운용비용과 진입 시 소요되는 주요 비용을 지불할 수 있을 뿐이다. 상황이 이렇게 되면 진입하려는 기업은 시장에 진입할 동기를 잃게 된다.

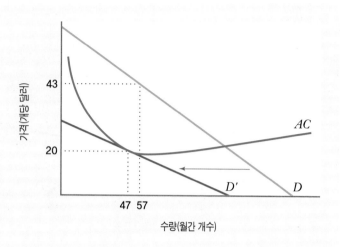

그림 13.13 독점적 경쟁하에서의 장기균형

기업들이 독점적 경쟁시장에 진입하게 되면 각 기업의 수요곡선은 왼쪽, 즉 D에서 D'으로 이동한다. 장기균형은 가격 20달러 및 수량 47개에서 이루어지며, 이 점에서 D'은 평균비용곡선 AC에 접하게되어 기업의 경제적 이윤은 0이 된다.

수요의 가격탄력성, 수익, 시장에 있는 기업의 수

독점적 경쟁시장에서는 기업의 자유로운 진입과 퇴출을 통해 얼마나 많은 기업이 시장에서 궁극적으로 경쟁을 하게 되는지 결정된다. 〈그림 13.14〉는 장기균형에서 나타날 수 있는 두 가지 가능한 결과를 보여 주고 있다.

시장 A에서 소비자가 현존하는 매도인들 사이에서 선택을 할 경우 가격 차이에 민감하게 된다. 이 시장에 있는 매도인들은 매우 가격탄력적인 수요곡선을 갖게 된다. 장기균형에서 가격과 한계

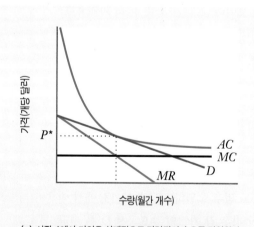

(a) 시장 A에서 기업은 상대적으로 탄력적인 수요를 경험한다.

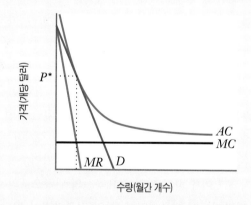

(b) 시장 B에서 기업은 상대적으로 덜 탄력적인 수요를 경험한다.

그림 13.14 수요의 가격탄력성과 장기균형

시장 A에서 기업은 상대적으로 탄력적인 수요를 경험하게 된다. 장기균형에서 가격과 한계비용 사이의 차이인 $P^* - MC$는 작으며 각 기업은 대규모 생산량을 생산한다. 시장 B에서 기업은 상대적으로 덜 탄력적인 수요를 경험하게 된다. 장기균형에서 가격과 한계비용 사이의 차이는 크며 각 기업은 소규모 생산량을 생산한다.

비용 사이의 차이인 수익($P^* - MC$)은 작으며 기업들은 많은 양의 생산물을 생산하게 된다. 반면에 시장 B에서는 소비자들이 경쟁관계에 있는 매도인들 사이의 가격 차이에 특별히 민감하지 않다. 따라서 기업의 수요는 시장 A의 경우처럼 가격에 민감하지 않다. 장기균형에서 가격과 한계비용 사이의 차이인 수익이 크며 각 기업들은 적은 양의 생산물을 생산하게 된다. 균형에서 구입되는 총개수가 시장 A 및 시장 B에서 거의 같은 경우, 시장 B에 있는 각 기업이 시장 A에 있는 각 기업보다 더 적은 수량을 판매하기 때문에 시장 A보다 시장 B에 더 많은 기업들이 있게 된다.

보다 많은 기업이 진입하게 되면 가격이 하락하는가

이 장 앞부분에서 쿠르노 모형에 관해 알아보면서 보다 많은 기업이 시장에서 경쟁을 할 경우 균형가격이 인하된다는 사실을 알게 되었다. 〈그림 13.13〉은 독점적 경쟁시장에서도 유사한 현상이 발생한다는 점을 보여 주고 있다. 이 그림에서 보다 많은 기업이 진입하게 됨에 따라 시장가격이 인하되었다.

하지만 이는 항상 발생하는 현상인가? 반드시 그렇지는 않다. 그 이유를 알아보기 위하여 가격 50달러에서 장기균형이 달성된 독점적 경쟁산업을 보여 주는 〈그림 13.15〉를 생각해 보자. 이제 (그림에서 AC가 AC'으로 이동하는 것으로 나타낼 수 있는) 모든 기업의 평균비용이 하락하였다고 가상하자. 현재 가격 50달러에서 기업은 이제 양의 경제적 이윤을 얻을 수 있으며 이로 인해 기업들이 추가적으로 진입하게 된다. 장기균형이 회복되었을 때 일반 기업의 이윤은 다시 영이 된다. 이는 더 높은 가격인 단위당 55달러에서 달성된다. 보다 많은 기업이 진입하게 됨에 따라 균형가격이 상승하였다.

이런 현상이 일어나는 이유는 무엇 때문인가? 한 가지 이유는 새롭게 진입한 기업들이 기존 기업에 대해 덜 충실한 고객을 유인해 낼 수 있기 때문이다. 즉 기존 기업에 대해 충실한 소규모의 핵심고객은 놔두고 서로 경쟁하고 있는 기존 기업에 대해 다소 차별을 두지 않는 고객을 떼어낼

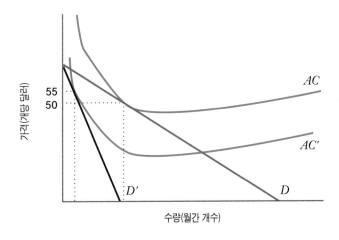

그림 13.15 독점적 경쟁하에서의 균형가격

처음에 시장은 가격 50달러에서 장기균형 상태에 있으며, 각 기업은 수요곡선 D에 직면하고 있다. 평균비용곡선이 AC에서 AC'으로 이동할 경우 기업들은 양의 경제적 이윤을 얻을 수 있다. 보다 많은 기업들이 시장에 진입하여 각 기업의 수요곡선은 D에서 D'으로 이동한다. 새로운 장기균형에서 시장에 더 많은 기업들이 있기는 하지만 가격(55달러)은 이전보다 더 높다.

수 있기 때문이다. 실제로 기업이 해당 시장에 추가적으로 진입하게 되면 기존 기업들은 좁은 특정시장으로 밀려 들어가게 된다. 예를 들어 도시지역 비디오대여 시장의 경우 신규 비디오대여점이 진입하게 되면 기존 점포들은 멀리 떨어진 고객은 잃어버리고 점포에 근접하여 위치한 고객으로 구성된 특정시장에서 점포를 운영하게 된다. 이들은 기존 점포가 편리한 장소에 위치했기 때문에 이 점포에 대해 계속 충실하게 된다. 또 다른 이유로는 보다 많은 기업들이 시장에 진입함에 따라 소비자들이 시장에 있는 모든 매도인의 가격을 알고 이를 비교하는 일이 더욱 어려워진다는 점을 들 수 있다. 가격을 비교하여 구입하는 일이 덜 효율적으로 이루어지는 상황이라면 소비자들은 매도인을 선정하는 데 가격에 덜 민감하게 된다. 위의 두 가지 설명하에서 일반 기업의 수요곡선은 〈그림 13.15〉가 보여 주는 것처럼 더 많은 기업이 진입을 하게 되면 더 가파르게 된다. 신규진입으로 인해 수요가 이런 방법으로 이동하게 되면 각 기업의 생산량은 새로운 평균비용곡선을 따라 더 높은 점으로 이동하게 되는 양만큼 감소하게 된다. 새로운 장기균형에서 보다 많은 기업들이 시장에 있게 되지만 각 기업의 규모는 더 작아지며 더 높은 가격을 부과하게 된다.

요약

- 동질적인 물품의 과점하에서 소수의 기업은 실질적으로 동일한 물품을 판매한다. 지배적 기업의 시장하에서는 한 개 기업이 시장을 대부분 점유하고 많은 소규모 기업들과 경쟁을 하며 이 기업들은 모두 실질적으로 동일한 물품을 생산한다. 차별화된 물품의 과점하에서는 소수의 기업이 차별화된 물품을 판매한다. 독점적 경쟁하에서 많은 기업들은 차별화된 물품을 판매한다.

- 네 개 기업 집중률(4CR) 및 허핀달-허쉬만 지수(HHI)는 시장구조를 설명하는 데 사용되는 두 개의 양적인 측정기준이다.

- 동질적인 물품의 쿠르노 과점모형에서 각 기업은 경쟁기업의 생산량을 주어진 것으로 보고 생산량을 선택하게 된다. 쿠르노 균형에서 각 기업은 다른 기업의 생산량이 주어진 것으로 보고 자신의 이윤을 극대화하는 생산량을 선택하게 된다. 따라서 쿠르노 균형에서는 어떤 기업도 자신의 생산량 선택에 관해 사후에 후회를 하지 않게 된다(정리문제 13.1, 13.2 참조).

- 쿠르노 과점이론은 생산량을 단 한 번에 최종적으로 결정하는 기업에 적합하다. 쿠르노 균형의 결과는 최종적인 근거에 기초하여 동시에 생산량을 선택하며 라이벌 기업의 합리성에 대해 완전히 신뢰한다고 생각하는 기업에게 적합하다.

- 쿠르노 기업은 시장지배력이 있다. 기업이 완전 대체재를 생산하는 시장에 있어 쿠르노 균형가격은 독점가격보다 낮지만 완전경쟁가격보다는 높다(정리문제 13.2 참조).

- 산업에 보다 많은 수의 기업이 있는 경우 쿠르노 균형산업생산량은 증가하고 균형 시장가격은 인하된다.

- 수정된 역탄력성 가격책정 규칙을 이용하여 쿠르노 균형의 특징을 나타낼 수 있다.

- 동질적인 물품의 베르트랑 과점모형에서 각 기업은 다른 기업이 책정한 가격을 주어진 것으로 보고 이윤을 극대화하는 가격을 선택하게 된다. 모든 기업이 같은 일정한 한계비용을 가지며 동질적인 물품을 생산하는 산업에서 베르트랑 균형가격은 한계비용과 같아진다.

- 쿠르노 모형과 베르트랑 모형에서 산업균형에 관한 상이한 예측은 두 가지 방법으로 조화를 이룰 수 있다. 첫째, 쿠르노 모형은 장기적인 생산설비 경쟁과 관련된다고 볼 수 있는 반면에 베르트랑 모형은 시장수요를 충족시킬 수 있는 충분한 생산설비를 갖춘 기업들의 단기적인 가격경쟁과 관련된다고 볼 수 있다. 둘째, 두 모형은 자신의 경쟁적인 행동에 대한 라이벌 기업의 대응에

관해 각 기업이 갖는 기대에 대해서 상이한 가정을 하게 된다.

- 슈타켈버그 과점시장 모형에서는 어떤 한 기업(선도자)이 먼저 자신의 생산량을 결정하고 나서, 다른 기업(추종자)이 해당 생산량을 인지한 후 자신의 생산량을 선택한다.
- 슈타켈버그 모형에서 선도자는 일반적으로 쿠르노 균형에서 보다 더 많은 생산량을 생산하는 반면에 추종자는 쿠르노 균형에서 보다 더 적은 생산량을 선택한다. 선도자는 먼저 자신의 생산량을 선택함으로써 자신에게 유리하도록 추종자의 생산량을 조작할 수 있다. 결과적으로 선도자는 쿠르노 균형에서 보다 더 많은 이윤을 얻을 수 있다.
- 지배적 기업시장에서 지배적 기업은 가격을 책정할 때 경쟁적인 외변기업의 공급곡선을 고려한다. 외변기업의 공급이 시간이 흐름에 따라 증가할 경우 지배적 기업의 가격은 하락하고 시장점유율 또한 감소한다. 이를 방지하기 위해 지배적 기업은 제한가격책정과 같은 전략을 시행할 수 있다(정리문제 13.3 참조).

- 소비자들이 어떤 상품이 다른 상품보다 분명히 더 낫거나 또는 더 못하다고 생각할 경우 두 상품은 수직적으로 차별화된 것이다. 일부 소비자는 어떤 상품이 다른 상품에 대한 대체재가 되지 못한다고 생각하는 반면에 다른 소비자는 반대 의견을 갖는 경우 두 상품은 수평적으로 차별화된 것이다.
- 차별화된 물품의 베르트랑 균형에서 균형가격은 일반적으로 한계비용을 초과하게 된다. 기업 간의 수평적 상품차별화가 큰 경우 가격과 한계비용 사이의 차이도 커질 수 있다(정리문제 13.4 참조).
- 독점적 경쟁시장에는 많은 기업이 존재하며 이들 각 기업은 기울기가 하향하는 수요곡선을 갖게 된다. 모든 다른 기업의 가격이 주어진 것으로 보고 각 기업이 이윤을 극대화하는 가격을 선택할 경우 단기균형이 달성된다. 독점적 경쟁시장의 장기균형에서는 진입이 자유롭게 이루어져 기업의 경제적 이윤은 영이 된다.
- 일부 조건하에서는 독점적 경쟁시장으로 더 많은 기업의 진입이 이루어지게 되면 진입이 이루어지기 전보다 가격이 인상된 상태에서 장기균형이 이루어질 수 있다.

주요 용어

독점적 경쟁	수직적 차별화	지배적 기업시장
동질적 상품의 과점시장	수평적 차별화	차별화된 상품의 과점시장
반응함수	슈타켈버그 과점시장 모형	쿠르노 균형
베르트랑 균형	잔여수요곡선	

복습용 질문

1. 과점시장, 지배적 기업시장, 독점적 경쟁시장을 포함하여 상이한 형태의 시장구조를 특징 짓는 조건을 설명하시오.
2. 다른 기업의 수량 또는 가격이 주어진 경우 한 기업이 이윤을 극대화하는 수량 또는 가격을 어떻게 선택하는지 보여주는 반응함수를 구하시오.
3. 다른 기업의 수량 또는 가격이 주어진 경우 자신의 수량 또는 가격을 선택하는 과점기업에 대한 반응함수를 개략적으로 설명하시오.
4. 쿠르노 과점모형에서 균형을 계산하고, 이를 그래프를 사용하여 설명하시오.
5. 상품이 동질적인 과점시장에서 쿠르노 균형이 베르트랑 균형과 어떻게 상이하며 그 이유는 무엇 때문인지 설명하시오.

6. 슈타켈버그 균형을 구하고 이것이 쿠르노 균형과 어떻게 상이하며 그 이유는 무엇 때문인지 설명하시오.

7. 지배적 기업시장 모형에서 균형을 계산하고 이를 그래프를 사용하여 설명하시오.

8. 수평적 상품차별화와 수직적 상품차별화를 구별하시오.

9. 상품이 차별화된 과점시장에서 수평적 상품차별화가 기업의 수요곡선 형태에 어떤 영향을 미치는지 설명하시오.

10. 상품이 차별화된 과점시장에서 베르트랑 균형을 계산하고 이를 그래프를 사용하여 설명하시오.

11. 독점적 경쟁산업에서 단기균형 및 장기균형을 그래프를 사용하여 설명하시오.

14 게임이론과 전략적 행태

14.1 내쉬균형의 개념

단순게임

게임이론(game theory)의 주요 개념을 소개하기 위하여 우선 가장 쉬운 종류의 게임, 즉 단 한 번의 동시게임을 분석해 보자. 이런 종류의 게임에는 둘 또는 그 이상의 게임참가자가 동시에 단 하나의 결정을 내리게 된다. 예를 들면 북미 자동차 시장에서의 혼다 자동차회사와 도요타 자동차회사 사이의 경쟁을 생각해 보자. 1997년 이 두 회사는 북미에서 새로운 자동차 조립공장을 세울지 여부를 결정해야 했다. 〈표 14.1〉은 이들 두 기업이 내릴 생산능력의 확장에 관한 결정에 따라 미치게 될 잠재적인 충격을 보여 주고 있다. 이 두 게임은 각각 두 가지 선택 또는 **전략**(strategy), 즉 신규공장을 건설할 것인지 또는 건설하지 않을 것인지를 선택하게 되며 이에 따라 네 가지 생산능력 확장 시나리오를 갖게 된다. 어떤 게임에서 게임참가자의 전략은 자신이 직면하는 모든 가능한

표 14.1   도요타와 혼다 사이의 생산능력 확장 게임*

		도요타	
		새로운 조립공장을 건설한다	새로운 조립공장을 건설하지 않는다
혼다	새로운 조립공장을 건설한다	16, 16	20, 15
	새로운 조립공장을 건설하지 않는다	15, 20	18, 18

* 보수는 백만 달러로 나타냈다.

상황에서 취할지도 모를 행동을 의미한다. 단 한 번의 동시게임에서 전략은 단순하여 단 한 번의 결정으로 이루어진다.

〈표 14.1〉에서 각 칸에 첫 번째 기재된 숫자는 각 시나리오하에서 (백만 달러로 측정한) 혼다의 연간 경제적 이윤을 의미하며, 두 번째 기재된 숫자는 (역시 백만 달러로 측정한) 도요타의 연간 경제적 이윤이다.[1] 이 이윤은 게임의 보수를 나타내며 게임참가자들이 선택한 전략을 상이하게 결합할 경우 각 게임참가자가 얻을 것으로 기대되는 총액이다. 〈표 14.1〉의 보수는 이 게임의 게임참가자가 어느 정도 상호의존적인지를 보여 준다. 도요타의 보수는 혼다가 무엇을 선택하느냐에 달려있으며 이 역도 성립한다. 게임이론에서 게임참가자는 자신의 운명을 좀처럼 통제하지 못하게 된다. 〈표 14.1〉의 보수는 가상적이지만 그 당시 두 기업 사이에 존재했던 동적인 면을 정확히 반영하고 있다.

내쉬균형

게임이론은 다음과 같은 질문, "즉 게임에서 일어날 듯한 결과는 무엇인가?"라는 질문에 답하고자 한다. 게임에서 '일어날 듯한 결과'를 알아보기 위해 게임이론가들은 **내쉬균형**(Nash equilibrium)이란 개념을 사용한다. 내쉬균형에서 각 게임참가자들은 해당 게임의 다른 참가자들이 선택한 전략이 주어질 경우 가장 높은 보수를 제공하는 전략을 선택하게 된다. 이런 논리를 종종 들어 보았는가? 제13장을 최근에 읽었다면 그랬을 것이다. 이는 (수량설정 과점에서의) 쿠르노 균형과 (가격설정 과점에서의) 베르트랑 균형을 정의하는 데 사용했던 것과 동일한 논리이다. 이 두 균형에 대한 '개념'은 내쉬균형의 특별한 예이다.

이 게임에서 각 기업에 대한 내쉬균형 전략은 "새로운 조립공장을 건설한다"는 것이다.

- 도요타가 새로운 조립공장을 건설하기로 한 경우 이에 대한 혼다의 최선의 대응은 또한 새로운 조립공장을 건설하는 것이다. 혼다가 신규 공장을 세울 경우 1,600만 달러의 이득을 얻지만 그렇지 않을 경우 단지 1,500만 달러만을 이득으로 얻게 된다(주 : '행' 게임참가자인 혼다의 경우 두 행 사이의 보수를 비교해야 한다).
- 혼다가 새로운 조립공장을 건설하기로 한 경우 이에 대한 도요타의 최선의 대응은 역시 공장을 건설하는 것이다. 도요타가 생산능력을 확장하지 않을 경우 1,500만 달러를 이윤으로 얻게 되는 데 비해 공장을 건설할 경우 1,600만 달러의 이윤을 얻게 된다(주 : '열'게임참가자에 대해서는 두 열 사이의 보수를 비교해야 한다).

---

1 이뿐만 아니라 이 장에 있는 모든 표에서는 다음과 같은 규칙을 따를 것이다. 첫 번째 기재된 숫자는 해당 표의 측면에 명기된 게임참가자의 보수를 의미한다. 이 게임참가자는 표의 여러 행 중에서 선택을 하기 때문에 '행 게임참가자'라고도 한다. 두 번째 기재된 숫자는 표의 위쪽에 명기된 게임참가자의 보수를 말한다. 이 게임참가자는 표의 열에서 선택을 하기 때문에 '열 게임참가자'라고도 한다.

내쉬균형이 게임의 그럴듯한 결과라고 보는 이유는 무엇인가? 아마도 가장 강력한 특성은 내쉬균형 결과가 자기시행적인 면이 있다는 것이다. 각 게임참가자가 다른 게임참가자는 내쉬균형 전략을 선택할 것이라고 기대할 경우 사실 두 당사자 모두 내쉬균형 전략을 선택하게 된다. 내쉬균형에서 기대는 결과와 같아지며 기대된 행태와 실제 행태는 수렴한다. 〈표 14.1〉의 게임이 보여 주는 것처럼 이것이 비내쉬균형 결과에서는 사실이 아닐 수도 있다. 도요타가 (어리석게도) 혼다는 새로운 조립공장을 건설하지 않을 것이라 기대하고 자신의 새로운 공장을 세울 경우 자신의 이익을 추구하는 혼다는 도요타의 기대를 무너뜨리고, 새로운 공장을 건설하여 도요타가 기대한 것보다 도요타의 상황을 악화시킬 수 있다.

용의자의 딜레마

도요타와 혼다 사이의 생산능력 확장 게임을 통해 내쉬균형에 관한 주목할 만한 사실을 알 수 있다. 내쉬균형은 게임참가자의 총이윤을 극대화시키는 결과와 반드시 일치하지 않는다. 도요타와 혼다는 새로운 공장을 건설하지 않음으로써 공동으로 상황이 나아질 수 있다. 그러나 논리적으로 자신의 이익을 추구할 경우 각 당사자는 궁극적으로 공동의 이익과 합치되지 않는 행동을 취하게 된다.

공동의 이익과 자신의 이익이 충돌하는 현상을 종종 **용의자의 딜레마**(prisoners' dilemma)라고 한다. 제13장에서 살펴본 쿠르노 수량설정 모형과 베르트랑 가격설정 모형뿐만 아니라 〈표 14.1〉의 게임도 용의자의 딜레마 게임의 특정한 예가 되며 이는 바로 내쉬균형이 게임참가자의 공동이익을 극대화하는 결과와 일치하지 않는 경우이다. 용의자의 딜레마는 다음과 같은 논리에 기초하고 있다. 범죄 용의자인 동철과 경수는 체포되어 독방 형무소에 구금되었다. 어느 한 명도 유죄를 입증할 실질적인 증거를 갖고 있지 못한 경찰로서는 각 용의자에게 다른 범죄 용의자의 혐의를 자백하게 하여 연루시킬 수 있는 기회를 주고자 한다. 어느 누구도 자백을 하지 않을 경우 둘 다 경범죄로 유죄를 입증받아 단지 1년 동안의 형기를 마치면 된다. 둘 다 자백을 하게 되면 둘 다 더 중대한 범죄에 대해 유죄를 입증받게 되지만 협력을 했으므로 다소 관대한 처벌을 받아 각각 5년 동안의 형기를 마쳐야 한다. 그러나 한 용의자만 자백을 하고 다른 용의자는 자백을 하지 않을 경우 자백한 사람은 방면되고 다른 용의자는 해당 범죄에 대해 유죄를 입증받아 형무소에서 10년을 보내야 한다. 〈표 14.2〉는 이 게임의 보수를 보여 주고 있으며 형기는 음의 보수에 해당된다. 〈표 14.1〉에서

표 14.2	**용의자의 딜레마 게임**		
		동철	
		자백한다	자백하지 않는다
경수	자백한다	$-5, \ -5$	$0, -10$
	자백하지 않는다	$-10, \ \ 0$	$-1, \ -1$

와 마찬가지로 각 칸의 첫 번째 보수는 행 게임참가자 경수의 것이며 두 번째 보수는 열 게임참가자 동철의 것이다.

이 게임에서 내쉬균형은 각 게임참가자가 자백을 하는 것이다. 동철이 자백을 할 경우 경수는 자백을 하지 않기보다는 자백을 함으로써 보다 짧은 형기를 살게 된다. 경수가 자백을 할 경우 동철은 자백을 하지 않기보다는 자백을 함으로써 보다 짧은 형기를 마칠 수 있다. 두 용의자가 자백을 하지 않고 1년 동안만의 형기를 마치게 되면 공동으로 더 나아지겠지만 균형에서 이들 두 용의자는 결국 자백을 하게 되어 5년 동안의 형기를 살게 된다.

용의자의 딜레마에 대해 사회과학 전반에 걸쳐 연구가 폭넓게 이루어지고 있다. 심리학자, 정치학자, 경제학자들은 용의자의 딜레마가 매우 흥미로운 연구주제라는 사실을 알고 있다. 왜냐하면 게임참가자의 개별적인 사적이익과 집단으로서의 공동이익 사이의 관계가 우리 주위에서 매우 상이한 방법으로 나타나기 때문이다. 예를 들어 해당 산업의 모든 기업이 결과적으로 피해를 입게 되지만 기업들은 가격전쟁을 시작한다. 정치가들은 '비난광고'를 통해 생긴 악의와 불신 때문에 선거에서 승리한 당사자가 효율적으로 통치를 못하더라도 이런 비난광고를 한다. 용의자의 딜레마 게임을 분석함으로써 위와 같이 분명히 역효과적인 결과가 발생하는 이유를 이해할 수 있다.

우월전략과 열등전략

우월전략

〈표 14.1〉의 도요타와 혼다 사이의 게임에서 두 기업 각각은 상대기업이 어떤 전략을 선택하는지에 관계없이 "새로운 조립공장을 건설한다"라는 전략을 채택하는 것이 "건설하지 않는다"라는 전략보다 더 낫다(예를 들면 도요타가 새로운 조립공장을 건설할 경우 혼다도 역시 새로운 공장을 세움으로써 1,500만 달러 대신에 1,600만 달러를 벌 수 있다. 도요타가 공장을 세우지 않을 경우에도 혼다는 새로운 공장을 건설함으로써 1,800만 달러 대신에 2,000만 달러를 벌 수 있다). 이런 상황에서 "새로운 조립공장을 건설한다"라는 것이 **우월전략**(dominant strategy)이 된다. 우월전략은 다른 게임참가자가 어떤 전략을 선택하는지에 관계없이 게임참가자가 다른 전략보다 더 낫다고 선택한 전략이다. 어떤 게임참가자가 우월전략을 갖게 되는 경우 해당 전략은 해당 게임참가자의 내쉬균형 전략이 된다.

우월전략이 불가피한 것은 아니다. 많은 게임의 경우 일부 또는 모든 게임참가자가 우월전략을 갖지는 않는다. 예를 들어 〈표 14.3〉에 있는 인도 자동차시장에서 앰버서더('앰비')와 마루티 사이의 생산능력 확장 게임을 생각해 보자. 이 시장에서 마루티는 앰비보다 훨씬 더 크며 더 좋은 자동차를 생산한다. 따라서 생산능력 시나리오가 무엇이든지 간에 마루티는 앰비보다 훨씬 더 많은 이윤을 얻을 수 있다.

이 게임에서 마루티는 우월전략을 갖고 있지 않다. 앰비가 새로운 공장을 세울 경우 마루티는 새로운 공장을 설립하지 않는 것이 더 나으며 앰비가 공장을 세우지 않을 경우에는 새로운 공장

표 14.3	마루티와 앰버서더 사이의 생산능력 확장 게임*		
		앰비	
		새로운 조립공장을 건설한다	새로운 조립공장을 건설하지 않는다
마루티	새로운 조립공장을 건설한다	12, 4	20, 3
	새로운 조립공장을 건설하지 않는다	15, 6	18, 5

* 보수는 백만 루피로 나타냈다.

건립을 선호한다. 마루티에 대해 우월전략이 없는 경우에도 내쉬균형은 아직 존재한다. 즉 앰비는 새로운 공장을 건립하는 것이며 마루티는 그렇게 하지 않는 것이다. 그 이유를 알아보기 위하여 앰비가 새로운 공장을 세울 경우 마루티가 취할 수 있는 최선의 대응은 공장을 설립하지 않는 것이라는 점에 주목하자. 마루티가 공장을 건립하지 않을 경우 1,500만 루피를 획득할 수 있지만 공장을 세울 경우 1,200만 루피밖에 벌지 못한다. 마루티가 공장을 건립하지 않을 경우 이에 대해 앰비가 취할 수 있는 최선의 대응은 공장을 세우는 것이다. 앰비가 공장을 세울 경우 600만 루피를 획득할 수 있지만 세우지 않을 경우 단지 500만 루피밖에 벌지 못한다.

이 게임에서 마루티가 어느 전략을 선택할지를 어떻게 찾아내는지 살펴보는 것은 흥미로운 일이다. 마루티가 보수행렬을 들여다보면 우월전략을 갖고 있지는 않지만 앰비가 "새로운 조립공장을 건설한다"를 선택할 것이라는 사실을 알게 된다. 따라서 마루티는 앰비가 이런 우월전략을 선택할 것으로 추론할 수 있어야만 하고 이런 경우 마루티는 "조립공장을 건설하지 않는다"라는 전략을 선택해야만 한다. 왜냐하면 경쟁사의 '속마음'을 읽고 있는 마루티의 경영진은 경쟁사가 자신들의 우월전략을 선택하고 이는 마루티가 어떤 선택을 해야 하는지를 강제할 것이라는 사실을 알고 있기 때문이다. 게임에서 경쟁하는 게임참가자의 속마음을 읽는다는 것은 자신들의 관점이 아니라 경쟁자의 관점에서 세상을 보는 것으로 게임이론의 가장 귀중한 교훈이다. 배리 네일버프와 아담 브란덴버거는 이를 **타인중심적 추론**이라 하였으며 이는 세상을 자기 자신의 관점에서만 바라보는 **자기중심적 추론**과 대조를 이룬다.[2]

열등전략

우월전략에 상반되는 전략이 **열등전략**(dominated strategy)이다. 게임참가자가 다른 게임참가자가 무엇을 하든지 간에 자신에게 더 높은 이득을 주는 다른 전략을 갖고 있는 경우 처음의 전략을 열등전략이라 한다. 〈표 14.1〉에서는 각 게임참가자가 단지 두 개의 전략을 갖고 있으며 하나가 우월전략인 경우 다른 전략은 열등전략이 되어야만 한다. 그러나 각 게임참가자가 이용할 수 있는 전략이 두 개를 초과하는 경우 게임참가자는 열등전략을 가질 수는 있지만 우월전략은 갖지 않을 수도 있다.

---

2 B. J. Nalebuff and A. M. Brandenberger, *Coopetition* (New York: Currency Doubleday, 1996).

표 14.4	도요타와 혼다 사이의 수정된 생산능력 확장 게임*		
		도요타	
	대규모 조립공장을 건설한다	소규모 조립공장을 건설한다	조립공장을 건설하지 않는다
혼다 대규모 조립공장을 건설한다	0, 0	12, 8	18, 9
소규모 조립공장을 건설한다	8, 12	16, 16	20, 15
조립공장을 건설하지 않는다	9, 18	15, 20	18, 18

* 보수는 백만 달러로 나타냈다.

열등전략을 확인해 보면 어떤 게임참가자도 우월전략을 갖지 않는 게임의 내쉬균형을 추론하는 데 이따금 도움이 된다. 예를 들면 혼다와 도요타의 게임을 다시 생각해 보자. 하지만 이번에는 두 기업이 각각 세 개의 전략, 즉 "조립공장을 건설하지 않는다", "소규모 조립공장을 건설한다", "대규모 조립공장을 건설한다"라는 전략을 갖는다고 가상하자. 〈표 14.4〉는 이 전략들의 보수를 각각 보여 주고 있다.

이 게임에서 어느 게임참가자도 우월전략을 갖고 있지 않으며 두 개가 아닌 세 개의 전략을 갖는 경우 내쉬균형을 발견하는 일은 다소 복잡한 것처럼 보인다. 그러나 각 게임참가자에게 '대규모' 조립공장 건설이 열등전략이라는 점에 주목해 보자. 도요타가 무엇을 하든지 간에 혼다는 '대규모'보다 '소규모' 조립공장 건설을 선택할 경우 언제나 더 나아진다. 마찬가지로 혼다가 무엇을 하든지 간에 도요타는 '대규모'보다 '소규모' 조립공장 건설을 선택할 경우 언제나 더 나아진다. 각 게임참가자가 다른 게임참가자의 이득에 관해 생각할 경우, 즉 각 게임참가자가 타인중심적 추론을 할 경우 상대 게임참가자가 '대규모' 조립공장 건설을 선택하지 않을 것이라 결론을 내리게 된다. 각 게임참가자가 다른 게임참가자는 '대규모' 조립공장 건설을 선택하지 않을 것이라고 가정할 경우 (그리고 자신도 '대규모' 조립공장 건설을 선택하지 않는다고 가정할 경우) 〈표 14.4〉의 3 × 3 게임은 〈표 14.5〉의 2 × 2 게임으로 축소된다.

이 게임은 눈에 익지 않은가? 〈표 14.1〉의 게임과 동일한 것으로 자주 보던 게임이다. 〈표 14.1〉에서처럼 이 축소된 게임에서 각 게임참가자들은 이제 우월전략, 즉 '소규모' 조립공장 건설이란 전략을 갖게 된다. 열등전략을 제거함으로써 각 게임참가자의 우월전략을 발견할 수 있으며

표 14.5	열등전략을 제거한 후 도요타와 혼다 사이의 수정된 생산능력 확장 게임*	
	도요타	
	소규모 조립공장을 건설한다	조립공장을 건설하지 않는다
혼다 소규모 조립공장을 건설한다	16, 16	20, 15
조립공장을 건설하지 않는다	15, 20	18, 18

* 보수는 백만 달러로 나타냈다.

이로 인해 축소되기 이전 게임에서의 내쉬균형을 발견할 수 있다.[3] 〈표 14.4〉의 게임에서 내쉬균형은 각 기업이 소규모 공장을 건설하는 것이다. 그런데 이를 〈표 14.4〉에서 직접 증명할 수도 있다. 즉 도요타가 '소규모' 조립공장 건설을 선택할 경우 이에 대한 혼다의 최선의 대응은 '소규모' 조립공장 건설을 선택하는 것이다. 만일 혼다가 '소규모' 조립공장 건설을 선택한다면 이에 대한 도요타의 최선의 대응도 역시 '소규모' 조립공장을 건설하는 것이다.

요약 : 우월전략을 확인하고 열등전략을 제거하여 내쉬균형을 발견하기

다음과 같이 이 절의 주요한 결론을 요약할 수 있다.

- 두 게임참가자가 우월전략을 가질 경우에는 언제나 해당 전략들이 해당 게임의 내쉬균형을 구성한다.
- 단지 한 게임참가자만이 우월전략을 갖는 경우 이 전략이 해당 게임참가자의 내쉬균형 전략이 된다. 다른 게임참가자의 내쉬균형 전략은 첫 번째 게임참가자의 우월전략에 대한 해당 게임참가자의 최선의 대응을 확인해 봄으로써 알 수 있다.
- 어떤 게임참가자도 우월전략을 갖지는 않지만 둘 다 열등전략을 갖는 경우 한 게임참가자의 열등전략을 제거하고 나서 다른 게임참가자의 열등전략을 제거함으로써 종종 내쉬균형을 추론할 수 있다. 열등전략을 제거하고 나면 거의 언제나 게임 분석을 단순화시킬 수 있다.

정리문제 14.1

내쉬균형을 발견하기 : 코카콜라 대 펩시콜라

제13장에서는 코카콜라와 펩시콜라 사이의 가격경쟁에 대해 알아보았다. 〈표 14.6〉은 이런 경쟁을 표의 형태로 설명하고 있다. 이 표는 각 기업이 책정하는 가격들의 다양한 결합에 대해 코카콜라와 펩시콜라가 얻는 이윤을 보여 준다.

문제

이 게임에서 내쉬균형을 찾아보아라.

해법

각 기업이 네 개의 전략을 갖고 있어 이 게임은 매우 복잡한 게임처럼 보인다. 그러나 우월전략을 찾아봄으로써 이를 크게 단순화시킬 수 있다. 펩시콜라의 경우 8.25달러의 가격이 우월전략이 된다. 그 이유를 알아보기 위해 표의 네 개 행에 있는 펩시콜라의 보수를 비교해 보자. 펩시콜라의 보수는 다른 행보다 가격이 8.25달러인 세 번째 행에서 언제나 더 높다. 따라서 펩시콜라에게 있어 가격 8.25달러가 우월전략이 되며 다른 세 개의 가격(6.25달러, 7.25달러, 9.25달러)은 펩시콜라에게 열등전략이 된다. 〈표 14.6a〉에서 이들 전략에 대해 선을 그음으로써 열등전략을 제거하였다는 사실에 주목하자.

이제는 실질적으로 문제가 해결되었다. 코카콜라가 펩

---

3 이는 쿠르노 균형이 삼성과 SK 사이 단 한 번의 수량게임의 자연적인 결과라고 했던 제13장에서 사용한 것과 동일한 논리이다.

시콜라는 자신의 우월전략을 따를 것이라 가정할 경우 코 카콜라는 펩시콜라가 가격을 8.25달러로 책정할 것이라 기대하게 된다. 이 가격이 주어진 경우 코카콜라의 최선 의 대응은 가격을 12.50달러에 책정하는 것이다.

이 게임에서 내쉬균형은 펩시콜라가 가격을 8.25달러 에 책정하고 코카콜라는 12.50달러로 책정하는 것이다. 이는 제13장에서 도출한 균형과 상응한다.

표 14.6	코카콜라와 펩시콜라 사이의 가격경쟁*			
			코카콜라	
	10.50달러	11.50달러	12.50달러	13.50달러
펩시콜라 6.25달러	66, 190	68, 199	70, 198	73, 191
7.25달러	79, 201	82, 211	85, 214	89, 208
8.25달러	82, 212	86, 224	90, 229	95, 225
9.25달러	75, 223	80, 237	85, 244	91, 245

* 보수는 백만 달러로 나타냈다.

표 14.6a	펩시콜라의 우월전략과 열등전략을 확인한 후의 코카콜라와 펩시콜라 사이의 가격경쟁*			
			코카콜라	
	10.50달러	11.50달러	12.50달러	13.50달러
펩시콜라 6.25달러	~~66, 190~~	~~68, 199~~	~~70, 198~~	~~73, 191~~
7.25달러	~~79, 201~~	~~82, 211~~	~~85, 214~~	~~89, 208~~
8.25달러	82, 212	86, 224	90, 229	95, 225
9.25달러	~~75, 223~~	~~80, 237~~	~~85, 244~~	~~91, 245~~

* 보수는 백만 달러로 나타냈다.

한 개를 초과하여 내쉬균형을 갖는 게임

앞에서 살펴본 모든 게임은 단지 하나의 내쉬균형을 갖고 있을 뿐이다. 그러나 일부 게임은 한 개를 초과하는 내쉬균형을 갖는다. 한 개를 초과하여 내쉬균형을 갖는 게임 중 널리 알려진 예가 바로 미국에서 벌어졌던 담력시험 게임이다. 이 게임은 다음과 같이 진행된다. 두 명의 10대 소년은 친구들에게 자신들의 남자다움을 증명해 보이기 위해 도로의 양쪽 끝에서 각자 자신의 자동차에 탄 채 무서운 속도로 서로를 향해 질주하기 시작한다. 한 사람이 다른 사람 앞에서 자동차를 틀어 빗겨 갈 경우 그렇지 않은(즉 계속 질주한) 사람은 자신의 남자다움을 증명하여 친구들에게 영웅으로 부상한다. 반면에 빗겨 간 사람은 완전히 체면을 잃게 된다(친구들에게서 '겁쟁이'라는 낙인이 찍히게 된다). 둘 모두 빗겨 갈 경우 아무런 증명도 할 수 없다. 즉 아무도 체면을 잃지 않고 둘 다 영웅 대우를 받을 수 없다. 하지만 둘 다 빗겨 가지 않을 경우 서로 충돌하여 심하게 다치거나

표 14.7	담력시험 게임				
		경필			
		빗겨 간다		질주한다	
철수	빗겨 간다	0, 0		−10, 10	
	질주한다	10, −10		−100, −100	

* 보수는 백만 달러로 나타냈다.

사망에 이를 수도 있다.

〈표 14.7〉은 두 명의 10대 청소년 철수와 경필 사이에 담력시험 게임의 보수를 보여 주고 있다. 이 게임에는 두 개의 내쉬균형이 있다. 첫 번째 것은 철수가 빗겨 가고 경필은 계속 질주하는 경우 이다. 두 번째 것은 철수가 계속 질주하고 경필은 빗겨 가는 경우이다. 첫 번째 경우가 내쉬균형이 라는 사실을 입증하기 위해서 철수가 빗겨 가면 경필은 (보수가 0이 되는) 빗겨 가기보다 (보수가 10이 되는) 질주하는 것이 더 낫다는 점에 주목하자. 또한 철수가 계속 "질주한다"라는 전략을 선 택할 경우 경필은 (보수가 −100이 되는) 질주하는 것보다 (보수가 −10이 되는) 빗겨 가는 것이 더 낫다.

담력시험 게임이 실제생활에서도 일어나는가? 1950년대와 1960년대에 많은 사람들은 담력시 험 게임이 핵무장을 한 두 초강대국인 미국과 소련 사이에 핵무기 결판이 어떻게 날지를 보여 주 는 좋은 예라고 생각하였다. 쿠바 미사일 위기 이후 케네디 행정부의 국무장관이었던 딘 러스크가 한 유명한 인용문구는 "우리는 서로 얼굴을 맞대고 있으며 상대편이 단지 눈을 깜빡였을 뿐이다" 라는 것이었다. 이 말은 냉전하에서 담력시험과 같은 이판사판식의 게임이 어떻게 결말이 나는지 를 설명하고 있다. 담력시험의 게임은 덜 극적이기는 하지만 좀 더 일반적으로 단지 한 기업만이 이윤을 낼 수 있는 시장에서 두 기업이 경쟁을 하는 경우 경제학에서도 일어난다(제11장에서는 이를 자연독점시장이라고 하였다). 담력시험 게임의 내쉬균형은 한 기업이 결국에는 시장에서 퇴 출하고 다른 한 기업이 생존할 것이라는 점을 시사한다.

정리문제 14.2

한 게임에서 모든 내쉬균형을 발견하기

문제
〈표 14.8〉의 게임에서 내쉬균형은 무엇인가?

해법
일반적으로 말해 한 게임에서 내쉬균형을 발견하기 위한 첫 번째 단계는 우월전략 또는 열등전략을 확인하고, 정

리문제 14.1에서 했던 것처럼 게임을 단순화하는 것이다. 하지만 이 게임에서는 어떤 게임참가자도 우월전략이나 열등전략을 갖고 있지 않다(더 진도를 나가기 전에 이를 증명할 수 있어야만 한다). 따라서 정리문제 14.1에서 사 용한 방법을 이용할 수 없다.

대신에 이 게임에서는 모든 내쉬균형을 발견하기 위해

서, 다음과 같이 세 가지 단계를 밟아갈 것이다.

단계 1 : 게임참가자 2가 취할 수 있는 세 가지 가능한 전략 각각에 대해 게임참가자 1이 취할 수 있는 최선의 대응을 찾아보도록 하자. 이것은 〈표 14.8(a)〉에서 원으로 테두리를 두른 보수로 나타낸 전략들이다.

단계 2 : 게임참가자 1이 취할 수 있는 세 가지 가능한 전략 각각에 대해 게임참가자 2가 취할 수 있는 최선의 대응을 찾아보도록 하자. 이것은 〈표 14.8(a)〉에서 정사각형으로 테두리를 두른 보수로 나타낸 전략들이다.

단계 3 : 내쉬균형에서 각 게임참가자는 다른 게임참가자가 선택한 전략이 주어질 경우, 자신에게 가장 높은 보수를 주는 전략을 선택하게 된다는 점을 기억하자. 〈표 14.8(a)〉에서 이런 균형은 원과 정사각형이 둘 다 있는 칸에서 이루어진다. 따라서 이 게임에서는 세 개의 내쉬균형이 있다.

- 게임참가자 1이 전략 *A*를 선택하고 게임참가자 2가 전략 *E*를 선택하는 칸에서의 균형
- 게임참가자 1이 전략 *B*를 선택하고 게임참가자 2가 전략 *F*를 선택하는 칸에서의 균형
- 게임참가자 1이 전략 *C*를 선택하고 게임참가자 2가 전략 *D*를 선택하는 칸에서의 균형

위에서 활용한 절차는 다음과 같다. 먼저, 게임참가자 2의 전략들 각각에 대해 게임참가자 1의 최선의 대응을 확인한다. 그리고 나서 게임참가자 1의 전략들 각각에 대해 게임참가자 2의 최선의 대응을 확인한다. 그다음에 이런 최선의 대응들이 어디서 함께 이루어지는지 찾아본다. 이것이 어떤 게임에 있는 모든 내쉬균형을 틀림없이 확인할 수 있는 방법이다.

표 14.8　내쉬균형은 무엇인가?

		게임참가자 2		
		전략 D	전략 E	전략 F
게임참가자 1	전략 A	4, 2	13, 6	1, 3
	전략 B	11, 2	0, 0	15, 10
	전략 C	12, 14	4, 11	5, 4

표 14.8a　게임참가자 1 및 게임참가자 2가 취하는 최선의 대응

		게임참가자 2		
		전략 D	전략 E	전략 F
게임참가자 1	전략 A	4, 2	13, 6	1, 3
	전략 B	11, 2	0, 0	15, 10
	전략 C	12, 14	4, 11	5, 4

혼합전략

1999년 7월 미국 여자축구팀과 중국 여자축구팀은 여자축구 월드컵 결승선에서 0 대 0으로 동점을 기록하였다. 경기를 끝내기 위해 각 팀의 선수들은 번갈아 가며 승부차기를 했으며 승패의 향

방은 미국팀의 마지막 승부차기에 달려 있었다. 미국선수가 골을 성공시킬 경우 미국팀이 경기를 승리로 이끌 수 있었다. 중국팀 골키퍼가 승부차기 골을 막아내어 경기가 계속되면 중국팀은 승부차기를 다시 할 수 있어 경기를 승리로 이끌 수 있는 기회를 갖게 된다. 미국팀의 승부차기를 하는 선수와 중국팀의 골키퍼는 모두 순간적인 결정을 해야만 했다. 승부차기하는 선수는 왼쪽으로 공을 차야 하는가 아니면 오른쪽으로 차야 하는가? 골키퍼는 공을 차는 선수의 왼쪽으로 막아야 하는가 아니면 오른쪽으로 막아야 하는가? 중국팀 골키퍼가 공을 차는 선수가 목표로 하는 방향으로 몸을 틀어 선방을 하게 되면 공을 막을 수 있어 두 팀은 동점이 되며 다시 한 번 승부차기를 하게 된다. 그러나 골키퍼가 잘못 판단하여 미국팀이 골을 성공시키면 승리를 하게 된다(독자들이 기억할지 모르겠지만 미국팀의 마지막 승부차기 선수 브랜디 차스테인은 골을 성공시켜 미국팀이 승리를 하였다).

〈표 14.9〉는 미국팀과 중국팀 사이의 최종 결승전을 설명하는 데 사용할 수 있는 보수 행렬을 보여 준다. 미국팀이 경기를 이길 경우 보수 10을 받는 반면에 중국팀은 경기에서 질 경우 보수 −10을 받게 된다. 두 팀이 동점을 기록할 경우 각 팀은 (이 시합에서) 보수 0을 받는다.

이 게임은 내쉬균형을 갖지 않는 것처럼 보인다. 중국팀 골키퍼는 미국팀의 승부차기하는 선수가 오른쪽으로 공을 찰 것으로 생각한다면 골키퍼의 최선의 전략은 승부차기하는 선수의 오른쪽을 막는 것이다. 그러나 미국팀의 승부차기하는 선수가 중국팀 골키퍼는 오른쪽을 막을 것이라고 생각한다면 승부차기 선수의 최선의 전략은 왼쪽으로 공을 차는 것이다. 또한 승부차기하는 선수가 왼쪽으로 공을 찰 경우 골키퍼의 최선의 대응은 왼쪽을 막는 것이다.

이 게임은 **순수전략**(pure strategy)과 **혼합전략**(mixed strategy)을 비교하는 데 유용하다. 순수전략은 해당 게임의 다양한 조치 중에서 특정한 선택을 한 것이다. 미국팀의 승부차기 선수는 두 개의 순수전략, 즉 "오른쪽으로 공을 찬다" 그리고 "왼쪽으로 공을 찬다"라는 전략 중에서 선택을 한다. 이와 대조적으로 혼합전략에서 게임참가자는 미리 정해진 확률에 따라 둘 또는 그 이상의 순수전략 중에서 선택을 하게 된다.[4] 어떤 게임은 순수전략에서 내쉬균형을 갖지 않을 수도 있지만 모든 게임은 혼합전략에서 적어도 한 개의 내쉬균형을 갖는다. 〈표 14.9〉의 여자축구 월드컵 게임은 이 점을 보여 주고 있다. 이 게임은 순수전략에서 내쉬균형을 갖지 않는다는 사실을 살펴보았다. 그러나 혼합전략에서는 내쉬균형이 존재한다. 미국팀 선수는 확률 1/2을 갖고 "오른쪽

표 14.9	1999년 여자축구 월드컵에서 미국팀 대 중국팀		
		미국팀의 승부차기 선수	
		오른쪽으로 공을 찬다	왼쪽으로 공을 찬다
중국팀의 골키퍼	승부차기 선수의 오른쪽을 막는다	0, 0	−10, 10
	승부차기 선수의 왼쪽을 막는다	−10, 10	0, 0

---

4 이런 이유로 인해 혼합전략을 이따금 확률전략이라고도 한다.

으로 공을 찬다." 그리고 확률 1/2을 갖고 "왼쪽으로 공을 찬다." 중국팀의 골키퍼는 확률 1/2을 갖고 "오른쪽을 막는다." 그리고 확률 1/2을 갖고 "왼쪽을 막는다." 미국팀 선수가 중국팀의 골키퍼는 확률 1/2을 갖고 오른쪽 또는 왼쪽을 막을 것이라고 생각한다면 미국팀의 승부차기 선수는 확률 1/2을 갖고 왼쪽 또는 오른쪽으로 공을 찰 수밖에 없다. 이와 마찬가지로 중국팀의 골키퍼는 미국팀의 승부차기 선수가 확률 1/2을 갖고 오른쪽 또는 왼쪽으로 공을 찰 것이라 믿는다면 골키퍼는 확률 1/2을 갖고 오른쪽 또는 왼쪽을 막을 수밖에 없다. 이처럼 각 게임참가자가 이런 혼합전략을 선택할 경우 각 게임참가자는 다른 게임참가자의 행동이 주어진 경우 할 수 있는 최선을 다한다.

게임이 혼합전략의 형태로 내쉬균형을 가질 수 있다는 점은 불예측성이 전략적인 가치를 가질 수 있음을 시사한다. 상대편이 여러분이 어떤 결정을 내릴지 예측할 수 있는 경우 상대편이 여러분을 이용하도록 내맡겨 둘 수밖에 없다. 예를 들면 야구, 축구, 테니스 경기에 참가하는 선수들은 오래전부터 이 점을 이해하고 있으며 월드컵 게임은 이를 잘 설명해 주고 있다. 승부차기를 하는 선수가 골키퍼가 어느 쪽으로 막을지 알았다면 간단히 다른 방향으로 공을 차서 골을 성공시킬 수 있었을 것이다. 예측할 수 없다는 점에서 가치가 있으며 혼합전략은 이런 가치가 게임이론에 어떻게 관련되는지를 보여 준다.

요약 : 두 명의 게임참가자가 참여하는 동시게임에서 모든 내쉬균형을 발견하는 방법

두 명의 게임참가자가 참여하는 동시게임에서 내쉬균형을 확인하기 위해 밟아 가는 다섯 가지 단계를 개략함으로써 이 절에서 배운 사항을 요약하고자 한다.

---

1. 두 명의 게임참가자가 모두 우월전략을 갖는 경우 이것은 이들의 내쉬균형 전략을 구성한다.
2. 한 게임참가자, 예를 들면 게임참가자 1이 우월전략을 갖는 경우 이는 해당 게임참가자의 내쉬균형 전략이 된다. 그리고 나서 게임참가자 2의 내쉬균형 전략을 확인하기 위하여 게임참가자 1의 우월전략에 대한 게임참가자 2의 최선의 대응을 발견한다.
3. 어느 게임참가자도 우월전략을 갖고 있지 않은 경우 게임을 단순화시키고 내쉬균형 전략을 찾아내기 위해 각 게임참가자의 열등전략을 계속해서 제거한다.
4. 어느 게임참가자도 열등전략을 갖고 있지 않은 경우 해당 게임의 모든 순수전략 내쉬균형을 확인하기 위해 정리문제 14.2의 방법을 사용해야 한다. 이 방법은 한 게임의 모든 순수전략 내쉬균형을 확인해 줄 것이다.
5. 정리문제 14.2의 방법을 이용하여 어떤 순수전략 내쉬균형을 찾아내지 못할 경우, 즉 여자축구 월드컵 게임처럼 해당 게임이 순수전략의 내쉬균형을 갖고 있지 않은 경우 혼합전략의 내쉬균형을 찾아보아야 한다.

14.2 반복적인 용의자의 딜레마

용의자의 딜레마를 통해 배운 주요한 교훈은 개별적으로 이윤극대화를 추구하더라도 모든 게임 참가자의 공동이윤을 반드시 극대화시키지는 않는다는 점이다. 그러나 용의자의 딜레마는 단 한 번의 게임이므로 동일한 게임참가자에 의해 반복적으로 시행될 경우 게임의 결과가 다르게 나타 날 수 있다고 생각할 수도 있다. 게임참가자들이 반복적으로 상호작용을 하는 경우 각 게임참가자 는 현재의 결정을 상대편이 해당 게임의 이전 단계에서 무엇을 했는지와 연계시킬 수도 있다는 가 능성을 염두에 두어야 한다. 이로 인해 게임참가자가 선택하게 될 전략의 폭이 넓어지게 되며 앞 으로 살펴볼 것처럼 게임의 결과도 극적으로 변화시킬 수 있다.

반복되는 게임이 미치는 영향을 설명하기 위하여 〈표 14.10〉에 있는 용의자의 딜레마 게임을 생각해 보자. 각 게임참가자에게 있어 "기만한다"라는 것이 우월전략이 되지만 두 게임참가자가 모두 "협력한다"라는 전략을 선택할 경우 게임참가자들의 공동이윤이 극대화된다. 단 한 번의 게 임에서 내쉬균형은 두 게임참가자 모두 "기만한다"라는 전략을 선택할 경우 이루어진다.

하지만 이제는 두 게임참가자가 가까운 장래에 반복해서 게임을 한다고 가상해 보자. 이 경우 게임참가자들은 협력해서 게임을 하는 균형을 만들어 낼 수도 있다. 그 이유를 알아보기 위해 게 임참가자 1은 게임참가자 2가 다음과 같은 전략을 사용할 것이라 믿는다고 가상하자. "게임참가 자 2는 '협력한다'라는 전략을 선택하기 시작해서 게임참가자 1이 협력하는 한 계속해서 협력한 다. 게임참가자 1이 처음에 '기만한다'라는 전략을 선택하면 게임참가자 2는 다음 번에 그리고 계 속해서 '기만한다'라는 전략을 선택하게 된다." 물론 게임참가자 2가 잇달아 기만하게 되면 게임 참가자 1도 역시 계속해서 기만하는 편이 낫다. 게임참가자 2의 전략을 이따금 '냉혹한 연쇄반응' 전략이라고 한다. 왜냐하면 한 게임참가자에 의해 시작된 한 번의 기만행위가 나머지 게임에서 협 력을 영원히 무산시키는 냉혹한 상황을 촉발하기 때문이다.

〈그림 14.1〉은 게임참가자 1이 매 기간 협력할 경우 기대할 수 있는 보수를 보여 준다. 게임참 가자 1은 협력을 함으로써 매 기간 보수 10을 계속해서 받을 수 있다. 반면에 게임참가자 1이 기 만을 하게 되면 해당 기간에는 보수 14를 받게 되지만 그 이후에는 계속해서 보수 5만 받을 수 있 다. 어느 전략이 더 나은가? 게임참가자 1이 장래보수에 대해 현재보수를 어떻게 평가하느냐에 관해 추가적인 정보가 없는 경우 어느 전략이 더 낫다고 확실하게 말할 수는 없다. 그러나 게임참 가자 1이 현재보수에 대해 장래보수에 충분히 큰 비중을 둘 경우 기만하기보다는 계속해서 협력

표 14.10	**용의자의 딜레마 게임**			
			게임참가자 1	
		기만한다		협력한다
게임참가자 2	기만한다	5, 5		14, 1
	협력한다	1, 14		10, 10

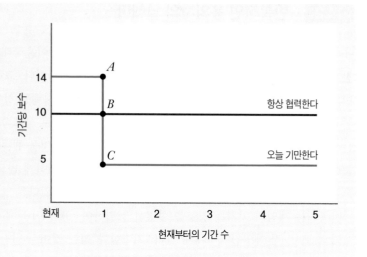

그림 14.1 '냉혹한 연쇄반응' 전략하에서 반복적인 용의자의 딜레마에서의 보수

게임참가자 1이 오늘 기만행위를 하는 경우 초록색 선으로 나타낸 일련의 보수를 받게 된다. 만일 오늘과 장래에 계속해서 협력을 할 경우 남색 선으로 나타낸 일련의 보수를 받을 수 있다. 선분 *AB*의 길이는 게임참가자 1이 기만을 함으로써 받게 되는 한 번의 보수를 나타낸다. 선분 *BC*의 길이는 게임참가자 1의 기만행위에 대해 게임참가자 2가 보복함으로써 게임참가자 1이 감내해야 하는 보수의 감소이다.

하기를 선호한다. 이는 반복적인 용의자의 딜레마에서 각 게임참가자의 면에서 보면 어떤 상황에서는 협력이 이기적인 행태의 결과라는 사실을 보여 준다.

냉혹한 연쇄반응 전략만이 반복적인 용의자의 딜레마에서 협력적인 행태를 유도할 수 있는 유일한 전략은 아니다. 동일한 결과를 이끌어 낼 수 있는 다른 전략이 있다. 그러나 협력을 유도하는 전략의 일관된 특성은 기만행위에 대해 상대 게임참가자를 처벌해야만 한다는 점이다. 게임참가자가 반복적인 용의자의 딜레마에서 자발적으로 협력하는 필요조건은 자신이 기만행위를 할 경우 궁극적으로 상대편이 보복할 것이라고 기대하는 것이다. 결국에는 보복할 것이고 처음 기간이 지나고 나서 이에 상응하여 (그림 14.1에서 선분 *BC*의 길이로 나타낸) 이윤의 감소로 이어질 것이라 예상한다면 이것은 기만행위가 단 한 번의 게임에서는 우월전략이지만 게임참가자가 협력적인 행태를 유지하도록 하는 동기를 제공하게 된다.

위의 사실에 비추어 볼 때 반복적인 용의자의 딜레마 게임에서 게임참가자들이 상호작용을 할 경우 이들이 지속적으로 협력적인 행태를 취할 가능성에 관한 일반적인 논의를 할 수 있을 것이다. 특히 다음과 같은 조건하에서 협력적인 결과가 나타날 가능성이 높아진다.

- 게임참가자들은 인내심이 있다. 즉 게임참가자들은 현재의 보수와 거의 같은 수준으로 장래의 보수에 가치를 둔다. 인내심이 있는 게임참가자들에게 있어 기만행위를 함으로써 얻는 단기간의 보수와 비교해 볼 때 보복을 받는 불리한 결과는 큰 의미가 있다.
- 게임참가자들 사이의 상호작용이 빈번히 일어난다. 이는 '기간'의 길이가 단기적이며 기만행위로 인한 한 번의 이익은 짧은 기간에 걸쳐 발생한다는 의미이다.
- 기만행위는 간파하기가 용이하다. 대략적으로 보면 이는 기간의 길이를 단축시키는 것과 같은 효과를 갖는다. 기업은 장기간에 걸쳐 기만행위를 계속할 수 없으므로 비협력적인 행태로 인해 얻은 단기적인 이익은 빨리 사라지게 된다는 사실을 깨닫게 된다.

- 기만행위를 통해 얻은 단 한 번의 이득이 상대적으로 적다. 예를 들어 〈그림 14.1〉에서 선분 *AB*의 길이가 기만행위로 인해 결국에는 지불해야 하는 비용, 즉 선분 *BC*의 길이와 비교해 볼 때 짧다.

반면에 다음과 같은 조건하에서 협력적인 결과가 나타날 가능성이 낮아진다.

- 게임참가자들이 성급하다. 즉 게임참가자들은 장래의 보수보다 현재의 보수에 훨씬 더 많은 가치를 둔다.
- 게임참가자들 사이의 상호작용이 드물게 일어난다. 이는 '기간'의 길이가 장기적이며 기만행위로 인한 한 번의 이익은 상대적으로 긴 기간에 걸쳐 발생한다는 의미이다.
- 기만행위는 간파하기가 어렵다. 상황이 이러하다면 기업은 보다 더 오랫동안 기만행위를 할 수 있으므로 상대적으로 더 장기간에 걸쳐 기만행위를 통해 이익을 볼 수 있다.
- 기만행위를 통해 얻은 한 번의 이득이 기만행위에 따른 궁극적인 비용과 비교해 볼 때 크다.

반복적인 용의자의 딜레마 게임을 분석함으로써 다음과 같이 중요한 교훈을 얻을 수 있다. 경쟁적인 환경에서 경쟁자들의 반응을 예상할 수 있어야만 한다. 시간의 흐름에 따라 동일한 경쟁자 집단들과 상호작용을 하게 되는 상황에 있게 된다면 게임에서 취한 행위에 대해 상대편 경쟁자들이 선택할 가능성이 높은 대응을 예측하는 것이 중요하다. 특히 기만행위로 간주될 수 있는 행위를 할 경우 상대편 경쟁자가 어떻게 대응할지를 이해할 필요가 있다. 예를 들어 시장에 참여하고 있는 기업으로서 시장점유율을 높이기 위해 가격을 인하하는 경우 이런 가격인하가 간파될 수 있는지 여부와 상대편 경쟁자가 이런 가격인하에 맞붙어 대응할지 여부 그리고 나아가 경쟁자가 얼마나 오랫동안 대응할지를 예상해야 한다. 경쟁적인 대응 가능성을 무시함으로써 다양한 형태의 비협력적인 행태로부터 얻게 될 잠재적인 이익을 과대평가할 위험이 있다. 또한 경쟁자들보다 싼 가격으로 팔아 얻게 될 일시적인 이득을 날려 버릴 값비싼 가격전쟁으로 인해 시장이 변질될 위험도 감수해야 한다.

14.3 순차게임과 전략적 행위

지금까지는 게임참가자들이 동시에 결정을 내리는 게임을 살펴보았다. 그러나 많은 흥미로운 게임에서 게임참가자는 다른 게임참가자가 진행하기 전에 먼저 진행할 수 있다. 이를 **순차게임** (sequential-move game)이라 한다. 이런 순차게임에서 한 게임참가자(첫 번째 진행자)는 다른 게임참가자(두 번째 진행자)에 앞서 행동을 취한다. 두 번째 진행자는 어떤 행동을 취할지 결정하기 전에 첫 번째 진행자가 취할 행위를 관찰하게 된다. 순차게임에서 먼저 행위를 취할 수 있는 능력은 이따금 중요한 전략적 가치를 갖게 된다는 사실을 깨닫게 될 것이다.

순차게임의 분석

순차게임을 어떻게 분석하는지 알아보기 위하여 〈표 14.4〉에서 살펴본 도요타와 혼다 사이의 동시적으로 진행된 생산능력 확장게임을 다시 참조해 보자(해당 게임에 대한 기억을 새롭게 하기 위하여 표 14.11은 관련된 보수 표를 보여 주고 있다). 이 게임에서 내쉬균형은 도요타와 혼다가 "소규모 조립공장을 건설한다"를 선택하는 것이었다는 점을 기억하자.

그러나 이제는 도요타가 어떤 결정을 내리기 전에 (아마도 신속한 결정과정 때문에) 혼다가 자신의 생산능력에 관한 결정을 먼저 내릴 수 있다고 가상하자. 지금 우리는 혼다가 첫 번째 진행자이고 도요타가 두 번째 진행자인 순차게임을 살펴볼 것이다. 이 순차게임을 분석하기 위하여 **게임나무**(game tree)를 이용할 것이다. 게임나무는 각 게임참가자가 해당 게임에서 따라갈 수 있는 상이한 전략과 해당 전략이 선택되는 순서를 보여 준다. 〈그림 14.2〉는 생산시설 확장 게임에 관한 게임나무를 나타낸다. 어느 게임나무에서나 진행순서는 왼쪽에서 오른쪽으로 나아간다. 혼다가 먼저 행위를 취하기 때문에 가장 왼쪽 가지가 혼다의 결정을 나타낸다. 혼다가 선택할 수 있는 행위 각각에 대해 도요타가 선택할 수 있는 가능한 결정을 보여 준다.

〈그림 14.2〉에서 게임나무를 분석하기 위해 **역순 귀납**(backward induction)이라고 하는 사고의 틀을 사용하는 것이 편리하다. 역순 귀납을 이용하여 순차게임을 풀려는 경우 게임나무 끝부분에서 출발하여 (색칠된 정사각형으로 나타낸) 각 결정점에 대해 해당 점에서의 게임참가자의 최적결정을 찾아낼 수 있다. 게임이 시작하는 부분에 도달할 때까지 이를 계속하게 된다. 역순 귀납이라는 사고의 틀은 분석을 가능하게 해 주는 흥미로운 특성을 갖고 있다. 즉 이는 잠재적으로 복잡한 게임을 분석할 수 있는 부분으로 쪼개는 역할을 한다.

이 예에서 역순 귀납을 적용하여 혼다가 취할 수 있는 세 가지 선택, 즉 "조립공장을 건설하지 않는다", "소규모 조립공장을 건설한다", "대규모 조립공장을 건설한다"라는 전략 각각에 대해 도요타의 최적결정을 구할 수 있어야 한다(그림 14.2에서 도요타의 최적선택에는 밑줄을 그었다).

- 혼다가 "조립공장을 건설하지 않는다"를 선택할 경우 도요타의 최적선택은 "소규모 조립공

표 14.11　도요타와 혼다 사이의 생산능력 확장 게임*

		대규모 조립공장을 건설한다	도요타 소규모 조립공장을 건설한다	조립공장을 건설하지 않는다
혼다	대규모 조립공장을 건설한다	0, 0	12, 8	18, 9
	소규모 조립공장을 건설한다	8, 12	16, 16	20, 15
	조립공장을 건설하지 않는다	9, 18	15, 20	18, 18

* 보수는 백만 달러로 나타냈다.

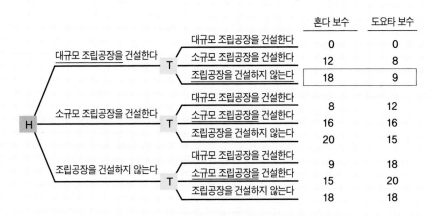

		혼다 보수	도요타 보수
대규모 조립공장을 건설한다	대규모 조립공장을 건설한다	0	0
	소규모 조립공장을 건설한다	12	8
	조립공장을 건설하지 않는다	18	9
소규모 조립공장을 건설한다	대규모 조립공장을 건설한다	8	12
	소규모 조립공장을 건설한다	16	16
	조립공장을 건설하지 않는다	20	15
조립공장을 건설하지 않는다	대규모 조립공장을 건설한다	9	18
	소규모 조립공장을 건설한다	15	20
	조립공장을 건설하지 않는다	18	18

그림 14.2 도요타와 혼다 사이의 순차적 생산능력 확장게임에 관한 게임나무

혼다가 우선 행동을 하며 세 가지 전략 중에서 선택할 수 있다. 도요타는 (혼다의 행동을 관찰하고 나서) 다음에 행동을 하며 또한 동일한 세 가지 전략 중에서 선택을 한다. 혼다는 도요타가 언제나 (보수를 극대화하는) 최선의 대응을 한다고 가정하면서 "대규모 조립공장을 건설한다"라는 전략을 선택하여 자신의 보수를 극대화할 수 있다. 이때 도요타의 최선의 대응은 "조립공장을 건설하지 않는다"이다.

장을 건설한다"이다.

- 혼다가 "소규모 조립공장을 건설한다"를 선택할 경우 도요타의 최적선택은 "소규모 조립공장을 건설한다"이다.
- 혼다가 "대규모 조립공장을 건설한다"를 선택할 경우 도요타의 최적선택은 "조립공장을 건설하지 않는다"이다.

게임나무에서 역순 귀납을 할 경우 혼다가 취할지도 모를 세 가지 행동 각각에 대해 도요타가 최선의 대응을 할 것으로 혼다는 기대한다고 가정한다. 이런 기대하에서 혼다의 세 가지 전략 중 어느 것이 혼다에게 가장 큰 이윤을 주는지 결정할 수 있다. 도요타가 최적으로 대응한다고 가정할 경우 혼다가 자신이 선택한 각 경우로부터 얻을 이윤을 확인함으로써 이를 알 수 있다.

- 혼다가 "조립공장을 건설하지 않는다"를 선택하고 도요타가 최적의 대응을 한다고 가정하면 혼다의 이윤은 1,500만 달러가 된다.
- 혼다가 "소규모 조립공장을 건설한다"를 선택하고 도요타가 최적의 대응을 한다고 가정하면 혼다의 이윤은 1,600만 달러가 된다.
- 혼다가 "대규모 조립공장을 건설한다"를 선택하고 도요타가 최적의 대응을 한다고 가정하면 혼다의 이윤은 1,800만 달러가 된다.

혼다가 "대규모 조립공장을 건설한다"를 선택할 경우 최고 높은 이윤을 얻을 수 있다. 따라서 내쉬균형은 혼다가 "대규모 조립공장을 건설한다"를 선택하고 도요타가 "조립공장을 건설하지 않는다"를 선택할 때 이루어진다. 이 균형에서 혼다의 이윤은 1,800만 달러가 되고 도요타의 이윤은 900만 달러가 된다.

순차게임에서 내쉬균형은 동시게임의 내쉬균형과 상당히 다르다는 점에 주목하자. 순차게임에서 실제로 혼다의 균형전략("대규모 조립공장을 건설한다")은 도요타와 혼다가 자신들의 생산능력을 동시에 선택할 경우 열등전략이 된다. 혼다가 먼저 행위를 취할 수 있을 때 혼다의 행태가 크게 달라지는 이유는 무엇인가? 그 이유는 순차게임에서 기업이 결정하는 문제가 시간과 연계되어 있기 때문이다. 즉 도요타는 혼다가 어떤 결정을 내렸는지 알 수 있고 혼다는 자신이 선택한 어떤 행동에 대해서도 도요타가 합리적인 대응을 할 것이라는 데 의존한다. 이를 통해 혼다는 도요타를 궁지에 몰아넣을 수 있다. 혼다가 대규모 생산시설을 확장하기로 하면 도요타는 최선의 대응으로 생산시설을 확장하지 않을 수밖에 없다. 반면에 동시게임에서 도요타는 혼다의 결정을 먼저 알 수 없으므로 혼다는 도요타의 선택을 구속할 수 없게 된다. 이로 인해 혼다가 "대규모 조립공장을 건설한다"를 선택하더라도 순차게임과 같은 구속성을 거의 갖지 못한다.

정리문제 14.3

진입게임

여러분의 기업은 디지털 카메라 사업에 진입할 것을 고려하고 있다고 가상하자. 이 기업은 (이를테면 현재 독점적 지위를 누리고 있는) 코닥과 대접전을 벌여야 하는 경쟁기업이 된다. 코닥은 다음과 같은 두 가지 방법 중 하나로 대응을 할 수 있다. 즉 코닥은 가격전쟁을 시작하거나 또는 진입을 수용하는 것이다. 경쟁기업이 될 여러분의 기업은 이 사업에 대규모로 진입하거나 또는 소규모로 진입할 수 있다. 〈표 14.12〉는 경쟁기업(여러분의 기업)과 코닥이 전개되는 다양한 시나리오하에서 얻게 될 보수를 보여 준다.

문제

경쟁기업(여러분의 기업)은 해당 시장에 대규모로 진입해야 하는가? 또는 소규모로 진입해야 하는가?

해법

두 개 기업이 동시에 자신들의 전략을 선택할 경우 내쉬균형에서 경쟁기업은 대규모로 진입하고 코닥은 가격전쟁을 시작한다. '대규모 진입'이 우월전략이라는 사실에 주목함으로써 이를 쉽게 알아낼 수 있다. 경쟁기업이 이 전략을 선택할 경우 코닥은 가격전쟁을 시작함으로써 대

표 14.12		디지털 카메라 사업으로의 진입	
		코닥	
		수용한다	가격전쟁을 시작한다
경쟁기업	소규모로 진입한다	4, 20	1, 16
	대규모로 진입한다	8, 10	2, 12

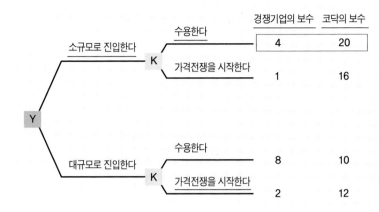

그림 14.3 디지털 카메라 사업으로의 진입에 관한 게임나무

경쟁기업은 소규모로 진입할 것인지 또는 대규모로 진입할 것인지를 선택하여 먼저 결정을 한다. 그리고 나서 코닥은 진입을 수용하거나 또는 가격전쟁을 시작함으로써 이에 대응한다. 경쟁기업이 할 수 있는 최선의 선택은 소규모로 진입하는 것이며 코닥은 이를 수용함으로써 대응한다.

응하게 된다. 이 내쉬균형에서 경쟁기업의 보수는 연간 200만 달러가 된다.

하지만 이것이 순차게임으로 변환될 경우 경쟁기업의 상황이 나아진다. 〈그림 14.3〉은 코닥이 결정을 내리기 전에 경쟁기업이 먼저 진입할 규모를 결정할 경우의 게임나무를 보여 주고 있다. 경쟁기업이 "대규모로 진입한다"라는 전략을 선택할 경우 위에서 살펴보았던 것처럼 코닥이 선택할 최선의 대응은 가격전쟁을 시작하는 것이며 경

쟁기업은 연간 200만 달러의 보수를 얻게 된다. 하지만 경쟁기업이 "소규모로 진입한다"라는 전략을 선택할 경우 코닥이 선택할 최선의 대응은 수용하는 것이며 경쟁기업은 연간 400만 달러의 보수를 얻게 된다. 경쟁기업이 먼저 결정을 할 경우 자신에게 최선이 될 관심사만을 생각하여 "소규모로 진입한다"를 선택하는 것이 최적의 전략이 된다. 순차게임의 내쉬균형에서 경쟁기업은 소규모로 진입하고 코닥은 이를 수용하여 대응한다.

한 게임참가자의 선택을 제한할 경우의 전략적 가치

순차적으로 진행된 생산시설 확장 게임에서 혼다는 먼저 특정한 행동 경로를 확정한 반면에 도요타는 혼다에 대해 대응할 수 있는 유연성을 갖고 있었다. 그러나 혼다의 균형이윤은 도요타보다 두 배 더 많았다. 먼저 자신의 행동을 구속한 기업은 유연성을 유지한 기업보다 더 나은 성과를 거두었다.

이는 의미심장한 사실을 시사한다. 겉으로 선택을 제한하는 전략적 행위는 실제로 해당 게임참가자의 상황을 나아지게 할 수 있다. 이를 달리 표현하면 경직성이 가치가 있다고 말할 수도 있다. 한 기업의 확정된 계획은 어떻게 경쟁할지에 관한 경쟁기업의 기대를 변화시킬 수 있기 때문에 이런 현상이 나타나며, 이는 다시 경쟁기업으로 하여금 계획을 확정한 기업에 유리하도록 결정하게 한다. 혼다와 도요타 게임에서 혼다가 먼저 분명히 열등한 전략("대규모 조립공장을 건설한다")을 먼저 확정할 경우 이는 무엇을 할 것인지에 관한 도요타의 기대를 변화시킨다. 혼다가 계획을 확정하지 않았다면 도요타는 혼다가 "소규모 조립공장을 건설한다"라는 전략을 선택하리라 생각할 것이며 이는 다시 도요타로 하여금 역시 "소규모 조립공장을 건설한다"라는 전략을 선택하도록

했을 것이다. 혼다는 대규모 공장을 건설한다는 보다 공격적인 전략을 먼저 확정함으로써 도요타로 하여금 자신의 생산능력을 확대하는 데 덜 관심을 갖게 하였으며 혼다가 동시게임의 내쉬균형에서 보다 상황이 더 나아지도록 해당 산업의 균형을 변화시켰다.

멕시코에 있던 몬테수마의 아즈텍제국을 정복한 에르난 코르테스의 유명한 예에서 보는 것처럼 역사적으로 볼 때 장군들은 경직성의 가치를 알고 있었다. 코르테스는 멕시코에 도착하자 부하들에게 선박 한 척만을 남겨 놓고 모든 선박을 불태우도록 명령했다. 코르테스의 행위는 미친 짓이라기보다는 목적을 갖고 계산하에 이루어진 것이었다. 즉 퇴각할 수 있는 유일한 수단을 제거함으로써 부하들은 용감히 싸워서 이기는 것을 제외하고는 선택의 여지가 없었다. 코르테스의 아즈텍 정복에 관한 연대기를 작성한 베르날 디아즈 델 카스티요에 따르면 다음과 같다. "코르테스는 다음과 같이 말하였다. '우리는 신을 제외하고는 누구로부터의 도움이나 원조도 기대할 수 없다. 왜냐하면 쿠바로 돌아갈 선박이 지금 없기 때문이다. 따라서 우리가 갖고 있는 훌륭한 무기와 든든한 배짱밖에는 믿을 것이 없다.'"[5]

혼다의 선제적인 생산능력 확장과 배를 침몰시킨 코르테스의 결정은 **전략적 행위**(strategic moves)의 예이다. 전략적 행위는 자신에게 유리해지도록 게임에서 자신의 행태와 경쟁자의 행태를 나중에 변화시키는 게임 초반에 취하는 행동이다.[6] 기업 운영과 관련된 많은 전략적 행위의 예가 있다. 시장에서 해당 상품의 주요 대상을 어디로 잡느냐에 관한 결정(대중시장을 목표로 할 것인가 아니면 제한된 특정시장을 목표로 할 것인가?), 경영자들의 보상기준을 어떻게 잡느냐에 관한 결정(이윤에 기초하여 보상할 것인가 아니면 시장점유율에 기초하여 보상할 것인가?), 생산품의 양립성에 관한 결정(자사 제품을 경쟁사의 제품과 양립시킬 것인가?) 등은 모두 전략적 행위의 예이다. 왜냐하면 이런 것들은 시장에서의 경쟁이 후에 어떻게 진행될지에 관해 중요한 영향을 미칠 수 있기 때문이다.[7] 예를 들어 제한된 틈새시장에 자신의 생산품을 배치하려는 한 기업의 결정은 다른 경쟁기업과의 치열한 가격경쟁을 완화시킴으로써 전략적 가치를 가질 수 있다. 틈새시장 전략의 직접적인 효과는 해당 상품의 잠재시장 규모를 제한하기도 하지만 위와 같은 전략적 가치도 갖는다.

전략적 행위는 기업 이외의 분야와도 관련된다. 예를 들면 이스라엘 정부는 어떤 상황에서도 테러리스트와 타협하지 않는다는 정책을 오랫동안 견지해 왔다. 이런 정책의 목적은 이스라엘로 하

---

5 이는 리처드 루엑케(*Richard Luecke*)의 다음 저서 제2장에서 인용한 것이다. *Scuttle Your Ships Before Advancing: And Other Lessons from History on Leadership and Change for Today's Managers* (New York: Oxford University Press, 1994).

6 이 용어는 토마스 셸링(Thomas Schelling)의 다음 저서에서 처음 사용되었다. *The Strategy of Conflict* (Cambridge, Mass.: Harvard University Press, 1960).

7 이에 관한 면밀한 분석과 다른 많은 전략적 행위에 관해서는 다음 저서를 참조하라. J. Tirole, *Theory of Industrial Organization* (Cambridge, Mass.: MIT Press, 1988). 기업분야에서 전략적 행위의 경제학을 보다 덜 형식적으로 다룬 저서는 다음을 참조하리. D. Besanko, D. Dranove, and M. Shanley, *Economics of Strategy*, 3rd ed. (New York: Wiley, 2004), 제7장.

여금 죄인의 석방과 같은 양보를 유도하기 위해 테러집단이 인질억류 전략을 사용하지 못하도록 하는 데 있다. 이런 정책은 이스라엘의 행동반경을 제한하고, 협상을 거부하는 절대적인 입장이 현명하지 못한 특정 상황도 가상해 볼 수 있다. 하지만 타협을 무조건적으로 거절하는 행위가 테러리스트의 행동을 억제하여 게임을 변화시킨다면 이런 종류의 경직성은 막대한 전략적 가치를 가질 수도 있다.

전략적 행위가 작용을 하기 위해서는 명백해야 하며 이해할 수 있어야 하고 번복하기가 어려워야 된다. 생산능력 확장의 예에서 도요타는 혼다가 "대규모 조립공장을 건설한다"는 전략을 확정 지었다는 사실을 관찰하고 이해해야만 한다. 그렇지 않다면 이런 행위는 도요타의 정책결정에 영향을 미치지 않을 것이다. 취소불능성은 전략적 행위를 신뢰하도록 하기 위해 필요하다. 혼다가 대규모 조립공장을 건설한다는 공약을 철회하지 않을 것이라고 도요타가 믿어야만 한다. 이는 중요한 의미를 갖는다. 왜냐하면 이 단순한 예에서 혼다가 나아가야 할 바람직한 방향은 도요타로 하여금 혼다가 "대규모 조립공장을 건설한다"는 전략을 선택할 것이라고 보도록 하여 도요타가 "조립공장을 건설하지 않는다"라는 전략을 선택하도록 기만하고 실제로는 "소규모 조립공장을 건설한다"라는 전략을 택하는 것이다. 예를 들어 혼다는 도요타가 생산능력을 확장하는 결정을 포기할 것이라고 희망하면서 대규모 확장계획을 갖고 있다고 발표한다고 하자. 일단 이런 발표를 하고 나서 혼다는 생산능력을 확장하려는 결정을 축소시킬 수 있다. 혼다가 이런 방법으로 기만하여 의도한 결과("소규모 조립공장을 건설한다", "조립공장을 건설하지 않는다")를 유도할 경우 "대규모 조립공장을 건설한다"라는 전략을 시행할 때 얻게 되는 1,800만 달러 대신에 2,000만 달러의 이윤을 얻게 된다. 물론 도요타는 이런 상황을 이해하고 혼다의 발표가 신뢰할 만한 행동으로 입증되지 않을 경우 혼다가 공격적인 전략을 선택할 것이라는 취지에서 행한 주장을 기만행위로 평가절하해야 한다.

무엇이 전략적 행위를 돌이키기 어렵게 만드는가? 취소불능성을 강화하는 한 요소로 전략적 행위가 특정 자산, 즉 다른 용도로 쉽게 전환할 수 없는 자산을 창출해 내는 데 개입하는 정도를 들 수 있다. 예를 들면 자신의 최대 경쟁기업인 보잉을 앞지르기 위해 에어버스는 보잉이 유사한 초대형 여객기를 출시할지 여부를 결정하기 전에 차세대 초대형 여객기를 만들기 위해 자원을 투자하기로 결정했다고 가상하자.[8]

초대형 여객기를 제작하기 위해 에어버스가 행한 공작기계 및 장비에 대한 수십억 달러 상당의 투자는 매우 특정되어 있다. 일단 이런 투자가 이루어지면 해당 공작기계와 장비는 다른 좋은 대안적인 용도를 찾을 수 없다. 이런 상황에서 에어버스가 초대형 여객기를 제작하기 위해 생산설비를 일단 건립하게 되면 경쟁이 극심하여 비매몰비용을 조달할 수 없게 되지 않는 한 자신의 공장을 폐쇄할 가능성도 매우 낮다. 자산의 이런 특정적인 성격은 에어버스사 비용의 대부분이 매몰비

---

8 초대형 여객기는 500명 또는 600명의 승객을 탑승시킬 수 있는 초대형 제트 여객기이다. 현재 가장 큰 민간항공기는 400명까지 승객을 실어 나를 수 있는 보잉 747기종이다.

용이어서 비매몰 평균비용이 작다는 의미이다. 이로 인해 에어버스가 자신의 전략적 행위를 바꾸지 않으려는 강력한 경제적 동기를 갖게 된다. 이 취소불능성은 초대형 여객기를 개발하려는 보잉과 에어버스 사이의 경쟁에 특히 중요한 의미를 갖는다. 왜냐하면 대부분의 해당 산업 분석가들은 시장수요가 충분하지 못해서 한 개 기업을 초과하여 참여할 경우 이윤을 내기 어렵다고 보기 때문이다. 실제로 에어버스는 초대형 여객기 A380을 제작하기로 결정하였으며 2000년 12월에 자신의 결정을 발표하였다. 반면에 보잉은 이 부문의 항공기 시장에서 항공기를 제작하지 않기로 하였다. 뒤돌아 보면 보잉은 초대형 여객기 프로그램을 보류함으로써 현명한 결정을 내렸던 것처럼 보인다. 2000년 이래로 에어버스는 A380을 300대도 판매하지 못했으며, 2019년에는 2021년에 A380 생산을 중단할 것이라고 발표하였다.

계약조건이 또한 취소불능성을 촉진할 수 있다. 이런 예 가운데 하나가 최혜고객조항(MFCC)이다. 매도인이 매수인과 매매계약을 체결할 때 이런 조항을 삽입하게 되면 매도인은 다른 고객에 대해서도 동일한 매수인 가격조건을 적용해야 한다. 예를 들어 매도인이 경쟁자로부터 고객을 빼내 오기 위해 가격표 이하로 할인을 하게 되면 해당 계약의 MFCC에 따라 매수인은 동일한 할인을 요구할 권리가 주어진다. MFCC를 삽입하게 되면 할인을 할 경우 '값비싼' 대가를 치르게 되므로 공식적인 가격표 이하로 할인을 하지 않겠다는 신뢰할 만한 약속이 될 수 있다.

행동을 취하겠다고 의향을 나타내는 공식적인 성명서(예를 들면 "현재 상품에 대해 새롭고 향상된 신제품을 지금부터 6개월 이내에 도입할 계획이다"라는 성명서)조차도 이따금 한 기업의 나아갈 방향을 돌이키는 데 큰 걸림돌이 된다. 그러나 이것이 사실로 받아들여지기 위해서는 해당 기업이 말과 행동을 일치시키지 못할 경우 해당 기업 또는 경영층이 위험한 상황에 빠질지도 모른다는 점을 경쟁기업과 고객이 알고 있어야 한다. 아니면 말에 무게가 실리지 않는다는 사실을 알게 되어 해당 기업이 하는 주장, 약속 또는 위협을 무시하게 된다. 해당 기업이 자신들이 발표한 내용을 이행하지 못할 경우 기업 평판이나 고위 경영진이 곤란하게 된다는 점이 명백해지면 공식적인 발표에 대한 신뢰도가 높아진다. 컴퓨터 소프트웨어 산업에서는 마이크로소프트와 같은 기존 기업들이 소규모 기업이나 신규기업보다 신제품의 성능과 소개 일정을 약속하는 것이 보다 일반적이다. 이는 부분적으로 신규기업이 기존의 기업보다 소비자들과 (제품을 평가하는 중요한 토론장인) 다양한 개인용 컴퓨터 관련 잡지들의 여론 선도층에게 신뢰성을 더 잃게 된다는 사실과 관련된다. 이런 이유로 인해 소규모 기업들은 과거에 계속해서 성공한 기록을 갖고 있는 기존의 기업들보다 과장된 주장을 하는 데 더 주저하게 된다. 말과 행동을 일치시키지 못하게 되면 해당 기업과 고위 경영진은 심각하게 체면을 잃게 되거나 평판에 손상을 입게 될 것이다.

요약

- 게임이론은 최적의 의사결정 분석과 관련된 경제학의 한 분야이다. 이 경우 모든 의사결정자들은 합리적이며 각각은 경쟁자의 행동과 대응을 예상하려 한다고 본다.
- 게임에서 내쉬균형은 해당 게임의 다른 게임참가자가 선택한 전략이 주어진 경우 각 게임참가자가 자신에게 가장 높은 이득을 주는 전략을 선택할 경우 이루어진다(정리문제 14.1, 14.2 참조).
- 용의자의 딜레마 게임은 개인이익과 공동이익 사이의 충돌을 설명해 준다. 용의자의 딜레마 게임의 내쉬균형에서 공동행위를 추구하는 것이 게임참가자의 공동이익이지만 각 게임참가자는 '비협력적' 행동을 선택한다.
- 우월전략은 다른 게임참가자가 무엇을 선택하든지 간에 해당 게임참가자가 선택할 어떤 다른 전략보다도 더 나은 전략이다. 다른 게임참가자가 무엇을 선택하든지 간에 자신에게 더 높은 보수를 주는 다른 전략을 갖고 있는 경우 해당 게임참가자는 열등전략을 갖는다.
- 어떤 게임의 두 게임참가자가 우월전략을 갖는 경우 해당 전략이 내쉬균형을 규정하게 된다. 한 게임참가자가 우월전략을 갖는 경우 해당 전략에 대해 다른 게임참가자가 최선의 대응을 함으로써 내쉬균형을 규정짓게 된다. 어떤 게임참가자도 우월전략을 갖지 않는 경우 열등전략을 제거함으로써 내쉬균형을 구할 수 있다.
- 많은 게임에서 일부 또는 모든 게임참가자가 우월전략도 열등전략도 갖지 않을 수 있으며 예를 들면 담력시험 게임처럼 일부 게임에서는 한 개를 초과하는 내쉬균형을 갖기도 한다. 어떤 게임에서 내쉬균형을 구하려면 먼저 게임참가자 2의 각 전략에 대한 게임참가자 1의 최선의 대응을 구하고 그리고 게임참가자 1의 각 전략에 대한 게임참가자 2의 최선의 대응을 구하고 나서, 이런 최선의 대응이 함께 이루어지는 곳을 구해야 한다.
- 순수전략은 한 게임의 가능한 행위 중에서 택한 특정한 선택이다. 혼합전략하에서 게임참가자는 미리 설정된 확률에 따라 둘 또는 그 이상의 순수전략 중에서 선택한다.
- 반복적인 용의자의 딜레마 게임에서 게임참가자들은 균형에서 협력적으로 게임을 한다. 게임참가자들이 인내심이 있으며, 참가자들 간의 상호작용이 빈번하고 기만행위를 쉽게 알아낼 수 있으며, 기만행위로 인한 단 한 번만의 이득이 작을 경우 협력적인 결과가 나타날 가능성이 높아진다.
- 순차게임을 분석하면 한 게임에서 먼저 행위를 취할 경우 전략적 가치를 가질 수 있다는 점을 알 수 있다(정리문제 14.3 참조).
- 전략적 행위는 자신에게 유리한 방법으로 해당 게임에서 자신의 행태와 후에 경쟁자의 행태를 변화시키는 게임의 초기 단계에서 취해진 행동이다. 전략적 행위는 한 게임참가자의 유연성을 제한할 수 있으며 그렇게 함으로써 전략적 가치를 가질 수 있다.

주요 용어

게임나무	순차게임	전략
게임이론	역순 귀납	전략적 행위
내쉬균형	열등전략	혼합전략
반복적인 용의자의 딜레마	용의자의 딜레마	
순수전략	우월전략	

복습용 질문

1. 게임에서 전략 및 보수의 역할에 대해 설명하시오.

2. 게임에서 우월전략 및 열등전략을 확인해 보시오.

3. 순수전략과 혼합전략의 차이를 설명하시오.

4. 내쉬균형을 정의하시오.

5. 단 한 번의 게임과 반복적인 게임에서 내쉬균형을 구하시오.

6. 동시게임과 순차게임에서 내쉬균형을 구하시오.

7. 어떤 종류의 게임에서는 게임참가자들이 협력을 하지만, 다른 종류의 게임에서는 협력을 하지 않는 이유를 설명하시오.

8. 선택을 제시할 경우 이것이 어떻게 전략적 가치를 가질 수 있는지 설명하시오.

특수 주제

15 위험과 정보

15.1 위험한 결과에 대한 설명

아마존닷컴과 같은 기업의 주식을 100달러어치 지금 매입했다고 가상하자. 이 주식의 가치가 어떻게 변화할지 모르기 때문에, 즉 주식의 가치가 상승할 수도 있고 하락할 수도 있기 때문에 이 주식에 투자하는 것은 위험하다. 그러나 정확히 얼마나 위험한가? 이 주식에 투자할 경우의 위험과 이 금액으로 다른 곳에 투자할 경우의 위험을 어떻게 비교할 수 있을까? 이 물음에 답하려면 위험한 결과에 대해 알아야 한다. 이 절에서는 위험한 결과를 설명하는 세 가지 개념, 즉 확률분포, 기댓값, 분산에 관해 알아볼 것이다.

복권과 확률

기업의 주식가치가 내년에 얼마나 될 것이라고 정확히 알 수는 없지만 어느 정도의 가치를 갖게 될 것이라고 예상은 할 수 있다. 특히 100달러를 투자한 경우 내년에 다음과 같은 세 가지 결과 중 하나가 발생할 수 있다.

- 주식의 가치가 20% 상승하여 120달러가 되었다. 이를 결과 *A*라고 하자.
- 주식의 가치가 불변하여 처음과 같다. 이를 결과 *B*라고 하자.
- 주식의 가치가 20% 하락하여 80달러가 되었다. 이를 결과 *C*라고 하자.

주식에 대한 투자는 **복권뽑기**(lottery)의 한 예가 된다. 실제 생활에서 복권뽑기는 기회의 게임이다. 미시경제학에서 이들 용어는 유사한 의미를 갖는다. **복권뽑기**란 용어는 결과가 불확실한 사건, 예를 들면 주식에 대한 투자, 대학 미식축구 경기의 결과, 룰렛 회전판 돌리기와 같은 것을 설명하는 데 사용한다.

복권뽑기는 앞에서 설명한 세 가지 결과, 즉 A, B, C가 있다. 복권뽑기 중 특정 결과의 **확률**(pro-bability)은 해당 결과가 나올 가능성이다. 열 번의 기회 중 결과 A가 세 번 나온다면 A의 확률은 3/10 또는 0.30이라 한다. 결과 B가 열 번의 기회 중 네 번 발생한다면 B의 확률은 4/10 또는 0.40이라 한다. 열 번의 기회 중 결과 C가 세 번 일어난다면 C의 확률은 0.30이다. 복권뽑기의 **확률분포**(probability distribution)는 복권의 모든 가능한 보수와 이와 관련된 확률을 보여 준다. 〈그림 15.1〉의 막대그래프는 위의 인터넷 회사 주식가격의 확률분포를 보여 준다. 그래프의 각 막대는 복권의 가능한 보수를 의미하며, 각 막대의 높이는 각 보수의 확률을 나타낸다.

어떤 복권뽑기에 대해서도 가능한 결과의 확률은 두 가지 중요한 특성을 갖는다.

- 어떤 특정 결과가 나올 확률은 0과 1 사이에 존재한다.
- 모든 가능한 결과의 확률의 합계는 1이다.

위의 예에서도 이 두 가지 특성은 준수된다.

확률과 확률분포는 어디에서 유래하는가? 일부 확률은 예측할 수 있는 자연의 법칙에서 유래된다. 예를 들어 동전을 던져서 앞면이 나올 확률은 0.50이다. 이를 증명하기 위해서는 동전을 몇 번이고 반복해서 던지면 된다. 동전을 충분히 여러 번(예를 들면 100번 또는 200번) 던지면 앞면이 나올 상대적인 비율이 약 50%임을 알 수 있다.

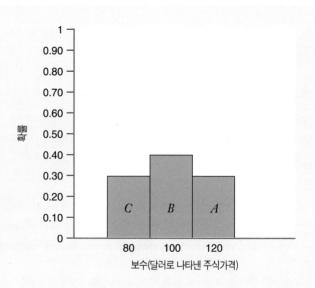

그림 15.1 복권뽑기의 확률분포

보수 A(주식의 가치가 20% 상승하여 120달러가 되었다)의 확률은 0.30이며, 보수 B(주식의 가치가 불변하여 처음과 같은 100달러이다)의 확률은 0.40이고, 보수 C(주식의 가치가 20% 하락하여 80달러가 되었다)의 확률은 0.30이다.

그러나 모든 위험한 사건들이 동전 던지기와 같지는 않다. 특정 결과의 확률을 추론하기가 어려운 많은 위험한 사건들이 있다. 예를 들면 여러분의 주식이 20% 상승할 기회가 0.30인지 여부를 어떻게 실제로 알 수 있을까? 이 평가는 불변하는 자연의 법칙을 반영한 것이라기보다는 사건이 어떻게 전개될 것인지에 관한 주관적인 믿음을 반영한 것이다. 위험한 사건에 관해 주관적인 믿음을 반영한 확률을 **주관적 확률**(subjective probability)이라 한다. 주관적 확률도 역시 앞에서 조금 전에 논의한 확률의 두 가지 특성에 부합되어야 한다. 그러나 상이한 의사결정자는 주어진 위험한 사건에서 비롯될 가능한 결과의 확률에 관해 서로 다른 믿음을 가질 수 있다. 예를 들어 더 낙관적인 투자자는 다음과 같이 믿을 수도 있다.

A의 확률 = 0.50 : 주식이 20% 상승할 기회는 열 번 중 다섯 번이다.

B의 확률 = 0.30 : 주식의 가치가 불변할 기회는 열 번 중 세 번이다.

C의 확률 = 0.20 : 주식이 20% 하락할 기회는 열 번 중 두 번이다.

이런 주관적인 확률은 당신들의 것과 다를 수 있지만 다음과 같은 두 가지 기본적인 확률법칙이 준수된다. 각 확률은 0과 1 사이에 있으며 모든 가능한 결과의 확률은 총합이 1이 된다.

기댓값

여러분이 행한 위험한 투자의 가능한 모든 결과와 관련된 확률이 주어진 경우 얼마나 받을 것으로 기대할 수 있을까? 이 물음에 대한 대답은 **기댓값**(expected value, EV)이다. 복권의 기댓값은 복권이 제공할 수 있는 평균 보수를 측정한 값이다. 인터넷 주식의 예를 이용하여 이에 답할 수 있다.

$$\text{기댓값} = A\text{의 확률} \times A\text{가 일어날 경우의 보수}$$
$$+ B\text{의 확률} \times B\text{가 일어날 경우의 보수}$$
$$+ C\text{의 확률} \times C\text{가 일어날 경우의 보수}$$

위의 공식을 적용하여 다음과 같은 결과를 얻을 수 있다.

$$\text{기댓값} = (0.30 \times 120) + (0.40 \times 100) + (0.30 \times 80) = 100$$

여러분의 인터넷 주식의 기댓값은 발생할 것이라고 믿고 있는 가능한 보수의 가중 평균값이며 여기서 각 보수와 관련된 가중치는 보수의 발생 확률과 같다. 더 일반적으로 말해 A, B, $\cdots$, Z가 복권의 가능한 모든 결과를 의미한다면 이 복권의 기댓값은 다음과 같다.

$$\begin{aligned}
기댓값 = {}& A의\ 확률 \times A가\ 일어날\ 경우의\ 보수 \\
& + B의\ 확률 \times B가\ 일어날\ 경우의\ 보수 \\
& + \cdots \\
& + Z의\ 확률 \times Z가\ 일어날\ 경우의\ 보수
\end{aligned}$$

　복권뽑기를 여러 번 반복할 경우 복권의 기댓값은 복권으로부터 얻게 될 평균 보수를 측정한 것이다. 동일한 투자를 반복해서 하고 투자를 통해 얻은 보수의 평균을 취할 경우 그 보수는 복권의 기댓값인 100달러와 거의 구별할 수 없다.

분산

두 가지 종류의 투자에 대한 선택, 즉 인터넷기업 주식에 대한 100달러 투자 또는 공익기업(전기회사 또는 지역 상수도회사)에 대한 100달러 투자 중 선택할 수 있다고 가상하자. 〈그림 15.2〉는 이들 두 기업의 주식가격에 대한 확률분포를 보여 주고 있다. 두 기업 주식의 기댓값이 100달러라는 사실을 증명할 수 있어야만 한다. 그러나 인터넷기업 주식이 공익기업 주식보다 더 위험하다. 왜냐하면 공익기업의 주식은 현재가격인 100달러로 유지될 가능성이 높지만 인터넷기업의 주식

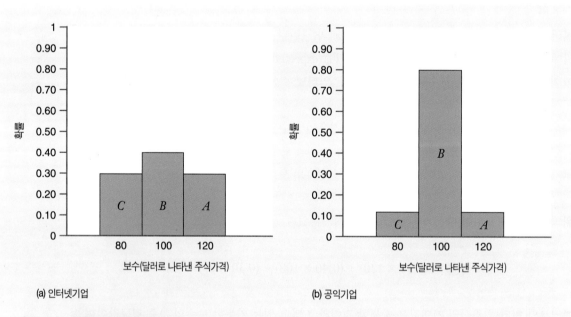

(a) 인터넷기업　　　　　　　　　　　　　　　　(b) 공익기업

그림 15.2 확률분포, 위험성, 분산

인터넷기업에 투자하는 데 따른 위험성은 공익기업에 투자하는 데 따른 위험성보다 훨씬 더 크다. 실제 결과가 기대결과(두 경우에서 결과 B)와 상이할 확률은 인터넷기업에 대한 투자의 경우 10번 중 6번이지만 공익기업에 대한 투자의 경우 10번 중 2번뿐이다. 이것은 분산(인터넷기업에 대한 투자의 경우 240달러이고, 공익기업에 대한 투자의 경우 80달러이다)에서의 상이성을 반영한 것이다.

은 가격이 상승하거나 하락할 가능성이 높기 때문이다. 다시 말해 투자자가 인터넷기업의 주식에 투자할 경우 공익기업의 주식에 투자할 때보다 더 이득을 볼 수도 있고 더 손실을 볼 수도 있다.

복권뽑기의 위험도는 **분산**(variance)이라고 알려진 측정값으로 특징지울 수 있다. 복권뽑기의 분산은 복권의 가능한 결과의 확률 가중된 제곱한 편차를 합산한 것이다. 가능한 결과의 제곱한 편차는 해당 결과에 대한 복권의 보수와 복권 기댓값 사이의 차이를 제곱한 것이다. 인터넷기업의 주식에 대해 투자할 경우 분산을 어떻게 계산하는지 살펴보도록 하자. 〈그림 15.2(a)〉는 예상되는 결과를 보여 준다.

1. 기댓값(EV)을 구하시오. 이전 절에서 살펴본 것처럼 EV = 100달러이다.
2. 각 결과의 제곱한 편차를 먼저 구하고 나서, 해당 결과의 확률을 거기에 곱한다. 그러면 확률 가중된 제곱한 편차를 다음과 같이 구할 수 있다.
   - 결과 A(보수 = 120달러)의 제곱한 편차 = (보수$-EV$)^2 = (120달러$-$100달러)^2 = 400달러
     결과 A의 확률 가중된 제곱한 편차 = 0.30 × 400달러 = 120달러
   - 결과 B(보수 = 100달러)의 제곱한 편차 = (보수$-EV$)^2 = (100달러$-$100달러)^2 = 0달러
     결과 B의 확률 가중된 제곱한 편차 = 0.40 × 0달러 = 0달러
   - 결과 C(보수 = 80달러)의 제곱한 편차 = (보수$-EV$)^2 = (80달러$-$100달러)^2 = 400달러
     결과 C의 확률 가중된 제곱한 편차 = 0.30 × 400달러 = 120달러
3. 확률 가중된 제곱한 편차를 합산하면 다음과 같이 분산을 구할 수 있다.
   분산 = 120달러 + 0달러 + 120달러 = 240달러

공익기업 주식에 투자한 경우에도 〈그림 15.2(b)〉의 예상되는 결과를 활용하여 동일한 계산을 하면, 분산 = 80달러를 구할 수 있다.[1]

위의 결과들은 〈그림 15.2〉에서 직관적으로 알 수 있는 것을 반영하여 보여 준다. 공익기업 주식에 투자하는 것이 인터넷기업 주식에 투자하는 것보다 훨씬 덜 위험하다. 그 이유는 결과가 기댓값과 같아질 (B의 결과가 발생할) 확률이 공익기업의 경우 열 개 중에서 여덟 개이지만, 인터넷 기업의 경우는 열 개 중에서 네 개일 뿐이기 때문이다.

복권뽑기의 위험도를 측정하는 다른 방법은 **표준편차**(standard deviation)이며, 이는 분산에 단순히 제곱근을 씌운 것이다. 따라서 인터넷기업 주식의 표준편차는 $\sqrt{240}$ = 15.5이며, 공익기업 주식의 표준편차는 $\sqrt{80}$ = 8.9이다.

한 복권의 분산이 다른 복권의 분산보다 큰 경우, 첫 번째 복권의 표준편차가 두 번째 복권의 표

---

1 보수와 EV의 차이(편차)를 제곱하는 이유는, EV가 보수보다 더 큰 경우 차이가 음수가 되기 때문이다. 제곱한 편차 대신에 편차를 사용하여 투자에 대한 분산을 계산할 경우, 양의 편차와 음의 편차는 서로 상쇄되어 분산이 0이 될 수 있다. 따라서 두 개 투자의 매우 상이한 위험성을 보여 주기보다는 덮어 감출 수 있다.

준편차보다 크다는 사실을 알 수 있다. 따라서 표준편차는 분산과 마찬가지로 확률분포의 상대적인 위험성에 관해 동일한 정보를 제공한다.

15.2 위험한 결과의 평가

앞 절에서는 확률분포, 기댓값, 분산을 이용하여 위험한 결과를 어떻게 설명하는지 살펴보았다. 이 절에서는 보수가 상이한 확률분포를 가지며 이에 따라 위험의 정도가 상이한 대안들을 의사결정자가 어떻게 평가하고 비교하는지 살펴볼 것이다. 특히 제3장에서 살펴본 효용함수의 개념을 이용하여 의사결정자가 위험의 크기가 상이한 대안으로부터 얻을 이득을 어떻게 평가하는지를 검토할 것이다.

효용함수와 위험선호도

졸업할 무렵에 여러분은 두 가지 일자리 제안을 받았다고 가상하자. 하나는 규모가 크고 이미 기반이 잡힌 기업에 입사하는 것이다. 이 회사에서는 연간 54,000달러의 소득을 올릴 수 있다. 다른 하나는 소규모 신설기업에 취업하는 것이다. 이 회사는 현재 손실을 내고 있으므로 명목뿐인 4,000달러를 제안할 수 있을 뿐이다. 하지만 이 회사는 향후에 이윤을 내게 될 경우 100,000달러 상당의 보너스를 제공할 것이라고 약속하였다. 이 회사의 장래에 대한 여러분의 평가에 기초할 경우 보너스를 받을 확률은 0.50이며 받지 못할 확률도 또한 0.50이다. 이들 두 기업이 제안한 봉급에 기초한다면 여러분은 어떤 일자리를 선택하겠는가?[2]

여러분은 흥미로운 결정을 하게 될 것이다. 이미 기반이 잡힌 기업에서 주는 봉급은 확실한 것이다. 즉 54,000달러를 받을 확률은 1.0(다른 결과가 가능하지 않다)이므로, 기댓값은 $1.0 \times$ 54,000달러 = 54,000달러이다. 반면에 신설기업의 봉급은 복권뽑기와 같다. 4,000달러가 될 확률이 0.50이고 104,000달러가 될 확률도 0.50이다. 하지만 기댓값으로 제안을 비교하게 되면 신설기업에서 기대되는 봉급이 기반이 잡힌 기업의 봉급수준, 즉 54,000달러와 같다는 사실을 알게 될 것이다. 앞 절에서 살펴본 기댓값에 대한 공식을 이용하여 이를 다음과 같이 계산할 수 있다: 신설기업에서 기대되는 봉급 : (0.5 × 4,000달러) + (0.5 × 104,000달러) = 54,000달러. 그렇다고 하더라도 여러분이 이런 제안을 동일한 것으로 볼 것 같지는 않다. 결국 보너스를 받게 되면 빨리 부유해지겠지만 단지 4,000달러만을 받고 모든 것이 끝나는 심각한 위험도 있다. 반면에 기반이 잡힌 기업이 제안하는 봉급은 위험을 수반하지 않는다.

상이한 위험을 갖는 대안들 중에서 하는 선택을 어떻게 평가할 것인가? 한 가지 방법은 효용함수의 개념을 사용하는 것이다. 제3장에서 처음 효용함수를 살펴보았으며 거기서 효용은 재화 및

---

2 실제 생활에서 여러분은 제안된 현재 봉급수준에 기초하여 두 가지 일자리 중 하나를 선택할 뿐만 아니라 이와 관련된 다양한 비금전적인 측면, 예를 들면 작업의 성격, 근무시간, 위치 등도 물론 고려하게 된다.

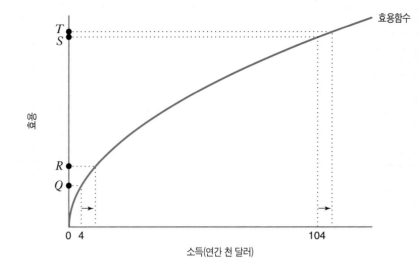

그림 15.3 한계효용이 체감하는 효용함수

이 효용함수는 한계효용체감을 보여 준다. 소득이 낮은 경우(예를 들면 연간 4,000달러인 경우)에 소득이 일정한 만큼 증가하면 효용이 선분 QR만큼 증가한다. 반면에 소득이 높은 경우(예를 들면 연간 104,000달러인 경우)에 소득이 동일한 만큼 증가하더라도 효용은 보다 적은 양인 선분 ST만큼 증대된다.

용역 꾸러미를 소비함으로써 얻게 되는 만족을 측정한 것이라고 보았다. 〈그림 15.3〉은 효용 U와 소득 I 사이의 관계를 보여 주고 있다. 이 효용함수는 소득이 증가함에 따라 증가하며 이는 적은 소득보다 더 많은 소득을 선호한다는 의미이다. 이 함수는 또한 제3장에서 살펴본 개념인 한계효용체감을 보여 준다. 소득이 증가함에 따라 소득증가분으로 얻게 되는 추가적인 효용이 점점 더 작아지기 때문에 한계효용은 감소하게 된다. 따라서 소득이 낮은 (예를 들면 4,000달러인) 경우, 소득이 소액 증가하면 점 Q로부터 점 R까지의 거리에 해당하는 양만큼 효용이 증가한다. 하지만 소득이 높은 (예를 들면 104,000달러인) 경우, 소득이 동일하게 소액 증가하더라도 훨씬 더 적은 양만큼 효용이 증가한다. 즉 점 S로부터 점 T까지의 거리에 해당하는 양만큼 효용이 증가한다.

〈그림 15.4〉는 효용함수를 이용하여 두 가지 일자리 제안을 어떻게 평가할 수 있는지 보여 준다.

- 기반이 잡힌 기업에서 여러분의 효용은 〈그림 15.4〉의 점 B에 해당한다. 이 점에서 소득으로 54,000달러를 받으며 이 소득수준과 관련된 효용은 230, 즉 $U(54,000) = 230$이 된다.
- 보너스를 받지 않을 경우 신설기업에서 여러분의 효용은 〈그림 15.4〉의 점 A에 해당한다. 이 경우 소득으로 4,000달러를 받게 되고 이 소득과 관련된 효용은 60, 즉 $U(4,000) = 60$이 된다.
- 보너스를 받을 경우 신설기업에서 여러분의 효용은 〈그림 15.4〉의 점 C에 해당한다. 이 점에서 소득으로 104,000달러를 받게 되고 이 소득과 관련된 효용은 320, 즉 $U(104,000) = 320$이 된다.
- 신설기업에서 여러분의 **기대효용**(expected utility)은 인터넷기업에 근무할 경우 받을 수 있는 효용의 기댓값이다. 이 경우 기대효용은 다음과 같다.

$$[0.5 \times U(4,000)] + [0.5 \times U(104,000)] = (0.5 \times 60) + (0.5 \times 320) = 190$$

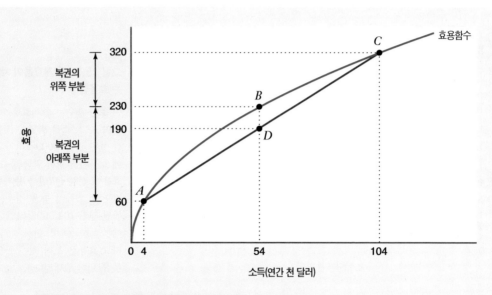

그림 15.4 위험기피적 의사결정자의 효용함수 및 기대효용

기반이 잡힌 기업으로부터의 일자리 제안을 받아들일 경우 효용 230을 얻게 되며 이는 점 *B*에 해당한다. 신설기업으로부터의 일자리 제안을 받아들일 경우 효용 60(점 *A*)을 얻을 확률은 0.50이며 효용 320(점 *C*)을 얻을 확률도 0.50이다. 이때 기대효용은 190이며 점 *D*에 해당한다. 두 가지 제안은 동일한 기대된 봉급(54,000달러)을 제의하지만 확실한 제안, 즉 기반이 잡힌 기업의 제안으로부터 얻을 효용이 복권과 같은 제안, 즉 신설기업의 제안으로부터 얻을 기대효용을 능가한다. 따라서 여러분은 기반이 잡힌 기업으로부터의 일자리 제안을 선호하게 된다.

이는 점 *D*와 상응한다.

보다 일반적으로 말해 복권의 기대효용은 의사결정자가 복권뽑기의 보수에서 받게 될 효용수준에 대한 기댓값이다. 특히 *A*, *B*, ⋯, *Z*가 복권의 가능한 보수를 나타내는 집합을 의미할 경우 해당 복권의 기대효용은 다음과 같다.

$$
\begin{aligned}
\text{기대효용} = \ & A\text{의 확률} \times A\text{가 발생할 경우 받는 보수의 효용} \\
& + B\text{의 확률} \times B\text{가 발생할 경우 받는 보수의 효용} \\
& + \cdots \\
& + Z\text{의 확률} \times Z\text{가 발생할 경우 받는 보수의 효용}
\end{aligned}
\tag{15.1}
$$

〈그림 15.4〉의 분석에 따르면, 두 가지 일자리 제안에 대한 기댓값이 같더라도 신설기업에 대한 기대효용은 기반이 잡힌 기업에서 근무할 때 얻게 되는 효용보다 낮다. 〈그림 15.4〉의 효용함수에 따라 일자리 제안을 평가할 경우, 기반이 잡힌 기업의 제안을 선호하게 된다.

〈그림 15.3〉 및 〈그림 15.4〉의 효용함수는 **위험기피적**(risk averse)인 의사결정자의 선호도를 보

여 주고 있다. 위험기피적인 의사결정자는 동일한 기댓값을 주는 복권보다 확실한 제안을 선호한다. 위의 예에서 (신설기업에 취업하는 것과 같은) 복권뽑기는 (기반이 잡힌 기업에 취업하는 것과 같은) 확실한 제안과 동일한 기댓값을 갖는다. 그러나 신설기업의 기대봉급이 기반이 잡힌 기업의 봉급과 같더라도 위험기피적인 의사결정자는 신설기업이 제의하는 위험이 내포된 봉급보다 기반이 잡힌 기업의 확실한 봉급을 선호한다.

(그림 15.4의 경우처럼) 한계효용체감을 나타내는 효용함수는 확실한 경우의 효용이 동일한 기댓값을 갖는 복권뽑기의 기대효용을 초과한다는 의미이다. 이런 경우를 설명하기 위하여 다음과 같은 점에 주목하자. 복권의 위쪽 부분에서는 신설기업에 근무할 경우 기반이 잡힌 기업에서 근무할 경우보다 104,000달러 − 54,000달러 = 50,000달러의 소득이 더 발생한다. 복권의 아래쪽 부분에서는 보너스를 받지 못할 경우 기반이 잡힌 기업에서 받을 경우보다 54,000달러 − 4,000달러 = 50,000달러의 소득이 감소한다. 한계효용체감 때문에 〈그림 15.4〉에서 보는 것처럼 복권의 아래쪽 부분에서의 효용감소가 위쪽 부분에서의 효용증가보다 더 커진다. 한계효용체감으로 인해 의사결정자는 복권의 위쪽 부분에서 얻게 되는 이득보다 아래쪽 부분에서 잃게 되는 손실이 더 커진다. 이로 인해 의사결정자는 위험부담을 회피하는 경향을 갖게 되며 확실한 것을 선호한다.

정리문제 15.1

위험기피적 의사결정자에 대한 두 개 복권의 기대효용 계산하기

〈그림 15.2〉에 있는 두 가지 복권뽑기를 생각해 보자. 각 복권은 동일한 기댓값을 갖지만 첫 번째 복권(인터넷기업의 주식)은 두 번째 복권(공익기업의 주식)보다 더 큰 분산을 갖는다는 점을 알고 있다. 이는 첫 번째 복권이 두 번째 복권보다 더 위험하다는 사실을 시사한다. 위험기피적인 의사결정자가 다음과 같은 식으로 나타낼 수 있는 효용함수를 갖는다고 가상하자. $U(I) = \sqrt{100I}$. 여기서 I는 복권의 보수를 의미한다.

문제
의사결정자는 어떤 복권을 선호하는가? 즉 어느 복권이 더 큰 기대효용을 갖는가?

해법
각 복권의 기대효용을 계산하기 위하여 공식 (15.1)에 있는 식을 사용할 것이다. 인터넷기업의 주식을 보유함으로 써 얻게 되는 기대효용은 다음과 같이 계산할 수 있다.

$$기대효용 = 0.30\sqrt{8,000} + 0.40\sqrt{10,000} + 0.30\sqrt{12,000}$$
$$= 0.30(89.4) + 0.40(100) + 0.30(109.5) = 99.7$$

공익기업의 주식을 보유함으로써 얻게 되는 기대효용은 이와 유사한 방법으로 계산된다.

$$기대효용 = 0.10\sqrt{8,000} + 0.80\sqrt{10,000} + 0.10\sqrt{12,000}$$
$$= 0.10(89.4) + 0.80(100) + 0.10(109.5) = 99.9$$

공익기업의 주식이 보다 높은 기대효용을 가지므로 위험기피적인 의사결정자는 인터넷기업의 주식보다 이를 선호한다. 이는 일반적인 사실을 설명해 주는 것이다. 복권 *L* 및 *M*이 동일한 기댓값을 갖지만 복권 *L*이 복권 *M*보다 더 작은 분산을 가질 경우, 위험기피적인 의사결정자는 *M*보다 *L*을 선호하게 된다.

위험중립적 기호 및 위험선호적 기호

위험기피는 의사결정자가 위험에 대해 갖는 하나의 태도일 뿐이다. 의사결정자는 또한 **위험중립적**(risk neutral)일 수도 있다. 의사결정자가 위험중립적인 경우 기댓값에 따라서만 복권을 비교하게 되어 확실한 경우와 동일한 기댓값을 갖는 복권에 대해 차별을 두지 않는다. 이유를 알아보기 위해 위험중립적인 의사결정자는 다음과 같은 선형 효용함수를 갖는다는 점에 주목하자. 즉 $U = a + bI$가 되며 여기서 a는 음이 아닌 상수이고 b는 양의 상수이다. 이제는 보수가 I_1 및 I_2이고 관련된 확률이 p 및 $1 - p$인 복권을 생각해 보자. 이 복권의 기대효용 EU는 다음과 같다.

$$EU = p(a + bI_1) + (1 - p)(a + bI_2)$$
$$= a + b\left[pI_1 + (1 - p)I_2\right]$$

대괄호 안에 있는 항은 복권의 기댓값 EV이므로 $EU = a + bEV$가 된다. 따라서 기댓값이 확실한 제안의 보수와 같은 경우(즉 $EV = I$인 경우), 기대효용은 확실한 제안의 효용과 같아진다(즉 $EU = U$가 된다).

일자리 제안과 관련된 예로 돌아가서 여러분이 위험중립적이라면 기반이 잡힌 기업에서 받는 확실한 봉급 54,000달러와 신설기업의 봉급 제안과 관련된 기대봉급 54,000달러에 대해 차이를 두지 않는다. 〈그림 15.5〉는 위험중립적인 사람의 효용함수를 나타낸다. 이 효용함수는 직선이며 소득의 한계효용이 일정하다는 의미이다. 이는 의사결정자의 소득수준에 관계없이 일정한 소득 증가에 따른 효용의 변화가 같다는 사실을 반영한 것이다(즉 그림 15.5에서 선분 ST의 길이는 선분 QR의 길이와 같다).

또 다른 상황은 의사결정자가 **위험선호적**(risk loving)인 경우이다. 위험선호적인 의사결정자는

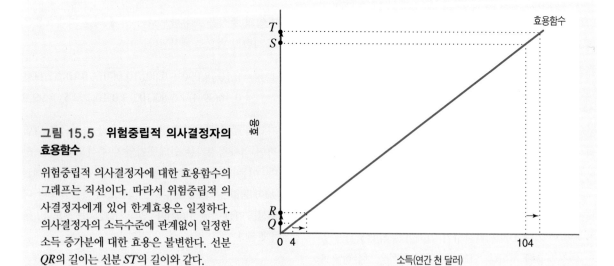

그림 15.5 위험중립적 의사결정자의 효용함수

위험중립적 의사결정자에 대한 효용함수의 그래프는 직선이다. 따라서 위험중립적 의사결정자에게 있어 한계효용은 일정하다. 의사결정자의 소득수준에 관계없이 일정한 소득 증가분에 대한 효용은 불변한다. 선분 QR의 길이는 신분 ST의 길이와 같다.

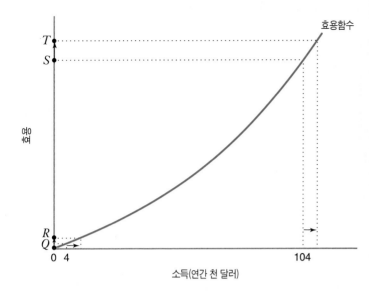

소득(연간 천 달러)

효용

그림 15.6 위험선호적 의사결정자의 효용함수

위험선호적 의사결정자에 대한 효용함수는 한계효용체증을 나타낸다. 즉 의사결정자의 소득이 증가함에 따라 일정한 소득 증가분에 대한 효용도 증대된다. 선분 *ST*의 길이는 선분 *QR*의 길이보다 더 길다.

복권의 기댓값과 같은 확실한 것보다 복권을 선호한다. 여러분이 위험선호적이라면 신설기업의 제안을 받아들임으로써 얻게 되는 기대효용이 기반이 잡힌 기업의 제안을 받아들임으로써 얻는 효용을 초과한다. 〈그림 15.6〉은 위험선호적인 사람의 효용함수이다. 위험선호적인 의사결정자는 한계효용체증을 보여 주는 효용함수를 갖는다. 이는 의사결정자의 소득이 증가함에 따라 일정한 소득 증가분에 대해 효용이 증가한다는 사실을 반영한 것이다(즉 그림 15.6에서 선분 *ST*의 길이가 선분 *QR*의 길이보다 길다).

정리문제 15.2

두 가지 복권뽑기에 대한 기대효용 계산하기 : 위험중립적 의사결정자와 위험선호적 의사결정자

두 명의 의사결정자가 그림 15.2에서 살펴본 두 개 복권뽑기에 대한 투자를 각각 고려하고 있다고 가상하자. 한 의사결정자는 위험중립적이며, 효용함수는 $U(I) = 100I$이다. 반면에 다른 의사결정자는 위험선호적이며, 효용함수는 $U(I) = 100I^2$이다. 여기서 I는 복권의 보수를 나타낸다.

문제

(a) 위험중립적 의사결정자는 어느 복권을 선호하는가?

(b) 위험선호적 의사결정자는 어느 복권을 선호하는가?

해법

(a) 어느 복권이 더 높은 기대효용을 갖는지 알아보기 위해 위험중립적 의사결정자의 기대효용을 계산해 보자. (15.1)의 기대효용 구하는 공식을 이용하여 다음과 같이 구할 수 있다.

인터넷기업 주식

기대효용 = 0.30(8,000) + 0.40(10,000) + 0.30(12,000)

$$= 10,000$$

공익기업 주식

$$기대효용 = 0.10(8,000) + 0.80(10,000) + 0.10(12,000)$$
$$= 10,000$$

두 주식은 모두 동일한 기대효용을 갖고 있으므로 의사결정자는 이 둘 사이에 차이를 두지 않는다. 각 복권의 기대효용은 각 복권의 기댓값에 백 배 한 것과 같다는 점에 주목하자. 이는 일반적인 사실을 시사한다. 즉 위험중립적 의사결정자에게 있어 복권의 기대효용에 대한 순위는 복권의 기대보수에 대한 순위와 정확히 일치한다.

(b) 어느 복권이 더 높은 기대효용을 갖는지 알아보기 위해 위험선호적 의사결정자의 기대효용을 계산해 보자.

인터넷기업 주식

$$기대효용 = 0.30(100)(80^2) + 0.40(100)(100^2)$$
$$+ 0.30(100)(120^2) = 1,024,000$$

공익기업 주식

$$기대효용 = 0.10(100)(80^2) + 0.80(100)(100^2)$$
$$+ 0.10(100)(120^2) = 1,008,000$$

이 경우 더 위험한 (인터넷기업) 주식이 더 높은 기대효용을 갖는다. 이 또한 일반적인 사실을 시사한다. 복권 L과 M은 동일한 기댓값을 갖지만 복권 L이 복권 M보다 더 큰 분산을 가질 경우 위험선호적 의사결정자는 M보다 L을 선호한다.

15.3 위험부담 및 위험제거

앞에서는 기댓값과 분산이란 개념을 이용하여 복권의 위험성을 어떻게 설명할 수 있는지 살펴보았다. 또한 개인의 선호를 결정하기 위하여 복권뽑기의 기대효용을 어떻게 계산할 수 있는지도 살펴보았다. 마지막으로 위험에 대한 개인 태도의 특성(위험기피, 위험중립, 위험선호)을 알아보기 위해 효용함수를 어떻게 사용할 수 있는지도 고찰하였다.

개인들은 생각해 볼 때 위험중립적이거나 위험선호적일 수도 있지만, 경제학자들은 자동차보험의 적용범위를 정하거나 자신의 재산 중에서 얼마만큼을 주식시장에 투자할지를 결정하는 경우처럼 중대한 결정을 하는 상황에서는 대부분의 사람들이 위험기피적인 것처럼 행동하는 경향이 있다고 본다. 예를 들면 대부분의 사람들에게 있어 비용이 많이 드는 자동차 충돌사건이 발생할 기회가 상대적으로 적지만(특정 연도에 발생할 확률은 분명히 50 − 50보다 작지만) 대부분의 자동차 운전자들이 자신의 자동차에 대해 충돌 시 입을 손해를 보상해 줄 월 보험료를 당연하게 납부하는 이유는 무엇인가? 이에 대한 대답은 자신의 자동차에 발생한 손해에 관한 것이라면 우리들 대부분이 위험기피적이라는 데서 찾아볼 수 있다. 자동차에 피해가 발생하면 해당 자동차를 수리하거나 대체하는 데 소요되는 비용을 보험으로 충당할 수 있다는 사실로부터 우리가 얻는 마음의 평화에 비하면 보험료가 비싸지 않다고 믿는다. 반면에 사람들은 자신의 생활에서 위험을 완벽하게 제거하려고 하지는 않는다. 일부 자동차 운전자들은 면책금액이 큰 보험증권(즉 일부 손해가 부보되지 않는 보험증권)을 구입하며 많은 사람들이 적어도 자신이 갖고 있는 부의 일부를 주식시장에 투자한다.

위험기피적인 사람들이 언제 위험을 부담하며 언제 이를 제거하려 하는가? 이 절에서는 먼저 위험 프리미엄의 개념을 살펴보고 나서 보험을 매입하려는 위험기피적인 사람들의 동기를 검토해 봄으로써 이 물음에 답하려 한다.

위험 프리미엄

여러분이 위험기피적이라면 신설기업에서 제안한 위험이 내포된 소득보다 기반이 잡힌 기업의 확실한 소득을 선호하게 된다는 사실을 살펴보았다. 하지만 신설기업의 기대소득이 기반이 잡힌 기업의 확실한 소득과 같기 때문에 이 예는 특별한 경우라 할 수 있다. 신설기업에서 제안한 기대 봉급이 기반이 잡힌 기업의 봉급보다 훨씬 더 많은 경우 기반이 잡힌 기업의 확실한 봉급보다 신설기업의 위험이 내포된 봉급을 선호할 수도 있다. 예를 들면 〈그림 15.7〉은 신설기업의 기대봉급이 54,000달러이고 기반이 잡힌 기업의 확실한 봉급으로 단지 29,000달러만을 제안할 경우 신설기업을 통한 기대효용(그림에서 점 D)은 기반이 잡힌 기업의 효용(점 F)을 초과한다는 사실을 보여 준다. 이는 다음과 같은 중요한 점을 시사한다. 위험기피적인 의사결정자도 도박을 통한 기대보수가 확실한 것으로부터 얻는 보수보다 훨씬 더 크다면 확실한 것보다 도박을 선호할 수도 있다. 달리 표현하면 위험기피적인 의사결정자도 해당 위험을 보상해 줄 수 있는 추가적인 보답이 있다면 위험을 부담하게 된다는 것이다.

이런 보상이 얼마나 커야 하는지는 복권뽑기의 **위험 프리미엄**(risk premium)으로 나타낼 수 있다. 복권의 위험 프리미엄은 의사결정자가 복권과 확실한 것 사이에 차이를 두지 않도록 하기 위해 복권의 기댓값과 확실한 것의 보수 사이에 존재해야 하는 차이이다. 위험 프리미엄을 설명하기 위하여 위험기피적인 의사결정자에게 복권과 복권의 기대보수와 같은 보수를 제공할 수 있는 확실한 것 사이에 선택을 하도록 했다고 가상하자. 위험기피에 관한 앞의 논의로부터 의사결정자는 확실한 것을 선택한다는 사실을 알았다. 그러나 이제 확실한 것의 보수를 낮추었다고 생각해 보자. 보수를 약간만 낮출 경우 의사결정자는 아직 위험한 복권보다 확실한 것을 선호할 것이다. 하

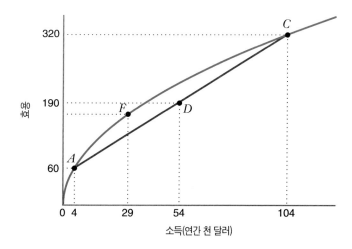

그림 15.7 위험기피적 의사결정자가 확실한 것보다 복권을 선호할 수도 있다

기반이 잡힌 기업이 제안한 봉급이 연간 29,000 달러에 불과할 경우 신설기업이 제안한 봉급에 따른 기대효용 점 D가 기반이 잡힌 기업이 제안한 봉급에 따른 효용 점 F를 초과할 수도 있다. 이 경우 확실한 것보다 복권을 선호할 수도 있다(이 그림을 그림 15.4와 비교하시오).

지만 확실한 보수를 대폭 낮출 경우 의사결정자는 복권을 실제로 선호하게 될 수도 있다. 위험 프리미엄은 의사결정자의 선호가 변화하는 지점을 알려 준다. 즉 위험 프리미엄은 위험기피적인 의사결정자가 최초의 복권과 보수가 낮아진 확실한 것 사이에 차별을 두지 않도록 확실한 것이 낮추어야 되는 보수의 크기를 말한다. 이를 식으로 나타내면 확률이 각각 p와 $1 - p$인 두 개의 이득 I_1과 I_2를 갖는 복권이 있는 경우 위험 프리미엄 RP는 다음 식을 풀어서 구할 수 있다.

$$pU(I_1) + (1 - p)U(I_2) = U[pI_1 + (1 - p)I_2 - RP]$$

여기서 $pI_1 + (1 - p)I_2$는 복권의 기댓값(EV)이다. 따라서 위의 식은 다음과 같아진다.

$$pU(I_1) + (1 - p)U(I_2) = U[EV - RP] \qquad (15.2)$$

〈그림 15.8〉은 신설기업의 봉급제안에 대한 위험 프리미엄을 도표를 통해 어떻게 확인할 수 있는지 보여 주고 있다. 신설기업의 제안에 대한 기댓값이 54,000달러라는 점을 기억하자. 이 복권(신설기업의 제안)의 위험 프리미엄을 알아보기 위해 다음과 같은 질문을 해 보자. 기반이 잡힌 기업의 제안에 대한 효용이 신설기업의 제안에 대한 기대효용과 같아지기 위해 기반이 잡힌 기업이 제안하는 확실한 봉급은 얼마가 되어야 하는가? 〈그림 15.8〉에서 신설기업의 제안에 대한 기대효용은 점 D로 나타낼 수 있으며 이 기대효용은 위험하지 않은 봉급 약 37,000달러의 효용인 점 E와 같다. 따라서 신설기업의 제안에 대한 위험 프리미엄은 54,000달러 − 37,000달러 = 17,000달러가 되며 이는 〈그림 15.8〉에서 선분 ED의 길이로 나타낼 수 있다.

이것이 의미하는 바는 다음과 같다. 기반이 잡힌 기업이 봉급 37,000달러를 제안한다면, 신설기업의 기대봉급이 기반이 잡힌 기업의 제안을 위험 프리미엄 넘게 초과한 경우에만 신설기업의

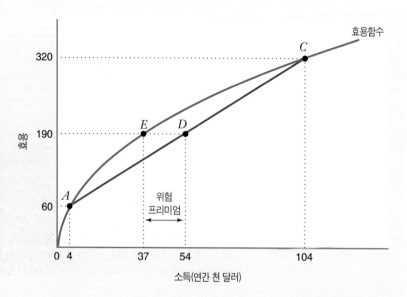

그림 15.8 위험기피적 의사결정자에 대한 위험 프리미엄

기반이 잡힌 기업이 제안한 봉급이 연간 37,000달러였다면 신설기업의 제안과 기반이 잡힌 기업의 제안에 대해 차이를 두지 않을 것이다. 이 경우 신설기업의 기대봉급은 54,000달러이며 기대효용은 점 D로 나타낼 수 있는 반면에 기반이 잡힌 기업의 효용은 점 E가 된다. 위험 프리미엄은 17,000달러에 상당하는 선분 ED의 길이와 같다.

일자리를 선호하게 된다(다시 말해, 신설기업의 기대봉급이 최소한 54,001달러가 되어야만 신설 기업의 일자리를 선호하게 된다).

위험 프리미엄의 중요한 결정요소는 복권의 분산이다. 기댓값은 동일하지만 분산이 상이한 두 개의 복권이 있는 경우 더 큰 분산을 갖는 복권이 더 높은 위험 프리미엄을 수반한다. 이는 위험을 많이 부담할수록 위험기피적인 사람이 위험부담에 대해 더 많은 보상을 요구한다는 것을 의미한다.

정리문제 15.3

효용함수로부터 위험 프리미엄 계산하기

위에서 논의한 봉급과 관련된 복권뽑기 문제를 다시 생각해 보자. 효용함수는 $U = \sqrt{I}$라고 가상하자(이 효용함수는 그림 15.8의 그래프와 유사하다).

문제

(a) 신설기업의 봉급제안과 관련된 위험 프리미엄을 구하라.

(b) 신설기업이 봉급은 없지만 회사가 성장목표를 달성할 경우 108,000달러의 보너스를 제공하겠다고 제안한 경우를 가상해 보자(이는 기댓값은 같지만 처음 제안보다 분산이 더 크다는 사실에 주목하라). 이 제안과 관련된 위험 프리미엄은 무엇인가?

해법

(a) 공식 (15.2)에 있는 식을 이용하여 위험 프리미엄을 계산할 수 있다. 신설기업의 일자리 제안 복권뽑기의 경우, 한 보수(I_1)는 104,000달러이며 다른 보수(I_2)는 4,000달러이다. 각 보수의 확률은 0.50이고 기댓값은 54,000달러이다. 따라서 다음과 같이 식을 세우고 RP

에 대해 풀어 보자.

$$0.50\sqrt{104,000} + 0.50\sqrt{4,000} = \sqrt{54,000 - RP}$$

위의 식을 충족시키는 RP의 값은 복권과 확실한 것 사이에 차이를 두지 않기 위해 복권의 기댓값과 확실한 것의 보수 간에 존재해야 하는 차이이다. 위 식의 왼쪽은 192.87이 되며 RP를 구하기 위해 192.87 = $\sqrt{54,000 - RP}$를 풀어야만 한다. 양쪽을 제곱하면 37,199 = 54,000 − RP 또는 다음과 같다.

$$RP = 16,801$$

따라서 위험 프리미엄은 16,801달러가 된다.

(b) 다음 식을 세우고 RP에 대해 풀어 위험 프리미엄을 계산해 보자.

$$0.50\sqrt{0} + 0.50\sqrt{108,000} = \sqrt{54,000 - RP}$$

위의 식을 풀면 $RP = 27,000$이 된다. 복권의 기댓값은 같지만 분산이 증가할 경우 위험 프리미엄도 또한 증가하게 된다는 사실을 알 수 있다.

위험기피적인 사람은 언제 위험을 제거하려 하는가 : 보험에 대한 수요

위험 프리미엄에 대한 분석을 통하여 위험기피적인 사람은 위험을 부담하는 데 따라 충분히 큰 보상을 받을 수 있을 때만 그렇게 한다는 사실을 알게 되었다. 위험기피에 관한 논리에 따르면 위험기피적인 사람이 보험을 매입하여 위험을 제거하고자 하는 상황을 또한 설명할 수 있다.

예를 들면 지금 막 신차를 구입했다고 가상하자. 모든 일이 잘될 경우, 즉 자동차가 계획대로 움직이고 사고가 발생하지 않을 경우 여러분은 1년 동안 일반적으로 매입하는 재화 및 용역을 소비하는 데 소득 50,000달러를 사용할 수 있게 된다. 하지만 사고가 발생하였는데 보험을 들지 않은 경우 수리하는 데 10,000달러를 지불해야만 할 것으로 기대된다. 이런 경우 다른 재화 및 용역을 소비하는 데 단지 40,000달러만을 사용할 수 있을 뿐이다. 사고가 발생할 확률이 0.05이고 발생하지 않을 확률이 0.95라고 가상하자. 보험에 들지 않을 경우 복권과 같은 상황에 직면하게 된다. 가처분 소득이 40,000달러가 될 확률은 5%이며 가처분 소득이 50,000달러가 될 확률은 95%이다.

이제 연간 총비용으로 500달러를 지불하면 연간 부보범위가 10,000달러에 상당하는 보험을 구입할 수 있다고 가상하자(500달러가 소위 보험료가 된다). 이 보험하에서 보험회사는 자동차 사고가 발생할 경우 여러분의 자동차를 수리하는 데 10,000달러 상당을 지불하기로 합의하였다. 이 보험은 두 가지 주목할 만한 특징을 갖고 있다. 첫째, 사고가 발생할 경우 입게 될 손해에 대해 완벽하게 부보를 해 준다.[3] 둘째, 보험이 공평하게 가격이 책정되었다. **공평하게 가격이 책정된 보험증권**(fairly priced insurance policy)은 보험료가 약정된 보험금의 기댓값과 같은 증권이다. 10,000달러를 지불할 확률이 5%이고 아무것도 지불하지 않을 확률이 95%이므로 약정된 보험금의 기댓값은 (0.05 × 10,000달러) + (0.95 × 0) = 500달러가 된다.[4] 보험회사가 이 보험을 여러분과 유사한 사고위험을 갖는 많은 사람들에게 판매할 경우 이 보험에서는 손실과 이득이 발생하지 않을 것으로 기대된다.

위험기피에 관한 논리를 이용하여 이 보험을 매입해야 하는지를 알아볼 수 있다. 이 보험을 구입할 경우 다음과 같다.

- 50,000달러 − 500달러 = 49,500달러 (사고가 발생하지 않을 경우)
- 50,000달러 − 500달러 − 10,000달러 + 10,000달러 = 49,500달러 (사고가 발생할 경우)

따라서 보험을 구입하게 되면 모든 위험을 제거하고 어떤 경우에도 49,500달러 상당을 재화 및 용역에 소비할 수 있다. 보험을 구입하지 않을 경우 다음과 같다.

- 50,000달러 (사고가 발생하지 않을 경우)
- 40,000달러 (사고가 발생할 경우)

이 경우 소비의 기댓값은 0.95 × 50,000달러 + 0.05 × 40,000달러 = 49,500달러이다. 따라서 보험을 구입하지 않을 경우 소비의 기댓값은 보험을 구입할 경우 소비의 확실한 값과 같다. 위험기피적 의사결정자는 복권보다 확실한 것을 선호하기 때문에 위의 분석에 따르면 위험기피적인 사람은 보험을 매입하지 않기보다는 손실에 대해 완전한 부보를 제공하는 공평한 보험을 언제나

---

3 보험업계의 용어를 빌리면 이런 보험은 손실에 대해 완벽하게 변상을 해 준다고 한다.
4 공평하게 가격이 책정된 보험이란 말을 달리 표현하면 부보된 보험금의 달러당 보험료, 즉 500달러/10,000달러가 사고가 발생할 확률과 같다고 할 수 있다.

매입하고자 한다.

보험료를 지불하려는 의지

여러분의 현재 가처분 소득은 90,000달러이다. 여러분의 주택이 전소될 가능성은 1%라고 가상하자. 전소될 경우 이를 수리하는 비용은 80,000달러이며 이로 인해 여러분의 가처분 소득은 10,000달러로 축소된다. 여러분의 효용함수는 $U = \sqrt{I}$라고 가상하자.

문제

(a) 여러분의 손실에 대해 완전하게 보상해 줄 보험증권을 구매하는 데 500달러를 지출하겠는가?

(b) 여러분의 주택이 전소될 경우 완전하게 보상해 줄 보험증권에 대해 여러분이 지불하고자 하는 최고가격은 얼마인가?

해법

(a) 보험을 구입하지 않을 경우 여러분의 기대효용은 다음과 같다. $0.99\sqrt{90,000} + 0.01\sqrt{10,000} = 298$.

500달러의 가격으로 보험을 구입한 경우 여러분의 가처분 소득은 주택의 전소 여부에 관계없이 89,500달러가 된다(보험을 구입하는 데 500달러가 소요되지만 주택이 전소된 경우 보험회사는 수리 비용으로 80,000달러를 보상해 주게 된다). 따라서 보험 구입에 따른 여러분의 기대효용은 $\sqrt{89,500} = 299.17$이 된다. 보험을 구입하지 않은 경우보다 구입할 경우 기대효용이 더 높기 때문에 500달러의 가격을 지불하고 보험을 구입하려 한다.

(b) P를 보험증권의 가격이라고 하자. 보험증권을 구입할 경우 여러분의 기대효용은 $\sqrt{90,000 - P}$이다. 여러분이 지불하고자 하는 최고가격은 보험을 구입하거나 구입하지 않거나 차이가 없도록 하는 P이다. 즉 $\sqrt{90,000 - P} = 298$ 또는 $90,000 - P = 88,804$이다. $P = 1,196$달러가 된다. 따라서 보험증권에 대해 지불하고자 하는 최고가격은 1,196달러이다.

비대칭 정보 : 도덕적 해이 및 역선택

자동차를 소유하고 있는 경우 이에 대한 자동차 보험증권을 살펴보면 공제조항이란 항목을 발견할 수 있을 것이다. 이 경우 공제조항으로 인해 자동차 소유자는 사고로 입은 손실 중 일정 부분(예를 들면 처음 1,000달러 상당액)에 대해 책임을 져야 하며 보험회사는 나머지 부분을 부담하게 된다. 이런 공제조항으로 인해 보험이 전액보험에서 부분보험으로 변화되었다.[5]

보험증권이 공제조항을 포함하는 이유는 무엇인가? 중요한 이유는 **비대칭 정보**(asymmetric information)가 존재한다는 사실 때문이다. 비대칭 정보는 한 당사자가 자신의 행동과 개인적인 특성에 관해 다른 당사자보다 더 많은 것을 알고 있는 상황과 관련된다. 보험시장에는 중요한 두 가지 형태의 비대칭 정보가 있다. 이 두 가지 중 하나는 피보험자가 사고의 가능성에 영향을 미칠

---

5 건강보험증권에 있는 공동부담 조항도 같은 역할을 한다. 공동부담 조항으로 인해 피보험자는 자신의 의료비 중 미리 특정된 부분(예를 들면 10%)을 부담하게 된다.

숨겨진 행동을 할 수 있을 때 발생하는 도덕적 해이이며, 다른 하나는 한 당사자가 사고 또는 손실의 위험에 관해 감춰진 정보를 갖고 있는 경우 일어나는 역선택이다.

숨겨진 행동 : 도덕적 해이

앞 절에서 살펴본 자동차 보험의 예를 다시 생각해 보자. 자동차 사고로 인해 자동차가 입은 손실에 대해 완벽하게 보상해 주는 공평하게 가격이 책정된 보험을 지금 구입했다고 가상하자. 완전하게 배상해 준다는 사실을 알고 있기 때문에 얼마나 주의를 기울여 운전을 하게 될 것인가? 어쩌면 완벽하게 보험에 부보되지 않았을 경우 했던 것만큼 주의를 기울이지 않을 수도 있다. 과속을 할 수도 있고 나쁜 기후조건하에서도 좀 더 무모하게 운전을 할 수도 있다. 또한 (예를 들면 자동차를 차고에 주차하기보다 노상에 주차함으로써) 절도나 강도에 대해 자동차를 보호하는 데 주의를 덜 기울일 수도 있다. 완벽하게 보험을 들어서 주의를 덜 기울이는 데 따른 순효과는 손실이 발생할 확률이 증가한다는 점이다. 손실이 발생할 확률이 10%였다면 이제는 대신에 15~20%가 된다.

이 예는 **도덕적 해이**(moral hazard)의 개념을 설명하고 있다. 도덕적 해이는 피보험자가 보험에 가입하지 않았을 때보다 주의를 덜 기울여 행동하는 현상을 말한다. 보험회사는 보험 소지자가 매일 하는 행위를 감독할 수 없으므로 보험회사의 관점에서 보면 이런 행동들은 숨겨진 것이며 일단 보험회사가 여러분에게 보험을 판매하게 되면 여러분의 행동에 영향을 미치기 위해 많은 것을 할 수 없다. 도덕적 해이가 일어날 경우 이윤에 직접적인 영향을 미치므로 이는 보험회사에게 문제가 된다. 손실이 발생할 확률이 10%라고 가정할 경우 위에서 살펴본 보험은 보험회사에게 손실도 이윤도 발생하지 않을 것이라는 점을 기억하자. 그러나 완벽하게 보험에 가입한 사람들이 이를 기회로 부주의하게 행동하여 손실발생 확률이 20%로 상승하게 되면 보험회사는 손실을 보게 된다.

보험회사가 도덕적 해이 문제를 해결할 수 있는 한 방법은 피보험자가 자신의 무모함이나 태만이 사고의 원인이 아니었다는 점을 입증할 수 있는 경우의 손실에 대해서만 보상을 하는 것이다. 하지만 이런 계약조건을 이행하는 것은 종종 현실적이지 못하다. 보험회사는 모든 사건에 대해 세부적인 조사를 해야만 하며 그렇게 하더라도 개인이 진실을 감추거나 은폐하는 것이 용이한 진실(예를 들면 "나는 정말로 제한 속도를 준수하였다")을 알아내는 것이 매우 어렵다.

더 나은 해결책은 보험회사가 주의를 기울여 운전하도록 동기를 부여하는 것이다. 공제조항은 이런 동기를 부여하는 한 방법이다. 사고 발생 시 수리비의 일부를 지불해야 한다는 점을 알고 있는 경우 좀 더 주의를 기울여 조심스럽게 운전을 할 가능성이 높아진다. 위험기피적인 고객을 대상으로 하는 사업을 운영하기 위해 경쟁하는 보험회사들은 양자 간의 그럴싸한 균형을 유지해야 한다. 고객이 보험을 매입할 수 있도록 보험이 충분히 완벽해야 한다(즉 예상되는 손실을 대부분 충분히 보상할 수 있어야만 한다). 동시에 피보험자가 주의를 기울이도록 적절한 동기를 부여할 수 있을 만큼 공제가 충분히 커야만 한다.

감춰진 정보 : 역선택

도덕적 해이는 보험회사가 완전한 보험을 제공하지 않는 이유를 설명하는 한 방법이다. **역선택** (adverse selection)은 이를 설명하는 또 다른 방법이다. 도덕적 해이가 개별 고객이 주의를 기울이도록 하는 동기에 대해 보험이 미치는 영향과 관련된다면, 역선택은 보험을 구입하는 고객의 유형에 보험료의 크기가 어떤 영향을 미치는지를 설명한다. 특히 역선택은 보험료가 증가하면 해당 보험을 매입한 사람들의 전반적인 위험성이 증가하는 현상이다.

세상에는 여러 종류의 사람들이 있다. 어떤 사람들은 운전이 능숙하거나 조심스럽게 운전하는 반면에 다른 사람은 그렇게 운전이 능숙하지 않거나 조심스럽게 운전하지 않아서 사고가 날 위험이 더 높다. 보험회사는 물론 이를 알고 있으며 이것이 일부 운전자 계층(예를 들면 젊은 층)이 다른 운전자 계층(30세 이상의 연령층)보다 더 높은 자동차 보험료를 내는 이유이다.

하지만 보험회사는 괜찮은 위험과 그렇지 않은 위험을 완전하게 구별할 수는 없다. 넓게 잡은 동일한 위험계층 내에서조차도 각 개인은 위험의 성격에 따라 큰 차이가 있으며 예상되는 보험계약자가 갖고 있는 위험에 관한 정보는 자주 감춰져 있다. 보험을 매입한 사람들의 위험을 구별할 수 없기 때문에 보험회사에 잠재적인 문제가 발생하며 역선택의 문제가 발생한다. 예를 들면 건강보험을 판매하는 경우를 생각해 보자. 일정한 보험료에 대해 개인의 의료비를 완벽하게 부보하는 보험의 경우 (예를 들면 유전적 요인이거나 생활방식으로 인해) 질병에 걸릴 위험이 높은 사람들이 위험이 낮은 사람들보다 더 많이 가입하게 된다. 이로 인해 이런 보험을 내놓은 보험회사는 비용을 많이 지출해야 한다. 여러분은 보험료를 인상하는 것이 보험회사가 높은 비용을 상쇄할 수 있는 방법이라고 생각할 수도 있다. 하지만 보험회사가 동일한 보험을 모든 잠재 고객에게 제시하고 질병에 걸릴 위험에 따라 이들을 분류할 수 없는 경우 보험료 인상으로 인해 문제가 더 악화될 수 있다. 즉 (질병에 걸릴 위험이 높은 사람들에게 이 보험은 매우 유용하기 때문에) 이들은 계속해서 보험을 매입하겠지만 질병에 걸릴 위험이 낮은 사람들은 건강보험 없이 생활할 것으로 생각된다.[6] 보험의 기대비용을 상쇄하기 위하여 보험료를 인상할 경우 완벽하게 보장하는 보험을 매입하려는 사람들의 구성이 역으로 영향을 미치게 된다(여기서 **역선택**이란 용어가 유래되었다).

보험회사는 이런 역선택에 직면하여 어떻게 금전적인 이익을 남길 수 있을까? 한 가지 방법은 고객들에게 일련의 상이한 보험을 제안하여 잠재적 고객에게 그들이 가장 선호하는 보험을 선택하도록 하는 것이다. 공제금액이 크고 보험료가 낮은 보험은 질병에 걸릴 확률이 낮다고 생각하는 사람들이 선택할 것인 반면에 공제금액이 작지만 보험료가 더 많은 보험인 경우 질병에 걸릴 위험이 훨씬 더 높은 사람들에게 관심을 끌 것이다. 보험회사가 역선택을 해결하는 다른 방법은 개인들로 구성된 집단에게 보험을 판매하는 것이다. 예를 들어 특정 회사의 모든 피고용인이 강제적으로 회사 전체를 상대로 한 집단건강보험에 가입하는 경우 이런 집단건강보험을 제안한 보험회

---

6 또는 아마도 질병에 걸릴 위험이 낮은 사람들은 예를 들면 (회비를 지불하고 가입하는) 종합적인 건강관리기관처럼 상대적으로 비용이 저렴한 대안을 찾을 것이다.

사는 질병에 걸릴 확률이 높은 사람과 낮은 사람 모두를 받아들이게 된다. 동일한 보험이 개별적으로 제안될 경우 질병에 걸릴 위험이 낮은 사람들은 이 건강보험을 구입하지 않을 수도 있으므로 건강보험에 가입할 인적 구성에 불리한 영향을 미치게 된다.

도덕적 해이와 역선택에 대응하기 위한 성과보상 방안

도덕적 해이 및 역선택 문제는 노동시장에서도 또한 중요하다. 사람들은 기술, 교육, 경험, 근로윤리 등에서 변동폭이 크며, 동일한 일자리에서 상이한 수준의 생산성을 보인다. 어떤 일자리에서는 유용한 기술, 교육, 경험이 다른 일자리에서는 덜 적절할 수 있다. 이런 이유들로 인해 고용주는 어떤 후보자가 해당 일자리에 가장 적합한지 판단해야 하는 힘든 일을 수행해야 한다. 이력서와 면접은 지원자 중에서 적절한 후보자를 골라내는 중요한 방법이 될 수 있다. 하지만 이런 것들은 불완전해서 해당 지원자가 실제로 근무를 하기 전까지는 이들의 자격에 대해 불확실성이 계속 남아 있게 된다. 더구나 일자리에 지원한 후보자는 보통 잠재적인 고용주보다 자신의 능력에 관해 더 나은 정보를 갖고 있다. 따라서 고용을 하려는 경우 해당 기업에 역선택 문제를 야기하게 된다.

고용은 또한 도덕적 해이 문제를 일으킨다. 종업원은 해당 기업 소유주를 대신해서 노력을 기울여 근무를 하게 된다. 종업원의 노력에 대한 관리자의 감독은 완벽하게 이루어지지 않는다. 이런 불완전한 감독으로 인해서 종업원들은 자신의 업무에 대해 게으름을 부릴 수 있다. 종업원들이 열심히 근무를 하더라도, 이들은 회사에게 가장 가치 있는 일에 집중하지 않을 수 있으며 대신에 자신들이 가장 좋아하는 일에 몰두할 수 있다.

기업은 이런 문제들에 대해 어떻게 대처할 수 있을까? 한 가지 중요한 방법은 성과에 대한 보상을 활용하는 것이다. 대부분의 기업들은 더 나은 성과에 대해 종업원에게 보상을 제공할 수 있다. 예를 들면, 판매원에게는 각각의 판매에 기초하여 수고료가 지급될 수 있다. 종업원들은 주식 매매 선택권을 통해서 부분적으로 보상을 받을 수도 있다. 중간 관리자는 업적에 대한 보상으로 승진 그리고 더 높은 보수를 받기도 한다. 기업들은 훌륭한 성과와 묵시적으로 연계된 보상, 예를 들면 더 나은 직무 배정, 보다 좋은 사무실, 교육 프로그램에 대한 접근성, 유연한 근무시간을 제시할 수도 있다. 성과와 연계시켜서, 종업원이 어떤 면에서 가치를 두는 것을 제시하는 방법도 성과보상의 한 형태가 된다.

종업원의 성과는 해당 작업에 적합한 이들의 기술, 재능, 그리고 노력에 달려 있다. 이런 이유로 인해서, 성과에 대한 보상은 도덕적 해이와 역선택 문제를 완화시킬 수 있다. 잘 설계된 동기 보상은 종업원들로 하여금 보다 열심히 근무하고 고용주의 목표에 보다 집중하도록 하기 때문에 도덕적 해이 문제가 감소될 수 있다. 성과에 대한 보상지급 방안은 직원을 새로 충원하는 데 따른 역선택 문제를 낮추는 데도 또한 도움이 될 수 있다. 왜냐하면 적합하지 않은 잠재적 후보자는 자신이 좋은 성과를 내지 못할 것이고 그에 따라 높은 보상을 받지 못할 것으로 기대하기 때문에, 해당 일자리에 응모하지 않거나 또는 제안을 수락하지 않게 된다. 동시에 적합한 후보자들은 성과를 내서 보다 높은 보상을 받을 것으로 기대하면서, 해당 일자리에 응모하고 제안을 받아들일 가능성이 높아진다.

한 경제학자가 수행한 연구, 즉 미국의 자동차 유리 수리 회사인 세이프라이트 오토글래스가 자신의 종업원들에게 시행한 근로 동기부여안에 관해 생각해 보자.[7] 이 회사는 자동차에 교체 전면 유리를 설치하는 업체이다. 처음에 이 회사는 일정한 봉급을 종업원들에게 지급하였다. 종업원들은 자신의 일자리를 지키기 위해서 매월 최소한 숫자만큼의 유리를 설치하려고 하였다. 봉급액은 성과에 따라 변하지 않았기 때문에, 유일한 동기부여는 해고되지 않을 정도의 성과를 보이는 것이었으며 유의할 만한 동기부여는 전혀 없었다. 1994년 이 회사는 동기를 부여할 수 있는 보상안을 제시하기로 하였다. 종업원들에게는 이전과 같이 기대되는 최소한의 성과에 기초하여 동일한 봉급이 지급되었다. 종업원이 설치한 유리의 숫자가 어떤 목표치를 초과할 경우, 목표치를 초과하여 설치된 각각의 추가적인 유리에 대해 수고료가 지급되었다. 새로운 동기부여안이 실시되고 나서 종업원당 설치한 자동차 유리 숫자는 놀랍게도 44퍼센트 증가하였다.

이런 성과 증가분 중에서 얼마나 많은 부분이 더 나은 동기부여(도덕적 해이의 감소)에서 비롯되었고, 또한 얼마나 많은 부분이 더 나은 종업원 선택(역선택의 감소)에서 비롯되었을까? 이 연구는 두 가지 효과의 크기를 추정하였다. 예를 들면, 일부 종업원들은 동기부여안이 시행된 이후에 이직하였고, 반면에 일부는 계속 근무하였다. 이들이 한 선택 중 일부는 어쩌면 종업원 재능상의 차이를 반영했을 수도 있다. 이와 유사하게 새로운 동기부여안이 시작되기 전에 근무를 하였던 종업원들과 새롭게 고용된 종업원들의 성과를 비교하였다. 마지막으로 동기부여안이 시행되기 전후에 이 회사에 근무하였던 종업원들의 성과 변화를 분석하였다. 모든 이런 기법을 활용하여 생산성 증가의 약 절반(22퍼센트)은 향상된 동기부여안에서 비롯되었고, 나머지 절반은 향상된 종업원 선택에서 비롯되었다.

보험시장에서 도덕적 해이와 역선택을 낮추기 위한 방안에 관한 논의와 유사한 점이 있다. 두 경우 모두에서 숨겨진 행위를 하거나 숨겨진 정보를 갖고 있는 사람들에게 어떤 동기를 부여할 경우 이들 두 문제를 모두 낮출 수 있다. 보험에서는 공제액을 부과하거나 또는 상이한 형태의 고객들에게 호소력이 있는 상이한 종류의 보험계약을 제시함으로써 이렇게 할 수 있다. 고용에서는 성과에 대해 지급되는 보상액이 공제액처럼 작용할 수 있으며 도덕적 해이를 낮추는 동기를 제공할 수 있다. 이것은 또한 메커니즘이 약간 다를 수는 있지만, 상이한 종류의 보험계약을 고객들에게 제시하는 것과 유사한 효과를 가질 수도 있다. 고용에서는 피고용인이 가용할 수 있는 선택의 폭을 경쟁기업들이 제시한다. 각 기업은 기술 및 경험에 대해 다소 상이한 자격요건을 요구한다. 따라서 피고용인들은 더 나은 성과에 기초하여 보다 높은 보상을 받으려는 희망을 갖고, 최종적으로 근무하게 될 기업과 직장을 선택하게 된다.

---

7 Edward P. Lazear, "Performance Pay and Productivity," *American Economic Review* 90, no. 5 (2000):1346–1361.

전망이론과 손실기피 : 기대효용이론에 대한 대안

이길 경우 110달러를 받고 질 경우 100달러를 지불해야 하는 노름을 기꺼이 받아들일 것인가? 이런 노름을 제안받을 경우 대부분의 사람들은 이를 거절한다.[8] 이것은 기대효용이론과 위험기피가 갖는 의미와 일치하는 것처럼 보이고, 실제로 의사결정자가 실질적으로 재정적 자원을 갖고 있지 않으며 그리고/또는 충분하게 위험기피적이라면 그러하다. 하지만 많은 사람들에게 이 노름은 (사람들이 직면하는 많은 다른 금융적 위험과 비교해 볼 때 적어도) 상대적으로 위험이 낮으며, 의사결정자가 실질적으로 위험중립적인 것처럼 이를 평가한다고 생각할 수도 있다. 이런 식으로 평가된다면, 기댓값이 양이므로 (1/2 × 110달러 + 1/2 × (−100달러) = +5달러) 이 노름은 관심을 끌 수 있다. 사실 기대효용이론의 정식 분석을 통해, 110달러를 벌거나 또는 100달러를 잃는 50-50의 승산을 갖는 노름을 거절하는 위험기피적인 개인은 이론상 1,000달러 잃거나 또는 어떤 금액을 벌 수 있는 50-50의 내기도 또한 받아들이지 않는다는 점을 지적한 연구가 있다.[9] 이 연구가 밝히고 있는 것처럼 10억 달러를 벌거나 또는 1,000달러를 잃게 되는 50-50의 승산이 있는 내기를 하지 않으려면 받아들이기 어려울 정도의 큰 위험기피적 태도가 필요하다.

이 노름에서 사람들의 행태를 설명하고, 위험을 취하여 이를 관리하는 것과 관련된 다른 흥미로운 행태의 범위를 설명하는 한 가지 방법은 노벨상 수상자인 다니엘 카너먼과 그와 오랫동안 공동저술을 한 아모스 트버스키가 개발한 **전망이론**(prospect theory)을 활용하는 것이다.[10] 전망이론을 설명하기 위해서는 이것을 기대효용이론과 비교해 보는 것이 유용하다. 기대효용이론은 소득 I를 갖고 있는 개인이 확률 p로 소득 x를 벌고 확률 $1-p$로 y에 해당하는 소득을 잃게 되는 복권뽑기를 어떻게 평가했는지 기억해 보자.

$$EU = pU(I + x) + (1 - p)U(I - y)$$

그림 15.9(a)는 복권뽑기와 확실하게 소득 I를 얻는 경우 사이의 선택을 위험기피적인 사람에 대해서 설명하고 있다. x 및 y가 소득과 비교해 작고 x가 y보다 약간 더 크다면, 위험회피적인 사람조차도 '낮은 위험의' 복권뽑기를 수용할 수 있다.[11]

---

8 N. Barberis, "Thirty Years of Prospect Theory in Economics: A Review and Assessment," *Journal of Economic Perspectives* 27, no.1(2013): 173 – 196.

9 M. Rabin, "Risk Aversion and Expected-Utility Theory: A Calibration Theorem," *Econometrica* 68, no. 5(2000): 1281–1292.

10 이 이론은 카너먼과 트버스키가 1979년 다음의 논문에서 처음 발표하였다. "Prospect Theory: An Analysis of Decision under Risk," *Econometrica* 47, no. 2 (1979): 263–292.

11 구체적으로 그림 15.4에서의 접근법을 활용하여 설명해 보자. 노름을 수용하지 않은 경우의 효용은 점 B에서의 효용함수 높이이고, 노름을 수용한 경우의 기대효용은 점 A와 점 C를 연결한 선분의 중간점에서의 높이이다. 내기에서 이기거나 또는 질 경우 개인의 순소득의 차이는 매우 작기 때문에, 점 A와 점 C 사이의 선분은 효용함수 자체와 일치한다. 이는 그림 15.9(a)의 클로즈업된 보기에서도 볼 수 있다. 점 A가 점 B의 왼쪽으로 떨어진 것보다 점 C가 점 B의 오른쪽으로 더 멀리 떨어져 있기 때문에, 즉 $x > y$이기 때문에 중간점에서의 선분의 높이가 점 B에서의 효용함수 높이보다 약간 더 크다.

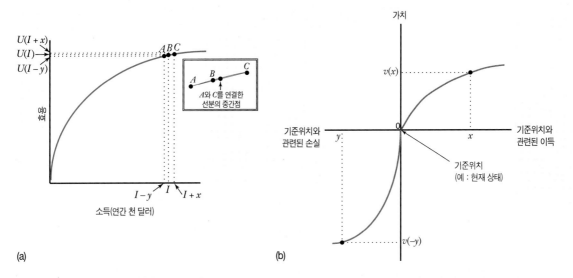

그림 15.9 기대효용이론과 대비되는 전망이론

(a)는 기대효용이론을 설명한다. 이것은 기대효용을 극대화하려는 위험기피적인 사람이 이득 x와 손실 y의 확률이 동일하고 x가 y보다 약간 더 큰 노름을 어떻게 평가하는지 보여 주고 있다. 이들 이득과 손실이 소득에 비교하여 작은 경우, (a)는 위험기피적인 사람이 이 노름을 수용할 수 있음을 보여 준다. (b)는 전망이론을 설명한다. 사람은 그래프에서 원점으로 나타낸 기준위치와 관련지어 노름의 이득과 손실을 평가한다. (b)의 그래프는 손실기피를 보여 주고 있다. 가치함수는 동일한 크기의 이득에 대한 양의 값보다 동일한 크기의 손실에 대한 음의 값이 더 크다. 손실기피하에서 전체 소득에 비하여 이득과 손실이 작고, x가 y보다 더 큰 경우에서조차도 이득 x와 손실 y 확률이 동일한 노름을 취하지 않는 이유를 설명하는 데 전망이론이 도움이 된다.

반면에 전망이론에 따라 비교해 보면 이 복권뽑기는 기준점이나 기준선과 관련지어 가능한 이득과 손실의 측면에서 평가될 수 있다. 이 경우 자연적인 기준점은 현재 상태, 즉 소득 I이며, 복권뽑기는 다음과 같은지 여부에 따라 평가된다.

$$\mu_1 v(x) + \mu_2 v(-y) > v(0)$$

여기서 v는 다음과 같은 특성을 갖는 가치함수이다. $v(0) = 0$, 그리고 μ_1 및 μ_2는 각각 확률 p 및 $1 - p$에 의존하지만 반드시 동일하지는 않는 결정 가중치이다.

실험적 증거에 기초하여, 카너먼 교수와 트버스키 교수는 가치함수가 그림 15.9(b)에서 살펴 본 속성을 갖는다고 주장하였다.[12] 가치함수는 이득의 범위에서 증가하며 오목한 형태를 하고 손실의 범위에서는 증가하며 볼록한 형태를 한다. 가치함수가 이득에 대해서보다는 손실에 대해 더 민

---

12 그림 15.9(b)를 보다 쉽게 이해하기 위해서, (b)에 있는 수평축의 척도가 (a)에 있는 수평축의 척도와 상이하다고 본다.

감하다. 즉 v는 동일한 크기의 이득에 대한 양의 값보다 동일한 크기의 손실에 대한 음의 값이 더 크다. 이런 후자의 속성을 **손실기피**(loss aversion)라고 한다. 의사결정자들은 동일한 크기의 이득에 대한 것보다 손실로 인한 가치가 기준선과 관련하여 더 많이 하락한다는 경험을 하게 된다.

결정 가중치에 대한 한 가지 가능한 설명은 그 원인을 사건이 발생할 실제 확률에 대한 잘못된 믿음에서 찾고 있다. 하지만 카너먼 교수와 트버스키 교수는 결정 가중치들이 이런 방법으로 해석되도록 의도하지 않았다. 대신에 μ_2와 같은 항은 거대한 손실 y가 발생할 확률을 낮게 평가한 사람이 해당 손실이 발생할 가능성에 상당한 가중치를 부여할 수 있는 가능성을 열어 놓고 있다. 실제로 실험에 참여한 사람들이 한 선택에 기초하여 카너먼 교수와 트버스키 교수는 다음과 같이 결론을 내렸다. 결정 가중치는 발생할 확률이 높은 사건에 대해서는 실제 확률보다 더 낮았으며, 발생 확률이 낮은 사건에 대해서는 실제 확률보다 더 높았다.

x 및 y가 소득 I와 비교해서 작은 경우, 즉 위험기피적인 사람조차도 x가 y보다 약간 더 큰 복권 뽑기를 받아들일 수 있는 상황에 있더라도, 그림 15.9(b)가 보여주는 것처럼 $v(-y)$가 $v(x)$의 양의 값보다 훨씬 더 큰 음의 값을 가질 수 있다는 점에 주목하자. 이것이 의미하는 바는 $\mu_1 v(x) + \mu_2 v(-y)$가 현재 상태 $v(0)$보다 더 작아서 해당 노름을 수용하지 않을 넓은 범위의 결정 가중치가 있을 수 있다는 것이다.

전망이론은 제3장에서 소개한 준거의존적 선호의 예가 된다. 이득 또는 손실이 평가되는 기준점은 전망이론의 주요한 특징이다. 전망이론을 적용하는 데 기준점은 현재 상태 또는 가능한 결과들에 대한 기대일 수 있다. 예를 들면 주식을 보유하고 있는 경우, 주식 포트폴리오의 성과를 어떻게 평가하느냐는 절대적인 성과와는 상반되는 것으로 기대했던 것과 관련하여 얼마나 좋은 성과를 냈느냐에 달려 있다.

경제학자와 심리학자가 수행하는 실험에 참여한 사람들에 의해 촉발된, 기대효용이론의 예측에서 벗어난 이탈을 설명하기 위해 전망이론이 사용될 수 있다. 예를 들면 자신들의 1979년 논문에서 발표한 실험에서, 카너먼 교수와 트버스키 교수는 다음과 같은 일련의 두 가지 선택권을 갖는 사람들을 관찰하였다.

- 여러분이 보유하고 있는 것 이외에, 1,000달러가 주어졌다. 그리고 나서 여러분은 (a) 확률 1/2로 1,000달러를 주고 확률 1/2로 0달러를 주는 복권, 또는 (b) 확실하게 주는 500달러 중 한 개를 선택할 수 있다.
- 여러분이 보유하고 있는 것 이외에, 2,000달러가 주어졌다. 그리고 나서 여러분은 (c) 확률 1/2로 −1,000달러를 주고 확률 1/2로 0달러를 주는 복권, 또는 (d) 확실하게 주는 −500달러 중 한 개를 선택할 수 있다.

기대효용이론에 따르면 위의 이런 두 가지 중에서 선택하는 개인의 결정은 특정한 일치성을 보여야만 한다. 여러분은 (a) 및 (c)를 선택하거나 또는 (b) 및 (d)를 선택한다. 이유는 선택문제는 동일한 최종 결과를 만들기 때문이다. 두 개 선택문제에서 개인들은 실제적으로 다음과 같은 선택에 직면하게 되는 것이다.

- 보유하고 있는 것 이외에, 여러분은 확률 1/2로 2,000달러 그리고 확률 1/2로 1,000달러를 제시하는 복권(이것은 선택 (a) 및 (c)이다), 또는 확실하게 주는 1,500달러(이것은 선택 (b) 및 (d)이다) 중 한 개를 선택할 수 있다.

하지만 이것이 사람들이 실제로 행동하는 방식은 아니다. 대부분의 사람들은 (a) 대신에 (b)를 선택하고, (d) 대신에 (c)를 선택한다! 이 예는 준거의존성이 얼마나 강한지를 보여 준다. 사람들이 결국에는 동일한 확률분포를 갖는 최종결과에 직면한다고 하더라도, 한 사람이 처음에 1,000달러 또는 2,000달러를 준다는 약속을 받았는지 여부에 따라 선택을 구체적으로 결정하게 된다.

전망이론을 사용하여, 전통적인 기대효용극대화 체계와 조화를 이루기 어려운 금융시장의 많은 현상을 설명할 수 있다. 유명한 실증적인 변칙적 현상으로 '주식 프리미엄 퍼즐'(미국 주식시장의 평균수익이 미국 재무성 단기증권의 평균수익을 전통적인 기대효용에 기초한 자산가격결정 모형이 예측한 것보다 더 많이 초과하는 경향)을 들 수 있다. 또 다른 예로는 '처분효과'(개별투자자와 펀드 매니저는 가격이 하락하는 주식이 아니라 상승하는 주식을 매도하는 경향이 있다는 실증적인 발견)를 꼽을 수 있다.

전망이론은 또한 보험시장에서 관찰되는 흥미로운 난제를 설명할 수 있다. 몇몇 연구에 따르면, (예를 들어 화재와 수해로부터의 손실을 부보하는) 자택소유자 보험에 가입하려 할 때 어떤 수준의 공제액을 선택할지 결정하려는 경우 공제액이 낮고 보험료가 높은 보험보다 공제액이 높고 보험료가 낮은 보험이 종종 훨씬 나은 거래임에도 불구하고, 사람들은 공제액이 높은 보험보다는 보험료가 더 높고 공제액이 낮은 보험에 끌리는 경향이 있다. 물론 이것은 위험기피적 소비자들에 의한 기대효용 극대화와 일치할 수 있지만, 이런 현상을 연구한 학자들은 사람들이 실제로 한 선택과 조화를 이루기 위해서는 받아들이기 어려울 정도의 높은 수준의 위험기피적 태도가 요구된다고 결론을 내렸다.[13] 전망이론은 대안적인 설명을 제시하고 있다. 즉 보험에 대한 사람들의 기준점은 보험금을 청구하지 않고 이 시점부터 손실(즉 공제액 지급)에 대해 기피적이 되는 것이다. 이 밖에 이들은 보험금을 청구해야만 하는 발생할 확률이 낮은 상황에 과도한 가중치를 주었을 수 있다.

전망이론은 위험에 직면하여 내리는 결정에 관해 생각할 수 있는 유용한 틀로 등장하였다고 말하는 것이 타당한 것처럼 보인다. 전망이론은 기대효용이론보다는 선택에 관한 상이한 가정에 기초하였지만, 전통적인 이론에 대한 보완적인 분석으로서 개인이 내린 의사결정을 이해하는 데 도

---

13 재무학 분야의 학자들은 처분효과를 수수께끼라고 생각한다. 왜냐하면 실제로 주식의 수익은 단기적인 힘의 발현이기 때문이다. 즉 시장 상황보다 성과가 좋은 주식은 계속해서 더 높은 성과를 내며, 성과가 좋지 않은 주식은 계속해서 더 낮은 성과를 낸다. 이것이 의미하는 바는 가치가 상승하는 주식을 계속해서 보유하는 것이 합리적이라는 것이다.

움을 주는 추가적인 시야를 제공한다고 생각된다. 많은 경우에 기대효용이론이 폭넓게 이해되고 받아들여지며 적용하기가 잠재적으로 용이하기 때문에, 이 이론은 많은 응용경제분석에서 선택에 관한 분석의 틀로서 계속 남아 있을 것이다. 하지만 전망이론에 관한 실험적이며 실증적인 연구가 계속 이루어지고 있기 때문에, 재무 및 보험 분야 이외에도 이 이론이 적용될 수 있는 분야의 수가 증대될 것으로 믿는다.

15.4 위험한 결정의 분석

이제는 의사결정자가 위험에 직면하여 행동방안을 어떻게 선택하는지 살펴보도록 하자. **의사결정나무**(decision tree)란 개념을 소개함으로써 이를 알아볼 것이다. 의사결정나무는 각 시점에서 발생하는 위험한 사건뿐만 아니라 의사결정자가 사용할 수 있는 선택사항을 설명해 주는 도표이다. 이는 의사결정자가 위험에 직면했을 때 최적의 행동방안을 확인하는 유용한 수단이다.

의사결정나무의 기본 개념

의사결정나무를 사용하여 어떻게 위험한 대안 중에서 선택을 할 수 있는지 알아보기 위해 간단한 예를 들어 살펴보도록 하자. 석유회사가 북해연안에서 새로운 원유 매장량을 발견했다고 하자. 연안에 천공을 뚫는 두 가지 형태의 시설, 즉 대용량의 시설과 소용량의 시설 중 하나를 건설할 수 있다. 관련 회사가 건설하고자 하는 시설 용량의 크기는 매장된 원유량에 달려 있다.

- 매장량이 많고 회사가…
  - 대규모 시설을 건설할 경우, 해당 기업의 이윤은 5,000만 달러가 된다.
  - 소규모 시설을 건설할 경우, 해당 기업의 이윤은 3,000만 달러가 된다.
- 매장량이 적고 회사가…
  - 대규모 시설을 건설할 경우, 해당 기업의 이윤은 1,000만 달러가 된다.
  - 소규모 시설을 건설할 경우, 해당 기업의 이윤은 2,000만 달러가 된다.

위의 예에서 해당 기업이 매장량이 많다고 확신하는 경우 대규모 시설을 건설할 것이다. 반면에 해당 기업이 매장량이 적다고 확신하는 경우 소규모 시설을 건설할 것이다. 석유회사에게 이것이 어려운 문제가 되는 이유는 이들이 현재로서는 매장량의 규모를 알지 못한다는 데 있다. 매장량이 많을 확률이 0.50이면 적을 확률도 0.50이라고 믿고 있다고 하자.

〈그림 15.10〉은 석유회사의 의사결정나무를 보여 준다. 의사결정나무는 다음과 같은 네 개의 기본부분으로 구성된다.

- **의사결정 마디** : 그려진 나무에서 □로 나타낸 의사결정 마디는 의사결정자가 직면하는 특정한 결정을 의미한다. 의사결정 마디로부터 그려진 각 가지는 의사결정자가 선택할 수 있는 가능한 대안에 해당된다.
- **의사가능성 마디** : 그려진 나무에서 ○으로 나타낸 의사가능성 마디는 의사결정자가 직면하는 특정한 복권을 의미한다. 의사가능성 마디로부터 그려진 각 가지는 복권의 가능한 결과에 해당된다.
- **확률** : 의사가능성 마디로부터 그려진 각 가지는 발생할 확률이 있다. 의사가능성 마디로부터 나온 모든 가지의 확률을 합하면 1이 된다.
- **보수** : 의사결정나무의 오른쪽 끝에 있는 각 가지는 이와 관련된 보수를 갖는다. 보수는 선택한 것과 위험한 결과를 각각 결합하여 구한 값이다. 의사결정자가 위험중립적이라면 이득은 화폐적인 가치를 나타낸다. 의사결정자가 위험기피적이라면 보수는 회사가 달성할 수 있는 보수를 나타내는 화폐적 가치의 효용을 말한다.

이제 이런 개념들을 〈그림 15.10〉에 있는 석유회사의 의사결정나무에 적용해 보자. 먼저 해당 회사는 위험중립적이라고 가정하자. 따라서 보수는 화폐적 가치(즉 결과에서 해당 회사의 실제 이윤)를 나타낸다.[14] 의사결정 마디 *A*는 해당 회사의 시설규모 결정을 나타내며, 의사결정 마디에

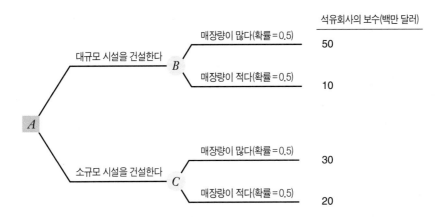

그림 15.10 석유회사 시설 규모의 결정에 관한 의사결정나무

의사결정 마디 *A*에서 회사는 두 개의 선택, 즉 "대규모 시설을 건설한다" 또는 "소규모 시설을 건설한다"라는 선택을 갖는다. 의사가능성 마디 *B*와 *C*에서 회사는 두 개의 가능한 결과("매장량이 많다" 또는 "매장량이 적다"이며, 각 결과가 발생할 확률은 0.50이다)를 갖는 복권뽑기에 직면한다. 회사의 보수(즉 이윤)는 마디 *A*에서의 결정과 실제 결과에 달려 있다.

---

14 회사가 위험기피적이라고 가정할 경우, 해당 기업의 효용함수를 특정하고 각 결과에 따른 이윤의 효용을 평가해야 한다.

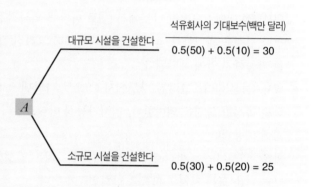

그림 15.11 석유회사의 시설규모 결정에 관한 젖혀진 의사결정나무

이 그림을 〈그림 15.10〉과 비교해 보자. (1) 각 결과에 대한 보수를 각 복권뽑기에 대한 기대보수로 대체시키고, 나아가 (2) 복권뽑기에 대한 기대보수를 젖혀 보자. 이제는 석유회사의 최선의 결정이 대규모 시설을 건설하는 것이다라는 점을 쉽게 알 수 있다(이 결정은 보다 높은 기대보수로 이어진다).

서 뻗어 나온 가지 위에는 두 개의 가능한 선택("대규모 시설을 건설한다" 그리고 "소규모 시설을 건설한다")이 있다. 의사가능성 마디 B와 C는 마디 A에서의 결정에 따라 해당 회사가 직면하는 복권뽑기를 나타낸다. 각 복권뽑기는 의사가능성 마디에서 뻗어 나온 줄기에 있는 두 개의 가능한 결과("매장량이 많다" 그리고 "매장량이 적다")를 갖게 되며, 각 결과가 발생할 확률은 0.50이다. 회사의 이윤은 마디 A에서 한 결정과 이에 상응하는 복권뽑기의 실제 결과에 의존한다. 즉 회사가 마디 A에서 대규모 시설을 건설하기로 결정했다면, 이윤은 (매장량이 많은 경우) 5,000만 달러가 되거나 또는 (매장량이 적은 경우) 1,000만 달러가 된다. 회사가 마디 A에서 소규모 시설을 건설하기로 결정했다면, 이윤은 (매장량이 많은 경우) 3,000만 달러가 되거나 또는 (매장량이 적은 경우) 2,000만 달러가 된다.

최적의 행동계획을 선택하기 위해서, 석유회사는 각 복권뽑기로 이어질 결정을 마디 A에서 선택한다.[15] 따라서 회사는 오른쪽에서 왼쪽으로 뒤로부터 작업을 하여 의사결정나무를 평가할 수 있다. 이것을 의사결정나무를 젖힌다라고 하며, 제14장에서 게임나무를 분석하기 위해서 사용했던 역순귀납 과정과 동일하다.

의사가능성 마디 B에서 복권뽑기의 기댓값은 (0.5 × 5,000만 달러) + (0.5 × 1,000만 달러) = 3,000만 달러이다. 의사가능성 마디 C에서 복권뽑기의 기댓값은 (0.5 × 3,000만 달러) + (0.5 × 2,000만 달러) = 2,500만 달러이다. 이것은 〈그림 15.11〉에 있으며, 거기서 각 결과에 대한 보수를 각 복권뽑기에 대한 기대보수로 대체시키고 나아가 복권뽑기에 대해 기대보수를 젖힘으로써 의사결정나무를 단순화하였다. 이런 방법으로 의사가능성 마디를 보이지 않게 하고 나면, 해당 기업의 최선의 대응책(최적의 결정)은 대규모 시설을 건설하는 것이다라는 사실을 즉시 알 수 있다.

순차적인 결정을 하는 의사결정나무

앞의 의사결정나무에서 의사결정자는 단지 한 개의 결정만을 내리면 되므로 분석하기가 용이했

---

15 주식 시작 회사가 위험기피적이라면, 해당 회사의 효용함수를 사용하여 보수의 기대효용을 평가하게 된다.

다. 하지만 의사결정자는 때때로 순차적인 결정을 내려야 하거나 가능한 사건의 결과에 뒤이어 결정을 내려야 한다. 이와 같이 보다 복잡한 상황에서의 의사결정나무에 대한 분석을 설명하기 위해 석유회사 사례에 한 가지 사항을 추가해 보자. 회사는 아직 대규모 시설 또는 소규모 시설을 건설할 수 있지만 시설의 규모를 결정하기 전에 매장량의 크기를 결정하기 위해 진동실험을 할 수 있다고 가상하자. 한동안 실험은 비용이 들지 않는다고 가정하자.[16] 해당 기업은 실험을 해야 하는가? 해야 한다면 얼마나 나아질 수 있는가?

위의 물음에 답하기 위해 〈그림 15.12〉에 있는 기업의 의사결정나무를 생각해 보자. 의사결정마디 A로부터 그린 위의 두 개 의사결정 가지는 〈그림 15.10〉과 〈그림 15.11〉의 것과 동일하다. 의사결정나무의 세 번째 가지는 새로운 대안, 즉 시설을 건설하기 전에 진동실험을 하는 대안을 의미한다. 해당 기업이 이 실험을 하게 되면 의사가능성 마디 D로 나타낸 것처럼 매장량이 많은지 또는 적은지 여부를 알게 된다. 실험의 결과는 의사가능성 마디가 된다. 왜냐하면 해당 기업이

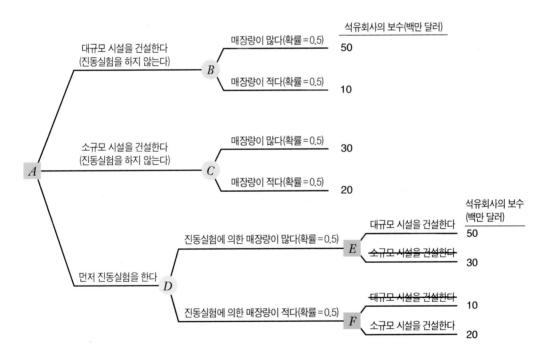

그림 15.12 실험할 수 있는 선택이 포함된 경우 석유회사의 시설규모 결정에 관한 의사결정나무

이 그림을 〈그림 15.10〉과 비교해 보자. 이제 해당 기업은 비용을 들이지 않고 진동실험을 시행하는 선택을 할 수 있다. 이런 선택으로 인해 새로운 의사가능성 마디 D로 연결되며, 이에 따른 결과는 의사결정 마디 E 및 F로 이어진다. 이런 의사결정 마디에서의 선택과 연관된 보수들을 비교해 보면서 열등한 선택은 선을 그어 지울 수 있다. 그리고 나서 복권뽑기의 기대보수를 계산하고 의사결정나무를 뒤로 젖혀서 해당 기업의 최적결정을 구할 수 있다(그림 15.13을 참조하시오).

---

16 다음 절에서는 (현실적으로 그러한 것처럼) 실험이 비용이 드는 경우 어떤 일이 발생하는지 논의할 것이다.

실험을 하기 전까지는 이 결과가 어떻게 될지 알지 못하기 때문이다.

위의 예에서, 실험에 따라 두 가지 가능한 결과가 나타날 수 있으며 발생할 확률은 각각 0.50이다. 각각의 경우는 다른 결정으로 이어진다.

- 실험에 따를 경우 매장량이 많다면, 해당 기업은 의사결정 마디 E로 나타낸 결정에 직면하게 된다. 거기서 (보수가 5,000만 달러인) 대규모 시설을 건설하거나 또는 (보수가 3,000만 달러인) 소규모 시설을 건설하는 선택을 할 수 있다.
- 실험에 따를 경우 매장량이 적다면, 해당 기업은 의사결정 마디 F로 나타낸 결정에 직면하게 된다. 거기서 (보수가 1,000만 달러인) 대규모 시설을 건설하거나 또는 (보수가 2,000만 달러인) 소규모 시설을 건설하는 선택을 할 수 있다.

(의사결정 마디 A와 달리) 의사결정 마디 E 및 F는 복권뽑기로 이어지지 않으며 보수가 있는 결과로 직접 이어진다. 따라서 (오른쪽에서 왼쪽으로) 의사결정나무를 젖히는 과정 중에서 결정에 따른 기대보수를 계산할 필요가 없으며, 대신에 실제보수를 비교하기만 하면 된다. 의심할 여지없이, (진동실험에 따르면 매장량이 많다는) 마디 E에서 선택된 결정은 대규모 시설을 건설하는 것이다. 반면에, (진동실험에 따르면 매장량이 적다는) 마디 F에서 선택된 결정은 소규모 시설을 건설하는 것이다. 〈그림 15.12〉에서 보는 것처럼 열등한 결정을 선을 그어 지워서 이를 나타낼 수 있다. 그렇게 함으로써 의사가능성 마디 D를 확률이 각각 0.50인 두 가지 가능한 결과와 보수를 갖는 단순한 복권뽑기로 전환시킬 수 있다. 진동실험에 따를 경우 매장량이 많고 기업이 대규모 시설을 건설한다면, 보수는 5,000만 달러가 된다. 진동실험에 따를 경우 매장량이 적고 기업이 소규모 시설을 건설한다면, 보수는 2,000만 달러가 된다. 이 복권뽑기의 기대보수는 (0.5×5,000만 달러) + (0.5×2,000만 달러) = 3,500만 달러이다.

이제는 〈그림 15.13〉에서 보는 것처럼 의사결정나무를 단순화할 수 있다. 거기서 우리는 각 결

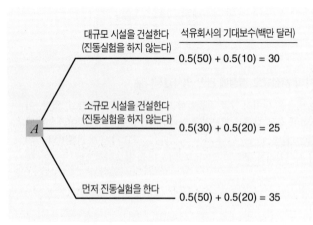

대규모 시설을 건설한다
(진동실험을 하지 않는다) 석유회사의 기대보수(백만 달러)

0.5(50) + 0.5(10) = 30

소규모 시설을 건설한다
(진동실험을 하지 않는다)

0.5(30) + 0.5(20) = 25

A

먼저 진동실험을 한다

0.5(50) + 0.5(20) = 35

그림 15.13 실험할 수 있는 선택이 포함되어 있는 석유회사의 시설규모 결정에 관한 젖혀진 의사결정나무

이 그림을 〈그림 15.12〉와 비교해 보자. 뒤로 젖힌 의사결정나무에 따르면, 석유회사의 최선의 행동방안은 진동실험을 시행하고 나서 소규모 시설 또는 대규모 시설을 건설할지 여부를 결정해야 한다는 점이 분명해진다.

과에 대한 보수를 각 복권뽑기에 대한 기대보수로 대체하고 나서 복권뽑기에 대해 기대보수를 젖혔다. 다시 한 번 의사결정나무를 평가하기가 용이해졌다. 마디 A에서의 최적 결정은 진동실험을 하는 것이다. 왜냐하면 이런 결정이 최고 높은 기대보수(3,500만 달러, 이와 비교되는 진동실험 없이 대규모 시설을 건설하는 경우에 대한 기대보수 3,000만 달러 그리고 진동실험 없이 소규모 시설을 건설하는 경우에 대한 기대보수 2,500만 달러)로 이어지기 때문이다. 따라서 해당 기업의 최적 행동 방안은 다음과 같이 요약할 수 있다.

- 진동실험을 한다.
- 진동실험을 한 결과 매장량이 많다고 확인될 경우 대규모 시설을 건설한다.
- 진동실험을 한 결과 매장량이 적다고 확인될 경우 소규모 시설을 건설한다.

위의 예를 통해 의사결정나무를 작성하고 분석하는 일과 관련된 기본적인 단계를 다음과 같이 요약할 수 있다.

---

1. 순차적인 결정과 위험한 사건을 도표로 나타내는 작업부터 시작한다.
2. 각 결정에 대해 의사결정자가 할 수 있는 대안적인 선택들을 확인한다.
3. 각 위험한 사건에 대해 가능한 결과를 확인한다.
4. 위험한 사건에 대해 확률을 부여한다.
5. 의사결정에 관한 대안들과 위험한 결과를 결합하여 만들 수 있는 모든 가능한 경우에 대해 보수를 확인해 본다.
6. 마지막으로 의사결정나무를 젖혀 봄으로써 최적의 순차적인 결정을 구할 수 있다. 이렇게 함으로써 각 의사가능성 마디에서 복권뽑기의 기댓값을 확인해 보고 각 의사결정 마디에서 최고 높은 기대보수를 결정할 수 있다. 가장 높은 기대보수를 제공하는 선택에 해당하는 보수가 해당 의사결정 마디에 부여하는 값이 된다.

정보의 가치

의사결정자가 위험한 결정을 내려야 하는 경우 위험을 낮추거나 나아가 이를 제거하는 데 도움이 되는 정보를 얻게 되면 이익을 보는 것은 당연한 일이다. 이런 정보의 가치는 석유회사가 유정을 뚫기 전에 진동실험을 하는 데 투자하는 것을 보아도 알 수 있다. 이 밖에 소비재 생산회사들이 전국적으로 대규모 생산을 하기 전에 신제품의 시장성을 조사하는 데 비용을 들이고, 예상되는 대통령 입후보자가 입후보를 선언하기 전에 여론조사를 하고 조사위원회를 만드는 데 금전적인 투자를 하는 것도 같은 맥락이라고 볼 수 있다. 앞에서 살펴보았던 의사결정나무 분석을 통해 정보의 경제적 가치를 확인할 수 있다.

앞 절에서 살펴본 석유회사의 의사결정나무 분석의 결과를 요약해 보자.

- 석유회사가 진동실험을 할 수 없는 경우 최적의 행동경로는 대규모 시설을 건설하는 것이다. 이에 따른 기대보수는 3,000만 달러가 된다.
- 석유회사가 비용을 들이지 않고 진동실험을 할 수 있는 경우 최적의 행동경로는 실험을 하는 것이다. 실험 결과에 따라 매장량이 많다고 판단되면 해당 기업은 대규모 시설을 건설해야 한다. 실험 결과에 의해 매장량이 적다고 판단되면 해당 기업은 소규모 시설을 건설해야 한다. 이 행동경로에 따를 경우 기대보수는 3,500만 달러가 된다.
- 따라서 해당 기업이 비용을 들이지 않고 진동실험을 할 수 있는 경우 실험을 할 수 없을 때보다 기대보수가 500만 달러 더 많다.

이 예는 **완전한 정보의 가치**(value of perfect information, VPI)를 설명하고 있다. 완전한 정보의 가치는 의사결정자가 비용을 들이지 않고 위험한 사건의 결과를 보여 주는 실험을 할 수 있을 때 나타나는 의사결정자의 기대보수의 증가이다. 유정을 뚫는 예에서 VPI는 의사결정자가 비용이 들지 않는 진동실험을 할 경우 얻는 기대보수와 이런 실험 없이 최적의 결정을 할 경우 얻는 기대보수의 차이인 500만 달러를 말한다.

완전한 정보가 가치가 있는 이유는 무엇인가? 그 이유는 여러분이 처음에 생각했던 것처럼 사람들이 위험기피적이기 때문은 아니다. 이는 두 가지 면에서 살펴볼 수 있다. 첫째, 진동실험이 원유매장량의 실제 규모를 알려 주기는 하지만 의사결정자의 위험을 제거하지는 않는다. 즉 실험을 하기 전에 실험의 결과가 불확실하기 때문에 이는 의사결정자에게 위험이 된다. 둘째, 위험기피 그 자체만으로는 완전한 정보의 가치를 설명할 수 없다. 왜냐하면 위의 예에서 보면 기업이 위험 중립적이라고 가정하더라도 양의 VPI가 있기 때문이다.

완전한 정보는 의사결정자가 자신이 직면한 근저가 되는 상황에 맞춰 결정을 내릴 수 있도록 도와주기 때문에 가치가 있다. 위의 예에서 석유회사는 유정을 뚫는 시설의 규모를 원유 매장량의 크기에 맞출 수 있을 때 일을 가장 잘 처리하게 된다(즉 매장량이 적은 경우 소규모 시설이 이윤을 극대화하며, 매장량이 큰 경우 대규모 시설이 이윤을 극대화한다).

VPI의 크기는 해당 기업이 완전한 정보를 제공해 주는 실험에 대해 해당 기업이 기꺼이 지불할 수 있는 최대 금액이다. 간단히 말해 이는 점쟁이의 수정구슬에 대해 해당 기업이 지불하고자 하는 의지를 나타낸다. 이 경우 진동실험의 비용이 400만 달러가 된다면 해당 기업은 이 실험을 할 것이다. 즉 실제로 500만 달러의 가치가 있는 실험에 400만 달러를 지불하는 것과 같다. 이와는 대조적으로 실험하는 데 비용이 700만 달러가 소요된다면 실험을 할 만한 가치가 없다. 해당 기업은 진동실험의 결과를 알아보지 않고 선택을 하는 편이 더 낫다.

15.5 경매

경매는 경제학에서 중요한 부분을 차지하고 있다. 1990년대 중반 이래로 (예를 들면 미국, 영국, 독일과 같은) 몇몇 국가들은 경매를 이용하여 이동전화 및 무선 인터넷 접속과 같은 통신 서비스를 위해 방송전파의 일부분을 매각하였다. 멕시코와 같은 국가들은 경매를 이용하여 철도 및 전화 업체와 같은 국유기업을 민영화하였다. 물론 경매는 지금 인터넷과 연결된 어느 누구도 이용할 수 있다. 예를 들면 이베이, 야후, 아마존닷컴과 같은 기업들은 온라인 경매가 월드 와이드 웹에 기반을 둔 거래 중 가장 빠르게 성장하는 부문의 하나가 되는 데 많은 공헌을 하였다.

경제학자들은 수년 동안 경매에 관한 연구를 하였으며 미시경제이론 중 잘 다듬어진 한 부분이 되었다. 경매에는 일반적으로 불확실성하에서 의사결정을 하는 상대적으로 소수의 참가자가 있다. 경매에 관한 분석은 제14장에서 논의한 게임이론과 이 장에서 다룬 정보 및 불확실성하에서의 의사결정을 결합시킨 것이다. 이런 이유로 인해 경매에 관한 논의를 하게 되면 제14장과 이 장에서 살펴본 일부 내용을 발췌하여 통합하는 작업을 하게 된다.

경매의 형태와 입찰 환경

경매 방식

다양하고 상이한 형태의 경매가 있다. 아마도 가장 널리 알려진 방식은 **영국식 경매**(English auction)일 것이다(그 이유는 아마도 영화나 텔레비전에서 자주 접할 수 있기 때문일 것이다). 이 방식에 따르면 입찰 참가자들은 자신들이 매긴 값을 큰 소리로 외치고 최고의 입찰가를 낸 입찰자가 해당 물품을 차지하기 때문에 경매가 끝날 때까지 각 입찰자들은 자신들의 입찰가를 높이게 된다. 또 다른 일반적인 경매 형태는 **최고가격 봉인경매**(first-price sealed-bid auction)이며 이 경우 각 입찰자들은 다른 입찰가를 알지 못한 상태로 하나의 입찰가를 제출한다. 가장 높은 가격을 제시한 입찰자가 해당 물품을 차지하고 자신의 입찰가에 해당하는 금액을 지불해야 한다. 실제로 이베이의 많은 경매는 봉인경매이다. 이 밖의 경매형태로 **차점가격 봉인경매**(second-price sealed -bid auction)를 들 수 있으며 이는 뉴질랜드에서 주파수의 채널면허를 판매하는 데 사용되었다. 최고가격 봉인경매에서처럼 각 입찰자들은 입찰가를 제출하고 최고가를 제시한 입찰자가 해당 물품을 차지한다. 하지만 해당 물품을 차지한 입찰자는 두 번째로 높은 입찰가에 해당하는 금액을 지불한다. 마지막으로 살펴볼 일반적인 형태의 경매는 **네덜란드식 역경매**(Dutch descending auction)로 예를 들면 담배와 (네덜란드의 튤립을 포함하여) 화훼 같은 농산품을 판매하는 데 종종 사용되는 방식이다. 네덜란드식 역경매에 따르면 경매할 물품의 매도인이 입찰액을 발표하고 나서 매수인이 해당 물품을 그 가격에 매입하겠다고 의사를 표시할 때까지 가격을 낮추게 된다.

사적 가치 대 공통가치

경매는 또한 사적 가치를 갖는 경우와 공통가치를 갖는 경우로 분류될 수 있다. 매수인이 **사적 가치**

(private value)를 갖고 있는 경우 각 입찰자들은 해당 물품에 대해 자신들만의 개인적인 가치를 갖고 있다. 여러분은 이 품목이 여러분에게 얼마나 가치가 있는지를 알고 있지만 다른 잠재적 입찰자들에게는 얼마나 가치가 있는지 확신할 수 없다. 입찰자가 사적 가치를 갖는 통상적인 경우는 골동품이나 예술품을 판매할 때이다. 이런 품목에 대해서 사람들은 해당 품목의 가치에 관해 특유의 평가를 갖고 있을 가능성이 높으며, 다른 사람들이 상이한 가치를 갖고 있다는 사실을 인지하더라도 아마 생각을 바꾸지 않을 것이다. 사적 가치를 두는 상황에서 여러분의 태도는 다음과 같다. "나는 다른 사람들이 어떤 생각을 갖더라도 상관하지 않으며 저 그림을 좋아할 뿐이다."

매수인이 **공통가치**(common value)를 갖고 있는 경우 해당 품목은 모든 매수인에게 동일한 고유의 가치를 갖고 있지만 어떤 매수인도 그것이 얼마인지 정확히 알지 못한다. 예를 들면 경제학을 담당하는 교수가 경매를 하기 위해 지폐로 가득 찬 서류가방을 갖고 수업시간에 들어왔다고 하자. 가방에 든 지폐의 화폐적 가치는 모든 사람에게 동일하지만 얼마나 많은 지폐가 실제로 안에 들어 있는지 아무도 알지 못한다. 공통가치에 대한 가정은 유전 임차권이나 미국 재무성 증권과 같은 품목의 판매에 가장 적합하다. 공통가치가 있는 상황에서 입찰자들은 보통 해당 물품의 가치를 추정할 수 있는 기회를 갖게 된다(예를 들어 여러분은 서류가방의 내부를 30초 동안 볼 수 있다고 하자). 여러분의 추정값은 해당 물품의 가치에 관한 최선의 추론이라고 할 수 있다. 이런 상황에서 다른 입찰자들의 추정값을 알게 될 경우 해당 목적물의 가치에 관한 여러분의 생각을 바꿀 수도 있다. 특히 모든 다른 입찰자들이 해당 목적물의 진짜 가치에 관해 여러분이 생각했던 것보다 더 낮게 추정을 했다면 여러분은 해당 물품의 가치에 대한 추정값을 하향조정할 것이다.

입찰자가 사적 가치를 갖는 경우의 경매

경매에서의 입찰 형태를 설명하기 위하여 입찰자가 사적 가치를 갖는 상황을 가상해 보자. 여기서는 세 가지 다른 경매 방식, 즉 최고가격 봉인경매, 영국식 경매, 차점가격 봉인경매를 살펴볼 것이다. 목적은 경매 규칙이 입찰자의 행태와 경매를 통해 매도인에게 지불될 총수입액에 어떤 영향을 미치는지 살펴보는 것이다.

최고가격 봉인경매

여러분과 일단의 다른 입찰자들이 이베이에서 판매하려고 하는 골동품인 식탁을 매입하려 한다고 가상하자. 나아가 이 식탁은 여러분에게 1,000달러의 가치가 있는 것으로 결론 내렸다고 하자. 즉 여러분이 이 식탁을 구입하는 데 지불하려고 하는 최고금액은 1,000달러가 된다. 이는 사적 가치가 있는 경매이므로 다른 사람들은 이 식탁에 다른 가치를 부여할 수도 있다. (현실적으로) 여러분은 다른 잠재적 입찰자가 부여할 가치를 알지 못한다고 가상하자. 또한 여러분은 일부 입찰자가 여러분이 생각하고 있는 1,000달러보다 높거나 또는 낮은 가치를 부여할 수 있을 것으로 믿는다고 가상하자.

입찰전략을 결정할 경우 1,000달러의 입찰액을 제시하는 것이 자연스러운 것처럼 보일 수도 있다. 결국 그것이 여러분이 식탁에 두는 가치이며, 가능한 높은 가격으로 입찰하여 해당 물품을 취득할 수 있는 기회를 극대화할 수 있다. 하지만 일반적으로 볼 때 이것이 최선의 전략은 아니다. 최고가격 봉인경매에서 입찰자의 최적전략은 지불하려고 하는 최대금액보다 적은 입찰액을 제출하는 것이다.

그 이유를 알아보기 위해 입찰액을 1,000달러에서 900달러로 낮출 경우 어떤 일이 벌어지는지 알아보도록 하자. 다른 입찰자들의 사정가격을 알지 못하기 때문에 이런 조치가 어떤 결과로 이어질지 확신할 수 없다. 하지만 경매에서 해당 물품을 취득할 확률은 낮아질 것이다. 〈그림 15.14〉의 곡선 S는 입찰액과 경매에서 이길 확률 사이의 관계를 나타낸다고 가상하자(잠시 동안 곡선 S가 어디서 유래되었는지 논의할 것이다). 1,000달러의 입찰액을 제시할 경우 입찰액에 경매에서 이길 확률을 곱하여 구한 지불액의 기댓값은 면적 A + 면적 B + 면적 C + 면적 D + 면적 E + 면적 F가 된다(여기서 그리고 이 절의 나머지 부분에서 여러분은 위험중립적이며 기댓값에 따라 편익과 비용을 평가한다고 가정한다). 반면에 900달러의 입찰액을 제시할 경우 기대지불액은 면적 E + 면적 F가 된다(표 15.1은 이 면적을 계산하고 있다). 기대지불액은 면적 A + 면적 B + 면적 C + 면적 D만큼 감소하며 그 이유는 두 가지가 있다. 첫째, 경매에서 이길 경우 적게 지불하기 때문이며 둘째, 경매에서 이길 확률이 지금 더 낮아졌기 때문이다. 기대지불액을 낮추는 것은 좋은 일이지만 입찰액을 낮출 경우 경매에서 이겨 얻게 될 기대편익도 또한 낮아진다. 기대편익은 1,000달러에 상당하는 가치에 경매에서 이길 확률을 곱하여 구한 것이다. 입찰액 1,000달러를 제시할 경우 기대편익은 면적 A + 면적 B + 면적 C + 면적 D + 면적 E + 면적 F가 되지만 900달러로 입찰할 경우 기대편익은 면적 D + 면적 E + 면적 F가 된다. 따라서 기대편익은 면적 A +

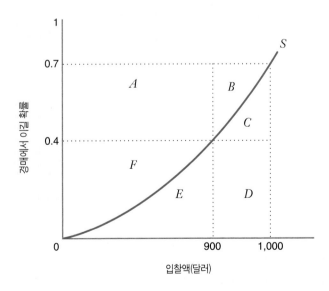

그림 15.14 최고가격 봉인경매에서의 최적입찰

곡선 S는 입찰액과 경매에서 이길 확률 사이의 관계를 보여 준다. 입찰액이 1,000달러인 경우, 기대지불액과 기대편익은 둘 다 A + B + C + D + E + F가 되므로 기대이윤은 0이 된다. 입찰액이 900달러인 경우, 기대지불액은 E + F이며 기대편익은 D + E + F이므로 기대이윤은 D가 된다. 입찰액이 1,000달러인 경우보다 900달러인 경우에 이득을 보게 된다.

표 15.1	최고가격 봉인경매에서 상이한 입찰액의 비교	
	입찰액	
	1,000달러	900달러
기대편익	$A + B + C + D + E + F$	$D + E + F$
기대지불액	$A + B + C + D + E + F$	$E + F$
기대이윤	0	D

면적 B + 면적 C만큼 감소한다. 이는 여러분의 입찰액을 낮출 만한 가치가 있는가? 이에 대한 대답은 긍정적이다. 〈표 15.1〉을 통해 입찰액을 변화시킬 경우 기대지불액이 기대편익보다 더 많이 감소하여 입찰액 변화에 따른 순이득은 면적 D가 된다. 해당하는 사정가격보다 입찰액을 낮게 책정함으로써 경매에서 이길 확률은 낮아졌지만 경매에서 이길 경우 금전적인 절약을 하게 되므로 그 이상을 만회할 수 있다.

여러분은 얼마만큼 입찰액을 변화시켜야 하는가? 이는 곡선 S의 형태에 달려 있으며 이 형태는 다른 입찰자들의 입찰전략에 관한 여러분의 믿음에 의존하고 다른 입찰자들의 전략은 다시 사정가격에 관한 여러분의 믿음에 달려 있다. 입찰게임의 내쉬균형에서 각 게임참가자들은 상대 입찰자들의 사정가격과 균형 입찰행위 사이의 관계를 추측함으로써 〈그림 15.14〉의 곡선 S와 같이 입찰액과 경매에서 이길 확률 사이의 관계를 평가하게 된다.[17] 균형에서 이런 추측들은 입찰자들의 실제 행태와 일치해야 한다.

총 N명의 입찰자가 있다면 각 입찰자에 대한 내쉬균형 전략은 게임참가자의 해당하는 사정가격에 $(N-1)/N$을 곱한 것과 같은 입찰액을 제출하는 것이다. 얼마나 많은 입찰자가 있든지 관계없이 최고의 사정가격을 갖는 입찰자가 경매에서 이기고 경매자가 지불하려 한 최대금액보다 적은 액수를 지불하게 된다. 나아가 더 많은 입찰자가 경매에 참가할수록 균형입찰액은 증가한다.

정리문제 15.5

사적 가치가 있는 최고가격 봉인경매에서의 내쉬균형 증명

두 명의 입찰자(입찰자 1 및 입찰자 2)가 사적 가치가 있는 최고가격 봉인경매에서 어떤 물품을 매입하기 위하여 경쟁을 하고 있다. 각 입찰자들은 다른 입찰자의 사정가격이 균일하게 0~200달러 사이에 위치한다고 믿고 있

다. (다시 말해 입찰자들은 사정가격 0달러는 사정가격 1달러 또는 사정가격 2달러 또는 가정가격 3달러, 계속해서 200달러까지 그 가능성이 동일하다고 믿고 있다. 이것은 0에서 200까지 번호가 매겨진 바퀴를 돌리는 것과 같

---

17 제14장에서 살펴본 것처럼 내쉬균형에서 각 게임참가자들은 다른 게임참가자들의 전략이 주어지면 자신들이 할 수 있는 최선을 다한다.

으며, 0과 200은 바퀴의 맨 위에 있는 같은 지점에 위치한다. 바퀴는 확률적으로 다른 번호에서와 마찬가지로 한 번호에 멈추게 된다.)

문제

각 입찰자의 내쉬균형 입찰액이 자신의 사정가격의 절반에 해당된다는 사실을 증명하라.

해법

입찰자 1은 입찰자 2가 입찰자 2의 사정가격의 절반에 해당하는 입찰액을 제시할 것이라고 믿는 경우, 입찰자 1도 또한 자신의 사정가격의 절반에 해당하는 입찰액을 제출할 것이라는 사실을 보여 주어야 한다.

입찰자 2의 입찰액이 사정가격의 절반인 경우 입찰자 1은 입찰자 2의 입찰액이 0~100달러 사이에 균등하게 위치할 것이라고 믿는다. 이런 상황에서 입찰자 1이 Q라는 입찰액을 제출한다면(여기서 $Q \leq 100$) 입찰자 1이 경매에서 이길 확률은 $Q/100$가 된다. 이 이유를 알 수 있는가? 입찰자 1이 100달러를 약간 넘는 입찰액을 제출한다면 입찰자 2의 기대된 행태가 주어질 경우 입찰자 1은 경매에서 확실히 이길 수 있다. 입찰자 1이 입찰액으로 50달러를 제출할 경우 입찰자 2가 더 높은 입찰액을 제출할 확률은 0.50이며 입찰자 2가 더 낮은 입찰액을 제출할 확률도 0.50이다. 식 $Q/100$는 〈그림 15.14〉의 곡선 S에 상응한다는 사실에 주목하자.

입찰자 1의 해당 물품에 대한 사정가격이 60달러라고 가상하자. 입찰자 1의 총이윤은 해당 물품을 취득함으로써 얻는 기대편익에서 기대지불액을 감한 것과 같다.

기대편익 − 기대지불액

= (사정가격 × 경매에서 이길 확률) −

(입찰액 × 경매에서 이길 확률)

$$= \left(60 \times \frac{Q}{100}\right) - \left(Q \times \frac{Q}{100}\right) = (0.60 - 0.01Q)Q$$

입찰자의 총이윤 공식 $(0.60 - 0.01Q)Q$는 선형 수요곡선에 대한 총수입식과 유사하다.[18] 따라서 입찰자의 한계이윤에 대한 식은 선형 수요곡선에 대한 한계수입식과 유사하다. 이 식은 $0.60 - 0.02Q$가 된다.[19] 이윤을 극대화하는 최적입찰액에서 한계이윤은 0이 되므로 최적입찰액은 $0.60 - 0.02Q = 0$ 또는 $Q = 30$이 된다. 이는 입찰자 사정가격의 절반과 같다. 따라서 입찰자 1이 입찰자 2가 사정가격의 절반에 해당하는 입찰액을 제시할 것이라고 믿을 경우 입찰자 1의 최선의 대응은 동일한 전략을 따르는 것이다.

경매에 두 명을 초과하는 입찰자가 있는 경우에는 어떠한가? 이 경우 내쉬균형을 계산하는 일은 이 책의 범위를 벗어나는 것이다. N명의 입찰자가 있고 이들의 사정가격이 각각 균등하게 0~200달러 사이에 위치할 경우 각 입찰자에 대한 내쉬균형 전략은 $(N - 1)/N$을 게임참가자의 사정가격에 곱한 금액에 해당하는 입찰액을 제시하는 것이라고 할 수 있다. 얼마나 많은 입찰자가 있든지 간에 가장 높은 사정가격을 갖는 입찰자가 경매에서 이기고 지불하려는 최대금액보다 적은 금액을 지불하게 된다는 점을 명심하자. 나아가 경매에 참여하는 입찰자가 많을수록 균형 입찰액이 상승한다.

영국식 경매

이제는 영국식 경매를 생각해 보자. 이전의 예로 돌아가서 여러분과 다른 입찰자가 여러분에게 1,000달러의 가치가 있는 골동품 식탁을 구입하기 위해 경쟁하고 있다고 가상하자. 여러분은 알

---

18 제11장에서 수요가 $P = a - bQ$인 경우 총수입이 $(a - bQ)Q$였다는 사실을 기억하자.

19 제11장에서 총수입이 $(a - bQ)Q$인 경우 한계수입이 $a - 2bQ$였다는 사실을 다시 한 번 기억해 보자.

수 없지만 경쟁관계에 있는 입찰자의 식탁에 대한 사정가격이 800달러가 된다. 경매인이 입찰을 300달러에서 시작했다고 가상하자. 여러분은 어떻게 해야 하는가?

매수인이 사적 가치를 갖고 있는 경우 영국식 경매에서 여러분의 우월전략은 입찰액이 여러분이 지불하려고 하는 최대금액보다 더 적은 한 계속해서 입찰에 참여하는 것이다.[20] 그리고 그 어떤 점에서 멈추어야만 한다. 그 이유를 알아보기 위해 경쟁관계에 있는 입찰자가 입찰액이 예를 들면 450달러라고 외쳤으며 경매인은 1달러만 증가해도 바로 그 입찰액을 받아들이려 한다고 가상하자. 여러분은 입찰액 451달러를 제시해야 하는가 아니면 해당 입찰과정에서 중도 포기해야 하는가? 당연히 입찰액을 451달러로 증액시켜야 한다. 최악의 상황은 다른 입찰자가 여러분의 입찰액을 초과해서 제시하는 것이며 이 경우도 당신의 상황이 지금보다 더 악화되는 것은 아니다. 최선의 상황은 다른 입찰자가 경매를 포기하고 당신은 지불하려는 금액보다 낮은 가격(451달러)에서 식탁을 취득하는 것이다.

두 입찰자 모두 입찰액이 자신들이 지불하고자 하는 최대금액에 도달할 때까지 입찰전략을 따른다면 해당 품목에 가장 많은 가치를 둔 사람(이 예에서는 그것이 바로 여러분이다)이 이를 취득하게 되고 두 번째로 높은 사정가격을 갖고 있는 입찰자의 사정가격보다 약간 더 높은 가격을 지불하게 된다. 이 예에서 여러분과 경쟁하는 입찰자들은 여러분이 입찰액을 801달러로 인상할 경우 입찰에서 도중하차한다. 결과적으로 당신에게 1,000달러의 가치가 있는 식탁을 801달러라는 가격으로 매입할 수 있다.

차점가격 봉인경매

이제는 매도인이 골동품 식탁을 매도하는 데 차점가격 봉인경매를 사용한다고 가상해 보자. 어떤 입찰액을 제시해야 하는가? 이 경매는 영국식 경매나 최고가격 봉인경매보다 훨씬 더 복잡한 것처럼 보인다. 하지만 흥미롭게도 게임이론에 따르면 차점가격 봉인경매에서도 역시 입찰행위에 관해 명백하고 설득력 있는 예측을 할 수 있다. 각 게임참가자의 우월전략은 해당 품목에 대해 지불하고자 하는 최대금액과 같은 입찰액을 제출하는 것이다. 즉 이 식탁에 대한 여러분의 사정가격이 1,000달러인 경우 입찰액으로 1,000달러를 제시하는 것이 **상대편 입찰자가 어떤 입찰액을 제출할 것이라고 생각하는지에 관계없이** 적어도 여러분이 제출하려고 생각했던 어떤 다른 입찰액만큼 괜찮으며 이따금 더 낮기도 하다.

여러분의 사정가격으로 입찰하는 것이 왜 우월전략이 되는지 그 이유를 알아보기 위하여 다음과 같은 선택을 생각해 보자.

- 여러분이 지불하려고 하는 최대금액인 1,000달러보다 적게 입찰을 할 경우 경매에서 이길 수도 있고 질 수도 있다. 이는 다른 게임참가자의 사정가격에 달려 있으며 여러분은 이 가격을

---

20 우월전략에 관한 논의는 제14장을 참조하라.

알지 못한다. 그러나 상황이 어떻든 여러분의 입찰액을 1,000달러로 증액시켜도 손해를 입지는 않는다. 왜냐하면 여러분은 여러분 자신의 입찰액을 지불하지 않고 그 대신 두 번째로 높은 입찰액에 해당하는 금액을 지불하기 때문이다. 따라서 여러분이 지불하려고 하는 최대금액보다 더 적은 입찰액은 여러분이 지불하려고 하는 최대금액과 정확히 일치하는 입찰액에 의해 지배된다.

● 여러분이 지불하려고 하는 최대금액인 1,000달러를 초과하는 금액, 예를 들면 1,050달러로 입찰하면 어떠한가? 여러분은 여러분의 입찰액을 실제로 지불하지 않기 때문에 이는 호소력이 있는 것처럼 보일 수도 있다. 문제는 이 전략이 여러분에게 결코 도움이 되지 않는다는 데 있다. 예를 들어 여러분의 경쟁상대가 되는 입찰자가 1,050달러를 초과하여 입찰하려 한다면(여러분은 게임참가자의 사정가격을 알지 못하기 때문에 이런 가능성을 배제할 수 없다는 점을 기억하자) 여러분의 입찰액을 증액시키는 것은 도움이 되지 못하고 여러분은 경매에서 지게 된다. 반면에 여러분의 경쟁상대가 1,000달러보다 적은 금액으로 입찰하려 한다면 여러분이 입찰액을 1,000달러로 유지할 경우 경매에서 이기게 된다. 여기서도 또다시 입찰액을 1,050달러로 증액하는 것은 여러분에게 도움이 되지 않는다. 마지막으로 다른 입찰자들이 1,000~1,050달러 사이에서 입찰하려 한다면(다시 한 번 여러분은 이런 가능성을 배제할 수 없다) 여러분은 식탁을 차지하겠지만 여러분이 가치를 둔 것 이상으로 금액을 지불하게 된다. 1,000달러로 입찰을 하고 식탁을 취득하지 못하는 것이 여러분에게 더 낫다. 요약하면 여러분이 자불하고자 하는 최대금액인 1,000달러를 초과하는 금액으로 입찰액을 증가시킬 경우 이따금 여러분에게 손해가 되고 결코 도움이 되지 못한다. 즉 여러분이 지불하고자 하는 최대금액보다 큰 입찰액은 지불하고자 하는 최대금액과 정확히 일치하는 입찰액에 의해 지배된다.

각 게임참가자들이 자신이 지불하고자 하는 최대금액을 입찰액으로 제출한다는 전략을 따를 경우 (사정가격이 800달러라고 가정된) 여러분과 경쟁하는 입찰자는 800달러를 입찰액으로 제시하는 반면에 여러분은 1,000달러를 입찰액으로 제시하게 된다. 영국식 경매에서와 마찬가지로 여러분이 해당 물품을 취득하게 된다. 여러분이 지불한 가격 800달러는 실제로 영국식 경매에서 지불한 801달러와 동일하다. 주목할 점은 차점가격 봉인경매가 영국식 경매와는 다른 규칙을 따르더라도 해당 물품의 매도인에게 실제로 동일한 결과를 제공한다는 것이다(두 경매 사이의 차이는 영국식 경매에서 입찰액 증가분을 1달러로 한정하기 때문에 발생한다. 일반적으로 영국식 경매와 차점가격 봉인경매에서 이긴 입찰자가 지불하는 금액 사이의 차이는 입찰액 증가분의 크기에 전적으로 달려 있다. 이론적으로 극단적인 경우에 입찰액 증가분이 사라질 정도로 작다면, 두 경매 방식에서 지불액은 동일해진다).

수입 등가

위에서 살펴보았던 세 가지 경매방식(최고가격 봉인경매, 영국식 경매, 차점가격 봉인경매) 하에서 입찰자들이 사적 가치를 갖고 각 입찰자가 내쉬균형 전략을 따를 경우, 가장 높은 금액을 지불하려는 입찰자가 경매에서 이긴다. 또한 다음과 같은 점을 살펴보았다.

> - 최고가격 봉인경매에서 이긴 입찰자는 자신이 지불하려던 최대금액보다 적은 가격을 지불한다.
> - 영국식 경매와 차점가격 봉인경매에서 이긴 입찰자는 경매에 참가한 모든 입찰자들 사이에서 두 번째로 높은 사적 사정가격과 동일한 가격을 지불한다.

각 방식은 최고 높은 사정가격을 갖는 매수인을 성공적으로 알아낼 수 있다. 하지만 각 방식에서 매도인이 받는 수입, 즉 경매에서 이긴 입찰액은 최고 높은 사정가격보다 적다. 특히 영국식 및 차점가격 봉인경매에서 매도인의 수입은 경매에 참가하여 제시한 모든 입찰자의 금액 중에서 두 번째로 높은 사정가격과 같아진다. 이는 또한 최고가격 봉인경매 그리고 입찰자들이 사적 가치를 갖고 내쉬균형 전략을 따를 경우에는 모든 다른 형태의 경매에서 매도인의 수입이 된다. (너무 복잡해서 여기서 도출할 수는 없지만) 이런 놀라운 결과를 **수입등가 정리**(revenue equivalence theorem)라 한다. 매수인이 사적 가치를 갖는 경우 어떤 경매방식도 매도인에게 동일한 수입을 제공한다. 사실 평균적으로 보면 매도인이 받는 수입은 경매에 참가한 모든 입찰자의 금액 중에서 두 번째로 높은 사정가격과 같아진다.

입찰자가 공통가치를 갖는 경우의 경매 : 경매에서 이긴 낙찰자의 불행

입찰자들이 공통가치를 갖는 경우 사적 가치를 가질 때는 나타나지 않았던 복잡한 문제가 발생한다. 즉 경매에서 이긴 **낙찰자의 불행**(winner's curse)이다. 이 불행은 공통가치를 갖는 경매에서 이긴 낙찰자가 해당 물품이 갖는 본질적인 가치를 초과하여 입찰액을 제시할 경우 나타나는 현상이다. 이런 현상이 어떻게 발생하는지 알아보기 위해 경제학 담당교수가 지폐로 가득 찬 서류가방을 강의실로 갖고 와서 경매에 부치려 한다고 가상하자. 모든 학생은 서류가방 속에 얼마나 많은 돈이 들어 있는지 추정하기 위하여 내부를 한번 힐끗 볼 수 있을 뿐이다. 여러분은 가방 속에 150달러가 있다고 추정하였으며 이는 여러분이 입찰하려고 하는 최대금액을 의미한다. 물론 강의실에 있는 다른 학생들도 각자 추정을 할 것이며 이 추정값들은 여러분의 것과 다를 수 있다. 이 추정값들은 〈그림 15.15〉에서 보는 것처럼 종모양의 곡선을 따라 분포되어 있다고 가상하자. 이 곡선의 높이는 상이한 추정값들의 상대적인 빈도를 나타낸다. 이 곡선은 해당 물품의 진짜 본질적인 가치(즉 서류가방 속에 있는 실제 화폐량)를 중심으로 위치해 있다. 여러분과 동료학생들은 알 수 없지만 총액이 80달러이다.

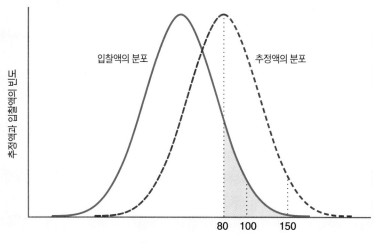

그림 15.15 공통가치를 갖는 경매에서 이긴 낙찰자의 불행

점선으로 나타낸 종모양의 곡선은 입찰자의 추정액 분포를 보여 주고 있으며, 이는 해당 물품의 본질적 가치 80달러를 중심으로 분포된다. 연속선으로 나타낸 종모양의 곡선은 입찰액의 분포를 보여 주고 있으며, 입찰자들은 사적 가치를 갖는 경매에서와 마찬가지로 자신들의 입찰액을 색칠로 나타낸다고 가정한다. 경매에서 이긴 입찰액은 입찰액들 분포의 오른편 반쪽에 위치할 것이며 색칠한 부분에 위치할 수도 있다. 이 경우 입찰액은 해당 물품의 본질적 가치보다 크다. 이렇게 되면 경매에서 이긴 입찰자는 낙찰자의 불행에서 비롯된 손해를 보게 된다.

이제는 담당교수가 최고가격 봉인경매를 이용하여 서류가방에 있는 화폐를 판매하려 한다고 가상하자. 앞 절에서 입찰자가 사적 가치를 갖는 경우 입찰액을 약간 낮추어야 한다는 사실을 살펴보았다. 여러분과 동료학생들이 이렇게 한다면 입찰액의 분포가 추정액의 분포를 나타내는 곡선의 왼쪽으로 이동하여 또 다른 종모양의 곡선(그림 15.15에 있는 연속선으로 그린 종모양의 곡선)이 된다. 여러분 추정값의 3분의 2에 해당하는 100달러를 입찰액으로 제출했다고 가상하자. 처음에는 기쁘게도 여러분의 입찰액이 높아서 서류가방을 차지하게 되었다. 하지만 실제로 세어 보니 100달러를 지출하고 단지 80달러 상당의 당첨금을 받았을 뿐이다. 이 경우 여러분은 바로 경매에서 이긴 낙찰자의 불행을 경험한 것이다.

〈그림 15.15〉는 이런 현상을 설명하는 데 도움이 된다.[21] 경매에서 이긴 입찰액은 입찰액들의 분포에서 오른쪽 끝부분으로부터 뽑아 낸 것이다. 따라서 경매에서 이긴 입찰액은 해당 물품의 가치를 가장 낙관적으로 추정한 값에 기초하게 된다. 경매에서 이긴 입찰자는 거의 확실히 판매된 물

---

21 이 그림은 다음 논문에 있는 유사한 도표에 기초하였다. M. Bazerman and W. F. Samuelson, "I Won the Auction But Don't Want the Prize," *Journal of Conflict Resolution*, 27, no. 4 (1983): 618–634.

품의 가치를 과대평가하게 된다. 입찰자가 자신의 입찰액을 약간 낮추었지만 경매에서 이긴 입찰액은 입찰액이 해당 물품의 진짜 가치를 초과하는 〈그림 15.15〉의 색칠된 부분에 위치할 수 있다.

위에서 살펴본 불행한 경우를 어떻게 피할 수 있을까? 제14장의 게임이론에 관한 논의를 통해 얻은 주요한 교훈은 먼저 생각을 해야만 한다는 점이다. 경매에서 이겼다면 그것은 해당 물품의 가치를 가장 높게 추정한 것이라는 점을 염두에 두고 그에 따라 입찰 행태를 조절해야만 한다. 특히 서류가방 경매에서 여러분은 다음과 같이 추론해야만 한다.

- 여러분은 서류가방에 있는 화폐의 가치가 150달러라고 추정한다.
- 하지만 경매에서 이긴 경우 여러분의 추정값이 그 밖의 다른 사람들의 추정값보다 더 높다는 것을 의미하며 이는 다시 해당 품목의 진짜 가치가 아마도 150달러보다 더 적다는 의미이다.
- 여러분의 목표는 경매에서 이기는 것이지만 해당 품목의 실제 가치보다 더 많은 금액을 지불하는 것은 아니므로 여러분의 추정액이 150달러가 아니고 150달러보다 적은 금액, 예를 들면 $a \times 150$달러(여기서 $a < 1$이다)인 것처럼 행동하여야 한다.

여러분이 추정액을 할인하는 비율인 a는 얼마나 많은 다른 입찰자들이 참여하느냐에 달려 있다. 강의실에 여러분 이외에 29명의 다른 학생들이 있다고 가상하자. 입찰액을 얼마나 낮추어야 하는지 결정하기 위해서 다음과 같은 질문을 여러분 자신에게 해야 할 것이다. "나의 추정액 150달러가 30개의 추정액 중에서 가장 크다는 사실을 알고 있다면, 내가 해당 물품의 본질적인 가치를 최상으로 추정한 경우의 금액은 얼마인가?" 이에 대한 대답은 150달러보다 훨씬 더 낮다고 하자. 예를 들면 85달러라고 하자.[22] 이 물품의 가치에 대한 수정된 추정액이 입찰전략을 세우는 데 **출발점**이 되어야 한다. 해당 게임에 참여한 다른 입찰자들의 모든 입찰 행태를 고려하면서 (사적 가치가 있는 경매에서 했던 것처럼) 입찰액을 대폭 낮추기를 원하기 때문에 출발점에 관해 언급해야 한다. 하지만 주요한 사실은 경매에서 이긴 낙찰자의 불행이 발생할 가능성이 있기 때문에 입찰자가 사적 가치를 갖는 경매에서보다 입찰 행태 면에서 훨씬 더 신중해야 한다.

경매에서 이긴 낙찰자의 불행은 입찰자들이 이런 불행을 피하기 위해 입찰전략을 조정할 경우, 경매에 더 많은 입찰자가 추가됨에 따라 입찰자들이 보다 보수적으로 행동하게 된다는 점을 의미한다. 이는 입찰자가 추가됨에 따라 경매에서 내쉬균형 입찰액을 올리는 경향이 있는 사적 가치의 경우와 대조를 이룬다. 보다 많은 입찰자들이 경매에 참여할 경우 더 신중하게 입찰하게 되는 이유는 무엇인가? 이에 대한 대답은 다음과 같은 방법으로 생각해 보자. 경매 물품의 가치에 대해 지나치게 낙관적인 입찰액을 매길 가능성이 언제 더 많은가? 3명의 입찰자가 있는 경매와 300명의 입찰자가 있는 경매 중에서 여러분이 언제 더 이기기 쉬운가? 첫 번째 경우 여러분이 경매에서 이기려면 여러분의 추정액이 두 명의 입찰자보다 높기만 하면 된다. 두 번째 경우에서는 여러분의

---

22 이 물음에 대한 정확한 대답은 고급 확률이론을 적용하여 구할 수 있다.

추정액이 다른 299명의 것보다 높아야 한다. 여러분의 추정액이 단지 3명 중에서 제일 높을 때보다 300명 중에서 제일 높을 경우 여러분이 부풀려진 입찰액을 뽑을 확률이 더 높아진다.

입찰자들이 봉인경매에서 자신들의 입찰액을 낮춤으로써 낙찰자의 불행 가능성에 대해 대응하려 한다면, 경매인의 시각에서 볼 때 최고가격 봉인경매가 최선의 방식이지 아닐까 생각할 수도 있다. 입찰자들이 공통가치를 갖고 있을 때 매도인에게 더 나은 경매방식은 영국식 경매라는 점이 밝혀졌다. 이 방식에서 입찰자들은 다른 경매 참가자들의 입찰액을 알 수 있으며 입찰이 진행됨에 따라 해당 물품의 가치에 자신의 의견을 수정할 수 있다. 특히 처음에 해당 물품의 가치를 낮게 평가한 경우, 다른 입찰자들이 계속해서 공격적으로 입찰을 한다면 이로 인해 여러분의 평가액을 올리게 된다. 다음에는 이런 상황들이 여러분과 다른 입찰자들의 동기를 낮추고 낙찰자의 불행을 염려하면서 입찰액을 낮추게 된다. 게임이론 분석에 따르면, 많은 경매에 대한 경매인의 평균수입은 최고가격 봉인경매, 차점가격 봉인경매, 네덜란드식 경매보다 영국식 경매에서 더 높다고 한다.[23] 이것이 영국식 경매가 실제 세계에서 널리 행해지는 이유를 어느 정도 설명할 수 있을 것으로 보인다.

요약

- 복권뽑기는 결과가 불확실한 사건이다. 복권뽑기로 발생할 수 있는 결과에 대해 확률을 할당함으로써 불확실성을 나타낼 수 있다. 이 확률은 0~1 사이에 위치하며 발생할 수 있는 모든 결과의 확률을 합하면 1이 된다.
- 어떤 확률은 객관적이며 (예를 들면 동전을 던져 앞면이 나올 확률 0.50과 같이) 자연의 법칙으로부터 유래된다. 반면에 다른 확률은 주관적이며 (예를 들면 주식가격이 상승 또는 하락할 확률에 대한 확신처럼) 어떤 개인의 믿음을 반영한다.
- 복권뽑기의 기댓값은 복권뽑기를 통해 얻게 되는 평균 보수의 크기이다.
- 복권뽑기의 분산은 복권뽑기의 가능한 결과와 복권뽑기의 기댓값 사이에 존재하는 평균편차의 특성을 나타낸 것으로 복권뽑기의 위험성을 측정한다.
- 효용함수를 이용하여 위험규모가 다른 여러 가지 대안에 대한 의사결정자의 선호를 평가할 수 있다. 의사결정자는 위험기피적이거나 또는 위험중립적이거나 또

는 위험선호적일 수 있다.
- 위험기피적인 의사결정자는 동일한 기댓값을 갖는 복권보다 확실한 것을 선호하며, 기대효용에 따라 복권을 평가하고 한계효용이 체감하는 효용함수를 갖는다 (정리문제 15.1 참조).
- 위험중립적인 의사결정자는 확실한 것과 동일한 기댓값을 갖는 복권 사이에 차별을 두지 않으며, 기대값에 따라 복권을 평가하고 한계효용이 일정한 효용함수를 갖는다(정리문제 15.2 참조).
- 위험선호적인 의사결정자는 확실한 것보다 동일한 기댓값을 갖는 복권을 선호하며, 기대효용에 따라 복권을 평가하고 한계효용이 체증하는 효용함수를 갖는다 (정리문제 15.3 참조).
- 위험 프리미엄은 의사결정자가 복권뽑기와 확실한 것 사이에 차이를 두지 않도록 하기 위해 복권뽑기의 기댓값과 확실한 것 사이에 있어야 하는 최소한의 차이이다(정리문제 15.3 참조).

---

23 이것은 입찰자가 위험중립적인 경우 그리고 위험기피적인 경우 둘 다에 적용된다.

- 공정한 보험은 보험가격이 부보된 위험의 기댓값과 같은 경우이다. 위험기피적인 사람은 언제나 손실에 대해 완전한 보험을 제공하는 공정한 보험을 구입하길 선호한다(정리문제 15.4 참조).
- 보험회사는 (예를 들면 보험증권상에 공제조항을 포함시키는 것과 같이) 비대칭 정보로부터 기인한 위험을 해결해야 한다. 비대칭 정보는 두 가지 형태, 즉 도덕적 해이(피보험자가 보험회사는 모르는 상태에서 위험을 증대시키는 방법으로 하는 행동)와 역선택(보험회사는 모르는 상태에서 보험료의 증가가 피보험자 전체의 전반적인 위험을 증대시키는 현상)의 형태로 나타난다.
- 의사결정나무는 각 시점에서 일어날 수 있는 불확실한 사건뿐만 아니라 의사결정자가 선택할 수 있는 사항을 나타내는 도표이다. 의사결정나무의 오른쪽 끝에서 출발하여 뒤쪽으로부터 살펴봄으로써 의사결정나무를 분석할 수 있다.
- 완전한 정보의 가치는 의사결정자가 어떤 비용도 치르지 않고 위험한 사건의 결과를 보여 주는 실험을 할 경우 의사결정자가 얻게 되는 기대보수의 증가를 말한다.
- 경매는 경제학에서 중요하다. 영국식 경매, 최고가격 봉인경매, 차점가격 봉인경매, 네덜란드식 역경매를 포함하여 상이한 형태의 다양한 경매방식이 있다. 경매는 또한 입찰자가 판매될 물품에 대해 사적 가치 또는 공통가치를 갖는지에 따라 분류된다.
- 최고가격 봉인 사적 가치 경매에서 경매에 참가한 사람은 해당 물품에 대해 지불하고자 하는 최대금액보다 (다른 입찰자들의 수에 달려 있는 금액만큼) 적은 금액으로 입찰하는 것이 최적의 방법이다(정리문제 15.5 참조).
- 사적 가치가 있는 영국식 경매에서, 입찰자의 우월전략은 입찰액이 자신이 지불하고자 하는 최대금액보다 적은 한 계속해서 입찰을 하는 것이다.
- 사적 가치를 갖는 차점가격 봉인경매에서, 입찰자의 우월전략은 자신이 지불하고자 하는 최대금액과 같은 입찰액을 제시하는 것이다.
- 세 가지 경매방식 각각에서, 지불하고자 하는 최고금액을 가진 입찰자가 경매에서 이기며, 매도인의 수입은 모든 입찰자들 중에서 가장 높은 시정가격보다 언제나 더 적다. 수입등가 정리에 의하면, 입찰자들이 자신들의 내쉬균형 전략을 따르는 사적 가치를 갖는 모든 경매 방식에서, 매도인의 수입은 평균적으로 볼 때 모든 입찰자들 중에서 두 번째로 높은 사적 사정가격과 같아진다.
- 공통가치를 갖는 경매에서, 입찰자들은 낙찰자의 불행, 즉 해당 물품의 가치보다 더 많은 금액으로 입찰하는 현상에 대해 주의를 기울여야 한다. 입찰자의 최선의 전략은 해당 물품의 가치에 대한 평가액을 (다른 입찰자들의 수에 달려 있는 규모만큼) 낮추는 것이다. 공통가치를 갖는 경매에 대한 매도인의 최선의 선택은 영국식 경매이며, 이는 다른 방식들보다 더 높은 평균 수입을 가져온다.

주요 용어

공통가치	분산	완전한 정보의 가치
기대효용	비대칭 정보	위험기피적
기댓값	사적 가치	위험선호적
낙찰자의 불행	손실기피	위험중립적
네덜란드식 역경매	수입등가 정리	위험 프리미엄
도덕적 해이	역선택	의사결정나무
복권뽑기	영국식 경매	전망이론

주관적 확률   최고가격 봉인경매   확률

차점가격 봉인경매   표준편차   확률분포

복습용 질문

1. 확률, 기댓값, 분산에 관한 개념을 사용하여 위험한 결과를 분석해 보시오.

2. 개인의 효용함수 형태가 위험에 대한 태도를 어떻게 보여 주는지 설명하시오.

3. 위험한 결과를 평가하는 방법으로서 기대효용을 계산해 보시오.

4. 위험기피적인 의사결정자에 대한 위험 프리미엄을 계산해 보시오.

5. 전액보험이 공평하게 가격이 책정된 경우, 위험기피적인 사람들이 이를 매입하는 이유를 설명하시오.

6. 보험시장에 존재하는 두 가지 상이한 형태의 비대칭 정보, 즉 도덕적 해이 및 역선택을 설명하시오.

7. 의사결정나무를 사용하여 위험한 결정을 분석해 보시오.

8. 낙찰자의 불행을 설명하시오.

16 일반균형이론

16.1 일반균형분석 : 두 개 시장의 경우

제2, 9, 10장에서 공급 및 수요분석을 살펴보면서 **부분균형분석**(partial equilibrium analysis)이라고 알려진 방법을 이용하였다. 부분균형분석은 모든 다른 시장에서의 가격은 주어진 것으로 보고 단일시장에서의 가격 및 생산량의 결정요소를 살펴본다. 이 절에서는 **일반균형분석**(general equilibrium analysis)을 검토해 보고자 한다. 일반균형분석에서는 동시에 한 개가 넘는 시장에서의 가격 및 생산량의 결정에 관해 알아본다.

일반균형분석이 부분균형분석과 어떻게 다른지 알아보기 위하여 두 시장, 즉 커피와 차의 간단한 예를 생각해 보자. 〈그림 16.1〉은 이 두 시장을 보여 주고 있다. (a)는 커피시장에서의 공급 및 수요를 나타내고 (b)는 차시장에서의 공급 및 수요를 나타낸다.

일반균형분석이 유용하기 위해서는 이 두 시장을 연계시키는 것이 있어야 한다. 이 예에서는 소비자들이 커피와 차를 대체재로 간주한다고 가정한다. 특히 차 가격이 고정되어 있다고 보면 커피 가격이 인상될 경우 차에 대한 수요가 증가하며 커피 가격이 인하될 경우 차에 대한 수요가 감소한다. 이와 유사하게 커피 가격이 일정하다고 보면 차 가격이 인상될 경우 커피에 대한 수요가 증가하며 차 가격이 인하될 경우 커피에 대한 수요가 감소한다(예를 들면, 커피 가격이 상승할 경우 차 가격이 불변한다고 보면 차에 대한 수요가 증가한다).

처음에 두 시장은 균형에 있다고 가상하자. 커피의 균형가격은 파운드당 0.93달러이며 여기서 커피의 수요곡선 D_C와 커피의 공급곡선 S_C가 교차한다. 차의 균형가격은 파운드당 0.63달러이고

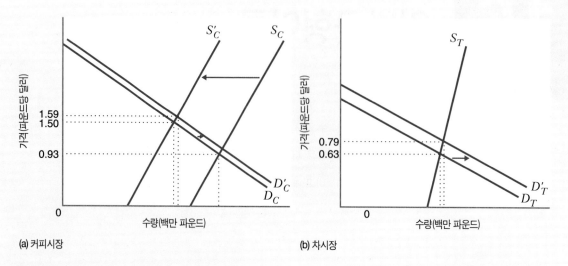

그림 16.1 커피시장 및 차시장에서의 공급과 수요

커피와 차는 대체재이다. 커피시장은 처음에 파운드당 0.93달러에서 균형을 이루었으며 차시장은 파운드당 0.63달러에서 균형을 이루었다. 이제 극심한 서리로 인해 커피 수확의 대부분이 피해를 입었으며 이로 인해 커피의 공급곡선이 왼쪽으로, 즉 S_C에서 S'_C로 이동하였다. 이렇게 이동을 하면 결국에는 새로운 균형에 도달한다. 커피의 수요곡선은 D_C에서 D'_C으로 이동하고 차의 수요곡선은 D_T에서 D'_T으로 이동하여, 이제 커피의 균형가격은 파운드 당 1.59달러가 되고 차의 균형가격은 파운드당 0.79달러가 된다.

여기서 차에 대한 수요곡선 D_T는 차의 공급곡선 S_T와 교차한다.

지금 남미에 서리가 심각하여 커피 수확의 상당 부분이 피해를 입었다고 가상하자. 이에 따라 커피의 공급곡선이 왼쪽으로, 즉 S_C에서 S'_C으로 이동하였다. 처음 미치는 영향은 커피 가격이 파운드당 0.93달러에서 1.50달러로 인상되는 것이지만 커피와 차는 수요 대체재이기 때문에 커피 가격이 인상되면 차에 대한 수요가 증대한다. 차의 균형가격도 인상된다. 하지만 상황이 여기서 멈추지 않는다. 커피와 차는 대체재이므로 차 가격이 인상되면 커피의 수요를 증대시켜서 커피에 대한 수요곡선을 오른쪽으로 이동시키며 이로 인해 커피 가격이 약간 더 인상된다. 이는 다시 차에 대한 수요를 증대시키며 이에 따라 차에 대한 수요곡선이 오른쪽으로 더 이동한다. 이런 모든 영향이 미치고 나면 차에 대한 수요곡선은 D_T에서 D'_T로 이동하며 차 가격도 파운드당 0.63달러에서 0.79달러로 인상된다. 커피에 대한 수요곡선은 이제 D'_C가 되며 균형가격은 1.59달러가 된다.

앞에서 단순한 일반균형분석을 개괄적으로 살펴보았다. 이 분석은 두 가지 이유로 인해 중요한 의미를 갖는다. 첫째, 커피시장에서 발생한 사건을 반드시 고립시켜서 볼 수는 없다. 즉 커피 공급이 감소할 경우 차 가격에 큰 영향을 미칠 수 있다. 둘째, 커피와 차는 대체재이므로 커피 가격을 인상시키는 경향이 있는 커피시장에서 발생한 외생적인 사건, 예를 들면 악천후도 차 가격을 인상시키는 경향이 있다. 이와 유사하게 커피 가격을 인하시키는 경향이 있는 외생적인 사건도 역시 차 가격을 인하시키는 경향이 있다. 이를 통해 대체재들의 가격은 양으로 상관되는 경향이 있음을 알 수 있다.

시장이 두 개인 일반균형에서 가격 구하기

다음 표는 그림 16.1에 있는 수요곡선과 공급곡선의 식들을 나타낸다.

	최초 수요곡선	최초 공급곡선	서리가 내린 후의 공급곡선
커피	$Q_C^d = 120 - 50P_C + 40P_T$	$Q_C^s = 80 + 20P_C$	$Q_C^s = 40 + 20P_C$
차	$Q_T^d = 80 - 75P_T + 20P_C$	$Q_T^s = 45 + 10P_T$	$Q_T^s = 45 + 10P_T$

문제

(a) 커피와 차의 최초 일반균형가격은 무엇인가?

(b) 서리가 커피 수확에 손해를 미친 후의 일반균형가격은 무엇인가?

해법

이 두 시장에서의 일반균형은 두 시장에서 공급과 수요가 동시에 다음과 같아질 경우의 가격에서 이루어진다. $Q_C^d = Q_C^s$, $Q_T^d = Q_T^s$

(a) 공급과 수요곡선 식을 이용하여 이 균형조건을 다음과 같이 나타낼 수 있다.

$$120 - 50P_C + 40P_T = 80 + 20P_C$$
$$80 - 75P_T + 20P_C = 45 + 10P_T$$

위의 식은 두 개의 미지수 P_C와 P_T가 포함된 두 개의 식으로 구성된다. 이 식을 동시에 풀면 다음과 같은 결과를 얻을 수 있다. $P_C = 0.93$달러, $P_T = 0.63$달러. 이 가격들은 최초의 균형가격이다.

(b) 서리가 내린 후 균형조건은 다음과 같다.

$$120 - 50P_C + 40P_T = 40 + 20P_C$$
$$80 - 75P_T + 20P_C = 45 + 10P_T$$

다시 한 번 이는 두 개의 미지수 가격이 있는 두 개의 식으로 구성된다. 이 연립방정식을 풀면 다음과 같은 결과를 구할 수 있다. $P_C = 1.59$달러, $P_T = 0.79$달러. 이 가격들은 서리가 내린 후의 균형가격이다.

16.2 일반균형분석 : 많은 시장의 경우

앞 절에서는 단지 두 개 시장에 대해서만 동시에 초점을 맞추는 단순화된 일반균형분석을 살펴보았다. 하지만 이따금 두 개가 넘는 시장을 동시에 검토할 필요가 있다. 예를 들면 휘발유 물품세가 저소득 및 고소득 가계에 미치는 영향을 이해하기 위해 요소시장을 포함하여 몇 개 시장을 동시에 살펴보아야 한다. 이 절에서는 이런 종류의 분석을 어떻게 하는지 검토해 볼 것이다.

단순한 경제에서 공급 및 수요의 원천

두 가지 형태의 가계, 즉 사무근로자의 가계와 육체근로자의 가계로 구성된 경제를 생각해 보자. 두 가지 형태의 가계는 각각 두 가지 물품, 즉 에너지(예를 들면, 전기, 난방용 연료, 자동차 연료)와 식료품을 구입한다. 이 물품들은 각각 두 가지 요소, 즉 노동 및 자본으로 생산된다.

〈그림 16.2〉는 경제 내 가계와 기업 간의 상호작용을 개괄적으로 보여 주고 있다. 최종재의 소비자로서 역할을 하는 가계는 기업이 공급하는 에너지와 식료품을 매입한다. 투입된 용역의 소비자로서 역할을 하는 기업은 가계가 공급하는 노동 및 자본 용역을 매입한다. 가계는 자신들의 용역을 필요로 하는 기업에 피고용인으로 근무함으로써 노동을 공급한다. 가계는 자신이 소유하고 있는 토지 또는 물적 자산을 기업에게 임대해 주거나 자신의 지적 자본을 기업에 판매함으로써 자본을 공급한다.

〈그림 16.2〉에서 보는 것처럼 이 경제는 다음과 같은 네 가지 주요 요소로 구성된다.

- 에너지 및 식료품에 대한 가계의 수요
- 노동 및 자본에 대한 기업의 수요
- 에너지 및 식료품에 대한 기업의 공급
- 노동 및 자본에 대한 가계의 공급

각 구성요소를 차례대로 살펴볼 것이다.

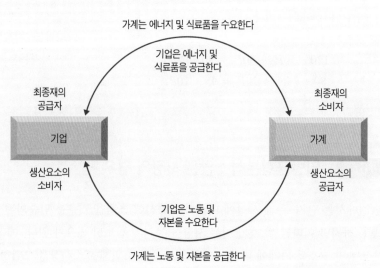

그림 16.2 일반균형에서 기업과 가계 사이의 상호작용

최종재의 소비자로서 역할을 하는 가계는 기업이 공급하는 에너지 및 식료품을 매입한다. 요소의 소비자로서 역할을 하는 기업은 가계가 공급하는 노동 및 자본 용역을 매입한다.

가계의 효용극대화에 기초하여 도출된 에너지 및 식료품에 대한 수요곡선

에너지 및 식료품에 대한 수요곡선을 도출하기 위하여 개별 가계의 효용극대화 문제를 생각해 보자. 가계가 구입한 에너지의 양은 x, 식료품의 양은 y라고 표시한다. 두 가지 형태의 가계를 구별하기 위하여 사무근로자 가계는 W, 육체근로자 가계는 B로 나타낸다. 이 두 상품에 대해 사무근로자 가계는 효용함수 $U_W(x, y)$, 육체근로자 가계는 효용함수 $U_B(x, y)$를 갖는다.

각 가계는 생산요소인 노동 및 자본을 기업에 공급하여 소득을 얻는다. 각 가계는 원래 갖고 있는 고정된 노동 및 자본을 보유한다고 가정한다. 육체근로자 가계는 이 경제에서 노동의 주요 공급자인 반면에 사무근로자 가계는 자본의 주요 공급자라고 가정하며, 노동의 총공급이 자본의 총공급보다 많다고 가상한다. 이는 사무근로자 가계보다 육체근로자 가계가 더 많기 때문일 수도 있고 또는 각 육체근로자 가계가 공급한 노동의 양이 각 사무근로자 가계가 공급한 자본의 양보다 더 많기 때문일 수도 있다. 노동 1단위가 받는 가격은 w이고 자본 1단위가 받는 가격은 r인 경우 각 가계의 소득 I_B와 I_W는 w와 r에 의존하게 된다.

에너지 가격은 단위당 P_x이고 식료품 가격은 단위당 P_y라고 가상하자. 가계가 자신의 효용을 극대화할 경우 요소가격들과 이런 가격들은 주어진 것으로 간주한다. 가계의 효용극대화 문제는 다음과 같다.

$$\max_{(x,y)} U_W(x, y), \quad \text{subject to: } P_x x + P_y y = I_W(w, r)$$

$$\max_{(x,y)} U_B(x, y), \quad \text{subject to: } P_x x + P_y y = I_B(w, r)$$

여기서 $I_W(w,r)$과 $I_B(w,r)$은 가계소득이 가계가 자신의 노동과 자본을 매도함으로써 받게 되는 보수에 의존하며, 이런 보수는 노동과 자본의 가격 w와 r에 의존한다는 의미이다.

이런 효용극대화 문제에 대한 해법을 통해 제4장에서 논의한 최적조건을 다음과 같이 구할 수 있다.

$$MRS_{x,y}^W = \frac{P_x}{P_y} \quad \text{및} \quad MRS_{x,y}^B = \frac{P_x}{P_y} \tag{16.1}$$

즉 각 가계는 y에 대한 x의 한계대체율을 y의 가격에 대한 x의 가격 비율과 같다고 본다. 예산제약과 함께 최적조건은 각 가계의 수요곡선에 대해 풀 수 있으며 이 수요곡선은 가격과 가계소득에 의존한다.

〈그림 16.3〉은 각 형태의 가계에 대한 에너지 및 식료품의 총수요곡선을 나타낸다. 모든 개별 가계의 수요곡선을 합함으로써 이 수요곡선을 도출할 수 있다. 예를 들어 (a)의 D_x^W는 모든 사무근로자 가계의 에너지 수요이며 D_x^B는 모든 육체근로자 가계의 에너지 수요이다(이 절과 이 장의 나머지 부분에서 수요 및 공급 곡선에 대한 아래첨자는 수요되거나 공급되는 상품을 의미하며 위첨자는 수요하거나 공급하는 사람들 또는 기업을 의미한다). 에너지에 대한 전반적인 시장수요곡선 D_x는 D_x^W와 D_x^B를 수평으로 합한 것이다. 일반적으로 이들 수요곡선의 위치는 가계의 소득수준,

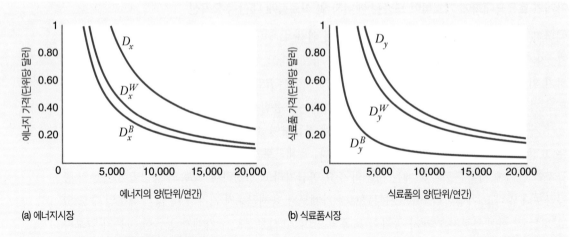

그림 16.3 에너지 및 식료품에 대한 수요곡선

(a)는 육체근로자 가계의 에너지 총수요(D_x^B)와 사무근로자 가계의 에너지 총수요(D_x^W)를 보여 준다. 이 곡선들을 수평으로 합산하면 에너지에 대한 시장수요곡선 D_x를 구할 수 있다. (b)는 육체근로자 가계의 식료품 총수요(D_y^B)와 사무근로자 가계의 식료품 총수요(D_y^W)를 보여 준다. 이 곡선들을 수평으로 합산하면 식료품에 대한 시장수요곡선 D_y를 구할 수 있다.

상품 y의 가격, 효용함수에 포함된 각 가계의 특정 기호에 달려 있다. 즉 가계소득이나 상품 y의 가격이 변화할 경우 D_x^W, D_x^B, D_x가 이동한다.

요약하면 이 단순한 경제에서 에너지 및 식료품에 대한 수요곡선을 가계의 효용극대화로부터 구했다. 모든 개별 가계의 에너지 및 식료품 수요곡선을 합하면 에너지 및 식료품에 대한 시장수요곡선을 도출할 수 있다.

기업의 비용극소화에 기초하여 도출된 노동 및 자본에 대한 수요곡선

경제 내에서 노동 및 자본에 대한 수요곡선을 도출하기 위하여 개별 기업이 직면하는 비용극소화 문제(즉, 생산요소 선택 결정)에 관한 문제를 생각해 보자. 일부 기업은 에너지를 생산하고 다른 기업은 식료품을 생산하며 각 시장은 완전경쟁이라고 가정하자. 각 개별 에너지 생산업자의 생산함수는 $x = f(l, k)$이며, 여기서 소문자 l 및 k는 개별 생산업자가 사용하는 노동 및 자본의 양을 나타낸다(대문자 L 및 K는 시장에 있는 노동 및 자본의 총량을 말한다). 이 생산함수는 규모에 대한 수확불변인 특성을 갖고 있다(제6장에서 살펴본 것처럼 이는 노동 및 자본의 양이 두 배가 되면 일반적인 생산업자가 생산할 수 있는 에너지의 양은 정확히 두 배가 된다는 의미이다). 에너지 x 단위를 생산하는 일반적인 에너지 생산업자에 대한 비용극소화 문제는 다음과 같다.

$$\min_{(l,\,k)} wl + rk, \quad \text{subject to: } x = f(l, k)$$

이와 유사하게 일반적인 식료품 생산업자의 생산함수는 $y = g(l, k)$이며 이 또한 규모에 대한 수확불변이라는 특성을 갖는다. 일반적인 식료품 생산업자에 대한 비용극소화 문제는 다음과 같다.

$$\min_{(l,k)} wl + rk, \quad \text{subject to: } y = g(l, k)$$

비용극소화 문제에 대한 해법을 통해 제7장에서 논의한 최적화 조건을 구할 수 있다.

$$MRTS_{l,k}^x = \frac{w}{r} \quad \text{및} \quad MRTS_{l,k}^y = \frac{w}{r} \tag{16.2}$$

즉, 자본에 대한 노동의 한계기술대체율 $MRTS_{l,k}$가 자본가격에 대한 노동가격의 비율과 같다고 함으로써 각 기업은 비용을 극소화하는 요소 결합을 선택하게 된다. 개별 에너지 및 식료품 생산업자에 대한 노동 및 자본의 수요곡선은 에너지 및 식료품을 생산하는 데 따른 제약과 함께 위의 최적화 조건을 풀어서 구할 수 있다. 노동 및 자본에 대한 수요곡선은 요소가격 w 및 r과 해당 기업이 생산한 생산량에 의존한다.

〈그림 16.4〉는 각 산업, 즉 에너지 및 식료품산업에 대한 노동 및 자본의 총수요곡선을 보여 준다. 이 수요곡선은 각 산업에 속한 모든 개별 기업의 수요곡선을 합함으로써 구할 수 있다. 예를 들어 (a)의 D_L^x은 에너지산업에 속해 있는 기업들의 전반적인 노동수요를 의미하며 D_L^y은 식료품산업에 속해 있는 기업들의 전반적인 노동수요를 말한다. 노동에 대한 전반적인 시장수요곡선, D_L은

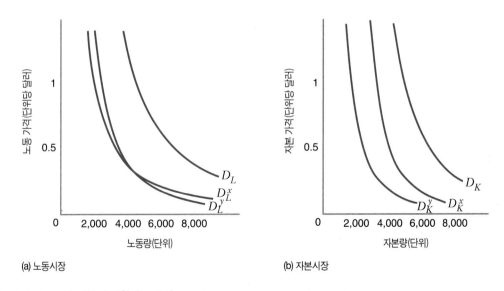

(a) 노동시장   (b) 자본시장

그림 16.4 노동 및 자본에 대한 수요곡선

(a)는 에너지 생산업자의 총노동수요 D_L^x와 식료품 생산업자의 총노동수요 D_L^y을 보여 준다. 이 곡선들을 수평으로 합하면 노동에 대한 시장수요곡선 D_L을 구할 수 있다. (b)는 에너지 생산업자의 총자본수요 D_K^x와 식료품 생산업자의 총자본수요 D_K^y를 보여 준다. 이 곡선들을 수평으로 합하면 자본에 대한 시장수요곡선 D_K를 구할 수 있다.

이런 수요곡선들을 수평으로 합한 것이다. 이런 생산요소 수요곡선의 위치는 각 산업에서 생산되는 총생산량, 다른 생산요소의 가격, 생산함수에 포함되어 있는 기술의 특성에 달려 있다. 예를 들어 에너지산업의 생산량이 증가하면 해당 산업에서의 노동수요도 증가하여 D_L^x(그리고 이에 따라 D_L)이 오른쪽으로 이동한다. 이와는 대조적으로 자본가격 r이 감소하면 기업은 노동 대신에 자본으로 대체하게 되므로 D_L^x 및 D_L^y 둘 다 (그리고 이에 따라 D_L이) 왼쪽으로 이동한다.

요약하면 이 단순한 경제에서 각 산업의 노동 및 자본에 대한 수요곡선은 개별 기업의 비용극소화에서 추론된다. 두 산업에 있는 모든 개별 기업의 노동 및 자본 수요곡선을 합하면 노동 및 자본에 대한 시장수요곡선을 구할 수 있다.

기업의 이윤극대화에 기초하여 도출된 에너지 및 식료품의 공급곡선

제8장에서는 각 기업의 비용극소화 문제를 통해 총비용곡선과 한계비용곡선을 살펴보았다. 각 기업은 규모에 대한 수확불변으로 특징 지울 수 있는 생산함수를 갖기 때문에, 에너지 생산업자에 대한 한계비용곡선은 상수인 MC_x이며, 식료품 생산업자에 대한 한계비용곡선도 또한 상수인 MC_y이다. 이들 두 곡선은 〈그림 16.5〉에 있다. 식료품에 대한 생산함수는 에너지에 대한 생산함수와 다르기 때문에, 곡선들은 상이한 방법으로 생산요소 가격에 의존하게 된다. 예를 들어 식료품 생산이 노동집약적인 경우, 즉 자본에 대한 노동의 비율이 높은 경우 MC_y는 MC_x보다 노동가격 w에 더 민감할 수 있다.

에너지 및 식료품산업은 완전경쟁이라고 가정하므로 이 산업에 있는 기업들은 가격추종자로 행동한다. 에너지산업에 속한 기업은 일정한 한계비용에 직면하기 때문에 에너지 생산업자는 한계

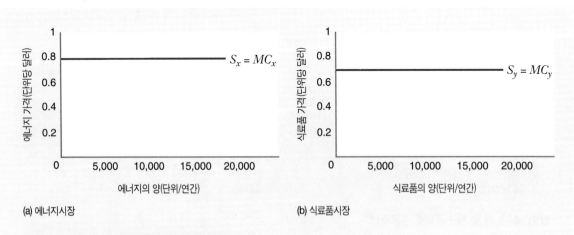

(a) 에너지시장

(b) 식료품시장

그림 16.5 에너지 및 식료품에 대한 공급곡선

(a)는 에너지 생산의 한계비용곡선, MC_x를 보여 주고 있으며 이는 에너지의 공급곡선 S_x를 의미한다. (b)는 식료품 생산의 한계비용곡선, MC_y를 보여 주고 있으며 이는 식료품의 공급곡선 S_y를 나타낸다.

비용 MC_x와 같은 가격 P_x에서 양의 생산량을 공급하고자 한다. 이는 에너지에 대한 산업공급곡선이 MC_x와 같은 가격에서 완전히 탄력적이라는 의미이다. 다시 말해 에너지에 대한 산업공급곡선 S_x는 〈그림 16.5(a)〉에서 보는 것처럼 에너지 생산의 한계비용곡선 MC_x와 일치한다. 이와 유사하게 식료품에 대한 산업공급곡선 S_y는 〈그림 16.5(b)〉에서 보는 것처럼 식료품생산의 한계비용곡선 MC_y와 일치한다.

산업공급곡선이 한계비용곡선과 일치하기 때문에 에너지산업의 균형가격이 에너지 생산의 한계비용과 같고 식료품산업의 균형가격이 식료품 생산의 한계비용과 같다는 사실을 쉽게 알 수 있다. 이를 등식으로 나타내면 다음과 같다.

$$P_x = MC_x \ \text{및} \ P_y = MC_y \tag{16.3}$$

규모에 대한 수확불변을 가정하고 있기 때문에 한계비용은 평균비용과 같아지며 이 가격에서 각 생산업자는 영의 이윤을 얻는다. 각 시장의 한계비용 MC_x와 MC_y는 생산요소가격 w 및 r에 의존하기 때문에 이 점에서 균형가격이 얼마라고 말할 수는 없다. 이 생산요소가격들은 다시 생산요소시장에서의 공급과 수요에 의존하므로 이 경제 내의 각 시장은 상호의존적이 된다.

요약하면 이 경제 내 각 산업의 공급곡선은 기업의 이윤극대화에서 유래된다. 에너지 및 식료품산업 모두의 생산은 규모에 대한 수확불변이므로 각 산업의 공급곡선은 각 산업에서 이루어지는 생산의 한계비용에 상응하는 수평선이 된다.

가계의 이윤극대화에 기초하여 도출된 노동 및 자본의 공급곡선

이 경제의 마지막 구성요소는 노동 및 자본에 대한 공급곡선이다. 이 경제에서 노동 및 자본은 가계에 의해 공급된다. 이미 언급했던 것처럼 각 가계는 고정된 노동 및 자본을 공급한다. 이런 노동 또는 자본을 공급하는 데 대한 기회비용은 없다고 가정할 것이다(이는 주요한 결론에 영향을 미치지 않고 제시하고자 하는 바를 단순화시킬 수 있다). 따라서 개별 가계의 이윤극대화가 의미하는 바는 자신들이 제공하는 용역이 시장에서 양의 가격을 받을 수 있는 한 노동 및 자본을 공급한다는 것이다. 나아가 가계는 에너지 또는 식료품산업에서 받을 임금 w가 동일하다면 어느 산업에 자신의 노동을 판매하느냐에 차이를 두지 않는다고 가정한다. 이와 유사하게 자본용역의 가격 r이 각 산업에서 동일하다면 가계는 자본을 어느 산업에도 공급한다.

〈그림 16.6〉은 이런 가정들이 갖는 의미를 보여 준다. 노동의 시장공급곡선 S_L은 육체근로자 가계에 의해 주로 공급되는 전반적인 노동공급에 상응하여 수직선이 된다. 이와 유사하게 자본의 전반적인 시장공급곡선 S_K도 사무근로자 가계가 주로 공급하는 전반적인 자본공급에 상응하여 수직선이 된다.

요약하면 이 경제의 노동 및 자본의 공급곡선은 가계의 이윤극대화에서 추론된다. 각 가계는 고정된 노동 및 자본을 공급한다고 가정했으므로, 이에 대한 공급곡선은 수직선이 된다.

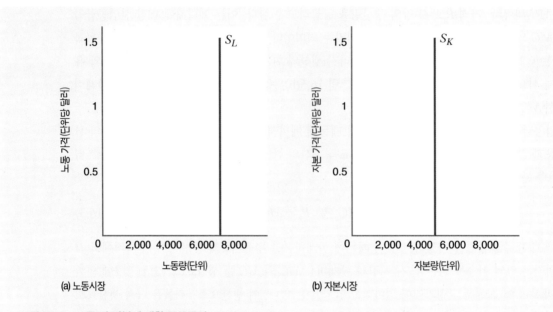

그림 16.6   노동 및 자본에 대한 공급곡선

(a)는 노동의 시장공급곡선을 보여 주고 있으며 이는 가계가 공급하고자 하는 노동량에 상응하여 수직선이 된다. (b)는 자본의 시장공급곡선을 보여 주고 있으며 이는 가계가 공급하고자 하는 자본량에 상응하여 수직선이 된다.

단순한 경제의 일반균형

이제 우리는 단순한 경제의 균형을 분석할 수 있게 되었다. 일반균형에서는 네 가지 가격, 즉 에너지 가격 P_x, 식료품 가격 P_y, 노동용역 가격 w, 자본용역 가격 r이 동시에 결정된다. 나중 두 개 가격은 다시 기업에 노동 및 자본 용역을 판매하여 얻는 가계소득을 결정한다. 이 경제의 네 가지 가격은 상호의존한다. 예를 들면 에너지 가격은 에너지의 한계비용에 의해 결정되지만 에너지의 한계비용은 노동 및 자본 가격에 의존한다. 이 가격들은 각각의 네 개 시장에서 다음과 같은 시장청산조건에 따라 구해진다.

가계의 에너지 수요 = 산업의 에너지 공급

가계의 식료품 수요 = 산업의 식료품 공급

산업의 노동 수요 = 가계의 노동 공급

산업의 자본 수요 = 가계의 자본 공급

〈그림 16.7〉은 일반균형 상태에 있는 단순한 경제를 보여 준다. 특히 시장 사이에 존재하는 상호의존성에 비추어 볼 때 모든 네 개 시장에서 공급이 수요와 동시에 일치한다는 점을 보여 준다. 그 이유를 알아보기 위하여 (a)와 (b)에서부터 시작해 보자. 이에 따르면 노동 및 자본 가격이 각각 0.48달러와 1.00달러인 경우 에너지와 식료품 생산의 한계비용은 각각 0.78달러와 0.69달러가

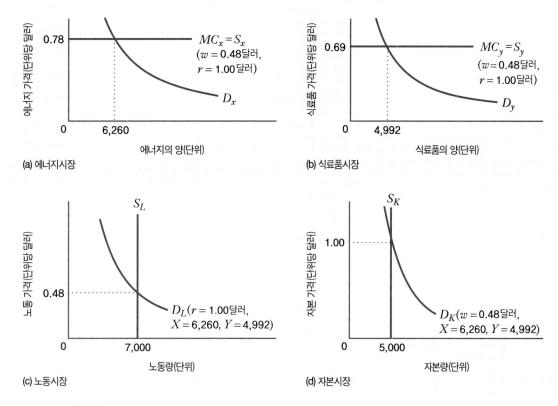

그림 16.7 일반균형

이 그림은 단순한 경제의 일반균형을 보여 주고 있다. 즉 네 개 시장(에너지, 식료품, 노동, 자본)이 동시에 균형을 이루고 있다. (a)와 (b)는 노동 및 자본가격이 0.48달러와 1.00달러인 경우 에너지 및 식료품의 균형가격이 0.78달러와 0.69달러이고 에너지 및 식료품의 균형량은 6,260단위와 4,992단위라는 사실을 알려 준다. (c)와 (d)는 에너지 및 식료품의 수요량이 6,260단위와 4,992단위인 경우 노동 및 자본의 균형가격이 단위당 0.48달러와 1.00달러라는 사실을 보여 준다.

된다. 따라서 균형 생산요소가격은 산업공급곡선 S_x와 S_y의 높이를 결정한다. 이 생산요소가격들은 또한 가계소득 $I_W(w, r)$과 $I_B(w, r)$를 결정하며, 이 소득들은 다시 에너지 및 식료품에 대한 수요곡선의 위치를 결정한다. 에너지 및 식료품시장에서 수요와 공급이 교차하는 점에서 해당 산업의 총생산량, 즉 에너지산업의 6,260단위와 식료품산업의 4,992단위가 결정된다. 이는 (c)와 (d)에 있는 노동 및 자본수요곡선의 위치를 결정한다. 노동 및 자본의 균형가격 0.48달러와 1.00달러는 바로 생산요소 수요곡선과 생산요소 공급곡선 S_L 및 S_K와 교차하는 점에서 결정된다. 〈그림 16.7〉에 관한 설명은 노동 및 자본의 가격으로 시작해서 이것으로 끝난다. 〈그림 16.7〉은 〈그림 16.2〉에서 그림을 활용하여 설명한 일반균형에서의 상호의존성과 동일한 주기를 보여 준다. 요약하면 다음과 같은 사실을 알 수 있다.

- 노동 및 자본 시장에서의 균형 생산요소가격이 에너지 및 식료품 시장에서의 공급곡선과 수요곡선의 위치를 결정한다.
- 이 공급곡선과 수요곡선이 에너지 및 식료품 시장에서의 균형가격과 균형량을 결정한다.
- 에너지 및 식료품 시장의 균형량이 노동 및 자본 시장에서 수요곡선의 위치를 결정하며, 이 수요곡선과 노동 및 자본의 공급곡선이 교차하는 점에서 노동 및 자본의 균형가격이 결정된다.

위의 분석을 통해 이 경제의 시장들이 상호 연계되어 있는 정도를 알 수 있다. 따라서 이 단순한 경제에서조차도 한 시장에서 발생한 사건이 다른 시장에 어떤 영향을 미치는지를 고려하지 않는다면 이를 분석할 수 없다.

〈그림 16.7〉의 일반균형분석을 통해 얻은 중요한 교훈은 생산요소의 희소성, 이 생산요소들의 상대가격, 경제 내 소득분배 사이의 관계이다. 〈그림 16.7〉의 경제에서 자본의 총공급은 노동의 총공급보다 더 적다(즉 S_K는 S_L보다 수직축에 더 근접해 있다). 따라서 자본용역의 가격이 노동용역의 가격을 상회한다. 즉 자본용역은 노동용역과 비교해 볼 때 가격 할증액이 붙어서 교환된다. 이로 인해 자본요소를 공급하는 이 경제 내 사무근로자 가계가 노동요소를 공급하는 육체근로자 가계보다 더 높은 소득을 얻게 된다.

정리문제 16.2

시장이 네 개인 일반균형에 대한 조건을 구하기

그림 16.7에서 살펴본 단순한 경제에서의 가계들은 다음 표에 주어진 특성을 갖는다고 가상하자.

	가계 수	가계당 공급된 노동	가계당 공급된 자본	가계 소득
육체근로자	100	60단위	0단위	$I_B(w, r) = 60w$
사무근로자	100	10단위	50단위	$I_W(w, r) = 10w + 50r$

또한 이 경제 내 시장들에 대한 공급곡선 및 수요곡선은 다음 표와 같다고 가상하자. 여기서 X는 전체 에너지 수요량, Y는 전체 식료품 수요량을 나타낸다.

	에너지	식료품	노동	자본
공급	$P_x = w^{\frac{1}{3}} r^{\frac{2}{3}}$	$P_y = w^{\frac{1}{2}} r^{\frac{1}{2}}$	$L = 7,000*$	$K = 5,000*$
수요	$P_x = \dfrac{50I_w + 75I_B}{X}$	$P_y = \dfrac{50I_w + 25I_B}{Y}$	$L = \dfrac{X}{3}\left(\dfrac{r}{w}\right)^{\frac{2}{3}} + \dfrac{Y}{2}\left(\dfrac{r}{w}\right)^{\frac{1}{2}}$	$K = \dfrac{2X}{3}\left(\dfrac{w}{r}\right)^{\frac{1}{3}} + \dfrac{Y}{2}\left(\dfrac{w}{r}\right)^{\frac{1}{2}}$

*위에서 가계 수를 보여 주는 표에서 알 수 있는 것처럼, 가계당 공급에 기초할 경우 다음과 같다. [$L = (100 \times 10) + (100 \times 60) = 7,000$; $K = (100 \times 50) + (100 \times 0) = 5,000$].

문제

(a) 에너지시장 및 식료품시장에 대해 공급과 수요가 균등한 조건은 무엇인가?

(b) 노동시장 및 자본시장에 대해 공급과 수요가 균등한 조건은 무엇인가?

(c) 이 경제에 대한 일반균형을 어떻게 구할 수 있는가?

해법

(a) 에너지시장에서 공급과 수요가 균등한 조건은 다음과 같다.

$$w^{\frac{1}{3}}r^{\frac{2}{3}} = \frac{50I_W + 75I_B}{X} = \frac{50(10w + 50r) + 75(60w)}{X}$$
$$= \frac{5,000w + 2,500r}{X} \quad (16.4)$$

식료품시장에서 공급과 수요가 균등한 조건은 다음과 같다.

$$w^{\frac{1}{2}}r^{\frac{1}{2}} = \frac{50I_W + 25I_B}{Y} = \frac{50(10w + 50r) + 25(60w)}{Y}$$
$$= \frac{2,000w + 2,500r}{Y} \quad (16.5)$$

식 (16.4) 및 (16.5)는 〈그림 16.7〉에서 $S_x = D_x$ 그리고 $S_y = D_y$인 점들을 확인해 준다.

(b) 노동시장에서 공급과 수요가 균등한 조건은 다음과 같다.

$$7,000 = \frac{X}{3}\left(\frac{r}{w}\right)^{\frac{2}{3}} + \frac{Y}{2}\left(\frac{r}{w}\right)^{\frac{1}{2}} \quad (16.6)$$

자본시장에서 공급과 수요가 균등한 조건은 다음과 같다.

$$5,000 = \frac{2X}{3}\left(\frac{w}{r}\right)^{\frac{1}{3}} + \frac{Y}{2}\left(\frac{w}{r}\right)^{\frac{1}{2}} \quad (16.7)$$

(c) 일반균형을 구하기 위해서, 네 개 미지수 (w, r, X, Y)에 대해 네 개 식 (16.4)부터 (16.7)까지를 풀어보자 (여기서는 대수학적인 과정을 보이지 않을 것이다). 그리고 나서 이들 미지수의 값을 식 (16.4)에서 (16.7)까지에 대입시킴으로써 각 시장에서의 균형(따라서 일반균형)을 결정할 수 있다. 이것이 〈그림 16.7〉에서 살펴본 균형이 결정되는 방법이다.

왈라스의 법칙

정리문제 16.2에서 네 개의 미지수를 갖는 네 개 식을 실제로 풀다 보면 놀라운 사실을 발견하게 될 것이다. 즉 네 개의 미지수에 대해 네 개의 명백한 식을 갖는 대신에 네 개의 미지수에 대해 실제로 세 개의 식을 갖고 있다는 사실을 깨닫게 될 것이다. 즉 공급과 수요가 일치하는 네 개의 식 중 하나는 여분의 것이다.

이것이 이를 발견한 스위스의 경제학자 레온 왈라스(Leon Walras)의 이름을 따서 명명한 **왈라스의 법칙**(Walras' Law)의 한 예이다. 왈라스의 법칙에 따르면 총 N개의 시장(우리가 살펴본 단순한 경제의 예에서 $N = 4$이다)이 있는 일반경쟁균형에서 처음 $N - 1$개의 시장에서 공급이 수요와 일치할 경우 N번째 시장에서도 역시 공급은 반드시 수요와 일치한다.

왈라스의 법칙이 준수되는 이유는 간단하다. 가계소득은 가계가 제공하는 노동 및 자본 용역에 대해 기업이 지불하는 금액과 같다는 사실을 앞에서 살펴보았다. 소비자가 자신의 효용을 극대화시킬 경우 예산제약이 지켜진다는 점, 즉 재화 및 용역에 대한 소비자의 지출은 소비자의 소득과 같다는 점을 또한 알아보았다. 이 두 가지 사실을 함께 고려할 경우 경제의 재화 및 용역에 대한 소비자의 총지출이 요소를 구입하는 데 기업이 지불한 총액과 같아야 한다는 점을 알 수 있다. 경제의 처음 $N - 1$개 시장에서 공급과 수요가 일치한다는 사실과 결합된 이 마지막 조건으로 인해 N번째 시장에서도 역시 공급과 수요가 일치한다는 점을 알 수 있다.

왈라스의 법칙으로 인해 위에서 분석한 단순한 경제에서 세 개의 시장청산 조건에 대해 네 개의 미지수를 갖고 있다. 이것은 이 경제의 균형상태에서 네 개의 시장 중 단지 세 개에서만 가격이 결정될 것이라는 의미이다. 위의 예에서 자본시장에 해당하는 네 번째 시장에서는 가격을 우리가 원하는 어떤 숫자와 같다고 볼 수 있다. 이 분석에서 그 가격을 1달러라고 볼 것이다.

왈라스의 법칙이 의미하는 바는 무엇인가? 왈라스의 법칙에 따르면 일반균형분석을 통해 노동, 에너지, 식료품가격들의 절대수준을 결정하기보다 자본가격에 대해 이들 가격을 결정하게 된다. 물론 자본가격을 1달러가 아닌 숫자, 예를 들면 2달러 혹은 200달러라고 할 수도 있다. 이렇게 할 경우 이 경제의 모든 다른 가격들도 변화하게 된다. 하지만 미리 설정된 자본가격에 대한 비율은 이전과 동일하다. 예를 들어 자본가격에 대한 노동가격의 비율은 자본가격을 어떻게 미리 설정하느냐에 관계없이 0.48이 된다.

16.3 일반균형분석 : 비교정태

단순한 경제에서 일반경쟁균형이 어떻게 결정되는지 살펴보았기 때문에 이제는 이를 어떻게 적용할 수 있는지 알아보도록 하자. 경제학자들은 일반균형모형을 이용하여 조세 또는 공공정책상의 개입이 미치는 영향을 검토하기도 한다. 대부분의 이런 분석들은 비교정태 분석과 같은 방법을 사용한다. 예를 들면 경제학자들은 가계가 갖고 있는 노동량 또는 자본량과 같은 외생변수의 변화가 균형에서 결정되는 내생변수, 예를 들면 가격과 수량에 어떤 영향을 미치는지 알아볼 수 있다. 경제학자들이 이런 목적으로 사용하는 모형은 여기서 살펴본 단순한 모형보다 훨씬 더 많은 것을 포함한다. 어떤 연구는 30개 이상의 산업, 7개의 서로 다른 종류의 가계, 5개의 요소(자본 및 4개의 다른 형태의 노동)를 포함하는 모형을 사용하여 자동차 연료세가 미치는 영향을 분석하였다.[1] 이 절에서는 앞 절에서 살펴본 모형을 이용하여 일반균형 비교정태 분석에 대해 알아볼 것이다. 특히 물품세가 미치는 영향을 일반균형을 이용하여 살펴볼 것이다.

정부는 위의 단순한 경제에서 에너지시장에 물품세를 부과한다고 가상하자. 특히 물품세는 에너지에 단위당 0.20달러가 부과되며 이에 따른 수입도 식료품산업에서 물품을 구입하여 이 경제 밖으로 보내진다(예를 들면 기근을 겪고 있는 국가에게로 보내진다). 이 세금은 경제의 가격과 수량에 어떤 영향을 미치는가? 또한 누가 가장 피해를 보는가? 육체근로자 가계인가? 아니면 사무근로자 가계인가?

육체근로자 가계가 가장 피해를 볼 가능성이 높다고 생각할지도 모른다. 〈그림 16.8〉에서 보는 것처럼 육체근로자 가계는 최초 균형상태에서 식료품보다 에너지를 훨씬 더 많이 구입하는 경향이 있다. 이와는 대조적으로 사무근로자 가계는 두 상품 모두 거의 같은 비율로 구입한다. 하지만

---

1 A. Wiese, A. Rose, and G. Shluter, "Motor-Fuel Taxes and Household Welfare: An Applied General Equilibrium Analysis," *Land Economics* (May 1995): 229–243.

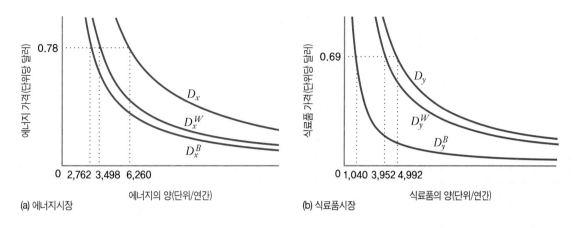

에너지 및 식료품에 대한 가계 총지출

가계	에너지	식료품
육체근로자	2,762단위 × 0.78달러(단위당) = 2,154달러	1,040단위 × 0.69달러(단위당) = 718달러
사무근로자	3,498단위 × 0.78달러(단위당) = 2,728달러	3,952단위 × 0.69달러(단위당) = 2,727달러

그림 16.8 최초균형에서 육체근로자 가계와 사무근로자 가계의 매입품
그림 (a)는 육체근로자 가계와 사무근로자 가계의 에너지 수요곡선들(D_x^W and D_x^B) 그리고 에너지 전체 수요곡선(D_x)을 보여 준다. 그림 (b)는 육체근로자 가계와 사무근로자 가계의 식료품 수요곡선들(D_y^W 및 D_y^B) 그리고 식료품 전체 수요곡선(D_y)을 보여 준다. 표는 각 형태의 가계들이 각 물품에 지출한 총액을 보여 준다.

에너지 조세가 미치는 영향을 일반균형을 통해 살펴볼 경우 이것이 반드시 옳지만은 않다.

비교정태 분석을 하면서, 왈라스의 법칙을 이용하여 자본가격이 단위당 1달러라고 보고 에너지, 식료품, 노동 가격의 변화에 초점을 맞출 수 있다. 조세가 미치는 가장 분명한 충격은 〈그림 16.9(a)〉에서 보는 것처럼 에너지의 공급곡선을 조세(단위당 0.20달러)만큼 위쪽으로, 즉 S_x에서 $S_x + 0.20$달러로 이동시키는 것이다. 이는 에너지 가격의 0.20달러(0.78달러에서 0.98달러) 인상으로 이어진다. 이는 다시 에너지 균형 수요량의 감소를 의미한다. 에너지 균형 수요량이 감소함에 따라 에너지산업에서의 노동수요도 감소한다. 하지만 정부는 조세로 거두어들인 수입을 식료품에 지출하기 때문에 가계수요와 정부수요를 둘 다 포함하는 식료품에 대한 총수요는 증대된다. 이는 식료품 생산업체들의 노동수요 증가로 이어진다.

에너지 생산업자에 의한 노동수요는 감소하고 식료품 생산업자에 의한 노동수요는 증가할 경우 전반적인 노동수요에 어떤 영향을 미치는가? 다시 말해 전반적인 노동수요곡선 D_L은 오른쪽으로 이동하는가 아니면 왼쪽으로 이동하는가? 일반적으로 볼 때 D_L은 어느 방향으로도 이동할 수 있다. 〈그림 16.9〉는 D_L이 오른쪽으로 이동하는 경우를 살펴보고 있다. 이런 상황은 식료품산업이 에너지산업보다 물품 1단위를 생산하는 데 더 많은 노동을 사용할 경우 발생한다. 〈그림 16.9(c)〉

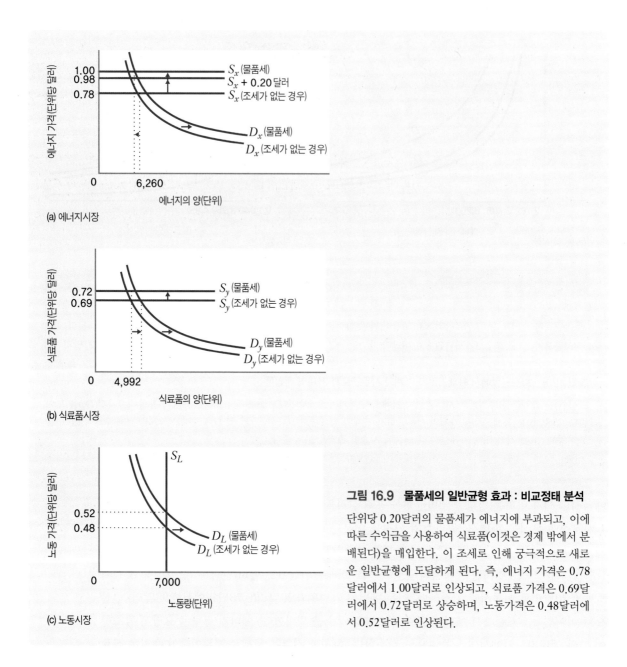

그림 16.9 물품세의 일반균형 효과 : 비교정태 분석

단위당 0.20달러의 물품세가 에너지에 부과되고, 이에 따른 수익금을 사용하여 식료품(이것은 경제 밖에서 분배된다)을 매입한다. 이 조세로 인해 궁극적으로 새로운 일반균형에 도달하게 된다. 즉, 에너지 가격은 0.78달러에서 1.00달러로 인상되고, 식료품 가격은 0.69달러에서 0.72달러로 상승하며, 노동가격은 0.48달러에서 0.52달러로 인상된다.

는 D_L이 오른쪽으로 이동함에 따라 노동의 균형가격 w가 인상되는 경우를 보여 준다. 이는 에너지 및 식료품의 한계비용 인상으로 돌아오며 이는 다시 이 분야에 있는 시장의 가격상승으로 이어진다. 하지만 w가 인상되면 또한 소비자 소득, 특히 노동으로부터 소득의 대부분을 얻는 육체근로자 가계의 소득이 증가한다. 이로 인해 에너지 및 식료품 시장 모두에서 수요가 오른쪽으로 이동한다.

모든 균형효과를 고려할 경우 〈그림 16.9〉는 새로운 균형에서 노동 가격의 인상($w = 0.52$달

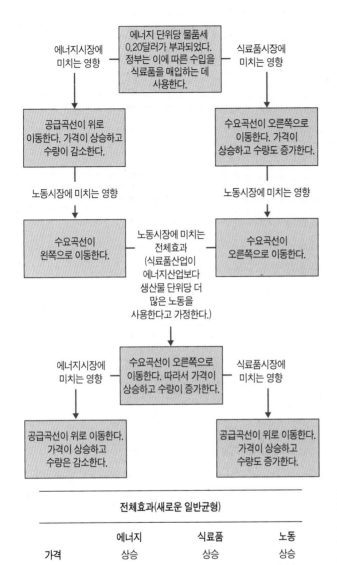

전체효과(새로운 일반균형)

	에너지	식료품	노동
가격	상승	상승	상승
수량	감소	증가	불변

그림 16.10 에너지에 물품세가 부과될 경우 발생하는 일반균형효과의 도해적인 설명

에너지에 단위당 물품세 0.20달러를 부과할 경우 일반균형에 미치는 영향을 본문에서 설명하였으며, 또한 그림 16.9에서는 비교정태분석을 통해 이를 보여 주었다. 여기서는 도표를 활용하여 이를 제시하였다.

러 대 최초의 0.48달러), 에너지 및 식료품 가격의 인상(P_x = 1.00달러 대 최초의 0.78달러, P_y = 0.72달러 대 최초의 0.69달러)이 이루어졌음을 보여 준다. 〈그림 16.10〉은 이런 효과를 요약해 주고 있다. 노동 가격이 상승하기 때문에 육체근로자 가계의 소득이 큰 폭으로 증대하며 사무근로자 가계의 소득은 소폭 증가한다. 이 두 가지 형태의 가계 모두 가격이 상승하기 때문에 조세로 인해 손해를 보지만, 육체근로자 가계는 소득의 증가로 인해 사무근로자 가계보다 조세로 인한 피해가 적다.

위의 예를 세심하게 분석하고 나서 조세와 같은 공공정책 개입으로 누가 가장 큰 영향을 받는지 반드시 분명하지는 않다는 점을 알게 되었다. 이 예에서 조세가 에너지에 부과되고 육체근로자 가계들이 소득 중 더 많은 비율을 에너지에 지출하고 있기는 하지만, 실제로는 사무근로자 가계들이 조세로 인해 더 큰 피해를 입는다. 이런 사실은 새로운 일반균형에 도달하는 데 조세가 미치는 모든 영향을 고려할 때만 분명하게 알 수 있다. 이 예를 통해 경제학자들이 제시된 공공정책을 분석하는 데 종종 일반균형모형을 사용하는 이유를 알 수 있다.

16.4 경쟁시장의 효율성

제10장에서는 단일 경쟁시장에서의 경쟁균형이 해당 시장에서 발생하는 경제적 순 잉여를 극대화한다는 사실에 대해 살펴보았다. 즉 경쟁시장의 결과는 경제적으로 효율적이다. 이 절에서는 많은 경쟁시장이 일반균형을 동시적으로 이루는 경제에서 경제적 효율성이 달성되는지 여부를 알아볼 것이다. 하지만 분석을 하기 전에 경제적 효율성에 관한 정의를 세심하게 정의하고, 이것이 일반경쟁균형에서 어떻게 적용되는지 알아볼 필요가 있다.

경제적 효율성에 대한 정의

일반경쟁균형이 효율적인지 여부를 알아보기 전에 효율성이 무엇인지를 정의할 필요가 있다. 〈그림 16.7〉에서 살펴본 일반경쟁균형에서 에너지 및 식료품은 서로 다른 가계들에 의해 소비되며 노동 및 자본은 상이한 산업에 의해 사용된다. 이런 형태의 소비와 생산요소의 사용을 **재화 및 생산요소의 분배**(allocation of goods and inputs)라 한다. 다른 소비자들에게 피해를 입히지 않고는 어떤 소비자들을 나아지게 할 수 있는 재화 및 요소의 분배가 가능하지 않은 경우 이 경제의 재화 및 요소의 분배가 **경제적으로 효율적**(economically efficient)이라고 한다. 일부 교과서들은 이를 **파레토 효율적**(Pareto efficient)이라고 한다. 이와는 대조적으로 처음의 분배와 비교해볼 때 모든 소비자를 나아지게 할 수 있는 재화 및 생산요소의 분배가 가능한 경우 이런 재화 및 생산요소의 분배를 **경제적으로 비효율적**(economically inefficient) 또는 **파레토 비효율적**(Pareto inefficient)이라고 한다. 이를 달리 표현하면 모든 비효율적인 분배에 대해서 언제나 소비자들이 비효율적인 분배보다 만장일치로 선호하는 최소한 한 개의 효율적인 분배를 발견할 수 있다는 의미이다. 재화 및 요소가 비효율적으로 분배될 경우 해당 경제는 자원으로부터 얻을 수 있는 모든 것을 얻지 못한다.

효율성에 관해 이렇게 정의할 경우, 〈그림 16.7〉에서 살펴본 것과 같은 경쟁균형이 효율적이라면 다음과 같은 세 가지 조건을 충족시켜야 한다.

1. 두 가지 종류의 가계, 즉 사무근로자 가계와 육체근로자 가계에 의해 소비되는 에너지 및 식료품의 총량이 주어진 경우 경쟁균형 때보다 모든 가계가 나아지도록 가계들 사이에 이를 재분배할 수 있는 방법이 없다. 즉 분배를 하는 경우 **교환의 효율성**(exchange efficiency) 조건을 충족시켜야 한다. 일반적으로 말해 최소한 일부 소비자들의 상황을 나빠지도록 하지 않고는 고정된 양의 소비재를 한 경제 내에 있는 소비자들 사이에 분배를 할 수 없는 경우 분배의 효율성이 달성된다. 모든 소비자를 더 나아지게 하는 방법으로 소비재의 고정된 바구니를 소비자들 사이에 재분배할 수 있다면 교환의 비효율성을 경험하고 있는 것이다.

2. 두 가지 종류의 기업, 즉 에너지 생산업체와 식료품 생산업체에 의해 사용되는 자본 및 노동의 총량이 주어진 경우 이들 기업이 경쟁균형에서 보다 더 많은 에너지와 식료품을 생산할 수 있도록 기업들 사이에 이들 생산요소를 재분배할 수 있는 방법이 없다. 즉 생산요소를 분배하는 경우 **생산요소의 효율성**(input efficiency) 조건을 충족시켜야만 한다. 일반적으로 말해 해당 경제에서 생산되는 재화 중 적어도 한 재화의 생산량을 감소시키지 않고는 고정된 양의 생산요소를 경제 내 기업들 사이에 재분배할 수 없을 때 생산요소의 효율성이 달성된다. 다시 말해 어떤 산업(예를 들면 식료품산업)의 생산량을 확장하려는 경우 다른 산업(예를 들면 에너지산업)의 생산량을 축소시켜야만 할 때 생산요소의 효율성을 경험하고 있다고 한다. 경제에서 생산되는 모든 재화의 생산량을 동시에 확장할 수 있도록 기업들 사이에 고정된 양의 생산요소를 재분배할 수 있다면 생산요소의 비효율성을 갖고 있는 것이다.

3. 한 경제에서 이용할 수 있는 자본 및 노동의 총량이 주어진 경우 한 생산물(예를 들면, 에너지)을 더 생산하고 다른 생산물(예를 들면, 식료품)을 덜 생산함으로써 모든 소비자가 더 나아질 수 있는 방법이 없다. 즉 경제 내에 있는 재화와 생산요소를 분배할 경우 **대체의 효율성**(substitution efficiency) 조건을 만족시켜야만 한다. 이와는 달리 어떤 생산물을 더 생산하고 다른 생산물을 덜 생산함으로써 모든 소비자를 더 나아지게 할 수 있다면 재화 및 생산요소의 분배는 대체 비효율적이라고 한다.

앞으로 3개 절을 통해 이런 효율성 개념을 보다 자세히 살펴볼 것이며, 〈그림 16.7〉의 일반경쟁균형이 위의 세 가지 효율성 조건 모두를 만족시킨다는 사실을 보여 줄 것이다.

교환의 효율성

경쟁균형이 교환의 효율성 조건을 만족시키는지 여부를 알아보기 위해 도표를 이용하여 교환의 효율성과 비효율성을 살펴보도록 하자. 이를 위해 **에지워스 상자**란 개념을 소개할 것이다. 이 방법을 소개하고 알아본 후에 경쟁균형이 교환의 효율성 조건을 만족시키는지 여부를 검토할 것이다.

에지워스 상자란 무엇인가?

에너지 및 식료품의 일정한 양, 예를 들면 각각 10단위씩 생산되며 이는 두 가지 종류의 가계, 즉 사무근로자 가계와 육체근로자 가계 사이에서 배분되는 경우를 가상해 보자. 〈그림 16.11〉에 있는 도표를 **에지워스 상자**(Edgeworth box)라 한다. 이 에지워스 상자는 재화의 총공급이 주어진 경우 해당 경제에서 재화의 가능한 모든 분배 방법을 보여 준다. 에지워스 상자의 너비는 해당 경제에서 이용할 수 있는 에너지의 총량인 10단위를 나타내며, 높이는 이용할 수 있는 식료품의 총량인 10단위를 나타낸다. 에지워스 상자의 각 점은 해당 경제에서 이용할 수 있는 에너지와 식료품의 각 10단위씩을 두 가계 사이에 분배하는 방법을 의미한다. 예를 들어 점 G에서 사무근로자 가계는 에너지 5단위와 식료품 1단위를 소비하는 반면에 육체근로자 가계는 에너지 5단위와 식

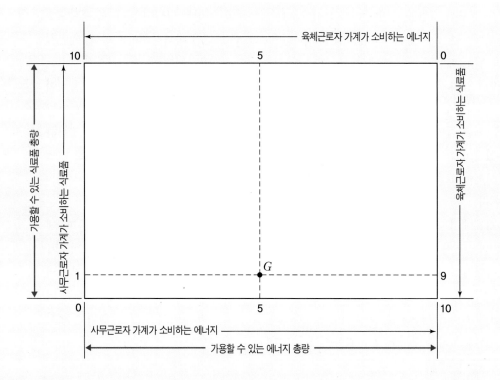

그림 16.11 에지워스 상자

재화가 두 개(에너지 및 식료품)이고 소비자가 두 명(육체근로자 가계 및 사무근로자 가계)인 경제에 대해서, 이 에지워스 상자는 두 개 재화의 모든 가능한 배분을 보여 준다(예를 들면, 점 G와 같은 상자의 각 점은 가능한 배분을 나타낸다). 상자의 폭은 가용할 수 있는 에너지의 총량(10단위)을 보여 준다. 사무근로자 가계의 에너지소비(바닥 축)는 왼쪽에서 오른쪽으로 증가하고, 반면에 육체근로자 가계의 에너지소비(꼭대기 축)는 오른쪽에서 왼쪽으로 증가한다. 상자의 높이는 가용할 수 있는 식료품의 총량(10단위)을 보여 준다. 사무근로자 가계의 식료품 소비(왼쪽 축)는 바닥에서 꼭대기로 증가하고, 반면에 육체근로자 가계의 식료품소비(오른쪽 축)는 꼭대기에서 바닥으로 증가한다. 점 G에서 사무근로자 가계는 에너지 5단위와 식료품 1단위를 소비하고, 반면에 육체근로사 가계는 에너지 5단위와 식료품 9단위를 소비한다.

료품 9단위를 소비한다.

에지워스 상자를 이용한 교환의 효율성에 대한 설명

점 G로 나타낸 분배가 교환의 효율성을 만족시키는가? 이 물음에 대한 대답은 가계의 선호에 달려 있다. 〈그림 16.12〉는 〈그림 16.11〉의 에지워스 상자에 각 가계에 대한 무차별곡선을 추가한 것이다. 이 도표를 이해하기 위해서는 사무근로자 가계의 에너지 및 식료품 소비를 아래쪽 왼편 밑에서부터 측정하며 위쪽 오른편 구석으로 이동함에 따라 효용이 증가한다는 사실에 주목해야 한다. 반면에 육체근로자 가계의 소비는 위쪽 오른편 구석으로부터 측정한다. 이렇기 때문에 육체근로자 가계의 무차별곡선은 거꾸로 위치하며 남서쪽으로 이동함에 따라 효용이 증대된다.

점 G는 이 점에서 교차하는 사무근로자 가계 및 육체근로자 가계의 무차별곡선들 둘 다에 위치

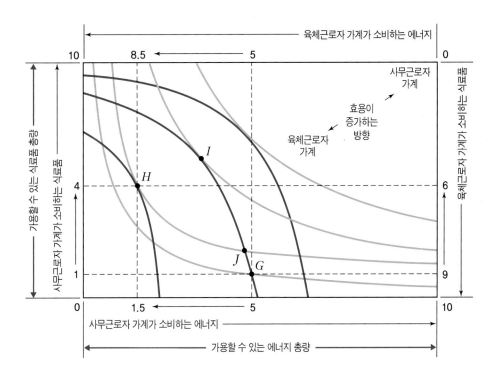

그림 16.12 교환할 때 경제적으로 효율적인 배분에 도달하기 위한 거래

사무근로자 가계와 육체근로자 가계에 대한 무차별곡선들은 점 G및 점 J에서 교차하며, 점 H 및 점 I에서 접한다. 점 G 및 점 J(그리고 무차별곡선이 교차하는 모든 점들)는 교환할 때 경제적으로 효율적인 배분을 나타내지 않는다. 왜냐하면 이들 점에서 가계는 두 가계 모두 더 높은 무차별곡선에 도달하도록 하는 거래를 할 수 있기 때문이다. 예를 들면, 그림에 나타난 거래, 즉 사무근로자 가계가 육체근로자 가계에게 식료품 3단위와 교환으로 에너지 3.5단위를 주는 거래를 통해 배분은 점 G에서 점 H로 이동한다. 여기서 두 가계는 모두 더 높은 무차별곡선에 있게 된다. 점 H 및 점 I(그리고 무차별곡선이 접하는 모든 점들)는 교환할 때 경제적으로 효율적인 배분을 나타낸다. 왜냐하면 이런 점에서의 어떤 거래도 최소한 한 개 가계를 더 낮은 무차별곡선에 위치하게 만들기 때문이다.

한다. 이를 점 H와 비교해 보자. 이 점은 또한 두 개 무차별곡선 위에 위치하지만 이들 곡선은 교차하지 않고 접한다. 에지워스 상자에 있는 모든 점들은 점 G와 같거나 또는 점 H와 같다(점 J는 점 G와 같으며 두 개 무차별곡선이 교차한다. 반면에 점 I는 점 H와 같이 두 개 무차별곡선이 서로 접한다).

점 G는 두 개 재화 사이의 교환 효율적인 배분을 나타낼 수 없다는 사실에 주목하자. 왜냐하면 두 개 가계들 모두 더 높은 무차별곡선 상에 위치할 수 있는, 예를 들면 점 H와 같은 점들이 있기 때문이다. 따라서 두 개 가계가 점 G에서 시작할 경우 교환(거래)을 통해 이득을 얻을 수 있다. 예를 들면 사무근로자 가계는 육체근로자 가계에게 식료품 3단위와 교환으로 에너지 3.5단위를 줄 수 있다. 그로 인해 점 H로 나타낸 배분에 도달할 수 있으며 두 가계 모두 상황이 나아질 수 있다. 교환에서 경제적으로 비효율적인 배분이 이루어지는 경우, 모든 소비자들에게 편익을 주는 소비자들 사이의 잠재적인 교환(거래)이 존재한다(비효율성은 이런 잠재적인 편익이 실현되지 않는다는 사실에 상응한다).

점 G가 교환 효율적인 배분을 나타내지 않는다는 사실을 살펴보았다(동일한 논리로 점 J나 무차별곡선이 교차하는 다른 점들도 역시 교환 효율적인 배분을 나타내지 않는다). 그렇다면 어느 점들이 교환 효율적인 배분을 나타내는가? 여러분이 알아챘듯이, 교환 효율적인 배분은 무차별곡선이 접하는 (예를 들면 점 H 및 점 I와 같은) 점들로 나타낼 수 있다. 그 이유는 무엇 때문인가? 왜냐하면 이런 점으로부터 이동할 경우 적어도 하나의 가계가 상황이 나빠지게 된다(즉 적어도 한 개의 가계가 더 낮은 무차별곡선으로 이동하게 된다). 따라서 두 개 가계가 점 H에서 점 G로 이동하기 위해 앞에서 살펴본 것처럼 거래를 할 경우, 추가적인 거래로 인해 적어도 한 개 가계에 피해를 입히게 된다. 교환에서 경제적으로 효율적인 배분이 이루어지는 경우, 모든 소비자들에게 편익을 주는 소비자들 사이의 잠재적인 거래는 없다.

계약곡선

〈그림 16.13〉에서 보는 것처럼 에지워스 상자에서 모든 교환 효율적인 분배(즉, 모든 접점)를 연결한 곡선을 생각해 보자. 이런 곡선을 **계약곡선**(contract curve)이라고 한다. 두 개 가계가 자유롭게 교섭을 하여 두 개 재화를 거래할 수 있고 이들 거래가 상호에게 이익이 된다면, 교환에서 경제적으로 효율적인 배분, 즉 계약곡선 상의 어떤 점에 이르는 방법을 교섭할 수 있다. 이들이 다다르는 정확한 점은 출발점(즉 최초의 자원 배분)에 달려 있다. 예를 들면 점 G에서 시작할 경우, 점 I와 점 K 사이에 위치한 계약곡선 상의 점에 도달하게 된다. 그 이유는 간단하게 살펴볼 수 있다. 두 개 가계가 점 I와 점 K 사이에 위치할 경우, 이들은 최소한 점 G에서 만큼 잘 지낼 수 있다. 하지만 계약곡선 상의 점 K보다 아래에 위치할 경우, 사무근로자 가계는 상황이 나빠진다. 반면에 점 I보다 위에 위치할 경우, 육체근로자 가계가 상황이 나빠진다.

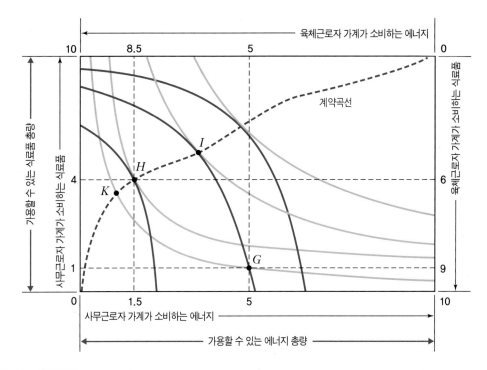

그림 16.13 계약곡선

계약곡선은 교환할 때 경제적으로 효율적인 에지워스 상자의 모든 배분, 즉 사무근로자 가계에 대한 무차별곡선이 육체근로자 가계에 대한 무차별곡선과 접하는 모든 점들을 연결한 것이다(점 *K*에서 접하는 육체근로자 가계의 무차별곡선은 나타나 있지 않다).

정리문제 16.3

교환의 효율성 조건에 대한 점검

두 사람 영희와 민순은 함께 6개의 사과와 10개의 배를 갖고 있다. x_S는 영희가 소유한 사과의 수량을 나타내며 y_S는 영희가 갖고 있는 배의 수량을 의미한다. 이와 유사하게 x_A는 민순이 갖고 있는 사과의 수량을 나타내고 y_A는 민순이 소유하고 있는 배의 수량을 의미한다. 나아가 영희의 경우 다음과 같다고 가상하자.

$$MRS_{x,y}^{영희} = \frac{2y_S}{x_S}$$

민순의 경우는 다음과 같다.

$$MRS_{x,y}^{민순} = \frac{y_A}{x_A}$$

마지막으로 영희는 4개의 사과와 2개의 배를 갖고 있으며 민순은 2개의 사과와 8개의 배를 갖는다.

문제

(a) 민순과 영희 사이에 이루어진 사과와 배의 분배가 교환의 효율성 조건을 충족시키는가?

(b) 영희와 민순 모두를 나아지게 할 수 있는 이들 사이의

교환을 구할 수 있는가?

해법

(a) 분배가 교환의 효율성 조건을 충족시키기 위해서는 민순과 영희의 무차별곡선이 서로 접해야 한다. 접하는 조건이 준수되는지 여부를 점검하기 위하여 영희와 민순에 대한 한계대체율을 계산해야 한다.

영희가 4개의 사과와 2개의 배를 갖고 있는 경우 배에 대한 사과의 한계대체율은 다음과 같다.

$$MRS_{x,y}^{영희} = \frac{2(2)}{4} = 1$$

위의 결과에 따르면 영희는 사과 1개를 추가적으로 얻기 위해 배 1개를 포기한다고 한다. 달리 표현하면 영희는 배 1개를 추가적으로 얻기 위해 사과 1개를 포기한다는 의미이다.

민순이 2개의 사과와 8개의 배를 갖고 있는 경우 배에 대한 사과의 한계대체율은 다음과 같다.

$$MRS_{x,y}^{민순} = \frac{8}{2} = 4$$

이 결과에 따르면 민순은 사과 1개를 추가적으로 얻기 위해 4개의 배를 포기한다고 한다.

앞의 계산에 따르면 영희와 민순의 배에 대한 사과의 한계대체율이 동일하지 않다는 사실을 알 수 있다. 따라서 이들의 무차별곡선은 접하지 않으며 교환의 효율성에 대한 조건이 준수되지 않는다.

(b) 사과와 배를 현재와 같이 분배할 경우 비효율적이라는 사실은 민순과 영희 모두 서로 거래를 함으로써 더 나아질 수 있다는 의미이다. 그 이유를 알아보기 위해 민순이 영희로부터 사과 1개를 받는 대가로 영희에게 배 2개를 준다고 가상하자. 이를 통해 두 사람 모두 더 나아질 수 있다. 그 이유를 알아보기 위해 민순은 사과 1개를 추가적으로 얻기 위해 배 4개를 포기하려고 한다는 사실을 기억하자. 민순은 사과 1개를 추가적으로 얻기 위하여 단지 배 2개를 포기하면 되므로 더 나아질 수 있다. 영희의 경우는 어떠한가? 영희는 배 1개를 추가적으로 얻기 위하여 사과 1개를 기꺼이 포기하려 하였다. 위의 거래에서 영희는 배 2개를 추가적으로 얻기 위하여 사과 1개를 포기하게 된다. 따라서 영희도 역시 더 나아진다. 민순과 영희 모두 더 나아질 수 있는 두 사람 사이의 많은 다른 거래가 가능하다. 요점은 교환의 효율성 조건이 준수되지 않을 경우에는 언제나 경제 내에 있는 사람들 사이의 거래를 통해 유익한 이득을 얻을 가능성이 존재한다는 사실이다.

일반경쟁균형이 교환의 효율성을 충족시킬 수 있는가?

〈그림 16.7〉에서 살펴본 일반균형을 다시 한 번 생각해 보자. 균형에서 일반적인 사무근로자 가계는 에너지 35단위 및 식료품 40단위를 소비하고, 일반적인 육체근로자 가계는 에너지 28단위 및 식료품 10단위를 소비한다. 에너지 균형가격은 단위당 0.78달러이고, 식료품 균형가격은 단위당 0.69달러이다. 이것은 경쟁균형이므로 두 개 가계의 한계대체율은 동일해지며, 각 가계는 한계대체율을 균형가격 비율과 같다고 놓음으로써 자신의 효용을 극대화한다(다음 식에서 x는 에너지를, y는 식료품을 각각 나타낸다).

$$MRS_{x,y}^{W} = MRS_{x,y}^{B} = \frac{P_x}{P_y} = \frac{0.78달러}{0.69달러} = 1.13$$

한계내체율은 해당 가계의 무차별곡선 기울기와 같기 때문에, 두 개 가계의 무차별곡선은 서로

접하며 (절댓값으로 본) 기울기가 에너지 및 식료품의 균형가격 비율과 같은 선에 접한다. 마지막
으로 무차별곡선은 접하기 때문에, 균형에서 에너지와 식료품의 배분은 계약곡선 상에 위치하여
야 하며 이에 따라 교환효율성을 충족시켜야 한다. 이런 모든 사항은 〈그림 16.14〉에 나타나 있으
며, 거기서 에지워스 상자에 있는 점 E는 일반균형에서의 배분을 나타낸다.

점 E가 계약곡선 상에 위치하는 경우, 두 개 가계 모두에게 이익이 되는 가계들 사이의 교환은
가능하지 않다. 이 경제의 가계들은 직접적으로 상호 간에 교환을 하지 않는다는 사실, 즉 모든 거
래가 가계와 기업 사이에 이루어진다는 사실에도 불구하고 이 조건이 존재한다. 이에 따르면 경쟁
시장에서 이런 결과(일반균형)는 소비자들이 자유롭게 그리고 직접적으로 거래를 하든지 또는 안
하든지 간에 동일하다.

생산요소의 효율성

앞에서 일반경쟁균형이 경제적으로 효율적인 소비재, 즉 에너지 및 식료품의 분배로 이어지는 것

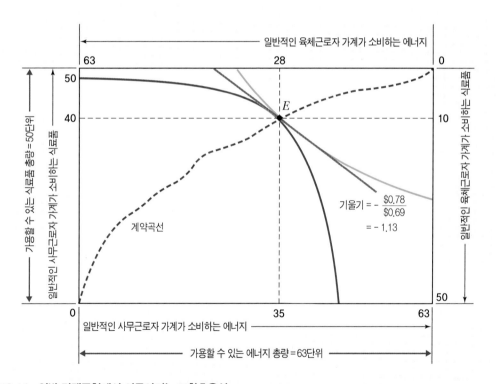

그림 16.14   일반 경쟁균형에서 이루어지는 교환효율성

에지워스 상자에서 점 E는 일반균형에서 일반적인 사무근로자 가계와 일반적인 육체근로자 가계 사이의 배분을 나타낸다.
점 E에서, 두 가지 형태 가계의 무차별곡선들은 서로 접하며(절댓값으로 본) 기울기가 균형가격의 비율(에너지 단위당 0.78
달러 및 식료품 단위당 0.69달러의 비율)과 같은 선에 접한다. 무차별곡선들이 접하기 때문에 점 E는 계약곡선상에 위치한
다. 따라서 일반경쟁균형에서는 가계들 사이의 교환을 통해 이용되지 않은 이득이 존재하지 않는다.

을 살펴보았다. 하지만 균형상태에서 이루어지는 노동 및 자본의 분배는 어떠한가? 이것은 생산요소의 효율성 조건을 충족시키는가? 교환의 효율성 경우와 마찬가지로 이 물음에 답하는데 도움을 주는 (이 경우에는 재화가 아니라 생산요소에 대한) 에지워스 상자를 그릴 수 있다.

에지워스 상자를 이용한 생산요소의 효율성에 대한 설명

〈그림 16.15〉에 제시된 **생산요소에 대한 에지워스 상자**(Edgeworth box for inputs)는 두 개 생산요소들, 즉 노동 및 자본의 고정된 양이 두 개 상이한 재화의 생산업체들, 즉 에너지 생산업체 및 식료품 생산업체 사이에 어떻게 배분될 수 있는지를 보여 준다. 이 상자의 너비는 가용할 수 있는 노동 총량(10단위)을 나타내고, 반면에 상자의 높이는 가용할 수 있는 자본 총량(10단위)을 의미한다. 에너지 생산업체에 의한 생산요소의 사용은 왼쪽 축 및 바닥 축 상에 나타내지고, 반면에 식료품 생산업체에 의한 생산요소의 사용은 오른쪽 축 및 꼭대기 축 상에 나타내진다. 각 생산요소 사용의 증가는 반대 방향으로 이루어진다. 이것이 의미하는 바는 에너지 생산업체에 의한 생산량은 북동쪽 방향으로 증가하고, 반면에 식료품 생산업체에 의한 생산량은 남서쪽 방향으로 증가한다는 것이다. 상자에 있는 각 점은 모든 가용할 수 있는 노동 및 자본을 배분하는 한 가지 방법을 나타낸다. 예를 들면, 점 G에서 에너지 생산업체는 노동 1단위 및 자본 6단위를 사용하고, 반면에 식료품 생산업체는 노동 9단위 및 자본 4단위를 사용한다. 상자에 있는 곡선들은 각 생산업체의 등량곡선이다(각 등량곡선은 해당 업체가 일정 수준의 생산량을 생산할 수 있도록 하는 노동과 자본의 결합을 나타낸다).

생산요소에 대한 에지워스 상자는 재화에 대한 에지워스 상자의 특성들과 정확하게 일치하는 특성을 갖는다. 따라서 〈그림 16.15〉에 있는 생산요소에 대한 에지워스 상자의 각 점은 두 개 등량곡선, 즉 에너지 생산업체의 등량곡선 및 식료품 생산업체의 등량곡선 상에 위치한다. 어떤 점(예를 들면, 점 G에서 두 개 등량곡선이 서로 접한다. 등량곡선이 교차하는 점들은 경제적으로 비효율적인 생산요소의 배분을 나타낸다. 왜냐하면 그런 점들에서는 두 개 산업의 생산량을 동시에 증가시키기 위해 생산요소를 재분배하는 것이 가능하기 때문이다(예를 들면 점 G에서는 에너지와 식료품의 생산량이 둘 다 더 많은 점 H로 나타낸 생산요소배분을 달성하기 위해 생산요소를 재분배할 수 있다). 등량곡선들이 접하는 점들은 경제적으로 효율적인 생산요소들의 배분을 나타낸다. 왜냐하면 경제적으로 효율적인 재분배가 가능하지 않기 때문이다(예를 들면 점 H에서 한 산업의 생산량을 증대시키는 생산요소의 재분배는 다른 산업의 생산량을 낮추게 된다). 〈그림 16.15〉에서 보여 준 **생산요소 계약곡선**(input cntract corve)은 (그림 16.13에 있는 계약곡선과 마찬가지로) 경제적으로 효율적인 모든 생산요소의 배분들(즉 등량곡선들이 접하는 모든 점들)을 연결한 것이다.

일반경쟁균형이 생산요소의 효율성을 충족시킬 수 있는가?

경쟁균형에서 노동가격과 자본가격이 주어진 경우, 각 산업에 있는 기업들은 생산비용을 최소화

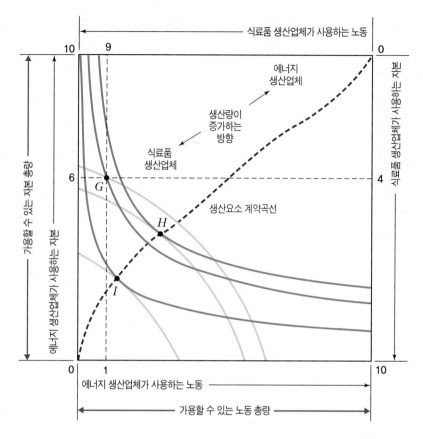

그림 16.15 에지워스 상자에서의 생산요소 효율성

식료품 생산업체에 대한 등량곡선과 에너지 생산업체에 대한 등량곡선은 점 *G*에서 교차하며, 점 *H* 및 점 *I*에서는 접한다. 점 *G*(그리고 등량곡선이 교차하는 다른 점들)는 경제적으로 효율적인 생산요소의 배분을 나타내지 않는다. 왜냐하면 이들 점에서는 생산요소가 두 개 산업 모두의 생산량을 동시에 증가시킬 수 있는 방법으로 재분배될 수 있기 때문이다. 점 *H* 및 점 *I*(그리고 등량곡선이 접하는 모든 점들)는 경제적으로 효율적인 생산요소의 배분을 나타낸다. 왜냐하면 이런 점들에서 재분배를 할 경우 적어도 한 개 산업의 생산량이 감소하기 때문이다. 생산요소 계약곡선은 생산요소 효율성을 충족시키는 모든 분배점들을 연결한 것이다.

하는 생산요소 결합을 사용한다. 제7장에서 살펴보았던 것처럼, 이것이 의미하는 바는 (*x*로 나타낸) 에너지 생산업체와 (*y*로 나타낸) 식료품 생산업체의 한계기술대체율이 둘 다 자본가격(*r*)에 대한 노동가격(*w*)의 비율과 동일하다는 것이다.

$$MRTS_{l,k}^{x} = MRTS_{l,k}^{y} = \frac{w}{r}$$

한계기술대체율은 에너지 생산과 식료품 생산에서 등량곡선 기울기의 절댓값이고 이들 기울기는 (등량곡선들이 접하는) 경쟁균형에서 동일하기 때문에, 당연히 일반경쟁균형은 생산요소 효율성을 충족시키게 된다. 즉 어떤 산업이 다른 산업의 생산량을 감소시키지 않으면서 자신의 생산량을 증가시킬 수 있는 산업들 사이에 생산요소의 재분배는 존재하지 않는다.

대체의 효율성

일반경쟁균형이 교환의 효율성 조건과 생산요소의 효율성 조건을 충족시킨다는 사실을 살펴보았다. 그렇다면 이것은 또한 세 번째 효율성 조건인 대체의 효율성도 충족시키는가?

생산가능곡선과 한계변환율

일반경쟁균형이 대체의 효율성을 만족시키는지 여부를 알아보기 위하여 또 다른 도표, 즉 **생산가능곡선**(production possibilities frontier)을 살펴볼 필요가 있다. 생산가능곡선은 한 경제가 이용할 수 있는 생산요소의 공급을 갖고 해당 경제가 생산할 수 있는 소비재의 결합을 나타낸다. 〈그림 16.16〉은 두 재화 x 및 y에 대한 생산가능곡선을 보여 준다. 산업 간의 생산요소 분배가 생산요소의 효율성 조건을 충족시킬 경우 재화 x가 더 생산된다면 재화 y가 덜 생산된다. 이것이 바로 생산가능곡선의 기울기가 아래쪽을 향하는 이유이다. 생산가능곡선 아래에 위치한 점들, 예를 들면 H와 같은 점들은 비효율적이다. 일반경쟁균형은 생산요소의 효율성 조건을 충족시키기 때문에 이런 소비재 생산결합은 실제로 발생하지 않는다. 생산요소의 효율성이 충족된다면 재화 x를 생산하는 기업은 재화 y를 생산하는 데 사용될 자원이 주어질 경우 자신들이 할 수 있는 양만큼 생산하게 된다.

생산가능곡선의 기울기는 재화 x를 추가적으로 한 단위 더 얻기 위하여 해당 경제가 포기해야만 하는 재화 y의 양을 말한다. 생산가능곡선 기울기의 절댓값을 **y에 대한 x의 한계변환율**(marginal rate of transformation of x for y, $MRT_{x,y}$)이라고 한다. 예를 들어 점 I에서 생산가능

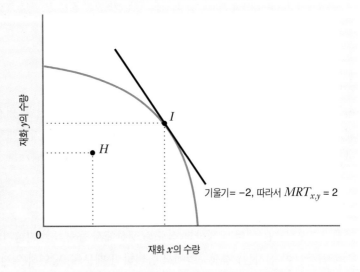

그림 16.16   생산가능곡선

생산가능곡선은 한 경제가 이용할 수 있는 요소공급을 갖고 해당 경제 내에서 생산할 수 있는 소비재의 결합을 보여 준다. 생산가능곡선 내부에 있는, 예를 들면 H와 같은 점은 비효율적이다. 두 재화 모두 더 많은 양을 공급할 수 있는, 예를 들면 I와 같은 다른 점들이 있다. 생산가능곡선 기울기의 절댓값은 y에 대한 x의 한계변환율 또는 $MRT_{x,y} = 2$이다. 이는 해당 경제가 재화 y 2단위를 포기함으로써 재화 x 1단위를 추가적으로 얻을 수 있다는 의미이다.

재화 y의 수량

기울기 = −2, 따라서 $MRT_{x,y} = 2$

0

재화 x의 수량

곡선에 대한 접선의 기울기는 −2이므로 $MRT_{x,y}$는 2가 된다. 이에 따르면 이 점에서 해당 경제는 재화 y를 2단위 희생함으로써 재화 x를 추가적으로 1단위 더 얻을 수 있다. 그런 의미에서 $MRT_{x,y}$는 포기한 재화 y의 단위 수 측면에서 본 재화 x의 한계기회비용을 알려 준다.

한계변환율은 한계비용이란 개념과 밀접히 연관된다. 사실 한계변환율은 재화 x 및 y의 한계비용 비율과 같다.

$$MRT_{x,y} = \frac{MC_x}{MC_y}$$

위와 같은 이유를 알아보기 위하여 재화 x를 추가적으로 한 단위 더 생산하려 한다고 가상하자. 이처럼 한 단위 더 생산하는 데 추가로 필요한 자원(자본 및 노동) 때문에 증가된 비용을 MC_x라 한다. 이를 6달러라고 하자. 지금 살펴보고 있는 경제의 자원공급은 제한되어 있기 때문에 재화 y를 생산하는 데 사용된 자원 중 6달러 상당분을 가져와야 한다. 현재 재화 y의 한계비용을 3달러라고 가상하자. 이는 재화 x를 한 단위 더 생산하기 위하여 필요한 6달러 상당의 자원을 확보하기 위해서는 재화 y의 생산을 2단위만큼 감소시켜야 한다는 의미이다. 이렇게 되면 한계비용의 비율이 MC_x/MC_y = 6달러/3달러 = 2인 경우 이에 따른 y에 대한 x의 한계변환율이 2라는 사실을 알 수 있다. 따라서 한계변환율은 한계비용의 비율과 같다.

〈그림 16.7〉에서 균형을 살펴보았던 단순한 경제의 경우 모든 생산자는 규모에 대해 수확불변인 생산함수를 가지므로 한계비용은 생산량과 독립적으로 결정된다. 이런 경우 생산가능곡선은 〈그림 16.17〉에서 보는 것처럼 직선이 된다. 〈그림 16.17〉에서 $MRT_{x,y}$ = 0.78/0.69 = 1.13이며 이는 일반균형에서 살펴본 한계비용의 비율이다.

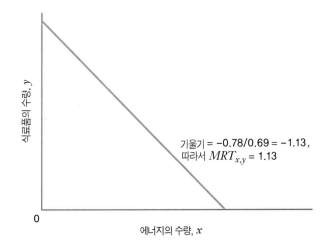

기울기 = −0.78/0.69 = −1.13, 따라서 $MRT_{x,y}$ = 1.13

세로축: 식료품의 수량, y
가로축: 에너지의 수량, x

그림 16.17 단순한 경제에 대한 생산가능곡선

〈그림 16.7〉에서 균형에 대해 살펴보았던 단순한 경제의 경우 생산함수는 규모에 대해 수확불변이다. 이 경우 생산가능곡선은 직선이 된다. 이 직선의 기울기의 절댓값은 한계변환율 $MRT_{x,y}$이며, 이는 일반균형에서 살펴본 한계비용의 비율(MC_x/MC_y)과 같다.

일반경쟁균형이 대체의 효율성을 충족시킬 수 있는가?

일반경쟁균형에서 대체의 효율성을 갖게 되는지 알아보기 위하여 한계변환율이란 개념을 사용해 보자. $MRT_{x,y} = 1$이지만 해당 경제에서 각 가계에 대해 $MRS_{x,y} = 2$인 경우를 생각해 보자. 이런 경우라면 추가적으로 생산된 에너지(재화 x) 각 단위에 대해 식료품(재화 y)이 한 단위 적게 생산되어야 한다. 하지만 $MRS_{x,y} = 2$이므로 각 소비자는 에너지를 추가적으로 1단위 더 얻기 위하여 식료품 2단위를 기꺼이 포기하고자 한다. 이 경우 해당 경제에 있는 소비자의 후생은 에너지 생산에 보다 많은 자원이 투입되고 보다 적은 자원이 식료품 생산에 사용되면 증대된다. 유사한 논리를 이용하여 $MRT_{x,y} > MRS_{x,y}$인 경우 더 적은 자원이 에너지 생산에 투입되고 식료품 생산에 더 많은 자원이 사용되면 소비자 효용이 증가한다. 이런 분석을 통해 배운 점은 일반경쟁균형이 대체의 효율성을 충족시키기 위해서는 다음과 같은 조건이 성립되어야 한다는 것이다 : $MRT_{x,y} = MRS^W_{x,y} = MRS^B_{x,y}$. 위의 조건이 일반경쟁균형에서 충족되는가? 이에 대한 대답은 긍정적이다. 그 이유는 다음과 같다.

- 소비자 효용극대화가 $MRS^W_{x,y} = MRS^B_{x,y} = P_x/P_y$를 의미한다는 사실을 알고 있다.
- 완전경쟁하에서 기업의 이윤극대화는 다음과 같은 사실을 의미한다는 점을 알고 있다. 가격은 에너지산업과 식료품산업 둘 다에서 한계비용과 같다(즉 $P_x = MC_x$ 및 $P_y = MC_y$ 이므로 $P_x/P_y = MC_x/MC_y$를 의미한다).
- 마지막으로 바로 위에서 $MRT_{x,y} = MC_x/MC_y$라는 사실을 살펴보았다.

이 세 가지 사실을 함께 정리하면 다음과 같다.

$$MRT_{x,y} = MRS^W_{x,y} = MRS^B_{x,y}$$

즉 대체의 효율성 조건은 일반경쟁균형에서 충족된다.

분석의 종합 : 후생경제학의 정리

앞 절에서는 일반경쟁균형에서 재화 및 요소가 분배될 경우 경제적 효율성, 즉 교환의 효율성, 생산요소의 효율성, 대체의 효율성에 관한 세 가지 기준이 충족된다는 점을 살펴보았다. 이는 다음과 같은 **후생경제학의 제1정리**(First Fundamental Theorem of Welfare Economics)를 증명하였다는 의미이다.

일반경쟁균형에서 재화 및 요소가 분배될 경우 경제적으로 효율적이다. 즉 해당 경제가 이용할 수 있는 자원이 주어진 경우 모든 소비자를 동시에 더 나아지게 할 수 있는 재화 및 용역의 다른 분배가 가능하지 않다.

이 정리는 주목할 만하다. 이 경제의 가계와 기업이 독립적으로 행동하고 각자 자신들의 이익을 추구하더라도 후생경제학의 제1정리에 따르면 독립적이고 분산적이며 이기적인 행동을 통해 이루어진 균형이 효율적이라고 한다. 이는 거래를 통해 경제에 존재하는 상호 간에 유익한 모든 이득을 취득할 수 있다는 의미에서 효율적이다. 이는 또한 애덤 스미스(Adam Smith)가 1776년에 발표한 자신의 유명한 논문인 〈국부의 본질과 원인에 관한 연구〉에서 주장했던 '보이지 않는 손'의 핵심이다.

물론 일반경쟁균형에서의 결과가 효율적이라고는 하지만 모든 소비자들이 균형하에서 동등하게 잘 지낸다는 보장은 없다. 개별 소비자의 후생은 각자 보유하고 있는 희소한 경제적 자원의 양에 달려 있다. 예를 들면 〈그림 16.7〉의 균형에서 (자본을 공급하는) 사무근로자 가계가 (노동을 공급하는) 육체근로자 가계보다 더 잘 지낸다. 왜냐하면 사무근로자 가계는 더 희소하고 생산자가 더 많이 수요하는 생산요소인 자본을 보유하고 있기 때문이다. 경제의 희소한 생산요소들을 소유하는 형태가 상이할 경우 균형에서 소득과 효용이 분배되는 형태도 달라질 수 있다.

〈그림 16.18〉은 **효용가능곡선**(utility possibilities frontier)이라 불리는 도표 상의 점을 보여 주고 있다. 효용가능곡선은 두 명의 소비자가 있는 단순한 경제에서 재화 및 요소가 경제적으로 효율적인 다양한 방법으로 분배될 경우 나타날 수 있는 효용의 형태를 보여 준다. 점 E는 경쟁균형에서 나타나는 효용의 한 형태이다. 경제적으로 효율적이지만 상이한 방법으로 분배될 경우 예를 들면 점 F처럼 상이한 효용분배로 나타날 수 있다.

경제의 희소한 자원에 대한 소유권을 적절하게 재분배함으로써 사회계획을 입안하는 사람은, 일반경쟁균형으로서 효용가능곡선 상의 어떤 점에 도달할 수 있는가? 예를 들어 인정 많은 계획입안자는 사무근로자 가계와 육체근로자 가계 사이의 효용분배가 예를 들면 점 F와 같은 균형효용에서처럼 좀 더 평등하게 이루어지도록 경제적으로 효율적인 분배를 하고자 한다고 가상하자. 이 사람은 우선 경제 내 가계들 사이에 노동 및 자본의 가용량을 재분배하고 나서 해당 경제가 일

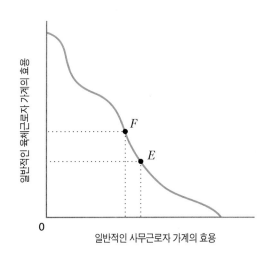

그림 16.18 효용가능곡선
효용가능곡선은 경제적으로 효율적인 재화 및 생산요소의 분배에서 모든 가능한 효용의 결합을 연결한 것이다. 점 F는 점 E보다 더 공평한 효용분배를 나타낸다.

반경쟁균형을 이루도록 함으로써 바람직한 효용분배를 달성할 수 있는가?

이에 대한 대답은 최소한 이론적으로 볼 때 긍정적이다. 이를 **후생경제학의 제2정리**(Second Fundamental Theorem of Welfare Economics)라 하며 다음과 같다.

> 재화 및 생산요소에 관한 경제적으로 효율적인 분배는 경제 내 희소하게 공급된 자원을 적절하게 분배하여 일반경쟁균형으로 달성될 수 있다.

후생경제학의 제2정리가 갖는 중요한 의미는, 효율적인 분배와 이에 따른 효용의 분배가 공정하거나 공평할 수 있도록 하는 분배를 동시에 달성할 수 있다고 생각하는 것이 최소한 가능하다는 것이다. 이것은 그렇게 하는 것이 용이하다는 것을 의미하지는 않는다. 제10장에서 살펴본 것처럼 (예를 들면 조세 또는 보조금과 같이) 민주사회에서 부를 재분배하는 데 사용할 수 있는 수단은 그 자체가 대가를 치러야 한다. 즉 이것은 보통 경제적 결정을 왜곡하고 효율성을 손상시킨다. 따라서 제2정리에 따르면 이론적으로 볼 때 형평성과 효율성이란 목표가 서로 양립할 수 있는 것처럼 보이지만, 실제로 많은 공공정책 수단들은 형평성과 효율성 사이에 발생하는 상충관계를 수반한다. 제10장에서 공공정책의 개입에 대해 분석해 봄으로써 이런 상충관계를 부분적이나마 살펴보았다.

16.5 자유무역을 통한 이득

앞 절에서 교환의 효율성을 분석하면서 개인 간의 거래가 둘 모두를 어떻게 더 나아지게 하는지 살펴보았다. 이 절에서는 국가 간의 거래가 양국을 모두 더 나아지게 할 수 있는지 알아볼 것이다. 일국이 다른 국가보다 모든 것을 생산하는 데서 분명히 더 효율적이더라도 이것이 가능하다.

상호 간에 유익한 자유무역

제한되지 않은 자유무역을 통하여 양국이 이득을 얻을 수 있다는 사실을 보여 주기 위하여 두 국가, 즉 미국과 멕시코가 각각 두 재화, 즉 컴퓨터와 의복을 생산하는 간단한 예를 생각해 보자. 간단히 하기 위해 각국은 단일 요소, 즉 노동만을 이용하여 이 물품들을 생산한다고 가정하자. 〈표 16.1〉은 각 물품을 생산하는 데 얼마나 많은 노동시간이 투입되어야 하는지를 보여 준다.

예를 들어 〈표 16.1〉에 따르면 미국은 컴퓨터 1대를 생산하는 데 10시간의 노동이 필요한 반면에 멕시코는 동일한 컴퓨터를 생산하는 데 60시간의 노동을 필요로 한다. 이와 유사하게 미국은 의복 1단위를 생산하는 데 5시간의 노동이 필요하지만 멕시코는 10시간의 노동을 필요로 한다. 〈표 16.1〉에 따르면 미국 노동자들은 상대국인 멕시코 노동자들보다 컴퓨터와 의복 생산 둘 다에서 더 생산적이라는 점에 주목하자. 그 이유는 각 물품 1단위를 생산하는 데 미국에서 노동시간이 더 적게 투입되기 때문이다.

〈표 16.1〉의 숫자를 이용하여 미국과 멕시코에 대한 생산가능곡선을 도출할 수 있으며 이는 〈그림 16.19〉에 있다. 미국의 경우 의복에 대한 컴퓨터의 한계변환율은 10/5 또는 2이다. 그 이유는 컴퓨터를 추가적으로 한 단위 생산할 때마다 추가적으로 10시간의 노동이 필요하기 때문이다. 노동공급이 주어졌다면 이 10시간의 노동은 의복 생산에서 전환되어야 하며 이는 의복 생산이 2단위 감소해야 된다는 의미이다. 이를 달리 표현하면 미국의 경우 컴퓨터 1대를 추가적으로 생산하는 데 따른 기회비용이 의복 2벌인 반면에 의복 1벌을 추가적으로 생산하는 데 따른 기회비용은 컴퓨터 1/2대이다. 이와는 대조적으로 멕시코의 경우 의복에 대한 컴퓨터의 한계변환율은 60/10 = 6이다. 컴퓨터 1대를 추가적으로 생산하는 데 따른 기회비용이 의복 6벌인 반면에 의복 1벌을 추가적으로 생산하는 데 따른 기회비용은 컴퓨터 10/60대 또는 1/6대이다.

처음에는 미국과 멕시코 사이에 무역이 이루어지지 않았으며 각국은 주당 100시간의 노동을 이용할 수 있다고 가상하자. 나아가 미국에서 70시간의 노동은 컴퓨터 생산에 사용되는 반면에 나머지 30시간의 노동은 의복 생산에 투입된다. 〈그림 16.19(a)〉에서 보는 것처럼 이는 미국 경제가 생산가능곡선 상의 점 H에서 운용된다는 의미이다. 즉 미국 경제는 주당 컴퓨터 7대와 의복 6벌을 생산하며 미국의 소

표 16.1	미국과 멕시코의 노동 소요량	
	컴퓨터(1대당 노동시간)	의복(1벌당 노동시간)
미국	10	5
멕시코	60	10

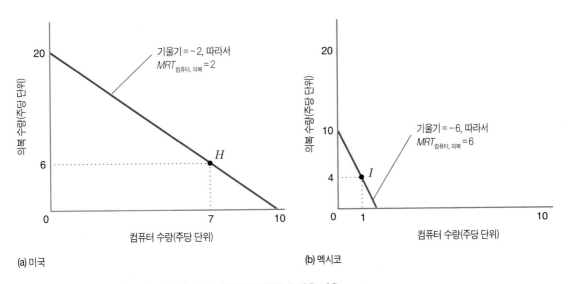

(a) 미국 (b) 멕시코

그림 16.19 **미국과 멕시코의 생산 및 소비 : 무역이 발생하지 않은 경우**

(a)의 직선은 미국의 생산가능곡선이고 (b)의 직선은 멕시코의 생산가능곡선이다. 양국이 무역에 종사하지 않을 경우 미국 소비자들은 미국 생산자가 생산한 만큼의 컴퓨터와 의복을 소비한다. 점 H는 이런 경우를 나타낸다. 이 점에서 일반적인 미국 소비자의 효용이 극대화된다. 이와 유사하게 무역이 발생하지 않을 경우 멕시코 소비자들은 멕시코 생산자가 생산한 만큼의 컴퓨터와 의복을 소비한다. 점 I는 이런 경우를 나타낸다.

표 16.2	무역이 발생하지 않은 경우의 생산 및 소비	
	컴퓨터(대)	의복(벌)
미국	7	6
멕시코	1	4
합계	8	10

표 16.3	자유무역하에서의 생산	
	컴퓨터(대)	의복(벌)
미국	10	0
멕시코	0	10
합계	10	10

표 16.4	자유무역하에서의 소비	
	컴퓨터(대)	의복(벌)
미국	8	6
멕시코	2	4
합계	10	10

비자들은 이를 소비한다.[2] 컴퓨터와 의복의 이런 결합이 미국 경제에 효율적이라고 가정한다.

멕시코의 경우 이용 가능한 100시간의 노동 가운데 60시간을 컴퓨터 생산에 투입하는 반면에 나머지 40시간을 의복 생산에 사용한다고 가정하자. 〈그림 16.19(b)〉에서 보는 것처럼 이는 멕시코 경제가 생산가능곡선 상의 점 *I*에서 운용된다는 의미이다. 이 점에서 멕시코 경제는 컴퓨터 1대와 의복 4벌을 생산하며 멕시코의 소비자들은 이를 소비한다. 이 결과가 멕시코의 소비자들에게 효율적이라고 가상하자. 따라서 점 *I*에서 일반적인 소비자의 무차별곡선은 멕시코의 생산가능곡선과 접하게 된다. 〈표 16.2〉는 미국 및 멕시코 소비자들의 상황을 요약해서 보여 주고 있다.

양국이 서로 무역을 함으로써 더 나아질 수 있다는 사실을 살펴보도록 하자. 미국은 자신이 이용할 수 있는 모든 노동력인 100시간을 컴퓨터 생산에 투입하여 컴퓨터 생산에 특화한다고 가정하자. 멕시코도 역시 자신이 이용할 수 있는 모든 노동력인 100시간을 의복 생산에 투입하여 의복 생산에 특화한다고 가상하자. 〈표 16.3〉은 이런 상황에서 양국의 총생산을 보여 주고 있으며 이 결과는 〈그림 16.20〉의 점 *J* 및 점 *K*로 나타낼 수 있다.

이제 미국이 주당 의복 6벌과 교환으로 멕시코에 주당 컴퓨터 2대를 수출한다고 가상하자. 이는 양국의 총소비가 〈표 16.4〉와 같다는 의미이다.

무역으로 인해 양국이 더 나아졌다. 양국은 이전과 정확히 동일한 만큼의 의복을 소비하고 있지만 양국은 각각 더 많은 컴퓨터를 갖게 되었다. 〈그림 16.20〉이 보여 주는 것처럼 자유무역과 결부된 생산의 특화로 인해 각국은 생산가능곡선 '밖'에서 소비를 할 수 있게 되었다. 이처럼 양국 간에 무역이 가능할 경우 양국은 다른 물품의 소비를 감소시키지 않고도 일부 물품의 소비를 확대할 수 있다.

물론 실제로 각국의 모든 소비자가 자유무역으로 인해 가능해진 소비기회의 증대로부터 균등하게 혜택을 입는 것은 아니다. 앞의 예에서 미국은 무역이 발생하지 않을 때보다 자유무역하에

---

2 그 이유를 알아보기 위해 다음과 같은 사실에 주목하자. 컴퓨터 1대를 생산하는 데 10시간의 노동이 필요하므로 미국이 컴퓨터 생산에 주당 70시간을 투입할 경우 주당 70시간/1대당 10시간 = 주당 7대를 생산할 수 있다. 나아가 의복 1단위를 생산하는 데 5시간의 노동이 필요하므로 미국이 의복 생산에 주당 30시간을 투입할 경우 주당 30시간/1벌당 5시간 = 주당 6벌을 생산하게 된다.

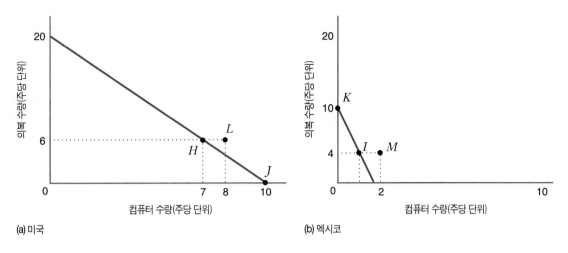

그림 16.20 미국과 멕시코의 생산 및 소비

자유무역하에서 미국은 (점 J에서) 컴퓨터 10대와 의복 0벌을 생산하는 반면에, 멕시코는 의복 생산에 특화하여 (점 K에서) 컴퓨터 0대와 의복 10벌을 생산한다. 미국은 의복 6벌과 교환으로 컴퓨터 2대를 수출한다. 이를 통해 미국 소비자들은 (점 L에서) 컴퓨터 8대와 의복 6벌을 소비하는 반면에, 멕시코 소비자들은 (점 M에서) 컴퓨터 2대와 의복 4벌을 소비하게 된다. 자유무역을 통해 양국의 소비자들은 이전보다 더 나아지게 된다.

서 의복을 덜 생산하게 된다. 섬유산업으로 전문화된 기술을 갖고 있는 노동자들은 멕시코와의 무역이 시작되면 임금하락을 경험하거나 심지어 일자리를 잃을 수도 있다. 따라서 미국 경제가 총체적으로 보면 자유무역을 통해 혜택을 받을 수도 있지만 이런 이득이 최소한 단기적으로는 미국 내 모든 가계에 균등하게 분배되지 않을 수도 있다.

비교우위

자유무역을 통한 유익한 효과를 설명할 수 있는 것은 미시경제학에서 매우 중요한 생각을 귀결시킨 개념인 **비교우위**(comparative advantage) 때문이다. 일국(예를 들면 멕시코)이 재화 X(예를 들면 의복)를 한 단위 더 추가적으로 생산하는 데 따른 기회비용[이는 재화 Y(예를 들면 컴퓨터)의 생산하지 못하게 된 단위 수로 나타낸다]이 다른 국가(예를 들면 미국)보다 더 낮은 경우 재화 X를 생산하는 데 다른 국가보다 비교우위를 갖는다고 한다. 앞의 예에서 멕시코는 의복을 생산하는 데 미국보다 비교우위를 갖는다. 그 이유는 앞에서 살펴본 것처럼 멕시코에서 의복을 한 단위 더 추가적으로 생산하는 데 따른 기회비용이 컴퓨터의 6분의 1인 데 반해, 미국에서 의복을 한 단위 더 추가적으로 생산하는 데 따른 기회비용은 컴퓨터의 절반이 된다.

마찬가지로 미국은 컴퓨터를 생산하는 데 멕시코보다 비교우위를 갖는다. 왜냐하면 미국에서 컴퓨터를 1대 더 추가적으로 생산하려면 의복 2벌을 희생해야 되지만, 멕시코에서 컴퓨터를 1대 더 추가적으로 생산하려는 경우 의복 6벌을 희생해야 한다.

비교우위는 **절대우위**(absolute advantage)와 대조를 이룬다. 일국이 X를 생산하는 경우 다른 국가보다 희소한 생산요소(예를 들면 노동)를 더 적게 필요로 하는 경우 재화 X의 생산에 다른 국가보다 절대우위를 갖는다. 앞의 예에서 미국은 컴퓨터와 의복 생산 둘 다에서 멕시코보다 절대우위를 갖는다. 하지만 조금 전에 살펴본 것처럼 미국은 멕시코와의 자유무역을 통해 이익을 본다. 왜냐하면 자유무역을 통한 이익은 절대우위가 아니라 비교우위를 통해 결정되기 때문이다. 특히 양국이 서로 무역을 하지 않는 상황에서 출발할 경우 각국은 비교우위를 갖는 물품 생산에 특화할 때 자신들이 더 나아질 수 있다. 앞에서 살펴본 것처럼 멕시코가 (자국이 비교우위가 있는) 의복 생산에 특화하고 미국은 (자국이 비교우위가 있는) 컴퓨터 생산에 특화할 경우 양국은 자유무역을 통해 분명히 더 나아질 수 있다.

요약

- 부분균형분석은 모든 다른 시장의 가격을 주어진 것으로 보고 단일시장에서의 가격 및 생산량 결정에 관해 알아본다. 반면에 일반균형분석에서는 한 개가 넘는 시장에서 동시에 가격 및 생산량의 결정에 대해 검토한다(정리문제 16.1 참조).

- 한 재화의 가격을 인하시키는 경향이 있는 외생적인 사건은 또한 대체재의 가격을 인하한다. 따라서 대체재의 가격들은 양의 상관관계가 있다. 반면에 한 재화의 가격을 인하시키는 경향이 있는 외생적인 사건은 보완재의 가격을 인상시키는 경향이 있다. 따라서 보완재의 가격들은 음의 상관관계가 있다.

- 일반균형에서 최종재에 대한 수요는 가계의 효용극대화에서 유래되는 반면에, 요소에 대한 수요는 기업의 비용극소화에서 유래된다. 최종재의 공급은 기업의 이윤극대화에 기초하는 반면에, 요소의 공급은 가계의 이윤극대화에 기초한다.

- 일반균형에서 모든 재화의 가격은 모든 시장에서 공급과 수요가 일치하는 조건에 따라 동시에 결정된다(정리문제 16.2 참조).

- 왈라스의 법칙에 의하면 일반균형은 모든 가격의 절대수준을 결정하는 것이 아니라 다른 재화 또는 요소 가격에 대한 재화 및 요소의 상대가격을 결정할 뿐이라고 한다.

- 특정 물품에 대해 물품세가 부과될 경우 미치는 일반균형 효과를 알아보기 위해서는 시장들 사이에 존재하는 상호의존성을 고려하여 경제 내 모든 시장에 대해 조세가 미치는 충격을 분석해야 한다.

- 다른 소비자들에게 피해를 주지 않고 일부 소비자를 나아지게 할 수 있는 재화 및 용역의 다른 분배가 가능하지 않을 경우 재화 및 요소의 분배가 경제적으로 효율적이라고 한다. 반면에 최초의 분배와 비교해 볼 때 모든 소비자를 더 나아지게 할 수 있는 재화 및 요소의 다른 분배가 가능할 경우 이런 분배를 경제적으로 비효율적이라고 한다.

- 경제적 효율성을 이루기 위해서는 교환의 효율성, 생산요소의 효율성, 대체의 효율성이 충족되어야 한다(정리문제 16.3 참조).

- 세 가지 효율성 조건은 일반경쟁균형에서 모두 충족된다. 이를 후생경제학의 제1정리라고 한다.

- 후생경제학의 제2정리에 의하면 재화 및 요소에 관해 이루어지는 경제적으로 효율적인 분배는 경제 내 공급된 희소한 자원을 적절하게 분배하여 일반경쟁균형으로 달성될 수 있다고 한다.

- 양국 간의 자유무역을 통해 무역이 발생하지 않을 때보다 양국이 모두 더 나아질 수 있다.

- 일국이 재화 X를 한 단위 더 추가적으로 생산하는 데 따른 기회비용이 다른 국가보다 더 낮은 경우 재화 X를 생산하는 데 다른 국가보다 비교우위를 갖는다고 본다. 자신들이 비교우위를 갖는 상품생산에 특화할 경우 자유무역을 통한 이득이 실현된다.

주요 용어

경제적으로 비효율적	생산요소 계약곡선	파레토 비효율적
경제적으로 효율적	생산요소에 대한 에지워스 상자	파레토 효율적
계약곡선	생산요소의 효율성	한계변환율
교환의 효율성	에지워스 상자	효용가능곡선
대체의 효율성	왈라스의 법칙	후생경제학의 제1정리
부분균형분석	일반균형분석	후생경제학의 제2정리
비교우위	재화 및 생산요소의 분배	
생산가능곡선	절대우위	

복습용 질문

1. 부분균형분석과 일반균형분석을 구별해 보시오.
2. 물품세와 같은 정부정책의 총체적인 영향을 알아보기 위해 일반균형분석을 어떻게 사용할 수 있는지 설명하시오.
3. 왈라스의 법칙에 따르면 재화 및 용역의 가격은 절대적이지 않고 어떤 재화 및 생산요소의 가격에 대해 상대적으로 결정된다고 하는데 그 이유를 설명하시오.
4. 특정 물품에 대한 물품세의 일반균형효과를 분석하시오.
5. 상호 연관되어 있으며 동시에 균형이 이루어지는 많은 경쟁시장으로 구성된 어떤 경제에서, 자원 분배의 효율성을 알아보기 위해 일반균형이론을 적용해 보시오.
6. 일국이 비교우위를 갖는 상품의 생산에 특화하는 것과 연계시켜 국가들의 자유무역을 통해 어떻게 편익을 얻게 되는지 설명하시오.

17 외부효과와 공공재

17.1 개론

외부효과가 있는 시장과 공공재가 있는 시장은 자원을 효율적으로 배분하기 어려운 두 가지 시장이다. 네트워크 외부효과를 다루었던 제5장에서 처음 외부효과에 대해 알아보았다. 네트워크 외부효과가 존재하는 경우 소비자의 수요는 해당 상품의 가격뿐만 아니라 얼마나 많은 사람들이 이를 구입하는지에 의존한다. 보다 일반적으로 말해 **외부효과**(externality)는 어떤 소비자나 생산자의 행위가 시장가격으로 전달되지 않는 방법으로 다른 소비자나 생산자의 비용 또는 편익에 영향을 미칠 경우 발생한다. **공공재**(public good)는 개인이 생산비를 지불할 수는 없지만 모든 소비자에게 혜택을 주는 재화이다. 공공재는 다음과 같은 두 가지 특징이 있다. 첫째, 한 개인에 의한 재화의 소비는 다른 사람에 의해 소비될 수 있는 재화의 양을 감소시키지 않는다. 둘째, 모든 소비자들은 재화에 접근할 수 있다(어떠한 운전자도 고속도로에서 운전을 할 수 있다).

공공재에는 국방, 공원(혼잡하지 않은 경우), 고속도로, 공영 라디오 및 텔레비전 방송과 같은 용역의 공급이 포함된다. 예를 들어 한 시청자가 공영 방송국의 방송을 시청하더라도 다른 시청자들 또한 이를 시청하는 데 문제가 없다. 이것을 달리 표현하면 추가적인 시청자에게 방송을 제공하는 데 드는 한계비용은 영이 된다. 나아가서 일단 방송이 되면 시청자들은 해당 방송으로부터 배제될 수 없다.

제10장에서 부분균형분석을 이용하여 경쟁시장이 소비자 잉여와 생산자 잉여의 합을 극대화시킨다는 점을 살펴보았다. 완전경쟁시장에서는 외부효과와 공공재가 없으므로 의사결정자가 직면

하는 사적 비용 및 편익은 사회적 비용 및 편익과 동일하다. 각 생산자와 소비자가 자신의 이익에 따라 행동을 하더라도 보이지 않는 손을 통해 시장은 효율적인 생산량 수준에서 생산을 하게 된다. 제16장에서는 경쟁시장의 분석을 일반균형 단계까지 연장하여, 외부효과나 공공재가 없는 경우 경쟁균형하에서의 자원배분이 경제적으로 효율적이라는 사실을 보여 주었다.

외부효과나 공공재가 존재하는 경우, 개별 의사결정자에게 미치는 비용 및 편익은 사회 전체에 미치는 비용 및 편익과 다르다. 시장가격이 재화의 사회적 가치를 반영하지 못하게 되므로 시장은 총잉여를 극대화시킬 수 없다. 이것들은 경제적 비효율성으로 이어지므로 공공재와 외부효과는 종종 시장실패의 원인으로 간주된다.

17.2 외부효과

이미 살펴본 것처럼 외부효과는 여러 가지 방법으로 발생할 수 있지만, 어떻게 발생하든 그들의 효과는 항상 동일하다. 소비자나 생산자의 행위는 다른 소비자나 생산자에게 이로울 수도 있고 해로울 수도 있다.

외부효과가 다른 생산자나 소비자를 도와줄 경우 양이 된다. 소비로부터 나타나는 양의 외부효과를 자주 경험할 수 있다. 예를 들면 한 어린이가 전염병 확산을 방지하기 위해 예방접종을 받을 경우 면역성을 갖게 되어 전염병에 걸리지 않게 되므로 사적 편익을 갖게 된다. 나아가 이 어린이는 병을 전염시킬 가능성이 낮아지므로 해당 지역의 다른 어린이들도 역시 편익을 얻게 된다. 제5장에서 살펴본 **시류효과**는 어떤 물품을 구입한 어떤 소비자의 결정이 다른 소비자의 후생을 향상시키기 때문에 양의 외부효과라 할 수 있다.

생산으로부터 양의 외부효과가 발생하는 많은 예가 있다. 레이저 또는 트랜지스터와 같은 새로운 기술이 개발되면 종종 발명가뿐만 아니라 경제 내 많은 다른 생산자와 소비자에게도 편익을 준다.

외부효과가 다른 생산자나 소비자에게 비용을 발생시키거나 편익을 낮추는 경우 음이 된다. 예를 들면 제조업체가 공기나 물을 오염시켜 환경 파괴를 일으키는 경우 생산에 의한 음의 외부효과가 발생한다. 소비에 의한 음의 외부효과는 제5장에서 살펴본 **속물효과**가 발생하는 경우 나타난다.

출퇴근 시간에 나타나는 혼잡은 음의 외부효과에 관한 한 예가 된다. 이 밖에도 컴퓨터 네트워크, 전화통화체계, 항공운송에서 접하게 되는 혼잡을 포함하여 혼잡과 관련된 다른 외부효과를 많이 경험하게 된다.

현대 경제에서 음의 외부효과는 얼마나 중요한가? 간단히 답하면 '아주 중요하다'라고 할 수 있다. 예를 들면 3인의 경제학자가 수행한 연구를 생각해 보자.[1] 이들은 여섯 개 주요 공기오염물질, 즉 유황이산화물, 질소산화물, 휘발성 유기 화합물, 암모니아, 미세 특정물질, 굵은 특정물질

---

1 N. Muller, R. Mendelsohn, and W. Nordhaus, "Environmental Accounting for Pollution in the United States Economy," *American Economic Review*, 101 (August 2011): pp. 1649-97.

이 미국경제에 미치는 음의 환경 외부효과 비용에 관해 고찰하였다. 이들 경제학자가 **외부총손해** (GED)라고 명명한 이들 화합물에 의한 공기오염의 사회적 비용에는 인류건강에 미치는 음의 효과, 시야 감소에 따른 사회적 비용, 농산물과 임산물 생산물의 감소, 휴양지역의 질적 저하 등이 포함된다.

전반적으로 보면, 2002년 미국 경제의 전체 GED는 (2000년 가격 기준) 1,840억 달러라고 추정되었다. 이것은 그해 GDP의 약 1.5퍼센트에 해당된다. 이런 상대적으로 작은 백분율로 인해 일부 부문 및 산업에 의해 생성된 유의한 수준의 GED를 간과하게 된다. 예를 들면, 미국 경제의 농업 및 임업 부문에 대한 GED는 해당 부문 부가가치의 38퍼센트라고 추정되었다.[2] (무엇보다도 발전을 포함하는) 공익사업부분에 대한 GED는 해당 산업 부가가치의 34퍼센트였다.[3] 예를 들면 석탄화력발전, 석조 채굴, 채석과 같은 많은 산업들의 경우 부가가치에 대한 GED의 비율은 1보다 크며, 이것이 의미하는 바는 이들 산업에서의 공기오염 외부효과가 해당 산업의 GDP에 대한 공헌을 실제로 초과한다는 것이다.

외부효과는 경쟁적인 시장뿐만 아니라 독점력을 갖는 시장 그리고 앞 장에서 논의한 다른 불완전 경쟁시장을 포함하는 다양한 시장구조에서 나타난다. 이 장에서는 경쟁적인 시장이었을 경우의 외부효과에 따른 영향을 중점적으로 살펴볼 것이다. 이 장을 공부하다 보면 소개한 원칙들을 경쟁적이지 않은 시장에서 나타날 외부효과의 영향을 검토하는 데 어떻게 적용할 수 있는지 알게 될 것이다.

음의 외부효과와 경제적 효율성

음의 외부효과가 있는 경우 그렇지 않았다면 경쟁적인 시장에서 기업이 너무 많이 생산하는 이유는 무엇인가? 화학제품 생산과정에서 환경에 해를 끼치는 유해물질이 방출되는 경우 어떤 일이 발생하는지 생각해 보자. 화학제품을 생산하는 데 이용할 수 있는 기술이 오직 하나뿐이라고 가정하자. 이 기술을 이용할 경우 화학제품과 오염물질을 고정된 비율로 생산하게 된다. 생산되는 화학제품 각 톤에 대해 오염물질 한 단위가 방출된다. 각 화학제품 생산업체가 시장에서 차지하는 비중이 작기 때문에 모든 생산업체는 가격추종자로 행동한다.

화학제품 제조업자들이 자신들의 오염으로 인해 발생하는 환경피해에 대해 대가를 지불할 필요가 없는 경우 각 기업의 사적 비용은 화학제품을 생산하는 사회적 비용보다 적다. 사적 비용에는 화학제품을 생산하는 데 필요한 자본, 노동, 재료, 에너지에 관한 비용이 포함된다. 하지만 이 사적 비용에는 유해폐기물로 인해 공장 주변의 공기나 수질에 미치는 피해로 인한 비용이 포함되지 않는다. 사회적 비용에는 사적 비용과 환경피해에 따른 외부비용이 모두 포함된다.

---

2 부가가치란 어떤 산업의 매출에서 구입한 생산요소의 비용을 감한 것이다. 어떤 산업의 부가가치는 GDP에 대한 해당 산업의 공헌 정도를 나타낸다.

3 전력 산업의 경우 환경손해의 추정값은 또한 탄소 배출에 따른 사회적 비용을 포함한다.

〈그림 17.1〉은 경쟁시장에서 외부효과가 미치는 영향을 보여 주고 있다. 음의 외부효과가 존재하는 경우 사회적 한계비용(marginal social cost, MSC)이 사적 한계비용(marginal private cost, MPC)을 초과하게 된다. 사적 한계비용곡선 MPC는 화학제품을 생산하는 데 따른 산업의 한계비용을 나타낸다. 해당 생산기술에 기초할 경우 오염물질과 화학제품을 고정된 비율로 생산하게 되므로 수평축은 오염물질 단위 수와 생산된 화학제품 톤 수 둘 다 나타낸다. 오염물질의 외부 한계

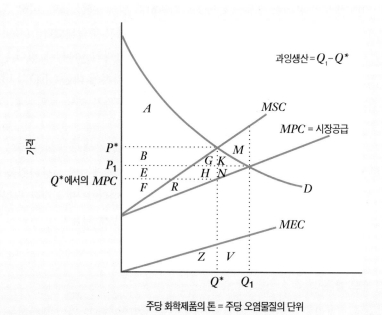

	균형상태 (가격=P_1)	사회적 최적상태 (가격=P^*)	사회적 최적상태와 균형상태 사이의 차이
소비자 잉여	$A + B + G + K$	A	$-B - G - K$
사적 생산자 잉여	$E + F + R + H + N$	$B + E + F + R + H + G$	$B + G - N$
− 외부효과에 따른 비용	$-R - H - N - G - K - M$	$-R - H - G$	$M + N + K$(외부비용의 절약)
사회적 순편익(소비자 잉여 + 사적 생산자 잉여 − 외부효과에 따른 비용)	$A + B + E + F - M$	$A + B + E + F$	M(사회적 최적상태에서 순편익의 증대)
사장된 손실	M	영	M

그림 17.1 음의 외부효과

음의 외부효과가 있는 경우 사회적 한계비용 MSC는 사적 한계비용 MPC를 외부 한계비용 MEC만큼 초과한다. 기업이 외부비용을 지불하지 않는 경우 시장공급곡선은 해당 산업의 사적 한계비용 MPC가 된다. 이때 균형가격은 P_1이 되고 시장공급량은 Q_1이 된다. 사회적 최적상태에서 기업은 외부비용을 지불해야 하며 이를 통해 시장가격 P^*, 수량 Q^*에 이르게 된다. 따라서 외부효과로 인해 시장에서는 수량 $(Q_1 - Q^*)$만큼의 과잉생산이 발생하고 M의 면적에 해당하는 사장된 손실이 발생한다.

비용(marginal external cost, MEC)은 MEC로 나타낼 수 있다. 오염이 더 많이 발생하게 되면 환경에 대해 부가되는 손실도 증대되므로 외부 한계비용도 증가한다. 사회적 한계비용 MSC는 사적 한계비용을 외부 한계비용만큼 초과한다. 따라서 $MSC = MPC + MEC$가 성립한다. 사회적 한계비용곡선은 사적 한계비용곡선과 외부 한계비용곡선을 수직으로 합한 것이다.

기업들이 외부비용을 지불하지 않을 경우 시장공급곡선은 해당 산업의 사적 한계비용곡선이 된다. 시장공급곡선은 기업들의 사적 한계비용곡선을 수평으로 합한 것이다. 균형가격은 P_1이 되며 시장에서의 생산량은 Q_1에서 결정된다.

〈그림 17.1〉의 표는 음의 외부효과를 갖는 균형에서 얻게 되는 경제적 순편익을 보여 준다. 소비자 잉여는 시장수요곡선 아래와 균형가격 P_1 위의 면적인 $A + B + G + K$이다. 사적 생산자 잉여는 시장가격 아래와 시장공급곡선 위의 면적인 $E + F + R + H + N$이다. 외부효과에 따른 비용은 면적 $Z + V$와 같은 $R + H + N + G + K + M$이다. 사회적 순편익은 소비자 잉여와 사적 생산자 잉여를 합한 것에서 외부효과에 따른 비용을 감한 것과 같다. 따라서 사회적 순편익은 면적 $A + B + E + F - M$으로 나타낼 수 있다.

이제는 경쟁적인 시장에서 생산이 효율적으로 이루어지지 않는 이유를 알아보도록 하자. 균형상태에서 생산된 마지막 단위의 한계이익은 P_1이 되며, 이는 이에 대한 사회적 한계생산비용보다 낮다. 따라서 이 마지막 단위를 생산하는 데 따른 경제적 순편익은 음이 된다.

시장에서의 효율적인 생산량은 Q^*이며 이는 시장수요곡선과 사회적 한계비용곡선이 교차하는 데서 결정되는 수량이다. 거기서 생산된 마지막 단위의 한계편익(P^*)이 사회적 한계비용과 같아진다. Q^*를 초과하는 수량을 생산할 경우 사회적 한계비용곡선이 수요곡선 위에 위치하게 되므로 사장된 손실이 발생한다.

〈그림 17.1〉에 있는 표의 두 번째 열에서 보는 것처럼, 소비자가 화학제품에 대해 가격 P^*를 지불할 경우 경제적 순편익이 증가한다. 소비자 잉여는 (수요곡선 아래 그리고 P^* 위의 면적인) A로 감소한다. 사적 생산자 잉여는 (가격 P^* 아래 그리고 시장공급곡선 위의 면적인) 면적 $B + E + F + R + H + G$이다. 외부비용은 (사회적 한계비용곡선 아래 그리고 시장공급곡선 위의 면적인) 면적 $R + H + G$이다. 사회적 순편익은 소비자 잉여에 사적 생산자 잉여를 합하고 외부비용을 감한($-R - H - G$) 것으로, 즉 면적 $A + B + E + F$이다.

〈그림 17.1〉에 있는 표의 세 번째 열은 소비자 잉여, 사적 생산자 잉여, 외부효과에 따른 비용 측면에서 본 사회적 최적상태와 균형상태 사이의 차이를 보여 준다. 사회적 순편익 측면에서 보면, 외부효과에서 비롯된 시장실패는 면적 M과 동일한 사장된 손실을 만들어 낸다는 점도 알 수 있다.

요약하면 음의 외부효과로 인해 시장은 $Q_1 - Q^*$의 수량만큼 과잉생산하게 된다. 이는 또한 경제적 순편익을 면적 M만큼 감소시켰으며 이는 외부효과로 인한 사장된 손실을 의미한다.

정리문제 17.1은 관련 산업들이 음의 외부효과를 산출하는 기술을 사용하지 못하도록 금지하는 것이 일반적으로 볼 때 사회적으로 최적이 아닌 이유를 이해하는 데 도움을 준다.

효율적인 오염 규모

문제

다음 주장을 평가하라. "오염은 음의 외부효과이기 때문에 오염을 일으키는 생산공정을 사용하는 것은 불법이라고 선언하는 것이 사회적으로 최적이다."

해법

이 물음에 답하기 위하여 〈그림 17.1〉을 참조하자. 사회적 최적상태에서 사회적 순편익은 $A + B + E + F$의 면적이 된다. 외부효과로 인해 발생된 비용($R + H + G$의 면적)이 있는 것은 사실이지만 이런 외부효과로 인한 비용을 고려하더라도 화학제품을 생산함으로써 얻은 사회적 순편익은 양이 된다. 음의 외부효과 때문에 해당 화학제품의 생산을 불법화하는 경우 사회는 $A + B + E + F$의 면적으로 나타낼 수 있는 순편익을 잃게 된다. 따라서 오염의 최적규모는 영이 아니다.

모든 오염을 불법화시킬 경우 휘발유, 석유, 전기, 다양한 가공식품, 철강 및 플라스틱 제품, 가장 현대화된 형태의 운송수단을 포함하여 우리 생활에서 가장 중요한 물품과 용역 중 많은 것을 잃게 될 것이다.

배출기준

〈그림 17.1〉을 이용하면 음의 외부효과가 있는 경우 효율적인 생산이 시장에서 이루어지지 않는 이유를 이해하는 데 도움이 된다. 하지만 이런 경제적 비효율성을 제거하거나 낮추기 위해 어떤 일을 할 수 있는가? 정부는 생산할 수 있는 화학제품의 양을 제한하여 부산물로 방출되는 오염의 양을 낮춤으로써 시장에 개입할 수 있다. 허용되는 오염의 양에 대해 정부가 부과하는 제한을 **배출기준**(emissions standard)이라 한다.

미국에서는 환경청이 대기를 깨끗하게 유지하려는 시책에 대한 감독을 주된 임무로 하는 정부기관이다. 1990년의 대기청정법에 따르면 환경청은 미국 내 어느 곳에서도 대기 중에 허용되는 오염물질의 양을 제한할 수 있도록 규정하고 있다. 다양한 종류의 대기오염이 있고 오염의 형태도 매년 바뀌기 때문에 대기오염을 규제하는 일은 복잡한 업무이다. 환경청은 연무현상, 일산화탄소, 납, 분진, 아황산가스, 이산화질소를 포함하여 인체에 해로운 방출물질을 집중적으로 규제한다. 이들은 또한 이 오염물질들의 총배출량이 1970년부터 2017년 사이에 73퍼센트 감소하였다고 한다. 이 밖에 사람들에게 해로울 수 있는 공기 중의 독성물질이라고 하는 공중에 떠다니는 많은 다른 화합물들이 있다.

이 법에 따르면 연방정부 및 주정부는 발전소와 공장과 같은 대규모 오염원들로 하여금 대기에 오염물질을 배출할 수 있는 허가를 받도록 요구할 수 있다. 허용을 하면서 배출할 수 있는 오염물질의 형태와 양을 규제하며 오염을 감시하고 통제하기 위하여 해당 업체가 취해야 하는 조치를 규정하고 있다. 환경청은 허용된 방출량을 초과하는 업체에 대해 벌금을 부과할 수 있다.

불행하게도 정부가 최적의 배출기준을 결정하는 일은 용이하지가 않다. 화학제품 제조업자의 예를 다시 한 번 생각해 보자. 전체 시장에서의 최적 배출량을 계산하기 위해서 정부는 화학제품에 대한 사적 및 사회적 한계비용곡선뿐만 아니라 시장수요곡선을 알아야 한다. 오염을 낮추는 유일한 방법이 생산된 화학제품의 양을 감소시키는 것이라면 〈그림 17.1〉에서 효율적인 배출기준은 (화학제품 Q^*톤이 생산될 경우 대기 중으로 배출되는 오염물질의 양인) 오염물질 Q^* 단위가 된다.

단속기관이 전체 시장에서의 최적 배출기준을 계산할 수 있더라도 각 기업에게 얼마만큼의 오염배출을 허용할지를 결정해야만 한다. 일부 기업은 다른 기업보다 더 낮은 비용으로 오염배출을 감소시킬(낮출) 수 있을 것이다. 각 기업에 대한 사회적으로 최적인 오염 허용치를 결정하는 일은 해당 시장에 있는 각 기업이 배출을 감소시키는 비용에 달려 있다. 오염인하 비용이 중요한 이유를 알아보기 위하여 정부는 시장에서 오염을 1단위 낮추려 한다고 가상하자. 또한 오염 1단위를 낮추는 데 기업 A는 1,000달러의 비용이 들며 기업 B는 동일한 양의 오염을 낮추는 데 단지 100달러가 소요될 뿐이다. 기업 B에게 오염을 줄이도록 요구하는 것이 사회에 더 적은 비용이 든다. 배출기준을 시행하는 데 따른 추가적인 비용은 정부가 준수 여부를 감독해야 한다는 것이다. 환경청이나 관련 다른 정보기관은 공장들의 배출량을 측정하여 각각에게 허용된 기준치에 순응했는지 확인해야만 한다.

외부효과를 제한하기 위해 정부 기준 및 명령을 사용하는 많은 예들이 있다. 예를 들어 관련 정부기관은 기업들이 자신들의 종업원들을 위해 준수해야 하는 작업장 안전 기준을 시행할 수 있다. 대부분의 지방정부들은 어떤 종류의 건물 및 사업장이 다양한 위치에 건설될 수 있는지에 관해 제한을 두는 건축 법률 및 지대설정 규제를 시행하고 있다. 이런 규제들은 예를 들면 공장이 거주지역 근처에 건설될 때 발생할 수 있는 음의 외부효과를 낮추도록 마련된다.

배출요금

정부는 또한 해당 기업의 생산량이나 해당 기업이 배출하는 오염의 양에 조세를 부과함으로써 음의 외부효과로 인한 경제적 비효율성을 낮출 수 있다. **배출요금**(emissions fee)은 환경으로 배출되는 오염에 부과되는 조세이다.

〈그림 17.2〉는 화학제품 제조업의 예에 대해 배출요금의 효과를 보여 주고 있다. 정부는 생산되는 화학제품의 각 톤에 대해 T달러의 조세를 징수한다고 가상하자. 각 기업은 생산된 화학제품의 각 톤에 대해 오염물질 1단위를 배출하기 때문에 조세를 각 오염단위에 대한 T달러의 배출요금이라고 볼 수 있다.

조세의 효과를 이해하는 한 방법은 물품세의 효과를 알아보기 위해 제10장에서 했던 것처럼 조세를 공급곡선에 수직으로 합하여 새로운 곡선을 도출하는 것이다. 〈그림 17.2〉에서 '시장공급 + 조세'라고 명명된 곡선은 소비자에게 부과된 가격이 사적 한계생산비용에 조세를 더한 값인 경우 생산자들이 얼마나 많이 판매하려 하는지를 보여 준다. 조세가 부과된 경우의 균형은 수요곡선과 '시장공급 + 조세' 곡선이 교차하는 점에서 결정된다.

〈그림 17.2〉에서는 총잉여를 극대화하기 위하여 조세를 선택했다. 시장청산 수량은 Q^*로 〈그림 17.1〉에서 경제적으로 효율적이라고 확인한 수량과 같은 수준이다. Q^*에서 사회적 한계편익

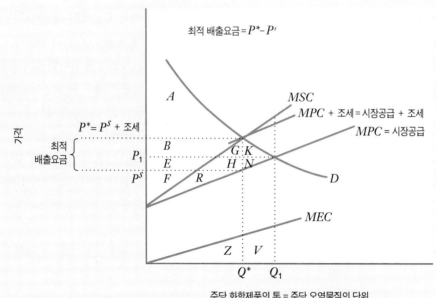

	균형(조세가 부과된 경우)
소비자 잉여	A
사적 생산자 잉여	$F + R$
− 외부효과에 따른 비용	$-R - H - G$
오염 배출조세로 거둔 정부 수입액	$B + G + E + H$
사회적 순편익(소비자 잉여 + 사적 생산자 잉여 + 정부 수입액 − 외부효과에 따른 비용)	$A + B + E + F$

그림 17.2　음의 외부효과를 갖는 경우 최적 배출요금

최적 배출요금(또는 조세)을 통해 경쟁시장에서 경제적으로 효율적인 생산량 Q^*를 달성할 수 있다. 최적 배출요금이 부과되는 경우 소비자들이 지불하는 가격은 사적 한계생산비용뿐만 아니라 배출요금까지 부담해야 한다. '시장공급 + 조세'라고 명명된 곡선은 소비자에게 부과된 가격이 사적 한계비용에 조세를 합한 금액인 경우 생산업체가 판매하고자 하는 수량을 나타낸다. 최적 조세가 부과되면 수요곡선은 사회적으로 최적인 수량 Q^*에서 '시장공급 + 조세' 곡선과 교차한다. 소비자는 P^*를 지불하며 생산자는 P^s에 해당하는 가격을 받는다. 정부는 $B + G + E + H$의 면적에 해당하는 조세수입을 징수하게 된다. 순편익은 $(A + B + E + F)$가 되므로 최적 조세와 관련하여 사장된 손실이 발생하지 않는다.

은 P^*로 소비자가 화학제품 톤당 지불하게 되는 가격이다. 생산자는 P^s를 받게 되는데 이는 단지 자신의 사적 한계생산비용을 충당할 수 있을 뿐이다. 정부는 판매되는 화학제품 톤당 $P^* - P^s$만큼의 조세를 징수한다(달리 표현하면 오염물질 단위당 $P^* - P^s$만큼의 배출요금을 받는다고 볼 수 있다). 도표에서 보는 것처럼 조세는 해당 산업이 마지막으로 화학제품 1톤을 생산할 때 방출하는 오염의 외부 한계비용과 같은 것이다. 따라서 사회적 한계편익(P^*)은 사적 한계비용(P^s)에 외부 한계비용을 더한 것과 같다.

〈그림 17.2〉에 있는 표는 그래프에서 살펴본 조세가 경제적으로 효율적이라는 사실을 알 수 있는 또 다른 방법이다. 소비자는 화학제품에 대해 가격 P^*를 지불하며 이로 인해 소비자 잉여는 수요곡선 아래와 P^* 위에 있는 면적인 A가 된다. 사적 생산자 잉여는 생산자가 받는 가격 P^s 아래와 사적 한계비용곡선 위에 있는 면적인 $F + R$이 된다. 외부비용은 $R + H + G$의 면적이며 이는 Z의 면적과 같다. 정부가 받는 조세수입은 $B + G + E + H$의 면적이 된다. 사회적 순편익은 소비자 잉여에 사적 생산자 잉여와 조세수입액을 더하여 외부비용을 감한($-R - H - G$) 것으로 볼 수 있다. 따라서 순편익은 $A + B + E + F$의 면적이 된다. 이는 〈그림 17.1〉에서 사회적으로 최적이라고 살펴본 순편익과 같다.[4]

배출요금 방식은 배출량을 낮추는 데 기업들에게 더 나은 동기와 보다 많은 유연성을 부여하기 때문에 배출기준 방식에 비해 장점을 갖는다. 위에서 알아본 것처럼 배출기준 방식을 사용할 때 제기되는 문제점은 어떤 공장에 허용기준을 부여할지 정부가 결정해야 하며, 각 장소에서 배출량을 낮추는 데 따른 비용을 알아야 한다는 점이다. 배출요금 방식을 시행할 경우 규제기관은 이에 대해 알 필요가 없으며, 어떤 공장이 오염을 낮추어야 하는지도 결정할 필요가 없다. 대신에 조세는 배출량을 기초로 하여 모든 오염배출공장에 부과되며, 배출량을 낮추어 조세부담을 낮출 수 있는 최선의 방법을 결정하려는 동기를 기업들에게 부여한다. 이를 통해 다음과 같은 두 가지 면에서 보다 효율적인 오염 감축을 달성할 수 있다.

첫째, 산업은 두 가지 형태의 기업으로 구성된다고 가상하자. 하나는 현대적인 제조기술을 사용하며 생산되는 추가적인 생산물당 상대적으로 적은 양의 오염물질을 배출하는 신형 공장을 보유한 기업이다. 다른 하나는 보다 높은 고비용의 제조기술을 사용하며 생산되는 추가적인 생산물당 상당한 양의 오염물질을 배출하는 극히 오래된 공장을 보유한 기업이다. 첫 번째 형태의 공장은 낮은 사적 한계비용 그리고 낮은 외부 한계비용을 갖게 되고, 반면에 두 번째 형태의 공장은 높은 사적 한계비용 그리고 높은 외부 한계비용을 갖게 된다. MPC 곡선 및 MEC 곡선을 개별공장의 사적 한계비용 및 외부 한계비용을 나타내는 스케줄로 해석할 경우, 첫 번째 형태의 공장은 〈그림 17.1〉에서 MPC 곡선 및 MEC 곡선의 '바닥' 부분에 위치하고, 반면에 두 번째 형태의 공장은 이들 곡선의 '꼭대기' 부분에 위치하게 된다.

배출요금이 부과될 경우, 이제 더 오래된 공장들이 경쟁력을 잃게 된다. 이들 공장은 새로운 공장보다 더 많은 양의 생산을 감축하게 되며, 오래된 공장들은 배출요금이 매우 높은 경우 완전하게 폐쇄될 수도 있다. 이런 과정을 거쳐 배출요금이 부과되면 정부가 어느 공장이 더 많이 또는 더 적게 오염을 시키는지 결정하지 않고도 자동적으로 가장 나쁜 오염원인 공장들에서 가장 많이 생

---

4 제10장에서 살펴본 것처럼 〈그림 17.2〉와 같이 부분균형분석을 이용할 경우 주의하여야 한다. 한 시장에서 소비되는 재화의 양이 변화할 경우 시장가격에 영향을 미치며 이로 인해 다른 부문에서 후생에 영향을 미치게 된다. 나아가 정부가 배출요금으로 징수한 수입을 경제의 다른 부문에서 분배할 경우 추가적인 후생효과가 발생할 수 있다. 〈그림 17.2〉에서 한 후생분석은 이런 효과를 고려하지 않는다.

산량을 감소시킨다.

둘째, 배출요금 접근법은 지급해야 하는 요금을 낮추기 위해서 자신의 생산방법을 변화시키는데 투자하도록 하는 동기를 기업들에게 부여한다. 예를 들면 기업은 오염물질을 대기로 방출시키기 전에 이를 여과하기 위해서 공장 굴뚝에 '집진기'를 설치할 수도 있다. 배출량을 낮추기 위해 생산방법을 변화시키는 데 따르는 한계비용이 배출요금보다 낮은 한, 기업은 보다 청결한 생산방법을 채택하려는 동기를 갖게 된다.

최근의 연구결과는 상이하지만 연관된 틀 내에서 배출기준과 비교하여 배출요금 방식에 따른 편익을 보여 준다. 미국정부는 오염물질 배출을 낮추려는 희망을 갖고 1978년에 예를 들면 승용차와 같은 신차의 판매가중된 평균 연료절약을 규제하는 기준을 시행하였다. 시간이 흐르면서 규제에 따라 새롭게 제작된 차량의 연료효율성에 대해서 점차 엄격한 요구 조건을 부과하였다. 대안적인 배출요금에 기초한 접근법은 휘발유 소비를 낮추려는 동기를 제공하기 위해 휘발유세를 부과하는 것이었다.

일단의 연구자들은 각 접근법의 상대적인 효율성을 추정하기 위해서 제16장에서 논의한 것과 유사한 일반균형 거시경제 모형을 사용하였다.[5] 이들이 내린 결론에 따르면 미국 연방정부가 실제로 시행한 배출기준 접근법은 매우 비효율적이었으며 휘발유세의 여섯 배 이상 비용이 소요되었다. 예를 들어 연료절약 기준은 신차에만 적용되며, 이로 인해 신차가격이 인상된다. 자동차는 내구재이므로 휘발유 총소비에 상당한 영향을 미치기 위해서는 오랜 시간이 소요된다. 이와 비슷하게 소비자들은 보다 많은 오염을 유발하는 자신들의 기존 차량을 더 오랜 기간 사용하여 보다 엄격한 새로운 기준을 피할 수 있다.

배출요금이 배출기준보다 더 나은 동기와 더 큰 유연성을 제공하는 반면에, 배출기준은 오염수준에 대해 보다 큰 통제력을 제공한다는 점에서 배출요금보다 장점을 갖는다. 배출기준과 달리 배출요금은 총배출 수준에 대해 직접적인 규제를 하지 않는다. 경우에 따라서는 좁은 범위 내에서 오염물질 수준을 유지하는 것이 상당한 가치가 있을 수 있다. 예를 들면 총배출의 임계점 수준이 존재할 수 있으며, 그 수준을 넘어설 경우 위험에 따른 비용이 급격히 상승한다. 그런 경우라면 해당 배출수준을 피하기 위해서 배출기준이 선호될 수 있다. 마지막으로 위에서 살펴본 것처럼 배출기준을 시행할 경우 감독을 해야 하며 이에 따라 비용이 발생한다. 배출요금이 배출수준 자체에 대해 부과될 경우에도 또한 감독을 해야 한다. 하지만 배출요금이 예를 들면 휘발유세처럼 생산물 자체의 생산 또는 소비에 부과되면 오염 배출수준을 감독하고 측정할 필요가 없다.

다음으로 예를 들면 오염과 같은 음의 외부효과를 낮추기 위해 정부가 사용하는 세 번째 일반적인 방법, 즉 배출시장에 대해 살펴볼 것이다. 하지만 그러기 전에 정리문제 17.2는 음의 외부효과

---

5 V. Karplus, S. Paltsev, M. Babiker, and J. M. Babiker, "Should a Vehicle Fuel Economy Standard Be Combined with an Economy-wide Greenhouse Gas Emissions Constraint? Implications for Energy and Climate Policy in the United States," *Energy Economics* (March 2013).

를 낮추기 위해 배출요금이 어떻게 사용될 수 있는지 그리고 그에 따른 후생적 의미를 이해하는
데 도움이 될 것이다.

정리문제 17.2

배출요금

화학제품 제조업체의 경우를 변형시킨 예를 생각해 보자. 화학제품에 대한 역수요곡선(이는 또한 한계편익곡선이 된다)은 다음과 같다.

$$P^d = 24 - Q$$

여기서 Q는 소비자가 지불하는 (톤당 달러로 나타낸) 가격이 P^d인 경우 (연간 백만 톤으로 나타낸) 소비의 양을 의미한다.

역공급곡선(이는 또한 사적 한계비용곡선이다)은 다음과 같다.

$$MPC = 2 + Q$$

여기서 MPC는 해당 산업이 Q를 생산할 경우의 사적 한계비용이다.

해당 산업은 자신이 생산하는 화학제품 각 톤에 대해 오염물질 1단위를 배출한다. 매년 배출하는 오염물질이 200만 단위에 미치지 못하는 경우 외부비용은 영이 된다. 하지만 오염이 200만 단위를 초과할 경우 외부 한계비용이 양이 된다. 외부 한계비용곡선은 다음과 같다.

$$MEC = \begin{cases} 0, & Q \leq 2\text{인 경우} \\ -2 + Q, & Q > 2\text{인 경우} \end{cases}$$

여기서 MEC는 오염물질이 Q단위 배출될 경우 오염물질 단위당 달러로 나타낸 외부 한계비용이다.

시장이 경제적으로 효율적인 화학제품 수량을 생산하도록 유도하기 위해 정부는 단위당 배출요금 T달러를 부과하고자 한다고 가상하자.

문제

(a) 수요, 공급, 외부 한계비용, 사회적 한계비용곡선을 그래프로 나타내라. 외부효과가 수정되지 않을 경우 화학제품에 대한 균형가격 및 균형량은 얼마인가? 위의 물음을 그래프를 이용하여 그리고 대수학적으로 대답하라.

(b) (a)의 균형상태에서 소비자 잉여는 얼마나 큰가? 사적 생산자 잉여는 어떠한가? 외부비용은 어떠한가? 사회적 순편익은 어떠한가? 이에 대한 대답을 그래프를 이용하여 제시하라.

(c) 사회적 최적상태에서 시장은 얼마나 많은 화학제품을 공급해야 하는가?

(d) 정부는 오염물질 배출 단위당 배출요금으로 T달러를 부과하려 한다고 가상하자. 시장이 경제적으로 효율적인 화학제품의 양을 생산할 것이라면 배출요금은 얼마나 되어야 하는가? 소비자가 화학제품 1톤에 대해 지불하게 될 가격은 얼마인가? 매도인은 어떤 가격을 받게 되는가?

(e) (d)의 조세가 부과된 균형상태에서 소비자 잉여는 얼마인가? 사적 생산자 잉여는 어떠한가? 외부비용은 어떠한가? 정부예산에 대한 영향(여기서는 배출요금을 통해 받은 정부수입액인 양수)은 어떠한가? 사장된 손실은 어떠한가? 이런 모든 사실을 그래프로 나타내라.

(f) 시장이 배출요금 없이 운용되는 경우와 (d)에서 결정된 최적 요금을 받고 운용되는 경우 다음의 합계가 동일하다는 사실을 증명하라.

소비자 잉여 + 사적 생산자 잉여 − 외부비용 + 배출요금을 통한 정부 수입액 + 사장된 손실

두 경우 모두에서 합계가 같아야 하는 이유를 설명하라.

해법

(a) 〈그림 17.3〉을 참조하라. 공급곡선은 시장에서 사적 한계비용곡선이다. 오염이 200만 단위를 초과할 때만 외부비용이 양이 되므로 MEC 곡선(점 G) 및 MSC 곡선(점 V)에서 '꺾이는 현상'이 발생한다. 외부 한계비용곡선은 OGI이다. 사회적 한계비용곡선은 MPC 곡선과 MEC 곡선을 수직으로 합한 FVL이다.

배출요금이 부과되지 않은 경우, 균형은 공급(사적 한계비용)곡선과 수요(한계편익)곡선이 교차하는 그래프 상의 점 H에서 결정된다. 소비자가 지불하는 금액은 시장에서 생산자의 사적 한계비용과 같아진다.

한계편익(24 − Q)이 사적 한계비용(2 + Q)과 같다고 놓고 대수학을 이용하여 균형을 구할 수 있다. 그러므로 균형량은 Q = 연간 화학제품 1,100만 톤(이에 따라 연간 오염물질 1,100만 단위)이 된다. 균형가격은 Q = 11을 한계편익이나 사적 한계비용 식에 대입시킴으로써 구할 수 있다. 균형에서 소비자는 톤당 13달러를 가격으로 지불한다.

(b) 소비자 잉여 : AJH의 면적 또는 연간 6,050만 달러

사적 생산자 잉여 : FJH의 면적 또는 연간 6,050만 달러

외부비용 : 그래프 상의 두 지점, 즉 VLH 내의 면적 또는 이와 같은 GIU의 면적으로 외부비용을 구할 수 있다. 이들은 각각 연간 4,050만 달러를 의미한다.

사회적 순편익 : 사회적 순편익은 소비자 잉여에 사적 생산자 잉여를 합하여 외부비용을 감한 것으로 8,050만 달러가 된다. 사회적 순편익은 AFH − VLH의 면적 또는 이와 같은 AMVF − MLH의 면적이 된다.

(c) 우선 그래프를 이용하여 물음에 답해 보자. 사회적으로 최적인 생산수준은 사회적 한계비용곡선과 수요(한계편익)곡선이 교차하는 그래프 상의 점 M에서 결정된다. 따라서 사회적으로 최적인 화학제품 생산수준은 연간 800만 톤이 된다. 그래프에서 보는 것처럼 화학제품의 800만 번째 톤은 한계편익이 16달러가 된다. 이는 화학제품의 800만 번째 톤을 생산하는 데 소

요되는 사회적 한계비용과 같다. 여기에는 오염물질의 800만 번째 단위를 방출하는 데 따른 외부비용이 포함된다.

대수학적으로도 사회적으로 최적인 생산수준을 결정할 수 있다. 한계편익곡선을 의미하는 식은 $P^d = 24 − Q$이다. 사회적 한계비용곡선은 사적 한계비용곡선($MPC = 2 + Q$)과 외부 한계비용곡선($MEC = −2 + Q$, $Q > 2$인 경우)을 합한 것이다. 따라서 $Q > 2$인 경우 사회적 한계비용은 $MSC = (2 + Q) + (−2 + Q)$이며 이를 단순화하면 $MSC = 2Q$가 된다. 한계편익이 한계비용과 같다고 놓으면 $24 − Q = 2Q$ 또는 $Q = 8$이 된다. 그러므로 경제적으로 효율적인 화학제품 생산량은 연간 800만 톤이 된다.

(d) 배출요금이 T달러인 경우 균형은 수요곡선과 그림에서 MPC + T라고 명명된 곡선이 교차하는 점에서 결정된다. 최적요금이 부과된다면 두 곡선은 사회적으로 최적량인 연간 화학제품 800만 톤에서 교차한다. 다시 말해 MPC + T라고 명명된 곡선은 M점을 통과해야만 한다. M점에서 소비자는 톤당 16달러를 지불하며 생산자는 톤당 10달러를 받게 된다. 따라서 효율적인 배출요금은 톤당 6달러이다.

(e) 소비자 잉여 : ABM의 면적 또는 연간 3,200만 달러

사적 생산자 잉여 : FEN의 면적 또는 연간 3,200만 달러

외부비용 : 그래프 상의 두 지점, 즉 VNM의 면적 또는 이와 같은 GKR의 면적으로 외부비용을 구할 수 있다. 이들은 각각 연간 1,800만 달러를 의미한다.

사회적 순편익 : 사회적 순편익은 소비자 잉여에 사적 생산자 잉여를 합하여 외부비용을 감하고 다시 정부 수입액을 더한 것으로 9,400만 달러가 된다. 사회적 순편익은 AMVF의 면적이 된다.

사장된 손실 : 최적의 배출요금이 부과되는 경우의 사회적 순편익(AMVF의 면적)과 배출요금이 부과되지 않는 경우의 사회적 순편익(AMVF − MLH의 면적)을 비교하면, 최적 요금이 사회적 순편익을 MLH의 면적(1,350만 달러)만큼 증대시킨다는 사실을 알게 될 것이다. 이는 경쟁시장에서 오염의 외부효과로 인

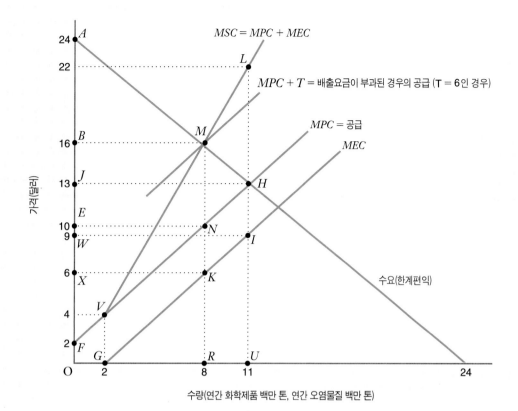

	배출요금이 없는 경우	단위당 배출요금이 6달러인 경우
소비자 잉여	AJH 6,050만 달러	ABM 3,200만 달러
사적 생산자 잉여	FJH 6,050만 달러	FEN 3,200만 달러
− 외부효과에 따른 비용	$-VLH(=-GIU)$ −4,050만 달러	$-VNM(=-GKR)$ −1,800만 달러
오염 배출요금으로 거둔 정부 수입액	0	$ENMB$ 4,800만 달러
사회적 순편익(소비자 잉여 + 사적 생산자 잉여 − 외부효과에 따른 비용 + 정부 수입액)	$AMVF-MLH$ 8,050만 달러	$AMVF$ 9,400만 달러

그림 17.3 배출요금

경제적으로 효율적인 생산량은 수요곡선과 MSC 곡선이 점 M에서 교차하여 결정된 800만 톤이다. 오염물질 단위당 배출요금이 6달러인 경우 효율적인 생산량 수준에 도달한다. 배출요금이 없는 경우 화학제품의 가격은 톤당 13달러가 되며 매년 1,100만 톤이 판매된다. 음의 외부효과가 존재하는 경우 비효율적으로 높은 오염수준에 이르게 되며 사장된 손실이 MLH의 면적과 같아지고 이는 또한 연간 1,350만 달러에 상당한다.

해 사장된 손실이다.

(f) • 배출요금이 없는 경우

소비자 잉여(6,050만 달러) + 사적 생산자 잉여
(6,050만 달러) − 외부비용(4,050만 달러) + 정부
수입액(0) + 사장된 손실(1,350만 달러) = 9,400만
달러

• 배출요금이 6달러인 경우

소비자 잉여(3,200만 달러) + 사적 생산자 잉여
(3,200만 달러) − 외부비용(1,800만 달러) + 정부
수입액(4,800만 달러) + 사장된 손실(0) = 9,400만
달러

시장에서의 잠재적 순편익은 언제나 9,400만 달러
이다. 효율적인 배출요금이 부과되는 경우 모든 잠재
적 순편익을 가질 수 있으며 사장된 손실이 발생하지
않는다. 배출요금이 부과되지 않은 경우 음의 외부효
과로 인해 시장이 비효율적으로 운용된다. 사장된 손
실로 인해 잠재적 순편익 중 단지 8,050만 달러만을
차지할 수 있으므로 1,350만 달러의 잠재적 편익은
사라진다. 제10장에서 살펴본 다음과 같은 교훈을 생
각해 보자. 사장된 손실이 1달러 증가할 경우 경제로 돌
아가는 순편익이 그만큼 감소하게 된다.

배출거래 시장

음의 외부효과에 대한 세 번째 공공정책 접근법, 즉 배출거래 시장은 배출기준과 배출요금의 요소
들을 결합시킨 것이다. 이 접근법에서 정부는 오염을 배출할 수 있는 고정된 수의 허가증을 발급
한다. 그러고 나서 이들을 경매에 부치거나 또는 과거의 생산율과 같은 어떤 다른 기준에 기초하
여 특정 기업에게 이를 허용할 수 있다. 그러고 나서 기업들은 시장 구조에 기초하여 오염권을 매
수하고 매도하여 이들 허가증을 거래할 수 있다. 이 접근법은 정부가 허용할 수 있는 총배출수준
을 설정한다는 점에서 배출기준방식과 유사하다. 하지만 허가증을 거래하는 능력은 배출요금과
유사한 이로운 동기효과를 유발하게 된다. 생산물 단위당 더 높은 배출을 하는 기업들은 단위당
더 낮은 배출을 하는 기업들보다 동일한 수준의 생산량을 생산하기 위해서 보다 많은 허가증이 필
요하다. 이로 인해 보다 청결한 생산방법을 가진 기업들이 경쟁우위를 갖게 된다. 이 밖에 보다 청
결한 생산방법에 투자하는 데 따른 한계비용이 보다 많은 오염허가증을 매입하는 데 따른 비용보
다 낮은 한, 기업들은 그에 투자하려는 동기를 갖게 된다. 사실 이것은 뒤에서 논의하게 될 **코우즈
정리**를 적용한 것이다. 음의 외부효과를 낮추기 위해서 재산권이 정부에 의해 명확하게 규정된다.

음의 외부효과를 낮추려는 시장접근법을 종종 **상한 및 거래 방식**이라고 한다. 왜냐하면 정부는
발행되는 허가증의 수를 제한하여 총배출규모를 규제하며, 그러고 나서 허가증이 거래되도록 용
인하기 때문이다. 이는 상대적으로 새로운 공공정책 해법으로, 1990년에 미국에서 이산화항 배출
거래 시장을 시행한 대기오염 방지법으로 시작되었다. 이 시장은 매우 성공적이라는 사실이 입증
되었다. 그 이후에 이런 종류의 시장들이 개설되거나 또는 다양한 오염물질의 배출을 낮추기 위해
제안되었다. 예를 들면 상한 및 거래 방식은 CO_2 및 기후변화에 대한 우려를 해결할 수 있는 가
능한 방법으로 제시되었다.

공유재산

배출요금 및 배출기준은 어떤 기술을 통해 사회가 가치를 두는 재화 또는 용역과 함께 바라지 않는 부산물이 생산되는 경우 이에 따라 발생하는 경제적 비효율성을 수정하는 데 도움이 되는 방법이다. 음의 외부효과는 부산물이 개입되지 않는 시장에서도 발생한다. 예를 들면 도로나 인터넷을 사용하는 데 음의 외부효과가 발생할 수 있다는 사실을 살펴보았다. 이는 **공유재산**(common property), 즉 누구나 사용할 수 있는 자원의 예이다. 어떤 사람도 공유재산을 사용하는 데 배제될 수 없다.

공유자산의 경우에 시설의 과도한 사용으로 이어지는 음의 외부효과, 즉 혼잡을 자주 경험하게 된다. 〈그림 17.4〉는 혼잡으로 인해 경제적 비효율성이 어떻게 발생하는지 보여 주고 있다. 수평축은 시간당 자동차 대수로 측정한 고속도로 상의 교통량을 나타낸다. 교통량이 Q_1보다 적은 경

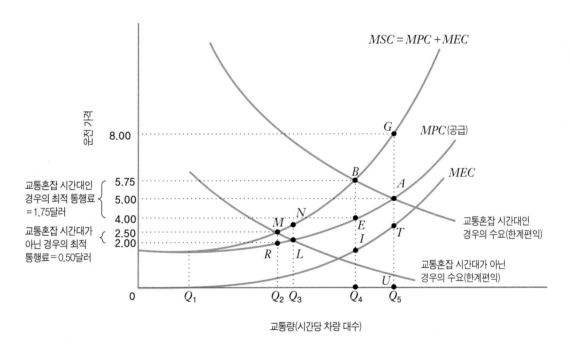

그림 17.4 혼잡 통행료의 책정

교통량이 Q_1에 미치지 못하는 경우 혼잡은 발생하지 않는다. 교통량이 많아지면 혼잡에 따른 음의 외부효과가 증대한다. 최적행료는 한계편익과 사회적 한계비용이 동일해지는 지점에서의 교통량으로 이어진다. 교통혼잡 시간대에 통행료가 부과되지 않는 경우의 균형은 점 A에서 이루어지며, 이때 사장된 손실은 면적 ABG이다. (선분 BE의 길이로 나타낼 수 있는) 통행료 1.75달러로 인해 균형은 경제적으로 효율적인 점 B로 이동한다. 교통혼잡 시간대가 아닌 경우의 효율적인 통행료는 0.50달러이며, 이는 선분 MR의 길이와 같다. 교통혼잡 시간대가 아닌 경우, 통행료가 부과되지 않을 때의 균형은 점 L에서 이루어진다. 이때 사장된 손실은 면적 LMN이다. 이 경우 통행료 0.50달러로 인해 균형은 경제적으로 효율적인 점 M으로 이동한다.

우 혼잡이 발생하지 않는다. 도표에서 교통량이 Q_1에 미치지 않는 경우 외부 한계비용은 영이 된다. 따라서 사적 한계비용은 교통량이 적은 경우 사회적 한계비용과 같아진다. 교통량이 Q_1을 초과하면 혼잡이 시작된다. 새로이 유입되는 각 차량은 모든 자동차의 이동시간을 증가시킨다. 이것이 교통량이 증가함에 따라 외부 한계비용이 상승하는 이유이다.

이제는 하루 중 상이한 두 가지 시간대에 혼잡이 미치는 영향을 생각해 보자. 피크시간대(교통혼잡 시간대)에 고속도로를 이용하려는 수요가 많다. 정부개입이 없는 경우 균형교통량 수준은 수요곡선과 사적 한계비용곡선이 교차하는 점 Q_5에서 결정된다. 이 교통량 수준에서 마지막 차량에 대한 한계편익은 (수요곡선 상의 점 A인) 5달러가 된다. 사적 한계비용도 역시 5달러가 된다. 하지만 마지막 자동차에 의해 부과된 사회적 한계비용은 (사회적 한계비용곡선 상의 점 G인) 8달러가 된다. 따라서 외부 한계비용은 마지막 차량이 다른 차량의 비용을 증가시킨 크기, 즉 선분 AG의 길이(또는 선분 TU의 길이)인 3달러가 된다.

사회적으로 최적인 교통량은 교통혼잡 시간대의 수요곡선과 사회적 한계비용곡선이 교차하는 점 Q_4에서 결정된다. 이 교통량 수준에서 마지막 차량에 대한 한계편익과 사회적 한계비용은 둘 다 (점 B에서) 5.75달러가 된다. 사적 한계비용은 (점 E에서) 4달러가 된다. 고속도로를 관리하는 당국은 교통혼잡 시간대에 1.75달러에 상당하는 통행료를 부과하여 교통량을 Q_4로 감소시킴으로써 외부효과를 바로잡을 수 있다.

교통혼잡 시간대가 아닌 경우 고속도로를 이용하려는 수요는 낮다. 통행료가 부과되지 않으면 균형 교통량 수준은 Q_3가 되며, 교통혼잡 시간대가 아닌 경우의 수요곡선과 사적 한계비용곡선이 교차하는 지점(점 L)에서 결정된다. 이때 마지막 차량의 한계편익은 2.00달러이다. 사회적으로 최적인 교통량 수준은 Q_2가 되며, 교통혼잡 시간대가 아닌 경우의 수요곡선과 사회적 한계비용곡선이 교차하는 지점(점 M)에서 결정된다. 이때 마지막 차량의 한계편익은 2.50달러이다. 따라서 교통혼잡 시간대가 아닌 경우의 효율적인 통행료는 0.50달러이며, 이는 선분 MR의 길이와 같다.

배출요금처럼 혼잡 통행료는 음의 외부효과를 바로잡기 위해 사용할 수 있는 조세이다. 오늘날 통행료가 부과되는 대부분의 도로에 설치된 자동징수기는 점점 하루 중 시간대별로 통행료를 변화시켜 가며 이를 징수할 수 있다.

혼잡 이외에 공유재산인 경우의 음의 외부효과에 관한 다른 예들이 있다. 예를 들면 대부분의 호수와 강, 많은 사냥터는 공유재산이다. 한 사람이 물고기를 잡으면 낚시하고자 하는 다른 사람들에게 음의 외부효과가 발생된다. 상업적인 수산업회사 사이의 경쟁관계로 인해 물고기 양이 심각하게 줄어들어 장래의 어획량이 위태롭게 되면 음의 외부효과가 심각해진다. 정부는 조세를 부과하거나 잡을 수 있는 물고기의 양을 제한함으로써 고갈을 막을 수 있다.

음의 외부효과는 또한 대규모 원유 매장지역이나 천연가스 매장지역에 채굴권을 가진 많은 소유주가 있는 석유산업에서도 발생한다. 한 생산자가 매장지역에서 원유를 1배럴 채굴하게 되면 이는 다른 생산자가 이용할 수 있는 원유의 양을 고갈시키게 된다. 원유매장지역에서 채굴할 수 있는 원유의 양은 원유가 채굴되는 방법에 달려 있다. 개별 생산자들이 될 수 있는 한 빨리 원유를 채굴하기 위하여 극심하게 경쟁을 할 경우 매장지역에 손실을 입혀 생산자들이 최종적으로 채굴할 수 있는 총량을 감소시킬 수도 있다. 완전한 재생을 강화하면서 음의 외부효과에 따른 영향을 극소화하기 위하여 생산자들은 자주 생산을 조정한다. 이 경우 빈번히 유전을 '결합하여 운용'하게 되는데 예를 들면 합작투자를 통해 생산운용을 하게 된다.

양의 외부효과와 경제적 효율성

양의 외부효과는 일상생활을 통해 주위에서 자주 접하게 된다. 예를 들면 여기에는 교육, 건강관리, 연구개발, 대중교통, 제5장에서 살펴본 시류효과 등이 있다. 양의 외부효과가 존재하는 경우 해당 재화 또는 용역으로부터의 사회적 한계편익은 사적 한계편익을 초과한다. 어떤 소비자 주위에 있는 사람들은 해당 소비자가 자신의 교육을 추진하거나 건강상태를 잘 유지할 경우 역시 이득을 본다. 이와 유사하게 어떤 기업이 연구개발 계획을 통해 신제품이나 신기술을 개발하게 되면 이에 따른 편익은 종종 다른 기업에게도 전파되어 궁극적으로 소비자에게도 영향을 미친다.

음의 외부효과가 존재할 때 기업들이 과잉생산하는 것처럼, 양의 외부효과가 존재할 때는 과소생산한다. 과잉생산은 소비자들이 외부비용을 고려하지 않은 결과라고 하는 것처럼, 과소생산은 소비자들이 외부편익을 고려하지 않은 결과이다. 즉 재화를 구입할지 여부를 결정할 때, 여러분이 받게 될 편익(사적 한계편익)은 고려하지만, 여러분의 소비가 다른 사람들을 위해 갖게 될 편익은 고려하지 않는다. 〈그림 17.5〉는 양의 외부효과를 가진 경쟁시장에서 과소생산이 발생하는 이유를 보여 준다.

〈그림 17.5〉에서 시장수요곡선 MPB는 해당 시장에 있는 모든 개인들의 사적 한계편익곡선들을 수평으로 합한 것이다. 또한 시장공급곡선 MC는 해당 산업의 한계비용곡선이다. 외부효과에 대해 수정을 하지 않는다면, 시장은 수요곡선과 공급곡선의 교차점에서 균형을 이룬다. 이때 가격은 P_1이며 시장생산량은 Q_1이다. 균형에서 사적 소비자 잉여는 MPB 곡선 아래 그리고 P_1 위의 면적($B + E + F$)이다. 생산자 잉여는 P_1 아래 그리고 MC 곡선 위의 면적($G + R$)이다.

양의 외부효과로 인해서 시장에는 또한 외부편익이 존재하며, 이는 외부한계편익 곡선 MEB로 나타낼 수 있다. 사회적 한계편익 MSB는 사적 한계편익을 외부한계편익만큼 초과하여, $MSB = MPB + MEB$가 된다. 다시 한 번 외부효과에 대해 수정을 하지 않은 균형(시장생산량이 Q_1)에서 외부편익의 크기는 MSB 곡선 아래 그리고 MPB 곡선 위의 면적($A + H + J$)이며, 이것은 MEB 곡선 아래의 면적($U + V$)과 같다. 따라서 이 균형에서 사회적 순편익은 사적 소비자 영여, 생산자 잉여, 외부효과에 따른 편익을 합산한 면적($A + B + E + F + G + H + J + R$)이다.

경쟁시장이 경제적으로 효율적인 생산량을 생산하지 못하는 이유는 무엇인가? 균형에서 생산된 마지막 단위의 한계비용은 P_1이며, 이는 이 생산된 단위에 대한 사회적 한계편익보다 낮다. 따라서 추가적으로 다른 단위를 생산하는 데 따른 사회적 순편익은 양이 된다. 경제적으로 효율적인 시장생산량은 Q^*가 되며, 여기서 사회적 한계편익은 생산된 마지막 단위에 대한 한계비용과 같아진다. 시장이 생산을 Q^*로 확대하면 순편익이 증대된다. 이런 추가적인 단위를 생산하지 못할 경

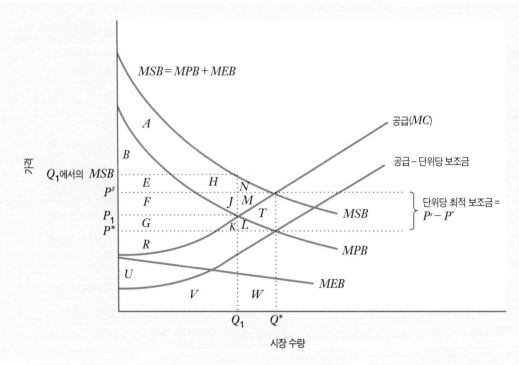

	균형 (보조금이 없는 경우)	사회적 최적 (보조금이 있는 경우의 균형)	사회적 최적과 보조금이 없는 균형 사이의 편익 차이
사적 소비자 잉여	$B+E+F$	$B+E+F+G+K+L$	$G+K+L$
생산자 잉여	$G+R$	$F+G+R+J+M$	$F+J+M$
외부효과에 따른 편익	$A+H+J$	$A+H+J+M+N+T$	$M+N+T$
– 보조금에 따른 정부비용	영	$-F-G-J-K-L-M-T$	$-F-G-J-K-L-M-T$
사회적 순편익(사적 소비자 잉여 + 생산자 잉여 + 외부효과에 따른 편익 – 정부비용)	$A+B+E+F+$ $G+H+J+R$	$A+B+E+F+G+$ $H+J+M+N+R$	$M+N$

그림 17.5 양의 외부효과가 있는 경우 최적 보조금

양의 외부효과가 있는 경우 사회적 한계편익 MSB는 사적 한계편익 MPB에 외부 한계편익 MEB를 합한 것과 같다. 외부효과에 대해 수정을 하지 않은 경쟁시장의 경우 균형은 수요곡선(즉 사적 한계편익곡선 MPB)과 공급곡선이 교차하는 점에서 결정된다. 균형가격은 P_1이며 균형량은 Q_1이 된다.

사회적으로 최적인 생산량은 Q^*이며 이는 공급곡선과 사회적 한계편익곡선이 교차하는 점에서 결정된다. 외부효과 때문에 시장은 $(Q^* - Q_1)$만큼의 양을 과소생산하게 된다. 사회적 최적은 정부가 보조금을 지급할 경우 달성될 수 있다. 단위당 최적 보조금은 효율적 균형량 Q^*에서 생산자가 받으려는 가격 P^s와 소비자가 지불하려는 가격 P^* 사이의 차이이다. 최적 보조금이 지급될 경우 보조금이 없을 때 발생하는 사장된 손실($M+N$의 면적)을 제거할 수 있다.

우 $M + N$의 면적으로 나타낼 수 있는 사장된 손실이 발생하게 된다.

양의 외부효과가 있는 경우 과소생산에 따른 경제적 비효율성을 공공정책을 활용하여 어떻게 바로잡을 수 있을까? 가능한 한 가지 방법은 해당 재화를 생산하는 데 보조금을 지불하는 것이다. 제10장에서 살펴본 것처럼 보조금은 음의 조세와 같다는 점을 기억해 보자. 공급되는 각 단위에 대해 지불된 보조금이 생산을 어떻게 촉진하는지를 검토했었다.

시장의 효율적인 생산량 Q^*를 생산하기 위해서는 보조금이 얼마나 지불되어야 하는가? 〈그림 17.5〉에서 보는 것처럼 생산자가 마지막 단위를 공급하기 위해서는 가격 P^s를 받아야 하지만 소비자는 단지 P^*만을 지불하고자 한다. 따라서 생산자가 요구하는 가격과 소비자가 지불하고자 하는 가격 사이에 $P^s - P^*$의 차이가 있다. 따라서 정부가 $P^s - P^*$와 동일한 보조금을 지불할 경우 생산자가 해당 양을 생산하고 소비자가 이를 구입하도록 할 수 있다.

〈그림 17.5〉에 있는 표는 보조금이 지급되지 않는 경우의 균형을 사회적 최적에서의 균형(정부 보조금에 의해 유도된 균형)과 비교해서 보여 준다. 보조금이 지급된 경우, 사적 소비자 잉여는 $G + K + L$의 면적만큼 증가하고, 생산자 잉여는 $F + J + M$의 면적만큼 증가하며, 외부편익도 $M + N + T$의 면적만큼 증가한다. 정부에게 발생하는 비용은 $F + G + J + K + L + M + T$의 면적에 해당한다. 따라서 보조금이 지급된 경우 사회적 순편익은 $M + N$의 면적만큼 증가하며, 사장된 손실은 존재하지 않는다.[6]

재산권과 코우즈 정리

지금까지 (배출요금과 통행료 같은) 조세를 사용하고 (배출기준 같은) 수량을 규제하여 정부가 어떻게 외부효과를 바로잡을 수 있는지 살펴보았다. 또 다른 대안으로 정부는 **재산권**(property right), 즉 다른 사람의 간섭 없이 재산 또는 자원이용에 대한 배타적 관할권을 부여할 수도 있다.

외부효과를 해결하는 데 재산권이 중요한 이유는 무엇인가? 오염을 부산물로 배출하는 화학제품 제조과정의 예를 다시 한 번 생각해 보자. 음의 외부효과를 설명할 때 제조업자는 오염물질을 대기 중으로 배출하면서 누구에게도 보상을 할 필요가 없다고 하였다. 오염이 환경에 미치는 손실을 포함하지 않는 사적 한계비용에 기초하여 기업이 생산결정을 내리는 이유가 바로 이 때문이다. 오염비용은 제조업자에게 외부적인 것이었다.

이 예에서 우리는 또한 주변 지역사회에 있는 어떤 사람도 신선한 공기를 마실 법적 권리를 갖고 있지 않다고 가정하였다. 공동사회가 신선한 공기를 가질 재산권을 소유하고 있다면 기업에게 오염시킬 수 있는 권리 대신에 이를 보상하도록 요구할 수 있다. 기업이 화학제품을 계속 생산하려 한다면 자신의 사적 한계비용에 오염비용을 포함시켜야 한다. 다시 말해 오염비용이 기업에게

---

6 〈그림 17.5〉에서처럼 부분균형분석을 사용할 경우 주의를 기울여야 한다는 점을 다시 한 번 관찰할 수 있다. 정부가 한 시장에 보조금을 지급할 경우 이에 필요한 재원을 조달하기 위해 (아마도 사장된 손실을 일으키면서) 경제 내 다른 부문에서 이를 징수해야 한다. 〈그림 17.5〉의 후생분석은 이런 효과를 고려하지 않고 있다.

외적인 것이 아니라 내적인 것이 된다.

1960년 로널드 코우즈(Ronald Coase)는 재산권을 할당함으로써 외부효과의 문제를 어떻게 해결할 수 있는지 보여 주는 근본 정리를 발표하였다.[7] 그는 두 개의 농장과 관련된 예를 들어 자신의 생각을 설명하였다. 즉 농장 A는 소를 사육하는데 이 소들이 이따금 농작물을 재배하는 이웃 농장 B에 가서 이리저리 돌아다니곤 한다. 농장 A에서 사육하는 소는 농장 B에서 재배하는 농작물에 손해를 입혀 음의 외부효과를 부과하게 된다.

코우즈는 다음과 같은 문제를 제기하였다. 소가 농장 B란 재산에서 돌아다니도록 허용되어야 하는가? 농장 B의 소유주는 소가 들어오지 못하도록 농장 A의 소유주에게 울타리를 치도록 요구할 수 있는가? 만일 할 수 있다면 누가 울타리 설치비용을 지불해야 하는가? 소유권이 농장 A의 소유주에게 할당되어야 하는가 아니면 농장 B의 소유주에게 할당되어야 하는가?

코우즈 정리(Coase Theorem)에 따르면 외부효과가 있는 경우 재산권이 어떻게 할당되는지에 관계없이 당사자들이 서로 비용을 들이지 않고도 타협을 할 수 있다면 자원분배가 효율적이 된다고 한다. 농장 A의 소유주가 농장 B의 농지에서 자신의 소들이 돌아다니게 할 수 있는 권리를 갖고 있다면, 농장 B의 농작물이 입는 손실이 울타리 설치비용을 초과하는 경우 농장 B의 소유주는 농장 A의 소유주에게 울타리를 설치하도록 대금을 지불할 것이다. 울타리 설치비용이 농작물에 대한 손실을 초과할 경우 울타리 설치비용을 지급하는 것은 농장 B의 소유주에게 도움이 되지 않으므로 소들이 돌아다니게 될 것이다. 다시 말해 울타리를 설치하는 것이 사회적으로 효율적인 경우 외부효과를 제거하기 위해 울타리를 세우게 될 것이다.

이와 달리 재산권이 농장 B의 소유주에게 할당되어 소유주 A가 소유주 B에게 손실에 대해 보상해야 하는 경우를 가상해 보자. 농장 B의 농작물이 입는 손실이 울타리 설치비용을 초과할 경우 농장 A의 소유주는 울타리를 세울 것이다. 하지만 울타리 설치비용이 농작물에 대한 손실보다 더 큰 경우 농장 A의 소유주는 농장 B의 소유주에게 손실을 보상해 주고 소들은 또다시 돌아다니게 된다.

위의 예는 코우즈 정리가 지적하는 중요한 사실을 아주 잘 보여 준다. 재산권이 농장 A의 소유주 또는 농장 B의 소유주에게 할당되는지에 관계없이 결과는 동일하며 그리고 사회적으로 효율적이다. 울타리 설치비용이 농작물에 대한 손실보다 작은 경우 울타리가 세워질 것이며, 설치비용이 손실보다 큰 경우 울타리가 세워지지 않을 것이다.

---

7 Ronald H. Coase, "The Problem of Social Cost," *Journal of Law and Economics*, 3 (1960): 1–44.

코우즈 정리

문제

(a) 바로 앞에서 살펴본 소가 돌아다니는 경우 당사자들이 타협을 하는 데 비용이 들지 않는다고 가상하자. 울타리 설치비용은 2,000달러이고 농작물에 대한 손실비용이 1,000달러인 경우 코우즈 정리를 증명하라.

(b) 울타리를 설치하는 데 2,000달러의 비용이 들고 손실에 따른 비용이 4,000달러인 경우 코우즈 정리를 증명하라.

해법

(a) 재산권이 농장 A의 소유주에게 할당되어 있다고 가상하자. 농장 B의 소유주는 2,000달러에 상당하는 울타리 비용을 지불할 수도 있고 1,000달러에 상당하는 손실을 감수할 수도 있다. 농장 B의 소유주는 울타리 설치비용을 지불하는 것이 그럴 만한 가치가 없다고 생각하여, 소들은 계속 돌아다니게 된다. 농장 B의 소유주는 1,000달러에 상당하는 손실에 대해 어떤 보상도 받지 못한다.

　재산권이 농장 소유주 B에게 할당되어 있다고 가상하자. 농장 A의 소유주는 손실을 방지하기 위하여 울타리를 설치하는 데 2,000달러를 지불하든지 손실을 보상하기 위해 농장 B의 소유주에게 1,000달러를 지

불할 수 있다. 농장 A의 소유주는 울타리 설치비용을 지불하는 것이 그럴 만한 가치가 없다고 생각하여, 소들은 돌아다니게 된다. 농장 소유주 B에 대한 손실은 1,000달러이지만 농장 소유주 A가 소유주 B에게 보상을 하게 된다.

　재산권이 누구에게 할당되든지 결과는 동일하다. 즉 소들은 돌아다니게 된다. 소들이 돌아다녀서 발생하는 손실보다 울타리 설치비용이 더 들기 때문에 울타리를 세우지 않는 것이 경제적으로 효율적이다.

(b) 재산권이 농장 소유주 A에게 할당되어 있다고 가상하자. 농장 B의 소유주는 울타리 설치비용을 지불하는 것이 그럴 만한 가치가 있다고 생각하여, 소들은 돌아다니지 못하게 된다.

　재산권이 농장 소유주 B에게 할당되어 있다고 가상하자. 농장 A의 소유주는 울타리 설치비용을 지불하는 것이 그럴 만한 가치가 있다고 생각하여, 소들은 돌아다니지 못하게 된다.

　다시 한 번 재산권이 누구에게 할당되든지 결과는 동일하다. 즉 소들은 돌아다니지 못하게 된다. 소들이 돌아다녀서 발생하는 손실보다 울타리 설치비용이 적게 들기 때문에 울타리 설치비용을 지불하는 것이 경제적으로 효율적이다.

　코우즈 정리에 따르면 재산권 배정에 관계없이 자원배분이 경제적으로 효율적이라고 주장하지만 자원의 **분배**는 재산권을 누가 소유하느냐에 크게 의존한다. 정리문제 17.3에서 울타리 설치비용이 2,000달러이고 손실에 따른 비용이 1,000달러라고 가상하자. 누구도 울타리 설치비용을 지불하지 않을 것이다. 누가 소유주가 되어도 자신이 재산권을 갖고 있는 경우 1,000달러만큼 상황이 더 나아진다.

　손실에 따른 비용이 4,000달러인 경우 누군가가 울타리 설치비용을 지불할 것이다. 농장 소유주 A가 재산권을 갖고 있는 경우 농장 소유주 B는 울타리 설치비용을 지불하게 된다. 하지만 농장 소유주 B가 재산권을 갖는 경우 농장 소유주 A가 설치비용을 지불하게 된다. 따라서 재산권을 갖는 소유주는 재산권을 갖지 않을 경우보다 2,000달러만큼 나아지게 된다.

위에서 살펴본 간단한 예의 경우 일단 재산권이 확정되면 당사자 간의 '협상'은 매우 간단하다. 당사자 간에 금전적인 양도가 이루어질 경우 양도금액은 두 금액, 즉 울타리 설치비용이나 농작물에 대한 손실비용 중에서 더 작은 것이다.

코우즈는 자신의 연구에서 협상이 이루어질 경우 나타날 보다 다양한 기회를 살펴보지는 않았다. 하지만 그의 생각은 협상이 가능한 보다 복잡한 상황에도 적용될 수 있다. 소가 농장 B로 들어가서 돌아다닐 경우 농작물이 입을 손실비용이 4,000달러라고 가상하자. 울타리 설치와 관련된 또 다른 선택을 추가해 보자. 농장 A의 소유주의 재산에 울타리를 세우는 비용은 2,000달러이다. 이 대신에 3,000달러의 비용으로 농장 B의 소유주는 소가 근접하지 못하도록 자신의 재산 주위에 울타리를 세울 수 있다.

재산권을 농장 B의 소유주에게 배정할 경우 어떤 일이 발생하는가? 농장 A의 소유주는 다음과 같이 세 가지 선택을 갖게 된다. (1) 2,000달러의 비용을 들여 자신의 농장 A에 울타리를 세운다. (2) 농장 B에 울타리를 세우기 위해 농장 B의 소유주에게 3,000달러를 제의한다. (3) 소들이 돌아다니게 놔두고 농장 B의 소유주에게 농작물 피해를 보상해 주기 위해 4,000달러를 지불한다. 비용을 최소화하기 위해 농장 A의 소유주는 농장 A에 울타리를 세운다.

재산권이 농장 A의 소유주에게 속한 경우를 가상해 보자. 농장 B의 소유주는 다음과 같은 세 가지 선택을 갖게 된다. (1) 3,000달러의 비용을 들여 농장 B에 울타리를 세운다. (2) 농장 A에 울타리를 세우기 위해 농장 A의 소유주에게 2,000달러를 제의한다. (3) 아무런 조치를 취하지 않고 4,000달러에 상당하는 농작물 피해를 받아들인다. 이제는 협상의 여지가 있다. 농장 A의 소유주가 자신의 재산에 울타리를 세울 경우 농장 B의 소유주는 농장 A의 소유주에게 3,000달러까지 제의할 수 있다(농장 B의 소유주는 농장 B에 3,000달러를 들여 울타리를 세울 수 있기 때문에 농장 A의 소유주에게 이 이상을 제의하지는 않을 것이다). 농장 A에 울타리를 세우기 위해 2,000~3,000달러 사이의 금액을 농장 소유주 B가 소유주 A에게 지불하도록 양 당사자가 합의하는 경우, 둘 다 더 나아질 수 있는 기회가 발생한다. 예를 들어 양 당사자가 차이를 서로 나누어서 소유주 A가 자신의 농장 주위에 울타리를 세우는 데 2,500달러 상당의 금액을 받기로 합의했다고 하자.

이전처럼 누가 재산권을 소유하느냐에 관계없이 결과는 동일하다. 즉 농장 A에 울타리가 세워진다. 나아가 농장 A에 울타리를 세우는 비용이 농장 B에 울타리를 세우는 비용보다 적으며 그리고 소들이 돌아다닐 경우 농작물을 재배하는 농부에게 발생하는 손실보다 적기 때문에 이 결과는 사회적으로 효율적이다.

요약하자면 코우즈 정리는 다음과 같은 사실을 보여 준다. 협상하는 데 비용이 들지 않는 경우 외부효과에 대해 재산권이 배정되면 누가 재산권을 갖든지에 관계없이 효율적인 결과를 얻을 수 있다. 하지만 이 강력한 명제는 협상에 비용이 들지 않는다는 가정에 결정적으로 의존한다. 협상 과정 자체에 비용이 드는 경우 당사자들은 협상하는 것이 가치가 없다고 생각할 수도 있다. 앞에서 화학제품을 생산할 때 대기를 오염시킨 제조업체의 예를 생각해 보자. 오염으로 인해 수천 명이 피해를 입는 경우 음의 외부효과로 피해를 입은 사람들이 보상에 관해 협상하기 위해 자신들을 조직화하기란 용이하지가 않다. 이와 유사하게 해당 산업에는 많은 기업들이 있기 때문에 기업들도 조직화하는 데 비용이 든다.

협상을 하는 데는 다른 잠재적인 어려움이 있다. 당사자들이 외부효과를 낮추는 데 따른 비용 및 편익을 알지 못하거나 비용 및 편익에 대해 상이한 인식을 갖고 있는 경우, 협상을 통해 효율적인 결과에 도달할 수 없다. 마지막으로 양 당사자들은 상호 간에 이득이 되는 협정을 체결하려고 해야만 한다. 당사자 중 하나가 단순히 협상을 거절하거나 다른 당사자에게 수긍할 만한 보상을 제공하지 않으려는 경우, 효율적인 자원분배를 달성하는 것이 가능하지 않을 수도 있다.

17.3 공공재

지금까지 외부효과가 있는 경우 경쟁시장에서 사회적으로 최적인 생산량을 생산하지 못하는 이유를 살펴보았다. 양의 외부효과가 있는 물품인 경우 소비자는 사회적 한계편익보다 낮은 사적 한계편익에 기초하여 구입결정을 내린다. 따라서 시장에서는 사회적으로 최적인 수량보다 더 적은 수량이 생산된다. 어떤 물품이 생산되면 양의 사회적 순편익으로 이어지는 경우에도 사적 편익이 매우 낮아서 해당 물품이 단순히 전혀 공급되지 않을 수도 있다.

이 절에서는 시장에서 과소공급되는 또 다른 종류의 물품, 즉 공공재에 대해 살펴볼 것이다. 공공재는 개별 소비자들이 해당 물품이 공급되는 데 대해 지불을 하지는 않지만 모든 소비자들에게 편익을 제공한다. 공공재는 다음과 같이 두 가지 특성을 갖고 있다. 즉 공공재는 비경합재이며 배제 불가능재이다.

비경합재(nonrival good)인 경우 한 사람에 의한 소비가 다른 사람에 의해 소비되는 수량을 감소시키지 않는다. 비경합재의 예로 공영방송을 들 수 있다. 한 시청자가 채널을 맞추더라도 이를 시청할 수 있는 사람들의 수가 감소하지 않는다. 국가방위 또한 비경합재이다. 한 사회의 개인이 보호를 받더라도 다른 사람이 이용할 수 있는 보호의 양이 감소하지는 않는다. 비경합재를 소비하는 다른 사람에게 해당 생산물을 공급할 경우 이에 따른 한계비용은 영이 된다.

이와는 대조적으로 일상생활에서 접하는 대부분의 재화는 **경합재**(rival good)이다. 경합재의 생산수준이 정해져 있다면 어떤 사람이 해당 재화를 소비할 경우 다른 사람이 이용할 수 있는 양이 감소한다. 예를 들어 청바지, 축구공, 컴퓨터를 당신이 구입하게 되면 그 밖의 다른 사람이 해당 특정품목을 매입할 수 있는 가능성이 사전에 차단된다.

배제 불가능재(nonexclusive good)는 일단 생산이 이루어지면 모든 소비자가 이용할 수 있는 재화이다. 해당 재화가 생산되고 나서는 이를 소비하는 데 어떤 사람도 배제되지 않는다. 배제 불가능재가 생산되고 나면 소비자는 이에 대한 대가를 지불하지 않고도 해당 재화로부터 편익을 얻을 수 있다. 배제 불가능재의 예로는 국가방위, 공원, 텔레비전 및 라디오 방송, 공공장소에서의 예술활동이 포함되며 그 종류가 다양하다. 이와는 대조적으로 **배제 가능재**(exclusive good)는 소비자가 이용하려는 경우 이를 거절할 수 있는 재화이다.

우리가 접하는 많은 재화들은 배제 가능재이며 경합재이다. 이 예에는 컴퓨터, 그림, 의류, 자동차가 포함된다. 한 제조업체가 1,000대의 자동차를 제작한다고 가상하자. 한 소비자가 이들 중 한 대를 매입할 경우 다른 사람이 매입할 수 있는 자동차는 단지 999대가 남아 있을 뿐이다(즉 이 재화는 경합재이다). 이 밖에 이 제조업체는 어떤 사람들이 자동차에 접근하지 못하도록 할 수 있다. 자동차를 구입한 사람은 누구나 이를 소비하여 얻는 편익에 대해 대가를 지불해야 한다.

일부 재화는 배제 불가능재이지만 경합재이다. 어떤 사람이 공원에 있는 야외식탁을 예약할 수는 있지만 이 사람이 그날 식탁을 예약하게 되면 다른 사람이 그 시간에 이를 이용할 수 없다. 공공 사냥터에서 하는 사냥은 모든 사람이 참가할 수 있으므로 배제가 불가능하다. 하지만 사냥꾼이 사냥감을 포획하게 되면 다른 사람이 잡을 수 있는 사냥감의 수량이 감소한다.

마지막으로 어떤 재화는 비경합재이지만 배제 가능재이다. 유료 텔레비전 채널은 해당 회사가 접근을 통제하기 위해 해당 채널을 삭제할 수 있기 때문에 배제가 가능하다. 하지만 이 채널은 또한 비경합적이다. 일부 사람이 해당 채널을 시청할 권리를 매입하더라도 다른 시청자가 동일한 채널을 시청할 기회를 감소시키지는 않는다.

앞에서 살펴본 것처럼 국가방위와 공공방송 같은 일부 재화는 비경합재이며 배제 불가능재이다. 따라서 이것들은 공공재의 예가 된다. 공공재에 관해 공부하면서 혼돈을 피하기 위해서는 공공적으로 제공되는 많은 재화가 공공재가 아니라는 사실을 이해하는 것이 중요하다. 공공적으로 제공되는 많은 재화는 경합재이거나 배제 가능재일 수 있으며 이따금 둘 다일 수도 있다. 공립대학은 시설이 제한되어 있기 때문에 거기서 제공하는 교육이 경합재가 될 수 있다. 한 학생이 등록을 하게 되면 등록이 예상됐던 다른 학생이 등록하지 못할 수도 있다. 나아가 공립대학에서 제공하는 교육은 배제 가능재가 될 수 있다. 왜냐하면 해당 대학이 지원자에게 입학허가를 거절할 수도 있고 필요한 등록금을 지불하지 않는 학생을 배제할 수도 있기 때문이다.

공공재의 효율적인 공급

사회적 순편익을 극대화하기 위하여 공공재를 얼마나 공급해야 하는가? 다른 재화의 경우와 마찬가지로 공공재는 추가적으로 제공되는 단위의 한계편익이 해당 단위의 한계비용과 최소한 같은 한 제공되어야 한다. 공공재의 한계비용은 다른 재화가 아닌 해당 재화를 생산하기 위해 경제적 자원을 사용하는 데 따른 기회비용이다. 공공재는 비경합재이기 때문에 많은 소비자들이 추가적으로 제공되는 단위로부터 편익을 얻을 수 있다. 따라서 한계편익은 추가적인 단위에 가치를 두는 모든 사람의 편익을 합한 것이다.

〈그림 17.6〉은 공공재의 효율적인 생산수준을 보여 주고 있다. 간단히 하기 위해 시장에는 단지 두 명의 소비자만이 있다고 가정하자. D_1은 첫 번째 소비자의 공공재에 대한 수요곡선이며, D_2는 두 번째 소비자의 수요곡선이다. 어떤 수량에서 소비자 수요곡선의 높이는 해당 소비자에 대해 재화의 추가적인 단위가 갖는 한계편익이다. 예를 들어 첫 번째 소비자는 70번째 단위에 대해 연간 30달러에 상당하는 한계편익을 갖는다. 두 번째 소비자는 동일한 단위에 대해 130달러에 상당하

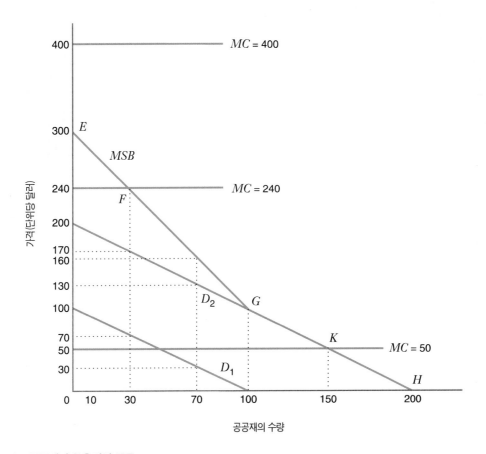

그림 17.6 공공재의 효율적인 공급

공공재의 사회적 한계편익은 시장에 있는 소비자들의 수요곡선을 수직으로 합한 것이다. 사회적 한계편익곡선은 *EGH*이다. 공공재의 한계비용이 240달러인 경우 경제적으로 효율적인 생산수준은 30단위이며 이는 한계비용곡선과 사회적 한계편익곡선이 교차하는 점에서 결정된 생산량이다.

정리문제 17.4에서 한계비용이 50달러인 경우 효율적인 생산수준은 150단위이고 한계비용이 400달러인 경우 해당 재화를 공급하는 것은 비효율적이라는 사실을 살펴볼 것이다.

는 한계편익을 갖는다.

공공재에 대한 사회적 한계편익곡선을 어떻게 결정할 수 있는가? 공공재는 배제 불가능재이므로 두 소비자 모두 해당 재화에 접근할 수 있다. 70번째 단위의 사회적 한계편익은 두 소비자에 대한 한계편익을 단순히 합한 것이다. 이 도표에 따르면 70번째 단위의 사회적 한계편익이 160달러(130달러 + 30달러)이다. 도표상의 각 수량에 대해 사회적 한계편익을 계산할 수 있다. 사회적 한계편익곡선은 두 명의 개별 소비자에 대한 수요곡선을 수직으로 합한 것이다. 도표에서 사회적 한계편익곡선은 굽어진 곡선 *EGH*이다. *G*와 *H* 사이에서(즉 $Q > 100$일 때) 첫 번째 소비자는 이들 단위에 대해 어떤 것도 지불하려 하지 않기 때문에 사회적 한계편익곡선은 D_2와 일치한다(점 *H*를 넘어서면, 즉 $Q > 200$이면 어떤 소비자도 이들 수량 단위에 대해 어떠한 것도 지불하려 하지 않기 때문에 사회적 한계편익곡선은 수평선과 일치한다).

이제는 공공재에 대한 경제적으로 효율적인 생산수준을 결정할 수 있게 되었다. 이 공공재의 한계비용이 240달러라고 가상하자. 경제적으로 효율적인 수량은 사회적 한계편익과 한계비용이 같아지는 양, 즉 이 예에서는 30단위가 된다. 한계비용이 생산되는 추가적인 각 단위에 대한 사회적 한계편익을 초과하기 때문에 30단위를 초과하여 생산하는 것이 효율적이 아니다. 예를 들면 이미 살펴본 것처럼 70번째 단위의 사회적 한계편익은 160달러이다. 하지만 이는 한계비용 240달러보다 작다. 따라서 70번째 단위의 공공재를 생산하는 것은 사회적으로 효율적이지 않다.

이와 유사하게 해당 재화를 30단위에 못 미치게 생산하는 것도 효율적이지 않다. 이 생산범위에서는 사회적 한계편익이 한계비용을 초과하게 된다. 따라서 사회적 한계편익이 한계비용과 같아질 때까지 생산을 확장하는 것이 경제적으로 효율적이다.

효율적인 생산량 수준인 30단위에서 첫 번째 소비자의 한계편익은 70달러이고 두 번째 소비자의 한계편익은 170달러이다. 따라서 30번째 단위의 사회적 한계편익은 240달러가 되며 이는 이 단위의 한계비용과 정확히 일치한다.

이 예에 따르면 어떤 소비자 혼자서 한계비용을 감당할 수 있을 정도로 충분히 지불하지 못하더라도 해당 물품을 공급하는 것이 사회적으로 최적일 수 있다. 해당 재화가 비경합재이기 때문에 사회적 한계편익은 각 개인이 혼자서 지불하고자 하는 금액이 아니라 모든 소비자가 지불하려고 하는 금액의 합이 된다.

정리문제 17.4는 공공재의 최적량을 어떻게 구할 수 있는지를 보다 잘 이해하는 데 도움이 될 것이다. 여기서는 그래프를 이용한 해법과 대수학을 이용한 해법을 비교할 것이다. 이 정리문제가 제시하고자 하는 요점 중 하나는 최적수준을 구하기 위해 수요곡선을 어떻게 수직으로 합할 수 있는지를 이해하는 것이다.

정리문제 17.4

공공재의 최적공급

〈그림 17.6〉에서 살펴본 예에서는 두 소비자의 수요곡선이 다음과 같다(역 수요함수 형태로 나타내었다).

소비자 1 : $P_1 = 100 - Q$ 소비자 2 : $P_2 = 200 - Q$

문제

(a) 공공재의 효율적인 수준을 대수학적으로 어떻게 결정할 수 있는가? 공공재의 한계비용은 240달러라고 가정한다.

(b) 공공재의 한계비용이 50달러라고 가정하자. 공공재의 효율적인 수준은 얼마인가?

(c) 공공재의 한계비용이 400달러라고 가정하자. 공공재의 효율적인 수준은 얼마인가?

해법

(a) 공공재의 사회적 한계편익곡선은 소비자 수요곡선을 수직으로 합한 것이다. 수직으로 합하려면 가격(즉 지불하려는 금액)을 합산해야 한다. 따라서 $P_1 + P_2$를

구해야 한다. 이렇게 하기 위해 위에서 나타낸 것처럼 왼쪽에 P가 있고 오른쪽에 Q가 있는 **역함수** 형태의 두 소비자의 수요곡선을 합해야 한다.

E와 G 사이에서 $P_1 = 100 - Q$이고 $P_2 = 200 - Q$라는 사실을 알고 있다. 그러면 MSB(사회적 한계편익) $= P_1 + P_2 = (100 - Q) + (200 - Q) = 300 - 2Q$가 된다. 효율적인 생산량 수준을 알아보기 위해 $MSB = MC$라고 하자. 따라서 $300 - 2Q = 240$ 그리고 $Q = 30$이 된다. 이는 본문에서 그래프를 이용하여 구한 효율적인 생산량 수준과 같다.

(b) 한계비용이 50달러인 경우 MSB와 한계비용곡선이 교차하는 점을 구함으로써 도표를 이용하여 효율적인 생산수준을 결정할 수 있다. 〈그림 17.6〉에서는 점 K가 되며 수량은 150단위가 된다.

대수학을 이용하여 최적량을 구하려 한다면 G와 H 사이에서 MSB 곡선이 D_2와 같다는 사실을 주목해야 한다. 이 생산량 구간에서 소비자 1의 수요곡선은 수평축에 위치하게 되므로 $P_1 = 0$이 된다. 따라서 $MSB = 200 - Q$가 된다. $MSB = MC$ 또는 $200 - Q = 50$이라고 놓으면 $Q = 150$이 된다.

(c) 한계비용이 400달러인 경우 한계비용곡선은 〈그림 17.6〉에서 보는 것처럼 사회적 한계편익곡선 전체 구간에서 모두 더 높은 곳에 위치한다. 따라서 어떤 공공재를 공급하는 것도 효율적이지 않다. ($MSC = MB$

또는 $300 - 2Q = 400$이라 놓고 대수학적인 해법을 구하려 한다면 $Q = -50$이 된다. 이는 MSB 곡선과 MC 곡선이 양의 사분면에서 교차하지 않는다는 의미이다. 따라서 대수학적인 해법에 따르면 공공재의 효율적인 양의 생산수준이 존재하지 않는다.)

수요를 합산하는 데 유용한 요령은 다음과 같다. 우선 수요를 수직으로 합산해야 하는지 또는 수평으로 합산해야 하는지 알아야 한다. 이 장에서 살펴본 것처럼 공공재의 최적수준을 구하려면 수요곡선을 수직으로 더해야 한다. 수요곡선을 수직으로 합산하기 위해 개별 수요곡선을 **역함수**의 수요곡선으로 나타내고 위에서 한 것처럼 이들을 합산하면 된다.

이와 대조적으로 제5장에서는 개별수요곡선으로부터 일상적인 시장수요곡선을 도출하기 위해 수요곡선을 수평으로 합산해야 한다는 사실을 살펴보았다. 그 이유는 어떤 가격수준에서 요구되는 총수요량을 구하고자 하였기 때문이었다. 제5장에서 살펴본 재화는 **경합재**였다. 이것이 바로 추가적인 재화 1단위의 가치를 결정하는 데 소비자가 지불하고자 하는 금액을 합하지 않았던 이유이다. 수요곡선을 수평으로 합산하기 위해서는 왼편에 Q를 놓고 오른편에 P를 놓는 **정상적인** 형태의 개별수요곡선을 구해야 한다.

무임승차자 문제

댐, 공원, 공공방송과 같은 공공재에 대해 종종 수천 또는 심지어 수백만 명의 소비자가 있다. 공공재의 효율적인 생산량 수준에 재원을 조달하기 위해 소비자들은 지불하고자 하는 의지와 동일한 금액을 지불하겠다는 데 공동으로 동의해야 한다. 하지만 공공재는 배제 불가능재이기 때문에 공공재가 공급되고 나면 모든 사람이 혜택을 받게 된다. 따라서 개인들은 재화가 자신들에게 진짜로 가치가 있는 만큼 지불하려는 동기를 갖지 않게 된다. 소비자는 다른 사람들이 대가를 지불할 것이라 기대하는 한 해당 재화에 대해 아무것도 지불하지 않는 **무임승차자**(free rider)로서 행동하게 된다.

무임승차자 문제로 인해 사적 시장이 공공재를 효율적으로 제공하는 데 어려움이 따른다. 해당 공공재에 대해 지불해야 하는 사람의 수가 적은 경우, 자발적인 자금모금을 위해 필요한 조치를 취하는 것이 더 용이하다. 왜냐하면 각 개인은 자신들의 자금지원이 중요하다는 사실을 인지하고 있기 때문이다. 하지만 공공재에 대한 소비자의 수가 많은 경우, 많은 소비자들이 무임승차자로서 행동할 가능성이 높다. 사회적으로 이득이 되는 공공재가 보다 확실히 공급되도록 하기 위해 공적인 개입이 필요할 수 있다. 따라서 정부는 종종 자신이 직접 공공재를 생산하거나 해당 재화를 생산하는 기업에게 보조금을 지급한다.

요약

- 소비자 또는 생산자와 같은 의사결정자의 행동이 가격 변화에 의하지 않는 다른 방법으로 시장에서 다른 소비자의 편익이나 다른 기업의 생산비용에 영향을 미칠 경우 외부효과가 발생한다. 다른 사람의 후생을 낮추는 외부효과를 음의 외부효과라 한다. 다른 사람의 편익을 높이는 외부효과를 양의 외부효과라 한다.

- 외부효과로 인해 경쟁시장에서 **시장실패**가 발생한다. 외부효과가 있는 경우, 그렇지 않았다면 경쟁적이었을 시장이 눈에 보이지 않는 손을 통해서는 경제적으로 효율적인 수준의 재화를 산출하지 못한다.

- (오염처럼) 음의 생산외부효과가 있는 경우 생산자에 대한 사적 한계비용은 사회적 한계비용보다 작다. (비흡연자가 마시는 다른 사람의 담배연기처럼) 음의 소비 외부효과가 있는 경우 소비자는 자신의 행동으로 인해 다른 사람에게 부과된 비용을 지불하지 않는다. 따라서 경쟁시장에서 사회적으로 최적인 것보다 더 많은 외부효과를 생산하게 된다. 정부는 (배출기준과 같은) 할당을 부여하거나 (배출세와 같은) 외부효과에 대한 조세를 부과함으로써 외부효과의 양을 감소시켜 경제적 효율성을 향상시킬 수 있다(정리문제 17.1, 17.2 참조).

- 음의 외부효과는 또한 공유재산(어느 누구나 접근할 수 있는 자원)이 포함된 시장에서도 발생할 수 있다. 공동 자산이 있는 경우 혼잡이라는 음의 외부효과가 자주 발생한다. 이런 경우 정부는 경제적 효율성을 달성하기 위하여 공유재산의 사용에 조세를 부과할 수 있다.

- (교육이나 전염병 확산을 예방하기 위한 예방주사처럼) 양의 외부효과가 있는 경우 사적 한계편익이 사회적 한계편익보다 작다. 따라서 경쟁시장에서 사회적으로 최적인 것보다 더 적은 양의 외부효과를 산출하게 된다. 정부는 생산보조금을 주어 생산을 촉진함으로써 효율성을 향상시킬 수 있다.

- 외부효과에 대한 재산권이 명확히 배정되고 당사자들이 협상을 할 수 있다면 외부효과로 인한 비효율성이 제거될 수 있다. 코우즈 정리에 따르면 당사자들이 비용을 들이지 않고 협상을 할 수 있는 경우 어떤 당사자가 재산권을 소유하고 있는지에 관계없이 협상의 결과가 효율적이라고 한다. 하지만 관련된 당사자가 많이 있거나 협상 자체에 비용이 드는 경우 협상을 통해 효율적인 결과를 도출하기 어려울 수 있다. 재산권 배정이 경제적 효율성에는 영향을 미치지 않지만 소득분배에는 영향을 미친다(정리문제 17.3 참조).

- 공공재는 비경합적이며 배제 불가능한 재화이다. 공공재의 사회적 한계편익곡선은 해당 재화의 개별수요곡선을 수직으로 합한 것이다. 공공재는 사회적 한계편익이 한계비용과 같아질 때 효율적으로 공급된다.

- 정부가 공공재의 최적량을 결정하기란 용이하지 않다. 왜냐하면 정부는 개인들이 공공재에 대해 지불하고자 하는 금액에 대해 알지 못하기 때문이다. 나아가 소비자들이 해당 재화로부터 혜택은 받으려 하지만 이에 대한 대가를 지불하지 않으려는 무임승차자로 종종 행동하기 때문에 공공재가 과소공급될 가능성이 높다. 사회적으로 이득이 되는 공공재를 공급하기 위하여 정부는 종종 자신이 해당 재화를 생산하거나 해당 재화를 생산하는 기업에 대해 보조금을 지급한다(정리문제 17.4 참조).

주요 용어

경합재	배제 가능재	비경합재
공공재	배제 불가능재	외부효과
공유재산	배출기준	재산권
무임승차자	배출요금	코우즈 정리

복습용 질문

1. 외부효과 및 공공재를 정의하시오.
2. 외부효과 및 공공재가 시장실패의 원인이 되는 이유를 설명하시오.
3. 양의 외부효과와 음의 외부효과를 설명하시오.
4. 조세, 배출요금, 배출기준, 배출거래시장이 음의 외부효과가 존재하는 경쟁시장에서 발생한 경제적 비효율성을 어떻게 낮출 수 있는지 분석하시오.
5. 혼잡통행료가 교통혼잡 때문에 발생하는 음의 외부효과로 인한 경제적 비효율성을 어떻게 낮출 수 있는지 설명하시오.
6. 보조금이 양의 외부효과가 존재하는 경쟁시장에서 발생한 경제적 비효율성을 어떻게 낮출 수 있는지 설명하시오.
7. 코우즈 정리를 설명하고, 이 정리가 갖는 경제적 중요성을 논의하시오.
8. 공공재의 효율적인 수량이 어떻게 결정되는지 설명하시오.
9. 무임승차자 문제를 설명하시오.

부록

제2장

불변탄력성 수요곡선에 기초한 수요의 가격탄력성

수요의 점 가격탄력성이 불변탄력성 수요곡선, 즉 $Q = aP^{-b}$에서 동일하다는 사실을 보여 줄 것이다. 이 수요곡선에서는 다음과 같아진다.

$$\frac{dQ}{dP} = -baP^{-(b+1)}$$

수요의 점 탄력성 식을 유도하면 다음과 같다.

$$\begin{aligned}
\epsilon_{Q,P} &= \frac{dQ}{dP}\frac{P}{Q} \\
&= -baP^{-(b+1)} \times \frac{P}{aP^{-b}} \,(Q를\ 위의\ 식으로\ 대체한다) \\
&= -b \,(항을\ 서로\ 상쇄한\ 후\ 얻은\ 결과이다)
\end{aligned}$$

위의 절차는 불변탄력성 수요곡선에 대한 수요의 가격탄력성이 수요곡선 식의 지수, 즉 $-b$와 같다는 사실을 보여 준다.

제4장

화폐의 시간 가치

복권에 당첨되어 두 가지 상금, 즉 오늘 현금으로 100달러를 받거나 또는 지금부터 1년 후에 현금으로 100달러를 받는 것 중 하나를 선택할 수 있다고 가상하자. 여러분이 대부분의 사람들과 같다면 첫 번째 상금을 선호할 것이다. 위의 예는 다음과 같은 경제학이 갖고 있는 중요한 특성을 설명해 주고 있다. 즉 화폐는 시간 가치를 갖는다. 지금 어떤 금액을 받는 것과 미래의 어느 시점에 동일한 금액을 받는 것 중 하나를 선택하여야 한다면 사람들은 미래의 금액보다 현재 받을 수 있는 동일한 금액을 선호한다.

화폐가 시간 가치를 갖는다는 사실은 실제 시장에 존재하는 중요한 특성, 즉 이자율에 의해 설명된다. 대부를 제공하는 조건으로 대부자는 차용자가 대부받은 금액을 상환하는 것뿐만 아니라 차용금액에 대한 이자도 지불할 것을 요구한다. 이자는 덜 가치 있는 것, 즉 상환일에 동일한 금액을 상환하겠다는 약속에 대한 답례로 어떤 것(즉 오늘 일정한 금액을 사용하는 것)을 희생하는 데 대해서 대부자에게 보상을 해 주는 것이다.

화폐가 시간 가치를 갖는다는 사실로 인해 상이한 시점에 받는 서로 다른 금액을 비교하는 것이 복잡하게 되었다. 예를 들면 복권 당첨금이 지금 현금으로 100달러를 받거나 또는 지금부터 1년 후에 현금으로 120달러를 받는 것이라면 두 가지 중 어느 것을 선호할지 명백하지 않다. 여기서는 상이한 시점에 받는 금액을 비교하는 데 사용되는 기법을 소개하고자 한다.

미래가치 및 현재가치

오늘 받은 상금 100달러와 지금부터 1년 뒤에 받을 상금 120달러를 어떻게 비교할 수 있는지 설명하기 위해서, 연간 이자율 5%($r = 0.05$)를 지불하는 예금 계좌에 100달러를 투자하며 더 높은 수익을 제시하는 투자 대안은 존재하지 않는다고 가상하자. 1년 후 해당 예금계좌는 금액이 100달러 × (1.05) = 105달러로 증가된다. 이 금액, 즉 105달러가 이자율이 5%인 경우 지금부터 1년 후 100달러의 미래가치이다. 일반적으로 기간당 이자율이 r이라면 지금부터 t기간 후 받을 금액 C의 **미래가치**(future value)는, 기간당 이자율 r을 지불하는 예금계좌에 C달러를 예치할 경우 지금부터 t기간 후 받을 금액이다. 어떤 금액의 미래가치를 구하는 공식은 다음과 같다.

$$C(1 + r)^t$$

해당 금액을 예금계좌에 예치할 경우 이자율이 복리로 계산되므로 위의 공식이 적용된다.

- 첫 번째 기간 동안, 예금계좌에 예치한 C달러에 대해 r에 해당하는 이자를 받는다. 따라서 첫 번째 기간 말까지 해당 계좌금액은 $C(1 + r)$로 증가한다.
- 두 번째 기간 동안, 예금계좌에 있는 $(1 + r)C$달러에 대해 r에 해당하는 이자를 받는다. 따라서 두 번째 기간 말까지 해당 계좌금액은 $C(1 + r) + rC(1 + r)$, 즉 $C(1 + r)^2$으로 증가한다.
- 세 번째 기간 동안, 예금계좌에 있는 $(1 + r)^2C$달러에 대해 r에 해당하는 이자를 받는다. 따라서 세 번째 기간 말까지 해당 계좌금액은 $C(1 + r)^2 + rC(1 + r)^2$, 즉 $C(1 + r)^2(1 + r)$ 또는 $C(1 + r)^3$으로 증가한다. t기간 동안에 대해 이 논리를 반복하면 미래 가치에 대한 공식을 구할 수 있다.

위의 예에서 상금 100달러의 1년 뒤 미래가치는 1년 후 받게 될 상금 120달러보다 더 적다는 사실에 주목하자. 따라서 지금부터 1년 후 받게 될 120달러가 지금 받는 100달러보다 더 가치가 있다고 결론을 내릴 수 있다.

위의 방법은 미래가치의 비교에 기초하고 있다. 우리는 또한 현재가치를 비교할 수도 있다. 다음과 같은 질문을 해 보자. 지금부터 1년 후 정확히 120달러를 받기 위해서는, 5% 이자율하에서 오늘 예금계좌에 얼마나 투자를 하여야 하는가? 이 물음에 대한 대답은 아래의 식을 C에 대해 풀면 구할 수 있다.

$$C(1.05) = \$120$$

또는

$$C = \frac{\$120}{(1.05)} = \$114.28$$

금액 114.28달러가 이자율 5%하에서 지금부터 1년 후 받게 될 120달러의 현재가치이다. 일반적으로 기간당 이자율이 r인 경우 지금부터 t기간 후 받을 금액 C의 **현재가치**(present value)는, 지금부터 t기간 후 C달러를 받을 수 있도록 기간당 이자율 r을 지급하는 예금계좌에 오늘 예치하여야 하는 금액이다. 공식은 다음과 같다.

$$\frac{C}{\left(1+r\right)^{t}}$$

어떤 금액의 현재가치를 계산하기 위해서는 해당 금액을 받게 될 지금부터의 기간 수 t와 **할인율**(discount rate)이라고도 하는 이자율 r을 알아야 한다. 위의 예에서 지금부터 1년 후 받을 120달러의 현재가치가 100달러를 초과하기 때문에, 1년 후 받게 될 상금 120달러가 지금 받는 100달러보다 더 가치가 있다고 결론을 내릴 수 있다. 미래가치를 비교하여도 이와 동일한 결론에 도달할 수 있다.

상이한 시점에 받은 금액을 현재의 화폐가치로 비교할 수 있기 때문에, 현재가치란 개념은 매우 유용하다. 이 개념은 유용성 때문에 자본예산, 보험통계분석, 공공부문에서의 비용-편익분석을 포함한 다양한 부문에서 광범위하게 사용된다.

어떤 금액의 현재가치란 개념은 연속적인 지급금의 현재가치까지 연장되어 사용될 수 있다. 첫 번째 지급금은 지금부터 1기간 후 받고 두 번째 지급금은 지금부터 2기간 후 받으며 계속해서 이렇게 받는 연속적인 금액 C_1, C_2, $\cdots$, C_T의 현재가치는, 연속적으로 받을 금액으로부터 구한 현재가치의 합계이다. 이는 다음과 같이 나타낼 수 있다.

$$\frac{C_1}{\left(1+r\right)} + \frac{C_2}{\left(1+r\right)^2} + \cdots + \frac{C_T}{\left(1+r\right)^T}$$

예를 들면 컨설팅회사가 고객과의 3년 계약을 통해 지금부터 1년 후 100만 달러 상당의 금액을 지급받고, 2년 후 120만 달러 상당의 금액을 받으며, 3년 후 150만 달러 상당의 금액을 받기로 하였다고 가상하자. 할인율이 10%라면 이 계약을 통해 연속적으로 받게 될 지급금의 현재 가치는 다음과 같다.

$$\frac{\$1,000,000}{1.10} + \frac{\$1,200,000}{1.10^2} + \frac{\$1,500,000}{1.10^3} = \$3,027,799$$

위의 현재가치는 지급금의 단순합계(370만 달러)보다 작다는 사실에 주목하자. 그 이유는 지금부터 1년 후, 2년 후, 3년 후 받게 될 금액의 가치가 지금 받는 금액의 가치보다 더 작기 때문이다.

연속적으로 지급이 이루어지는 특별한 경우로 **연금**(annuity)을 들 수 있다. 연금은 어느 기간 동안 동일한 간격으로 일정한 지급금을 연속적으로 지불하는 경우이다. T기간 동안 지불되는 연금 C의 경우 할인율이 r이라면 현재가치를 구하는 공식은 다음과 같다.

$$\frac{C}{(1+r)} + \frac{C}{(1+r)^2} + \cdots + \frac{C}{(1+r)^T}$$

몇 단계의 대수학 과정을 거친 후 위 공식은 다음과 같이 나타낼 수 있다.

$$\frac{C}{r}\left[1 - \frac{1}{(1+r)^T}\right]$$

특별한 형태의 연금으로 **종신연금**(perpetuity)을 꼽을 수 있다. 이는 영원히 지속되는 연금이다. 종신연금의 예로는 영국 정부가 채권보유자에게 일정한 금액을 영원히 지불하겠다고 약속하며 발행한 영구채권인 콘솔 본드가 있다(이 채권들 중 일부는 오늘날까지도 존재한다). T가 무한히 커서 위 식에 있는 $\frac{1}{(1+r)^T}$가 영이 된다는 사실에 주목할 경우 연금에 대한 현재가치를 구하는 공식을 도출할 수 있다. 따라서 종신연금의 현재가치를 구하는 공식은 다음과 같다.

$$\frac{C}{r}$$

예를 들어 내년부터 시작하여 매년 1,000파운드씩 영원히 지급하는 영국 정부가 발행한 채권을 보유하고 있으며 할인율이 0.20이라면, 이 종신연금의 현재가치는 다음과 같다.

$$\frac{\pounds1,000}{0.20} = \pounds5,000$$

무한히 지속적으로 지급되는 금액 1,000파운드의 합계는 무한히 커지더라도, 1,000파운드씩 지급하는 종신연금의 현재가치는 유한하다. 그 이유는 화폐가 시간 가치를 갖고 있기 때문이다. 따라서 지금부터 매우 먼 장래, 예를 들면 1,000년 후 받게 될 화폐의 크기는 실제로 영이 되는 현재가치를 갖는다.

순현재가치

현재가치가 중요하게 사용되는 경우는 편익과 비용을 비교하는 경우이다. 어떤 기업이 새로운 공장을 건설하려고 하며 이 공장에서 생산되는 생산품으로 인해 공장의 운용 수명인 20년 동안 매년 150만 달러만큼씩 해당 기업의 현금 흐름이 증가한다고 가상하자. 나아가 해당 공장의 건설비용은 2,000만 달러가 소요된다고 가상하자. 마지막으로 새로운 투자에 대한 해당 기업의 할인율은 15%라고 가상하자. 새로운 공장 건설에 따른 연속적인 편익이 해당 공장을 건설하기 위해 필요한 선행 투자비용보다 더 큰가? 이 물음에 답하기 위해서 해당 공장의 순 현재가치를 계산해 보자. **순 현재가치**(net present value, NPV)는, 연속적인 편익의 현재가치와 이런 편익을 받기 위해 발생하게 되는 선행 투자비용 사이의 차이이다. 순 현재가치를 구하는 공식은 다음과 같다.

$$NPV = -C_0 + \frac{C_1}{(1+r)} + \frac{C_2}{(1+r)^2} + \cdots + \frac{C_T}{(1+r)^T}$$

여기서 C_0는, 연속적인 현금편익, 즉 $C_1, \cdots, C_T$를 받기 위해 이루어져야 하는 최초의 선행투자비용이다. 이 공식을 위 예에 적용하면 새로운 공장(연속적인 편익이 연금의 형태를 갖는다)의 순현재가치는 다음과 같다.

$$\begin{aligned} NPV &= -\$20,000,000 + \frac{\$1,500,000}{1.15} + \frac{\$1,500,000}{1.15^2} + \cdots + \frac{\$1,500,000}{1.15^{20}} \\ &= -\$20,000,000 + \frac{\$1,500,000}{0.15}\left[1 - \frac{1}{1.15^{20}}\right] \\ &= -\$10,611,003 \end{aligned}$$

$NPV < 0$이므로, 새로운 공장에서 받을 편익의 현재가치가 새로운 공장 건설에 필요한 선행투자비용보다 더 작다는 사실을 알 수 있다. 따라서 새로운 공장의 편익은 건설비용만큼 가치가 있지 않다.

현재가치, 미래가치, 최적 소비선택문제

현재가치 및 미래가치에 대한 개념은, 4.3절에서 논의한 시간의 흐름에 따른 최적 소비선택분석에서 유용하게 사용될 수 있다. 우선 소비자의 예산선을 살펴보도록 하자. 〈그림 4.14〉에서 살펴본 것처럼, 소비자 예산선의 수평축에 대한 절편은 다음과 같다.

$$I_1 + \frac{I_2}{1+r}$$

위 식에 따르면 금년 및 내년에 대해 소비자가 기대한 소득이 주어진 경우 소비자가 금년에 지출할 수 있는 최대금액은 금년 소득 및 내년 소득의 현재가치이다. 소비자는 자신의 미래 전체 소득에 해당하는 금액을 차용함으로써 이 수준의 현재소비를 달성할 수 있다.

소비자 예산선의 수직축에 대한 절편은 다음과 같다.

$$I_2 + I_1(1 + r)$$

위 식에 따르면 소비자가 내년에 지출할 수 있는 최대금액은 금년 소득의 미래가치 및 내년 소득이다. 소비자는 금년에 받은 자신의 소득 전부를 저축하고 내년 소득에 자신이 한 저축과 저축에 대한 누적이자를 합산한 금액을 내년에 소비함으로써 이 수준의 장래소비를 달성할 수 있다.

예산선의 기울기가 $-(1 + r)$이라는 사실에 주목하자. 이에 따르면 현재소비를 1달러 추가적으로 하기 위해서 장래소비 $1 + r$달러를 포기하여야 한다. 다시 말해 현재소비를 1달러 추가적으로 하기 위해서, 소비자는 현재소비 1달러의 장래가치를 포기하여야 한다.

이제 현재소비 및 장래소비에 대한 최적 수준에 대해 생각해 보고, 어떤 상황하에서 소비자가 차용자 또는 저축자가 되는지 알아보자. 최적 바구니라고 정의된 접점이 〈그림 4.14〉에서 살펴본 것처럼 예산선 상의 점 A의 동남쪽에 위치할 경우, 차용을 하는 것이 최적이라는 사실을 소비자는 알게 된다. 이런 경우가 어떤 상황인지 알아보기 위해서 소비자의 효용함수가 다음과 같다는 단순한 가정을 하자.

$$U(C_1) + \frac{U(C_2)}{1 + \rho}$$

$U(C)$는 해당 연도에 복합재 C달러를 소비함으로써 소비자가 얻게 될 효용을 나타내는 효용함수이다. 다시 말해 소비자효용은 금년의 소비 및 할인율 ρ를 사용한 내년의 소비로부터 얻을 효용의 현재가치이다. 할인율은 소비자의 **시간 선호율**(rate of time preference)이라고 하며, 소비자의 조급함을 측정한 값이다. 소비자의 ρ값이 커질수록 소비자는 더욱 조급해진다. 즉 장래소비로부터 소비자가 얻게 될 효용은 더욱 작아진다.

내년 소비에 대한 금년 소비의 한계대체율은 내년 소비의 한계효용에 대한 금년 소비의 한계효용의 비율과 같다. 앞에서 살펴본 효용함수의 경우 이는 다음과 같다.

$$MRS_{C_1, C_2} = (1 + \rho)\frac{U'(C_1)}{U'(C_2)}$$

여기서 $U'(C_1)$ 및 $U'(C_2)$는 각각 금년 소비 및 내년 소비의 한계효용을 나타낸다. 소비자 최적 바구니는 〈그림 4.14〉에 있는 점 A의 오른쪽에서 달성된다. 즉 〈그림 4.14〉의 점 A에서 다음과 같이 MRS_{C_1, C_2}가 예산선 기울기의 절댓값보다 큰 경우 소비자는 차용을 하게 된다.

$$\frac{U'(I_1)}{U'(I_2)} > \frac{1 + r}{1 + \rho}$$

다음과 같은 경우 위의 조건이 준수될 가능성이 더욱 커진다.

- 소비자가 충분히 조급하다. 즉 소비자의 시간선호율 ρ가 시장이자율 r보다 더 크다.

그리고/또는

- 금년 소득하에서 소비의 한계효용이 내년 소득하에서 소비의 한계효용을 초과한다. 소비의 한계효용이 체감하는 경우, 소비자가 금년부터 내년까지 소득의 성장, 즉 $I_2 > I_1$을 기대한다면 이런 현상이 발생한다.

최적선택이론에 따르면 소득성장에 대한 기대가 일정한 경우, 더 조급한 사람이 더 인내하는 사람보다 더 큰 차용 성향을 갖는다. 시간 선호율이 일정한 경우, 소득성장에 대해 더 높은 기대를 갖는 사람이 더 낮은 기대를 갖는 사람보다 더 큰 차용 성향을 갖는다.

제6장 **콥-더글러스 생산함수의 대체탄력성**

여기서는 콥-더글러스 생산함수 $f(L, K) = AL^\alpha K^\beta$의 대체탄력성을 도출하고자 한다. 노동 및 자본의 한계생산물은 노동 및 자본 각각에 대해 다음과 같이 생산함수를 편미분함으로써 구할 수 있다.

$$MP_L = \frac{\partial f}{\partial L} = \alpha AL^{\alpha-1}K^\beta$$

$$MP_K = \frac{\partial f}{\partial K} = \beta AL^\alpha K^{\beta-1}$$

일반적으로 다음과 같다는 사실을 기억해 보자.

$$MRTS_{L,K} = \frac{MP_L}{MP_K}$$

위에서 구한 콥-더글러스 생산함수에서의 노동 및 자본의 한계생산물 수식을 이용하여 콥-더글러스 생산함수에 대한 한계기술대체율을 다음과 같은 비율로 나타낼 수 있다.

$$MRTS_{L,K} = \frac{\alpha AL^{\alpha-1}K^\beta}{\beta AL^\alpha K^{\beta-1}}$$

$$= \frac{\alpha K}{\beta L}$$

위의 식에서 항을 재정리하면 다음과 같다.

$$\frac{K}{L} = \frac{\beta}{\alpha} MRTS_{L,K} \tag{A6.1}$$

따라서 $\Delta(K/L) = (\beta/\alpha)\Delta MRTS_{L,K}$ 또는 다음과 같다.

$$\frac{\Delta\left(\dfrac{K}{L}\right)}{\Delta MRTS_{L,K}} = \frac{\beta}{\alpha} \tag{A6.2}$$

또한 (A6.1)로부터 다음을 구할 수 있다.

$$\frac{MRTS_{L,K}}{\left(\dfrac{K}{L}\right)} = \frac{\alpha}{\beta} \tag{A6.3}$$

식 (6.6)의 대체탄력성에 관한 정의를 이용하면 다음과 같다.

$$
\begin{aligned}
\sigma &= \frac{\% \ \Delta\left(\dfrac{K}{L}\right)}{\% \ \Delta MRTS_{L,K}} = \frac{\Delta\left(\dfrac{K}{L}\right)\Big/\dfrac{K}{L}}{\left(\dfrac{\Delta MRTS_{L,K}}{MRTS_{L,K}}\right)} \\[2em]
&= \left(\frac{\Delta\left(\dfrac{K}{L}\right)}{\Delta MRTS_{L,K}}\right)\left(\frac{MRTS_{L,K}}{\dfrac{K}{L}}\right)
\end{aligned}
\tag{A6.4}
$$

식 (A6.2) 및 (A6.3)을 (A6.4)에 대입시키면 다음과 같아진다.

$$\sigma = \frac{\beta}{\alpha} \times \frac{\alpha}{\beta} = 1$$

즉 콥–더글러스 생산함수 상에서의 대체탄력성은 K 및 L의 모든 값에 대해 1이 된다.

제7장 **비용극소화와 관련된 높은 수준의 논의**

무엇이 자본용역 가격을 결정하는가?

제4장 부록에서는 화폐의 시간가치에 관한 개념, 특히 현재가치의 개념을 소개하였다. 현재가치의 개념을 사용하여 자본용역 r의 단위당 가격을 결정하는 요소들을 설명할 수 있다. 일반적으로

자본용역을 제공하는 기계는 수년 동안 지속적으로 사용되며 이에 따라 장기간에 걸쳐 용역을 제 공하기 때문에 화폐의 시간가치는 자본용역의 가격을 결정하는 것과 관련된다.

자본용역의 가격이 어떻게 결정되는지 설명하는 가장 명쾌한 방법은 어떤 기업이 다른 기업으 로부터 기계의 시간당 작업량을 임대함으로써 자본용역을 얻는다고 가상하는 것이다. 이런 방식 은 실제 세계에도 존재한다. 예를 들면 항공사들은 전문 임대기업들로부터 항공기를 종종 임대하 며 은행들은 전문 자료저장기업들로부터 컴퓨터 시간을 임대한다. 기계 임대기업에 대한 시장은 매우 경쟁적이라고 가정할 것이다. 따라서 기계의 시간당 작업량을 임대해 주는 기업들은 이런 용 역을 구하는 기업들의 사업영역에서 서로 경쟁하게 된다.

임대를 한 기계는 자본용역으로 기계의 시간당 작업량 K를 제공한다고 가상하자. 기계 자체는 취득하는 데 A 달러가 소요된다. 따라서 해당 기계의 시간당 각 작업량의 취득비용은 A/K가 되며 이를 a로 표기하도록 하자.

나아가 해당 기계는 매년 $d \times 100\%$의 비율로 감가상각이 이루어진다고 가상하자. 따라서 $d =$ 0.05라면 기계가 제공할 수 있는 시간당 작업량의 수는 매년 5%씩 감소한다. 기계가 첫 번째 연도 에 시간당 작업량 100을 공급하는 경우 다음과 같아진다.

- 두 번째 연도에는 $(1 - 0.05)100 = 95$라는 시간당 작업량을 공급한다.
- 세 번째 연도에는 $(1 - 0.05)100 - 0.05(1 - 0.05)100 = (1 - 0.05)^2 100 = 90.25$라는 시간 당 작업량을 공급한다.
- 네 번째 연도에는 $(1 - 0.05)^2 100 - 0.05(1 - 0.05)^2 100 = (1 - 0.05)^3 100 = 87.74$라는 시간 당 작업량을 공급한다.

이렇게 계속된다.

이제 r은 자본용역으로 제공되는 한 개 기계의 시간당 작업량에 대해 기계 소유주가 부과하는 임대가격이라고 하자. 기계 소유주가 할인율 i를 갖는다면 기계 소유주에 대한 임대수입의 순현재 가치는 다음과 같다.

$$\frac{rK}{(1+i)} + \frac{r(1-d)K}{(1+i)^2} + \frac{r(1-d)^2 K}{(1+i)^3} + \cdots$$

명백하지는 않더라도 대수학의 몇 단계를 거쳐 위의 식을 다음과 같이 나타낼 수 있다.

$$\frac{rK}{i+d}$$

기계의 시간당 작업량을 판매하는 시장이 경쟁적이라면 해당 기계를 임대함으로써 기계 소유주 가 얻을 수 있는 수입의 현재가치는 해당 기계를 취득하는 데 따른 비용에 단순히 상응할 수 있을 뿐이다.

$$\frac{rK}{i+d} = A$$

이를 다음과 같이 나타낼 수도 있다.

$$\frac{rK}{i+d} = aK$$

위의 식을 재정리하면 기계의 시간당 작업량에 대한 임대가격 r에 관해 다음과 같이 풀 수 있다.

$$r = a(i+d)$$

이를 때때로 **자본용역**에 대한 묵시적 임대가격이라고 한다.

위의 분석에 따르면 자본용역의 가격은 다음과 같은 세 가지 요소, 즉 용역을 제공하는 장비의 취득비용 a, 기계 소유주의 할인율 i, 자본장비의 할인율 d를 반영하고 있다.

위의 분석은 해당 용역을 제공하는 자본장비를 보유하지 않은 기업이 구매하여 제공하는 자본용역의 경우와 관련된다. 기업이 실제로 자신의 자본장비를 보유하고 있는 경우라면 어떠한가? 분석은 변화가 없다. 이 경우 자본용역 가격은 자신의 기업 내에 생산적인 용역을 제공하기 위하여 해당 기계를 사용하고 이로 인해 해당 기업 외부에 자본용역을 판매할 기회를 상실하게 되는데 따른 기회비용이다. 따라서 자본용역의 기회비용은 $r = a(i+d)$이다.

쌍대성 : 생산요소 수요함수로부터 생산함수를 '다시 도출하기'

이 장은 생산함수에서 출발하여 생산요소 수요함수를 어떻게 도출해 낼 수 있는지 보여 주고 있다. 하지만 이 도출 방향을 또한 정반대로 역전시킬 수 있다. 즉 생산요소 수요함수에서 출발하여 생산함수를 '다시 도출'해 낼 수 있다. **쌍대성**(duality)은 생산함수와 생산요소 수요함수의 이런 연결관계를 알려 준다. 모든 생산함수에 대해 비용극소화 문제를 해결함으로써 이에 상응하는 생산요소 수요함수를 도출해 낼 수 있다. 그리고 생산요소 수요함수를 알고 있는 경우 생산함수를 다시 도출해 낼 수 있다.

쌍대성을 설명하기 위해 정리문제 7.4에서 도출한 생산요소 수요곡선으로부터 생산함수를 역조작할 것이다. 근거가 되는 생산함수가 무엇인지를 이미 알고 있으므로 이 예를 이용할 것이다. 따라서 도출하게 될 생산함수가 옳은지 여부를 확인할 수 있다. 세 가지 단계를 거쳐 진행할 것이다.

- **단계 1** : 노동에 대한 수요함수에서 출발하여 Q, r, L의 측면에서 w에 대해 풀어 보도록 하자.

$$L = \frac{Q}{50}\sqrt{\frac{r}{w}}$$

다른 변수들의 측면에서 w에 대해 풀어 보면 다음과 같다.

$$w = \left(\frac{Q}{50L}\right)^2 r$$

● **단계 2** : w에 대한 해법을 자본에 대한 수요함수 $K = (Q/50)\sqrt{(w/r)}$에 대입시키면 다음과 같다.

$$K = \frac{Q}{50}\left(\frac{\left(\frac{Q}{50L}\right)^2 r}{r}\right)^{\frac{1}{2}}$$

이를 단순화시키면 다음과 같다.

$$K = \frac{Q^2}{2,500L}$$

● **단계 3** : L 및 K의 측면에서 Q에 대한 식을 풀면 다음과 같다.

$$Q = 50K^{\frac{1}{2}}L^{\frac{1}{2}}$$

정리문제 7.4로 돌아가 보면 위의 식이 생산요소 수요함수를 도출한 생산함수라는 사실을 알 수 있다.

여러분은 쌍대성이 왜 중요한지 그 이유에 대해 알고 싶어 할 수도 있다. 생산요소 수요함수로부터 생산함수를 도출하는 데 관심을 갖는 이유는 무엇인가? 장기 총비용함수에 대한 개념을 소개하고 난 후 제8장에서 쌍대성의 중요성에 관해 논의할 것이다.

제8장 **셰퍼드의 보조정리 및 쌍대성**

셰퍼드의 보조정리

제7장의 정리문제 7.4의 계산과 이 장의 정리문제 8.1의 계산을 비교해 보자. 둘 다 생산함수 $Q = 50\sqrt{KL}$과 관련된다. 생산요소 수요함수는 다음과 같다.

$$K^\star(Q, w, r) = \frac{Q}{50}\sqrt{\frac{w}{r}}$$

$$L^\star(Q, w, r) = \frac{Q}{50}\sqrt{\frac{r}{w}}$$

장기 총비용함수는 다음과 같다.

$$TC(Q, w, r) = \frac{\sqrt{wr}}{25}Q$$

장기 총비용함수가 Q 및 r은 고정되어 있다고 볼 경우 노동가격 w에 대해 어떻게 변화하는지 살펴보도록 하자.

$$\frac{\partial TC(Q, w, r)}{\partial w} = \frac{Q}{50}\sqrt{\frac{r}{w}} = L^*(Q, w, r) \tag{A8.1}$$

노동가격에 대한 장기 총비용의 변화율은 노동수요함수와 같다. 이와 유사하게 다음과 같아진다.

$$\frac{\partial TC(Q, w, r)}{\partial r} = \frac{Q}{50}\sqrt{\frac{w}{r}} = K^*(Q, w, r) \tag{A8.2}$$

자본가격에 대한 장기 총비용의 변화율은 자본수요함수와 같다.

식 (A8.1)과 (A8.2)에 함축되어 있는 관계는 우연의 일치가 아니다. 이는 장기 총비용함수와 생산요소 수요함수 사이의 일반적인 관계를 보여 주는 것이다. 이 관계는 **셰퍼드의 보조정리**(Shephard's Lemma)라고 알려져 있다. 셰퍼드의 보조정리에 따르면 생산요소 가격에 대한 장기 총비용함수의 변화율은 그에 상응한 생산요소 수요함수와 같다.[1] 수학적으로 이를 나타내면 다음과 같다.

$$\frac{\partial TC(Q, w, r)}{\partial w} = L^*(Q, w, r)$$
$$\frac{\partial TC(Q, w, r)}{\partial r} = K^*(Q, w, r)$$

셰퍼드의 보조정리는 직관적인 의미를 갖고 있다. 어떤 기업의 시간당 임금이 1달러 증가할 경우 해당 기업의 총비용은 (대략적으로) 증가한 임금 1달러에 현재 투입하고 있는 노동량을 곱한 만큼 증가해야 한다. 즉 총비용의 증가율은 대략적으로 노동수요함수와 같아야 한다. '대략적으로'라는 단어를 사용하는 이유는 기업이 총비용을 극소화할 경우 w가 증가함에 따라 기업은 노동의 사용을 줄이고 자본의 사용을 증가시키기 때문이다. 셰퍼드의 보조정리에 따르면 w가 조금 변화할 경우(즉 Δw가 0에 매우 근접할 경우) 해당 기업의 현재 노동사용량은 기업의 비용이 얼마나 증가할지를 알아보는 데 어림값으로 사용할 수 있다고 본다.

---

1 셰퍼드의 보조정리는 단기 총비용함수와 단기 생산요소 수요함수 사이의 관계에도 적용된다. 이런 이유로 인해 이 장 부록의 나머지 부분에서는 단기에 해당하는지 또는 장기에 해당하는지를 일반적으로 구분하지 않을 것이다. 하지만 표기를 일관되게 하기 위하여 이 장과 제7장에서 사용한 '장기'란 표기를 사용할 것이다.

쌍대성

셰퍼드의 보조정리가 갖는 중요한 의미는 무엇인가? 이는 생산함수와 비용함수 사이의 중요한 연결관계, 즉 제7장 부록에서 쌍대성이라고 한 연결고리를 제공하기 때문이다. 쌍대성은 다음과 같이 이용된다.

- 셰퍼드의 보조정리에 의하면 총비용함수를 알고 있는 경우 생산요소 수요함수를 도출할 수 있다.
- 이번에는 다시 제7장 부록에서 살펴보았던 것처럼 생산요소 수요함수를 알고 있는 경우 그것이 도출되었던 생산함수의 특성을 추론할 수 있다(어쩌면 생산함수 식조차도 도출할 수 있을 것이다).

따라서 총비용함수를 알고 있는 경우 이 함수를 도출하는 데 근간이 되었던 생산함수의 특성을 언제나 설명할 수 있다. 이런 의미에서 비용함수는 생산함수에 대해 쌍대적이다(즉 연계되어 있다). 모든 생산함수에 대해 비용극소화 문제를 통해 도출할 수 있는 단 한 개의 총비용함수가 존재한다.

이는 매우 가치 있는 통찰력이라 할 수 있다. 통계적인 방법을 이용하여 기업의 생산함수를 추정하는 일은 종종 곤란을 겪게 된다. 이 중 하나가 많은 '특정한' 형태의 함수 중에서 어느 것이 특정 산업이나 기업에 가장 적합한 함수인지를 선택하는 일이다. 이 밖에 생산요소 가격과 총비용에 관한 자료는 생산요소의 양에 관한 자료보다 쉽게 구할 수 있다. 연구자들은 통계적인 방법을 이용하여 비용함수를 추정하고 나서, 생산함수에서 규모에 대한 수확의 성격을 추론하는 데 셰퍼드의 보조정리와 쌍대성의 논리를 적용하고는 한다.

셰퍼드 보조정리의 증명

Q가 고정되어 있는 경우 L_0 및 K_0는 어떤 임의적인 생산요소 가격의 결합(w_0, r_0)에 대해 비용을 극소화하는 생산요소의 결합이라고 하자.

$$L_0 = L^*(Q, w_0, r_0)$$
$$K_0 = K^*(Q, w_0, r_0)$$

w 및 r의 함수, $g(w, r)$은 다음과 같다고 정의한다.

$$g(w, r) = TC(Q, w, r) - wL_0 - rK_0$$

이 함수의 특별한 점은 무엇인가? L_0, K_0는 $w = w_0$ 및 $r = r_0$인 경우 비용을 극소화하는 생산요소의 결합이므로, 다음과 같은 관계가 성립되어야 한다는 사실을 알고 있다.

$$g(w_0, r_0) = 0 \tag{A8.3}$$

나아가 (L_0, K_0)는 (w_0, r_0) 이외의 생산요소 가격 (w, r)에서 생산량 Q를 생산하기 위해 가능한 (하지만 최적이 아닐지도 모를) 생산요소의 결합이므로 다음과 같은 관계가 성립되어야만 한다.

$$(w, r) \neq (w_0, r_0) \text{인 경우, } g(w, r) \leq 0 \tag{A8.4}$$

조건 (A8.3) 및 (A8.4)가 의미하는 바는 $w = w_0$ 및 $r = r_0$인 경우 함수 $g(w, r)$이 최댓값을 달성할 수 있다는 것이다. 따라서 w 및 r에 대한 편미분은 이 점에서 영이 되어야만 한다.

$$\frac{\partial g(w_0, r_0)}{\partial w} = 0 \Rightarrow \frac{\partial TC(Q, w_0, r_0)}{\partial w} = L_0 \tag{A8.5}$$

$$\frac{\partial g(w_0, r_0)}{\partial r} = 0 \Rightarrow \frac{\partial TC(Q, w_0, r_0)}{\partial r} = K_0 \tag{A8.6}$$

$L_0 = L^*(Q, w_0, r_0)$ 및 $K_0 = K^*(Q, w_0, r_0)$이므로 (A8.5) 및 (A8.6)은 다음과 같은 의미를 갖는다.

$$\frac{\partial TC(Q, w_0, r_0)}{\partial w} = L^*(Q, w_0, r_0) \tag{A8.7}$$

$$\frac{\partial TC(Q, w_0, r_0)}{\partial r} = K^*(Q, w_0, r_0) \tag{A8.8}$$

(w_0, r_0)는 임의적인 생산요소 가격의 결합이므로 조건 (A8.7) 및 (A8.8)은 어떤 생산요소 가격의 결합에 대해서도 성립한다. 이것이 바로 셰퍼드의 보조정리를 증명해 보여 주고자 했던 것이다.

제9장 **이윤극대화는 비용극소화를 의미한다**

제7장 및 제8장에서는 일정한 생산량을 생산하는 데 소요되는 총비용을 극소화하기 위한 생산요소를 선택하는 기업들의 의사결정을 살펴보았다. 이 장에서는 이윤을 극대화하려는 가격을 추종하는 기업의 생산량 선택에 관해 알아보았다. 이 분석들은 어떻게 연계되어 있는가?

긴밀하게 연계되어 있다. 특히 이윤을 극대화하는 생산량의 선택은 비용을 극소화하는 생산요소의 선택을 의미한다고 볼 수 있다. 또는 간단히 표현하면 이윤극대화는 비용극소화를 의미한다고 본다. 이 점에 대해 알아보기 위해 가격을 추종하는 기업의 이윤극대화 문제를 두 가지 방법으로 분석할 수 있다는 데 주목하자.

- 생산요소 선택 방법 : 기업은 이윤을 극대화하기 위해 (예를 들면 자본량 및 노동량과 같은) 생산요소를 선택한다고 볼 수 있다. 이 경우 생산요소의 선택은 생산함수를 통해 기업의 생산량을 결정하게 된다.
- 생산량 선택 방법 : 기업은 우선 **생산량**을 선택하고 나서 이 생산량에 대해 비용을 극소화할 수 있는 생산요소량을 선택한다고 볼 수 있다.

이 장에서는 생산량 선택 방법을 사용하였다. 이윤극대화가 비용극소화를 의미한다는 사실을 보여 주기 위해 생산요소 선택 방법은 다음과 같은 사실을 보여 줄 것이다. 즉 이윤을 극대화하는 기업은 비용을 극소화하는 생산요소의 결합을 통해 생산물을 생산해야 한다는 사실을 보여 줄 것이다. 이는 다시 생산량 선택 방법과 생산요소 선택 방법이 분석하는 방법은 상이하지만 이윤을 극대화하는 기업의 행태를 분석하는 동일한 방법임을 보여 주게 될 것이다.

기업은 두 개의 생산요소, 즉 자본과 노동을 사용한다고 가상하자. 생산요소 가격은 각각 w와 r이 된다. 기업의 생산함수는 $Q = f(L, K)$가 된다. 기업은 생산물 시장과 생산요소 시장에서 가격추종자이다(즉 기업은 시장가격 P와 생산요소 가격 w 및 r을 주어진 것으로 본다). 기업은 생산요소 L 및 K의 수량을 선택하며 생산량은 생산함수 $f(L, K)$를 통해 결정된다. 그러면 기업의 이윤극대화 문제를 다음과 같은 방법으로 나타낼 수 있다.

$$\max_{(L,K)} \pi(L, K) = Pf(L, K) - wL - rK$$

첫 번째 항 $Pf(L, K)$는 (시장가격에 생산량을 곱한) 기업의 총수입이 된다. 마지막 두 항은 각각 총노동비용과 총자본비용을 의미한다. 식 $\pi(L, K)$는 기업의 총이윤을 노동 및 자본의 선택에 대한 함수로 나타낸 것이다.

이윤극대화는 다음과 같은 두 가지 조건을 의미한다.

$$\frac{\partial \pi}{\partial L} = P\frac{\partial f}{\partial L} - w = 0 \Rightarrow P = \frac{w}{MP_L} \tag{A9.1}$$

$$\frac{\partial \pi}{\partial K} = P\frac{\partial f}{\partial K} - r = 0 \Rightarrow P = \frac{r}{MP_K} \tag{A9.2}$$

위의 식은 제6장에서 소개하고 제7장에서 종종 사용한 한계생산물에 대한 기호를 사용하였다.

위의 두 가지 조건에 따르면 이윤을 극대화하는 기업은 (1) 노동에 사용한 추가적인 각 화폐단위로부터 기업이 얻은 추가적인 생산물(즉 MP_L/w)이 시장가격의 역수와 동일해지고 또한 (2) 자본에 사용한 추가적인 각 화폐단위로부터 기업이 얻은 추가적인 생산물(즉 MP_K/r)이 시장가격의 역수와 동일해지도록 생산요소를 선택해야 한다고 한다. 이는 이윤을 극대화하는 생산요소의 선택이 주어진 경우 다음과 같다는 의미이다.

$$\frac{MP_L}{w} = \frac{MP_K}{r} \tag{A9.3}$$

하지만 이는 제7장에서 도출한 비용극소화 조건이다. 따라서 조건 (A9.3)에 따르면 생산물을 생산하기 위해 기업이 사용할 수 있는 많은 생산요소의 결합 중에서 이윤을 극대화하는 기업은 비용을 극소화하는 결합을 선택하게 된다고 볼 수 있다. 즉 이윤극대화는 비용극소화를 의미하게 된다.

제13장   **쿠르노 균형과 역탄력성 가격책정 규칙**

쿠르노 균형에서 각 기업은 한계비용을 자신의 잔여수요곡선에 상응하는 한계수입과 같다고 본다. 이는 다음과 같다.

$$P^* + \frac{\Delta P}{\Delta Q} Q_i^* = MC, \quad \text{여기서 } i = 1, 2, \ldots, N \tag{A13.1}$$

Q_i^*는 기업 i의 균형생산량이다. (A13.1)을 재정리하면 다음과 같다.

$$\frac{P^* - MC}{P^*} = -\frac{\Delta P}{\Delta Q} \frac{Q_i^*}{P^*} \tag{A13.2}$$

(A13.2) 오른쪽의 분자와 분모에 전체 시장생산량 Q^*를 곱하면 다음과 같다.

$$\frac{P^* - MC}{P^*} = -\left(\frac{\Delta P}{\Delta Q} \frac{Q^*}{P^*} \right) \frac{Q_i^*}{Q^*} \tag{A13.3}$$

이제 $(\Delta P/\Delta Q)(Q^*/P^*) = 1/\epsilon_{Q,P}$, 즉 수요의 가격탄력성의 역수와 같다는 점에 주목하자. 나아가 Q_i^*/Q^*는 기업 i의 균형 시장점유율이라는 사실에 주목하자. 모든 기업이 동일한 경우 각 기업은 해당 시장을 균등하게 분할하게 된다. 따라서 $Q_i^*/Q^* = 1/N$이 된다. 따라서 식 (A13.3)의 쿠르노 균형조건을 다음과 같이 수정된 역탄력성 가격책정 규칙으로 나타낼 수 있다.

$$\frac{P^* - MC}{P^*} = -\frac{1}{\epsilon_{Q,P}} \times \frac{1}{N} \tag{A13.4}$$

제16장   **(그림 16.7 및 정리문제 16.2의) 일반균형에 대한 수요곡선 및 공급곡선 도출**

〈그림 16.7〉 및 정리문제 16.2의 단순경제는 다음과 같은 특성을 갖는다는 점을 기억하자. 즉 100개의 육체근로자 가계(B) 그리고 100개의 사무근로자 가계(W)가 있다. 또한 해당 물품생산에 특화된 100개 기업(즉 100개 에너지 생산업체 그리고 100개의 식료품 생산업체)에 의해 각각 생산된

두 개 재화, 즉 에너지(x) 그리고 식료품(y)이 있다. 또한 두 개의 생산요소 노동(l) 그리고 자본(k)이 있다. 모든 에너지 생산업체가 함께 생산한 에너지 총량은 X이고, 모든 식료품 생산업체가 함께 생산한 식료품 총량은 Y이다.

이 부록에서는 〈그림 16.7〉에서 살펴보고 정리문제 16.2에서 식 형태로 주어진 이 경제에 대한 수요곡선 및 공급곡선을 도출할 것이다. 이렇게 유도된 도출은 다음과 같은 효용함수 및 생산함수에 기초한다.

$$\text{사무근로자 가계의 효용함수: } U^W(x,y) = x^{\frac{1}{2}} y^{\frac{1}{2}}$$

$$\text{육체근로자 가계의 효용함수: } U^B(x,y) = x^{\frac{3}{4}} y^{\frac{1}{4}}$$

$$\text{에너지 생산업체의 생산함수: } x = 1\,89 l^{\frac{1}{3}} k^{\frac{2}{3}}$$

$$\text{식료품 생산업체의 생산함수: } y = 2 l^{\frac{1}{2}} k^{\frac{1}{2}}$$

에너지 및 식료품에 대한 가계수요곡선 및 시장수요곡선 도출하기

이 경제의 각 가계에 대한 수요곡선을 먼저 도출하고, 그리고 나서 이들 수요곡선을 합산하여 시장수요곡선을 도출할 것이다. 이렇게 하기 위해서 제5장에서 살펴본 기법을 사용할 것이다.

사무근로자 가계의 효용함수가 주어진 경우, 에너지 및 식료품의 한계효용은 다음과 같다.

$$MU_x^W = \frac{1}{2}\left(\frac{y}{x}\right)^{\frac{1}{2}} \quad \text{및} \quad MU_y^W = \frac{1}{2}\left(\frac{x}{y}\right)^{\frac{1}{2}}$$

한계대체율은 한계효용의 비율로 $MRS_{x,y}^W = MU_x^W/MU_y^W$와 같다. 한계효용 대신에 위의 식으로 대체하면 다음과 같아진다.

$$MRS_{x,y}^W = \frac{y}{x}$$

가계가 예산제약에 따라 자신의 효용을 극대화한다고 가정할 경우 $MRS_{x,y}^W$는 P_x/P_y의 비율과 같아진다. 이 밖에 예산제약이 충족되어야 한다. 따라서 효용극대화에 따르면 두 개의 미지수 x 및 y에 대해 두 개의 식이 있게 된다.

$$MRS_{x,y}^W = \frac{P_x}{P_y} \text{는} \quad \frac{y}{x} = \frac{P_x}{P_y} \text{를 의미한다.}$$

예산제약은 $xP_x + yP_y = I_W$를 의미하며 여기서 I_W는 가계소득 수준(이는 요소가격 w 및 r에 의존한다는 점을 기억하자)을 나타낸다. (P_x, P_y, I_W를 일정하다고 보고) x 및 y에 대해 이 식을 풀면 다음과 같은 값을 구할 수 있다.

$$x = \frac{1}{2}\frac{I_W}{P_x} \text{ 및 } y = \frac{1}{2}\frac{I_W}{P_y}$$

이 식은 에너지 및 식료품에 대한 일반적인 사무근로자 가계의 수요곡선이다. 이 경제에는 100개의 이런 가계가 있다고 가상하자. 그렇다면 앞의 식에 100을 곱하여 사무근로자 가계의 에너지 및 식료품에 대한 총수요곡선을 구할 수 있다. 이를 통해 〈그림 16.3〉에 있는 수요곡선 D_x^W 및 D_y^W를 다음과 같이 도출할 수 있다.

$$x^W = \frac{50I_W}{P_x}$$

$$y^W = \frac{50I_W}{P_y}$$

이제는 육체근로자 가계를 살펴보도록 하자. 육체근로자 가계의 효용함수가 주어진 경우, 에너지 및 식료품의 한계효용은 다음과 같다.

$$MU_x^B = \frac{3}{4}\left(\frac{y}{x}\right)^{\frac{1}{4}} \text{ 및 } MU_y^B = \frac{1}{4}\left(\frac{x}{y}\right)^{\frac{3}{4}}$$

일반적인 육체근로자 가계에 대한 에너지 및 식료품 수요곡선을 도출하기 위해 사무근로자 가계에 대해 했던 것과 동일한 방법을 이용할 것이다. 그렇게 할 경우 육체근로자 가계에 대한 수요곡선은 다음과 같다.

$$x = \frac{3}{4}\left(\frac{I_B}{P_x}\right) \text{ 및 } y = \frac{1}{4}\left(\frac{I_B}{P_y}\right)$$

이와 같은 가계가 100가구 있다고 가상하자. 육체근로자 가계의 에너지 및 식료품에 대한 총수요는 위의 식에 100을 곱하여 구할 수 있다. 이를 통해 〈그림 16.3〉에 있는 수요곡선 D_x^B 와 D_y^B를 다음과 같이 도출할 수 있다.

$$x^B = \frac{75I_B}{P_x}$$

$$y^B = \frac{25I_B}{P_y}$$

각 형태의 가계에 대한 수요곡선을 수평으로 합하여 에너지 및 식료품에 대한 시장수요곡선을 구할 수 있다. 따라서 에너지에 대한 시장수요곡선은 $X = x^W + x^B$가 되며, 이는 $X = (50I_W + 75I_B)/P_x$를 의미한다. 정리문제 16.2에서처럼 에너지에 대한 수요곡선을 다음과 같은 방법으로 나타내는 것이 편리하다.

$$P_x = \frac{50I_W + 75I_B}{X}$$

이와 유사하게 식료품에 대한 시장수요곡선은 $Y = y^W + y^B$가 되며, 이 수요곡선을 다음과 같은 방법으로 나타낼 수 있다.

$$P_y = \frac{50I_W + 25I_B}{Y}$$

이 수요곡선들은 각 개별 가계의 소득수준에 의존한다는 점에 주목하자.

노동 및 자본에 대한 시장수요곡선의 도출

일반적인 에너지 생산업체의 생산함수가 주어진 경우, 노동 및 자본의 한계생산물은 다음과 같다.

$$MP_l = \left(\frac{1}{3}\right) 1.89 l^{\frac{1}{3}} k^{\frac{2}{3}} l^{-1} \quad \text{및} \quad MP_k = \left(\frac{2}{3}\right) 1.89 l^{\frac{1}{3}} k^{\frac{2}{3}} k^{-1}$$

제7장에서 봤듯이 한계기술대체율 $MRTS_{l,k}^x$는 자본의 한계생산물에 대한 노동의 한계생산물의 비율인 $MRTS_{l,k}^x = MP_l/MP_k$라는 점을 기억하자. 이 식에 한계생산물 대신에 위의 식을 대체하면 다음과 같다.

$$MRTS_{l,k}^x = \frac{1}{2}\frac{k}{l}$$

에너지 생산업체가 자신의 생산비용을 극소화시킬 경우 $MRTS_{l,k}^x$는 생산요소가격의 비율 w/r와 같아진다. 이 밖에 노동 및 자본의 수량은 바람직한 생산량 x를 생산하는 데 충분해야만 한다. 따라서 비용극소화를 통해 두 개의 미지수 k 및 l을 갖는 두 개의 식을 구할 수 있다.

$$MRTS_{l,k}^x = \frac{w}{r} \text{는} \quad \frac{1}{2}\frac{k}{l} = \frac{w}{r} \text{를 의미한다.}$$

생산함수는 $x = 1.89 l^{\frac{1}{3}} k^{\frac{2}{3}}$이다.

w, r, x를 일정하다고 보고 이 식을 k 및 l에 대해 풀어야 한다. 이렇게 하는 가장 쉬운 방법은 첫 번째 식을 k에 대해 풀고 이를 두 번째 식에 대입한 후에 l에 대해 다시 푸는 것이다. 첫 번째 식을 k에 대해 풀면 다음과 같다.

$$k = 2\frac{w}{r}l$$

이를 두 번째 식에 대입하여 얻은 식을 l에 대해 풀면 다음과 같다.[2]

$$l = \frac{x}{3}\left(\frac{r}{w}\right)^{\frac{2}{3}}$$

이 식은 일반적인 에너지 생산업체의 노동수요곡선이다. 기업의 자본에 대한 수요곡선을 구하기 위해 위의 식을 식 $k = 2(w/r)l$에 대입하여 간단히 하면 다음과 같다.[3]

$$k = \frac{2x}{3}\left(\frac{w}{r}\right)^{\frac{1}{3}}$$

이 식은 일반적인 에너지 생산업체의 자본수요곡선이다.

---

2 이 식을 어떻게 간단히 하는지 자세히 살펴보면 다음과 같다. $k = 2(w/r)l$을 생산함수에 대체시키면 다음과 같다.

$$x = 1.89l^{\frac{1}{3}}\left(\frac{2wl}{r}\right)^{\frac{2}{3}}$$

항을 재정리하면 다음과 같다.

$$x = 1.89l^{\frac{1}{3}}\left(\frac{2wl}{r}\right)^{\frac{2}{3}} = 1.89(2)^{\frac{2}{3}}\left(\frac{w}{r}\right)^{\frac{2}{3}}l^{\frac{2}{3}}l^{\frac{1}{3}}$$

계산기를 사용하여 $1.89 \times (2)^{\frac{2}{3}} = 3$을 구할 수 있다. 또한 $l^{\frac{2}{3}}l^{\frac{1}{3}} = l^{\left(\frac{2}{3}+\frac{1}{3}\right)}$이 된다. 따라서 다음과 같다.

$$1.89(2)^{\frac{2}{3}}\left(\frac{w}{r}\right)^{\frac{2}{3}}l^{\frac{2}{3}}l^{\frac{1}{3}} = 3\left(\frac{w}{r}\right)^{\frac{2}{3}}l$$

이 모든 것을 함께 합하면 다음과 같다.

$$x = 3\left(\frac{w}{r}\right)^{\frac{2}{3}}l$$

항들을 재정리하면 다음과 같다.

$$l = \frac{x}{3}\left(\frac{r}{w}\right)^{\frac{2}{3}}$$

이것이 바로 본문에 있는 노동수요곡선이다.

3 이 식을 어떻게 도출하는지 자세히 살펴보면 다음과 같다. 노동수요곡선 식을 k에 관한 식의 l항에 대입시키면 다음과 같은 결과를 얻을 수 있다.

$$k = 2\frac{w}{r}l = 2\frac{w}{r}\left[\frac{x}{3}\left(\frac{r}{w}\right)^{\frac{2}{3}}\right]$$

이를 재정리하면 다음과 같다.

$$k = \frac{2x}{3}\left(\frac{w}{r}\right)^{\frac{1}{3}}$$

이것이 바로 본문에 있는 자본수요곡선이다.

이제는 식료품산업을 생각해 보자. 일반적인 식료품 생산업체의 생산함수가 주어진 경우, 노동 및 자본의 한계생산물은 다음과 같다.

$$MP_l = \left(\frac{1}{2}\right) 2l^{\frac{1}{2}} k^{\frac{1}{2}} l^{-1} \ \ \text{및} \ \ MP_x = \left(\frac{1}{2}\right) 2l^{\frac{1}{2}} k^{\frac{1}{2}} k^{-1}$$

기업의 노동 및 자본 수요를 구하기 위해 일반적인 에너지 생산업체의 비용극소화 문제를 풀 때 했던 것과 동일한 방법을 사용해 보자. 이미 주요한 세부적인 계산 절차는 살펴보았으므로 간단히 대답을 제시할 것이다. 일반적인 식료품 생산업체의 노동 및 자본 수요곡선은 다음과 같다.

$$l = \frac{y}{2} \left(\frac{r}{w}\right)^{\frac{1}{2}}$$

$$k = \frac{y}{2} \left(\frac{w}{r}\right)^{\frac{1}{2}}$$

모든 에너지 생산업체는 에너지 X단위를 생산하고 모든 식료품 생산업체는 식료품 Y단위를 생산한다고 가상하자. 노동에 대한 전반적인 시장수요곡선은 무엇인가? 자본에 대한 전반적인 시장수요곡선은 무엇인가? 이 물음에 답하기 위하여 우선 에너지산업에 관해 생각해 보자. 일반적인 에너지 생산업체가 에너지 x단위를 생산할 경우 이들의 노동수요곡선은 $l = (x/3)(r/w)^{\frac{2}{3}}$가 된다. 에너지산업의 노동수요곡선은 전체 에너지 생산업체들의 수요곡선을 수평으로 합산한 것이다. 예를 들어 각각 생산량 x단위를 생산하는 100개의 동일한 에너지 생산업체가 있는 경우 에너지산업의 전체 노동수요는 위의 식에 100을 곱한 것, 즉 $l^x = 100(x/3)(r/w)^{\frac{2}{3}}$가 된다. 각각 에너지 x단위를 생산하는 100개의 생산업체가 있기 때문에 $100x$는 에너지산업의 전체 생산량 X와 같다. 따라서 에너지산업의 노동수요곡선은 다음과 같다.

$$l^x = \frac{X}{3} \left(\frac{r}{w}\right)^{\frac{2}{3}}$$

이는 〈그림 16.4(a)〉에 있는 수요곡선 D_L^x에 관한 식이다. 유사한 논리로 식료품산업의 노동수요곡선은 다음과 같다.

$$l^y = \frac{Y}{2} \left(\frac{r}{w}\right)^{\frac{1}{2}}$$

이는 〈그림 16.4(a)〉에 있는 수요곡선 D_L^y에 관한 식이다.

노동에 대한 전체 시장수요곡선은 에너지 및 식료품 산업에서의 노동수요를 합한 것이다. 전체 노동수요를 L이라고 나타내면 다음과 같다.

$$L = \frac{X}{3}\left(\frac{r}{w}\right)^{\frac{2}{3}} + \frac{Y}{2}\left(\frac{r}{w}\right)^{\frac{1}{2}} \text{ (노동에 대한 시장수요곡선)}$$

이는 〈그림 16.4(a)〉에 있는 노동수요곡선 D_L에 관한 식이다.

유사한 논리를 이용하여 자본의 전체 수요에 관한 식을 도출할 수 있다.

$$K^x = \frac{2X}{3}\left(\frac{w}{r}\right)^{\frac{1}{3}} \text{ (자본에 대한 에너지산업의 수요)}$$

$$K^y = \frac{Y}{2}\left(\frac{w}{r}\right)^{\frac{1}{2}} \text{ (자본에 대한 식료품산업의 수요)}$$

이 식들을 함께 합할 경우 자본에 대한 전체 수요를 구할 수 있으며 이를 K로 나타내면 다음과 같다.

$$K = \frac{2X}{3}\left(\frac{w}{r}\right)^{\frac{1}{3}} + \frac{Y}{2}\left(\frac{w}{r}\right)^{\frac{1}{2}} \text{ (자본에 대한 시장수요곡선)}$$

이는 〈그림 16.4(b)〉에 있는 자본수요곡선 D_K에 관한 식이다. 노동 및 자본에 대한 경제 전체의 수요는 요소가격의 비율과 각 산업에서 생산되는 총생산량에 의존한다는 점에 주목하자.

에너지 및 식료품에 대한 시장공급곡선의 도출

〈그림 16.5〉에서 살펴본 에너지 및 식료품에 대한 시장공급곡선을 어떻게 도출하는지 살펴보도록 하자. 시장공급곡선은 에너지 및 식료품 생산에 대한 한계비용곡선이므로 핵심적인 일은 이런 한계비용곡선을 도출하는 것이다. 두 가지 단계를 거쳐 도출해 보자.

우선 일반적인 에너지 생산업체와 일반적인 식료품 생산업체에 대한 총비용곡선을 도출해 보자. 제8장에서 이와 같은 문제를 살펴보았던 점을 기억하자. 일반적인 에너지 생산업체의 총비용은 노동 및 자본에 대한 생산업체 비용을 합한 것, 즉 $TC = wl + rk$가 된다. 앞 절에서 일반적인 에너지 생산업체에 대한 노동 및 자본의 비용극소화 수량을 도출하였다. l과 k에 대한 이 식들을 TC 식에 대입하면 다음과 같은 결과를 얻을 수 있다.

$$TC = w\left[\frac{x}{3}\left(\frac{r}{w}\right)^{\frac{2}{3}}\right] + r\left[\frac{2x}{3}\left(\frac{w}{r}\right)^{\frac{1}{3}}\right]$$

이를 간단히 하면 다음과 같다.[4]

$$TC_x = (w^{\frac{1}{3}}r^{\frac{2}{3}})x$$

---

4 이 식을 간단히 하는 세부적인 과정을 살펴보면 다음과 같다. 항을 재정리하면 다음과 같은 결과를 얻을 수 있다.

유사한 논리를 이용하여 일반적인 식료품 생산업체의 총비용곡선은 다음과 같은 식으로 나타낼 수 있다.

$$TC_y = (w^{\frac{1}{2}} r^{\frac{1}{2}})y$$

이제는 일반적인 에너지 생산업체와 일반적인 식료품 생산업체의 한계비용곡선을 도출하도록 하자. 한계비용은 생산량의 변화에 대한 총비용의 변화율이라는 점을 기억하자. 위에서 도출한 에너지 생산업체의 총비용곡선은 기업의 생산량 x가 증가함에 따라 일정한 율로 증가한다. 이 일정한 율은 총비용곡선을 나타내는 식에서 x의 계수, 즉 $(w^{\frac{1}{3}} r^{\frac{2}{3}})$를 말한다. 따라서 에너지 생산업체의 한계비용곡선은 다음과 같다.

$$MC_x = w^{\frac{1}{3}} r^{\frac{2}{3}}$$

이와 마찬가지로 일반적인 식료품 생산업체에 대한 한계비용곡선은 총비용곡선을 나타내는 식에서 y의 계수로 다음과 같다.

$$MC_y = w^{\frac{1}{2}} r^{\frac{1}{2}}$$

에너지 및 식료품 생산업체에 대한 한계비용곡선은 노동 및 자본의 생산요소가격에 의존한다는 점에 주목하자. 이 생산요소가격들이 얼마인지를 알아야 정확한 한계비용 수준을 알게 된다. 또한 에너지 및 식료품에 대한 한계비용곡선은 서로 다른 방법으로 요소가격에 의존한다. 예를 들어 에너지의 한계비용은 노동가격보다 자본가격에 더 강하게 의존한다. 궁극적으로 그 이유는 에너지 및 식료품에 대한 생산함수가 상이하기 때문이다. 이런 생산함수가 주어진 경우 에너지 생산업체는 일반적인 식료품 생산업체보다 노동에 대한 자본의 비율을 더 높게 사용하게 된다. 즉 에너지 생산이 식료품 생산보다 더 자본집약적이 된다.

$$TC = w\left[\frac{x}{3}\left(\frac{r}{w}\right)^{\frac{2}{3}}\right] + r\left[\frac{2x}{3}\left(\frac{w}{r}\right)^{\frac{1}{3}}\right]$$

$$= \frac{x}{3}\frac{wr^{\frac{2}{3}}}{w^{\frac{2}{3}}} + \frac{2x}{3}\frac{rw^{\frac{1}{3}}}{r^{\frac{1}{3}}}$$

$$= \frac{x}{3}w^1 w^{-\frac{2}{3}}r^{\frac{2}{3}} + \frac{2x}{3}r^1 r^{-\frac{1}{3}}w^{\frac{1}{3}}$$

이제는 $w^1 w^{-\frac{2}{3}} = w^{1-\frac{2}{3}} = w^{\frac{1}{3}}$이라는 점에 주목하고 이와 유사하게 $r^1 r^{-\frac{1}{3}} = r^{1-\frac{1}{3}} = r^{\frac{2}{3}}$이라는 점에도 유의하자. 이 결과를 위의 식에 대체시키면 다음과 같다.

$$TC_x = \frac{x}{3}w^{\frac{1}{3}}r^{\frac{2}{3}} + \frac{2x}{3}w^{\frac{1}{3}}r^{\frac{2}{3}} = xw^{\frac{1}{3}}r^{\frac{2}{3}}$$

용어해설

ㄱ

가격 소비곡선(price consumption curve) (소득과 다른 상품들의 가격은 일정하다고 보고) 한 상품의 가격이 변화하는 데 따른 효용을 극대화하는 일련의 바구니.

가격에 관한 완전한 정보(perfect information about prices) 소비자는 시장에 있는 모든 매도인이 책정한 가격에 관해 완벽하게 알고 있다. 이는 완전경쟁산업의 특징 중 하나이다.

가격차별(price discrimination) 동일한 재화 또는 용역에 대해 소비자에게 상이한 가격을 책정하는 방법.

가격추종 기업의 이윤극대화 조건(profit-maximization condition for a price-taking firm) $P = MC$이면서 MC가 증가해야 한다는 조건. 이 조건 중 하나라도 지켜지지 않을 경우 해당 기업은 다른 생산량 수준에서 생산함으로써 이윤을 증대시킬 수 있다.

가격추종자(price taker) (매도인의 경우) 생산을 결정하거나 (매수인의 경우) 매입을 결정할 경우 생산물의 가격을 주어진 것으로 보는 매도인 또는 매수인.

개별 생산비용(stand-alone cost) 단일 생산물을 생산하는 기업이 해당 생산물을 생산하는 데 따른 비용.

게임나무(game tree) 각 게임참가자들이 게임에서 따를 수 있는 상이한 전략과 이 전략이 선택되는 순서를 보여 주는 도표.

결정나무(decision tree) 각 시점에서 일어날 수 있는 위험한 사건뿐만 아니라 의사결정자가 이용할 수 있는 선택권을 보여 주는 도표.

경제적 비용(economic costs) 기업의 명시비용과 묵시비용을 합한 금액.

경제적 생산영역(economic region of production) 등량곡선의 기울기가 하향하는 영역.

경제적으로 비효율적(economic inefficient) 재화 및 생산요소의 최초 배분과 비교해 볼 때 가능한 다른 배분을 통해서 모든 소비자들의 상황이 나아질 수 있는 경우 재화 및 생산요소의 배분이 경제적으로 비효율적이라고 한다.

경제적으로 효율적(economic efficient) 재화 및 생산요소의 다른 가능한 배분을 통해서는 다른 소비자에게 손해를 끼치지 않고 일부 소비자의 상황을 나아지게 할 수 없는 경우 재화 및 생산요소의 배분이 경제적으로 효율적이라고 한다.

경제적 이윤(economic profit) 기업의 판매수입과 모든 관련된 기회비용을 포함한 경제적 비용의 총합 사이의 차이.

경제적 지대(economic rent) 공급이 특별히 희귀한 생산요소에게로 돌아가는 경제적 수익. 고정 생산요소의 경제적 지대는 기업이 해당 요소의 서비스를 취득하기 위해 지불하고자 하는 최대금액과 이 요소를 고용하기 위해 지불해야만 하는 최소금액 사이의 차이이다.

경합재(rival good) 일정한 양의 경합재가 생산될 경우 한 사람에 의해 소비가 이루어지면 다른 사람들이 소비할 수 있는 수량이 감소한다.

경험곡선(experience curve) 평균가변비용과 측정된 생산량 사이의 관계. 이를 이용하여 경험의 경제를 설명할 수 있다.

경험곡선의 기울기(slope of the experience curve) 이 기울기는 축적된 생산량이 두 배가 될 경우 평균가변비용이 최초수준의 백분율로 볼 때 얼마나 감소하는지를 알려 준다.

경험의 경제(economies of experience) 축적된 경험으로 인한 비용상의 이익.

경험 탄력성(experience elasticity) 축적량의 1% 증가에 대한 평균가변비용의 백분율 변화.

고정비율 생산함수(fixed proportions production function) 생산요소가 서로 간에 고정된 비율로 결합하는 생산함수.

공공재(public good) 개별 소비자가 해당 재화를 공급하는 데 대가를 지불하지 않더라도 모든 소비자에게 이익을 제공하는 예를 들면 국가방위와 같은 재화. 공공재는 경합하지 않으며 배제할 수 없다.

공급법칙(law of supply) 공급에 영향을 미치는 다른 요소들은 일정하다 보고 가격과 공급량 사이에 존재하는 양의 관계.

공급의 가격탄력성(price elasticity of supply) 모든 다른 공급의 결정요소는 일정하다고 보고 가격에 대한 공급량을 백분율 변화로 측정한 값.

공유재산(common property) 공원, 고속도로, 인터넷처럼 모든 사람이 접근할 수 있는 자원.

공통가치(common value) 경매에서 판매될 물품이 모든 매수인에 대해 동일한 본질적 가치를 갖지만 어떤 매수인도 그 가치가 정확히 얼마인지를 알지 못하는 상황.

공평하게 가격이 책정된 보험증권(fairly priced insurance policy) 보험료가 약속된 보험 지불금의 기댓값과 같은 보험증권.

관리상의 비경제(managerial diseconomies) 생산량의 일정한 백분율 증가로 인해 기업이 이보다 더 많은 백분율로 관리자들의 서비스에 지출을 증가시켜야 하는 상황.

교환의 효율성(exchange efficiency) 경제 내 최소한 일부 소비자의 상황이 나빠지지 않고는 고정된 양의 소비재가 소비자들 사이에서 재분배될 수 없는 경우. 모든 소비자들의 상황을 나아지게 하는 방법으로 고정된 바구니의 소비재를 소비자들 사이에서 재분배할 수 있는 경우 교환의 비효율성이 존재한다.

구간가격(block tariff) 소비자가 첫 번째 구간에서 (주어진 양까지) 소비한 수량에 대해 하나의 가격을 지불하고 두 번째 구간에서 추가적으로 소비한 수량에 대해서는 (통상적으로 더 저렴한) 상이한 가격을 지불하는 2급 가격차별의 형태.

구조적 진입장벽(structural barriers to entry) 신규기업이 해당 산업에 진입하여 경쟁을 하는 것에 관심을 갖지 못하도록 기존 기업이 비용 또는 수요상의 우위를 가질 경우 존재하게 되는 진입장벽.

규모에 대한 수확(returns to scale) 모든 생산요소가 일정한 백분율로 증가할 경우 생산량이 얼마만큼 증가할지를 알려 주는 개념.

규모에 대한 수확불변(constant returns to scale) 모든 생산요소의 수량이 동시에 비례적으로 증가할 경우 생산량도 동일한 백분율로 증가하는 경우.

규모에 대한 수확체감(decreasing returns to scale) 모든 생산요소의 양이 비례적으로 증가하는 경우 이 비례에 못 미치게 생산량이 증가하는 경우.

규모에 대한 수확체증(increasing returns to scale) 모든 생산요소의 수량이 비례적으로 증가함에 따라 생산량이 더 큰 비율로 증대되는 경우.

규모의 경제(economies of scale) 생산량이 증가함에 따라 평균비용이 감소하는 상황.

규모의 비경제(diseconomies of scale) 생산량이 증가함에 따라 평균비용이 증가하는 생산의 범위.

규범적 분석(normative analysis) 공익의 관점에서 무엇이 향상되고 무엇이 손상을 입는지를 검토하는 사회적 후생문제에 일반적으로 초점을 맞추는 분석.

균일가격(uniform price) 매도인이 동일한 가격에서 생산량의 각 단위를 판매할 경우 균일가격을 부과한 것이다.

균형(equilibrium) 체계의 외생적인 요소들이 불변인 한 무한히 지속될 상태 또는 조건.

기대효용(expected value) 복권뽑기의 보수로부터 의사결정자가 받게 되는 효용수준의 기댓값.

기댓값(expected value) 복권뽑기를 통해 받게 될 보수의 평균값.

기수적 순위(cardinal ranking) 한 바구니의 다른 바구니에 대한 선호도의 수량적인 측정.

기술적으로 비효율적(technically inefficient) 투입한 노동량으로부터 기업이 생산해야만 생산량보다 더 적게 생산된 생산집합상의 일련의 점들은 기술적으로 비효율적이다.

기술적으로 효율적(technically efficient) 투입한 노동량이 일정하게 주어진 상황에서 기업이 할 수 있는 한 최대의 생산량을 생산하는 생산집합상의 일련의 점들은 기술적으로 효율적이다.

기술진보(technological progress) 일정한 생산요소의 결합을 통해 기업이 더 많은 생산량을 생산하거나 또는 달리 표현하면 더 적은 생산요소를 갖고 동일한 생산량을 생산할 수 있도록 하는 생산과정상의 변화.

기펜재(Giffen good) 소득효과가 대체효과를 능가하는 매우 강력한 열등재로 가격의 일정 영역에서 수요곡선의 기울기가 상향한다.

기회비용(opportunity cost) 다른 대안이 선택된 경우 잃어버린 그다음 최선 대안의 가치.

끼워팔기(tying, tie-in-sales) 어떤 물품(끼워진 물품)을 구입해야 한다는 요구에 동의한 경우에만 다른 물품(주된 물품)을 고객이 구입할 수 있도록 하는 판매관습.

ㄴ

낙찰자의 불행(winner's curse) 공통가치가 있는 경매에서 낙찰받은 입찰자가 해당 물품의 실제가치를 초과하는 금액으로 입찰받을 수 있는 현상.

내구재(durable good) 수년간에 걸쳐 가치 있는 서비스를 제공하는 예를 들면 자동차나 비행기와 같은 재화.

내부 최적해(interior optimum) 소비자가 모든 상품을 양의 수량으로 구입하고 예산선이 무차별곡선과 접하는 최적의 바구니.

내생변수(endogenous variable) 분석하고자 하는 경제체계 내에서 값이 결정되는 변수.

내쉬균형(Nash equilibrium) 다른 게임참가자가 선택한 전략이 주어진 경우 각 게임참가자가 자신에게 가장 높은 보수를 제공하는 전략을 선택하는 상황.

네덜란드식 역경매(Dutch descending auction) 물품의 매도인이 요구하는 가격을 제시하고 나서 매수인이 해당 물품을 구입하겠다는 의사를 표시할 때까지 가격이 내려가는 방식의 경매.

네트워크 외부효과(network externalities) 한 소비자가 수요하는 상품의 양이 해당 상품을 구입하는 다른 소비자의 수에 의존할 경우 존재하게 되는 수요의 특징.

노동에 대한 수요의 가격탄력성(price elasticity of demand for labor) 노동가격의 1% 변화에 대한 비용을 극소화하는 노동량의 백분율 변화.

노동에 대한 총수확체감(diminishing total returns to labor) 노동이 추가로 투입됨에 따라 생산량이 감소하는 총생산물 함수상의 범위.

노동에 대한 한계수확체감(diminishing marginal returns to labor) 노동이 추가로 투입됨에 따라 생산량은 증가하지만 감소하는 율로 증가하는 총생산물 함수 상의 범위.

노동에 대한 한계수확체증(increasing marginal returns to labor) 노동이 추가됨에 따라 생산량이 증가하는 율로 증대되는 총생산물 함수 상의 범위.

노동에 대한 한계지출액(marginal expenditure on labor) 기업이 더 많은 노동을 고용함에 따라 노동 단위당 기업의 총비용이 증가하는 율.

노동의 한계생산물(marginal product of labor) 기업이 사용하는 노동량이 변화함에 따라 총생산량이 변화하는 율.

노동의 한계수입생산물(marginal revenue product of labor) 노동을 추가적으로 한 단위 더 투입할 경우 해당 기업이 얻게 되는 추가 수입.

노동절약적 기술진보(labor-saving technological progress) 노동의 한계생산물보다 자본의 한계생산물이 더 신속하게 증가하는 기술진보.

노동 평균생산물(average product of labor) 노동 단위당 평균생산량.

노동필요함수(labor requirement function) 이 함수는 주어진 양을 생산하는 데 필요한 최소한의 노동량을 알려 준다.

ㄷ

다공장 한계비용곡선(multiplant marginal cost curve) 개별 공장의 한계비용곡선을 수평적으로 합산한 곡선.

단기(short-run) 기업의 생산요소 수량 중 적어도 한 개가 변화될 수 없는 기간.

단기 공급곡선(short-run supply curve) 이 곡선은 (자본량 또는 토지와 같은) 모든 생산요소를 기업이 조절할 수 없다고 가정하고 시장가격이 변화함에 따라 기업의 이윤을 극대화하는 생산량 결정이 어떻게 변하는지를 보여 준다.

단기 비용극소화 문제(short-run cost-minimization problem) 한 생산요소의 수량이 고정되어 있는 경우 특정 생산수준을 생산하기 위해서 소요되는 총비용을 극소화하는 가변생산요소의 결합을 구하는 문제.

단기 수요곡선(short-run demand curve) 가격 변화에 대해 소비자가 자신의 구입결정을 완전하게 조절할 수 없는 기간과 관련된 수요곡선.

단기 시장공급곡선(short-run market supply curve) 해당 산업에 있는 기업의 수가 고정되어 있는 경우 가능한 각 시장가격에 대해 시장에 있는 모든 기업들이 전체적으로 공급하는 수량.

단기 완전경쟁 균형(short-run perfectly competitive equilibrium) 단기적으로 수요량과 공급량이 동일해지는 시장가격 및 수량.

단기 총비용곡선(short-run total cost curve, STC) 이 곡선은 한 개 이상의 생산요소가 고정되어 있는 경우 일정한 생산량을 생산하기 위해 소요되는 극소화된 총비용을 보여 준다.

단기 평균비용(short-run average cost, SAC) 한 개 이상의 고정생산요소가 있는 경우 생산 단위당 기업의 총비용을 말한다[즉, $SAC(Q) = STC(Q)/Q$이다].

단기 한계비용(short-run marginal cost, SMC) 단기 총비용곡선의 기울기[즉, $SMC(Q) = \Delta STC/\Delta Q$이다].

단위 탄력적 수요(unitary elastic demand) 가격탄력성이 -1인 수요.

대수·선형 수요곡선(log-linear demand curve) 불변탄력성 수요곡선을 나타내는 다른 식.

대체의 효율성(substitution efficiency) 경제가 가용할 수 있는 총자본량 및 총노동량이 일정한 경우 (예를 들면, 에너지와 같은) 한 생산물을 더 많이 생산하고 (예를 들면, 식료품과 같은) 다른 생산물을 더 적게 생산함으로써 모든 소비자의 상황을 더 나아지게 할 수 있는 방법이 존재하지 않는다.

대체탄력성(elasticity of substitution) 기업이 자본 대신에 노동으로 대체하는 것이 얼마나 용이한지를 측정한 값. 이는 등량곡선을 따라 이동하면서 노동에 대한 자본의 한계기술대체율이 1% 변화하는 데 대한 자본–노동비율의 백분율 변화와 같다.

대체효과(substitution effect) 모든 다른 가격과 효용수준을 일정하다 보고 한 재화의 가격이 변화함에 따라 나타나는 해당 재화 소비량의 변화.

도덕적 해이(moral hazard) 피보험자 측이 보험이 없을 때보다 덜 주의를 기울이는 현상.

도함수(derivative) 함수의 어떤 점에서 독립변수가 변화함에 따른 종속변수의 기울기(또는 변화율)를 나타낸 함수.

독점기업의 이윤극대화 조건(profit-maximization condition for a monopolist) 독점기업이 한계수입과 한계비용이 동일해지는 점에서 생산을 함으로써 이윤을 극대화할 수 있다는 조건.

독점시장(monopoly market) 유일한 하나의 매도인과 많은 매수인으로 구성된 시장.

독점으로 인한 사장된 손실(deadweight loss due to monopoly) 시장이 완전경쟁인 경우 달성할 수 있는 순 경제적 편익과 독점균형에서 얻을 수 있는 순 경제적 편익의 차이.

독점적 경쟁(monopolistic competition) 많은 기업이 많은 매수인에게 판매되는 차별화된 제품을 생산하는 시장.

동질적인 상품의 과점시장(homogeneous products oligopoly markets) 소수의 기업들이 실질적으로 동일한 속성, 성능상의 특징, 이미지, (궁극적으로) 가격을 갖는 물품을 판매하는 시장.

등가변동(equivalent variation) 가격 변화 이후에 누리게 될 수준의 생활을 유지하기 위하여 가격 변화 이전에 소비자에게 얼마만큼의 금액을 주어야 하는지를 측정한 값.

등량곡선(isoquant) 등량곡선은 일정한 수준의 생산량을 생산할 수 있는 노동과 자본의 모든 결합을 보여 준다.

등비용선(isocost line) 기업에게 동일한 총비용이 소요되는 노동과 자본의 일련의 결합.

ㅁ

맞받아 쏘기(tit-for-tat) 상대편이 지난번에 했던 것을 이번에는 상대편에게 행하는 전략.

매몰고정비용(sunk fixed cost) 기업이 폐쇄되어 생산물을 생산하지 않을 경우 피할 수 없는 고정비용.

매몰비용(sunk cost) 이미 발생하였으며 회수할 수 없는 비용.

명시비용(explicit costs) 직접적인 금전적 지출이 수반되는 비용.

모서리점(corner point) 소비자의 최적선택 문제에 관한 모서리점 해법은 예산선이 무차별곡선과 접할 수 없는 경우의 최적상태와 관련된다. 예를 들어 일부 재화가 전혀 소비되지 않는 바구니가 최적 바구니가 되는 경우 이런 현상이 나타날 수 있다.

목적함수(objective function) 의사결정자가 극대화하거나 극소화하려는 관계.

무임승차자(free rider) 다른 사람들이 지불할 것이라 기대하면서 배제 불가능재에 대해 대가를 지불하지 않는 소비자나 생산자.

무차별곡선(indifference curve) 소비자에게 동일한 수준의 만족을 주는 일련의 소비 바구니를 연결한 선.

묵시비용(implicit costs) 현금지출이 수반되지 않는 비용.

묶어팔기(bundling) 기업이 자사의 한 제품을 구입하고자 하는 고객에게 다른 제품의 구입도 또한 요구하는 연결판매의 한 형태.

ㅂ

바구니(basket) 때로는 묶음이라고도 하며 개인이 소비하고자 하는 재화 및 용역의 결합.

반응함수(reaction function) 라이벌 기업의 행위에 대한 해당 기업의 최선의 대응(즉 이윤을 극대화하기 위해 선택한 생산량이나 가격)을 보여 주는 도식.

배제 가능재(exclusive good) 소비자의 접근을 거절할 수 있는 재화.

배제 불가능재(nonexclusive good) 일단 생산이 되면 모든 소비자가 접근할 수 있는 재화. 어떤 사람도 해당 재화가 생산되고 나면 이를 소비하는 데 배제될 수 없다.

배출기준(emission standard) 방출될 수 있는 오염물질의 양에 대한 정부의 제한.

배출요금(emissions fee) 환경으로 방출되는 오염물질에 대한 조세.

범위의 경제(economies of scope) 동일한 기업에서 두 개 재화의 주어진 양을 생산하는 데 소요되는 총비용이 단일재화를 생산하는 두 개 기업에서 이 수량을 생산하는 데 소요되는 총비용보다 더 적은 경우.

법적인 진입장벽(legal barriers to entry) 기존 기업이 경쟁으로부터 법적으로 보호를 받을 경우 존재하는 진입장벽.

변환 대수 비용함수(translog cost function) 총비용에 대수를 취한 값과 생산요소가격 및 생산량에 대수를 취한 값 사이에 2차 방정식 관계가 존재한다고 가정하는 비용함수. 이 비용함수는 불변탄력성 비용함수 보다 더 일반적인 형태이며 불변탄력성 비용함수는 이 함수의 특별한 경우로 포함된다.

보상변동(compensating variation) 어떤 재화의 가격 인하전에 누렸던 것과 같은 수준의 생활을 유지하기 위하여 가격 인하 후에 소비자가 금전적으로 얼마나 포기하려는지를 측정한 값.

복권뽑기(lottery) 결과가 불확실한 사건.

복점시장(duopoly market) 단지 두 개의 기업이 존재하는 시장.

복합재(composite good) 고려할 대상이 되는 재화를 제외하고 모든 다른 재화에 대해 집단적인 지출을 의미하는 재화.

부분균형분석(partial equilibrium analysis) 모든 다른 시장의 가격은 주어진 것으로 간주하고 한 시장에서의 균형가격과 균형량의 결정에 관해 연구하는 분석방법.

분산(variance) 복권뽑기의 위험성을 측정한 값. 특히 이는 복권뽑기의 가능한 결과와 복권뽑기의 기댓값 사이의 제곱한 편차에 대한 기댓값이다.

분화된 산업(fragmented industry) 많은 소규모의 매수인과 매도인으로 구성된 산업. 이는 완전경쟁산업의 특징 중 하나이다.

불가분적 생산요소(indivisible input) 어떤 산업에 속한 기업들에 의해서만 사용되고 경제 내 다른 기업들에 의해서는 사용되지 않는 희소한 생산요소.

불변 대체탄력성 생산함수(constant elasticity of substitution production function) 선형 생산함수, 고정비율 생산함수, 콥–더글러스 생산함수를 특별한 경우로 포괄할 수 있는 생산함수. 형태는 $Q = [aL^{\frac{\sigma-1}{\sigma}} + bK^{\frac{\sigma-1}{\sigma}}]^{\frac{\sigma}{\sigma-1}}$이며 여기서 a, b, σ는 양수이고 σ는 대체탄력성을 의미한다.

불변탄력성 비용함수(constant elasticity cost function) 총비용, 생산량, 생산요소가격 사이에 배수적인 관계로 특징지을 수 있는 비용함수.

불변탄력성 수요곡선(constant elasticity demand curve) 공식이 $Q = aP^{-b}$인 특정 수요곡선으로 여기서 a와 b는 양수이다. b항은 이 곡선 상에서 수요의 가격탄력성을 의미한다.

비경제적 생산영역(uneconomic region of production) 기울기가 상향하거나 또는 후방굴절하는 등량곡선의 영역. 비경제적 영역에서 적어도 한 생산요소는 음의 한계생산물을 갖는다.

비경합재(nonrival good) 일정한 양의 비경합재가 생산되는 경우 한 사람이 이를 소비한다고 해도 다른 사람이 소비할 수 있는 수량이 감소하지 않는다.

비교우위(comparative advantage) 재화 X를 추가적으로 한 단위 더 생산하는 데 따른 기회비용이 두 번째 국가에서보다 첫 번째 국가에서 더 낮은 경우 일국이 다른 국가에 대해 비교우위를 갖는다고 한다. 여기서 재화 X의 기회비용은 생산하지 못한 다른 재화 Y의 단위 수 측면에서 나타내게 된다.

비교정태(comparative statics) 어떤 외생변수가 경제체계 내 내생변수의 수준에 어떤 영향을 미치는지 검토하는 데 사용하는 분석방법.

비대칭 정보(asymmetric information) 한편이 다른 편보다 자신의 행동이나 특성에 관해 더 많이 알고 있는 상황.

비매몰고정비용(nonsunk fixed cost) 기업이 해당 생산물을 생산하기 위해서는 발생해야 하지만 생산하지 않을 경우 발생할 필요가 없는 고정비용.

비매몰비용(nonsunk cost) 특정 결정이 내려진 경우에만 발생하는 비용.

비선형 경비 스케줄(nonlinear outlay schedule) 구입하는 단위 수에 따라 평균지출액이 변화하는 지출 스케줄.

비용감소산업(decreasing-cost industry) 산업생산량이 증가함에 따라 일부 생산요소 또는 모든 생산요소의 가격이 감소하는 산업.

비용극소화 기업(cost minimizing firm) 주어진 생산량을 생산하는 데 소요되는 비용을 극소화하려는 기업.

비용극소화 문제(cost minimization problem) 특정 생산량을 생산하는 데 소요되는 기업의 총비용을 극소화하는 생산요소의 결합을 구하는 문제.

비용 발생요인(cost driver) 총비용이나 평균비용에 영향을 미치거나 이를 발생시키는 요소.

비용불변산업(constant cost industry) 산업생산량이 증가하거나 감소하더라도 생산요소가격에 영향을 미치지 않는 산업.

비용증가산업(increasing-cost industry) 산업생산량이 증가함에 따라 생산요소가격이 증가되는 산업.

비탄력적인 수요(inelastic demand) 가격탄력성이 0에서 −1 사이인 경우.

ㅅ

사장된 손실(deadweight loss) 비효율적인 자원배분으로 인한 순 경제적 편익의 감소.

사적 가치(private values) 경매에 참가한 각 입찰자가 해당 물품에 대해 자신의 개인적인 가치평가를 갖고 있는 경우의 상황.

상품차별화(product differentiation) 소비자들이 해당 상품은 다른 상품과 다르며 이들을 완전 대체재라고 생각하지 않게 하는 특성을 갖고 있다고 생각할 경우 둘 이상의 상품 사이에 상품차별화가 존재한다.

생산가능곡선(production possibilities frontier) 해당 경제가 가용할 수 있는 생산요소의 공급을 가지고 생산할 수 있는 소비재의 결합을 나타내는 곡선.

생산량(output) 기업에서 생산되는 재화 또는 용역.

생산량에 민감하지 않은 비용(output-insensitive cost) 기업의 생산량에 따라 변화하지 않는 비용. 고정비용과 동일하다.

생산량에 민감한 비용(output-sensitive cost) 기업이 생산량을 증가시키거나 감소시킴에 따라 증가하거나 감소하는 비용. 가변비용과 동일하다.

생산요소(factors of production) 재화를 생산하는 데 사용되는 자원.

생산요소(input) 결합하여 최종재를 생산할 수 있는, 예를 들면 노동, 자본장비, 원재료와 같은 자원.

생산요소 계약곡선(input contract curve) 생산요소의 효율성 조건을 충족시키는 생산요소의 모든 배분을 보여 주는 곡선.

생산요소 수요곡선(input demand curve) 비용을 극소화하는 생산요소의 수량과 해당 생산요소가격 사이의 관계.

생산요소의 에지워스 상자(Edgeworth box for inputs) 노동 및 자본의 고정된 양이 두 개의 상이한 재화를 생산하는 데 어떻게 배분되는지 보여 주는 에지워스 상자.

생산요소의 유보가격(reservation value of an input) 생산요소를 해당 산업 외부의 가장 최선의 다른 용도에 사용할 경우 해당 생산요소의 소유주가 얻을 수 있는 수익.

생산요소의 효율성(input efficiency) 경제 내에서 생산되는 최소한 한 재화의 생산량을 감소시키지 않고는 생산요소의 주어진 저량을 재분배할 수 없는 경우. 다시 말해 한 산업의 생산량이 확대되기 위해서는 다른 산업의 생산량이 감소되어야만 하는 경우 생산요소 효율성이 달성된다. 경제 내에서 생산되는 모든 재화의 생산량이 동시에 확대될 수 있도록 생산요소의 주어진 저량을 재분배할 수 있다면 생산요소의 비효율성이 존재하게 된다.

생산자 잉여(producer surplus) 생산자가 특정 가격에서 상품을 생산함으로써 얻게 되는 편익의 금전적인 측정값. 공급곡선과 시장가격 사이의 면적에 해당한다.

생산집합(production set) 기술적으로 가능한 생산요소와 생산물 사이의 결합을 보여 주는 집합.

생산함수(production function) 사용할 수 있는 생산요소의 수량이 주어진 경우 해당 기업이 생산할 수 있는 최대 생산량을 나타내는 수학적인 관계.

서수적 순위(ordinal ranking) 소비자가 다른 바구니보다 어떤 바구니를 더 좋아하는지는 알려 주지만 선호의 정도에 관한 수량적인 정보는 포함하고 있지 않은 순위.

선별(screening) (1) (연령 또는 지위처럼) 기업이 알 수 있는 소비자 특성과 (2) (지불하려는 금액 또는 수요탄력성처럼) 기업이 알 수는 없지만 알고 싶어 하는 소비자 특성에 기초하여 소비자를 분류하는 과정.

선형 생산함수(linear production function) 형태가 $Q = aL + bK$인 생산함수이며 여기서 a 및 b는 양수이다.

선형 수요곡선(linear demand curve) 공식이 $Q = a - bP$인 특별한 수요곡선.

소득소비곡선(income consumption curve) (가격은 일정하다고 보고) 소득이 변화함에 따라 효용을 극대화하는 일련의 바구니.

소득효과(income effect) 모든 가격이 불변이라 보고 구매력이 변화함에 따른 소비자의 재화 구매량의 변화.

소비자 선호(consumer preferences) 소비자가 비용을 들이지 않고 바구니를 가질 수 있다고 가정하고서 두 바구니에 대해 어떻게 순위를 매기는지 (바라는 정도를 어떻게 비교하는지) 보여 주는 도수.

소비자 잉여(consumer surplus) 소비자가 한 재화에 대해 지불하고자 하는 최대금액과 이를 구입할 경우 실제로 지불하여야 하는 금액 사이의 차이.

속물효과(snob effect)　더 많은 소비자가 어떤 재화를 구입함에 따라 해당 재화의 수요량이 감소하는 현상과 관련된 음의 네트워크 외부효과.

수요 대체재(demand substitutes)　한 재화의 가격이 증가하면 다른 재화에 대한 수요가 증가하는 방법으로 연계된 두 재화.

수요독점시장(monopsony market)　유일한 한 명의 매수인과 많은 매도인으로 구성된 시장.

수요 보완재(demand complements)　한 재화의 가격이 증가하면 다른 재화에 대한 수요가 감소하는 방법으로 연계된 두 재화.

수요의 가격탄력성(price elasticity of demand)　모든 다른 수요의 결정요소는 일정하다고 보고 가격에 대한 수요량의 백분율 변화율을 측정한 값.

수요의 법칙(law of demand)　수요에 영향을 미치는 모든 다른 요소들이 고정되어 있다고 할 경우 상품의 가격과 수요량 사이에 존재하는 역의 관계.

수요의 소득탄력성(income elasticity of demand)　모든 가격 및 다른 수요 결정요인은 일정하다 보고 소득에 대한 수요량의 백분율 변화율을 측정한 값.

수입관세(import tariff)　일국으로 수입되는 물품에 대해 부과되는 관세.

수입등가 정리(revenue equivalence theorem)　이 정리에 의하면 경매 참가자들이 사적 가치를 갖는 경우 어느 경매방식에 의하더라도 평균적으로 볼 때 매도인은 동일한 수입을 갖게 된다고 한다.

수입할당(import quota)　일국으로 수입될 수 있는 물품 총규모의 상한선.

수직적 차별화(vertical differentiation)　소비자가 한 상품보다 다른 상품이 더 낫거나 또는 더 못하다고 생각할 경우 두 상품은 수직적으로 차별화되었다고 한다.

수평적 차별화(horizontal differentiation)　동일한 가격에서 일부 소비자들이 B를 A의 불완전한 대체재로 보아서 A의 가격이 B의 가격보다 더 높더라도 A를 계속해서 구입할 경우 두 물품 A와 B는 수평적으로 차별화된

것이다.

순수전략(pure strategy)　게임참가자가 한 게임에서 선택이 가능한 전략 중 특별히 선택한 전략.

순차게임(sequential-move game)　(첫 번째 경기자인) 한 게임참가자가 (두 번째 경기자인) 다른 게임참가자에 앞서 행동을 취하는 게임. 두 번째 경기자는 자신이 어떤 행동을 취할지 결정하기 전에 첫 번째 경기자가 취한 행동을 알 수 있다.

슈타켈버그 과점시장 모형(Stackleberg model of oligopoly)　한 기업이 선도자로 행동하면서 먼저 자신의 생산량을 선택하면 모든 다른 기업들이 추종자로 행동하는 상황.

시류효과(bandwagon effect)　더 많은 소비자들이 어떤 물품을 구입함으로써 해당 물품의 수요량이 증가하는 현상과 관련된 양의 네트워크 외부효과.

시장공급곡선(market supply curve)　상이한 가격에서 공급자가 매도하고자 하는 상품의 총수량을 알려 주는 곡선.

시장수요곡선(market demand curve)　상이한 가격에서 소비자가 매입하고자 하는 상품의 수량을 알려 주는 곡선.

시장지배력(market power)　개별 경제주체가 시장에서 유지되는 가격에 영향을 미칠 수 있는 경우 시장지배력을 갖게 된다.

시장지배력에 관한 러너지수(Lerner Index of market power)　경제학자 아바 러너(Abba Lerner)가 제안한 독점력의 측정값. 이는 한계비용을 초과하는 가격의 백분율 차이, 즉 $(P - MC)/P$와 같다.

실증적 분석(positive analysis)　경제체제가 어떻게 운용되는지를 설명하거나 시간이 흐름에 따라 어떻게 변화할지를 예측하고자 하는 분석.

에지워스 상자(Edgeworth box)　두 개 재화로 구성된 경제에서 이용할 수 재화의 총공급이 주어진 경우 가능한 모든 배분방법을 보여 주는 도해.

엥겔 곡선(Engel curve) 모든 상품의 가격은 일정하다 보고 구입한 상품의 양을 소득수준에 연계시키는 곡선.

역선택(adverse selection) 보험료 증가로 인해 보험에 가입한 개인들 총합의 전반적인 위험을 증가시키는 현상.

역수요곡선(inverse demand curve) 가격을 수량의 함수로 나타낸 수요곡선 방정식.

역순 귀납(backward induction) 게임나무 끝에서 출발하여 각 결정점에 대해 해당 결정점에서 게임참가자에 대한 최적결정을 구하는 과정.

역탄력성 가격책정 규칙(inverse elasticity pricing rule) 이 규칙에 따르면 가격의 백분율로 나타낸 이윤을 극대화하는 가격과 한계비용 사이의 차이가 수요의 가격 탄력성의 역수에 음의 부호를 붙인 것과 같다고 한다.

열등요소(inferior input) 기업이 더 많은 생산량을 생산함에 따라 비용을 극소화하는 생산요소의 수량이 감소하는 경우.

열등재(inferior good) 소득이 증가함에 따라 소비자들이 더 적게 원하는 재화.

열등전략(dominated strategy) 다른 게임참가자가 무슨 전략을 따르든지 간에 해당 게임참가자가 더 높은 보수를 받을 수 있는 다른 전략을 갖는 경우 이 전략은 열등전략이 된다.

영국식 경매(English auction) 경매 참가자들이 자신들의 입찰가격을 외쳐 대며 가장 높은 입찰가격을 제시한 사람이 해당 물품을 차지하며 경매가 끝날 때까지 각 참가자들은 입찰가격을 증액시킬 수 있다.

예산선(budget line) 소비자가 가용할 수 있는 소득 전부를 지출할 경우 구입할 수 있는 일련의 바구니.

예산제약(budget constraint) 제한된 소득액이 주어진 경우 소비자가 구입할 수 있는 일련의 바구니. 예산선 위 또는 내부에 있는 모든 점은 예산제약을 충족한다.

완전 대체재(생산에서의) [perfect substitutes (in production)] 일정한 한계기술대체율을 갖는 생산함수에서의 생산요소들을 말한다.

완전 대체재(소비에서의) [perfect substitutes (in consumption)] 두 재화가 완전 대체재인 경우 소비자는 언제나 다른 재화의 일정한 양에 대해 한 재화의

일정한 양을 대체하려 한다. 다시 말해 다른 재화에 대한 한 재화의 한계대체율은 언제나 일정하다. 따라서 무차별곡선은 직선이 된다.

완전 보완재(생산에서의) [perfect complements (in production)] 고정된 비율의 생산함수에서의 생산요소를 말한다.

완전 보완재(소비에서의) [perfect complements (in consumption)] 두 재화가 완전 보완재인 경우 소비자는 고정된 비율로 두 재화를 소비하고자 한다.

완전 비탄력적인 수요(perfectly inelastic demand) 수요의 가격탄력성이 수요곡선 상의 모든 점에서 0이 된다.

완전 탄력적인 수요(perfectly elastic demand) 수요의 가격탄력성이 수요곡선 상의 모든 점에서 음의 무한대가 된다.

완전한 정보의 가치(value of perfect information) 의사결정자가 어떤 비용을 들이지 않고도 위험한 사건의 결과를 보여 주는 시험을 행할 수 있을 때 나타나는 의사결정자의 기대보수의 증가를 의미한다.

왈라스 법칙(Walras' Law) 총 N개의 시장이 있는 일반균형에서 처음 $N-1$개 시장에서 공급과 수요가 일치하는 경우 N번째 시장에서도 역시 공급은 수요와 일치한다.

외부효과(externality) 어떤 의사결정자의 행동이 가격 변화로 인한 효과를 넘어서 다른 소비자나 생산자의 복지에 미치는 영향.

외생변수(exogeneous variable) 경제체계 분석에서 그 값이 주어진 것으로 간주되는 변수.

용의자의 딜레마(prisoners' dilemma) 모든 게임참가자의 집단이익과 개별 게임참가자의 개인 이익 사이에 긴장이 존재하는 경우의 게임에 관한 용어.

우월전략(dominant strategy) 다른 게임참가자가 무슨 전략을 따르든지 간에 한 게임참가자가 선택한 어떤 다른 전략보다도 더 나은 전략.

위험기피적(risk averse) 위험회피적 의사결정자는 동일한 기댓값을 갖는 복권뽑기보다 확실한 것을 선호한다.

위험선호적(risk loving) 위험선호적 의사결정자는 복권뽑기의 기댓값과 동일한 확실한 것보다 복권뽑기를 선

호한다.

위험중립적(risk neutral) 위험중립적 의사결정자는 기댓값에 의해 복권뽑기를 비교하므로 확실한 것과 동일한 기댓값을 갖는 복권뽑기에 차별을 두지 않는다.

위험 프리미엄(risk premium) 의사결정자가 복권뽑기와 확실한 것 사이에 차이를 두지 않도록 하기 위하여 복권뽑기의 기댓값과 확실한 것의 보수 사이에 존재할 필요가 있는 차이.

유도수요(derived demand) 다른 재화의 생산과 판매로부터 도출된 한 재화의 수요.

일물일가의 법칙(law of one price) 매수인과 매도인 사이의 모든 거래는 단일 공통시장가격에서 이루어진다는 원칙.

일반균형분석(general equilibrium analysis) 두 개 이상의 시장에서 균형가격과 균형량을 동시에 결정하는 분석.

ㅈ

자본-노동비율(capital-labor ratio) 노동량에 대한 자본량의 비율.

자본에 대한 노동의 한계기술대체율(marginal rate of technical substitution of labor for capital) 생산량은 일정하게 유지하면서 노동량이 한 단위 증가할 때마다 자본량이 감소하는 율.

자본에 대한 수요의 가격탄력성(price elasticity of demand for capital) 자본가격의 1% 변화에 대한 비용을 극소화하는 자본량의 백분율 변화.

자본절약적 기술진보(capital-saving technological progress) 노농의 한계생산물이 자본의 한계생산물보다 더 신속하게 증대되도록 하는 기술진보.

자연독점(natural monopoly) 해당 산업의 생산량을 단일기업이 생산할 경우 부담하게 될 총비용이 이 생산량을 둘 이상의 기업이 분할하여 생산할 경우 부담하게 될 비용을 합한 총비용보다 적은 경우의 시장구조.

자원에 대한 동등한 접근(equal access to resources) 진입이 예상되는 기업뿐만 아니라 해당 산업의 모든 기존 기업들이 동일한 기술 및 생산요소에 접근할 수 있다. 이는 완전경쟁산업의 특징 중 하나이다.

자유진입(free entry) 잠재적으로 진입하려는 기업이 기존의 기업이 갖고 있는 것과 동일한 기술 및 생산요소에 접근할 수 있을 때 해당 산업을 자유진입으로 특징지을 수 있다.

잔여수요곡선(residual demand curve) 쿠르노 모형에서 잔여수요곡선은 라이벌 기업이 자신의 생산량을 일정하게 유지할 경우 시장가격과 해당 기업에 대한 수량 사이의 관계를 보여 준다. 지배적 기업 모형에서 잔여수요곡선은 외변기업이 시장가격으로 공급하고자 하는 만큼의 수량을 공급할 경우 시장가격과 지배적 기업에 대한 수요 사이의 관계를 보여 준다.

장기(long-run) 기업이 자신이 원하는 만큼 모든 생산요소의 양을 변화시킬 수 있을 정도의 기간.

장기 공급곡선(long-run supply curve) 생산자가 가격 변화에 대해 자신의 공급결정을 완전하게 조절할 수 있는 기간과 관련된 공급곡선.

장기 수요곡선(long-run demand curve) 소비자가 가격 변화에 대해 자신의 구매결정을 완전히 조절할 수 있는 기간과 관련된 수요곡선.

장기 시장공급곡선(long-run market supply curve 또는 long-run industry supply curve) (공장규모, 신규진입 같은) 모든 장기적인 조절이 이루어진다고 가정하고 다양한 시장가격에서 공급되는 총생산량을 의미한다.

장기 완전경쟁 균형(long-run perfectly competitive equilibrium) 장기 완전경쟁 균형은 공급과 수요가 일치하며 기존의 기업이 퇴출하려는 동기가 없고 진입이 예상되는 기업이 해당 산업에 진입하려는 동기를 갖지 않는 가격에서 이루어진다.

장기 총비용곡선(long-run total cost curve) 생산요소가격은 고정되어 있다 보고 극소화된 총비용이 생산량에 따라 어떻게 변화하는지 보여 주는 곡선.

장기 평균비용(long-run average cost) 생산물 단위당 기업의 총비용. 이는 장기 총비용을 Q로 나눈 것과 같다. 즉 $AC(Q) = TC(Q)/Q$이다.

장기 한계비용(long-run marginal cost) 생산량에 대한

장기 총비용의 변화율, 즉 $MC(Q) = \Delta TC/\Delta Q$이다.

재산권(property right) 자산 또는 자원의 사용에 관한 배타적인 통제권.

재화 및 생산요소의 배분(allocation of goods and inputs) 경제의 일반균형에서 나타나는 소비 및 생산요소 사용의 형태.

재화 j의 가격에 대한 재화 i의 수요의 교차가격 탄력성(cross-price elasticity of demand for good i with respect to the price of good j) 재화 j 가격의 1% 변화에 대한 재화 i의 수요량의 백분율 변화를 측정한 값.

전략(strategy) 게임의 전략은 게임참가자가 직면하는 모든 가능한 상황하에서 취하게 될 행위를 의미한다.

전략적 진입장벽(strategic barriers to entry) 기존 기업이 진입을 제지하는 명백한 조치를 취할 경우 나타나는 진입장벽.

전략적 행위(strategic moves) 게임 후반에 자신에게 유리한 방향으로 자신의 행태와 경쟁자의 행태를 변화시키는 게임 초반에 취한 행위.

전망이론(prospect theory) 개인은 기준점이나 기준선과 관련지어 가능한 이득과 손실의 측면에서 위험한 선택을 평가한다는 의사결정 이론.

절대우위(absolute advantage) 첫 번째 국가에서 상품 X 한 단위를 생산하는 데 두 번째 국가에서 생산하는 경우보다 (예를 들면 노동과 같은) 희귀한 생산요소가 덜 필요하다면 상품 X를 생산하는 데 일국이 다른 국가에 대해 절대우위를 갖는다.

정상요소(normal input) 기업이 더 많은 생산량을 생산함에 따라 비용을 극소화하는 수량이 증가하는 생산요소.

정상재(normal good) 소득이 증가함에 따라 소비자가 더 많이 원하는 재화.

제약(constraints) 제약하에서의 최적화 문제에서 의사결정자에게 부과되는 한계 또는 제한.

제약하에서의 최적화(constrained optimization) 선택할 때 주어진 제한이나 한계를 고려하여 최선의 (최적의) 선택을 하는 분석방법.

제한가격책정(limit pricing) 지배적 기업이 외변기업의 진입률을 낮추기 위해 현재의 이윤을 극대화하는 수준에 못 미치게 가격을 유지하는 전략.

조세부담(incidence of a tax) 시장에서 소비자가 지불하고 매도인이 수령하는 가격에 대해 조세가 미치는 영향을 측정한 값.

주관적 확률(subjective probabilities) 위험한 사건에 대해 갖는 주관적인 믿음을 반영하는 확률.

준선형 효용함수(quasi-linear utility function) 소비한 재화 중 적어도 하나에 대해서는 선형이지만 다른 재화에 대해서는 비선형이 될 수 있는 효용함수.

중립적 기술진보(neutral technological progress) 자본에 대한 노동의 한계기술대체율에 영향을 미치지 않고 주어진 생산량을 생산하는 데 필요한 노동 및 자본의 양을 감소시키는 기술진보.

지대추구 행위(rent-seeking activities) 독점력을 만들어 내거나 유지할 목적으로 하는 행위.

지배적 기업시장(dominant firm markets) 한 기업이 대부분의 시장을 점유하고 있지만 동일한 물품을 공급하는 많은 소규모 기업과도 경쟁을 하는 시장.

지출액 극소화 문제(expenditure minimization problem) 주어진 효용수준은 달성하면서 총지출액을 극소화하는 재화 사이의 소비자 선택.

직접수요(direct demand) 해당 재화 자체를 직접적으로 소비하려는 매수인의 욕망으로부터 도출된 재화에 대한 수요.

진입장벽(barriers to entry) 기존 기업은 양의 경제적 이윤을 낼 수 있지만 동시에 신규기업이 해당 산업에 진입할 경우 이윤을 낼 수 없게 하는 요소.

ㅊ

차별화되지 않은 상품(undifferentiated products) 소비자가 동일하다고 생각하는 생산물. 이는 완전경쟁산업의 특징 중 하나이다.

차별된 상품의 과점시장(differentiated products oligopoly markets) 서로에게 대체재가 되지만 특성, 성능, 포장, 이미지를 포함하여 상당한 면에서 서로 다른 상품을 소수의 기업이 판매하는 시장.

차점가격 봉인경매(second-price sealed-bid auction)   각 입찰자가 다른 사람의 입찰가격을 알지 못하는 상태로 자신의 입찰가격을 제시하는 경매. 가장 높은 가격을 제시한 입찰자가 해당 물품을 차지하게 된다. 하지만 최고가격 입찰경매와 달리 낙찰받은 입찰자는 차점가격 입찰액에 해당하는 금액을 지불하게 된다.

초과공급(excess supply)   주어진 가격에서 공급량이 수요량을 초과하는 상황.

초과수요(excess demand)   주어진 가격에서 수요량이 공급량을 초과하는 상황.

총가변비용(total variable cost, *TVC*)   극소화된 가변비용. 단기적으로 비용을 극소화하는 생산요소 결합에서 예를 들면 노동 및 재료와 같은 가변 생산요소에 지출한 비용의 합계. 기업이 생산량을 변화시킴에 따라 기업의 총가변비용이 변화하므로 이는 비용 중 생산량에 민감한 부분을 구성한다.

총고정비용(total fixed cost, *TFC*)   고정 생산요소의 비용으로 생산량에 따라 변화하지 않는다.

총비용의 생산량 탄력성(output elasticity of total cost)   생산량의 1% 변화에 대한 총비용의 백분율 변화.

총비용함수(total cost function)   총비용에 영향을 미치는 요소에 대해 총비용이 어떻게 변화하는지를 보여 주는 수학적인 관계로 생산량과 생산요소가격이 포함된다.

총생산물 언덕(total product hill)   생산함수의 3차원 그래프.

총생산물 함수(total product function)   단일 생산요소를 갖는 생산함수.

총수입(total revenue)   매도가격에 판매한 생산물의 수량을 곱한 것이다. 또는 PQ라고 한다.

최고가격 봉인경매(first-price sealed-bid auction)   각 입찰자들은 다른 사람의 입찰가격을 알지 못하는 상태로 자신의 입장가격을 제출하는 경매. 가장 높은 가격을 제시한 입찰자가 해당 물품을 차지하고 자신의 입찰액에 해당하는 가격을 지불해야 한다.

최소효율 규모(minimum efficient scale, *MES*)   장기 평균비용곡선의 최저점에 도달할 수 있는 가장 적은 수량.

최적선택(optimal choice)   (1) 만족(효용)을 극대화하는 반면에 (2) 자신의 예산제약 내에서 생활이 가능하도록 하는 소비자가 선택한 상품 바구니.

ㅋ

카르텔(cartel)   한 시장에서 담합적으로 가격과 생산량을 결정하는 생산자들의 모임.

코우즈 정리(coase theorem)   외부효과가 있더라도 재산권이 어떻게 설정되는지에 관계없이 당사자들 상호 간에 비용을 들이지 않고 협상을 할 수 있다면 자원배분이 효율적으로 이루어진다는 주장.

콥·더글러스 생산함수(Cobb-Douglas production function)   형태가 $Q = AL^\alpha K^\beta$인 생산함수로 여기서 Q는 노동 L단위와 자본 K단위를 투입하여 생산한 수량을 의미하며 A, α, β는 양수이다.

콥·더글러스 효용함수(Cobb-Douglas utility function)   형태가 $U = Ax^\alpha y^\beta$인 함수로 여기서 U는 어떤 재화 x단위와 다른 재화 y단위로부터 얻은 소비자 효용을 의미하며 A, α, β는 양수이다.

쿠르노 균형(Cournot equilibrium)   다른 기업이 선택한 생산량은 주어졌다고 보고 각 기업이 이윤을 극대화하는 생산량을 선택하는 과점시장의 균형.

ㅌ

탄력적인 수요(elastic demand)   가격탄력성이 -1과 $-\infty$ 사이인 경우.

ㅍ

파레토 우월적(Pareto superior)   자원 배분으로 인해 적어도 시장의 한 참가자 상황이 더 나아지지만 아무도 상황이 나빠지지는 않는다.

파레토 효율적(Pareto efficient)   '경제적으로 효율적'과 같은 의미를 갖는다.

평균가변비용(average variable cost, *AVC*)   생산물 단위

당 총가변비용, 즉 $AVC = TVC/Q$.

평균값(average value) 종속변수의 합을 독립변수로 나눈 값.

평균고정비용(average fixed cost, AFC) 생산물 단위당 총고정비용(즉 $AFC = TFC/Q$).

평균비매몰비용(average nonsunk cost) 평균가변비용에 평균 비매몰고정비용을 합한 금액.

평균수입(average revenue) 생산물 단위당 총수입, 즉 생산량에 대한 총수입의 비율.

폐색가격(choke price) 수요량이 0으로 하락하는 가격.

폐쇄가격(shut-down price) 기업이 단기적으로 생산물을 공급하지 않는 가격.

표준편차(standard deviation) 분산에 제곱근을 한 값.

ㅎ

한계값(marginal value) 독립변수의 한 단위 변화와 관련된 종속변수의 변화.

한계기술대체율 체감(diminishing marginal rate of technical substitution) 노동량이 등량곡선을 따라 증가하게 되면서 $MRTS_{L,K}$가 체감할 경우 생산함수는 자본(K)에 대한 노동(L)의 한계기술대체율 체감을 보인다고 한다.

한계대체율(marginal rate of substitution, MRS) 효용수준을 일정하게 유지하기 위하여 소비자가 다른 재화(x)를 더 많이 얻는 경우 한 재화(y)를 포기해야 하는 율. 수평축에 x, 수직축에 y가 있는 그래프 상에서 어떤 바구니의 $MRS_{x,y}$는 해당 바구니에서 무차별곡선의 기울기에 음의 부호를 붙이는 것이다.

한계대체율체감(diminishing marginal rate of substitution) 무차별곡선을 따라 x의 소비가 증가하게 되면서 $MRS_{x,y}$가 체감할 경우 소비자 선호는 y에 대한 x의 한계대체율체감을 보인다고 한다.

한계수입(marginal revenue) 생산량에 대해 총수입이 변화하는 율.

한계수확체감의 법칙(law of diminishing marginal returns) 다른 생산요소의 수량은 고정되어 있다 하고 한 생산요소의 사용이 증대됨에 따라 해당 가변생산요소의 한계생산물이 감소하는 영역에 위치하게 된다는 원칙.

한계효용(marginal utility) 소비수준이 증가함에 따라 총효용이 변화하는 율.

한계효용 체감의 원칙(principle of diminishing marginal utility) 한 재화의 소비가 증가함에 따라 어떤 점을 통과한 이후에는 해당 재화의 한계효용이 감소하기 시작한다.

현시선호(revealed preference) 가격과 소득이 변화함에 따라 소비자의 바구니 선택이 어떻게 변화하는지 관찰함으로써 바구니에 대한 서수적 순위에 관해 알 수 있는 분석.

혼합전략(mixed strategy) 미리 정해진 확률에 따라 두 개 이상의 순수전략에서의 선택.

확률(probability) 복권뽑기에서 특정 결과가 발생할 가능성.

확률분포(probability distribution) 복권뽑기에서 모든 가능한 보수와 이와 관련된 확률에 대한 설명.

확장경로(expansion path) 생산요소가격은 일정하다 보고 생산량 Q가 변화함에 따라 비용을 극소화하는 생산요소 결합을 연결한 선.

효용가능곡선(utility possibilities frontier) 두 명의 소비자가 있는 단순한 경제의 경우 경제적으로 효율적인 생산물 및 생산요소의 다양한 배분에서 나타날 수 있는 효용의 형태를 보여 주는 곡선.

효용함수(utility function) 소비자가 어떤 재화 및 용역의 바구니로부터 얻을 수 있는 만족수준을 측정한 함수.

후생경제학의 제1정리(first fundamental theorem of welfare economics) 일반 경쟁균형을 통한 재화 및 생산요소의 배분은 경제적으로 효율적이라는 정리. 즉 경제가 이용할 수 있는 자원이 주어진 경우 동시에 모든 소비자의 상황을 나아지게 할 수 있는 재화 및 생산요소의 다른 배분이 가능하지 않다.

후생경제학의 제2정리(second fundamental theorem of welfare economics) 이 정리에 따르면 경제의 희소하게 공급되는 자원을 사려 깊게 배분하면 재화 및 생산요소의 경제적으로 효율적인 어떤 배분도 일반 경쟁균형을 통해 달성될 수 있다고 한다.

기타

1급 가격차별(first-degree price discrimination) 소비자의 유보가격(즉 해당 단위에 대해 소비자가 지불하려고 하는 최대금액)으로 각 단위의 가격을 책정함으로써 매도인은 1급 가격차별을 시행할 수 있다.

2급 가격차별(second-degree price discrimination) 매도인은 소비자에게 수량할인을 제안함으로써 2급 가격차별을 시행할 수 있다.

3급 가격차별(third-degree price discrimination) 매도인은 시장의 상이한 소비자 집단이나 분파에게 상이한 균일가격을 책정하여 3급 가격차별을 시행할 수 있다.

y에 대한 x의 한계변환율(marginal rate of transformation of x for y) (수평축은 재화 x의 수량을 나타내고 수직축은 y의 수량을 나타내는) 생산가능곡선 기울기의 절댓값. y에 대한 x의 한계변환율은 포기한 재화 y의 단위 수 측면에서 본 재화 x의 한계 기회비용을 알려준다.

찾아보기

ㅇ

ㅈ

T

U

V

W

역자 소개

이 병 락

고려대학교 경상대학 교수 역임

주요 저서 및 역서

국제경제학(1999, 2007, 시그마프레스)

경기전망지표(1999, 시그마프레스)

무역실무(2008, 시그마프레스)

계량경제학(2003, 2010, 2020, 시그마프레스)

거시경제학(2004, 2007, 2010, 2014, 2016, 2020, 시그마프레스)

미시경제학(2004, 2010, 2015, 2022, 시그마프레스)

문제 풀며 정리하는 미시경제학(2011, 2015, 시그마프레스)

통계학(2014, 2022, 시그마프레스)

쿠르노 균형 대 독점 균형

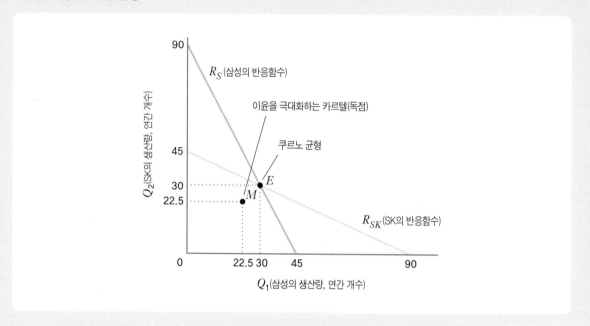

삼성과 SK가 이윤을 극대화하는 카르텔(독점)로서 행동하는 경우 이들은 총생산량 45개를 생산하게 된다. 이를 균등하게 분배할 경우 생산량은 각각 22.5개가 된다. 카르텔 또는 독점 균형인 점 M은 쿠르노 균형인 점 E와 다르다.

코카콜라와 펩시콜라의 베르트랑 균형

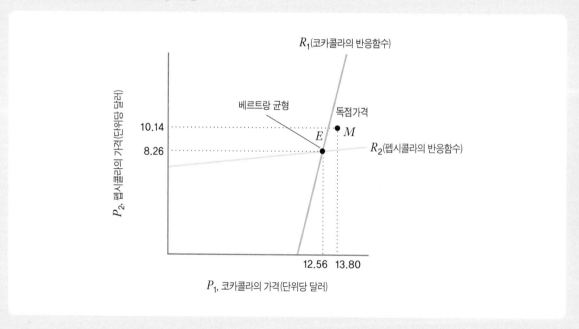

코카콜라의 반응함수는 R_1이며, 펩시콜라의 반응함수는 R_2이다. 베르트랑 균형은 이들 두 개 반응함수가 교차하는 지점(즉 점 E이며 여기서 코카콜라는 12.56달러를 부과하고 펩시콜라는 8.26달러를 부과한다)에서 이루어진다. 이 균형은 독점균형(즉 점 M이며 여기서 코카콜라는 13.80달러를 부과하고 펩시콜라는 10.14달러를 부과한다)과 상이하다.

'냉혹한 연쇄반응' 전략하에서 반복적인 용의자의 딜레마에서의 보수

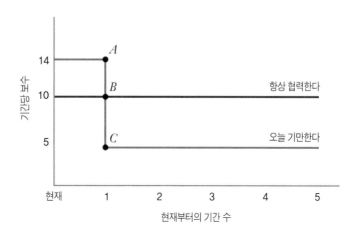

게임참가자 1이 오늘 기만행위를 하는 경우 초록색 선으로 나타낸 일련의 보수를 받게 된다. 만일 오늘과 장래에 계속해서 협력을 할 경우 남색 선으로 나타낸 일련의 보수를 받을 수 있다. 선분 *AB*의 길이는 게임참가자 1이 기만을 함으로써 받게 되는 한 번의 보수를 나타낸다. 선분 *BC*의 길이는 게임참가자 1의 기만행위에 대해 게임참가자 2가 보복함으로써 게임참가자 1이 감내해야 하는 보수의 감소이다.

공통가치를 갖는 경매에서 이긴 낙찰자의 불행

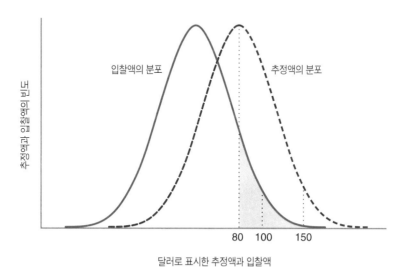

점선으로 나타낸 종모양의 곡선은 입찰자의 추정액 분포를 보여 주고 있으며, 이는 해당 물품의 본질적 가치 80달러를 중심으로 분포된다. 연속선으로 나타낸 종모양의 곡선은 입찰액의 분포를 보여 주고 있으며, 입찰자들은 사적 가치를 갖는 경매에서와 마찬가지로 자신들의 입찰액을 색칠로 나타낸다고 가정한다. 경매에서 이긴 입찰액은 입찰액들 분포의 오른편 반쪽에 위치할 것이며 색칠한 부분에 위치할 수도 있다. 이 경우 입찰액은 해당 물품의 본질적 가치보다 크다. 이렇게 되면 경매에서 이긴 입찰자는 낙찰자의 불행에서 비롯된 손해를 보게 된다.